Die Kabinettsprotokolle
der Bundesregierung

Band 7 · 1954

Die Kabinettsprotokolle
der Bundesregierung

herausgegeben
für das Bundesarchiv
von
Friedrich P. Kahlenberg

Die Kabinettsprotokolle
der Bundesregierung

Band 7 · 1954

bearbeitet
von
Ursula Hüllbüsch
und
Thomas Trumpp

Harald Boldt Verlag · Boppard am Rhein

Die Deutsche Bibliothek – CIP-Einheitsaufnahme

Deutschland <Bundesrepublik> / Bundesregierung:
Die Kabinettsprotokolle der Bundesregierung / hrsg. für das Bundesarchiv. – Boppard am Rhein : Boldt.
ISSN 0723-6069
NE: HST

Bd. 7. 1954 (1993)
ISBN 3-7646-1917-1

Zg.-Nr. : 8193
Preis : 120,– DM
ID-Nr. :
Signatur :
Systematik:

ISBN: 3 7646 1917 1

1993
© Harald Boldt Verlag · Boppard am Rhein
Alle Rechte, auch die des Nachdrucks von Auszügen,
der photomechanischen Wiedergabe und der Übersetzung, vorbehalten.
Printed in Germany · Herstellung: boldt druck boppard

INHALTSVERZEICHNIS

Geleitwort VII

Quellenlage IX

Editionsgrundsätze XXIII

Einleitung XXXI
1. Innenpolitik unter dem Primat der Außenpolitik XXXII
2. Außen- und Deutschlandpolitik XXXVI
3. Reformpolitik und Haushaltslage XLVII

Verzeichnis der Abkürzungen LXIII

Verzeichnis der Sitzungen und Tagesordnungspunkte 1

Protokolle 17

Die regelmäßigen Teilnehmer an den Kabinettssitzungen 1954 595

Übersicht zur Anwesenheit der regelmäßigen Teilnehmer an den Kabinettssitzungen 1954 607

Zeittafel 613

Quellen- und Literaturverzeichnis 621

Nachweis der Abbildungen 643

Personenindex 645

Sach- und Ortsindex 667

GELEITWORT

Das Jahr 1954, aus dem die Kabinettsprotokolle der Bundesregierung im vorliegenden Band ediert werden, brachte mit dem Scheitern der Verträge über die Europäische Verteidigungsgemeinschaft (EVG) einen Einschnitt in der Deutschlandpolitik, dessen Relevanz nicht zu unterschätzen ist. In den Beratungen des Bundeskabinetts hatten außenpolitische Fragen auch in ihren Rückwirkungen auf die Haushaltslage Vorrang vor innenpolitischen Themen, so nachhaltig diese auch von einzelnen Mitgliedern des Kabinetts vertreten wurden. Die Beratungen der Bundesregierung belegen die großen Schwierigkeiten und Spannungen, die außen- wie innenpolitisch auf dem Weg zur erstrebten Souveränität der Bundesrepublik Deutschland zu überwinden waren, die erst im Frühjahr des folgenden Jahres 1955 erreicht werden sollte.

Der vorliegende Band 7 der Editionsreihe ist der erste, der nach dem Ausscheiden des Begründers des Projektes, meines Amtsvorgängers Prof. Dr. Hans Booms, aus dem aktiven Dienst erscheint. Zugleich ist es der erste Band, der von der Editionsgruppe unter Leitung meines Kollegen, des Ltd. Archivdirektors Dr. Trumpp, vorbereitet wurde. Bewußt wurde die Kontinuität in der Anwendung der bewährten Editionsrichtlinien gewahrt. Wiederum erscheinen die Kabinettsprotokolle ohne Kürzung. Von der Möglichkeit des Einspruchs gegen die Veröffentlichung jeweils einiger weniger Zeilen in zwei Sitzungsniederschriften, wie sie den Bundesministerien nach den Kabinettsbeschlüssen aus den Jahren 1979 und 1982 eingeräumt wird, hat zwar eines der Ressorts Gebrauch gemacht; es hat aber diesen Einspruch schließlich zurückgezogen. Lediglich um Persönlichkeitsschutzrechte nicht zu verletzen, haben die Bearbeiter an einigen wenigen Stellen Namen auf den Anfangsbuchstaben gekürzt. Dies berechtigt dennoch zu der Feststellung, daß mit dem vorliegenden Band der wissenschaftlichen Öffentlichkeit die Texte der Kabinettsprotokolle des Jahres 1954 ungekürzt vorgelegt werden.

Mancher Unvollkommenheit des vorgelegten Bandes bin ich mir als Herausgeber bewußt. Sie resultieren zu einem Teil aus dem notwendig arbeitsteiligen Verfahren der Bearbeitung; der Versuch, sie zu beseitigen, hätte zu einer weiteren zeitlichen Verzögerung des Bandes geführt, die ich angesichts des ohnehin gewachsenen Zeitabstands zur Entstehungszeit der Quellen nicht vertreten kann. Im vorliegenden Band wurden bearbeitet die Teilbereiche BMI, BMJ, BMA, BMF, BMWo, BMVt, BMFa von Dr. Ursula Hüllbüsch, die Teilbereiche Bundeskanzleramt und AA, Stellvertreter des Bundeskanzlers und BMZ, BMWi,

Geleitwort

BML, BMV, BMP, BMG, BMBR, Amt Blank, ferner die John-Affäre von Dr. Thomas Trumpp. Dieser Aufteilung entsprechend wurde der Abschnitt Außen- und Deutschlandpolitik in der Einleitung von Trumpp, die Abschnitte über die Innenpolitik von Hüllbüsch erfaßt. Als Leiter der Editionsgruppe verantwortet Dr. Trumpp auch das „Rahmenwerk": die Fortschreibung der „Quellenlage" und der „Editionsgrundsätze", den Vorspann der Einleitung, das Quellen- und Literaturverzeichnis sowie den Bildteil; Dr. Hüllbüsch erstellte die Übersichten zur Anwesenheit der regelmäßigen Teilnehmer an den Kabinettssitzungen, den spezifizierten Personenindex sowie den Sach- und Ortsindex.

Dem Begründer der Editionsreihe und Herausgeber der in den Jahren 1982 bis 1989 erschienenen sechs Bände, Prof. Dr. Hans Booms, gilt mein erstes Wort des Dankes. Welches Maß an Disziplin und Hingabe von dem Herausgeber wissenschaftlicher Veröffentlichungen gefordert wird, der sich dieser Aufgabe im Amt des Präsidenten des Bundesarchivs widmen darf, habe ich seit 1989 selbst zu erfahren begonnen. Im Rückblick ist mein Respekt für die Leistung von Herrn Booms nur noch gewachsen. Für die kollegiale und bereitwillig erbrachte Unterstützung bei der Vorbereitung des vorliegenden Bandes danke ich Kollegen und Mitarbeitern in der Verwaltung und im Parlamentsarchiv des Deutschen Bundestages, im Politischen Archiv des Auswärtigen Amtes, des Landesarchivs Saarbrücken, des Nordrhein-Westfälischen Hauptstaatsarchivs, in der Stiftung Bundeskanzler-Adenauer-Haus, in den Archiven der Konrad-Adenauer-Stiftung, der Ludwig-Erhard-Stiftung, der Friedrich-Ebert-Stiftung, der Hans-Böckler-Stiftung und im ehemaligen Zentralen Parteiarchiv der SED. Dr. Alfred Dregger, der Vorsitzende der CDU/CSU-Fraktion des Deutschen Bundestages, hat freundlicherweise die Benutzung der einschlägigen Protokolle der CDU/CSU-Fraktionssitzungen genehmigt.

Im Interesse des Arbeitsziels hat der Herausgeber den beiden Bearbeitern manches zumuten müssen. Für ihr Verständnis und für ihren nie ermüdenden Einsatz bin ich ihnen dankbar. Sie wurden bei ihren Recherchen wiederum aus dem Hause unterstützt. Die weiteren Mitglieder der Editionsgruppe, Dr. Kai von Jena und Dr. Ulrich Enders, haben mit Rat und Tat zur Fertigstellung des Bandes beigetragen. Sie sind in den Dank ebenso eingeschlossen wie Frau Maria Okunik für das Schreiben des Manuskripts, Frau Edith Peffer für ihre Mitarbeit am Personenindex sowie Frau Dr. Ursula Krey und Frau Irmgard Wettengel für die Korrektur der Druckfahnen.

Koblenz, 31. Juli 1992

Prof. Dr. Friedrich P. Kahlenberg
Präsident des Bundesarchivs

QUELLENLAGE[1])

Kurzprotokolle der Kabinettssitzungen

Die Sitzungsniederschriften der Bundesregierung sind in Form von „Kurzprotokollen" überliefert, die von Referenten des Bundeskanzleramtes verfaßt wurden. Die Serie der Kabinettsprotokolle, die dieser Edition zugrunde liegt, ist noch nicht — wie Unterlagen zu anderen Aktenplaneinheiten — vom Bundeskanzleramt an das Bundesarchiv abgegeben und in den Archivbestand B 136 (Bundeskanzleramt) aufgenommen worden; sie wurde für dieses Editionsvorhaben vom Bundeskanzleramt lediglich zur Verfügung gestellt[2]) und läßt sich daher noch nicht mit einer Archivsignatur zitieren.

Vergleiche mit persönlichen Aufzeichnungen von Kabinettsmitgliedern (Seebohm, Schäffer) und gelegentlichen Teilnehmern an Kabinettssitzungen (Hallstein, Blankenhorn) zeigen, daß die Kurzprotokolle nicht die Reihenfolge und Gewichtung der einzelnen Tagesordnungspunkte einer Kabinettssitzung widerspiegeln. Die Kurzprotokolle sind nach der Aufstellung der Tagesordnung angelegt, welche in der Praxis vielfach nicht eingehalten werden konnte. Insbesondere den Mitschriften Seebohms ist zu entnehmen, daß die außerordentlichen Tagesordnungspunkte häufig vor der Tagesordnung behandelt wurden; in den amtlichen Kurzprotokollen steht der dazu angefertigte Teil der Niederschrift zumeist am Ende. Angelegenheiten außerhalb der Tagesordnung wurden gelegentlich intensiver protokolliert als die ordentlichen Tagesordnungspunkte, vermutlich aus dem Bedürfnis, die Fragen, für die in den meisten Fällen keine Kabinettsvorlagen existierten, auch verständlich werden zu lassen.

---

[1]) Die folgende Beschreibung der Quellenlage variiert den im fünften Band dieser Reihe (von Jena) gedruckten Text nur an den Stellen, an denen für den Jahresband 1954 anderes zu sagen ist als für den Band 1952.— Vgl. KABINETTSPROTOKOLLE Bd. 5 S. IX—XIX.

[2]) Die noch als VS-Geheim eingestuften Kabinettsprotokolle der Bundesregierung für das Jahr 1954 enthalten die Bände 20 E—25 E (Entwürfe), 121 f. (Berichtigungen) und 18—21 (Ausfertigungen); sie befinden sich noch im Bundeskanzleramt (Aktenplaneinheiten 14302—14304). Im Jahre 1954 haben insgesamt 58 Kabinettssitzungen stattgefunden: 49 ordentliche (14. Sitzung am 12. Jan. bis 64. Sitzung am 21. Dez. 1954, von denen die 56. (3. Nov.) und 62. (7. Dez.) ausfallen mußten) und neun außerordentliche Sitzungen, nämlich die Sondersitzungen am 1. April, 23. und 28. Juli, 31. Aug., 1. und 14. Sept., 12. und 18. Nov. sowie am 2. Dez. 1954.

Quellenlage

Der Vergleich mit persönlichen Aufzeichnungen von Sitzungsteilnehmern, mit Verlautbarungen des Presse- und Informationsamtes der Bundesregierung über die Gegenstände von Kabinettssitzungen und nicht zuletzt mit Vermerken in den Akten der Bundesministerien ergibt allerdings auch, daß keineswegs alle Kabinettssitzungen[3]) und keineswegs alle innerhalb[4]) und außerhalb[5]) der Tagesordnung besprochenen Gegenstände in der Ausfertigung des amtlichen Kurzprotokolls ihren Niederschlag fanden. Die Protokollanten hatten dazu übereinstimmend geäußert, daß es einerseits ein Gebot der Arbeitsökonomie für sie war, von den Besprechungen im wesentlichen nur die Beschlüsse des Bundeskabinetts festzuhalten, daß andererseits auch die Gefahr von Indiskretionen[6]) die Neigung verstärkte, die Protokolle möglichst knapp abzufassen. Wie sehr gleich von Anfang der Regierungsarbeit an offensichtlich nicht zu verhindernde Indiskretionen den Schutz des Beratungsgeheimnisses im Kabinett gefährdeten, unterstreicht allein schon die Tatsache, daß von 1949 bis 1951 jeweils ein Exemplar der Kurzprotokolle im Vorzimmer des damaligen SPD-Vorsitzenden abgegeben wurde und daß auch die französische Besatzungsmacht in den Besitz von Kabinettsprotokollen gelangte[7]).

Die Anlage der Kabinettsprotokolle war nicht von vornherein festgelegt, sie entwickelte sich aus der Praxis: „Es gab weder Richtlinien noch Reglementierungen irgendwelcher Art über die Wiedergabe der Kabinettsberatungen im Protokoll, auch nicht in den Fällen, die in dem Fragenkatalog[8]) besonders aufgeführt sind. Solcher Regelungen bedurfte es auch nicht. Es verstand sich von selbst, daß im Protokoll festzuhalten war, was bei der Behandlung der einzelnen Tagesordnungspunkte herausgekommen war. Es lag ferner nahe, Äußerungen von Kabinettsmitgliedern zu politisch brisanten und diffizilen Angelegenheiten nicht in aller Deutlichkeit und Offenheit wiederzugeben, vor allem im Hinblick auf den häufig wechselnden Personenkreis in den Ministerien, der dienstliche Gründe für die Einsichtnahme in die Kabinettsprotokolle geltend machen konnte. Dieselben Erwägungen haben in zahlreichen Fällen dazu geführt, keine Einzelheiten der Aussprachen und Beratungen 'außerhalb der Tagesordnung' im Protokoll zu vermerken. Es ist sogar nicht selten von einer Erwähnung dieses oder jenes Besprechungspunktes völlig abgesehen worden. Ein derartiger Verzicht ließ manchmal auch die Rücksichtnahme auf die Beteiligten angezeigt erscheinen[9])."

---

[3]) Siehe Sondersitzung am 28. Juli 1954.
[4]) Siehe 27. Sitzung TOP 1c Anm. 14.
[5]) Siehe 28. Sitzung TOP H.
[6]) Vgl. dazu 14. Sitzung TOP F Anm. 60 und Vermerk vom 9. Okt. 1949 in B 136/4646.
[7]) Vgl. dazu 197. Sitzung TOP H (Unterlagen in B 136/1964 und B 145/846) und DDF pp. 825–826.
[8]) Den noch erreichbaren Protokollführern der Sitzungen des ersten Kabinetts Adenauer hatte das Bundesarchiv eine Anzahl von quellenkritischen Fragen vorgelegt.
[9]) Staatssekretär a. D. Karl Gumbel, der auch noch im Jahre 1954 als Protokollant tätig war, in seiner schriftlichen Antwort vom 25. Nov. 1980 auf die quellenkritischen Fragen zu den Kabinettsprotokollen; dazu auch Schreiben Gumbels vom 1. Mai 1981.

Dies sind ganz wesentliche quellenkritische Feststellungen zum Aussagewert und zur Vollständigkeit der Kurzprotokolle. Sie erklären, warum die Kurzprotokolle zu große Erwartungen enttäuschen müssen, und weisen gleichzeitig den Parallelüberlieferungen (vor allem den Nachlässen Adenauer, Blankenhorn, Blücher, Erhard, Hallstein, Kaiser, Seebohm und Schäffer) eine besondere Bedeutung zu.

Abgesehen von den ersten Wochen waren es in den Jahren 1949–1952 die vier Referenten im Bundeskanzleramt, die sich turnusmäßig oder nach Absprache bei der Protokollführung der Kabinettssitzungen abwechselten: Ministerialrat Dr. Wilhelm Grau[10], die beiden späteren Staatssekretäre Karl Gumbel[11] und Dr. Josef Rust[12] sowie Ministerialrat Dr. Rudolf Petz[13]. Im Jahre 1953 fungierten, neben Karl Gumbel, als Protokollführer der spätere Ministerialdirektor Franz Haenlein[14] sowie die beiden Ministerialräte Dr. rer. pol. Karl-Heinz Pühl[15] und Dr. iur. Hermann Spieler[16]; im Jahre 1954 wurde zusätzlich wieder Wilhelm Grau beauftragt (als fünfter Protokollant). Die Protokollanten machten sich während der Sitzung stichwortartige Notizen über die Beratungen. Anhand dieser Notizen diktierten sie Entwürfe, die von Schreibkräften stenographisch aufgenommen und anschließend maschinenschriftlich umgesetzt wurden. Neben den eigenen Notizen konnten die Protokollführer zur Formulierung der Niederschriften auch die Vorlagen heranziehen, die das jeweils federführende Ressort zu den einzelnen Tagesordnungspunkten zunächst dem Bundeskanzleramt und später direkt den übrigen Ministern zugeleitet hatte. Gelegentlich kam es auch vor, daß ein Minister darum bat, bestimmte Ausführungen zu einem Tagesordnungspunkt als Ergänzung zum Kurzprotokoll zu nehmen[17].

Die Serie der Entwürfe zu den Kurzprotokollen der Kabinettssitzungen ist ebenfalls in den Akten des Bundeskanzleramtes überliefert[18]. Die zahlreichen handschriftlichen Korrekturen in den Entwürfen, welche die Paraphe des damaligen Staatssekretärs im Bundeskanzleramt Dr. Hans Globke[19] tragen, stammen sowohl vom jeweiligen Protokollführer als auch von Globke selbst[20]. Unterschiede zwischen den Entwürfen und den Ausfertigungen entstanden nicht nur durch die Beseitigung von Schreibfehlern und stilistischen Unebenheiten, sondern auch auf Grund sachlicher, den Inhalt verändernder Abweichungen, vor allem bei den Ergänzungen[21] und Streichungen[22] Globkes. Der Protokollführer

---

[10] Biographische Angaben siehe S. 604.
[11] Biographische Angaben siehe S. 604.
[12] Biographische Angaben siehe S. 132.
[13] Biographische Angaben siehe KABINETTSPROTOKOLLE Bd. 5 S. 771.
[14] Biographische Angaben siehe S. 604.
[15] Biographische Angaben siehe S. 605.
[16] Biographische Angaben siehe S. 605.
[17] Vgl. dazu Sondersitzung am 1. Sept. 1954 TOP A Anm. 23.
[18] Siehe Anm. 2.
[19] Biographische Angaben siehe S. 600.
[20] Vgl. dazu Korrekturen von Gumbels und Globkes Hand in der 59. Sitzung TOP 1 (Bd. 24 E) und von Pühls und Globkes Hand in der 64. Sitzung TOP A und B (Bd. 25 E).
[21] Vgl. dazu 22. Sitzung TOP B Anm. 26 und 53. Sitzung TOP 1 Anm. 26.

trug offensichtlich die Verantwortung für die Sitzungsniederschrift; und die Handlungsfreiheit der Protokollanten war sicher auch deshalb so groß, weil der Bundeskanzler solche Kontrollaufgaben nach Aussage von Rust stets Globke überlassen hatte, der „mit der Präzision einer Schweizer Uhr funktionierte".

Nach Versendung der amtlichen Kabinettsprotokolle an die regulären Sitzungsteilnehmer regten einzelne Minister gelegentlich Ergänzungen des Protokolls an oder erhoben Einsprüche gegen bestimmte Protokollpassagen, denen nur zum Teil entsprochen werden konnte[23]). Die Behandlung der Einsprüche, die offenbar in den Anfangsjahren in die ausschließliche Zuständigkeit des Bundeskanzleramtes fiel, dokumentierte in besonderem Maße die weitgehende alleinige Verantwortung des jeweiligen Protokollanten für die Sitzungsniederschrift. Die 1951 beschlossene Geschäftsordnung der Bundesregierung[24]) regelte in § 27 die Behandlung von Einwendungen gegen den Inhalt oder die Fassung der Sitzungsniederschrift dergestalt, daß in Zweifelsfällen die Angelegenheit der Bundesregierung nochmals zu unterbreiten war.

Wortprotokolle von Kabinettssitzungen

Von den Kabinettssitzungen am 21., 23., 24. und 26. September 1949 sind neben den Kurzprotokollen auch stenographisch aufgenommene Wortprotokolle überliefert[25]); dieses zu Beginn der Amtszeit der ersten Bundesregierung praktizierte Verfahren wurde noch 1949 wieder aufgegeben. Mit hoher Wahrscheinlichkeit spielten dabei die oben erwähnten Indiskretionen eine erhebliche Rolle[26]).

Dennoch haben sich auch nach 1949 einzelne Wortprotokolle ermitteln lassen. Der dritte Band dieser Editionsreihe enthält zwei Wortprotokolle von Teilen der Kabinettssitzungen am 10. und 17. Oktober 1950[27]); für die Jahre 1951 und 1953 konnten keine Wortprotokolle gefunden werden; im fünften Band dieser Editionsreihe sind zwei Wortprotokolle vorhanden, und zwar von TOP F

---

[22]) Vgl. dazu 43. Sitzung TOP A (Streichung einzelner Sätze an verschiedenen Stellen) und 38. Sitzung TOP A (Streichung aufeinanderfolgender Absätze).

[23]) Vgl. z. B. 61. Sitzung TOP 1 und 2. Zum Generellen vgl. folgenden Passus im Schreiben von F. J. Strauß an Globke vom 2. Febr. 1955: „Ich weiß, daß ein Kurzprotokoll nicht erschöpfend alle Einzelheiten der Kabinettssitzung wiedergeben kann. Andererseits kann es aber nicht in das Ermessen des Protokollführers gestellt werden, bei welchen Kabinettsmitgliedern sie den Diskussionsbeitrag festhalten und welchen nicht. Auch ein Kurzprotokoll kann keine unverbindliche und oberflächliche Wiedergabe sein, sondern es besitzt als Urkunde und damit als Quelle, im historischen Sinne des Wortes gesprochen, politischen Wert. Der Historiker weiß, welche Bedeutung Quellen dieser Art, sei es für politische, sei es für historische oder auch für juristische Zwecke, beigemessen wird" (Kabinettsprotokolle Bd. 121). – Überlieferung der geforderten, vollzogenen und abgelehnten Protokollkorrekturen siehe Anm. 2 und B 136/4799.

[24]) GMBl. S. 137.

[25]) Siehe KABINETTSPROTOKOLLE Bd. 1 S. 9 f. und 285–348.

[26]) Siehe Anm. 6.

[27]) Siehe KABINETTSPROTOKOLLE Bd. 3 S. 31–61.

(Saarfrage) der 210. Sitzung am 25. März 1952 und von der Sondersitzung am 10. Mai 1952 (1. Deutschlandvertrag)[28]). Auch im vorliegenden Band befinden sich zwei Wortprotokolle: die Ausführung des Bundeskanzlers im Kabinett am 25. Mai (TOP A: Außenpolitische Lage) und am 7. Juli 1954 (TOP A: Politische Lage), die von den beiden Vorzimmerdamen des Bundeskanzlers, Elisabeth Arenz und Elisabeth Zimmermann, angefertigt worden waren. Beide haben zu den Wortprotokollen übereinstimmend festgestellt, der Bundeskanzler habe sie in den Anfangsjahren seiner Amtszeit in einigen wenigen Fällen dazu herangezogen, Sonderprotokolle über Teile von Kabinettssitzungen anzufertigen. Es habe dabei dem Wunsch des Bundeskanzlers entsprochen, insbesondere seine eigenen Ausführungen wörtlich festzuhalten. Dies erklärt, warum diese Protokolle nicht ausschließlich stenographische Niederschriften sind und daher Ausführungen weiterer Kabinettsteilnehmer oder das wörtliche Verlesen von Dokumenten in der Kabinettssitzung gelegentlich in indirekter Rede oder zusammenfassend wiedergeben.

Die wenigen stenographischen Protokolle ließ sich der Bundeskanzler nicht für den allgemeinen amtlichen, sondern für seinen persönlichen Gebrauch anfertigen. Diese für einige politisch brisante Kabinettsberatungen vorbehaltene Form der Protokollführung bot dem Bundeskanzler auch eine größere Sicherheit vor Indiskretionen als die mehrfach ausgegebenen amtlichen Kabinettsprotokolle[29]).

Als Wortprotokoll wiedergegeben sind auch die 95. Sitzung am 31. August 1955 TOP 1: Bericht über die politische Lage (10 Bl. – in Band 8/1955) und die 167. Sitzung am 15. und 16. Januar 1957 TOP 3: Brüsseler Regierungskonferenz zur Erweiterung der europäischen Integration (20 Bl.).

Anlagen und Einfügungen

Im vorliegenden Band ist nur einmal von der Möglichkeit Gebrauch gemacht worden, in den Protokollen angesprochene Anlagen mitabzudrucken[30]). Diese mit in den Druck übernommene Anlage wurde durch kursive Satztype vom Protokolltext abgehoben.

Wo immer sonst in den Protokollen Anlagen angesprochen, aber nicht nachgewiesen sind, befinden sich diese in den noch im Bundeskanzleramt verwahrten Bänden der Kabinettsprotokolle; die oft angesprochenen Einladungen zu den Kabinettssitzungen sind in der Entwurfserie der Protokolle im Bundeskanzleramt überliefert (Aktenplaneinheit 14302)[31]). Die gelegentlich erwähnten Sitzungsniederschriften des Kabinett-Ausschusses für Wirtschaft verwahrt ebenfalls noch das Bundeskanzleramt (Aktenplaneinheit 14412)[32]).

---

[28]) Siehe KABINETTSPROTOKOLLE Bd. 5 S. XII und 196–206, 273–285.
[29]) Ebenda S. XII f.
[30]) Siehe 37. Sitzung TOP 1.
[31]) Siehe Anm. 2.
[32]) Siehe Anm. 35.

Auch andere Einfügungen heben sich durch kursive Satztype vom Protokolltext ab. Dies gilt sowohl für die in der amtlichen Serie der Kabinettsprotokolle nicht überlieferte Sondersitzung am 28. Juli 1954, für welche die handschriftliche Aufzeichnung Seebohms herangezogen wurde, als auch für die beiden ausgefallenen Kabinettssitzungen am 3. November und 7. Dezember 1954 (56. und 62.), die mit ihrer jeweiligen Einladung dokumentiert sind.

Kabinett-Ausschuß für Wirtschaft

Zur Kommentierung wurden auch die Sitzungsprotokolle des 1951 eingesetzten Kabinett-Ausschusses für Wirtschaft[33]) herangezogen. Auch diese Protokollserie[34]) ist noch nicht vom Bundeskanzleramt an das Bundesarchiv abgegeben und in den Archivbestand B 136 (Bundeskanzleramt) aufgenommen worden; sie wurde für dieses Editionsvorhaben vom Bundeskanzleramt lediglich zur Verfügung gestellt[35]) und läßt sich daher noch nicht mit einer Archivsignatur zitieren.

Es ist beabsichtigt, die Sitzungsprotokolle des Kabinett-Ausschusses für Wirtschaft fortlaufend in wissenschaftlicher Form zu edieren[36]) und in diesem Zusammenhang sparsamer zu kommentieren, als dies bislang bei den Kabinettsprotokollen der Bundesregierung der Fall war. Zur Zeit können nur über eine solche „schlanke" Edition die Sitzungsprotokolle des Kabinett-Ausschusses für Wirtschaft (wenigstens als Veröffentlichung) relativ rasch allgemein zugänglich und benutzbar gemacht werden; denn trotz der wissenschaftlichen Form der Veröffentlichung werden die Sitzungsprotokolle (wie die bereits publizierten Kabinettsprotokolle der Bundesregierung) in der Folge nicht herabgestuft und offengelegt, sondern weiterhin als Verschlußsache behandelt und damit grundsätzlich der Benutzung (sprich Überprüfung im einzelnen) entzogen.

Parallelüberlieferungen

Schriftliche Nachlässe von Bundesministern und anderen Teilnehmern an Kabinettssitzungen enthalten gelegentlich mehr oder weniger ausführliche Parallelüberlieferungen zu den amtlichen Sitzungsprotokollen. In den wenigen Fäl-

---

[33]) Vgl. Sondersitzung am 20. März 1951 TOP 1 (Einrichtung) und 1. Sitzung des Kabinett-Ausschusses für Wirtschaft am 19. Nov. 1953 vor TOP 1 (Aufgaben).
[34]) Siehe Anm. 2.
[35]) Die noch als VS-Geheim eingestuften Sitzungsprotokolle des Kabinett-Ausschusses für Wirtschaft für das Jahr 1954 (3. Sitzung am 1. Febr. 1954 bis 22. Sitzung am 17. Dez. 1954) enthalten die Bände 4–7 (Entwürfe und Ausfertigungen); sie befinden sich noch im Bundeskanzleramt (Aktenplaneinheiten 14411–14412).
[36]) Mit dem ersten Band ist bereits begonnen worden: er wird alle Sitzungsprotokolle, insgesamt 81, der Jahre 1951–1955 vollständig enthalten. Vgl. dazu Trumpp, Thomas: Die Sitzungsprotokolle des Kabinett-Ausschusses für Wirtschaft, eine höchst prekäre zeit- und wirtschaftsgeschichtliche Quelle. Archiv und Wirtschaft Jg. 25, Heft 1/1992.

len, in denen kein Protokollant in der Sitzung anwesend war oder in denen kein amtliches Protokoll angefertigt wurde, stellen diese Überlieferungen die einzige Quelle dar. In diesen Fällen werden Aufzeichnungen von Sitzungsteilnehmern als Ersatzüberlieferung verwendet[37]), während sie im Normalfall als ergänzende Parallelüberlieferung der Kommentierung dienen.

Relativ umfangreiche Notizen von allen Kabinettssitzungen, bei denen er anwesend war, hat Bundesminister Seebohm hinterlassen[38]). Sie umfassen durchschnittlich pro Sitzung zwei Seiten und sind mit Bleistift geschrieben. Zwar hat ein Protokollant Zweifel daran angemeldet, ob diese Aufzeichnungen „nur" im Verlauf der Kabinettssitzung entstanden sind; denn der Bundeskanzler hätte Mitschriften keinesfalls zugestanden. Inhaltliche und formale Kriterien stützten diese Zweifel nicht. Außerdem haben andere Sitzungsteilnehmer Seebohm als eifrigen „Mitschreiber" charakterisiert[39]).

Der Nachlaß des Bundesministers Schäffer enthält, neben gelegentlichen stichwortartigen Aufzeichnungen aus Kabinettssitzungen, zwei Bände[40]) mit Durchschriften von Schreiben Schäffers an den Staatssekretär Hartmann, die jeweils im Anschluß an Kabinettssitzungen mit Weisungen zur Umsetzung von Kabinettsbeschlüssen diktiert wurden.

Außer dem Nachlaß Adenauer (StBKAH) enthalten die Nachlässe der Bundesminister Blücher, Erhard, Kaiser und Kraft sowie die Nachlässe Blankenhorn, von Brentano, Etzel und Hallstein bisweilen Parallelüberlieferungen in Form von Vermerken und handschriftlichen Aufzeichnungen zu einzelnen Tagesordnungspunkten; darüber hinaus umfassen diese Nachlässe, in Form von Schriftwechsel und Kabinettsvorlagen, eine Fülle von ergänzenden Informationen, die für die Kommentierung der Kabinettsprotokolle von hohem Nutzen sind.

Als weitere Parallelüberlieferung, wenn auch mit besonderer Akzentuierung, sind die wörtlichen Mitschriften der Pressekonferenzen zu nennen, die jeweils nach einer Kabinettssitzung stattfanden[41]). In der Regel trat bei diesem Anlaß der Chef des Presse- und Informationsamtes der Bundesregierung vor die Bundespressekonferenz; häufig erschienen zusätzlich Minister oder Beamte eines Ministeriums, um zu speziellen Fragen Stellung zu nehmen.

---

[37]) Siehe Sondersitzung am 28. Juli 1954.
[38]) Nachlaß Seebohm/8c.
[39]) So Bundesminister a. D. Heinrich Hellwege in einem Schreiben vom 27. Jan. 1981 an das Bundesarchiv. Hellwege hatte seinen Platz am Kabinettstisch neben Seebohm, der von der Sitzordnung her dem (gemeinsam mit dem Chef des Presse- und Informationsamtes der Bundesregierung und dem persönlichen Referenten des Bundeskanzlers) an einem Nebentisch plazierten Protokollanten den Rücken zuwandte. – Siehe dazu auch Müller-Armack in ADENAUER UND SEINE ZEIT Bd. I S. 211.
[40]) Nachlaß Schäffer/33 f.
[41]) Überliefert im BPA und im Bundesarchiv, hier für 1954: B 145 I/36–45.

Quellenlage

Kabinettsvorlagen

Die Kabinettsprotokolle werden verständlich in der Hauptsache durch die Kabinettsvorlagen. In der Überlieferung des Bundeskanzleramtes und in den Akten der Bundesministerien — mit einer Ausnahme — wurden geschlossene Serien von Kabinettsvorlagen nicht angelegt. Dem sogenannten Sachaktenprinzip folgend — der Gliederung der Registraturen vorgangsweise nach Sachbetreffen — wurden Vorlagen für Kabinettssitzungen nicht in einer geschäftstechnischen Serie zusammengefaßt, sondern im sachlichen Zusammenhang den Akten zugeordnet[42]. Lediglich in den Akten des Bundesministeriums für Raumordnung, Bauwesen und Städtebau konnte eine obschon lückenhafte Serie von Kabinettsvorlagen[43] ermittelt werden. Diese Serie gibt den Bearbeitern der Edition ebenso wie allen künftigen Benutzern Hilfestellung in zweierlei Hinsicht:

- durch die Überlieferung des Aktenzeichens beim jeweils federführenden Ressort bietet sie Ansatzpunkte für gezielte Recherchen nach den einschlägigen Sachakten. Die Tatsache späterer Umstellungen von Aktenplänen und der damit verbundenen Änderung von Aktenzeichen relativiert diesen Nutzen zwar, stellt ihn aber nicht grundsätzlich in Frage;
- sie ermöglicht den Rückgriff auf die Kabinettsvorlage in den Fällen, in denen die Vorlage weder in der Überlieferung des federführenden Ressorts noch in den Akten des Bundeskanzleramtes zu ermitteln ist.

Akten der obersten Bundesbehörden

Vielleicht ist es dem nicht erfahrenen Archivbenutzer schwer verständlich zu machen, daß den Bearbeitern der Edition gerade aus der Fülle der für die Kommentierung der Protokolle heranzuziehenden Überlieferungen Schwierigkeiten erwachsen. Die Akten der obersten Bundesbehörden (Bundesministerien) sind vom Umfang her überwältigend und schwer überschaubar. Das 1965 eingerichtete Zwischenarchiv des Bundesarchivs in St. Augustin bei Bonn und das Bundesarchiv in Koblenz verwahren zur Zeit zusammen fast 65 laufende Kilometer Akten der obersten Bundesbehörden seit 1949, von denen allerdings ein erheblicher Teil nach Ablauf der von den Provenienzstellen festgelegten Aufbewahrungsfristen vernichtet werden wird. Der schon jetzt gut geordnete und überschaubare Aktenbestand des Bundeskanzleramtes reicht für die Kommentierung der Kabinettsprotokolle deshalb nicht aus, weil die materielle Vorbereitung der Kabinettsberatungen in den jeweils zuständigen Bundesministerien getroffen wurde. Deshalb ist zu jedem Tagesordnungspunkt prinzipiell auf die Überlieferung des jeweils federführenden Ministeriums zurückzugreifen.

---

[42] Im Verlauf der Diskussion um das Editionsprojekt Kabinettsprotokolle der Bundesregierung hatte sich das Bundeskanzleramt im Jahre 1980 entschlossen, von nun an eine Serie aller Kabinettsvorlagen zu bilden.

[43] B 134/3145—3351, 4099—4212 (Sept. 1949—Febr. 1964). In B 108/9941 befindet sich eine geschäftstechnische Serie mit Kabinettsvorlagen des BMV (Dez. 1953—Aug. 1961).

Die Bundesministerien und auch die einzelnen Abteilungen innerhalb eines Ressorts haben bei den Aktenablieferungen an das Zwischenarchiv eine unterschiedliche Praxis entwickelt. Keineswegs läßt sich generell die Feststellung treffen, Akten aus den Anfangsjahren der Bundesrepublik müßten bei den ersten Ablieferungen zu finden sein[44]). Für das seit 1949 entstandene und bisher an das Zwischenarchiv abgelieferte Registraturgut der obersten Bundesbehörden sind über 90 000 Blatt „Abgabeverzeichnisse" vorhanden, die als „Findmittel" vor allem für die Akten derjenigen Ressorts viele Wünsche offen lassen, die häufig organisatorische Veränderungen erfahren haben oder die mit Aktenplänen arbeiteten, die der Aufgabenvielfalt nicht angemessen und unzureichend gegliedert sind. Aus den „Abgabeverzeichnissen" werden im Bundesarchiv mit Hilfe maschineller Datenverarbeitung Findbehelfe erstellt, beispielsweise nach Aktenzeichen geordnete Listen oder Karteien, die den raschen Zugriff dort ermöglichen, wo Aktenplanumstellungen nicht vorgenommen wurden.

Die Erfahrungen der Bearbeiter der Edition lassen vermuten, daß die Forschung mit dem Verlust einzelner Dokumente und Unterlagen rechnen muß. In einer Reihe von Fällen läßt sich aus Mitwirkungsakten anderer Ministerien belegen, daß im federführenden Ministerium Akten existierten, die heute nicht mehr vorhanden sind, zumindest bisher nicht an das Bundesarchiv abgegeben wurden. Die Hoffnung, daß sich solche Akten noch im jeweiligen Ministerium befinden, dürfte, so steht zu befürchten, nur bei einem Teil der Fälle noch gerechtfertigt sein.

Allerdings finden sich in den laufenden Aktenabgaben der Ministerien bis jetzt immer wieder zum Teil wichtige Unterlagen aus den frühen fünfziger Jahren. Sie werden unmittelbar einbezogen in das Schwerpunktprogramm archivischer Sichtung, Bewertung und Verzeichnung, das seit 1982 läuft und dessen erste Ergebnisse den Bearbeitern zugute kommen. Den vollen Nutzen dieses Programms werden erst spätere Benutzer haben. Er besteht in einer auf die wirklich informationsträchtigen Akten (primär aus den federführenden Referaten) zurückgeschnittenen und damit übersichtlicheren Überlieferung und in Findmitteln, die den gezielten Zugriff entsprechend den (meist ursprünglichen) Sachzusammenhängen erlauben.

Solange Aktenbenutzungen (wie für diese Edition) und archivische Bearbeitung der Aktenbestände parallel laufen, läßt sich freilich nicht ganz ausschließen, daß gelegentlich Aktenbände zitiert werden, die im Zuge der Bewertung durch den Archivar als „nicht archivwürdig" klassifiziert und vernichtet wurden. Das Bundesarchiv hat Vorsorge getroffen, dies nach Möglichkeit zu vermeiden.

Als relativ unproblematisch erwies sich anhand des Aktenplans die Benutzung der archivwürdigen Akten der Politischen Abteilung des Auswärtigen Amtes (Abt. II), die sich im Politischen Archiv des Auswärtigen Amtes befinden; dort konnten auch unschwer die Archivalien der Länderabteilung (Abt. III), der

---

[44]) Vgl. dazu Eder-Stein, Irmtraut und Johann, Gerhard: Das Bundesarchiv-Zwischenarchiv: Aufgaben, Funktion und Unterbringung. Der Achivar Jg. 32, 1979 Sp. 291–300; ferner Büttner, Siegfried: Das EDV-gestützte Bearbeitungsverfahren für Ministerialakten im Bundesarchiv-Zwischenarchiv. Der Archivar Jg. 39, 1986 Sp. 28–30.

Handelspolitischen Abteilung (Abt. IV) und der Rechtsabteilung (Abt. V) eingesehen und ausgewertet werden. Darüber hinaus wurde für die Bearbeitung dieses Bandes auch der Bestand Büro Staatssekretäre[45]) herangezogen, der, was das Jahr 1954 angeht, noch überwiegend den VS-Vorschriften[46]) unterliegt und daher Dritten, d.h. der Öffentlichkeit, nicht zugänglich ist.

Nachlässe

Schriftliche Nachlässe der an den Kabinettssitzungen Beteiligten enthalten sowohl Parallelüberlieferungen[47]) zu den Kabinettsprotokollen als auch ergänzende und für die Kommentierung wertvolle Informationen.

Zur Kommentierung der Protokolle wurden für diesen Band ausgewertet die im Bundesarchiv verwahrten Nachlässe der Bundesminister Blücher, Kaiser, Kraft, Lübke, Schäffer und Seebohm, der Nachlaß des Bundespräsidenten Heuss sowie die Nachlässe Barzel (mit Protokollen von Sitzungen der CDU/CSU-Bundestagsfraktion ab 18. Mai 1954), Blankenhorn, von Brentano, Franz Etzel, Hallstein, Luther, Pfleiderer, Pünder, Rauschning, Rheindorf und Thedieck. Für die Kommentierung standen ferner zur Verfügung die Nachlässe Adenauer (StBKAH), Dehler (ADL), Erhard (Ludwig-Erhard-Stiftung, Archiv), Lenz (ACDP), Middelhauve (Nordrhein-Westfälisches Hauptstaatsarchiv), Ollenhauer (AdsD) und Wuermeling (ACDP) sowie das Schneider-Becker-Archiv im Landesarchiv Saarbrücken. Nicht in die Archive gelangt sind bisher die schriftlichen Nachlässe der Bundesminister Balke, Neumayer, Oberländer, Preusker, Schäfer, Schröder, Storch[48]), Tillmanns und F.J. Strauß. Für einige der zuletzt Genannten ist bisher unklar, ob sie überhaupt Papiere von Bedeutung hinterlassen haben. Bundesminister a.D. Hellwege hat dem Bundesarchiv mitgeteilt, er besitze „über Kabinettssitzungen aus der Zeit Adenauers keine wesentlichen Aufzeichnungen und Protokolle"[49]).

---

[45]) AA, BStSe, Bd. 1–283.
[46]) Verschlußsachenanweisung (VS-Anweisung/VSA) für die Bundesbehörden, Berichtigte Neuauflage 1982, Gedruckt in der Bundesdruckerei.
[47]) Zu einem Beispiel aus dem Nachlaß Blankenhorn vgl. Trumpp, Thomas: Nur ein Phantasieprodukt? Zur Wiedergabe und Interpretation des Kurzprotokolls über die 59. Kabinettssitzung der Bundesregierung am 19. November 1954, 10.00–13.50 Uhr (Abstimmung über das Saarstatut vom 23. Oktober 1954), Francia Bd. 17/3 (1990) S. 192–197.
[48]) Aus Hans Günther Hockerts Beitrag über Anton Storch (1892–1975), und zwar auf S. 280, in ZEITGESCHICHTE IN LEBENSBILDERN Bd. 4, ergibt sich, daß Storch einen historisch bedeutsamen Nachlaß nicht hinterlassen hat. – Vgl. dazu auch „Anton Storch" in ABGEORDNETE DES DEUTSCHEN BUNDESTAGES Bd. 2 S. 313–344.
[49]) Schreiben vom 6. Febr. 1980.

Gedruckte Quellen

Als wertvolle Kommentierungshilfe erwiesen sich die von Rudolf Morsey und Hans-Peter Schwarz veröffentlichten Teegespräche[50], der von Hans Peter Mensing publizierte Briefwechsel zwischen Heuss und Adenauer[51], die von Günter Buchstab edierten Protokolle des CDU-Bundesvorstands[52] ebenso wie die vom Department of State bzw. Ministère des Affaires Étrangères herausgegebenen Serien „Foreign Relations of the United States"[53] und „Documents Diplomatiques Français"[54], ferner die von Manfred Todt zusammengestellten Berichte der Schweizer Gesandtschaft in Bonn[55]. Daneben sind wesentliche Informationen den Mitteilungen des Presse- und Informationsamtes der Bundesregierung[56], dem seit Oktober 1951 erscheinenden Bulletin des Presse- und Informationsamtes der Bundesregierung, dem Europa-Archiv, dem Keesing's Archiv der Gegenwart sowie den Drucksachenserien des Deutschen Bundestages und des Bundesrates zu entnehmen[57], letzteren die vom Bundeskabinett verabschiedete Fassung von Gesetzentwürfen und ihre Begründung.

In der Memoirenliteratur zeichnen sich Adenauers Erinnerungen dadurch aus, daß sie nicht „aus dem Gedächtnis", sondern unter Heranziehung schriftlicher Quellen geschrieben wurden[58]. Für die Kommentierung der Kabinettsprotokolle des Jahres 1954 waren auch die Memoiren von Blankenhorn[59], Eden[60] und Grewe[61] recht hilfreich, während die „Erinnerungen" von Franz Josef Strauß[62] in diesem Zusammenhang unergiebig blieben. Reichhaltige memoirenhafte Skizzen von Mitstreitern und politischen Gegnern Adenauers sind in Sam-

---

[50] Adenauer, Teegespräche 1950–1954, Bearbeitet von Hanns Jürgen Küsters. 2. Auflage, Berlin 1985. [TEEGESPRÄCHE]

[51] Heuss-Adenauer. Unserem Vaterland zugute. Der Briefwechsel 1948–1963. Bearbeitet von Hans Peter Mensing. Berlin 1989. [HEUSS-ADENAUER]

[52] Adenauer, Konrad: „Wir haben wirklich etwas geschaffen." Die Protokolle des CDU-Bundesvorstands 1953–1957. Bearbeitet von Günter Buchstab. Düsseldorf 1990. [PROTOKOLLE CDU-BUNDESVORSTAND]

[53] Vor allem FRUS IV, V, VII, VIII, XIII, XVI (vgl. im einzelnen Gedruckte Quellen und Literatur 1. Dokumentensammlungen).

[54] DDF und ANNEXES I–III (vgl. im einzelnen Gedruckte Quellen und Literatur 1. Dokumentensammlungen).

[55] Anfangsjahre der Bundesrepublik Deutschland. Berichte der Schweizer Gesandtschaft in Bonn 1949–1955. Herausgegeben von Manfred Todt. München 1987. [ANFANGSJAHRE]

[56] Überliefert im BPA und in der Amtsdrucksachen-Sammlung des Bundesarchivs.

[57] Vgl. hierzu im einzelnen Gedruckte Quellen und Literatur 4. Periodika.

[58] Adenauer benutzte zur Niederschrift seiner Erinnerungen neben Korrespondenzen insbesondere Protokolle von Kabinettssitzungen und Aufzeichnungen über wichtige Gespräche und Verhandlungen. Zum Inhalt des Bestandes AA, BStSe, 1949–1958 siehe den Vorgang „Memoiren des H[errn] B[undes]k[anzlers]" in B 136/4626 (mit Durchschrift des insgesamt 283 Aktenbände enthaltenden Abgabeverzeichnisses dieses Bestandes).

[59] Blankenhorn, Herbert: Verständnis und Verständigung, Blätter eines politischen Tagebuchs 1949–1979. Frankfurt/Main 1980. [BLANKENHORN]

[60] The Memoirs of Sir Anthony Eden, Full Circle. London 1960. [EDEN]

[61] Grewe, Wilhelm G.: Rückblenden 1976–1951. Frankfurt/Main 1979. [GREWE]

[62] Strauß, Franz Josef: Die Erinnerungen. Berlin 1989.

melbänden enthalten, die zum hundertsten Geburtstag des Bundeskanzlers[63]) und zur Würdigung seines ersten Mitarbeiters Hans Globke[64]) erschienen sind.

Die in den Sitzungsniederschriften der Bundesregierung erwähnten Broschüren, Drucksachen und Plakate wurden entweder in der Amtsdrucksachen- (ADS), Partei- und Verbandsdrucksachen- (ZSg. 1) oder in der Plakat-Sammlung 1949–1966 (Plak. 5) des Bundesarchivs eingesehen oder waren in den Akten der obersten Bundesbehörden enthalten. Einen genauen Überblick über die benutzten Dokumentensammlungen, Darstellungen und Memoiren sowie über die zur Kommentierung herangezogenen Periodika gibt das in diesem Band befindliche Quellen- und Literaturverzeichnis[65]), das mit einem alphabetisch geordneten Verzeichnis der Kurztitel abgeschlossen wird.

Filmüberlieferungen

Bei der Kommentierung wurde gelegentlich auch auf die im Bundesarchiv verwahrten Wochenschauen des Jahres 1954 „Neue Deutsche Wochenschau", „Fox Tönende Wochenschau" und „Welt im Bild" hingewiesen. Als eine eigenständige Quelle können sie den jeweiligen Passus im Kabinettsprotokoll anschaulich ergänzen.

*

Es ist nunmehr möglich, auch für die Editionsreihe „Die Kabinettsprotokolle der Bundesregierung" Archivbestände auf dem Boden der ehemaligen Deutschen Demokratischen Republik zu benutzen. Kurz vor Abschluß des Manuskriptes zu Band 7/1954 konnte die Gelegenheit wahrgenommen werden, einschlägige Bestände im Bundesarchiv in Potsdam (früher Zentrales Staatsarchiv der DDR in Potsdam) und im Institut für Geschichte der Arbeiterbewegung, Zentrales Parteiarchiv der Partei des Demokratischen Sozialismus (PDS), in Berlin (früher Institut für Marxismus-Leninismus beim ZK der SED, Zentrales Parteiarchiv, in Berlin) einzusehen und auszuwerten. Es handelte sich dabei vornehmlich um zwei Schriftgutkomplexe. Einmal um die beiden Sitzungs- und Beschlußreihen des Plenums wie des Präsidiums des Ministerrates der DDR, deren grundsätzlich auf Beschlußprotokolle reduzierte „Kurzprotokolle"[66]) im Verbund

---

[63]) Konrad Adenauer und seine Zeit. Politik und Persönlichkeit des ersten Bundeskanzlers. Bd. I: Beiträge von Weg- und Zeitgenossen. Herausgegeben von Dieter Blumenwitz, Klaus Gotto, Hans Maier, Konrad Repken, Hans-Peter Schwarz. Stuttgart 1976. [ADENAUER UND SEINE ZEIT Bd. I]

[64]) Der Staatssekretär Adenauers, Persönlichkeit und politisches Wirken Hans Globkes. Herausgegeben von Klaus Gotto. Stuttgart 1980.

[65]) Vgl. dazu auch Baring, Arnulf: Im Anfang war Adenauer, Die Entstehung der Kanzlerdemokratie. 3. Auflage, München 1984 S. 551–564, vor allem S. 563. [BARING]

[66]) Stenographisch aufgenommene Wortprotokolle sind die Ausnahme, z. B. Stenographische Niederschrift über die Auswertung des IV. Parteitages der SED vor dem Ministerrat, Anlage B zu TOP 2 der 159. Sitzung des Plenums des Ministerrates der DDR am 22. April 1954 (C-20/I3 Nr. 223, Nachlaß Grotewohl/408).

mit Sitzungsvorlagen und -beschlüssen sowie Informationsmaterialien liegen (in Potsdam), wozu es Gegenüberlieferungen in Berlin gibt, auch in den Nachlässen Grotewohl und Schön (besonders aufschlußreich die entsprechenden handschriftlichen Notizen und Aufzeichnungen). Zum andern, mehr als schiere Ergänzung, um die drei Sitzungs- und Beschlußreihen (ebenfalls grundsätzlich auf Beschlußprotokolle reduzierte „Kurzprotokolle")[67] des Zentralkomitees (ZK) der Sozialistischen Einheitspartei Deutschlands (SED) sowie des Politbüros und des Sekretariats des ZK der SED, wozu Gegenüberlieferungen in den Nachlässen Grotewohl und Ulbricht (in Berlin) vorhanden sind.

Anfang 1992 wurde das „Institut für Geschichte der Arbeiterbewegung, Zentrales Parteiarchiv der PDS" umgewandelt in „Verbund Archiv/Bibliothek/ Technische Werkstätten beim Parteivorstand der PDS, Zentrales Parteiarchiv".

---

[67] Gelegentlich etwas ausführlicher, z.B. im Zusammenhang mit der Berliner Viermächtekonferenz vom 25. Jan. bis 18. Febr. 1954; vgl. dazu 3. Sitzung des PB des ZK am 12. Jan. 1954 TOP 2 (IfGA, ZPA, JIV 2/2/342) und 8. Sitzung des PB des ZK am 9. Febr. 1954 TOP 2 (IfGA, ZPA, JIV 2/2/346) sowie 1. Sitzung des Sekretariats des ZK am 7. Jan. 1954 TOP 1 und 2 (IfGA, ZPA, JIV 2/3/413) und 4. Sitzung des Sekretariats des ZK am 1. Febr. 1954 TOP 1 (IfGA, ZPA, JIV 2/3/416).

EDITIONSGRUNDSÄTZE[1])

Abdruck der Kabinettsprotokolle

Die in Form von Kurzprotokollen vorliegenden Niederschriften der Sitzungen der Bundesregierung werden vollständig abgedruckt, weil nur die Protokolle der Kabinettssitzungen den Blick auf die Gesamtheit der Aktivitäten und Beschlüsse des Verfassungsorgans Bundesregierung ermöglichen. Kürzungen in den Kurzprotokollen vorzunehmen, hätte in keinem angemessenen Verhältnis zur Einbuße von Authentizität gestanden. Zusätze des Bearbeiters im Protokolltext werden in eckige Klammern [] gesetzt.

Auslassungen, wie sie durch die im Kabinettsbeschluß[2]) festgelegte Einspruchsmöglichkeit der Bundesministerien gegen die Veröffentlichung einzelner Tagesordnungspunkte hätten erforderlich werden können, wären in gleicher Weise kenntlich gemacht worden. Da keines der Bundesministerien solchen Einspruch aufrechterhalten hat, bedurfte es auch keiner solchen Textkürzung.

Sind für die Bearbeiter erkennbare Teile einer Kabinettssitzung im Kurzprotokoll nicht dokumentiert, werden die Ergänzungen aus den Parallelüberlieferungen in den Anmerkungen untergebracht[3]). Fehlt ein amtliches Protokoll überhaupt, so wird die aussagekräftigste Ersatzüberlieferung als Hauptdokument abgedruckt[4]).

---

[1]) Der Herausgeber hat sich entschlossen, die Darstellung der Editionsgrundsätze jedem Band dieser Reihe beizugeben. Die folgende Beschreibung der Editionsgrundsätze variiert den im fünften Band dieser Reihe (von Jena) gedruckten Text nur an den Stellen, an denen für den Jahresband 1954 anderes zu sagen ist als für den Band 1952. – Vgl. KABINETTSPROTOKOLLE Bd. 5 S. XXI–XXVIII.

[2]) Der Beschluß der Bundesregierung vom 20. Juni 1979 beauftragte das Bundesarchiv, „die mehr als 30 Jahre alten Sitzungsniederschriften des Bundeskabinetts und seiner Ausschüsse fortlaufend in wissenschaftlicher Form zu veröffentlichen. Die Manuskripte sind vor der Veröffentlichung der Bundesregierung vorzulegen. Bedenken von Ministerien gegen die Veröffentlichung einzelner Niederschriften sind unter Bezeichnung der betroffenen Punkte dem Chef des Bundeskanzleramtes und dem Bundesarchiv jeweils bis zum Ablauf des 28. Kalenderjahres nach der Sitzung mitzuteilen (für die Sitzungsniederschriften der Jahre 1949 und 1950 bis zum 1. 1. 1980), damit ihre Aufnahme in die Manuskripte von vornherein unterbleibt. Die Sitzungsniederschriften des Bundessicherheitsrates bleiben von der Veröffentlichung ausgenommen."

[3]) Vgl. dazu, beispielsweise, 27. Sitzung TOP 1c Anm. 14.

[4]) Siehe Sondersitzung am 28. Juli 1954 TOP A.

Editionsgrundsätze

Vorlagen und Anlagen, Einfügungen

Kabinettsvorlagen, Anlagen zu den Kabinettsprotokollen und sonstige Einfügungen werden dann im Wortlaut mit in die Edition aufgenommen, wenn ihr Abdruck den Protokolltext verständlichlicher machen kann und zugleich ihr Inhalt von erkennbar politisch-historischer Bedeutung ist. Grundsätzlich wird von solchen Inseraten, die durch kursive Satztype vom Protokolltext abgehoben sind, nur sparsam Gebrauch gemacht, um die Präsentation der Kabinettsprotokolle nicht durch die erheblich längeren Texte, insbesondere der Kabinettsvorlagen, überwuchern zu lassen. Werden Anlagen oder Kabinettsvorlagen in zusammenfassender knapper Regestenform wiedergegeben, so geschieht dies immer im Anmerkungsapparat.

Im vorliegenden Band ist keine Kabinettsvorlage gesondert abgedruckt und nur einmal von der Möglichkeit Gebrauch gemacht worden, in den Protokollen angesprochene Anlagen eigens in die Edition aufzunehmen und durch kursive Satztype abzusetzen[5]. Ebenfalls entsprechend dokumentiert sind die Einladungen für die beiden ausgefallenen Kabinettssitzungen am 3. November und 7. Dezember 1954, um die ursprüngliche Tagesordnung offenzulegen[6].

Dokumentenkopf

Die von den Bearbeitern einheitlich umgestalteten Dokumentenköpfe enthalten die Nummer und das Datum der Sitzung, die Teilnehmerliste[7], die Uhrzeit von Beginn und Ende der Sitzung. Der Tagungsort wird nur dann angegeben, wenn die Kabinettssitzung nicht im Bundeskanzleramt, dem Palais Schaumburg, stattfand.

Die Protokollführer selbst gestalteten die Teilnehmerliste sehr unterschiedlich. Gelegentlich werden summarisch „die Bundesminister" angeführt, manchmal sind die anwesenden, manchmal die abwesenden Minister namentlich oder nur mit Funktionsbezeichnung oder mit Funktionsbezeichnung und Namen genannt. In der vereinheitlichten Teilnehmerliste werden die anwesenden Bundesminister nach dem Bundeskanzler namentlich in der Anordnung der vom Kabinett festgelegten Rangfolge aufgeführt. Bei Abwesenheit des Kanzlers beginnt die Aufzählung daher mit demjenigen Minister, der die Sitzung leitete. Wurde bei Abwesenheit des Bundeskanzlers und des Stellvertreters des Bundeskanzlers die Sitzung nicht von dem in der Rangfolge ersten der anwesenden Bundesminister geleitet, so wird in der Aufzählung der Anwesenden die Rangfolge beibehalten und bei dem Minister, der die Sitzung leitete, in Klammern der Vorsitz

---

[5]) Siehe 37. Sitzung TOP 1.
[6]) Siehe 56. und 62. Sitzung.
[7]) Sie wurde im einzelnen mit den Parallelüberlieferungen verglichen, vor allem mit den Mitschriften, die Seebohm von allen Kabinettssitzungen, bei denen er anwesend war, hinterlassen hat (Nachlaß Seebohm/8c). In einem Fall mußte eine Korrektur der amtlichen Überlieferung erfolgen (vgl. 27. Sitzung Anm. 1).

angegeben[8]). Nach den Ministern werden die Staatssekretäre in alphabetischer Reihenfolge, die sonstigen regelmäßigen Teilnehmer[9]) in der Reihenfolge: Chef des Bundespräsidialamtes, Chef des Presse- und Informationsamtes der Bundesregierung, persönlicher Referent des Bundeskanzlers, Leiter des Kanzlerbüros namentlich erwähnt. Weitere Teilnehmer an der Sitzung (Blank als Beauftragter des Bundeskanzlers für die mit der Vermehrung der alliierten Truppen zusammenhängenden Fragen, Sachverständige, Mitglieder des Bundestages, Ministerialbeamte) werden hier anschließend in einer einzigen alphabetischen Reihenfolge genannt. Am Ende der Teilnehmerliste steht der Protokollführer.

Formulierung der Tagesordnungspunkte

Grundsätzlich wurde zu den Tagesordnungspunkten die Wortwahl der Überschrift so beibehalten, wie sie der mit der Einladung zur Kabinettssitzung übersandten Tagesordnung zu entnehmen ist, gelegentlich mit den Abweichungen dokumentiert, wie sie die Kabinettsprotokolle selbst enthalten. Die Bearbeiter übernahmen für die Punkte, die das Kabinett außerhalb der Tagesordnung behandelte, die Überschriften immer dann, wenn sie im Protokoll stehen; anderenfalls wurden sie von den Bearbeitern formuliert und in eckiger Klammer eingefügt.

In Höhe der Überschrift wird auch das für diesen Tagesordnungspunkt federführende Ressort angegeben, soweit dies im Protokoll oder in der den Bundesministern zugegangenen Tagesordnung aufgeführt ist.

Numerierung der Tagesordnungspunkte

In vielen Sitzungen wurde die Behandlung vorgesehener Themen vertagt. Diese Tagesordnungspunkte wurden gelegentlich mit derselben Numerierung in späteren Sitzungen behandelt. Ordentliche Tagesordnung, Nachtragstagesordnung und außerordentliche Tagesordnung beginnen in der Numerierung häufig von vorne. Infolgedessen sind oft in einem Protokoll unterschiedliche Tagesordnungspunkte mit denselben Nummern versehen. Um jedem Tagesordnungspunkt eine eindeutige Kennzeichnung zu geben, wird in der Edition nur die Numerierung der ordentlichen Tagesordnungspunkte übernommen, alle außerhalb dieser Tagesordnung behandelten Punkte werden mit fortlaufenden Großbuchstaben in eckiger Klammer markiert.

---

[8]) Siehe 24. Sitzung (Kopf).
[9]) Von Merkatz wurde nicht zu diesem Personenkreis gezählt, obwohl er häufig an Kabinettssitzungen teilgenommen hatte; er war zwar mit der Wahrnehmung der Geschäfte eines Staatssekretärs im BMBR beauftragt, wurde aber nicht zum Staatssekretär ernannt. Die biographischen Angaben zu von Merkatz finden sich also, wie grundsätzlich bei den andern im Protokolltext genannten Personen, bei der ersten Erwähnung seines Namens (38. Sitzung). Zu den biographischen Angaben der regelmäßigen Teilnehmer an den Kabinettssitzungen des Jahres 1954 siehe S. 595–605.

Aus Gründen der Platzersparnis wird beim Abdruck darauf verzichtet, die Tagesordnung dem Protokoll voranzustellen. Um dennoch die ursprüngliche Tagesordnung vor Augen zu halten, werden auch die nicht behandelten Tagesordnungspunkte mit Überschrift und dem Zusatz [Nicht behandelt][10]) im Protokoll aufgeführt. Der Hinweis „Außerhalb der Tagesordnung" wird, soweit im Protokoll vorhanden, übernommen, soweit nicht vorhanden, in eckiger Klammer eingefügt.

Korrekturen

Orthographische und andere kleinere offensichtliche Schreibfehler in den Kabinettsprotokollen werden von den Bearbeitern stillschweigend korrigiert. Insbesondere handelt es sich dabei um die Verwendung des „ß", das in den Kabinettsprotokollen der ersten Jahre weitgehend vom „ss" verdrängt ist. Die gelegentlich falsch geschriebenen Namen werden nur dann stillschweigend ausgebessert, wenn Verwechslungen nicht möglich sind. Andere Korrekturen, die von den Bearbeitern am Protokolltext vorzunehmen sind, werden in einer Anmerkung festgehalten.

In die wörtlich übernommenen Mitschriften Seebohms wurden stillschweigend Satzzeichen eingefügt. Die Gliederung der Seebohmschen Aufzeichnungen in Absätze konnte aus Gründen der Platzersparnis nicht immer sichtbar gemacht werden.

Enthält ein im Kommentar zitiertes Schriftstück kein Tagesdatum, so wird dies deutlich gemacht.

Dokumentenbeschreibung

Es wird sicherlich einsichtig sein, daß darauf verzichtet wurde, jedem einzelnen Protokoll eine Dokumentenbeschreibung voranzustellen, da es sich bei den Kurzprotokollen ausschließlich um undatierte und ungezeichnete Ausfertigungen handelt, die im Umdruckverfahren hergestellt wurden und deren Beschreibung lediglich in der Umfangsangabe differieren würde. Da alle Protokolle vollständig abgedruckt werden, erscheint auch die Angabe der Seitenzahl verzichtbar. Eine Dokumentenbeschreibung wird jedoch immer dann vorgenommen, wenn eine Parallelüberlieferung als Hauptdokument abgedruckt wird[11]). Werden in den Anmerkungen neben Aktenbänden einzelne Schriftstücke genannt, so wird grundsätzlich darauf verzichtet, diese Überlieferungsform zu beschreiben.

---

[10]) In diesem Zusammenhang enthält der Protokolltext entweder überhaupt keine Angabe oder Formulierungen wie: „nur Punkt [...] abgewickelt", „vertagt", „zurückgestellt". Dabei ist die Wortwahl der Protokollführer nicht immer einheitlich: Haenlein macht, von einer Ausnahme abgesehen, keinerlei Angaben, während Pühl, ebenfalls von einer Ausnahme abgesehen, den Begriff „zurückgestellt" bevorzugt.

[11]) Siehe Sondersitzung am 28. Juli 1954.

Editionsgrundsätze

Textkritische Anmerkungen

Textkritische Anmerkungen sind nur selten erforderlich. Sie sind lediglich dann vonnöten, wenn Unterschiede zwischen dem Protokollentwurf und der Ausfertigung des Protokolls einen Hinweis erforderlich erscheinen lassen, die Bearbeiter sich zu einer Korrektur am Protokolltext veranlaßt sahen oder das Protokoll nachträglich eine amtliche Korrektur erfahren hat. Im Falle der amtlichen Protokollkorrektur wird der korrigierte Protokolltext publiziert und der ursprüngliche Text in einer Fußnote sichtbar gemacht. Textkritische Anmerkungen werden nicht mit Buchstaben, sondern wie Sachanmerkungen mit Ziffern gekennzeichnet. Unberücksichtigt bleiben in der Edition die zahlreichen maschinenschriftlichen Unterstreichungen in den Kabinettsprotokollen.

Anmerkungen

Bei der großen Spannweite der im Kabinett angesprochenen Themen geriete die Forderung nach einer alle Möglichkeiten ausschöpfenden Kommentierung des Protokolltextes in Konkurrenz zu dem Ziel, die Protokolle der Öffentlichkeit möglichst bald nach Ablauf der Dreißigjahresfrist zu präsentieren. Aufgabe der knappen sachlichen Kommentierung soll es sein, den Protokolltext dort, wo er für sich allein unverständlich bleibt, durch Erläuterungen verständlich zu machen. Deshalb war es den Bearbeitern nicht zum Ziel gesetzt, die im Kabinett behandelten Gegenstände umfassend darzustellen oder die Geschichtsschreibung des dokumentierten Zeitraumes vorwegzunehmen.

Der Kommentar hat dem Leser und Benutzer der Edition einerseits — wo notwendig — Verständnishilfen zu geben, andererseits — wo immer möglich — auf weiterführende Quellen hinzuweisen, die für die intensive Beschäftigung mit den einzelnen Gegenständen erforderlich sind. Dazu gehören die zum jeweiligen Gegenstand vorhandenen Drucksachen (ADS, ZSg. 1), die in den obersten Bundesbehörden angefallenen Akten sowie privates Schriftgut, soweit es mittlerweile zum zugänglichen Archivgut geworden ist (insbesondere Nachlässe).

Neben dem Angebot von Verständnishilfen soll der Kommentar auf die zu einem im Kabinett behandelten Tagesordnungspunkt entstandenen Quellen des federführenden — und wenn nötig und möglich auch des oder der mitwirkenden — Ressorts hinführen. Dieses Verfahren erscheint aus zwei Gründen als zweckmäßig: es erleichtert einmal der Forschung den Zugriff zu Sachakten, mit deren Hilfe die Entstehung einer Kabinettsvorlage nachvollzogen werden kann, zum anderen sichert es eine Überprüfbarkeit und Auswertungsmöglichkeit der angeführten Akten zu einem späteren Zeitpunkt; denn nach den Bewertungsgrundsätzen des Bundesarchivs werden Parallelüberlieferungen, die ausschließlich die geschäftsmäßige Beteiligung anderer Ministerien dokumentieren, nach Ablauf der Aufbewahrungsfristen vernichtet. Da jedoch nicht immer die Überlieferung des federführenden Ressorts — oder im Idealfall des bearbeitenden Referats — nachgewiesen werden kann, bietet sich als Ersatz und als zusätzliche Quelle der Hinweis auf die im Bundeskanzleramt oder auf die in den sachlich mitwirkenden – nicht nur geschäftsmäßig beteiligten – Ressorts entstandenen Akten.

Zu diesen Aktenhinweisen ist grundsätzlich zu bemerken, daß sie nicht immer den Anspruch auf Vollständigkeit erheben können. Dies trifft vor allem bei der Behandlung komplexer Beratungsgegenstände zu, wie etwa der Viermächte-Außenministerkonferenz von Berlin, des EVG-Vertrages (Erste Wehrergänzung), der Brüsseler und Londoner Konferenzen, des Pariser Vertragswerkes (Saarstatut). In diesen Fällen würde das Streben nach vollständiger Angabe der einschlägigen Quellen vom Umfang her zu eigenen, ressortübergreifenden Sachinventaren führen, die das Ziel des Editionsvorhabens weit überschreiten würden.

Nicht nur weil in den Kabinettsprotokollen gelegentlich Bezug auf Presseartikel genommen wird, ist die Benutzung von Zeitungen für die Kommentierung unumgänglich. Nicht immer freilich ist es möglich, unpräzise angesprochene Artikel nachzuweisen[12]). Generell ist es den Bearbeitern aufgegeben, eine überregionale Tageszeitung für die Kommentierung heranzuziehen.

Im Protokolltext genannte Namen werden mit Hilfe biographischer Angaben und für den Zeitpunkt der Erwähnung relevanten Funktion erläutert. Diese Angaben werden grundsätzlich bei der erstmaligen namentlichen Erwähnung im Anmerkungsapparat wiedergegeben; das Personenregister verweist in solchen Fällen durch fettgedruckte Seitenzahl auf diese Fundstelle. Die Angaben zu Personen sind weitgehend einschlägigen biographischen Nachschlagewerken entnommen. In den Fällen, in denen diese Nachschlagewerke nichts hergeben, haben die Bearbeiter – soweit möglich – die Angaben durch Recherchen in dem vom Bundesarchiv verwahrten Archiv- und Sammlungsgut ermittelt oder in anderen Archiven Auskünfte eingeholt. Grundsätzlich bleiben im Protokoll genannte Namen stehen. Dies gilt auch für die Behandlung von Personalsachen, wenn ausnahmsweise bei der Besetzung weniger wichtiger Positionen im Protokoll Namen genannt sind. Sind Namen nur den Anlagen zu entnehmen, so beschreibt der Kommentar zusammenfassend, welche und wieviele Positionen in den jeweiligen Ministerien besetzt werden sollten. In der Regel wird erst bei der Besetzung einer Abteilungsleiterstelle eines Ministeriums (Ministerialdirektor) – gelegentlich auch eines Ministerialdirigenten (Walter Bargatzky, Edmund Forschbach, Franz Haenlein, Dr. Friedrich Karl Vialon) oder Ministerialrates (Dr. Eberhard Günther, Dr. Hans Strack), soweit es sich dabei aufgrund ihres früheren oder künftigen Werdegangs um Personen der Zeitgeschichte handelt –, der Ernennung eines Botschafters oder Gesandten sowie bei der Vergabe eines Spitzenamtes (etwa im Range eines Bundesrichters, eines Oberfinanz- oder Senatspräsidenten, oder des Präsidenten einer Bundesbahndirektion, eines Landesarbeitsamtes oder einer Oberpostdirektion) ein im Protokoll nicht genannter Name aus den (nicht abgedruckten) Anlagen in die Anmerkungen übernommen.

Durch Fortgangs- und Rückverweise werden in den Anmerkungen die Tagesordnungspunkte, die in mehreren Kabinettssitzungen behandelt wurden, miteinander verknüpft.

---

[12]) Vgl. dazu 43. Sitzung TOP A Anm. 34.

Auf die Behandlung von Regierungsvorlagen im Bundesrat, im Deutschen Bundestag oder in den Ausschüssen der Gesetzgebungsorgane wird grundsätzlich nur dann eingegangen, wenn diese Behandlung in den Kabinettsprotokollen angesprochen ist. Diesen und andere Aspekte der Tätigkeit der Bundesregierung voll in die Kommentierung der Kabinettsprotokolle mit einzubeziehen — etwa die Aktionen zwischen Regierung und Koalitionsparteien, zwischen Regierungsparteien und Opposition — würde, soweit sie sich nicht in den amtlichen Unterlagen niedergeschlagen haben, den Rückgriff auch auf das Schriftgut der Parteien und die Heranziehung der Akten der Ausschüsse des Bundesrates sowie des Deutschen Bundestages erfordern. Damit wäre die Aufgabe der Bearbeiter so erheblich erweitert, daß die Bände nicht mehr in einem vertretbaren Zeitraum zu erarbeiten wären.

Ähnliches gilt für die Auswertung der Literatur zur Kommentierung der Kabinettsprotokolle. Die Bearbeiter haben sich, auch um die Edition nicht mit rasch überholten Literaturangaben zu befrachten, grundsätzlich auf die Memoirenliteratur der an der Regierungsarbeit Beteiligten und auf diejenigen Darstellungen zu beschränken, die bereits — wie in einigen Ausnahmefällen geschehen — unter Benutzung der einschlägigen Archivalien entstanden sind.

Nur unter dieser Einschränkung besteht Hoffnung, mit
— dem vollständigen Abdruck der Kabinettsprotokolle und
— der Wegweiserfunktion zur weiterführenden archivalischen Überlieferung das angestrebte Ziel der Edition zu erreichen. Dieses kann nicht dem Versuch gelten, eine wissenschaftliche Darstellung oder gar Aufarbeitung deutscher Politik in Jahresbänden vorzulegen, sondern für die Beschäftigung von Wissenschaft und Publizistik mit der Geschichte der Bundesrepublik Deutschland wesentliche Grundlagen zu erschließen und so bald wie möglich nach Ablauf der dreißigjährigen Benutzungssperrfrist für die Akten der obersten Bundesbehörden (Bundesministerien) der Öffentlichkeit zugänglich zu machen.

Einleitung, Verzeichnisse und Indices

Jedem Band wird eine Einleitung vorangestellt, die den Zweck verfolgt, den ereignisgeschichtlichen Rahmen aufzuzeigen, in den die abgedruckten Dokumente zu stellen sind. Außerdem wird jedem Band beigegeben:
— ein Abkürzungsverzeichnis
— ein Verzeichnis der Sitzungen und Tagesordnungspunkte (Inhaltsverzeichnis zu den Protokollen)
— eine namentliche Liste der regelmäßigen Teilnehmer an Kabinettssitzungen mit biographischen Angaben
— eine Zeittafel
— ein Quellenverzeichnis
— ein Literaturverzeichnis
— ein Personenindex
— ein Sach- und Ortsindex.

Editionsgrundsätze

Der vorliegende Band enthält außerdem Übersichten zur Anwesenheit der regelmäßigen Teilnehmer an den Kabinettssitzungen[13]).

Entwicklung der Editionsgrundsätze

Die Editionsgrundsätze wurden in Besprechungen des früheren Herausgebers mit den Bearbeitern der ersten Bände der Edition unter Beteiligung von Ltd. Archivdirektor Dr. Heinz Boberach entwickelt. Diese Diskussionen konnten auf einer ersten Konzeption für das Editionsvorhaben aufbauen, die Ltd. Archivdirektor Dr. Wolfram Werner 1979 vorgelegt hatte. In die Editionsgrundsätze sind Anregungen aus dem Projektbeirat eingeflossen, dessen Billigung diese unterlagen. Im Rahmen dieser so erarbeiteten Editionsgrundsätze verantworten die jeweiligen Bearbeiter die von ihnen eingerichteten und kommentierten Bände. Für den Band 7/1954 sind verantwortlich: Dr. Ursula Hüllbüsch für die Teilbereiche BMI (Schröder), BMJ (Neumayer), BMF (Schäffer), BMA (Storch), BMWo (Preusker), BMVt (Oberländer), BMFa (Wuermeling)[14]; Ltd. Archivdirektor Dr. Thomas Trumpp für die Teilbereiche Bundeskanzleramt und AA (Adenauer), Stellvertreter des Bundeskanzlers und BMZ (Blücher), BMWi (Erhard), BML (Lübke), BMV (Seebohm), BMP (Balke), BMG (Kaiser), BMBR (Hellwege), BMS (Tillmanns, F. J. Strauß, Schäfer, Kraft), Amt Blank (Blank)[15].

---

[13]) Die Übersicht über die Teilnahme des Bundeskanzlers und der Bundesminister wurde auf Anregung von Herrn Prof. Dr. Rudolf Morsey angefertigt. Es gibt einige Stellen in der Memoirenliteratur, die sie nützlich erscheinen läßt. Mit dieser Übersicht kann beispielsweise unschwer die Feststellung überprüft werden, der Bundeskanzler habe seinem Stellvertreter (Blücher) gerne die nachgeordneten Regierungsgeschäfte wie den Vorsitz in dem Teil der Kabinettssitzungen überlassen, in welchem Routineangelegenheiten erledigt wurden (Vogel, Georg: Diplomat unter Hitler und Adenauer. Düsseldorf 1969 S. 171). Morsey begründete seine Anregung mit der Aussage Sonnemanns, er habe das Ministerium über weite Strecken allein geleitet, weil Niklas mehrmals längere Zeit erkrankt war (Sonnemann, Theodor: Jahrgang 1900 – Auf und Ab im Strom der Zeit. Würzburg 1980 S. 358). – Zum ersten Mal aufgenommen wurden Übersichten über die Teilnahme der Staatssekretäre und der anderen Ständigen Teilnehmer (des Chefs des Bundespräsidialamtes, des Chefs des BPA, des Persönlichen Referenten des BK, des Leiters des Kanzlerbüros, des Beauftragten des Bundeskanzlers für die mit der Vermehrung der alliierten Truppen zusammenhängenden Fragen sowie der Protokollführer). Diese Übersichten ermöglichen nicht nur einen schnellen Überblick über die Anwesenheit dieser Personen bei den Kabinettssitzungen; sie entlasten auch den Personenindex von den Seitenzahlen, mit denen lediglich auf die Teilnahme an den Sitzungen verwiesen wird.

[14]) 7 Bundesminister, 286 Tagesordnungspunkte.

[15]) Bundeskanzler und Bundesminister des Auswärtigen Adenauer sowie 11 Bundesminister (Blank wurde erst am 7. Juni 1955 zum Bundesminister für Verteidigung ernannt), 294 Tagesordnungspunkte und zwei Wortprotokolle.

EINLEITUNG

Die ungleichzeitige Dynamik historischer Entwicklungsprozesse überrascht gerade aus der Retrospektive immer wieder aufs Neue. Nach längeren Perioden mit engem Handlungsspielraum in politischen Entscheidungen, wie beispielsweise in der Stalin-Ära, überschlagen sich plötzlich die Ereignisse innerhalb kürzester Zeit. Sie beeindrucken durch ihr Tempo und verkörpern zudem eine neue Qualität im Handeln, deren strukturelle Bedingungen zu beachten sind. Daraus resultieren auch die kurzfristigen Weichen mit langfristig wirksamen, häufig ungeahnten Konsequenzen zumindest für die folgende Generation.

Das Jahr 1954 ist über eine rein annalistische Betrachtungsweise hinaus in jene politisch zusammenhängende Phase eingebettet, die von März 1953 bis Juli 1955 reichte. Zwei Eckdaten markierten eine wichtige Etappe im Prozeß der europäischen Entwicklung: Erst durch den Tod Stalins am 5. März 1953[1]) auf der einen Seite und die Gipfelkonferenz in Genf vom 18. bis 23. Juli 1955 andererseits wurden die Voraussetzungen für eine zukünftige Einigung der beteiligten Verhandlungspartner geschaffen.

Die entscheidende Zäsur in der Geschichte Nachkriegseuropas für die nächsten 35 Jahre stellte das Scheitern des Vertrages der Europäischen Verteidigungsgemeinschaft (EVG) am 30. August 1954 dar: An diesem Tag wurde die Integration Europas, soweit sie auf der Bildung supranationaler Einrichtungen basierte, unterbrochen. Die politische Union, als deren Vorläufer die EVG projektiert war, blieb deshalb eine Fiktion – immerhin mit visionärer Qualität. Statt dessen trat die nationalstaatliche Kooperation in einem zersplitterten „Europa der Vaterländer" auf die politische Bühne, im Gegensatz zu der insbesondere von Adenauer angestrebten westeuropäischen bundesstaatlichen Integration.

Das Pariser Vertragswerk vom 23. Oktober 1954 bereitete die fast vollständige Souveränität der Bundesrepublik Deutschland einschließlich ihrer uneingeschränkten NATO-Mitgliedschaft vor. Diese grundlegende Entscheidung einer einseitigen Westbindung mit tiefgreifenden Auswirkungen in gesellschaftspolitischer Hinsicht trat schließlich im Mai 1955 in Kraft. Der publikumswirksame Primat der Außenpolitik[2]) darf allerdings nicht über die weichenstellende Be-

---

[1]) Vgl. im einzelnen KABINETTSPROTOKOLLE Bd. 6 S. 44, 54, 267.
[2]) Vgl. dazu, beispielsweise, Rundschreiben Adenauers an die Bundesminister vom 17. Mai und 13. Sept. 1954 in Nachlaß Blücher/81 und Nachlaß Lübke/45, ferner folgenden Aus-

deutung der innenpolitischen Impulse, besonders im Bereich der Sozialpolitik, hinwegtäuschen. Erst die Kombination beider Handlungsebenen in der Betrachtung ergibt aus der Perspektive historischer Dynamik ein facettenreiches Bild des turbulenten Kalenderjahres 1954.

1. INNENPOLITIK UNTER DEM PRIMAT DER AUSSENPOLITIK

Die „innenpolitische Lage" wurde als eigenständiger Tagesordnungspunkt 1954 zum ersten Mal in dem Protokoll über die Kabinettssitzung am 22. September festgehalten. Adenauer nahm „die in der Öffentlichkeit und auch von den Koalitionsfraktionen erhobenen Vorwürfe [...], auf innenpolitischem Gebiet geschehe zu wenig", zum Anlaß, auf die große Zahl der vom Bundestag seit dem Beginn der Legislaturperiode verabschiedeten Gesetze hinzuweisen. „Allerdings sei man gerade mit den wichtigeren Dingen im Rückstand." Dazu zählte er das Wahlgesetz, die Sozialreform und die Steuergesetze[3].

Der Kanzler erwähnte nicht, daß auch im Kabinett die Meinung vertreten worden war, der Innenpolitik sollte mehr Gewicht beigemessen werden. So hatte Schäffer in der Kabinettssitzung, in der das Scheitern des EVG-Vertrags behandelt wurde, die Frage gestellt, „ob jetzt nicht auch der Zeitpunkt für eine Besetzung des Außenministeriums gekommen sei. Die neuen Verhandlungen würden eine starke Arbeitsbelastung des für die Außenpolitik verantwortlichen Ministers mit sich bringen. Der Bundeskanzler müsse sich nunmehr aber der Innenpolitik widmen." In derselben Sitzung war außerdem vorgeschlagen worden, in der beabsichtigten Regierungserklärung auch innenpolitische Probleme zu erörtern[4]. Adenauer sagte in der Kabinettssitzung am 22. September auch nicht, daß sich die Kritik der CDU/CSU-Fraktion an der Innenpolitik nicht zuletzt im Zusammenhang mit den Ergebnissen der am 12. September in Schleswig-Holstein stattgefundenen Landtagswahl zugespitzt hatte, bei der der Stimmenanteil der CDU im Vergleich zur Bundestagswahl von 1953 um 15% gesunken war[5].

In der Sitzung der CDU/CSU-Fraktion am 14. September hatte Adenauer in der Diskussion über das Wahlergebnis auf die Frage, ob er die „Zusage" geben könnte, „daß die innenpolitischen Probleme in Zukunft eine stärkere Beachtung

---

zug aus der 63. Sitzung am 14. Dez. 1954 TOP A: „Nach seiner [Adenauers] Auffassung dürfe man trotz Anerkennung der großen Bedeutung aller innenpolitischen Probleme den Primat der Außenpolitik nicht übersehen."

[3]) Siehe 45. Sitzung TOP A.

[4]) Siehe Sondersitzung am 31. Aug. 1954 TOP A. – Der Wechsel im AA wurde in der 44. Sitzung TOP 1 von Adenauer abgelehnt. In der Sondersitzung am 1. Sept. 1954 wurde beschlossen, die Innenpolitik in der Regierungserklärung nicht zu erwähnen.

[5]) Zu den Wahlergebnissen siehe KEESING 1954 S. 4732. – In der Sitzung des CDU-Bundesvorstands am 26. April 1954 hatte Adenauer erklärt, in den Landtagswahlen werde „letzten Endes gekämpft um die Fragen der Bundespolitik" (PROTOKOLLE CDU-BUNDESVORSTAND S. 144).

finden würden", mit der Behauptung reagiert, „daß man auch innenpolitisch besser und schneller weiterkomme, wenn die Regierungskoalition die Koalitionsregierung nicht als ihren Gegner betrachte, dem man möglichst Schwierigkeiten machen oder den man jedenfalls verbessern müsse." Diese Schuldzuweisung war vom Fraktionsvorsitzenden mit dem Hinweis auf die „befruchtende Polarität" von Fraktion und Regierung zurückgewiesen worden; und von Brentano hatte hinzugefügt, daß auch „die beste Außenpolitik" der CDU keinen Erfolg bringen werde, wenn die Partei „nicht auch in der Innenpolitik das Vertrauen rechtfertige, das ihr am 6. September 1953 gegeben worden sei"[6]). In der Abwesenheit Adenauers war die Kritik deutlicher geworden. „In dem Augenblick außenpolitischer Rückschläge würde der Mangel an innenpolitischer und sozialpolitischer Aktivität besonders auffällig und verhängnisvoll wirksam." Der „an sich berechtigte Grundsatz vom Primat der Außenpolitik" werde „wohl auch beim Herrn Bundeskanzler" nicht richtig verstanden, nämlich so, „als handele es sich bei innenpolitischen Problemen um heiße Eisen, die man nicht anfassen wolle, weil durch die entstehende Diskussion innerhalb der Regierungsparteien der Eindruck von politischer Geschlossenheit im Ausland gestört werden könnte"[7]).

Wie eine Bestätigung dieser Einschätzung liest sich das, was der Bundeskanzler am 14. Dezember 1954 nach den für die CDU und CSU verlustreichen Wahlen in Bayern, Hessen und Berlin zur innenpolitischen Lage ausführte. Diese Ergebnisse könnten „im Ausland den Eindruck erwecken [...], als wenn die Koalition an Bestand verliere. Nach seiner Auffassung dürfe man trotz Anerkennung der großen Bedeutung aller innerpolitischen Probleme den Primat der Außenpolitik nicht übersehen. Er sei fest entschlossen, von sich aus alles Erforderliche zu tun, um die Koalition zusammenzuhalten und damit dem Ausland gegenüber eine geschlossene Haltung der Bundesregierung zu manifestieren"[8]).

Auch wenn Adenauer den Zusammenhalt der Koalition unter dem Aspekt der Außenpolitik betrieb und sich bemühte, vor allem in diesem Bereich eine geschlossene Haltung der Regierungsparteien berbeizuführen, so konnte er doch in den letzten Monaten des Jahres 1954 nicht übersehen, daß sich bei innenpolitischen Fragen ein Konfliktpotential aufgestaut hatte, das dem Bestand der Koalition unzuträglich war.

Der seit dem November 1953 zwischen Schäffer und Oberländer schwebende Kompetenzstreit wegen der Aufsicht über die Lastenausgleichsbank hatte schon im Juni 1954 dazu geführt, daß der Bundesminister für Vertriebene, Flüchtlinge und Kriegsgeschädigte sein Verbleiben im Kabinett u.a. auch von der Übertragung auf sein Ressort, die dem BHE in den Koalitionsverhandlungen über die Regierungsbildung im Herbst 1953 zugesagt worden war, abhängig gemacht hatte[9]). Offenbar war Schäffer zunächst mit dieser Regelung einverstan-

---

[6]) Siehe Protokoll der Sitzung der CDU/CSU-Fraktion am 14. Sept. 1954 (Nachlaß Barzel/314).
[7]) Franz Böhm in der Sitzung der CDU/CSU-Fraktion am 15. Sept. 1954 (ebenda).
[8]) Siehe 63. Sitzung TOP A.
[9]) Vgl. den Vermerk Globkes vom 29. Juni 1954 über seine Besprechung mit Oberländer am selben Tag in B 136/9438. — Vgl. auch Kather, Linus: Die Entmachtung der Vertriebenen. Bd. 2: Die Jahre des Verfalls. München 1965 S. 74 f. und KEESING 1954 S. 4661.

den gewesen; er sah sich aber an einen auch vom Fraktionsvorstand der CDU/ CSU unterstützten Beschluß der CSU gebunden, die diese Übertragung abgelehnt hatte[10]). Das Kabinett stimmte am 14. Oktober 1954 der Forderung des Bundesministers für Vertriebene gegen den Einspruch des Bundesministers der Finanzen zu, der seinen Widerspruch gemäß § 26 der Geschäftsordnung der Bundesregierung zu Protokoll gab[11]). Adenauer gelang es, innerhalb der ihm von Oberländer gesetzten Frist[12]), Schäffer zur Rücknahme seines Widerspruchs zu bewegen; und die CSU führte nur noch ein Rückzugsgefecht mit der in der Kabinettssitzung am 10. November 1954 im Auftrag des erkrankten Bundesministers der Finanzen von Strauß abgegebenen Erklärung, Voraussetzung für die Zustimmung sei der Verzicht des Bundesministers für Vertriebene auf weitere Kompetenzansprüche[13]). Daß Strauß außerdem darauf hinwies, zusätzliche Forderungen Oberländers würden für die CSU die „Kabinettsfrage" bedeuten, wurde im Protokoll nicht festgehalten und trotz der Bemühungen von Strauß auch später nicht dem Protokoll hinzugefügt[14]).

Diese Ankündigung der CSU verhinderte jedoch nicht, daß das Kabinett in Abwesenheit von Schäffer und Strauß der weiteren Übertragung einer zwischen dem Bundesminister der Finanzen und dem Bundesminister für Vertriebene und Kriegssachgeschädigte strittigen Zuständigkeit an Oberländer zustimmte. Der Bundeskanzler hatte zwar in den „Richtlinien", die seiner Vorlage über die Errichtung eines Interministeriellen Ausschusses für den Lastenausgleich beigegeben waren, die Frage der Geschäftsführung des Ausschusses offengelassen; dem Protokoll über die Kabinettssitzung ist jedoch zu entnehmen, daß er sich für die Übertragung an den Bundesminister für Vertriebene und Kriegssachgeschädigte einsetzte[15]).

Mit diesen beiden Entscheidungen waren weitere Forderungen durchgesetzt worden, die der BHE in den Verhandlungen über den Eintritt der Partei in die Regierungskoalition im Herbst 1953 gestellt hatte. Der Widerspruch der CDU/CSU-Fraktion, der schon gegen die Übertragung der Zuständigkeit für die Kriegssachgeschädigten vom Bundesminister des Innern an den Bundesminister für Vertriebene deutlich geworden war[16]), hatte nichts bewirkt angesichts der Entschlossenheit des Bundeskanzlers, den Bestand der Regierungskoalition auch durch Zugeständnisse an den BHE zu sichern.

---

[10]) Unterlagen in B 136/9438.
[11]) Siehe 50. Sitzung TOP 3.
[12]) Oberländer hatte in seinem Schreiben an Adenauer vom 2. Nov. 1954 die Regelung bis zum 10. Nov. 1954 gefordert (B 136/9438). — Siehe dazu auch den Bericht über die Bundesvorstandssitzung des BHE am 3. Okt. 1954 in Neumann, Franz: Der Block der Heimatvertriebenen und Entrechteten 1950-1960. Ein Beitrag zur Geschichte und Struktur einer politischen Interessenpartei. Meisenheim am Glan 1968 S. 111 f.
[13]) Siehe 58. Sitzung TOP 2.
[14]) Unterlagen in VS-B 136/121.
[15]) Siehe 63. Sitzung TOP 5.
[16]) Siehe 16. Sitzung TOP 1.

Adenauer griff auch in die Beratungen über zwei andere die Koalition belastende Fragen ein, wenn auch mit unterschiedlichem Erfolg. In den unter seinem Vorsitz abgehaltenen Besprechungen über die Steuerreform wurde ein Kompromiß zwischen den Vorschlägen der CDU/CSU und der FDP erreicht[17]. Die Initiative Adenauers führte auch dazu, daß die Wahlrechtsreform, den Wünschen der kleineren Koalitionsparteien entsprechend, unter seinem Vorsitz am 10. November 1954 besprochen wurde. Der Bundesminister des Innern hatte eine Erörterung dieser Fragen zurückstellen wollen, bis ihm die Gutachten der von ihm eingesetzten Wahlrechtskommission vorlagen. Die Erklärungen der CDU/CSU-Fraktion für ein Mehrheitswahlrecht hatten zu Besorgnissen der anderen Koalitionsparteien geführt; und Preusker (FDP) wurde von Kraft (BHE) und Hellwege (DP) in seiner Erklärung unterstützt, „daß man die Bedeutung der Wahlrechtsreform im Hinblick auf die politischen Spannungen innerhalb der Koalition nicht unterschätzen dürfe"[18]. In der Besprechung am 10. November 1954 wurden die unterschiedlichen Vorstellungen der Koalitionsparteien vorgebracht. Die vom Vertreter des BHE geforderte Einführung des reinen Verhältniswahlrechts lehnte der Geschäftsführer der CDU/CSU-Fraktion Heinrich Krone ab, welcher lediglich die Bereitschaft erklärte, sich für eine einvernehmliche Lösung einzusetzen[19].

Die innere Sicherheit war angesichts der Niederlage der links- und rechtsradikalen Parteien bei der Bundestagswahl in den Beratungen der Bundesregierung kein Thema mehr. Das Kabinett entschied, seinen Beschluß vom 1. September 1953, beim Bundesverfassungsgericht den Antrag auf Feststellung der Verfassungswidrigkeit der Deutschen Reichspartei zu stellen, nicht in die Tat umzusetzen[20] und die Strafanträge der Bundesregierung für Straftaten, die im Zusammenhang mit dem Wahlkampf begangen worden waren, zurückzunehmen[21]. Nicht die Bedrohung durch staatsfeindliche Organisationen, sondern die in der Öffentlichkeit vorgebrachte Kritik an der Tätigkeit des Bundesamts für Verfassungsschutz, dem Überwachung unverdächtiger Bürger und ungesetzliche Verwendung des so gewonnenen Materials vorgeworfen wurde, war der Anlaß zur Diskussion einer „Erklärung der Bundesregierung zur Frage des Verfassungsschutzes"[22]. Etwa 14 Tage nach der Abgabe dieser vom Bundesminister des Innern vorgeschlagenen Regierungserklärung machte das Bundesamt für Verfassungsschutz durch das „Verschwinden" seines Leiters Otto John erneut Schlagzeilen – eine Affäre, deren Diskussion im Kabinett in den Protokollen nur sehr fragmentarisch überliefert ist[23].

---

[17] Siehe Reformpolitik Anm. 162–164.
[18] Siehe 58. Sitzung TOP C.
[19] Vgl. die Aktennotiz über die Besprechung in Nachlaß von Brentano/155.
[20] Siehe 17. Sitzung TOP 1.
[21] Siehe 31. Sitzung TOP 5.
[22] Siehe 38. Sitzung TOP B.
[23] Siehe, beispielsweise, Sondersitzung am 23. Juli 1954 TOP A.

2. AUSSEN- UND DEUTSCHLANDPOLITIK

Die Sowjetunion initiierte 1952 einen Gedankenaustausch über das Deutschlandproblem, der bereits im Herbst desselben Jahres ergebnislos versandete. Obwohl die sowjetische Seite das Faktum der am 26. und 27. Mai 1952 in Bonn und Paris unterzeichneten Verträge (Generalvertrag/Deutschlandvertrag, EVG-Vertrag) berücksichtigte, ließ sie die vierte Deutschland-Note der drei Westalliierten vom 23. September 1952 unbeantwortet. Damit verzichtete sie auf eine Fortsetzung der mit ihrer ersten Deutschland-Note vom 10. März 1952 eingeleiteten diplomatischen Offensive über die Lage Deutschlands[24].

Nach dem Tode Stalins gab es verschiedene, diesmal von westlicher Seite ausgehende Initiativen zur gegenseitigen Annäherung. Sowohl Eisenhowers Rede vom 16. April 1953 zählte dazu, in der er, ausgehend vom Selbstbestimmungsrecht der Völker, eine Weltfriedensordnung entwickelte, als auch die Rede Churchills am 11. Mai 1953 im Unterhaus, worin er sich für ein „Ost-Locarno" in Mitteleuropa unter Berücksichtigung der Sicherheitsinteressen der Sowjetunion aussprach. Diese öffentlichen Erklärungen führten, zwischen den drei Westalliierten (Wiedervereinigung vor Friedensvertrag) und der Sowjetunion (Friedensvertrag vor Wiedervereinigung), zu einem weiteren zeitraubenden Notenwechsel. Er bestand aus der jeweils in der variantenreichen, im Prinzip jedoch unveränderten Wiederholung der eigenen, den Gegenspieler zu politischer Kapitulation auffordernden Zielvorstellungen[25]. Nach vielem Hin und Her dieser erneuten Diskussion zwischen Ost und West, in der allerdings die Problematik der Deutschen Frage immer mehr an den Rand gedrängt wurde[26], konnte schließlich um die Jahreswende 1953/54 vereinbart werden, daß eine Konferenz der Außenminister der vier Siegermächte des Zweiten Weltkrieges – Vereinigte Staaten (John Foster Dulles), Großbritannien (Sir Anthony Eden), Frankreich (Georges Bidault), Sowjetunion (Vjačeslav Michailovič Molotov) – am 25. Januar 1954 in Berlin beginnen sollte[27]. Diese Außenministerkonferenz[28] wurde aus strategischen Gründen auch vom Bundeskanzler befürwortet, obwohl dieser ziemlich sicher war, daß nicht viel mehr herauskommen würde als eine große Dokumentenschlacht. Aber ohne eine gescheiterte Ost-West-Konferenz (und ohne die Lösung der Saarfrage) bestand keine Hoffnung, die Ratifizierung des EVG-Vertrages und damit auch des Generalvertrages in Paris durchzusetzen.

---

[24] Vgl. im einzelnen KABINETTSPROTOKOLLE Bd. 5 S. L–LVI, FRUS VII pp. 169–327.
[25] HILLGRUBER S. 63–65.
[26] Vgl. im einzelnen KABINETTSPROTOKOLLE Bd. 6 S. 52–61.
[27] 14. Sitzung TOP D. – Vgl. dazu die Übersicht (Entwurf vom 17. Febr. 1954) „Der der Berliner Konferenz vorangegangene Notenwechsel der Jahre 1952 und 1953" (B 146/1842) und die Aufzeichnung vom 22. Febr. 1954 „Wie kam es zur Viererkonferenz?" (Nachlaß Blankenhorn/29), ferner BULLETIN vom 19. Febr. 1954 S. 273–276.
[28] Die letzte Konferenz der Außenminister der vier Siegermächte des Zweiten Weltkrieges hatte vor knapp fünf Jahren in Paris stattgefunden (23. Mai–20. Juni 1949), mit folgenden Tagesordnungspunkten: Problem der deutschen Einheit (1), Berlin und Währungsfrage (2), Vorbereitung des deutschen Friedensvertrages (3), Österreichischer Staatsvertrag (4).

Bereits Wochen vor Konferenzbeginn entfachte Adenauer mehrere Störfeuer, denen die drei westlichen Außenminister einen Tag vor Eröffnung der *Berliner Viermächtekonferenz* entgegentraten, indem sie seine bereits im Bundeskabinett insbesondere von Kaiser und Tillmanns attackierten Pläne[29]) ablehnten, gleichzeitig mit der Wahl zu einer Verfassunggebenden Deutschen Nationalversammlung auch eine Wahl zur Volkskammer durchführen zu lassen sowie die Volkspolizei nach Zahl und Bewaffnung auf die Verhältnisse in der Bundesrepublik zu reduzieren[30]).

Die am zweiten Konferenztag (26. Jan. 1954)[31]) gebilligte Anzahl und Reihenfolge der Tagesordnungspunkte läßt erkennen, daß sich die russische Auffassung vom Vortage durchsetzte, indem die Deutsche Frage und die Aufgaben der Gewährleistung der europäischen Sicherheit an die zweite Stelle rückten. Dem folgte der Österreichische Staatsvertrag, während der Meinungsaustausch über die Maßnahmen zur Minderung der Spannung in den internationalen Beziehungen und über die Einberufung einer Konferenz der Außenminister Frankreichs, Großbritanniens, der Vereinigten Staaten, der Sowjetunion und der Volksrepublik China an erster Stelle stand. Mit geringfügigen Änderungen beschränkten sich die Erklärungen des Westens und des Ostens in der Deutschlandfrage auf den Inhalt des Notenwechsels der Jahre 1952 und 1953. Die drei Westalliierten erneuerten ihren bisherigen Stufenplan zur deutschen Wiedervereinigung als Voraussetzung für den Abschluß eines Friedensvertrages mit Deutschland, beginnend mit freien Wahlen in ganz Deutschland. Sie befanden sich mit ihrem „1. Eden-Plan"[32]), in der Fassung vom 29. Januar 1954 (die u.a. im wesentlichen die Vorstellung der Bundesregierung enthielt) insoweit auf sicherem Verhandlungsboden, als sie mit Gewißheit annehmen konnten, daß die Sowjetunion freien Wahlen nicht zustimmen würde. Demgegenüber unterbreitete die sowjetische Seite die bereits hinreichend bekannte, auf der ersten Deutschland-Note Stalins vom 10. März 1952 basierende Konzeption für einen Friedensvertrag mit den beiden deutschen Staaten (Neutralisierung Gesamtdeutschlands, keine Handlungsfreiheit in der Bündnis- und Grenzfrage). Sie wurde um den neuen Vorschlag ergänzt, die beiden deutschen Staaten in ein gesamteuropäisches Sicherheitssystem einzugliedern, allerdings erst nach Auflösung der NATO sowie nach Rückzug der Vereinigten Staaten und von Großbritannien aus Europa. Auch die Sowjetunion hatte mit ihrem „Molotov-Plan" vom 1. Februar 1954 in Wirklichkeit nicht die Intention, ernsthaft über die Deutsch-

---

[29]) 14. Sitzung TOP F und 15. Sitzung TOP A.
[30]) Zu den „Anregungen des Herrn Bundeskanzlers hinsichtlich der Reduktion der Volkspolizei und der Abhaltung von Wahlen zu Landesparlamenten der Länder der Ostzone" vgl. Telegramm Blankenhorns (aus Berlin) an AA vom 24. Jan. 1954 (Delegations-Nr. 1) in Nachlaß Blankenhorn/29, ferner FRUS VII pp. 790 und 798.
[31]) Vgl. hierzu und zum folgenden: Die Viererkonferenz in Berlin 1954, Reden und Dokumente. Herausgegeben vom Presse- und Informationsamt der Bundesregierung. Berlin [1954] und FRUS VII pp. 804–1207 (B. Proceeding of the Conference, January 25–February 18, 1954 C. Documents of the Conference).
[32]) Zum „2. Eden-Plan", der von dem britischen Premierminister Eden während der Genfer „Gipfel"-Konferenz (18.–23. Juli 1955) vorgelegt wurde, vgl. HILLGRUBER S. 75.

landfrage zu verhandeln; sie hätte wohl sonst kaum jene Vorschläge unterbreitet, die geeignet waren, Deutschland ganz unter sowjetischen Einfluß zu bringen und die deshalb von vornherein die Ablehnung durch die Westalliierten hervorrufen mußten[33]).

Bereits die ersten Tage der Berliner Viermächtekonferenz, in denen die Deutschlandfrage auf der Tagesordnung stand und deren Sitzungen durchweg öffentlich abgehalten wurden, ließen erkennen, daß es hierbei nicht um seriöse, kompromißbereite Verhandlungen, sondern vor allem um einen öffentlichen Schlagabtausch ging, dessen Propaganda auf Publikumswirkung in Frankreich und Deutschland ausgerichtet war[34]). Überdies befaßten sich die sechs Geheimbesprechungen vom 8., 11., 12., 15., 17. und 18. Februar 1954 zwar mit weltumspannenden Problemen wie Asien, der Abrüstung und einer Konferenz über Indochina und Korea, die am 26. April 1954 in Genf beginnen sollte – keine jedoch mit Deutschland. Außerdem wurde in dem Sechzig-Zeilen-Schlußkommuniqué am 18. Februar 1954 die Deutsche Frage zusammen mit dem europäischen Sicherheitsproblem und Österreich lediglich in fünf Zeilen abgehandelt. Auf dieser mageren Grundlage konnte kein Übereinkommen in diesen Fragen erzielt werden. Nicht einmal auf den Termin einer neuen Deutschlandkonferenz hatte man sich in Berlin einigen können!

Nach dem Scheitern der Viermächtekonferenz von Berlin war die Enttäuschung auf deutscher Seite, die sich in einer Entschließung des Bundestages über die sowjetische Unnachgiebigkeit artikulierte[35]), zunächst einmal recht groß. Doch aus der Rückschau hat es den Anschein, als sei die deutsche Bevölkerung im Jahre 1954 von dem für sie glücklichen Verlauf und Gewinn der Fußballweltmeisterschaft in der Schweiz (4. Juli 1954) sehr viel tiefer aufgewühlt worden als von den Berliner Verhandlungen über die deutsche Wiedervereinigung und derem ergebnislosen Ausgang (18. Februar 1954).

Der Mißerfolg der Berliner Viermächteverhandlungen bildete für die Sowjetunion den willkommenen Anlaß, aufgrund ihrer Erklärung vom 25. März 1954 der Deutschen Demokratischen Republik Souveränitätsrechte zu übertragen und dadurch das SED-Regime der Bundesrepublik als Vertragspartner zuzuordnen[36]). Es war übrigens jener Tag (25. März 1954), an dem die Alliierte Hohe Kommission die von Bundestag und Bundesrat beschlossene Ergänzung des Grundgesetzes in Verbindung mit der Wiederbewaffnung der Bundesrepublik

---

[33]) Vgl. dazu 17. Sitzung TOP 1.

[34]) 18. Sitzung TOP 1. – Vgl. dazu auch Synopse der „Vorschläge des Westens und der Sowjetunion zum zweiten Punkt der Tagesordnung der Berliner Konferenz (die Deutsche Frage und die Aufgaben der Gewährleistung der europäischen Sicherheit)" vom 18. Febr. 1954 und „Gedanken zur außenpolitischen Lage Deutschlands nach der Berliner-Konferenz" (Vervielfältigung), jeweils in B 146/1842.

[35]) Antrag der Fraktion der CDU/CSU, SPD, FDP, GB/BHE, DP (BT-Drs. Nr. 286), der in der 16. Sitzung des BT am 25. Febr. 1954 einstimmig angenommen wurde (STENOGRAPHISCHE BERICHTE Bd. 8 S. 550 B).

[36]) Vgl. 26. Sitzung TOP F, 27. Sitzung TOP 1e, Sondersitzung am 1. April 1954 TOP A, 28. Sitzung TOP C sowie MORSEY S. 35.

grundsätzlich genehmigte[37]). Bundesregierung und Deutscher Bundestag wiesen diese sowjetische Erklärung am 7. April 1954 zurück[38]); in der Erklärung der Bundesregierung heißt es in diesem Kontext, „daß es einzig und allein die Organe der Bundesrepublik Deutschland sind, die heute diesen niemals untergegangenen deutschen Staat vertreten"[39]). Dieser Alleinvertretungsanspruch ist dann in der Regierungserklärung Adenauers vom 22. September 1955 auch völkerrechtlich deklariert[40]) und unter dem Namen „Hallstein-Doktrin" (deren geistiger Vater Wilhelm G. Grewe war) bekannt geworden.

Der Fehlschlag des Berliner Treffens der Vier Mächte beendete auch die Hoffnungen derjenigen, die nach dem Tode Stalins (am 5. März 1953) einen Neuanfang in den Ost-West-Beziehungen erwartet und eine befriedigende Lösung der Deutschen Frage nicht für gänzlich ausgeschlossen gehalten hatten[41]). Allerdings ist aus heutiger Sicht dem „Sonderbevollmächtigten der Bundesregierung für die Berliner Konferenz" Grewe (der sich gleichwohl in Berlin, nach Blankenhorn, mit dem zweiten Platz begnügen mußte) nur noch bedingt zuzustimmen, wenn dieser in seinen Memoiren das Fazit zieht: „Der Verlauf der folgenden Jahre läßt die Berliner Konferenz als den Zeitpunkt erscheinen, an dem die Weichen endgültig auf die getrennte und sich immer weiter voneinander entfernende Entwicklung der beiden Teile Deutschlands gestellt wurden. Damals, als wir aus Berlin nach Bonn zurückkehrten, gab es darüber noch keine Gewißheit, aber man konnte es ahnen"[42]). –

Wenn auch die am 26. und 27. Mai 1952 in Bonn und Paris unterzeichneten Verträge (mit ihren Zusatz- und Nebenabkommen) im März 1953 von Bundestag wie Bundesrat verabschiedet werden konnten, so stand doch die Verfassungsmäßigkeit dieser Verträge (Generalvertrag/Deutschlandvertrag, EVG-Vertrag) immer noch in Zweifel; darüber hinaus bestand die Alliierte Hohe Kommission auf einem Junktim zwischen der *Wehrhoheit der Bundesrepublik* und der Ratifikation dieser Verträge von Bonn und Paris[43]).

Adenauer nutzte nunmehr mit Hilfe der Regierungskoalition die Möglichkeit, von der seit September 1953 bestehenden Zweidrittelmehrheit Gebrauch zu machen, um durch eine Grundgesetzänderung jeden Zweifel an der Verfassungsmäßigkeit der westdeutschen Wiederbewaffnung im Rahmen einer Europäischen Verteidigungsgemeinschaft zu beseitigen. Zusätzliche Eile schien geboten, als der zögerliche erste Präsident des Bundesverfassungsgerichts, Hermann

---

[37]) Note der AHK vom 25. März 1954 (Abschrift) in B 136/1699 und Entscheidung Nr. 29 der AHK vom 25. März 1954 in Amtsbl. S. 3112.
[38]) STENOGRAPHISCHE BERICHTE Bd. 19 S. 794 C–796 A.
[39]) Ebenda S. 794 D.
[40]) STENOGRAPHISCHE BERICHTE Bd. 26 S. 5643 A–5647 C und BT-Drs. Nr. 1685.
[41]) Rupieper, Hermann-Josef: Die Berliner Außenministerkonferenz von 1954. Ein Höhepunkt der Ost-West-Propaganda oder die letzte Möglichkeit zur Schaffung der deutschen Einheit? Vierteljahrshefte für Zeitgeschichte 34. Jg. 1986 S. 447.
[42]) GREWE S. 186.
[43]) Vgl. dazu im einzelnen KABINETTSPROTOKOLLE Bd. 6 S. 48–50. Der Generalvertrag wurde von Adenauer als Deutschlandvertrag bezeichnet, ein Begriff, der in der historischen Wissenschaft und Publizistik häufiger zu finden ist. BARING S. 259 f.

Höpker Aschoff, schwer erkrankte⁴⁴) und am 15. Januar 1954 verstarb. Doch die abschließenden Beratungen im BT-Ausschuß für Rechtswesen und Verfassungsrecht, im BR-Rechtsausschuß sowie im Bundeskabinett, denen jeweils drei Initiativgesetzentwürfe der die zweite Bundesregierung tragenden Parteien zugrunde lagen⁴⁵), mußten verschoben werden. Ausschlaggebend war zunächst ein telephonischer Hinweis des in Berlin (Viermächtekonferenz) weilenden Blankenhorn vom 12. Februar 1954, der befürchtete, eine entsprechende Grundgesetzänderung in diesen Tagen erwecke den Eindruck, „daß im Westen noch ein Schuß abgegeben werde"⁴⁶). Trotz einer entsprechenden Erkundigung von Dulles am 18. Februar 1954⁴⁷) konnte wegen des britischen und vor allem langwierigen französischen Widerstandes⁴⁸) erst Ende März 1954 das Finale erreicht werden. Die beiden wichtigsten Bestimmungen dieser „Mindestlösung" (von Brentano)⁴⁹) bildeten zum einen der neu eingeführte Artikel 142 a des Grundgesetzes, demzufolge das Grundgesetz den Verträgen vom 26. und 27. Mai 1952 (Generalvertrag/Deutschlandvertrag, EVG-Vertrag) nicht entgegenstand, sowie zum anderen die Ergänzung des Artikels 73 Ziffer 1, in welcher die Wehrhoheit der Bundesrepublik ausdrücklich geregelt und die allgemeine Wehrpflicht als materielles Hoheitsrecht des Bundes konstituiert wurden⁵⁰). Eine Entscheidung über die Ausgestaltung der eigentlichen Wehrverfassung schloß diese erste Wehrergänzung aber noch nicht ein; weitere Details blieben den Regelungen im Jahre 1956 vorbehalten⁵¹).

---

⁴⁴) Vgl. dazu folgende Eintragung über die 14. Sitzung am 12. Jan. 1954 in Nachlaß Seebohm/8 c: „Höpker-Aschoff sehr krank; solange er lebt, läßt er die Verfassungsklage liegen; aber dann? Katz! Daher möchte Adenauer Verabschiedung des Initiativgesetzes zur Verfassungsänderung möglichst beschleunigen."

⁴⁵) 14. Sitzung TOP E und 17. Sitzung TOP A; BT-Drs. Nr. 124 f. (4. Dez. 1953), Nr. 171 (12. Jan. 1954). Vgl. dazu auch ANFÄNGE SICHERHEITSPOLITIK S. 433–437.

⁴⁶) Vermerke von Friedrich Janz vom 12. Febr. 1954 für Globke und von Karl Gumbel vom 17. Febr. 1954 für Adenauer, jeweils in B 136/1699.

⁴⁷) In einer „Aufzeichnung über eine Unterredung des Herrn Bundeskanzlers mit dem amerikanischen Außenminister, Mr. John Foster Dulles, die am 18. Februar 1954 von 22.00 bis 23.15 Uhr auf dem Flughafen Wahn stattfand" (Durchschlag, 12. Bl.) in Nachlaß Blankenhorn/29 findet sich folgender Passus: „Mr. Dulles fragte den Herrn Bundeskanzler, wieweit die Angelegenheit der Ergänzung des Grundgesetzes im Zusammenhang mit der EVG gediehen sei. Hierauf antwortete der Herr Bundeskanzler, daß es sich hierbei um eine Erläuterung des Grundgesetzes handle, die noch in diesem Monat durch den Bundestag gehen werde. Die zweite und dritte Lesung sei für den 26. Februar angesetzt." Vgl. dazu FRUS VII p. 1214.

⁴⁸) 24. Sitzung TOP 1, 25. Sitzung TOP A und 26. Sitzung TOP B. – Vgl. dazu den Vermerk vom 26. März 1954 „Zeitlicher Ablauf der Verhandlungen mit AHK über die Zustimmung zum Wehrergänzungsgesetz" (5 Bl.) in AA, BStSe, Bd. 200, ferner Nachlaß Blankenhorn/30 b und FRUS V pp. 910–921.

⁴⁹) Vgl. Schreiben von Brentanos an Adenauer vom 18. Febr. 1954 in B 136/1699 und Nachlaß von Brentano/155.

⁵⁰) Gesetz zur Ergänzung des Grundgesetzes vom 26. März 1954 in BGBl. I 45.

⁵¹) Zum Freiwilligengesetz, Soldatengesetz sowie zur zweiten Wehrergänzung vom 19. März 1956 siehe BW 9/726–731, 1974–1979 sowie Wagner, Dietrich: FDP und Wiederbewaffnung. Die wehrpolitische Orientierung der Liberalen in der Bundesrepublik Deutschland 1949–1955. Boppard 1978 S. 129–135.

Durch die sogenannte erste Wehrergänzung vom 26. März 1954 wurde der SPD-Opposition jede Handhabe entzogen, den Generalvertrag und den EVG-Vertrag vor dem Bundesverfassungsgericht zu Fall zu bringen. Erst aufgrund dieser Voraussetzung war Heuss bereit, am 28. März 1954 beide Verträge zu unterzeichnen[52]), so daß für diese die Ratifikationsurkunden der Bundesrepublik in Bonn und Paris hinterlegt werden konnten. Damit war vordergründig der Abschluß eines komplizierten Gesetzgebungsverfahrens erreicht. Alles kam nun darauf an, ob beide Verträge auch in der französischen Nationalversammlung angenommen würden[53]).–

Im Frühjahr 1954 hatte sich die Situation für die französischen Kolonialtruppen in Indochina rapide verschlechtert[54]). Eine Katastrophe bahnte sich an; sie ließ sich nur noch dadurch abwenden, daß entweder die USA mit nuklearen Waffen massiv eingriffen, was vor allem Eden, ein Gegner des Konfrontationskurses, zu verhindern wußte, oder eine internationale Konferenz unter Beteiligung der Sowjetunion und der Volksrepublik China abgehalten würde, um einen für Frankreich gerade noch akzeptablen Kompromiß auszuhandeln.

Die Asienpolitik verknüpfte sich mit der Europapolitik zu dem Zeitpunkt, als auf der seit 26. April 1954 unter führender Beteiligung von Eden tagenden Genfer Konferenz die Sowjetunion nicht bereit war, der Regierung Laniel-Bidault entgegenzukommen, da ihre Kompromißbereitschaft die Kapitulation der eingeschlossenen französischen Verbände bei Dien Bien Phu im Nordwesten Vietnams verhindert hätte. Vielmehr zog die Sowjetunion die Genfer Konferenz so lange hin[55]), bis die Kapitulation von Dien Pien Phu am 7. Mai 1954 erfolgt war und die Regierung Laniel-Bidault darüber stürzte[56]) – offensichtlich nicht zuletzt deshalb, weil sie aufgrund ihrer offiziellen Verlautbarungen als EVG-freundlich galt. Das neue, seit 18. Juni 1954 bestehende Kabinett unter Mendès-France – der wie Adenauer das Amt des Außenministers zusätzlich zu dem des Regierungschefs innehatte – profitierte dann am 21. Juli 1954 von dem angestrebten glimpflichen Waffenstillstand, der zur Teilung Vietnams führte.

Als Folge des dadurch gewonnenen Prestiges ließ Mendès-Fance der zu erwartenden *Ablehnung des EVG-Vertrages* durch die Mehrheit von Nationalisten, Kommunisten und einer größeren Hälfte der Sozialisten freien Lauf[57]). Diese boykottierende, passive Haltung läßt sich aus zwei Reaktionen interpretieren. So hatte er schon Mitte August 1954 sowohl auf eine konkrete Stellungnahme seiner Regierung verzichtet als auch selbst erläutert, warum er bei der entscheidenden Schlußabstimmung über den EVG-Vertrag nicht die Vertrauensfrage stellen würde.

---

[52]) BGBl. II 57, 342.
[53]) Vgl. DÜWELL S. 287 f.
[54]) 30. Sitzung TOP A.
[55]) Vgl. 31. Sitzung TOP A und handschriftliche Notiz Hallsteins vom 5. Mai 1954 (Nachlaß Hallstein/125–126), ferner Aufzeichnungen Blankenhorns vom 20. April 1954 (Nachlaß Blankenhorn/30a) und 3. Mai 1954 (ebenda/31b).
[56]) 35. Sitzung TOP A und 36. Sitzung TOP D.
[57]) HILLGRUBER S. 66 f.

Dafür gab es verschiedene Ursachen und Motive. Zum einen war Mendès-France sehr enttäuscht über das dem Publizisten Ernst Friedländer gewährte Rundfunkinterview Adenauers vom 2. Juli 1954[58]). Hierin hatte der Bundeskanzler erneut gefordert, möglichst bald das Besatzungsstatut abzuschaffen und die Souveränität der Bundesrepublik Deutschland wiederherzustellen, wobei er es als ein politisches Paradoxon bezeichnete, „wenn wir durch eine französische Ablehnung der EVG, also durch Frankreich gezwungen würden, eine deutsche Nationalarmee aufzustellen"[59]). Zum anderen war Mendès-France verärgert[60]) wegen seiner ihn abweisenden Behandlung auf der Brüsseler Konferenz vom 19. bis 22. August 1954. Sein dortiger Versuch, den EVG-Vertrag durch zusätzliche Forderungen substantiell zu verändern, hatte zu einer völligen Isolierung Frankreichs gegenüber den fünf EVG-Partnern geführt[61]). Diese demütigende Isolierung konnte und wollte er auch für die Zukunft, nach Ratifikation des EVG-Vertrages durch die französische Nationalversammlung, nicht ausschließen. Eine entsprechende Anlehnung an englische Positionen durch Absprachen mit Großbritannien, gewissermaßen als Gegengewicht zur Bundesrepublik, hatte sich grundsätzlich nicht realisieren lassen, weil sich dieses Land wegen seiner vielfältigen Bindungen zum Commonwealth bislang zweierlei versagte, nämlich die Mitgliedschaft in der Europäischen Verteidigungsgemeinschaft und eine Garantie für die Stationierung britischer Truppen auf dem Kontinent.

Fast ebenso wichtig für die ambivalente Haltung von Mendès-France war die immer noch ungelöste Saarfrage. Zwar hatten im März[62]), April[63]) und Mai[64]) 1954 zahlreiche deutsch-französische Besprechungen, die von der Regierung des Saarlandes beeinflußt werden konnten[65]), auf den verschiedensten Verhandlungsebenen stattgefunden. Seit Ende Mai 1954 gerieten diese Gespräche jedoch ins Stocken, weil die Straßburger „Abrede" des 20. Mai 1954[66]) zwi-

---

[58]) 38. Sitzung Wortprotokoll und TOP A.
[59]) BULLETIN vom 3. Juli 1954 S. 1086.
[60]) Vgl. den Auszug aus dem Memorandum von Martin F. Herz „Post-Mortem on the Rejection of the EDC Treaty" vom 16. Sept. 1954: „[...] He did not merely return to Paris a disappointed man – indeed his disappointment cannot have been very large, given his advance preparations for defeat – but above all an angry man who did not see in Brussels the vitality of the European idea when an attempt is made to pervert or debilitate it, but rather a humiliating defeat for France whose spokesman and leader had been lectured, doubted, snubbed and utterly rebuffed [...]" (FRUS V p. 1104).
[61]) Sondersitzung am 1. Sept. 1954 TOP A und 43. Sitzung TOP A.
[62]) 21. Sitzung TOP C, 23. Sitzung TOP E und 27. Sitzung TOP 1b.
[63]) 30. Sitzung TOP C.
[64]) Vgl. 31. Sitzung TOP A sowie die dreiteilige Synopse (deutsch/gemeinsam/französisch) „Stand der Saarverhandlungen April 1954" (Durchschlag in Nachlaß Blankenhorn/30a) und FRUS VII p. 1517.
[65]) Vgl. dazu, beispielsweise, Schreiben Hoffmanns vom 6. Mai 1954 an Bidault mit saarländischen Abänderungsvorschlägen zum deutschen Protokoll vom 4. Mai 1954 in AAEA/1561. Weitere einschlägige Unterlagen in AAEA/1523 f. und SBA/A VI 33.
[66]) Vgl. 33. Sitzung Wortprotokoll und TOP 1, ferner „Niederschrift über die Saarbesprechung in der Maison Rouge in Straßburg am 20. Mai 1954, 16.00 Uhr; anwesend waren der Herr Bundeskanzler und die Herren Hallstein, v. Brentano, Gerstenmaier, Spaak, Teitgen, v. d. Goes" (Durchschlag, 24 Bl., in deutscher Sprache, E. W. Rappeport), mit Entwurf eines Übereinkommens (3 Bl., in französischer Sprache) betreffend Auslegung

schen Adenauer und Teitgen, dem stellvertretenden französischen Ministerpräsidenten, von einem germanophoben Quai d'Orsay desavouiert worden war. Gleichwohl wurden die Ergebnisse vom 20. Mai 1954 fünf Monate später (19. Oktober 1954) im Schloß La Celle–St. Cloud erörtert und zum Teil in das Saarstatut vom 23. Oktober 1954 aufgenommen[67]).

Daß der EVG-Vertrag am 30. August 1954 in der französischen Nationalversammlung zu Fall gebracht werden konnte, lag hauptsächlich an den zu schwachen Bindungen Großbritanniens gegenüber dem „Europa der Sechs". Aus der Sicht von Mendès-France war außerdem nicht einzusehen, warum nur Frankreich (und nicht auch Großbritannien) die militärischen Entscheidungsbefugnisse, einen wesentlichen Teil seiner nationalstaatlichen Souveränität, zugunsten einer supranationalen Organisation aufgeben und damit den Status einer unabhängigen Großmacht verlieren sollte.

Das Scheitern der EVG[68]), ein „Schwarzer Tag für Europa"[69]), bedeutete einen schmerzhaften Einschnitt in der Bündnisgeschichte des westlichen Nachkriegseuropas wie in den Zielvorstellungen der Europapolitik Konrad Adenauers. Deshalb konnte es künftig nicht gelingen, die so hoffnungsvoll begonnene wirtschaftliche Integration (EGKS) durch deren militärische Ergänzung (EVG) unter dem Dach einer bundesstaatlich organisierten Europäischen Politischen Gemeinschaft (EPG)[70]) unterzubringen und zu vollenden[71]). –

Mit dem 30. August 1954 verbindet sich jedoch nicht nur die Niederlage der Europäischen Verteidigungsgemeinschaft (EVG) und der abrupte Stop des ersten Anlaufs für einen westdeutschen Bundesstaat, mit dem zugleich ein Abschnitt der europäischen und deutschen Nachkriegsgeschichte abgeschlossen war, sondern dieser Tag eröffnete auch einen Weg für neue Überlegungen, die wenige Monate später, am 9. Mai 1955, mit dem Beitritt der (seit dem 5. Mai 1955 bedingt souveränen) Bundesrepublik Deutschland zur NATO, und zwar als 15. Mitglied, ihr Ende fanden.

Die Katastrophe des 30. August 1954 hätte unabsehbare Ausmaße angenommen, wenn die Briten, im Gegensatz zu den ohne Ersatzlösungen wie gebannt auf die EVG starrenden Adenauer und Dulles, nicht frühzeitig eine Auffangposition aufgebaut hätten, die zur *Londoner Konferenz* vom September und den

---

      der Art. 1 und 12 sowie Neufassung des Art. 19 des Naters-Plans vom 30. April 1954 (Datum der Annahme seitens der Beratenden Versammlung des Europarates) in Nachlaß Blankenhorn/31b.

[67]) 53. Sitzung TOP 1. – Vgl. dazu folgenden Passus im Schreiben Hoffmanns an Mendès-France vom 9. Okt. 1954 (Kopie in AAEA/1561): „Conformément à l'opinion du Gouvernement Français et du Gouvernement sarrois le Plan van Naters ainsi que le Protocole élaboré à Strasbourg par le Chancelier de la République Fédérale et Monsieur Teitgen, Vice-Président du Conseil Français, continuent à présenter après une adaption à la situation actuelle la base appropriée pour la création d'un Statut Européen."

[68]) Sondersitzungen am 31. August 1954 TOP A und 1. Sept. 1954 TOP A sowie 43. Sitzung TOP A.

[69]) ADENAUER S. 289.

[70]) Vgl. dazu 31. Sitzung TOP A.

[71]) MORSEY S. 36.

Pariser Verträgen vom Oktober 1954 führte[72]). So wies beispielsweise Churchill den amerikanischen Außenminister bereits am 14. August 1954 mit Nachdruck auf die NATO-Lösung hin, „which I am sure can be arranged"[73]). Zugleich versuchte der britische Hochkommissar Hoyer Millar am 2. September 1954 Adenauer dafür zu gewinnen, einen deutschen NATO-Beitritt, verbunden mit gewissen deutschen Sicherheitsleistungen, gegenüber einer verwässerten EVG zu bevorzugen[74]). Das britische Krisenmanagement funktionierte ohne Reibungsverluste. Was in vier Jahren nicht möglich war, geschah jetzt innerhalb von nur vier Monaten: neue Verträge wurden ausgehandelt und − am wichtigsten − diesmal auch von Frankreich ratifiziert. Die tragfähigen Voraussetzungen für diese Wende bildeten vor allem ein Höchstmaß an Kompromißbereitschaft auf allen Seiten, das Geschick der britischen Diplomatie (vor allem Frankreich gegenüber) und nicht zuletzt der Blick auf die Alternative, nämlich das Auseinanderbrechen der westlichen Gemeinschaft, verbunden mit der Gefahr, daß diese sogar in die Neutralität und damit in östlichen Einflußbereich abgleiten würde.

Schließlich beseitigte der britische Außenminister auf seiner diplomatischen Rundreise vom 11. bis 16. September 1954 nach Brüssel, Bonn, Rom und Paris[75]) die letzten Hindernisse auf dem Weg zu der von ihm ursprünglich initiierten Acht-Mächte-Konferenz (sechs EVG-Länder, Großbritannien, Vereinigte Staaten); später Neun-Mächte-Konferenz, da nunmehr auch Kanada vertreten sein sollte. Eden schlug zur Überwindung der Krise vor, den Brüsseler Pakt vom 17. März 1948 durch die Mitgliedschaft der Bundesrepublik und Italiens zu erweitern.

Diese Vorschläge waren insofern sensationell, als sie nicht nur auf eine schnelle Inkraftsetzung des Generalvertrages, sondern auch auf die Schaffung einer deutschen Nationalarmee hinausliefen, die zugleich in die NATO eingegliedert werden sollte. Gegenüber dem EVG-Plan orientierte sich dieses Konzept in viel stärkerem Maße an einer Mitarbeit Großbritanniens, das ja dem Brüsseler Pakt selbst angehörte. Hier lag besonders für Frankreich ein erheblicher Vorzug gegenüber dem EVG-Projekt, in dem Großbritannien nur ganz peripher hatte berücksichtigt werden können[76]). Im Rahmen des zur Westeuropäischen Union (WEU) erweiterten Brüsseler Paktes würden dann Rüstungsbeschränkungen und -kontrollen zu Lasten der Bundesrepublik möglich sein. Weitere Sicherheitsgarantien für Frankreich boten die Mitgliedschaft Großbritanniens in der WEU, einem Vertrag mit automatischer Beistandsverpflichtung bei fünfzigjähriger Laufzeit, ferner die Bereitschaft der Briten, vier Divisionen und eine taktische Luftflotte auf Dauer in Westeuropa zu stationieren.

Auf der von Eden geleiteten Londoner Neun-Mächte-Konferenz vom 28. September bis 3. Oktober 1954[77]) wurden im besonderen beschlossen: eine

---

[72]) THOSS S. 62.
[73]) Im Entwurf noch „could", von Churchill in „can" geändert: zitiert nach STEININGER S. 10.
[74]) 43. Sitzung TOP A.
[75]) 44. Sitzung TOP 1 und 45. Sitzung TOP B.
[76]) DÜWELL S. 294, THOSS S. 62.
[77]) Vgl. 47. Sitzung TOP 1, 48. Sitzung TOP B und vor allem 49. Sitzung TOP 1 sowie STEININGER S. 17 f.

Grundsatzerklärung der „Regierungen Frankreichs, des Vereinigten Königreichs und der Vereinigten Staaten", wonach diese drei Staaten bereit sein würden, das Besatzungsstatut so bald wie möglich zu beenden[78]) (woran vor allem Adenauer lag); ferner eine Vereinbarung, „bei der nächsten Ministertagung des Nordatlantikrats zu empfehlen, daß die Bundesrepublik Deutschland unverzüglich aufgefordert werden soll, Mitglied zu werden"[79]) (wofür sich insbesondere Churchill stark gemacht hatte). Um die NATO-Mitgliedschaft der Bundesrepublik den „Europäern", insbesondere aber Frankreich, positiv zu vermitteln, wurde eine Erklärung entworfen, „mit welcher die Bundesrepublik Deutschland und Italien eingeladen werden, dem Brüsseler Vertrag beizutreten"[80]).

Die schwierigen Verhandlungen während der Londoner Konferenz, welche an den französischen Forderungen nach einer eigentlich gegen die Bundesrepublik gerichteten Rüstungsbeschränkung und -kontrolle zu scheitern drohten, konnten schließlich doch noch erfolgreich abgeschlossen werden, weil Adenauer (vor allem Frankreich gegenüber) erklärte, die Bundesrepublik werde freiwillig auf die Produktion von „Atomwaffen, chemischen Waffen oder biologischen Waffen" verzichten und darüber hinaus sich versagen, „weittragende Geschosse, gelenkte Geschosse und Influenzminen; Kriegsschiffe mit Ausnahme von kleineren Schiffen für Verteidigungszwecke; Bombenflugzeuge für strategische Zwecke"[81]) herzustellen. Darüber hinaus wurde die Regelung der Saarfrage auf künftige deutsch-französische Verhandlungen im Zusammenhang mit den Pariser Konferenzen vertagt[82]).

Die Ergebnisse der Londoner Konferenz sowie deren detaillierte, vertragskonforme Überarbeitung und Festlegung in drei Expertengremien der nächsten Wochen, welche zu einigen Verbesserungen sowohl gegenüber dem EVG-Vertrag als auch gegenüber dem Generalvertrag mit Zusatzverträgen führten[83]), wurden in den Pariser Konferenzen vom 19. bis 23. Oktober 1954[84]), wiederum unter der Leitung von Eden, durch die Paraphierung des Pariser Vertragswerkes bestätigt[85]) und ergänzt[86]). Dabei behaupteten sich die bisherigen Vorbehalts-

---

[78]) Vgl. im einzelnen: Die Schlußakte der Londoner Neunmächtekonferenz vom 3. Oktober 1954 in EA 1954 S. 6978; BULLETIN vom 8. Okt. 1954 S. 1685 f.
[79]) EA 1954 S. 6981.
[80]) Ebenda S. 6982 f.
[81]) Ebenda S. 6979 f.
[82]) 49. Sitzung TOP 1.
[83]) 49. und 53. Sitzung jeweils TOP 1. Beispiele: die bisherigen Beschränkungen bei der zivilen Atomforschung konnten beseitigt werden durch Wegfall des Abs. Ic (vgl. dazu BGBl. II 1954 S. 373 mit BGBl. II 1955 S. 269 f.); die Streichung der Bindungsklausel in Abs. 3 des Art. 7 bedeutete die eigentliche Verbesserung des revidierten Generalvertrages (vgl. dazu BGBl. II 1954 S. 65 mit BGBl. II 1955 S. 309).
[84]) Vgl. 52. Sitzung TOP B und vor allem 53. Sitzung TOP 1 sowie STEININGER S. 18.
[85]) Vgl. Gesetz betreffend das Protokoll vom 23. Oktober 1954 über die Beendigung des Besatzungsregimes in der Bundesrepublik Deutschland vom 24. März 1955 (BGBl. II 213) und Gesetz betreffend den Beitritt der Bundesrepublik Deutschland zum Brüsseler Vertrag und zum Nordatlantikvertrag vom 24. März 1955 (BGBl. II 256).
[86]) Gesetz betreffend den Vertrag vom 23. Oktober 1954 über den Aufenthalt ausländischer Streitkräfte in der Bundesrepublik Deutschland vom 24. März 1955 (BGBl. II 253) und Ge-

rechte der Westmächte für Deutschland als Ganzes und für Berlin. Ziel der Vertragspartner blieb die mit friedlichen Mitteln anzustrebende Schaffung eines freien und vereinigten Deutschlands sowie eine mit seinen früheren Gegnern frei vereinbarte friedensvertragliche Regelung für Gesamtdeutschland.

Erst Adenauers Paraphe unter das Saarstatut vom 23. Oktober 1954 ermöglichte die französische Zustimmung zu den Pariser Verträgen. Dieses Autonomie-Statut, ein integraler Bestandteil des Pariser Vertragswerkes, sah die „Europäisierung" der Saar (im Rahmen der Westeuropäischen Union) vor, welche allerdings durch eine Währungs- und Zollunion eng mit Frankreich verbunden blieb. Das Saarstatut sollte einer Volksabstimmung unterworfen werden (deren Ausgang bis zum Frühjahr 1955 zugunsten von Frankreich als wahrscheinlich galt) und bis zum Abschluß eines Friedensvertrages mit vorgesehener zweiter Volksabstimmung in Kraft bleiben[87]). Wegen des Saarabkommens vom 23. Oktober 1954 hatte Adenauer große Schwierigkeiten, die Ratifikationsmaschinerie in Bewegung zu setzen, da die Koalition auseinanderzubrechen drohte[88]). Auch gab es – vor allem im Deutschen Bundestag – noch harte Debatten mit der SPD, in denen die Opposition weniger den europäischen als vielmehr die gesamtdeutschen Aspekte des Pariser Vertragswerkes in den Mittelpunkt stellte[89]).

Doch diesmal vollzog die französische Nationalversammlung vor der dritten Lesung im Deutschen Bundestag (27. Februar 1955) die Ratifikation des Pariser Vertragswerkes, und zwar am 30. Dezember 1954 nach einigem Hin und Her[90]). Auch in den anderen Staaten ergaben sich keine besonderen Ratifizierungsschwierigkeiten, so daß die Bundesrepublik Deutschland am 5. Mai 1955, 12 Uhr mittags, die Souveränität, wenn auch unter Vorbehalten, zu erlangen vermochte. Damit konnte sie am 9. Mai 1955, auf den Tag genau zehn Jahre nach Inkrafttreten der Gesamtkapitulation der deutschen Wehrmacht, der NATO als 15. Mitglied beitreten. Am 27. Mai 1955 äußerte Adenauer im Deutschen Bundestag die Überzeugung: „Ich glaube, wenn die Wiedervereinigung dasein wird – und sie wird eines Tages dasein –, dann werden diejenigen, die den Pariser Verträgen zugestimmt haben, mit Recht darauf hinweisen, daß sie diejenigen gewesen sind, die zuerst etwas Wirkliches für die Wiedervereinigung getan haben"[91]). –

---

setz betreffend das am 23. Oktober 1954 in Paris unterzeichnete Abkommen über das Statut der Saar vom 24. März 1955 (BGBl. II 295).
[87]) MORSEY S. 37.
[88]) Vgl. 54. und 55. Sitzung jeweils TOP A, Sondersitzung am 12. Nov. 1954 TOP 1–4, 59. Sitzung TOP 1 und 63. Sitzung TOP B; ferner Trumpp, Thomas: Nur ein Phantasieprodukt? Zur Wiedergabe und Interpretation des Kurzprotokolls über die 59. Kabinettssitzung der Bundesregierung am 19. November 1954, 10.00–13.50 Uhr (Abstimmung über das Saarstatut vom 23. Oktober 1954), Francia Bd. 18/3 (1991) S. 192–197.
[89]) 64. Sitzung TOP A; am 15. und 16. Dez. 1954 erfolgte im BT die erste Lesung der Pariser Verträge.
[90]) Vgl. im einzelnen EA 1955 S. 7258 f.
[91]) STENOGRAPHISCHE BERICHTE Bd. 24 S. 4602 A; vgl. dazu auch Morsey, Rudolf: Die Deutschlandpolitik Adenauers, Alte Thesen und neue Fakten. In: Rheinisch-Westfälische Akademie der Wissenschaften, Geisteswissenschaften, Vorträge G 308, Opladen 1991 S. 50–54.

Im Rückblick auf die Ost- und Deutschlandpolitik des Jahres 1954 läßt sich sagen, daß das außenpolitische Sicherheitsgefühl schon wieder beträchtlich gestärkt war. Der Schock, den die Niederlage, das Elend der Nachkriegsjahre und die Besatzungsherrschaft verursacht hatten, schien weitgehend überwunden. Man konnte sich jetzt endlich mit ganzer Kraft den ungelösten nationalen Problemen zuwenden, das heißt den verlorenen Ostgebieten, der Wiedervereinigung und nicht zuletzt der Saarfrage. Als ein Hoffnungsstrahl erwies sich in diesem Zusammenhang zunächst die positive Entwicklung, die zu einer raschen Lösung des Problems der Zugehörigkeit des Saarlandes führte.

Adenauer hatte mit dem Pariser Vertragswerk vom 23. Oktober 1954 so ziemlich alles erreicht, was er von Beginn angestrebt hatte: eine fast vollständige Souveränität und die uneingeschränkte NATO-Mitgliedschaft der Bundesrepublik Deutschland. Der Bundeskanzler hatte nach dem Scheitern des EVG-Vertrages vor knapp zwei Monaten noch den Boden unter den Füßen wanken gespürt und war inzwischen fast auf der ganzen Linie Sieger geblieben. Sogar in der heißumkämpften Saarfrage, die ganz zum Schluß wieder auftauchte und fast alles zu verderben drohte, erreichten die Deutschen, was sie sich nur wünschen konnten – auch wenn dies erst genau ein Jahr später im Abstimmungsergebnis vom 23. Oktober 1955 deutlich wurde: Voraussetzung für die am 1. Januar 1957 erfolgte Eingliederung des Saarlandes in die Bundesrepublik Deutschland, eine Wiedervereinigung im kleinen[92].

3. REFORMPOLITIK UND HAUSHALTSLAGE

In den Beratungen des Kabinetts, die nicht der Außenpolitik im weitesten Sinne vorbehalten waren, kam der Erörterung der Finanz- und Steuerreform sowie der Sozialreform eine besondere Bedeutung zu. Mit den Vorlagen zur Finanzreform, welche die Finanzverfassung, die Anpassung der Finanzbeziehungen zwischen Bund und Ländern an die Finanzverfassung sowie den Finanzausgleich unter den Ländern betrafen, entsprach die Bundesregierung dem Auftrag des Art. 107 GG in der Fassung des Gesetzes vom 20. April 1952, der die endgültige Verteilung der der konkurrierenden Gesetzgebung unterliegenden Steuern auf Bund und Länder bis zum 31. Dezember 1954 verlangte[93]. Die Gesetzentwürfe zur Steuerreform sahen auf der einen Seite einen Abbau von Vergünstigungen und eine Erhöhung der Umsatzsteuer beim Großhandel vor; auf der anderen Seite sollten die Tarife bei der Einkommen-, Lohn- und Erbschaftsteuer gesenkt und die Familien durch eine Erhöhung der Freibeträge für Ehefrauen und Kinder entlastet werden. Die Reform der Sozialgesetzgebung schließlich zielte darauf ab, der von unterschiedlichen Gruppierungen mit unterschiedli-

---

[92]) Vgl. dazu SCHWARZ S. 254, 257 sowie Schwarz, Hans-Peter: Adenauer, Der Staatsmann: 1952–1967, Stuttgart 1991, S. 235.
[93]) BGBl. I 130.

chen Zielsetzungen schon in der ersten Legislaturperiode erhobenen Forderung[94]) zu entsprechen, das „Gestrüpp"[95]) der Sozialgesetzgebung zu beseitigen.

Es war die Sozialreform, die von diesen drei eng miteinander verzahnten Komplexen im Kabinett am meisten umstritten war. Zwar hatte die Bundesregierung 1953 beim Bundesministerium für Arbeit einen wissenschaftlichen Beirat für die Neuordnung der sozialen Leistungen eingesetzt[96]); aber im Ministerium war diesem Gremium zunächst kaum mehr als eine Alibifunktion beigemessen worden[97]). Die unterschiedlichen Auffassungen über das Ausmaß der Sozialreform — der Bundesminister für Arbeit plante zunächst lediglich die Verbesserung einzelner sozialer Leistungen, während der Bundesminister der Finanzen die Struktur der Sozialgesetzgebung verändern und kostenneutral nur Leistungen für Bedürftige erhöhen wollte — führten zu Kompetenzstreitigkeiten, die fast das ganze Jahr 1954 hindurch ausgetragen wurden. Daß der Bundeskanzler es nicht bei der Anhebung sozialer Leistungen bewenden lassen, sondern die Struktur der Sozialgesetzgebung ändern wollte, das wird aus den Vorbereitungen seiner Regierungserklärung vom 20. Oktober 1953 deutlich; daß er es nicht bei programmatischen Erklärungen beließ, geht aus den Protokollen der Kabinettssitzungen des Jahres 1954 hervor.

Die vom Bundeskanzleramt angeforderte „Ausarbeitung" des Bundesministeriums für Arbeit zu dem sozialpolitischen Teil der Regierungserklärung enthielt eine Fülle von Hinweisen auf einzelne Gesetzgebungsvorhaben; die Ankündigung einer Sozialreform enthielt sie nicht[98]). Es gelang dem mit der Verfertigung des Entwurfs zu diesem Teil der Regierungserklärung beauftragten Referenten des Bundeskanzleramts auch nicht, die Zustimmung Storchs zu dem Passus des Entwurfs zu erreichen, in dem von einer „umfassenden Sozialreform" gesprochen wurde[99]). Vielmehr übersandte Storch Globke am 16. Oktober 1953 eine Neufassung seiner Vorschläge, in denen er wiederum einzelne Gesetzentwürfe ankündigte, was das Grundsätzliche anging, sich jedoch auf die Bemerkung beschränkte, die „große Reform der Sozialversicherung" sei „eingeleitet"[100]).

Der Bundeskanzler übernahm in seine Regierungserklärung den in seinem Haus erarbeiteten Entwurf[101]), nicht den Vorschlag des zuständigen Ministers.

---

[94]) Siehe dazu HOCKERTS S. 197—201. — Die auf Akten der Bundesregierung, die auch fast alle die Sozialpolitik betreffenden Teile der Kabinettsprotokolle enthalten, beruhende Untersuchung von Hockerts gibt ein im ganzen zutreffendes Bild der Diskussion über die Sozialpolitik im Kabinett im Jahr 1954. Die hier folgende Darstellung versucht, ohne die Ergebnisse von Hockerts zu referieren, den Entscheidungsprozeß im Kabinett deutlich zu machen.

[95]) So ein Mitglied der BHE-Fraktion bei der Diskussion der Regierungserklärung im BT am 28. Okt. 1953 (STENOGRAPHISCHE BERICHTE Bd. 18 S. 62).

[96]) Vgl. 19. Sitzung TOP 4.

[97]) Vgl. den Vermerk vom 13. Okt. 1953 (B 126/10939).

[98]) Die „Ausarbeitung" wurde dem Bundeskanzleramt am 22. Sept. 1953 übersandt (B 136/3772).

[99]) Siehe den Vermerk vom 25. Sept. 1953 zu dem Entwurf (ebenda).

[100]) Ebenda.

[101]) Zur Beratung der Regierungserklärung im Kabinett siehe 1. Sitzung am 20. Okt. 1953 (TOP B).

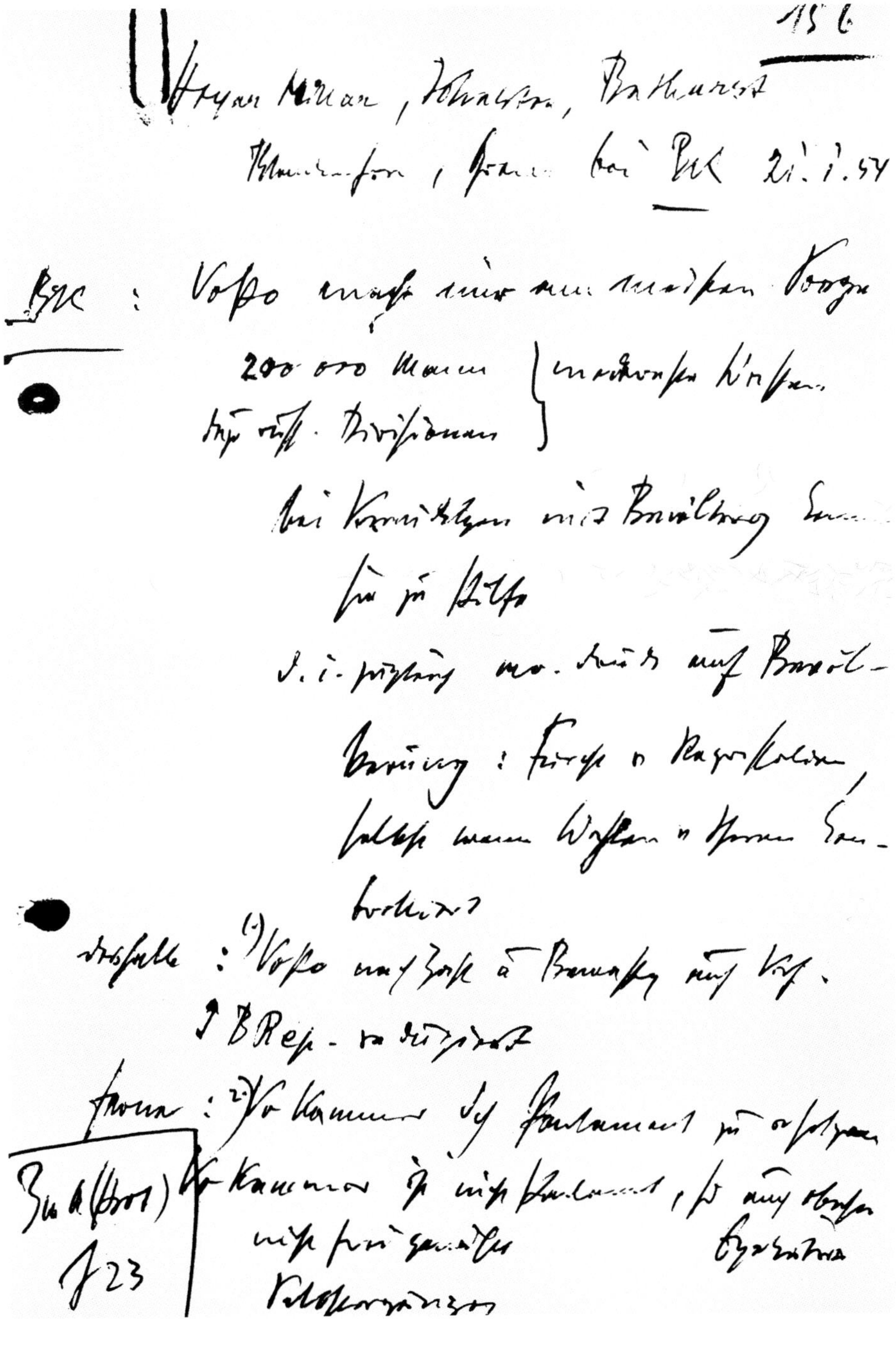

Abb. 1: Aufzeichnung (Auszug) Hallsteins über eine Besprechung bei Adenauer vom 21. Januar 1954 (Nachlaß Hallstein/124). — Vgl. dazu 15. Sitzung Anm. 28.

Abb. 2: Aufruf der Bundesregierung anläßlich der bevorstehenden Viermächte-Außenministerkonferenz von Berlin, Jan. 1954 (Plak. 5/48, vgl. SCHWARZ S. 213). – Vgl. dazu 14. Sitzung Anm. 61.

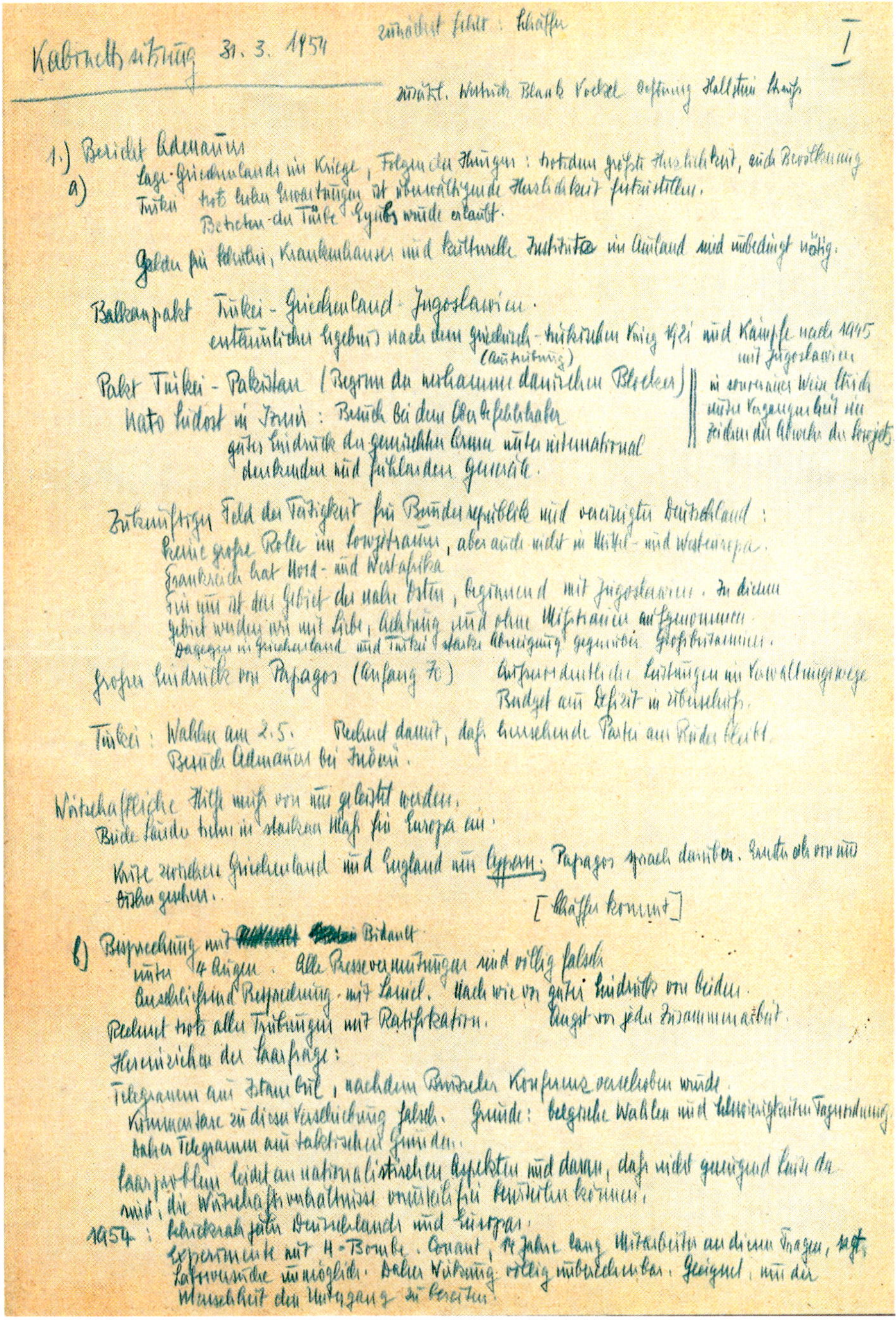
Kabinettssitzung 31. 3. 1954 entschuldigt fehlt: Schäffer I

zusätzl. Westrick Blank Vockel Oeftering Hallstein Strauß

1.) Bericht Adenauer
a) Lage Griechenlands im Kriege, Folgen des Hungers: trotzdem größte Herzlichkeit, auch Bevölkerung
Türkei trotz hoher Erwartungen ist überwältigende Herzlichkeit festzustellen.
Betreten der Türbe [illegible] wurde erlaubt.

Geben für Schulen, Krankenhäuser und kulturelle Institute im Ausland sind unbedingt nötig.

Balkanpakt Türkei – Griechenland – Jugoslawien.
erstaunliches Ergebnis nach dem griechisch-türkischen Krieg 1921 (Ausrottung) und Kämpfe nach 1945 mit Jugoslawien

Pakt Türkei – Pakistan (Beginn des mohammedanischen Blockes) | in erweiterter Weise Stück unter Vergangenheit ein Zeichen der Abwehr des Sowjets
Nato Südost in Izmir: Besuch bei dem Oberbefehlshaber
guter Eindruck der gemischten Armee unter international denkenden und fühlenden General.

Zukünftiges Feld der Tätigkeit für Bundesrepublik und vereinigtes Deutschland:
keine große Rolle im Ostraum, aber auch nicht in Mittel- und Westeuropa.
Frankreich hat Nord- und Westafrika
Für uns ist das Gebiet des nahen Ostens, beginnend mit Jugoslawien. In diesem Gebiet werden wir mit Liebe, Achtung und ohne Mißtrauen aufgenommen.
Dagegen in Griechenland und Türkei starke Abneigung gegenüber Großbritannien.

Großer Eindruck von Papagos (Anfang 70) Außerordentliche Leistungen im Verwaltungswege Budget aus Defizit in Überschuß.

Türkei: Wahlen am 2.5. Rechnet damit, daß herrschende Partei am Ruder bleibt.
Besuch Adenauers bei Inönü.

Wirtschaftliche Hilfe muß von uns geleistet werden.
Beide Länder treten in starkem Maß für Europa ein.

Krise zwischen Griechenland und England um Cypern: Papagos sprach darüber. [illegible]

[Schäffer kommt]

b) Besprechung mit ~~[illegible]~~ Bidault
unter 4 Augen. Alle Pressevermutungen sind völlig falsch.
Anschließend Besprechung mit Laniel. Nach wie vor guter Eindruck von beiden.
Rechnet trotz aller Schwierigkeiten mit Ratifikation. Angst vor jeder Zusammenarbeit.
Herausziehen der Saarfrage:
Telegramm aus Istanbul, nachdem Brüsseler Konferenz verschoben wurde.
Kommentare zu dieser Verschiebung falsch. Gründe: belgische Wahlen und [illegible]
daher Telegramm aus taktischen Gründen.
Saarproblem leidet an nationalistischen Aspekten und daran, daß nicht genügend Leute da sind, die Wirtschaftsverhältnisse vorurteilsfrei beurteilen können.
1954: Schicksalsjahr Deutschlands und Europas.
Experimente mit H-Bombe. Conant, 12 Jahre lang Mitarbeiter an diesen Fragen, sagt, [illegible] unmöglich. Daher Wirkung völlig unberechenbar. Geeignet, um der Menschheit den Untergang zu bereiten.

Abb. 3: Mitschrift Seebohms (Auszug) von der 27. Sitzung des Bundeskabinetts am 31. März 1954 (Nachlaß Seebohm/8c). – Vgl. dazu 27. Sitzung Anm. 1.

Niederschrift über die Saarbesprechung
in der Maison Rouge in Straßburg am 20. Mai 1954
16.00 Uhr

anwesend waren der Herr Bundeskanzler und die Herren Hallstein, v. Brentano, Gerstenmaier, Spaak, Teitgen, v.d.Goes.

Herr Spaak: Verliest den von ihm und Herrn v.d.Goes ausgearbeiteten Vorschlag.

Herr v.d.Goes: Das Datum im ersten Absatz muß lauten: 30.4.1954. Ferner muss zum Ausdruck gebracht werden, dass die Saarlösung auch im Interesse einer dauerhaften Freundschaft zwischen Frankreich und Deutschland liegt.

Herr Teitgen: Einverstanden.

StS. Hallstein: Es ist wohl versehentlich die Erwähnung des Vorbehalts des Friedensvertrages weggelassen worden. Mit diesem Vorbehalt war die französische Regierung einverstanden.

Herr Spaak: Er befindet sich in Artikel 19.

StS. Hallstein: Das genügt nicht. Wir müssen gleich anfangs diesen Vorbehalt anbringen.

Herr Spaak: Mir ist nicht klar, was dieser Vorbehalt bedeutet.

StS. Hallstein: Ich bitte Sie, nicht daran zu rütteln, da diese Formel das Ergebnis von etwa 100 Diskussionen ist und heute eine gemeinsame Formel darstellt.

Herr van der Goes: Kann man die Erwähnung dieses Vorbehalts in der Präambel nicht vorläufig ausklammern, bis wir Art. 19 besprochen haben.

StS. Hallstein: Nein, denn das ist ein Punkt, in dem wir das Einverständnis der französischen Regierung seit zwei Monaten erhalten haben. Seither ist immer die gleiche Formel gewählt worden. Ich bitte, sie nicht fallen zu lassen.

Teitgen: Ich bin einverstanden. Wir schreiben ja heute keinen Vertrag, sondern besprechen nur die Punkte, in denen wir uns nicht einig sind. Wenn Sie mir erklären, dass Sie in dieser Frage das Einverständnis der französischen Regierung haben, will ich Ihnen gerne glauben.

StS. Hallstein: Im zweiten Satz sprechen Sie von der politischen Organisation Europas, das ist zu schwach. Ich würde vorziehen zu sagen: "Durch eine europäische Saarlösung einen Beitrag zur europäischen Integration zu leisten".

Teitgen: Das bietet keine Schwierigkeiten.

Spaak: Ich habe auch keine Einwände.

Bundeskanzler: Der Gedanke der Freundschaft zwischen den Völkern muss noch hinein.

Herr Teitgen: Auch hier glaube ich wird es keine Schwierigkeiten geben.

Abb. 4—1: Protokollauszug (Nachweis bei Abb. 4—12).

StS. Hallstein: Es fehlt auch der Vorbehalt der EVG.

van der Goes: Herr Teitgen erklärte gestern, dass ein solcher Vorbehalt psychologisch unmöglich sei und die Zahl der Gegner der EVG nur erhöhen würde.

Herr Teigen: Wir hatten zugestanden, dass der Herr Bundeskanzler eine dementsprechende Erklärung abgeben könnte, aber im Vertrag kann ein solcher Vorbehalt nicht ausgesprochen werden.

StS. Hallstein: Das kann ich nicht ganz verstehen. Sie sind einverstanden damit, dass die Bundesregierung einen solchen Vorbehalt ausspricht und Ihnen sogar notifiziert. Ist das nicht psychologisch dasselbe wie eine Klausel im Vertrag ?

Herr Teitgen: Darüber haben wir uns schon geeinigt. Herr Schumann hat erklärt, ein Vorbehalt im Vertrag käme nicht in Frage, wohl aber eine einseitige Erklärung der deutschen Regierung.

Bundeskanzler: Wir müssen der parlamentarischen Psychologie Rechnung tragen. Wenn ein solcher Vorbehalt im Vertrag steht, mag es Parlamentarier geben, die dann den ganzen Vertrag ablehnen. Wenn wir unsere Absicht auf einem anderen Weg erreichen können, und so den Franzosen keine Schwierigkeiten bereiten, dann lassen Sie uns es doch tun.

StS. Hallstein: Das heisst also, dass bei der Unterzeichnung eine Erklärung abgegeben wird, oder dass ein Notenwechsel stattfindet.

Bundeskanzler: Ich werde der französischen Regierung mitteilen, dass ohne Ratifizierung der EVG das Abkommen nicht in Kraft treten kann.

Herr Spaak: Ohne EVG ist ein europäisches Saarstatut auch undenkbar.

Bundeskanzler: Wenn ich schreibe: Ich unterzeichne das Abkommen unter dem Vorbehalt der Ratifizierung, dann kann ich wenn nicht ratifiziert wird, sagen, dass das Abkommen für uns nicht besteht. Aber wenn die französische Regierung zustimmen muss, dass im Vertrag festgelegt wird, dass beide Regierungen diesen Vorbehalt anerkennen, kann ich mir vorstellen, dass die französische Regierung dadurch in Schwierigkeiten kommt. Wenn wir also die gleiche Wirkung durch ein den Franzosen angenehmeres Mittel erreichen können, dann tun wir es eben.

Herr Spaak: (Verliest weiter) "Die beiden Regierungen legen die Artikel 1, 12 und 19 des erwähnten Berichtes wie folgt aus: "

StS. Hallstein: Bei Art. 19 handelt es sich nicht um eine Auslegung, sondern um eine neue Fassung. Man müsste also sagen, Art. 1 und 12 werden wie folgt ausgelegt, Art. 19 erhält nachstehende Fassung.

Herr Teitgen: Wir arbeiten doch jetzt nicht einen Vertragsentwurf aus. Die Regierungen werden später einen Vertrag zu unterzeichnen haben, der alle Artikel enthält.

Abb. 4–2: Protokollauszug (Nachweis bei Abb. 4–12).

StS. Hallstein: Was wir hier ausarbeiten, ist ein Grundsatzabkommen.

Herr Teitgen: Das verstehe ich nicht. Im Grundsatzabkommen können doch nicht nur die Artikel 1, 12 und 19 enthalten sein.

StS. Hallstein: Doch. Alles andere wird durch einen Hinweis auf den van der Goes-Plan geregelt. Deshalb können wir ja so kurz sein. Darin war ich mit Herrn Schumann einig.

Herr Teitgen: Einverstanden.

Herr Spaak: Man müsste also zwischen der Auslegung der Art. 1 und 12 und der Neufassung des Art. 19 unterscheiden.

StS. Hallstein: Der Unterschied darf nicht zu scharf herausgearbeitet werden. Besser wäre zu sagen, Art. 1: folgende Auslegung .... Art. 12: folgende Auslegung .... Artikel 19 : Es gilt folgende Regelung.

Herr Teitgen: Hier muss ich einen Vorbehalt anmelden. Ich glaube nicht, dass die französische Regierung beabsichtigt hat, einmal den Text des Art. 1 des Planes niederzuschreiben und daneben einen anderen Text, nämlich die Auslegung. Ich war der Ansicht, wir sollten hier eine neue Redaktion für die Artikel 1 und 12 suchen.

Herr Spaak: Das scheint mir unerlässlich. Wir können nicht zwei Texte nebeneinander bestehen lassen. Zwei Regierungen diskutieren über den van der Goes-Plan. Sie sind sich in allen Artikeln einig geworden bis auf die Artikel 1, 12 und 19.

StS. Hallstein: Hier müssen wir eben eine Lösung suchen.

Herr Teitgen: Diese Artikel müssen durch neue Artikel ersetzt werden.

Herr Spaak: Das ist natürlich eine ganz neue Aufgabe. Wir müssten neue Formen für die Artikel 1, 12 und 19 suchen.

StS. Hallstein: Das ist bisher nicht geschehen. Wir müssten ganz von vorne anfangen.

Herr Spaak: Wir müssten einen vollkommen neuen Entwurf ausarbeiten.

StS. Hallstein: Das wäre in der Tat notwendig.

Herr Teitgen: Ich habe Herrn Schumann nicht telefonisch erreichen können, habe aber hier sein Schreiben in dem drei Listen von Artikeln angeführt werden; 1. die annehmbaren Artikel, 2. die Artikel, in denen kleinere Änderungen notwendig sind, und 3. die neu zu fassenden Artikel.

StS. Hallstein: Wir sind aber schon weit über dieses Stadium hinaus. Das wäre ein Schritt zurück.

Herr Spaak: Die Regierungen haben beschlossen, die Saarfrage auf Grundlage des van der Goes-Plans zu lösen. Nur drei Artikel sind noch strittig. Wären Sie einverstanden, die Auslegung dieser Artikel in das Grundsatzabkommen aufzunehmen und die neue Fassung endgültig im Vertrag festzulegen.

StS. Halltein: Dann wären wir einverstanden.

Abb. 4—3: Protokollauszug (Nachweis bei Abb. 4—12).

Herr van der Goes: Diese Fragen könnten auf der Konferenz gelöst werden.

Herr Teitgen: Ich weiss nicht, ob Herr Schumann damit gemeint hat, dass die Frage in einer Viertelstunde gelöst werden könnte, oder dass sie der Konferenz überlassen werden sollte oder ob er sie fallenlassen wollte. Ich muss also hier einen gewissen Vorbehalt anmelden.

Ich hätte noch eine Frage zu Art. 19: Art. 19 wurde neu redigiert, warum geschah dies nicht auch bei 1 und 12?

Herr van der Goes: Bei 1 und 12 handelt es sich nur um eine Auslegung.

Herr Teitgen: Ich weiss nicht, ob meine Regierung einverstanden sein wird, neben Art. 1 die Auslegung von Art. 1 und neben Art. 12 die Auslegung von Art. 12 zu stellen.

Herr Spaak: Ich hatte noch einen letzten Absatz vorgeschlagen, indem die Annahme der übrigen Artikel des van der Goes-Plans festgestellt wird. Da aber die Einfügung neuer Vorschläge zu Schwierigkeiten führen könnte, will ich diesen Absatz fallenlassen.

StS. Hallstein: Es ist besser, diesen Absatz fallenzulassen.

Ende des ersten Teiles der Sitzung.
- - - - - - -

Fortsetzung der Besprechung nach dem Abendessen.

Herr Teitgen: Ich möchte meine Sünden beichten: ich habe mit Herrn Hoffmann über Art. 7 gesprochen. Er war darüber äu serst bestürzt.

Herr van der Goes: Ich habe mit Herrn Braun gesprochen, der die Sache nicht tragisch genommen hat und meinte, wenn alles andere geregelt würde, würde sich niemand an Art. 7 stossen.

Bundeskanzler: Herr Hoffmann ist ein schwerkranker Mann, er wird glücklich sein, aus den Schwierigkeiten herauskommen zu können, denn er kann sich kaum noch halten. Im übrigen verhandeln wir ja nicht Herrn Hoffmann zu Liebe oder zu Leide.

Herr Teitgen: Ich kann jedenfalls nicht in Paris berichten, Herr Hoffmann sei einverstanden, obwohl ich alles getan habe, um ihn zu überzeugen. Er hat die Absicht, nächste Woche mit Herrn Spaak über diese Frage zu sprechen. Er beklagt sich bitter über einen Bruch der ihm gegenüber auch von Herrn van der Goes eingegangenen Versicherung.

Herr van der Goes: Diese Versicherung hatte ich nur abgegeben, weil ich glaubte, die Frage sei in Paris geregelt worden.

Herr von Brentano: Man müsste Herrn Hoffmann die Lage erklären. Ich glaube, er versteht die Grundauffassung unserer Bemühungen schlecht. Er glaubt, wir wollten ein Abkommen gegen die Saar schliessen.

Abb. 4—4: Protokollauszug (Nachweis bei Abb. 4—12).

Herr Teitgen: Ich habe Herrn Hoffmann erklärt, dass dieses Abkommen sich keineswegs gegen ihn richte. Insbesondere auch nicht Art. 7. Ich konnte ihn aber nicht überzeugen.

Bundeskanzler: Herr Morrison und Lord Henderson waren heute bei mir und sie haben erklärt, dass, wenn wir wirklich die Europäisierung der Saar annehmen, wir damit ein grosses Opfer für Europa auf uns nehmen.

Herr Teitgen: Ich anerkenne vollkommen Ihren Willen, eine europäische Lösung zu suchen. Ich wollte Herrn Hoffmann etwas vorbereiten, konnte ich ihn aber leider nicht überzeugen. Er war äusserst erregt und erklärte, er würde sofort nach Saarbrücken zurückkehren, um seine Regierung zu informieren. xxxxxxxxxxxxxxxxx

Herr van der Goes: Herr Braun hat mir gesagt, die Parteien würden diese Frage nicht tragisch nehmen, auch nicht die Partei des Herrn Hoffmann. Für Herrn Hoffmann selbst ist diese Angelegenheit allerdings tragisch.

StS. Hallstein: Das kann ich nicht verstehen.

Herr Teitgen: Herr Hoffmann beteuerte, die Saar wolle kein Staat sein, aber in lebenswichtigen Fragen müsse der Saarkommissar der ja garkein Saarländer sein kann und auch nicht von der Saarregierung ernannt wird, Sitz und Stimme in Ministerrat haben.

Bundeskanzler: Wie stellen Sie sich vor, dass die Sache weitergehen soll ?

Herr Teitgen: Ich werde Herrn Bidault in Genf aufsuchen und ihm Wort und Geist unseres Dokuments erklären. Wir werden dann sehr schnell zu Ihnen kommen, entweder Herr Schumann oder ich, denn es ist für uns wesentlich, diese Angelegenheit innerhalb der nächsten xxxxx 8 Tage zu erledigen.

Bundeskanzler: Brauchen Sie dieses Abkommen für den Kongress der Sozialistischen Partei ?

Herr Teitgen: Nein ! Die Sozialisten haben aus der Saarfrage nie eine Vorbedingung für die Ratifizierung der EVG gemacht. Diese Vorbedingung wurde von den Gaullisten erhoben, da sie glaubten, wir würden nie ein Saarabkommen zustandebringen. Wir brauchen also das Abkommen nicht für den sozialistischen Kongress, aber für unentschlossene gemässigte Abgeordnete und wir hoffen dadurch 30 bis 40 Stimmen für die EVG gewinnen zu können. Der Ausschuss für Auswärtige Angelegenheiten der französischen Nationalversammlung hat gestern beschlossen, über den Bericht über die EVG und den Deutschlandvertrag schon nächsten Mittwoch abzustimmen. Das ist um drei Tage zu früh, denn der sozialistische Kongress tritt erst Samstag und Sonntag zusammen. Nach Abhaltung des Kongresses wären die sozialistischen Vertreter im Ausschuss für Auswärtige Angelegenheiten gezwungen, für die EVG zu stimmen, und wir hätten dann eine Mehrheit in diesem Ausschuss. Da die Abstimmung aber vor diesem Kongress stattfindet, wird der Ausschuss höchst wahrscheinlich dem ablehnenden Bericht seines Berichterstatters zustimmen. Die Debatte in der Nationalversammlung wird daher aufgrund eines ablehnenden Berichtes durchgeführt werden. Die Versammlung wird diesen Be-

Abb. 4—5: Protokollauszug (Nachweis bei Abb. 4—12).

richt verwerfen und einen neuen Berichterstatter bestimmen. Damit keine weitere Zeit verloren geht, haben wir Herrn René Mayer beauftragt, einen positiven Bericht auszuarbeiten. Wir werden also den abgelehnten negativen Bericht unverzüglich durch einen positiven Bericht ersetzen können. Jedenfalls verlieren wir dadurch, daß wir um drei Tage zu früh beginnen, später die 8 Tage. Andererseits bedeutet dieser Beginn, daß die Ratifikationsdebatte nahe ist, denn sowohl Gegner wie Anhänger der EVG wünschen eine Entscheidung.

Bundeskanzler: Herr Minister Coste-Floret erklärte mir, die EVG würde am 19. Juni ratifiziert sein.

Herr Teitgen: Er hatte damals auch völlig recht, denn damals war der Sozialistische Kongress noch auf den 9. M i festgesetzt. Da aber im Département Pas-de-Calais, d.h. im Département von Herrn Guy Mollet, am 2. und 16. Mai Nachwahlen stattfanden und es wesentlich war, einen europafreundlichen sozialistischen Kandidaten durchzusetzen, mußte Herr Mollet am 9. Mai in seinem Département sein. Da er aber Generalsekretär der Sozialistischen Partei ist, konnte der Kongress nicht stattfinden und wurde auf den 30. Mai verschoben.

Bundeskanzler: Wollen wir jetzt den neuen Entwurf prüfen?

Herr Spaak: (Liest die Präambel.)

Bundeskanzler: Wir wollen statt Integration lieber 'Unification' sagen.

Herr Spaak: In der Mitte der Präambel muß hinzugefügt werden, 'von dem Wunsche beseelt, ihre Beziehungen auf die Grundlage einer dauerhaften Freundschaft zu stellen'.

(Verlesung des gesamten Textes)

Bundeskanzler: Dieser Text ist klar, gut und kurz.

Herr Spaak: Er enthält keine Zweideutigkeiten mehr.

Herr Teitgen: Ich verspreche Ihnen, mein Möglichstes zu tun und meine Regierung von der Nützlichkeit und Notwendigkeit dieses Entwurfs zu überzeugen. Ich bitte Sie, mir dabei zu helfen. Wenn auch nur ein Dokument außerhalb dieses Kreises bekannt wird, ist alles zu Ende.

Herr Spaak: Ich vernichte vor Ihnen meine Texte.

Herr Teitgen: Es dürfen vor allem keine Vergleiche zwischen verschiedenen Fassungen, Vorschlägen und Abänderungsanträgen gemacht werden können.

Bundeskanzler: Es darf auch keine Andeutung gemacht werden.

Ich bin Ihnen, Herr Präsident Spaak und Herr van der Goes, zu tiefstem Dank verpflichtet, und ich bitte Sie zu glauben, daß dieser Dank auf meiner Überzeugung beruht, daß wir, wenn wir durch unser Abkommen die EVG in Frankreich durchbringen, dem Frieden nicht nur in Europa, sondern in der ganzen Welt einen äußerst großen

Abb. 4–6: Protokollauszug (Nachweis bei Abb. 4–12).

Dienst geleistet haben. Wenn die EVG besteht, wird sich für Sowjet-Russland eine neue Phase der politischen Umorientierung ergeben. Ich danke Ihnen nochmals.

Herr Präsident Teitgen, wenn diese Angelegenheit zum Ruhen kommt, dann wird für unsere Länder eine Zeit der Zusammenarbeit anbrechen, die wir seit 30 Jahren vergeblich erstrebt haben und die für Sie, für uns und für unsere Nachbarn zum Segen gereichen wird.

Ich möchte hinzufügen, dass Herr de Gasperi und auch Herr Scelba, mir erklärt haben, dass sie den Gedanken einer Verbindung der EVG mit einer günstigeren Einstellung der Vereinigten Staaten in der Frage Triests nicht mehr aufrechterhalten. Das italienische Parlament wird auch ohne Lösung der Triestiner Frage die EVG, und sei es auch nur mit etwa 15 Stimmen Mehrheit, ratifizieren. Ich bin überzeugt, wenn die französische Nationalversammlung die EVG einmal angenommen hat, wird auch Italien schnell ratifizieren. Und wir können annehmen, dass schon in diesem Sommer das Werk, an dem wir schon mehrere Jahre arbeiten, zu einem guten Ende gebracht sein wird. Wir können dann die Hoffnung haben, dass Europa Wirklichkeit wird.

Herr Teitgen: Herr Bundeskanzler, was Sie eben gesagt haben, entspricht auch meiner persönlichen Überzeugung, sowie der Überzeugung meiner Freunde und der übergrossen Mehrheit der Franzosen. Ich bitte Sie, und alle unsere deutschen Freunde verstehen zu wollen, dass die französischen Politiker in der Frage der Einheit Europas Mehrheit der Bevölkerung hinter sich haben. In der Frage der deutsch-französischen Aussöhnung aber fast die gesamte Bevölkerung. In öffentlichen Versammlungen und politischen Veranstaltungen hat kein Thema grösseren Erfolg als dann der deutsch-französischen Freundschaft.

Ich möchte Herrn Spaak und Herrn van der Goes nicht schockieren, aber es ist leichter, für unsere öffentliche Meinung die Notwendigkeit einer Einigung zwischen Frankreich und Deutschland zu verstehen, als die Notwendigkeit einer Einigung zu 8, zu 10 oder zu 15. Es ist für uns ein grosser Trost, dass bei der grossen Mehrheit des französischen Volkes kein Hass gegen Deutschland mehr besteht, ja dass ein Wunsch, sogar ein leidenschaftlicher Wunsch nach Vertrauen und Freundschaft besteht..

Leider hatten wir im Jahre 1951 schlechte Parlamentswahlen. Wir sahen durch das persönliche Prestige des Generals de Gaulle viele Nationalisten in unser Parlament einziehen. Sie werden Verständnis dafür aufbringen, dass ein Volk manchmal wie von einem Fieber gepackt wird. Die 120 Gaullisten sind ein sehr starker Hemmschuh. Aber ihre Bedeutung ist stark gesunken, sie werden überall bei den Wahlen geschlagen, und auch in Departements, in denen sie noch 1951 die Mehrheit hatten, können sie heute ihren Kandidaten nicht durchbringen.

In der öffentlichen Meinung gibt es kaum mehr nationalistische Strömungen. Aber im Parlament müssen wir noch zwei Jahre lang mit 120 Nationalisten kämpfen. Die Schwierigkeit im politischen Leben Frankreichs liegt darin, dass zwischen Parlament und öffentlicher Meinung eine Kluft besteht. Wenn unsere Regierung manchmal in Ihnen den Eindruck erwecken kann, dass sie zu Manövern Zuflucht nimmt, so bitte ich Sie, zu bedenken, dass wir nicht nur die öffentliche Meinung, sondern vor allem das Parlament berücksichtigen müssen. Wir verstehen jetzt, unsere Schwierigkeiten, und ich werde mein Möglichstes tun, um unseren heutigen Entwurf durchzusetzen.

Abb. 4–7: Protokollauszug (Nachweis bei Abb. 4–12).

Bundeskanzler: Ihr macht Euch aber doch alle lächerlich, wenn Ihr schweigt.

St.S. Hallstein: Bisher haben nur die Parlamentarier gesprochen. Gestatten Sie einem einfachen Bürger auch ein Wort einzuwerfen. Ich möchte zwei einfache Betrachtungen anstellen. 1) Der Europarat hat doch seine Beratende Versammlung diese Frage aufgeworfen. Das Ergebnis liegt jetzt im Bericht des Allgemeinen Ausschusses vor. Wenn der Europarat nicht sein Gesicht verlieren will, muß er öffentlich Stellung nehmen, besonders da seine Vorschläge die Grundlage zur wohl wichtigsten Verhandlung seit Kriegsende abgegeben hat. Das kann er doch nicht ignorieren. Er kann sich doch nicht davon distanzieren. Und eine zweite ebenso primitive Frage. Es liegt im wesentlichen Interesse der beiden Regierungen, daß über diese Frage diskutiert und abgestimmt wird. Wir kennen das Ergebnis der Abstimmung jetzt schon. Warum liegt dies im Interesse unserer Regierung? Weil jede Regierung ungeheure Zugeständnisse gemacht hat, die uns an den Rand einer Koalitionskrise gebracht haben. Deshalb haben die Regierung ein Interesse daran, beweisen zu können, daß sie ihre Zugeständnisse nicht aus Schlappheit ihrem individuellen Partner gegenüber gemacht haben, sondern weil ganz Europa diese Zugeständnisse braucht. Wir haben nicht Zugeständnisse gemacht, um der schönen Augen der Franzosen willen, sondern im Interesse Europas und wo verkörpert sich dieses Europa wenn nicht in Straßburg. Wenn Sie über diese Frage nicht diskutieren, dann kann sich der Europarat begraben lassen. Man wendet ein, es bestünde die Gefahr einer unangenehmen Debatte. Ja mein Gott, so ist das eben im Parlament. Wenn man in den Krieg zieht, riskiert man, von einer Kugel getroffen zu werden, und wenn man sich in ein Parlament setzt, riskiert man, sich einer Opposition gegenüber zu finden..

Herr Teitgen: Die Opposition stört mich nicht so lange ich eine Mehrheit habe.

St.S. Hallstein: Was kann denn schon geschehen? Die SPD wird die Saarregelung ablehnen, aber das wissen wir doch schon längst. Und das gewisse Saarländer aus ihrem Gebiet einen Staat machen wollen, weiß jedes Kind. Und da manche Franzosen von einer Annektion der Saar träumen, ist auch nichts Neues. Wir wollen diese Diskussion, damit die Regierung sagen können, sie hätten ihre Zugeständnisse nicht bilateral gemacht, sondern Europa gegenüber.

Herr Teitgen: Herr Hallstein hat unbedingt recht. Ich würde Ihnen vorschlagen, ihn als Abgeordneten in Ihre Mehrheit aufzunehmen. In der Opposition wäre er gefährlich. Ich bin gern bereit, eine Diskussion über die Grundsätze zuzulassen, aber nicht über die Einzelheiten, und es darf nicht nur die Opposition sprechen. Herr v. Brentano und ich haben die Erfahrung gemacht, daß wir in der Debatte öft allein dastanden.

St.S. Hallstein: Aber das ist doch Ihre Schuld. Sie hätten die Debatte besser organisieren müssen.

Herr Teitgen: Herr v. Brentano stand einmal allein in der Beratenden Versammlung gegen 5 deutsche Oppositionsgegner. Wir müssen daher unsere Debatte organisieren. Es ist notwendig, daß

Abb. 4—8: Protokollauszug (Nachweis bei Abb. 4—12).

Franzosen und Deutsche in ihren Reden darauf hinweisen, daß ihre Länder die zu bringenden Opfer nicht dem anderen Land gegenüber, sondern Europa gegenüber machen werden.

Herr v.d.Goes: Herr Tribulet hat zweimal für die Saarregelung gestimmt.

Herr Teitgen: Es ist mir vollkommen egal, wofür die Gaullisten stimmen. Was ich brauche sind Redner wie de Menthon, Bichet, Delbos oder Reynaud. Sie dürfen nicht vergessen, daß es für uns auch wichtig ist, daß eine ganze Reihe deutscher Redner für diese Lösung spricht, denn oft sagt man in Frankreich, Adenauer sei der einzige Europäer. Man hört oft, ja der Bundeskanzler, der ist ein Heiliger, der ist ein Märthyrer, und seine Mehrheit folgt ihm nur unter dem Druck seiner starken Hand. Aber was nach ihm kommt,......

Bundeskanzler: Ich möchte Sie über uns beruhigen. Ich habe im Bundestag erklärt, daß ich un er drei Bedingungen für die Europäisierung eintrete: 1) Der Friedensvertrag darf nicht präjudiziert werden, 2) die Saarbevölkerung muß frei befragt werden und 3) wir können keine Camouflage annehmen. (Junctim mit der EPG). Und von den 250 Abgeordneten meiner Partei hat kein Einziger gegen mich gestimmt.

Herr Spaak: Ich glaube für den Europarat ist diese Debatte unerläßlich.

Herr Teitgen: Ich habe nichts gegen die Debatte, aber sie muß organisiert werden.

Abb. 4—9: Protokollauszug (Nachweis bei Abb. 4—12).

TRÈS SECRET !

Projet

Le Gouvernement de la République Fédérale d'Allemagne et le Gouvernement de la République Française, désirant apporter une constribution à l'unification européenne par une solution européenne de la question sarroise et désirant baser leurs relations sur une amitié durable conviennent sous réserve du traité de paix ou d'un règlement en tenant lieu de régler la question de la Sarre sur la base des propositions contenues dans le Rapport de la Commission des Affaires générales de L'Assemblée Consultative du Conseil de l'Europe, en date du 30 avril 1954.

1) Les deux Gouvernements interprètent de la manière suivante les articles 1 et 12 dudit rapport:

ARTICLE 1ER

Le but de la solution envisagée est de faire de la Sarre un territoire européen. Ce but sera atteint en trois étapes.

Première étape:

Un commissaire européen pour la Sarre est nommé par le Comité des Ministres du Conseil de l'Europe. La majorité qui assure cette élection doit comprendre nécessairement les voix de la France et de l'Allemagne. Le commissaire assure les intérêts de la Sarre en matière de relations extérieures et de défense; il veille à l'observation et à l'éxécution de toutes les clauses du Statut. Il est responsable devant le Comité des Ministres du Conseil de l'Europe.

Deuxième étape:

A partir du moment où une assemblée européenne aura été élu au suffrage universel et direct, le commissaire européen pour la Sarre sera responsable devant cette assemblée suivant des modalités à préciser.

Troisième étape:

A la création de la Communauté Politique Européenne, telle qu'elle est prévue dans la décision des Ministres prise à Luxembourg le 10 septembre 1952, le territoire de la Sarre est territoire européen.

Le commissaire européen pour la Sarre ou l'autorité qui excerce ses fonctions est alors responsable devant le parlement de la Communauté Politique.

Chaque étape réalisée dans le processus ci-dessus décrit reste acquise durant tout le temps nécessaire à la réalisation de l'étape suivante.

ARTICLE 12

(a) Les principes sur lesquels se fonde actuellement l'union franco-sarroise seront repris dans une convention de coopération économique conclue entre la France et la Sarre.

(b) S'agissant des relations économiques entre l'Allemagne et la Sarre le but à atteindre est de créer - sous réserve de l'article 13 - des relations semblables à celles qui existent entre la France et la Sarre. Un tel but ne peut cependant être atteint que progressivement. Pour atteindre le but ainsi précisé les accords nécessaires seront conclus entre la France, l'Allemagne et la Sarre. Dans ces accords toutes les mesures de sauvegarde seront prises pour que l'exécution de la convention de coopération économique franco-sarroise, prévue au paragraphe précédent, ne soit pas mise en péril. L'élargissement progressif des relations économiques entre l'Allemagne et la Sarre ne pourra jamais être tel qu'il amène le rétablissement d'un cordon douanier entre la France et la Sarre.

(c) Dans l'immédiat, les dispositions qui seront adoptées pour augmenter les échanges entre l'Allemagne et la Sarre ne pourront pas affecter gravement la balance des paiements de la France.

Abb. 4–11: Protokollauszug (Nachweis bei Abb. 4–12).

2) L'article 19 est rédigé comme suit:

Les Gouvernements de la France, de la République Fédérale d'Allemagne, du Royaume-Uni et des Etats-Unis d'Amérique s'engageront à soutenir et à garantir le Statut Européen de la Sarre, en attendant la conclusion d'un traité de paix ou l'intervention d'un règlement en tenant lieu.

Il est entendu que la population sarroise sera librement consultée conformément aux dispositions du paragraphe 23 du rapport et que la Sarre deviendra le siège d'institutions européennes

Abb. 4—12: Protokollauszug über die Saarbesprechung zwischen Adenauer und Teitgen am 20. Mai 1954 in Straßburg nebst Entwurf einer europäischen Lösung der Saarfrage (Nachlaß Blankenhorn/31b, Entwurf auch in AAEA/1567, Übersetzung des Entwurfs bereits in SCHNEIDER S. 236—238).— Vgl. dazu 33. Sitzung Wortprotokoll Anm. 35.

Abb. 5: Einheiten des Technischen Hilfswerkes im Einsatz anläßlich der Hochwasserkatastrophe in Bayern, Juli 1954 (BiW 29/54). – Vgl. dazu 39. Sitzung am 13. Juli 1954 Anm. 10.

Abb. 6: Schlußkundgebung des Evangelischen Kirchentages auf der Rosentalwiese in Leipzig am 11. Juli 1954 (BiW 29/54). – Vgl. dazu 39. Sitzung am 13. Juli 1954 Anm. 14.

Abb. 7: Hermann Ehlers auf der Schlußkundgebung des Evangelischen Kirchentages in Leipzig am 11. Juli 1954 (NDW 233/54). — Vgl. dazu 39. Sitzung am 13. Juli 1954 Anm. 17.

Abb. 8: Otto Nuschke auf der Schlußkundgebung des Evangelischen Kirchentages in Leipzig am 11. Juli 1954, am rechten Bildrand der Bischof von Berlin-Brandenburg Otto Dibelius (NDW 233/54). – Vgl. dazu 39. Sitzung am 13. Juli 1954 Anm. 21.

DER STAATSSEKRETÄR
DES BUNDESKANZLERAMTES
14302 - 80/54 II geh.

BONN, den 26. Juli 1954

Geheim!

An den
Bundesminister für Verkehr
Herrn Dr. Seebohm

Bonn

    Der Herr Vizekanzler bittet die Herren Bundesminister zu einer Besprechung über die politische Lage auf **Mittwoch, den 28. Juli 1954, 16:00 Uhr**, in den Sitzungssaal des Hauses Carstanjen.

    Der Termin der Kabinettssitzung am 28.7.1954, 9,30 Uhr, bleibt bestehen.

In Vertretung

[Signature]

(Dr. Janz)

Abb. 9: Einladungsschreiben vom 26. Juli 1954 zur Sondersitzung des Bundeskabinetts am 28. Juli 1954. Beginn 16.00 Uhr (Nachlaß Seebohm/8c). – Vgl. dazu Sondersitzung am 28. Juli 1954 Anm. 1.

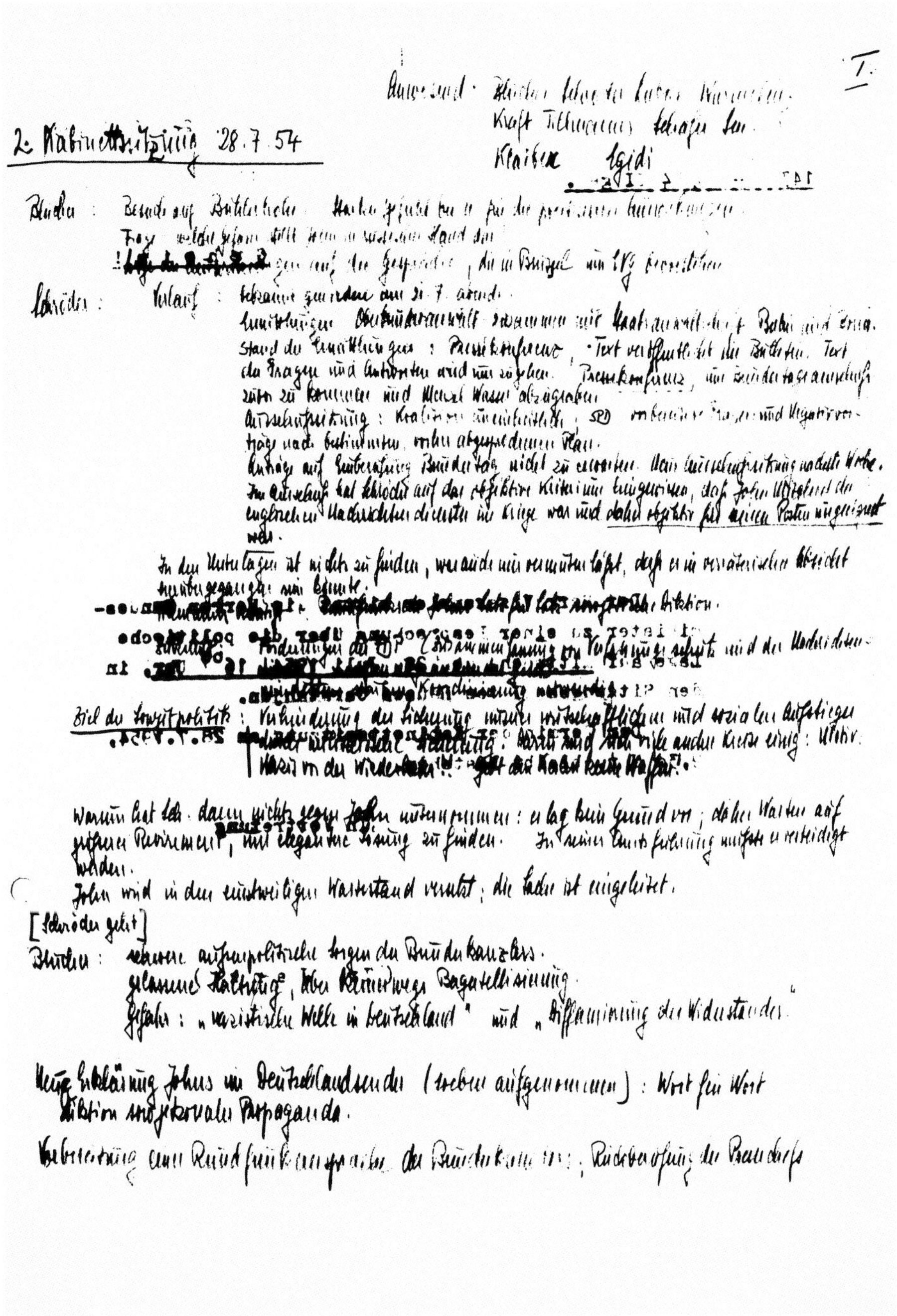

Abb. 10: Mitschrift Seebohms von der Sondersitzung des Bundeskabinetts am 28. Juli 1954 (Nachlaß Seebohm/8c). — Vgl. dazu Sondersitzung am 28. Juli 1954 Anm. 1.

Abb. 11: Terminkalender Blücher (Auszug) mit Eintragung der 41. Sitzung des Bundeskabinetts am 28. Juli 1954, Beginn 9.30 Uhr und der Sondersitzung am 28. Juli 1954, Beginn 16.00 Uhr (Nachlaß Blücher/294). – Vgl. dazu Sondersitzung am 28. Juli 1954 Anm. 1.

Abb. 12: Otto John im Café Warschau, Stalinallee in Berlin (-Ost), [Ende Juli] 1954 (BiW 33/54). – Vgl. dazu Sondersitzung am 28. Juli 1954 Anm. 13.

Abb. 13: Aufruf der SPD für eine Politik der Verhandlung. [Aug.] 1954 (Plak. 5/42/6). – Vgl. dazu Sondersitzung am 1. September 1954 Anm. 19.

Abb. 14: Erklärung von Dulles bei seiner Ankunft am 16. September 1954 auf dem Köln-Bonner Flughafen Wahn, zwischen Presse- und Rundfunkkorrespondenten von links nach rechts u. a. von Eckardt, Hallstein und Blank (Bild 173/465). – Vgl. dazu 45. Sitzung Anm. 16.

Abb. 15: Während der Londoner Neunmächtekonferenz vom 28. September bis 3. Oktober 1954 unterhält sich Adenauer mit Eden und Mendès-France, rechts im Bild Lester Pearson (Presse- und Informationsamt der Bundesregierung, Bundesbildstelle Nr. 10452). — Vgl. dazu 49. Sitzung Anm. 8.

Abb. 16: Das erste Flugzeug der neuen Deutschen Lufthansa (Typ Convair 340) auf dem Hamburger Flughafen, [Ende Okt.] 1954 (NDW 253/54). — Vgl. dazu 49. Sitzung Anm. 19.

Abb. 17: Mendès-France (rechts im Bild) schaut Adenauer bei der Unterzeichnung des Saarstatuts zu, 23. Okt. 1954 (HICOG PHOTO UNIT). – Vgl. dazu 53. Sitzung Anm. 7.

Abb. 18: Führende Vertreter der SPD (von links nach rechts: Schmid, Ollenhauer, Wehner, Mommer; Erhardt Eckert) sind in Paris eingetroffen (Flughafen Le Bourget) anläßlich der Verhandlungen über das Saarstatut, [22.] Okt. 1954 (United Press, dpa-Bild Nr. 68722). — Vgl. 53. Sitzung Anm. 34.

Abb. 19: Wahlen zum Berliner Abgeordnetenhaus am 5. Dez. 1954. Plakatpropaganda (NDW 254/54). — Vgl. dazu 61. Sitzung Anm. 19.

Abb. 20: Wahlen zum Berliner Abgeordnetenhaus am 5. Dez. 1954, Plakatpropaganda (Fox 87/54). — Vgl. 61. Sitzung Anm. 19.

Abb. 21: Erste Lesung des Pariser Vertragswerkes im Deutschen Bundestag am 16. Dezember 1954: Erler, der Wehrexperte der SPD, bei einer Zwischenfrage (Presse- und Informationsamt der Bundesregierung, Bundesbildstelle Nr. 91 472/4). – Vgl. dazu 64. Sitzung Anm. 5.

An den Beginn seiner Ausführungen zu Sachfragen im Bundestag am 20. Oktober 1953 setzte er die Erörterung der Sozialpolitik. Er erklärte, eine „Umschichtung innerhalb des Sozialhaushalts" sei „nicht nur vertretbar, sondern notwendig" und kündigte „eine umfassende Sozialreform" an[102]). Das war nicht eine Leerformel zur Beruhigung der Öffentlichkeit; alles spricht dafür, daß Adenauer damit Storch in die Pflicht nehmen wollte.

Es läßt sich schwer abschätzen, wie konkret die Vorstellungen des Bundeskanzlers über die Vorbereitung und den Umfang einer „umfassenden Sozialreform" gewesen sein mögen, bevor der Bundesminister der Finanzen ihm am 13. Oktober 1953, rechtzeitig vor der Regierungserklärung, die „Bildung einer Regierungskommission für die Reform der sozialen Hilfe beim Bundeskanzleramt" vorgeschlagen hatte. Schäffer verband in diesem Schreiben geschickt fiskalische und sozialpolitische Argumente, indem er dafür plädierte, die „berechtigten Ansprüche" besser als bisher zu erfüllen, zugleich aber darauf hinwies, daß „an die allseitig geforderte ‚Große Steuerreform' kaum gedacht werden" könne, wenn nicht auf „sozialem Gebiet eine gewisse Stabilität in den Anforderungen an die volkswirtschaftliche Leistungsfähigkeit eingetreten" sei. Für die Vorbereitung dieser „Sozialreform an Haupt und Gliedern" sollte „sofort" eine Regierungskommission unter dem Protektorat des Bundeskanzlers eingesetzt werden, in die der beim Bundesminister für Arbeit bestehende wissenschaftliche Beirat aufzugehen habe[103]).

Diesen Plan, den Schäffer am 13. Oktober 1953 nur Adenauer „persönlich" vorgelegt hatte, griff der Bundesminister der Finanzen in seiner Kabinettsvorlage vom 13. November 1953 wieder auf. In dieser Vorlage zur „Haushaltslage der Sozialversicherung und Fragen der Reform der Sozialversicherung" wandte er sich erneut gegen gesetzgeberische Einzelmaßnahmen und forderte die Reform der sozialen Leistungen in der Versicherung, Versorgung und Fürsorge[104]). Da Schäffer gleichzeitig den Bundesministern Abdrucke seines Schreibens an Adenauer vom 13. Oktober 1953 zuleitete, waren die unterschiedlichen Meinungen des Bundesministers der Finanzen und des Bundesministers für Arbeit kabinettsöffentlich geworden. Diskutiert wurden sie, soweit aus den Protokollen ersichtlich, im Kabinett allerdings erst im Februar 1954.

Den Anstoß dazu gab vermutlich wiederum Schäffer, der dem Bundeskanzler in seinem Schreiben vom 3. Februar 1954 mitteilte, er wolle „innerhalb der nächsten 14 Tage" die im Entwurf beiliegende Vorlage über die Einsetzung einer Regierungskommission für die Reform der sozialen Hilfe einbringen. „Falls" Adenauer dagegen „Bedenken haben" sollte, bitte er um einen Besprechungstermin[105]). Bedenken gegen die Einsetzung einer Regierungskommission hatte der Bundeskanzler nicht. In seinem Schreiben an Storch vom 10. Februar 1954 sprach er sich für diesen Plan Schäffers aus. Allerdings wollte er, im Unterschied zum Bundesminister der Finanzen, den beim Bundesminister für Arbeit

---

[102]) Siehe STENOGRAPHISCHE BERICHTE Bd. 18 S. 13.
[103]) Schreiben „persönlich" in B 126/10939 und B 136/1358.
[104]) Vorlage in B 126/10939.
[105]) Schreiben in B 136/1358.

bestehenden Beirat nicht durch die Regierungskommission ersetzen, sondern ihm „organisatorische und verwaltungsmäßige Aufgaben" zugewiesen sehen. Außerdem erinnerte er Storch unter Hinweis auf die Regierungserklärung daran, daß er „unter einer Sozialreform etwas anderes verstände als lediglich Rentenerhöhungen", und forderte den Bundesminister für Arbeit auf, dem Kabinett „baldmöglichst darüber Vortrag zu halten, welche Möglichkeiten für die Durchführung einer großen Sozialreform" gegeben seien und was er bisher veranlaßt habe[106]).

Zwar stand schon am 19. Februar 1954 ein Vortrag Storchs auf der Tagesordnung der Kabinettssitzung; er enthielt jedoch keinen Bericht über die Vorarbeiten des Beirats und über die Möglichkeiten einer Sozialreform[107]). Nicht nur in dieser, sondern auch in allen anderen Beratungen des Kabinetts – die Sozialreform wurde 1954 noch fünfmal in Sitzungen der Bundesregierung behandelt[108]) – ging es um die organisatorische Vorbereitung der Reform, d. h. also um Zuständigkeitsfragen. Der Bundesminister für Arbeit verteidigte seine Kompetenz; er erweiterte den bei seinem Ministerium gebildeten Beirat und versuchte, z. B. durch die Berufung von Hans Achinger in den neu gebildeten Grundsatzausschuß des Beirats einen seiner sachkundigsten Kritiker, der zudem über gute Beziehungen zum Bundesministerium der Finanzen verfügte[109]), für seine Konzeption zu gewinnen[110]).

Nicht ohne Einfluß auf die Konzessionsbereitschaft Storchs blieb sicherlich auch die Kritik, die zunehmend von Parteigremien der CDU/CSU an seiner Untätigkeit geübt worden war. Die CDU/CSU-Fraktion, die im Februar 1952 den Antrag der SPD-Fraktion auf Errichtung einer unabhängigen Sozialen Studienkommission dadurch im Bundestag zu Fall gebracht hatte, daß sie in einem „Abänderungsantrag" nach Rücksprache mit Storch einen wissenschaftlichen Beirat beim Bundesminister für Arbeit gefordert hatte[111]), zeigte nach der Bundestagswahl eine „beträchtliche Unzufriedenheit" mit dem Minister[112]). „Maßgebende Mitglieder des sozialpolitischen Ausschusses" der CDU wandten sich gegen die Absicht Storchs, statt der Sozialreform lediglich die Erhöhung der Altrenten vorzubereiten, und sprachen sich für die Einrichtung einer wissenschaftlichen Kommission auf Kabinettsebene aus[113]). In der Debatte des Haushaltsgesetzes für 1954 am 4. Februar 1954 im Bundestag setzte sich Rudolf Vogel, der als erster Sprecher der CDU/CSU-Fraktion zu dem Gesetzentwurf Stellung nahm, zwar für die Erhöhung der Altrenten ein; er nutzte die Gelegenheit aber auch, um von der „auch von uns dringend erwartete[n] Reform der Sozialversi-

---

[106]) Schreiben ebenda.
[107]) Vgl. 19. Sitzung TOP 4.
[108]) Siehe 28. Sitzung TOP 9, 34. Sitzung TOP 2, 39. Sitzung TOP 3, 48. Sitzung TOP 1 und 63. Sitzung TOP 1.
[109]) Unterlagen in B 126/10939 f.
[110]) Vgl. 34. Sitzung TOP 2.
[111]) Vgl. 19. Sitzung TOP 4 und Innenpolitischer Bericht des BPA vom 13. Febr. 1952 in B 145/1898.
[112]) Parlamentarischer Bericht des BPA vom 17. Okt. 1953 in B 145/1901.
[113]) Parlamentarischer Bericht des BPA vom 21. Nov. 1953 (ebenda).

cherung" zu sprechen und den „besonderen Wunsch" seiner „Freunde nach einer größeren Aktivität" des Beirats vorzubringen[114]). Vor seiner Rede beim Arbeitnehmerkreis der CDU/CSU am 22. Februar 1954 wurde Storch über die Sitzung des Bundesausschusses für Sozialpolitik der CDU informiert. In dieser Sitzung hatte der Vorsitzende des Ausschusses, Heinrich Lünendonk, erklärt, er habe den Ausschuß nach der Bundestagswahl nicht früher einberufen, um dem Minister Gelegenheit zu geben, einen Plan zur Verwirklichung der in der Regierungserklärung angekündigten sozialpolitischen Maßnahmen vorzulegen. „Nunmehr sei aber diese von der Loyalität diktierte Wartezeit ein für allemal vobei." Die umfassende Sozialreform dürfe nicht „durch eine irgendwie fragwürdige Aufwertung der Altersrenten ersetzt" werden. Zwei Mitglieder des Beirats hatten erklärt, daß vor den Wahlen „konkrete Arbeiten" unerwünscht gewesen seien und viele Mitglieder die Absicht gehabt hätten auszuscheiden[115]). Daß Storch am 22. Februar nicht nur versicherte, die geplante Rentenerhöhung solle nur eine Vorleistung sein, sondern nach weiteren Einwendungen der Sitzungsteilnehmer auch behauptete, der Hinweis auf die umfassende Sozialreform sei durch seine Initiative in die Regierungserklärung aufgenommen worden[116]), zeigt, daß er auch in diesen Gremien mit allen Mitteln um seine Unterstützung kämpfen mußte.[117])

Ende 1954 war von einer unabhängigen Regierungskommission keine Rede mehr. Nachdem Storch in der Kabinettssitzung am 29. September 1954 versichert hatte, in seinem Ministerium und vom Beirat würde nicht nur die Reform der Sozialversicherung, sondern eine Sozialreform vorbereitet, und die Vorlage erster Arbeitsergebnisse in etwa einem Monat angekündigt hatte, erklärte Schäffer, sein Urteil über den Beirat und dessen Arbeiten zurückstellen zu wollen[118]). In seiner Vorlage vom 27. November übergab Storch einen Bericht des Beirats gemeinsam mit den im Ministerium erarbeiteten Grundsätzen für die Sozialreform. Das Kabinett stimmte am 14. Dezember 1954 dem Vorschlag des Bundesministers für Arbeit zu, einen Kabinettsausschuß für die Vorbereitung der Sozialreform zu bilden[119]). Das Vorgehen Storchs – Zugeständnisse bei der Erweiterung des Beirats und Zustimmung zu einer von ihm noch im Oktober 1953 abgelehnten Sozialreform – hatte zum Erfolg geführt. Die Minderung sei-

---

[114]) Siehe STENOGRAPHISCHE BERICHTE Bd. 18 S. 364.
[115]) Parlamentarischer Bericht des BPA vom 20. Febr. 1954 in B 145/1902.
[116]) Parlamentarischer Bericht des BPA vom 24. Febr. 1954 (ebenda).
[117]) Daß es für die Fraktion unter diesen Umständen schwer war, die Politik Storchs in der Öffentlichkeit zu vertreten, liegt auf der Hand. So begegnete der Abgeordnete Horn bei der Beratung des Haushalts des Bundesministers für Arbeit im BT am 6. April 1954 dem von Abgeordneten der SPD erhobenen Vorwurf von der „Konzeptionslosigkeit" Storchs mit dem Hinweis auf den auf Initiative seiner Fraktion zustandegekommenen Beirat (STENOGRAPHISCHE BERICHTE Bd. 19 S. 964 und 974); und bei der Behandlung der SPD-Anfrage nach dem Stand der Sozialreform und der Tätigkeit des Beirats am 21. Mai 1954 im BT (STENOGRAPHISCHE BERICHTE Bd. 20 S. 1402–1430) bekam Storch von seiner Fraktion „nicht die geringste Unterstützung" (Frankfurter Allgemeine Zeitung vom 24. Mai 1954). Siehe dazu auch den Vermerk vom 24. Mai 1954 in B 136/1358.
[118]) Vgl. 48. Sitzung TOP 1.
[119]) Vgl. 63. Sitzung TOP 1.

ner Kompetenz durch eine von Schäffer vorgeschlagene und zunächst auch von Adenauer befürwortete unabhängige Regierungskommission stand im Dezember 1954 nicht mehr zur Diskussion.

Angesichts der Auseinandersetzung über die „umfassende Sozialreform" ist es verständlich, daß die von Storch vorgelegten Gesetzentwürfe, welche die soziale Lage bestimmter Gruppen verbessern sollten, zu Grundsatzdebatten im Kabinett führten. Der Bundesminister der Finanzen versuchte dabei, seine Vorstellungen von einer Umschichtung innerhalb des Sozialhaushalts im Vorgriff auf die geplante Sozialreform durchzusetzen oder zumindest zu verhindern, daß das bestehende System der sozialen Leistungen durch Einzelmaßnahmen weiter verfestigt wurde.

Die vom Bundesminister für Arbeit seit Oktober 1953 wiederholt angekündigte Erhöhung der sogenannten Altrenten[120]), über die in den seit Juli 1954 stattgefundenen Ressortbesprechungen eine Einigung nicht hatte erreicht werden können, wurde am 14. September 1954 zum ersten Mal in einer Kabinettssitzung beraten[121]). Daß die Vorlage Storchs vom 13. September einen Tag später außerhalb der Tagesordnung behandelt wurde, hatte seinen Grund darin, daß ein Initiativentwurf der SPD, der die Auszahlung einer zusätzlichen Monatsrente an alle Rentner bis zum 31. Dezember 1954 vorsah, noch im September im Bundestag beraten werden sollte[122]). So umstritten der Gesetzentwurf Storchs, den Globke als „systematisch sehr bedenklich, aber politisch unvermeidlich" bezeichnet hatte[123]), bei den Kabinettsmitgliedern auch war — außer Schäffer lehnten auch Erhard, Blücher und Preusker die Vorlage ab —, trat doch im „Verlauf der Diskussion [...] immer mehr die Frage in den Vordergrund, auf welchem Wege der Entwurf vorangetrieben werden" sollte[124]). Während Schäffer erneut für die Regelung dieser Frage im Zusammenhang mit der Sozialreform plädierte und einen Initiativentwurf der Koalitionsfraktionen ablehnte, hielt Adenauer ihm entgegen, daß „ein Initiativantrag der Koalitionsparteien im Hinblick auf den bereits vorliegenden Antrag der SPD unvermeidlich" sei. Zwar war auch der Bundeskanzler der Meinung, daß „ernstzunehmende Bedenken gegen den Entwurf" bestünden und „Zeit für eine weitere gründliche Überlegung gewonnen" und diese Frage „am zweckmäßigsten" im Zusammenhang mit der Sozialreform geregelt werde. Aber er ordnete auch an, daß am nächsten Tag ein Gremium der zuständigen Bundesminister prüfen sollte, ob Abschlagszahlungen geleistet werden könnten[125]).

---

[120]) Voraussetzung für die Erhöhung sollte bei den Versicherten die Vollendung des 65., bei den Witwen die des 60. Lebensjahres sein, siehe BULLETIN vom 27. Okt. 1953 S. 1706 sowie die Ausführungen Storchs in der BT-Sitzung am 3. Dez. 1953 (STENOGRAPHISCHE BERICHTE Bd. 18 S. 137) und am 21. Mai 1954 (ebenda Bd. 20 S. 1408). Vgl. auch 19. Sitzung TOP 4.
[121]) Siehe 44. Sitzung TOP B.
[122]) Ebenda.
[123]) Notiz Globkes vom 13. Sept. auf dem Vermerk vom 13. Sept. 1954 (B 136/788).
[124]) Siehe 44. Sitzung TOP B.
[125]) Ebenda.

Doch bevor dieser Ausschuß seine Beratungen aufnehmen konnte, hatte die CDU/CSU-Fraktion am 14. September nachmittags die Initiative ergriffen. Nach anfänglichen Bedenken, die Sozialreform solle durch die Erhöhung der Altrenten ersetzt werden, hatte die Fraktion den Bundesminister für Arbeit „einmütig ersucht, rechtzeitig eine Vorlage über die Erhöhung der Altrenten vorzubereiten"[126]. Als Adenauer in der Fraktionssitzung in Anwesenheit von Storch und Schäffer den Kabinettsbeschluß mitteilte, wurde der Unmut der Abgeordneten über die neuerliche Verzögerung deutlich. Es wurden nicht nur an die Ankündigung sozialpolitischer Reformen in der Regierungserklärung vom Oktober 1953 erinnert und die Zahlenangaben Schäffers angezweifelt, sondern auch die Verluste der CDU bei den Landtagswahlen in Nordrhein-Westfalen und Schleswig-Holstein auf die Inaktivität der Bundesregierung in diesen Fragen zurückgeführt. Der Fraktionsvorsitzende erklärte, er sehe sich „außerstande, irgendeinem anderen Gesetz zuzustimmen", wenn die Rentenerhöhung nicht zur Zufriedenheit der Fraktion geregelt werde. Schließlich beschloß die Fraktion – der Bundeskanzler hatte die Sitzung schon verlassen – einstimmig, die Vorlage Storchs als Initiativantrag im Bundestag einzubringen[127].

So gelegen diese Entscheidung dem Bundesminister für Arbeit auch sein mußte, der Bundeskanzler reagierte auf den Beschluß, den ihm von Brentano noch am selben Tag mitgeteilt hatte[128], mit Unwillen. Er wies den Fraktionsvorsitzenden darauf hin, daß „das selbständige Vorgehen der CDU/CSU-Fraktion" bei den anderen Koalitionsparteien „doch ein ziemliches Befremden ausgelöst" habe und fügte hinzu, es wäre nach seiner „Meinung richtiger gewesen", wenn die Fraktion „das Ergebnis der Beratungen der Kabinettsmitglieder" abgewartet hätte[129]. In diesen Besprechungen war eine Einigung über eine geänderte Vorlage des Bundesministers für Arbeit erreicht worden[130]. Der Entwurf wurde noch am selben Tag im Umlaufverfahren verabschiedet und dem Bundesrat zugeleitet; die Koalitionsfraktionen brachten ihn einen Tag später als Initiativentwurf im Bundestag ein[131]. Schäffer hatte der Vorlage zwar nicht zugestimmt, aber auch von seinem Recht nach § 26 der Geschäftsordnung der Bundesregierung keinen Gebrauch gemacht[132], der bei Widerspruch des Bundesministers der Finanzen in Fragen von finanzieller Bedeutung eine erneute Beratung im Kabinett vorsieht[133]. Der Bundestag verabschiedete den Gesetzentwurf einstimmig am 14. Oktober 1954 in der vom Sozialpolitischen Ausschuß des Bundestags vorgeschlagenen Fassung[134], in der, dem Antrag der Koalitionsfraktionen entsprechend[135], die in dem Entwurf des Bundesministers für Arbeit vorgesehene Altersgrenze nicht mehr enthalten war.

---

[126] Schreiben von Brentanos an Adenauer vom 5. Mai 1954 in Nachlaß von Brentano/155.
[127] Protokoll über die Sitzung am 14. Sept. 1954 in Nachlaß Barzel/314.
[128] Schreiben in Nachlaß von Brentano/155.
[129] Schreiben Adenauers an von Brentano vom 15. Sept. 1954 (ebenda).
[130] Niederschrift aus dem BMA vom 15. Sept. 1954 (B 136/788).
[131] BT-Drs. Nr. 820.
[132] Telegramm Schäffers an das Bundeskanzleramt [o. Dat.] (B 136/788).
[133] GMBl. 1951 S. 137.
[134] STENOGRAPHISCHE BERICHTE Bd. 21 S. 2355–2372.
[135] Siehe Parlamentarische Berichte des BPA vom 9. und 12. Okt. 1954 (B 145/1903).

Zu einer grundsätzlichen Auseinandersetzung im Kabinett führten auch die Beratungen über die Verbesserung der Kriegsopferversorgung. Zwar widersprach der Bundesminister der Finanzen einer Erhöhung der Renten nach dem Bundesversorgungsgesetz nicht. Er wollte mit ihr jedoch die Umstrukturierung der Kriegsopferversorgung verbinden und hatte vorgeschlagen, die vom Bundesminister für Arbeit vorgesehene Erhöhung der jedem Berechtigten zustehenden Grundrente um 20% zur Hälfte zeitweilig ruhen zu lassen und lediglich die bei Bedürftigkeit gezahlte Ausgleichsrente voll auszuzahlen sowie die Waisenrente zu erhöhen[136]. Storch lehnte diese Orientierung an der Bedürftigkeit ab. Er wollte vielmehr die Relation zwischen Grundrente und Ausgleichsrente wiederherstellen, die durch die Erhöhung der Ausgleichsrente im Jahr 1953 gestört worden war[137]. Zu einer Einigung im Kabinett kam es nicht. Die Minister, mit Ausnahme von Storch, akzeptierten lediglich die vom Bundesminister des Innern im Hinblick auf die am 28. November 1954 in Bayern und Hessen stattfindenden Landtagswahlen vorgeschlagene „Sprachregelung", die Bundesregierung wolle „die Leistungen der Kriegsopferversorgung nicht verkleinern, sondern vergrößern"[138]. Schließlich ermächtigte der Bundeskanzler den Bundesminister für Arbeit, dem Bundestagsausschuß für Sozialpolitik mit dem Hinweis auf die noch ungeklärte Deckung der Ausgaben einen Gesetzentwurf vorzulegen, der der von Storch vorgesehenen Erhöhung der Grundrente um 20% entsprach. Der Widerspruch Schäffers wurde, seinem Wunsch entsprechend, im Protokoll festgehalten[139]; aber er verweigerte seine Unterschrift unter das vom Bundestag verabschiedete Gesetz nicht, das im Vergleich zu der Vorlage des Bundesministers für Arbeit eine Mehrbelastung von 60 Mio. DM bedeutete[140].

Die vom Bundeskanzler hervorgehobenen politischen Erwägungen[141] waren es auch, die dazu führten, daß der Bundesminister der Finanzen dem von Bundestag und Bundesrat im Juli 1953 verabschiedeten Initiativgesetz über die Entschädigung der Heimkehrer, das die Auszahlung der Entschädigung ein Jahr nach der Verkündung des Gesetzes „in der Reihenfolge der sozialen Dringlichkeit" vorsah, gegen seine „Überzeugung [...] und [...] nur um der Geschlossenheit des Kabinetts willen"[142] gemäß Art. 113 GG im Januar 1954 zustimmte[143]; und obwohl er das auf eine Initiative der CDU/CSU-Fraktion zurückgehende, vom Bundestag im März 1954 einstimmig angenommene Änderungsgesetz, das die Auszahlung der Entschädigung um ein Jahr vorverlegte, als „sehr unerwünscht" bezeichnete, hielt er die Verweigerung der Zustimmung der Bundesregierung „politisch nicht für möglich"[144].

---

[136] Siehe Sondersitzung am 12. Nov. 1954 TOP C.
[137] Siehe 59. Sitzung TOP 2.
[138] Siehe 60. Sitzung TOP B.
[139] Siehe 61. Sitzung TOP E.
[140] Siehe 63. Sitzung TOP 9.
[141] Siehe 14. Sitzung TOP 1.
[142] Schreiben Schäffers an Hartmann vom 23. Jan. 1954 (Nachlaß Schäffer/34).
[143] Siehe 15. Sitzung TOP 1.
[144] Siehe 31. Sitzung TOP 1a.

Wenn man die sozialpolitische Gesetzgebung der Bundesregierung des Jahres 1954 an den Ankündigungen der Regierungserklärung über eine Umschichtung des Sozialhaushalts und eine umfassende Sozialreform mißt, so zeigt sich, daß man der Verwirklichung dieses Plans kaum nähergekommen war. Zwar hatten die Auseinandersetzungen um die Zuständigkeit für die Sozialreform beigelegt und damit die Voraussetzungen für die Beschäftigung mit der Sache geschaffen werden können; aber die Struktur der Sozialpolitik war nicht verändert, sondern erhalten und damit verfestigt worden. Die Kompetenzstreitigkeiten und die zögerliche Haltung Storchs hatten dazu geführt, daß die Bundesregierung häufig nur auf die Initiativen des Bundestags, nicht zuletzt auch auf die der CDU/CSU-Fraktion, reagierte und durch die von ihr verabschiedeten Gesetzentwürfe lediglich den befürchteten finanziellen Schaden zu begrenzen suchte. –

Obwohl Schäffer im Oktober 1953 erklärt hatte, an die „Große Steuerreform" könne nur dann gedacht werden, wenn „eine Sozialreform an Haupt und Gliedern" durchgeführt werde, legte er im Februar 1954 dem Kabinett die Gesetzentwürfe zur Finanz- und Steuerreform vor. Mit dem Finanzverfassungsgesetz sollte, dem Art. 107 GG entsprechend, die endgültige Verteilung der der konkurrierenden Gesetzgebung unterliegenden Einkommen- und Körperschaftsteuer zwischen Bund und Ländern im Verhältnis 40:60 geregelt und damit die alljährliche Auseinandersetzung um den Bundesanteil an diesen Steuern, der von 1949 bis 1953 von 27 auf 38% gesteigert worden war, beendet werden. Das Finanzanpassungsgesetz sah vor, daß Bund und Länder die zur Durchführung ihrer Aufgaben notwendigen Ausgaben trugen. Das Länderfinanzausgleichsgesetz sollte den zuvor jährlich ausgehandelten Finanzausgleich unter den steuerstarken und steuerschwachen Bundesländern durch eine dauerhafte Regelung ersetzen[145].

Schäffer bezeichnete die Finanzreform „für noch bedeutsamer als die Steuerreform"[146], weil erst durch diese Regelungen die Aufstellung des Bundeshaushalts gesichert werden könnte[147]. Als das Bindeglied zwischen der nach seiner Meinung untrennbar miteinander verbundenen Finanz- und Steuerreform sah er die von ihm vorgeschlagene Ergänzungsabgabe von 2,5% zur Einkommen- und Körperschaftsteuer an[148], die eine reine Bundessteuer sein und dann erhoben werden sollte, wenn dem Bund zur Erfüllung seiner Aufgaben Mittel fehlten.

Die Vorlagen zur Steuerreform gingen von der Beibehaltung des Steuersystems aus und sahen keine Änderung im Verhältnis zwischen direkten und indirekten Steuern vor, das etwa 50:50 betrug. Damit sollten die durch die Nachkriegsbedingungen erzwungenen erhöhten Steuersätze weiter abgebaut – 1949 hatte der höchste Steuersatz 94% betragen und sollte laut Gesetzentwurf auf 55% bei 600 000 DM Jahreseinkommen festgesetzt werden –, aber auch Vergünstigungen für einzelne Personengruppen gestrichen werden.

---

[145] Siehe 21. Sitzung TOP 1 und 2.
[146] Ebenda.
[147] Siehe dazu die Ausführungen im BT am 11. März 1954 (STENOGRAPHISCHE BERICHTE Bd. 18 S. 628–641, hier S. 634).
[148] Ebenda S. 629.

Einleitung

Obwohl der Bundeskanzler und weitere Kabinettsmitglieder bei der ersten Beratung dieses Gesetzpakets – den sechs Entwürfen war eine gemeinsame Begründung von 174 Seiten beigefügt – erklärten, die Zeit von etwa einer Woche habe für eine Prüfung nicht ausgereicht[149]), wurden die Vorlagen zur Steuerreform schon wenige Tage später vom Kabinett verabschiedet. Strittig gewesen waren in den Beratungen nicht nur die vom Bundesminister der Finanzen vorgeschlagenen Steuersenkungen, vor allem für die Jahreseinkommen zwischen 10 000 und 40 000 DM, die der Bundesminister für Wirtschaft für die Erhaltung der Wirtschaftskonjunktur als nicht ausreichend hielt, sondern auch der Abbau der Vergünstigungen und nicht zuletzt der Termin, zu dem die Reform in Kraft treten sollte. Beim Abbau von Vergünstigungen machte Schäffer Zugeständnisse; er wurde auch überstimmt bei seinem Vorschlag, die von Wuermeling geforderte Erhöhung der Kinderfreibeträge als Manövriermasse den Verhandlungen im Bundestag vorzubehalten. Die Steuersätze wurden vom Kabinett mit geringen Abweichungen in der von ihm vorgeschlagenen Höhe akzeptiert, allerdings mit der Maßgabe, daß die ermäßigten Sätze für die Einkommen- und Körperschaftsteuer nicht, wie von Schäffer vorgesehen, am 1. Januar 1955, sondern schon am 1. Oktober 1954 in Kraft treten sollten. Außerdem stimmte das Kabinett dem Antrag des Bundesministers der Finanzen zu, die Grundlinie der Finanzreform gemeinsam mit den vom Kabinett verabschiedeten Vorlagen zur Steuerreform dem Bundestag in einer Regierungserklärung am 11. März 1954 bekanntzugeben[150]).

Es war ungewöhnlich, daß die Öffentlichkeit auf diese Weise über vom Kabinett verabschiedete, dem Bundesrat noch nicht zugeleitete Gesetzentwürfe informiert wurde[151]). Dieses Verfahren entsprach der Ankündigung des Bundesministers der Finanzen vom 8. Februar 1954[152]), mit der er auf die Spekulationen über die seit langem vorbereitete[153]) und von der Bundesregierung mehrfach angekündigte Steuerreform[154]) reagiert hatte. Daß Schäffer in dieser Regierungserklärung auch die vom Kabinett noch nicht beschlossenen Vorlagen zur Finanzreform einbezog, sollte erneut den von ihm immer wieder hervorgehobenen Zusammenhang von Finanz- und Steuerreform deutlich machen.

---

[149]) Siehe 21. Sitzung TOP 1 und 2.
[150]) Siehe 22. Sitzung TOP 1 und 2.
[151]) Siehe dazu die Ausführungen von Ehlers und Schäffer im BT am 11. März 1954 (STENOGRAPHISCHE BERICHTE Bd. 18 S. 628).
[152]) Mitteilung des BPA Nr. 142/54 vom 8. Febr. 1954.
[153]) Der 1951 vom BMF mit der Erstellung eines Gutachtens über eine „organische Steuerreform" beauftragte Wissenschaftliche Beirat beim BMF hatte seinen Bericht am 14. Febr. 1953 abgeschlossen (Organische Steuerreform. Bericht des Wissenschaftlichen Beirats beim Bundesministerium der Finanzen an den Herrn Bundesminister der Finanzen, Herausgegeben vom Bundesminister der Finanzen, Bonn 1953). – Diskussionsbeiträge des Arbeitsausschusses für die Große Steuerreform. Ein Bericht an den Finanzausschuß des Bundesrats, Herausgegeben von Heinrich Troeger, Stuttgart 1954, waren im Nov. 1953 vorgelegt worden.
[154]) Siehe z. B. die Regierungserklärung Adenauers vom 20. Okt. 1953, in der er von seiner „organischen Steuerreform" sprach (STENOGRAPHISCHE BERICHTE Bd. 18 S. 16) und die Ausführungen Schäffers in der Haushaltsdebatte des BT am 22. Jan. 1954, in der er eine Steuerreform, nicht aber eine Umgestaltung des Steuersystems ankündigte (ebenda S. 308 f.).

So zügig das Kabinett die Vorlagen zur Steuer- und Finanzreform[155] nicht zuletzt auf Grund der Zugeständnisse Schäffers auch verabschiedet hatte, so heftig war die Kritik an den Steuergesetzen nicht nur bei den unterschiedlichsten Interessengruppen[156], sondern auch bei den Fraktionen der Regierungskoalition[157] und im Bundesrat[158]. Die „große Tat" Schäffers, die „für die Landtagswahl in Nordrhein-Westfalen mit das Paradestück werden" sollte[159], führte zu scharfen Auseinandersetzungen gerade zwischen dem nordrhein-westfälischen Ministerpräsidenten Arnold und dem Bundesminister der Finanzen[160]. Es wurden Ausschüsse und Unterausschüsse eingesetzt, die die Stellungnahmen innerhalb der CDU/CSU-Fraktion und der von der CDU (und CSU) regierten Bundesländer koordinieren sollten[161]; und es wurden Koalitionsbesprechungen unter dem Vorsitz des Bundeskanzlers abgehalten[162]. Schließlich einigten sich die Vertreter der Koalitionsparteien am 11. November, also wenige Tage vor der zweiten Beratung der Gesetze im Bundestag, auf die von dem CDU-Abgeordneten Neuburger in den Beratungen des Bundestagsausschusses für Finanz- und Steuerfragen vorgeschlagene weitere Steuersenkung für Jahreseinkommen bis 35 000 DM[163]. Die FDP verzichtete auf ihre zusätzlichen Forderungen[164]. So konnte das Kernstück der Steuerreform, das Gesetz über die Neuordnung von Steuern, am 19. November 1954 im Bundestag, gegen die Stimmen der SPD, verabschiedet werden[165] und, da auch der Bundesrat am 3. Dezember zustimmte[166], am 1. Januar 1955 in Kraft treten[167].

Auch die Finanzreformgesetze, mit Ausnahme des im Bundestag nicht behandelten, vom Bundesrat zuvor abgelehnten Gesetzes über die Ergänzungsab-

---

[155] Die Finanzreform wurde einen Tag nach der Abgabe der Regierungserklärung vom Kabinett verabschiedet (vgl. 32. Sitzung TOP 1).
[156] Siehe dazu z. B. Frankfurter Allgemeine Zeitung vom 15. März 1954 („Zunehmende Kritik an den Steuervorlagen"), die Beilage zu Nr. 18 der Zeitschrift Der Volkswirt vom 1. Mai 1954, die Rundschreiben des Instituts Finanzen und Steuern Nr. 1–3/1954 sowie weitere Unterlagen in B 126/51538.
[157] Siehe Parlamentarischer Bericht des BPA vom 13. März 1954 (B 145/1902) und das Protokoll über die Sitzung des CDU-Vorstands am 26. April 1954 (PROTOKOLLE CDU-BUNDESVORSTAND S. 205–229). – Zur Haltung der FDP siehe: Protokoll über die Sitzung des Vorstands am 22./23. Jan. 1954 (PROTOKOLLE FDP-BUNDESVORSTAND S. 1313–1325); die BT-Drs. Nr. 280, in der die FDP-Fraktion das Inkrafttreten der Steuerreform am 1. Juli 1954 forderte; die von Preusker eingebrachte Entschließung zur „Vorverlegung der Steuerreform", die am 7. März 1954 auf dem Parteitag der FDP verabschiedet wurde (Freie Demokratische Korrespondenz vom 9. März 1954 S. 11 f.).
[158] Siehe 29. Sitzung TOP A und 30. Sitzung TOP 5.
[159] Adenauer in der Sitzung des CDU-Vorstands am 26. April 1954 (PROTOKOLLE CDU-BUNDESVORSTAND S. 151).
[160] Siehe 29. Sitzung TOP A.
[161] Siehe 33. Sitzung TOP A und 36. Sitzung TOP E.
[162] Siehe 52. Sitzung TOP 5.
[163] Siehe Sondersitzung am 12. Nov. 1954 TOP B.
[164] Siehe dazu auch die Diskussion in der Sitzung des CDU-Vorstands am 11. Okt. 1954 (PROTOKOLLE CDU-VORSTAND S. 295–330).
[165] STENOGRAPHISCHE BERICHTE Bd. 22 S. 2849–2879.
[166] BR-Sitzungsberichte 1954 S. 330–336.
[167] BGBl. I 373.

gabe[168]), wurden am 19. November 1954 im Bundestag angenommen, das Finanzverfassungsgesetz gegen die Stimmen der CSU[169]). Das vom Bundesminister der Finanzen immer wieder betonte Junktim von Finanz- und Steuerreform blieb also erhalten, bis der Bundesrat am 3. Dezember 1954 das Finanzverfassungsgesetz ablehnte und zu den beiden anderen Gesetzen den Vermittlungsausschuß anrief[170]). Da der am selben Tag von der Bundesregierung wegen des Finanzverfassungsgesetzes angerufene Vermittlungsausschuß am 14. Dezember über einen Vermittlungsvorschlag nicht beschlossen hatte, die Frist nach Art. 107 GG über die Regelung der konkurrierenden Gesetzgebung aber am 31. Dezember 1954 ablief, nahm der Bundestag am 15. Dezember einstimmig den von den Koalitionsparteien eingebrachten Gesetzentwurf an, mit dem die Frist bis zum 31. Dezember 1955 verlängert wurde[171]).

Die Steuerreform trat also in Kraft, ohne daß die von Schäffer als Voraussetzung dafür bezeichneten Finanzgesetze verabschiedet worden waren und ohne daß der Anteil des Bundes an der Einkommen- und Körperschaftsteuer feststand. Die Entlastungen der Steuerzahler wurden insgesamt mit 3,2 Milliarden DM pro Jahr angegeben; 1,1 Milliarden DM gingen auf die zusätzlichen Anträge des Bundestages zurück[172]).

Auch der Entwurf des Bundeshaushaltsplans, den Schäffer dem Kabinett vorlegte, ging von den Berechnungen der Einnahmen aus, die sich aus den vom Kabinett verabschiedeten Gesetzen zur Steuer- und Finanzreform ergeben hatten[173]). Der Haushalt im Umfang von 27,5 Milliarden DM war auf dieser Basis ausgeglichen. Nicht berücksichtigt waren die Ausgaben für eine Erhöhung der Kriegsopferversorgung und für die von den Gewerkschaften geforderten Lohn- und Gehaltserhöhungen im öffentlichen Dienst[174]). Da die Voranmeldungen der Ressorts 5,75 Milliarden DM höher als die Einnahmeschätzungen des Bundesministers der Finanzen gewesen waren[175]), hatte Schäffer dem Kabinett vor der Beratung des Haushaltsplans „Anträge" vorgelegt, mit denen schon im Vorfeld Mehranforderungen abgefangen werden sollten. Das Kabinett lehnte die „Anträge" ab[176]); und auch die Verhandlungen des Bundesministers der Finanzen mit den Ressortchefs führten nicht dazu, daß der von Schäffer vorgelegte Haushaltsplan ohne Einwendung akzeptiert wurde. Die Kritik der Minister richtete sich nicht nur gegen die vom Bundesminister der Finanzen vorgenommenen Kürzungen an den Einzelhaushalten. Auch die im Gesetzentwurf über die Feststellung des Bundeshaushaltsplans vorgesehenen Eingriffsrechte des

---

[168]) Vgl. 30. Sitzung TOP 4 und Sondersitzung am 12. Nov. 1954 Anm. 34.
[169]) STENOGRAPHISCHE BERICHTE Bd. 22 S. 2838–2849.
[170]) BR-Sitzungsberichte 1954 S. 336–346. – Siehe auch Sondersitzung am 2. Dez. 1954 TOP A.
[171]) STENOGRAPHISCHE BERICHTE Bd. 22 S. 3165. – Gesetz vom 25. Dez. 1954 (BGBl. I 517).
[172]) BULLETIN vom 29. Dez. 1954 S. 2256.
[173]) Siehe 52. Sitzung TOP 1.
[174]) Vorlage des BMF vom 6. Okt. 1954 in B 136/305. – Vgl. auch 36. Sitzung TOP F.
[175]) Siehe die Zusammenstellung des BMF vom 14. Juni 1954 in B 136/572.
[176]) Siehe 37. Sitzung TOP 1.

Bundesministers der Finanzen in die Haushaltsführung der Ressorts wurden von den Kabinettskollegen abgelehnt und schließlich in den entscheidenden Passagen gestrichen[177]). Der Widerspruch, den Schäffer gegen die vom Kabinett in Abwesenheit Adenauers beschlossenen Mehrausgaben in Höhe von 155 Millionen DM einlegte, weil nach seiner Meinung eine Deckung dafür nicht vorhanden war, hatte lediglich aufschiebende Wirkung; denn gemäß § 21 Abs. 3 der Haushaltsordnung konnten Ausgaben auch gegen den Widerstand des Bundesministers der Finanzen beschlossen werden, wenn der Bundeskanzler ihnen zustimmte[178]). Schäffer entsprach der Aufforderung Adenauers, Mittel für die Entschädigung der Kriegsgefangenen, die „eine erhebliche politische Bedeutung" habe, zu bewilligen und einen Betrag für den Wohnungsbau für die DDR-Flüchtlinge in den außerordentlichen Haushalt einzusetzen. Gegen den Willen Schäffers wurden für Einzelwünsche der Ressorts zusätzlich 20 Millionen DM in den ordentlichen und 50 Millionen DM in den außerordentlichen Haushalt eingesetzt. Die strittigen Personalanforderungen wurden vertagt[179]).

Es waren offensichtlich nicht nur tagespolitische Aspekte – die Wahlen für die Landtage in Bayern und Hessen sowie für das Abgeordnetenhaus in Berlin standen bevor –, die den Bundeskanzler veranlaßt hatten, den Bundesminister der Finanzen zu den von ihm zuvor abgelehnten Bewilligungen zu drängen. In den Diskussionen des Kabinetts über die Haushaltslage des Bundes waren die Einnahmeschätzungen Schäffers zunehmend angezweifelt worden. In den Berechnungen für die Steuerreform hatte der Bundesminister der Finanzen eine Steigerung des Sozialprodukts für 1955 um 5%[180]), dem Entwurf des Haushaltsplans eine Erhöhung um 5,5% zugrunde gelegt[181]). Angesichts der auch von den Koalitionsparteien geforderten weitergehenden Steuerreform gewann die Berechnung der Steigerung des Sozialprodukts an Bedeutung. Die von Adenauer auf Vorschlag[182]) von Robert Pferdmenges angeforderte Stellungnahme der Bank deutscher Länder bezeichnete Schäffers Schätzung der Steigerung der Zuwachsrate des Sozialprodukts als zu niedrig[183]). Schon im September hatte das Statistische Bundesamt den Zuwachs des Bruttosozialprodukts im ersten Halbjahr 1954 mit 7,3% gegenüber dem ersten Halbjahr 1953 angegeben[184]). Erhard nahm diese Veröffentlichung zum Anlaß, Adenauer darauf hinzuweisen, daß die Zunahme des Bruttosozialprodukts um 1% eine „Wertmehrung um

---

[177]) Siehe 52. Sitzung TOP 1, 54. Sitzung TOP 1 und 57. Sitzung TOP 2.
[178]) Siehe dazu auch das Schreiben Schäffers an Adenauer vom 27. Okt. 1954 in B 136/306.
[179]) Vgl. 57. Sitzung TOP 2. – Siehe dazu auch die Pressekonferenz von Mitgliedern des BMF am 9. Nov. 1954 und die den Journalisten übergebene Übersicht über den Bundeshaushaltsplan 1955 in B 145 I/44.
[180]) Siehe BULLETIN vom 8. Sept. 1954 S. 1491.
[181]) Vgl. 52. Sitzung TOP 1.
[182]) Siehe das Protokoll über die am 8. Okt. 1954 unter dem Vorsitz des BK stattgefundene Koalitionsbesprechung über die Steuerreform (B 136/600) und die Ausführungen Adenauers in der Sitzung des CDU-Vorstands am 11. Okt. 1954 (PROTOKOLLE CDU-BUNDESVORSTAND S. 298).
[183]) Schreiben Bernards an Adenauer vom 11. Okt. 1954 in B 136/600.
[184]) Siehe Wirtschaft und Statistik 6. Jg. NF 1954 S. 413 und Mitteilung des BPA Nr. 1047/54 vom 22. Sept. 1954.

1 ½ Mia DM" bedeutete und bei einer Steuerbelastungsquote von nur 20% zusätzliche Steuereinnahmen von 300 Millionen DM bringen würde[185]). Zwar bestritt Schäffer nicht mehr, daß das Sozialprodukt stärker als von ihm angenommen gestiegen war[186]); aber er lehnte die daraus gezogenen Konsequenzen ab und erklärte, daß seine der Steuerreform und dem Entwurf des Haushaltsgesetzes zugrundeliegenden Einnahmeschätzungen nicht nach oben korrigiert werden könnten[187]), daß vielmehr die Einnahmen hinter seinem Ansatz zurückgeblieben seien[188]).

Nicht nur die Einnahmeschätzungen des Bundesministers der Finanzen wurden im Kabinett angezweifelt; auch die Kassenüberschüsse des Bundes, die sich aus den nicht abgerufenen Besatzungskosten ergeben hatten[189]), wurden kritisiert[190]). Die Auseinandersetzung über die Politik Schäffers erreichte ihren Höhepunkt in der Kabinettssitzung am 1. Dezember 1954, als der Bundeskanzler die Aussprache über „finanzielle Fragen" mit der Behauptung eröffnete, die Steuer-, Finanz- und Sozialreform belaste „die Innenpolitik in sehr starkem Maße". Der Bundesminister der Finanzen habe „die ungünstigen Seiten" der finanziellen Lage überbetont. Adenauer hob demgegenüber hervor, daß die Steuereinnahmen höher geschätzt werden und mindestens 1 Milliarde DM der nicht abgerufenen Besatzungskosten „nutzbar gemacht werden" könnten. Er verwies auch darauf, daß die Koalitionsfraktionen bereit seien, „die Geschäftsordnung des Bundestages in dem Sinne zu ergänzen, daß bei Anträgen, die Kosten verursachen, auch Deckungsvorschläge gemacht werden müssen"[191]). Mit dieser Zusage wurde der im Zusammenhang mit der Regierungsbildung 1953 von Schäffer erhobenen Forderung entsprochen[192]) und die Weichen für eine Begrenzung der Ausgabefreudigkeit der Bundestagsfraktionen gestellt, die im Jahr 1954 nicht nur bei der Steuerreform, sondern auch bei den Initiativen der Koalitionsparteien zur Heimkehrerentschädigung sowie der Erhöhung der Renten

---

[185]) Schreiben Erhards an Adenauer vom 12. Okt. 1954 in B 136/600. – Vgl. auch 54. Sitzung TOP 1.

[186]) Zu den Auseinandersetzungen im Kabinett über das Ansteigen des Sozialprodukts siehe auch 41. Sitzung TOP 2.

[187]) Siehe 61. Sitzung TOP E.

[188]) Schäffer in der Sitzung des CDU-Vorstands am 11. Okt. 1954 (PROTOKOLLE CDU-BUNDESVORSTAND S. 304). – Zu den Steuereinnahmen des Jahres 1954, die um 4% über denen des Jahres 1953 lagen, siehe MinBlFin. 1955 S. 215.

[189]) Ungeachtet dessen, daß im Okt. 1954 3,7 Milliarden DM der nicht abgerufenen Besatzungskosten aufgelaufen waren (vgl. dazu Schäffer in der Sitzung des CDU-Vorstands am 11. Okt. 1954, PROTOKOLLE CDU-BUNDESVORSTAND S. 304), hatte Schäffer in den Haushalt erneut 9 Milliarden für diese Position eingesetzt.

[190]) Siehe dazu auch Richebächer, Kurt: „... wie einst im Juliusturm". Der Volkswirt 8. Jg. Nr. 39 vom 25. Sept. 1954 S. 11 f.

[191]) Siehe 61. Sitzung TOP E. – Die Konturen der Auseinandersetzung zwischen Adenauer und Schäffer werden noch deutlicher in dem Schreiben, mit dem der StS des BMF „im besonderen Auftrag" Schäffers den Protokollführer um erhebliche Ergänzungen des Protokolls bat (Schreiben Hartmanns an Haenlein vom 23. Dez. 1954 in B 136/4799). Der Protokollführer lehnte ab; und die Sache wurde, nachdem Schäffer die Ablehnung nicht akzeptiert hatte, in einem Gespräch des BMF mit dem BK bereinigt (Unterlagen ebenda).

[192]) Vgl. Sondersitzung am 12. Nov. 1954 TOP B.

und der Verbesserung der Kriegsopferversorgung zu Auseinandersetzungen mit dem Bundesminister der Finanzen geführt hatte. Aber auch diese von Adenauer als positiv bewerteten Fakten brachten in dieser „unvergeßlichen Kabinettssitzung"[193]) einen Konsens zwischen dem Bundeskanzler, der die Einnahmeschätzungen Schäffers anzweifelte und die politischen Sachzwänge hervorhob, und dem Bundesminister der Finanzen nicht zustande, der auf der Richtigkeit seiner Angaben beharrte – und der den Eindruck hatte, Adenauer wolle die Zusammenarbeit mit ihm beenden[194]). Diese politischen Sachzwänge, die Rücksichtnahme auf unterschiedliche Meinungen in der Koalition über die Senkung des Steuertarifs, auf die Landtagswahlen und auf die Initiativen der CDU/CSU-Fraktion im sozialpolitischen Bereich, hatten den Bundesminister der Finanzen im Jahr 1954 mehrfach zu Kompromissen gezwungen; und sie führten auch dazu, daß in dem dem Bundestag vorgelegten Bundeshaushaltsplan für 1955 eine Deckung für die gegen das Veto Schäffers mit der entscheidenden Stimme Adenauers beschlossene Verbesserung der Kriegsopferversorgung nicht vorhanden war[195]).

Der Ausgleich wurde in den Beratungen des Haushaltsausschusses des Bundestags dadurch erreicht, daß der Bundeshaushaltsplan für 1955 um etwa 3 Milliarden DM erhöht wurde[196]).

Von den drei miteinander verflochtenen Reformkomplexen, die in der Regierungserklärung vom 20. Oktober 1953 als dringlich bezeichnet worden waren, war die Steuerreform in Form einer Steuersenkung 1954 verabschiedet worden; die Finanzreformgesetze wurden 1955 von den Gesetzgebungsorganen angenommen; als ein Teilstück der geplanten Sozialreform wurde 1957 die Rentenreform realisiert.

Koblenz, im November 1991   Ursula Hüllbüsch
Thomas Trumpp

---

[193]) Schreiben Schäffers an Adenauer vom 4. Dez. 1954 in B 126/51510.
[194]) Schreiben Schäffers an Pferdmenges vom 4. Dez. 1954 (ebenda).
[195]) Vgl. 61. Sitzung TOP E. – Siehe dazu auch die Ausführungen Hartmanns bei der Begründung des Bundeshaushaltsplans im BT am 6. Dez. 1954 (STENOGRAPHISCHE BERICHTE Bd. 22 S. 2937).
[196]) Siehe BT-Drs. Nr. 1500.

VERZEICHNIS DER ABKÜRZUNGEN
(Kurztitel vgl. S. 641 f.)

AA	Auswärtiges Amt
AAEA	Amt für Auswärtige und Europäische Angelegenheiten (siehe Quellenverzeichnis, Landesarchiv Saarbrücken)
AB	Aktiebolaget (Aktiengesellschaft)
Abg.	Abgeordneter
Abs.	Absatz
Abt.	Abteilung
ACDP	Archiv für Christlich-Demokratische Politik der Konrad-Adenauer-Stiftung, St. Augustin
a. D.	außer Dienst
ADL	Archiv des Deutschen Liberalismus der Friedrich-Naumann-Stiftung, Gummersbach
ADO	Allgemeine Dienstordnung
ADS	Amtsdrucksachen-Sammlung (siehe Quellenverzeichnis, Bundesarchiv)
AdsD	Archiv der sozialen Demokratie der Friedrich-Ebert-Stiftung, Bonn
AFP	Agence France-Presse
AG	Aktiengesellschaft
AHK	Alliierte Hohe Kommission
Anh.	Anhang
Amt Blank	Der Beauftragte des Bundeskanzlers für die mit der Vermehrung der alliierten Truppen zusammenhängenden Fragen
Anm.	Anmerkung
ao.	außerordentlicher
apl.	außerplanmäßig
Art.	Artikel
AVAVG	Gesetz über Arbeitsvermittlung und Arbeitslosenversicherung
Az.	Aktenzeichen
B	Akten der Bundesorgane (siehe Quellenverzeichnis, Bundesarchiv, Koblenz)
BAnz	Bundesanzeiger
BBG	Bundesbahngesetz
Bd.	Band
Bde.	Bände

Abkürzungen

BDJ	Bund Deutscher Jugend
BdL	Bank deutscher Länder
BfV	Bundesamt für Verfassungsschutz
BGBl.	Bundesgesetzblatt
BGH	Bundesgerichtshof
BHE	Bund der Heimatvertriebenen und Entrechteten (seit Nov. 1952: Gesamtdeutscher Block/BHE)
BiW	Blick in die Welt
BK	Bundeskanzler
Bl.	Blatt
BM	Bundesminister/Bundesministerium
BMA	Bundesminister/Bundesministerium für Arbeit bzw. Bundesminister/Bundesministerium für Arbeit und Sozialordnung
BMBR	Bundesminister/Bundesministerium für Angelegenheiten des Bundesrates
BMF	Bundesminister/Bundesministerium der Finanzen
BMG	Bundesminister/Bundesministerium für Gesamtdeutsche Fragen
BMI	Bundesminister/Bundesministerium des Innern
BMJ	Bundesminister/Bundesministerium der Justiz
BML	Bundesminister/Bundesministerium für Ernährung, Landwirtschaft und Forsten
BMP	Bundesminister/Bundesministerium für das Post- und Fernmeldewesen
BMS	Sonderminister
BM Schatz	Bundesschatzministerium
BMV	Bundesminister/Bundesministerium für Verkehr
BMVg	Bundesminister/Bundesministerium für Verteidigung/der Verteidigung
BMVt	Bundesminister/Bundesministerium für Vertriebene, Flüchtlinge und Kriegsgeschädigte
BMWi	Bundesminister/Bundesministerium für Wirtschaft
BMWo	Bundesminister/Bundesministerium für Wohnungsbau
BMZ	Bundesminister/Bundesministerium für wirtschaftliche Zusammenarbeit [alter Art]
BP	Bayernpartei
BPA	Presse- und Informationsamt der Bundesregierung
BR	Bundesrat
BRD	Bundesrepublik Deutschland
BStSe	Büro Staatssekretäre (siehe Quellenverzeichnis, Auswärtiges Amt)
BVG	Bundesvertriebenengesetz
BT	Deutscher Bundestag
BW	Bundeswehr (siehe Quellenverzeichnis, Bundesarchiv-Militärarchiv)
C	Ministerrat der DDR (siehe Quellenverzeichnis, Bundesarchiv, Potsdam)

CDU	Christlich Demokratische Union Deutschlands
CSU	Christlich-Soziale Union in Bayern
DAG	Deutsche Angestellten-Gewerkschaft
DB	Deutsche Bundesbahn
DDP/DStP	Deutsche Demokratische Partei/Deutsche Staatspartei
DDR	Deutsche Demokratische Republik
DGB	Deutscher Gewerkschaftsbund
DKP	Deutsche Kommunistische Partei
DNVP	Deutschnationale Volkspartei
DP	Deutsche Partei
DRP	Deutsche Reichspartei
Drs.	Drucksache
DVO	Durchführungsverordnung
E	Entwurf
EDC	European Defense Community
EGKS	Europäische Gemeinschaft für Kohle und Stahl
EKD	Evangelische Kirche in Deutschland
EPG	Europäische Politische Gemeinschaft
ERP	European Recovery Program
etc. etc.	und so weiter
evt.	eventuell
EVG	Europäische Verteidigungsgemeinschaft
FDP	Freie Demokratische Partei
FOA	Foreign Operations Administration
Fox	Fox Tönende Wochenschau
FU	Föderalistische Union
FVP	Freie Volkspartei
GATT	General Agreement on Tariffs and Trade
GB/BHE	Gesamtdeutscher Block / Block der Heimatvertriebenen und Entrechteten
GG	Grundgesetz
GmbH	Gesellschaft mit beschränkter Haftung
GMBl.	Gemeinsames Ministerialblatt, Herausgegeben vom Bundesministerium des Innern
GWU	Geschichte in Wissenschaft und Unterricht
H.	Heft
HBS	Hans-Böckler-Stiftung, Düsseldorf
Hrsg.	Herausgeber
i. d. F.	in der Fassung
IG	Industriegewerkschaft

Abkürzungen

I. G.	Interessengemeinschaft
i. G.	im Generalstab
i. L.	in Liquidation
Jg.	Jahrgang
KfW	Kreditanstalt für Wiederaufbau
KG	Kommanditgesellschaft
KPD	Kommunistische Partei Deutschlands
KPdSU	Kommunistische Partei der Sowjetunion
k. w.	künftig wegfallend
Ltd.	Limited (= mit beschränkter Haftung)
MBl.	Ministerialblatt
MdB	Mitglied des (Deutschen) Bundestages
MdL	Mitglied des Landtages
MdR	Mitglied des Reichstages
Mia	Milliarde(n)
MinBlFin.	Ministerialblatt des Bundesministers der Finanzen
MinDir.	Ministerialdirektor
MinR.	Ministerialrat
Mio	Million(en)
MSg.	Militärgeschichtliche Sammlungen (siehe Quellenverzeichnis, Bundesarchiv-Militärarchiv)
N 1	Nachlaß Thomas Dehler (siehe Quellenverzeichnis, Friedrich-Naumann-Stiftung)
NL	Nachlaß (siehe Quellenverzeichnis, Bundesarchiv, Koblenz)
NATO	North Atlantic Treaty Organization
NF	Neue Folge
NLP	Niedersächsische Landespartei
Nr.	Nummer
NSDAP	Nationalsozialistische Deutsche Arbeiterpartei
NDW	Neue Deutsche Wochenschau
o.	ordentliche(r)
o. Dat.	ohne Datum
OECD	Organization for Economic Cooperation and Development
OEEC	Organization for European Economic Cooperation
ÖTV	Gewerkschaft Öffentliche Dienste, Transport und Verkehr
OLG	Oberlandesgericht
oö.	ordentlich-öffentlicher
p.	page (= Seite)
PB	Politbüro

Abkürzungen

Plak.	Plakat-Sammlung (siehe Quellenverzeichnis, Bundesarchiv, Koblenz)
Pos.	Position
pp.	pages (= Seiten)
pp.	etc. etc. (= und so weiter)
Prof.	Professor
PrStK	Pressearchiv Staatskanzlei (siehe Quellenverzeichnis, Landesarchiv Saarbrücken)
PV	Parteivorstand
PVDrs.	Partei- und Verbandsdrucksachen (siehe Quellenverzeichnis, Landesarchiv Saarbrücken)
R	Reichsorgane (siehe Quellenverzeichnis, Bundesarchiv, Koblenz)
Ref.	Referat
RGBl.	Reichsgesetzblatt
RHO	Reichshaushaltsordnung
RIAS	Rundfunk im amerikanischen Sektor Berlins
RWN 172	Nachlaß Friedrich Middelhauve (siehe Quellenverzeichnis, Nordrhein-Westfälisches Hauptstaatsarchiv)
S.	Seite
SBA	Schneider-Becker-Archiv (siehe Quellenverzeichnis, Landesarchiv Saarbrücken)
SED	Sozialistische Einheitspartei Deutschlands
Sp.	Spalte
SPD	Sozialdemokratische Partei Deutschlands
StBKAH	Stiftung Bundeskanzler-Adenauer-Haus, Bad Honnef-Rhöndorf, Nachlaß Konrad Adenauer
StGB	Strafgesetzbuch
StK	Staatskanzlei (siehe Quellenverzeichnis, Landesarchiv Saarbrücken)
StPO	Strafprozeßordnung
StS	Staatssekretär
T.	Teil
tkm	Tonnenkilometer
TO	Tagesordnung
TO. A	Tarifordnung für Angestellte
TOP	Tagesordnungspunkt
UdSSR	Union der Sozialistischen Sowjetrepubliken
UK	United Kingdom
UP	United Press
USA	United States of America
VE	Verrechnungseinheit(en)
Vgl.	Vergleiche
VO	Verordnung

Abkürzungen

VOBl.	Verordnungsblatt
VS	Verschlußsache
VWG	Vereinigtes Wirtschaftsgebiet
WEU	Westeuropäische Union
WiGBl.	Gesetzblatt der Verwaltung des Vereinigten Wirtschaftsgebietes
ZK	Zentralkomitee
ZSg.	Zeitgeschichtliche Sammlungen (siehe Quellenverzeichnis, Bundesarchiv, Koblenz)
z. Wv.	zur Wiederverwendung

VERZEICHNIS DER SITZUNGEN UND TAGESORDNUNGSPUNKTE

14. Kabinettssitzung am 12. Januar 1954   17
1. Heimkehrerentschädigung — a) Frage der Verkündung des Heimkehrerentschädigungsgesetzes — b) Novelle zum Heimkehrerentschädigungsgesetz — 2. Antrag auf Feststellung der Verfassungswidrigkeit der DRP — 3. Entwurf eines Vierten Gesetzes zur Änderung des Gesetzes über die Errichtung der Bank deutscher Länder (Einräumung eines Kreditplafonds zur Erfüllung der Verpflichtungen gegenüber dem Internationalen Währungsfonds und der Internationalen Bank für Wiederaufbau und Entwicklung) — 4. Entwurf eines Zustimmungsgesetzes zum deutsch-ecuadorianischen Handelsvertrag am 1. August 1953 — 5. Entwurf eines Gesetzes über die Gewährung von Straffreiheit; Stellungnahme der Bundesregierung zu dem Beschluß des Bundesrates von 18. 12. 1953 — 6. Mitteilung über die in Aussicht genommene Besetzung auswärtiger Vertretungen — 7. Personalien — A. Stahlhelmtreffen in Berlin — B. Sudetendeutscher Atlas — C. Neuordnung des Verkehrswesens — D. Außenpolitische Lage — E. Ergänzung des Grundgesetzes wegen der Wehrfrage — F. Befugnisse einer Deutschen Nationalversammlung

15. Kabinettssitzung am 22. Januar 1954   30
1. Heimkehrerentschädigung — a) Frage der Verkündung des Heimkehrerentschädigungsgesetzes — b) Novelle zum Heimkehrerentschädigungsgesetz — 2. Programm zur verkehrspolitischen Neuordnung — A. Viererkonferenz — B. Angriffe gegen Oberländer, Vulkan-Affäre — C. Viermächtekonferenz — D. Personalien — E. Straffreiheitsgesetz bzw. Platow-Amnestie

16. Kabinettssitzung am 29. Januar 1954   41
A. Berliner Konferenz — B. Vulkan-Affäre — 6. Entwurf eines Gesetzes über den Beitritt der Bundesrepublik Deutschland zum Internationalen Abkommen über den Straßenverkehr aus dem Jahre 1949 — 8. Zustimmung der Bundesrepublik Deutschland zur Abänderung der Verfassung der Internationalen Arbeitsorganisation — 11. Bestellung eines Vertreters der Gewerkschaften in den Verwaltungsrat der Kreditanstalt für Wiederaufbau — 15. Personalien — 2. Entwurf eines Vierten Gesetzes zur Änderung des Gesetzes über die Errichtung der Bank deutscher Länder (Einräumung eines Kreditplafonds zur Erfüllung der Verpflichtungen gegenüber dem Internationalen Währungsfonds und der Internationalen Bank für Wiederaufbau und Entwicklung) — 1. Übergang der Zuständigkeit für Kriegssachgeschädigte vom Bundesministerium des Innern auf das Bundesministerium für Vertriebene und Änderung dessen bisheriger Bezeichnung in „Der Bundesminister für Vertriebene, Flüchtlinge und Kriegsgeschädigte" — 3. Entwurf eines Gesetzes zur Ergänzung des Gesetzes über die Mitbestimmung der Arbeitnehmer in den Aufsichtsräten und

Sitzungen und Tagesordnungspunkte

Vorständen der Unternehmen des Bergbaus und der Eisen und Stahl erzeugenden Industrie vom 21. 5. 1951 — 4. Entwurf eines Gesetzes zur Änderung und Ergänzung steuerlicher Vorschriften zur Förderung des Kapitalmarktes — 5. Entwurf eines Gesetzes betreffend das Abkommen vom 1. Juli 1953 über die Errichtung einer europäischen Organisation für kernphysikalische Forschung — 7. Entwurf eines Zustimmungsgesetzes zum deutsch-chilenischen Briefwechsel vom 3. November 1953 betreffend die zollfreie Einfuhr von 50 000 t Chilesalpeter in der Zeit vom 1. Juli 1953 bis 30. Juni 1954 — 9. Entwurf eines Gesetzes über die Gleichberechtigung von Mann und Frau auf dem Gebiete des Bürgerlichen Rechts; hier: Stellungnahme der Bundesregierung zu den Änderungsvorschlägen des Bundesrates — 10. Entwurf einer Verwaltungsgerichtsordnung (VwGO) und eines Gesetzes über die Beschränkung der Berufung im verwaltungsgerichtlichen Verfahren — 12. Entwurf eines Personalvertretungsgesetzes — 13. Antrag auf Feststellung der Verfassungswidrigkeit der DRP — 14. Mitteilung über die in Aussicht genommene Besetzung einer auswärtigen Vertretung

17. Kabinettssitzung am 5. Februar 1954 55

A. Viermächtekonferenz — B. Deutsch-holländische Fragen über die Rheinschiffahrt — C. Bundeszuschuß zu den Bayreuther Festspielen — 1. Antrag auf Feststellung der Verfassungswidrigkeit der DRP — 2. Entwurf eines Gesetzes über das Luftfahrt-Bundesamt — 3. Entwurf eines Gesetzes betreffend das Abkommen vom 1. Juli 1953 über die Errichtung einer europäischen Organisation für kernphysikalische Forschung — 4. Neuordnung des Rundfunkwesens — D. Termin der Kabinettssitzungen

18. Kabinettssitzung am 17. Februar 1954 61

1. Viererkonferenz — 2. Aussprache über die geschäftliche Behandlung der Gesetzentwürfe über Finanzreform und Steuerreform — 3. Entwurf eines Gesetzes gegen Wettbewerbsbeschränkungen — 4. Entwurf eines Gesetzes über das Luftfahrt-Bundesamt — 5. Entwurf eines Gesetzes betreffend das Abkommen vom 1. Juli 1953 über die Errichtung einer europäischen Organisation für kernphysikalische Forschung — 6. Entwurf eines Zweiten Gesetzes zur Änderung und Ergänzung des Personenstandsgesetzes — 7. Entwurf eines Zweiten Gesetzes über die Verlängerung der Wahlperiode der Betriebsräte (Personalvertretungen) in den öffentlichen Verwaltungen und Betrieben des Bundes und der bundesunmittelbaren Körperschaften des öffentlichen Rechts — 8. Übertragung der Aufsicht über die Kreditanstalt für Wiederaufbau (KW) auf den Bundesminister für Wirtschaft — 9. Bereitstellung von Mitteln zur Finanzierung dringender industrieller Investitionen und zur Finanzierung langfristiger Exportgeschäfte — 10. Ernennung der Mitglieder des Verwaltungsrates der Deutschen Bundespost — 11. Lage der Wohlfahrtsverbände — 12. Personalien — A. Pensionsbezüge für die Witwe des Generalobersten Fromm

19. Kabinettssitzung am 19. Februar 1954 71

1. Viererkonferenz — 2. Übertragung der Aufsicht über die Kreditanstalt für Wiederaufbau (KW) auf den Bundesminister für Wirtschaft — 3. Bereitstellung von Mitteln zur Finanzierung dringender industrieller Investitionen und zur Finanzierung langfristiger Exportgeschäfte — 4. Vortrag des Bundesarbeitsministers [Rentenerhöhung, Sozialreform]

20. Kabinettssitzung am 24. Februar 1954 76
A. Viererkonferenz — 1. Entwurf eines Gesetzes über die Bank für Vertriebene und Geschädigte (Lastenausgleichsbank) Aktiengesellschaft. Bundestagsdrucksache Nr. 86 — 2. Entwurf eines Gesetzes über das Seelotswesen — 3. Verordnung zur Erstreckung des Gesetzes über die Zusammenarbeit des Bundes und der Länder in Angelegenheiten des Verfassungsschutzes vom 27. 9. 1950 auf das Land Berlin — 4. Entwurf eines Zustimmungsgesetzes zu dem Zollabkommen vom 30. Dezember 1953 zwischen der Bundesrepublik Deutschland und dem Königreich Norwegen — 5. Ernennung von Staatssekretären — 6. Personalien — B. Gesetzentwürfe zur Steuer- und Finanzreform — C. Personalvertretungsgesetz. Stellungnahme der Bundesregierung zu den Änderungsvorschlägen des Bundesrates

21. Kabinettssitzung am 4. März 1954 80
5. Ergänzung des Verwaltungsrates der Deutschen Bundesbahn — 4. Neuordnung der Post- und Fernmeldegebühren — A. Streit zwischen Beamten — 1. Steuerreform [Entwürfe eines Gesetzes zur Neuordnung von Steuern, eines Gesetzes zur Erhebung einer Abgabe „Notopfer Berlin", eines Gesetzes über eine Ergänzungsabgabe zur Einkommen- und Körperschaftsteuer und eines Vierten Gesetzes zur Änderung des Umsatzsteuergesetzes] — 2. Entwürfe eines Finanzverfassungsgesetzes, eines Finanzanpassungsgesetzes und eines Länderfinanzausgleichsgesetzes — 3. Entwurf eines Gesetzes über die Bank für Vertriebene und Geschädigte (Lastenausgleichsbank) Aktiengesellschaft. Bundestagsdrucksache Nr. 86 — B. Vergrößerung des Türkischen Friedhofs in Berlin — C. Besprechung Adenauers mit Bidault

22. Kabinettssitzung am 8. März 1954 88
A. Geschlossenheit der Bundesregierung — 1. Steuerreform [Entwürfe eines Gesetzes zur Neuordnung von Steuern, eines Gesetzes zur Erhebung einer Abgabe „Notopfer Berlin", eines Gesetzes über eine Ergänzungsabgabe zur Einkommen- und Körperschaftsteuer und eines Vierten Gesetzes zur Änderung des Umsatzsteuergesetzes] — 2. Entwürfe eines Finanzverfassungsgesetzes, eines Finanzanpassungsgesetzes und eines Länderfinanzausgleichsgesetzes — B. Botschafter beim Vatikan — C. Finanzierung industrieller Vorhaben in Griechenland

23. Kabinettssitzung am 12. März 1954 98
A. Handhabung der Notaufnahme — 1. Finanz- und Steuerreform — 2. Entwurf eines Gesetzes über die Bank für Vertriebene und Geschädigte (Lastenausgleichsbank) Aktiengesellschaft. Bundestagsdrucksache Nr. 86 — 3. Kriegsfolgenschlußgesetz — 4. Entwurf eines Gesetzes zur Änderung von Vorschriften des Gesetzes betreffend die Erwerbs- und Wirtschaftsgenossenschaften, des Rabattgesetzes und des Körperschaftsteuergesetzes — 5. Bundesratsvorlage; Entwurf eines Gesetzes über die Übernahme von Zinsen für Ausgleichsforderungen durch die Deutsche Bundespost und die Deutsche Bundesbahn — 6. Personalien — B. Verwaltungsrat der Deutschen Bundespost — C. Wahl eines Bundesrichters — D. Auswertung des Films „Bis 5 Minuten nach 12" im Ausland — E. Saarfrage

24. Kabinettssitzung am 19. März 1954 108
1. Außenpolitische Fragen — A. Entwurf eines Gesetzes betreffend die Zustimmung zum Internationalen Zuckerabkommen — B. Entwurf eines Gesetzes zur weiteren Vereinfachung des Wirtschaftsstrafrechts (Wirtschaftsstrafgesetz 1954) — C. Aus-

wertung des Films „Bis 5 Minuten nach 12" im Ausland — D. Entwurf eines Gesetzes zur Änderung von Vorschriften des Gesetzes betreffend die Erwerbs- und Wirtschaftsgenossenschaften und des Rabattgesetzes — E. Verlängerung des jugoslawischen Kreditabkommens

25. Kabinettssitzung am 24. März 1954 114
A. Verdeutlichungsgesetz zum Grundgesetz (Stellungnahme der Alliierten Hohen Kommission) — B. Zusammenarbeit innerhalb der Koalitionsfraktionen — C. Beratung des Haushaltsgesetzes 1954 im Bundestag — 1. Genehmigung der in der Kabinettssitzung am 12. 3. 1954 ab 16.50 Uhr (siehe Seite 4 des Kurzprotokolls über die 23. Kabinettssitzung) gefaßten Beschlüsse — 2. Entwurf eines Gesetzes zur Änderung von Vorschriften des Gesetzes betreffend die Erwerbs- und Wirtschaftsgenossenschaften und des Rabattgesetzes — 3. Entwurf eines Gesetzes zur Änderung und Ergänzung steuerlicher Vorschriften zur Förderung des Kapitalmarktes; hier: Entwurf einer Stellungnahme der Bundesregierung zu dem Änderungsvorschlag des Bundesrates — 4. Personalien — D. Entwurf eines Gesetzes über Preise für Getreide inländischer Erzeugung für das Getreidewirtschaftsjahr 1954/55 sowie über besondere Maßnahmen in der Getreide- und Futtermittelwirtschaft (Getreidepreisgesetz 1954/55) — E. Abwicklung des jugoslawischen Kreditabkommens

26. Kabinettssitzung am 26. März 1954 119
A. Präsident des Landesarbeitsamtes Baden-Württemberg — B. Gesetz zur Ergänzung des Grundgesetzes — C. Artikel Sefton Delmer im Daily Express — D. Abwicklung des Kreditabkommens mit Jugoslawien — E. Entwurf eines Getreidepreis-Gesetzes 1954/55 — F. Erklärung der Sowjetregierung — 1. Verkehrsfragen

27. Kabinettssitzung am 31. März 1954 129
1. Politische Lage — a) Griechenland und Türkei — b) Besprechungen in Paris — c) Besprechungen in Rom — d) Innenpolitische Lage und Hilfe für die Eisenindustrie — e) Russische Erklärung zur Unabhängigkeit der Sowjetzonenregierung — 2. Neuordnung des Verkehrs — a) Verkehrsfinanzgesetz — b) Straßenentlastungsgesetz — 3. Kriegsfolgenschlußgesetz — 4. Entwurf eines Gesetzes zur Schaffung von Familienheimen (Initiativentwurf der Fraktion der CDU/CSU) — 5. Bereitstellung von Mitteln zur Finanzierung dringender industrieller Investitionen und zur Finanzierung langfristiger Exportgeschäfte — 6. Richtlinien für die Berücksichtigung bevorzugter Bewerber bei der Vergabe von öffentlichen Aufträgen — 7. Vorbereitung der Wahl von Bundesrichtern beim Bundessozialgericht — 8. Mitteilung über die in Aussicht genommene Besetzung des Generalkonsulats in Basel — 9. Personalien — A. Personalien — B. Große Anfrage der SPD-Fraktion zur Rede Wuermelings über „Familie und Film"

Sondersitzung am 1. April 1954 141
A. Sowjetische Erklärung vom 25. 3. 1954 betreffend die DDR — B. Entscheidung des Haushaltsausschusses des Bundestages zum Haushaltsplan 1954

28. Kabinettssitzung am 6. April 1954 144
A. Haushaltsberatungen 1954/55 — B. Wirtschaftsplan der Bundesbahn — C. Sowjetische Erklärung vom 25. 3. 1954 betreffend die DDR — D. Künftige Entwicklung der Europäischen Zahlungsunion — E. Fünf-Tage-Woche — F. Angriffe gegen

die Montanunion — G. Zurücknahme von Strafanträgen der Bundesregierung wegen Straftaten, die im Zusammenhang mit dem Wahlkampf begangen worden sind — H. Heimkehrerentschädigungsgesetz — 1. Entwurf eines Gesetzes zur Schaffung von Familienheimen (Initiativentwurf der Fraktion der CDU/CSU) — 2. Entwurf einer Verwaltungsgerichtsordnung sowie eines Gesetzes über die Beschränkung der Berufung im verwaltungsgerichtlichen Verfahren; Stellungnahme der Bundesregierung zu den Änderungsvorschlägen des Bundesrates — 3. Entwurf einer Verordnung über die Anerkennung der besonderen Förderungswürdigkeit des Verwendungszwecks des Erlöses der 5½%igen Inhaberschuldverschreibungen von 1953 der Stadt Düsseldorf in Höhe von 6 000 000 Deutsche Mark — 4. Entwurf einer Verordnung über die Anerkennung der besonderen Förderungswürdigkeit des Verwendungszwecks des Erlöses der 5½%igen Inhaberschuldverschreibungen von 1953 der Stadt Duisburg in Höhe von 6 000 000 Deutsche Mark — 5. Entwurf einer Verordnung über die Anerkennung der besonderen Förderungswürdigkeit des Verwendungszwecks des Erlöses der 5½%igen Inhaberschuldverschreibungen von 1953 der Stadt Essen in Höhe von 15 000 000 Deutsche Mark — 6. Entwurf einer Verordnung über die Anerkennung der besonderen Förderungswürdigkeit des Verwendungszwecks des Erlöses der 5½%igen Inhaberschuldverschreibungen von 1953 der Stadt Wuppertal in Höhe von 6 890 000 Deutsche Mark — 7. Entwurf einer Verordnung über die Anerkennung der besonderen Förderungswürdigkeit des Verwendungszwecks des Erlöses der 5½%igen Inhaberschuldverschreibungen von 1953 der Stadt Köln in Höhe von 10 000 000 Deutsche Mark — 8. Bereitstellung von Mitteln zur Finanzierung dringender industrieller Investitionen und zur Finanzierung langfristiger Exportgeschäfte — 9. Einsetzung einer Regierungskommission für die Reform der sozialen Hilfe — 10. Deutsch-holländische Fragen über die Rheinschiffahrt — 11. Mitteilung über die in Aussicht genommene Besetzung des Generalkonsulats in Basel — 12. Personalien

29. Kabinettssitzung am 13. April 1954 158

1. Wirtschaftsplan der Deutschen Bundesbahn für das Geschäftsjahr 1954 — 2. Kriegsfolgenschlußgesetz — 3. Entwurf eines Gesetzes über die Feststellung des Wirtschaftsplanes des ERP-Sondervermögens für das Rechnungsjahr 1954 (ERP-Wirtschaftsplangesetz 1954) — 4. Moselkanalisierung — 5. Arbeitszeit in den Bundesministerien — 6. Feier zur Begehung des Jahrestages des 17. 6. 1953 und andere Veranstaltungen aus Anlaß dieses Tages — 7. Personalien — A. Beschlüsse des Bundesrates zu den Steuer- und Finanzgesetzen — B. Verhandlungen mit Frankreich über den Großen Elsässischen Seitenkanal — C. Angebot einer Baumwollspende durch die Vereinigten Staaten — D. Nächste Kabinettssitzung

30. Kabinettssitzung am 28. April 1954 167

1. Entwurf eines Zweiten Gesetzes zur Änderung und Ergänzung des Ersten Wohnungsbaugesetzes (Wohnungsbau- und Familienheimgesetz) — 2. Gesetzentwurf über Änderung des Gesetzes zur Förderung des Bergarbeiterwohnungsbaues im Kohlenbergbau — 3. Entwurf eines Gesetzes über die patentamtlichen Gebühren — 4. Entwürfe eines Finanzverfassungsgesetzes, eines Finanzanpassungsgesetzes und eines Länderfinanzausgleichsgesetzes; hier: Stellungnahme der Bundesregierung zu den Änderungsvorschlägen des Bundesrates — 5a) Entwurf eines Gesetzes zur Neuordnung von Steuern — 5b) Entwurf eines Gesetzes zur Hebung einer Abgabe „Notopfer Berlin" — 5c) Entwurf eines Gesetzes über eine Ergänzungsabgabe zur Einkommensteuer und zur Körperschaftsteuer — 5d) Entwurf eines 4. Gesetzes zur Änderung des Umsatzsteuergesetzes — 6. Neubau eines Dienstgebäudes für das Deutsche Patentamt in München — 7. Devisenrechtliche Genehmigung für die Ausfuhr des Films „Bis 5 Minuten nach 12" — 8. Mitteilung über die in Aussicht ge-

nommene Besetzung einer auswärtigen Vertretung — 9. Personalien — A. Zur Außenpolitik — B. Ministerreden — C. Saarfrage — D. Finanzreform — E. Jahrestag des 17. Juni — F. Steuervergünstigungen für Berlin — G. Haushaltsgesetz — H. Tagung der Europa-Union — I. Beitritt der UdSSR zur Internationalen Arbeitsorganisation — J. Zurücknahme von Strafanträgen der Bundesregierung wegen Straftaten, die im Zusammenhang mit dem Wahlkampf begangen worden sind — K. Aussagegenehmigung für den Bundeskanzler im Schmeißer-Prozeß — L. Beantwortung der Großen Anfrage der SPD über den Vulkan-Fall — M. Ausländische Beteiligungen an a) dem Bochumer Verein b) Kohlenbergbau (Harpener Bergbau und Essener Steinkohle)

31. Kabinettssitzung am 5. Mai 1954 185

A. Außenpolitische Lage — B. Stellung des Präsidenten der Hohen Behörde der Montanunion und Wahl des Präsidenten des Parlaments der Montanunion — C. Wiedergutmachung — D. Feier zur Begehung des Jahrestages des 17. Juni 1953 und andere Veranstaltungen aus Anlaß dieses Tages — E. Gesetz über die Gewährung von Kindergeld und die Errichtung von Familienausgleichskassen — F. Wahl des Bundespräsidenten in Berlin — 1a) Entwurf eines Gesetzes zur Änderung des Kriegsgefangenenentschädigungsgesetzes — 1b) Entwurf einer Verordnung über die Geltung des Gesetzes zur Änderung des Kriegsgefangenenentschädigungsgesetzes im Lande Berlin — 2. Entwurf eines Gesetzes über die Einkommensgrenze für das Erlöschen der Versicherungsberechtigung in der gesetzlichen Krankenversicherung; Stellungnahme der Bundesregierung zu den Änderungsvorschlägen des Bundesrates — 3. Antrag auf Herbeiführung eines Kabinettsbeschlusses über die weitere Behandlung der Liquidation der I. G. Farbenindustrie AG — 4. Anrechnung von gleich- oder höherwertigen Tätigkeiten ehemaliger Berufsoffiziere, die bei der Dienststelle des Beauftragten des Bundeskanzlers tätig sind, bei der Festsetzung der Grundvergütung — 5. Zurücknahme von Strafanträgen der Bundesregierung wegen Straftaten, die im Zusammenhang mit dem Wahlkampf begangen worden sind — 6. Personalien

32. Kabinettssitzung am 12. Mai 1954 197

1. Vorratslage der Bundesrepublik — 2. Erweiterung des Interzonenhandels (Vorschlag der Sowjetzone auf Abnahme von 100 Mio Ruhrkohle) — 3. Kriegsfolgenschlußgesetz — 4. Entwurf eines Gesetzes zur Änderung und Ergänzung steuerlicher Vorschriften zur Förderung des Kapitalmarktes; Stellungnahme der Bundesregierung zu den Änderungsvorschlägen des Bundesrates — 5. Beitritt der Bundesrepublik Deutschland zu den Verträgen des Weltpostvereins vom 11. Juli 1952 — 6. Anrechnung von gleich- oder höherwertigen Tätigkeiten ehemaliger Berufsoffiziere, die bei der Dienststelle des Beauftragten des Bundeskanzlers tätig sind, bei der Festsetzung der Grundvergütung — 7. Arbeitszeit in den Bundesministerien — 8. Personalien — A. Europäische Zahlungsunion — B. Montanunion — C. Abwicklung des jugoslawischen Kreditabkommens — D. Beamtenbesoldungsreform in Nordrhein-Westfalen — E. Ausländische Beteiligung am Kohlenbergbau (Harpener Bergbau AG) — F. Entwurf einer Verordnung über die Arbeitszeit der Bundesbeamten und von Rundschreiben an die obersten Behörden usw. betreffend die Arbeitszeit bei den Behörden — G. Programm der nationalen Wiedervereinigung

33. Kabinettssitzung am 25. Mai 1954 211

Ausführungen des Herrn Bundeskanzlers in der 33. Kabinettssitzung am Dienstag, den 25. Mai 1954 — 1. Außenpolitische Lage — 2. Kriegsfolgenschlußgesetz — 3. Entwurf eines Gesetzes zur Änderung und Ergänzung steuerlicher Vorschriften zur Förderung des Kapitalmarktes; hier: Entwurf einer Stellungnahme der Bundesregierung zu dem Änderungsvorschlag des Bundesrates — 4. Entwurf eines Gesetzes über die Sicherstellung der Erfüllung völkerrechtlicher Verpflichtungen auf dem Gebiet der gewerblichen Wirtschaft — 5. Einfuhr- und Versorgungsprogramm 1954/55 für Nahrungs- und Futtermittel; hier: Aufstockung von Vorräten in der Bundesreserve — 6a) Handhabung der Notaufnahme — 6b) Bereitstellung von Bundesmitteln für die Unterbringung der Aufgenommenen — 7. Tätigkeitsbericht 1952/53 des Forschungsbeirates für Fragen der Wiedervereinigung Deutschlands beim Bundesminister für gesamtdeutsche Fragen — 8. Entwurf eines Zweiten Gesetzes zur Änderung und Ergänzung des Gesetzes über Viehzählungen — 9. Entwurf einer Verordnung über die Arbeitszeit der Bundesbeamten und eines Rundschreibens an die obersten Bundesbehörden usw. betreffend die Arbeitszeit bei den Behörden — 10. Arbeitszeit in den Bundesministerien — 11. Griechenlandhilfe — 12. Mitteilung über die in Aussicht genommene Besetzung zweier auswärtiger Vertretungen — 13. Personalien — A. Anteil des Bundes an der Einkommen- und Körperschaftsteuer — B. Entwurf eines Gesetzes zur Ergänzung des Gesetzes über die Mitbestimmung der Arbeitnehmer in den Aufsichtsräten und Vorständen der Unternehmen des Bergbaus und der Eisen und Stahl erzeugenden Industrie vom 21. 5. 1951 (BGBl. I 347) — C. Nächste Kabinettssitzung

34. Kabinettssitzung am 1. Juni 1954 234

1. Entwurf eines Gesetzes zur Ergänzung des Gesetzes über die Mitbestimmung der Arbeitnehmer in den Aufsichtsräten und Vorständen der Unternehmen des Bergbaus und der Eisen und Stahl erzeugenden Industrie vom 21. 5. 1951 (BGBl. I 347) — 2. Sozialreform — 3. Entwicklung im Raum Salzgitter-Harzvorland — 4. Entwurf eines Gesetzes zur Sicherung des Straßenverkehrs durch Entlastung der Straßen (Straßenentlastungsgesetz); Stellungnahme der Bundesregierung zu den Änderungsvorschlägen des Bundesrates — 5. Verkehrsfinanzgesetz 1954; Stellungnahme der Bundesregierung zu den Änderungsvorschlägen des Bundesrates — 6. Entwurf eines Gesetzes über die Beförderung von Personen zu Lande — 7. Verkehrspolitische Maßnahmen — 8. Entwurf eines Gesetzes über das Zweite Abkommen zwischen der Bundesrepublik Deutschland und der Republik Österreich über Sozialversicherung — 9. Entwurf eines Zweiten Gesetzes zur Änderung und Ergänzung des Personenstandsgesetzes; Stellungnahme der Bundesregierung zu den Änderungsvorschlägen des Bundesrates — 10. Verhandlungen mit den ausländischen Gläubigervertretungen über die Reichsmarkverpflichtungen des Reiches auf Grund des Londoner Abkommens — 11. Ergänzung des Verwaltungsrates der Deutschen Bundespost — 12. Arbeitszeit in den Bundesministerien — 13. Richtlinien für Kantinen bei Dienststellen des Bundes — 14. Personalien — A. Außenpolitische Lage — B. Wahl des Bundespräsidenten — C. Entwurf eines Zweiten Gesetzes zur Änderung und Ergänzung des Ersten Wohnungsbaugesetzes (Wohnungsbau- und Familienheimgesetz); hier: Entwurf einer Stellungnahme der Bundesregierung zu den Änderungsvorschlägen des Bundesrates — D. Nächste Kabinettssitzung

35. Kabinettssitzung am 15. Juni 1954 254

A. Außenpolitische Lage — B. Artikel „Gegen Paritätspreise in der Landwirtschaft" in der heutigen Ausgabe der „Frankfurter Allgemeinen Zeitung" — C. Wahl des Bundespräsidenten — 1. Besoldungsgesetz für das Land Nordrhein-Westfalen (Landtagsdrucksache Nr. 1639) — 2. Entwurf eines Gesetzes zur Sicherung des einheitlichen Gefüges der Bezüge im öffentlichen Dienst — 3. Richtlinien für Kantinen bei Dienststellen des Bundes — 4. Entwurf eines Zweiten Gesetzes zur Änderung und Ergänzung des Ersten Wohnungsbaugesetzes (Wohnungsbau- und Familienheimgesetz); Stellungnahme der Bundesregierung zu den Änderungsvorschlägen des Bundesrates — 5. Personalien

7

Sitzungen und Tagesordnungspunkte

36. Kabinettssitzung am 23. Juni 1954 260
A. Wahl des Bundespräsidenten in Berlin — B. Ordensverleihungen — C. Koordinierungsausschuß für Pressefragen — D. Aussprache über die politische Lage — E. Verhandlungen im Bundestag über die Finanz- und Steuerreform — 1. Programm für familienpolitische Maßnahmen — 2. Entwurf eines Gesetzes über die Sicherstellung der Erfüllung völkerrechtlicher Verpflichtungen auf dem Gebiet der gewerblichen Wirtschaft — 3. Organisation der Militär-Archive — 4. Personalien — F. Kündigung der Lohn- und Vergütungstarife des Bundes, der Länder und der Gemeinden durch die Gewerkschaften ÖTV und DAG — G. Gesetz über die Entschädigung der Mitglieder des Bundestages

37. Kabinettssitzung am 30. Juni 1954 274
A. Politische Lage — 1. Bericht des Bundesministers der Finanzen über den Stand des Haushaltsvoranschlages 1955 — 2. Stellungnahme der Bundesregierung zu den Beschlüssen des Bundestagsausschusses für Finanz- und Steuerfragen über die Entwürfe des Gesetzes zur Änderung und Ergänzung der Finanzverfassung (Finanzverfassungsgesetz) und eines Gesetzes zur Anpassung der Finanzbeziehungen zwischen Bund und Ländern an die Finanzverfassung (Finanzanpassungsgesetz) — 3. Entwurf eines Zweiten Gesetzes über die Altersgrenze von Richtern an den oberen Bundesgerichten und Mitgliedern des Bundesrechnungshofes — 4. Getreidepreisgesetz 1954/55 — 5. Entwurf eines Gesetzes über den Internationalen Fernmeldevertrag Buenos Aires 1952 — 6. Entwurf einer Verordnung über den Erholungsurlaub der Bundesbeamten und Bundesrichter — 7. Unterbringung der bei den obersten und oberen Bundesbehörden freiwerdenden Verwaltungsfachkräfte — 8. Entwurf eines Gesetzes zur Bekämpfung der Schwarzarbeit — 9. Entwurf eines Gesetzes zur Änderung des Geschäftsraummietengesetzes — Verlängerung der in § 22 des Geschäftsraummietengesetzes vorgesehenen Frist — 10. Personalien — B. Steuerreform, hier: Finanzierung des Wohnungsbaus — C. Sachverständigenkommission für Wahlrechtsfragen — D. Tätigkeitsbericht 1952/53 des Forschungsbeirates für Fragen der Wiedervereinigung Deutschlands beim Bundesminister für gesamtdeutsche Fragen — E. Französischer Nationalfeiertag — F. Vertretung der Bundesregierung bei Veranstaltungen

38. Kabinettssitzung am 7. Juli 1954 291
Ausführungen des Herrn Bundeskanzlers in der 38. Kabinettssitzung am Mittwoch, den 7. Juli 1954 — A. Politische Lage — B. Erklärung der Bundesregierung zur Frage des Verfassungsschutzes — C. Verlegung des Amtssitzes des Bundespräsidenten und des Bundesministers für gesamtdeutsche Fragen nach Berlin — 1. Programm der Bundesregierung für familienpolitische Maßnahmen — 2. Tätigkeitsbericht 1952/53 des Forschungsbeirates für Fragen der Wiedervereinigung Deutschlands beim Bundesminister für gesamtdeutsche Fragen — 3. Entwurf eines Gesetzes zur Sicherung des einheitlichen Gefüges der Bezüge im öffentlichen Dienst — 4. Entwurf eines Gesetzes zur Bekämpfung der Schwarzarbeit — 5. Entwurf eines Gesetzes über das Speditionsgewerbe — 6. Entwurf einer ersten Verordnung zur Durchführung des Fremdrenten- und Auslandsrentengesetzes — 7. Finanzierung des Wohnungsbaus der Sowjetzonenflüchtlinge — 8. Personalien

39. Kabinettssitzung am 13. Juli 1954 308
A. Politische Lage — B. Europäische Integrationsbestrebungen — C. Hochwasserkatastrophe — D. Evangelischer Kirchentag in Leipzig — E. Genehmigung der Bundesregierung zu einer Vernehmung als Zeuge — 1. Tätigkeitsbericht 1952/53

des Forschungsbeirates für Fragen der Wiedervereinigung Deutschlands beim Bundesminister für gesamtdeutsche Fragen — 2. Stand des Haushaltsvoranschlages 1955 — 3. Bericht über die organisatorischen Voraussetzungen zur Vorbereitung der Sozialreform — 4. Programm der Bundesregierung für familienpolitische Maßnahmen — 5. Entwurf eines Gesetzes zur Sicherung des einheitlichen Gefüges der Bezüge im öffentlichen Dienst — 6. Entwurf eines Gesetzes zur Bekämpfung der Schwarzarbeit — 7. Entwurf eines Gesetzes über das Speditionsgewerbe — 8. Genehmigung des Haushaltsplanes der Bundesanstalt für Arbeitsvermittlung und Arbeitslosenversicherung für das Rechnungsjahr 1953 und Erteilung einer Ausgabeermächtigung für das Rechnungsjahr 1954 durch die Bundesregierung — 9. Entwurf eines Gesetzes über eine Berufsordnung der vereidigten Buchprüfer (Buchprüferordnung); Stellungnahme der Bundesregierung zu den Änderungsvorschlägen des Bundesrates — 10. Entwurf eines Gesetzes über eine Berufsordnung der Wirtschaftsprüfer (Wirtschaftsprüferordnung); Stellungnahme der Bundesregierung zu den Änderungsvorschlägen des Bundesrates — 11. Entwurf eines Gesetzes über die Rechtsverhältnisse der Steuerberater und Steuerbevollmächtigten (Steuerberatungsgesetz); Stellungnahme der Bundesregierung zu den Änderungsvorschlägen des Bundesrates — 12. Entwurf eines Gesetzes über den Beitritt der Bundesrepublik Deutschland zu den Internationalen Gesundheitsvorschriften vom 25. Mai 1951 (Vorschriften Nr. 2 der Weltgesundheitsorganisation) — 13. Entwurf einer Ersten Verordnung zur Durchführung des Fremdrenten- und Auslandsrentengesetzes — 14. Entwurf einer Verordnung zur Umsiedlung von Vertriebenen und Flüchtlingen aus überbelegten Ländern — 15. Finanzierung des Wohnungsbaus der Sowjetzonenflüchtlinge — 16. Entwurf eines Gesetzes über die Abgeltung von Besatzungsleistungen und Besatzungsschäden (Initiativantrag der FDP-Abgeordneten Schloß, Dr. Pfleiderer, Eberhard, Wirths und Genossen — Bundestagsdrucksache 554 der 2. Wahlperiode) — 17. Mitteilung über die in Aussicht genommen Besetzungen von Vertretungen der Bundesrepublik Deutschland — 18. Personalien — F. Termin der nächsten Kabinettssitzung

40. Kabinettssitzung am 21. Juli 1954 322

1. Entwurf eines Gesetzes zur Sicherung des einheitlichen Gefüges der Bezüge im öffentlichen Dienst — 2. Entwurf eines Gesetzes über eine Berufsordnung der vereidigten Buchprüfer (Buchprüferordnung); Stellungnahme der Bundesregierung zu den Änderungsvorschlägen des Bundesrates — 3. Entwurf eines Gesetzes über eine Berufsordnung der Wirtschaftsprüfer (Wirtschaftsprüferordnung); Stellungnahme der Bundesregierung zu den Änderungsvorschlägen des Bundesrates — 4. Entwurf eines Gesetzes über die Rechtsverhältnisse der Steuerberater und Steuerbevollmächtigten (Steuerberatungsgesetz); Stellungnahme der Bundesregierung zu den Änderungsvorschlägen des Bundesrates — 5. Entwurf eines Gesetzes zur Bekämpfung der Schwarzarbeit — 6. Entwurf eines Gesetzes über das Speditionsgewerbe — 7. Entwurf eines Gesetzes über Maßnahmen auf dem Gebiet des Mietpreisrechtes (Erstes Bundesmietengesetz) — 8. Entwurf eines Gesetzes zur Änderung des Geschäftsraummietengesetzes — Verlängerung der in § 22 des Geschäftsraummietengesetzes vorgesehenen Frist — 9. Entwurf eines Gesetzes über den Beitritt der Bundesrepublik Deutschland zu den Internationalen Gesundheitsvorschriften vom 25. Mai 1951 (Vorschriften Nr. 2 der Weltgesundheitsorganisation) — 10. Entwurf einer Ersten Verordnung zur Durchführung des Fremdrenten- und Auslandsrentengesetzes — 11. Entwurf einer Verordnung zur Umsiedlung von Vertriebenen und Flüchtlingen aus überbelegten Ländern — 12. Sachverständigenausschuß für die Neugliederung des Bundesgebietes; hier: Ersatz ausgeschiedener Mitglieder — 13. Ausgleich überhöhter Fahrkosten im Verkehr nach und von Berlin — 14. Mitteilung über die in Aussicht genommenen Besetzungen auswärtiger Vertretungen der Bundesrepublik Deutschland — 15. Personalien — A. Finanzieller Verteidigungsbeitrag der Bundesrepublik — B. Hilfsmaßnahmen für ehemalige Sowjetzonenhäftlinge

Sitzungen und Tagesordnungspunkte

Sondersitzung am 23. Juli 1954 333
A. Verschwinden des Präsidenten des Bundesamtes für Verfassungsschutz

41. Kabinettssitzung am 28. Juli 1954 336
1. Entwurf einer Verwaltungsanordnung der Bundesregierung über die Anerkennung des Erwerbs der 7½%igen Anleihe des Landes Niedersachsen von 1954 in Höhe von 100 000 000 Deutsche Mark als steuerbegünstigter Kapitalansammlungsvertrag – 2. Entwurf der Grundannahmen und des Memorandums für den deutschen Beitrag zum 6. Bericht des Europäischen Wirtschaftsrates – 3. Personalien – A. Sechste Verordnung über Zolltarifänderungen aus Anlaß der Errichtung des Gemeinsamen Marktes der Europäischen Gemeinschaft für Kohle und Stahl – B. Differenzen zwischen Schäffer und Küster – C. Zukünftige Gestaltung der Bundesstelle für den Warenverkehr der gewerblichen Wirtschaft

Sondersitzung am 28. Juli 1954 342
A. Verschwinden des Präsidenten des Bundesamtes für Verfassungsschutz

Sondersitzung am 31. August 1954 345
A. Scheitern des EVG-Vertrages – B. Ernteschäden

Sondersitzung am 1. September 1954 350
A. Scheitern des EVG-Vertrages

42. Kabinettssitzung am 2. September 1954 355
1. Entwurf eines Gesetzes über den unmittelbaren Zwang bei Ausübung öffentlicher Gewalt durch Vollzugsbeamte des Bundes (UZwG) – 2. Ausgleich für vergilbungskranke Zuckerrüben – 3. Bestimmungen über die Mittelanforderung, Geldversorgung, Buchführung, Abrechnung, Rechnungslegung und Vorprüfung bei Leistungen zu Lasten des Bundes nach dem Gesetz über die einstweilige Gewährung einer Teuerungszulage zur Abgeltung von Preiserhöhungen bei Grundnahrungsmitteln (Teuerungszulagengesetz) in der Fassung vom 25. 6. 1952 (BGBl. I S. 354) unter Berücksichtigung der durch das Zweite Gesetz zur Änderung und Ergänzung des Bundesversorgungsgesetzes vom 7. August 1953 (BGBl. I S. 862) eingetretenen Änderungen (Best. Abr. TZG.) [Stellungnahme der Bundesregierung zu den Änderungsvorschlägen des Bundesrates] – 4. Veräußerung von Bundesvermögen; hier: Bergwerksgesellschaft Hibernia AG., Herne/Westfalen – 5. Personalien – A. Teilnahme von Regierungsmitgliedern an Veranstaltungen – B. Paneuropa-Kongreß – C. Patenschaft für die Marien-Kirche in Lübeck – D. Beleidigung der Bundesregierung – E. Besoldungsgesetz für das Land Nordrhein-Westfalen – F. Ernteschäden – G. Beflaggung von Dienstgebäuden des Bundes – H. Inspruchnahme der Abgeordneten-Diäten durch die Bundesminister

43. Kabinettssitzung am 8. September 1954 363
A. Außenpolitische Lage – 1. Genehmigung der in der 42. Kabinettssitzung am 2. 9. 1954 gefaßten Beschlüsse – 2. Entwurf eines Gesetzes über Maßnahmen auf dem Gebiet des Mietpreisrechtes (Erstes Bundesmietengesetz) – 3. Entwurf eines Gesetzes über die Verbände der gesetzlichen Krankenkassen und der Ersatzkas-

sen — 4. Entwurf eines Gesetzes zur Neuordnung von Steuern (Bundestagsdrucksache 481) — 5. Entwurf eines Gesetzes über die Beförderung von Personen zu Lande (Personenbeförderungsgesetz) — 6. Abkommen zwischen der Bundesrepublik Deutschland und den Vereinigten Staaten von Amerika über die von der Bundesrepublik zu gewährenden Abgabenvergünstigungen für die von den Vereinigten Staaten zum Zwecke der gemeinsamen Verteidigung geleisteten Ausgaben — 7. Verkauf der Howaldtswerke Hamburg AG, Hamburg — 8. Personalien

44. Kabinettssitzung am 14. September 1954 379
1. Regierungserklärung über Außenpolitik — 2. Genehmigung der in der 41. Kabinettssitzung am 28. 7. 1954 zu Punkt 1 und 2 und außerhalb der Tagesordnung gefaßten Beschlüsse — 3. Entwurf eines Zweiten Gesetzes zur Änderung und Ergänzung des Gesetzes über Viehzählungen — 4. Entwurf eines Gesetzes über weitere Ergänzungen und Änderungen des D-Markbilanzgesetzes sowie über Ergänzungen des Altbanken-Bilanz-Gesetzes (Drittes D-Markbilanzergänzungsgesetz) — 5. Entwurf eines Zweiten Gesetzes zur Änderung und Ergänzung des Personenstandsgesetzes; Stellungnahme der Bundesregierung zu den Änderungsvorschlägen des Bundesrates — 6. Ergänzung zum Entwurf eines Verkehrsfinanzgesetzes 1954 — 7. Personalien — A. Programm des Bundestages — B. Entwurf eines Gesetzes zur Gewährung von Mehrbeträgen an alte Rentner in den gesetzlichen Rentenversicherungen (Rentenmehrbetragsgesetz) — C. Sondersitzung des Kabinetts

Sondersitzung am 14. September 1954 387
A. Behandlung des Falles John im Bundestag

45. Kabinettssitzung am 22. September 1954 389
A. Innenpolitische Lage — B. Außenpolitische Lage — C. Beratung der Punkte 5a, b und 6a, b, c, d auf der Tagesordnung der Bundestagssitzung am 23. 9. 1954 — D. Änderungen der Geschäftsordnung des Bundestages — 1. Bericht des Bundesministers für Ernährung, Landwirtschaft und Forsten über die Ernteschäden — 2. Entwurf eines Gesetzes über den Ladenschluß — 3. Entwurf eines Zweiten Gesetzes über die Altersgrenze von Richtern an den oberen Bundesgerichten und Mitgliedern des Bundesrechnungshofes — 4. Entwurf eines Gesetzes über das Abkommen zwischen der Bundesrepublik Deutschland und den Vereinigten Staaten von Amerika vom 22. Juli 1954 zur Vermeidung der Doppelbesteuerung auf dem Gebiete der Steuern vom Einkommen — 5. Ergänzung zum Entwurf eines Verkehrsfinanzgesetzes 1954 — 6. Große Anfrage der Fraktion der SPD betreffend Politik der Bundesregierung in den Angelegenheiten der Vertriebenen, Sowjetzonenflüchtlinge, Kriegssachgeschädigten und Evakuierten (Bundestagsdrucksache Nr. 725) — 7. Abkommen mit dem Lande Nordrhein-Westfalen [über die Heranziehung des Bundesgrenzschutzes zu polizeilichen Aufgaben im Lande Nordrhein-Westfalen] — 8. Mitteilung über die in Aussicht genommene Besetzung auswärtiger Vertretungen — 9. Personalien — E. Hausarbeitstag

46. Kabinettssitzung am 23. September 1954 403
1. Entwurf eines Gesetzes zur Ergänzung des Gesetzes über die Mitbestimmung der Arbeitnehmer in den Aufsichtsräten und Vorständen der Unternehmen des Bergbaus und der Eisen und Stahl erzeugenden Industrie vom 21. 5. 1951 (BGBl. I 347) — A. Wahl des deutschen Direktors in der Weltbank

Sitzungen und Tagesordnungspunkte

47. Kabinettssitzung am 27. September 1954 407
1. Außenpolitische Lage — A. 50. Geburtstag von Ehlers, Stresemann-Gedenkstunde

48. Kabinettssitzung am 29. September 1954 410
A. Wechsel im Amt des Präsidenten des Bundesrates — B. Londoner Konferenz — C. Jahresversammlung der Weltbank und des Internationalen Währungsfonds — 1. Sozialreform; hier: Einsetzung einer Regierungskommission für die Neuordnung der sozialen Hilfe — 2. Personalien

49. Kabinettssitzung am 5. Oktober 1954 416
1. Regierungserklärung zur außenpolitischen Lage — 2. Entwurf eines Fünften Gesetzes zur Änderung des Zolltarifs — 3. Personalien — 4. Kriegsfolgenschlußgesetz

50. Kabinettssitzung am 14. Oktober 1954 423
1. Stand der Steuerreform — 2. Neubelastung des Bundeshaushalts durch Sozialmaßnahmen (Kriegsopferversorgung, Altrenten, Weihnachtszuwendungen, Kriegsgefangenenentschädigung etc.) — 3. Lastenausgleichsbank; hier: Öffentliche Aufsicht über die Bank gemäß § 13 des Entwurfes eines Gesetzes über die Lastenausgleichsbank — 4. Personalien

51. Kabinettssitzung am 18. Oktober 1954 426
1. Steuer- und Finanzreform — 2. Lastenausgleichsbank; hier: Öffentliche Aufsicht über die Bank gemäß § 13 des Entwurfes eines Gesetzes über die Lastenausgleichsbank. — Entscheidung über den Widerspruch des Bundesministers der Finanzen gemäß § 26 der Geschäftsordnung der Bundesregierung — 3. Personalien — 4. Neubelastung des Bundeshaushalts durch Sozialmaßnahmen (Kriegsopferversorgung, Altrenten, Weihnachtszuwendungen, Kriegsgefangenenentschädigung etc.) — A. Abschluß eines Freundschafts-, Handels- und Schiffahrtsvertrages zwischen der Bundesrepublik Deutschland und den Vereinigten Staaten von Amerika — B. Beerdigung des Ministerpräsidenten Friedrich Wilhelm Lübke

52. Kabinettssitzung am 22. Oktober 1954 430
A. Sportreise der russischen Mannschaft „Dynamo" — B. Bericht über die Verhandlungen in Paris — 1. Entwurf eines Gesetzes über die Feststellung des Bundeshaushaltsplans für das Rechnungsjahr 1955 — 2. Entwurf eines Fünften Gesetzes zur Änderung des Zolltarifs — 3. Entwurf einer Zweiundzwanzigsten Verordnung über Zollsatzänderungen — 4. Entwurf eines Personalvertretungsgesetzes; Stellungnahme der Bundesregierung zu den Beschlüssen des Unterausschusses Personalvertretung des Bundestages — 5. Entwurf eines Gesetzes zur Änderung und Ergänzung des Gesetzes über Arbeitsvermittlung und Arbeitslosenversicherung — 6. Führung der deutschen Delegation bei der am 28. 10. 1954 beginnenden IX. GATT-Tagung in Genf — 7. Lagerräumung — 8. Personalien — C. Zusammensetzung des Beratenden Ausschusses der Montanunion — D. Termin für die 2. und 3. Beratung der Steuergesetze im Bundestag

Sitzungen und Tagesordnungspunkte

53. Kabinettssitzung am 25. Oktober 1954 444
1. Bericht über die Pariser Konferenzen — 2. Lastenausgleichsbank; hier: Öffentliche Aufsicht über die Bank gemäß § 13 des Entwurfes eines Gesetzes über die Lastenausgleichsbank. — Entscheidung über den Widerspruch des Bundesministers der Finanzen gemäß § 26 der Geschäftsordnung der Bundesregierung — 3. Stand der Steuerreform

54. Kabinettssitzung am 26. Oktober 1954 453
A. Saarabkommen und Friedensvertrag — B. Abkommen zwischen der Bundesrepublik Deutschland und dem Königreich der Niederlande über Arbeitslosenversicherung — 1. Entwurf eines Gesetzes über die Feststellung des Bundeshaushaltsplans für das Rechnungsjahr 1955

55. Kabinettssitzung am 27. Oktober 1954 466
1. Kriegsfolgenschlußgesetz — 2. Fortsetzung der Beratung über den Bundeshaushalt 1955 — 3. Entwurf eines Gesetzes zur Sicherung des einheitlichen Gefüges der Bezüge im öffentlichen Dienst (Vorläufiges Besoldungsrahmengesetz; Stellungnahme der Bundesregierung zu den Änderungsvorschlägen des Bundesrates) — 4. Mündlicher Vortrag des Bundesministers der Finanzen über die Lohn- und Gehaltsforderungen der Gewerkschaften für Bundesbedienstete — A. Saarabkommen — B. Vertretung der Bundesregierung auf dem Deutschen Burschentag

56. Kabinettssitzung 476
Ausgefallen

57. Kabinettssitzung am 5. November 1954 478
1. Außenpolitische Lage — 2. Entwurf eines Gesetzes über die Feststellung des Bundeshaushaltsplans für das Rechnungsjahr 1955 — 3. Mitteilung über die in Aussicht genommene Besetzung einer auswärtigen Vertretung — 4. Personalien

58. Kabinettssitzung am 10. November 1954 485
A. Zustimmungsgesetze zu den Pariser Verträgen — B. Politische Lage in Frankreich — C. Wahlrecht — 1. Kriegsfolgenschlußgesetz — 2. Lastenausgleichsbank; hier: Öffentliche Aufsicht über die Bank gemäß § 13 des Entwurfes eines Gesetzes über die Lastenausgleichsbank. Entscheidung über den Widerspruch des Bundesministers der Finanzen gemäß § 26 der Geschäftsordnung der Bundesregierung — 3. Entwurf eines Dritten Gesetzes zur Förderung der Wirtschaft im Lande Berlin — 4. Entwurf eines Gesetzes zur Regelung von Ansprüchen aus Lebens- und Rentenversicherungen — 5. Änderung des Ortsklassenverzeichnisses auf Grund des § 12 Abs. 3 des Besoldungsgesetzes in der Fassung des Dritten Besoldungsänderungsgesetzes vom 27. 3. 1953 — 6. Wirtschaftsplan der Deutschen Bundesbahn für das Geschäftsjahr 1954 — 7. Verkehrspolitische Maßnahmen — 8. Vorschläge für Maßnahmen zur Förderung der Zonenrandgebiete — 9. Bundesrechtliche Regelung des Wasserrechts und der Wasserwirtschaft — 10. Wahl des deutschen Direktors in der Weltbank — 11. Anrechnung von gleich- oder höherwertigen Tätigkeiten ehemaliger Berufsoffiziere, die bei der Dienststelle des Beauftragten des Bundeskanzlers tätig sind, bei der Festsetzung der Grundvergütung — 12. Lage des unselbständigen Mittelstandes — 13. Arbeitszeitregelung bei den Bundesministerien —

14. Abberufung des zum Präsidenten des Bundessozialgerichtes ernannten Präsidenten Schneider als Mitglied des Vorstandes der Bundesanstalt für Arbeitsvermittlung und Arbeitslosenversicherung — 15. Mitteilung über die in Aussicht genommene Besetzung einer auswärtigen Vertretung — 16. Personalien

Sondersitzung am 12. November 1954 502

Zustimmungsgesetze zu dem 1. Protokoll über die Ablösung des Besatzungsstatuts in der Bundesrepublik Deutschland — 2. Vertrag über den Aufenthalt ausländischer Streitkräfte in der Bundesrepublik Deutschland — 3. Beitritt der Bundesrepublik Deutschland zum Brüsseler Pakt und zum Nordatlantikpakt — 4. deutsch-französischen Saarabkommen — A. Vertretung der Bundesregierung im Ältestenrat des Bundestages — B. Steuerreform — C. Grundrentenerhöhung in der Kriegsopferversorgung — D. Nächste Kabinettssitzung

Sondersitzung am 18. November 1954 513

A. Behandlung der Noten der Sowjetregierung im Bundestag

59. Kabinettssitzung am 19. November 1954 515

1. Entwurf eines Gesetzes betreffend das am 23. Oktober 1954 in Paris unterzeichnete Vertragswerk — 2. Entwurf eines Dritten Gesetzes zur Änderung und Ergänzung des Bundesversorgungsgesetzes — 3. Entwurf eines Dritten Gesetzes zur Förderung der Wirtschaft im Lande Berlin — 4. Personalien

60. Kabinettssitzung am 24. November 1954 525

1. Entwurf eines Dritten Gesetzes über Änderungen und Ergänzungen von Vorschriften des Zweiten Buches der Reichsversicherungsordnung (Gesetz über Krankenversicherung der Rentner — KVdR) — 2. Mitteilung über die in Aussicht genommene Besetzung einer auswärtigen Vertretung — 3. Personalien — A. Saarabkommen — B. Erhöhung der Kriegsopferrenten — C. Betreffend Lohn- und Gehaltsverhandlungen zwischen der Bundesverwaltung und den Gewerkschaften

61. Kabinettssitzung am 1. Dezember 1954 532

A. Politische Lage in Frankreich — B. Urteil des Bundesverwaltungsgerichts über das Fortbestehen der deutschen Staatsangehörigkeit für in der Bundesrepublik lebende Österreicher — C. Einbürgerungsantrag Straßer — D. Landtagswahlen — E. Finanzielle Fragen — 1. Vorbereitung der Stellungnahme der Bundesregierung zu den zu erwartenden Änderungsvorschlägen des Bundesrates zum Bundeshaushaltsplan 1955 — 2. Restliche Personalsachen im Entwurf des Bundeshaushaltsplans 1955 — 3. Finanzreform; hier: Anrufung des Vermittlungsausschusses durch die Bundesregierung — 4. Entwurf eines Gesetzes zur Änderung des § 22 des Geschäftsraummietengesetzes; Stellungnahme der Bundesregierung zu dem Initiativgesetzentwurf des Bundesrates — 5. Entwurf eines Beschlusses der Bundesregierung über vorbeugende Sicherungsmaßnahmen in Personalsachen — 6. Entwurf einer Verordnung zur Umsiedlung von Vertriebenen und Flüchtlingen aus überbelegten Ländern — 7. Personalien — F. Lohn- und Gehaltsverhandlungen zwischen der Bundesverwaltung und den Gewerkschaften

Sitzungen und Tagesordnungspunkte

Sondersitzung am 2. Dezember 1954 552
A. Besprechung des Bundeskanzlers und des Bundesfinanzministers mit den Ministerpräsidenten von Baden-Württemberg, Nordrhein-Westfalen, Rheinland-Pfalz und Schleswig-Holstein sowie den Bürgermeistern von Berlin und Hamburg über die Finanzreform — B. Lohn- und Gehaltsverhandlungen zwischen der Bundesverwaltung und den Gewerkschaften

62. Kabinettssitzung 555
Ausgefallen

63. Kabinettssitzung am 14. Dezember 1954 557
A. Zur innenpolitischen Lage — B. Außenpolitische Lage — C. Entwurf eines Dritten Gesetzes zur Förderung der Wirtschaft im Lande Berlin — 1. Sozialreform — a) Bericht über die Arbeitsergebnisse des Beirats für die Neuordnung der sozialen Leistungen — b) Materielle und organisatorische Gestaltung der Arbeit des Beirats beim Bundesarbeitsministerium — 2. Altersversorgung der freien Berufe — 3. Altersversorgung für das Deutsche Handwerk — 4. Hilfsmaßnahmen für ehemalige Sowjetzonenhäftlinge — 5. Errichtung eines Interministeriellen Ausschusses für den Lastenausgleich — 6. Bundesgesetzliche Regelung des Wasserrechts und der Wasserwirtschaft — 7. Entwurf eines Dritten Gesetzes über Änderungen und Ergänzungen von Vorschriften des Zweiten Buches der Reichsversicherungsordnung (Gesetz über Krankenversicherung der Rentner — KVdR) — 8. Entwurf eines Gesetzes zur Bekämpfung der Schwarzarbeit; Stellungnahme der Bundesregierung zu den Änderungsvorschlägen des Bundesrates — 9. Verbesserung der Kriegsopferversorgung — 10. Bericht des Bundesministers des Innern über die Durchführung von Langwellensendungen — 11. Entwurf eines Zweiten Gesetzes zur Regelung von Fragen der Staatsangehörigkeit — 12. Entwurf eines Gesetzes über Maßnahmen auf dem Gebiete des Mietpreisrechtes (Erstes Bundesmietengesetz); Stellungnahme der Bundesregierung zu den Änderungsvorschlägen des Bundesrates — 13. Entwurf eines Gesetzes gegen Wettbewerbsbeschränkungen; Stellungnahme der Bundesregierung zu den Änderungsvorschlägen des Bundesrates — 14. Beamtenbesoldung, Angestelltenvergütungen und Arbeiterlöhne — 15. Bundeswirtschaftsrat — 16. Einstellung der Bundesregierung zur Frage der „Berufsordnungen" — 17. Beschäftigung ausländischer Arbeitskräfte in der Bundesrepublik; hier: Einsatz italienischer Arbeitskräfte — 18. Entwurf eines Beschlusses der Bundesregierung über vorbeugende Sicherungsmaßnahmen in Personalsachen — 19. Ausgleich überhöhter Fahrkosten im Verkehr nach und von Berlin — 20. Emission steuerfreier Pfandbriefe zur Umschuldung erststellig eingesetzter öffentlicher Mittel — 21. Wahl von Bundesrichtern beim Bundesarbeitsgericht — 22. Mitteilung über die in Aussicht genommene Besetzung auswärtiger Vertretungen — 23. Personalien — D. Nächste Kabinettssitzung

64. Kabinettssitzung am 21. Dezember 1954 575
A. Zwischenfragen in Bundestagsdebatten — B. Saarabkommen — C. Entwurf eines Zweiten Gesetzes über die Altersgrenze von Bundesrichtern in den obersten Bundesgerichten und Mitgliedern des Bundesrechnungshofes — D. Dienstregelung der Kabinettsmitglieder für die kommenden Feiertage — E. Deutsche Postwert-Zeichen — F. Einsatz ausländischer Arbeiter in der Bundesrepublik — G. Übergangsmaßnahmen auf dem Gebiet der Beamtenbesoldung — H. Einbürgerungsantrag Straßer — I. Betreffend Ministerausschuß für die Sozialreform — J. Briefe aus der DDR zur Saarfrage — K. Besetzung auswärtiger Vertretungen — L. Nächste Kabinettssitzung — 1. Entwurf eines Zweiten Gesetzes zur Regelung von Fragen der

Staatsangehörigkeit — 2. Entwurf eines Beschlusses der Bundesregierung über vorbeugende Sicherungsmaßnahmen in Personalsachen — 3. Ausgleich erhöhter Fahrkosten im Verkehr nach und von Berlin — 4. Entwurf eines Gesetzes über das Apothekenwesen — 5. Wahl von Bundesrichtern beim Bundesarbeitsgericht — 6. Bundesgesetzliche Regelung des Wasserrechts und der Wasserwirtschaft — 7. Bundeswirtschaftsrat — 8. Einstellung der Bundesregierung zur Frage der „Berufsordnungen" — 9. Entwurf eines Gesetzes über Maßnahmen auf dem Gebiete des Mietpreisrechtes (Erstes Bundesmietengesetz); Stellungnahme der Bundesregierung zu den Änderungsvorschlägen des Bundesrates — 10. Entwurf eines Gesetzes zur Bekämpfung der Schwarzarbeit; Stellungnahme der Bundesregierung zu den Änderungsvorschlägen des Bundesrates — 11. Entwurf eines Dritten Gesetzes über Änderungen und Ergänzungen von Vorschriften des Zweiten Buches der Reichsversicherungsordnung (Gesetz über Krankenversicherung der Rentner — KVdR) — 12. Entwurf eines Gesetzes über Maßnahmen auf dem Gebiet des Verkehrsrechts und des Verkehrshaftpflichtrechts — 13. Ernteschäden — 14. Personalien

PROTOKOLLE

**14. Kabinettssitzung
am Dienstag, den 12. Januar 1954**

Teilnehmer: Adenauer (zeitweise)[1], Blücher, Schröder, Neumayer, Schäffer, Erhard, Lübke, Storch, Seebohm, Balke, Preusker, Oberländer, Kaiser, Hellwege, Wuermeling, Tillmanns (ab 10.00 Uhr), F. J. Strauß, Schäfer, Kraft; Globke, Hallstein, von Lex, Nahm, W. Strauß, Westrick; Klaiber; Krueger; Selbach, Kilb. Protokoll: Haenlein.

Beginn: 9.30 Uhr *Ende: 13.45 Uhr*

I

1. HEIMKEHRERENTSCHÄDIGUNG

    a) FRAGE DER VERKÜNDUNG DES HEIMKEHRERENTSCHÄDIGUNGSGESETZES
    b) NOVELLE ZUM HEIMKEHRERENTSCHÄDIGUNGSGESETZ   BMVt

    Der Bundesminister für Vertriebene berichtet über den Sachstand[2]. Besonders mißlich sei, daß bisher nicht geklärt werden konnte, welche Ausgaben das

---

[1]) Vgl. den 4. Absatz von TOP 5 des Kurzprotokolls. Laut Terminkalender Adenauer hatte der BK von 13.05 bis 13.20 Uhr eine Besprechung mit Globke, Dr. Ludwig Schneider und Euler (StBKAH 04.05).
[2]) Vgl. 12. Sitzung am 11. Dez. 1953 (TOP C). – Die Bundesregierung hatte es abgelehnt, dem vom BT (STENOGRAPHISCHE BERICHTE 1953 Bd. 17 S. 14017) und BR (BR-SITZUNGSBERICHTE 1953 S. 379) im Juli 1953 verabschiedeten Initiativgesetzentwurf gemäß Art. 113 GG zuzustimmen. Der Entwurf sah vor allem die Zahlung einer nach der Dauer der Kriegsgefangenschaft gestaffelten Entschädigung an alle nach dem 31. Dez. 1946 zurückgekehrten Kriegsgefangenen innerhalb einer Frist von 5 Jahren vor. – Das Kabinett hatte in der 10. Sitzung am 1. Dez. 1953 (TOP B) beschlossen, den Koalitionsfraktionen einen vom BMVt und BMF erarbeiteten Gesetzentwurf zur Novellierung des von BT und BR verabschiedeten Gesetzes zur Einbringung im BT zu überlassen. Falls die Fraktionen dem zustimmten, wollte die Bundesregierung ihren Widerstand gegen die Verkündung des Heimkehrerentschädigungsgesetzes aufgeben. Der Entwurf war den Koalitionsfraktionen am 11. Dez. 1953 zugeleitet worden (Schreiben des BMVt in B 126/10943). Dem Kabinett wurde der Entwurf am 11. Jan. 1954 vorgelegt (B 136/2723).

14. Kabinettssitzung am 12. Januar 1954

Heimkehrerentschädigungsgesetz verursachen werde. Nach seinen Berechnungen sei mit einem Bedarf von 878 Mio DM zu rechnen.

Der Heimkehrerverband verlange kategorisch, daß an der Gewährung eines Rechtsanspruches für die Heimkehrer festgehalten werde[3]). Die Fraktionen lehnten es ab, die ihnen noch vor Weihnachten vorgelegte Novelle als Initiativantrag einzubringen.[4]). Es sollte zunächst einmal einwandfrei festgestellt werden, welche Kosten durch das Gesetz entstehen. Dieses müsse verkündet werden. In einer Durchführungsverordnung[5]) sollte gewährleistet werden, daß im ersten Jahr nicht mehr als die vom Bundesfinanzminister zugesagten 50 Mio DM ausgegeben werden. Den Rest der Entschädigungsbeträge könne man auf einen längeren Zeitraum verteilen. Nach zwei bis drei Jahren, wenn sich die politisch zugespitzte Lage entschärft habe, könne man erwarten, daß die Anspruchsberechtigten, die eine Zuwendung nicht nötig hätten, hierauf verzichteten.

Der Bundesminister der Finanzen betont noch einmal, daß alle Beteiligten, auch die Fraktionen, davon überzeugt seien, das vom Bundestag beschlossene Gesetz sei ungereimt und ungerecht. Das Kabinett müsse sich zu einer Entscheidung gemäß Art. 113 Grundgesetz durchringen. Nach seiner Schätzung werde das Gesetz 900 bis 1000 Mio DM kosten[6]). Wenn davon im ersten Jahr nur 50 Mio DM ausgegeben würden, bliebe für die folgenden Jahre ein um so größerer Betrag übrig, der nach den Bestimmungen des Gesetzes binnen fünf Jahren auszuzahlen sei.

Nach der Meinung des Bundeskanzlers können im Augenblick bei der starken Resonanz, welche die Heimkehrerfragen in der Öffentlichkeit haben, die von allen Parteien des Bundestages unterstützten Forderungen nicht abgelehnt werden. Man müsse versuchen, in einer späteren Zeit die schlimmsten Auswirkungen des Gesetzes zu beseitigen.

Auch der Vizekanzler und Bundesminister Kraft betonen, daß sofort etwas geschehen müsse, was auch in der Öffentlichkeit verstanden werde. Sonst sehe sich die Regierung einer Einheitsfront der Parteien und des Volkes gegenüber.

Dabei bringt Bundesminister Kraft zum Ausdruck, daß die Zeit zur Verabschiedung einer Novelle verpaßt sei.

Der Bundesminister der Finanzen hält es für praktisch unmöglich, einmal entstandene Rechtsansprüche später in irgendeiner Form zu beseitigen. Er verweist darauf, daß das Gesetz auch Kann-Leistungen vorsehe, die unter den bestehenden Umständen als irreal bezeichnet werden müßten. Die etwa zu erlassende Durchführungsverordnung müßte zugleich mit der Verkündung des Geset-

---

In diesem Entwurf war das Schwergewicht auf die Hilfsmaßnahmen zur Gründung einer Existenz gelegt worden; Darlehen sollten mit der Entschädigung verrechnet werden, wenn ein Bedarf nicht nachgewiesen wurde.

[3]) Siehe das Schreiben des Verbandes der Heimkehrer, Kriegsgefangenen und Vermißten-Angehörigen Deutschlands e. V. an Schäffer vom 7. Dez. 1953 in B 126/10943. Weitere Unterlagen in B 126/10944 und B 136/2723.
[4]) Vgl. dazu den Vermerk vom 5. Jan. 1954 (B 136/2723) und vom 8. Jan. 1954 (B 126/10943)
[5]) Undatierter Entwurf (ebenda).
[6]) Vgl. die Vorlage für den Minister vom 11. Jan. 1954 (ebenda).

zes in Kraft treten. Eine Erklärung darüber, ob er der Verkündung des Gesetzes nach Art. 113 GG zustimme, könne er heute nicht abgeben. Er bittet, ihm Zeit zur Überlegung bis zur nächsten Kabinettssitzung zu lassen. Er befürchtet, daß die Aufwendungen für das Gesetz alle seine Pläne auf finanzpolitischem Gebiet gefährden. Zugleich bittet er, bis zur Entscheidung der Frage die heutige Aussprache vertraulich zu behandeln.

Das Kabinett stellt mit Rücksicht auf dieses Vorbringen die Angelegenheit bis zur nächsten Sitzung zurück.

Der Bundeskanzler bittet den Bundesminister der Finanzen, mit den Fraktionsvorsitzenden wegen der Vertagung der Entscheidung zu sprechen[7]).

2. ANTRAG AUF FESTSTELLUNG DER VERFASSUNGSWIDRIGKEIT DER DRP   BMI

Mit Rücksicht auf die vorgeschrittene Zeit wird die Angelegenheit auf Vorschlag des Bundeskanzlers bis zur nächsten Sitzung des Kabinetts zurückgestellt[8]).

3. ENTWURF EINES VIERTEN GESETZES ZUR ÄNDERUNG DES GESETZES ÜBER DIE ERRICHTUNG DER BANK DEUTSCHER LÄNDER (Einräumung eines Kreditplafonds zur Erfüllung der Verpflichtungen gegenüber dem Internationalen Währungsfonds und der Internationalen Bank für Wiederaufbau und Entwicklung)   BMWi

Der Punkt ist von der Tagesordnung abgesetzt[9]).

4. ENTWURF EINES ZUSTIMMUNGSGESETZES ZUM DEUTSCH-ECUADORIANISCHEN HANDELSVERTRAG AM 1. AUGUST 1953   AA

Das Kabinett stimmt der Vorlage zu[10]).

5. ENTWURF EINES GESETZES ÜBER DIE GEWÄHRUNG VON STRAFFREIHEIT; STELLUNGNAHME DER BUNDESREGIERUNG ZU DEM BESCHLUSS DES BUNDESRATES VOM 18. 12. 1953   BMJ

Staatssekretär Dr. Strauß führt aus, daß sich der Bundesrat nur infolge einiger unglücklicher Umstände gegen den Gesetzentwurf ausgesprochen habe[11]). Außer Berlin seien die Länder Bayern und Rheinland-Pfalz bereit, ihm zuzu-

---

[7]) Fortgang 15. Sitzung TOP 1.
[8]) Siehe 17. Sitzung TOP 1.
[9]) Siehe 16. Sitzung TOP 2.
[10]) Vorlage des AA vom 21. Dez. 1953 in AA, Ref. 415, Bd. 76 und B 136/1256. – BR-Drs. Nr. 18/54. – BT-Drs. Nr. 290. – Gesetz vom 14. Juli 1954 in BGBl. II 712, Bekanntmachung über das Inkrafttreten vom 25. Okt. 1954 in BGBl. II 1050.
[11]) Der BR hatte am 18. Dez. 1953 den vom Kabinett in der 10. Sitzung am 1. Dez. 1953 (TOP 2) verabschiedeten Gesetzentwurf (Vorlage des BMJ vom 25. Nov. 1953 in B 141/4345 und B 136/553) einstimmig abgelehnt (BR-SITZUNGSBERICHTE 1953 S. 479–484, BR-Drs. Nr. 508/53/Beschluß). Der Entwurf sah Straffreiheit u. a. für Straftaten vor, die im „Zusammenhang mit den auf die Kriegs- oder Nachkriegsereignisse zurückzuführenden außergewöhnlichen Verhältnissen" begangen worden und mit nicht mehr als 3 Monaten, für „Beleidigungen im politischen Meinungsstreit", die mit nicht mehr als 6 Monaten und für Straftaten zur Beschaffung von Nachrichten, die mit nicht mehr als 2 Jahren Haft geahndet worden waren.

stimmen. Hamburg und Schleswig-Holstein wollten ebenfalls zustimmen, wenn die Entscheidung von ihrer Stimme abhänge. Nordrhein-Westfalen habe das Gesetz zwar abgelehnt, Ministerpräsident Arnold[12]) habe jedoch zugesagt, daß das Land bei dem zweiten Durchlauf im Bundesrat voraussichtlich zustimmen werde. Da unter diesen Umständen auch Hamburg und Schleswig-Holstein zustimmen würden, sei dann eine Mehrheit im Bundesrat zu erwarten[13]).

Der Bundesminister der Finanzen erklärt, daß er seine Bedenken gegen dieses Gesetz aufrecht erhalte[14]).

Auch Bundesminister Strauß erklärt, bei seinem ablehnenden Standpunkt bleiben zu müssen und kündigt an, daß die CSU im Bundestag einen Initiativentwurf einbringen werde, der zugleich mit dem Regierungsentwurf im Parlament behandelt werden soll[15]).

Hierzu bittet der Vizekanzler — der bei diesem Punkt der Tagesordnung den Vorsitz führt — entsprechend einer ständigen Übung des Kabinetts bei Gesetzen, denen das Kabinett zugestimmt habe, in einem späteren Zeitpunkt keine Grundsatzfragen mehr aufzuwerfen. Es habe dies sonst zur Folge, daß sich der Bundesrat erneut mit der Vorlage befassen müsse, wenn das Kabinett diese ändere.

Der Bundesminister der Justiz geht sodann auf die Frage ein, wie das Initiativgesetz des Bundestages vom Juli 1953[16]) behandelt werden soll. Er betont, daß die Unterschrift unter dieses Gesetz zurückgestellt sei[17]). Er beabsichtige, dies dem Präsidenten des Bundestages mitzuteilen. Da der wesentliche Inhalt des Initiativbeschlusses des Bundestages in den jetzt vorliegenden Gesetzentwurf eingearbeitet sei, könne dieser seinen früheren Beschluß aufheben, wenn er dem Gesetzentwurf zustimme.

---

[12]) Karl Arnold (1901–1958). 1920–1933 hauptberuflich in der christlichen Gewerkschaftsbewegung tätig, 1933–1945 in der Privatwirtschaft; Mitbegründer der CDU in Düsseldorf, 1946–1947 Oberbürgermeister von Düsseldorf und stellvertretender Ministerpräsident, 1947–1956 Ministerpräsident des Landes Nordrhein-Westfalen, 1956 einer der vier Stellvertreter des CDU-Vorsitzenden.

[13]) Der BR lehnte das vom BT am 18. Juni 1954 verabschiedete Gesetz (STENOGRAPHISCHE BERICHTE Bd. 20 S. 1573) ab und beschloß, den Vermittlungsausschuß anzurufen (BR-SITZUNGSBERICHTE 1954 S. 176–180, BR-Drs. Nr. 208/54/Beschluß).

[14]) Zu den Bedenken des BMF gegen Straffreiheit bei Steuer- und Monopolvergehen vgl. die Niederschrift über die Ressortbesprechung am 9. Nov. 1953 (B 141/4345).

[15]) Zur Beratung des Entwurfs der Bundesregierung und des Initiativentwurfs der CSU (BT-Drs. Nr. 248) vgl. STENOGRAPHISCHE BERICHTE Bd. 18 S. 586–607.

[16]) Der am 5. Dez. 1952 im BT eingebrachte Initiativentwurf (BT-Drs. Nr. 3935) und das am 29. Juli 1953 verabschiedete Gesetz (STENOGRAPHISCHE BERICHTE Bd. 17 S. 14270) sollten die Amnestie für strafbare Handlungen von Verlegern, Journalisten und Angehörigen des öffentlichen Dienstes regeln, die in die sog. Platow-Affäre verwickelt waren. — Dr. Robert Platow, der Herausgeber eines Wirtschaftsinformationsdienstes, war im August 1951 wegen des Verdachts der Bestechung verhaftet worden (vgl. 169. Sitzung am 28. Aug. 1951 TOP F). Die Überprüfung seiner Informationsquellen hatte zur Entlassung und Verhaftung von Angehörigen mehrerer Bundesministerien geführt. — Vgl. dazu auch 282. Sitzung am 13. März 1953 (TOP H).

[17]) Neumayer hatte ebenso wie sein Vorgänger Dehler die Auffassung vertreten, daß das Gesetz verfassungswidrig sei, weil es in die Kompetenzen der Länder eingreife; er hatte die Gegenzeichnung abgelehnt (vgl. 306. Sitzung am 25. Aug. 1953 TOP 1 und 7. Sitzung am 10. Nov. 1953 TOP 2).

Der Vizekanzler stellt sodann folgende beiden Fragen zur Abstimmung:
a) Wird gebilligt, daß der Bundesminister der Justiz dem Präsidenten des Bundestages mitteilt, die Unterschrift unter das Initiativgesetz des Bundestages sei zurückgestellt, bis der Bundestag über den jetzt vorgelegten Gesetzentwurf beschlossen hat[18]?
b) Wird der vom Bundesminister der Justiz vorgeschlagenen Stellungnahme zu dem Beschluß des Bundesrates zugestimmt[19])?
Das Kabinett bejaht beide Fragen mit Mehrheit[20]).

6. MITTEILUNG ÜBER DIE IN AUSSICHT GENOMMENE BESETZUNG AUSWÄRTIGER VERTRETUNGEN   AA

Das Kabinett nimmt zustimmend von der Mitteilung Kenntnis[21]).

7. PERSONALIEN

a) Zu den Ernennungsvorschlägen der Anlage 1 zur T. O. werden keine Bedenken erhoben[22]),
b) den Ernennungsvorschlägen der Anlage 2 zur T. O. wird nach eingehender Aussprache zugestimmt[23]),
c) die Entscheidung über den vom Bundesminister für Arbeit gewünschten Kabinettsbeschluß[24]) wird mit Rücksicht darauf, daß mehrere Kabinettsmitglieder noch nicht genügend Gelegenheit hatten, die Vorschläge zu prüfen, zurückgestellt.

---

[18]) Schreiben des BMJ an den Präsidenten des BT und des BR vom 18. Jan. 1954 in B 141/4311 und B 136/553. Vgl. dazu auch den Vermerk vom 21. Jan. 1954, demzufolge der BMJ die Schreiben von den Adressaten „zurückgefordert" habe (ebenda).
[19]) In der Vorlage vom 6. Jan. 1954 zu BR-Drs. Nr. 508/53/Beschluß hatte der BMJ vorgeschlagen, an dem Entwurf des Straffreiheitsgesetzes festzuhalten (B 141/4311 und B 136/553).
[20]) Fortgang 15. Sitzung TOP E.
[21]) Vorgeschlagen waren laut Anlagen die Ernennung des Vortragenden Legationsrates Dr. iur. Karl Wilde zum Leiter der Gesandtschaft in Luxemburg und die Ernennung des Gesandten Dr. iur. Werner Schwarz zum Gesandten in Montevideo.
[22]) An Ernennungen waren vorgesehen: im AA drei Vortragende Legationsräte, ein Botschaftsrat, ein Gesandter (Dr. phil. Hans Bidder); im Geschäftsbereich BMF ein Oberfinanzpräsident (Dr. iur. Walter Hoferer).
[23]) An Ernennungen waren vorgesehen: im Geschäftsbereich BMA zwei Bundesrichter beim Bundesarbeitsgericht (Dr. iur. Friedrich Poehlmann, Dr. iur. Hans Galperin).
[24]) Der vom BMA in seinen Vorlagen vom 23. und 24. Dez. 1953 erbetene und vom Bundeskanzleramt am 6. Jan. 1954 formulierte Kabinettsbeschluß lautet: „1. Die Bundesregierung nimmt in Aussicht, die Ernennung der folgenden Beamten dem Herrn Bundespräsidenten vorzuschlagen, und zwar: a) Abteilungspräsident bei der Hauptstelle der Bundesanstalt für Arbeitsvermittlung und Arbeitslosenversicherung Dr. Hans Volmer zum Präsidenten des Landesarbeitsamtes Niedersachsen, b) Bundestagsabgeordneter Oberregierungsrat a.D. Anton Sabel zum Präsidenten des Landesarbeitsamtes Nordrhein-Westfalen. 2. Der Bundesminister für Arbeit wird beauftragt, im Namen der Bundesregierung den Verwaltungsrat der Bundesanstalt und die jeweils beteiligte Landesregierung zu dem in Aussicht genommenen Vorschlag der Bundesregierung zu hören." Fortgang dazu 15. Sitzung TOP D.

Soweit der Personalausschuß[25]) zu hören ist, soll dies vor der Beratung im Kabinett geschehen[26]).

II

Außerhalb der Tagesordnung

[A.] STAHLHELMTREFFEN IN BERLIN

Am kommenden Sonntag soll in Berlin eine Veranstaltung des „Stahlhelm"[27]) stattfinden, wobei der frühere Generalfeldmarschall Kesselring[28]) reden will und Militärmärsche gespielt werden sollen. Da in Berlin schon zahlreiche Journalisten aus allen Teilen der Welt eingetroffen sind, wird diese Ausschmückung des Treffens für unerwünscht[29]) gehalten.

Der Bundeskanzler beauftragt Staatssekretär Dr. Globke, durch General Heusinger[30]) auf Generalfeldmarschall Kesselring einzuwirken, daß die Militärmusik bei dieser Gelegenheit unterbleibt[31]).

[B.] SUDETENDEUTSCHER ATLAS

Von sudetendeutschen Kreisen ist angekündigt worden, daß ein „Sudetendeutscher Atlas" herausgegeben werde[32]). Dem Vorgang soll durch eine Presse-

---

[25]) Zur Errichtung des Bundespersonalausschusses vgl. KABINETTSPROTOKOLLE Bd. 2 S. 422 f. (71. Sitzung am 6. Juni 1950 TOP 1), zum Mitspracherecht vgl. ebenda Bd. 4 (1951) S. 258 Anm. 49.

[26]) Fortgang 15. Sitzung TOP D.

[27]) Vgl. 284. Sitzung am 27. März 1953 TOP B. Schrift- und Druckgut des im Jahre 1951 neu gegründeten „Stahlhelm"-Bund der Frontsoldaten in R 72 und ZSg. 1–88.

[28]) Vgl. 9. Sitzung am 24. November 1953 TOP H. – Albert Kesselring (1885–1960). 1940 Generalfeldmarschall, 1941–1945 Oberbefehlshaber Süd; 1945 Kriegsgefangenschaft, 1947 von einem britischen Militärgericht zum Tode verurteilt, seit 1947 im Gefängnis Werl, 1952 begnadigt, 1953 Bundesführer des „Stahlhelm". – Kesselring, Albert: Soldat bis zum letzten Tag. Bonn 1953; Derselbe: Gedanken zum Zweiten Weltkrieg. Bonn 1955.

[29]) So Adenauer auch während einer Außenpolitischen Aussprache in der CDU/CSU-Fraktion (Parlamentarischer Bericht des BPA vom 13. Jan. 1954 in B 145/1902).

[30]) Adolf Heusinger (1897–1982). 1931–1944 im Generalstab des Heeres; 1950 militärischer Berater des BK, 1951 deutscher Sachverständiger bei den Beratungen über die EVG, 1952 Leiter der Militärabteilung der Dienststelle Blank, 1955 Leiter des militärischen Führungsstabes im Bundesministerium für Verteidigung, 1957–1961 Generalinspekteur der Bundeswehr.

[31]) Die für den 17. Jan. 1954 im Kasino am Funkturm in Berlin (West) vorgesehene „Reichsgründungsfeier" des „Stahlhelm" fiel aus (einschlägige Unterlagen in B 106/15453 und B 136/6825).

[32]) Der Atlas war von dem Leiter der Bundesanstalt für Landeskunde Emil Meynen im Verlag der Arbeitsgemeinschaft zur Wahrung sudetendeutscher Interessen, München 1954, herausgegeben worden. Das „Dokumentenwerk des Sudetendeutschtums, entstanden als Gemeinschaftsleistung sudetendeutscher Historiker, Geographen, Rechtshistoriker, Sprachwissenschaftler, Kunsthistoriker und Wirtschaftswissenschaftler" sollte „ein dokumentarisches Zeugnis des Wirtschafts- und Kulturbesitzes der Sudetendeutschen" geben (Vorwort des Herausgebers).

konferenz besonderer Nachdruck verliehen werden³³). Es muß befürchtet werden³⁴), daß die Ost-, aber auch die französische Presse diesen Anlaß zu unerwünschten und die Verhandlungen der Berliner Konferenz³⁵) störenden Kommentaren benutzen.

Bundesminister Dr. Seebohm betont, daß er auf die Herausgabe des Buches keinen Einfluß habe.

Staatssekretär Dr. Globke wird beauftragt, den Abgeordneten Schütz³⁶) zu bitten, sich sofort mit dem Auswärtigen Amt wegen der weiteren Behandlung der Angelegenheit in Verbindung zu setzen³⁷).

[C.] NEUORDNUNG DES VERKEHRSWESENS

Die Kabinettsmitglieder werden gebeten, sich für eine Sondersitzung des Kabinetts am Vormittag, den 20. 1. 1954, bereitzuhalten. In dieser Sitzung sollen die zu ergreifenden verkehrspolitischen Maßnahmen erörtert werden³⁸).

[D.] AUSSENPOLITISCHE LAGE

Der Bundeskanzler unterrichtet das Kabinett³⁹) über seine Verhandlungen in Paris⁴⁰) mit den Außenministern Dulles⁴¹), Eden⁴²) und Bidault⁴³). Er unter-

---

33) Zur Pressekonferenz am 12. Jan. 1954 siehe BULLETIN vom 28. Jan. 1954 S. 140 und Frankfurter Allgemeine Zeitung vom 13. Jan. 1954.
34) Zu dem „Unmut" Adenauers über die Herausgabe des Bandes siehe den Bericht über seine Ausführungen in der CDU/CSU-Fraktion (Parlamentarischer Bericht des BPA vom 30. Jan. 1954 in B 145/1902).
35) Vgl. TOP D dieser Sitzung.
36) Hans Schütz (1901–1982). Schreinerlehre, 1921 Geschäftsführer des Christlichen Textilarbeiterverbandes (Sudetenland), 1925 Leiter des Gesamtverbandes der Sudetendeutschen Christlichen Gewerkschaften, 1935 Abgeordneter der Christlich-Sozialen Volkspartei im Prager Parlament, 1939 Angestellter der Versicherungsanstalt Teplitz-Schönau; 1946 im Hauptausschuß der Flüchtlinge und Ausgewiesenen der CSU, 1948 Mitglied des Wirtschaftsrates des VWG, 1949–1963 MdB, 1950–1963 Mitglied des Europarates und der Versammlung der Westeuropäischen Union, 1963 Staatssekretär und 1964 Minister im Bayerischen Staatsministerium für Arbeit und soziale Fürsorge, 1948–1969 Vorsitzender der Ackermann-Gemeinde. – Siehe den Beitrag von Schütz in: Abgeordnete des Deutschen Bundestages. Aufzeichnungen und Erinnerungen. Bd. 2. Boppard 1983 S. 189–234.
37) Nicht ermittelt.
38) Siehe 15. Sitzung TOP 2.
39) Vgl. 13. Sitzung am 18. Dez. 1953 TOP J: Viererkonferenz und TOP 1: Politische Lage sowie „Aussprache im auswärtigen Ausschuß des Bundestages über die Vorbereitungen zur Viererkonferenz" am 11. Jan. 1954 (Parlamentarischer Bericht des BPA vom 12. Jan. 1954 in B 145/1902), dazu Vermerk vom 12. Jan. 1954 über den „Punkt Berliner Konferenz" in der Sitzung des BT-Ausschusses für auswärtige Angelegenheiten vom 11. Jan. 1954 (B 146/1842).
40) In Paris hatten Besprechungen auf Fachebene zur Vorbereitung der Viermächtekonferenz von Berlin stattgefunden (13. Dez. 1953). Adenauer war in diesem Zusammenhang die Zusage gegeben worden, bei wichtigen Entscheidungen konsultiert zu werden. Unterlagen dazu in AA, BSTSe, Bd. 113; Nachlaß Hallstein 124, Parlamentarischer Bericht des BPA vom 12. Jan. 1954 in B 145/1902; ADENAUER S. 239–245, GREWE S. 174–178.

streicht die Labilität der Lage infolge der schwankenden Haltung Frankreichs und der wachsenden Verärgerung des Kongresses der USA über die Uneinigkeit in Europa[44]). Demgegenüber sei es das Ziel Rußlands,
  a) die Aufrüstung Deutschlands und die Europäische Gemeinschaft zu verhindern,
  b) die USA zu isolieren,
  c) das kommunistische China in das politische Spiel zu bringen.
Rußland werde deshalb die Berliner Konferenz[45]) dazu benutzen, um alle Kräfte zu stärken[46]), die an einer Verzögerung und an einem Ausweichen vor einer Entscheidung interessiert seien. Außerdem werde Rußland versuchen, neben der Deutschlandfrage die anderen es interessierenden Fragen zur Sprache zu bringen. Deutschland selbst sei für Rußland nur ein Mittel zum Zweck. Wir müßten deshalb dieses Spiel mit Aufmerksamkeit und Geduld verfolgen und uns vor allem den großen Vorteil bewahren, den wir in den internationalen Auseinandersetzungen dadurch haben, daß wir eine stabile Regierung besitzen.

Bei den bisherigen Verhandlungen der Alliierten sei die Bundesregierung in vorzüglicher Weise eingeschaltet worden. Die Herren Blankenhorn[47]) und Grewe[48]) würden nach Berlin gehen, um die Kontakte aufrechtzuerhalten.

---

[41]) John Foster Dulles, LL. D. (1888–1959). 1918–1919 Mitglied der amerikanischen Friedensdelegation in Paris, 1945 Mitglied der amerikanischen Delegation bei der Gründung der Vereinten Nationen, 1946–1950 dort Delegierter der USA, ab 1949 Leiter der Delegation, war anschließend maßgeblich am Abschluß des Friedensvertrages mit Japan 1951 beteiligt, 1952–1959 Außenminister.

[42]) Sir Anthony Eden (1897–1977). 1923–1957 konservativer Unterhausabgeordneter; 1931–1933 Unterstaatssekretär im Foreign Office; 1934–1935 Lordsiegelbewahrer; 1935–1938, 1940–1945 und 1951–1955 britischer Außenminister; 1955–1957 Premierminister. – The Memoirs of Sir Anthony Eden, Full Circle. London 1960. [EDEN].

[43]) Georges Bidault (1899–1983). 1943 Präsident des „Conseil national de résistance", 1944–1948 mehrmals Außenminister, 1946 und 1949–1950 Ministerpräsident, 1951–1952 stellvertretender Ministerpräsident und Verteidigungsminister, 1953–1954 Außenminister, 1962–1968 als Gegner de Gaulles im Exil. – Bidault, Georges: Noch einmal Rebell, Von einer Resistance in die andere. Berlin 1966.

[44]) Im Entwurf folgt noch der Satz: „Immer deutlicher trete die Abneigung Frankreichs zutage, Deutschland als einen gleichberechtigten Partner in sein enges Verhältnis zu den USA und zu Großbritannien aufzunehmen" (Kabinettsprotokolle Bd. 20 E). – Vgl. dazu im einzelnen die entsprechende Eintragung Seebohms zu dieser Sitzung in Nachlaß Seebohm/8c.

[45]) Viermächtekonferenz von Berlin: Konferenz der Außenminister der vier Siegermächte des Zweiten Weltkrieges vom 25. Jan. bis 18. Febr. 1954.

[46]) Im Entwurf: „um alle die Kräfte in Frankreich zu stärken" (ebenda).

[47]) Herbert Blankenhorn (1904–1991). 1929–1945 im AA (1943–1945 Legationsrat Erster Klasse). 1946–1948 stellvertretender Generalsekretär des Zonenbeirates (britische Besatzungszone) in Hamburg (1947 Ministerialdirigent), 1948–1949 Generalsekretär beim Zonenausschuß der CDU in der britischen Besatzungszone und persönlicher Referent des Präsidenten des Parlamentarischen Rates sowie des BK, 1949–1951 Leiter der Verbindungsstelle zur AHK im Bundeskanzleramt, 1950–1955 Leiter der Politischen Abteilung des AA (MinDir), 1955–1958 ständiger Vertreter bei der NATO, anschließend Botschafter in Paris (1958–1963), Rom (1963–1965) und London (1965–1970). Blankenhorn, Herbert: Verständnis und Verständigung, Blätter eines politischen Tagebuchs 1949–1979. Frankfurt 1980 [BLANKENHORN]. – Zur Person Blankenhorns vgl. ECKARDT S. 169 f.

Als besonders bedeutsam betrachtet der Bundeskanzler eine etwaige Verständigung der USA mit der Sowjetunion über die Atomwaffen[49]). Wenn auf diesem Gebiet zwischen den beiden Hauptmächten ein gewisses Maß gegenseitigen Vertrauens erzielt werden könne, sei auch eine Entspannung der Lage für Deutschland zu erwarten.

Auf eine Frage des Bundesministers der Finanzen bestätigt der Bundeskanzler, daß bis zum 1. 4. 1954 noch nicht mit dem Inkrafttreten des EVG-Vertrages[50]) gerechnet werden kann.

Der Bundesminister für gesamtdeutsche Fragen bittet um eine finanzielle Unterstützung der politischen Presse von Berlin, die in den Tagen der Berliner Konferenz mit verstärkten Auflagen herauskommen müsse. Der Bundesminister der Finanzen glaubt, daß über eine Hilfe im Betrag von etwa 1 Mio DM aus außerplanmäßigen Mitteln eine Verständigung möglich ist[51]).

[E.] ERGÄNZUNG DES GRUNDGESETZES WEGEN DER WEHRFRAGE

Zunächst[52]) berichtet der Bundeskanzler über seine Besprechungen vom Vortage mit dem Abg. Ollenhauer[53]). Dieser habe für den Vorschlag, im gegen-

---

[48]) O. Prof. Dr. iur. Wilhelm G. Grewe (geb. 1911). 1951–1952 Leiter der Delegation für die Ablösung des Besatzungsstatuts, 1953–1954 Leiter der Rechtsabteilung und 1955–1958 der Politischen Abteilung des AA; 1958–1962 Botschafter in Washington, 1962 bei der NATO und 1971–1976 in Tokio; 1979 Mitglied des Internationalen Schiedsgerichtshofs in Den Haag. – Grewe, Wilhelm G.: Rückblenden 1976–1951. Frankfurt/Main 1979 [GREWE]. – Mit Schreiben vom 15. Dez. 1953 hatte Adenauer Grewe zum „Sondervollmächtigten der Bundesregierung für die Berliner Konferenz" ernannt (AA, Ref. 501, Bd. 362).

[49]) Vgl. 13. Sitzung am 18. Dez. 1953 TOP 1: Politische Lage. – Zur Rede Eisenhowers am 8. Dez. 1953 vor der Vollversammlung der Vereinten Nationen, in der er Stellung nahm zu den Gefahren des Atomzeitalters und sich für die Bildung einer internationalen Atomenergiebehörde einsetzte, und zur Pressekonferenz Eisenhowers am 13. Jan. 1954, in der er es als „ermutigend" bezeichnete, daß der sowjetische Botschafter in Washington, Georgij N. Zarubin, mit Dulles zu vorbereitenden Besprechungen über den Vorschlag zur Schaffung einer internationalen Behörde für die friedliche Verwendung der Atomenergie zusammengekommen war, vgl. einschlägige Unterlagen in Nachlaß Blankenhorn/27 und FRUS VII p. 794, ferner ANFÄNGE SICHERHEITSPOLITIK S. 161.

[50]) Vgl. 8. Sitzung am 17. Nov. 1953 TOP D: EVG- und Deutschland-Vertrag. – Fortgang 18. Sitzung TOP 1: Viererkonferenz.

[51]) Hierzu ECKARDT S. 285 f., 293; vgl. dazu auch 3. Sitzung des PB des ZK am 12. Jan. 1954 TOP 2: Bericht von der Sitzung der Außenpolitischen Kommission; Berichterstatter: Ulbricht (IfGA, ZPA, J IV 2/2/342). – Fortgang 15. Sitzung TOP A: Viererkonferenz.

[52]) Vgl. 8. Sitzung am 17. November 1953 TOP D: EVG- und Deutschland-Vertrag. – Mit Schreiben vom 16. Nov. 1953 hatte der BMJ den ersten Entwurf eines Gesetzes zur Änderung des Grundgesetzes für eine Ressortbesprechung am 17. Nov. 1953 vorgelegt (B 141/11 und B 136/1699). Unterlagen über Besprechungen vom 19. und 26. Nov. 1953 mit den Fraktionen über die Ergänzung des Grundgesetzes in B 141/11, B 136/1699 und Nachlaß Blankenhorn/26. Anträge von CDU/CSU, GB/BHE und DP (BT-Drs. Nr. 124) sowie von der FDP (BT-Drs. Nr. 125) vom 4. Dez. 1953, vgl. dazu ANFÄNGE SICHERHEITSPOLITIK S. 433–435.

[53]) Niederschrift über die Besprechung Adenauers mit Ollenhauer am 11. Jan. 1954, 11.30 Uhr, in AA, BSTSe, Bd. 17 und STBKAH 12.27; dazu Schriftwechsel Adenauer-Ollenhauer in StBKAH 12.27, Nachlaß Ollenhauer/2 (im AdsD) und BULLETIN vom 12. Jan.

wärtigen Augenblick keine große Debatte im Bundestag zu entfesseln, Verständnis gezeigt. Es sei deshalb in Aussicht genommen, nur formulierte kurze Erklärungen der Parteien abzugeben[54]).

Sodann berichtet Bundesminister Dr. Tillmanns über die Beratungen im Ältestenrat[55]).

Der Bundeskanzler bedauert in der sich anschließenden Aussprache, daß durch den von der FDP-Fraktion eingebrachten Antrag, dem Bundespräsidenten den Oberbefehl zu übertragen[56]), die erstrebte Ergänzung des Grundgesetzes erschwert und verzögert wird. Er sei deshalb nach wie vor für einen kurzen und einfachen Ergänzungstext. Auf jeden Fall müsse schnell gehandelt werden, damit das Bundesverfassungsgericht nicht zu einer vorzeitigen Entscheidung gezwungen werde[57]).

Auch die Bundesminister Strauß und Kraft heben die durch den Antrag der FDP entstehenden Schwierigkeiten hervor.

Staatssekretär Prof. Dr. Hallstein befürchtet durch ihn Mißhelligkeiten mit der Alliierten Oberkommission[58]). Bei der EVG gebe es überhaupt keinen Ober-

---

1954 S. 44; vgl. dazu auch PROTOKOLLE CDU-BUNDESVORSTAND S. 119 f., 130. — Erich Ollenhauer (1901—1963). 1919—1928 Journalist, 1928—1933 Vorsitzender des Verbandes der Arbeiterjugend Deutschlands, 1933 Mitglied des Parteivorstandes der SPD, 1933 Emigration; 1946—1952 stellvertretender und 1952—1963 Vorsitzender der SPD, 1949—1963 MdB, 1949—1952 stellvertretender und 1953—1963 Vorsitzender der BT-Fraktion. — Ollenhauer, Erich: Reden und Aufsätze. Herausgegeben und eingeleitet von Fritz Sänger. 2. Auflage, Berlin 1977.

[54]) Dem wurde entsprochen; vgl. STENOGRAPHISCHE BERICHTE Bd. 18 S. 243 D—245 C (9. Sitzung am 14. Jan. 1954). Vgl. dazu SPD-Bundestagsfraktion/1022 (alt) (Protokoll über die Fraktionssitzung am 13. Jan. 1954) und Nachlaß Ollenhauer/113 f. (Wehrfragen) (jeweils im AdsD).

[55]) Die Regierungsparteien hatten in der Sitzung des Ältestenrates des BT am 12. Jan. 1954 erneut die von der SPD gewünschte Verschiebung der Beratung der von den Regierungsparteien beantragten Verfassungsänderung bis nach der Viermächtekonferenz von Berlin abgelehnt: vgl. dazu im einzelnen Deutscher Bundestag, 2. Wahlperiode 1953—1957: Ältestenrat, Kurzprotokoll der 9. Sitzung am 12. Jan. 1954 TOP 1 in Verbindung mit dem Kurzprotokoll der 8. Sitzung am 9. Dez. 1953 TOP 2 (Parlamentsarchiv des Deutschen Bundestages).

[56]) Vgl. BT-Drs. Nr. 171 vom 12. Jan. 1954. Vgl. dazu auch die „Studie über den Oberbefehl", jeweils Anlage eines Privatdienstschreibens von MinDir. Dr. Wolfgang Holtz (Amt Blank) an Globke vom 14. Jan. 1954 (VS-B 136/70) und eines Privatdienstschreibens von Ministerialdirigent Dr. Eberhard Barth (Amt Blank) an Gumbel vom 29. Juni 1955 (B 136/1700). — Einschlägige Unterlagen in BW 9/52, 1919, 1994, 3368, 2593-1 und in B 122 Anh. /95; vgl. auch ANFÄNGE SICHERHEITSPOLITIK S. 435—437.

[57]) Zur Normenkontrollklage der SPD (Antrag der SPD-Fraktion vom 26. März 1953 beim Bundesverfassungsgericht auf Erlaß einer einstweiligen Anordnung, um eine Verkündung der Vertragsgesetze [der am 26. und 27. Mai 1952 in Bonn und Paris unterzeichneten Verträge mit ihren Zusatz- und Nebenabkommen] oder eine Hinterlegung der Ratifizierungsurkunden vor der Durchführung der verfassungsgerichtlichen Normenkontrolle zu verhindern) vgl. 284. Sitzung am 27. März 1953 TOP A und Sondersitzung am 24. April 1953 TOP A.

[58]) Gemeint ist die Alliierte Hohe Kommission (AHK).

befehl⁵⁹). Der Antrag der FDP-Fraktion werde deshalb den Verdacht erwecken, daß Deutschland schon jetzt neben der EVG eine Alternativlösung anstrebe.

Der Vizekanzler widerspricht diesen Ausführungen und verweist darauf, daß der Antrag seiner Fraktion schon seit längerem angekündigt sei. Er erklärt sich aber bereit, die Angelegenheit nochmals in seiner Fraktion zu besprechen⁶⁰).

[F.] BEFUGNISSE EINER DEUTSCHEN NATIONALVERSAMMLUNG

Im Anschluß an Erörterungen über ein von der Bundesregierung vorbereitetes Plakat⁶¹), das anläßlich der Berliner Konferenz⁶²) noch einmal die Forderung des Westens auf Freiheit, Friede und Einheit hervorheben soll, ergibt sich eine längere Aussprache über die Vollmachten, die einer deutschen Nationalversammlung zustehen müssen⁶³).

Der Bundesminister für gesamtdeutsche Fragen bemerkt⁶⁴), daß in dieser Frage die Auffassungen innerhalb der Regierungskoalition und innerhalb der CDU geteilt sind und bittet, die von ihm und seinen Freunden vertretene Ansicht sorgfältig zu prüfen und zu würdigen.

Der Bundeskanzler glaubt, daß es sich nur um einen vermeintlichen Gegensatz handelt. Die Nationalversammlung habe die Aufgabe, in Gesamtdeutschland für Recht und Freiheit zu sorgen. Wenn jedoch bei einer Wiedervereinigung die derzeitigen Machthaber in der Sowjetzone im Amt blieben, könne die Nationalversammlung ihre Ziele nicht ohne weiteres gegen den noch bestehenden Machtapparat der SED durchsetzen. Es sei deshalb sehr erwünscht, wenn gleichzeitig mit den Wahlen zur Nationalversammlung auch eine Wahl zur Volkskammer durchgeführt werden könnte. Mit Hilfe der neuen Volkskammer könne dann die Pankow-Regierung abgesetzt werden.

---

⁵⁹) Zur Aufspaltung des Oberbefehls — dem Kommissariat und dem Zentralen Europäischen Generalstab oblagen im wesentlichen Verwaltung, Aufstellung und Ausbildung der EVG-Streitkräfte, dem Alliierten Oberbefehlshaber Europa der NATO Operationsplanung und -führung — vgl. ANFÄNGE SICHERHEITSPOLITIK S. 710.
⁶⁰) Fortgang 17. Sitzung TOP A: Viermächtekonferenz.
⁶¹) „Freiheit — Friede — Einheit, Deutschlands Forderungen zur Viererkonferenz: Freie gesamtdeutsche Wahlen — Verfassunggebende Nationalversammlung — Gesamtdeutsche Regierung mit völliger Handlungsfreiheit, Die Deutsche Bundesregierung [. . .], Herausgeber: Presse- und Informationsamt der Bundesregierung, Bonn — Schwabe-Druck: Kölnische Verlagsdruckerei GmbH, Köln" (Plak. 5/48 = Abb. 2); vgl. dazu auch die Kritik Heinemanns in seinem Schreiben an Adenauer vom 23. Jan. 1954 (B 136/2128); SCHWARZ S. 213. Textentwurf zu diesem Plakat als Anlage des Schreibens Kruegers an Globke vom 29. Dez. 1953, mit Bearbeitungsvermerk „1) Genehmigt. 2) Z. d. A. G[lobke] 5.1" (B 136/2129). — Zu den „Erörterungen" vgl. das Aktenheft „Indiskretionen Kabinett-Sitzung vom 12. 1. 1954" in B 136/4781, Nachlaß Seebohm/8c („Plakataktion der SPD sollte durch Plakataktion der Regierung begegnet werden. Darauf stehen unsere Namen, ohne daß wir vorher Text und Gestaltung gesehen haben"), Nachlaß Blücher/81 und Nachlaß Kaiser/229, 243, 360.
⁶²) Vgl. Anm. 45 dieser Sitzung.
⁶³) Vgl. 200. Sitzung am 5. Febr. 1952 TOP A und Sonderband Gesamtdeutsche Nationalversammlung, Jan. 1953–Jan. 1954 (VS-B 106/2219).
⁶⁴) Im Entwurf: „unterstreicht" (Kabinettsprotokolle Bd. 20 E). Zur Auffassung Kaisers vgl. Vermerk vom 20. Jan.1954 in B 137/1390.

Der Bundesminister für gesamtdeutsche Fragen hält an seiner abweichenden Auffassung fest. Die Rechte der Nationalversammlung müßten umfassend und unbeschränkt sein und müßten sich auch auf die Exekutive erstrecken.

Bundesminister Dr. Tillmanns weist auf folgende Bedenken gegen gleichzeitige Volkskammerwahlen hin:

a) Durch die Beschränkung dieser Wahlen auf die Sowjetzone könnten nur Kandidaten aus dieser Zone aufgestellt werden.

b) Die Zone als Institution und als ein vom übrigen Deutschland abgetrennter Teil werde damit erhalten und besonders unterstrichen.

c) Die Opposition werde diesen Vorschlag als ein Verzögerungsmanöver auswerten.

Wenn die Rechte der Nationalversammlung in keiner Richtung beschränkt würden, könne sie beispielsweise als erste Maßnahme die Erstreckung des Grundgesetzes auf die Sowjetzone anordnen.

Demgegenüber betont der Bundeskanzler, die der Nationalversammlung zugedachten Rechte sollten keineswegs geschmälert werden. Zunächst bleibe aber die derzeitige Volkskammer und die Regierung in Pankow bestehen. Die Nationalversammlung müßte erst deren Beseitigung beschließen und gegebenenfalls Neuwahlen zur Volkskammer anordnen, um ihren Willen durchzusetzen. Es sei besser, diese Wahlen sofort und unter der gleichen Kontrolle wie die Wahlen zur Nationalversammlung durchzuführen[65].

In Übereinstimmung hiermit hebt der Bundesminister des Innern hervor, daß die der Nationalversammlung zugedachten umfassenden Vollmachten zunächst rein theoretisch sind und daß es gelte, einen praktisch wirksamen Einfluß in der Sowjetzone Stück für Stück zu erringen. In diesem Sinne bestünden keine Bedenken gegen eine gleichzeitige Volkskammerwahl. Im übrigen bittet er, diese Streitfrage wohl im Interministeriellen Ausschuß[66], jedoch nicht in der Öffentlichkeit auszutragen. Mit zahlreichen Einzelhinweisen werden diese Grundgedanken auch vom Vizekanzler und den Bundesministern Kraft, Dr. Schäfer, Dr. Preusker, Dr. Balke und Hellwege vertreten.

Bundesminister Dr. Tillmanns erklärt, daß er sich nicht gegen eine gleichzeitige Wahl zur Volkskammer wende, aber der Opposition nicht Anlaß zu dem Vorwurf geben wolle, in dieser das ganze Volk aufs tiefste bewegenden Frage treibe die Bundesregierung und Regierungskoalition eine Verzögerungstaktik.

Der Bundesminister für Arbeit versichert, daß die Bevölkerung nicht auf diese Agitation hereinfallen werde. Mit dem Bundeskanzler ist er der Meinung, daß entscheidend die Taten und Erfolge der Bundesregierung sein werden.

---

[65] Hierzu findet sich in Nachlaß Seebohm/8c folgende Eintragung: „Diskussion Kaiser/ Adenauer über Plan: gleichzeitige Wahlen zur Volkskammer mit den gesamtdeutschen Wahlen. Tillmanns auf Seiten Kaisers. Kaisers Idee, Angelsachsen seien gegen Grewe-Plan oder auch Franzosen, sei nicht zutreffend. Freie Wahlen in ganz Deutschland und auf jeder Ebene: das ist notwendig. Die Selbstverwaltung muß aufgebaut werden. Gleichzeitige Wahlen sichern Wahlen unter alliierter Kontrolle; spätere Wahlen haben nicht diese Sicherung in der Sowjetzone."

[66] Vgl. dazu die Diskussionen im Ausschuß „Wiedervereinigung" am 19. Mai 1954 und 15. Juli 1954 in B 137/1390.

Wenn sie eine freie Volkskammerwahl durchsetzen könne, werde das sicher ganz allgemein als ein Erfolg gewertet werden.

Der Bundesminister für gesamtdeutsche Fragen bleibt bei seiner Meinung, daß die Wahl zur Nationalversammlung beeinträchtigt werde, wenn daneben Volkskammerwahlen stattfinden. Die Bevölkerung in der Ostzone lehne diese Volkskammer entschieden ab. Er bittet noch einmal, die großen Erfahrungen, die seine Freunde auf diesem Gebiet haben, bei der Weiterbehandlung der Angelegenheit zu berücksichtigen[67]).

---

[67]) Fortgang 15. Sitzung TOP A: Viererkonferenz.

**15. Kabinettssitzung
am Freitag, den 22. Januar 1954**

Teilnehmer: Adenauer, Blücher, Neumayer, Schäffer, Erhard, Lübke, Storch (bis 17.45 Uhr), Seebohm, Balke, Preusker, Oberländer, Kaiser, Hellwege, Wuermeling, Tillmanns (bis 17.10 Uhr), F. J. Strauß, Schäfer; Bergemann, Globke, Hallstein, von Lex, Nahm, Sauerborn (ab 17.30 Uhr), Thedieck, Westrick; Klaiber; Krueger; Selbach, Kilb. Protokoll: Grau (zu TOP 2), Pühl (zu allen anderen Punkten).

Beginn: 16.00 Uhr   Ende: 18.30 Uhr

1. HEIMKEHRERENTSCHÄDIGUNG
   a) FRAGE DER VERKÜNDUNG DES HEIMKEHRERENTSCHÄDIGUNGSGESETZES
   b) NOVELLE ZUM HEIMKEHRERENTSCHÄDIGUNGSGESETZ   BMVt

Der Bundesminister für Vertriebene bittet das Kabinett unter Bezugnahme auf das Beratungsergebnis in der Kabinettssitzung vom 12. Januar 1954[1]), die Zustimmung zu dem Heimkehrerentschädigungsgesetz gemäß Art. 113 GG zu erteilen. Eine weitere Verzögerung der Entscheidung des Kabinetts könne im Hinblick auf die im § 4 des Gesetzes vorgesehene Sperrfrist von einem Jahr[2]) den Heimkehrern gegenüber nicht verantwortet werden. Insbesondere die Entschädigung der Spätestheimkehrer dürfe nicht weiter hinausgeschoben werden. Der Bundesminister der Finanzen teilt mit, daß er die Angelegenheit in der Zwischenzeit mit den Fraktionsführern der Koalitionsparteien besprochen und dabei folgendes vorgeschlagen habe:
a) Das Heimkehrerentschädigungsgesetz soll sofort verkündet werden.
b) Die Bundesregierung wird diese Entscheidung dem Bundestagspräsidenten in einem besonderen Schreiben zur Kenntnis geben.
c) Gleichzeitig mit der Verkündung soll eine 1. Durchführungsverordnung zum § 4 des Kriegsgefangenenentschädigungsgesetzes erlassen werden. In dieser Durchführungsverordnung soll die Reihenfolge der Auszahlung der Entschädigung nach den Gesichtspunkten der sozialen Dringlichkeit geregelt werden. Dabei sollen die seit dem 1. Januar 1953 zurückgekehrten oder noch zurückkehrenden ehemaligen Kriegsgefangenen zuerst entschädigt werden. Die Festlegung der Reihenfolge der Auszahlung für die übrigen Berechtigten soll einer weiteren Rechtsverordnung überlassen bleiben.[3])

Im Anschluß an diese Ausführungen verliest der Bundesminister der Finanzen den Entwurf eines Schreibens an den Bundestagspräsidenten, in dem die

---
[1]) Vgl. 14. Sitzung TOP 1.
[2]) § 4 sah vor, daß die Auszahlung der Entschädigung ein Jahr nach der Verkündung des Gesetzes „in der Reihenfolge der sozialen Dringlichkeit" beginnen sollte.
[3]) Siehe dazu auch das Schreiben Schäffers an Adenauer vom 15. Jan. 1954 in B 126/10943 und B 136/2723.

Bundesregierung die Verkündung des Heimkehrerentschädigungsgesetzes anzeigt[4]).

In der sich anschließenden Aussprache wird zunächst zu dem Briefentwurf Stellung genommen. Der Bundeskanzler hält das Schreiben in der vorliegenden Fassung für zu lang. Er befürchtet, daß sich hierbei erneute Diskussionen in den zuständigen Bundestagsausschüssen ergeben könnten. Der Bundesminister für wirtschaftliche Zusammenarbeit schließt sich diesen Bedenken an und stellt zur Erörterung, ob man nicht überhaupt von einer Mitteilung an den Bundestagspräsidenten absehen solle. Der Bundesminister für das Post- und Fernmeldewesen regt an, das Schreiben in der Weise zu kürzen, daß nur die politischen Gesichtspunkte, die für die Entscheidung der Bundesregierung maßgebend waren, mitgeteilt werden, während man auf die sehr umfangreichen finanzpolitischen Darlegungen des Briefentwurfs verzichten solle. Hierzu bemerkt der Bundesminister der Finanzen, er habe gegen diese vorgeschlagene Kürzung seines Entwurfs im Hinblick darauf keine Bedenken, daß er in der heutigen Etatrede bereits zu den mit dem Heimkehrerentschädigungsgesetz im Zusammenhang stehenden finanztechnischen Fragen ausführlich Stellung genommen habe[5]). Das Kabinett beschließt, dem Bundestagspräsidenten in der vorgeschlagenen verkürzten Form von der Verkündung des Heimkehrerentschädigungsgesetzes Mitteilung zu machen.

Zu dem vom Bundesminister für Vertriebene vorgelegten Entwurf einer Rechtsverordnung[6]) machen die Bundesminister für wirtschaftliche Zusammenarbeit und für Wohnungsbau das Bedenken geltend, daß für den Erlaß der im § 4 des zur Erörterung stehenden Entwurfs vorgesehenen Rechtsverordnung ein Termin nicht festgelegt worden sei. Insoweit müsse der § 4 der vorliegenden Verordnung noch ergänzt werden. Der Bundesminister für Wohnungsbau macht darüber hinaus den Vorschlag, man solle von der im § 4 vorgesehenen Festlegung der Methode einer „Punkttabelle" absehen. Es sei zweckmäßig, sich freie Hand zu lassen, wie man in Zukunft das Verfahren gestalten wolle. Zu dem letzteren Vorschlag bemerkt der Bundesminister der Finanzen, daß sich gerade das Punktsystem bei der Hausratshilfe[7]) sehr bewährt habe. Im übrigen sei es nach seiner Ansicht ausreichend, die für den Erlaß einer 2. Rechtsverordnung vorgeschlagene Terminierung in die Begründung der vorliegenden Verordnung aufzunehmen.

Das Kabinett beschließt:
a) Die Verkündung des Heimkehrerentschädigungsgesetzes soll sofort erfolgen[8]).

---

[4]) Entwurf ebenda und in B 126/10943.
[5]) Siehe STENOGRAPHISCHE BERICHTE Bd. 18 S. 310 und 313.
[6]) Vorlage des BMVt vom 22. Jan. 1954 in B 136/2723.
[7]) Die Hausratshilfe war geregelt in den §§ 293–297 des Lastenausgleichsgesetzes vom 14. Aug. 1952 (BGBl. I 446).
[8]) Gesetz über die Entschädigung ehemaliger deutscher Kriegsgefangener vom 30. Jan. 1954 (BGBl. I 5).

b) Die vorliegende 1. Durchführungsverordnung zu § 4 des Heimkehrentschädigungsgesetzes wird unverändert beschlossen[9]) mit der Maßgabe, daß in die Begründung eine Frist für den Erlaß der 2. Durchführungsverordnung[10]) aufgenommen wird.

c) Der Bundesminister für Vertriebene wird beauftragt, das vom Kabinett beschlossene Schreiben an den Bundestagspräsidenten zu entwerfen[11]).

2. PROGRAMM ZUR VERKEHRSPOLITISCHEN NEUORDNUNG   BMV

Der Bundesminister für Verkehr macht zunächst grundsätzliche Ausführungen über Lage und Wesen des Verkehrs[12]). Er stellt fest, daß von einem Versagen der Verkehrspolitik des Bundes schon aus dem Grunde nicht gesprochen werden könne, weil ihre erste und wichtigste Aufgabe, den gesamten Verkehr zeitgerecht abzuwickeln, völlig gelungen sei. Der Bundesverkehrsminister setzt sich sodann mit der Frage auseinander, ob der Verkehr sich in die Marktwirtschaft einordnen lasse. Auf Grund einer historischen Betrachtung stellt er hierbei fest, daß der Aufbau des Eisenbahnwesens im 19. Jahrhundert nicht nach marktwirtschaftlichen, sondern nach gemeinwirtschaftlichen[13]) Gesichtspunkten erfolgt sei und daß eine Aufhebung dieser Gemeinwirtschaftlichkeit eine völlige Änderung der Struktur der Wirtschaft mit sich bringen würde (Standortfrage)[14]). Im Zusammenhang damit legt er die Gründe dar, die dazu geführt haben, das Personal der Eisenbahn zu einem großen Teil aus Beamten zusammenzusetzen. Er hebt als für den Verkehr charakteristisch hervor, daß bei ihm eine Rationalisierung nicht eine Steigerung des Verkehrs zur Folge habe, da der Verkehr an das Volumen der Wirtschaft gebunden sei, sondern daß jede echte Rationalisierung eine Vernichtung von Arbeitsplätzen mit sich bringe. Charakteristisch sei ferner, daß sich das zu befördernde Gut den angenehmsten Verkehrsträger aussuche und daß, je hochwertiger das Gut sei, einen um so wesentlicheren Faktor nicht der Preis, sondern die Zeit bilde. Die Voraussetzungen seien zu beachten, wenn man die heutige Verkehrssituation richtig beurteilen wolle. Sie sei nicht mit marktkonformen Mitteln, sondern durch eine Ordnung in Freiheit zu meistern.

---

[9]) Vorlage des BMVt vom 26. Jan. 1954 (B 136/2724). BR-Drs. Nr. 24/54. – VO vom 26. März 1954 (BGBl. I 66).

[10]) Zweite VO vom 16. Okt. 1954 (BGBl. I 289).

[11]) Der Text ist enthalten in dem Schreiben Schäffers an Hartmann vom 23. Jan. 1954 (Nachlaß Schäffer/34). – Fortgang (Änderungsgesetz) 31. Sitzung TOP 1a.

[12]) Vgl. 13. Sitzung am 18. Dez. 1953 TOP 2. – Vorlagen des BMV vom 12. Dez. 1953 in B 108/1478, des BMF vom 8. Dez. 1953 in B 126/10894, des BMWi vom 10. und 15. Dez. 1953 in B 102/12807; Vorlagen auch in B 136/1477. Weitere Vorlagen des BMV, BMF, BMWi und BMS Schäfer in B 136/1477 und 4674 sowie B 134/3336. Unterlagen zur „verkehrspolitischen Neuordnung" in B 108/1449–1491, B 126/10894–10903, B 102/12807 und in B 136/1477–1492.

[13]) Zum gemeinwirtschaftlichen System der Deutschen Bundesbahn zählen: Tarifzwang, Beförderungspflicht, gleiche Tarife auf allen Strecken, Wert- und Entfernungsstaffel im Güterverkehr.

[14]) Vgl. im einzelnen Pirath, Carl: Gedanken zur Ermittlung der Belastung der Bundesbahn durch die gemeinwirtschaftliche Verkehrsbedienung, Internationales Archiv für Verkehrswesen Jg. 5, 1953, S. 409 – 411.

Der Bundesminister für Verkehr gibt sodann eine eingehende Übersicht über die Entwicklung und die Lage der einzelnen Verkehrsträger (Luftfahrt, Seeschiffahrt, Binnenschiffahrt, Eisenbahn, Straße) seit 1945 und erläutert die verkehrspolitischen Maßnahmen, die von ihm zusammen mit dem Bundesminister der Finanzen in den Kabinettsvorlagen vom 8. und 12. Dezember 1953 und vom 14. Januar 1954[15]) vorgeschlagen werden. Er geht hierbei insbesondere auf die Vorschläge zur Gesundung der Bundesbahn, zur Ordnung des Verhältnisses Schiene/Straße, zur Sicherung des Straßenverkehrs und zur Förderung des Straßenbaues ein. Zusammenfassend bittet er das Kabinett, sich bei der weiteren Behandlung der von dem Bundesminister der Finanzen und von ihm vorgelegten Gesetzentwürfe von folgenden, von ihm formulierten Erkenntnissen leiten zu lassen:

1. Den Gefahren des Straßenverkehrs muß begegnet werden. Die Unfallziffern[16]) sind alarmierend, rechtfertigen aber keine Maßnahmen, die nicht reiflich überlegt sind. Der Mangel an Disziplin der Verkehrsteilnehmer bereitet der Bundesregierung mehr Sorge als andere Probleme des Straßenverkehrs. Deshalb soll erneut mit den Ländern beraten werden, wie die Verkehrserziehung gebessert werden kann. Zu diesem Zweck hat der Bundesminister für Verkehr für Ende Januar zu einer Konferenz mit allen beteiligten Ministern der Länder[17]) eingeladen; bei dieser werden auch die Bundesminister des Innern und der Justiz mitwirken.

2. Es unterliegt keinem Zweifel, daß der zunehmende Kraftverkehr eine Verbesserung und einen Ausbau des Straßennetzes erfordert. Diese Aufgabe kann mit den heute verfügbaren Haushaltmitteln nicht gelöst werden. Infolgedessen wird sich eine stärkere Besteuerung des Kraftverkehrs – insbesondere bei den schweren Fahrzeugen – nicht vermeiden lassen. Im übrigen muß für die Finanzierung des Autobahnbaues eine Institution geschaffen werden, die nach privatwirtschaftlichen Methoden arbeitet und für deren Einrichtung ein Gesetzentwurf der Bundesminister für Verkehr und der Finanzen bereits vorliegt[18]).

3. Solche Maßnahmen werden sich aber nicht so schnell auswirken wie die Motorisierung zunimmt. Es wird daher notwendig sein, zunächst die Straße von solchen Fahrzeugen zu entlasten, welche den Verkehr am meisten behindern, die Straßen am stärksten beanspruchen und Lasten befördern, de-

---

[15]) Vorlage des BMF vom 8. Dez. 1953 und Vorlage des BMV vom 12. Dez. 1953; gemeinsame Vorlage des BMF und BMV vom 14. Jan. 1954 in B 126/10894 und B 136/1477.

[16]) Getötete je Tag: 1952 = 21,2; 1953, 1.–3. Vierteljahr = 29,7. Weitere Zahlenangaben in der Anlage 5 („Getötete und Verletzte im Straßenverkehr") zur Begründung der Vorlage des BMV vom 12. Dez. 1953.

[17]) Unterlagen zur 28. Verkehrsministerkonferenz am 26. und 27. Jan. 1954 in Bonn und Köln-Wahn in B 108/32030. Vgl. dazu den Vortrag Seebohms („Entwicklung und Stand unseres Verkehrswesens") am 27. Jan. 1954 im Flughafen-Restaurant Köln-Wahn, in: Die Verkehrsminister-Konferenzen in Dortmund, München, Bonn und Berlin. Vier Vorträge des Bundesministers für Verkehr. Bielefeld 1954 (= Schriftenreihe des Bundesministers für Verkehr, Heft 1), S. 32–59.

[18]) Gemeinsame Vorlage des BMF vom 14. Jan. 1954 in B 126/10894 („Gesellschaft für Autobahnfinanzierung").

ren Transport gefahrbringend und nicht auf die Straße angewiesen ist. Infolgedessen wird man die Bewegung gewisser Massengüter auf der Straße und insbesondere einige Erscheinungsformen des sogenannten Werkverkehrs wirksam einschränken müssen. Die Bundesregierung hat auch in dieser Hinsicht Pläne, die bereits in einem Gesetzentwurf[19]) ihren Niederschlag gefunden haben. Sie wird aber zunächst die betroffenen Wirtschaftskreise darüber befragen, ob sie andere brauchbare Lösungen anzubieten haben.

4. Im Hinblick auf die in letzter Zeit viel erörterte Arbeitsteilung zwischen Schiene und Straße vertritt die Bundesregierung den Standpunkt, daß ein augenblicklich zu verzeichnendes, keineswegs nur verkehrspolitisch zu erklärendes Überangebot an Transportraum keinen Anlaß zur Kritik geben kann, sondern als Erfolg ihrer Arbeit zu bewerten ist. Sie glaubt auch, daß an dem durch das Bundesbahngesetz[20]) festgelegten gemeinwirtschaftlichen Charakter dieses Verkehrsträgers nichts geändert werden sollte.

Die Bundesregierung hält zwar ein vernünftiges Zusammenarbeiten der Verkehrsträger für notwendig. Sie könnte es infolgedessen nur begrüßen, wenn die von ihr beabsichtigten Maßnahmen zur Ordnung des Straßenverkehrs sich auch für die Bundesbahn günstig auswirken würden. Sie wünscht aber nicht, daß ihre Bemühungen um die Sicherheit auf der Straße als Bundesbahnhilfe betrachtet werden.

Die Bundesregierung weiß, daß man die technischen, wirtschaftlichen und finanziellen Vorteile des Kraftwagentransports nicht leugnen kann, daß die Konkurrenzfähigkeit der Bundesbahn in erster Linie von einer Steigerung ihrer schon heute rückhaltlos anzuerkennenden Leistung abhängt, daß hierzu Modernisierungs- und Rationalisierungsmaßnahmen notwendig sind und daß diese nur möglich sind, wenn der Bundesbahn ihre sogenannten betriebsfremden Lasten abgenommen werden.

Das Kabinett hält es daher weder für möglich noch für vertretbar, der Bundesbahn einfach durch eine Belastung des Straßenverkehrs zu helfen. Das Kabinett wird sich infolgedessen von solchen Tendenzen ebensowenig beeinflussen lassen wie von den dagegen gerichteten Protesten. Andererseits gestattet aber die Haushaltslage des Bundes zur Zeit keine befriedigende Lösung der die Bundesbahn betreffenden Finanzprobleme. Infolgedessen wird die Bundesregierung es auch in dieser Hinsicht nur begrüßen können, wenn die Wirtschaft durch sinnvolle Auswahl der Transportmittel die Notwendigkeit staatlicher Eingriffe auf ein bescheidenes Maß reduzieren würde.

5. Deshalb wird die Bundesregierung ihre Vorschläge zur Lösung der aktuellen Verkehrsprobleme ungeachtet der Notwendigkeit einer schnellen Regelung dem Parlament nicht unterbreiten, ohne die Sachverständigen der

---

[19]) In Vorlage des BMV vom 7. Jan. 1954, Neue Anlage 1 („Straßenentlastungsgesetz") in B 108/10470 und B 136/1477.
[20]) Zum Bundesbahngesetz vom 13. Dez. 1951 (BGBl. I 995) vgl. 130. Sitzung am 21. Febr. 1951 TOP 1.

Wirtschaft zu den hier dargelegten Grundsätzen gehört zu haben. Sie ist allerdings nach den bisherigen Erfahrungen davon überzeugt, daß über die Tarifgestaltung nichts Entscheidendes erreicht werden kann. Sie muß darauf hinweisen, daß zu sogenannten „Gesamtlösungen" noch keine ernsthaften Vorschläge gemacht worden sind, und darauf aufmerksam machen, daß diese Probleme auch im Ausland noch keiner befriedigenden Lösung haben zugeführt werden können. Sie wird daher ihre Entscheidungen nicht von einer Zustimmung aller beteiligten Verbände abhängig machen können, sondern sich darauf beschränken müssen, die von ihr anerkannten Fachleute zu hören. Dies wird geschehen.

Der Bundeskanzler dankt dem Bundesminister für Verkehr für seinen Vortrag, dessen Grundtatsachen wohl überzeugend gewesen seien. Er weist ergänzend auf die Unfallziffern im Verkehr und die Gesundheitsschädigung der Straßenanlieger hin. Er bittet zu prüfen, ob der Lastkraftwagenverkehr an Sonntagen nicht verboten werden könne. Der Bundeskanzler hebt ferner die Rolle der Bundesbahn im Verkehr hervor, die für das Funktionieren der Wirtschaft, besonders bei schlechten Witterungsverhältnissen, unentbehrlich sei. Es dürfte auch nicht übersehen werden, in welchem Umfang die Wirtschaft eine Befruchtung durch die Aufträge der Bundesbahn erfahre.

Der Vizekanzler bittet, eine ausführliche Pressemitteilung über die heutigen Beratungen der Verkehrsprobleme durch das Kabinett herauszubringen[21]). Der Bundeskanzler regt an, bei einer solchen Mitteilung die vom Bundesminister für Verkehr vorgeschlagene Entschließung[22]) zu verwerten.

Nach kurzer Erörterung, in der die Bundesminister der Finanzen und für Wirtschaft sowie weitere Kabinettsmitglieder darauf hinweisen, daß sie sich ihre Stellungnahme zu den Einzelheiten der von dem Bundesminister für Verkehr eingebrachten Entschließung vorbehalten müßten, beschließt das Kabinett auf Vorschlag des Bundeskanzlers, die eingebrachten Kabinettsvorlagen sowie die von dem Bundesminister für Verkehr vorgelegte Entschließung dem Kabinettsausschuß für Wirtschaftsfragen zur Beratung unter Zuziehung von Sachverständigen zu überweisen und auf der Grundlage der Ergebnisse dieser Beratungen baldmöglichst abschließend zu entscheiden[23]).

---

[21]) Synopse von „im Kabinett verlesen" und „an die Presse gegeben" (Durchschlag, 22. Jan. 1954) in B 136/1478, Mitteilung des BPA Nr. 80/54 vom 22. Jan. 1954.

[22]) Gemeint sind die „von ihm formulierten Erkenntnisse(n)" in den Positionen 1–5 des Vortrags des BMV in dieser Kabinettssitzung.

[23]) Diese Verzögerung lag ganz im Sinne des BMWi, vgl. dazu auch Schreiben Seebohms an Schäffer vom 22. Dez. 1953 (Durchschlag) in B 108/1478. Der Kabinett-Ausschuß für Wirtschaft beschäftigte sich am 1. Febr., 16. Febr. und 19. März 1954 mit dem „Programm zur verkehrspolitischen Neuordnung". – Fortgang 26. Sitzung TOP 1.

15. Kabinettssitzung am 22. Januar 1954

Außerhalb der Tagesordnung

[A.] VIERERKONFERENZ

Der Bundeskanzler beanstandet[24], daß der Bundesminister für gesamtdeutsche Fragen erneut eine Denkschrift zur Frage der Wiedervereinigung verbreitet habe[25]. Das Kabinett habe in seiner letzten Sitzung sehr ausführlich die Frage der Befugnisse einer Deutschen Nationalversammlung erörtert und sei hierbei zu einer einheitlichen Auffassung gelangt[26]. Durch die Verbreitung derartiger Denkschriften müsse in der Öffentlichkeit der Eindruck entstehen, daß sich das Kabinett in entscheidenden Punkten nicht einig sei. Er bittet daher den Bundesminister für gesamtdeutsche Fragen, dafür Sorge zu tragen, daß ab sofort die weitere Anfertigung und Verbreitung solcher Denkschriften unterbleibt. Der Bundesminister für gesamtdeutsche Fragen bemerkt hierzu, daß die Denkschrift nur die Aufgabe haben sollte, die Kabinettsmitglieder[27] mit den mit der Wiedervereinigung zusammenhängenden Fragen bekannt zu machen. Der Bundeskanzler ist der Auffassung, daß hierfür der gegenwärtige Zeitpunkt nicht geeignet sei. Man könne sich mit diesen Fragen beschäftigen, wenn die Dinge so weit gediehen seien, daß sie einer Entscheidung bedürften.

Bei dieser Gelegenheit begründet der Bundeskanzler nochmals seinen Standpunkt bezüglich der Befugnisse der Deutschen Nationalversammlung. Er hebt hierbei insbesondere die Rolle hervor, die die Volkspolizei als Instrument der Volkskammer im Sowjetzonenregime spielt. Man dürfe nicht verkennen, daß diese Volkspolizei ein sehr wirksames Instrument in den Händen der Volkskammer bzw. Ostzonenregierung sei, um die zukünftigen Wahlen weitgehend zu terrorisieren. Er bittet die Kabinettsmitglieder, diese Frage einmal bis zu Ende durchzudenken. Er sei überzeugt, daß diese dann auch seine Bedenken teilen würden und betont nochmals, daß er nicht im geringsten die Absicht habe, die Rechte der Nationalversammlung irgendwie zu beschneiden[28]. Demge-

---

[24] Vgl. 14. Sitzung TOP D: Außenpolitische Lage und TOP F: Befugnisse einer Deutschen Nationalversammlung, ferner PROTOKOLLE CDU-BUNDESVORSTAND S. 105–131.

[25] Zu „Die Bemühungen der Bundesrepublik um Wiederherstellung der Einheit Deutschlands durch Gesamtdeutsche Wahlen, Dokumente und Akten. Neue Folge, Januar 1954. Herausgegeben vom Bundesministerium für gesamtdeutsche Fragen" (ADS) vgl. B 136/2128.

[26] Vgl. 14. Sitzung TOP F und SCHWARZ S. 212–214.

[27] Auf Grund eines Berichtigungswunsches des BMG in seinem Schreiben an den StS des Bundeskanzleramtes vom 2. Febr. 1954 (in Kabinettsprotokolle Bd. 121) wurde in einem Rundschreiben des Bundeskanzleramtes vom 6. Febr. 1954 mitgeteilt, daß das Wort „Öffentlichkeit" durch das Wort „Kabinettsmitglieder" ersetzt werden muß.

[28] Vgl. dazu folgenden Passus in einer handschriftlichen Aufzeichnung Hallsteins [vom 21. Jan. 1954] in Nachlaß Hallstein/124: „Hoyer Millar, Johnston, Bathurst, Blankenhorn, Grewe bei BK 21.1.54. „BK: Vo[lks]po[lizei] macht mir am meisten Sorge; 200 000 Mann, dazu russ[ische] Divisionen (modernste Waffen). Bei Verwicklungen mit Bevölkerung kommen sie zu Hilfe; d[as] i[st] zugleich ma[ssiver] Druck auf Bevölkerung: Furcht v[or] Repressalien, selbst wenn Wahlen v[on] Ihnen kontrolliert. Deshalb: 1) Vo[lks]po[lizei] nach Zahl u[nd] Bewaffnung auf Verh[ältnisse] B[undes] Rep[ublik] reduziert; ferner: 2) Vo[lks]kammer d[ur]ch Parlament zu ersetzen. Vo[lks]kammer ist nicht Parlament, so auch oberste Exekutive nicht frei gewählt, Selbstergänzung." — Siehe auch Abb. 1. —

genüber bemerkt Bundesminister Dr. Tillmanns, die Vorgänge am 17. Juni 1953[29]) hätten doch wohl erwiesen, daß insbesondere die Ordnungspolizei einen gewissen Widerstandswillen gezeigt hätte. Er sei der Auffassung, daß auch die Volkspolizei nur unter russischem Druck geschossen habe[30]).

Der Bundeskanzler stellt den Kabinettsmitgliedern in Aussicht, sie über alle wichtigen Fragen, die sich im Verlaufe der Viererkonferenz ergeben, laufend zu unterrichten[31]).

Bundesminister Dr. Tillmanns bemängelt, das Protokoll über die Kabinettssitzung vom 12. 1. 1954 enthalte nicht die Feststellung, daß das Kabinett sich im Grundsatz auf den Boden der Bundestagsbeschlüsse vom 1. Juli 1953[32]) zur Frage der Wiedervereinigung gestellt habe. Das Kabinett bestätigt erneut diesen Standpunkt[33]).

[B. ANGRIFFE GEGEN OBERLÄNDER, VULKAN-AFFÄRE]

Unter Bezugnahme auf die bekannten Angriffe in der kommunistischen Presse[34]) gegen den Bundesminister für Vertriebene stellt der Bundeskanzler fest, daß diese Angriffe völlig unberechtigt seien und jeder Grundlage entbehrten.

Dazu, in Nachlaß Seebohm/8c, folgende Eintragung zu dieser Sitzung: „Rolle der Volkspolizei: 120 000 Mann kaserniert, daneben weitere 80 000 mit 600 russischen Offizieren in leitenden Stellungen. Rücksicht des Russen auf die Satellitenstaaten: gibt er die Zone und Pankow auf, wird das in den Satellitenstaaten einen schweren Stimmungsrückschlag geben. Andererseits: schlägt die Konferenz fehl, so werden Millionen aus der Sowjetzone nach Westen fliehen." Dazu: „Besprechung der mit der Viererkonferenz zusammenhängenden außenpolitischen Fragen im außenpolitischen Ausschuß des Bundestages" am 21. Jan. 1954 (Parlamentarischer Bericht des BPA vom 22. Jan. 1954 in B 145/1902).

[29]) Vgl. Sondersitzung am 17. Juni 1953 TOP 1: Unruhen in Berlin und in der DDR.

[30]) Fortgang dazu 66. Sitzung am 21. Jan. 1955 TOP 1: Pariser Verträge. — B 136/2126—2133, 6779 (Grundsätzliche Angelegenheiten der Wiedervereinigung Deutschlands).

[31]) Vgl. 14. Sitzung Anm. 45 sowie Parlamentarischer Bericht des BPA vom 13. Jan. 1954 in B 145/1902.

[32]) Vgl. 299. Sitzung am 30. Juni 1953 TOP E: Regierungserklärung zu den Vorgängen in der Sowjetzone. — Entschließung Umdruck Nr. 1031 Ziffer I (abgedruckt in BULLETIN vom 3. Juli 1953 S. 1041) von allen Fraktionen des Deutschen Bundestages, mit Ausnahme der KPD, am 1. Juli 1953 angenommen (STENOGRAPHISCHE BERICHTE Bd. 17 S. 13919—13926). Darin bekannte sich der BT nochmals zu dem 5-Punkte-Programm zur Wiedervereinigung, das er am 10. Juni 1953 verabschiedet hatte (BT-Drs. Nr. 4448).

[33]) Fortgang TOP C dieser Sitzung und 16. Sitzung TOP A.

[34]) Dazu z. B. folgende Artikel in der Tageszeitung Freies Volk, dem Zentralorgan der Kommunistischen Partei Deutschlands: „Ausrottungsspezialist im Bonner Kabinett, Enthüllungen über Adenauers Flüchtlingsminister Oberländer" (11. Jan. 1954), „Wir klagen Oberländer an" (12. Jan. 1954), „Oberländer keine Stunde länger im Amt dulden! Der heutige Flüchtlingsminister ergänzte Himmler über die Ausrottung der polnischen Bevölkerung" (18. Jan. 1954) (jeweils in ZSg. 1—65); ferner: Mitteilung des BPA Nr. 41/54 vom 15. Jan. 1954 („kommunistische Presse Westdeutschlands"). — Vgl. dazu auch „Der Spiegel" vom 21. April 1954; Der Fall Oberländer, herausgegeben vom Präsidium der Vereinigungen der Verfolgten des Naziregimes (VVN), Frankfurt a. M. 1959 (ZSg. 1—233/8[1]); Die Wahrheit über Oberländer, Braunbuch über die verbrecherische faschistische Vergangenheit des Bonner Ministers, Herausgegeben vom Ausschuß für Deutsche Einheit, Berlin (Ost) 1960 (ZSg. 1—6/3[1]); Presseausschnitte in B 141/12055 und Nachlaß Rheindorf/345f.

In diesem Zusammenhang beschwert sich der Bundesminister für wirtschaftliche Zusammenarbeit darüber, daß er seit Monaten Freiwild der Presse wegen der Vulkan-Affäre[35]) sei. Offenbar seien auch Vorgänge aus dem Bundeskanzleramt der Presse zugänglich gemacht worden. Dies gelte beispielsweise für das Telegramm, das er seinerzeit dem Bundeskanzler in dieser Angelegenheit gesandt habe[36]) und das auf unerklärliche Weise in die Hände der „Zeit" gelangt sei[37]). Auch Vorgänge aus dem Kabinett in dieser Sache seien der Presse bekannt geworden. Er bittet den Bundeskanzler, Staatssekretär Dr. Globke zu beauftragen, diese Vorgänge zu untersuchen. Staatssekretär Dr. Globke bemerkt hierzu, daß man eingehend untersucht habe, wie es zu diesen Indiskretionen habe kommen können. Jedoch habe man keine Anhaltspunkte dafür gewonnen, daß Unterlagen aus dem Bundeskanzleramt an die Presse gelangt seien. Er habe festgestellt, daß alles unter Verschluß gehalten worden sei. Bundesminister Strauß bemerkt hierzu, daß gerade diese Vorgänge der CSU Veranlassung gegeben hätten, zu erwägen, ob man nicht die Veröffentlichung von illegal erworbenen Unterlagen unter Strafe stellen sollte. Der Bundeskanzler spricht die Befürchtung aus, daß auch die Post kommunistisch durchsetzt sei, so daß manche Dinge auf diesem Wege durchsickerten[38]).

---

[35]) Vgl. 286. Sitzung am 10. April 1953 TOP B: Aufdeckung eines russischen Spionagenetzes. — Bei der „Vulkan-Affäre" handelte es sich vor allem um die „Irrtümer" (Paul Sethe in seinem Leitartikel „Nicht einmal eine Geste" in der Frankfurter Allgemeinen Zeitung vom 9. Febr. 1954) in dem unter dem Kennwort „Vulkan" bekanntgewordenen, gegen insgesamt 52 Personen angestrengten Ermittlungs- und Strafverfahren, das in direktem Zusammenhang mit den von den Sicherheitsbehörden des Bundes (Quelle: der Angestellte Krauss des sowjetzonalen „Instituts für Wirtschaftswissenschaftliche Forschung" nach seiner Flucht aus Berlin [Ost] am Ostermontag 6. April 1953) aufgedeckten sowjetischen Agenten- und Spionagering stand. In der Pressekonferenz am 10. April 1953 waren von diesen 52 Personen insgesamt 35 namentlich genannt worden, und zwar von Blücher in seiner Funktion als Stellvertreter des Bundeskanzlers. Vgl. dazu auch Schriftwechsel Adenauer-Blücher vom Jan. 1954 in Nachlaß Blücher/81, weitere Unterlagen in Nachlaß Blücher/136 (der einschlägige Aktenband 10201—95/53 war bereits im Bundeskanzleramt vernichtet worden; der Verbleib der „Akte Vulkan" in der Geheimregistratur des BMZ — vgl. Nachlaß Blücher/136 — ließ sich nicht mehr ermitteln). — In einem Vermerk vom 8. März 1955 betr. Aktion Vulkan findet sich folgender Passus: „Die Einbeziehung der Verfahren gegen Personen, deren Verhaftung nicht bekanntgegeben worden ist, in die Statistik ist zweckmäßig anzusehen, da dadurch ein verhältnismäßig günstiges Bild des Gesamtergebnisses entsteht (bei 17 Fällen, in denen die Namen der Verdächtigen nicht bekanntgegeben wurden, erfolgten nur 8 Verfahrenseinstellungen, davon 7 wegen Mangels an Beweisen, während 1 Anklage erhoben wurde und 8 flüchtig sind; bei den 35 namentlich bekanntgegebenen Verhaftungen stehen dagegen 5 Verurteilungen, 1 Anklageerhebung und 1 Flucht 28 Verfahrenseinstellungen gegenüber, darunter 21 wegen Mangels an Beweisen)" (B 146/1340).

[36]) Wortlaut und Datum des Telegramms nicht ermittelt. Vgl. dazu John, Otto: Zweimal kam ich heim, Vom Verschwörer zum Schützer der Verfassung. Düsseldorf 1969, S. 248 und Im Zentrum der Macht, Das Tagebuch von Staatssekretär Lenz 1951—1953. Bearbeitet von Klaus Gotto, Hans-Otto Kleinmann und Reinhard Schreiner. Düsseldorf 1989 S. 607.

[37]) Unterlagen — auch nach Schriftwechsel mit der Wochenzeitung „Die Zeit" (Dr. Karl-Heinz Janßen, Dr. Robert Strobel) — nicht ermittelt.

[38]) Fortgang 16. Sitzung TOP B.

15. Kabinettssitzung am 22. Januar 1954

[C. VIERMÄCHTEKONFERENZ]

Der Bundesminister für gesamtdeutsche Fragen stellt zur Erörterung, ob man nicht die für Berlin vorgesehenen drei Schweigeminuten aus Anlaß des Beginns der Viererkonferenz auch für die Bundesrepublik anordnen solle. Dies hält der Bundeskanzler nicht für zweckmäßig[39]).

[D. PERSONALIEN]

Der Bundeskanzler teilt mit, daß der Bundespersonalausschuß inzwischen[40]) die erforderliche Ausnahmegenehmigung für Abteilungspräsident Hans Volmer[41]) und Bundestagsabgeordneten Anton Sabel[42]) erteilt habe. Er stellt fest, daß gegen die Vorschläge vom Kabinett Bedenken nicht geltend gemacht werden[43]).

[E.] STRAFFREIHEITSGESETZ BZW. PLATOW-AMNESTIE

Der Bundesminister der Justiz berichtet über Erörterungen im Rechtsausschuß des Bundestages zu der vorgenannten Angelegenheit[44]). Er habe diese Aussprache zum Anlaß genommen, durch den Chef des Bundespräsidialamtes die Auffassung des Bundespräsidenten zu erkunden. Der Bundespräsident habe angeregt, daß er, der Bundesminister der Justiz, unverzüglich mit den Vorsitzenden der Fraktionen verhandeln möge, um nach einer Lösung zu suchen, die den Bundespräsidenten nicht nötige, sachlich zu der Fragestellung zu nehmen.

Dieses Gespräch habe er heute mit den Vorsitzenden der Koalitionsparteien geführt, die sich damit einverstanden erklärt hätten, daß man

a) von der Gegenzeichnung der Platow-Amnestie bis auf weiteres absehen und

b) den Entwurf des Straffreiheitsgesetzes dem Bundestag beschleunigt zuleiten sollte.

---

[39]) Vgl. TOP A dieser Sitzung und BULLETIN vom 26. Jan. 1954 S. 124. – Fortgang 16. Sitzung TOP A.
[40]) Vgl. 14. Sitzung TOP 7c.
[41]) Dr. rer. pol. Hans Volmer (1891–1973). 1928–1945 in der Arbeitsverwaltung tätig, zuletzt (1936–1945) Leiter des Arbeitsamtes Köln; 1947–1950 Abteilungsleiter in der Verwaltung für Arbeit in der Britischen Zone/Verwaltung für Arbeit des VWG, 1950–1952 BMA (Unterabteilungsleiter), 1952–1954 Bundesanstalt für Arbeitsvermittlung und Arbeitslosenversicherung (Abteilungsleiter), Mai 1954–Okt. 1956 Präsident des Landesarbeitsamtes Niedersachsen in Hannover.
[42]) Anton Sabel (1902–1983). 1926–1933 Tätigkeit in der christlichen Gewerkschaftsbewegung. 1945 Leiter des Arbeitsamtes Fulda; 1949–1957 MdB (CDU), Vorsitzender des BT-Ausschusses für Arbeit; 1957–1968 Präsident der Bundesanstalt für Arbeitsvermittlung und Arbeitslosenversicherung.
[43]) Zum Vorschlag der Bundesregierung, Sabel zum Präsidenten des Landesarbeitsamtes Nordrhein-Westfalen zu ernennen, vgl. auch Parlamentarische Berichte des BPA vom 13. Jan. und 10. Febr. 1954 in B 145/1902. – Fortgang 51. Sitzung TOP 3.
[44]) Vgl. 14. Sitzung TOP 5. – Zur Kritik des Ausschusses für Rechtswesen und Verfassungsrecht an dem Beschluß der Bundesregierung, die Gegenzeichnung des Gesetzes zurückzustellen, siehe den Vermerk vom 22. Jan. 1954 in B 136/553.

Damit würde die Platow-Amnestie praktisch hinfällig werden. Das Kabinett erklärt sich mit diesem Vorgehen einverstanden[45]).

---

[45]) BT-Drs. Nr. 215. – In § 29 des Gesetzes über den Erlaß von Strafen und Geldbußen und die Niederschlagung von Strafverfahren und Bußgeldverfahren vom 17. Juli 1954 (BGBl. I 203) wurde der Beschluß des BT vom 29. Juli 1953 über die Annahme des Entwurfs eines Straffreiheitsgesetzes (Platow-Amnestie) aufgehoben.

**16. Kabinettssitzung
am Freitag, den 29. Januar 1954**

Teilnehmer: Adenauer (bis 9.45 und von 10.15 bis 12.20 Uhr und ab 12.45 Uhr)¹), Blücher, Schröder, Neumayer, Schäffer, Erhard, Storch (bis 13.15 Uhr), Seebohm (bis 11.30 Uhr), Balke, Preusker, Oberländer, Kaiser, Hellwege (bis 12.30 Uhr), Wuermeling, Tillmanns, F. J. Strauß, Schäfer, Kraft; Bergemann (ab 11.30 Uhr), Bleek (bis 12.20 Uhr), Globke (ab 10.15 Uhr), von Lex, Nahm (bis 12.00 Uhr), Sonnemann (bis 12.20 Uhr), Thedieck, Westrick; Klaiber; Krueger; Selbach, Kilb; Bernard²) (zu TOP 2 von 10.00 bis 10.30 Uhr), Ripken (ab 12.30 Uhr), Vocke³) (zu TOP 2 von 10.00 bis 10.30 Uhr). Protokoll: Spieler.

Beginn: 9.30 Uhr   *Ende: 13.45 Uhr*

I

Außerhalb der Tagesordnung

[A.] BERLINER KONFERENZ

Der Bundeskanzler⁴) unterrichtet⁵) das Kabinett kurz über den bisherigen Verlauf der Konferenz⁶).

---

¹) Im Terminkalender Adenauer ist festgehalten, daß der BK von 9.40 bis 10.10 eine Besprechung mit Muench, Monsignore Haak und Globke und von 12.15 bis 12.30 Uhr eine Besprechung mit Walter von Cube hatte (StBKAH 04.05).
²) Karl George Bernard (1890–1972). 1929 Reichs- und Preußisches Wirtschaftsministerium, 1931 MinR., 1935 entlassen, 1936–1948 Vorstandsmitglied der Frankfurter Hypothekenbank; 1947 Mitglied der Sonderstelle Geld und Kredit bei der Verwaltung für Finanzen des VWG, 1948–1957 Vorsitzender des Zentralbankrates der Bank deutscher Länder.
³) Dr. iur. Wilhelm Vocke (1886–1973). 1919 Direktoriumsmitglied der Deutschen Reichsbank, 1939 entlassen; 1945 Leiter der Reichsbankstelle in der britischen Besatzungszone, 1948–1957 Präsident des Direktoriums der Bank deutscher Länder, 1950 Wahl in den Verwaltungsrat der Bank für Internationalen Zahlungsausgleich (BIZ). – Vocke, Wilhelm: Memoiren. Stuttgart 1973.
⁴) Vgl. 15. Sitzung TOP A und C.
⁵) Hierzu findet sich in Nachlaß Seebohm/8c folgende Eintragung: „Adenauer. Konferenz in Berlin. Westmächte wollen heute zum Deutschlandproblem durchstoßen. Beginn der Konferenz gut, da USA stets in zweitrangigen Fragen nachgaben; Erfolg von Dulles. Ausgezeichnet ist sein Abrücken vom Vertrag von Versailles, Eden dagegen weich. Erfreulich ist die Haltung Bidault; unsere Presse sollte ihn stützen. Präsident Coty ist ein Mann Europas und der Verständigung Frankreich-Deutschland. Blankenhorn kommt zur Berichterstattung." Vgl. dazu auch Parlamentarischer Bericht des BPA vom 22. Jan. 1954 in B 145/1902; Pressekonferenz am 29. Jan. 1954 in B 145 I/36, 1. Bericht des AA über den Verlauf der Berliner Konferenz für die Zeit vom 25. 1. bis 31. 1. 1954 in Nachlaß Blankenhorn/29.
⁶) Im Entwurf folgt noch der Satz: „Er bezeichnet es als erwünscht, daß die deutsche Seite

[B.] VULKAN-AFFÄRE

Unter Bezugnahme auf die vom Bundesminister für wirtschaftliche Zusammenarbeit in der vorigen Kabinettssitzung außerhalb der Tagesordnung[7]) geäußerte Beschwerde schlägt der Bundeskanzler vor, eine von ihm verlesene Erklärung der Bundesregierung in der Presse zu verlautbaren. Sie findet mit einigen redaktionellen Änderungen die Billigung des Kabinetts[8]).

II

Alsdann wird die Tagesordnung in nachstehender Reihenfolge erörtert.

6. ENTWURF EINES GESETZES ÜBER DEN BEITRITT DER BUNDESREPUBLIK DEUTSCHLAND ZUM INTERNATIONALEN ABKOMMEN ÜBER DEN STRASSENVERKEHR AUS DEM JAHRE 1949 (in Abwesenheit des Bundeskanzlers)   BMV

Der Bundesminister für Verkehr erläutert kurz seine Vorlagen[9]) unter besonderer Berücksichtigung der vorgesehenen politischen[10]) und technischen[11]) Vorbehalte.

Das Kabinett stimmt den Vorlagen zu[12]).

8. ZUSTIMMUNG DER BUNDESREPUBLIK DEUTSCHLAND ZUR ABÄNDERUNG DER VERFASSUNG DER INTERNATIONALEN ARBEITSORGANISATION   BMA
(in Abwesenheit des Bundeskanzlers)   AA

Der Bundesminister für Arbeit unterrichtet das Kabinett über die Bedeutung des von ihm und dem Auswärtigen Amt vorgeschlagenen Schreibens des Bundeskanzlers an den Generaldirektor des Internationalen Arbeitsamtes[13]). Diese

---

die feste Haltung des französischen Außenministers Bidault besonders herausstellt und würdigt" (Kabinettsprotokolle Bd. 20 E). — Fortgang 17. Sitzung TOP A.
[7]) Vgl. 15. Sitzung TOP B.
[8]) Siehe Pressekonferenz am 29. Jan. 1954 (B 145 I/36) und Schreiben Blüchers an Dehler vom 19. Febr. 1954 (Abschrift in Nachlaß Blücher/174). — Fortgang 30. Sitzung TOP L.
[9]) Vgl. 294. Sitzung am 22. Mai 1953 TOP 1. — Vorlagen vom 23. Juni 1953 und 7. Jan. 1954 in B 108/10619, weitere Unterlagen in B 108/10616—10621.
[10]) Art. II 1 der Vorlage des BMV vom 23. Juni 1953 lautete: „Der Straßenverkehr zwischen dem Saargebiet und der Bundesrepulik Deutschland ist kein internationaler Verkehr."
[11]) In Art. II 2—4 behielt sich die Bundesrepublik Deutschland u. a. vor, daß hinter Kraftfahrzeugen außer Zugmaschinen nur ein Anhänger und hinter Sattelkraftfahrzeugen (Sattelzugmaschinen mit Sattelanhängern) kein Anhänger mitgeführt werden darf.
[12]) BR-Drs. Nr. 19/54. — BT-Drs. Nr. 291. — Dieses Gesetz kam nicht zustande; es ging schließlich ein in das Gesetz vom 21. Sept. 1977 zu den Übereinkommen vom 8. Nov. 1968 über den Straßenverkehr und über Straßenverkehrszeichen, zu den Europäischen Zusatzübereinkommen vom 1. Mai 1971 zu diesen Übereinkommen sowie zum Protokoll vom 1. März 1973 über Straßenmarkierungen (BGBl. II 809).
[13]) Vgl. 2. Sitzung am 27. Okt. 1953 (TOP 7). — Das Schreiben enthielt die Zustimmung der Bundesregierung zu der am 25. Juni 1953 beschlossenen Änderung der Verfassung der Internationalen Arbeitsorganisation, die eine Erhöhung der Zahl der Ständigen Mitglieder des Verwaltungsrates von 8 auf 10 vorsah (Vorlage vom 11. Jan. 1954 in B 149/5381 und

Ausführungen ergänzt der Bundesminister für das Post- und Fernmeldewesen auf Grund seiner praktischen Erfahrungen.

Das Kabinett beschließt vorschlagsgemäß[14]).

11. BESTELLUNG EINES VERTRETERS DER GEWERKSCHAFTEN IN DEN VERWALTUNGSRAT DER KREDITANSTALT FÜR WIEDERAUFBAU (in Abwesenheit des Bundeskanzlers) BK

Nach Erörterung[15]) der Persönlichkeit des von dem Deutschen Gewerkschaftsbund vorgeschlagenen Herrn Kampffmeyer[16]) beschließt das Kabinett dessen Bestellung zum Mitglied des Verwaltungsrats[17]).

15. PERSONALIEN (in Abwesenheit des Bundeskanzlers)

Gegen die Vorschläge in Anlage 1 bis 3 der Einladung zur heutigen Kabinettssitzung werden Einwendungen nicht erhoben[18]).

2. ENTWURF EINES VIERTEN GESETZES ZUR ÄNDERUNG DES GESETZES ÜBER DIE ERRICHTUNG DER BANK DEUTSCHER LÄNDER (Einräumung eines Kreditplafonds zur Erfüllung der Verpflichtungen gegenüber dem Internationalen Währungsfonds und der Internationalen Bank für Wiederaufbau und Entwicklung) (zunächst in Abwesenheit des Bundeskanzlers) BMWi

Der Bundesminister für Wirtschaft trägt den wesentlichen Inhalt seiner Vorlage vor. Er betont dabei, daß die Bank deutscher Länder mit dem Gesetzentwurf[19]) einverstanden sei. Über das dazu von der Bundesregierung mit der

---

B 136/745). Es bestand die Absicht, die Bundesrepublik, die der Organisation 1951 beigetreten war, in dieses Gremium aufzunehmen.

[14]) In der am 2. Juni 1954 beginnenden Konferenz wurde die Bundesrepublik als Ständiges Mitglied in den Verwaltungsrat aufgenommen (Schreiben Sauerborns an Globke vom 3. Juni 1954 und Protokolle der Sitzungen in B 136/6602). — Bekanntmachung der Verfassung der Internationalen Arbeitsorganisation vom 22. März 1957 (BGBl. II 317). — Fortgang (Beitritt der Sowjetunion) 30. Sitzung TOP I.

[15]) Vgl. 282. Sitzung am 13. März 1953 TOP 5 und 295. Sitzung am 29. Mai 1953 TOP 5. — Vorlage des Bundeskanzleramtes vom 21. Jan. 1954 in B 136/2332 und B 102/27999, dazu Vermerk vom 27. Jan. 1954 betr. den DGB-Vorschlag Dr. iur. Walter Dudek, Senator und Präses der Finanzbehörde Hamburg (1946—1953) und ab 1953 wirtschaftlicher Berater des DGB (B 136/2332).

[16]) Dr. rer. pol. Hans Kampffmeyer (geb. 1912). 1950—1956 Geschäftsführer der GEWOBAG Gemeinnützige Wohnungs- und Siedlungsbau-Gesellschaft m.b.H. Frankfurt/M., 1954 Vertreter der Gewerkschaften im Verwaltungsrat der KfW, 1956—1971 Bau- und Planungsdezernent der Stadt Frankfurt, 1984 Stadtältester der Stadt Frankfurt.

[17]) Fortgang 74. Sitzung am 9. März 1955 TOP 5.

[18]) An Ernennungen waren vorgesehen: im Bundeskanzleramt ein MinDir. (Dr. iur. Friedrich Janz), im BML und BMP je ein MinR., im Geschäftsbereich BMJ ein Bundesrichter beim Bundesgerichtshof (Dr. iur. Siegmund Nörr), im Geschäftsbereich BMA zwei Landesarbeitsamtspräsidenten (Dr. iur. Eugen Heinz, Philipp Géronne) und ein Direktor beim Landesarbeitsamt.

[19]) Vgl. 208. Sitzung am 18. März 1952 TOP 7. — Vorlage des BMWi vom 23. Dez. 1953 in B 102/26131 und B 136/1197. Während der frühere Entwurf vom 26. Juni 1953 (BT-Drs. 4611 = Entwurf eines Gesetzes über die Ermächtigung der Bank deutscher Länder zur Einräumung eines Kredits an die Bundesrepublik Deutschland in Höhe eines Teils der an

Bank deutscher Länder zu vereinbarende Abkommen sei indessen noch keine Einigkeit erzielt worden. Die Bank deutscher Länder wünsche, daß die Bundesregierung die den Währungsfonds betreffenden Maßnahmen nur im „Einvernehmen" mit ihr (der Bank) treffe. Diese Forderung gehe zu weit, das „Benehmen" genüge. Es sei selbstverständlich, daß gerade in Fragen des Währungsfonds die Zusammenarbeit mit der Bank deutscher Länder praktisch so eng wie möglich gestaltet werden solle, indessen müsse der Bundesregierung für äußerste Fälle die Freiheit der Entschließung erhalten bleiben. Übrigens könne unabhängig von dem zu schließenden Abkommen der Gesetzentwurf dem Bundesrat zugeleitet und demnächst beim Bundestag eingebracht werden; es sei mit Sicherheit zu erwarten, daß das Abkommen vor der Verabschiedung des Gesetzentwurfes zustande kommen werde.

Der Bundesminister der Finanzen unterstützt diese Ausführungen mit dem besonderen Hinweis darauf, daß eine Bindung der Bundesregierung durch das von der Bank deutscher Länder verlangte „Einvernehmen" ihm rechtlich nicht zulässig erscheine. Auch einige kleinere Fragen, die in dem Abkommen zu regeln seien, müßten mit der Bank deutscher Länder noch abgestimmt werden.

Geheimrat Vocke und Präsident Bernard weisen demgegenüber darauf hin, daß das Abkommen im engsten sachlichen Zusammenhang mit dem Gesetz stehen werde. Das von der Bank deutscher Länder gewünschte „Einvernehmen" sei kein unbilliges Verlangen, denn es sei folgendes zu berücksichtigen: Während die Bank deutscher Länder durch das vorgesehene Gesetz nur berechtigt sein werde, der Bundesrepublik einen Kredit einzuräumen, solle sie durch das Abkommen dazu verpflichtet werden; der Kredit solle zudem unverzinslich gewährt werden; schließlich könne die Kreditgewährung praktisch im Ergebnis zu einem für die Bank deutscher Länder verlustreichen Geschäft werden.

Der Bundeskanzler bezeichnet es als nicht tragbar, etwa erforderliche politische Entscheidungen hinsichtlich der Angelegenheiten des Währungsfonds im Innenverhältnis von dem Einverständnis der Bank deutscher Länder abhängig zu machen. Durch eine rechtlich losere Gestaltung der Zusammenarbeit werde das Vertrauensverhältnis der beiden Vertragspartner sicher nicht beeinträchtigt werden. Es sei selbstverständlich, daß die Bundesregierung in Angelegenheiten des Währungsfonds besonders vorsichtig operieren und dementsprechend den sachverständigen Empfehlungen der Bank deutscher Länder — wie bisher — ein sehr starkes Gewicht beilegen werde.

Das Kabinett stimmt dem Gesetzentwurf zu. Geheimrat Vocke und Präsident Bernard sind damit einverstanden, daß über die Einzelheiten des zu schlie-

---

den Internationalen Währungsfonds (International Monetary Fund) zu leistenden Subskriptionszahlungen) lediglich Vorsorge treffen sollte für die zu leistende Subskriptionszahlung, brachte der Gesetzentwurf vom 23. Dez. 1953 eine materielle Erweiterung, um die Bundesrepublik allgemein in die Lage zu versetzen, den sich aus der Mitgliedschaft bei dem Internationalen Währungsfonds und der Internationalen Bank für Wiederaufbau und Entwicklung (Weltbank) ergebenden Verpflichtungen jederzeit durch Aufnahme eines Krediets bei der Bank deutscher Länder nachkommen zu können.

ßenden Abkommens zwischen der Bank deutscher Länder und den beteiligten Bundesressorts unverzüglich weiter verhandelt wird[20]).

1. ÜBERGANG DER ZUSTÄNDIGKEIT FÜR KRIEGSSACHGESCHÄDIGTE VOM BUNDESMINISTERIUM DES INNERN AUF DAS BUNDESMINISTERIUM FÜR VERTRIEBENE UND ÄNDERUNG DESSEN BISHERIGER BEZEICHNUNG IN „DER BUNDESMINISTER FÜR VERTRIEBENE, FLÜCHTLINGE UND KRIEGSGESCHÄDIGTE"
BMVt

Wie schon in der 13. Kabinettssitzung am 18. Dezember 1953 erläutert der Bundeskanzler einleitend die politische Vorgeschichte der Forderung des Bundesministers für Vertriebene. Danach und auf Grund der in seinem Auftrag eingeholten Auskunft des Staatssekretärs Bleek, der gegen die Abgabe der Angelegenheiten der Kriegsgeschädigten an das Bundesministerium für Vertriebene keine Bedenken geltend gemacht habe, habe er mit einer Billigung dieser Abgabe durch die Koalitionspartner rechnen und dem BHE die Unterstützung seines Verlangens im Kabinett zusagen können[21]). Hinzu komme, daß er aus den Gründen, die er in seinem gestrigen an die Kabinettsmitglieder gerichteten Schnellbrief im einzelnen dargelegt habe, diese Forderung auch aus sachlich-organisatorischen Gründen für berechtigt halte[22]).

---

[20]) Abkommen betreffend das Verhältnis zwischen der Bundesrepublik Deutschland und der Bank deutscher Länder in bezug auf die Mitgliedschaft der Bundesrepublik im Internationalen Währungsfonds und in der Internationalen Bank für Wiederaufbau und Entwicklung (Art. V: „Vor Maßnahmen und Entscheidungen, die den Internationalen Währungsfonds betreffen, wird sich die Bundesregierung mit der Bank deutscher Länder ins Benehmen setzen [. . .]") vom 6. Aug. 1954 und einschlägige Unterlagen dazu in B 102/26131. – BR-Drs. Nr. 31/54. – BT-Drs. Nr. 403. – Gesetz vom 6. Aug. 1954 (BGBl. I 240). – Vgl. dazu auch 30 Jahre Deutsche Bundesbank. Die Entstehung des Bundesbankgesetzes vom 26. Juli 1957. Dokumentation einer Ausstellung. Frankfurt am Main 1988 und Hentschel, Volker: Die Entstehung des Bundesbankgesetzes 1949–1957. Politische Kontroversen und Konflikte. Bankhistorisches Archiv 14. Jg. 1988 S. 3–31, 79–115.

[21]) Der Beratung lagen die Vorlagen des BMVt vom 1. Dez. und des BMI vom 10. Dez. 1953 zugrunde (B 106/10382 und B 136/4652). – In der Sitzung am 18. Dez. 1953 (TOP 5) hatte der BMI der vom BMVt geforderten Übertragung der Zuständigkeit für die Kriegssachgeschädigten mit dem Argument widersprochen, daß die Betreuung dieser Personengruppe in einem engen Zusammenhang mit den zu seinem Ressort gehörenden Aufgaben der allgemeinen und inneren Verwaltung, vor allem im kommunalen Bereich, gehöre. – Adenauer hatte im Rahmen der Koalitionsverhandlungen dem BHE den Übergang der Zuständigkeit auf den BMVt zugesagt (Schreiben Adenauers an Kraft vom 19. Okt. 1953 in B 136/4652).

[22]) Der BK hatte in seinem Schreiben erklärt, daß er die vom BMI vertretene Meinung nicht teilen könnte: die Interessen der Geschädigtengruppen seien so unterschiedlich, daß die Betreuung durch ein Ministerium sachlich schwierig und politisch bedenklich wäre. Er wies darauf hin, daß das Referat „Kriegssachgeschädigte" zu einer Unterabteilung des BMI gehöre, die eine Reihe von koordinierenden Aufgaben innerhalb der Abteilung für Sozialwesen zu erfüllen und mit den anderen Bereichen dieser Abteilung (soziale Angelegenheiten, Wohlfahrt, Jugendarbeit und Leibesübungen) keinen Zusammenhang habe. Adenauer hatte auch das Argument Schröders verworfen, daß bei der Betreuung aller Geschädigtengruppen in einem Ministerium eine Interessenkollision eintreten könnte (B 136/4652).

Der Bundesminister des Innern betrachtet sich in seiner — wie bisher — ablehnenden Stellungnahme[23]) gegenüber der Forderung des Bundesministers für Vertriebene politisch nicht gebunden, weil ihm bei den Verhandlungen über die Regierungsbildung von einer entgegenkommenden Haltung der übrigen Fraktionen gegenüber dem BHE in dieser Angelegenheit nichts bekannt gewesen sei[24]). Den sachlich-organisatorischen Erwägungen könne er ein entscheidendes Gewicht nicht beimessen. Die Probleme der Vertriebenen seien erheblich stärker politisch akzentuiert als die der Kriegssachgeschädigten und Evakuierten. Deshalb sei es gewiß richtig, die Angelegenheiten der ersteren einem besonderen Ministerium anzuvertrauen, während die der letzteren — entsprechend den dringenden Wünschen ihrer Verbände — weiterhin im Bundesministerium des Innern bearbeitet werden sollten.

Demgegenüber weist der Bundeskanzler darauf hin, daß ihm aus Kreisen der Evakuierten laufend lebhafte Klagen über mangelnde Betreuung unterbreitet würden[25]), denen eine gewisse Berechtigung wohl nicht ohne weiteres abgesprochen werden könne. Er bemerkt ferner, daß die Betreuung der Sowjetzonenflüchtlinge von vornherein ohne jeden Widerspruch des Bundesministers des Innern vom Bundesminister für Vertriebene übernommen worden sei[26]) und daß diese Regelung sich offenbar bewährt habe. Die Betreuung der Kriegssachgeschädigten und der Evakuierten bedeute für das Bundesministerium des Innern eine Aufgabe, die gegenüber dessen übrigen sehr wichtigen Obliegenheiten mehr am Rande liege.

Der Bundesminister für Vertriebene bezeichnet es als sein Ziel, zweifellos bestehende Gegensätze zwischen den verschiedenen Geschädigten-Gruppen in einem und zwar in seinem Haus auszugleichen, wie das ja im Verhältnis zwi-

---

[23]) Vgl. die Vorlage des BMI vom 10. Dez. 1953 (B 106/10382 und B 136/4652).

[24]) In einem Schreiben vom 10. Febr. 1954 erinnerte von Brentano Adenauer daran, daß die CDU/CSU-Fraktion „seinerzeit [. . .] völlig einmütig gegen solche Zuständigkeitserweiterung Stellung genommen" habe und teilte dem Bundeskanzler „im Auftrag des Vorstandes" mit, daß die „Verstimmung" über diese neue Regelung „nach wie vor sehr groß" sei (Nachlaß von Brentano/155 und B 136/4652). In seiner Antwort berief sich Adenauer erneut auf die Zustimmung der Koalitionsparteien. Er ging davon aus, daß seine Darlegung dazu führen werde, „daß die in der Fraktion gegen die Zuständigkeitsübertragung aufgetretenen Bedenken ausgeräumt sind, soweit sie sachlicher Art sind. In politischer Hinsicht glaube ich nicht, daß die Befürchtungen zutreffen, der BHE werde auf diese Weise einen neuen Anhängerkreis gewinnen". (Schreiben vom 25. Febr. 1954, ebenda.)

[25]) Der Zentral-Verband der Fliegergeschädigten, Evakuierten und Währungsgeschädigten (ZVF) hatte zwar wiederholt eine verbesserte Betreuung seiner Mitglieder und die Umwandlung des zuständigen Referates im BMI in eine Abteilung gefordert. Er hatte sich aber, ebenso wie der Zentralverband der Deutschen Haus- und Grundbesitzer e. V., gegen die Übertragung der Zuständigkeit an den BMVt „aus parteitaktischen Gesichtspunkten" gewandt (Entschließung des ZVF vom 9. Dez. 1953 in B 106/10382). Siehe auch das Schreiben des Zentralverbandes der deutschen Haus- und Grundbesitzer an den Bundeskanzler vom 7. Nov. 1953 (ebenda). — Zur Vertretung der Interessen der Kriegssachgeschädigten im BMI vgl. auch BT-Drs. Nr. 1648 und 3261 sowie STENOGRAPHISCHE BERICHTE Bd. 7 S. 5202 und Bd. 11 S. 8902.

[26]) In einem Vermerk vom 29. Jan. 1954 wurde hervorgehoben, daß die Betreuung der Sowjetzonenflüchtlinge gemäß Art. 120 a GG Ländersache sei (B 106/10382), sie gehörte also nicht zum Zuständigkeitsbereich des BMVt.

schen den Vertriebenen einerseits und den Sowjetzonenflüchtlingen andererseits bereits gelungen sei. Er glaubt, daß dem immer wieder laut werdenden Vorwurf, daß die Vertriebenen vom Staat über Gebühr besser behandelt würden als z. B. die Evakuierten, am besten durch die von ihm geforderte Zuständigkeitsregelung entgegengetreten werden könne. Es gelte, den gerade in all diesen Bevölkerungsteilen stark entwickelten Gruppenegoismus zu bekämpfen, der sich für die Demokratie verhängnisvoll auswirken könne.

Der Bundesminister der Justiz[27]) und der Finanzen sowie Bundesminister Strauß[28]) äußern Bedenken gegen die Forderung des Bundesministers für Vertriebene.

Auch der Bundesminister für das Post- und Fernmeldewesen meint, daß es wohl besser sei, die bisherige Regelung aufrechtzuerhalten.

Bundesminister Kraft weist mit Nachdruck darauf hin, daß die erörterte Frage gelegentlich der Regierungsbildung besprochen und in dem vom Bundesminister für Vertriebene vertretenen Sinne klargestellt worden sei. Falls die sich anscheinend abzeichnende Tendenz zu einer entgegengesetzten Entscheidung des Kabinetts führen sollte, so könne das für die Haltung des BHE entscheidend sein.

Nach Auffassung des Bundesministers für Wohnungsbau würde es schon im Hinblick auf die allgemeine politische Lage besonders bedauerlich sein, wenn der BHE aus einer etwaigen Ablehnung der Forderung des Bundesministers für Vertriebene die soeben angedeuteten Folgerungen ziehen sollte. Er hält deshalb eine dilatorische Behandlung der Angelegenheit für empfehlenswert.

Der Bundesminister für wirtschaftliche Zusammenarbeit tritt dieser Auffassung bei. Zwar könne vielleicht die Bundesregierung im Rahmen ihrer Organisationsgewalt der Forderung des Bundesministers für Vertriebene entsprechen, ohne daß das notwendig zu Gesetzesänderungen führen müßte. Dennoch würde die Zuständigkeitsverschiebung voraussichtlich im Bundestag erörtert werden; gerade das aber sollte mindestens gegenwärtig vermieden werden[29]).

---

[27]) Im Entwurf lautete dieser Absatz des Protokolls: „Gegenüber dem von den Bundesministern der Justiz und der Finanzen sowie vom Bundesminister Strauß u. a. daraus hergeleiteten Bedenken, daß die Forderung des Bundesministers für Vertriebene im Ergebnis u. a. eine Änderung des Lastenausgleichsgesetzes nach sich ziehen müsse und daß dadurch mit größter Wahrscheinlichkeit unerwünschte politische Debatten im Bundestag ausgelöst werden würden, bemerkt der Bundeskanzler, daß diese Frage jetzt nicht zur Erörterung stehe. Übrigens sei er nicht davon überzeugt, daß Gesetzesänderungen unumgänglich seien." (Kabinettsprotokolle Bd. 20 E).

[28]) Strauß hatte in einem Schreiben an Adenauer vom 17. Dez. 1953 die Übertragung der Zuständigkeit an den BMVt abgelehnt und hinzugefügt: „Bei den ersten Besprechungen über die Regierungsbildung vertraten Sie den Standpunkt, daß ein dem BHE angehörender Vertriebenenminister weder zu viel Geld noch zu große Kompetenzen erhalten dürfte, damit nicht die im Schwinden begriffene Partei des BHE von neuem Auftrieb erhalte. Bei den letzten Koalitionsverhandlungen unter Ihrem Vorsitz antworteten Sie auf die Forderungen der BHE-Vertreter, daß Sie sich nicht festlegen könnten, weil über die Wünsche des BHE erst im kommenden Kabinett entschieden werden solle." (B 136/4652.) — Vgl. auch das Schreiben von Strauß an Adenauer vom 4. Febr. 1954 (B 136/4653).

[29]) Zu einer Erörterung im BT kam es nicht (vgl. die Beratung des Haushalts des BMVt (STENOGRAPHISCHE BERICHTE Bd. 19 S. 1012 A).

Der Bundeskanzler bittet, bei der zu treffenden Entscheidung nicht zu vergessen, daß die Frage im großen politischen Zusammenhang gesehen werden müsse. Bei der Regierungsbildung sei es — besonders im Hinblick auf die außenpolitische Lage der Bundesrepublik — sein Ziel gewesen, die Koalition so groß wie möglich zu machen. Auf dieser Grundlage habe er mit dem BHE verhandelt; die Übernahme der Kriegssachgeschädigten und Evakuierten auf das Bundesministerium für Vertriebene sei dabei für den BHE wesentlich gewesen. Hätte er dem BHE auf der eingangs bezeichneten Grundlage nicht zugesagt, sein Verlangen zu unterstützen, so würde der BHE kaum in die Koalition eingetreten sein. Deshalb dürfe der BHE nicht enttäuscht werden. Selbst der Anschein einer Spannung würde nicht nur außen-, sondern auch innenpolitisch sehr schädlich sein.

Bundesminister Dr. Tillmanns hält die Angelegenheit im Grunde für eine Frage von untergeordneter Bedeutung, deren Entscheidung nicht nochmals vertagt werden dürfe.

Der Bundesminister für Arbeit rät, der Forderung des Bundesministers für Vertriebene zu entsprechen, falls die besonderen politischen Probleme der Vertriebenen schon so weit abgeklungen seien, daß ihre Angelegenheiten sich von denen der übrigen Kriegssachgeschädigten nicht mehr so markant unterscheiden wie in den vergangenen Jahren.

Dazu bemerkt der Bundeskanzler, daß nach seiner Auffassung die Entwicklung offensichtlich — mindestens in absehbarer Zeit — zu einem derartigen Abklingen führen würde.

Dem Vorschlag des Bundesministers für Familienfragen, vor der Entscheidung nochmals mit den verschiedenen Verbänden Fühlung aufzunehmen, um eine sonst zu befürchtende Schockwirkung aufzufangen, tritt Staatssekretär Dr. Nahm entgegen. Mit den Verbänden sei mehr als genug verhandelt worden.

Das Kabinett stimmt mit Mehrheit bei vier Stimmenthaltungen dem vom Bundesminister für Vertriebene in seiner Vorlage vom 1. Dezember 1953 gestellten Antrag zu[30]).

---

[30]) Unterlagen über die organisatorischen Maßnahmen für die Übertragung der Zuständigkeit, die am 1. April 1954 wirksam wurde, in B 106/10382.

3. ENTWURF EINES GESETZES ZUR ERGÄNZUNG DES GESETZES ÜBER DIE MIT-
BESTIMMUNG DER ARBEITNEHMER IN DEN AUFSICHTSRÄTEN UND VORSTÄN-
DEN DER UNTERNEHMEN DES BERGBAUS UND DER EISEN UND STAHL ER-
ZEUGENDEN INDUSTRIE VOM 21. 5. 1951   BMA

Der Bundeskanzler weist darauf hin, daß der Gesetzentwurf[31]) voraussichtlich politisch sehr umstritten sein werde[32]). Es erscheint ihm deshalb besonders
angebracht, wegen seines Inhalts zunächst mit den Koalitionsparteien Fühlung
zu nehmen.

Der Bundesminister der Finanzen betont, daß eine gesetzliche Regelung der
Frage des Mitbestimmungsrechts der Arbeitnehmer in den Holding-Gesellschaften vor allem im Hinblick auf die AG für Berg- und Hüttenbetriebe, Salzgitter,
dringend sei. Dort müsse so bald wie möglich ein Aufsichtsrat gebildet werden[33]).

---

[31]) Vgl. 208. Sitzung am 18. März 1952 (TOP 1). – Vorlage des BMA vom 8. Jan. 1954 in
B 149/26738 und B 136/723. – Der Gesetzentwurf sollte die Mitbestimmung auf Holdinggesellschaften ausdehnen, wenn der Gesellschaft nur solche Unternehmen angehör-
ten, die unter das Mitbestimmungsgesetz vom 21. Mai 1951 (BGBl. I 347) fielen oder der
„überwiegende Unternehmenszweck" des Konzerns durch Unternehmen gekennzeichnet
war, in denen das Mitbestimmungsgesetz galt. Die von der SPD in der Debatte über das
Mitbestimmungsgesetz 1951 geforderte Ausdehnung der paritätischen Mitbestimmung
auf die später zu gründenden Holdinggesellschaften war vom BT zwar abgelehnt worden; Gerhard Schröder (CDU) hatte jedoch die Ausdehnung zu einem späteren Zeitpunkt
nicht ausgeschlossen (BT-Sitzung am 10. April 1951, STENOGRAPHISCHE BERICHTE
Bd. 6 S. 5074–5076). Als sich im Juni 1951 die Zustimmung der AHK zur Gründung von
Holdinggesellschaften abzeichnete, hatte das Kabinett die Forderung des DGB, die Mitbestimmung auf diese Unternehmen auszudehnen, abgelehnt (vgl. 153. Sitzung am 12. Juni 1951 TOP 7). Die Diskussion war nach der Mitteilung der Stahltreuhändervereinigung
und der Deutschen Kohlenbergbau-Leitung, daß die von den Alliierten genehmigte Gründung von Konzernen nur bei Sicherung der paritätischen Mitbestimmung möglich sei, in
eine neue Phase getreten. Adenauer, Storch und Erhard hatten im Herbst 1951 die Ausdehnung der Mitbestimmung nicht mehr abgelehnt. Strittig war jedoch, auch beim DGB,
ob diese Regelung gesetzlich festgelegt oder in den Satzungen der Obergesellschaften
geregelt werden sollte, wie es in einigen Fällen schon geschehen war. Der Einspruch des
BMJ gegen eine satzungsmäßige Festlegung hatte dazu geführt, daß der BMWi dem BMA
am 26. Sept. 1951 einen Entwurf zur Ergänzung des Mitbestimmungsgesetzes zur weiteren Behandlung zugeleitet hatte (Unterlagen in B 149/26738 und B 141/7920). Die Vorlage des BMA vom 14. Dez. 1951 (B 149/26738 und B 136/723) war am 18. März 1952 nicht
abschließend beraten worden. Die zur Klärung strittiger Fragen beschlossene Ressortbesprechung hatte nicht stattgefunden (Unterlagen dazu in B 136/723).

[32]) Die Bundesvereinigung der Deutschen Arbeitgeberverbände hatte gemeinsam mit dem
Bundesverband der Deutschen Industrie ein Memorandum erarbeitet, in dem die Bedenken der Verbände gegen eine gesetzliche Regelung vorgebracht wurden (Memorandum
mit Anschreiben vom 28. Jan. 1954 in B 136/723 und B 141/7921). – Zur ablehnenden
Haltung der FDP siehe Freie Demokratische Korrespondenz 5. Jg. 1954 Nr. 5 S. 6.

[33]) Der Aufsichtsrat der AG für Berg- und Hüttenbetriebe war gemäß § 89 Abs. 2 des Betriebsverfassungsgesetzes vom 11. Okt. 1952 (BGBl. I 681) am 18. Dez. 1953 aufgelöst
worden. Die Forderung der IG Metall und der IG Bergbau, in der vom Bund verwalteten
Montanholdinggesellschaft einen Aufsichtsrat entsprechend dem Mitbestimmungsgesetz
von 1951 zu bilden, war vom BMF abgelehnt worden. Einen Kompromißvorschlag des
BMF, der auf dem Betriebsverfassungsgesetz basierte, den Arbeitnehmervertretern jedoch zusätzliche Rechte zugestehen wollte, hatten die Gewerkschaften verworfen (Ver-

Der Bundesminister für Arbeit hält es für richtig, zunächst unverzüglich eine Chef-Besprechung der beteiligten Ressorts zur Klärung der Grundsatzfrage herbeizuführen. Er meint, daß die Gefahr der baldigen Einbringung einer Initiativ-Vorlage im Bundestag bestehe[34]). Der Bundeskanzler bemerkt dazu, daß dem durch die von ihm angeregte Fühlungnahme mit den Koalitionsparteien vorgebeugt werden solle.

Der Bundesminister der Justiz erklärt, daß sein Haus an der Ausarbeitung des Gesetzentwurfes zwar beteiligt gewesen sei, daß sich diese Beteiligung indessen nur auf die juristisch einwandfreie Formulierung, nicht aber auf die sachlich-politische Tragweite des Entwurfs bezogen habe[35]).

Das Kabinett beschließt, daß zunächst unverzüglich eine Chefbesprechung (ohne jede Beteiligung anderer Personen) stattfinden soll zwischen den Bundesministern für wirtschaftliche Zusammenarbeit, des Innern, der Justiz, der Finanzen, für Wirtschaft und für Arbeit[36]). Ferner sollen die Regierungsfraktionen über den Stand der Angelegenheit unverzüglich durch die Bundesminister für besondere Aufgaben und für Angelegenheiten des Bundesrates unterrichtet werden[37]).

4. ENTWURF EINES GESETZES ZUR ÄNDERUNG UND ERGÄNZUNG STEUERLICHER VORSCHRIFTEN ZUR FÖRDERUNG DES KAPITALMARKTES (zunächst in Abwesenheit des Bundeskanzlers)   BMF

Der Bundesminister der Finanzen erläutert die Vorlage, die er als einen weiteren Schritt auf dem Wege zum Abbau von bisherigen steuerlichen Vergünstigungen für den Kapitalmarkt charakterisiert[38]).

---

    merk des BMF vom 29. Dez. 1953 in B 149/26783 und B 136/723). – Vgl. auch Sitzung des Kabinett-Ausschusses für Wirtschaft am 21. Dez. 1953 TOP 7.

[34]) Im Dez. 1953 war bei der CDU/CSU-Fraktion ein Ausschuß zur Behandlung der Mitbestimmung in den Holdinggesellschaften unter der Leitung von Anton Sabel gebildet worden (Schreiben Sabels vom 20. Jan. 1954 in B 149/26738). – Vgl. auch Parlamentarischer Bericht des BPA vom 9. Juli 1954 (B 145/1903).

[35]) Unterlagen in B 141/7920–7922.

[36]) An der Besprechung am 4. Febr. 1954, in der außer der Mitbestimmung auch Verkehrsfragen erörtert wurden, nahmen Blücher, Schäffer, Schröder, Storch, Neumayer, Lübke und Schäfer, ferner die Staatssekretäre Bergemann und Westrick sowie MinDir. Kattenstroth (BMWi) teil (vgl. dazu das Kurzprotokoll aus dem BMZ vom 5. Febr. 1954 in VS-B 149/1). Storch, Schröder und Westrick setzten sich für den Gesetzentwurf ein; Blücher, Neumayer und Schäfer meldeten Bedenken an. Der BMWi wurde beauftragt, eine Ausarbeitung über die Verhältnisse in den acht betroffenen Obergesellschaften vorzulegen (vgl. Kurzprotokoll sowie die Vermerke vom 11. März 1954 in B 149/26738 und vom 10. März 1954 in B 136/724).

[37]) Fortgang 33. Sitzung TOP B.

[38]) Vgl. 13. Sitzung am 18. Dez. 1953 (TOP D). – Vorlage des BMF vom 13. Jan. 1954 in B 126/6208 und 12079 sowie in B 136/2254. – Das Gesetz über den Kapitalverkehr vom 15. Dez. 1952 (BGBl. I 801), dessen Zweck es gewesen war, den Kapitalmarkt durch staatliche Lenkungsmaßnahmen zu festigen, war am 31. Dez. 1953 ausgelaufen. Der BMF vertrat in seiner Vorlage die Ansicht, eine Verlängerung dieses Gesetzes sei nicht erforderlich. Außerdem hatte er vorgeschlagen, die in dem Ersten Gesetz zur Förderung des Kapitalmarktes vom 15. Dez. 1952 (BGBl. I 793) festgelegte Steuerbegünstigung festverzinsli-

Unterstützt durch den Bundeskanzler führt der Bundesminister für Wirtschaft im einzelnen aus, daß es ihm unumgänglich erscheine, gerade im Zusammenhang mit diesem Entwurf endlich die Aktie von den sie diskriminierenden steuerlichen Sondervorschriften zu befreien, um der Wirtschaft die dringend erforderlichen weiteren Antriebskräfte zu geben[39]).

Es besteht Einigkeit darüber, daß diese freilich vom Bundesminister der Finanzen bereits eingehend geprüfte Frage und — auf Antrag des Staatssekretärs Dr. Bergemann — auch die Frage der künftigen Gestaltung steuerlicher Maßnahmen zur Förderung der Schiffbaufinanzierung[40]) alsbald im Kabinettsausschuß nochmals ausführlich erörtert werden soll; dies um so mehr, als der Bundesminister der Finanzen ein Inkrafttreten der Großen Steuerreform vor dem 1. Januar 1955 nicht in Aussicht zu stellen vermag, obgleich er den Entwurf der Reform dem Kabinett schon etwa Ende Februar 1954 vorlegen zu können hofft[41]). Er bezeichnet übrigens die möglichst lange Geheimhaltung dieses Entwurfes als besonders notwendig. Auf seinen Vorschlag macht sich das Kabinett schon jetzt dahin schlüssig, daß der Reformentwurf möglichst am Tage seiner Zuleitung an den Bundesrat Gegenstand einer Regierungserklärung im Bundestag sein soll.

Der Bundesminister für Wohnungsbau bittet zu prüfen, ob nicht das in dem Entwurf zu § 3a des Einkommensteuergesetzes[42]) unter Ziffer 1b vorgesehene Feststellungsverfahren mit Rücksicht darauf wegfallen könne, daß eine ähnliche Kontrolle schon jetzt ohnehin gesetzlich vorgesehen sei. Ferner möchte er die in dem Entwurf mehrfach nur für die Zeit bis zum 31. 12 1954 vorgesehene Beschränkung der Vergünstigungen aufgelockert wissen[43]).

Der Bundesminister der Finanzen sagt Prüfung dieser Fragen im Benehmen mit dem Bundesminister für Wohnungsbau zu.

Das Kabinett stimmt der Vorlage mit der Maßgabe zu, daß auch das Ergebnis dieser Prüfung in den Gesetzentwurf eingearbeitet werden soll[44]).

---

cher Wertpapiere aufzuheben, und zwar mit Ausnahme der Zinsen aus Sozialpfandbriefen und aus den dem sozialen Wohnungsbau dienenden Kommunalverschreibungen.
[39]) Siehe dazu auch das Schreiben Erhards an Schäffer vom 16. Dez. 1953 (B 126/6208 und B 136/2254) sowie die Sitzung des Kabinett-Ausschusses für Wirtschaft am 21. Dez. 1953 TOP 6.
[40]) Unterlagen in B 126/6208. — Fortgang hierzu 28. Sitzung TOP 3–7.
[41]) Siehe 21. Sitzung TOP 1 und 2.
[42]) Gemeint ist die hier behandelte Vorlage des BMF.
[43]) Vgl. dazu das Schreiben des BMWo an den BMF vom 23. Dez. 1953 (B 126/6208).
[44]) Der BMF berichtete dem Bundeskanzleramt in seinem Schreiben vom 3. Febr. 1954, daß eine Einigung mit dem BMWo erzielt worden sei. Den Wünschen des BMWo sei durch eine Änderung der Begründung des Gesetzentwurfes entsprochen worden (B 136/2254). — BR-Drs. Nr. 32/54. — Fortgang 25. Sitzung TOP 3.

5. ENTWURF EINES GESETZES BETREFFEND DAS ABKOMMEN VOM 1. JULI 1953 ÜBER DIE ERRICHTUNG EINER EUROPÄISCHEN ORGANISATION FÜR KERNPHYSIKALISCHE FORSCHUNG   AA

Auf Anregung des Bundeskanzlers wird die Erörterung wegen der fortgeschrittenen Zeit zurückgestellt[45].

7. ENTWURF EINES ZUSTIMMUNGSGESETZES ZUM DEUTSCH-CHILENISCHEN BRIEFWECHSEL VOM 3. NOV. 1953 BETREFFEND DIE ZOLLFREIE EINFUHR VON 50 000 T CHILESALPETER IN DER ZEIT VOM 1. JULI 1953 BIS 30. JUNI 1954   AA

Das Kabinett stimmt der Vorlage ohne Aussprache zu[46].

9. ENTWURF EINES GESETZES ÜBER DIE GLEICHBERECHTIGUNG VON MANN UND FRAU AUF DEM GEBIETE DES BÜRGERLICHEN RECHTS; HIER: STELLUNGNAHME DER BUNDESREGIERUNG ZU DEN ÄNDERUNGSVORSCHLÄGEN DES BUNDESRATES   BMJ

Der Bundesminister der Justiz stellt zur Erwägung, ob der in dem Regierungsentwurf[47] vorgesehene § 1360c BGB[48] nicht besser zu streichen sei, weil er gerade in kritischen Fällen familienfeindlich, ja familienzerstörend wirken könne.

Der Bundesminister des Innern schlägt aus diesem Grunde die Streichung vor[49], die dem Wunsch des Bundesrates entspricht.

Der Bundesminister für Familienfragen hält den § 1360c im wesentlichen für familienfreundlich und setzt sich deshalb dafür ein, ihn aufrechtzuerhalten.

Dem Bundeskanzler ist mindestens sehr zweifelhaft, ob diese Bestimmung sich ehefördernd auswirken würde. Der Bundesminister für wirtschaftliche Zusammenarbeit regt an, bei der parlamentarischen Behandlung der Bestimmung

---

[45] Siehe 18. Sitzung TOP 5.

[46] Vgl. 141. Sitzung am 13. April 1951 TOP 3: Entwurf eines Gesetzes über den Handelsvertrag vom 2. Februar 1951 zwischen der Bundesrepublik Deutschland und der Republik Chile. — Vorlage des AA vom 21. Dez. 1953 in B 136/1276, weitere einschlägige Unterlagen in AA, Ref. 500, Bd. 67. — BR-Drs. Nr. 35/54. — BT-Drs. Nr. 289. — Gesetz vom 22. Juni 1954 in BGBl. II 631, Bekanntmachung über die Ratifikation vom 31. Juli 1954 in BGBl. II 728.

[47] Das Kabinett hatte in der 13. Sitzung am 18. Dez. 1953 (TOP 3) die Vorlage des BMJ vom 10. Dez. 1953 (B 141/2069 und B 136/542) verabschiedet. — Vorlage des BMJ vom 25. Jan. 1954 zu BR-Drs. Nr. 532/53/Beschluß in B 141/2070 und B 136/542.

[48] § 1360c lautet im Entwurf: „Ist ein Ehegatte bei Berücksichtigung seiner sonstigen Verpflichtungen außerstande, ohne Gefährdung seines angemessenen Unterhalts unterhaltsberechtigten Eltern oder Kindern Unterhalt zu gewähren, so kann der Bedürftige von dem anderen Ehegatten Unterhalt verlangen, soweit die Nichtgewährung des Unterhalts mit Rücksicht auf die Höhe der Einkünfte und der sonstigen Verpflichtungen des anderen Ehegatten grob unbillig wäre. Der Anspruch besteht nicht, wenn der Bedürftige den Unterhalt von anderen Unterhaltspflichtigen erlangen kann. Die Vorschriften der §§ 1010 bis 1015 gelten sinngemäß."

[49] Siehe dazu das Schreiben des BMI an das Bundeskanzleramt vom 28. Jan. 1954 in B 136/542 und B 141/2070.

16. Kabinettssitzung am 29. Januar 1954

ausnahmsweise den Kabinettsmitgliedern die Freiheit der Stellungnahme zuzubilligen[50]). Damit ist das Kabinett einverstanden.

Das Kabinett stimmt dem Entwurf einer Stellungnahme der Bundesregierung zu den Änderungsvorschlägen des Bundesrates mit der Maßgabe zu, daß unter Änderung der Bemerkung zu Nr. 5 des Entwurfes dem Änderungsvorschlag des Bundesrates (Streichung des § 1360c) beigetreten wird[51]).

10. ENTWURF EINER VERWALTUNGSGERICHTSORDNUNG (VwGO) UND EINES GESETZES ÜBER DIE BESCHRÄNKUNG DER BERUFUNG IM VERWALTUNGSGERICHTLICHEN VERFAHREN BMI

Das Kabinett stimmt der Vorlage[52]) ohne Aussprache zu und beschließt darüber hinaus entsprechend dem Vorschlag des Bundesministers des Innern, die Vorlage vor Einbringung beim Bundestag zunächst dem Bundesrat zuzuleiten[53]).

Das Kabinett bringt damit im allseitigen Einverständnis zum Ausdruck, daß die Bundesregierung ihre bisherige Übung bei der Behandlung der sogenannten steckengebliebenen Regierungsvorlagen aufgibt. Das gilt nicht bloß für diejenigen Vorlagen, die bereits beim 1. Bundestag eingebracht worden waren, sondern auch für diejenigen Vorlagen, die nach Einholung der Stellungnahme des Bundesrates unerledigt liegen geblieben waren[54]).

12. ENTWURF EINES PERSONALVERTRETUNGSGESETZES BMI

Das Kabinett stimmt der Vorlage ohne Aussprache zu und beschließt entsprechend dem Vorschlag des Bundesministers des Innern, den Entwurf zunächst dem Bundesrat zuzuleiten[55]).

---

[50]) § 28 Abs. 2 der Geschäftsordnung der Bundesregierung vom 11. Mai 1951 (GMBl. 137) verpflichtete die Bundesminister, die Meinung der Bundesregierung zu vertreten.
[51]) BT-Drs. Nr. 224. — Gesetz vom 18. Juni 1957 (BGBl. I 609).
[52]) Vorlage des BMI vom 20. Nov. 1953 in B 106/47644 und B 136/873. — Der BMI hatte den vom Kabinett in der 264. Sitzung am 9. Dez. 1952 (TOP 3a und 3b) verabschiedeten Entwurf einschließlich der Änderungsvorschläge des BR und der Stellungnahme der Bundesregierung dazu unverändert vorgelegt. Der Entwurf war in der ersten Legislaturperiode vom BT nicht mehr abschließend beraten worden.
[53]) BR-Drs. Nr. 33/54. — Fortgang 28. Sitzung TOP 2.
[54]) Das Kabinett hatte in der 3. Sitzung am 3. Nov. 1953 (TOP B) beschlossen, die vom BT nicht mehr abschließend behandelten Gesetzentwürfe der Bundesregierung erneut im Kabinett zu verabschieden, sie jedoch dem BR nicht noch einmal vorzulegen. Der BT-Ausschuß für Rechtswesen und Verfassungsrecht hatte am 18. Jan. 1954 entschieden, daß die Entwürfe dem BR erneut zuzuleiten seien (Niederschrift in B 106/2573). Der Unterausschuß des Rechtsausschusses des BR hatte am 19. Jan. 1954 dieselbe Ansicht vertreten (Niederschrift ebenda). — Der BK hatte um eine Erörterung dieser Frage im Kabinett gebeten (Schreiben vom 25. Jan. 1954, ebenda).
[55]) Das Kabinett hatte in der 12. Sitzung am 11. Dez. 1953 (TOP 9) beschlossen, den in der 203. Sitzung am 22. Febr. 1952 (TOP 5) verabschiedeten, in der ersten Legislaturperiode vom BT nicht mehr beratenen Gesetzentwurf unverändert beim BT einzubringen (BT-Drs. Nr. 160). Der BT hatte den Punkt am 21. Jan. 1954 von der Tagesordnung abgesetzt (STENOGRAPHISCHE BERICHTE Bd. 18 S. 277), weil noch nicht geklärt war, ob Gesetzentwürfe, die in der ersten Legislaturperiode nicht abschließend behandelt worden waren, vor ihrer unveränderten Einbringung im BT dem BR zugeleitet werden mußten. Der BMI hatte in seiner Vorlage vom 25. Jan. 1954 vorgeschlagen, um „eine zeitraubende Aus-

13. ANTRAG AUF FESTSTELLUNG DER VERFASSUNGSWIDRIGKEIT DER DRP BMI

Auf Anregung des Bundeskanzlers wird die vorgegebene Entgegennahme eines Vortrages des Bundesministers des Innern wegen der fortgeschrittenen Zeit zurückgestellt[56]).

14. MITTEILUNG ÜBER DIE IN AUSSICHT GENOMMENE BESETZUNG EINER AUSWÄRTIGEN VERTRETUNG AA

Das Kabinett nimmt von der beabsichtigten Besetzung der Botschaft Djakarta zustimmend Kenntnis[57]).

---

einandersetzung über diese Frage" zu vermeiden, den Entwurf, in den die vom Kabinett akzeptierten Änderungsvorschläge des BR eingearbeitet worden waren, dem BR zuzuleiten (B 106/18424 und 136/500). – BR-Drs. Nr. 25/54. – Fortgang 20. Sitzung TOP C.

[56]) Siehe 17. Sitzung TOP 1.

[57]) Vorgeschlagen war laut Anlage die Ernennung des Vortragenden Legationsrates Dr. iur. Helmut Allardt zum Leiter der Botschaft in Djakarta. – Allardt, Helmut: Politik vor und hinter den Kulissen. Erfahrungen eines Diplomaten zwischen Ost und West. Düsseldorf 1979.

**17. Kabinettssitzung
am Freitag, den 5. Februar 1954**

Teilnehmer: Adenauer, Blücher, Schröder, Neumayer, Erhard, Lübke, Storch, Seebohm, Balke, Preusker, Oberländer, Kaiser, Hellwege, F. J. Strauß, Schäfer, Kraft; Bleek (ab 10.20 Uhr), Globke, Hallstein, von Lex, Westrick; Klaiber; Krueger; Kilb; Blank. Protokoll: Gumbel.

Ort: Bundeshaus

Beginn: 9.30 Uhr   Ende: 11.00 Uhr

[Außerhalb der Tagesordnung]

[A.] VIERMÄCHTEKONFERENZ

Der Bundeskanzler[1]) eröffnet die Sitzung mit einigen Bemerkungen zur Vierer-Konferenz[2]). Er weist auf folgende beiden Punkte des Molotow-Planes[3]) hin: Wahlen ohne internationale Kontrolle und Neutralisierung. Die Haltung Sowjetrußlands lasse somit wenig Hoffnung auf einen erfolgreichen Abschluß der Konferenz.

Der Bundeskanzler warnt vor den Besuchen sowjetzonaler Delegationen, die zur Unterstützung der sowjetischen Konferenzziele vornehmlich auf kommunaler Ebene sogen. gesamtdeutsche Gespräche in Gang zu bringen suchen. Derartige Gespräche müßten die deutsche Bevölkerung in der Sowjetzone verwir-

---

[1]) Vgl. 16. Sitzung TOP A und Parlamentarischer Bericht des BPA vom 3. Febr. 1954 in B 145/1902.

[2]) Dazu findet sich in Nachlaß Seebohm/8c eine längere Eintragung, von der hier nur der Anfang und das Ende wiedergegeben werden: „1) Berliner Konferenz. Adenauer: wenig zu sagen. Molotows Vorschläge. Besuche ostzonaler Persönlichkeiten. Weiter ausgezeichnete Haltung Bidaults; erhielt dafür offiziellen Glückwunsch des französischen Kabinetts. Adenauer sieht darin gute Anzeichen für Haltung Frankreichs zur EVG. Adenauer will im Bundestag erst offiziell Stellung nehmen, wenn Konferenz zu Ende ist. Haltung der SPD (Ollenhauer, Wehner, SPD-Pressedienst) sei unerhört. Aussprache Ollenhauer-Brentano in Berlin [...] Adenauer: Berliner Konferenz von Rußland aus nur wertvoll, um Westen aufzuspalten, am Vorabend der EVG. Gelingt das nicht, wird Rußland Konferenz zu Ende gehen lassen. In bezug auf Deutschland soll man nicht von Neutralität, sondern von Neutralisierung sprechen. Schäfer: Molotow wird nicht abbrechen, sondern vertagen: damit Vernebelung auf lange Sicht in Frankreich und Italien (Das ständige Getöse Kaisers, der einen sehr verbitterten Eindruck macht, ist schwer erträglich. Die Assistenz von Tillmanns fehlte." Vgl. auch 2. Bericht des AA über den Verlauf der Berliner Konferenz für die Zeit vom 1.–7. Februar 1954, 7 Anlagen, in Nachlaß Blankenhorn/29.

[3]) Vorschlag des sowjetischen Außenministers Molotow für die Bildung einer gesamtdeutschen provisorischen Regierung, vorgelegt am 4. Febr. 1954, in EA 1954 S. 6528.

ren; sie würden außerdem die Gefahr einer kommunistischen Durchdringung einschließen[4]).

Vizekanzler Blücher hält es für notwendig, die Abgabe einer Erklärung im Bundestag vorzubereiten, um auf diese Weise die Bevölkerung über die Stellungnahme der Bundesregierung zu den Berliner Verhandlungen zu unterrichten. Der Bundeskanzler ist jedoch der Ansicht, daß eine öffentliche Stellungnahme wegen der Haltung der SPD bis nach Beendigung der Konferenz zurückgestellt werden müsse[5]). Als Bundesminister Dr. Schäfer im Rahmen einer Erörterung über den weiteren Konferenzablauf und die sich mutmaßlich daran anschließende Entwicklung den Vorschlag des Vizekanzlers noch einmal aufgreift und die These von der „verfrühten Konferenz" aufstellt, erklärt der Bundeskanzler, daß er sich mit Absicht im gegenwärtigen Zeitpunkt zurückhalte. Er bedauere, daß die Presse nicht den Versuch mache, den Lesern die Probleme zusammenhängend zu erläutern und einen Gesamtüberblick über die Konferenz zu geben, sondern sich auf eine aktuelle Berichterstattung beschränke[6]).

Bei der Aussprache wird ferner betont, daß die Grundgesetzänderung wegen der Wehrhoheit eilig sei und es wesentlich zur Beschleunigung beitragen könnte, wenn die Fragen des Oberbefehls[7]) und der landsmannschaftlichen Gliederung[8]) ausgeklammert würden[9]).

[B.] DEUTSCH-HOLLÄNDISCHE FRAGEN ÜBER DIE RHEINSCHIFFAHRT

Außerhalb der Tagesordnung wird sodann eine Kabinettsvorlage des Auswärtigen Amtes über Deutsch-holländische Fragen über die Rheinschiffahrt behandelt[10]), die in der Kabinettssitzung verteilt und von Staatssekretär Prof. Dr. Hallstein erläutert wird. Seine Ausführungen werden vom Bundesverkehrsminister ergänzt. Die Frage des Vizekanzlers, welche Haltung die deutsche Delegation bei den in Aussicht stehenden deutsch-niederländischen Verhandlungen einnehmen werde, beantwortet der Bundesverkehrsminister dahin, daß den Holländern die Teilnahme am Cabotage[11])-Verkehr zugebilligt werden solle, wenn

---

[4]) Einschlägige Unterlagen jeweils im Vorgang „Gesamtdeutsche Gespräche" in B 137/1057 und B 136/2129; „Invasion der Oberbürgermeister, Anbiederungsversuche des sowjetzonalen Regimes bei westdeutschen Gemeinden" in BULLETIN vom 30. Jan. 1954 S. 154.
[5]) Siehe 20. Sitzung TOP A.
[6]) Fortgang hierzu 18. Sitzung TOP 1.
[7]) Vgl. 14. Sitzung Anm. 56.
[8]) Zur Föderativklausel (Berücksichtigung der besonderen landsmannschaftlichen Verhältnisse) vgl. BT-Drs. Nr. 124: Antrag der Fraktionen der CDU/CSU, GB/BHE, DP vom 4. Dez. 1953. Dazu Schriftwechsel Adenauer-F. J. Strauß-von Brentano in B 136/1699.
[9]) Fortgang hierzu 18. Sitzung TOP 1.
[10]) Vgl. 195. Sitzung am 15. Jan. 1952 TOP 5: Entwurf eines Gesetzes über das gerichtliche Verfahren in Binnenschiffahrts- und Rheinschiffahrtssachen. – Vorlage des AA vom 4. Febr. 1954 in B 136/9778. Weitere einschlägige Unterlagen in AA, UAbt. 40, Bd. 203 und AA, Ref. 217, Az. 372-13 sowie B 108/1727 f., Nachlaß Blankenhorn/31a und Nachlaß Seebohm/2b.
[11]) Die Cabotage-Frage, in diesem Falle das Recht zur unbeschränkten Teilnahme am Cabotage-Verkehr auf der deutschen Rheinstrecke, ist von den Niederländern erst nach dem Zweiten Weltkrieg in der Zentralkommission für die Rheinschiffahrt aufgegriffen wor-

sie die Bindung an die deutsche Verkehrsordnung¹²) anerkennen und deren Beachtung sichergestellt ist¹³).

Die vom Auswärtigen Amt vorgeschlagene Instruktion an den deutschen Botschafter in Den Haag wird daraufhin gebilligt. Auf Wunsch des Bundesverkehrsministers wird lediglich im letzten Satz des Entwurfes der Termin vom 16. Februar auf den 24. Februar geändert.

[C.] BUNDESZUSCHUSS ZU DEN BAYREUTHER FESTSPIELEN

Schließlich wird noch außerhalb der Tagesordnung vom Bundesinnenminister die Frage der Gewährung eines Bundeszuschusses zu den Bayreuther Festspielen¹⁴) aufgeworfen. Der Bund habe 1953 einen Zuschuß von 170 000 DM gegeben, was etwa einem Drittel des insgesamt erforderlichen Zuschusses von 500 000 DM entsprochen habe. Die gleiche Regelung sei für 1954 in Aussicht genommen. Im Hinblick auf die internationale Bedeutung der Festspiele empfiehlt der Bundesinnenminister, die Bewilligung des Zuschusses zu genehmigen¹⁵). Das Kabinett ist einverstanden. Bundesminister Strauß regt an, bei der Gewährung des Zuschusses darauf hinzuweisen, daß es durchaus unerwünscht sei, wenn die Bayreuther Festspiele zu einem Treffpunkt vergangener Größen

---

den. Diese Frage war vor dem Kriege nicht akut; tatsächlich nahmen Schiffe unter niederländischer Flagge damals am innerdeutschen Frachtverkehr teil. Dies verursachte auch keine Schwierigkeiten, da die niederländischen Schiffe entweder den Tochtergesellschaften deutscher Reedereien in den Niederlanden gehörten oder als Partikuliere durch deutsche Reedereien bewirtschaftet wurden. Durch die Wegnahme dieser deutschen Schiffe als Feindeigentum nach dem Zweiten Weltkrieg hatten die Niederlande ihre Rheinflotte so vergrößert, daß sie nunmehr wünschten, auch mit diesen, jetzt im niederländischen Besitz befindlichen Schiffen, am innerdeutschen Verkehr teilzunehmen, und zwar als selbständige Frachtführer. Zur Begründung dieser Forderung beriefen sich die Niederländer in der Hauptsache auf den Art. 1 der Revidierten Rheinschiffahrts-Akte zwischen Preußen, Baden, Bayern, Frankreich, Hessen und den Niederlanden vom 17. Oktober 1868 (Preußische Gesetzsammlung/1869 S. 798).

¹²) Das Verkehrsrecht, das einen besonderen Teil der Rechtsordnung darstellt, gehört überwiegend zum öffentlichen Recht und regelt die Rechte und Pflichten der Verkehrsträger und -nutzer sowie ihre Beziehungen zueinander. Die wichtigsten Rechtsquellen in diesem Zusammenhang sind: Gesetz betr. die privatrechtlichen Verhältnisse der Binnenschiffahrt vom 15. Juni 1895 (RGBl. 301), Gesetz zur Änderung von Vorschriften über das Schiffsregister vom 26. Mai 1951 (BGBl. I 355), Gesetz über den gewerblichen Binnenschiffsverkehr vom 1. Okt. 1953 (BGBl. I 1453), Gesetz zur Einführung der Rheinschiffahrtpolizeiverordnung vom 19. Dez. 1954 (BGBl. II 1207).

¹³) In einem Rundschreiben des Bundeskanzleramtes vom 17. Febr. 1954 betr. Änderung des Kurzprotokolls über die 17. Kabinettssitzung am 5. Febr. 1954 wurde mitgeteilt, der BMV habe gebeten, den Halbsatz „wenn sie die Bindung an die deutsche Binnenschiffahrtsordnung anerkennen" durch folgende Fassung zu ersetzen: „wenn sie die Bindung an die deutsche Verkehrsordnung anerkennen und deren Beachtung sichergestellt ist". — Fortgang Sitzung des Kabinett-Ausschusses für Wirtschaft am 19. März 1954 TOP 4: Förderung der deutschen Seehäfen und Auswirkungen auf die niederrheinischen Schiffahrts-, Hafen- und Wirtschaftsinteressen sowie 28. Sitzung TOP 10.

¹⁴) Die 1872 von Richard Wagner zur Aufführung seiner Musikdramen begründeten Bayreuther Festspiele hatten von 1876–1944 stattgefunden. Diese Tradition war 1951 wieder aufgenommen worden.

¹⁵) Vorlage des BMI vom 4. Febr. 1954 in B 106/65, weitere Unterlagen in B 106/21447.

des Nazi-Regimes würden. In dieser Richtung seien Beobachtungen in der Vergangenheit gemacht worden[16]).

1. ANTRAG AUF FESTSTELLUNG DER VERFASSUNGSWIDRIGKEIT DER DRP   BMI

Der Bundesinnenminister trägt, ausgehend von dem Kabinettsbeschluß vom 1. September 1953[17]) und Art. 21 des Grundgesetzes, zunächst Gründe für die Einreichung des Antrages auf Feststellung der Verfassungswidrigkeit der DRP vor. Solche Gründe seien Wahlanfechtsklagen der DRP[18]), Schadensersatzansprüche gegen den Bund[19]) und die gegen den Bundeskanzler anhängige Unterlassungsklage. Gegenstand der Unterlassungsklage sei eine Äußerung des Bundeskanzlers im Bundestagswahlkampf, daß die DRP verfassungsfeindlich sei[20]).

Gegen den Verbotsantrag sprächen die gegenwärtige politische Situation und das erhebliche Prozeßrisiko. Der Bundesinnenminister weist darauf hin, daß die Beweisführung in erster Linie mit Zeugen geführt werden müsse, ein in solchen Prozessen zweifelhaftes Verfahren. Er macht auch geltend, daß die

---

[16]) Vgl. dazu das Schreiben von Brentanos an Schäffer vom 7. Jan. 1954, in dem er um Auskunft darüber gebeten hatte, ob die Bundesregierung einen Zuschuß geleistet habe. „Wenn dies tatsächlich der Fall wäre, dann möchte ich allerdings eine Diskussion darüber herbeiführen, ob das politisch tragbar ist. Nach Berichten, die ich hatte, unterscheiden sich diese Festspiele wenig von denen, die während der glorreichen Zeit des 3. Reiches abgehalten wurden. Für den Geist, der dort in Bayreuth noch lebendig ist, spricht eine Bildveröffentlichung, die mir erst vor kurzem gezeigt wurde; eine Illustrierte brachte zwei Bilder, in denen die erhebenden Momente festgehalten wurden, als der altverehrte Reichskanzler Franz von Papen und die Tochter des Herrn Reichsmarschalls Hermann Göring sich als Gäste in das Goldene Buch eintrugen. Ob man solche Demonstrationen finanzieren sollte, die ebenso kindisch wie unverschämt sind, scheint mir zum mindesten zweifelhaft." (B 106/65). — Auf Anfrage des BMF hatten die Organisatoren der Festspiele Wieland und Wolfgang Wagner erklärt, daß „die Festspielleitung mit diesem Vorkommnis in keinerlei Zusammenhang" stehe (Schreiben vom 28. Jan. 1954, ebenda).

[17]) Dieser TOP wurde auf Anregung des BMI ohne Vorlage behandelt (vgl. den Vermerk vom 3. Dez 1953 in VS- B 106/13). — Das Kabinett hatte in der 307. Sitzung am 1. Sept. 1953 (TOP D) beschlossen, den Antrag auf Feststellung der Verfassungswidrigkeit der DRP beim Bundesverfassungsgericht zu stellen. — Der BMI folgte in seinem Bericht der Vorlage für den Minister vom 1. Dez. 1953 (VS- B 106/13).

[18]) Der Landesverband Nordrhein-Westfalen der DRP hatte am 31. Aug. 1953 und der Landesverband Baden-Württemberg am 2. Sept. 1953 Klage beim Bundesverfassungsgericht eingereicht, weil die Landeswahlausschüsse die Zulassung der Landeslisten der DRP zur Bundestagswahl abgelehnt hatten (vgl. dazu die Stellungnahme der Bundesregierung vom 2. Okt. 1953 in B 136/1749).

[19]) Laut Vorlage für den Minister hatte die DRP angekündigt, daß sie durch den Kabinettsbeschluß vom 1. Sept. 1953, der in der Presse veröffentlicht worden war (vgl. BULLETIN vom 3. Sept. 1953 S. 1404), in ihrer wirtschaftlichen Entwicklung gehemmt worden sei und einen Antrag auf Schadensersatz stellen wolle.

[20]) Nach der Rede Adenauers in Hannover am 30. Aug. 1953 hatte die DRP beim Landgericht Hannover eine einstweilige Verfügung erwirkt, die dem Bundeskanzler untersagte, die DRP als verfassungsfeindlich zu bezeichnen (Frankfurter Allgemeine Zeitung vom 4. Sept. 1953). Der Antrag der Anwälte Adenauers, das Gericht wegen Befangenheit abzulehnen, stand beim Oberlandesgericht in Celle zur Entscheidung. Der Antrag wurde im Jan. 1954 abgelehnt (Berichte aus der DRP-Presse in B 106/63077). — Siehe auch Thadden, Adolf von: Die verfemte Rechte. Deutschland-, Europa- und Weltpolitik in Vergangenheit, Gegenwart und Zukunft aus der Sicht von rechts. Rosenheim 1984 S. 86–91.

Anwendung des Art. 21 des Grundgesetzes die ultima ratio darstellen müsse. Die gegenwärtige Situation der DRP sei nicht besorgniserregend, wenn man den Stimmenrückgang bei der Hamburg-Wahl gegenüber der Bundestagswahl in Betracht ziehe[21].

Der Bundesinnenminister erwähnt dann ein Schreiben des Direktoriums der DRP, an dessen Spitze der frühere Staatsrat Meinberg[22] stehe, mit der Anfrage, ob die DRP noch mit einem Verfahren zu rechnen habe[23]. Darauf werde er wohl antworten müssen. Der Bundesinnenminister kommt zu dem Ergebnis, daß sich eine eindeutige Entscheidung für oder gegen die Antragstellung nicht ohne weiteres anbiete. Im Hinblick darauf, daß der Prozeßerfolg nicht gesichert sei, andererseits durch das Verfahren der DRP aber ein durchaus unerwünschter propagandistischer Auftrieb gegeben werde, schlägt er vor, den Kabinettsbeschluß vom 1. September 1953 aufrechtzuerhalten, die Klage vorläufig jedoch nicht einzureichen, sondern die weitere Entwicklung zu beobachten.

Nach kurzer Aussprache stimmt das Kabinett diesem Vorschlag zu[24].

2. ENTWURF EINES GESETZES ÜBER DAS LUFTFAHRT- BUNDESAMT   BMV

Von der Tagesordnung werden nur die Punkte 1 und 4 erledigt. Der Punkt 2 (Entwurf eines Gesetzes über das Luftfahrt-Bundesamt)[25] wird zwar aufgerufen, seine Beratung unterbleibt jedoch, weil der Bundeswohnungsbauminister Einwendungen hat. Deswegen wird dieser Punkt für die nächste Kabinettssitzung zurückgestellt[26]. In der Zwischenzeit sollen die Bundesminister für Verkehr und für Wohnungsbau die aufgetretenen Bedenken klären[27].

3. ENTWURF EINES GESETZES BETREFFEND DAS ABKOMMEN VOM 1. JULI 1953 ÜBER DIE ERRICHTUNG EINER EUROPÄISCHEN ORGANISATION FÜR KERNPHYSIKALISCHE FORSCHUNG   AA

[Nicht behandelt][28]

---

[21] Bei den Wahlen zur Bürgerschaft in Hamburg am 1. Nov. 1953 hatte die DRP 0,7 % der Stimmen erhalten, bei der Bundestagswahl am 6. Sept. 1953 1,1 %.

[22] Wilhelm Meinberg (1898–1973). Bauer. 1919 Mitglied im „Völkischen Schutz- und Trutzbund", 1923 Gründung einer Stahlhelm-Gruppe, 1930 Mitglied der NSDAP, 1932 Mitglied des Preußischen Landtags, 1933 MdR und preußischer Staatsrat, 1933 Präsident des Reichslandbundes, Mitbegründer und Präsident des Reichsnährstandes bis 1937, SS-Brigadeführer; 1953 Mitbegründer des „Reichsblocks", 1953–1955 Mitglied des Direktoriums der DRP, 1955–1960 (mit einmonatiger Unterbrechung) Vorsitzender der DRP.

[23] Schreiben vom 21. Jan. 1954 in VS- B 106/13.

[24] Der BMI teilte Meinberg am 17. Aug. 1954 mit, daß die Bundesregierung keinen Antrag beim Bundesverfassungsgericht stellen werde, solange die Partei sich an die bei ihrem Parteitag im Juli 1954 beschlossenen Richtlinien halte (ebenda).

[25] Vgl. 278. Sitzung am 27. Febr. 1953 TOP 2. Vorlage des BMV vom 21. Jan. 1954 in B 108/40607 und B 136/9973.

[26] Fortgang 18. Sitzung TOP 4.

[27] Das Ergebnis eines Schreibens Seebohms an Preusker vom 5. Febr. 1954 (B 108/40607) und eines Telephonats des Abteilungsleiters Luftfahrt(L) im BMV mit Preusker vom 8. Febr. 1954 (Vermerk in ebenda) war, daß der BMWo „gegen den Gesetzentwurf nichts einzuwenden" hatte.

[28] Siehe 18. Sitzung TOP 5.

4. NEUORDNUNG DES RUNDFUNKWESENS   BMI

Auf Anregung des Bundeskanzlers wird ohne Aussprache beschlossen, den Länderregierungen die Bildung einer Kommission zur Erörterung aller mit dem Rundfunk und dem Fernsehen zusammenhängenden Fragen vorzuschlagen, der je drei Vertreter des Bundes und der Länderregierungen angehören sollen. Staatssekretär Dr. Globke wird beauftragt, diesen Beschluß der Ministerpräsidentenkonferenz in München telegrafisch mitzuteilen[29]).

[Außerhalb der Tagesordnung]

[D.] TERMIN DER KABINETTSSITZUNGEN

Im Hinblick darauf, daß die Plenarsitzungen des Bundestages jeweils am Donnerstag und Freitag, die Fraktionssitzungen jeweils am Dienstag stattfinden[30]), schlägt der Bundeskanzler vor, die Kabinettssitzungen zukünftig mittwochs[31]) abzuhalten. Das Kabinett ist mit dieser Regelung einverstanden. Die Fraktionsvorsitzenden der Koalitionsparteien sollen hiervon unterrichtet und gebeten werden, darauf hinzuwirken, daß am Mittwoch nach Möglichkeit keine Ausschußberatungen angesetzt werden, bei denen das Erscheinen von Kabinettsmitgliedern notwendig ist[32]).

---

[29]) Laut Einladung zu der Sitzung wurde der TOP ohne Vorlage behandelt (Kabinettsprotokolle Bd. 20 E). — Der vom BMI ausgearbeitete Entwurf eines Bundesrundfunkgesetzes (vgl. 282. Sitzung am 13. März 1953 TOP 1) war von Abgeordneten der CDU, FDP und DP als Initiativentwurf eingebracht (BT-Drs. Nr. 4198) und vom BT nach der ersten Beratung am 15. April 1953 an den Ausschuß für Fragen der Presse, des Rundfunks und des Films überwiesen worden (STENOGRAPHISCHE BERICHTE Bd. 15 S. 12592—12614). — Die Innen- und Kultusminister der Länder hatten im Laufe des Jahres 1953 mit den Rundfunkanstalten ohne Beteiligung der Bundesregierung verhandelt (vgl. die undatierte Notiz [Dez. 1953] in B 136/2003). In einem Schreiben vom 31. Jan. 1954 hatte Adenauer Schröder aufgefordert, eine Kommission zur Erörterung der Rundfunkfragen zu bilden (ebenda). — Unterlagen über die Beratungen der Kommission in B 106/695—697 und 701. — Ein Gesetz kam nicht zustande. — Fortgang 91. Sitzung am 13. Juli 1955 (TOP 4). — Vgl. auch 63. Sitzung TOP 10 (Langwellensender).

[30]) Allgemeine Richtlinien für die Gestaltung der Arbeit des Bundestages vom 3. Dez. 1953 (Vervielfältigung) in B 136/4781.

[31]) Vgl. 9. Sitzung am 24. Nov. 1953 TOP C: Zusammenarbeit im Kabinett.

[32]) Rundschreiben des Staatssekretärs des Bundeskanzleramtes an die Vorsitzenden der Fraktionen von CDU/CSU, FDP, GB/BHE und DP vom 22. Febr. 1954 in B 136/4781.

**18. Kabinettssitzung
am Mittwoch, den 17. Februar 1954**

Teilnehmer: Adenauer (zeitweise)[1], Blücher, Schröder, Neumayer, Schäffer, Erhard, Lübke, Storch, Seebohm, Balke, Preusker, Oberländer, Kaiser, Hellwege, Wuermeling, Tillmanns, F. J. Strauß, Schäfer, Kraft; Globke, Hallstein, W. Strauß, Thedieck, Westrick; Klaiber; Krueger; Selbach; Blank. Protokoll: Haenlein.

Beginn: 9.30 Uhr   *Ende: 14.15 Uhr*

1. VIERERKONFERENZ   BK

An die Spitze seiner Ausführungen stellt der Bundeskanzler den Gedanken, daß das deutsche Volk allen Anlaß habe, über das Ergebnis der Berliner Konferenz[2] traurig zu sein. Ihn selbst bedrücke besonders die Vorstellung, daß 18 Millionen Deutsche in der Sowjetzone nun auch weiterhin auf nicht absehbare Zeit von der Bundesrepublik getrennt bleiben müßten.

In einer eingehenden Analyse des Ergebnisses der Konferenz schildert der Bundeskanzler die Beweggründe der russischen Politik, wie sie sich in den Verhandlungen abgezeichnet haben und geht sodann auf die politische Lage in Frankreich ein. Bei den kommenden Auseinandersetzungen um die EVG[3] in Frankreich werde vor allem die Saarfrage[4] eine Rolle spielen. Ihre Lösung könne bei den zu erwartenden knappen Abstimmungsergebnissen in der Kammer entscheidend sein.

Zusammenfassend zeichnen sich nach der Auffassung des Bundeskanzlers für die politische Situation in der nächsten Zeit drei Probleme ab:
1. die Saarfrage,
2. die Haltung des Kongresses in USA,
3. die Verabschiedung der Grundgesetzerläuterungen zur Wehrfrage[5].

In der anschließenden eingehenden Aussprache wird der Bemerkung des Bundesministers für gesamtdeutsche Fragen, es sei traurig, wie sich die beiden Seiten auf der Berliner Konferenz gegenseitig verhalten hätten, lebhaft widersprochen. Der Bundeskanzler hält es für politisch höchst gefährlich anzudeuten,

---

[1] Vgl. den 7. Absatz innerhalb von TOP 3 des Kurzprotokolls. — Dem Terminkalender Adenauer ist zu entnehmen, daß der BK von 12.40 bis 12.55 und ab 13.45 Uhr Besprechungen mit von Brentano und Krone hatte (StBKAH 04.05).
[2] Vgl. 17. Sitzung TOP A, ferner 8. Sitzung des PB des ZK am 9. Febr. 1954 TOP 2: Maßnahmen im Zusammenhang mit der Berliner Konferenz der Außenminister; Berichterstatter: Ulbricht (IfGA, ZPA, J IV 2/2/346) und 38. Sitzung des Präsidiums des Ministerrates der DDR am 11. Febr. 1954 TOP 1: Bericht des Ministerpräsidenten über den Verlauf der Konferenz der vier Außenminister (C-20 I/4 Nr. 55).
[3] Vgl. 14. Sitzung TOP D: Außenpolitische Lage. — Fortgang hierzu 20. Sitzung TOP A: Viererkonferenz.
[4] Vgl. 11. Sitzung am 8. Dez. 1953 TOP B. — Fortgang hierzu 19. Sitzung TOP 1: Viererkonferenz und 21. Sitzung TOP C: Besprechung Adenauers mit Bidault.
[5] Vgl. 17. Sitzung TOP A: Viermächtekonferenz. — Fortgang hierzu 25. Sitzung TOP A.

daß die Westmächte an dem Scheitern eine Mitschuld hätten, und erinnert an die große Zahl von Zugeständnissen, die sie den Russen gemacht haben.

Mit Nachdruck betont der Vizekanzler, daß man Zweifel in die Herzen des deutschen Volkes säe, wenn man den Eindruck erwecke, als wenn es in Berlin noch eine Alternative neben den von den Alliierten in Übereinstimmung mit uns vertretenen Vorschlägen gäbe. Damit werde aber nicht nur das Volk irre gemacht; wir könnten auch unsere Freunde im Ausland verlieren. Er bittet zu erwägen, ob die innerfranzösischen Schwierigkeiten nicht durch eine deutsche Initiative auf wirtschaftlichem Gebiet erleichtert werden könnten.

In seiner Erwiderung, in der er die Bedeutung der Rede[6]) des Bundeskanzlers in der kommenden Woche in Berlin hervorhebt, kritisiert der Bundesminister für gesamtdeutsche Fragen Äußerungen in der deutschen Presse, wonach man sich auch mit einer Trennung abfinden könne. Er und Bundesminister Dr. Tillmanns setzen sich dafür ein, eine Kabinettssitzung in Berlin stattfinden zu lassen.

Nach eingehender Aussprache wird sowohl eine Kabinettssitzung wie auch eine Sitzung des Kabinettsausschusses in Berlin für untunlich gehalten. Statt dessen wird der Bundeskanzler auf seiner Berliner Reise von dem Vizekanzler und den Bundesministern Schäffer, Erhard, Kaiser, Tillmanns, Oberländer und einem der Deutschen Partei angehörenden Kabinettsmitglied begleitet werden[7]).

Gegenüber weiteren Ausführungen des Bundesministers für gesamtdeutsche Fragen ist es die Auffassung der anderen Kabinettsmitglieder, daß zwar in der für die nächste Woche vorgesehenen Aussprache über die Berliner Konferenz im Bundestag die Gegensätze zur Opposition nicht verschärft werden sollen, daß es aber notwendig ist, in Zukunft mit Entschiedenheit die außenpolitische Konzeption der Bundesregierung zu vertreten[8]).

Der Bundeskanzler nimmt in Aussicht, dem Oppositionsführer zu schreiben, um ihm Gelegenheit zu geben, auf diese außenpolitische Linie einzuschwen-

---

[6]) Rede Adenauers in der Ostpreußenhalle am Funkturm in Berlin am 23. Febr. 1954 über die Ergebnisse der Viermächtekonferenz von Berlin in BULLETIN vom 25. Febr. 1954 S. 305–308. Vgl. dazu auch StBKAH 12.43 Akte 6, Nachlaß Blücher/291, Nachlaß Kaiser/89.

[7]) Hierzu findet sich in Nachlaß Seebohm/8c eine längere Eintragung, von der hier nur folgende Auszüge wiedergegeben werden: „Reise Berlin am 23. 2.: Adenauer lehnt Gedanken an Kabinettssitzung in Berlin ab. Es sollen nur einige Kabinettsmitglieder mitgehen, damit faßbare Zusagen gegeben werden können. Flüchtlingszahlen stark im Zunehmen [...] Kabinettssitzung als Arbeitssitzung in Berlin wäre politischer Akt [so Tillmanns]. Adenauer hält Kabinettssitzung in Berlin nicht für zweckmäßig. Sorge gegenüber massiven Forderungen des Berliner Senats, zu denen man sich dann entschließen muß; so kann man aufschieben. Nach Berlin sollen mit: Blücher, Erhard, Schäffer, Kaiser, Oberländer, Tillmanns, Hellwege."

[8]) Aussprache (über die Erklärung der Bundesregierung über die Ergebnisse der Berliner Viermächtekonferenz) vom 25. Febr. 1954 in STENOGRAPHISCHE BERICHTE Bd. 18 S. 522 B – 550 A. Vermerk vom 16. Febr. 1954 „Betr. Vorläufige Übersicht von Maßnahmen des Hauses, die nach der ergebnislosen Beendigung der Berliner Viererkonferenz getroffen werden können" und Vermerk vom 20. Febr. 1954 „Betr. Übersicht möglicher Maßnahmen der Bundesregierung, die nach der Beendigung der Berliner Viererkonferenz getroffen werden sollten", jeweils in B 137/2304.

ken⁹). Er bittet die Kabinettsmitglieder, sich für die Kabinettssitzung am Freitag, dem 19. 2., 11.00 Uhr, bereit zu halten. In ihr will er über die Unterhaltung, die er mit dem Außenminister Dulles am Donnerstag Abend auf dem Flugplatz Wahn haben wird, berichten¹⁰).

Abschließend werden die Maßnahmen besprochen, mit denen die Verabschiedung der Wehrvorlage¹¹) in der kommenden Woche im Bundestag gesichert werden soll¹²).

2. AUSSPRACHE ÜBER DIE GESCHÄFTLICHE BEHANDLUNG DER GESETZENTWÜRFE ÜBER FINANZREFORM UND STEUERREFORM BMF

Diese beiden Gesetzentwürfe sind nach einer kurzen Darstellung des Bundesministers der Finanzen Ende Februar kabinettsreif¹³). Er schlägt vor, sie Anfang März im Kabinett zu beraten und etwa am 11. 3. 1954, gleichzeitig mit ihrer Zuleitung an den Bundesrat, den wesentlichen Inhalt durch eine Regierungserklärung im Bundestag bekanntzugeben. Auf die Vertraulichkeit der Behandlung dieser Materie legt der Bundesminister der Finanzen besonderen Wert. Er wird deshalb die Gesetzentwürfe zwar in der üblichen Weise den Ressorts zustellen, dabei aber die neuen Steuertarife offen lassen, weil sonst zu erwarten ist, daß der Ansturm der Interessenten die weitere Behandlung gefährdet. Er wird die neuen Tarife in einem an die Kabinettsmitglieder persönlich gerichteten Schreiben rechtzeitig mitteilen.

Der Bundesrat kann nach der Darstellung des Bundesministers für Angelegenheiten des Bundesrates in diesem Fall nicht auf die ihm zustehende 3-Wochen-Frist¹⁴) verzichten. Der Bundesminister übermittelt den Wunsch der Bevollmächtigten der Länder, die Entwürfe bereits eine Woche vorher zur Kenntnis zu bekommen.

Der Bundesminister der Finanzen lehnt diesen Wunsch ab. Es sei unmöglich, die neuen Tarife vorzeitig bekannt zu geben. Die übrigen Bestimmungen der neuen Entwürfe seien mit den Finanzministern der Länder eingehend erörtert worden und damit den Ländern bereits bekannt¹⁵).

Auf Vorschlag des Bundeskanzlers wird der 5. 3. 1954 zur Beratung der Gesetzentwürfe im Kabinett vorgesehen¹⁶).

---

⁹) Schreiben Adenauers an Ollenhauer vom 19. Febr. 1954 in AA, BStSe, Bd. 18, Nachlaß Ollenhauer/2, StBKAH 12.27 und Mitteilung des BPA Nr. 202/54 vom 19. Febr. 1954.
¹⁰) Fortgang 19. Sitzung TOP 1.
¹¹) Vgl. 17. Sitzung TOP A: Viermächtekonferenz sowie Parlamantarische Berichte des BPA vom 3., 9. und 13. Febr. 1954 in B 145/1902, ferner B 145/627 f.
¹²) Fortgang 24. Sitzung TOP 1.
¹³) Vgl. 5. Sitzung am 4. Nov. 1953 (TOP II).
¹⁴) Siehe Art. 76 GG.
¹⁵) Unterlagen in den Akten der Bundesregierung nicht ermittelt.
¹⁶) Siehe 21. Sitzung TOP 1 und 2. — Fortgang 20. Sitzung TOP B.

18. Kabinettssitzung am 17. Februar 1954

3. ENTWURF EINES GESETZES GEGEN WETTBEWERBSBESCHRÄNKUNGEN
BMWi

In einer kurzen Darstellung der Bedeutung des von ihm vorgelegten Gesetzentwurfes[17]) betont der Bundesminister für Wirtschaft, daß die beabsichtigte Regelung nicht ein „Verbotsgesetz"[18]) genannt werden könne. Er sei bereit, ganz erhebliche Zugeständnisse an die Befürworter einer Kartellierung zu machen. Er bittet, das Gesetz jetzt zu verabschieden, und erklärt sich bereit, im Kabinettsausschuß ständig über den Stand der Verhandlungen im Bundestag zu berichten.

Da weder die Interessen des Verkehrs noch die im Wirtschaftspolitischen Ausschuß des ersten Bundestages formulierten Wünsche[19]) in dem vorliegenden Gesetzentwurf berücksichtigt seien, lehnt der Bundesminister für Verkehr in seinem Namen und auch ausdrücklich im Namen seiner Partei den Gesetzentwurf ab.

Der Bundesminister für das Post- und Fernmeldewesen schließt sich dem ablehnenden Standpunkt an und beantragt, die strittigen Fragen im Kabinettsausschuß zu klären und das Gesetz neu zu formulieren.

Bundesminister Strauß glaubt, daß es nicht möglich sein wird, den Gesetzentwurf auf der von dem Bundeswirtschaftsminister gewählten Grundlage im Bundestag durchzubringen.

Der Vizekanzler hat nach den Diskussionen in der Öffentlichkeit erwartet, daß zunächst eine Verständigung über die grundlegenden Fragen mit den Beteiligten gefunden würde, und schlägt vor, die Verabschiedung im Kabinett zurückzustellen.

Auch der Bundeskanzler glaubt, man solle den Bundestag erst die Steuer- und Finanzreform behandeln lassen, bevor man ihm diese schwierige Materie überweise, die im übrigen dem Bundeswirtschaftsminister noch erhebliche Schwierigkeiten bringen werde.

Bei der weiteren Erörterung dieses Tagesordnungspunktes führt der Vizekanzler in Abwesenheit des Bundeskanzlers den Vorsitz.

---

[17]) Vgl. 270. Sitzung vom 20. Jan. 1953 TOP A. Vorlage des BMWi vom 25. Jan. 1954 in B 102/17084 und B 136/702; weitere Unterlagen über das Kartellgesetz in B 102/17071–17087, 23184, 192483–192507 sowie in B 136/700–703. Diese Vorlage des BMWi vom 25. Jan. 1954 ist identisch mit der Vorlage des BMWi vom 1. Febr. 1952, sie war bereits am 2. Mai 1952 in der vorliegenden Form vom Kabinett gebilligt worden (vgl. 216. Sitzung TOP 1).

[18]) Zu den langjährigen Auseinandersetzungen über die Frage Kartellverbot mit volkswirtschaftlich erwünschten Ausnahmen (Verbotsprinzip mit Erlaubnisvorbehalt) oder allgemeine Zulassung von Kartellen unter Beschränkung des Mißbrauchs (Erlaubnisprinzip mit Verbotsvorbehalt) vgl. Hüttenberger, Peter: Wirtschaftsordnung und Interessenpolitik in der Kartellgesetzgebung der Bundesrepublik 1949–1957, Vierteljahrshefte für Zeitgeschichte 24. Jg. 1976 S. 287–307.

[19]) Die in der 1. Wahlperiode des Bundestages von dessen Ausschuß für Wirtschaftspolitik zu einigen Bestimmungen der Vorlage des BMWi vom 1. Febr. 1952 erarbeiteten Änderungsvorschläge sind als Anlage 4 („Merkblatt") der Vorlage des BMWi vom 25. Jan. 1954 (B 102/17084, B 136/702) beigefügt.

Der Bundesminister für Wohnungsbau weist auf den Wunsch der Wirtschaft hin, mit den Verhandlungen bald zu beginnen. Vor allem für den Export sei es notwendig, schnell eine Regelung zu treffen. Er hat auch Zweifel, ob die Bundesregierung den Alliierten einen anderen Gesetzentwurf als den seinerzeit abgesprochenen vorlegen könne[20].

Für eine sofortige Verabschiedung im Kabinett setzt sich auch der Abg. Blank ein, der hervorhebt, er habe sich seinerzeit bei den entscheidenden Verhandlungen im Wirtschaftsrat über die neue Wirtschaftsordnung gerade in Erwartung dieses Kartellgesetzes für die Marktwirtschaft eingesetzt[21]. Er verweist außerdem noch auf die Zusagen, die der Bundeskanzler in seinen Regierungserklärungen vor dem ersten und dem zweiten Bundestag zu der Frage gemacht habe[22].

Der Bundesminister des Innern glaubt, daß die Bundesregierung in eine unangenehme Lage kommt, wenn sie den Gesetzentwurf mit einem Merkblatt vorlegt, in dem die Änderungsvorschläge des Wirtschaftspolitischen Ausschusses des ersten Bundestages enthalten sind. Sie gebe damit zu erkennen, daß sie nicht mehr uneingeschränkt hinter ihrem Entwurf stehe. Er hält es deshalb für besser, wenn die von dem Bundesminister für Wirtschaft in Aussicht gestellten Konzessionen in den Entwurf eingearbeitet werden.

Der Bundesminister für Wirtschaft, der andeutet, eine Ablehnung seines Entwurfs im Kabinett stelle ihn vor schwere Entschlüsse, erklärt sich damit einverstanden, daß der Entwurf dem Kabinettsausschuß überwiesen wird mit dem Auftrag, die in dem Merkblatt enthaltenen Vorschläge einzuarbeiten.

Diesem Vorschlag widerspricht der Vizekanzler. Mit einer solchen Einarbeitung werde das Gesetz uneinheitlich. Es müßte dann geprüft werden, ob das Bundesministerium für Wirtschaft nicht einen neuen Entwurf ausarbeiten solle. Nachdem der Bundesminister für Wohnungsbau und Bundesminister Dr. Schäfer noch einmal die Notwendigkeit einer schnellen Entscheidung betont haben und nach einer kurzen Aussprache über das Abstimmungsverfahren läßt der Vizekanzler über den Antrag des Bundesministers für das Post- und Fernmeldewesen abstimmen. Der Antrag wird nur von 4 Kabinettsmitgliedern unterstützt[23].

---

[20] Vorlage des BMWi vom 1. Febr. 1952 in B 102/17082 und B 136/701; vgl. dazu 203. Sitzung am 22. Febr. 1952 TOP 4.

[21] Theodor Blank war Mitglied des Ausschusses für Wirtschaft des Wirtschaftsrates des VWG, der am 28. April 1948 den Antrag betr. Dekartellisierung vom 27. April 1948 eingebracht hatte (Drs. Nr. 285, Wörtlicher Bericht über die 15. Vollversammlung des Wirtschaftsrates des VWG S. 537).

[22] Regierungserklärung vom 20. Sept. 1949 in STENOGRAPHISCHE BERICHTE Bd. 1 S. 22 A – 30 D, Regierungserklärung vom 20. Okt. 1953 in ebenda Bd. 18 S. 11 C – 22 A.

[23] Diese uneinheitliche Meinung im Kabinett findet sich auch in einem Schreiben von F. J. Strauß an Adenauer vom 24. Febr. 1954, das mit zwei Randbemerkungen versehen wurde: „Soll man nicht doch noch einmal die Sache besprechen?" (Adenauer 25. 2.) und „1) Nach der Aussprache der H[erren] Erhard + Berg bei dem H[errn] B[undes]k[anzler] am 5. 3. ist vorerst nichts zu veranlassen 2) W[ieder]v[orlage] am 20. 4. (Zuleitung an B[undes]rat?)" (Haenlein 23. 3.). Zu den Vorbehalten Adenauers siehe auch Vermerk vom 23. Febr. 1954 in B 102/17085 und 192483.

Die Abstimmung über die Frage, ob der Gesetzentwurf an den Bundesrat weitergeleitet werden soll, ergibt eine starke Mehrheit[24].

4. ENTWURF EINES GESETZES ÜBER DAS LUFTFAHRT-BUNDESAMT   BMV

Nach der Mitteilung des Bundesministers für Verkehr, daß der Bundesminister für Wohnungsbau seine Bedenken zurückgestellt habe, stimmt das Kabinett der Gesetzesvorlage zu[25].

5. ENTWURF EINES GESETZES BETREFFEND DAS ABKOMMEN VOM 1. JULI 1953 ÜBER DIE ERRICHTUNG EINER EUROPÄISCHEN ORGANISATION FÜR KERNPHYSIKALISCHE FORSCHUNG   AA

Zunächst berichtet Staatssekretär Prof. Dr. Hallstein über die Vorlage[26].

Der Bundesminister des Innern schlägt vor, die Frage der Finanzierung in Fühlungnahme mit dem Haushaltsausschuß des Bundestages zu klären. Nach seiner Meinung müssen die angeforderten 3 Mio DM zusätzlich aufgebracht werden[27].

Sodann bittet er, noch darüber zu entscheiden, ob in dieser Angelegenheit das Auswärtige Amt oder das Bundesministerium des Innern federführend sein soll.

Fragen des Bundesministers für Wohnungsbau, ob durch die Teilnahme Jugoslawiens an der internationalen Vereinbarung die Gefahr mißbräuchlicher Ausnutzung der gewonnenen Erkenntnisse zu militärischen Zwecken bestehe und ob auch England seinerseits uns über seine Forschungen ausreichend un-

---

[24]) Die Vorlage des BMWi vom 25. Jan. 1954 wurde dem Bundesrat mit Schreiben vom 30. April 1954 zugeleitet (B 136/702). – BR-Drs. Nr 53/54; vgl. dazu auch Parlamentarischer Bericht des BPA vom 14. Mai 1954 („2.) Die Kartellauseinandersetzungen im Wirtschaftsausschuß des Bundesrates") in B 145/1902. – Fortgang 63. Sitzung TOP 13.

[25]) Vgl. 17. Sitzung TOP 2. – BR-Drs. Nr. 134/54, BT-Drs. Nr. 598, STENOGRAPHISCHE BERICHTE Bd. 20 S. 1868 D – 1869 D, BR-Drs. Nr. 856, STENOGRAPHISCHE BERICHTE Bd. 21 S. 2554 C – 2555 A („Das Gesetz ist einstimmig angenommen"), BR-SITZUNGSBERICHTE 1954 S. 313 A–C, BR-Drs. Nr. 351/54. – Gesetz vom 30. Nov. 1954 (BGBl. I 354).

[26]) Vgl. 284. Sitzung am 27. März 1953 TOP 3. – Vorlage des AA vom 7. Dez. 1953 in AA, Abt. 2, Bd. 296 und B 136/2047. Weitere einschlägige Unterlagen in AA, Abt. 2, Bd. 285–295 und Bd. 297 sowie in B 106/1058.

[27]) „Niederschrift über die Ressortbesprechung im Bundeskanzleramt am 14. 12. 1953 betr. mit dem Abkommen über die Errichtung einer europäischen Organisation für kernphysikalische Forschung zusammenhängende Zuständigkeits- und Finanzierungsfragen" (Entwurf vom 18. Jan. 1954) in B 136/2047. Dazu Vorlagen des BMI vom 28. Jan. 1954, des AA vom 30. Jan. 1954 und des Präsidenten des Bundesrechnungshofs vom 24. Febr. 1954, jeweils in B 136/2047; ferner 2. Wahlperiode 1953–1957: Haushaltsausschuß, Protokoll der 28. Sitzung am 26. März 1954 TOP 1h (Parlamentsarchiv des Deutschen Bundestages). Aus dem Schreiben des StS des Bundeskanzleramtes an den Präsidenten des Bundesrechnungshofs vom 27. Juni 1954 geht hervor, daß die „Ausbringung des Beitrags der Bundesrepublik" dergestalt geregelt wurde, „daß im Einzelplan 60 (Allgemeine Finanzverwaltung) Kapitel 6002 Titel 678 des Haushaltsplanes 1954 ein Betrag von 3 Mio DM für die Europäische Organisation für kernphysikalische Forschung veranschlagt wurde" (B 136/2047).

terrichte, werden von dem Bundesminister für das Post- und Fernmeldewesen beantwortet.

Nach eingehender Aussprache wird beschlossen, dem Gesetzentwurf zuzustimmen, die Fragen der Finanzierung und der Zuständigkeit[28] im Augenblick jedoch noch nicht abschließend zu regeln[29].

6. ENTWURF EINES ZWEITEN GESETZES ZUR ÄNDERUNG UND ERGÄNZUNG DES PERSONENSTANDSGESETZES BMI/BMJ

Auf eine von dem Bundesminister des Innern im Anschluß an seinen Bericht über die Kabinettsvorlage[30] gestellte Frage entscheidet das Kabinett dahin, daß die Trauungen vor den Standesämtern zwar nicht in feierlicher, aber doch in würdiger Form erfolgen sollen[31].

Das Kabinett stimmt der Vorlage zu und erklärt sich damit einverstanden, daß der Bundesminister der Justiz seine Bedenken wegen der Behandlung des Familienbuches[32] im zuständigen Ausschuß des Bundestages zur Sprache bringt[33].

---

[28] In der entsprechenden Vorlage der Bundesregierung vom 25. Febr. 1954 (B 136/2047, BR-Drs. Nr. 65/54) wird festgelegt: „Federführend ist das Auswärtige Amt."

[29] BR-Drs. Nr. 65/54. – BT-Drs. Nr. 394. – Gesetz vom 17. September 1954 in BGBl. II 1013, Bekanntmachung über das Inkrafttreten vom 24. November 1954 in BGBl. II 1132. – Ein Vermerk des Bundeskanzleramtes vom 5. Nov. 1954 endet mit dem Hinweis, „daß der Beitrag des Bundes zur Europäischen Organisation für kernphysikalische Forschung für das Rechnungsjahr 1955 wieder – wie im laufenden Rechnungsjahr – im Einzelplan 60 (Allgemeine Finanzverwaltung) Kapitel 6002 Titel 678 veranschlagt sei" (B 136/2047). – Fischer, Peter: Die Anfänge der Atompolitik in der Bundesrepublik Deutschland im Spannungsfeld von Kontrolle, Kooperation und Konkurrenz (1949–1955) (im Druck).

[30] Zur ersten Änderung des Personenstandsgesetzes vom 3. Nov. 1937 (RGBl. I 1146) siehe 74. Sitzung am 16. Juni 1950 (TOP 4). – Die Vorlage vom 6. Jan. 1954 war vom BMI erarbeitet und vom BMJ trotz gewisser Bedenken mitgezeichnet worden (B 106/47931, B 141/2948 und B 136/1924). Mit der Novellierung sollten die Ausstattung der Vertriebenen mit Personenstandsurkunden erleichtert, die Personenstandsführung vereinheitlicht und nationalsozialistische Bestimmungen entfernt werden.

[31] § 8 des Gesetzes von 1937 lautet: „Die Eheschließung soll in einer der Bedeutung der Ehe entsprechenden würdigen und feierlichen Weise vorgenommen werden."

[32] Die Vierte AusführungsVO zum Personenstandsgesetz vom 27. Sept. 1944 (RGBl. I 219) gestattete, die Führung des im Gesetz von 1937 vorgeschriebenen Familienbuches auszusetzen. Die Einwendungen des BMJ richteten sich dagegen, daß in dem Gesetzentwurf vorgesehen war, das Familienbuch nicht mehr am Ort der Eheschließung, sondern am Wohnort des Ehepaares zu führen (siehe dazu die der Vorlage beigegebenen „Erläuterungen" und das Schreiben des BMJ vom 20. Nov. 1953 in B 141/2947 und B 106/47931).

[33] Unterlagen über die Sitzungen des BT-Ausschusses für die Angelegenheiten der inneren Verwaltung in B 141/2949 f. und B 106/47932. – BR-Drs. Nr. 55/54. – Fortgang 44. Sitzung TOP 5.

7. ENTWURF EINES ZWEITEN GESETZES ÜBER DIE VERLÄNGERUNG DER WAHLPERIODE DER BETRIEBSRÄTE (PERSONALVERTRETUNGEN) IN DEN ÖFFENTLICHEN VERWALTUNGEN UND BETRIEBEN DES BUNDES UND DER BUNDESUNMITTELBAREN KÖRPERSCHAFTEN DES ÖFFENTLICHEN RECHTS BMI

Das Kabinett stimmt der Vorlage[34] mit der Maßgabe zu, daß § 1 entsprechend dem Vorschlag des Bundesministers des Innern[35] folgende Fassung erhält:

„Die Wahlperiode der am 31. 3. 1954 im Amt befindlichen Betriebsräte (Personalvertretungen) in den öffentlichen Verwaltungen und Betrieben des Bundes und der bundesunmittelbaren Körperschaften, Anstalten und Stiftungen des öffentlichen Rechts wird bis zum Inkrafttreten des im § 88 Abs. 1 des Betriebsverfassungsgesetzes vom 11. 10. 1952 (BGBl. I S. 681) vorbehaltenen Gesetzes, längstens jedoch bis zum 31. 12. 1954 verlängert."[36]

8. ÜBERTRAGUNG DER AUFSICHT ÜBER DIE KREDITANSTALT FÜR WIEDERAUFBAU (KW) AUF DEN BUNDESMINISTER FÜR WIRTSCHAFT[37] BMWi

und

9. BEREITSTELLUNG VON MITTELN ZUR FINANZIERUNG DRINGENDER INDUSTRIELLER INVESTITIONEN UND ZUR FINANZIERUNG LANGFRISTIGER EXPORTGESCHÄFTE[38] BMWi

[Die beiden Tagesordnungspunkte] sollen in der Kabinettssitzung am 19. Februar 1954 erörtert werden.

10. ERNENNUNG DER MITGLIEDER DES VERWALTUNGSRATES DER DEUTSCHEN BUNDESPOST BMP

Der Bundesminister für das Post- und Fernmeldewesen erläutert seine Vorschläge[39] und bemerkt, daß gegen die Ernennung der Herren von Schmiedeberg[40] und von Borcke[41] Bedenken[42] geäußert sind.

---

[34] Die Geltung des Gesetzes über die Verlängerung der Wahlperiode der Betriebsräte (Personalvertretungen) in den öffentlichen Verwaltungen und Betrieben des Bundes und der bundesunmittelbaren Körperschaften des öffentlichen Rechts vom 30. März 1953 (BGBl. I 108) war bis zum 31. März 1954 befristet. Der BMI hatte in seiner Vorlage vom 9. Febr. 1954 vorgeschlagen, die Wahlperiode bis zum Inkrafttreten des Personalvertretungsgesetzes (vgl. 16. Sitzung TOP 12), längstens bis zum 31. Dez. 1954, zu verlängern (B 106/18426 und B 136/501).

[35] Die vom BMI vorgeschlagene neue Fassung von § 1 ging auf eine Anregung des BMA zurück (Schreiben des BMA vom 12. Febr. 1954 in B 106/18426). Siehe dazu auch die Vermerke vom 16. und 18. Febr. 1954 (ebenda).

[36] BR-Drs. Nr. 52/54. – BT-Drs. Nr. 271. – Gesetz vom 29. März 1954 (BGBl. I 47).

[37] Siehe 19. Sitzung TOP 2.

[38] Siehe 19. Sitzung TOP 3.

[39] Vorlage des BMP vom 11. Febr. 1954 (Entwurf) in B 257/5474.

[40] Victor von Schmiedeberg (1889–1969). 1920 Reichsfinanzministerium, 1927 Reichsverkehrsministerium, 1. April 1933 Versetzung in den Ruhestand; 1947 Zentral-Haushaltsamt für die britische Zone, 1948 Verwaltung für Finanzen des VWG, 1950 BMF (1953 MinDir.), 1954–1958 Mitglied des Verwaltungsrates der Deutschen Bundespost.

[41] Dr. iur., Dr. rer. pol. Hans-Otto von Borcke (geb. 1910), Vorstandsmitglied der Reeder-Union AG, Kiel; Mitglied der Rechts-Versicherungs- und Steuerkommission sowie Sozialkommission im Verband Deutscher Reeder.

Nach der Meinung des Vizekanzlers ist Herr von Schmiedeberg ein ausgezeichneter Fachmann für das Haushaltswesen. Er komme jedoch als Beamter des Bundesfinanzministeriums in einen Interessenkonflikt, wenn er daneben in den Verwaltungsrat der Bundespost gewählt werde. Dieses Bedenken wird von dem Bundesminister für Wohnungsbau geteilt.

Anstelle des Herrn von Borcke schlägt der Bundesminister des Innern den Direktor Claus Fischer[43]), Kiel, vor, damit auch die kommunalen Spitzenverbände im Verwaltungsrat vertreten seien. Der Bundesminister für Verkehr erhebt gegen diesen Vorschlag Widerspruch und tritt für Herrn von Borcke ein. Nach eingehender Aussprache erklärt der Bundesminister für das Post- und Fernmeldewesen, daß er an dem Vorschlag von Schmiedeberg festhalte und sich für den Direktor Fischer ausspreche. Das Kabinett schließt sich diesen Vorschlägen an und stimmt der Liste mit der Maßgabe zu, daß anstelle des Herrn von Borcke Herr Claus Fischer, Kiel, tritt[44]).

11. LAGE DER WOHLFAHRTSVERBÄNDE   BMI

Der Bundeskanzler unterstreicht die ernste Lage im Nachwuchs sämtlicher Wohlfahrtsverbände. Der Bundesminister des Innern wird ermächtigt, auf der für den nächsten Tag vorgesehenen Kundgebung die Sorge der Bundesregierung über diese Entwicklung auszudrücken[45]).

12. PERSONALIEN

Von den Personalvorschlägen aus den Anlagen zur Tagesordnung wird nur die Frage der Ernennung des Ministerialdirektors Ripken zum Staatssekretär — und zwar in Abwesenheit der übrigen Staatssekretäre — erörtert[46]).

Nach eingehender Aussprache wird die Angelegenheit zurückgestellt[47]).

[Außerhalb der Tagesordnung]

[A. PENSIONSBEZÜGE FÜR DIE WITWE DES GENERALOBERSTEN FROMM]

Der Bundesminister des Innern stellt die Frage, ob er dem Bundespräsidenten vorschlagen solle, der Witwe des Generalobersten Fromm[48]) im Gnadenwe-

---

[42]) Zu den Bedenken gegen von Schmiedeberg vgl. Schreiben des BMP an den BMF vom 15. Jan. 1954 (Entwurf) in B 257/5474.

[43]) Claus Fischer (geb. 1908). 1934 Allianz-Konzern, Berlin; 1937 Reichsluftfahrtministerium, Berlin. 1945 Stadtdirektor von Kiel, 1950 Vorsitzender des Vorstandes der Kieler Verkehrs AG, 1954—1957 Mitglied des Verwaltungsrates der Deutschen Bundespost.

[44]) Die Namen der Mitglieder des neuen Verwaltungsrates in BULLETIN vom 9. März 1954 S. 367, Konstituierende Sitzung des Verwaltungsrates der Deutschen Bundespost in BULLETIN vom 11. März 1954 S. 384.

[45]) Unterlagen über die auf Einladung des BMI zustandegekommene Besprechung mit Vertretern der Spitzenverbände der Wohlfahrtspflege am 18. Febr. 1954 in B 106/9356 und 20337. — Vgl auch BULLETIN vom 25. Febr. 1954 S. 310.

[46]) Siehe 20. Sitzung TOP 6.

[47]) Siehe 20. Sitzung TOP 5.

[48]) Friedrich Fromm (1888—1945). 1906 Fahnenjunker, 1935 General, 1939 Chef der Heeresrüstung und Befehlshaber des Ersatzheeres, 1941 Generaloberst.

69

ge die vollen Pensionsbezüge zu gewähren. Die Haltung Fromms bei den Juli-Ereignissen 1944 sei umstritten und noch nicht einwandfrei geklärt[49]). Fest stehe, daß das Reichskriegsgericht Fromm zum Tode verurteilt habe[50]). Das Urteil sei aufgehoben[51]), die beamtenrechtlichen Folgen jedoch nicht geklärt[52]). Würde Fromm noch leben, ständen ihm die Bezüge entsprechend dem Gesetz zu Artikel 131 GG[53]) zu. Er halte es nicht für richtig, in derartigen Fällen unterschiedlich zu verfahren und möchte deshalb dem Bundespräsidenten vorschlagen, der alten, kranken Frau, die ihren einzigen Sohn in Rußland verloren habe, die Bezüge voll zu gewähren.

Hiergegen werden von verschiedenen Kabinettsmitgliedern Bedenken erhoben. Dabei wird darauf hingewiesen, daß Frau Fromm zweifellos keinen Rechtsanspruch auf Grund des Gesetzes zu Artikel 131 GG habe. Wenn der Bundespräsident ihr im Gnadenwege eine Hilfe gewähren wolle[54]), sollte es auch in seinem Ermessen bleiben, in welcher Höhe er den zu gewährenden Betrag bestimmen wolle. Abschließend kann dies als die Meinung des Kabinetts festgestellt werden[55]).

---

[49]) Zum damaligen Wissensstand über das Verhalten Fromms am Tag des Attentats gegen Hitler siehe Görlitz, Walter: Der deutsche Generalstab. Geschichte und Gestalt. Frankfurt 1953 S. 350–356, zum neuesten Forschungsstand Hoffmann, Peter: Widerstand, Staatsstreich, Attentat. Der Kampf der Opposition gegen Hitler. 3. Auflage, München 1979 S. 486–541 und 592–644. — Festzustehen scheint, daß Fromm von den Widerstandskämpfern inhaftiert worden war und nach seiner Befreiung Graf Stauffenberg, General Olbricht, Oberst Mertz von Quirnheim und Oberleutnant von Haeften erschießen ließ.

[50]) Der Volksgerichtshof hatte Fromm am 7. März 1945 wegen „Feigheit" zum Tode verurteilt (Bericht über die Verhandlung in NS 6/22). Das Urteil war am 12. März 1945 vollstreckt worden.

[51]) Das Landgericht Berlin hatte das Urteil am 28. Jan. 1952 entsprechend dem Gesetz über die Wiedergutmachung nationalsozialistischen Unrechts auf dem Gebiet des Strafrechts vom 5. Jan, 1951 (VOBlatt für Berlin S. 31) aufgehoben (MSg. 1/6).

[52]) Unterlagen über die Bemühungen der Bevollmächtigten der Witwe Fromms in den Jahren 1952 und 1953, ihr die vollen Pensionsbezüge zuzusprechen, ebenda und in MSg 1/5. — Aus den Dokumenten, die die Tochter Fromms, Helga Heinke, dem Bundesarchiv zur Einsichtnahme zur Verfügung stellte, geht hervor, daß das Entschädigungsamt Berlin, das der Witwe Fromms befristete und widerrufbare Zahlungen leistete, die Sache dem BMI zur Entscheidung vorgelegt hatte.

[53]) Das Gesetz zur Regelung der Rechtsverhältnisse der unter Artikel 131 des Grundgesetzes fallenden Personen vom 11. Mai 1951 (BGBl. I 307) regelte die Rechtsverhältnisse der Personen, die am 8. Mai 1945 im öffentlichen Dienst gestanden oder Versorgungsempfänger des öffentlichen Dienstes gewesen waren.

[54]) Das Gnadengesuch der Witwe Fromms war im März 1953 dem BMI zur Weiterleitung an den Bundespräsidenten übergeben und im Mai 1953 Heuss übermittelt worden, der seine Entscheidung von einem Beschluß des Kabinetts abhängig gemacht hatte.

[55]) Der Bundespräsident gestand der Witwe Fromms 60 % der Witwenpension zu. — Unterlagen in den Akten der Bundesministerien und des Bundespräsidialamtes nicht ermittelt.

**19. Kabinettssitzung
am Freitag, den 19. Februar 1954**

Teilnehmer: Adenauer, Blücher, Schröder, Neumayer, Schäffer, Erhard, Lübke, Storch, Seebohm (bis 12.10 Uhr), Balke, Preusker, Oberländer, Kaiser, Hellwege, Wuermeling, Tillmanns, Schäfer, Kraft; Globke, Hallstein, Thedieck (bis 12.20 Uhr), Westrick; Klaiber; von Eckardt (ab 12.00 Uhr), Krueger; Selbach; Blank. Protokoll: Spieler.

Beginn: 11.00 Uhr   *Ende: 13.30 Uhr*

1. VIERERKONFERENZ   BK

Der Bundeskanzler unterrichtet[1] das Kabinett kurz über seine gestrige Besprechung mit Herrn Dulles auf dem Flugplatz Wahn[2]).

Alsdann gibt er Kenntnis von dem Entwurf einer Presseverlautbarung der Bundesregierung aus Anlaß des Abschlusses der Berliner Viererkonferenz. In der Aussprache werden einige sachliche und redaktionelle Änderungen angeregt, die die Zustimmung des Kabinetts finden. Der dementsprechend von Staatssekretär Prof. Dr. Hallstein überarbeitete Entwurf wird am Schluß der Sitzung vom Kabinett gebilligt[3]).

2. ÜBERTRAGUNG DER AUFSICHT ÜBER DIE KREDITANSTALT FÜR WIEDERAUFBAU (KW) AUF DEN BUNDESMINISTER FÜR WIRTSCHAFT   BMWi

Der Bundesminister für Wirtschaft gibt ein Bild von der bisherigen Entwicklung der Angelegenheit[4]). Nach kurzer Erörterung, an der sich besonders der Bundesminister für wirtschaftliche Zusammenarbeit sowie der Bundesmini-

---

[1]) Vgl. 18. Sitzung TOP 1.
[2]) Vgl. im einzelnen „Aufzeichnung über eine Unterredung des Herrn Bundeskanzlers mit dem amerikanischen Außenminister, Mr. John Foster Dulles, die am 18. Februar 1954 von 22.00 bis 23.15 Uhr auf dem Flughafen Wahn stattfand" vom 19. Febr. 1954 (Durchschlag, 12 Bl.) in Nachlaß Blankenhorn/29 und AA, BStSe, Bd. 87. Dazu auch folgende Eintragung in Nachlaß Seebohm/8c (19. 2. 54): „Gespräch mit Dulles am 18. 2., 1½ Stunden, im engsten Kreis, anwesend: Conen [Conant], MacArthur, Merchant. Vertraut sehr auf Deutschland. Hält Ratifikation Frankreichs nicht für gesichert; aber Bidaults großer Erfolg, Indochina in Schlußprotokoll hereinzubekommen, wird seine Stellung stärken und seine Politik in Frankreich. Adenauer: Konferenz in vieler Hinsicht positiv zu werten: Bestätigung unserer Politik gegenüber SPD. Österreich hatte angeboten: Neutralität, Besatzung für 1 Jahr usw.; alles hat nichts genutzt, Rußland zum Einlenken zu bewegen. Westmächte viel näher zusammengerückt. Laniel-Bidault werden nicht gestürzt werden. Einwilligung Rußlands, Indochina zu behandeln. Erfolg für Rußland: 5-Mächtekonferenz mit Rotchina durchgesetzt (Genf). Dulles hat Saar angesprochen. Verständigung mit Frankreich erwünscht und notwendig. Nicht auf Einzelheiten eingegangen. Aber erst nach Bundestagsdebatte aufnehmen." FRUS V p. 880; FRUS VII pp. 1150–1152, 1208–1215; StBKAH III 82, ADENAUER S. 259–264.
[3]) Mitteilung des BPA Nr. 198/54 vom 19. Febr. 1954. — Fortgang 20. Sitzung TOP A.
[4]) Vgl. 285. Sitzung am 31. März 1953 TOP 9.

ster der Finanzen beteiligen und die keine neuen Gesichtspunkte ergibt, beschließt das Kabinett gemäß dem Antrag des Bundesministers für Wirtschaft in dessen Vorlage vom 29. Januar 1954[5]).

3. BEREITSTELLUNG VON MITTELN ZUR FINANZIERUNG DRINGENDER INDUSTRIELLER INVESTITIONEN UND ZUR FINANZIERUNG LANGFRISTIGER EXPORTGESCHÄFTE
BMWi

Der Bundesminister für Wirtschaft[6]) trägt den wesentlichen Inhalt seiner Vorlage vom 29. Januar 1954 vor[7]).

Wie er im einzelnen in seinem Schreiben vom 12. Febr. 1954[8]) bereits ausgeführt hat, spricht sich der Bundesminister der Finanzen mit Nachdruck insbesondere gegen den Vorschlag des Bundesministers für Wirtschaft aus, eine steuerbefreite Anleihe der Kreditanstalt für Wiederaufbau zu genehmigen. Er hält die Anleihe im Hinblick auf die bisher dazu beigebrachten ungenügenden Unterlagen für eine „Vorratsemission". Zur Zeit seien bereits Anleihen im Gesamtbetrage von mehr als 1,2 Milliarden DM aufgelegt[9]). Es müsse damit gerechnet werden, daß der Bund vielleicht schon im Herbst 1954 genötigt sein werde, eine neue Anleihe aufzulegen. Die Gefahr sei nicht von der Hand zu weisen, daß dann der Kapitalmarkt so erschöpft sei, daß die Anleihe nicht aufgebracht werden könne. Dieser Gefahr müsse rechtzeitig begegnet werden.

---

[5]) Vorlage in B 102/27998 und B 136/2333.
[6]) Vgl. Schreiben des BMWi an das Bundeskanzleramt vom 27. Okt. 1953 in B 136/2333, in dem der BMWi über die Absicht der Kreditanstalt für Wiederaufbau unterrichtet hatte, eine 5½%ige Anleihe von 250 Mio DM aufzulegen, deren Erlös in Höhe von 100 Mio DM für die Eisen schaffende Industrie, in Höhe von 50 Mio DM für die mit Grundchemikalien arbeitende Chemische Industrie („Grundchemie") und in Höhe von 100 Mio DM zur Finanzierung von Exportgeschäften verwendet werden sollte und in dem ferner der BMWi anheimgestellt hatte, die Zustimmung der Bundesregierung zu dieser Industrieemission herbeizuführen. Vgl. ferner 5. Sitzung am 4. Nov. 1953 TOP 1 II 3 und 9. Sitzung am 24. Nov. 1953 TOP 1 4c sowie Schreiben Erhards an Adenauer vom 30. Jan. 1954 in B 136/4800.
[7]) Vorlage in B 102/27988a und B 136/4652. Für Modernisierungs- und Rationalisierungsinvestitionen zur Erhaltung der Wettbewerbsfähigkeit der Eisen schaffenden Industrie innerhalb der Montanunion, für Forschung und Entwicklung der Grundchemie mit nach sich ziehender Exportsteigerung und für die Finanzierung von Exportgeschäften über vier Jahre hinaus beantragte der BMWi, folgende Kabinettsbeschlüsse herbeizuführen: „1.a) Die Bundesregierung genehmigt die Ausgabe von 250 Mio DM 5½% Inhaberschuldverschreibungen der Kreditanstalt für Wiederaufbau. b) Der Verwendungszweck des Anleiheerlöses wird gemäß § 3a Ziff. 4 EStG. [Einkommensteuergesetz in der Fassung vom 15. September 1953, BGBl. I 1355] als besonders förderungswürdig anerkannt. Der Bundesfinanzminister wird beauftragt, unverzüglich eine entsprechende Rechtsverordnung vorzulegen. c) Der Bundesfinanzminister hat die Verzinsung der Schuldverschreibungen namens des Bundes zu verbürgen (§ 4 Abs. 3 KW Ges. [Gesetz über die Kreditanstalt für Wiederaufbau in der Fassung vom 22. Jan. 1952, BGBl. I 65]). 2. Der Bundesminister für wirtschaftliche Zusammenarbeit wird ermächtigt, der Kreditanstalt für Wiederaufbau aus dem Bestand des ERP-Sondervermögens nom. 200 Mio DM 5½% Bundesanleihe 1952 zur Verwertung bzw. nach Fälligkeit den Erlös darlehensweise zu überlassen."
[8]) Als Kabinettsvorlage in B 134/3279. Vgl. dazu auch B 126/20893 und B 102/27993.
[9]) Emissionsanträge für 1954 in B 126/20893 und 26752.

19. Kabinettssitzung am 19. Februar 1954

Unterstützt vom Bundesminister für Wohnungsbau und vom Bundesminister für das Post- und Fernmeldewesen bezeichnet der Bundesminister für wirtschaftliche Zusammenarbeit die Anleihe deshalb für dringend wünschenswert, weil die deutsche Wirtschaft rationalisiert werden müsse, um auf dem Weltmarkt konkurrenzfähig zu sein. Andererseits verkennt er die Bedeutung der grundsätzlichen Bedenken des Bundesministers der Finanzen nicht. Vor endgültiger Stellungnahme möchte er noch Gelegenheit nehmen, sich über die Bedingungen näher zu unterrichten, unter denen die Anleihe der Kreditanstalt für Wiederaufbau aufgelegt werden soll.

Auf Anregung des Bundeskanzlers wird die weitere Erörterung ausgesetzt. Zunächst soll zwischen den Bundesministern für Wirtschaft, für wirtschaftliche Zusammenarbeit und der Finanzen sowie der Kreditanstalt für Wiederaufbau eine Besprechung stattfinden mit dem Ziel eines Ausgleichs der zur Zeit noch vorhandenen gegensätzlichen Auffassungen[10]).

4. VORTRAG DES BUNDESARBEITSMINISTERS [RENTENERHÖHUNG, SOZIALREFORM] BMA

Der Bundesminister für Arbeit kommt auf seinen schon früher im Kabinett entwickelten Plan zurück, alsbald die alten Sozialrenten aufzubessern[11]). Er bezeichnet das als eine dringende Notwendigkeit, weil die derartigen Renten zugrundeliegenden Jahresarbeitsverdienste aus den 20er Jahren und aus noch früherer Zeit den heutigen Lebensverhältnissen bei weitem nicht mehr entsprechen. Um Mittel für die Aufbesserung zu gewinnen, sollte auf die bei den Sozialversicherungsträgern vorhandenen Überschüsse zurückgegriffen werden[12]). Der Sozialreform[13]) werde durch seinen Plan nicht vorgegriffen, denn er bezwecke nur die Versorgung eines zwar besonders augenfälligen, aber doch nur vorübergehenden Mißstandes, da die ohnehin nicht allzu große Zahl der Betroffenen sich laufend durch natürlichen Abgang vermindere.

Ihm liege daran, seinen Plan in Kürze auch außerhalb des Kabinetts in Fachkreisen zur Erörterung zu bringen. Die für den 5. März 1954 vorgesehene

---

[10]) Aus einem Vermerk des BMZ vom 3. März 1954 geht hervor, daß die vorgesehene Chefbesprechung nicht stattgefunden hatte, „da Herr Minister Schäffer am 2. 3. 1954 mitgeteilt hat, er sehe sich aus folgenden Gründen noch nicht für eine Erörterung der Angelegenheit in der Lage: a) Die von dem Herrn Bundesminister der Finanzen erbetene Stellungnahme der Bank deutscher Länder liege noch nicht vor, b) Die im Rahmen der KfW-Anleihe (DM 250 Mio) + Bundesanleihe-Verwertung (DM 200 Mio) = DM 450 Mio zu finanzierenden Projekte seien bisher dem BFM noch nicht zur Kenntnisnahme zugeleitet worden" (B 146/1593). — Fortgang 22. Sitzung TOP C: Finanzierung industrieller Vorhaben in Griechenland.
[11]) Vgl. 6. Sitzung am 5. Nov. 1953 (TOP 1).
[12]) Siehe dazu die Vorlage des BMA vom 31. Okt. 1953 (B 149/392 und B 136/1358).
[13]) Adenauer hatte Storch am 10. Febr. 1954 unter Hinweis auf seine Regierungserklärung vom 20. Okt. 1953 (STENOGRAPHISCHE BERICHTE Bd. 18 S. 13) aufgefordert, ihm sobald wie möglich über den Stand der Sozialreform zu berichten. Der Bundeskanzler hatte Storch erneut darauf hingewiesen, daß er „unter einer Sozialreform etwas anderes verstünde als lediglich Rentenerhöhungen auf einzelnen Teilgebieten des Sozialleistungssystems" (B 136/1358). — Zur Sozialreform siehe HOCKERTS S. 242—279.

Generalversammlung des Verbandes der Rentenversicherungsträger[14]) biete dazu eine zwanglose erste Gelegenheit. Er bittet deshalb, ihn entsprechend zu ermächtigen.

Was im übrigen die Sozialreform betreffe, so halte er es nicht für angebracht, sie durch eine besondere Studienkommission[15]) vorbereiten zu lassen, denn die Reform dränge; die Kommission aber werde voraussichtlich lange Zeit brauchen, um zu Ergebnissen zu kommen. Es werde genügen, den bereits bestehenden wissenschaftlichen Beirat[16]) zu den Vorbereitungen weitgehend hinzuzuziehen, die im übrigen in seinem Hause mit Nachdruck betrieben würden.

Der Bundeskanzler betont, daß — auch im Hinblick auf die in diesem Jahre bevorstehenden Landtagswahlen[17]) — alles vermieden werden müsse, was auch nur den Anschein erwecken könnte, als ob die Reform zögernd in Angriff genommen werde. Unter diesem Gesichtspunkt sei er nicht ganz sicher, ob der vom Bundesminister für Arbeit entwickelte Plan sich günstig auswirken werde.

Der Bundesminister für Arbeit meint, daß gerade die baldige Inangriffnahme seines Planes eine besonders gute Atmosphäre für die Sozialreform schaffen werde.

Der Bundesminister der Finanzen befürchtet, daß das Kabinett praktisch festgelegt sei, wenn der Bundesminister für Arbeit seinen Plan in Fachkreisen zur Erörterung bringe. Das erscheine ihm besonders deshalb bedenklich, weil die Durchführbarkeit des Planes — insbesondere hinsichtlich der Aufbringung der Mittel — durchaus nicht sicher sei. Die Überschüsse der Sozialversicherungsträger müßten nämlich möglicherweise anders verwendet werden. Was die Reform angehe, so halte er deren Vorbereitung durch eine besondere Stu-

---

[14]) Dem Verband Deutscher Rentenversicherungsträger gehörten die Rentenversicherung der Arbeiter, der Angestellten, der Knappschaft und der Seeleute an.

[15]) Der BMF hatte in einem Schreiben an Adenauer vom 13. Okt. 1953 (B 126/10939) und in seiner Vorlage vom 13. Nov. 1953 (B 126/10940 und B 136/1358) vorgeschlagen, eine „Regierungskommission" zur Vorbereitung der Sozialreform einzusetzen, der neben den beteiligten Bundesministern Wissenschaftler und Vertreter der sozialen Selbstverwaltungskörperschaften angehören sollten. Die Kommission sollte unter dem „Protektorat" des Bundeskanzlers stehen und im Bundeskanzleramt angebunden werden. Der beim BMA bestehende wissenschaftliche Beirat für die Sozialreform sollte nach dem Vorschlag des BMF in der Kommission aufgehen. In seinem Schreiben an Storch vom 10. Febr. 1954 hatte sich Adenauer für diesen Plan eingesetzt. — Eine Beratung der Vorlage des BMF im Kabinett konnte nicht ermittelt werden (siehe dazu auch das Schreiben Schäffers an Adenauer vom 3. Febr. 1954 in B 126/10940).

[16]) Der BT hatte am 21. Febr. 1952 einen Antrag der Koalitionsparteien verabschiedet, der „zur Vorbereitung gesetzgeberischer Maßnahmen über die finanzielle Sicherung, Neuordnung und fortschrittliche Entwicklung der sozialen Leistungen, unter klarer Abgrenzung der Versicherung von Versorgung und Fürsorge" den BMA beauftragte, einen aus 15 Personen bestehenden Beirat beim BMA zu bilden (Umdruck Nr. 455 in B 149/411 und STENOGRAPHISCHE BERICHTE Bd. 10 S. 8376—8392). — Die konstituierende Sitzung des „Beratenden Beirats für die Neuordnung der sozialen Leistungen" fand am 3. März 1953 statt (Protokoll in B 149/410). Unterlagen über die Berufung der Mitglieder in B 149/411, vgl. auch BUNDESARBEITSBLATT 1953 S. 172.

[17]) In Nordrhein-Westfalen fanden am 27. Juni, in Schleswig-Holstein am 12. Sept. und in Bayern und Hessen am 28. Nov. 1954 Landtagswahlen statt; ferner gab es am 5. Dez. Wahlen zum Abgeordnetenhaus von Berlin (-West).

diendkommission für zweckmäßig. Diese sollte einen befristeten Auftrag erhalten, um von vornherein Verzögerungen vorzubeugen.

Die Bundesminister für wirtschaftliche Zusammenarbeit und für Wohnungsbau sowie besonders Bundesminister Dr. Schäfer teilen und ergänzen die Bedenken des Bundesministers der Finanzen, wenn sie auch anerkennen, daß die Aufbesserung der alten Renten aus sozialen Gesichtspunkten erwünscht sei[18]).

Der Bundesminister für das Post- und Fernmeldewesen hält diese Aufbesserung aus politischen Gründen für dringend geboten, weil die jetzige Lage der Opposition einen sehr handgreiflichen und gefährlichen Angriffspunkt biete[19]). Andererseits könne er sich den gegen den Plan geltend gemachten Bedenken nicht verschließen. Vielleicht sei eine Aussprache im kleinen Kreis geeignet, die gegensätzlichen Auffassungen einander so zu nähern, daß der Bundesminister für Arbeit nicht gehindert sei, seinen Plan in gewissen Grenzen in Fachkreisen zu entwickeln.

Das Ergebnis der Aussprache faßt der Bundeskanzler dahin zusammen, daß das Kabinett grundsätzlich damit einverstanden ist, wenn der Bundesminister für Arbeit seinen Plan in Fachkreisen zur Erörterung stellt[20]). Doch wird er gebeten, vorher mit dem Bundesminister der Finanzen und den übrigen Bundesministern, die sich dazu geäußert haben, abzustimmen, was bei dieser Erörterung als Meinung des Kabinetts zum Ausdruck gebracht werden kann[21]).

---

[18]) Vgl. dazu auch 13. Sitzung am 18. Dez. 1953 (TOP O).
[19]) Die SPD bat am 10. März 1954 die Bundesregierung um Auskunft über die Erhöhung der Altrenten, die geplante Sozialreform und über die Arbeit des Beirats (BT-Drs. Nr. 314). Zur Diskussion der Anfrage am 21. Mai 1954 siehe STENOGRAPHISCHE BERICHTE Bd. 20 S. 1402–1430. Entwurf der Antwort Storchs in B 149/395. – Zur Beurteilung der Bundestagsdebatte siehe den Vermerk vom 24. Mai 1954 in B 136/1358.
[20]) Storch gab in seiner Rede bei der außerordentlichen Mitgliederversammlung des Verbandes Deutscher Rentenversicherungsträger am 5. März 1954 die Erhöhung der Altrenten bekannt (gedruckter Text in B 149/393, unredigierter Text in B 126/10940).
[21]) Vermerk Schäffers vom 2. März 1954 über die Besprechung am selben Tag, an der außer dem BMA und dem BMF auch BMS Schäfer teilnahm, in B 126/10940. – Fortgang 28. Sitzung TOP 9.

20. Kabinettssitzung
am Mittwoch, den 24. Februar 1954

Teilnehmer: Adenauer, Schröder, Neumayer, Schäffer, Erhard, Lübke, Seebohm, Balke, Preusker, Oberländer, Kaiser, Hellwege, Tillmanns, F. J. Strauß, Schäfer, Kraft; Globke, Hallstein, Sauerborn, W. Strauß; Klaiber; von Eckardt; Selbach, Kilb; Blank. Protokoll: Haenlein.

Beginn: 16.30 Uhr   *Ende: 18.00 Uhr*

[Außerhalb der Tagesordnung]

[A.] VIERERKONFERENZ

Zu Beginn der Sitzung[1]) wird die Regierungserklärung besprochen, die der Bundeskanzler zur Berliner Viererkonferenz vor dem Bundestag abgeben will[2]). Dabei unterrichtet er das Kabinett über seine Aussprache mit dem Oppositionsführer, dem Abg. Ollenhauer. Die Unterredung habe nicht gezeigt, daß die Opposition ihren Kampf gegen die EVG[3]) aufgeben wolle[4]).

Im weiteren Verlauf der Aussprache besteht Einigkeit darüber, daß es sehr erwünscht wäre, wenn eine etwaige Entschließung des Bundestages von allen Parteien – auch der Opposition – gebilligt würde[5]). Allerdings sollte auf eine besondere Erwähnung der EVG nur dann verzichtet werden[6]), wenn die Oppo-

---

[1]) Vgl. 19. Sitzung TOP 1.
[2]) Erklärung der Bundesregierung (über die Ergebnisse der Berliner Viermächtekonferenz) vom 25. Febr. 1954 in STENOGRAPHISCHE BERICHTE Bd. 18 S. 518 A – 552 A. KAISER S. 595 f.
[3]) Vgl. 18. Sitzung TOP 1: Viererkonferenz. – Fortgang 24. Sitzung TOP 1: Außenpolitische Fragen.
[4]) Die Unterredung hatte am 24. Febr. 1954, 11.55 bis ca. 12.40 Uhr, stattgefunden (Terminkalender Adenauer in StBKAH 04.05 und Terminkalender Ollenhauer in Nachlaß Ollenhauer/156). Vgl. dazu den einschlägigen Schriftwechsel in StBKAH 12.27 und Nachlaß Ollenhauer/2 (im AdsD).
[5]) Antrag der Fraktionen der CDU/CSU, SPD, FDP, GB/BHE, DP (BT-Drs. Nr. 286) wurde vom BT am 25. Febr. 1954 einstimmig angenommen (STENOGRAPHISCHE BERICHTE Bd. 18 S. 550 B).
[6]) Hierzu findet sich in Nachlaß Seebohm/8c folgende Eintragung: „Regierungserklärung morgen etwa ½ h, im wesentlichen Berliner Rede, detaillierter über Verlauf Berliner Konferenz. Heute Gespräch mit Ollenhauer, urbane Formen, gewisse Übereinstimmung: Deutschlandproblem nicht isoliert, aber vermag natürlich EVG nicht beizutreten. Beschlußentwurf des Bundestages soll EVG nicht erwähnen, aber europäischen Zusammenschluß, um SPD Zustimmung zu ermöglichen. Saarfrage soll nicht angesprochen werden. Es sollen sprechen: Ollenhauer, Brentano, Haasler, Dehler, Merkatz. Hellwege: EVG darf nur fehlen, wenn SPD zustimmt."

sition bereit ist, der Entschließung in einer Form zuzustimmen, die zu keinerlei Mißdeutungen im Ausland Anlaß geben kann[7]).

1. ENTWURF EINES GESETZES ÜBER DIE BANK FÜR VERTRIEBENE UND GESCHÄDIGTE (LASTENAUSGLEICHSBANK) AKTIENGESELLSCHAFT. BUNDESTAGSDRUCKSACHE NR. 86   BMVt

Der Punkt wird mit Rücksicht auf die Abwesenheit des Vizekanzlers zurückgestellt[8]).

2. ENTWURF EINES GESETZES ÜBER DAS SEELOTSWESEN   BMV

Nach kurzer Begründung der Vorlage[9]) durch den Bundesverkehrsminister stimmt das Kabinett ihr zu[10]).

3. VERORDNUNG ZUR ERSTRECKUNG DES GESETZES ÜBER DIE ZUSAMMENARBEIT DES BUNDES UND DER LÄNDER IN ANGELEGENHEITEN DES VERFASSUNGSSCHUTZES VOM 27. 9. 1950 AUF DAS LAND BERLIN   BMI

In seinem Bericht über diese Vorlage[11]) erwähnt der Bundesminister des Innern, daß der Bundesminister der Justiz Bedenken erhoben hat, weil vom Bundesrat die Auffassung vertreten wird, die Verordnung bedürfe seiner Zustimmung[12]). Es ist in Aussicht genommen, die Frage der Zustimmungsbedürftigkeit in derartigen Fällen grundsätzlich zu prüfen[13]). Der vorliegende Fall erscheint für die Austragung dieser Meinungsverschiedenheit aber nicht geeignet. Des-

---

[7]) Fortgang 30. Sitzung TOP A: Zur Außenpolitik (Genfer Konferenz). — EA 1954 S. 6307—6309, 6372 f., 6409—6414. Die Viererkonferenz in Berlin 1954, Reden und Dokumente. Herausgegeben vom Presse- und Informationsamt der Bundesregierung. 1. Ausgabe: Februar 1954. Berlin. FRUS VII pp. 601—1233 (IV. The Berlin Conference, January 25 — February 18, 1954); EDEN pp. 53—76; StBKAH 12.63, 12.69 und 12.70; TEEGESPRÄCHE S. 511, 519—539; GREWE S. 174—190; Nachlaß Blankenhorn/27 und 29 (u. a. Berichte Blankenhorns aus Genf [Drahtberichte, Briefe] an Adenauer) sowie BLANKENHORN S. 178—189; Nachlaß Schön/53 und Informationsberichte über die Berliner Außenministerkonferenz vom 25. Jan. bis 18. Febr. 1954 (IfGA, ZPA, IV 2/5/566). Katzer, Nikolaus: Die Berliner Viermächtekonferenz von 1954 und die Deutsche Frage. In: Die Deutschlandfrage vom 17. Juni 1953 bis zu den Genfer Viermächtekonferenzen von 1955. Berlin 1990 (Studien zur Deutschlandfrage, Herausgegeben vom Göttinger Arbeitskreis Bd. 10).

[8]) Zu den Einwänden Blüchers gegen die Beratung der Vorlage siehe sein Schreiben an das Bundeskanzleramt vom 22. Febr. 1954 in B 136/2334 und B 106/24311. — Fortgang 23. Sitzung TOP 2.

[9]) Vgl. 287. Sitzung am 21. April 1953 TOP 4 und 295. Sitzung am 29. Mai 1953 TOP G. — Vorlage vom 11. Febr. 1954 in B 108/32678 und B 136/1567.

[10]) BR-Drs. Nr. 56/54. — BT-Drs. Nr. 393 und 762. — STENOGRAPHISCHE BERICHTE Bd. 21 S. 2043 B — 2044 C („Das Gesetz ist einstimmig angenommen"), BR-SITZUNGSBERICHTE 1954 S. 248 D — 249 C, BR-Drs. Nr. 300/54 (Beschluß). — Gesetz vom 13. Okt. 1954 (BGBl. II 1035). Bekanntmachung der Neufassung des Gesetzes vom 13. Sept. 1984 (BGBl. I 1213).

[11]) Zum Gesetz vgl. 50. Sitzung am 3. März 1950 (TOP 2). — Vorlage des BMI vom 11. Febr. 1954 in B 106/63037 und B 136/4367.

[12]) Siehe die Vorlage des BMJ vom 23. Febr. 1954 (B 106/63037).

[13]) Vgl. dazu auch 31. Sitzung TOP 1a und 1b.

halb stimmt das Kabinett entsprechend den Ausführungen des Bundesministers des Innern der Vorlage mit der Maßgabe zu, daß bei Zuleitung des Verordnungsentwurfs an den Bundesrat zum Ausdruck gebracht wird, seine Zustimmung werde „zur Vermeidung von Zweifeln" eingeholt[14]).

4. ENTWURF EINES ZUSTIMMUNGSGESETZES ZU DEM ZOLLABKOMMEN VOM 30. DEZEMBER 1953 ZWISCHEN DER BUNDESREPUBLIK DEUTSCHLAND UND DEM KÖNIGREICH NORWEGEN AA

Der Vorlage des Auswärtigen Amtes wird zugestimmt[15]).

5. ERNENNUNG VON STAATSSEKRETÄREN BMP/BMBR

Die Bundesminister für das Post- und Fernmeldewesen und für Angelegenheiten des Bundesrates begründen ihre Vorschläge, die Herren Dr. Weber, Prof. Gladenbeck und Ministerialdirektor Ripken zu Staatssekretären zu ernennen[16]).

In eingehender Aussprache, in der auch die von dem Bundesminister für Verkehr zur Debatte gestellte Frage erörtert wird, ob es zweckmäßig wäre, in den großen Ressorts Ministerialdirektoren ohne Geschäftsbereich zu stellvertretenden Staatssekretären zu ernennen, faßt das Kabinett folgende Beschlüsse:
1.) den drei Ernennungsvorschlägen wird zugestimmt,
2.) die Bestellung stellvertretender Staatssekretäre der erwähnten Art soll nicht in Aussicht genommen werden,
3.) das Kabinett beabsichtigt, keine weiteren Staatssekretärstellen zu schaffen.

6. PERSONALIEN

Das Kabinett erhebt gegen die in den Anlagen 1—6 zur Tagesordnung enthaltenen Vorschläge keine Einwendungen und faßt die erbetenen Beschlüsse[17]).

---

[14]) BR-Drs. Nr. 116/54. — VO vom 15. Mai 1954 (BGBl. I 130).
[15]) Vorlage des AA vom 30. Jan. 1954 in B 136/1276. — BR-Drs. Nr. 86/54. — BT-Drs. Nr. 470. — Gesetz vom 22. Juni 1954 in BGBl. II 629, Bekanntmachung über das Inkrafttreten vom 26. Juli 1954 in BGBl. II 727.
[16]) Vgl. Mitteilung des BPA Nr. 272/54 vom 8. März 1954.
[17]) An Ernennungen waren vorgesehen: im AA ein Vortragender Legationsrat; im Geschäftsbereich BMF der Vizepräsident der Bundesanstalt für Arbeitsvermittlung und Arbeitslosenversicherung (Dr. iur. Otto Quenzer) sowie im BMF ein MinR.; im BMWi ein MinR.; im Geschäftsbereich BML ein Direktor und Professor bei der Bundesanstalt für Tabakforschung; im Geschäftsbereich BMP der Präsident der Landespostdirektion Berlin (Dr. iur. Georg Hoffmann), der Präsident der Oberpostdirektion Frankfurt am Main (Dr. iur. Ludwig Kämmerer) sowie im BMP ein Oberpostrat als Ministerialbürodirektor; im BMV ein MinR.; im Geschäftsbereich BMA drei Bundesrichter beim Bundesarbeitsgericht (Dr. iur. Hugo Berger, Dr. iur. Wilhelm König, Dr. iur. Theodor Simons). Ferner wurde beantragt: vom AA die Einweisung des Gesandten Dr. iur. Lutz Gieselhammer in die Planstelle der Besoldungsgruppe B 7a, vom Bundeskanzleramt (Amt Blank) die Anstellung von Generalleutnant a. D. Dipl. Ing. Wolfgang Vorwald als Angestellter nach der ADO für übertarifliche Angestellte im öffentlichen Dienst, vom BMF die Hinausschiebung des Eintritts in den Ruhestand bis zum 28. Febr. 1955 für den MinR. Dr. iur. Friedrich Kuschnitzky.

Außerhalb der Tagesordnung

[B. GESETZENTWÜRFE ZUR STEUER- UND FINANZREFORM]

Der Bundesminister der Finanzen weist darauf hin, daß den Ressorts die Gesetzestexte zur Steuer- und Finanzreform voraussichtlich am Freitag, den 26. 2., zugestellt werden. Der neue Steuertarif mit der Begründung zum Steuerreformgesetz soll den Kabinettsmitgliedern in doppelter Ausfertigung erst am Montag, den 1. 3. 1954, zugehen.

Es wird beschlossen, die Sitzung des Kabinetts, in der die Gesetzentwürfe beraten werden sollen, am 4. 3. 1954 stattfinden zu lassen[18]).

[C. PERSONALVERTRETUNGSGESETZ. STELLUNGNAHME DER BUNDESREGIERUNG ZU DEN ÄNDERUNGSVORSCHLÄGEN DES BUNDESRATES]

Ferner trägt der Bundesminister des Innern seine heute eingegangene Kabinettsvorlage zu dem „Entwurf eines Gesetzes über die personelle Vertretung in der öffentlichen Verwaltung und Betrieben (Personalvertretungsgesetz)" vor[19]).

Nach kurzer Aussprache wird der Vorlage zugestimmt mit der Maßgabe, daß wegen der von dem Bundesminister der Finanzen hierzu vorgebrachten Gesichtspunkte[20]) noch eine Verständigung zwischen diesem und dem Bundesminister des Innern erfolgt[21]).

---

[18]) Vgl. 18. Sitzung TOP 2. — Fortgang 21. Sitzung TOP 1 und 2.
[19]) Vgl. 16. Sitzung TOP 12. — Vorlage des BMI vom 24. Febr. 1954 zu BR-Drs. Nr. 25/54/ Beschluß in B 106/18425 und B 136/500.
[20]) Der BMF wünschte eine Änderung von § 81 (Schreiben Schäffers an Hartmann vom 24. Febr. 1954 in Nachlaß Schäffer/34). § 81 sah vor, daß das Gesetz keine Geltung haben sollte für Bedienstete, „die in Gemeinschaftsunterkünften zusammengefaßt sind oder im Grenzdienst stehen". Der BMF als der für den Zollgrenzschutz zuständige Minister wünschte die Einbeziehung dieser Bediensteten in das Gesetz (vgl. dazu den Vermerk des BMF vom 24. Febr. 1951 in B 106/18424). — Laut Vermerk vom 4. März 1954 hatte sich der BMF in der Zwischenzeit mit der Zuleitung des unveränderten Entwurfs an den BT einverstanden erklärt. Die Änderung sollte in den Ausschußsitzungen vorgeschlagen werden (B 136/500).
[21]) BT-Drs. Nr. 160 neu. — Fortgang 52. Sitzung TOP 4.

21. Kabinettssitzung
am Donnerstag, den 4. März 1954

Teilnehmer: Adenauer (ab 10.20 Uhr), Blücher, Schröder, Neumayer, Schäffer, Erhard, Lübke, Storch, Seebohm, Balke, Preusker, Oberländer, Kaiser, Hellwege, Wuermeling, Tillmanns, F. J. Strauß, Schäfer, Kraft; Bleek, Globke, Hallstein, Westrick; Klaiber; von Eckardt, Krueger; Selbach, Kilb; Blank. Protokoll: Haenlein.

Beginn: 10.00 Uhr   Ende: 14.00 Uhr

I

Vor dem Erscheinen des Bundeskanzlers werden unter dem Vorsitz des Vizekanzlers folgende Tagesordnungspunkte beraten.

5. ERGÄNZUNG DES VERWALTUNGSRATES DER DEUTSCHEN BUNDESBAHN
BMV

Das Kabinett stimmt der Vorlage des Bundesministers für Verkehr zu[1]).

4. NEUORDNUNG DER POST- UND FERNMELDEGEBÜHREN   BMP

Der Vizekanzler schlägt vor, zunächst noch in den Ressorts die Einzelheiten der gewünschten Erhöhung der Tarife wegen ihrer starken Auswirkung auf die Gesamtwirtschaft zu prüfen.

Der Bundesminister für Verkehr widerspricht der Behandlung der Vorlage[2]), deren knappe Begründung keine ausreichende Prüfung zugelassen habe[3]). Die für das Verkehrsressort entscheidende Frage, wie die Tarife für den Paketverkehr und den Omnibusbetrieb zwischen Bahn und Post abgestimmt werden sollen, sei überhaupt nicht berührt. Der Bundesminister für Verkehr ist der Auffassung, daß die Tariffragen nur im Einvernehmen mit dem Kabinett gelöst werden sollten.

Der Bundesminister für das Post- und Fernmeldewesen weist darauf hin, daß nicht das Kabinett, sondern der Verwaltungsrat der Post über die Erhöhung der Tarife zu entscheiden habe. Wenn das Kabinett gegen die Erhöhung Bedenken habe, müsse es einen anderen Vorschlag zur Abdeckung des Defizits bei der Post machen. Die Post brauche etwa 500 Mio DM. Trotzdem werde vorge-

---

[1]) Vorlage vom 22. Febr. 1954 in B 108/28612 und B 136/2736: „[...] Ich bitte folgenden Beschluß der Bundesregierung herbeizuführen: ‚Die Herren Minister a. D. Viktor Renner, Minister a. D. Lambert Schill, Oskar Vongerichten und Dr. Ing. Hermann Winkhaus werden gemäß § 10 Abs. 2 des Bundesbahngesetzes mit Wirkung ab 11. März 1954 erneut zu Mitgliedern des Verwaltungsrats der Deutschen Bundesbahn ernannt' [...]". Vgl. dazu auch B 108/28611. — Fortgang 71. Sitzung am 16. Febr. 1955 TOP B.
[2]) Vorlage des BMP vom 22. Febr. 1954 in B 257/3130 und B 136/1581.
[3]) Vgl. Vorlage des BMV vom 2. März 1954 und Schriftwechsel BMP/BMV in B 257/3130.

schlagen, nur 170 Mio DM durch Tariferhöhungen mehr hereinzubringen. Der Pakettarif sei im übrigen mit der Bundesbahn abgestimmt worden.

Das Kabinett erörtert sodann, entsprechend einer Anregung des Vizekanzlers, ob es beschließen soll: „daß das Defizit der Post in dem notwendigen Umfang durch Gebührenerhöhungen, die im einzelnen mit den zuständigen Ressorts zu besprechen und sodann dem Verwaltungsrat vorzulegen sind, ausgeglichen werden soll."

Der Bundesminister für Wohnungsbau meint, über eine solche Grundsatzfrage könne nicht entschieden werden, solange keine Unterlagen vorlägen, aus denen festgestellt werden könne, ob eine Gebührenerhöhung überhaupt notwendig ist.

Nach eingehender Debatte wird, entsprechend einem Vorschlag des Bundesministers der Finanzen, folgendes beschlossen:

Der Bundesminister für das Post- und Fernmeldewesen wird beauftragt, gemäß § 14 des Postverwaltungsgesetzes[4]) das Einvernehmen mit dem Bundesminister für Wirtschaft über die beabsichtigte Gebührenerhöhung herzustellen[5]) und sodann die Vorschläge dem Verwaltungsrat der Deutschen Bundespost zur Beschlußfassung zuzuleiten. Sollte das Einvernehmen mit dem Bundesminister für Wirtschaft nicht erzielt werden, dann soll die Angelegenheit nochmals im Kabinett erörtert werden[6]).

II

[Außerhalb der Tagesordnung]

[A. STREIT ZWISCHEN BEAMTEN]

Nach Erscheinen des Bundeskanzlers weist dieser zunächst auf einen Streitfall zwischen zwei Beamten verschiedener Ministerien hin, in dem bereits ein Strafantrag bei der Staatsanwaltschaft in Bonn gestellt worden ist. Der Bundeskanzler möchte derartige Fälle, in denen zwischen den Ressorts keine Einigung erzielt werden kann, gegebenenfalls im Dienststrafverfahren oder im Kabinett geklärt wissen. Er bittet bei dieser Gelegenheit wiederholt, dringend auf die Einheitlichkeit der Bundesregierung auch nach außen hin bedacht zu sein[7]).

---

[4]) Zum Gesetz über die Verwaltung der Deutschen Bundespost (Postverwaltungsgesetz) vom 24. Juli 1953 (BGBl. I 676) vgl. 293. Sitzung am 19. Mai 1953 TOP 5.
[5]) Sitzung des Kabinett-Ausschusses für Wirtschaft am 9. Juni 1954 TOP A. „[. . .] Den Entwürfen einer Verordnung über Gebühren im Postwesen und zur Änderung der Fernsprechgebühren stimme ich in der in der Sitzung des Verwaltungsrates der Deutschen Bundespost am 31. Mai 1954 beschlossenen Fassung zu. Ich bin damit einverstanden, daß die Änderung der Gebühren am 1. Juli 1954 in Kraft tritt [. . .]" (Schreiben Erhards an Balke vom 10. Juni 1954 in B 257/3130). Unterlagen zur Postgebührenreform 1953/54 mit Protokollen der Sitzungen des Verwaltungsrates und des Arbeitsausschusses des Verwaltungsrates der Deutschen Bundespost in B 257/373–377.
[6]) Verordnung über Gebühren im Postwesen vom 10. Juni 1954 in BAnz Nr. 110 vom 11. Juni 1954.
[7]) Hierzu findet sich in Nachlaß Seebohm/8c folgende Eintragung: „a. Strafantrag eines Beamten des Bundesministeriums für Wirtschaft gegen Beamte des A[uswärtigen] A[mtes]; Erhard habe erklärt, sich diesem Strafantrag anschließen zu wollen. Es handelt sich um

Auf Vorschlag des Vizekanzlers soll der erwähnte Fall von einer Kommission, die unter dem Vorsitz des Bundesjustizministers steht, und dem die Bundesminister Dr. Tillmanns, Kraft und Dr. Schäfer angehören, geprüft werden[8]).

1. STEUERREFORM BMF
   [ENTWÜRFE EINES GESETZES ZUR NEUORDNUNG VON STEUERN, EINES GESETZES ZUR ERHEBUNG EINER ABGABE „NOTOPFER BERLIN", EINES GESETZES ÜBER EINE ERGÄNZUNGSABGABE ZUR EINKOMMEN- UND KÖRPERSCHAFTSTEUER UND EINES VIERTEN GESETZES ZUR ÄNDERUNG DES UMSATZSTEUERGESETZES]

2. ENTWÜRFE EINES FINANZVERFASSUNGSGESETZES, EINES FINANZANPASSUNGSGESETZES UND EINES LÄNDERFINANZAUSGLEICHSGESETZES BMF

a) Der Bundesminister der Finanzen trägt zunächst den Inhalt seiner Vorlagen zur Finanzreform (Punkt 2) vor; er hält diese für noch bedeutsamer als die Steuerreform. Die hierzu von ihm vorgelegten drei Gesetzentwürfe bittet er, als ein Ganzes zu betrachten und ihren Grundsätzen zuzustimmen[9]).

Strack und um Beschwerde des Botschafters Haas; von Strack an die Türken herangetragen. b. Glosse in der Welt: beweist mangelnde Zusammenarbeit zwischen den Ministerien [. . .]. Zu a: Blücher schlägt Objektivierung des Falles durch Kommission unter Vorsicht [!] B[undes]M[inisterium] d[er] J[ustiz] vor." — Auf Grund wahrheitswidriger Behauptungen, die auch von dem damaligen deutschen Botschafter in der Türkei, Dr. iur. Wilhelm Haas (1937 als Handelsattaché in Tokio zwangspensioniert, da er eine Jüdin zur Frau hatte), ausgegangen waren, wurde Dr. rer. pol. Hans Strack, seinerzeit Vortragender Legationsrat z. Wv. und Leiter des Referates V B 7 im BMWi („Vorderer Orient"), im AA im Herbst des Jahres 1952 der passiven Bestechung bezichtigt. Am 30. Nov. 1953 erstattete Strack, dem im Jan. 1953 auf Druck des AA das Nachbarreferat V B 8 im BMWi („Ferner Osten") übertragen worden war, bei der Staatsanwaltschaft des Landgerichts Bonn Anzeige gegen Unbekannt, aus welcher sich ein Strafermittlungsverfahren gegen Hallstein, Blankenhorn und andere entwickelte (8 Js 1827/53). Nachdem alle Bemühungen um eine außergerichtliche Regelung dieser Angelegenheit gescheitert waren, mußten sich die Beschuldigten im Frühjahr 1959 vor dem Landgericht in Bonn wegen Verleumdung verantworten; am 22. April 1959 erging das Urteil der 1. Großen Strafkammer des Landgerichts in Bonn: Blankenhorn erhielt eine Gefängnisstrafe von vier Monaten, deren Vollstreckung zur Bewährung ausgesetzt wurde. In der Revisionsinstanz (2. Strafsenat des Bundesgerichtshofes) wurde Blankenhorn am 13. April 1960 freigesprochen. Hallstein war schon in erster Instanz mangels Beweises freigesprochen worden. Auf jeden Fall endete dieser langwierige Prozeß mit der völligen Rehabilitierung von Strack (MinR. im BMWi seit 1. Dez. 1954): er wurde vom AA übernommen (Besoldungsgruppe B 5) und Botschafter der Bundesrepublik Deutschland in Santiago de Chile (Juli 1959–Juni 1964).

[8]) Unterlagen dieses Kabinettsausschusses (vgl. BT-Drs. Nr. 2427 vom 1. Juni 1956), der am 16. März 1954 zum ersten Mal tagte (Ort: BMJ), in B 136/3806. — Fortgang 80. Sitzung am 4. Mai 1955 TOP F: Verschiedenes.

[9]) Vgl. 20. Sitzung TOP B. — Vorlagen des BMF vom 25. Febr. (Gesetzentwürfe) und vom 27. Febr. 1954 (gemeinsame Begründung im Umfang von 174 Seiten zu den drei Gesetzentwürfen) in B 126/10956 und B 136/594. — Das Finanzverfassungsgesetz sollte die endgültige Verteilung der der konkurrierenden Gesetzgebung (Art. 106 GG) unterliegenden Steuern auf Bund und Länder regeln. Auf Grund Art. 107 GG (in der Fassung des Gesetzes vom 20. April 1953, BGBl. I 130), der die endgültige Verteilung durch Bundesgesetz verlangte, legte der BMF einen Entwurf zur Änderung von Art. 106 GG vor. Im Unterschied zum geltenden Art. 106 GG war vorgesehen, daß die geplante Ergänzungsabgabe zur Einkommen- und Körperschaftsteuer den Bundessteuern zugerechnet wurde und daß

Vom Bundeskanzler und mehreren Kabinettsmitgliedern wird in der eingehenden Aussprache betont, daß nicht genügend Zeit war, um diese schwierige und bedeutsame Materie sorgfältig zu studieren; die Entscheidung sollte deshalb zurückgestellt werden. Der Vizekanzler glaubt, daß noch mehrere Wochen notwendig sind, um diese Fragen in den Ressorts so zu prüfen, daß eine Verantwortung übernommen werden kann. Gegen einige grundlegende Bestimmungen erhebt er die stärksten Bedenken. Er gibt auch seiner Verwunderung darüber Ausdruck, daß die Vorlagen zwar mit den Ländern, aber nicht mit den Ressorts abgestimmt worden sind.

Der Bundesminister für Wohnungsbau fürchtet, daß die vorgesehene Revisionsklausel[10]) den Ländern eine zu weitgehende Möglichkeit eröffnet, die Ausgaben des Bundes nachzuprüfen und daß damit an Stelle des Tauziehens um den Steueranteil ein Tauziehen um die Bundeszuständigkeiten treten kann.

Der Bundesminister für Verkehr erinnert daran, daß im Parlamentarischen Rat ganz andere Vorstellungen über die künftige Finanzverfassung bestanden haben[11]), als sie jetzt vom Bundesminister der Finanzen verfolgt werden. Er spricht sich insbesondere gegen die in Aussicht genommene Ergänzungsabgabe zur Einkommen- und Körperschaftsteuer aus.

Der Bundesminister des Innern, der vom Bundesminister für Wohnungsbau unterstützt wird, schlägt vor, von den Darlegungen des Bundesministers der Finanzen nur Kenntnis zu nehmen und den Fragenkomplex im Bundestag am 11. 3. 1954 nicht im Sinne der Vorlagen als Regierungsmeinung vorzutragen.

Demgegenüber weist der Bundesminister der Finanzen darauf hin, daß die von ihm in Aussicht genommene Finanzreform untrennbar mit der Steuerreform verbunden sei. Das Tauziehen zwischen Bund und Ländern wegen des Anteils des Bundes an der Einkommen- und Körperschaftsteuer müsse beendet und ein Dauerzustand herbeigeführt werden.

Er wird in dieser Auffassung von dem Bundesminister für das Post- und Fernmeldewesen unterstützt, der vorschlägt, notfalls auch die Steuerreformvorschläge noch zurückzustellen.

Dem wird jedoch von zahlreichen Kabinettsmitgliedern mit dem Hinweis widersprochen, daß die gesamte Öffentlichkeit eine Steuersenkung schnellstens erwartet. In der weiteren Aussprache wird vor allem darauf hingewiesen, daß die politischen und wirtschaftlichen Verhältnisse in Deutschland noch zu labil

---

die Einkommen- und Körperschaftsteuer nicht mehr ausschließlich den Ländersteuern zugeordnet wurde, von denen der Bund auf Grund eines Bundesgesetzes einen Teil erhalten konnte. Vielmehr wurde der Anteil des Bundes an diesen Steuern mit 40% festgesetzt. — Das Finanzanpassungsgesetz sah vor, daß Bund und Länder die zur Ausübung ihrer Aufgaben notwendigen Ausgaben tragen sollten. — Das Länderfinanzausgleichsgesetz sollte den jährlich ausgehandelten Finanzausgleich unter den Ländern durch eine dauerhafte Regelung ersetzen.

[10]) Die Revisionsklausel (Art. 106e des Entwurfs) sah vor, daß der Anteil an der Einkommen- und Körperschaftsteuer neu festgesetzt werden sollte, sobald im Bundeshaushalt oder in den Länderhaushalten ein erheblicher Fehlbetrag abzeichnete. — Siehe dazu auch den Vermerk vom 5. März 1954 in B 126/10786.

[11]) Siehe dazu die Begründung der Gesetzentwürfe S. 15 f.

sind, um sich jetzt schon auf eine Dauerregelung festzulegen. Im übrigen sei nicht zu erwarten, daß diese Gesetze im Bundestag zusammen mit der Steuerreform behandelt und schnell verabschiedet würden; auch der Bundesrat werde ihnen kaum zustimmen.

Der Bundesminister der Finanzen glaubt, daß er im Bundesrat eine Mehrheit finden wird; allerdings werde es dort wegen der vorgeschlagenen Revisionsklausel gewisse Schwierigkeiten geben[12]).

b) Das Kabinett erörtert dann die von dem Bundesminister der Finanzen vorgelegten Gesetzentwüfe zur Steuerreform[13]).

Zunächst wendet sich der Bundesminister für Ernährung, Landwirtschaft und Forsten gegen die in Aussicht genommene Mehrbelastung der Landwirtschaft. Nach einer von dem Bundesminister der Finanzen vorbereiteten

Verordnung zur Änderung der Verordnung über die Aufstellung von Durchschnittssätzen für die Ermittlung des Gewinns aus Land- und Forstwirtschaft vom 2. 7. 1949[14])

würden vor allem die kleinen Landwirte mit etwa 75 Mio DM stärker zur Besteuerung herangezogen[15]). Der Wegfall der Freibeträge im Gesetz über die Neuordnung der Steuer[16]) verursache der Landwirtschaft etwa 100 Mio DM Mehrausgaben. Diese doppelte Belastung der Landwirtschaft hält der Bundesminister für Ernährung, Landwirtschaft und Forsten für nicht zumutbar. Besonders in Niedersachsen würden sich diese Maßnahmen politisch sehr ernst auswirken.

---

[12]) Fortgang hierzu 22. Sitzung TOP 2.
[13]) Vorlagen des BMF vom 26. Febr. (Gesetzentwürfe) und vom 27. Febr. 1954 (Steuertabellen und Begründung zu den Entwürfen) in B 126/6204 und 51533 sowie in B 136/599. — Das Gesetz zur Neuordnung von Steuern sah vor, die Tarife der Einkommen-, Lohn- und Erbschaftsteuer zu senken sowie Begünstigungen für Familien durch eine Erhöhung des Freibetrags für Ehefrauen und Kinder einzuführen. Abgebaut werden sollten Begünstigungen für Vertriebene, nichtbuchführende Landwirte sowie für Sonntags-, Feiertags- und Nachtarbeit. Der Freibetrag bei der Einkommensteuer sollte von 800 auf 960 DM erhöht werden. Die Reform sollte vor allem die Steuern bei den Jahreseinkommen bis zu 3000 DM senken, aber auch den höchsten Steuersatz, der bei einem Jahreseinkommen von 615 000 DM erreicht wurde, von 70 auf 55 % reduzieren. — Das Gesetz über die Erhebung einer Abgabe „Notopfer Berlin" sollte an die Stelle des Gesetzes in der Fassung vom 26. Okt. 1953 (BGBl. I 1479) treten, das Ende 1954 auslief. Eine Änderung des Steuersatzes war damit nicht verbunden. — Die Ergänzungsabgabe zur Einkommen- und Körperschaftsteuer in Höhe von 2,5 % sollte im Unterschied zur Einkommen- und Körperschaftsteuer, die der konkurrierenden Gesetzgebung gemäß Art. 106 GG unterlag, eine reine Bundessteuer sein. — Das Umsatzsteuergesetz sah u. a. die Erhöhung des Steuersatzes für den Großhandel von 1 auf 1,5 % vor.
[14]) VO von 1949 nicht ermittelt.
[15]) Entwurf nicht ermittelt. — Zur Gewinnermittlung vgl. den Vermerk vom 2. Febr. 1954 (B 126/6204).
[16]) Der Gesetzentwurf sah vor, § 13 Abs. 3–5 des Einkommensteuergesetzes in der Fassung vom 15. Sept. 1953 (BGBl. I 1355), der die Freibeträge regelte, zu streichen.

Die Bundesminister für Vertriebene[17]), für Wohnungsbau[18]), für Familienfragen[19]) und des Innern[20]) tragen hiernach ihre Kabinettsvorlagen vom 2. und 3. März vor.

Vom Bundesminister für Verkehr wird die Notwendigkeit unterstrichen, die Handelsflotte weiter aufzubauen. Da der Kapitalmarkt hierfür noch nicht ausreiche, müsse er auf der Fortgeltung des § 7d[21]) bestehen, es sei denn, daß der Bundesminister der Finanzen sich bereit erkläre, für höhere Wiederaufbaudarlehen und Zinssubventionen aus dem Haushalt zu sorgen.

Der Vizekanzler spricht sich für eine besondere Unterstützung der Werftindustrie aus, da der Auftragsrückgang sonst in kurzer Zeit in dem politisch empfindlichen Nordteil des Bundes zu bedenklichen Erscheinungen führen könne. Im übrigen setzt er sich – ebenso wie die Bundesminister für Wirtschaft und für Verkehr – für ein früheres Inkrafttreten der Steuerreform ein[22]).

Der Bundesminister für Wirtschaft schlägt außerdem vor, die Tarifkurve nicht so schroff ansteigen zu lassen und vor allem die Einnahmen zwischen 10 und 40 000 DM stärker steuerlich zu entlasten.

In seiner Erwiderung wendet sich der Bundesminister der Finanzen dagegen, die Steuern schon zum 1. 7. 1954 oder 1. 10. 1954 zu senken. Der Bundestag könne die Gesetze kaum bis zu den Sommerferien verabschieden. Vom Bundesrat werde vermutlich der Vermittlungsausschuß angerufen; und es müsse der Verwaltung mindestens 10 Wochen Zeit nach der Verkündung des Gesetzes gelassen werden, um sich auf die neue Regelung umzustellen. Weder Bund noch Länder könnten ihre Haushalte mitten im Jahr grundlegend ändern. Im übrigen müßten bei einem früheren Inkrafttreten der Steuersenkung selbstverständlich auch die zur Zeit noch geltenden Steuervergünstigungen zum gleichen Zeitpunkt entfallen. Stärkere Abstriche an der Steuertabelle hält der Bundesminister der Finanzen schon mit Rücksicht auf die Wirkung im Ausland für unmöglich. Die von ihm vorgesehene Senkung führe bereits zu einem Ausfall von 2,3 Mia DM; außerdem werde der Bundeshaushalt im kommenden Jahr mit et-

---

[17]) Der BMVt hatte in seiner Vorlage vom 2. März 1954 gefordert, der im Gesetzentwurf vorgesehenen Streichung der Vergünstigungen für Vertriebene und Flüchtlinge nicht zuzustimmen (B 126/6204 und 51533 sowie B 136/599).

[18]) Der BMWo hatte in seinem Schreiben vom 2. März 1954 beantragt, das in dem Einkommensteuergesetz von 1953 festgelegte Auslaufen der Förderung der Wohnungsbaufinanzierung nach § 7c bis zum 31. Dez. 1961 hinauszuschieben (B 126/51533 und B 136/599). – Siehe dazu auch den Vermerk vom 26. Febr. 1954 in B 134/3254.

[19]) Der BMFa hatte in seinem Schreiben vom 2. März 1954 die in dem Entwurf vorgesehenen Freibeträge für das 3. und weitere Kinder als unzureichend bezeichnet und ihre Erhöhung von 1080 auf 1440 DM gefordert (B 126/51533 und B 136/599).

[20]) In seiner Vorlage vom 3. März 1954 hatte der BMI angekündigt, er werde in der Kabinettssitzung beantragen, die Beratung der Vorlagen wegen mangelnder Ressortbesprechungen und wegen des späten Eingangs von der Tagesordnung abzusetzen. Er hatte außerdem eine Fülle von Änderungsvorschlägen vorgebracht (B 126/6204 und 51533 sowie B 136/599).

[21]) § 7d sollte entsprechend dem Einkommensteuergesetz von 1953 am 31. Dez. 1954 auslaufen.

[22]) Die Steuerreform sollte am 1. Jan. 1955 in Kraft treten.

wa 2 Mia DM Mehrausgaben (z. B. für das Kriegsfolgenschlußgesetz[23]), für Heimkehrer[24]) und für höhere Schuldenzinsen) rechnen müssen.

In seinen weiteren Ausführungen läßt der Bundesminister der Finanzen erkennen, daß er bereit ist, die

Verordnung zur Änderung der Verordnung über die Aufstellung von Durchschnittssätzen für die Ermittlung des Gewinns aus Land- und Forstwirtschaft vom 2. 7. 1949,

die sowieso nur für eine Übergangszeit von 1½ Jahren wirksam sein sollte, zurückzustellen.

Wegen der von dem Bundesminister für Familienfragen gewünschten Erleichterungen schlägt er vor, im Laufe der Beratungen im Bundestag eine Lösung zu suchen.

Zu den Wünschen der Bundesminister für Wohnungsbau und für Verkehr erklärt der Bundesminister der Finanzen, daß er nicht zugestehen könne, Vergünstigungen, die bereits nach geltendem Recht am 31. 12. 1954 auslaufen, neuerdings wieder einzuführen. Er schlägt aber vor, auf die Kapitalsammelstellen einzuwirken, damit diese in Zukunft die entsprechenden Wertpapiere nur noch übernehmen, wenn ein Zinssatz von 4% festgelegt ist[25]).

Nach einer eingehenden Aussprache beschließt das Kabinett, daß zunächst in persönlichen Unterredungen der einzelnen Kabinettsmitglieder mit dem Bundesminister der Finanzen eine Klärung der noch offenen Fragen erzielt werden soll. Das Kabinett wird in einer Sitzung am Montag, den 8. 3. 1954, 10.00 Uhr, endgültig über die Vorlagen des Bundesministers der Finanzen entscheiden[26]).

3. ENTWURF EINES GESETZES ÜBER DIE BANK FÜR VERTRIEBENE UND GESCHÄDIGTE (LASTENAUSGLEICHSBANK) AKTIENGESELLSCHAFT. BUNDESTAGSDRUCKSACHE NR. 86   BMVt

[Nicht behandelt][27])

Außerhalb der Tagesordnung

[B. VERGRÖSSERUNG DES TÜRKISCHEN FRIEDHOFS IN BERLIN]

Das Kabinett stimmt der Vorlage des Auswärtigen Amtes wegen der Schenkung eines Grundstückes in Berlin-Hasenheide an die Türkische Republik zum Zwecke der Vergrößerung des Türkischen Friedhofs zu[28]).

---

[23]) Vgl. 23. Sitzung TOP 3.
[24]) Vgl. 14. Sitzung TOP 1.
[25]) Vgl. dazu den Vermerk vom 2. März 1954 über die Ressortbesprechung am selben Tag in B 126/51533.
[26]) Fortgang 22. Sitzung TOP 1.
[27]) Siehe 23. Sitzung TOP 2.
[28]) Vorlage des AA vom 3. März 1954 in B 136/3653. — Vgl. auch 27. Sitzung TOP 1a: Griechenland und Türkei.

[C. BESPRECHUNG ADENAUERS MIT BIDAULT]

Abschließend unterrichtet der Bundeskanzler das Kabinett noch über die Besprechung[29]), die er gelegentlich seines Aufenthaltes auf seiner Reise nach Athen[30]) in Paris mit Außenminister Bidault[31]) haben wird[32]).

---

[29]) Vgl. 18. und 19. Sitzung jeweils Top 1: Viererkonferenz, ferner Schreiben Bidaults an Adenauer vom 18. Febr. 1954 („principalement du problème Sarrois") in Nachlaß Blankenhorn/29 und Antwortschreiben Adenauers an Bidault vom 1. März 1954 („hauptsächlich das Saarproblem") in Nachlaß Blankenhorn/30b.

[30]) Der Staatsbesuch Adenauers in Griechenland fand vom 9. bis 18. März 1954 statt (siehe 27. Sitzung TOP 1a): Dienstag, 9. März 1954: 7.15 Uhr, Abflug vom Flugplatz Bonn-Wahn; 8.55 Uhr: Ankunft in Paris, Flugplatz Le Bourget; 13.00 Uhr, Abflug vom Flugplatz Le Bourget; 19.10 Uhr (Ortszeit): Ankunft in Athen, Flugplatz Helleniko.

[31]) Dazu findet sich in Nachlaß Seebohm/8c folgende Eintragung: „Besprechung Adenauer-Bidault: es soll nichts Definitives vereinbart werden, sondern B[idault] soll die Möglichkeit erhalten, seinem Parlament zu sagen, daß er in Verhandlungen steht." Vgl. dazu auch Vermerk für Blücher vom 4. März 1954 in Nachlaß Blücher/299 und FRUS V pp. 908–909. – Zu den Vorbereitungen der Besprechung Adenauers mit Bidault am Vormittag des 9. März 1954 – mit dem Saarmemorandum Maurice Schumanns vom 8. März 1954 („Eine eindeutige Aufrechterhaltung des französischen Status Quo an der Saar in dünner europäischer Aufmachung. Für uns völlig unannehmbar": so dazu Blankenhorn in seiner Aufzeichnung vom 8. März 1954 in Nachlaß Blankenhorn/30b) – vgl. die einschlägigen Unterlagen in Nachlaß Blankenhorn/30b, AAEA/1521, FRUS VII pp. 1490–1491 und Schreiben von Brentanos an Adenauer vom 5. März 1954 in Nachlaß von Brentano/155.

[32]) Fortgang 23. Sitzung TOP E: Saarfrage.

22. Kabinettssitzung
am Montag, den 8. März 1954

Teilnehmer: Adenauer[1]), Blücher, Schröder, Neumayer, Schäffer, Erhard, Lübke, Seebohm, Preusker, Oberländer, Kaiser, Wuermeling, Tillmanns, F. J. Strauß, Schäfer, Kraft; Bleek, Globke, Nahm, Sauerborn, W. Strauß, Weber; Klaiber; Krueger; Selbach, Kilb; Blank, Blankenhorn und die Mitglieder des Bundestages Dehler[2]), Eckhardt[3]), Eickhoff[4]), Jaeger[5]), Krone[6]), Pferdmenges[7]), Wellhausen[8]). Protokoll: Haenlein.

Beginn: 10.00 Uhr   *Ende: 14.50 Uhr*

---

[1]) Dem Terminkalender Adenauer ist zu entnehmen, daß der BK von 12.10 bis 12.20 eine Besprechung mit Blankenhorn und Conant hatte, an die sich bis 12.25 eine Besprechung mit Blankenhorn anschloß. Von 13.00 bis 13.15 konferierte er mit Hoyer Millar und Blankenhorn. Ab 14.20 Uhr gab er ein „Frühstück" für Goes van Naters, an dem auch von Brentano, Gerstenmaier, Blankenhorn, Pfleiderer und Kilb teilnahmen (StBKAH 04.05).

[2]) Dr. iur. et rer. pol. Thomas Dehler (1897–1967). 1924 Rechtsanwalt in München, später in Bamberg; 1930–1933 Vorsitzender der DDP/DStP in Bamberg; 1938 vorübergehend in Schutzhaft genommen, wurde Dehler 1944 in das Zwangsarbeitslager Rositz in Thüringen verbracht, aus dem er bald krankheitshalber entlassen wurde. 1945 Landrat, 1947 Generalstaatsanwalt beim OLG Bamberg, 1947 Präsident des OLG Bamberg; 1946–1956 Vorsitzender der FDP in Bayern, 1946–1949 MdL in Bayern, 1949 Mitglied des Parlamentarischen Rates; 1949–1967 MdB, 1949–1953 Bundesminister der Justiz, 1953–1957 Vorsitzender der FDP-Bundestagsfraktion, 1954–1957 Bundesvorsitzender der FDP, 1960–1967 Vizepräsident des Deutschen Bundestages.

[3]) Dr. iur. Walter Eckhardt (geb. 1906). Rechtsanwalt; 1953–1961 und 1964–1969 MdB (GB/BHE, CDU/CSU-Gast, CSU).

[4]) Rudolf Eickhoff (geb. 1902). Bäckermeister; 1949–1957 MdB (DP, ab 14. März 1957 DP/FVP).

[5]) Dr. iur. Richard Jaeger (geb. 1913). 1933–1939 aktiv in der katholischen Jugend- und Studentenbewegung tätig, 1943 Amtsgerichtsrat; 1947–1948 Regierungsrat im Bayerischen Staatsministerium für Unterricht und Kultus, 1949 Oberbürgermeister von Eichstätt, 1949–1980 MdB (CSU), 1953–1965 und 1967–1976 Vizepräsident des Deutschen Bundestages, 1965–1966 Bundesminister der Justiz.

[6]) Dr. phil. Heinrich Krone (1895–1989). 1923–1933 stellvertretender Generalsekretär der Deutschen Zentrumspartei, 1925–1933 MdR, 1934–1945 Mitbegründer und Geschäftsführer des Caritas-Notwerkes; 1945 Mitbegründer der CDU in Berlin, 1949–1969 MdB, 1951–1955 Geschäftsführer und 1955–1961 Vorsitzender der CDU/CSU-Bundestagsfraktion, 1958–1964 stellvertretender Bundesvorsitzender der CDU, 1961–1966 Bundesminister für besondere Aufgaben (Berlin-Fragen, Verbindung zum Deutschen Bundestag, Angelegenheiten des Bundesverteidigungsrates).

[7]) Robert Pferdmenges (1880–1962). 1920–1929 im Vorstand des A. Schaaffhausen'schen Bankvereins in Köln, Finanz- und Wirtschaftsberater Brünings, 1931–1953 Teilhaber des Bankhauses Salomon Oppenheim jr. u. Cie (1938 umbenannt in Pferdmenges u. Co.); 1946 Präsident der Industrie- und Handelskammer zu Köln, 1947–1949 im Wirtschaftsrat des VWG (CDU), 1950–1962 MdB. – Zur Person Pferdmenges' vgl. BARING S. 305.

[8]) Dr. iur. Hans Wellhausen (1894–1964). 1949–1957 MdB (FDP, ab 1956 CSU), 1949–1953 stellvertretender Vorsitzender der FDP-Fraktion, 1952–1959 Präsident des Verwaltungsrates der Deutschen Bundesbahn.

[Außerhalb der Tagesordnung]

[A. GESCHLOSSENHEIT DER BUNDESREGIERUNG]

Einleitend bittet der Bundeskanzler die anwesenden Abgeordneten der Koalitionsfraktionen des Bundestages, für die heutigen Verhandlungen im Kabinett ihren persönlichen Rat zur Verfügung zu stellen. Sodann fordert er — wie bereits in mehreren früheren Sitzungen[9]) — mit großem Nachdruck die Kabinettsmitglieder auf, bei allen ihren Reden und Veröffentlichungen auf die Einheitlichkeit und Geschlossenheit der Bundesregierung nach außen hin Bedacht zu nehmen[10]).

1. STEUERREFORM BMF
[ENTWÜRFE EINES GESETZES ZUR NEUORDNUNG VON STEUERN, EINES GESETZES ZUR ERHEBUNG EINER ABGABE „NOTOPFER BERLIN", EINES GESETZES ÜBER EINE ERGÄNZUNGSABGABE ZUR EINKOMMEN- UND KÖRPERSCHAFTSTEUER UND EINES VIERTEN GESETZES ZUR ÄNDERUNG DES UMSATZSTEUERGESETZES]

2. ENTWÜRFE EINES FINANZVERFASSUNGSGESETZES, EINES FINANZANPASSUNGSGESETZES UND EINES LÄNDERFINANZAUSGLEICHSGESETZES BMF

I

Zur geplanten Finanzreform (Punkt 2 der T. O.)[11]) bemerkt der Bundeskanzler[12]) nach einem kurzen Überblick, daß auch dann, wenn eine Regierungserklärung zu dieser Frage am 11. 3. 1954 im Bundestag abgegeben werde, die Kabinettsmitglieder nicht wie sonst streng an einen Kabinettsbeschluß gebunden werden könnten[13]). Das sei bei der großen Tragweite der geplanten Maßnahmen und mit Rücksicht auf die kurze Zeit, die zur Prüfung der Vorlagen zur Verfügung stand, nicht möglich. Es müsse deshalb den Kabinettsmitgliedern freigestellt werden, in ihren Fraktionen eine abweichende Auffassung zu vertreten.

Der Bundesminister der Finanzen bittet — ohne Widerspruch zu finden — ihn von einer etwaigen abweichenden Stellungnahme zu unterrichten, damit die Angelegenheit im Kabinett erörtert werden könne[14]).

---

[9]) Vgl. 9. Sitzung am 24. Nov. 1953 TOP C: Zusammenarbeit im Kabinett und 21. Sitzung TOP A: Streit zwischen Beamten.
[10]) Vgl. dazu Schreiben des BMZ an den BMI vom 23. April 1954 in Nachlaß Blücher/175 als Antwort auf das Schreiben des BMF an den BMI vom 16. Dez. 1953 in B 126/51505 (mit nachfolgendem Schriftwechsel in B 136/4648).
[11]) Vgl. 21. Sitzung TOP 2.
[12]) In der 23. Sitzung TOP 1 bezog sich Schäffer in seiner „Erklärung" auf den Wunsch Blüchers, zu den Gesetzen über die Finanzreform in den „Fraktionen auch eine von den Kabinettsbeschlüssen abweichende Meinung zu vertreten". Dafür, daß hier ein Irrtum des Protokollführers vorliegt, der diese Äußerung dem BK zuschreibt, spricht außerdem, daß Adenauer eingangs dieser Kabinettsitzung die Bundesregierung zur Geschlossenheit ermahnt hatte (TOP A) sowie die Änderungsvorschläge Blüchers zu den in diesem TOP erörterten Vorlagen. — Siehe dazu auch den in TOP A erwähnten Schriftwechsel.
[13]) Vgl. § 28 der Geschäftsordnung der Bundesregierung vom 11. Mai 1951 (GMBl. S. 137).
[14]) Unterlagen in B 126/10786 und B 136/594.

Nach dem Vorschlag des Bundeskanzlers wird zunächst erörtert, ob – unabhängig von der Stellungnahme zu Einzelfragen – schon heute zu folgenden Grundsätzen eine abschließende Entscheidung des Kabinetts möglich ist:
a) Sollen die Einnahmen aus Einkommen- und Körperschaftsteuer zwischen Bund und Länder endgültig im Verhältnis 40 : 60 aufgeteilt werden?
b) Soll eine Ergänzungsabgabe auf die Einkommen- und Körperschaftsteuer zu Gunsten des Bundes erhoben werden?

In der Aussprache über diese Fragen führt der Bundesminister der Finanzen aus, es bestehe keine Aussicht, auf der Grundlage des jetzt geltenden Rechts die Länder zu veranlassen, dem Bund einen höheren Anteil als 40 % an der Einkommen- und Körperschaftsteuer zu bewilligen. Deshalb sei es nur möglich, den steigenden Finanzbedarf des Bundes entweder durch eine Erhöhung der Umsatzsteuer oder durch einen Bundeszuschlag zu der Einkommen- und Körperschaftsteuer zu befriedigen.

Vor diese Frage gestellt, beschließt das Kabinett mit Mehrheit, den unter a und b wiedergegebenen Grundsätzen zuzustimmen.

Der Bundesminister für Verkehr stimmt gegen diesen Beschluß, weil er der in Aussicht genommenen Finanzreform aus grundsätzlichen Erwägungen nicht zustimmen kann und die Ergänzungsabgabe auch in ihrer psychologischen Wirkung für bedenklich hält.

Der Vizekanzler und der Bundesminister für Wohnungsbau erläutern ihre Zustimmung zu dem Kabinettsbeschluß dahin, daß sie zwar die beiden genannten Grundsätze billigen, die vom Bundesminister der Finanzen vorgelegten Gesetzentwürfe jedoch ohne eine sorgfältige und eingehende Prüfung nicht billigen können. Nach der Meinung des Bundesministers für Wohnungsbau wird es dabei das Ziel der FDP sein, dem Bund in noch stärkerem Maße Einfluß zu sichern.

Das Kabinett beschließt, den Bundesminister der Finanzen zur Mitteilung der beiden Grundsätze in der Regierungserklärung zu ermächtigen[15]) und die Beratungen über die Einzelheiten der drei Vorlagen zur Finanzreform am 12. 3. 1954, 14.30 Uhr, fortzusetzen[16]).

II

1. Bei der Erörterung der Vorlagen zur Steuerreform[17]) ergibt sich eine eingehende Aussprache über die Frage, ob die Steuersenkung bereits vor dem 1. 1. 1955 in Kraft gesetzt werden kann.

---

[15]) Siehe STENOGRAPHISCHE BERICHTE Bd. 18 S. 628–641. – Schäffer hielt dazu fest, die Regierungserklärung sollte nur unter der Voraussetzung abgegeben werden „daß der Ältestenrat eine Debatte über die Regierungserklärung nicht zuläßt. Sollte der Ältestenrat eine Aussprache in Aussicht nehmen, soll die Erklärung nicht abgegeben werden, sondern der Weg der Pressekonferenz gegangen werden. Grund: Einwendungen des Bundesrats, daß auf diese Weise der normale Gesetzgebungsweg, was berechtigt ist, umgangen wird." (Nachlaß Schäffer/34) – Siehe dazu auch das Schreiben des BMBR an Adenauer vom 23. März und die Antwort des BK vom 5. April 1954 in B 126/10786.
[16]) Fortgang 23. Sitzung TOP 1.
[17]) Vgl. 21. Sitzung TOP 1.

Der Bundesminister der Finanzen betont, daß der hierzu als Termin genannte 1. 7. 1954 überhaupt nicht in Aussicht genommen werden könne, weil es technisch unmöglich sei, das Gesetz, zu dessen Durchführung die Verwaltung etwa acht Wochen benötige, bereits zum 1. 5. 1954 zu verkünden. Da der Entwurf in wesentlichen Fragen von den Plänen der von Finanzminister Dr. Troeger[18]) geleiteten Kommission abweiche[19]), seien im Bundesrat sowieso schon Schwierigkeiten zu erwarten. Diese würden sich vermehren, wenn die Länder ihre Haushalte ändern müßten. Man müsse deshalb damit rechnen, daß der Vermittlungsausschuß angerufen werde und deshalb eine Entscheidung erst nach den Bundestagsferien falle. Durch die Einführung eines Mischtarifs für 1954 würde der wesentliche psychologische Effekt, der mit der Reform erzielt werden sollte, verloren gehen. Wenn aber trotz alledem die Senkung der Steuern zu einem früheren Termin beschlossen werde, dann sei es auch logisch, die zahlreichen z. Zt. noch geltenden Vergünstigungen zum gleichen Zeitpunkt wegfallen zu lassen. Nach der Meinung des Bundesministers der Finanzen ist das jedoch nicht durchführbar.

Von den Abg. Dr. Krone und Dr. Wellhausen wird eine schnelle Durchberatung der Vorlagen im Bundestag für möglich gehalten. Mehrere Kabinettsmitglieder unterstreichen die Notwendigkeit einer baldigen steuerlichen Entlastung der Wirtschaft und schlagen als Termin den 1. 10. 1954 vor.

Nach eingehender Erörterung dieser Frage beschließt das Kabinett, die ermäßigten Tarife für die Einkommen- und Körperschaftsteuer bereits am 1. 10. 1954 in Kraft zu setzen.

2. Das Verlangen des Bundesministers für Wirtschaft, die Sätze der Einkommen- und Körperschaftsteuertabellen noch stärker zu ermäßigen und die Höchstsätze auf 50 % bei der Einkommensteuer und 40 % bei der Körperschaftsteuer festzusetzen[20]), lehnt der Bundesminister der Finanzen ab. Er weist darauf hin, daß im nächsten Haushaltsjahr mit Sicherheit Mehrausgaben über 1 Mia DM zu erwarten sind. Wenn er trotzdem einen Steuerausfall von 2,3 Mia DM in Kauf nehme, sei die Grenze des tragbaren Risikos erreicht. Die Wün-

---

[18]) Dr. iur. Heinrich Troeger (1901–1975). 1925 bis zu seiner Entlassung 1933 1. Bürgermeister von Jena, 1947 im hessischen Finanzministerium (MinDir.) sowie Generalsekretär beim Exekutivrat und beim Länderrat des VWG, 1950 im nordrhein-westfälischen Finanzministerium, 1951–1956 hessischer Finanzminister, 1956–1957 Leiter der Landeszentralbank Hessen, 1958–1969 Vizepräsident der Deutschen Bundesbank.

[19]) Der Arbeitsausschuß für Steuerreform war aufgrund eines Beschlusses des Finanzausschusses des BR vom 25. Okt. 1951 errichtet worden. Er hatte das Ergebnis seiner Beratungen unter dem Titel „Diskussionsbeiträge des Arbeitsausschusses für die Große Steuerreform. Ein Bericht an den Finanzausschuß des Bundesrats, Herausgegeben von Heinrich Troeger, Stuttgart 1954" publiziert. – Der Ausschuß hatte u. a. eine stärkere Entlastung bei der Einkommensteuer für die niedrigen Einkommen vorgesehen als der Entwurf des BMF. – Zur Beurteilung dieser Vorschläge durch den BMF siehe den Vermerk vom 15. Okt. 1953 in B 126/51533.

[20]) Vgl. dazu den Vermerk vom 5. März 1954 über die Besprechung Schäffers mit Erhard am selben Tag in B 126/6204 und 51533 sowie in B 136/599. Der BMF hatte einen Höchstsatz von 55 % bei der Einkommensteuer und von 45 % bei der Körperschaftsteuer vorgesehen. – Siehe auch das Schreiben Erhards an Adenauer vom 6. März 1954 in B 136/599 und Nachlaß Erhard I. 1) 3.

sche des Bundesministers für Wirtschaft würden einen weiteren Ausfall zwischen 500 bis 1000 Mio DM verursachen.

Der Bundesminister für Wirtschaft glaubt demgegenüber, der Wegfall der Vergünstigungen werde die Steuereinnahmen so günstig beeinflussen, daß keine Gefahr für den Haushalt entsteht.

Abgeordneter Dr. Pferdmenges hält die Sätze der Einkommensteuertabelle für diskutabel. Der Körperschaftsteuersatz ist nach seiner Ansicht zu hoch und entspricht nicht den Erwartungen der Wirtschaft. Wenn er nicht ermäßigt werden könne, dann sei es auf jeden Fall notwendig, den bisherigen Steuersatz von 30 % für den ausgeschütteten Gewinn beizubehalten. Im anderen Fall müsse mit einem sehr bedenklichen Rückschlag auf den Kapitalmarkt gerechnet werden.

Auch der Abg. Dr. Wellhausen hält die Ermäßigung des Körperschaftsteuersatzes auf 40 % für notwendig. Er würde es begrüßen, wenn die Doppelbesteuerung der Aktie beseitigt würde.

Nach der Meinung des Bundesministers Dr. Tillmanns hat der Bundesminister der Finanzen mit den geplanten Senkungsmaßnahmen bereits die unterste Grenze erreicht, wenn nicht sogar überschritten. Durch die Spaltung Deutschlands, die besonderen Bedürfnisse Berlins und die bevorstehenden sozialpolitischen Regelungen würden an den Bund derart hohe neue Forderungen gestellt werden, daß mit dem Verzicht auf Steuereinnahmen nicht zu weit gegangen werden dürfe. Er schlägt deshalb vor, zwar von den jetzt vorgesehenen Steuertarifen auszugehen, dabei aber zu erklären, daß bis auf weiteres ein Zuschlag von 1 bis 2 % erhoben werden müsse, um allen Gefahren begegnen zu können.

Der Bundeskanzler weist in diesem Zusammenhang darauf hin, daß schon in nächster Zeit mit bedeutenden Aufwendungen für den Luftschutz gerechnet werden müsse. Er hält es jedoch für notwendig, mit Rücksicht auf gewisse Ermüdungserscheinungen in der Wirtschaft vor allem dafür zu sorgen, daß die Wirtschaft in die Lage versetzt wird, ihre Produktion weiter zu steigern. Nur auf diesem Wege sei es möglich, bei den zurückgehenden Einnahmen in der Wirtschaft die erhofften Steuereingänge überhaupt zu erzielen.

Den Bedenken des Bundesministers der Finanzen gegen eine steuerliche Begünstigung des ausgeschütteten Gewinns begegnet Bundesminister Kraft mit dem Vorschlag, statt dessen den Körperschaftsteuersatz einheitlich auf etwa 43 % zu ermäßigen.

Nach einer eingehenden Aussprache beschließt das Kabinett mit Mehrheit, den Steuertabellen entsprechend der Vorlage des Bundesministers der Finanzen zuzustimmen, jedoch mit der Maßgabe, daß auf die ausgeschütteten Gewinne nur ein Steuersatz von 30 % anzuwenden ist. Mit Rücksicht auf diese Einschränkung enthält sich der Bundesminister der Finanzen hierbei der Stimme.

3. Der Bundesminister der Finanzen berichtet über das Ergebnis der von ihm im Anschluß an die letzte Kabinettssitzung geführten Besprechungen mit den einzelnen Kabinettsmitgliedern[21]).

---

[21]) Der BMF hatte dem BK in einem Schreiben vom 5. März 1954 über die Besprechungen berichtet und Vermerke über die Gespräche beigefügt (B 126/51533 und B 136/599). —

a) Den vom Bundesminister für Vertriebene, Flüchtlinge und Kriegsgeschädigte geäußerten Wünschen zu Artikel 1 Ziffer 9 (§ 7a), 10 (§ 7c), 15 (§ 10a), 18 (§ 13, Abs. IV und V) und zu Artikel 2 (Einfügung eines Absatzes VII) im Gesetzentwurf zur Neuordnung von Steuern, stimmt er zu.

b) Der Bundesminister für Ernährung, Landwirtschaft und Forsten wiederholt den in der letzten Kabinettssitzung bereits vorgetragenen Wunsch, von der beabsichtigten stärkeren Belastung der Landwirtschaft abzusehen. Nach kurzer Erörterung beschließt das Kabinett zu Ziffer 18 des Gesetzentwurfes, von einer Streichung des Absatzes 3 im § 13 EStG abzusehen. Die vorgeschlagene Neufassung des § 34a (Steuersätze bei Einkünften aus Forstwirtschaft) des Gesetzes wird ebenfalls gebilligt.

c) Die von dem Bundesminister für Familienfragen vorgetragenen Wünsche zu § 33a Abs. III EStG (betr. Hausgehilfin) und zur Erhöhung des tariflichen Freibetrages für das 3. und jedes weitere Kind auf 1440 DM werden eingehend besprochen. Der Bundesminister der Finanzen möchte die Entscheidung über diese Fragen dem Bundestag überlassen. Von mehreren Kabinettsmitgliedern wird es jedoch für richtiger gehalten, die zugunsten der kinderreichen Familien vorgesehenen Maßnahmen bereits in die Vorlage der Bundesregierung aufzunehmen. Das Kabinett beschließt sodann im Sinne der Wünsche des Bundesministers für Familienfragen mit der Maßgabe, daß der vorgesehene Freibetrag für beide Eheleute von 960 auf 900 DM herabgesetzt wird.

d) Den vom Bundesminister des Innern geäußerten Änderungswünschen zu Ziffer 7 (§ 33a Abs. VI EStG) und Ziffer 11 (§ 1 Abs. 1, Ziffer 6 KStG) des Gesetzentwurfs zur Neuordnung von Steuern stimmt der Bundesminister der Finanzen zu.

4. In den bisherigen Besprechungen ist eine Verständigung darüber, wie der Wohnungsbau weiterhin gefördert werden soll, noch nicht erreicht worden. Hierzu gibt der Bundesminister der Finanzen dem Bundesminister für Wohnungsbau seine neuen Vorschläge bekannt[22]).

Der Bundesminister für Wohnungsbau erklärt, es sei nunmehr zu entscheiden, ob

a) der § 7c mit gewissen Einschränkungen auch nach dem 1. 1. 1955 noch für längere Zeit beizubehalten ist, oder ob statt dessen

b) die Steuerfreiheit des Sozialpfandbriefes erhalten werden soll. Da es unmöglich sei, die Kapitalsammelstellen steuerlich heranzuziehen und diese auch nicht wirksam zur Abnahme von Sozialpfandbriefen verpflichtet werden könnten, sei es bei dieser Lösung notwendig, die 30 %ige Couponsteuer beizubehalten und etwa 60 Mio DM aus Bundesmitteln bei der Durchführung des Wohnungsbauprämiengesetzes[23]) beizusteuern. Trotz sehr starker Bedenken halte er diesen Weg für den besseren.

Zu den Änderungsvorschlägen der Minister siehe die in der 21. Sitzung angeführten Schreiben.

[22]) Siehe dazu das Schreiben des BMF an den BMWo vom 9. März 1954 in B 126/6204. — Fortgang hierzu 37. Sitzung TOP B.

[23]) Das Gesetz war ein Teil des Gesetzes zur Neuordnung von Steuern.

Der Vizekanzler, der Bundesminister für Wirtschaft und auch der Abg. Dr. Wellhausen sprechen sich für die Weitergeltung des § 7c aus, damit nicht der Kapitalmarkt durch die steuerbevorzugten Sozialpfandbriefe gestört werde. Der Bundeskanzler und der Bundesminister der Finanzen haben gegen die Beibehaltung des § 7c wegen der damit verbundenen Rückwirkungen ernste Bedenken.

Nach eingehender Aussprache schließt sich das Kabinett den Vorschlägen des Bundesministers für Wohnungsbau auf Beibehaltung des Sozialpfandbriefes mit den dazu geforderten Ergänzungen an.

5. Gegen die geplante umsatzsteuerliche Mehrbelastung des Großhandels erhebt der Bundesminister für Verkehr Bedenken. Er befürchtet, daß der Großhandel dadurch gegenüber dem Werkhandel zu stark benachteiligt wird. Diese Bedenken werden von dem Bundesminister für Wirtschaft geteilt. Der Bundesminister für Ernährung, Landwirtschaft und Forsten glaubt, der Großhandel werde die Mehrbelastung ebenso wie die bisherige umsatzsteuerliche Belastung abwälzen.

Nach kurzer Aussprache beschließt das Kabinett, es bei der von dem Bundesminister der Finanzen vorgeschlagenen Regelung zu belassen.

6. Der Bundesminister des Innern schlägt vor, die Wünsche der Gemeinden und der kommunalen Spitzenverbände auf eine größere finanzielle Unabhängigkeit in irgendeiner Form bei der Behandlung der Vorlagen über die Finanzreform zu berücksichtigen. Er hält den von dieser Seite schon mehrfach ausgesprochenen Wunsch, die gemeindliche Selbstverwaltung bundesrechtlich zu sichern, für begründet und glaubt, daß man ihm Rechnung tragen könne. Die Bundesregierung sollte wenigstens ankündigen, daß sie eine gesetzliche Regelung, die den Kommunen und ihren Verbänden eine finanzielle Sicherheit gibt, in Aussicht nehme.

Auch der Bundeskanzler ist der Meinung, daß zur Stärkung der Selbstverwaltung etwas getan werden muß, glaubt aber, daß man die ersten Schritte hierzu den politischen Parteien überlassen sollte.

Der Bundesminister der Finanzen betont, daß die finanziellen Verhältnisse der Gemeinden zum Teil günstiger sind als die des Bundes oder der Länder. Die von dem Bundesminister des Innern vorgeschlagenen Maßnahmen seien nur durch eine Änderung der Verfassung zu erreichen. Im gegenwärtigen Augenblick seien sie nicht notwendig; und es sei keinesfalls damit zu rechnen, daß sich im Bundestag und Bundesrat hierfür eine Zweidrittelmehrheit finde.

Das Kabinett lehnt nach kurzer Aussprache den Vorschlag des Bundesministers des Innern ab[24]).

---

[24]) Der am 7. Dez. 1954 eingebrachte interfraktionelle Gesetzentwurf sah die Übertragung der Realsteuern an die Gemeinden vor (BT-Drs. Nr. 1050). — Gesetz zur Änderung und Ergänzung des Artikels 106 des Grundgesetzes vom 24. Dez. 1956 (BGBl. I 1077). — Der BMF legte am 9. März eine Übersicht über die beschlossenen Änderungen (B 126/6204) und am 17. März 1954 die entsprechend geänderten Gesetzentwürfe vor (B 126/51533 und B 136/599). — BR-Drs. Nr. 102–105/54. — Fortgang 23. Sitzung TOP 1.

Außerhalb der Tagesordnung

[B.] BOTSCHAFTER BEIM VATIKAN

Der Bundeskanzler weist darauf hin, daß der Vatikan die erste Macht war, die eine diplomatische Vertretung bei der Bundesrepublik eingerichtet hat[25]). Es sei deshalb sehr bedauerlich, daß die Besetzung des deutschen Botschafterpostens beim Vatikan[26]) durch die öffentliche Diskussion konfessioneller Gesichtspunkte[27]) so sehr verzögert worden sei. Nach einer Schilderung der rein politischen Aufgaben des Botschafters schlägt der Bundeskanzler mit Rücksicht darauf, daß der deutsche Botschafter bei der Republik Italien, Herr von Brentano[28]), katholisch ist, vor, zum Botschafter beim Vatikan den evangelischen derzeitigen Botschafter in Karachi, Herrn Jaenicke[29]), zu ernennen. Botschaftsrat soll der Leiter der Kulturabteilung des Auswärtigen Amtes, Herr Salat[30]), wer-

---

[25]) Aloysius Joseph Muench (geboren 1889 in Milwaukee, dem Zentrum der US-Amerikaner deutscher Abstammung, verstorben 1962 in Rom) wurde als Generalvikar der amerikanischen Besatzungsarmee in Deutschland und Österreich Mitte Juli 1946 von Papst Pius XII. zum Apostolischen Visitator für Deutschland ernannt, in welcher Stellung Muench eine Funktion versah, die sonst einem päpstlichen Nuntius zukam. Nach Gründung der Bundesrepublik Deutschland im Sept. 1949 ernannte Papst Pius XII. Muench zum Regens der Apostolischen Nuntiatur in Deutschland, was besonders im Ausland Aufmerksamkeit erregte, da diese Ernennung als einer der ersten Schritte auf dem Wege zur Wiederaufnahme diplomatischer Beziehungen der Welt zur Bundesrepublik galt. Die offiziellen diplomatischen Beziehungen zwischen dem Heiligen Stuhl und der Bundesrepublik wurden am 4. April 1951 aufgenommen, als Bundespräsident Heuss Nuntius Muench zur Überreichung seines Beglaubigungsschreibens empfing.

[26]) Vgl. 268. Sitzung am 9. Jan. 1953 TOP F und BULLETIN vom 3. Febr. 1954 S. 175.

[27]) Hierzu findet sich in Nachlaß Seebohm/8c folgende Eintragung: „Streit über Botschafter beim Vatikan: Erster Anspruch Bischof Dibelius. Geschichtlich: Botschaft hervorgegangen aus preußischer Gesandtschaft, dort natürlich Protestant. Papst wünscht Katholiken, ist aber bereit, sich Vorschlag Adenauers anzupassen. Da Brentano als Botschafter in Rom Katholik, schlägt er Jaenicke vor, der aus Gesundheitsgründen aus Karatschi weg muß. War 5 Jahre bei Kiangkaischeck. Beide Herren sind betagt; Brentano fast 70, Jaenicke über 70. Bei Wechsel kann gesorgt werden, daß einer der beiden römischen Botschafter Deutschlands evangelisch ist. Agreement erteilt. Botschaftsrat wird Salat (Leiter Kulturabt[eilung])". — Zu den Pressionen des Politischen Arbeitskreises der katholischen Verbände, daß nur ein Katholik als erster deutscher Botschafter nach 1945 zum Vatikan entsandt werden dürfte, siehe TEEGESPRÄCHE S. 286, Parlamentarischer Bericht des BPA vom 11. Februar 1954 in B 145/1902, Nachlaß Blücher/299; vgl. dazu auch PROTOKOLLE CDU-BUNDESVORSTAND S. 145—147, 156—158, 179 f.

[28]) Dr. iur. Clemens von Brentano (1886—1965, Bruder von Heinrich von Brentano). 1919—1929 im Auswärtigen Dienst tätig; 1946—1950 Leiter der Badischen Staatskanzlei, 1950 Generalkonsul und 1951—1957 Botschafter in Rom.

[29]) Dr. iur. Wolfgang Jaenicke (1881—1968). 1910—1913 Stadtrat in Potsdam, 1913—1914 Bürgermeister von Elbing, 1919—1928 Regierungspräsident von Breslau und 1930—1933 von Potsdam, 1930—1932 Mitglied des Reichstages (Deutsche Staatspartei), 1933—1936 Berater Tschiang Kai-scheks für die Verwaltungsreform Chinas; 1945—1947 Staatskommissar und 1947—1950 StS für das Flüchtlingswesen in Bayern, 1952—1954 Botschafter in Pakistan, 1954—1957 Botschafter beim Heiligen Stuhl.

[30]) Rudolf Salat (geb. 1906). 1930—1949 Mitarbeiter und Geschäftsführer des internationalen Generalsekretariats der Pax Romana in Freiburg/Schweiz; 1950—1954 Kulturreferent und kommissarischer Leiter der Kulturabteilung des AA, 1954—1957 Botschaftsrat bei der Botschaft der Bundesrepublik Deutschland beim Heiligen Stuhl, 1957—1961 Leiter der Kul-

den. Die Besetzung³¹) der Botschaft mit einem evangelischen Diplomaten bedeute nicht, daß auch in Zukunft immer ein evangelischer Botschafter ernannt werde; bei einer Änderung der derzeitigen Besetzung der Stellen in Rom könne vielmehr die Vatikanbotschaft auch in anderer, beiden Teilen genehmer Weise besetzt werden³²).

Das Kabinett stimmt diesen Ernennungen zu.

[C.] FINANZIERUNG INDUSTRIELLER VORHABEN IN GRIECHENLAND

Vor seiner Reise nach Griechenland³³) möchte der Bundeskanzler geklärt haben, wie die mit der griechischen Regierung vereinbarten industriellen Erschließungsmaßnahmen³⁴) finanziert werden sollen. Nachdem den Griechen hierfür Kredite in Höhe von 80 Mio DM zugesagt worden sind, müsse ein Weg gefunden werden, um dieses Versprechen zu halten.

Abgeordneter Dr. Pferdmenges erläutert diese Ausführungen dahin, daß die Firma Krupp nur in der Lage sei, 40 Mio DM für vier bis fünf Jahre zu kreditieren. Die notwendige Verlängerung des Kredits auf zehn Jahre und seine Aufstockung auf 80 Mio DM seien nur mit Hilfe des Bundes möglich³⁵).

Der Bundesminister der Finanzen erklärt, daß er von den Abmachungen mit Griechenland nichts wisse und der Bund mit eigenen Mitteln nicht einspringen könne.

In der weiteren Aussprache wird dargelegt, daß die Schwierigkeiten mit Hilfe der Kreditanstalt für Wiederaufbau gelöst werden können, wenn diese Bank ermächtigt wird, die bereits im Vorjahr geplante und vom Kapitalverkehrsausschuß befürwortete steuerbegünstigte Anleihe in Höhe von

---

turabteilung der UNESCO in Paris, 1962–1967 Generalkonsulat Mailand, 1967–1970 Botschafter in Chile; vgl. 193. Sitzung am 18. Dez. 1951 TOP 9.

³¹) Im Entwurf fehlt dieser letzte Satz ab „Die Besetzung" (Kabinettsprotokolle Bd. 21 E).

³²) Die Botschaft der Bundesrepublik Deutschland beim Heiligen Stuhl wurde am 1. Juni 1954 errichtet, am 10. März 1954 hatte der Vatikan dem Protestanten Dr. iur. Wolfgang Jaenicke das Agrément als Botschafter erteilt (KEESING 1954 S. 4417 E). Jaenicke trat am 15. Mai 1957 in den Ruhestand; sein Nachfolger wurde Dr. rer. pol. Rudolf Graf Strachwitz (1896–1969), ein katholischer Berufsdiplomat, der offiziell am 23. Mai 1957 seine Tätigkeit beim Heiligen Stuhl aufnahm (BULLETIN vom 12. Juni 1957 S. 966) und dort bis 1961 Botschafter war.

³³) Vgl. 7. Sitzung am 10. Nov. 1953 TOP C und 19. Sitzung TOP 3: Bereitstellung von Mitteln zur Finanzierung dringender industrieller Investitionen und zur Finanzierung langfristiger Exportgeschäfte. – Der Staatsbesuch Adenauers in Griechenland fand vom 9. bis 18. März 1954 statt, siehe BULLETIN vom 11. März 1954 S. 377.

³⁴) Es handelte sich um das Ptolemais-Projekt, d. h. um die Erschließung und Ausbeutung des Braunkohlereviers im Gebiet von Ptolemais, Makedonien (einschlägige Unterlagen in B 102/57976 und AA, Ref. 412, Bd. 17 und 19). Siehe dazu auch Schreiben Westricks an Globke vom 16. März 1954 und Telephonnotiz für Westrick vom 20. März 1954, jeweils in B 102/27993, ferner 2. Sitzung des „Kleinen Kreises" am 23. April 1954 TOP 2 in B 136/4800.

³⁵) Vgl. hierzu Vermerk des AA vom 6. März 1954 betr. Deutsch-griechischen Kreditvertrag vom 11. November 1953, Kruppvertrag über Ptolemais mit griechischer Regierung (Durchschlag) in B 136/1258.

250 Mio DM auszugeben[36]). Auf die Befürchtung des Bundesministers der Finanzen, daß nach Bewilligung dieser Anleihe der Kapitalmarkt zu stark abgeschöpft wird und im Herbst für eine etwa zu begebende Bundesanleihe nicht mehr genügend Mittel vorhanden sind, entgegnet der Bundeskanzler, daß die Bank deutscher Länder nach einer Erklärung, die ihm der Präsident Vocke gegeben habe, den Bund in einer solchen Lage keinesfalls im Stich lassen werde[37]).

Das Kabinett beschließt sodann, der steuerbegünstigten 250-Millionen-Anleihe der Kreditanstalt für Wiederaufbau zuzustimmen[38]).

---

[36]) Vgl. 19. Sitzung TOP 3 sowie Niederschrift über die 10. Sitzung des Ausschusses für Kapitalverkehr am 14. Aug. 1953 in der berichtigten Fassung vom 27. Okt. 1953 in B 102/27993.

[37]) (Unterlagen nicht ermittelt). Vgl. dazu Telephonnotiz Westricks für Erhard vom 20. Nov. 1953 in B 102/27993: „Ich habe soeben mit Herrn Geheimrat Vocke telephonisch gesprochen wegen der Steuerbegünstigung der 250 Mio. DM-Anleihe der Kreditanstalt für Wiederaufbau. Herr Vocke ist ganz unserer Meinung, daß man diese Anleihe noch durchbringen sollte. Allerdings hat er die Bitte, daß alles geschieht, um außer dieser Anleihe und der Lastenausgleichsanleihe keine weiteren Anleihen mehr steuerbegünstigt zu gestalten."

[38]) Zu den rechtlichen Bedenken des BMF gegen die Zulässigkeit des Erlasses einer Rechtsverordnung auf Anerkennung der besonderen Förderungswürdigkeit dieser Anleihe siehe Schreiben des BMF an den BMWi vom 18. März 1954 in B 102/27993. – Fortgang 27. Sitzung TOP 1a.

**23. Kabinettssitzung
am Freitag, den 12. März 1954**

Teilnehmer: Blücher, Neumayer, Schäffer, Seebohm, Balke, Preusker, Kaiser, Hellwege, Wuermeling (bis 16.50 Uhr), Tillmanns (bis 15.15 Uhr), Schäfer; Bleek, Globke, Nahm (bis 17.00 Uhr), Sauerborn, W. Strauß (von 15.30 bis 17.30 Uhr); Krueger; Kaufmann[1]*). Protokoll: Haenlein.*

Ort: Bundeshaus

Beginn: 14.30 Uhr   Ende: 18.00 Uhr

[Außerhalb der Tagesordnung]

[A. HANDHABUNG DER NOTAUFNAHME]

Vor Eintritt in die Tagesordnung gibt Staatssekretär Dr. Nahm Kenntnis von einem Schreiben[2]) des Ministers Schmidt[3]), Düsseldorf, in dem gesagt wird, daß Nordrhein-Westfalen nicht in der Lage sei, weiterhin Personen nach dem Notaufnahmeverfahren[4]) in das Land aufzunehmen, wenn die Frage der Finanzierung des Wohnungsbaues für Sowjetzonenflüchtlinge[5]) nicht bis zum 19. 3. 1954 gelöst sei[6]). Nach der Meinung von Staatssekretär Dr. Nahm gibt es nur folgende Möglichkeiten:

a) der Bundesminister der Finanzen müsse bis zum 19. 3. 1954 die Frage der Finanzierung geklärt haben oder

---

[1]) O. Prof. Dr. iur. Dr. phil. Erich Kaufmann (1880—1972). Bis 1933 u. a. Beratertätigkeit für die Reichsregierung in völkerrechtlichen Fragen, 1939 Emigration, 1950—1958 Rechtsberater der Bundesregierung in völkerrechtlichen Angelegenheiten.
[2]) Schreiben Schmidts an Oberländer vom 23. Febr. 1954 in B 136/815.
[3]) Dr. iur. Otto Schmidt (1902—1984). 1928—1945 Verleger und Rechtsanwalt; 1945 Mitbegründer der CDU im Rheinland und stellvertretender Vorsitzender des Landesverbandes Nordrhein, 1948—1949 Oberbürgermeister von Wuppertal, 1950—1953 Minister für Wiederaufbau und 1953—1957 Minister für Arbeit, Soziales und Wiederaufbau in Nordrhein-Westfalen, 1957—1972 MdB.
[4]) Die Notaufnahme war geregelt durch das Gesetz über die Notaufnahme von Deutschen in das Bundesgebiet vom 22. Aug. 1950 (BGBl. 367) sowie durch die VO vom 12. Aug. 1952 (BGBl. I 413), die durch die Dritte VO zur Verlängerung der VO über die vorläufige Unterbringung von Flüchtlingen aus der sowjetisch besetzten Zone und dem sowjetisch besetzten Sektor von Berlin vom 24. Dez. 1953 (BGBl. I 1597) bis zum 31. Jan. 1954 verlängert worden war.
[5]) Vgl. 12. Sitzung am 11. Dez. 1953 (TOP 1).
[6]) Die Vierte VO, mit der die Dritte VO bis zum 30. Juni 1954 verlängert werden sollte (Vorlage des BMVt vom 5. Jan. 1954 in B 136/815, BR-Drs. Nr. 20/54), war von der TO der BR-Sitzung am 19. Febr. 1954 gestrichen worden (BR-SITZUNGSBERICHTE 1954 S. 30). Die nächste Sitzung des BR war auf den 19. März 1954 angesetzt.

b) der Bundesrat müsse sich verpflichten, die Aufnahme von Sowjetzonenflüchtlingen bis zum 31. 3. 1954 für die Länder neu zu regeln[7]).

In der Aussprache wird hervorgehoben, daß der erwähnte Brief wohl nicht die Meinung des Kabinetts von Nordrhein-Westfalen wiedergibt[8]). In erster Linie sei anzustreben, das Notaufnahmeverfahren erheblich zu straffen und gewisse Auswüchse, die sich in letzter Zeit gezeigt haben, zu beseitigen[9]). Auch der Bundeskanzler habe Bemühungen in dieser Richtung nach dem Abschluß der Berliner Konferenz vorgesehen[10]).

Das Kabinett nimmt in Aussicht, daß am 18. 3. 1954 die Ministerpräsidenten der Länder mit den beteiligten Ressorts der Bundesregierung zusammenkommen. Hierbei soll erörtert werden, wie das Notaufnahmeverfahren gestrafft werden kann und wie die finanziellen Lasten geregelt werden sollen[11]). Zur Vorbereitung dieser Zusammenkunft soll der Bundesminister für Vertriebene, Flüchtlinge und Kriegsgeschädigte die Ressorts zu einer Besprechung am 16. 3. 1954 einladen[12]).

1. FINANZ- UND STEUERREFORM   BMF

Die von den einzelnen Ressorts vorgebrachten Wünsche zur Änderung der von dem Bundesminister der Finanzen vorgeschlagenen Gesetzentwürfe zur Finanzreform werden erörtert[13]).

---

[7]) Der BR hatte am 18. Dez. 1953 beschlossen, wegen der nicht gesicherten Finanzierung des Wohnungsbaus für die Flüchtlinge den bis zum 31. Dez. 1953 befristeten „Schlüssel" für die Verteilung der Flüchtlinge auf die Länder nur bis zum 31. Jan. 1954 zu verlängern (BR-SITZUNGSBERICHTE 1953 S. 478). — Vgl. dazu auch das Schreiben des BMVt an das Bundeskanzleramt vom 8. Jan. 1954 (B 136/815).

[8]) Vgl. dazu den Vermerk vom 24. Febr. 1954, in dem über die „starke Verstimmung" des nordrhein-westfälischen Kabinetts berichtet wird (ebenda).

[9]) Von der im Notaufnahmegesetz vorgesehenen Möglichkeit, die Regelung auch in Härtefällen, z. B. zur Familienzusammenführung, anzuwenden, war seit 1952 in immer stärkerem Maß Gebrauch gemacht worden. Nach einer auf den Unterlagen des BMVt beruhenden Berechnung des BMF wären 1953 200 000 Personen weniger aufgenommen worden, wenn das Prüfungsverfahren so streng gehandhabt worden wäre wie in den Jahren 1949–1951 (Schreiben des BMF an das Bundeskanzleramt vom 6. März 1954 in B 136/815). — Zur Erleichterung des Notaufnahmeverfahrens vgl. auch 280. Sitzung am 6. März 1953 (TOP 3).

[10]) Vgl. dazu die Niederschrift über die Besprechung Adenauers mit Vertretern der Länder am 29. Jan. 1954 (B 136/815). — Zur Viermächte-Außenministerkonferenz von Berlin vgl. 15. Sitzung TOP A.

[11]) In der Besprechung wurde Einigkeit darüber erzielt, das Notaufnahmeverfahren ohne eine Änderung des Notaufnahmegesetzes zu straffen. Die finanziellen Fragen wurden nicht geklärt (Niederschrift [o. Dat.] in B 136/816).

[12]) Kurzprotokoll vom 23. März über die Besprechungen am 15. und 16. März 1954 (ebenda). — Fortgang 33. Sitzung TOP 6.

[13]) Vgl. 22. Sitzung TOP 2. — Mit der Vorlage vom 11. März 1954 hatte der BMF geringfügig veränderte Fassungen der Entwürfe des Finanzanpassungs- und des Länderfinanzausgleichsgesetzes eingebracht (B 126/10956 und B 136/594).

a) BM für Verkehr

Der Bundesminister für Verkehr schlägt vor, die Kraftfahrzeugsteuer zu einer Bundessteuer zu machen und dafür den Ländern einen Ausgleich zu geben[14]. Nach eingehender Aussprache wird dieser Vorschlag abgelehnt.

b) BM des Innern

Staatssekretär Bleek erläutert die Vorlage des Bundesministers des Innern vom 1. 3. 1954[15], wonach hinter dem Art. 106e im Grundgesetz noch ein Art. 106ee mit folgendem Wortlaut eingefügt werden soll:

„Besondere Kosten oder besondere Einnahmeausfälle, die einzelnen Ländern oder Gemeinden (Gemeindeverbänden) in unmittelbarer Auswirkung von Verträgen, Gesetzen oder Verwaltungsmaßnahmen des Bundes entstehen, sind durch Sonderzuweisungen auszugleichen."

Der Bundesminister der Finanzen hält diese Einfügung für überflüssig und auch für gefährlich, weil damit einzelnen Gemeinden ein Verfassungsanspruch gegeben und der Bund den größten Gefahren ausgesetzt werde.

Der Bundesminister für Angelegenheiten des Bundesrates setzt sich für die Bestimmung ein, weil es dem föderativen Gedanken entspreche, die Selbstverwaltung der Gemeinden zu stärken.

Nach eingehender Aussprache lehnt das Kabinett die Einfügung der vom Bundesminister des Innern gewünschten Bestimmung ab.

c) BM für Vertriebene, Flüchtlinge und Kriegsgeschädigte

Staatssekretär Dr. Nahm begründet folgende Wünsche seines Ressorts[16]:
1.) in § 4 Absatz 1 Nr. 1 Ziff. 3 des Finanzanpassungsgesetzes die Zahl 75 durch die Zahl 85 zu ersetzen und
2.) in § 4 Absatz 1 Nr. 5 die Worte: „§ 11 Abs. 3 wird gestrichen" zu ersetzen durch die Worte: „in § 11 Abs. 3 werden die Worte ‚bis zum 31. Dezember 1952' gestrichen."

Der Bundesminister der Finanzen widerspricht diesen Änderungen und gibt die Erklärung ab, daß er alles tun werde, was in seinen Kräften steht, um auch etwa eintretenden besonderen Notfällen gerecht zu werden.

Staatssekretär Dr. Nahm erklärt die Forderungen seines Hauses damit als erledigt.

d) BM der Justiz

Der Bundesminister der Justiz begründet sodann seinen Antrag aus der Kabinettsvorlage vom 10. 3. 1954, wonach der letzte Halbsatz des vom Bundesmi-

---

[14]) Siehe dazu das Schreiben des BMV an den BMF vom 11. März 1954 in B 126/10786 und B 136/594. — Der Vorschlag bezog sich auf das Finanzanpassungsgesetz.
[15]) Vorlage in B 126/10786 und B 136/594. — Der Vorschlag bezog sich auf das Finanzverfassungsgesetz.
[16]) Schreiben des BMVt an den BMF vom 10. März 1954 in B 126/10786 und B 136/594.

nister der Finanzen vorgeschlagenen Artikels 106d gestrichen werden soll[17]). Er betont dabei, daß er diese Streichung nicht aus politischen Gründen verlange, sondern deshalb, weil sie verfassungswidrig sei. Der Bund könne Steuern, die ihm nach dem Grundgesetz nicht zustehen, nicht dadurch in die Bundeskasse leiten, daß er sie für einen Bundeszweck binde.

Das Kabinett beschließt mit knapper Mehrheit, diese Bestimmung, entsprechend dem Wunsche des Bundesministers der Justiz, zu streichen[18]).

c) BM für wirtschaftliche Zusammenarbeit

Dem in diesem Zusammenhang erörterten Vorschlag des Vizekanzlers, den Artikel 106d im Ganzen zu streichen[19]), weil damit eine Befriedigung nicht erreicht werde, sondern im Gegenteil spätere Auseinandersetzungen befürchtet werden müßten, und weil z. Zt. auch noch keine endgültige Regelung getroffen werden sollte, schließt sich das Kabinett nicht an.

f) Revisionsklausel

Der Bundesminister der Finanzen begründet eingehend die von ihm vorgeschlagene Fassung des Art. 106e[20]).

Vom Vizekanzler und mehreren anderen Sitzungsteilnehmern werden gegen diese Bestimmung starke Bedenken vorgebracht; vor allem, weil befürchtet wird, daß dem Bund hierdurch eine zu schwere Beweislast aufgebürdet werde. Nach eingehender Aussprache stimmt das Kabinett der von dem Bundesminister der Finanzen vorgeschlagenen Fassung des Artikels 106e zu. Dem Antrag des Vizekanzlers entsprechend[21]), wird jedoch der Satz 2 im Absatz 1 des Artikels gestrichen[22]).

Damit ist die Erörterung der Vorlagen des Bundesministers der Finanzen abgeschlossen. Sie sollen dem Bundesrat zugeleitet werden[23]).

---

[17]) Vorlage des BMJ in B 126/10786 und B 136/594. — Art. 106d sollte die Verteilung der eventuell nach dem 31. Dez. 1954 eingeführten Steuern regeln. — Der im Finanzverfassungsgesetz vorgesehene Text lautet: „ist jedoch das Aufkommen kraft gesetzlicher Vorschrift der Deckung bestimmter Ausgaben vorbehalten, steht es dem Träger der Ausgaben zu".

[18]) Der Antrag des BMJ wurde mit 6:5 Stimmen angenommen (Schreiben Schäffers an Hartmann vom 12. März 1954 in Nachlaß Schäffer/34).

[19]) Siehe dazu das Schreiben des BMZ an den BMF vom 9. März 1954 und die Antwort Schäffers vom selben Tag in B 126/10786 und B 136/594.

[20]) Vgl. dazu 21. Sitzung TOP 2.

[21]) Dieser Satz wurde von der Bearbeiterin entsprechend dem Schreiben des Protokollführers vom 20. März 1954 in den Protokolltext eingefügt.

[22]) Der Satz lautet: „Eine Änderung des Beteiligungsverhältnisses ist insoweit nicht geboten, als der Fehlbedarf ohne schwerwiegende wirtschaftliche, soziale und kulturelle Nachteile durch Senkung von Ausgaben oder durch Erschließung anderer Einnahmen gedeckt werden kann."

[23]) BR-Drs. Nr. 78/54a–c. — Siehe auch BULLETIN vom 20. Mai 1954 S. 837–839. — Fortgang hierzu 29. Sitzung TOP A.

Mit dem Weggang von Bundesminister Wuermeling (16.50 Uhr) ist das Kabinett von nun an nicht mehr beschlußfähig[24].

Der Bundesminister der Finanzen verliest dann folgende Erklärung:

I. In der Kabinettssitzung vom 8. 3. 1954 hat Herr Stellvertr. Bundeskanzler Blücher den Wunsch ausgesprochen, es möchte den einzelnen Kabinettsmitgliedern freigestellt werden, zu den Gesetzen über die Finanzreform in ihren Fraktionen auch eine von den Kabinettsbeschlüssen abweichende Meinung zu vertreten.

Der Bundesfinanzminister hat daraufhin gebeten, dies jedenfalls nicht zu tun, ohne mit dem Bundesfinanzminister vorher Fühlung zu nehmen und allenfalls eine Kabinettsentscheidung herbeizuführen. Widerspruch hat die Erklärung des Bundesfinanzministers nicht gefunden.

Nachdem nunmehr die Auffassung zu bestehen scheint, daß es jedem Kabinettsmitglied frei sei, in den Ausschüssen des Bundesrats und Bundestags oder gar in der Öffentlichkeit zu den Gesetzentwürfen nicht nur über die Finanzreform, sondern auch über die Steuerreform Stellung zu nehmen, abweichend von dem Kabinettsbeschluß, sehe ich mich zu folgender Erklärung veranlaßt.

Zu dieser Abweichung von der in der Geschäftsordnung festgestellten grundsätzlichen Einheit der Kabinettsmitglieder in Vertretung von Kabinettsbeschlüssen kann der Finanzminister seine Zustimmung nicht geben. Er ersucht zunächst, einen ausdrücklichen Kabinettsbeschluß herbeizuführen[25].

Er erklärt weiter, daß er nicht in der Lage ist, eine weitere Verschlechterung des Bundeshaushalts anzunehmen. Er könne eine solche nicht vertreten.

Er müsse umgekehrt alle Kabinettsmitglieder dringend bitten, in ihren Fraktionen dafür einzutreten, daß jede weitere Haushaltsverschlechterung unterbleibt.

Dadurch, daß alle Konzessionsmöglichkeiten, die er für das Parlament vorgesehen habe, bereits in die Gesetzesvorlage übernommen worden sind, könne er die Verantwortung für die Gesetzentwürfe nicht mehr tragen, wenn sie weiterhin für den Bundeshaushalt verschlechtert würden[26].

II. Die Vorverlegung des Termins für das Inkrafttreten des Einkommen- und Körperschaftsteuertarifs[27] mache es zunächst notwendig, daß für das Steuerjahr 1954 ein neuer Mischtarif ausgearbeitet würde, ohne daß der Tarif von 1953[28] überhaupt zur Anwendung gekommen sei. Dieser Mischtarif bedeute z. B. bei den Körperschaften einen Tarif von 56,25%; dem steht aber gegenüber, daß im Bundeshaushalt gegenüber dem Voranschlag eine Lücke von etwa 150 Mio DM entstünde. Wenn die Vorverlegung des Termins auf den 1. 10. bleibe, müsse er um der Abgleichung des Haushalts willen entsprechende Deckung dem Kabinett und nach Genehmigung durch das Kabinett bei den parlamentarischen Be-

---

[24]) Die Beschlüsse des Kabinetts wurden in der 25. Sitzung TOP 1 genehmigt.
[25]) Fortgang hierzu 30. Sitzung TOP 4.
[26]) Siehe dazu auch das Schreiben Schäffers an Adenauer vom 8. März 1954 in B 136/599.
[27]) Vgl. 22. Sitzung TOP 1.
[28]) Gesetz vom 15. Sept. 1953 (BGBl. I 1355).

ratungen vorschlagen. Er betone, daß er sich an seine Verpflichtung der Abgleichung des Haushalts in seiner Amtsführung gebunden halte.

Das Kabinett nimmt von dieser Erklärung Kenntnis[29]).

2. ENTWURF EINES GESETZES ÜBER DIE BANK FÜR VERTRIEBENE UND GESCHÄDIGTE (LASTENAUSGLEICHSBANK) AKTIENGESELLSCHAFT. BUNDESTAGSDRUCKSACHE NR. 86 BMVt

Staatssekretär Dr. Nahm trägt vor, daß nur noch wegen der Änderungswünsche zu den §§ 7 und 10 des Gesetzentwurfs[30]) Stellung genommen werden soll. Die übrigen in der Kabinettsvorlage[31]) vom 18. 2. 1954 gemachten Vorschläge werden zurückgezogen.

Nach eingehender Aussprache beschließt das Kabinett:
a) zu § 7, in den Verwaltungsrat noch je einen Vertreter des privaten Bankgewerbes, der Genossenschaften und der Sowjetzonenflüchtlinge aufzunehmen. Die Zahl der fakultativen Sitze soll auf 5 erhöht werden[32]).
b) zu § 10, sollen die Worte „10 v. H. des Kapitals" durch die Worte „50 v. H. des Kapitals" ersetzt und die Worte „und der Verbindlichkeiten" gestrichen werden[33]).

3. KRIEGSFOLGENSCHLUSSGESETZ BMF

[Es] ergibt sich, daß die Angelegenheit[34]) noch nicht zu einer Entscheidung im Kabinett reif ist. Auf Wunsch des Bundesministers der Finanzen soll über seine Vorlage entschieden werden, wenn der Bundeskanzler aus der Türkei zu-

---

[29]) Fortgang 29. Sitzung TOP A.
[30]) Der vom Kabinett in der 280. Sitzung am 6. März 1953 (TOP 2a) verabschiedete Entwurf war in der 1. Legislaturperiode noch vom BR beraten, dem BT jedoch nicht mehr zugeleitet worden. In der 8. Sitzung am 7. Nov. 1953 (TOP 3) hatte das Kabinett beschlossen, den Entwurf dem BT vorzulegen.
[31]) In der Kabinettsvorlage hatte der BMVt zu einigen Fragen Stellung genommen, die sich bei den Beratungen des Entwurfs im BT-Ausschuß für Geld und Kredit ergeben hatten (B 106/24311 und B 136/2334).
[32]) § 7 des Entwurfs regelte die Zusammensetzung des Verwaltungsrates.
[33]) § 10 des Entwurfs legte die Rücklage aus dem Reingewinn fest. – Gesetz über die Lastenausgleichsbank (Bank für Vertriebene und Geschädigte) vom 28. Okt. 1954 (BGBl. I 293). – Fortgang (Öffentliche Aufsicht über die Bank) 50. Sitzung TOP 3.
[34]) Der BMF hatte in der 12. Sitzung am 11. Dez. 1953 (TOP 2) die Grundsätze des von ihm vorbereiteten Gesetzentwurfs vorgetragen. – In seiner Vorlage vom 2. März 1954 legte der BMF die in den Ressortbesprechungen erarbeitete Regelung dar und listete die auszugleichenden Verbindlichkeiten (verbriefte und unverbriefte Verbindlichkeiten des Reichs und Preußens, der Reichsbahn und der Reichspost sowie Reparations- und Restitutionsschäden) auf (B 126/12664 und 51546 sowie B 136/1158). Strittig geblieben war, welche Mittel aus dem Bundeshaushalt für die Durchführung des Gesetzes bereitgestellt werden konnten, die Meinung des BMF, daß eine Rechtsverpflichtung des Bundes zur Umstellung der Verbindlichkeiten nicht bestehe und ob die Entschädigung in Anlehnung an die Grundsätze des Lastenausgleichs erfolgen sollte, d. h. nur natürliche Personen berücksichtigt werden sollten. Nicht entschieden war auch, ob alle Kriegsfolgeschäden in einem Gesetz oder die Reparations- und Restitutionsschäden in einem besonderen Gesetz geregelt werden sollten.

rückgekehrt ist[35]). Bis dahin soll versucht werden, in Chefbesprechungen in der Woche zwischen dem 22. und 27. März 1954 die Ansichten noch weiter zu klären[36]). Der Bundesminister für Verkehr bemerkt bei dieser Gelegenheit, daß die Frage der Reparations- und Restitutionsentschädigungen erst im Zusammenhang mit einem Friedensvertrag geregelt werden sollte[37]).

4. ENTWURF EINES GESETZES ZUR ÄNDERUNG VON VORSCHRIFTEN DES GESETZES BETREFFEND DIE ERWERBS- UND WIRTSCHAFTSGENOSSENSCHAFTEN, DES RABATTGESETZES UND DES KÖRPERSCHAFTSTEUERGESETZES[38])   BMJ

Der Bundesminister der Justiz trägt die Kabinettsvorlage vor[39]). In der anschließenden Aussprache wird festgestellt, daß es sich im Grunde um wirtschaftspolitische Entscheidungen handelt. Mit Rücksicht darauf, daß das Bundeswirtschaftsministerium in der heutigen Sitzung nicht vertreten ist, wird die Angelegenheit bis zur nächsten Woche zurückgestellt[40]).

5. BUNDESRATSVORLAGE: ENTWURF EINES GESETZES ÜBER DIE ÜBERNAHME VON ZINSEN FÜR AUSGLEICHSFORDERUNGEN DURCH DIE DEUTSCHE BUNDESPOST UND DIE DEUTSCHE BUNDESBAHN   BMF

Der Vizekanzler und die Bundesminister für das Post- und Fernmeldewesen und für Verkehr sprechen sich gegen den Initiativentwurf des Bundesrates aus[41]). Der Bundesminister für Angelegenheiten des Bundesrates bittet, die

---

[35]) Siehe 27. Sitzung TOP 1a.

[36]) Vermerk vom 24. März 1954 über die Chefbesprechung am selben Tag in B 126/12664 und 51546.

[37]) Fortgang 27. Sitzung TOP 3.

[38]) Der im Kurzprotokoll angegebene Titel des Gesetzentwurfs entspricht nicht dem der dieser Beratung zugrundeliegenden Vorlage des BMJ vom 22. Febr. 1954 (B 141/16452 und B 136/1039). Er ist offensichtlich aus der Vorlage des BMJ vom 2. Febr. 1954 übernommen worden (ebenda), die durch die neue Vorlage ersetzt wurde. Die im Entwurf des BMJ vom 2. Febr. 1954 vorgesehene Änderung des Körperschaftsteuergesetzes hatte der BMJ auf Grund eines Urteils des Bundesfinanzhofes (Bundessteuerblatt 1954 III 36–38) nicht mehr aufgenommen. Vgl. dazu auch den Vermerk vom 9. Febr. 1954 über die Einwendungen des BMF (B 136/1039).

[39]) Der in der 129. Sitzung am 16. Jan. 1953 (TOP 6) vom Kabinett verabschiedete Entwurf des BMJ vom 12. Dez. 1952 mit Ergänzungen vom 6. Jan. 1953 (B 141/16449, BT-Drs. Nr. 4007) war in der ersten Legislaturperiode vom BT nicht mehr abschließend beraten worden. – Die Vorlage vom 22. Febr. 1954 sah vor, die im Gesetz betr. die Erwerbs- und Wirtschaftsgenossenschaften vom 1. Mai 1889 (RGBl. 55; Neufassung vom 20. Mai 1898, RGBl. 369 und 810) enthaltene Bestimmung, die den Konsumvereinen als einzigen Genossenschaften den Verkauf an Nichtmitglieder verbot (§ 8 Abs. 4), sowie §§ 5 und 6 des Rabattgesetzes vom 25. Nov. 1933 (RGBl. I 1011), der den Konsumgenossenschaften jede Rabattgewährung untersagte, aufzuheben. Die Wettbewerbsbedingungen von Einzelhandel und Konsumgenossenschaften sollten durch die Beschränkung der steuerlichen Abzugsfähigkeit der von den Genossenschaften an die Mitglieder gezahlten Rückvergütungen auf 3% des Umsatzes angeglichen werden.

[40]) Fortgang 24. Sitzung TOP D.

[41]) Der BR hatte am 18. Dez. 1953 entsprechend dem Antrag von Rheinland-Pfalz und Baden-Württemberg beschlossen, den Gesetzentwurf beim BT einzubringen (BR-SITZUNGSBERICHTE 1953 S. 455, BR-Drs. Nr. 493/53). Nach den Bestimmungen von § 10 Abs. 4 der Zweiten Durchführungsverordnung vom 27. Juni 1948 (Bankenverordnung)

Wünsche der Länder Rheinland-Pfalz und Baden-Württemberg zu berücksichtigen und schlägt vor, die Angelegenheit bis zur Rückkehr des Bundeskanzlers zurückzustellen.

Das Kabinett beschließt jedoch, im Sinne der Vorlage des Bundesministers der Finanzen gegen den Initiativantrag des Bundesrates Stellung zu nehmen[42].

6. PERSONALIEN

Gegen die in den Anlagen zur Tagesordnung enthaltenen Ernennungsvorschläge werden keine Bedenken erhoben[43]. Der Vorlage des Bundesministers der Finanzen über Hinausschiebung des Eintritts in den Ruhestand des Oberfinanzpräsidenten Prugger[44] stimmt das Kabinett zu[45].

Außerhalb der Tagesordnung

[B.] VERWALTUNGSRAT DER DEUTSCHEN BUNDESPOST

Der Bundesminister für das Post- und Fernmeldewesen teilt mit[46], daß der Abg. Neuburger[47] zum Vorsitzer und der Dipl. Ing. Schulhoff[48] zum stellvertre-

---

zum Dritten Gesetz zur Neuordnung des Geldwesens (3. Umstellungsgesetz) (WiGbl. Beilage Nr. 5) hatte das VWG die Bahn- und Postverwaltung zu den Ausgleichsforderungen der Bank deutscher Länder herangezogen. Die Bemühungen der Länder der französischen Besatzungszone, diese Regelung ebenfalls zu erreichen, waren an dem Einspruch der Besatzungsmacht gescheitert. – Durch den Gesetzentwurf sollten die Zinsen für die Zeit vom 21. Juni 1948 bis zum 30. Juni 1949 in Höhe von etwa 4,2 Mio DM von der Bundesbahn und der Bundespost übernommen werden.

[42]) Vorlage des BMF vom 26. Febr. 1954 in B 136/1189. – Siehe das Schreiben des BK vom 6. April 1954 (ebenda und BT-Drs. Nr. 427). Der BT überwies die BR-Vorlage an den Ausschuß für Geld und Kredit (STENOGRAPHISCHE BERICHTE Bd. 19 S. 1263, siehe auch S. 1304), der den Entwurf in der 2. Legislaturperiode nicht behandelte (Unterlagen in B 136/1189).

[43]) An Ernennungen waren vorgesehen: im BMZ und BMI je ein MinR.; im BMWi ein Ministerialdirigent; im Geschäftsbereich BMA zwei Bundesrichter beim Bundesarbeitsgericht (Dr. iur. Hans Carl Nipperdey, Dr. iur. Gerhard Müller) und im BMA ein MinR.; im Geschäftsbereich BMV der Präsident einer Bundesbahndirektion (Dr. iur. Manfred Rabes), der Direktor der Bundesanstalt für Straßenbau (Prof. Dr. Ing. habil. Dr. techn. Rudolf Dittrich) und im BMV ein MinR.

[44]) Alexander Prugger (1887–1962). 1921–1930 Reichsfinanzministerium, 1930–1933 Präsident des Landesfinanzamtes Würzburg, 1933–1945 Reichsfinanzhof (aus politischen Gründen nur Reichsfinanzrat); 1945–1955 Oberfinanzpräsident, Leiter der Oberfinanzdirektion München.

[45]) Mit Vorlage des BMF vom 22. Febr. 1954 (vgl. Kabinettsprotokolle Bd. 19) wurde die Hinausschiebung des Eintritts in den Ruhestand bis zum 31. März 1955 für Prugger beantragt; vgl. dazu auch 250. Sitzung am 26. Sept. 1952 TOP 9.

[46]) Vorlage des BMP vom 9. März 1954 (Entwurf) in B 257/5474, vgl. dazu Mitteilung des BPA Nr. 278/54 vom 10. März 1954.

[47]) August Neuburger (geb. 1902). 1931 Rechtsanwalt und Fachanwalt in Rastatt und ab 1932 in Mannheim, 1939–1943 Wehrdienst, 1943–1945 Vertragsanwalt in der Industrie; 1946/47 MinR. in der Regierung Württemberg-Baden, 1947–1952 Verwalter der Südwestbank im Bereich Württemberg-Baden, ab 1952 wieder Rechts- und Steueranwalt in Mannheim, zahlreiche Aufsichtsratsmandate, 1954–1970 Vorsitzender des Verwaltungs-

tenden Vorsitzer des Verwaltungsrates der Deutschen Bundespost gewählt worden sind. Das Kabinett nimmt von diesen Wahlen Kenntnis und stimmt zu, daß der Bundespräsident gebeten wird, diese Wahl zu bestätigen.

[C.] WAHL EINES BUNDESRICHTERS

Der Bundesminister der Justiz berichtet über den Stand der Vorbereitungen für die Wahl des neuen Präsidenten des Bundesverfassungsgerichts[49]). Für diesen Posten ist der Oberlandesgerichtspräsident Dr. Wintrich[50]) in Aussicht genommen. Der Bundesminister der Justiz beabsichtigt, Herrn Dr. Wintrich zunächst zum Bundesrichter beim Bundesgerichtshof zu ernennen, da dies die Voraussetzung für seine Wahl zum Präsidenten des Bundesverfassungsgerichts ist[51]).

Das Kabinett nimmt hiervon, ohne Einwendungen zu erheben, Kenntnis[52]).

[D.] AUSWERTUNG DES FILMS „BIS 5 MINUTEN NACH 12" IM AUSLAND

Die Angelegenheit wird mit Rücksicht darauf, daß die Kabinettsvorlage des Bundesministers für Wirtschaft vom 11. 3. 1954 noch nicht allen Kabinettsmitgliedern bekannt ist und weil das Bundeswirtschaftsministerium selbst im Kabinett heute nicht vertreten ist, bis zur nächsten Sitzung zurückgestellt[53]).

[E.] SAARFRAGE

Der Vizekanzler führt aus, daß die Kabinettsmitglieder sich in einer schwierigen Lage befinden, weil sie über das Ergebnis der Pariser Besprechung zur Saarfrage[54]) noch nicht unterrichtet sind. Er gibt den Wunsch des Bundesmini-

---

rates der Deutschen Bundespost, 1949—1961 MdB (CDU): zeitweise Vorsitzender des Finanzausschusses.

[48]) Georg Schulhoff (geb. 1898). 1948 Präsident der Handwerkskammer Düsseldorf, 1949 Präsident des Rheinisch-Westfälischen Handwerkbundes, 1950 Vizepräsident des Zentralverbandes des Deutschen Handwerks und des Deutschen Handwerkskammertages, 1954—1966 stellvertretender Vorsitzender und ab 1967 Mitglied des Verwaltungsrates der Deutschen Bundespost, 1961—1972 MdB (CDU).

[49]) Der am 4. Sept. 1951 zum Präsidenten des Bundesverfassungsgerichts gewählte Hermann Höpker Aschoff (vgl. 170. Sitzung am 4. Sept. 1951 TOP 11) war am 15. Jan. 1954 gestorben. — Unterlagen zur Wahl des Nachfolgers nicht ermittelt.

[50]) Dr. iur. Josef Wintrich (1891—1958). 1923—1933 Staatsanwalt, 1933 seines Amtes enthoben und als Oberamtsrichter tätig; 1947—1953 Oberlandesgerichtsrat am Bayerischen Verfassungsgerichtshof (1949 Senatspräsident, 1953 Stellvertreter des Präsidenten), 1953—1954 Präsident des Oberlandesgerichts München, 1954—1958 Präsident des Bundesverfassungsgerichts.

[51]) Die Richter der obersten Bundesgerichte wurden entsprechend dem Richterwahlgesetz vom 25. Aug. 1950 (BGBl. 368) vom Richterwahlausschuß gewählt und dem Bundespräsidenten vom zuständigen Bundesminister zur Ernennung vorgeschlagen. Der Präsident des Bundesverfassungsgerichts wurde gemäß Gesetz über das Bundesverfassungsgericht vom 12. März 1951 (BGBl. I 243) abwechselnd vom BT und BR aus den Mitgliedern des Bundesverfassungsgerichts gewählt.

[52]) Zur Wahl Wintrichs am 19. März 1954 siehe BR-SITZUNGSBERICHTE 1954 S. 61.

[53]) Siehe 24. Sitzung TOP C.

[54]) Vgl. 21. Sitzung TOP C: Besprechung Adenauers mit Bidault.

sters für gesamtdeutsche Fragen bekannt, es möchte Botschafter Blankenhorn als Vertreter des Auswärtigen Amtes den Kabinettsmitgliedern Auskunft geben[55]). Der Bundesminister für gesamtdeutsche Fragen weist ergänzend darauf hin, daß der Abg. Gerstenmaier[56]) z. Zt. in London über die Saarfrage verhandelt[57]). Er schlägt außerdem vor, daß zwischen den Ressorts noch vereinbart wird, in welcher Weise die Alliierte Hohe Kommission von der Bundesregierung für die Antwort auf das ablehnende Schreiben[58]) des russischen Botschafters Semjonow[59]) informiert werden soll[60]).

Der Vertreter des Auswärtigen Amtes, Prof. Kaufmann, wird gebeten, diese beiden Wünsche Botschafter Blankenhorn mitzuteilen. Er erklärt sich hierzu bereit[61]).

---

[55]) Fortgang 27. Sitzung TOP 1b; Besprechungen in Paris.
[56]) D. Dr. theol. habil. Eugen Gerstenmaier (im Protokolltext Gerstenmeier) (1906–1986). Oberkonsistorialrat: 1945–1951 Leiter des Hilfswerks der Evangelischen Kirche in Deutschland (EKD), seit 1948 Mitglied der Synode der EKD, 1949–1969 MdB (CDU), 1954–1969 Präsident des Deutschen Bundestages. – Gerstenmaier, Eugen: Streit und Friede hat seine Zeit. Ein Lebensbericht. Frankfurt/M. 1981.
[57]) Vgl. hierzu folgende Eintragung in Nachlaß Seebohm/8c: „Gerstenmaier muß nach London (Aufhebung Lizenzierungszwang, Pressefreiheit pp.)". Kommuniqué eines Unterausschusses des Ausschusses für Allgemeine Fragen der Beratenden Versammlung des Europarates, welcher am 19. und 20. März 1954 im britischen Außenministerium unter dem Vorsitz von Geoffrey de Freitas (Großbritannien) tagte und über das Problem der politischen Parteien an der Saar beriet, in EA 1954 S. 6554; dazu ebenda S. 6592 und FRUS VII pp. 1504–1505, ferner Gerstenmaier, Eugen: Die Saarfrage im Europarat, in Christ und Welt vom 1. April 1954.
[58]) Vgl. 20. Sitzung TOP A: Viererkonferenz. – Mit gleichlautenden Schreiben vom 6. März 1954 (deutsche Übersetzung in B 137/1417) hatte Semjonov jeweils die gleichlautenden Schreiben der westalliierten Hohen Kommissare vom 22. Febr. 1954 (in: Die Viererkonferenz in Berlin 1954, Reden und Dokumente. Herausgegeben vom Presse- und Informationsamt der Bundesregierung. Berlin [1954] S. 284 f.) beantwortet. Die von den Hohen Kommissaren erbetene Aufnahme von Verhandlungen über Erleichterungen im Interzonenverkehr (EA 1954 S. 6445) begegnete Semjonov lediglich mit dem Hinweis, daß derartige Verhandlungen in den von Molotov auf der Viermächtekonferenz von Berlin vorgeschlagenen gesamtdeutschen Ausschüssen geführt werden könnten (ebenda S. 6484).
[59]) Dr. sc. hist. Vladimir S. Semjonov (geb. 1911). 1939–1941 Botschaftsrat in Berlin, 1941–1942 Chef der Europa-Abteilung III in der Moskauer Zentrale, 1945–1946 stellvertretender politischer und 1946–1953 politischer Berater der Sowjetischen Kontrollkommission in Berlin, 1953 Hoher Kommissar bzw. Botschafter der Sowjetunion in der Deutschen Demokratischen Republik, ab Juli 1954 Chef der III. Europäischen Abteilung (Zentraleuropa) und einer der stellvertretenden Außenminister der Sowjetunion, 1978–1986 Botschafter in Bonn.
[60]) Einschlägige Unterlagen in dem Vorgang „Beseitigung von Hindernissen im Interzonenverkehr" (B 137/1417), u. a. Stellungnahmen zu dem „Entwurf eines Schreibens an den Sowjetischen Hohen Kommissar" und Schreiben Sir Frederick Hoyer Millars an Semjonov vom 17. März 1954, in dem erneut um die Aufnahme von Besprechungen über Verkehrserleichterungen zwischen beiden Teilen Deutschlands gebeten wurde: die Beseitigung der Hindernisse im Interzonenverkehr sei eine Verpflichtung der vier Besatzungsmächte (es handelte sich hierbei wiederum um gleichlautende Schreiben der westalliierten Hohen Kommissare). – Fortgang 26. Sitzung TOP F: Erklärung der Sowjetregierung.
[61]) Unterlagen nicht ermittelt.

24. Kabinettssitzung
am Freitag, den 19. März 1954

Teilnehmer: Blücher (bis 10.00 und ab 10.45 Uhr), Neumayer, Schäffer (Vorsitz ab 10.00 Uhr), Lübke, Storch (ab 10.00 Uhr), Balke, Preusker, Kaiser, Hellwege, Wuermeling, Tillmanns; F. J. Strauß, Schäfer, Kraft; Bleek (bis 10.45 Uhr), Globke, Sauerborn (bis 10.00 Uhr), W. Strauß (bis 10.00 Uhr); Klaiber (bis 10.00 und ab 10.45 Uhr); Krueger; Blank (bis 10.00 und ab 10.45 Uhr), Blankenhorn (nur während der Tagesordnung), Kattenstroth[1] (zu TOP C, D, E), Roemer[2] (nur während der Tagesordnung), Vockel[3]). Protokoll: Spieler.

Ort: Bundeshaus

Beginn: 9.00 Uhr *Ende: 11.20 Uhr*

1. AUSSENPOLITISCHE FRAGEN. Vizekanzler

Bezüglich des einzigen Punktes der Tagesordnung[4] bringt der Stellvertreter des Bundeskanzlers zur Erörterung, wie mit dem Verdeutlichungsgesetz zum Grundgesetz und mit den bereits früher zustandegekommenen Gesetzen zum Deutschlandvertrag und zum EVG-Vertrag[5] weiter verfahren werden soll, falls heute – wie zu erwarten – der Bundesrat dem erstgenannten Gesetz zustimmt[6]. Insbesondere erhebt sich die Frage, ob dem Herrn Bundespräsidenten die drei Gesetze sofort zur Ausfertigung und anschließend auch die Ratifikationsurkunden für die beiden Verträge zur Unterzeichnung vorgelegt werden sollen oder ob zunächst eine Stellungnahme der Alliierten Hohen Kommission zum Verdeutlichungsgesetz abgewartet werden soll.

---

[1] Ludwig Kattenstroth (1906–1971). 1939 Rechtsanwalt, 1940–1941 beim Reichskommissar für die besetzten niederländischen Gebiete und beim Militärbefehlshaber in Frankreich; 1947–1948 Dokumentenabteilung des Internationalen Militärgerichtshofes Nürnberg, Jan.–Okt. 1949 Verwaltung für Wirtschaft des VWG, anschließend Abteilungsleiter im BMWi (bis 1962) und im Bundeskanzleramt (1962–1963), StS BM Schatz (1963–1965) und BMA (1965–1969).

[2] Walter Roemer (geb. 1902). 1929 Staatsanwalt; 1945–1950 Bayerisches Staatsministerium der Justiz, 1950–1968 Leiter der Abteilung Öffentliches Recht im BMJ.

[3] Dr. rer. pol. Heinrich Vockel (1892–1968). 1922–1923 Generalsekretär der Deutschen Zentrumspartei, 1934–1945 Hertie Waren- und Kaufhaus GmbH in Berlin (zuletzt Mitglied des Vorstands); 1945 Mitbegründer der CDU in Berlin, 1950–1962 Bevollmächtigter der Bundesrepublik Deutschland in Berlin.

[4] Vgl. 18. Sitzung TOP 1: Viererkonferenz sowie Parlamentarische Berichte des BPA vom 17. und 20. Febr. sowie 6. und 12. März 1954 in B 145/1902.

[5] Vgl. 20. Sitzung TOP A: Viererkonferenz. – Fortgang 26. Sitzung TOP B: Gesetz zur Ergänzung des Grundgesetzes.

[6] Am 19. März 1954 verabschiedete der BR das Gesetz zur Ergänzung des Grundgesetzes (BR-Drs. Nr. 68/54) mit verfassungsändernder Mehrheit (BR-SITZUNGSBERICHTE 1954 S. 59 f.).

Hierzu berichtet Staatssekretär Dr. Strauß, daß ihm bei seiner Unterredung mit einem der nächsten Mitarbeiter des amerikanischen Hohen Kommissars eine Klärung der Absichten der Alliierten Hohen Kommission bisher nicht gelungen sei, daß er aber bemüht sei, Verbindung zu halten[7]. In dem von ihm und Botschafter Blankenhorn erläuterten gestrigen Aide-mémoire des französischen Hohen Kommissars kommt die Auffassung zum Ausdruck, daß das Verdeutlichungsgesetz einer Änderung des Grundgesetzes gleich zu achten sei und deshalb nach dem Besatzungsstatut der Genehmigung der Alliierten Hohen Kommission unterliege[8].

Die eingehende Aussprache[9] ergibt, daß das Kabinett diese Auffassung nicht teilt, die übrigens im Hinblick auf die aus Kreisen der Alliierten Hohen Kommission noch vor kurzem erkennbar gewordene Haltung überrascht und enttäuscht. Doch erscheint es jedenfalls zunächst nicht angebracht, das Aide-mémoire offiziell in diesem Sinne zu beantworten, zumal die Auslegung des Besatzungsstatuts[10] rechtlich allein von der Alliierten Hohen Kommission in Anspruch genommen werde. Vielmehr wird es für zweckmäßig gehalten, zunächst die Meinung des Kabinetts möglichst bald durch den Stellvertreter des Bundeskanzlers dem amerikanischen Hohen Kommissar gegenüber mündlich zu vertreten und dabei ergänzend zum Ausdruck zu bringen, daß aus politischen und psychologischen Gründen die Genehmigung ohne Zögern erteilt werden sollte, falls die Gegenseite sie nach Besatzungsrecht als unumgänglich ansähe. — Nicht für ratsam wird es z. Zt. erachtet, daß etwa der Herr Bundespräsident die drei Gesetze (oder auch nur die beiden Vertragsgesetze) ausfertigt und die beiden Ratifikationsurkunden unterzeichnet, bevor die Alliierte Hohe Kommission sich zu dem Verdeutlichungsgesetz endgültig geäußert hat. Denn es müsse einerseits auf das beim Bundesverfassungsgericht anhängige Verfahren Rücksicht genommen und andererseits die Gefahr vermieden werden, daß die Unter-

---

[7]) Im Entwurf: „Hierzu berichtet Staatssekretär Dr. Strauß, daß ihm bei seiner Unterredung mit Herrn Schwarz, einem der nächsten Mitarbeiter des amerikanischen Hohen Kommissars, eine Klärung der Absichten der Alliierten Hohen Kommission bisher nicht gelungen sei, daß er aber bemüht sei, mit Herrn Schwarz in Verbindung zu bleiben" (Kabinettsprotokolle Bd. 21 E). Vgl. Aufzeichnung Blankenhorns vom 16. März 1954, die wie folgt beginnt: „Ausführliche Besprechung zwischen den Herren Schwarz und Strauß in Gegenwart von Roemer, in welcher ein Ausweichvorschlag zum ersten Mal gemacht wird (s. Anlage). Kurzer Inhalt: Alliierte Hohe Kommission erteilt unbedingte Genehmigung zu Artikel 79 und 142a und stellt Entscheidung über Artikel 73 Nr. 1 zurück", mit Anlagevermerk Roemer vom 16. März 1954 über eine Besprechung von W. Strauß mit Schwarz, dem Rechtsberater des amerikanischen Hohen Kommissars (Abschrift), am 16. März 1954 in Nachlaß Blankenhorn / 30b.
[8]) Aide-mémoire der AHK vom 18. März 1954 (Übersetzung, Durchschlag) in ebenda.
[9]) Vgl. dazu Vermerk „Für Kabinett — außenpolitische Fragen — am Freitag, den 19. März 1954" (Durchschlag) in Nachlaß Blücher/299 sowie folgenden Passus in der Aufzeichnung Blankenhorns vom 19. März 1954: „Vormittags 9 Uhr fand eine Sitzung des Bundeskabinetts statt, in der in stürmischer Weise zu der Haltung der AHK in der Verfassungsergänzung Stellung genommen wurde" (Nachlaß Blankenhorn/30b).
[10]) Text des Besatzungsstatuts in der revidierten Fassung vom 6. März 1951 in EA 1951 S. 3829 f., vgl. dazu KABINETTSPROTOKOLLE Bd. 4 (1951) S. XXVII f., XL.

schrift des Herrn Bundespräsidenten durch einen nachfolgenden Schritt der Alliierten Hohen Kommission auch nur vorübergehend an Gewicht verliere.

Das Kabinett beschließt, daß die Zustimmung des Bundesrates zu dem Verdeutlichungsgesetz sofort der Alliierten Hohen Kommission lediglich mitgeteilt wird, also ohne irgendeinen Antrag insbesondere hinsichtlich der von ihr jetzt für erforderlich erachteten Genehmigung hinzuzufügen. Das Kabinett wird vor weiteren Entscheidungen das Ergebnis der angestrebten Besprechung abwarten[11]).

Außerhalb der Tagesordnung

[A.] ENTWURF EINES GESETZES BETREFFEND DIE ZUSTIMMUNG ZUM INTERNATIONALEN ZUCKERABKOMMEN

Der Bundesminister für Ernährung, Landwirtschaft und Forsten befürwortet die Vorlage des Auswärtigen Amtes vom 20. 2. 1954[12]). Auf Frage des Bundesministers der Finanzen erläutert er das Abkommen dahin, daß dadurch die Möglichkeit eröffnet werde, einem etwaigen deutschen Zuckerüberschuß entweder durch Export oder durch Anbaueinschränkung zu begegnen.

Das Kabinett stimmt der Vorlage zu[13]).

[B.] ENTWURF EINES GESETZES ZUR WEITEREN VEREINFACHUNG DES WIRTSCHAFTSSTRAFRECHTS (WIRTSCHAFTSSTRAFGESETZ 1954)

Der Bundesminister der Justiz unterrichtet über den wesentlichen Inhalt und die Tragweite des Entwurfes[14]).

Das Kabinett stimmt der Vorlage zu[15]).

[C.] AUSWERTUNG DES FILMS „BIS 5 MINUTEN NACH 12" IM AUSLAND

Ministerialdirektor Kattenstroth berichtet eingehend über die Entwicklung[16]) und den Stand der Angelegenheit an Hand der Vorlage des Bundesministers für

---

[11]) Fortgang 25. Sitzung TOP A: Verdeutlichungsgesetz zum Grundgesetz (Stellungnahme der Alliierten Hohen Kommission).

[12]) Vorlage betr. Entwurf eines Gesetzes über das Internationale Zuckerabkommen vom 1. Oktober 1953 in AA, UAbt. 40, Bd. 25 und B 136/2652. Weitere einschlägige Unterlagen in: AA, UAbt. 40, Bd. 24; AA, Abt. 3, Az. 022–30; AA, Ref. 500, Bd. 111; ferner in B 146/1273.

[13]) BR-Drs. Nr. 107/54. – BT-Drs. Nr. 469. – Gesetz vom 8. Juni 1954 in BGBl. II 577 (Zustimmung zu dem Internationalen Zuckerabkommen vom 1. Okt. 1953. Dieses Abkommen bezweckte eine allgemeine Regelung des Weltzuckermarktes und sah Bestimmungen über die Zuckerversorgung der Einfuhrländer vor, jedoch keine Anbaubeschränkung). Bekanntmachung über das Inkrafttreten vom 21. Okt. 1954 in BGBl. II 1049.

[14]) Vorlage des BMJ vom 5. März 1954 in B 141/7525 und B 136/551. – Der Gesetzentwurf ging davon aus, daß sich der Umfang des strafrechtlich schutzbedürftigen Wirtschaftsrechts (vgl. dazu das mehrfach verlängerte Gesetz zur Vereinfachung des Wirtschaftsrechts vom 26. Juli 1949, WiGBl. 193, dessen Geltung am 30. Juni 1954 ablief, BGBl. I 1952 805) erheblich verringert hatte, auf Vorschriften bei der Preisregelung und im Bereich der Landwirtschaft aber noch nicht verzichtet werden konnte.

[15]) BR-Drs. Nr. 106/54. – BT-Drs. Nr. 478. – Gesetz vom 9. Juli 1954 (BGBl. I 175).

[16]) Vgl. 11. Sitzung am 8. Dez. 1953 TOP 1: Entwurf eines Gesetzes zur Ergänzung des Art. 139 GG.

Wirtschaft vom 11. März 1954. Er stellt dabei besonders die Bedenken heraus, die einer devisenrechtlichen Beeinflussung der Auslandsverwertung entgegenstehen[17].

Die anschließende Erörterung ergibt als Auffassung des Kabinetts, daß von einer derartigen Einflußnahme abgesehen werden sollte, weil dadurch der Film, dessen Wirkung im Inland offenbar überschätzt worden sei, im Ausland nur künstlich interessant gemacht werden würde. Das Kabinett beschließt dementsprechend, daß weitere Verhandlungen mit den an der Auswertung interessierten Personen[18] nicht geführt werden und daß der Bundesminister für Wirtschaft der Ausfuhr des Films nichts mehr in den Weg legt.

Die Frage, ob die deutschen Vertretungen im Ausland über diese Stellungnahme des Kabinetts und ihre Begründung unterrichtet werden sollen, bleibt der Entscheidung des Auswärtigen Amtes vorbehalten[19].

[D.] ENTWURF EINES GESETZES ZUR ÄNDERUNG VON VORSCHRIFTEN DES GESETZES BETREFFEND DIE ERWERBS- UND WIRTSCHAFTSGENOSSENSCHAFTEN UND DES RABATTGESETZES

Der Bundesminister der Justiz weist auf die Eilbedürftigkeit des Entwurfs hin[20]. Von mehreren Kabinettsmitgliedern wird der sachlichen Erörterung außerhalb der Tagesordnung widersprochen mit der Begründung, daß die wirtschaftspolitische Bedeutung des zu regelnden Problems zunächst eine Fühlung-

---

[17] Vorlage vom 11. März 1954 in B 102/6662, B 106/381 und B 136/5900 („[...] Ich habe aber erhebliche Zweifel, ob es nicht als eine Überschreitung des pflichtgemäßen Ermessens angesehen werden könnte, wenn eine devisenrechtliche Entscheidung aus rein politischen Gründen getroffen wird, wie es hier offensichtlich der Fall wäre. Selbst wenn man argumentieren wollte, daß die Ausfuhr des Filmes und die damit verbundene Schädigung des Ansehens der Bundesrepublik im Ausland auch wirtschaftliche Schäden nach sich ziehen könnte, so erscheint mir das Risiko eines Unterliegens im Falle der gerichtlichen Überprüfung eines ablehnenden Bescheides und damit das Risiko anschließender Schadensersatzansprüche sehr erheblich [...]").
[18] Herstellerin des Filmes „Bis 5 Minuten nach 12": Firma Rapid Film GmbH, Düsseldorf und München; Inhaberin der Auslandsrechte: Firma Helmut Mattner, Düsseldorf.
[19] Entsprechende Unterlagen im AA (452-04 E VI) sind im Jahre 1965 vernichtet worden. – Fortgang 30. Sitzung TOP 7.
[20] Vgl. 23. Sitzung TOP 4. – Der BT hatte am 10. Dez. 1953 einen auf einem Initiativgesetzentwurf der CDU/CSU-Fraktion (BT-Drs. Nr. 51) beruhenden Gesetzentwurf verabschiedet (STENOGRAPHISCHE BERICHTE Bd. 18 S. 209), der die Geltung des am 31. Dez. 1953 auslaufenden Gesetzes über die einstweilige Außerkraftsetzung von Vorschriften des Gesetzes betreffend die Erwerbs- und Wirtschaftsgenossenschaften vom 27. Dez. 1951 (BGBl. I 1003, vgl. auch 185. Sitzung am 13. Nov. 1951 TOP 5) bis zum 28. Febr. 1954 verlängerte (Gesetz vom 8. Jan. 1954, BGBl. I 2). Das Gesetz hatte § 8 Abs. 4 des Genossenschaftsgesetzes von 1898 aufgehoben. – Der BT hatte in derselben Sitzung einen Antrag angenommen, der die Bundesregierung ersuchte, bis zum 28. Febr. 1954 einen Gesetzentwurf zur Regelung des Genossenschaftsrechts vorzulegen (BT-Drs. Nr. 118, STENOGRAPHISCHE BERICHTE Bd. 18 S. 209).

nahme mit den Regierungsfraktionen zweckmäßig erscheinen lasse[21]). Die Beratung wird deshalb für die nächste Kabinettssitzung zurückgestellt[22]).

[E.] VERLÄNGERUNG DES JUGOSLAWISCHEN KREDITABKOMMENS

Der Bundesminister der Finanzen berichtet über die Verhandlungen mit der BdL wegen Verlängerung des Kreditabkommens mit Jugoslawien[23]). Er nimmt auf den letzten Kabinettsbeschluß[24]) Bezug, der auf Grund einer Vorlage des Bundesministers für Wirtschaft[25]) ergangen ist. Beide Minister seien damals beauftragt worden, gemeinsam den Kabinettsbeschluß der BdL gegenüber zu vertreten. Die Verhandlung habe am 15. März 1954 stattgefunden, an der Staatssekretär Dr. Westrick und er selbst teilgenommen hätten. Die Verhandlung sei erfolglos geblieben, zumal Geheimrat Vocke (BdL) erklärt habe, daß ihm kürzlich der Bundesminister für Wirtschaft gesagt habe, die BdL habe recht[26]). In einem neuerdings eingegangenen Schreiben habe die BdL die Rediskontzusage davon abhängig gemacht, daß 1. die Wechsel, die über die KfW laufen, vom Bundesfinanzminister, d. h. vom Bundeshaushalt, angekauft werden und 2. in Höhe der umlaufenden Wechsel (112 Mio DM) der Kreditplafonds des Bundesfinanzministers von der BdL gesperrt werde[27]).

Wie er wisse, habe in der Zwischenzeit der Kreditbewilligungsausschuß der KfW beschlossen, der Verlängerung des Kreditabkommens zuzustimmen unter der Voraussetzung, daß die BdL die Rediskontzusage gebe und daß es bei dem üblichen System der Hermes-Bürgschaft[28]) bleibe. Der Kreditbewilligungsausschuß habe also denselben Standpunkt eingenommen wie das Kabinett. —

---

[21]) Zu den unterschiedlichen Meinungen innerhalb der Koalitionsfraktionen siehe STENOGRAPHISCHE BERICHTE Bd. 18 S. 195—209. — Vgl. dazu auch 180. Sitzung am 16. Okt. 1951 (TOP B).

[22]) Fortgang 25. Sitzung TOP 2.

[23]) In dem deutsch-jugoslawischen Waren- und Zahlungsabkommen vom 11. Juni 1952 (vgl. 198. Sitzung am 29. Jan. 1952 TOP A) war die in dem Zusatzabkommen (Kreditabkommen) zum Handelsvertrag vom 1. Nov. 1950 (vgl. 138. Sitzung am 30. März 1951 TOP 9) gewährte Kreditmenge erhöht und vereinbart worden, daß über die 1954 und 1955 fälligen Rückzahlungsraten in Höhe von je 20 Mio Dollar im Jahr 1953 verhandelt und geprüft werden sollte, ob Jugoslawien Zahlungserleichterungen gewährt werden könnten. — Unterlagen in B 102/58109 f. — Der Zentralbankrat hatte es am 15. März 1954 abgelehnt, der vom BMF zur Aufrechterhaltung der Handelsbeziehungen vorgeschlagenen Rediskontierung über den 31. Dez. 1955 hinaus zuzustimmen (Protokollauszug in B 136/1258). — Zur Vorbereitung dieser Besprechung vgl. den Vermerk vom 11. März 1954 in B 102/58109.

[24]) Es gab offensichtlich keinen Kabinettsbeschluß (vgl. dazu die Vermerke vom 22. und 26. März 1954 in B 136/1258).

[25]) Die Vorlage des BMWi vom 11. Febr. 1954 (B 102/58109 und B 136/1258) war am 16. Febr. 1954 im Kabinett-Ausschuß für Wirtschaft behandelt worden.

[26]) Siehe dazu das Schreiben Schäffers an Blücher vom 16. März 1954 in B 136/1258.

[27]) Schreiben der BdL an den BMF vom 16. März 1954 (ebenda). — Der Kreditplafond des BMF betrug entsprechend dem Dritten Gesetz zur Änderung des Gesetzes über die Errichtung der Bank deutscher Länder vom 7. Sept. 1953 (BGBl. I 1317) 1,5 Mia DM.

[28]) Die 1917 gegründete Hermes Kreditversicherungs-AG, über die die Bundesregierung, wie früher die Reichsregierung, Ausfuhrgeschäfte mit Privatfirmen und Bürgschaften für ausländische Regierungsaufträge abwickelte, deckte das wirtschaftliche und politische Risiko dieser Geschäfte ab.

Er, der Bundesminister der Finanzen, müsse es ablehnen, die Wechsel zu Lasten des Bundeshaushalts aufzukaufen. Denn das würde dieselbe Wirkung haben, wie wenn nichts geschehen sei und die Bürgschaften fällig geworden wären. Er müsse ja dem Bundestag und der deutschen Öffentlichkeit über die Inanspruchnahme der Haushaltsmittel Rechenschaft ablegen. Jugoslawien würde als zahlungsunfähig dokumentiert sein; und es würden all die Rückwirkungen eintreten, die im Fall einer Inanspruchnahme der Bürgschaften eintreten. Außerdem habe er auch grundsätzliche Bedenken gegen den Vorschlag der BdL. Er überlege indessen, ob man nicht dem Wunsch der BdL bezüglich der Sperre des Kreditplafonds doch Rechnung tragen könne, damit nach außen hin Schwierigkeiten gegenüber Jugoslawien verhindert würden. Er müsse aber heute schon erklären, daß er dies nur tun könne, wenn das Kabinett gleichzeitig den Beschluß fasse, daß der Kreditplafond erhöht werde, falls nur mehr ein bestimmter Teil des Kreditplafonds (etwa 500 Mio DM) zu seiner Verfügung stünde. Die Bundesregierung müsse dann eine entsprechende, von ihm vorzubereitende Gesetzesvorlage einbringen. — Er habe vor zwei Tagen mit dem jugoslawischen Delegationsführer vereinbart, daß nach der heutigen Kabinettssitzung eine Besprechung unter Vorsitz des Stellvertreters des Bundeskanzlers stattfinde, an der außerdem er selbst sowie je ein Vertreter des Bundesministeriums für Wirtschaft und der BdL und der jugoslawische Delegationsführer teilnehmen sollen[29].

Seiner Bitte entsprechend erklärt sich das Kabinett damit einverstanden, daß diese Besprechung stattfindet und daß er dann den bezeichneten Gesetzentwurf vorlegt[30].

[29] Unterlagen nicht ermittelt.
[30] Fortgang 25. Sitzung TOP E.

25. Kabinettssitzung
am Mittwoch, den 24. März 1954

Teilnehmer: Blücher, Schröder, Neumayer, Schäffer, Lübke, Storch (bis 13.00 Uhr), Balke, Oberländer, Hellwege, Wuermeling, Tillmanns (bis 13.00 Uhr), F. J. Strauß; Bergemann, W. Strauß, Thedieck, Wandersleb, Westrick; Klaiber (bis 11.35 Uhr); Glaesser; Blank, Janz[1]). *Protokoll:* Spieler.

Ort: Haus Carstanjen

Beginn: 10.30 Uhr   Ende: 13.40 Uhr

Der Bundesminister der Finanzen beglückwünscht namens des Kabinetts den Stellvertreter des Bundeskanzlers zu seinem heutigen Geburtstage.

I

Außerhalb der Tagesordnung

[A.] VERDEUTLICHUNGSGESETZ ZUM GRUNDGESETZ (STELLUNGNAHME DER ALLIIERTEN HOHEN KOMMISSION)

Der Stellvertreter des Bundeskanzlers berichtet über Verlauf und Stand seiner bisherigen Verhandlungen mit dem amerikanischen Hohen Kommissar[2]). Der Beauftragte für Truppenfragen nimmt dazu ergänzend Stellung[3]).

---

[1]) Dr. iur. Friedrich Janz (1898–1964). 1927–1945 im Auswärtigen Dienst tätig (zuletzt Vortragender Legationsrat in der Rechtsabteilung des AA); 1947–1950 Badisches Finanzministerium, 1950–1952 MinDir. und Leiter der Badischen Staatskanzlei, 1952 stellvertretender Leiter der Rechtsabteilung im AA, 1953–1959 MinR. im Bundeskanzleramt (1958 Stellvertreter des StS, 1959 MinDir. und Leiter der Rechtsabteilung), 1961–1963 Botschafter in Österreich.

[2]) Vgl. 24. Sitzung TOP 1: Außenpolitische Fragen. — Einschlägige Unterlagen, beispielsweise „Aufzeichnungen über eine Unterredung des Herrn Vizekanzlers mit Herrn Botschafter Bruce, die am 24. März 1954 im Ministerium für Wirtschaftliche Zusammenarbeit stattfand. Anwesend waren Staatssekretär Dr. Klaiber, Staatssekretär Dr. Strauß, Botschafter Blankenhorn und Botschafter Dr. Conant" vom 24. März 1954 (Durchschlag, 8 Bl.), in Nachlaß Blankenhorn/30b.

[3]) Vgl. Aufzeichnung Blankenhorns vom 23. März 1954, in der u. a. steht: „Nachts 1 Uhr Telefongespräch mit Hallstein in Istanbul, in dem wir beide unsere Empörung über die französische Haltung Luft machen. Da ich sehr besorgt bin, daß die deutschen Parteien ihre Geduld verlieren, schlage ich Hallstein vor, daß der Bundeskanzler seine Reise um zwei Tage abkürzt. 2 Uhr nachts noch ein Telefongespräch mit Blank, der ebenfalls über die französische Haltung entrüstet ist. Anschließend an das Gespräch Telegramm an Hallstein (s. Anlage)", ferner Schreiben Blanks an Adenauer vom 30. März 1954 (Abschrift), das wie folgt beginnt: „Bei den Verhandlungen der Hohen Kommission über die Grundgesetzänderung hat Herr Botschafter François-Poncet versucht, seine Zustimmung von einer deutschen Zusage der Ratifizierung der Zusatzprotokolle abhängig zu machen.

[B.] ZUSAMMENARBEIT INNERHALB DER KOALITIONSFRAKTIONEN

Fragen der Zusammenarbeit innerhalb der Koalitionsfraktionen, insbesondere bei den Beratungen des Haushaltsausschusses des Bundestages⁴), werden eingehend erörtert⁵).

[C.] BERATUNG DES HAUSHALTSGESETZES 1954 IM BUNDESTAG

Der Stellvertreter des Bundeskanzlers teilt mit, daß der Bundestag voraussichtlich in den für den 7., 8. und 9. April vorgesehenen Plenarsitzungen den Bundeshaushalt verabschieden wird. Er bittet die Bundesminister, während der Behandlung des jeweils ihr Ressort betreffenden Teils des Haushalts zugegen zu sein⁶).

II.

Alsdann wird die Tagesordnung erörtert:

1. GENEHMIGUNG DER IN DER KABINETTSSITZUNG AM 12. 3. 1954 AB 16.50 UHR (SIEHE SEITE 4 DES KURZPROTOKOLLS ÜBER DIE 23. KABINETTSSITZUNG) GEFASSTEN BESCHLÜSSE
   Vizekanzler

Die in der 23. Kabinettssitzung am 12. März 1954 nach 16.50 Uhr gefaßten Beschlüsse werden ohne Aussprache genehmigt⁷).

2. ENTWURF EINES GESETZES ZUR ÄNDERUNG VON VORSCHRIFTEN DES GESETZES BETREFFEND DIE ERWERBS- UND WIRTSCHAFTSGENOSSENSCHAFTEN UND DES RABATTGESETZES
   BMJ

Der Bundesminister der Justiz trägt den wesentlichen Inhalt des Entwurfes vor und unterrichtet das Kabinett über dessen grundsätzliche Bedeutung⁸).
In der eingehenden Erörterung sprechen sich die Bundesminister für Angelegenheiten des Bundesrates und für Familienfragen gegen den jetzigen Inhalt des Entwurfs aus, weil er nach ihrer Auffassung durch die darin vorgesehene

---

Ein solches Junktim konnte deutscherseits verhindert werden", jeweils in ebenda. – Fortgang 26. Sitzung TOP B.

⁴) Die Protokolle des Haushaltsausschusses des Deutschen Bundestages (2. Wahlperiode 1953–1957) befinden sich im Parlamentsarchiv des Deutschen Bundestages.

⁵) Vgl. 9. Sitzung am 24. Nov. 1953 TOP G. – Fortgang Sondersitzung am 1. April 1954 TOP B: Entscheidung des Haushaltsausschusses des Bundestages zum Haushaltsplan 1954, ferner 164. Sitzung am 19. Dez. 1956 TOP A.

⁶) Zur Verabschiedung des Haushaltsgesetzes 1954 durch das Kabinett vgl. 13. Sitzung am 18. Dez. 1953 (TOP B). – Der BT behandelte den Gesetzentwurf am 7., 8., 9. und 30. April in 2. und am 6. Mai 1954 in 3. Lesung (STENOGRAPHISCHE BERICHTE Bd. 19 S. 796–842, 849–928, 947–1025, 1149–1173 und 1211–1262). Mit Ausnahme Erhards, der sich in Südamerika aufhielt, waren alle Bundesminister bei der Beratung des Haushalts ihres Ressorts anwesend. – Gesetz vom 26. Mai 1954 (BGBl. II 541). – Fortgang Sondersitzung am 1. April 1954 TOP B.

⁷) Vgl. S. 4 des Kurzprotokolls der 23. Sitzung am 12. März 1954 (innerhalb TOP 1, f) Revisionsklausel) (s. S. 102).

⁸) Vgl. 23. Sitzung TOP 4.

endgültige Beseitigung des Verbots des Nichtmitgliedergeschäfts für Konsumgenossenschaften trotz der gleichzeitig vorgeschlagenen praktischen Gleichstellung der Warenrückvergütung einerseits und des Rabatts andererseits eine ungerechtfertigte und schädliche Beeinträchtigung des Einzelhandels zur Folge habe[9]. Die seit Jahren mehrfach verlängerte vorläufige Außerkraftsetzung des Verbots[10]) sei nur deshalb vorgenommen worden, weil auf diese Weise den Konsumgenossenschaften eine Art von Wiedergutmachung für die Einbußen habe gewährt werden sollen, die sie in der Zeit von 1933 bis 1945 hätten hinnehmen müssen[11]). Nunmehr hätten sie sich jedoch offenbar soweit erholt, daß der Zweck der vorläufigen Außerkraftsetzung wohl erreicht sei. – Auch der Stellvertreter des Bundeskanzlers hält den Entwurf in seiner voraussichtlichen Auswirkung mindestens für fragwürdig.

Demgegenüber vertreten insbesondere der Bundesminister für Ernährung, Landwirtschaft und Forsten sowie der Bundesminister für Arbeit, die Bundesminister Dr. Tillmanns und Strauß, ferner Staatssekretär Dr. Westrick und Abg. Blank mit im einzelnen verschiedenen Erwägungen die Meinung, daß die Aufhebung des Verbots zusammen mit dem übrigen Inhalt des Entwurfes dazu geeignet sein werde, die anzustrebende Wettbewerbsgleichheit der Konsumgenossenschaften und des Einzelhandels herzustellen.

Die vom Stellvertreter des Bundeskanzlers zur Erwägung gestellte Möglichkeit, von der Einbringung eines Entwurfes überhaupt abzusehen, findet keine Unterstützung, weil das insbesondere nach Auffassung des Bundesministers für Arbeit notwendig zu einer Initiativ-Vorlage aller oder einzelner Regierungsfraktionen führen müsse, die sie gegenüber der Opposition mit Sicherheit in Verlegenheit bringen werde.

Das Kabinett stimmt schließlich mit starker Mehrheit dem Entwurf zu und beschließt ferner auf Vorschlag des Bundesministers der Justiz, daß künftig außer ihm auch der Bundesminister für Wirtschaft federführend ist. Auf Anregung des Bundesministers Strauß wird in Aussicht genommen, daß gelegentlich der ersten Bundestagslesung des Entwurfes, der von vornherein heftig umstritten sein dürfte, die Bundesregierung unter Bekanntgabe von statistischem Material eine Erklärung über die von ihr beabsichtigte Politik hinsichtlich der Konsumgenossenschaften und des Einzelhandels abgibt[12]).

---

[9]) Vgl. dazu auch das Schreiben Hellweges an Adenauer vom 19. März 1954 (B 136/1039).
[10]) Vgl. dazu 24. Sitzung TOP D.
[11]) Siehe das Gesetz über Preisnachlässe (Rabattgesetz) vom 25. Nov. 1933 (RGBl. I 1011), das Gesetz über die Verbrauchergenossenschaften vom 21. Mai 1935 (RGBl. I 681) und die VO zur Anpassung der verbrauchergenossenschaftlichen Einrichtungen an die kriegswirtschaftlichen Verhältnisse vom 18. Febr. 1941 (RGBl. I 106). – Zur Zerschlagung der Genossenschaften in der Zeit von 1933–1945 vgl. auch Faust, Hellmut: Geschichte der Genossenschaftsbewegung. Ursprung und Aufbruch der Genossenschaften in England, Frankreich und Deutschland sowie ihre weitere Entwicklung im deutschen Sprachraum. 3. Auflage, Frankfurt 1977 S. 485–491.
[12]) BR-Drs. Nr. 475. – Der BT überwies den Gesetzentwurf in der ersten Lesung ohne Debatte an die Ausschüsse für Wirtschaftspolitik, für Geld und Kredit (federführend), für Rechtswesen und Verfassungsrecht sowie für Sonderfragen des Mittelstandes (STENOGRAPHISCHE BERICHTE Bd. 20 S. 1430). Auch bei der 2. und 3. Beratung im BT wurde

3. ENTWURF EINES GESETZES ZUR ÄNDERUNG UND ERGÄNZUNG STEUERLICHER VORSCHRIFTEN ZUR FÖRDERUNG DES KAPITALMARKTES; HIER: ENTWURF EINER STELLUNGNAHME DER BUNDESREGIERUNG ZU DEM ÄNDERUNGSVORSCHLAG DES BUNDESRATES BMF

Der Bundesminister der Finanzen bittet mit Nachdruck, seinem Entwurf zuzustimmen[13]). Er wird dabei von Staatssekretär Dr. Westrick unterstützt.

Der Bundesminister für Angelegenheiten des Bundesrates hält es demgegenüber für angebracht, daß die Bundesregierung den Änderungsvorschlag gutheißt. Auch der Stellvertreter des Bundeskanzlers neigt zu dieser Auffassung.

Die weitere Aussprache, an der sich auch der Bundesminister Strauß und die Staatssekretäre Dr. Bergemann und Dr. Wandersleb beteiligen, führt dazu, daß das Kabinett die Beschlußfassung zurückstellt, weil zunächst noch Ressortbesprechungen zur weiteren Klärung der Angelegenheit stattfinden sollen. Dabei soll insbesondere die Frage des Erlasses der vom Bundesminister für Verkehr erbetenen vier Rechtsverordnungen über Anleihen zur Schiffbaufinanzierung[14]) geklärt werden[15]).

4. PERSONALIEN

Einwendungen gegen die Ernennungsvorschläge, die in den vier Anlagen zur Einladung für die heutige Sitzung wiedergegeben sind, werden nicht erhoben[16]).

III.

Außerhalb der Tagesordnung

[D.] ENTWURF EINES GESETZES ÜBER PREISE FÜR GETREIDE INLÄNDISCHER ERZEUGUNG FÜR DAS GETREIDEWIRTSCHAFTSJAHR 1954/55 SOWIE ÜBER BESONDERE MASSNAHMEN IN DER GETREIDE- UND FUTTERMITTELWIRTSCHAFT (GETREIDEPREISGESETZ 1954/55)

Der Stellvertreter des Bundeskanzlers hält es in Übereinstimmung mit dem Bundesminister für Arbeit mit Rücksicht auf die weittragende Bedeutung der

---

von der Bundesregierung keine Erklärung abgegeben (STENOGRAPHISCHE BERICHTE Bd. 20 S. 1615–1618). — Entwürfe des BMWi vom 15. April und des BMJ vom 20. April 1954 für eine im BT abzugebende Erklärung in B 141/16542. — Gesetz vom 21. Juli 1954 (BGBl. I 212).

[13]) Vgl. 16. Sitzung TOP 4. — Vorlage des BMF vom 11. März 1954 zu BR-Drs. Nr. 32/54 (Beschluß) in B 126/12079 und B 136/2254. — Der BMF hatte den Vorschlag des BR abgelehnt, auch die Zinsen aus Schiffspfandbriefen steuerlich zu begünstigen.

[14]) Fortgang hierzu 28. Sitzung TOP 3–7.

[15]) Der letzte Satz dieses TOPs wurde entsprechend einem Schreiben des Protokollführers vom 31. März 1954 dem Protokoll hinzugefügt. — Fortgang 32. Sitzung TOP 4.

[16]) An Ernennungen waren vorgesehen: im Geschäftsbereich BMI der Präsident der Bundesanstalt für zivilen Luftschutz (Erich Hampe) und im BMI ein Ministerialdirigent, im BMV ein MinR., im Geschäftsbereich BMJ ein Bundesanwalt beim Bundesgerichtshof (Wilhelm Herlan) und im BMJ zwei Ministerialräte. Ferner wurde erbeten: vom Bundeskanzleramt (BPA) die Anstellung des Abteilungsleiters Dr. phil. Bruno Six als Angestellter nach der ADO für übertarifliche Angestellte im öffentlichen Dienst.

Vorlage[17]) und unter Bezugnahme auf § 21 Absatz 3 der Geschäftsordnung der Bundesregierung[18]) nicht für angebracht, den Entwurf schon heute zu beraten.

Auf Bitte des Bundesministers für Ernährung, Landwirtschaft und Forsten soll die Vorlage in der nächsten Kabinettssitzung außerhalb der Tagesordnung behandelt werden[19]).

[E.] ABWICKLUNG DES JUGOSLAWISCHEN KREDITABKOMMENS

Der Bundesminister der Finanzen unterrichtet das Kabinett an Hand seiner Vorlage vom 23. März 1954 über die weitere Entwicklung der Angelegenheit und über die für die Zukunft von ihm ins Auge gefaßten Maßnahmen.

Das Kabinett stimmt der im Verhältnis zur Bank deutscher Länder beabsichtigten Regelung zu und erteilt dem Bundesminister der Finanzen die von ihm erbetene Ermächtigung[20]).

---

[17]) Vorlage des BML vom 19. März 1954 in B 116/8995 und B 136/717.
[18]) § 21 (3) der Geschäftsordnung der Bundesregierung vom 11. Mai 1951 lautet: „Die Übersendung von Kabinettsvorlagen hat so zeitig zu erfolgen, daß für eine sachliche Prüfung vor der Beratung noch ausreichend Zeit bleibt. Zwischen der Zustellung der Vorlage an den Staatssekretär des Bundeskanzleramtes und die Bundesminister und der Beratung soll mindestens eine Woche liegen. Handelt es sich um umfangreichere Gesetzesvorlagen oder sonstige Vorlagen von weittragender Bedeutung und ist die Frist nicht eingehalten, so ist auf Antrag von zwei Bundesministern oder deren Vertretern die Angelegenheit von der Tagesordnung abzusetzen, es sei denn, daß der Bundeskanzler die sofortige Beratung für notwendig hält" (GMBl. 1951 S. 139).
[19]) Siehe 26. Sitzung TOP E.
[20]) Vgl. 24. Sitzung TOP E. – In seiner Vorlage vom 23. März 1954 berichtete Schäffer über das Ergebnis der Besprechung vom 22. März 1954, an der auch ein Vertreter der BdL teilgenommen hatte. Die BdL hatte einer Rediskontierung bis zum 31. Dez. 1960 unter den Bedingungen zugestimmt, die sie in ihrem Schreiben vom 16. März 1954 genannt hatte. Der BMF erklärte sich mit dieser Regelung einverstanden, falls das Kabinett ihn ermächtigte, eine Vorlage zur Erhöhung des ihm zur Verfügung stehenden Kreditplafonds für den Fall einzubringen, daß sich der Kreditplafond der Grenze von 500 Mio DM näherte (B 136/1258). – Fortgang 26. Sitzung TOP D.

**26. Kabinettssitzung
am Freitag, den 26. März 1954**

Teilnehmer: Blücher, Schröder (bis 10.55 und ab 11.15 Uhr), Neumayer, Schäffer, Lübke, Storch, Seebohm, Balke (ab 10.30 Uhr), Oberländer, Kaiser, Hellwege, Wuermeling (bis 10.55 und ab 11.15 Uhr), Tillmanns, F. J. Strauß (ab 9.35 Uhr), Schäfer (ab 9.25 Uhr); Bergemann, W. Strauß (bis 9.25 Uhr), Wandersleb, Westrick; Klaiber, Krueger (zeitweise); Blankenhorn, Janz. Protokoll: Grau.

Ort: Haus Carstanjen

Beginn: 9.00 Uhr   *Ende: 12.30 Uhr*

Außerhalb der Tagesordnung

[A.] PRÄSIDENT DES LANDESARBEITSAMTES BADEN-WÜRTTEMBERG

Auf Antrag[1]) des Bundesministers für Arbeit beschließt das Kabinett, der Hinausschiebung des Eintritts in den Ruhestand des Präsidenten des Landesarbeitsamtes Baden-Württemberg, Dr. Eugen Heinz,[2]) bis zum 31. 3. 1955 zuzustimmen.

[B.] GESETZ ZUR ERGÄNZUNG DES GRUNDGESETZES

Der Vizekanzler[3]) verliest das Schreiben des Vorsitzenden der AHK vom 25. 3. 1954, in dem diese ihre Stellungnahme zu dem Verfassungsänderungsgesetz bekannt gibt[4]). Er unterrichtet das Kabinett über die Vorgeschichte des Schreibens, das als ein Kompromiß zu werten sei[5]). Auf seinen Antrag beschließt das Kabinett einstimmig, das Gesetz alsbald dem Bundespräsidenten zur Ausfertigung und Verkündung zuzuleiten[6]). Das Kabinett beschließt ferner,

---

[1]) Vorlage des BMA vom 22. März 1954 in B 134/3359.
[2]) Dr. Ing. Eugen Heinz (1889–1977). 1919–1934 in verschiedenen Arbeitsbehörden Südwestdeutschlands tätig, 1934–1945 Technisches Landesamt in Ludwigsburg; 1945–1956 Präsident des Landesarbeitsamtes Württemberg-Baden/Baden-Württemberg.
[3]) Vgl. 25. Sitzung TOP A.
[4]) Note der AHK (François-Poncet an Blücher) vom 25. März 1954 (Abschrift) in B 136/1699, deutsche Übersetzung in Mitteilung des BPA Nr. 343/54 vom 25. März 1954. Vgl. dazu auch Pressekonferenz am 26. März 1954 in B 145 I/37.
[5]) Hierzu findet sich in Nachlaß Seebohm/8c folgende Eintragung: „Blücher: Außenpolitischer Bericht: energische Verhandlungen mit den 3 Kommissaren: abrupt 12.45 telefon. Mitteilg. Fr[ançois-] P[oncet], daß Einigung erzielt. Schreiben der AHK zur Verfassungsergänzung. Entscheidung im Amtsblatt der AHK verkündet; nicht im Bundesgesetzblatt. Gesetz kann mit Fußnote verkündet werden. Überwunden ist franz. Versuch einer Teilgenehmigung. Bundespräsident kann ratifizieren, nachdem er Ergänzungsgesetz unterzeichnet. Anerkennung für Strauß und Blankenhorn. Gesetze sollen alle Heuss zugeleitet werden. Demgemäß beschließt das Kabinett." Vgl. dazu auch FRUS V pp. 910–921.
[6]) BT-Drs. Nr. 275. – BR-Drs. Nr. 68/54. – Gesetz zur Ergänzung des Grundgesetzes vom 26. März 1954 in BGBl. I 45: ausschließliche Gesetzgebungskompetenz des Bundes in aus-

nunmehr unverzüglich auch die Zustimmungsgesetze zu den Bonner und Pariser Verträgen[7]) (Deutschland- und EVG-Vertrag) dem Bundespräsidenten zur Ausfertigung und Verkündung vorzulegen[8]).

[C.] ARTIKEL SEFTON DELMER IM DAILY EXPRESS

Der Vizekanzler kommt auf den in der heutigen deutschen Presse wiedergegebenen 3. Artikel[9]) zu sprechen, den Sefton Delmer[10]) im „Daily Expreß" über Deutschland veröffentlicht hat[11]). In diesem Artikel sei von einem Memo-

---

wärtigen, Verteidigungs- und Wehrpflichtangelegenheiten = Art. 73 Nr. 1 (trat erst am 5. Mai 1955 in Kraft [BGBl. II 628], vgl. dazu Entscheidung Nr. 29 der AHK vom 25. März 1954 in Amtsbl. S. 2864 und Entscheidung Nr. 32 der AHK vom 22. Okt. 1954 in Amtsbl. S. 3112; durch Siebzehntes Gesetz zur Ergänzung des Grundgesetzes vom 24. Juni 1968 in BGBl. I 709 wurden die Worte „der Wehrpflicht für Männer vom vollendeten achtzehnten Lebensjahr an und" gestrichen); Einschränkung des Art. 79 Abs. 1 des Grundgesetzes (ausdrückliche Änderung des Wortlautes des Grundgesetzes bei Verfassungsänderung) im Falle völkerrechtlicher Verträge, die eine Friedensregelung betreffen; Klarstellung der Vereinbarkeit des Generalvertrages und des EVG-Vertrages mit dem Grundgesetz = Art. 142a (durch Siebzehntes Gesetz zur Ergänzung des Grundgesetzes vom 24. Juni 1968 in BGBl. I 709 wurde Art. 142a wieder aufgehoben). − Gesetz vom 19. März 1956 in BGBl. I 111: u. a. Förderativklausel in Art. 36 Abs. 2, Regelung der Befehls- und Kommandogewalt über die Streitkräfte in Art. 65a (der umfassende Begriff „Oberbefehl" [vgl. BT-Drs. Nr. 171 vom 12. Jan. 1954] wurde bewußt aufgegeben). − Einschlägige Unterlagen zu diesen beiden verfassungsändernden Gesetzen vom 26. März 1954 und 19. März 1956 in B 141/10−13 und B 136/1699 f. sowie in BW 9/1965, 1991; AA, BStSe, Bd. 87 und 200; StBKAH 12. 21 H. 2 und ADENAUER S. 163−200.

[7]) Im Entwurf: „Abkommen" (Kabinettprotokolle Bd. 21 E).

[8]) Vgl. 24. Sitzung TOP 1: Außenpolitische Fragen. − Gesetz vom 28. März 1954 betreffend den Vertrag vom 26. Mai 1952 über die Beziehungen zwischen der Bundesrepublik Deutschland und den Drei Mächten mit Zusatzverträgen in BGBl. II 57, Gesetz vom 28. März 1954 betreffend den Vertrag vom 27. Mai 1952 über die Gründung der Europäischen Verteidigungsgemeinschaft und betreffend den Vertrag vom 27. Mai 1952 zwischen dem Vereinigten Königreich und den Mitgliedsstaaten der Europäischen Verteidigungsgemeinschaft in BGBl. II 342. − Fortgang 31. Sitzung TOP A: Außenpolitische Lage.

[9]) Die Artikelserie von Sefton Denis Delmer über die gegenwärtige politische Situation in der Bundesrepublik Deutschland wurde im Daily Express veröffentlicht, und zwar in den Ausgaben vom 22., 23., 25. und 29. März 1954. Vgl. dazu BULLETIN vom 14. April 1954, S. 622; Der Spiegel vom 8. Sept. 1954, S. 16 und 22; Delmer, Sefton: Die Deutschen und ich. Autorisierte Übersetzung aus dem Englischen von Gerda v. Uslar. Hamburg 1963, S. 697, 699.

[10]) Sefton Denis Delmer (1904−1979). 1927−1959 Mitarbeiter des Daily Express unter Lord William M. A. Beaverbrook, 1928−1933 Berichterstatter in Berlin (nahm Anfang April 1932 an Hitlers erstem Deutschlandflug teil), 1934 aus Deutschland ausgewiesen, 1937−1941 Chefreporter des Daily Express für Europa, leitete 1941−1945 im Auftrag des Foreign Office die Rundfunk-Feindpropaganda, Erfinder der sogenannten Schwarzen Propaganda (Sender „Gustav Siegfried eins" und „Soldatensender Calais"). Ab 1945 wieder als Chefreporter tätig; lange Zeit gehörte er noch zu den eifrigsten Warnern vor einem „neuen deutschen Abenteuer", einer deutschen Wiederbewaffnung und vor einem Erstarken des nationalsozialistischen Elements in Politik, Verwaltung und Militärwesen; sagte im Jahre 1956 als Zeuge im John-Prozeß zu dessen Gunsten aus.

[11]) Zum dritten Artikel von Sefton Denis Delmer im „Daily Express" vom 25. März 1954 vgl. Frankfurter Allgemeine Zeitung vom 26. März 1954.

randum die Rede, das Dr. G. Sonnenhol[12]) über Deutschlands Außenpolitik nach der Berliner Konferenz verfaßt habe[13]). Der Vizekanzler verwahrt sich entschieden dagegen, daß in diesem Artikel Dr. Sonnenhol als „seine rechte Hand in außenpolitischen Angelegenheiten" bezeichnet werde. Dies sei schon aus dem Grunde unrichtig, weil er einen Referenten für Außenpolitik nicht besitze. Auch sei es durchaus unzutreffend, daß das Memorandum die Grundlage einer Besprechung der Außenpolitik Deutschlands im außenpolitischen Ausschuß der FDP gewesen sei. Es handele sich um eine private Aufzeichnung von Dr. Sonnenhol, die dieser einigen Bekannten gezeigt habe. Der Vizekanzler kündigt an, daß er eine ausführliche Erklärung in der Angelegenheit abgeben werde[14]). Der Bundesminister für Verkehr wirft die Frage auf, warum das Presse- und Informationsamt der Bundesregierung nicht jeweils eine kurze Information an die zuständigen Stellen gebe, wenn ausländische Journalisten in Deutschland auftauchen und um Unterredungen mit maßgebenden Persönlichkeiten nachsuchen würden. Wie der Fall Delmer zeige, seien solche Leute oft zu wenig bekannt. Botschafter Blankenhorn wird es übernehmen, diese Anregung an den Bundespressechef weiterzuleiten[15]).

[D.] ABWICKLUNG DES KREDITABKOMMENS MIT JUGOSLAWIEN

Unter Bezugnahme auf Ziff. [E] des Kurzprotokolls über die 24. Kabinettssitzung der Bundesregierung vom 19. 3. 1954[16]) gibt Staatssekretär Dr. Westrick folgende Erklärung zu Protokoll:

---

[12]) Dr. iur. Gustav Adolf Sonnenhol (1912–1988). 1939–1945 Auswärtiger Dienst (u. a. 1941–1942 Vizekonsul am Generalkonsulat Casablanca, 1942–1944 Vizekonsul am Generalkonsulat Tanger). Nach dem Zweiten Weltkrieg trat Sonnenhol der FDP bei (nationalliberaler Flügel), 1949–1957 Bundesministerium für den Marshallplan/BMZ (1953 Oberregierungsrat, 1956 MinR.), „Gedanken zur außenpolitischen Lage Deutschlands nach der Berlin-Konferenz" vom 26. Febr. 1954: „meine in dieselbe Richtung [wie der ‚Pfeiderer-Plan'] gehende Denkschrift von 1954", 1957–1962 Botschafter Erster Klasse bei der Vertretung der Bundesrepublik Deutschland bei der OEEC in Paris, 1962–1968 Bundesministerium für wirtschaftliche Zusammenarbeit (MinDir. und Leiter der Abteilung Wirtschaftspolitik), 1968–1971 Botschafter in der Südafrikanischen Union, 1971–1977 Botschafter in der Türkei, 1977–1985 Industrieberater. – Sonnenhol, Gustav Adolf: Untergang oder Übergang? – Wider die deutsche Angst. Versuch einer Deutung erlebter Geschichte. Stuttgart 1984.
[13]) Gustav Adolf Sonnenhol „Gedanken zur außenpolitischen Lage Deutschlands nach der Berlin-Konferenz" in Nachlaß Middelhauve/518 (im Nordrhein-Westfälischen Hauptstaatsarchiv). Gegenüberstellung der als vertraulich gekennzeichneten Aufzeichnung Sonnenhols vom 26. Febr. 1954 „Gedanken zur außenpolitischen Lage Deutschlands nach der Berlin-Konferenz" und der Veröffentlichung Sefton Delmers im Daily Express vom 25. März 1954 nebst einschlägigem Schriftwechsel Blücher-Sonnenhol in Nachlaß Blücher/131.
[14]) Seebohm notierte sich hierzu: „Artikel Sefton Delmer b[e]z[ü]gl[ich] Sonnenhol, Blücher verwahrt sich gegen Unterstellungen. Sonnenhols Arbeit nur privat, weder für Blücher dienstlich noch für Partei bestimmt. Kündet ausführliche schriftliche Erklärung für Kabinettsmitglieder an. Kaiser tritt für Sonnenhol ein und gegen Delmer" (Nachlaß Seebohm/8c).
[15]) Entsprechende Unterlagen nicht ermittelt.
[16]) Vgl. auch 24. Sitzung TOP E.

„In der Verhandlung mit dem Zentralbankrat am 15. 3. 1954 hat Herr Geheimrat Vocke zwar erklärt, daß Herr Minister Erhard ihm früher gesagt habe, die Bank deutscher Länder hat mit ihren Bedenken recht. Ich habe aber demgegenüber sofort erklärt, daß das Bundesministerium für Wirtschaft sich exakt an den Kabinettsbeschluß halte und nachdrücklich eine Prolongation der Jugoslawienwechsel durch die Bank deutscher Länder erbitte; ich habe dabei auf die wirtschaftliche Bedeutung des Jugoslawien-Marktes eingehend hingewiesen. Darüber hinaus habe ich in dieser Zentralbankratssitzung erwähnt, daß die von Herrn Vocke zitierte Bemerkung des Herrn Minister Erhard sicher irgendwie mißverständlich sei, denn ich hätte mit Herrn Minister Erhard noch wenige Stunden vor der Zentralbankratssitzung über die Angelegenheit gesprochen, und er stimme der von mir vertretenen Meinung voll zu.

Eine nachträgliche Unterhaltung mit Herrn Geheimrat Vocke hat ergeben, daß das Gespräch Erhard/Vocke bzw. Erhard/Tüngeler[17]) zeitlich vor dem Kabinettsbeschluß und vor dem Termin gelegen hat, an dem der Bundesminister für Wirtschaft seine Kabinettsvorlage unterbreitete, und daß außerdem der Inhalt der Gespräche — dem Sinne nach jedenfalls — so zu interpretieren gewesen sei, daß der Bundesminister für Wirtschaft für die Bedenken der Bank deutscher Länder Verständnis habe. Diese Äußerung ist aber durch die offizielle Erklärung, die ich für das Bundeswirtschaftsministerium in der Zentralbankratssitzung abgegeben habe, gegenstandslos geworden. Der Bundesminister für Wirtschaft hat sich also an die Meinung des Kabinetts gehalten[18])."

[E.] ENTWURF EINES GETREIDEPREIS-GESETZES 1954/55

Der Bundesminister für Ernährung, Landwirtschaft und Forsten erklärt einleitend, daß über den von ihm eingebrachten Gesetzentwurf[19]) Übereinstimmung mit den beteiligten Ressorts bestehe bis auf den § 8 (Gewährung einer Lieferprämie für Roggen)[20]), dem der Bundesminister der Finanzen nicht glaube zustimmen zu können. Er müsse jedoch an dieser Lieferprämie festhalten, da der Roggen nicht aus dem gesamten Getreidepreisgefüge herausgenommen wer-

---

[17]) Johannes Tüngeler (1907—1989). 1931—1939 Reichsbank, 1939—1945 Reichswirtschaftsministerium (Referatsleiter); 1946 Leiter der Gemeinsamen Außenhandelsstelle der Bizone, später der Auslandsabteilung der BdL, 1953 Mitglied des Direktoriums der BdL, 1957—1976 Mitglied des Direktoriums und damit gleichzeitig des Zentralbankrats der Deutschen Bundesbank.

[18]) Siehe dazu auch das Schreiben Westricks an das Bundeskanzleramt vom 25. März 1954 in B 136/1259. — Fortgang 32. Sitzung TOP C.

[19]) Vgl. 13. Sitzung am 18. Dez. 1953 TOP 6: Lagerhaltungsverträge für inländisches Brotgetreide, ferner BT-Drs. Nr. 188 und 387. — Vorlage des BML vom 19. März 1954 in B 116/8995 und B 136/717.

[20]) Aus einem Schreiben des BMF an den BML vom 22. März 1954 (Schnellbrief, in B 136/717) geht jedoch hervor, daß auf einer Ressortbesprechung vom 19. März 1954 die Vertreter des BMF nicht nur dem § 8 des Entwurfs (Lieferprämie für Roggen in Höhe von DM 20,— je 1000 kg), sondern auch dem § 3 des Entwurfs (Sicherung der Preise für Brot- und Futtergetreide) widersprochen hatten.

den könnte. Im besonderen sei darauf hinzuweisen, daß auf dem europäischen Markt kein Roggen mehr vorhanden sei, da Polen, Deutschlands früherer Hauptlieferant, selbst größere Einkäufe in Argentinien tätigen müsse.

Der Bundesminister der Finanzen erklärt, sich zur Sache selbst nicht äußern zu wollen. Er müsse aber darauf hinweisen, daß es auch in diesem Falle Pflicht der Bundesregierung sei, Vorschläge zur Deckung der durch die Gewährung der Lieferprämie entstehenden Haushaltsausgabe von 26 Mio DM zu machen. Der Bundesminister der Finanzen gibt dem Kabinett sodann auf Grund einer Besprechung mit den Koalitionsparteien[21]) eine Übersicht über die Anforderungen, die insbesondere von landwirtschaftlicher Seite noch an den Haushalt 1954 gestellt würden und über die Möglichkeiten ihrer Befriedigung im Rahmen eines abgeglichenen Haushalts. Er erklärt, nicht für den Antrag auf Gewährung der Roggen-Lieferprämie stimmen, aber auch keinen Widerspruch einlegen zu wollen. Nach Kenntnisnahme von dieser Erklärung des Bundesministers der Finanzen stimmt das Kabinett sodann dem vom Bundesminister für Ernährung, Landwirtschaft und Forsten eingebrachten Gesetzentwurf unter Berücksichtigung der in seinem Schnellbrief vom 24. 3. 1954 mitgeteilten Neufassung der Preistabellen für Brotgetreide (§ 1 des Gesetzentwurfs)[22]) zu[23]).

[F.] ERKLÄRUNG DER SOWJETREGIERUNG

Auf Anregung des Bundesministers für gesamtdeutsche Fragen verliest der Vizekanzler die Erklärung, die die Sowjetregierung in der Nacht vom 25./26. März 1954 über „die Beziehungen zwischen der Sowjetunion und der Deutschen Demokratischen Republik" abgegeben hat[24]). Eine eingehende Aussprache über die Bedeutung dieses Schrittes der Sowjetregierung schließt sich an, in der besonders auf die interessante Parallele hingewiesen wird zwischen den Rechten, die sich die Sowjetregierung in ihrer Zone und denen, die sich die Westalliierten im Deutschlandvertrag vorbehalten haben[25]). Das Kabinett beschließt, eine Verlautbarung herauszugeben, in der zum Ausdruck kommt, daß die Erklärung der Sowjetregierung nach Auffassung der Bundesregierung einer

---

[21]) Unterlagen nicht ermittelt.
[22]) In B 116/8995 und B 136/717.
[23]) Fortgang 37. Sitzung TOP 4.
[24]) Vgl. 23. Sitzung TOP E: Saarfrage. — Erklärung der Sowjetregierung vom 25. März 1954 in EA 1954 S. 6534 f.; Erklärung der Regierung der Deutschen Demokratischen Republik vom 27. März 1954 in ebenda S. 6535 f. Vgl. dazu 158. Sitzung des Plenums des Ministerrates der DDR am 27. März 1954 TOP 1 (C-20 I/3 Nr. 223) und die Aufzeichnung (ohne Verfasserangabe) „Auswirkungen der am 26. März 1954 erfolgten Übergabe der Souveränität an die Deutsche Demokratische Republik" (korrigierter Durchschlag, o. Dat.) in IfGA, ZPA, IV 2/20/63.
[25]) Vgl. Pos. 2 Abs. 2 T. 2 der Erklärung der Sowjetregierung vom 25. März 1954 (EA 1954 S. 6534) mit Art. 2 Abs. 1 Buchst. a des Vertrages über die Beziehungen zwischen der Bundesrepublik Deutschland und den Drei Mächten im Gesetz vom 28. März 1954 betreffend den Vertrag vom 26. Mai 1952 über die Beziehungen zwischen der Bundesrepublik Deutschland und den Drei Mächten mit Zusatzverträgen (BGBl. II 57). Vgl. auch die entsprechende Synopse der westalliierten und sowjetrussischen Zugeständnisse in Der Spiegel vom 14. April 1954 S. 6.

eingehenden Prüfung bedürfe und daß die Bundesregierung nach Abschluß dieser Prüfung ihre Stellungnahme bekanntgeben werde[26]).

Sodann tritt das Kabinett in die Beratung des einzigen Punktes der Tagesordnung

1. VERKEHRSFRAGEN   BMV

ein.

Der Bundesminister für Verkehr gibt zunächst eine Übersicht über die Entwicklung, die die Beratungen und Verhandlungen des verkehrspolitischen Programms seit seiner grundlegenden Kabinettsvorlage vom 12. 12. 1953[27]) genommen haben. Er berichtet über die Beratungen des Wirtschaftsausschusses des Kabinetts[28]) sowie über die Verhandlungen, die er mit den Sachverständigen der Wirtschaft und des Verkehrs geführt habe[29]). Der Bundesminister für Verkehr unterrichtet weiter das Kabinett über die Pläne, die von sachverständigen Vertretern der Spitzenorganisationen der gewerblichen Wirtschaft, der Landwirtschaft und des Straßenverkehrsgewerbes (sogen. Margarethenhof-Plan)[30]) sowie von Generaldirektor Friedrich[31]) (sogen. Friedrich-Plan)[32]) vorgelegt worden

---

[26]) Im Nachlaß Seebohm/8c findet sich hierzu folgende Eintragung: „Blücher [...] schlägt Erklärung der Bundesregierung dazu vor. Blücher hat schon heute Nacht persönlich Presseerklärung abgegeben. Kaiser: hält Regierungserklärung vor Bundestag für erforderlich, wegen Wirkung auf Berlin (keine Wiedervereinigung), bevorstehenden SED-Parteitag (Proklamierung Zonengrenze als Staatsgrenze; Separatfriedensvertrag mit Rußland), auf Washington und London. Erklärung Nationalarmee DDR? Blankenhorn: Maßnahmen Sowjets entspricht Haltung auf Berliner Kongreß: DDR soll reiner Satellit werden. Hält auch Regierungserklärung vor Bundestag nötig. Keine Erklärung jetzt; Voraussetzung: genaue Prüfung, Abstimmung mit AHK." Ansprache Blüchers im RIAS am 27. März 1954 in Nachlaß Blücher/174; der IV. Parteitag der SED fand vom 30. März bis 6. April 1954 in Berlin statt (EA 1954 S. 6548). – Fortgang 27. Sitzung TOP 1e.

[27]) Vgl. 15. Sitzung TOP 2. Vorlage vom 12. Dez. 1953 in B 108/1478 und B 136/1477.

[28]) Der Kabinett-Ausschuß für Wirtschaft hatte sich am 1. Febr. (TOP 2), 16. Febr. (TOP 1) und 19. März 1954 (TOP 1) mit dem „Programm zur verkehrspolitischen Neuordnung" beschäftigt.

[29]) Niederschrift über die Besprechung mit Sachverständigen aus Wirtschaft und Verkehr in Hamburg am 22. März 1954 (Vervielfältigung) in B 126/10895.

[30]) Das am 17. März 1954 im Hotel Margarethenhof (auf der Margarethenhöhe in Königswinter) verabschiedete verkehrspolitische Programm (= Anlage 1 der Vorlage des BMV vom 24. März 1954 in B 108/10652 und B 136/1478) sah vor allem vor: Ablehnung der Verbotsmaßnahmen des BMV und Forderung der freien Wahl des Verkehrsmittels durch den Verlader; wesentliche Abschwächung des Verkehrsfinanzgesetzes, dafür Vorschläge zur Verkehrsteilung durch Tarifzuschläge; Erhöhung der Beförderungssteuer im Werkfernverkehr von 3 auf 4 Dpf je tkm. Unterlagen zum Margarethenhof-Plan in B 126/10895 und B 136/1480.

[31]) Otto A. Friedrich (1902–1975). 1939–1965 im Vorstand der Phoenix Gummiwerke AG, Hamburg-Harburg; März bis Sept. 1951 als Berater der Bundesregierung in Rohstoff-Fragen im BMWi und Mai bis Sept. 1951 kommissarischer Leiter der Bundesstelle für Warenverkehr; seit 1966 persönlich haftender geschäftsführender Gesellschafter der Friedrich Flick KG; 1969–1973 Präsident der Bundesvereinigung der Deutschen Arbeitgeberverbände. Mitte 1965 legte Friedrich den (zweiten) Friedrich-Plan (zur Vermögensbildung in Arbeitnehmerhand) vor.

seien (vgl. Anlage 1 u. 2 der Kabinettsvorlage des Bundesministers für Verkehr vom 24. 3. 1954). Zusammenfassend stellt der Bundesminister für Verkehr fest, daß die Versuche der Sachverständigen, zu einer Übereinstimmung zu kommen, als gescheitert anzusehen seien. Als einzige Gesamtkonzeption zur Ordnung des Verkehrs bleibe somit die von ihm zusammen mit dem Bundesminister der Finanzen vorgelegte[33]).

Der Bundesminister für Verkehr gibt sodann dem Kabinett von der Entschließung des Verwaltungsrates der Deutschen Bundesbahn[34]) Kenntnis, die dieser in seiner Sitzung vom 25. 3. 1954 einstimmig gefaßt habe. Der Verwaltungsrat sei danach der Meinung, daß unter den zu erwartenden Beschlüssen der Bundesregierung dem Beschluß über die Genehmigung des Wirtschaftsplans der Deutschen Bundesbahn für 1954[35]) vor allen anderen Vorrang gebühre. Dies voranzustellen veranlasse ihn schon die Verantwortung, die er zusammen mit dem Vorstand für die Betriebsführung und Betriebssicherheit trage. Der Verwaltungsrat bekenne sich ferner einstimmig zu den Gesamtzielen des Entwurfs eines Straßenentlastungs-[36]) und eines Verkehrsfinanzgesetzes[37]) und sehe die beiden Gesetzentwürfe als ein zusammengehöriges Ganzes an. Der Verwaltungsrat bitte eindringlich, die Beschlußfassung des Kabinetts über die beiden vorgenannten Gesetzentwürfe wegen der nicht aufschiebbaren Ordnung des Verhältnisses zwischen Schiene und Straße zu beschleunigen. Wenn er, der Bundesminister für Verkehr, auch nicht die Absicht habe, die Angelegenheit zu dramatisieren, so zeige die Entschließung des Verwaltungsrates doch den Ernst der Lage und den Zusammenhang der Dinge. Auch er müsse aus sachlichen und politischen Gründen auf einer Verabschiedung des verkehrspolitischen Programms in seiner Gesamtheit bestehen und könne die Verantwortung für Teillösungen nicht übernehmen. Er wäre jedoch bereit, in der umstrittenen Frage des Verbots des verteilenden Werkverkehrs (§ 4 des Straßenentlastungsgesetzes in der Fassung der Kabinettsvorlage des Bundesministers für Verkehr vom 17. 3. 1954)[38]) einen Kompromiß dahin einzugehen, daß er auf dieses Verbot verzichten würde unter der Voraussetzung, daß der Werkfernverkehr durch das Ver-

---

[32]) Der Friedrich-Plan vom 17. März 1954 (= Anlage 2 der Vorlage des BMV vom 24. März 1954 in B 108/10652 und B 136/1478) enthielt als Kern den Entwurf eines Gesetzes über Maßnahmen zur Verbesserung der Verkehrswege. Dieser Gesetzentwurf sah eine Frachtabgabe von fünf Prozent vor, wovon drei Prozent vom Verlader und zwei Prozent vom Verkehrsträger durch Kleben von Frachtmarken aufzubringen waren. Unterlagen zum Friedrich-Plan in B 126/10895 und 10898, B 108/1478 sowie in B 136/1480.

[33]) Gemeinsame Vorlage des BMV und BMF vom 14. Jan. 1954 in B 126/10894 und B 136/1477; Vorlage des BMF vom 25. Febr. 1954 in B 126/10895 und B 108/1490. Die langwierigen Bemühungen um ein Verkehrsfinanzgesetz finden ihren Niederschlag in B 126/10894–10903, B 136/1484–1486 und in B 108/1490 f.

[34]) Inseriert in der Niederschrift über die Sitzung des Verwaltungsrates der Deutschen Bundesbahn am 25. 3. 1954 in Frankfurt (M) (Vervielfältigung) in B 108/681.

[35]) „Wirtschaftsplan für das Geschäftsjahr 1954, Aufgestellt Anfang Dezember 1953", mit einschlägigem Schriftwechsel, in B 136/1519.

[36]) Vorlage des BMV vom 17. März 1954 in B 108/10652 und B 134/3336.

[37]) Vorlage des BMF vom 25. Febr. 1954 in B 126/10895 und B 108/1490.

[38]) Vgl. Anm. 36.

kehrsfinanzgesetz mit einer Beförderungssteuer von 5 Dpf/tkm[39]) belastet würde.

Der Vizekanzler weist auf die Schwierigkeiten hin, die dadurch entstanden seien, daß in der Öffentlichkeit vorzeitig viel zu viel über die Verkehrsgesetze bekannt geworden sei. Auch er sehe die Vorlagen als eine Einheit an und sei der Auffassung, daß auf Grund der Vorarbeiten des Kabinettausschusses[40]) und seines Arbeitsausschusses[41]) das Verkehrsfinanzgesetz heute und das Straßenentlastungsgesetz in der nächsten Woche verabschiedet werden können. Zu der Entschließung des Verwaltungsrates der Bundesbahn[42]) müsse er darauf hinweisen, daß jede Maßnahme zugunsten der Deutschen Bundesbahn begleitet sein müsse von einer durchgreifenden Reform dieses Unternehmens. Dabei müsse auch sehr ernsthaft geprüft werden, ob nicht eine Änderung des Bundesbahngesetzes[43]) erforderlich sei. Der Bundesminister der Finanzen tritt den Ausführungen des Vizekanzlers bei und betont, daß die Verabschiedung des Verkehrsfinanzgesetzes die Voraussetzung für die Sanierung der Deutschen Bundesbahn sei. Jeder Monat, in dem dieses Gesetz nicht verabschiedet sei, bedeute für die Bundesbahn einen Ausfall von 15 Mio DM. Das Kabinett solle umgehend in die Beratung des Verkehrsfinanzgesetzes und des Straßenentlastungsgesetzes eintreten. Nach Verabschiedung dieser Gesetze sei er bereit, sich im Kabinett mit dem Wirtschaftsplan 1954 der Deutschen Bundesbahn[44]) zu befassen.

Anhand einer vom Arbeitsausschuß des Kabinettausschusses gefertigten, den Kabinettsmitgliedern vorliegenden Synopse[45]) des Verkehrsfinanzgesetzes in der Fassung der Kabinettsvorlage des Bundesfinanzministers vom 25. 2. 1954[46]) erörtert das Kabinett sodann in eingehender Aussprache die noch strittigen Punkte dieses Gesetzes:

I. Abschnitt: Kraftfahrzeugsteuer.
   1) § 11 Abs. 1 — Steuersatz für Nutzfahrzeuge mit Gesamtgewicht über 15 000 kg: 51,- DM pro 200 kg ab 1. 1. 1955 — Der Kabinettsvorlage wird zugestimmt.
   2) § 11 Abs. 2 — Ausnahmeregelung für Spezialfahrzeuge im Baubetrieb, 50%ige Befreiung —

---

[39]) § 12 der Vorlage des BMF vom 25. Febr. 1954 (siehe Anm. 37) sah in diesem Zusammenhang vor: 3 Dpf für jede Tonne des Rohgewichts der beförderten Güter und für jeden Kilometer der Beförderungsstrecke (Tonnenkilometer).
[40]) Vgl. Anm. 28.
[41]) Kurzprotokolle über die Sitzungen des Arbeitsausschusses des Kabinett-Ausschusses für Wirtschaft am 29. Jan.; 3., 8., 12 Febr.; 17., 24. März 1954 in B 108/1478, B 126/10895 und B 136/1479.
[42]) Vgl. Anm. 34.
[43]) Zum Bundesbahngesetz vom 13. Dez. 1951 (BGBl. I 995) vgl. 130. Sitzung am 21. Febr. 1951 TOP 1.
[44]) Vgl. Anm. 35.
[45]) Synopse über die strittigen Punkte im Straßenentlastungs- und Verkehrsfinanzgesetz sowie im Wirtschaftsplan der Deutschen Bundesbahn (Stand 24. März 1954) als Anlage des Rundschreibens des BMZ (Stellvertreter des Bundeskanzlers und Vorsitzender des Kabinett-Ausschusses für Wirtschaft) vom 25. März 1954 in B 136/1479.
[46]) Vgl. Anm. 37.

Der Bundesminister der Finanzen beantragt abweichend von seiner Kabinettsvorlage, von jeder Befreiung abzusehen, während umgekehrt Staatssekretär Dr. Wandersleb den Antrag auf völlige Befreiung stellt. Beide Anträge werden abgelehnt und der Kabinettsvorlage mit Mehrheit zugestimmt.

II. Abschnitt: Beförderungssteuer.

3) § 1 und Abschn. VI Art. 3 — Besteuerung des Luftverkehrs — Mit Rücksicht auf die Bedenken, die aus außenpolitischen Gründen gegen die Besteuerung des Luftverkehrs geltend gemacht werden, erklärt sich der Bundesminister der Finanzen damit einverstanden, die Möglichkeit der Besteuerung des Luftverkehrs nicht im Gesetz selbst, sondern nur in der Begründung vorzusehen.

4) Befreiung der Beförderung von Baustoffen für den sozialen Wohnungsbau — Der von Staatssekretär Dr. Wandersleb begründete Antrag des Wohnungsbauministeriums wird abgelehnt, da er nach Auffassung der Mehrheit des Kabinetts praktisch undurchführbar wäre.

5) § 12 — Steuersatz für den Kraftfahrzeugverkehr —
Hierzu macht der Bundesminister für Verkehr seinen bereits in seinen einleitenden Ausführungen erwähnten Kompromißvorschlag, den Steuersatz im Werkfernverkehr auf 5 Dpf/tkm zu erhöhen und dafür auf das Verbot des verteilenden Werkfernverkehrs im Straßenentlastungsgesetz (§ 4) zu verzichten[47]. Staatssekretär Dr. Westrick hält 5 Dpf für zu hoch, da dann bei einer Reihe von Industrien Auswirkungen auf die Verbraucherpreise unausbleiblich seien. Auch Staatssekretär Dr. Wandersleb äußert Bedenken gegen den Kompromißvorschlag wegen der großen Bedeutung des Werkfernverkehrs für den Wohnungsbau. Die Mehrheit des Kabinetts stimmt jedoch dem Kompromißvorschlag des Bundesministers für Verkehr zu.

III. Abschnitt: Mineralölsteuer.

6) § 2 — Erhöhung des Steuersatzes bei Vergaserkraftstoff um 1 Dpf/l, bei Dieselkraftstoff um 7 Dpf/l —
Der Bundesminister der Finanzen weist auf die inzwischen eingetretene Senkung der Mineralölpreise hin und beantragt nunmehr eine Erhöhung des Steuersatzes beim Vergaserkraftstoff um 2 Dpf/l und beim Dieselkraftstoff um 9,5 Dpf/l.
Er wird hierin vom Bundesminister für Verkehr unterstützt, während Staatssekretär Dr. Westrick aus denselben Gründen wie bei der Erhöhung der Beförderungssteuer (vgl. oben Ziff. 5) die Erhöhung des Steuersatzes für zu hoch hält und eine Limitierung des Gesamtaufkommens auf 165 Mio DM vorgesehen wissen möchte. Die Mehrheit des Kabinetts stimmt Bundesminister Strauß darin zu, daß ein Zugriff des Bundes auf Preissenkungen der Wirtschaft politisch-psychologisch falsch wäre. Eine Abstimmung ergibt eine Mehrheit für die im Gesetzentwurf vorgesehenen Erhöhungen (1 bzw. 7 Dpf/l).

---

[47]) Vgl. Anm. 36 und 39.

IV. Abschnitt: Finanzierung des Baues von Bundesautobahnen.
7) Art. III — Ermächtigung zur Erhebung eine Benutzungsgebühr für neugebaute Autobahnstrecken —
Bundesminister Dr. Schäfer erhebt, wie bereits in seiner Kabinettsvorlage vom 16. 1. 1954, grundsätzliche Bedenken gegen die vorgesehene Ermächtigung, insbesondere in ihrer Beschränkung auf neugebaute Autobahnstrecken[48]). Das Kabinett nimmt einen Vermittlungsvorschlag des Bundesministers für Ernährung, Landwirtschaft und Forsten an, wonach eine allgemeine Ermächtigung für die Erhebung einer Benutzungsgebühr für Autobahnstrecken im Gesetz vorgesehen werden soll.

Es besteht Übereinstimmung, daß das Verkehrsfinanzgesetz damit inhaltlich als verabschiedet gilt. Da jedoch die Erhöhung des Steuersatzes der Beförderungssteuer im Werkfernverkehr von der Ablehnung des § 4 des Entwurfs eines Straßenentlastungsgesetzes abhängig gemacht worden ist (vgl. oben Ziff. 5), beschließt das Kabinett auf Vorschlag des Vizekanzlers, eine Neufassung des Verkehrsfinanzgesetzes auf Grund der gefaßten Beschlüsse durch die beteiligten Ressorts fertigen zu lassen und sodann das Verkehrsfinanzgesetz zusammen mit dem Straßenentlastungsgesetz formell in der nächsten Kabinettssitzung zu verabschieden[49]).

---

[48]) In einer Stellungnahme des BMF vom 24. März 1954 zu den Maßnahmen zur Neuordnung des Verkehrs („Kabinettssache für den 26. März 1954") wurde die Vorlage des BMS Schäfer vom 16. Jan. 1954 abgelehnt, die sich gegen die Ermächtigung zur Erhebung einer Benutzungsgebühr für die Benutzung der von der Gesellschaft für Autobahnfinanzierung finanzierten Bundesautobahnen gewandt hatte. „An einer Ermächtigung zur Gebührenerhebung sollte jedoch festgehalten werden, da es andernfalls nicht möglich ist, das vorgesehene Finanzierungsprogramm durchzuführen" (B 126/10895).
[49]) Fortgang 27. Sitzung TOP 2.

27. Kabinettssitzung
am Mittwoch, den 31. März 1954

Teilnehmer: Adenauer, Blücher, Schröder, Neumayer, Schäffer (ab 10.30 Uhr), Lübke, Storch, Seebohm, Balke, Preusker, Oberländer, Kaiser, Hellwege, Wuermeling, Tillmanns, F. J. Strauß, Schäfer, Kraft; Bergemann, Globke, Hallstein[1]), W. Strauß, Westrick; Klaiber; von Eckardt, Krueger; Selbach, Kilb; Oeftering[2]) (bis 10.30 Uhr), Vockel. Protokoll: Grau (zu TOP 2), Haenlein (zu allen anderen Punkten).

Ort: Bundeshaus

Beginn: 9.30 Uhr *Ende: 14.30 Uhr*

1. POLITISCHE LAGE
   a) GRIECHENLAND UND TÜRKEI BK

Der Bundeskanzler berichtet über seine Reise nach Griechenland[3]) und der Türkei[4]), wo er eine besonders herzliche Aufnahme gefunden habe. Er hält es für notwendig, die deutschen kulturellen Einrichtungen im Ausland stärker als bisher finanziell zu unterstützen. Man solle sich ferner überlegen, wie diesen beiden Ländern bei ihrem wirtschaftlichen Aufbau geholfen werden könne. Eine engere wirtschaftliche Verflechtung Deutschlands mit diesen Ländern liege im europäischen Interesse[5]).

---

[1]) Während sowohl im Entwurf als auch in der Ausfertigung des Kurzprotokolls Hallstein nicht als Teilnehmer dieser Kabinettssitzung angegeben ist (Kabinettsprotokolle Bd. 21 E, Bd. 19), findet sich im Nachlaß Seebohm/8c nach der Überschrift „Kabinettssitzung 31. 3. 1954" folgende Eintragung: „Zunächst fehlt: Schäffer; zusätzl[ich] Westrick, Blank, Vockel, Oeftering, Hallstein, Strauß." Von dieser Sitzung am 31. März 1954 gibt es sowohl eine Mitschrift Seebohms (4 Bl. DIN A 4 in Nachlaß Seebohm/8c, siehe auch Abb. 3) als auch eine handschriftliche Aufzeichnung Hallsteins vom 31. März 1954 (11 Bl. DIN A 5 in Nachlaß Hallstein/124).

[2]) Dr. iur. Heinz Maria Oeftering (geb. 1903). 1930–1943 Reichsfinanzverwalter (zuletzt Oberregierungsrat im Reichsfinanzministerium), 1943 Kriegsdienst; 1945–1947 Präsident der Rechnungskammer Hessen-Pfalz und 1947–1949 des Rechnungshofes Rheinland-Pfalz, 1949–1957 Abteilungsleiter und Vertreter des StS im BMF, 1957–1972 Vorstandsvorsitzender und Erster Präsident der Deutschen Bundesbahn.

[3]) Vgl. 22. Sitzung TOP C. – Der Staatsbesuch Adenauers in Griechenland fand vom 9. bis 18. März 1954 statt, siehe BULLETIN vom 11. März 1954 S. 377 f. Einschlägige Unterlagen zu diesem Staatsbesuch in: AA, Abt. 3, Az. 752-01 E; AA, Abt. 2, Az. 752-01; AA, Ref. 412, Bd. 17 und 19; B 136/1258, 5046; StBKAH 12.44.

[4]) Vgl. 21. Sitzung TOP B: Vergrößerung des Türkischen Friedhofs in Berlin. – Der Staatsbesuch Adenauers in der Türkei fand vom 18. bis 26. März 1954 statt, siehe BULLETIN vom 17. März 1954 S. 409 und BULLETIN vom 2. April 1954 S. 536 f. Einschlägige Unterlagen zu diesem Staatsbesuch in: AA, BStSe, Bd. 87; AA, Abt. 3, Az. 752-01 E; AA, Abt. 2, Az. 752-01; B 136/1258; StBKAH 12.44.

[5]) Fortgang 28. Sitzung TOP 8: Griechenland. – Fortgang Sitzungen des Kabinett-Ausschus-

b) BESPRECHUNGEN IN PARIS

In Paris[6]) hat der Bundeskanzler mit Außenminister Bidault unter vier Augen und mit Ministerpräsident Laniel[7]) verhandelt. Die Aussprachen haben in einer guten Atmosphäre stattgefunden; die darüber verbreiteten gegenteiligen Pressenachrichten entsprechen nicht den Tatsachen. Mit Außenminister Bidault hatte der Bundeskanzler eine Besprechung[8]) über Einzelheiten der Saar-Regelung für Ende März verabredet[9]). Dieser Termin mußte inzwischen verschoben werden[10]).

c) BESPRECHUNGEN IN ROM

In Rom hat der Bundeskanzler mit Ministerpräsident Scelba[11]), seinem Stellvertreter Saragat[12]) und mit dem früheren Ministerpräsidenten de Gasperi[13])

---

ses für Wirtschaft am 19. und 26. Mai 1954 jeweils TOP A: Deutsch-türkische Handelsbeziehungen.
[6]) Vgl. 23. Sitzung TOP E: Saarfrage.
[7]) Joseph Laniel (1889–1975). 1932 Mitglied der Deputiertenkammer, 1940 Unterstaatssekretär im Finanzministerium, Mitbegründer des Nationalrats der Widerstandsbewegung, 1946 Mitbegründer und ab 1947 Präsident der Republikanischen Freiheitspartei, 1948 Staatssekretär im Finanzministerium, 1951–1952 Staatsminister für Post und Telephon, 1953–1954 Ministerpräsident. – Laniel, Joseph: Jours de gloire et Jours cruels (1908–1958). Paris 1971.
[8]) Im Entwurf: „eine ruhige Besprechung" (Kabinettsprotokolle Bd. 21 E).
[9]) Vgl. hierzu die Mitschrift Seebohms sowie die handschriftliche Aufzeichnung Hallsteins vom 31. März 1954, welche beide an dieser Kabinettssitzung teilgenommen hatten: „Besprechung mit Bidault unter 4 Augen. Alle Pressevermutungen sind völlig falsch. Anschließend Besprechung mit Laniel. Nach wie vor guter Eindruck von beiden. Rechnet trotz aller Trübungen mit Ratifikation. Angst vor jeder Zusammenarbeit. Hereinziehen der Saarfrage: Telegramm aus Istanbul, nachdem Brüsseler Konferenz verschoben wurde. Kommentare zu dieser Verschiebung falsch. Gründe: belgische Wahlen und Schwierigkeiten Tagesordnung. Daher Telegramm aus taktischen Gründen. Saarproblem leidet an nationalistischen Aspekten und daran, daß nicht genügend Leute da sind, die Wirtschaftsverhältnisse vorurteilsfrei beurteilen können" (Nachlaß Seebohm/8c)... „Mit Bidault Gespr[äch] unter 4 Augen (Wunsch Bid[aults]): weder Schumann noch Hallstein anwesend). Sit[uation] in Fr[an]kr[eich] vielleicht auf d[es] Messers Schneide; ich glaube, daß fr[an]z[ösisches] Parl[ament] ratifizieren wird. Saarfrage hereingezogen [...]" (Nachlaß Hallstein/124). Einschlägige Unterlagen in FRUS VII pp. 1513–1516, ferner in Nachlaß Blankenhorn/30b, beispielsweise: Aufzeichnung Blankenhorns vom 9. März 1954, u. a. betreffend „eine vertrauliche, über eine Stunde dauernde Aussprache [Adenauers] mit Bidault, an der lediglich ich als Dolmetscher teilnehme"; Aufzeichnung Blankenhorns über seine Gespräche mit François-Poncet über die Saarfrage am 12. und 16. März 1954, jeweils o. Dat.; Telegramm Blankenhorn an Hallstein (in Istanbul) vom 22. März 1954. – Vgl. dazu auch AAEA/1521, PrStK 905-7 und SBA/A VI-32.
[10]) Fortgang 30. Sitzung TOP C: Saarfrage.
[11]) Mario Scelba (geb. 1901). War 1919 bei der Gründung des Partito Populare Italiano (der Katholischen Volkspartei) beteiligt. Mitbegründer der gegen Ende des Zweiten Weltkrieges illegal ins Leben gerufenen Democrazia Cristiana (DC), 1945 Post- und Telegraphenminister, 1947–1955 und 1960–1962 Innenminister, Febr. 1954 bis Juni 1955 Ministerpräsident. Seit 1958 Mitglied des Europaparlaments, 1969–1971 dessen Präsident.
[12]) Dr. rer. oec. Giuseppe Saragat (1898–1988). 1944 Minister ohne Portefeuille, 1945 Botschafter in Paris, 1946 Präsident der Nationalversammlung, 1947–1950 und 1954–1957

gesprochen. Er hält die politische Lage in Italien wegen des besonders starken Einflusses der dort gut organisierten Kommunistischen Partei für ernst[14]).

d) INNENPOLITISCHE LAGE UND HILFE FÜR DIE EISENINDUSTRIE

Im Anschluß hieran geht der Bundeskanzler auf die politische Lage in der Bundesrepublik ein. Er hält es für erforderlich, gegenüber den Preiserhöhungen, die sich auf verschiedenen Gebieten gezeigt haben oder die bevorstehen[15]), eine Initiative der Bundesregierung zu ergreifen. Dies sei auch im Hinblick auf die in einigen Ländern bevorstehenden Wahlen dringlich[16]).

Der Vizekanzler berichtet über die Beratungen im Kabinettsausschuß zu dieser Frage[17]). Nach seiner Meinung muß die Öffentlichkeit durch ein Zusammenwirken des Presse- und Informationsamtes mit den Ressorts besser unterrichtet werden.

Der Bundesminister für Wohnungsbau hält eine Belebung der Eisenindustrie[18]) für erforderlich. Von dem Vizekanzler und Staatssekretär Dr. Westrick lebhaft unterstützt, führt er aus, daß hierzu die finanzielle Ausstattung der Eisenindustrie mit Investitionsmitteln entscheidend sei. Deshalb sollte der bereits in der Kabinettssitzung am 8. 3. 1954 gefaßte Beschluß[19]) zugunsten der 250 Mio DM-Anleihe der Kreditanstalt für Wiederaufbau schnellstens durchgeführt werden. Hiervon seien sofort günstige Wirkungen zu erwarten.

Der Bundeskanzler möchte sich wegen dieser Anleihe noch genauer informieren und erst in der nächsten Kabinettssitzung darüber entscheiden, wenn

---

stellvertretender Ministerpräsident und Minister für die Handelsmarine, 1963—1964 Außenminister, 1965—1971 Staatspräsident.

[13]) Alcide de Gasperi (1881—1954). Gehörte 1919 zu den Gründern des Partito Populare Italiano (der Katholischen Volkspartei). Mitbegründer der gegen Ende des Zweiten Weltkrieges illegal ins Leben gerufenen Democrazia Cristiana, 1944 Außenminister, 1945—1953 Ministerpräsident (bis 1946 und ab 1951 zugleich Außenminister) Italiens, 1953—1954 Parteisekretär, 1954 Präsident des Montan-Parlamentes.

[14]) Einschlägige Unterlagen, beispielsweise handschriftliche Aufzeichnung Hallsteins „Rom, 26. 3. 54. Scelba, Piccioni, Benvenuti, Zoppi, Rizzo, BK, [Clemens] v. Brentano, v. Herwarth" (13 Bl.), in Nachlaß Hallstein/124; AA, BStSe, Bd. 88; StBKAH III 82 und 12.44. — In der entsprechenden Aufzeichnung Seebohms folgt nunmehr „[TOP 1] d) Rede Conants [am 27. März 1954] in Frankfurt: gibt Gegnern EVG in Frankreich Wasser auf die Mühle. Verwirklichung von Conants Idee hat Bruch USA/Frankreich zur Voraussetzung; das wäre Sieg der Sowjets; Auftrieb für KP in Frankreich und Italien; wirtschaftlich schwerer Rückschlag. e) Urteil über SPD im Ausland ist eindeutig ablehnend und verurteilend. Peinlich für den deutschen Namen [. . .]" (Nachlaß Seebohm/8c).

[15]) Vgl. Sitzung des Kabinett-Ausschusses für Wirtschaft am 16. Febr. 1954 TOP 3: Preiserhöhungen (mit Vorlage des BMA vom 3. Febr. 1954 betr. Preiserhöhungen).

[16]) Vgl. 19. Sitzung Anm. 17.

[17]) Vgl. Sitzung des Kabinett-Ausschusses für Wirtschaft am 19. März 1954 TOP 2: Preiserhöhungen. — Fortgang hierzu Sitzungen des Kabinett-Ausschusses für Wirtschaft am 14. Febr. 1955 TOP 3, 3. März 1955 TOP 1, 24. Juni 1955 TOP 1 und 27. Sept. 1955 TOP 2.

[18]) Vgl. Schreiben Henles an Adenauer vom 24. Nov. 1953 in B 136/2462: „[. . .] Flaute, die seit dem Frühsommer auf den Eisenmärkten der Welt herrscht [. . .] Anregung zu verstärkten Investitionen bei den Eisenverbrauchern aller Art [. . .]" und Schreiben Erhards an Adenauer vom 7. Juli 1954 in Nachlaß Erhard/I.1) 3.

[19]) Vgl. 22. Sitzung TOP C. — Fortgang hierzu 28. Sitzung TOP 8.

der Bundesminister der Finanzen seinen Widerspruch gegen den Kabinettsbeschluß nicht zurückziehe. Er bittet den Vizekanzler, mit den Ministern Schäffer, Storch, Preusker, Staatssekretär Dr. Westrick und Ministerialdirektor Dr. Rust[20]) einen Vorschlag auszuarbeiten, wie auch mit anderen Mitteln der Eisenindustrie geholfen werden könne[21]).

e) RUSSISCHE ERKLÄRUNG ZUR UNABHÄNGIGKEIT DER SOWJETZONENREGIERUNG

Bundesminister Dr. Tillmanns dringt darauf, daß die Bundesregierung im Bundestag eine Erklärung über die Bedeutung der von den Sowjets ausgesprochenen Unabhängigkeit der Pankow-Regierung abgibt[22]). Der Bundeskanzler möchte zunächst die völkerrechtlichen Fragen, die damit aufgeworfen sind, in einem Gutachten geklärt haben[23]). In einer besonderen Kabinettssitzung wäre dann auf Grund dieses Gutachtens über die Stellungnahme der Bundesregierung zu entscheiden[24]). Dem Bundeskanzler liegt vor allem daran, mit rechtlich begründeten Ausführungen die Weltöffentlichkeit vor einer Aufnahme diplomatischer Beziehungen zu der Pankow-Regierung zu warnen. Eine Aussprache im Bundestag im Anschluß an die Erklärung der Bundesregierung müsse vermieden werden, um die Einheitlichkeit und Durchschlagskraft des deutschen Standpunktes nicht durch Äußerungen der Opposition gefährden zu lassen.

In der anschließenden Aussprache wird beschlossen, alle weiteren Folgerungen, die sich aus der russischen Maßnahme ergeben, in internen Beratungen zu klären[25]).

---

[20]) Dr. iur. Josef Rust (geb. 1907). 1934–1945 Reichswirtschaftsministerium (1940 Oberregierungsrat); 1948–1949 Niedersächsisches Finanzministerium, 1949–1952 Bundeskanzleramt (1950 MinR.), 1952–1955 BMWi (MinDir.), 1955–1959 BMVg (StS), 1955–1969 Vorstandsvorsitzender und 1969–1978 Aufsichtsratsvorsitzender der Wintershall AG (Kassel). – Zur Person Rusts vgl. BARING S. 217.
[21]) Siehe Haenleins Vermerk (Die wirtschaftliche Lage bei Kohlen und Eisen) für Adenauer vom 12. April 1954 und Adenauers Randnotiz (in grün) vom 14. April 1954: „Ich bin mit Ihren Vorschlägen einverstanden u. bitte entsprechende Schritte einzuleiten, sowie die ganze Frage unter ständiger Kontrolle zu halten" in B 136/2462. – Vgl. dazu auch Sitzung des Kabinett-Ausschusses für Wirtschaft am 15. Mai 1954 (TOP 2).
[22]) Vgl. 26. Sitzung TOP F.
[23]) Vgl. dazu handschriftliche Aufzeichnung Hallsteins [vom 29. März 1954]: „Conant bei BK 29. 3. 54 [...] Berlin. BK: Bund gibt pro Kopf d[er] Bevölkerung 500 DM jährlich. Conant: Souv[eränität] f[ür] DDR. Was sollen wir sagen? BK: Ich prüfe die Frage. Conant: Wie weit sollen wir gehen im Umgang mit Vertretern d[er] Pankow-R[egierun]g. Die Erleichterungen f[ür] d[ie] Bevölkerung hängen damit zus[ammen]. BK: ich muß mir das überlegen" (Nachlaß Hallstein/124). Ferner: Pressekonferenz vom 31. März 1954 in B 145 I/37.
[24]) Einschlägige Unterlagen in B 137/1404, 1417, u. a. Aufzeichnung vom 1. April 1954 betreffend Materialien zu einer Stellungnahme der Bundesregierung zur „Anerkennung der sog. DDR als souveräner Staat" durch die Sowjetunion.
[25]) Fortgang Sondersitzung am 1. April 1954 TOP A.

2. NEUORDNUNG DES VERKEHRS
   a) VERKEHRSFINANZGESETZ BMF
   b) STRASSENENTLASTUNGSGESETZ BMV

Der Bundesminister für Verkehr stellt fest, daß das Verkehrsfinanzgesetz in der letzten Kabinettssitzung[26]) eingehend besprochen und ihm unter der Voraussetzung zugestimmt worden sei, daß das Verbot des verteilenden Werkfernverkehrs im Straßenentlastungsgesetz wegfalle. Er habe sich bereits in der letzten Kabinettssitzung mit diesem Kompromiß einverstanden erklärt und stelle nunmehr den Antrag unter Wegfall dieses Verbots des sogenannten Bringverkehrs (§ 4 Abs. 4 des Entwurfs des Straßenentlastungsgesetzes in der Fassung der Kabinettsvorlage des Bundesministers für Verkehr vom 17. 3. 1954)[27]) auch das Straßenentlastungsgesetz zu verabschieden. Das Kernstück dieses Gesetzes sei jetzt das Verbot der Beförderung bestimmter Massengüter mit Kraftfahrzeugen im Fernverkehr, und zwar im gewerblichen wie im Werkfernverkehr. Auch große Teile der Wirtschaft würden nunmehr einsehen, daß mit steuerlichen und tariflichen Maßnahmen Entscheidendes zur Ordnung des Straßenverkehrs nicht erreicht werden könne. Ohne ein solches Verbot komme man zudem nicht zu einer wirklichen Sanierung der Bundesbahn. Dieses Verbotsgesetz könne zeitlich beschränkt sein. Er stehe selbst auf dem Standpunkt, daß es nur solange und in dem Ausmaße berechtigt sei, als die Straße einer Entlastung von Ferntransporten mit Massengütern bedürfe. Auch über die Einzelheiten der in Anlage 1 zum Gesetzentwurf enthaltenen Liste der im Güterfernverkehr und Werkfernverkehr zur Beförderung nicht zugelassenen Güter könne man reden.

Der Bundesminister für Wohnungsbau betont, daß er mit dem Bundesminister für Verkehr darin übereinstimme, daß eine Erhöhung der Sicherheit des Straßenverkehrs nötig sei. Das vorgesehene Verbot brauche man hierzu aber nicht. Es sei vielmehr schädlich, denn es störe die Auflockerung der Struktur der Wirtschaft, wie sie z. B. in der Sägewerksindustrie ohne Rücksicht auf Bahnstrecken vorgenommen worden sei. Auch würden gerade die in der Verbotsliste enthaltenen Massengüter für den sozialen Wohnungsbau wichtig sein. Schon die Kumulation der Beförderungssteuer in der im Verkehrsfinanzgesetz vorgesehenen Höhe mit der Erhöhung der Steuer für den Dieselkraftstoff[28]) mache den Fernverkehr auf der Straße tot. Er trete für eine Umwandlung des Straßenentlastungsgesetzes in ein echtes Straßensicherungsgesetz im Sinn der Vorschläge des Bundeswirtschaftsministers ein und möchte nicht als Auswirkung einer Verkehrsgesetzgebung Ausschläge auf das Lohn- und Preisgefüge erleben, die für die Gesamtheit sehr hart sein würden. Der Bundesminister der Finanzen erklärt, daß er mit dem Bundesminister für Verkehr völlig darin übereinstimme, daß ein Verbot des Ferntransports von Massengütern auf der Straße erforderlich sei. Mit dem Hinweis auf die bestehenden Verkehrsvorschriften

---

[26]) Vgl. 26. Sitzung TOP 1.
[27]) Vorlage vom 17. März 1954 in B 108/10652.
[28]) Abschnitt II Art. 1 § 12 (Änderung der Steuer bei der Güterbeförderung) in Verbindung mit Art. III (Änderung des Mineralölsteuergesetzes) der Vorlage des BMF vom 25. Febr. 1954 in B 126/10895 und B 108/1490.

könne man praktisch nicht Entscheidendes erreichen, weiter komme man nur mit dem vorgesehenen Verbot.

Auf der Grundlage der Beschlüsse der letzten Kabinettssitzung habe er eine neue Fassung des Verkehrsfinanzgesetzes fertigen lassen, die er hiermit vorlege[29]. Dieser Gesetzentwurf bedürfe auf dem Gebiet der Beförderungssteuer im Interesse einer sicheren Rechtsgrundlage jedoch folgender Ergänzung, deren Einfügung in den Entwurf er beantrage:

Abschnitt II Art. 1a

1) Die Vorschrift des § 4 des Ersten Teils Kapitel II der Vierten Notverordnung des Reichspräsidenten zur Sicherung von Wirtschaft und Finanzen und zum Schutze des inneren Friedens vom 8. Dezember 1931 (RGBl. I S. 699) ist nicht mehr anzuwenden.

2) § 3 des Beförderungssteuergesetzes vom 29. Juni 1926 (RGBl. I S. 357) in der am Tage vor der Verkündung dieses Gesetzes geltenden Fassung wird durch den folgenden Absatz 3 ergänzt:

„Der Bundesminister der Finanzen wird ermächtigt, im Benehmen mit dem Bundesminister für Verkehr nichtbundeseigene Eisenbahnen, Straßenbahnen und die ihnen nach ihrer Bau- und Betriebsweise ähnlichen Bahnen sowie Bahnen besonderer Bauart von der Verpflichtung, die Steuer zu Lasten des Steuerschuldners zu entrichten (§ 8 Abs. 2), ganz oder teilweise auszunehmen. Voraussetzung ist, daß die Entrichtung der Steuer durch den Betriebsunternehmer nach Lage des einzelnen Falles und unter Berücksichtigung der Konzessionsabgabe unbillig wäre. Soweit der Betriebsunternehmer von der Verpflichtung zur Entrichtung der Steuer ausgenommen wird, ist auch der Steuerschuldner (§ 8 Abs. 1 Satz 1) zur Entrichtung der Steuer nicht verpflichtet."

Der Bundesminister für Verkehr erklärt sich mit dieser Gesetzergänzung einverstanden, die auch vom Bundesminister des Innern begrüßt wird, da sie zugunsten der Gemeinden und ihrer Verkehrsbetriebe wirke.

Der Bundeskanzler stellt fest, daß das Verkehrsfinanzgesetz in der Fassung des vom Bundesminister der Finanzen vorgelegten Entwurfs mit der von diesem beantragten Ergänzung damit auch formell verabschiedet sei (vgl. letzter Absatz des Kurzprotokolls über die 26. Kabinettssitzung am 26. 3. 1954[30]). Staatssekretär Dr. Westrick teilt sodann mit, daß nach seinen Feststellungen das Verkehrsfinanzgesetz eine zusätzliche Belastung von 468 Mio DM für die beteiligten Kreise mit sich bringe. Diese stelle eine Überdosierung dar, gegen die er sich bereits in der letzten Kabinettssitzung gewandt habe und die ihre Auswirkungen auf das Preisgefüge haben werde. Demgegenüber bemerkt der Bundesminister für Verkehr, daß das Verkehrsfinanzgesetz von einer Belastung von 350 Mio DM ausgehe, von denen 60 Mio DM den Ländern und 290 Mio DM dem Bund zufließen würden, von denen wiederum 100 Mio DM für die Straßen und 190 Mio DM für die Bundesbahn bestimmt seien. Der Bundeskanzler weist auf die Belastung der Anlieger im Straßenverkehr durch die Lastkraftwagen hin, die

---

[29] Vorlage vom 29. März 1954 in B 126/10895 und B 108/1490.
[30] Vgl. auch BR-Drs. Nr. 126/54. — Fortgang hierzu 34. Sitzung TOP 5.

immer unerträglicher werde. Auch würden, wenn es so weitergehe, in fünf Jahren die Straßen selbst ruiniert sein. Es gelte, die Bundesbahn und die Straßen zu retten. Maßgebend für seine Zustimmung zum Straßenentlastungsgesetz[31]) sei letztlich die Sorge für die Menschen im Straßenverkehr. Der Vizekanzler erklärt, er habe schon in der letzten Kabinettssitzung betont, daß er sich nicht in der Lage sehe, auch nur dem Verkehrsfinanzgesetz, geschweige denn anderen Maßnahmen, welche die Wirtschaft belasteten, zuzustimmen, ohne daß gleichzeitig die Bundesbahn gehalten werde, innerhalb einer gesetzten ausreichenden, aber nicht allzu reichlich bemessenen Frist Vorschläge für eine durchgreifende Reorganisation des Bundesbahnbetriebes zu machen. Hierzu gehörten auch Überlegungen wegen einer Dezentralisation der Verantwortung; ferner sei es wichtig, nicht nur die Reformpläne in dem bisherigen Stile zu verwirklichen, sondern auch den ganzen Verwaltungsmechanismus zu überprüfen. Er stimme dem Vorschlag[32]) des Bundesfinanzministers, ein Sachverständigengutachten über die Anpassung des Betriebes der Deutschen Bundesbahn an die veränderte Verkehrslage erstatten zu lassen, zu, bitte jedoch darum, daß auch technische Sachverständige beteiligt würden. Es sei ferner notwendig, daß zwar gründlich, aber mit tunlicher Beschleunigung Überlegungen angestellt würden, um durch eine Änderung des Bundesbahngesetzes[33]) die wirtschaftliche Führung des Betriebes der Bundesbahn zu sichern. Dazu gehöre eine größere Verantwortlichkeit des Vorstandes wie auch eine andere Zusammensetzung und eine Verstärkung des Einflusses des Verwaltungsrates. Das Kabinett solle entsprechende Vorschläge erbitten.

Der Bundeskanzler stimmt den Vorschlägen des Vizekanzlers in vollem Umfang zu. Nötigenfalls müßten auch ausländische Sachverständige hinzugezogen werden. Das Problem der Bundesbahn müsse in möglichster Bälde gesondert im Kabinett behandelt werden.

Es entwickelt sich sodann eine Aussprache über die Aussichten, das Straßenentlastungsgesetz[34]) im Bundestag durchzubringen. Diese Aussichten werden vom Vizekanzler und vom Bundesminister für Wohnungsbau sehr ungünstig beurteilt, während der Bundesfinanzminister und der Bundesverkehrsminister überzeugt sind, daß das Gesetz eine Mehrheit finde. Der Bundesminister für das Post- und Fernmeldewesen empfiehlt angesichts der Belastung der Wirtschaft durch das Verkehrsfinanzgesetz gegenüber der Öffentlichkeit klarzu-

---

[31]) Vgl. 26. Sitzung TOP 1 sowie Vermerk des BMV vom 23. Jan. 1954 über „Wünsche des Herrn Bundeskanzlers hinsichtlich der Darstellung der beabsichtigten verkehrspolitischen Maßnahmen" (Durchschlag in B 108/9940).

[32]) Vgl. Vorlage des BMF vom 9. März 1954 in B 126/13962 und B 136/1519.

[33]) Zum Bundesbahngesetz vom 13. Dez. 1951 (BGBl. I 995) vgl. 130. Sitzung am 21. Febr. 1951 TOP 1.

[34]) Vorlage des BMV vom 17. März 1954 in B 108/10652 und B 134/3336, Vorlage des BMV vom 24. März 1954 in B 108/10652 und B 136/1478, Vorlage des BMWi vom 2. 3. 1954 in B 102/12807 und B 136/1478. Synopse über die strittigen Punkte im Straßenentlastungs- und Verkehrsfinanzgesetz sowie im Wirtschaftsplan der Deutschen Bundesbahn (Stand 24. März 1954) als Anlage des Rundschreibens des BMZ (Stellvertreter des Bundeskanzlers und Vorsitzender des Kabinett-Ausschusses für Wirtschaft) vom 25. März 1954 in B 136/1479.

stellen, daß eines der Ziele dieses Gesetzes die Sanierung, nicht aber die Subventionierung der Bundesbahn sei. Er wirft ferner die Frage auf, wer die Einhaltung der Bestimmungen des Straßenentlastungsgesetzes garantiere. Bundesminister Dr. Schäfer bittet zu prüfen, ob nicht neben einer zeitlichen auch eine räumliche Begrenzung des Verbots des Ferntransports von Massengütern möglich sei und ob der Verbotsliste[35]) nicht eine elastischere Fassung gegeben werden könne. Der Bundesminister für Verkehr nimmt kurz zu den aufgeworfenen Fragen Stellung, wobei er insbesondere auf die Bundesanstalt für den Güterfernverkehr und den ihr zur Verfügung stehenden Kontrollapparat hinweist[36]). Sodann beschließt das Kabinett mit großer Mehrheit, dem Straßenentlastungsgesetz nach dem Antrag des Bundesministers für Verkehr zuzustimmen[37]).

3. KRIEGSFOLGENSCHLUSSGESETZ   BMF

Der Bundesminister der Finanzen teilt mit, daß der Ausschuß für Geld- und Kredit des Bundestages am 2. April 1954 diese Frage behandeln werde[38]). Es bestehe die Gefahr, daß der Ausschuß verlangt, die verbrieften und die unverbrieften Forderungen gegen den Bund sollten in getrennten Gesetzesvorlagen behandelt werden und daß von Fraktionen oder Verbänden Initiativentwürfe für sehr weitgehende gesetzliche Regelungen vorgelegt würden. Die bisher laut gewordenen Wünsche würden bei Anerkennung eines Rechtsanspruches auf Entschädigung dem Bund eine Belastung von 82½ Mia DM und jährliche Aufwendungen von 5,37 Mia DM bringen. Es müsse statt dessen eine Regelung entsprechend den Grundsätzen des Lastenausgleichs gefunden werden.

Der Bundesminister der Finanzen bittet, ihn zu ermächtigen, im Ausschuß zu erklären, daß die Regierung nach Ostern einen Gesetzentwurf über alle Kriegsfolgeschäden vorlegen werde und daß dieser Gesetzentwurf den Fragenkomplex nach den Grundsätzen der sozialen Gerechtigkeit regeln werde.

Nach der Meinung des Bundeskanzlers kann schon wegen der alle normalen Tatbestände sprengenden Höhe der zu erwartenden Forderungen ein Rechtsanspruch nicht anerkannt werden. Der Bund würde damit insolvent.

Der Vizekanzler spricht sich dagegen aus, im Zuge dieses Gesetzes bereits die Entschädigung für Reparationen und Demontagen festzulegen[39]). Das Aus-

---

[35]) Anlage der Vorlage des BMV vom 17. März 1954 in B 108/10652 (Verzeichnis der im Güterfernverkehr und Werkfernverkehr zur Beförderung nicht zugelassenen Güter).

[36]) Siehe Achter Titel „Bundesanstalt für den Güterfernverkehr" im Güterkraftverkehrsgesetz vom 17. Okt. 1952 (BGBl. I 697), zum Güterkraftverkehrsgesetz vgl. 121. Sitzung am 9. Jan. 1951 TOP 6.

[37]) Vorlage vom 17. März 1954 in B 108/10652; vgl. auch BR-Drs. Nr. 127/54, ferner Pressekonferenz am 31. März 1954 in B 145 I/37; Fortgang hierzu 34. Sitzung TOP 4.

[38]) Vgl. 23. Sitzung TOP 3. — Zur Beratung im Ausschuß stand an die Große Anfrage der SPD, in der die Bundesregierung um Auskunft darüber ersucht wurde, wann sie ein Gesetz zur Regelung der Anleihen des Deutschen Reichs und des Landes Preußen vorlegen wolle (BT-Drs. Nr. 140).

[39]) Teil VI des Entwurfs in der Fassung vom 19. Jan. 1954 (B 126/12665 und B 136/1158).

land werde durch eine solche gesetzliche Regelung ermutigt, die Herausgabe beschlagnahmten deutschen Eigentums mit dem Hinweis auf diese Entschädigung zu verweigern.

Der Bundesminister der Justiz glaubt, auf die Prüfung der rechtlichen Seite des Problems nicht verzichten zu können. Nach seiner Meinung besteht ein Rechtsanspruch der Geschädigten, der auch in dem Gesetzgebungswerk anerkannt werden müsse. Über die Höhe der zu gewährenden Entschädigung sei eine Einigung möglich, vor allem, wenn man eine Regelung für längere Zeit in Aussicht nehme. Bei der Regelung der verbrieften Schulden müsse auf den Kredit des Bundes geachtet werden. Er spricht sich wie der Vizekanzler für eine Abtrennung des Teiles VI des Gesetzentwurfes aus.

Auch der Bundesminister für Verkehr tritt für eine schrittweise Lösung der Frage ein und möchte zunächst nur die Ansprüche geregelt wissen, zu deren Regelung die Bundesrepublik auf Grund des Londoner Schuldenabkommens verpflichtet ist[40]).

Der Bundesminister für Vertriebene und Bundesminister Kraft unterstreichen die gefährliche Wirkung einer Anerkennung von Rechtsansprüchen und einer quotalen Ablösung auf das Lastenausgleichsproblem[41]).

In der weiteren Aussprache wird eine Einigung über die wesentlichen Grundsätze, nach denen die Kriegsschädenregelung vorgenommen werden soll, nicht erzielt. Das Kabinett beschließt jedoch, den Bundesminister der Finanzen zu ermächtigen

im Ausschuß für Geld und Kredit des Bundestages am 2. 4. 1954 zu erklären, daß die Bundesregierung nach Ostern den Gesetzentwurf über die Kriegsfolgeschäden dem Bundesrat vorlegen werde[42]).

Inzwischen sollen auf Wunsch des Bundeskanzlers die grundlegenden Rechtsfragen geklärt werden. Hierzu wird der Vizekanzler mit den Bundesministern der Justiz und der Finanzen dem Kabinett eine synoptische Darstellung vorlegen[43]).

---

[40]) Das Abkommen über deutsche Auslandsschulden war am 27. Febr. 1953 in London unterzeichnet worden (vgl. 277. Sitzung am 24. Febr. 1953 [TOP 1], Text in BGBl. II 331). Darin hatte sich die ausländische Gläubigervertretung zu einer Gleichstellung mit den deutschen Gläubigern unter der Bedingung einverstanden erklärt, daß bis zum 31. Dez. 1953 eine gesetzliche Regelung erfolgt wäre.

[41]) In seiner Vorlage vom 29. April 1954 (B 126/12621 und B 136/1158) begründete der BMVt noch einmal ausführlich seine Ansicht, daß das Kriegsfolgenschlußgesetz keine günstigeren Regelungen bringen dürfe als das Gesetz über den Lastenausgleich vom 14. Aug. 1952 (BGBl. I 446), das einen Rechtsanspruch auf Entschädigung nicht anerkannt und anstelle einer quotalen eine nach sozialen Gesichtspunkten abgestufte Entschädigung festgesetzt hatte.

[42]) Kurzprotokoll der Sitzung in B 136/1163. Siehe auch das Schreiben Schäffers an Neumayer vom 3. April 1954 in B 126/51546.

[43]) Der BMF leitete die Synopsis den Bundesministern am 6. April 1954 zu (B 126/12664 und B 136/1158).

Der Bundesminister der Finanzen wird außerdem noch vor Ostern je zwei Vertreter der Fraktionen des Bundestages einladen, um sie über die Absichten der Bundesregierung zu unterrichten[44]).

4. ENTWURF EINES GESETZES ZUR SCHAFFUNG VON FAMILIENHEIMEN (INITIATIVENTWURF DER FRAKTION DER CDU/CSU)[45])   BMWo

und

5. BEREITSTELLUNG VON MITTELN ZUR FINANZIERUNG DRINGENDER INDUSTRIELLER INVESTITIONEN UND ZUR FINANZIERUNG LANGFRISTIGER EXPORTGESCHÄFTE[46])   BMWi

sollen in der nächsten Kabinettssitzung beraten werden.

6. RICHTLINIEN FÜR DIE BERÜCKSICHTIGUNG BEVORZUGTER BEWERBER BEI DER VERGABE VON ÖFFENTLICHEN AUFTRÄGEN   BMWi

Das Kabinett[47]) stimmt der Vorlage des Bundesministers für Wirtschaft zu[48]).

7. VORBEREITUNG DER WAHL VON BUNDESRICHTERN BEIM BUNDESSOZIALGERICHT   BMA

Der Bundesminister für Arbeit erläutert seine Kabinettsvorlage vom 24. 3. 1954[49]). Seinen Vorschlag zur Wahl von Frau Cleff-Bröcker[50]) (Ziff. 2) zieht er zurück.

---

[44]) Fortgang 29. Sitzung TOP 2.
[45]) Siehe 28. Sitzung TOP 1.
[46]) Siehe 28. Sitzung TOP 8.
[47]) Vgl. 306. Sitzung am 25. Aug. 1953 TOP 4 sowie die Sitzungen des Kabinett-Ausschusses für Wirtschaft am 19. Nov. (TOP 2) und 21. Dez. 1953 (TOP 1) sowie am 19. März 1954 (TOP 2).
[48]) Vorlage vom 26. März 1954 in B 102/19775 und 21231 sowie in B 136/2485. – Richtlinien vom 31. März 1954 (I. Bevorzugte Bewerber, II. Art und Ausmaß der Bevorzugung, III. Schlußbestimmungen) in BAnz Nr. 68 vom 7. April 1954.
[49]) Mit Schreiben vom 24. März 1954 an den BMJ, der entsprechend § 10 des Richterwahlgesetzes vom 25. Aug. 1950 (BGBl. 368) für die Ernennung der Bundesrichter zuständig war, hatte der BMA ein Verzeichnis der Personen übersandt, die zur Wahl als Bundesrichter beim Bundessozialgericht vorgeschlagen wurden. Die Liste enthielt drei Gruppen, die aus den Vorschlägen der Länder, von Bundestagsabgeordneten in ihrer Funktion als Mitglieder des Richterwahlausschusses und des BMA bestanden (B 141/15504). Der BMA, der gemäß § 45 des Sozialgerichtsgesetzes vom 3. Sept. 1953 (BGBl. I 1239) nach Anhörung des Präsidenten des Bundessozialgerichts die Zahl der Bundesrichter bestimmt, hatte Listen mit 84 Namen übermittelt. – Unterlagen zur Vorbereitung der Wahlvorschläge in B 149/3378.
[50]) Im Protokolltext: Dr. Cleff-Kröcker. – Dr. Cleff-Bröcker, Rechtsanwältin in Duisburg, war vom BMA vorgeschlagen worden (Anlage zur Vorlage des BMA vom 24. März 1954).

Nach eingehender Aussprache stimmt das Kabinett im übrigen der Vorlage zu[51]).

8. MITTEILUNG ÜBER DIE IN AUSSICHT GENOMMENE BESETZUNG DES GENERALKONSULATS IN BASEL AA

Die Angelegenheit wird zurückgestellt[52]).

9. PERSONALIEN

Gegen die Vorschläge in Anlage 1 der T. O. werden keine Einwendungen erhoben[53]). Der Beschluß zur Anlage 2 der T. O.[54]) wird bis zur nächsten Kabinettssitzung zurückgestellt[55]).

Außerhalb der Tagesordnung

[A. PERSONALIEN]

Die vorgeschlagene Ernennung des Konsuls I. Klasse Gustav Albert Müller[56]) zum Vortragenden Legationsrat wird gebilligt.

[B. GROSSE ANFRAGE DER SPD-FRAKTION ZUR REDE WUERMELINGS ÜBER „FAMILIE UND FILM"]

Zu der Großen Anfrage der Fraktion der SPD betr. Äußerungen des Bundesministers Dr. Wuermeling betr. Filmwesen beschließt das Kabinett nach eingehender Aussprache, die Antwort der Bundesregierung in der Vollsitzung des

---

[51]) Unterlagen über die Wahlen der Bundesrichter am 29. April, 20. Mai und 8. Juli 1954 in B 141/15504. — Bis zur Eröffnung des Bundessozialgerichts am 11. Sept. 1954 wurde über die Berufung von 25 der vorgesehenen 140 Bundesrichter entschieden (vgl. den Vermerk vom 7. Sept. 1954 in B 149/6736). — Siehe auch Bundesarbeitsblatt 1954 S. 420 und 573.

[52]) Siehe 31. Sitzung TOP 6.

[53]) An Ernennungen waren vorgesehen: im AA ein Vortragender Legationsrat (Ministerialdirigent z. Wv. Dr. iur. Otto Bräutigam), im BMP und BMV je ein MinR.

[54]) Der vom BMA in seiner Vorlage vom 16. März 1954 erbetene und vom Bundeskanzleramt am 27. März 1954 formulierte Kabinettsbeschluß lautet: „1. Die Bundesregierung nimmt in Aussicht, dem Herrn Bundespräsidenten die Ernennung des Senatspräsidenten beim Bayerischen Landessozialgericht, Dr. Kurt Ankenbrank, zum Präsidenten des Landesarbeitsamtes Nordbayern vorzuschlagen. 2. Der Bundesminister für Arbeit wird beauftragt, im Namen der Bundesregierung den Verwaltungsrat der Bundesanstalt und die Bayerische Staatsregierung zu dem in Aussicht genommenen Vorschlag der Bundesregierung zu hören und die nach § 14 der Reichsgrundsätze erforderliche Entscheidung des Bundespersonalausschusses herbeizuführen."

[55]) Siehe 28. Sitzung TOP 12.

[56]) Gustav Albert Müller (1892—1972). 1920—1945 im Auswärtigen Dienst tätig, davon 1920—1927 und 1941—1945 AA; 1945—1950 Sprachlehrer, 1950—1951 Generalkonsulat New York und 1951—1953 Generalkonsulat Chicago, Okt. 1953—Aug. 1955 AA (1. April 1954: Ernennung zum Vortragenden Legationsrat), 1955—1957 Generalkonsulat Sydney.

Bundestages am 2. 4. 1954 durch den Bundesminister des Innern abgeben zu lassen[57]).

---

[57]) Text der Rede Wuermelings, die er am 30. Jan 1954 bei einer Veranstaltung des Deutschen Familienbundes im Plenarsaal des Landtags von Nordrhein-Westfalen gehalten hatte, in BULLETIN vom 4. Febr. 1954 S. 185 f. — Die SPD hatte die Bundesregierung gefragt, ob sie die verallgemeinernden Werturteile Wuermelings über den deutschen Film und die von ihm erhobenen Forderungen nach einer „Volkszensur" und nach Vergabe der Ausfallbürgschaften des Bundes unter staatspolitischen Gesichtspunkten billige und ob sie der Meinung sei, die Freiwillige Selbstkontrolle der Filmwirtschaft habe versagt (BT-Drs. Nr. 234). — Daß die Anfrage nicht von Wuermeling beantwortet wurde, begründete Schröder im BT damit, daß gemeinsam mit dieser Anfrage andere Anträge beraten werden sollten, für die er zuständig sei. Schröder interpretierte die von Wuermeling benutzte Formulierung als „Zensur aus dem Volke", die als „kritische Ablehnung bedenklicher Filme, nicht aber als irgendeine Präventivmaßnahme gegen das freie künstlerische Schaffen" verstanden werden könne (STENOGRAPHISCHE BERICHTE Bd. 19 S. 751). Zu den Ausführungen Wuermelings in derselben Sitzung, in denen er erneut von „Volkszensur" sprach, siehe ebenda S. 764—769 und 789. — Seebohm notierte zu diesem TOP: „Adenauer: meine Auffassung über Ministerium deckt sich nicht mit Wuermeling. Er ist nicht der Zensor der Sittlichkeit." (Nachlaß Seebohm/8c). — Zu der Diskussion in der CDU/CSU-Fraktion siehe Parlamentarischer Bericht des BPA vom 10. März 1954 in B 145/1902.

**Sondersitzung der Bundesregierung
am Donnerstag, den 1. April 1954**

Teilnehmer: Adenauer, Blücher, Schröder, Neumayer, Schäffer, Storch, Seebohm, Preusker, Oberländer, Kaiser, Hellwege, Wuermeling, Tillmanns, F. J. Strauß, Kraft; Globke, Hallstein, W. Strauß; Klaiber; von Eckardt; Kilb; Blank. Protokoll: Gumbel.

Beginn: 18.00 Uhr *Ende: 18.45 Uhr*

I

[A. SOWJETISCHE ERKLÄRUNG VOM 25. 3. 1954 BETREFFEND DIE DDR]

Die Sondersitzung war zur Vorbereitung der geplanten Erklärung der Bundesregierung über die Übertragung der Souveränität auf die Sowjetzone einberufen worden[1]). Die Erklärung der Bundesregierung, die am 2. April 1954 vor dem Bundestag abgegeben werden sollte, muß – wie der Bundeskanzler zu Beginn der Sitzung bemerkt – auf die kommende Woche verschoben werden. Der Grund dafür sei, daß die Alliierten ebenfalls über eine Erklärung beraten und gebeten haben, die beiderseitigen Erklärungen aufeinander abzustimmen. Die Hohen Kommissare würden ihn deswegen morgen aufsuchen[2]). Die Verschiebung auf die nächste Woche entspreche auch einem Wunsche der SPD, die heute und morgen parteiinterne Sitzungen abhalte[3]).

Der Bundeskanzler teilt dem Kabinett mit, wie er sich etwa den Inhalt der Erklärung der Bundesregierung vorstelle. Eine endgültige Formulierung könne erst erfolgen, wenn die Fühlungnahme mit den Alliierten stattgefunden habe.

Der Bundeskanzler gibt weiterhin bekannt, daß nach ihm vorliegenden Meldungen mit umfangreichen Propaganda-Aktionen des SED-Regimes zu rechnen sei.

Mit der Verschiebung der Erklärung der Bundesregierung ist das Kabinett nach kurzer Aussprache einverstanden. Die Verschiebung soll der Öffentlichkeit gegenüber damit begründet werden, daß neues Material vorliege, das zunächst

---

[1]) Vgl. 27. Sitzung TOP 1e.
[2]) Vgl. „Aufzeichnung über eine Unterredung des Herrn Bundeskanzlers mit den drei alliierten Hohen Kommissaren am 5. April 1954 im Hause des Bundeskanzlers. Anwesend waren Staatssekretär Professor Dr. Hallstein und Botschafter Blankenhorn" vom 5. April 1954, die wie folgt endet: „Zusammenfassend stellte Sir Frederick [Hoyer Millar] fest, daß man Einigung darüber erzielt habe, daß keine de jure-Anerkennung erfolgen dürfe und daß die sich täglich ergebenden praktischen Fragen im Verhältnis zwischen West- und Ostdeutschland und zwischen der Alliierten Hohen Kommission und der DDR von Fall zu Fall geprüft werden müßten" (Nachlaß Blankenhorn/30a; AA, BStSe, Bd. 87).
[3]) Protokoll der Parteivorstandssitzung am 1. und 2. April 1954 in PV-Protokolle 1954; Protokoll der Sitzung von Parteivorstand, Parteiausschuß, Kontrollkommission am 2. April 1954 in PV-Protokolle 1954 und Nachlaß Ollenhauer/96 (jeweils im AdsD).

noch geprüft werde⁴). Hinsichtlich der Abwehr der SED-Aktionen wird beschlossen, daß ihre zentrale Leitung in der Hand des Bundesministers für gesamtdeutsche Fragen liegen soll⁵). Das Kabinett ermächtigt ferner die Bundesminister für Arbeit und für gesamtdeutsche Fragen, mit dem Vorsitzenden des DGB und geeigneten weiteren Vorstandsmitgliedern die Abwehr solcher Propaganda-Aktionen zu erörtern, die sich an die Arbeiterschaft in den Betrieben und die Mitglieder der Gewerkschaften wenden⁶).

II

[B. ENTSCHEIDUNGEN DES HAUSHALTSAUSSCHUSSES DES BUNDESTAGES ZUM HAUSHALTSPLAN 1954]

Der Bundeskanzler teilt sodann noch mit, daß ihn vor der Sitzung Bundesminister Kraft wegen der Behandlung des Haushaltsplanes der Sonderminister im Haushaltsausschuß aufgesucht habe⁷). Der Haushaltsausschuß habe den Regierungsanträgen hinsichtlich der personellen Ausstattung der Minister für besondere Aufgaben nicht voll entsprochen⁸). Es erhebe sich daher die Frage, welche Schritte gegenüber den Koalitionsparteien zu unternehmen seien, um die ursprüngliche Vorlage wiederherzustellen⁹). Bundesminister Dr. Tillmanns erwidert darauf, daß die einzige Möglichkeit in einem entsprechenden Antrag bei der zweiten Beratung des Etats bestehe. Er rate jedoch davon ab, um eine Plenardebatte über die Sonderministerien zu vermeiden. Seiner Auffassung widerspricht Bundesminister Kraft mit Entschiedenheit. Er führt aus, daß bei den Regierungsverhandlungen sogar drei Ministerialräte für jeden Sonderminister in Aussicht genommen worden seien. Man habe sich später mit dem Finanzministerium auf den aus der Regierungsvorlage ersichtlichen Stellenplan geeinigt.

---

⁴) Hierzu findet sich folgende Eintragung in Nachlaß Seebohm/8c: „Westmächte beraten in London und Paris über Antwort; wollen sich mit uns abstimmen. Daher Verschiebung der Kanzlererklärung auf nächste Woche. SPD wünscht das auch. Ende SED-Parteitag abwarten. Dazu kommt neue Note der Sowjetunion an die 3 Westmächte. Man soll die Sache nicht bagatellisieren, aber sie auch nicht zu tragisch nehmen. Grund: neues Material ist eingegangen". — Der IV. Parteitag der SED fand vom 30. März bis 6. April 1954 in Berlin statt (EA 1954 S. 6548). Vgl. dazu 18. Sitzung des ZK der SED am 29. März 1954 TOP 3 (IfGA, ZPA, IV 2/1/61) und Anlage B „Stenografische Niederschrift über die Auswertung des IV. Parteitages der SED vor dem Ministerrat" zu TOP 2 der 159. Sitzung des Plenums des Ministerrates der DDR am 22. April 1954 (C-20 I/3 Nr. 223, Nachlaß Grotewohl/408), ferner Nachlaß Ulbricht/445—447, 879.

⁵) Einschlägiger Schriftwechsel jeweils im Vorgang „Gesamtdeutsche Gespräche" in B 137/1057 und B 136/2129.

⁶) Vgl. Protokoll über die Sitzung des Bundesausschusses des DGB am 7. April 1954 (TOP 5) in 21/5 (HBS, DGB-Archiv); weitere Hinweise nicht ermittelt. — Fortgang 28. Sitzung TOP C.

⁷) Zum Haushaltsgesetz vgl. 25. Sitzung TOP C.

⁸) Der Haushaltsausschuß hatte statt der vorgesehenen Stellen für vier Ministerialräte nur Stellen für vier Regierungsdirektoren bewilligt (Kurzprotokoll der Sitzung am 22. März 1954 im Parlamentsarchiv des BT, BT-Drs. Nr. 372 und zu Nr. 372).

⁹) Der Arbeitskreis für Finanzen der CDU/CSU hatte am 17. März 1954 beschlossen, den Bundesministern für besondere Aufgaben nur Stellen für Regierungsdirektoren zu bewilligen (Parlamentarischer Bericht des BPA vom 18. März 1954 in B 145/1902).

Seine Fraktion sei über die Situation sehr mißgestimmt; er selbst sehe sich unter solchen Umständen nicht in der Lage, seine Aufgabe zu erfüllen. Der Bundeskanzler pflichtet Bundesminister Kraft in vollem Umfange bei und erklärt, daß er in dieser Sache mit den Vorsitzenden der Koalitionsfraktionen und dem Vorsitzenden der CSU-Landesgruppe sprechen werde[10]).

Der Bundesminister für Wohnungsbau beschwert sich ebenfalls über eine Entscheidung des Haushaltsausschusses, die die Mittel für den Neubau seines Ministeriums betrifft. Für diesen Zweck seien bereits 1952 und 1953 Beträge vorgesehen worden, jetzt aber sei der Haushaltsausschuß der Auffassung, die Frage müsse noch geprüft werden[11]). Ministerialrat Dr. Vialon[12]) aus dem Bundesfinanzministerium habe ihn von einem CDU-Beschluß in Kenntnis gesetzt, demzufolge in Bonn nicht mehr gebaut werden dürfe. Der Bundesminister der Finanzen erklärt dazu, daß ihm ein solcher Beschluß nicht bekannt sei. Die CDU habe lediglich beschlossen, alle Änderungsanträge abzulehnen, um den Haushaltsausgleich nicht zu gefährden[13]). Die Behandlung der Neubaukosten für das Wohnungsbauministerium durch den Haushaltsausschuß ist nach Ansicht des Bundesministers der Finanzen nicht zu beanstanden, da es sich zunächst nur um Pläne handele, mit denen die Bundesregierung noch nicht befaßt worden sei. Er werde im übrigen feststellen, was es mit der von Ministerialrat Dr. Vialon gegebenen Auskunft auf sich habe[14]).

Vor Schluß der Kabinettssitzung spricht der Bundeskanzler dem Bundesminister für Arbeit die Glückwünsche des Kabinetts zu seinem Geburtstage am heutigen Tage aus.

---

[10]) In der 2. Beratung des Etats der Sonderminister stimmte der BT dem Vorschlag des Haushaltsausschusses zu (STENOGRAPHISCHE BERICHTE Bd. 19 S. 1021 f.).

[11]) In die Haushaltspläne des BMWo für 1952 und für 1953 waren 2,5 Mio DM für den Neubau eingesetzt worden (B 134/2927 und 2930). — Zu den Beratungen des Haushaltsausschusses am 26. März 1954 siehe das Kurzprotokoll in B 134/2933.

[12]) Prof. Dr. iur. Friedrich Karl Vialon (geb. 1905). Seit 1927 im badischen Justizdienst, 1935—1937 Oberlandesgericht Karlsruhe, 1937—1942 Reichsfinanzministerium, u. a. 1940—1941 Beauftragter des Reichsministers der Finanzen in den westlichen Wiederaufbaugebieten, 1942—1944 Leiter der Finanzabteilung beim Reichskommissariat Ostland, anschließend bis 1945 Reichsfinanzministerium; nach 1945 Mitarbeiter in einer Wirtschaftsprüfungs- und Steuerberatungsfirma, 1949—März 1950 Direktor eines Textilbetriebes in Bielefeld; 1950—1957 BMF (1956 MinDir. und Leiter der Haushaltsabteilung), 1957 in den einstweiligen Ruhestand versetzt, 1958—1962 Abteilungsleiter im Bundeskanzleramt (Wirtschafts-, Finanz- und Sozialpolitik), 1962—1966 StS BM für wirtschaftliche Zusammenarbeit; ab 1. Dez. 1966 im Zusammenhang mit Vorwürfen gegen seine Tätigkeit beim Reichskommissar Ostland in den einstweiligen Ruhestand getreten (vgl. BT-Drs. V/1140 und 1248).

[13]) Nicht ermittelt.

[14]) Fortgang 28. Sitzung TOP A.

**28. Kabinettssitzung
am Dienstag, den 6. April 1954**

Teilnehmer: Adenauer (zeitweise)[1]*, Blücher, Schröder, Neumayer, Lübke, Storch, Seebohm, Balke, Preusker, Oberländer, Kaiser, Hellwege, Wuermeling, Tillmanns, Schäfer; Globke, Hallstein, Westrick; Klaiber; von Eckardt, Krueger; Selbach, Kilb; Blank, Oeftering. Protokoll: Pühl.*

Beginn: 9.30 Uhr *Ende: 12.45 Uhr*

I

Außerhalb der Tagesordnung

[A.] HAUSHALTSBERATUNGEN 1954/55

Der Bundeskanzler berichtet dem Kabinett über seine gestrigen Besprechungen mit den Vorsitzenden der Koalitionsparteien[2]. Im Zusammenhang mit der nicht sehr entgegenkommenden Behandlung der Wünsche der Bundesminister für Sonderaufgaben durch den Haushaltsausschuß des Bundestages habe man sich zu der Auffassung bekannt, daß es im gegenwärtigen Zeitpunkt nicht wünschenswert sei, etwaige Anträge auf Erhöhung einzelner Haushaltsausgaben zu stellen. Man wolle diese vielmehr etwas zurückstellen, damit bei der 2. und 3. Lesung des Haushalts keine Verzögerungen einträten. Er habe jedoch erfahren, daß der BHE mit dieser Regelung nicht einverstanden sei[3]. Er bittet daher den Bundesminister für Vertriebene, Flüchtlinge und Kriegsgeschädigte, auf seine Fraktion im Sinne der vorerwähnten Abmachungen beruhigend einzuwirken[4].

---

[1] Vgl. den Satz vor TOP E und vor TOP 1 des Kurzprotokolls. — Laut Terminkalender Adenauer hatte der BK um 12.05 eine Besprechung mit Pierre Schneiter und Hallstein, um 12.30 eine Besprechung mit Blank und um 12.35 Uhr eine Besprechung mit Blankenhorn, von Eckardt und Günter Diehl (StBKAH 04.05).
[2] Vgl. Sondersitzung am 1. April TOP B. — An der um 18.00 Uhr begonnenen Besprechung hatten außer den Koalitionsfraktionsvorsitzenden die Minister Schäffer, Schäfer und Kraft, ab 19.00 Uhr auch Minister Preusker und der Abgeordnete Lücke teilgenommen (StBKAH 04.05). Weitere Unterlagen nicht ermittelt.
[3] Vgl. die Änderungsanträge des BHE zum Haushaltsgesetz (Umdruck 20, 47, 53, 55, 58, 61, 81 und 82 in STENOGRAPHISCHE BERICHTE Bd. 19 S. 932, 934 f., 943, 1028, 1032, 1293 und 1302). — Siehe dazu auch das Schreiben Schäffers an Adenauer vom 8. April 1954 in B 136/304.
[4] Fortgang 30. Sitzung TOP G.

28. Kabinettssitzung am 6. April 1954

[B.] WIRTSCHAFTSPLAN DER BUNDESBAHN

Der Bundesminister für wirtschaftliche Zusammenarbeit betont, daß der Abschluß der Beratungen über den Wirtschaftsplan der Bundesbahn[5]) nicht mehr länger hinausgeschoben werden könne[6]). Der Bundesfinanzminister habe bekanntlich einige Änderungswünsche geäußert, über die man sich bereits auf Referentenebene unterhalten habe, wobei wesentliche Fortschritte im Sinne einer Bereinigung der bestehenden Differenzen erzielt worden seien[7]). Er habe die Hoffnung, daß es in der heute nachmittag stattfindenden Sitzung des Kabinettsausschusses gelingen würde, zu einem endgültigen Abschluß der Beratungen über den Wirtschaftsplan der Bundesbahn zu kommen[8]). Er bittet den Bundeskanzler, dem Kabinettsausschuß in diesem besonderen Falle das Beschlußrecht einzuräumen, um weitere Verzögerungen bei der Verabschiedung des Wirtschaftsplanes zu vermeiden. Das Kabinett erklärt sich hiermit einverstanden unter der Voraussetzung, daß ihm die Gelegenheit gegeben wird, in der nächsten Kabinettssitzung den Beschluß des Kabinettsausschusses noch formell zu bestätigen[9]).

[C.] SOWJETISCHE ERKLÄRUNG VOM 25. 3. 1954 BETREFFEND DIE DDR

Der Bundeskanzler verliest den Entwurf einer Regierungserklärung, die er bereits mit den Vorsitzenden der Koalitionsparteien und den Hohen Kommissaren abgestimmt habe[10]). Hieran schließt sich eine sehr eingehende Aussprache des Kabinetts, in deren Verlauf einige Änderungswünsche materieller und redaktioneller Art vorgebracht werden, die zum Teil zu Änderungen des Entwurfs führen. Das Kabinett stimmt schließlich dem Entwurf unter Berücksichtigung der vorerwähnten Änderungen zu[11]). Lediglich der Bundesminister für besonde-

---

[5]) Der Vorstand der Deutschen Bundesbahn hatte dem BMV am 30. Jan. 1954 den „Wirtschaftsplan für das Geschäftsjahr 1954, Aufgestellt Anfang Dezember 1953", der ein Defizit von 794 Mio DM aufwies, zur Genehmigung vorgelegt. Das nach § 14 Abs. 4a des Bundesbahngesetzes vom 13. Dez. 1951 (BGBl. I 995) erforderliche Einvernehmen mit dem BMF hatte der BMV bislang nicht erreichen können (Unterlagen zu diesem Streitpunkt in B 136/1519 und B 146/1649).

[6]) Dem Kabinett war für diese Sitzung eine Vorlage des BMV vom 21. März 1954 (in B 108/1414 und B 136/1519) zugeleitet worden, die sich mit der Kabinettsvorlage des BMF vom 9. März 1954 (in B 126/13962 und B 136/1519) auseinandersetzte.

[7]) Vgl. Sitzungen des Kabinett-Ausschusses für Wirtschaft am 1. Febr. (TOP 2), 16. Febr. (TOP 1) und 19. März 1954 (TOP 1).

[8]) Auf einer Sitzung am 6. April 1954 billigte der Kabinett-Ausschuß für Wirtschaft, auch der Vertreter des BMF (Oeftering), die Ausgabenansätze des Wirtschaftsplanes in voller Höhe. Der Ausschuß sprach sich auch für eine unveränderte Genehmigung der Einnahmeseite des Wirtschaftsplanes aus, allerdings gegen den Widerspruch des BMF. Vgl. dazu auch Schreiben Adenauers an Schäffer vom 8. April 1954 und Schreiben Schäffers an Adenauer vom 10. April 1954, jeweils in B 136/1483.

[9]) Fortgang 29. Sitzung TOP 1.

[10]) Vgl. Sondersitzung am 1. April 1954 TOP A. – Zu den verschiedenen Entwürfen der Regierungserklärung vom 7. April 1954 (siehe Anm. 14; Text auch in Nachlaß Blankenhorn/30a) vgl. B 137/1404, 1417.

[11]) Im Nachlaß Seebohm/8c findet sich hierzu folgende Eintragung: „Unsere Regierungser-

re Aufgaben, Dr. Tillmanns, erklärt sich ausdrücklich mit einzelnen Formulierungen der Regierungserklärung nicht einverstanden¹²).

Der Bundeskanzler übernimmt es, heute nachmittag den Entwurf der Regierungserklärung mit dem Bundestagsabgeordneten Ollenhauer zu besprechen¹³) mit dem Ziele, zu einer einstimmigen Zustimmung des Bundestages zu der Regierungserklärung zu gelangen¹⁴).

[D.] KÜNFTIGE ENTWICKLUNG DER EUROPÄISCHEN ZAHLUNGSUNION

Der Bundesminister für wirtschaftliche Zusammenarbeit berichtet¹⁵) über die letzte Ratstagung der OEEC in Paris¹⁶). Anläßlich dieser Tagung hätte der Vertreter Großbritanniens eine sehr bedeutsame Erklärung abgegeben, die im wesentlichen darauf hinausliefe, die Deutsche Bundesrepublik zum Störenfried im Zahlungsverkehr der EZU zu erklären. Begründet werde diese Behauptung damit, daß die Bundesrepublik angeblich auf der einen Seite eine Expansionspolitik betreibe, auf der anderen Seite jedoch zu wenig konsumiere¹⁷).

---

klärung vor Eintritt in TO Mittwoch 7. 4. wird vorgelesen, nicht verteilt, besprochen, wird gebilligt. Erklärung entspricht Auffassung der 3 Alliierten."

¹²) Ebenda: „Gemeinsame Erklärung mit der Opposition erwünscht, aber keine Debatte; Tillmanns möchte keine Erklärung, sondern Feststellung des Präsidenten über Zustimmung des ganzen Hauses. Er macht auch sonst Getöse. Kaiser möchte vorher eine Besprech[ung] Adenauer-Ollenhauer."

¹³) Die Besprechung Adenauer-Ollenhauer fand am 6. April 1954 ab 16.00 Uhr statt (Terminkalender Adenauer in StBKAH 04.05 und Terminkalender Ollenhauer in Nachlaß Ollenhauer/156).

¹⁴) Entgegennahme einer Erklärung der Bundesregierung sowie Entschließung der Fraktionen der CDU/CSU, SPD, FDP, GB/BHE, DP (BT-Drs. Nr. 452, „einstimmig angenommen"), jeweils vom 7. April 1954, in STENOGRAPHISCHE BERICHTE Bd. 19 S. 794 C – 796 A. Erklärung der Alliierten Hohen Kommission vom 8. April 1954 in EA 1954 S. 6537. Vgl. dazu auch die Diskussion in der 7. Sitzung (19. Mai 1954) des Interministeriellen Ausschusses „Wiedervereinigung" im Zusammenhang mit der Frage „Die Erklärung der Regierung der Sowjetunion über die Souveränität der ‚DDR' und deren mögliche Folgen für die Wiedervereinigungspolitik der Bundesregierung" in B 137/1390. – Fortgang 36. Sitzung TOP D: Aussprache über die politische Lage.

¹⁵) Vgl. 231. Sitzung am 1. Juli 1952 TOP J und die Sitzungen des Kabinett-Ausschusses für Wirtschaft am 2. Juli 1953 (TOP 1a), 22. Sept. 1953 (TOP B) und 21. Dez. 1953 (TOP 2).

¹⁶) Am 2. April 1954. Blücher hatte daran nicht teilgenommen (vgl. dazu seinen Terminkalender 1954 in Nachlaß Blücher/294).

¹⁷) Das Aktenheft B 502 mit „Britische Kompromißvorschläge vom 2. 4. 1954 zur Verlängerung der EZU und Grundzüge einer Erklärung, die von den britischen Delegierten vor dem Rat abgegeben wurde" (in B 146/226) ist im Bundesarchiv kassiert worden. Im „Kurzbericht Nr. 104 über die 248. Sitzung des Rates am 7. April 1954" der Vertretung der Bundesrepublik Deutschland beim Europäischen Wirtschaftsrat in Paris (Karl Werkmeister) vom 10. April 1954 steht u. a.: „Gründe des Ungleichgewichts in der EZU, die zu der deutschen extremen Gläubigerposition geführt haben, Punkt 3 der TO: Dieser Punkt der Tagesordnung war bereits auf der Ratssitzung vom 2. April behandelt worden und einige Teilnehmerländer hatten damals schon Bemerkungen zur deutschen Wirtschafts- und Handelspolitik vorgebracht [. . .]. Insbesondere kritisierte er [der britische Vertreter] die ungenügenden Importe infolge unzureichender innerer Expansion und zu niedrigen Konsums, steigende Haushaltsüberschüsse, zu hohe Zinssätze, unangebrachte Exportförderungsmaßnahmen und überhöhte Zölle. Der deutsche allgemeine Überschuß in der Zah-

In diesem Zusammenhang tauche die Frage auf, ob es nicht erforderlich sei, die deutschen Wirtschaftsvertretungen bei den wichtigsten deutschen Missionen im Ausland personell zu verstärken. Dies gelte ganz besonders für die Missionen in Washington, London und Paris. Nur so könne eine ausreichende Aufklärungsarbeit über die deutsche wirtschaftliche Situation im Ausland geleistet werden. Er habe immer wieder festgestellt, daß im Ausland die infolge des Flüchtlingszustroms[18] so sehr erschwerte wirtschaftliche Situation der Bundesrepublik nicht klar genug erkannt würde. Er schlage dem Kabinett vor, ihn zu ermächtigen, anläßlich seines geplanten Besuches in England auf die vorerwähnte Erklärung des Vertreters Großbritanniens vorerst nicht einzugehen. In jedem Falle halte er es für völlig verkehrt, im Hinblick auf diese englische Haltung nunmehr zu einem verstärkten Import überzugehen. Eine solche Maßnahme würde man einmal sehr bereuen müssen.

Das Kabinett schließt sich der Auffassung des Bundesministers für wirtschaftliche Zusammenarbeit an, und der Bundeskanzler bittet

a) den Bundesminister für wirtschaftliche Zusammenarbeit, anläßlich seines Aufenthaltes in Großbritannien in dem von ihm vorgeschlagenen Sinne dem britischen Schatzkanzler gegenüber aufzutreten[19];

---

lungsbilanz sowohl gegenüber dem Dollar- als auch dem EZU-Raum und gegenüber dritten Ländern gebe Deutschland durchaus die Möglichkeit einer Ausdehnung seiner Einfuhren. Die deutschen Gold- und Devisenreserven zeigten einen hohen Stand und eine immer noch steigende Tendenz, letzteres zum Teil auf Kosten der EZU-Partner. Das Ausmaß des deutschen Rechnungsüberschusses sei für die EZU untragbar und müsse unbedingt schnellstens auf ein vernünftiges Maß gesenkt werden. Überhaupt müsse er feststellen, daß deutsche Maßnahmen zum Abbau der Gläubigerposition zu langsam und zu vorsichtig ergriffen würden. Es sei jedoch unbedingt notwendig, drastische und schnell wirkende Maßnahmen im Interesse der Aufrechterhaltung der EZU zu ergreifen [...]" (B 102/11137). Vgl. dazu auch Schreiben Werkmeisters an Blücher vom 5. Dez. 1953: „[...] Die Bundesrepublik entwickelt sich infolge dieses ungestümen Vorgehens [in Richtung Konvertibilität], das auf die Schwächen der anderen Länder nicht mehr Rücksicht nehmen will, zu einem Störenfried der gesamten Organisation. Die europäischen Länder, die vor kaum 10 Jahren Deutschland als gemeinsamen Feind niedergeschlagen haben, sind bereit, wirtschaftlich mit ihm zusammenzuarbeiten, aber noch nicht gewillt, von ihm Belehrungen entgegenzunehmen [...]" (B 146/861, B 102/10860). Vgl. dazu auch Bericht des Deutschen Mitglieds im EZU-Direktorium (Dr. Hans Karl von Mangoldt-Reiboldt) vom 8. April 1954 betr. Verhandlungen des EZU-Direktoriums im April 1954 (47. Sitzungsperiode), hier: Einzelheiten über die finanzielle Abwicklung der englischen Konsolidierungsvorschläge (vom 2. April 1954) innerhalb der EZU in B 102/10575.

[18] Vgl. 23. Sitzung TOP A.

[19] Seebohm notierte zu diesem TOP u. a.: „Nach Blücher: Einfuhren nicht zu steigern, falsche Propaganda. Verstärkung unserer Wirtschaftsvertretungen. Vorschlag: zunächst nicht antworten. Blücher will mit Butler sprechen" (Nachlaß Seebohm/8c). – Blücher hielt sich vom 12. bis 17. April 1954 in London auf (vgl. dazu seinen Terminkalender 1954 in Nachlaß Blücher/294). Ein Gespräch mit dem britischen Schatzkanzler Richard Austen Butler kam dabei nicht zustande, wohl aber mit Reginald Maudling, Economic Secretary im Schatzamt, und zwar am 14. April (vgl. Vermerk vom 15. April 1954 in Nachlaß Blücher/142 und 299).

b) Staatssekretär Prof. Dr. Hallstein, geeignete Schritte zu unternehmen zwecks Verstärkung der wirtschaftlichen Vertretungen an den wichtigsten deutschen Missionen im Ausland[20]).

Der Bundeskanzler vertritt weiterhin den Standpunkt, man solle den Konsum nicht zu sehr verstärken, sondern vorrangig die dringenden deutschen Investitionsbedürfnisse befriedigen[21]). Nachdem der Bundeskanzler die Sitzung verlassen hat, übernimmt der Vizekanzler den Vorsitz.

[E.] FÜNF-TAGE-WOCHE

Der Bundesminister für Arbeit berichtet dem Kabinett über die günstige Entwicklung des Arbeitsmarktes. Es habe sich herausgestellt, daß die Arbeitslosigkeit der Wintermonate sich so ruckartig zurückentwickelt habe, daß heute ein noch nie erreichter günstiger Stand zu verzeichnen sei[22]). Im Zusammenhang mit dieser Entwicklung hätten einzelne Arbeitsminister der Länder das Problem der Einführung einer Fünf-Tage-Woche zur Erörterung gestellt[23]). Im gleichen Sinne sei auch eine Aktion des DGB anläßlich des 1. Mai zu erwarten[24]). Er sei von verschiedensten Seiten aufgefordert worden, sich an diesen Gesprächen zu beteiligen. Er sei dieser Aufforderung jedoch nicht nachgekommen, weil er grundsätzliche Bedenken gegen diese Pläne habe. Man könne über eine Fünf-Tage-Woche sprechen, wenn man gleichzeitig eine 40-Stunden-Woche einführen wolle. Daß jedoch der deutsche Produktionsstand die Einführung der 40-Stunden-Woche nicht zulasse, bedürfe wohl keiner Diskussion. Andererseits sei – bei einer Fünf-Tage-Woche – die Einführung eines 9-Stunden-Tages seiner Ansicht nach gleichfalls nicht vertretbar[25]). Der Vizekanzler schließt sich dieser Auffassung an und bemerkt, daß man zwar die Fünf-Tage-Woche als Fernziel betrachten könne, daß jedoch der Zeitpunkt noch nicht gekommen sei, um über diese Frage ernsthaft zu sprechen. Daher empfiehlt auch er äußerste Zurückhaltung. Das Kabinett schließt sich dieser Auffassung an.

---

[20]) Entsprechende Unterlagen im Politischen Archiv des Auswärtigen Amtes und im Nachlaß Hallstein nicht ermittelt.
[21]) Fortgang 32. Sitzung TOP A.
[22]) Am 31. März 1954 betrug die Arbeitslosenquote 8,3 % (Wirtschaft und Statistik NF Bd. 6, 1954, Zahlenteil S. 623). Vgl. auch Bundesarbeitsblatt 1954 S. 494.
[23]) Der Arbeitsminister von Baden-Württemberg Erwin Hohlwegler hatte erklärt, daß etwa 30 % der baden-württembergischen Industriebetriebe die Fünf-Tage-Woche eingeführt hätten. Etwa die Hälfte der in diesen Betrieben beschäftigten Arbeitnehmer habe eine wöchentliche Arbeitszeit von 48, die anderen eine von 46–44 Stunden. Hohlwegler hatte eine Regelung dieser Frage durch Tarifverträge befürwortet und staatliche Maßnahmen abgelehnt (Frankfurter Allgemeine Zeitung vom 16. März 1954). – Andere Stellungnahmen nicht ermittelt. – Die Anfrage Erhards bei einigen Industrieverbänden nach ihrer Haltung in dieser Frage (Unterlagen in B 136/8722) war in der Presse als Zustimmung des BMWi zur Fünf-Tage-Woche interpretiert worden (vgl. Der Spiegel vom 7. April 1954 S. 5 f.).
[24]) Siehe die Ansprache des stellvertretenden DGB-Vorsitzenden Reuter am 30. April 1954 (Informations- und Nachrichtendienst [des DGB] 1954 S. 101).
[25]) Diese Argumente griff Erhard in seiner Pressemitteilung vom 12. April 1954 auf (B 136/8722, vgl. auch Frankfurter Allgemeine Zeitung vom 13. April 1954).

[F.] ANGRIFFE GEGEN DIE MONTANUNION

Der Vizekanzler regt im Hinblick auf die zu erwartenden Angriffe der SPD gegen die Montanunion[26]) an, sich über die Haltung der Bundesregierung baldmöglichst innerhalb der Ressorts abzustimmen. Das Kabinett ist hiermit einverstanden[27]).

[G.] ZURÜCKNAHME VON STRAFANTRÄGEN DER BUNDESREGIERUNG WEGEN STRAFTATEN, DIE IM ZUSAMMENHANG MIT DEM WAHLKAMPF BEGANGEN WORDEN SIND

Der Bundesminister der Justiz spricht sich gegen eine Zurücknahme der Strafanträge[28]) durch die Bundesregierung aus[29]) und gibt der Auffassung Ausdruck, daß ein großer Teil der Anträge durch die bevorstehende Amnestie erledigt würde[30]). Der Vizekanzler schlägt vor, diese Fragen in Gegenwart des Bundeskanzlers zu behandeln. Das Kabinett ist hiermit einverstanden[31]).

[H.] HEIMKEHRERENTSCHÄDIGUNGSGESETZ[32])

Der Bundesminister für Vertriebene, Flüchtlinge und Kriegsgeschädigte berichtet, daß das Gesetz zur Änderung des Kriegsgefangenenentschädigungsgesetzes[33]) nicht die Berlin-Klausel enthalte. Der Bundesrat habe die Einfügung derselben gefordert[34]). Er bittet das Kabinett um seine Zustimmung. Einwendungen werden nicht erhoben[35]).

II

Unter dem Vorsitz des Bundeskanzlers werden folgende Punkte der Tagesordnung abgewickelt.

---

[26]) Zur Kritik an der Montanunion vgl. Götterdämmerung beim Schumanplan, Herausgegeben vom Vorstand der SPD [1953] (ZSg. 1–90/63 [24]) sowie Sozialdemokratischer Pressedienst vom 19. März (Auswirkungen der Montan-Union) und 5. April 1954 (Bergs Ausscheiden aus der Montan-Union), außerdem Schreiben Etzels an Adenauer vom 26. Jan. 1954 und Schreiben von Hans-Günther Sohl an Adenauer vom 3. April 1954, jeweils in B 136/8357, ferner den Artikel „Etzel verteidigt die Montanunion" in Frankfurter Allgemeine Zeitung vom 9. April 1954 und einschlägigen Schriftwechsel in Nachlaß Etzel/84.
[27]) Fortgang 31. Sitzung TOP B.
[28]) Vom BK und den Bundesministern waren im 2. Halbjahr 1953 etwa 130 Strafanträge wegen „politischer Straftaten" gestellt worden (Vermerk vom 5. April 1954 in B 136/253). Unterlagen in B 141/12004–12067 und B 136/248–253.
[29]) Siehe dazu die Vortragsnotiz zur Kabinettssitzung vom 6. April 1954 (B 141/76230).
[30]) Vgl. 14. Sitzung TOP 5.
[31]) Fortgang 31. Sitzung TOP 5.
[32]) Dieser TOP wurde aus dem Protokollentwurf übernommen. Der Text ist im Entwurf gestrichen (Kabinettsprotokolle Bd. 21 E).
[33]) Zum Gesetz vgl. 15. Sitzung TOP 1.
[34]) Nicht ermittelt. – Der Antrag Berlins wurde erneut in der BR-Sitzung am 9. April 1954 vorgebracht (BR-SITZUNGSBERICHTE 1954 S. 111).
[35]) Fortgang 31. Sitzung TOP 1b.

28. Kabinettssitzung am 6. April 1954

1. ENTWURF EINES GESETZES ZUR SCHAFFUNG VON FAMILIENHEIMEN (INITIATIVENTWURF DER FRAKTION DER CDU/CSU)[36]   BMWo

Unter Bezugnahme auf seine Kabinettsvorlage vom 22. 3. 1954[37]) berichtet der Bundesminister für Wohnungsbau über ein Gespräch, das er gestern unter Hinzuziehung des Bundestagsabgeordneten Lücke[38]) mit dem Bundeskanzler in der vorgenannten Angelegenheit gehabt habe[39]). Hierbei habe sich herausgestellt, daß sachliche Gegensätze zwischen ihm und dem Abgeordneten Lücke nicht bestünden[40]). Der Abgeordnete Lücke habe nur Sorge, daß seine Wünsche im Baujahr 1955 nicht mehr rechtzeitig realisiert werden können. Zwar sehe der Abgeordnete Lücke ein, daß an seinem Entwurf noch gewisse Änderungen erforderlich seien. Er sei jedoch der Meinung, daß dies am besten durch den zuständigen Bundestagsausschuß erfolge. Er, der Bundesminister für Wohnungsbau, sei dagegen der Auffassung, daß diese Aufgabe besser durch den vorliegenden Regierungsentwurf[41]) gelöst werden könne. Der Bundeskanzler betont, daß der Familienheimgedanke bis zum Herbst dieses Jahres, also bis zum Zeitpunkt der Verteilung der Wohnungsbaumittel an die Länder, realisiert sein müsse. Er ist auch der Meinung, daß man − unbeschadet der parlamentarischen Verhandlungen − den Referentenentwurf des Wohnungsbauministeriums schnellstens fördern solle, damit dieser nach Ostern vom Kabinett verabschiedet werden könne. Er bittet die beteiligten Ressorts, bei den kommenden Beratun-

---

[36]) Der im Okt. 1953 eingebrachte Entwurf (BT-Drs. Nr. 5) sah vor, die entsprechend dem Ersten Wohnungsbaugesetz vom 24. April 1950 (BGBl. 83) für den sozialen Wohnungsbau bestimmten Mittel überwiegend zur Schaffung von „Familienheimen", d. h. „Einzel-, Doppel- oder Reihenhäusern mit Garten" zu verwenden. Die Wohnfläche für die Hauptwohnung sollte mindestens 50 qm betragen. Zur Senkung der Herstellungskosten sollten die Länder Pläne für Typenhäuser ausarbeiten. Als Bewerber für ein mit öffentlichen Mitteln gefördertes „Familienheim" waren Personen vorgesehen, deren Einkommen die Grenze der Angestelltenversicherung nicht überstieg. 51 % der öffentlichen Mittel sollten für diese Häuser zur Verfügung gestellt werden. Die Sozialversicherungsträger sollten verpflichtet werden, ihre zur Förderung des Wohnungsbaus bestimmten Mittel in Hypotheken auf „Familienheime" anzulegen.

[37]) Vorlage in B 134/1283 und 6250 sowie in B 136/1444. In der Vorlage hatte sich der BMWo kritisch mit dem Initiativentwurf auseinandergesetzt, den er für zu „dirigistisch" hielt und gebeten, das Kabinett möge ihn ermächtigen, in den am 2. April 1954 beginnenden Beratungen dieses Entwurfs im BT-Ausschuß für Wiederaufbau und Wohnungswesen zu erklären, daß die Bundesregierung den Erlaß dieses Sondergesetzes nicht für zweckmäßig halte, sondern die Umgestaltung des Ersten Wohnungsbaugesetzes vorschlage. − Vgl. dazu auch 11. Sitzung am 1. Dez. 1953 (TOP 1).

[38]) Paul Lücke (1914−1976). Schlosserlehre, bis 1935 in der katholischen Jugendbewegung tätig; 1945 Mitbegründer der CDU im Oberbergischen Kreis, 1949−1972 MdB, 1950−1957 Vorsitzender des Ausschusses für Wiederaufbau und Wohnungswesen, 1957−1965 Bundesminister für Wohnungsbau, 1965−1968 Bundesminister des Innern.

[39]) Unterlagen nicht ermittelt.

[40]) Zu den Differenzen zwischen Preusker und Lücke siehe das Schreiben Preuskers an Adenauer vom 6. Mai 1954 (B 136/1445) und Parlamentarische Berichte des BPA vom 5., 7. und 20. Mai sowie vom 19., 22. und 23. Juni 1954 (B 145/1902).

[41]) Der Referentenentwurf vom 15. März 1954 sah die Umgestaltung des Ersten Wohnungsbaugesetzes unter Einbeziehung des Wohnungsbauprämiengesetzes vom 17. März 1952 (BGBl. I 139) vor (B 134/1283 und 6250 sowie B 136/1444).

gen keine Schwierigkeiten zu bereiten, um unnötige Verzögerungen zu vermeiden. Über die Frage, wie der Entwurf nach der Beschlußfassung durch das Kabinett weiter behandelt werden solle, d. h. ob der Entwurf nicht ggf. als Initiativgesetzentwurf eingebracht werden könne, um Zeit zu sparen und eine gemeinsame Beratung des dann vorliegenden Gesetzentwurfs mit dem Entwurf der CDU/CSU zu ermöglichen, müsse man sich nach Vorliegen des Entwurfs im Kabinett schlüssig werden. Das Kabinett erklärt sich mit diesem Vorgehen einverstanden[42]).

2. ENTWURF EINER VERWALTUNGSGERICHTSORDNUNG SOWIE EINES GESETZES ÜBER DIE BESCHRÄNKUNG DER BERUFUNG IM VERWALTUNGSGERICHTLICHEN VERFAHREN; STELLUNGNAHME DER BUNDESREGIERUNG ZU DEN ÄNDERUNGSVORSCHLÄGEN DES BUNDESRATES BMI

Der Bundesminister des Innern berichtet über die Meinungsverschiedenheiten mit dem Bundesminister der Justiz[43]). Anläßlich der Konferenz der Innenminister der Länder sei schlüssiges Material dafür vorgelegt worden, daß viele Verwaltungsrichter offenbar nicht das nötige Maß an Verwaltungserfahrungen besäßen[44]). Das habe seine Überzeugung gefestigt, daß der in der Regierungsvorlage enthaltene Grundsatz, für den Verwaltungsrichter außer der Erfüllung der allgemeinen Voraussetzungen auch noch mindestens drei Jahre praktische Erfahrungen im öffentlichen Recht zu verlangen, richtig sei. Der Bundesminister der Justiz macht demgegenüber die Bedenken geltend, daß durch eine solche Bestimmung verschiedene Anforderungen an die verschiedenen Zweige der Rechtspflege gestellt würden. Bei den ordentlichen Gerichten würde bekanntlich — zumindest theoretisch — auf den Nachweis praktischer Erfahrungen verzichtet. Der Bundeskanzler bezweifelt, ob in der Praxis bei der ordentlichen Gerichtsbarkeit auf diese praktischen Erfahrungen Verzicht geleistet wird. Ministerialdirektor Prof. Dr. Oeftering schließt sich grundsätzlich der Auffassung des Bundesministers des Innern an. Auch nach seiner Ansicht müßten die Verwaltungsrichter über praktische Erfahrungen verfügen. Er müsse auf der anderen Seite jedoch die Bedenken des Bundesministers der Finanzen vortragen: es sei zu befürchten, daß die Schaffung derartiger Unterschiedlichkeiten erhöhte Gehaltsansprüche dieser Richter auslösten. Er schlägt daher vor, die in dem Regierungsentwurf vorgesehene Mußvorschrift in eine Sollvorschrift umzuwandeln. Nachdem der Bundeskanzler und der Bundesminister des Innern ihrer Auffassung Ausdruck gegeben haben, daß durch eine Sollvorschrift höhere Gehaltsansprüche gleichfalls nicht verhindert werden könnten, spricht sich die überwie-

---

[42]) Fortgang 30. Sitzung TOP 1.
[43]) Vgl. 16. Sitzung TOP 10. — Vorlage des BMI vom 26. März 1954 zu BR-Drs. Nr. 33/54/ Beschluß in B 106/47644 und B 136/873 und vom 23. März 1954 in B 106/47645 und B 136/873. — Der BMJ hatte dem Vorschlag des BMI widersprochen, die vom BR vorgeschlagene Streichung von § 15 Abs. 3 des Entwurfs, der die Qualifikation der Verwaltungsrichter regelte, abzulehnen (Schreiben des BMJ vom 11. März 1954 in B 141/31894, B 106/47645 und B 136/873).
[44]) Siehe Auszug aus der Niederschrift über die Besprechung der Innenminister bzw. der Senatoren des Innern der Länder in Wiesbaden am 12. März 1954 (B 106/47645).

gende Mehrheit des Kabinetts für die Beibehaltung der Regierungsvorlage aus[45]).

3. ENTWURF EINER VERORDNUNG ÜBER DIE ANERKENNUNG DER BESONDEREN FÖRDERUNGSWÜRDIGKEIT DES VERWENDUNGSZWECKS DES ERLÖSES DER 5½%IGEN INHABERSCHULDVERSCHREIBUNGEN VON 1953 DER STADT DÜSSELDORF IN HÖHE VON 6 000 000 DEUTSCHE MARK   BMF

4. ENTWURF EINER VERORDNUNG ÜBER DIE ANERKENNUNG DER BESONDEREN FÖRDERUNGSWÜRDIGKEIT DES VERWENDUNGSZWECKS DES ERLÖSES DER 5½%IGEN INHABERSCHULDVERSCHREIBUNGEN VON 1953 DER STADT DUISBURG IN HÖHE VON 6 000 000 DEUTSCHE MARK   BMF

5. ENTWURF EINER VERORDNUNG ÜBER DIE ANERKENNUNG DER BESONDEREN FÖRDERUNGSWÜRDIGKEIT DES VERWENDUNGSZWECKS DES ERLÖSES DER 5½%IGEN INHABERSCHULDVERSCHREIBUNGEN VON 1953 DER STADT ESSEN IN HÖHE VON 15 000 000 DEUTSCHE MARK   BMF

6. ENTWURF EINER VERORDNUNG ÜBER DIE ANERKENNUNG DER BESONDEREN FÖRDERUNGSWÜRDIGKEIT DES VERWENDUNGSZWECKS DES ERLÖSES DER 5½%IGEN INHABERSCHULDVERSCHREIBUNGEN VON 1953 DER STADT WUPPERTAL IN HÖHE VON 6 890 000 DEUTSCHE MARK   BMF

7. ENTWURF EINER VERORDNUNG ÜBER DIE ANERKENNUNG DER BESONDEREN FÖRDERUNGSWÜRDIGKEIT DES VERWENDUNGSZWECKS DES ERLÖSES DER 5½%IGEN INHABERSCHULDVERSCHREIBUNGEN VON 1953 DER STADT KÖLN IN HÖHE VON 10 000 000 DEUTSCHE MARK[46])   BMF

Einleitend bemerkt der Bundesminister für wirtschaftliche Zusammenarbeit, daß es ihm schwer würde, den vorliegenden Anleihe-Anträgen zuzustimmen, nachdem die überwiegende Mehrheit des Kabinetts die Auflegung einer steuerbegünstigten Anleihe für die Kreditanstalt für Wiederaufbau nicht für wünschenswert halte[47]). Ministerialdirektor Prof. Dr. Oeftering[48]) weist darauf hin, daß bei einer Ablehnung der Steuerbegünstigung der in Rede stehenden Kommunalanleihen immer noch der Weg über das Einkommensteuergesetz bestünde, indem bei der Begebung dieser Anleihen die Realkreditinstitute eingeschaltet würden. Staatssekretär Dr. Westrick regt an, diesen Weg zu beschreiten, um im Hinblick auf die Ablehnung der Steuerbegünstigung der KfW-Anleihe den durch eine unterschiedliche Behandlung entstehenden ungünstigen Eindruck zu vermeiden. Demgegenüber vertritt der Bundesminister des Innern den Standpunkt, daß die vorliegenden Anleiheanträge einen Betrag von nur 44 Mio DM erfordern, eine Größenordnung, die nicht so beachtlich sei, daß das Kabinett seine Zustimmung versagen müßte. Man dürfe die sehr hohe Priorität der vorliegenden Anträge nicht verkennen. Der Bundeskanzler schließt sich diesen

---

[45]) BT-Drs. Nr. 462. – Gesetz vom 21. Jan. 1960 (BGBl. I 17 und 44).
[46]) Vorlagen des BMF vom 18. Jan 1954 in B 126/11714 und B 136/619.
[47]) Siehe dazu TOP 8 dieser Sitzung. – Unterlagen in B 126/11715.
[48]) Im Protokolltext: Öftering. Der in den Kurzprotokollen häufig falsch geschriebene Name wird im folgenden stillschweigend korrigiert.

28. Kabinettssitzung am 6. April 1954

Ausführungen an und bittet das Kabinett, die Vorlagen zu verabschieden. Das Kabinett stimmt den Verordnungen zu[49]).

Bei dieser Gelegenheit bittet der Bundesminister für Verkehr, die seit langem anstehende Genehmigung mehrerer steuerfreier Schiffbauanleihen im Gesamtbetrage von 61 Mio DM zu beschließen. Nachdem Ministerialdirektor Prof. Dr. Oeftering hiergegen Bedenken nicht vorgebracht hat, stimmt das Kabinett diesem Antrag gleichfalls zu. Es wird jedoch auf Anregung des Bundesministers für wirtschaftliche Zusammenarbeit und von Ministerialdirektor Prof. Dr. Oeftering ausdrücklich beschlossen, den Beschluß des Kabinetts über die Schiffbauanleihen bis auf weiteres noch nicht zu veröffentlichen, da noch eine Reihe von Einzelfragen zu klären seien[50]).

8. BEREITSTELLUNG VON MITTELN ZUR FINANZIERUNG DRINGENDER INDUSTRIELLER INVESTITIONEN UND ZUR FINANZIERUNG LANGFRISTIGER EXPORTGESCHÄFTE
BMWi

Das Kabinett[51]) beschließt, trotz der vorgebrachten Bedenken von Staatssekretär Dr. Westrick, die Anerkennung einer steuerbegünstigten 250 Mio DM-Anleihe der Kreditanstalt für Wiederaufbau abzulehnen[52]).

9. EINSETZUNG EINER REGIERUNGSKOMMISSION FÜR DIE REFORM DER SOZIALEN HILFE
BMF

Ministerialdirektor Prof. Dr. Oeftering begründet einleitend ausführlich den Antrag[53]) des Bundesministers der Finanzen. Man müsse sich darüber klar sein, daß der Gesamtsozialaufwand der Bundesrepublik in Höhe von rund 19 Milliarden DM nur noch bei einer Ausweitung des Sozialprodukts erhöht werden könne. Es bestünde kein Zweifel darüber, daß einzelne Sozialleistungen im Hinblick auf den Anstieg der Lebenshaltungskosten zu gering seien. Andererseits würden infolge der vielfachen Überschneidungen der sozialen Leistungen Überzahlungen geleistet, die volkswirtschaftlich nicht zu vertreten seien. Die drei großen Säulen, Versicherung, Versorgung und Fürsorge, seien in ihrer Verzah-

---

[49]) BR-Drs. Nr. 138/54 a)–e). – VO vom 31. März 1954 (BAnz Nr. 105 vom 3. Juni 1954).

[50]) Der BMF teilte dem Bundeskanzleramt am 29. April 1954 mit, daß er dem Erlaß von vier VO über Anleihen zur Schiffbaufinanzierung in Höhe von 61 Mio DM zugestimmt habe (B 136/2254). – Die Vorlagen des BMF vom 5. Mai 1954 (B 126/11715 und B 136/619) wurden am 9. Juni 1954 im Kabinett-Ausschuß für Wirtschaft erörtert (TOP 3). – BR-Drs. Nr. 197–200/54. – VO vom 21. Juli 1954 (MinBlFin. S. 467 f.).

[51]) Vgl. 27. Sitzung TOP 1a.

[52]) Vgl. dazu den Vermerk von StS Westrick vom 6. April 1954 in B 102/27993: „In der heutigen Kabinettssitzung ist beschlossen worden, daß die 250 Mio DM Bundesanleihe, die jetzt bei dem Ministerium Blücher liegen, von dem Finanzministerium zurückgenommen und bezahlt werden, so daß diese 250 Mio DM dann für die industriellen Investierungen zur Verfügung stehen. Hiervon müssen allerdings gedeckt werden die bereits eingegangenen Verpflichtungen für das Indien-Stahlwerk [50 Mio DM ab 1957] und auch die vom Herrn Bundeskanzler in Griechenland [80 Mio DM, vgl. 22. Sitzung TOP C] eingegangenen Verpflichtungen [...]." Dazu einschlägiger Schriftwechsel zwischen BMZ, BMWi und BMF in B 136/4799.

[53]) Vgl. 19. Sitzung TOP 4. – Vorlage des BMF vom 3. März 1954 in B 126/10940 und B 136/1358.

153

nung völlig unübersichtlich geworden. Schon seit langem bestände daher der dringende Wunsch nach einer Koordinierung dieser Sozialleistungsarten. Dabei vertrete der Bundesminister der Finanzen den Standpunkt, daß die Bildung einer unabhängigen Studienkommission, in der auch alle beteiligten Bundesressorts vertreten sein müßten, notwendig sei. Dieser Kommission müsse ein Sekretariat beigegeben werden, das die Sitzungen der Studienkommission entsprechend vorbereiten könne. Der Bundesminister der Finanzen würde es begrüßen, wenn der Bundesminister für Arbeit seine Rentenaufwertungspläne[54] nicht vorziehe, sondern im größeren Zusammenhang mit den übrigen Sozialleistungen einer Reform unterziehe. Der Bundeskanzler hält den Vorschlag des Bundesministers der Finanzen für richtig. Es ließen sich auch im Ausland, insbesondere in den Vereinigten Staaten und England, Beispiele hierfür anführen. Demgegenüber bittet der Bundesminister für Arbeit im Hinblick darauf, daß der Bundesminister der Finanzen persönlich nicht anwesend sei, die Beratung der Angelegenheit zurückzustellen. Im übrigen dürfe man nicht vergessen, daß eine umfassende Sozialreform eine sehr lange Zeit benötige. Weiter dürfe nicht übersehen werden, daß — wie die Ergebnisse der im Zusammenhang mit dem Beveridge[55]-Plan eingesetzten Studienkommission gezeigt hätten — unter Umständen das Gegenteil von dem erreicht würde, was der Bundesminister der Finanzen anstrebe[56]. In dem erwähnten Fall habe sich nämlich gezeigt, daß statt der erhofften Einsparungen noch erhöhte Sozialleistungen für erforderlich angesehen wurden. Im Bundesministerium für Arbeit seien vorzügliche Grundlagen für eine zukünftige Sozialreform erarbeitet worden, so daß sich der bestehende Beirat stets sehr zufrieden gezeigt habe[57]. Unter diesen Umständen halte er es für richtiger, nochmals mit dem Bundesminister der Finanzen persönlich Fühlung aufzunehmen, wobei er überzeugt sei, daß man sich auf eine gemeinsame Linie einigen könne. Er vertrete nach wie vor die Auffassung, daß man in der Frage der Sozialreform nur Schritt für Schritt vorgehen und die reformerischen Teilmaßnahmen nur nacheinander erledigen könne. Man müsse unter allen Umständen vermeiden, Sozialleistungen, die verschiedenartig seien, zusammen be-

---

[54]) Vgl. 6. Sitzung am 5. Nov. 1953 (TOP 1). — Fortgang hierzu 44. Sitzung TOP B.

[55]) William Henry Lord Beveridge (1879–1963). Jura-Studium, 1903–1905 Sozialarbeiter in London, 1908–1916 im Handelsministerium, 1919–1937 Direktor der London School of Economics, 1937–1945 Universität Oxford, 1941 Berater Churchills in kriegswirtschaftlichen Fragen und Leiter einer Regierungskommission zur Vorbereitung eines umfassenden Versicherungs- und Fürsorgesystems, eines nationalen Gesundheitsdienstes sowie eines Konzepts zur Beseitigung der Arbeitslosigkeit. Der Bericht der Kommission (Beveridge-Plan) wurde 1942 unter dem Titel „Report on Social Insurance and Allied Services" veröffentlicht und war die Grundlage der Sozialreform in Großbritannien.

[56]) Siehe dazu den im Auftrag Schäffers im BMF verfaßten Beitrag „Sozialpolitik am Scheidewege", der auf Weisung Schäffers wegen der „scharfen Kritik" an Storch nur mit falschen Initialen in der Deutschen Zeitung und Wirtschaftszeitung am 12. und 15. Mai 1954 veröffentlicht wurde. Manuskript und Schriftwechsel in B 126/10940.

[57]) Zur Kritik von Mitgliedern des Beirats an Storch siehe den Bericht über die Sitzung des Bundesausschusses für Sozialpolitik der CDU am 19. Febr. 1954 (Parlamentarischer Bericht des BPA vom 20. Febr. 1954 in B 145/1902) und das Schreiben des Mitglieds des Beirats Heinrich Lünendonk an Storch vom 22. Febr. 1954 (B 149/411).

trachten zu wollen. Der Bundeskanzler macht darauf aufmerksam, daß die Sozialreform nicht nur in den Bereich der Bundesminister für Arbeit und der Finanzen falle, sondern daß auch der Bundesminister des Innern und im gewissen Sinne auch der Bundesminister für Wirtschaft stärkstens interessiert seien. Er sei der Auffassung, daß man nicht die einzelnen Sozialleistungsgebiete getrennt betrachten dürfe, sondern nur in der Zusammenschau. Er sei zwar bereit, im Hinblick auf die Abwesenheit des Bundesministers der Finanzen von einer Entscheidung abzusehen; er müsse jedoch darum bitten, daß die beteiligten Bundesminister sich in der Zwischenzeit baldmöglichst zusammenfänden, um eine gemeinsame Linie zu erarbeiten, die dem Kabinett die endgültige Entscheidung erleichtere. Der Bundesminister des Innern schließt sich dieser Auffassung an und betont, daß man die Angelegenheit nunmehr nicht länger verzögern dürfe und möglichst schon in der nächsten Kabinettssitzung zu einer Entscheidung kommen müsse. Der Bundesminister für wirtschaftliche Zusammenarbeit regt an, die Ministerbesprechung durch eine entsprechende Staatssekretär- oder Abteilungsleiterbesprechung vorzubereiten, um der in Aussicht genommenen Ministerbesprechung eine Tagesordnung an Hand zu geben. Der Bundeskanzler vermag sich diesem Vorschlag nicht anzuschließen, sondern glaubt, daß man sich zunächst auf die grundsätzlichen Fragen beschränken sollte, die besser im Kreise der Minister besprochen würden. Anschließend müsse selbstverständlich eine Weiterbearbeitung auf Staatssekretärs- bzw. Abteilungsleiterebene erfolgen. Der Bundesminister des Innern schließt sich dieser Auffassung an und bringt zum Ausdruck, daß nach seiner Meinung die Aufstellung eines Arbeitsplanes in dem von dem Bundesminister für wirtschaftliche Zusammenarbeit gedachten Sinne praktisch eine Vorwegnahme der von der Kommission zu leistenden Arbeit bedeuten würde. In diesem Zusammenhang empfiehlt der Bundesminister für besondere Aufgaben, Dr. Schäfer, man möge sich anläßlich der in Aussicht genommenen Ministerbesprechung auch darüber klar werden, innerhalb welcher Zeit eine umfassende Sozialreform durchgeführt werden müsse. Man sei im Hinblick auf die kommenden Bundestagswahlen in gewisser Hinsicht fristgebunden, weil die Reformarbeiten auf jeden Fall vor Beginn der Wahlen abgeschlossen sein müßten. Wichtig sei weiter die Frage, zu welchem Sozialleistungssystem man sich in Zukunft bekennen wolle, ob man an dem bisherigen Prinzip festhalten[58] wolle, die Ursache eines Schadens als Grundlage für eine Rentenleistung zu wählen oder aber, ob für die Rentenleistung die Beseitigung eines gegenwärtigen Notstandes entscheidend sein müsse. Es sei sicher, daß diese Grundsatzfrage schwerste politische Auseinandersetzungen nach sich ziehen würde. Der Bundeskanzler begrüßt diese Anregung; und er bittet die an der Besprechung teilnehmenden Minister, diese Gesichtspunkte bei ihren Beratungen ausreichend zu berücksichtigen.

---

[58] Der ursprüngliche Protokolltext lautet: „ob man von dem bisherigen Prinzip abgehen wolle." Der Protokollführer teilte am 14. April 1954 die Berichtigung des Textes mit (Kabinettsprotokolle Bd. 21 E), die in dem der Edition zugrundeliegenden Exemplar schon ausgeführt war.

Das Kabinett beschließt, daß baldmöglichst eine Ministerbesprechung stattfinden soll, an der unter dem Vorsitz des Bundesministers für Arbeit teilnehmen: die Bundesminister der Finanzen, des Innern, für Wirtschaft, für Vertriebene, Flüchtlinge und Kriegsgeschädigte, für Ernährung, Landwirtschaft und Forsten, für gesamtdeutsche Fragen, für Familienfragen sowie der Bundesminister für besondere Aufgaben, Dr. Schäfer. Der Bundesminister für Arbeit übernimmt es, zu dieser Sitzung einzuladen[59]). Im Anschluß daran soll der Antrag des Bundesministers der Finanzen im Kabinett abschließend beraten werden[60]).

10. DEUTSCH-HOLLÄNDISCHE FRAGEN ÜBER DIE RHEINSCHIFFAHRT BMF

Ministerialdirektor Prof. Dr. Oeftering bedauert, daß der Bundesminister der Finanzen nicht persönlich anwesend ist[61]). Er teilt mit, daß dieser der Angelegenheit große Bedeutung beimesse[62]) und regt an, die Beratung zurückzustellen. Der Bundesminister für Verkehr schlägt vor, die Angelegenheit unmittelbar zwischen ihm und dem Bundesminister der Finanzen sowie dem Auswärtigen Amt zu erledigen[63]). Hiermit erklärt sich das Kabinett einverstanden[64]).

11. MITTEILUNG ÜBER DIE IN AUSSICHT GENOMMENE BESETZUNG DES GENERALKONSULATS IN BASEL AA

Ist von der Tagesordnung gestrichen[65]).

---

[59]) Der Chefbesprechung am 13. Mai 1954 (siehe dazu den Vermerk Schäffers vom 13. Mai in B 126/10940 und das Schreiben Sauerborns an das Bundeskanzleramt vom 14. Mai 1954 in B 149/392 und B 136/1358) ging eine Ressortbesprechung am 10. April 1954 (undatiertes Protokoll in B 149/392) voraus. Eine Einigung über den Antrag des BMF, eine unabhängige Studienkommission für die Sozialreform einzusetzen, wurde nicht erreicht. In seinem Schreiben an Adenauer vom 21. Mai 1954 bat Schäffer den BK, sich in die Verhandlungen einzuschalten. Dem Schreiben war ein Arbeitsplan für die Regierungskommission und eine Liste der zu berufenden Mitglieder beigegeben (B 126/10940 und B 136/1358). – Eine weitere Ressortbesprechung fand am 28. Mai 1954 statt (siehe dazu den undatierten Vermerk in B 126/10940 und den Vermerk vom 28. Mai 1954 in B 136/1358).

[60]) Fortgang 34. Sitzung TOP 2.

[61]) Vgl. 17. Sitzung TOP B und Sitzung des Kabinett-Ausschusses für Wirtschaft am 19. März 1954 TOP 4: Förderung der deutschen Seehäfen und Auswirkungen auf die niederrheinischen Schiffahrts-, Hafen- und Wirtschaftsinteressen.

[62]) Vgl. Vorlage des BMF vom 19. März 1954 in B 146/1639 und B 136/9778. Dazu Vorlage des BMV vom 30. März 1954 und Vorlage des AA vom 2. April 1954, jeweils in B 136/9778.

[63]) Unterlagen nicht ermittelt.

[64]) STENOGRAPHISCHE BERICHTE Bd. 55 S. 6324 A, 6332 B–C, 6354 A (10. Juni 1964), 6390 C (12. Juni 1964); BR-Drs. Nr. 496/65; BT-Drs. Nr. V/18 und 358; Gesetz zu dem Übereinkommen vom 20. November 1963 zur Revision der am 17. Oktober 1868 in Mannheim unterzeichneten Revidierten Rheinschiffahrtsakte vom 6. Juli 1966 in BGBl. II 560, Bekanntmachung über das Inkrafttreten vom 12. Juni 1967 in BGBl. II 2000.

[65]) Siehe 31. Sitzung TOP 6.

12. PERSONALIEN

Gegen die Anträge gemäß Anlagen 1, 2 und 3 zu dem vorgenannten Punkt der Tagesordnung werden vom Kabinett Bedenken nicht geltend gemacht[66]).

Der Bundesminister für Arbeit bittet das Kabinett, seine Zustimmung zu der Ernennung des Senatspräsidenten beim Bayerischen Landessozialgericht, Dr. Kurt Ankenbrank[67]), zum Präsidenten des Landesarbeitsamtes Nordbayern zu erteilen und die von einzelnen Kabinettsmitgliedern in der Kabinettssitzung am 31. März 1954 vorgebrachten Bedenken zurückzustellen. Das Kabinett erhebt keine Einwendungen[68]).

---

[66]) An Ernennungen waren vorgesehen: im AA ein Botschaftsrat, im BMI ein MinDir. (Dr. iur. Georg Anders), im BMWi ein MinR. (Dr. iur. Gerhard Woratz). Ferner wurde beantragt: vom BMWi die Anstellung von Diplomvolkswirt Dr. rer. pol. Rolf Gocht als Angestellter nach der ADO für übertarifliche Angestellte im öffentlichen Dienst; vom BMJ die Hinausschiebung des Eintritts in den Ruhestand bis zum 30. April 1955 für den MinDir. Dr. iur. Georg Petersen (Fortgang zu Petersen 108. Sitzung am 30. Nov. 1955 TOP 8).

[67]) Dr. iur. Kurt Ankenbrank (1892–1982). 1922–1927 bei der Regierung Pfalz des Landes Bayern (mit Abordnung zum Reichsministerium für die besetzten Gebiete) und 1928–1945 in der Arbeitsverwaltung tätig (zuletzt stellvertretender Präsident des Gauarbeitsamtes und Reichstreuhänders der Arbeit München-Oberbayern); 1946–1948 Statistisches Landesamt München; 1948–1949 Landesversicherungsamt Oberbayern; 1950–1953 Senatspräsident beim Bayerischen Landesversicherungsamt, 1954 Senatspräsident beim Bayerischen Landessozialgericht, Dez. 1954–Jan. 1957 Präsident des Landesarbeitsamtes Nordbayern in Nürnberg.

[68]) Vgl. 27. Sitzung TOP 9.

29. Kabinettssitzung
am Dienstag, den 13. April 1954

Teilnehmer: Adenauer, Schröder, Schäffer, Storch, Seebohm, Balke, Preusker, Oberländer, Tillmanns, F. J. Strauß, Schäfer; Globke, Hallstein, Sonnemann, W. Strauß, Thedieck, Westrick; Klaiber; von Eckardt; Selbach, Kilb; Frohne¹) (bis 11.30 Uhr), Hilpert²) (bis 11.30 Uhr), Wellhausen (bis 11.30 Uhr). Protokoll: Haenlein.

Beginn: 9.30 Uhr *Ende: 12.00 Uhr*

1. WIRTSCHAFTSPLAN DER DEUTSCHEN BUNDESBAHN FÜR DAS GESCHÄFTSJAHR 1954 BMV

Der Bundesminister der Finanzen berichtet über die gegensätzlichen Meinungen in dieser Angelegenheit und führt aus, daß die Vorschläge des Bundesministers für Verkehr wegen der angespannten Haushaltslage nicht durchzuführen sind³). Die Beschlüsse des Bundesrates aus der vergangenen Woche⁴) hätten die Aussichten in dieser Beziehung noch wesentlich verschlechtert. Da der Wirtschaftsplan ohne Rücksicht auf die inzwischen vom Kabinett verabschiedeten Verkehrsgesetze⁵) aufgestellt sei, spricht er sich in erster Linie dafür aus, den Plan zurückzugeben, damit er neu geprüft werden könne.

Für den Fall, daß das Kabinett diesem Antrag nicht entsprechen wolle, legt er einen neuen Vorschlag vor, wie er in der von ihm in der Sitzung verteilten „Erklärung"⁶) unter II wiedergegeben ist. Im Kern enthält dieser Vorschlag die

---

¹) Dr. Ing. Edmund Frohne (1891–1971). 1918 Deutsche Reichsbahn, 1938 Abteilungspräsident. Nach 1945 StS für Verkehr in Niedersachsen, 1947–1949 Direktor der Verwaltung für Verkehr des VWG, 1950–1952 StS BMV, 1952–1956 Vorsitzender des Vorstandes der Deutschen Bundesbahn.
²) Dr. phil. Werner Hilpert (1897–1957). Nov. 1945–Sept. 1946 Minister ohne Geschäftsbereich und stellvertretender Ministerpräsident in Hessen, Okt. 1946–Jan. 1947 Wirtschaftsminister, Jan. 1947–Dez. 1950 Finanzminister und wieder stellvertretender Ministerpräsident in Hessen, Aug.–Okt. 1949 MdB, 1946–1952 Vorsitzender der CDU in Hessen, 1952–1957 Präsident und Vorstandsmitglied (Finanzdirektor) der Deutschen Bundesbahn.
³) Vgl. 28. Sitzung TOP B. – Vorlagen des BMV vom 27. Febr., 21. und 27. März 1954 in B 136/1519; Vorlage des BMF vom 9. März 1954 in B 126/13962 und B 136/1519. Synopse über die strittigen Punkte im Straßenentlastungs- und Verkehrsfinanzgesetz sowie im Wirtschaftsplan der Deutschen Bundesbahn (Stand 24. März 1954) als Anlage des Rundschreibens des BMZ vom 25. März 1954 in B 136/1479.
⁴) Siehe hierzu TOP A dieser Sitzung.
⁵) Verkehrsfinanzgesetz (vgl. 27. Sitzung TOP 2a), Straßenentlastungsgesetz (vgl. 27. Sitzung TOP 2b).
⁶) „Erklärung" des BMF (Entwurf) in Nachlaß Schäffer/34. – In der Niederschrift über die 23. Sitzung des Verwaltungsrates der Deutschen Bundesbahn am 26. 4. 1954 in Hannover findet sich hierzu folgender Passus: „An der Kabinettssitzung vom 13. 4. hätten seitens der Deutschen Bundesbahn der Vorsitzer des Verwaltungsrates und die Vorstandsmitglieder Prof. Dr. Frohne und Dr. Hilpert teilgenommen. Der Bundesfinanzminister habe die

Ermächtigung an die Bundesbahn, zunächst nur Verpflichtungen bis zu 750 Mio DM einzugehen. Bis Ende Juli soll dann von der Bahn ein Nachtrag zum Wirtschaftsplan vorgelegt werden, der die inzwischen eingetretenen Veränderungen zu berücksichtigen hat und bei dessen Verabschiedung die noch offenen Fragen zu regeln wären. Für die weitere Finanzierung rechnet der Bundesminister der Finanzen mit folgenden Beträgen:

Mehreinnahmen 1954	125 Mio DM
Rationalisierung	75 Mio DM
Auftragsverlagerung in das folgende Jahr	27 Mio DM
Vorfinanzierung der neuen Verkehrsgesetzgebung	200 Mio DM
	427 Mio DM.

Der Bundesminister für Verkehr verweist demgegenüber darauf, daß in der letzten Sitzung des Kabinetts der Kabinettsausschuß ermächtigt wurde, eine Entscheidung zu treffen, wenn der Bundesminister der Finanzen nicht widerspreche. Im Kabinettsausschuß sei unter allen beteiligten Ressorts eine Übereinstimmung auf der Grundlage des Wirtschaftsplanes der Bundesbahn erzielt worden. Allerdings habe sich der Vertreter des Bundesministers der Finanzen einen Widerspruch vorbehalten. Es müsse deshalb vom Kabinett heute ein endgültiger Beschluß gefaßt werden, gegen den nicht wiederum Widerspruch eingelegt werden könnte. Nach einer eingehenden Schilderung des Zahlenwerkes empfiehlt der Bundesminister für Verkehr, die Bundesbahn nicht zu sehr bei der Ausführung ihres Wirtschaftsplanes zu binden und damit der Bundesregierung eine allzu große Verantwortung für Einzelheiten aufzuerlegen. Er beantragt, den Plan[7]) zu genehmigen und dabei zu erklären, daß die Bundesregierung z. Zt. nur in einer bestimmten Höhe zu einer Kassenhilfe imstande sei. Es sei dann Angelegenheit der Bundesbahn, sich auf diese Lage einzurichten.

Der Bundeskanzler legt den entscheidenden Wert darauf, daß die Bundesbahn sofort in die Lage versetzt wird, die seit langem zurückgehaltenen Aufträge an die Industrie zu vergeben. Noch vor Ostern sollte dadurch eine Beruhigung in der Wirtschaft und vor allem bei der davon betroffenen Arbeiterschaft erzielt werden. Der Bundeskanzler legt weiter Gewicht darauf, dem Bundestag mit Nachdruck klarzumachen, daß eine Gesundung der Verhältnisse bei der Bundesbahn nur zu erreichen ist, wenn die von der Bundesregierung vorgelegten Verkehrsgesetze von ihm verabschiedet werden.

Staatssekretär Dr. Westrick trägt das Ergebnis der Beratungen im Kabinettsausschuß im einzelnen vor und verweist darauf, daß nach den vom Bundesminister der Finanzen gemachten Vorschlägen noch über 300 Mio DM gerade für

---

vorausgegangene Behandlung des Wirtschaftsplanes durch den Kabinettsausschuß nicht als für das Kabinett bindend anerkannt und in der Kabinettssitzung in Abwesenheit u. a. des Vizekanzlers Blücher eine ‚Erklärung' überreicht, die er am Tage zuvor mit dem Bundeskanzler abgestimmt habe und die eine Zurückverweisung des Wirtschaftsplanes an die Organe der Bundesbahn oder eine Teilgenehmigung des Wirtschaftsplanes vorgesehen habe. Der Vorsitzer gibt diese ‚Erklärung' bekannt" (B 108/681).

[7]) Vgl. 28. Sitzung TOP B.

die Aufträge fehlen, deren schnelle Vergabe von dem Bundeskanzler gefordert wird.

Präsident Dr. Wellhausen hält den Vorschlag des Bundesministers der Finanzen für nicht durchführbar. Die Frist für die Genehmigung eines Nachtrags zum Wirtschaftsplan[8]) mache es der Bundesbahn unmöglich, die notwendigen Dispositionen jetzt zu treffen. Die Bundesbahn sei nicht so sehr daran interessiert, sofort Aufträge herauszugeben, wie vor allem daran, die Sicherheit des Verkehrs zu gewährleisten. Der Verwaltungsrat habe sich bereits mit der Frage befaßt, ob er bei einer weiteren Verzögerung der Angelegenheit die Verantwortung noch tragen könne. Bei den Beratungen im Kabinettsausschuß sei man einer Verständigung schon recht nahe gekommen. Heute sei man wieder weit davon entfernt. Er tritt deshalb dafür ein, den Beschluß des Kabinettsausschusses durchzuführen.

Auf die Frage des Bundeskanzlers, ob die kaufmännische Führung der Bundesbahn in der Zukunft gewährleistet sei, wenn die Vorschläge des Bundesministers der Finanzen angenommen würden, wird von den Präsidenten Dr. Frohne und Dr. Hilpert auf den großen Ernst der Lage, sowohl für den Waggonbestand der Bahn wie für ihre Kasse, hingewiesen.

Nach der Meinung von Bundesminister Strauß ist der Wirtschaftsplan der Bundesbahn auf zwei Fiktionen aufgebaut. Es werde davon ausgegangen, daß der Bund in der Lage sei, das über 700 Mio DM betragende Defizit zu decken und daß die vom Kabinett verabschiedeten Verkehrsgesetze nicht in Kraft treten würden. Solange diese Gesetze im Plan nicht berücksichtigt seien, könne nicht endgültig über ihn entschieden werden. Bundesminister Strauß tritt deshalb für eine endgültige Beschlußfassung erst im Herbst des Jahres ein. Bis dahin müßten die von dem Bundesminister der Finanzen in Aussicht gestellten 750 Mio DM der Bundesbahn genügen. Würde man schon heute das gesamte Defizit der Bundesbahn auf den Bund übernehmen, dann bestehe die Gefahr, daß im Bundestag die dort sehr umstrittenen Verkehrsgesetze mit dem Hinweis auf die gesicherte Lage der Bundesbahn abgelehnt würden.

Nach der Erörterung weiterer Einzelheiten ziehen sich der Bundesminister für Verkehr und die Vertreter der Deutschen Bundesbahn zu einer Beratung unter sich zurück. Im Anschluß an diese Besprechung erklären sie sich bereit, auf die Grundlage der von dem Bundesminister der Finanzen heute neu entwickelten Vorschläge zu treten. Sie möchten jedoch Satz 2 des einleitenden Absatzes und die Ziffern 1, 2, 4 und 5 von der Beschlußfassung ausnehmen. Nach kurzer Erörterung und der unwidersprochen gebliebenen Feststellung des Bundesministers der Finanzen, daß diese Streichung nicht als eine Ablehnung seiner Vorschläge angesehen werde, beschließt das Kabinett:

„In Übereinstimmung mit der Auffassung der Organe der Deutschen Bundesbahn werden die im Wirtschaftsplan der Deutschen Bundesbahn für das Geschäftsjahr 1954 nach dem Stande vom Ende des Geschäftsjahres 1953 enthaltenen Einnahme- und Ausgabensätze als richtig anerkannt. Mit Rücksicht auf die Haushaltslage des Bundes und auf die sich anbahnende ver-

---

[8]) Vgl. dazu 58. Sitzung TOP 6.

kehrspolitische Neuordnung durch Verabschiedung der Entwürfe eines Verkehrsfinanzgesetzes 1954 und eines Straßenentlastungsgesetzes wird jedoch der Wirtschaftsplan nur nach Maßgabe folgender Zwischenregelung genehmigt[9]):

1. Die in Abschnitt B III der Eigenmittelrechnung vorgesehenen Aufwendungen zur Abgeltung der Leistungen und Lieferungen Dritter für die Erhaltung und Weiterentwicklung der ortsfesten Anlagen und der Fahrzeuge sind in der Durchführung und in der Abwicklung der dazu einzugehenden Bindungen so zu steuern, daß bei unveränderter Beibehaltung der Zahlungsbedingungen der Bundesbahn im Geschäftsverkehr mit ihren Lieferanten bis Ende Oktober 1954 Verpflichtungen bis höchstens 750 Mio DM neu entstehen.

2. Die Deutsche Bundesbahn hat nach dem Stande von Ende Juni 1954 gemäß § 30 Abs. 3 BBG[10]) einen Nachtrag 1954 aufzustellen und dem Herrn Bundesminister für Verkehr bis spätestens Ende Juli 1954 zur Genehmigung vorzulegen. In diesem Nachtrag sind alle bis dahin eingetretenen oder erkennbaren Veränderungen zu berücksichtigen."

Auf Anregung des Bundesministers für Arbeit soll über den Beschluß des Kabinetts sofort eine Verlautbarung zur Beruhigung der Betriebe und Belegschaften herausgegeben werden, wobei besonders hervorzuheben ist, daß die Bundesbahn unverzüglich ihre Aufträge an die Wirtschaft erteilt[11]).

2. KRIEGSFOLGENSCHLUSSGESETZ   BMF

Mit Rücksicht darauf, daß von Fraktionen des Bundestages dringend gewünscht wird, die Angelegenheit heute von der Tagesordnung abzusetzen, wird von einer Beschlußfassung abgesehen[12]). Der Bundesminister der Finanzen wird

---

[9]) Im ursprünglichen Text des Protokolls: „[...] genehmigt werden:". – „Ministerialdirigent Dr. Schröter (Bundesministerium für Verkehr) hat mich gestern abend angerufen und in recht massiver Form Berichtigung des Kabinettsbeschlusses vom 13. 4. 1954 verlangt [...] Herr Schroeter verlangt, daß das Wort ‚werden' gestrichen wird. Dies ist nicht ausdrücklich vom Kabinett beschlossen worden. Ich habe mich aber zur Streichung bereit erklärt, für den Fall, daß auch der Bundesminister der Finanzen einverstanden wäre [...]" (Auszug aus einem Vermerk von Haenlein vom 23. April 1954 in B 136/1519). – Vgl. dazu auch ein Rundschreiben des Bundeskanzleramtes vom 24. Mai 1954 betr. Protokolländerung, in dem mitgeteilt wird, daß auf Wunsch des BMV im Einvernehmen mit dem BMF im Protokoll über die 29. Kabinettssitzung am 13. April 1954 auf „Seite 4, dritter Absatz, letzte Zeile" das Wort „werden" gestrichen wird, dem ein entsprechender Schriftwechsel des Bundeskanzleramtes mit dem BMV und dem BMF vorausgegangen war (in Kabinettsprotokolle Bd. 121).

[10]) Zum Bundesbahngesetz vom 13. Dez. 1951 (BGBl. I 995) vgl. 130. Sitzung am 21. Febr. 1951 TOP 1.

[11]) Mitteilung des BPA Nr. 426/54 vom 13. April 1954; vgl. dazu auch Pressekonferenz am 13. April 1954 in B 145 I/37. – Fortgang Sitzung des Kabinett-Ausschusses für Wirtschaft am 26. Mai 1954 TOP 1: Verkehrspolitische Maßnahmen und 58. Sitzung der Bundesregierung TOP 6.

[12]) Vgl. 27. Sitzung TOP 3. – Der Geschäftsführer der CDU/CSU-Fraktion, Heinrich Krone, hatte Adenauer am 9. April 1954 gebeten, die Behandlung des Gesetzentwurfs bis nach einer Rücksprache von Vertretern der Koalitionsfraktionen mit Schäffer zurückzustellen.

161

am 23. 4. 1954 mit den Ressortbesprechungen über dieses Gesetz beginnen[13]).

3. ENTWURF EINES GESETZES ÜBER DIE FESTSTELLUNG DES WIRTSCHAFTSPLANES DES ERP-SONDERVERMÖGENS FÜR DAS RECHNUNGSJAHR 1954 (ERP-WIRTSCHAFTSPLANGESETZ 1954) BMZ

Staatssekretär Dr. Westrick bittet, trotz der Abwesenheit des Bundesministers für wirtschaftliche Zusammenarbeit, die Vorlage[14]) zu verabschieden, wenn sich gegen ihren Inhalt kein Widerspruch erhebe.

Der Bundesminister der Finanzen hat gegen einen die Kreditanstalt für Wiederaufbau betreffenden Punkt der Vorlage Bedenken. Diese lägen nicht in der Sache, sondern richteten sich gegen die formale Fassung der Bestimmung[15]).

Das Kabinett stimmt der Vorlage zu, vorbehaltlich einer Einigung des Bundesministers für wirtschaftliche Zusammenarbeit mit den Bundesministern der Justiz und der Finanzen über diesen Punkt[16]).

4. MOSELKANALISIERUNG BMV

Staatssekretär Prof. Dr. Hallstein teilt mit, daß der Bundesminister für Verkehr sich bereit erklärt habe, seine Vorlage[17]) vorerst zurückzuziehen. Das Kabinett stellt die Angelegenheit zurück.

Er hatte darauf hingewiesen, „daß sowohl in der Fraktion wie bei einer großen Zahl von Abgeordneten schwerwiegende Bedenken gegen die bisher in der Öffentlichkeit bekanntgewordenen Absichten des Bundesfinanzministers laut geworden seien" (B 136/1158 und B 126/51546). – Vgl. die Aufzeichnung vom 27. April 1954 für eine Besprechung mit Koalitionsvertretern am selben Tag und die Anwesenheitsliste in B 126/12625. Siehe dazu auch die Vorlage für den Minister vom 11. Mai 1954 in B 126/51546. – Eine weitere Besprechung mit den Koalitionsvertretern fand am 25. Mai 1954 statt (Vermerk vom 28. Mai 1954 in B 126/12622).

[13]) Siehe dazu die Vorlage des BMF vom 8. April 1954, die einen Zeitplan für die Behandlung des Gesetzentwurfs enthielt, in B 126/12664 und B 136/1158. – Vermerk vom 17. Mai über die Ressortbesprechung am 23. April und Vermerk vom 18. Mai über die Ressortbesprechung am 30. April 1954 in B 126/12665 und B 136/1158. – Fortgang 32. Sitzung TOP 3.

[14]) Vorlage des BMZ vom 31. März 1954 in B 146/1846 und B 136/1285.

[15]) Zu der Auseinandersetzung über die Formulierung der Zweckbestimmung und der Erläuterungen zu Kap. 2 Tit. 21 im Wirtschaftsplan (BMZ und Entwurf vom 31. März 1954: „Einlage des ERP-Sondervermögens in die Kreditanstalt für Wiederaufbau 150 000 000"; BMF: „Beteiligung an der Kreditanstalt für Wiederaufbau 150 000 000") vgl. im einzelnen Schreiben Blüchers an Schäffer vom 24. März 1954 (Abschrift) in B 136/1285.

[16]) Vorlage des BMZ vom 28. Mai 1954, der im Umlaufverfahren zugestimmt wurde (Frist: 2. Juni 1954), in B 146/1846 und B 136/1285. Weitere einschlägige Unterlagen über den Wirtschaftsplan in B 146/229d, 242a und B 115/288–292. – BR-Drs. Nr. 169/54. – BT-Drs. Nr. 653 und 851. – Gesetz vom 27. Nov. 1954 (BGBl. II 1052). – Fortgang 79. Sitzung am 20. April 1955 TOP 6: Entwurf eines Gesetzes über die Feststellung des Wirtschaftsplans des ERP-Sondervermögens für das Rechnungsjahr 1955 (ERP-Wirtschaftsplangesetz 1955).

[17]) Vorlage vom 23. März 1954 in B 108/3459 und B 136/1551, mit Anlage 1: „Zur Frage der Moselkanalisierung, Bericht des Interministeriellen Moselausschusses an die Bundesregierung vom 1. Dezember 1952" und Anlage 2 mit Änderungsvorschlägen des BMF, von deren Berücksichtigung er seine Zustimmung zu dem Bericht abhängig machte. Fortgang

5. ARBEITSZEIT IN DEN BUNDESMINISTERIEN   BMI

Ist von der Tagesordnung gestrichen[18]).

6. FEIER ZUR BEGEHUNG DES JAHRESTAGES DES 17. 6. 1953 UND ANDERE VER-
ANSTALTUNGEN AUS ANLASS DIESES TAGES   BMI

Der Bundesminister des Innern trägt vor, in welcher Weise der Tag der deutschen Einheit am 17. 6. 1954 feierlich begangen werden könnte[19]). Wenn auch mit Rücksicht auf den Fronleichnamstag von kirchlichen Feiern abgesehen werden sollte, dann wäre doch ein offizieller Staatsakt zu empfehlen. Hierbei sollte entweder der Bundespräsident oder ein Vertreter der Bundesregierung die Festrede halten.

Der Bundeskanzler befürchtet, daß eine staatliche Feier am Fronleichnamstage in den katholischen Gegenden der Bundesrepublik wenig Resonanz finden würde. Nach seiner Meinung sollte am vorhergehenden Tage nach kurzen Schulfeiern schulfrei gegeben werden.

Der Chef des Bundespräsidialamtes führt aus, daß der Bundespräsident im vorigen Jahre die Festrede gehalten habe[20]) und am 20. 6. 1954 in Berlin[21]) sprechen müsse. Aus diesen Gründen möchte er davon absehen, in diesem Jahre bei dem feierlichen Staatsakt im Bundestag wiederum zu reden.

Nach eingehender Aussprache wird dem Vorschlag des Bundeskanzlers über die Regelung in den Schulen zugestimmt und beschlossen, die offizielle Feier am 16. 6. 1954 vorzusehen. Dabei soll ein noch zu bestimmendes Mitglied der Bundesregierung die Festrede halten[22]).

---

159. Sitzung am 14. Nov. 1956 TOP 8b: Gesetz zu dem Vertrag vom 27. Oktober 1956 zwischen der Bundesrepublik Deutschland, der Französischen Republik und dem Großherzogtum Luxemburg über die Schiffbarmachung der Mosel. — Unterlagen zur Moselkanalisierung in AA, Abt. 2, Az. 372-08 E; AA, Ref. 217, Az. 372-08 und Az. 372-08 E; AA, Abt. 3, Az. 372-08 E; AA, Abt. 5, Bd. 525 — ferner in B 108/3447—3466; B 102/11451, 12856, 12858, 12860 f., 21416 f., 31869—31874, 33594 f., 34675—34680, 35162—35168, 38630; B 136/1550—1552; B 146/1693.

[18]) Siehe 32. Sitzung TOP 7.

[19]) Der 17. Juni war durch das Gesetz vom 4. Aug. 1953 (BGBl. I 778) zum gesetzlichen Feiertag erklärt worden. — Zu den Vorschlägen für die Gestaltung des Gedenktages siehe die Vorlage für den Minister vom 6. April 1954 in B 136/3006.

[20]) Heuss hatte am 20. Juni 1953 in einer Gedenkstunde im BT gesprochen (Text in Vogt, Martin, Hrsg.: Theodor Heuss. Politiker und Publizist. Aufsätze und Reden. Tübingen 1984 S. 414—419.).

[21]) Am 20. Juni 1954 sprach Heuss zur Eröffnung der Kieler Woche (Frankfurter Allgemeine Zeitung vom 21. Juni 1954).

[22]) Die Gedenkrede hielt der Bundeskanzler. Außerdem sprach der Abgeordnete Böhm (CDU) (Frankfurter Allgemeine Zeitung vom 18. Juni 1954). — Fortgang 30. Sitzung TOP E.

7. PERSONALIEN

Gegen die Personalvorschläge in den Anlagen 1 bis 3 zur Tagesordnung werden keine Bedenken erhoben[23]).

Außerhalb der Tagesordnung

[A. BESCHLÜSSE DES BUNDESRATES ZU DEN STEUER- UND FINANZGESETZEN]

Über die durch die Beschlüsse des Bundesrates zu den neuen Steuer- und Finanzgesetzen am 9. 4. 1954[24]) geschaffene Lage berichtet der Bundesminister der Finanzen. Das durch die vorgesehene Steuersenkung bereits geschaffene Defizit für den Bund von 500 Mio DM sei durch die Änderungsvorschläge des Bundesrates um weitere 420 Mio DM erhöht worden. Der Bundesrat habe damit die Gefahr heraufbeschworen, daß die in Aussicht genommene Steuersenkung um etwa 1 Mia DM verringert werden müßte. Vor allem durch das Verhalten von Nordrhein-Westfalen sei die geplante Finanzreform aufs ernsteste gefährdet[25]). Der Finanzausgleich unter den Ländern sei auf Kosten der finanzschwachen Länder verschlechtert worden. Um diesen dafür einen gewissen Ausgleich zu geben, schlage der Bundesrat vor, den Bundesanteil an der Einkommen- und Körperschaftsteuer auf 35 % zu ermäßigen. Wenn diese Vorschläge Wirklichkeit würden, müßten die Steuerreformvorlagen zurückgezogen werden.

---

[23]) An Ernennungen waren vorgesehen: im Geschäftsbereich BMF ein Oberfinanzpräsident (Friedrich Brenner), im BMP und Bundesrechnungshof je ein MinR., im Geschäftsbereich BMI ein Oberbundesanwalt beim Bundesverwaltungsgericht (Georg Remak). Ferner wurde beantragt: vom Bundeskanzleramt (Amt Blank) die Anstellung von Generalingenieur a. D. Dipl. Ing. Hans-Wilhelm Schwarz als Angestellter nach der ADO für übertarifliche Angestellte im öffentlichen Dienst, vom BMWi die Anstellung von Wilhelm Weniger als Angestellter nach der ADO für übertarifliche Angestellte im öffentlichen Dienst über das 65. Lebensjahr hinaus bis zum 30. April 1956.

[24]) Vgl. 23. Sitzung TOP 1. — Zu den Beratungen des BR siehe BR-SITZUNGSBERICHTE 1954 S. 78—105. — Die Beschlüsse des BR wurden im einzelnen diskutiert in der 30. Sitzung TOP 4 und 5.

[25]) Zu der Kritik Schäffers an Nordrhein-Westfalen siehe den Bericht über die Sitzung der CDU/CSU-Fraktion des BT am 31. März 1954 (Parlamentarischer Bericht des BPA vom 1. April 1954 in B 145/1902). Im Anschluß an diese Sitzung hatte eine Besprechung der CDU-Bundestagsabgeordneten aus Nordrhein-Westfalen mit Ministerpräsident Arnold und Finanzminister Flecken stattgefunden, zu der Schäffer zunächst eingeladen, dann aber wieder ausgeladen worden war. In dieser Sitzung war der einstimmige Beschluß des nordrhein-westfälischen Landtags vom 26. März 1954, eine Erhöhung des Bundesanteils an der Einkommen- und Körperschaftsteuer abzulehnen (Frankfurter Allgemeine Zeitung vom 3. April 1954) kontrovers diskutiert worden (Parlamentarischer Bericht des BPA vom 1. April 1954 in B 145/1902). — Die Ausführungen Schäffers in der Pressekonferenz am 14. April 1954, in der er von einer Koalition der „reichen Länder" mit den Ländern, „die grundsätzlich jede Regierungspolitik bekämpfen" sprach (B 145 I/37), führten zu einem „heftigen Zusammenstoß" Arnolds mit Schäffer (Vermerk vom 14. April 1954 über einen Telefonanruf Arnolds im Bundeskanzleramt am selben Tag in B 136/599). In seinem Schreiben an Arnold vom 14. April 1954 hielt Schäffer seine Vorwürfe aufrecht und bedauerte lediglich, daß er von einer „Koalition Arnold-Zinn" gesprochen habe (B 126/51528). — Siehe dazu auch die Ausführungen Adenauers und Schäffers in der Sitzung des CDU-Vorstands am 26. April 1954 (PROTOKOLLE CDU-BUNDESVORSTAND S. 227 und 231 f.).

In der weiteren Aussprache wird deutlich, daß durch das Verhalten einiger Länder die Gefahr einer Verfassungskrise heraufbeschworen werden kann. Es wird ohne Widerspruch festgestellt, daß auch bei Zustimmungsgesetzen die Länder im Bundesrat ihre Bundestreue zeigen müssen[26].

[B. VERHANDLUNGEN MIT FRANKREICH ÜBER DEN GROSSEN ELSÄSSISCHEN SEITENKANAL]

Der Bundesminister für Verkehr trägt den Inhalt seiner Vorlage vom 7. 4. 1954 wegen der Aufnahme von Verhandlungen mit Frankreich über den Großen Elsässischen Seitenkanal vor[27]. Er glaubt, daß die Weiterführung des Kanals zu einer starken psychologischen Belastung der europäischen Verständigungsbemühungen führen muß. Im Augenblick bestehe eine Möglichkeit, mit Frankreich zu neuen Verhandlungen über die Frage zu kommen, ob der Kanal bis Straßburg in der vorgesehenen Form weitergeführt oder ob statt dessen das Rheinbett kanalisiert werden soll. Damit diese Möglichkeit genutzt werden kann, bittet er um Zustimmung zu seinen Vorschlägen.

Das Kabinett schließt sich ihnen nach kurzer Aussprache an. Der Bundeskanzler bittet, bei den weiteren Verhandlungen zu versuchen, auch durch Vertreter des Elsasses Unterstützung zu erhalten. Dem Bundesminister der Finanzen wird zugesichert, daß sein Ressort zu den Beratungen hinzugezogen wird, wenn etwa Frankreich Gegenforderungen erheben sollte, die den Bund finanziell belasten könnten[28].

[C. ANGEBOT EINER BAUMWOLLSPENDE DURCH DIE VEREINIGTEN STAATEN]

Der Bundesminister für Vertriebene trägt vor, daß von amerikanischer Seite eine Spende von 100 000 t Baumwolle angeboten worden sei. Die Baumwolle soll in Deutschland verarbeitet und an Flüchtlinge ausgegeben oder an Bewohner der sowjetisch besetzten Zone abgesetzt werden. Allerdings koste die Verarbeitung dieser Baumwolle etwa 53 Mio DM[29]. Da er keine Möglichkeit sehe, diesen Betrag aufzubringen, bittet er, darüber zu entscheiden, ob das Angebot der amerikanischen Stellen ausgeschlagen werden soll.

---

[26] Siehe dazu die Ausführungen Schäffers in der BR-Sitzung am 9. April 1954 (BR-SITZUNGSBERICHTE 1954 S. 84–86) und sein Schreiben an den bayerischen Ministerpräsidenten Ehard vom 2. April 1954 (B 126/10786). – Fortgang 30. Sitzung TOP 4 und 5.

[27] Vorlage in B 108/1598 und B 136/1554.

[28] Fortgang 159. Sitzung am 14. Nov. 1956 TOP 8c: Gesetz zu dem Vertrag vom 27. Oktober 1956 zwischen der Bundesrepublik Deutschland und der Französischen Republik über den Ausbau des Oberrheins zwischen Basel und Straßburg. – Unterlagen zu den Verhandlungen mit Frankreich über die Weiterführung des Rheinseitenkanals (Grand Canal d' Alsace) in B 108/1596–1605 und B 136/1554 f.; vgl. dazu auch: AA, Ref. 217, 372-08 und 372-08 E sowie AA, Abt. 5, Bd. 525; B 102/11451; B 142/1102–1106; B 146/1694.

[29] Die USA hatten außerdem gefordert, daß die Hälfte der gefertigten Waren der amerikanischen Regierung zur Verteilung an arabische Länder zur Verfügung gestellt werden sollte (Niederschrift des BMWi vom 16. Jan. 1954 über die Besprechung am 14. Jan. 1954 in B 150/5823). – Siehe auch die Ausführungen Oberländers in den Pressekonferenzen am 3. März und 5. April 1954 (B 145 I/37) sowie Frankfurter Allgemeine Zeitung vom 25. und 26. Febr. 1954.

Der Bundeskanzler hält es für nicht möglich, das Angebot abzulehnen.

Der Bundesminister der Finanzen hätte keine Bedenken zu erheben, wenn die Verarbeitungskosten aus Lastenausgleichsmitteln bezahlt und dafür die zu gewährenden Unterstützungen in Ware statt in Bargeld abgegolten werden könnten. Um auf dieser Grundlage eine Lösung zu finden, soll zwischen den Bundesministerien für Vertriebene und der Finanzen verhandelt werden[30].

[D. NÄCHSTE KABINETTSSITZUNG]

Die nächste Sitzung des Kabinetts findet am 28. 4. 1954, 9.00 Uhr, statt. Sie soll mit Rücksicht auf die gleichzeitige Sitzung des Auswärtigen Ausschusses des Bundestages möglichst frühzeitig beendet werden.

---

[30] Die Besprechungen ergaben, daß die Ansprüche der Berechtigten nach dem Lastenausgleichsgesetz nicht durch Waren abgegolten werden konnten. Da eine Finanzierung der Verarbeitungskosten aus den Haushalten des Bundes oder der Länder ebenfalls nicht möglich war, konnte die Bundesregierung den an die Übernahme der Spende geknüpften Bedingungen nicht entsprechen (Vermerk vom 27. Okt. 1954 in B 150/1257).

30. Kabinettssitzung
am Mittwoch, den 28. April 1954

Teilnehmer: Adenauer (zeitweise)¹), Blücher, Schröder, Schäffer, Erhard, Storch, Seebohm, Balke, Preusker, Oberländer, Kaiser, Wuermeling, Tillmanns, F. J. Strauß, Schäfer, Kraft; Globke, Hallstein, Ripken, Sonnemann, W. Strauß, Westrick; Bott; von Eckardt, Krueger; Selbach, Kilb; Blank. Protokoll: Pühl.

Beginn: 9.00 Uhr   *Ende: 14.00 Uhr*

I

Der Vizekanzler eröffnet die Kabinettssitzung.

1. ENTWURF EINES ZWEITEN GESETZES ZUR ÄNDERUNG UND ERGÄNZUNG DES ERSTEN WOHNUNGSBAUGESETZES (WOHNUNGSBAU- UND FAMILIENHEIMGESETZ)   BMWo

Der Bundesminister für Wohnungsbau trägt die Grundgedanken seiner Kabinettsvorlage vor²). Diese beständen in folgendem:
a) Stärkung der Privatinitiative und Förderung des Eigentumsgedankens, ohne jedoch die in dem Initiativentwurf der CDU/CSU vorgesehenen Zwangsmaßnahmen zu übernehmen.
b) Beschränkung des sozialen Wohnungsbaues auf die sozial schwächeren Bevölkerungskreise.
c) Verbot der Annahme von Baukostenzuschüssen.
d) Allmähliches Heranführen der Richtsatzmieten an die Kostenmieten. Hiermit in Verbindung das Bestreben, allmählich das System der Kapitalsubventionen aufzugeben.

Der Bundesminister für Wohnungsbau betont, daß der vorliegende Gesetzentwurf in voller Übereinstimmung mit allen beteiligten Ressorts erstellt worden sei³). Lediglich der Bundesminister der Justiz habe noch einige Änderungen redaktioneller Art verlangt⁴). Er bittet das Kabinett um die Ermächtigung, diese Änderungen in unmittelbarer Fühlungnahme mit dem Bundesminister der Ju-

---

¹) Vgl. den ersten Satz des Kurzprotokolls, den zweiten Satz von TOP 4, den Satz vor TOP A und den Satz vor TOP H des Kurzprotokolls. Dem Terminkalender Adenauer ist zu entnehmen, daß der BK um 11.30 Uhr zu einer Sitzung der CDU/CSU-Fraktion ging (StBKAH 04.05).
²) Vgl. 28. Sitzung TOP 1. — Vorlage des BMWo vom 20. April 1954 in B 134/6255 und B 136/1444.
³) Vgl. den Vermerk vom 9. April 1954 über die Ressortbesprechung vom selben Tag in B 134/1284 und 6284.
⁴) Siehe den Vermerk vom 26. April 1954 (ebenda).

167

stiz[5]) auch nach erfolgter Beschlußfassung über den Gesetzentwurf vornehmen zu dürfen. Der Bundesminister der Finanzen, der die Grundsätze des Gesetzentwurfs vollinhaltlich anerkennt, meldet gleichfalls noch einige Änderungswünsche durchweg redaktioneller Art an[6]). Auch er schlägt vor, ihn zu ermächtigen, sich hierüber mit dem Bundesminister für Wohnungsbau unmittelbar zu verständigen.

Nach kurzer Aussprache beschließt das Kabinett den Gesetzentwurf. Es erklärt sich damit einverstanden, daß gewisse, auf Grund der vorgesehenen Besprechungen zwischen dem Bundesminister für Wohnungsbau einerseits und den Bundesministern der Finanzen und der Justiz andererseits notwendig werdende redaktionelle Änderungen noch nachträglich vorgenommen werden[7]).

Inzwischen hat der Bundeskanzler den Vorsitz übernommen.

2. GESETZENTWURF ÜBER ÄNDERUNG DES GESETZES ZUR FÖRDERUNG DES BERGARBEITERWOHNUNGSBAUES IM KOHLENBERGBAU BMWo

Der Bundesminister für Wohnungsbau berichtet über den von ihm vorgelegten Gesetzentwurf[8]) und erklärt sich bereit, dem vom Bundesminister für Wirtschaft vorgebrachten Wunsche zu entsprechen, die Bezirksausschüsse bei der Aufstellung von Richtsätzen für die Gewährung von Treuhandmitteln mitwirken zu lassen[9]). Der Bundesminister für Verkehr beantragt, die Bundesbahn hinsichtlich der Betriebskohle von der Abgabe freizustellen. Dies hält der Bundeskanzler aus grundsätzlichen Erwägungen nicht für möglich. Der Bundesminister der Finanzen nimmt alsdann auf die zwischen ihm und dem Bundesminister des Innern bestehenden Meinungsverschiedenheiten wegen der Gestaltung des § 2 Abs. 6 Stellung[10]). Es sei unbestreitbar Aufgabe der Länder und Gemeinden, die Aufschließungskosten selbst zu übernehmen. Finanziell gesehen habe die strittige Bestimmung nur geringe Bedeutung, da nur etwa 5% des Aufkommens aus der Kohlenabgabe für diesen Zweck abgezweigt werden sollten. Es

---

[5]) Siehe den Vermerk vom 29. April 1954 über die Besprechung mit dem BMJ am selben Tag (ebenda).

[6]) Siehe die Schreiben Schäffers an Preusker vom 26. April (B 134/6253), an Hartmann vom 28. April (Nachlaß Schäffer/34) und an Preusker vom 4. Mai 1954 (B 134/6284).

[7]) Der BMWo teilte in einem Schreiben an das Bundeskanzleramt vom 3. Mai 1954 mit, daß die Änderungsvorschläge berücksichtigt worden seien. Zugleich legte er eine Neufassung des Entwurfs vor (B 136/1444). – BR-Drs. Nr. 156/54. – Fortgang 34. Sitzung TOP C.

[8]) Vorlage des BMWo vom 10. April 1954 in B 136/1458 und B 106/4571. – Das Gesetz zur Förderung des Bergarbeiterwohnungsbaues im Kohlenbergbau vom 23. Okt. 1951 (BGBl. I 865) hatte in § 25 die Entrichtung der Kohlenabgabe bis zum 31. Okt. 1954 befristet. Der Gesetzentwurf sah vor, die Abgabe bis zum 31. Dez. 1957 zu erheben, sie jedoch auf die Hälfte zu reduzieren.

[9]) Siehe dazu das Schreiben des BMWi vom 7. April 1954 an den BMWo in B 106/4571.

[10]) Der Absatz sah vor, daß die Kohlenabgabe mit Zustimmung des BMWo auch für die Infrastruktur der Gemeinden verwendet werden konnte. – Zu den Differenzen zwischen BMF und BMI siehe den Vermerk vom 29. März über die Ressortbesprechung am 25. März 1954 und den Vermerk vom 24. April 1954 in B 106/4571.

werde hiermit jedoch die Grundsatzfrage berührt, ob der Bund auch in diesem Falle den Ländern Lasten abnehmen soll, für die sie eindeutig zuständig seien. Wenn auch das Kabinett seinen Bedenken nicht folgen würde, so sehe er sich doch in jedem Falle verpflichtet, grundsätzlich davor zu warnen, diesen Weg wiederholt zu beschreiten und Lasten anzuerkennen, die von den Ländern zu übernehmen wären.

Das Kabinett nimmt die von dem Bundesminister der Finanzen vorgebrachten Bedenken zur Kenntnis und beschließt im übrigen den vom Bundesminister für Wohnungsbau vorgelegten Gesetzentwurf in unveränderter Form[11]).

3. ENTWURF EINES GESETZES ÜBER DIE PATENTAMTLICHEN GEBÜHREN   BMJ

Nachdem Staatssekretär Dr. Strauß die Notwendigkeit einer Erhöhung der patentamtlichen Gebühren eingehend begründet hat, beschließt das Kabinett den vorgelegten Gesetzentwurf[12]).

4. ENTWÜRFE EINES FINANZVERFASSUNGSGESETZES, EINES FINANZANPASSUNGSGESETZES UND EINES LÄNDERFINANZAUSGLEICHSGESETZES; HIER: STELLUNGNAHME DER BUNDESREGIERUNG ZU DEN ÄNDERUNGSVORSCHLÄGEN DES BUNDESRATES   BMF

Der Bundesminister der Finanzen begründet die von ihm vorgelegte Stellungnahme der Bundesregierung zu dem Beschluß des Bundesrates vom 9. April 1954[13]). Er schlägt vor, auf Seite 2 der Stellungnahme die Fassung von „Angesichts der damit bekundeten Bereitschaft..." bis „...für die Dauer zu festigen"[14]) zwar nicht dem Sinne nach, aber in der Formulierung etwas abzumildern. Das Kabinett erklärt sich hiermit einverstanden.

---

[11]) BR-Drs. Nr. 157/54. – BT-Drs. Nr. 657. – Gesetz vom 29. Okt. 1954 (BGBl. I 297).

[12]) Die Vorlage des BMJ vom 10. April 1954 sah zum Ausgleich des Haushalts des Deutschen Patentamtes Gebührenerhöhungen bis zu 600% vor (B 141/16721 und B 136/2171). – BR-Drs. Nr. 148/54. – BT-Drs. Nr. 546. – Gesetz vom 22. Febr. 1955 (BGBl. I 62).

[13]) Vgl. 29. Sitzung TOP A. – Vorlage des BMF vom 14. April 1954 zu BR-Drs. Nr. 78/54a–c (Beschluß) in B 126/10786 und B 136/594. – Der BR hatte zum Finanzverfassungsgesetz u. a. beschlossen, daß die Aufteilung der Steuern zwischen Bund und Ländern unverändert bleiben sollte, d. h. daß die Einkommen- und Körperschaftsteuer Landessteuern blieben, von denen der Bund, wie zuvor, einen Anteil erhalten sollte. Der BMF hatte diese Steuern als gemeinschaftliche Steuern des Bundes und der Länder bezeichnet. Außerdem hatte der BR den Anteil des Bundes aus diesen Steuern, den BMF auf 40% festgelegt hatte, auf 35% reduziert. Der BR hatte die im Regierungsentwurf enthaltene Revisionsklausel (vgl. 21. Sitzung TOP 2) durch eine Sicherungsklausel zugunsten der Länder ersetzt. Die Ergänzungsabgabe zur Einkommen- und Körperschaftsteuer sowie die Vorschrift über die Einführung neuer Steuern waren vom BR gestrichen worden. In all diesen Punkten hielt der BMF an dem Gesetzentwurf fest. – Beim Finanzanpassungsgesetz hatte der BR es u. a. abgelehnt, der Streichung der Erstattung der Steuerverwaltungskosten und einer Erhöhung der Interessenquote entsprechend dem Ersten Gesetz zur Überleitung von Lasten und Deckungsmitteln auf den Bund vom 28. Nov. 1950 (BGBl. 773) von 15 auf 25% zuzustimmen. Der BMF lehnte auch diese Änderungen ab. – Zum Länderfinanzausgleichsgesetz hatte der BR einen Gesetzentwurf vorgelegt, der nach Meinung des BMF weniger effizient wäre als der Regierungsentwurf.

[14]) Der Text lautete: „Angesichts der damit bekundeten Bereitschaft, zu einer billigen, für die Länder annehmbaren Verständigungslösung zu gelangen, hätte die Bundesregierung er-

Nachdem der Bundeskanzler die Sitzung verlassen hat, übernimmt der Vizekanzler wieder den Vorsitz.

Hinsichtlich der Änderungsvorschläge des Bundesministers des Innern[15]) wird vereinbart, daß diese zum Gegenstand einer Aussprache mit dem Bundesminister der Finanzen gemacht werden unter Hinzuziehung des Bundesministers für besondere Aufgaben Strauß. Eine Änderung der vorgelegten Stellungnahme ist nicht beabsichtigt. Es soll vielmehr nur abgestimmt werden, ob und in welchem Umfange die von dem Bundesminister des Innern vorgebrachten Änderungswünsche bei den Ausschußberatungen vorgetragen werden können.

In diesem Zusammenhang bittet der Bundesminister für Wohnungsbau darum, erneut festzustellen, daß der in der Kabinettssitzung vom 12. 3. 1954 festgelegte Grundsatz, es den einzelnen Kabinettsmitgliedern freizustellen, zu den Gesetzen über die Finanzreform in ihren Fraktionen auch von den Kabinettsbeschlüssen abweichende Meinungen zu vertreten, auch in diesem Falle Gültigkeit habe. Das Kabinett bekennt sich erneut zu diesem Grundsatz unter Würdigung des vom Bundesminister der Finanzen vorgebrachten Wunsches, dies nicht zu tun, ohne vorher Fühlung mit ihm aufgenommen zu haben[16]). Nach kurzer weiterer Aussprache stimmt das Kabinett der vorgelegten Stellungnahme zu unter Berücksichtigung der vom Bundesminister der Finanzen angeregten Änderung[17]).

5. a) ENTWURF EINES GESETZES ZUR NEUORDNUNG VON STEUERN
   b) ENTWURF EINES GESETZES ZUR ERHEBUNG EINER ABGABE „NOTOPFER BERLIN"
   c) ENTWURF EINES GESETZES ÜBER EINE ERGÄNZUNGSABGABE ZUR EINKOMMENSTEUER UND ZUR KÖRPERSCHAFTSTEUER
   d) ENTWURF EINES 4. GESETZES ZUR ÄNDERUNG DES UMSATZSTEUERGESETZES
   BMF

Der Bundesminister der Finanzen begründet kurz die von ihm vorgelegte Stellungnahme der Bundesregierung zu den Änderungsvorschlägen des Bundes-

---

warten können, daß der Bundesrat zu ihren Vorschlägen eine konstruktive, von der Verantwortung für das Staatsganze getragene Haltung einnehmen und größere Aufgeschlossenheit für eine bundesstaatliche Lösung des Finanzausgleichsproblems erkennen lassen werde. Die in den entscheidenden Punkten unter Überstimmung der steuerschwachen Länder beschlossenen Gegenentwürfe des Bundesrates sind jedoch durch die Einseitigkeit, mit der hier finanzielle Interessen verfochten werden, so deutlich gekennzeichnet, daß sie nicht als Grundlage für eine echte Neuordnung gewertet werden können, sondern eher als der Versuch, die finanzielle Machtposition, die sich aus der gegenwärtigen provisorischen Finanzverfassung für einige Länder ergibt, gegenüber dem Bund und den übrigen Ländern für die Dauer zu festigen." – Siehe dazu die Vorlage für den Minister vom 26. April 1954 in B 126/10786.

[15]) Die Vorschläge betrafen vor allem die Kriegsfolgenhilfe. – Vorlage des BMI vom 26. April 1954 in B 126/10786 und B 136/594. – Siehe dazu den Vermerk vom 27. April 1954 in B 126/10786.
[16]) Vgl. 23. Sitzung TOP 1.
[17]) BT-Drs. Nr. 480. – Siehe auch TOP D dieser Sitzung. – Fortgang 33. Sitzung TOP A.

rates[18]). Er bemerkt in diesem Zusammenhang, daß ihm schlüssige Unterlagen darüber vorlägen, die für eine Einbeziehung der öffentlichen Versorgungsunternehmen in die Umsatzsteuerpflicht sprächen.

Der Vizekanzler bittet den Bundesminister der Finanzen, in der Stellungnahme der Bundesregierung zu den Änderungsvorschlägen des Bundesrates, denen zugestimmt werden soll, etwas ausführlicher zu begründen, warum die Bundesregierung mit den Änderungsvorschlägen einverstanden sei. Dies sagt der Bundesminister der Finanzen zu.

Staatssekretär Dr. Sonnemann trägt eine Reihe von Änderungswünschen vor, und zwar:

a) Zu Ziffer 2 der Stellungnahme (Behandlung der Altenteilleistungen und Rentenbesteuerung) regt er an, die Altenteilleistungen voll als Betriebsausgabe anzuerkennen und beim Empfänger steuerfrei zu stellen[19]). Da eine Änderung der ursprünglichen Regierungsvorlage aus verfahrensmäßigen Gründen nicht möglich sei, bitte er den Bundesminister der Finanzen, bei den Beratungen im Bundestag und Bundesrat über diese Frage eine nachgiebige Haltung anzunehmen. Der Bundesminister der Finanzen erklärt sich damit einverstanden, diese Frage mit dem Bundesminister für Ernährung, Landwirtschaft und Forsten zu erörtern, um eine gemeinsame Haltung gegenüber den zuständigen Ausschüssen des Bundestages und Bundesrates festzulegen.

b) Zu Ziffer 23 in Verbindung mit Ziffer 32 (Begünstigung des Landarbeiterwohnungsbaus)[20]). Hier sollen nochmals unter Hinzuziehung des Bundesministers für Wohnungsbau Ressortbesprechungen stattfinden, um eine gemeinsame Haltung in den Ausschüssen festzulegen.

c) Zu Ziffer 43 (Begünstigung des Erwerbs durch einen Anerben[21])) spricht er sich in gewissem Umfang für die Änderungsvorschläge des Bundesrates aus und bittet den Bundesfinanzminister, ihm Gelegenheit zu geben, auch hierüber nochmals mit ihm zu sprechen.

---

[18]) Vgl. 29. Sitzung TOP A. – Vorlage des BMF vom 20. April 1954 zu BR-Drs. Nr. 102–105/54 in B 126/6205 und 51534 sowie in B 136/599. – Der BR hatte den Gesetzentwurf über die Ergänzungsabgabe zur Einkommen- und Körperschaftsteuer und den Entwurf des Umsatzsteuergesetzes abgelehnt und zu den beiden anderen Gesetzentwürfen Änderungsvorschläge vorgelegt. – Die Ablehnung des Gesetzentwurfs über die Ergänzungsabgabe hatte der BR damit begründet, daß die vorgesehene Steuersenkung damit zu einem Teil wieder aufgehoben werde. – Der BR hatte der Einbeziehung der öffentlichen Versorgungsunternehmen in die Umsatzsteuerpflicht und der Erhöhung des Steuertarifs für den Großhandel nicht zugestimmt und die restlichen Bestimmungen des Entwurfs für entbehrlich gehalten. – Den Gesetzentwurf über die Abgabe „Notopfer Berlin" hatte der BR als zustimmungspflichtig bezeichnet. – Die im folgenden diskutierten Änderungsvorschläge zu der Vorlage des BMF beziehen sich, wenn nicht anders vermerkt, auf den Gesetzentwurf zur Neuordnung von Steuern.

[19]) Diese Regelung entsprach dem vom BMF abgelehnten Vorschlag des BR.

[20]) Die vom BR vorgeschlagene Beibehaltung der Begünstigung des Landarbeiterwohnungsbaus hatte der BMF nicht akzeptiert.

[21]) Der BMF hatte die vom BR empfohlene Begünstigung des Erwerbs durch einen Anerben, d. h. den Übergang eines Hofes auf einen einzigen Erben, mit dem Hinweis darauf abgelehnt, daß durch eine solche Regelung die Einheitlichkeit des Erbschaftsteuerrechts im Bundesgebiet beeinträchtigt werde.

d) Zur Frage der Erhöhung des Steuersatzes für Großhandelsumsätze schlägt er vor, grundsätzlich an der Regierungsvorlage festzuhalten[22]). Wenn sich jedoch bei den Ausschußberatungen ein ernsthafter Widerstand gegen die Erhöhung des Steuersatzes für Großhandelsumsätze ergeben sollte, regt er an, sich erneut innerhalb der beteiligten Ressorts über eine gemeinsame Haltung zur Frage der Steuerbegünstigung der be- und verarbeitenden Betriebe abzustimmen. Der Bundesminister der Finanzen erklärt sich mit diesen Vorschlägen einverstanden.

Zu Ziffer 25 der Änderungsvorschläge des Bundesrates (Inkrafttreten des Einkommensteuertarifs)[23]) gibt Staatssekretär Strauß zu bedenken, daß die Bundesregierung hier eine klarere Stellungnahme beziehen müsse. Dieser Auffassung schließt sich der Vizekanzler an.

Das Kabinett beschließt, den letzten Absatz zu Ziffer 25 „Die letzte Entscheidung kann erst fallen, wenn das Ende der parlamentarischen Beratungen zeitlich absehbar ist" durch folgenden Satz zu ersetzen: „Die Bundesregierung sieht keinen Anlaß, von ihrer ursprünglichen Vorlage abzugehen".

Zu Ziffer 11 der Änderungsvorschläge (Vorzeitige Beendigung der Steuervergünstigung des nichtentnommenen Gewinns) regt der Bundesminister für Vertriebene, Flüchtlinge und Kriegsgeschädigte an, den Vorschlägen des Bundesrates zu folgen[24]), um der heimatvertriebenen Wirtschaft eine Chance zu geben. Der Bundesminister der Finanzen ist zwar zu gewissen Konzessionen bereit, will jedoch die endgültige Entscheidung dem Ergebnis der Ausschußberatungen überlassen.

Zu Ziffer 24 der Änderungsvorschläge (Einkommensteuertarif)[25]) schlägt der Bundesminister für Wirtschaft eine tarifliche Besserstellung der mittleren Einkommensgruppen vor[26]). Demgegenüber bemerkt der Bundesminister der Finanzen, daß das Prinzip der fortschreitenden Progression durch eine solche Maßnahme nicht ausgehöhlt werden dürfe. Man dürfe überdies nicht vergessen, daß im Vergleich zu den Vorkriegsverhältnissen bei den mittleren Einkommensträgern die Höchstgrenzen für Sonderausgaben wesentlich günstiger gestaltet worden seien. Der Bundesminister für Wirtschaft verschließt sich diesen Argumenten nicht, glaubt jedoch, man solle eine gewisse Verhandlungsbereitschaft im Hinblick auf die ungünstige wirtschaftliche Lage des Mittelstandes bei den Ausschußberatungen erkennen lassen. Der Bundesminister der Finanzen weist darauf hin, daß der Bundesrat bestimmte Vorschläge zur Änderung des Tarifs nicht gemacht habe. Die Bundesregierung könne daher auch keine Stellung nehmen.

Im Anschluß an diese Aussprache beschließt das Kabinett, den Absatz 2 der Ziffer 24 der Änderungsvorschläge „Im übrigen ist zu berücksichtigen" bis

---

[22]) Vgl. 21. Sitzung TOP 1.
[23]) Der BR hatte den 1. Jan. 1955 eingesetzt.
[24]) Der BR hatte vorgeschlagen, daß die Steuerbegünstigungen bis zum 31. Dez. 1956 gewährt werden sollten, also ein Jahr länger, als im Gesetzentwurf vorgesehen war.
[25]) Nach dem Vorschlag des BR sollten Einkommen bis 12 000 DM jährlich einem einheitlichen Steuersatz unterworfen werden.
[26]) Siehe dazu 22. Sitzung Anm. 20.

„infolge der geringen Höchstgrenzen nur begrenzt waren"²⁷) zu streichen und durch folgenden neuen Absatz 2 zu ersetzen: „Im übrigen hat der Bundesrat bestimmte Vorschläge hinsichtlich einer Gestaltung des Steuertarifs nicht gemacht. Die Bundesregierung kann daher von einer Stellungnahme absehen."

Der Bundesminister für Wirtschaft äußert den Wunsch, sich nochmals mit dem Bundesminister der Finanzen wegen der Einbeziehung der öffentlichen Versorgungsunternehmen in die Umsatzsteuerpflicht auszusprechen. Hiermit erklärt sich der Bundesminister der Finanzen einverstanden.

Mit den vom Bundesminister für Verkehr vorgebrachten Änderungswünschen²⁸) erklärt sich der Bundesminister der Finanzen einverstanden. Der Bundesminister für das Post- und Fernmeldewesen gibt zu erwägen, ob man nicht in dem Gesetz zur Erhebung einer Abgabe „Notopfer Berlin" die Frage der Kostenerstattung zwischen den beteiligten Bundesministern etwas genauer festlegen könne. Der Bundesminister der Finanzen gibt die Erklärung ab, daß er für eine Regelung im Sinne der Wünsche des Bundesministers für das Post- und Fernmeldewesen eintreten würde.

Das Kabinett stimmt der Stellungnahme der Bundesregierung zu den Änderungsvorschlägen des Bundesrates unter Berücksichtigung der in der vorangegangenen Aussprache festgestellten Änderungen und Anregungen zu²⁹).

6. NEUBAU EINES DIENSTGEBÄUDES FÜR DAS DEUTSCHE PATENTAMT IN MÜNCHEN
BMF

Der Bundesminister der Finanzen begründet die von ihm vorgelegte Kabinettsvorlage³⁰). Die Bundesminister für gesamtdeutsche Fragen und für besonde-

---

²⁷) Der Text lautete: „Im übrigen ist zu berücksichtigen, daß nach dem Tarif der Regierungsvorlage die Einkommensgruppen von 12 000 DM bis 50 000 DM gegenüber den Einkommensteuertarifen 1951 und 1953 nicht etwa verhältnismäßig schlecht abschneiden. Die Senkung der Steuerbelastung bei diesen Einkommen beträgt gegenüber dem Tarif der „Kleinen Steuerreform" im Durchschnitt 17,5 % und gegenüber dem Tarif 1951 im Durchschnitt 30 %. Bei einem Vergleich mit dem Vorkriegstarif — der nur schwer durchführbar ist — ergibt sich allerdings, daß alle Einkommen über 8 000 DM in den Steuergruppen II und III (also nicht nur die mittleren Einkommen) nach dem Tarif von 1934 geringer besteuert worden sind. Hieraus können aber Schlüsse für bestimmte Einkommensgruppen nicht gezogen werden. Bei einem Vergleich mit den Vorkriegsverhältnissen müßte auch in Betracht gezogen werden, daß damals die Möglichkeiten des Abzugs von Sonderausgaben (Versicherungsprämien usw.), die gerade von den mittleren Einkommensträgern ausgenutzt zu werden pflegen, infolge der geringen Höchstgrenzen nur sehr begrenzt waren."
²⁸) Der BMV hatte in seiner Vorlage vom 26. April 1954 eine Änderung der Stellungnahme des BMF zu Ziffer 4 vorgeschlagen, der die Finanzierung des Wiederaufbaus der Handelsflotte betraf (B 126/6205 und 51534 sowie B 136/599).
²⁹) BT-Drs. Nr. 481. — Fortgang 43. Sitzung TOP 4.
³⁰) Vorlage des BMF vom 11. März 1954 in B 126/14525 und B 136/3156. — Der BMF hatte in seiner Vorlage im Einvernehmen mit dem BMJ gebeten, dem Neubau, dessen Kosten von den Architekten auf 22,7 Mio DM geschätzt wurden, zuzustimmen. Das Patentamt war in den Räumen des Deutschen Museums in München untergebracht. Als Begründung führte der BMF an, daß mit einer Verlängerung des Ende 1958 ablaufenden Mietvertrags nicht gerechnet werden könne und daß die Räumlichkeiten für die Bediensteten, deren Zahl seit 1949 auf das Dreifache gestiegen war, nicht mehr zumutbar seien.

173

re Aufgaben Dr. Tillmanns machen schwerwiegende Bedenken gegen den Neubau eines neuen Dienstgebäudes für das Deutsche Patentamt in München geltend. Gerade der gegenwärtige Zeitpunkt sei unter Berücksichtigung politischer Gesichtspunkte für die Inangriffnahme dieses Neubaus sehr ungünstig. Es müsse zumindest nach außen hin erkennbar werden, daß es sich nur um eine provisorische Lösung handele. Demgegenüber legt Staatssekretär Dr. Strauß dar, daß das Amtsgebäude des ehemaligen Reichspatentamtes in Berlin beschädigt und veraltet sei, so daß für die Renovierung erhebliche Beträge aufgewendet werden müßten. Man habe sich seinerzeit entschlossen[31]), München als Sitz zu wählen, weil die Bayerische Regierung das günstigste Angebot gemacht habe. Er sei überzeugt, daß bei einer Wiedervereinigung Berlin im Hinblick auf den Zuzug aller maßgeblichen Bundesbehörden jedes Interesse am Deutschen Patentamt verlieren würde. Das Deutsche Patentamt habe im übrigen einen ganz erheblichen Publikumsverkehr. Es sei daher der Wirtschaft kaum zuzumuten, wenn es in Berlin untergebracht würde. Überdies sei beabsichtigt, eine Vereinbarung mit dem Freistaat Bayern zu treffen, daß dieser das Gebäude im Falle der Verlegung des Patentamtes nach Berlin übernimmt. Damit würde die endgültige Entscheidung über den Sitz des Deutschen Patentamtes nicht präjudiziert werden. In jedem Falle sei der Neubau äußerst dringend, da die gegenwärtigen Raumverhältnisse nicht mehr tragbar seien. Im Laufe der weiteren Aussprache gibt der Bundesminister für Wohnungsbau zu bedenken, ob nicht auch seinerzeit bei der Wahl des Sitzes politische Bedenken gegen eine Verlegung nach Berlin bestanden hätten und ob diese Bedenken nicht auch heute noch Geltung hätten. Der Vizekanzler bestätigt, daß seinerzeit die politische Gefährdung für die Wahl des Sitzes des Deutschen Patentamtes mitbestimmend gewesen sei. Nach Ansicht des Bundesministers des Innern ist die Frage einer eventuellen späteren Verlegung des Patentamtes von München nach Berlin weniger eine Frage der Gebäudekosten, sondern mehr eine Frage der Umsiedlung der in dem und mit dem Patentamt arbeitenden Menschen. Er habe keine Sorge, daß sich für den zukünftigen Neubau des Patentamtes in München jederzeit eine geeignete Verwendung finden ließe. Auch der Bundesminister für das Post- und Fernmeldewesen ist der Meinung, daß die vordringlichste Aufgabe darin bestände, das Patentamt arbeitsfähig zu gestalten. Zur Zeit seien die Arbeitsverhältnisse unhaltbar. Er habe gegen den Antrag des Bundesministers der Finanzen keine Bedenken, wenn die in Aussicht genommene rechtliche Absicherung gegenüber dem Freistaat Bayern vorgenommen würde. Nachdem sich die weitaus überwiegende Mehrheit des Kabinetts für den Neubau in München ausgesprochen hat, gibt das Kabinett dem Antrag des Bundesministers der Finanzen seine Zustimmung[32]).

---

[31]) Siehe BT-Drs. Nr. 2045 der ersten Legislaturperiode. — Zur Frage des Sitzes der Bundesoberbehörden vgl. 125. Sitzung am 23. Jan. 1951 (TOP G).

[32]) Zur Errichtung des Neubaus, dessen letzter Teil 1958 bezogen werden konnte, siehe Hallmann, Ulrich C. und Ströbele, Paul: Das Patentamt von 1877–1977 in: Hundert Jahre Patentamt. Festschrift, Herausgegeben vom Deutschen Patentamt. München 1977 S. 424 f.

7. DEVISENRECHTLICHE GENEHMIGUNG FÜR DIE AUSFUHR DES FILMS „BIS 5 MINUTEN NACH 12" BMWi

Staatssekretär Dr. Westrick gibt einen kurzen Überblick über den gegenwärtigen Sachstand[33]). Man habe bisher die Devisengenehmigung zurückgehalten, weil sich das Kabinett seinerzeit[34]) gegen die Ausfuhr des Films ausgesprochen habe. Da der Bundeskanzler bei der Beratung dieses Punktes nicht anwesend ist, übernimmt es der Bundesminister für Wirtschaft, bei dem Bundeskanzler anzufragen, ob dieser seine Bedenken gegen die Erteilung einer Devisengenehmigung aufrechterhalte[35]). Vom Kabinett werden Bedenken nicht geltend gemacht.

8. MITTEILUNG ÜBER DIE IN AUSSICHT GENOMMENE BESETZUNG EINER AUSWÄRTIGEN VERTRETUNG AA

Staatssekretär Prof. Dr. Hallstein teilt mit, daß der Bundespräsident inzwischen dem Ernennungsvorschlag zugestimmt habe. Staatssekretär Dr. Strauß trägt die Bedenken des abwesenden Bundesministers der Justiz vor. Dieser vertrete den Standpunkt, daß Basel als ein Platz von großer kultureller Bedeutung und Tradition mit einem deutschen Vertreter besetzt werden müsse, der das Amt des Generalkonsuls längere Zeit bekleiden könne. Der Vortr. Legationsrat Dr. Hugo Gördes[36]) stände aber kurz vor Erreichung der Altersgrenze. Außerdem hätten die vorliegenden Unterlagen den Bundesminister der Justiz nicht davon überzeugt, daß Dr. Gördes über ausreichende Erfahrungen im Auswärtigen Dienst verfüge, um ein solches Amt zu bekleiden. Im Hinblick auf diese Einwendungen schlägt Staatssekretär Prof. Dr. Hallstein vor, die Beratung zu vertagen. Das Kabinett ist hiermit einverstanden[37]).

9. PERSONALIEN

Gegen die in den Anlagen zur Tagesordnung enthaltenen Ernennungsvorschläge werden keine Bedenken erhoben[38]).

---

[33]) Vgl. 24. Sitzung TOP C.
[34]) Vgl. 11. Sitzung am 8. Dez. 1953 TOP 1.
[35]) Einschlägiger Schriftwechsel zwischen Bundeskanzleramt (Globke) und BMWi (Westrick) in B 136/5900 und B 102/6662. Mit Erlaß vom 12. Mai 1954 wurde der Firma Helmut Mattner, Düsseldorf auf ihren Antrag vom 17. Dez. 1953 bzw. 27. März 1954 vom BMWi die devisenrechtliche Genehmigung zum Auslandsvertrieb des Films „Bis 5 Minuten nach 12" erteilt (in B 102/6662). – Enders, Ulrich: Der Hitler-Film „Bis fünf nach zwölf". Vergangenheitsbewältigung oder Westintegration? In: ARBEIT DER ARCHIVE S. 916–953.
[36]) Dr. phil. Hugo Gördes (1890–1965). 1924–1944 im Auswärtigen Dienst tätig, 1950–1954 AA, Juli 1954–Febr. 1956 Leiter des Generalkonsulates in Basel.
[37]) Fortgang 31. Sitzung TOP 6.
[38]) An Ernennungen waren vorgesehen: im Geschäftsbereich BMP der Präsident der Oberpostdirektion Hannover (Dipl. Ing. Hans Griem). Ferner wurde erbeten: vom BMJ die Anstellung von Ministerialdirigent z. Wv. Dr. iur. Heinrich Richter als Angestellter nach der ADO für übertarifliche Angestellte im öffentlichen Dienst mit den Dienstbezügen eines Beamten nach Besoldungsgruppe B 7a.

II

Außerhalb der Tagesordnung:

werden folgende Fragen — zunächst unter dem Vorsitz des Bundeskanzlers — erörtert.

[A.] ZUR AUSSENPOLITIK

Nach Ansicht des Bundeskanzlers verschlechtere sich die weltpolitische Situation laufend[39]). Diese sei zur Zeit völlig unübersehbar, so daß ihm die Genfer Konferenz[40]) große Sorge bereite. Er halte es unter diesen Umständen für erforderlich, daß das Kabinett in der nächsten Kabinettssitzung eingehend über die Vorratslage der Bundesrepublik[41]) berate. Er bittet Staatssekretär Dr. Sonnemann, einen entsprechenden Vorratsplan vorzubereiten. Hierzu bemerkt der Bundesminister für wirtschaftliche Zusammenarbeit, die Frage einer ausreichenden Vorratshaltung sei seit langem Gegenstand interministerieller Beratungen[42]); jedoch hätten er und der Bundesminister für Ernährung, Landwirtschaft und Forsten in ihren Bemühungen um Verstärkung der Vorratsreserven bisher stets allein gestanden[43]). Die übrigen Ressorts wären dem insbesondere von der Bank deutscher Länder ausgehenden Widerstand nicht energisch genug entgegengetreten[44]). Staatssekretär Dr. Sonnemann bittet daher den Bundeskanzler, die zuständigen Ressortminister zu veranlassen, ihre Referenten anzuweisen, ihre

---

[39]) Vgl. 20. Sitzung TOP A: Viererkonferenz, ferner PROTOKOLLE CDU-BUNDESVORSTAND S. 138—205.
[40]) Genfer Konferenz über Indochina und Korea vom 26. April bis 21. Juli 1954. — Der Verlauf der Genfer Konferenz 26. April bis 15. Mai in EA 1954 S. 6621—6624, Mitschriften von „Telefonat Genf" am 11. und 13. Mai 1954 in B 145 I/38. — Fortgang 33. Sitzung Wortprotokoll Anm. 15.
[41]) Vgl. Sitzung des Kabinett-Ausschusses für Wirtschaft am 17. Juni 1953 TOP 1: Einfuhr- und Versorgungsprogramm des Ernährungssektors 1953/54 und 13. Sitzung am 18. Dez. 1953 TOP 6: Lagerhaltungsverträge für inländisches Brotgetreide.
[42]) Protokolle und Vermerke über die Sitzungen des Interministeriellen Wirtschaftsausschusses und des Unterausschusses des Interministeriellen Wirtschaftsausschusses in B 116/10849.
[43]) Vgl. Schreiben Blüchers an Adenauer vom 30. April 1954 in B 136/2655 und Sitzung des Kabinett-Ausschusses für Wirtschaft am 6. Okt. 1952 TOP 1: Vorratshaltung von Grundnahrungsmitteln („[...] Der Vizekanzler hebt mit besonderem Nachdruck die schwerwiegenden Bedenken hervor, die er gegen einen Verzicht auf die Anlegung einer Dauerreserve habe. Er halte eine zu knappe Vorratshaltung nicht für vertretbar, da erfahrungsgemäß die geringsten Versorgungsschwierigkeiten sofort eine Preis-Hausse auslösten [...]").
[44]) Dazu findet sich in Nachlaß Seebohm/8c folgende Eintragung: „Genf macht Sorge. Außenpolitische Lage verschlechtert sich von Woche zu Woche. Daher Frage nach den Weizenvorräten usw. (bei uns hohe Auswinterungen). Ernten werden in der Menge der letzten Jahre nicht mehr anfallen (Zuckerrüben). Es soll daher im Kabinett Einfuhr- und Versorgungsplan besprochen werden. Nächste Woche Ressortbesprechungen; dabei außenpolitische Lage zu berücksichtigen. Blücher: möchte Reserve um 50% erhöhen, um Spannungen im Herbst zu vermeiden. Präsident des Rechnungshofes dagegen ist für Abbau der Reserven, weil politische Lage sich so beruhigt habe! Rolle des Schiffsraums!!"

bisherige starre Haltung bei den zukünftigen Beratungen zu lockern. Der Bundeskanzler kommt dieser Bitte nach[45]).

[B.] MINISTERREDEN

Der Bundeskanzler bringt sein Mißfallen über von einzelnen Bundesministern gehaltene Reden zum Ausdruck[46]). Er beanstandet insbesondere gewisse Wendungen, die der Bundesminister für Familienfragen anläßlich seiner Rede in Würzburg[47]) gebraucht haben soll[48]).

Weiterhin beanstandet der Bundeskanzler die vom Bundesminister für Wirtschaft auf dem Deutschen Sparkassentag gemachten Ausführungen zur

---

[45]) Fortgang 31. Sitzung TOP A: Außenpolitische Lage und 32. Sitzung TOP 1: Vorratslage der Bundesrepublik.

[46]) Dazu findet sich in Nachlaß Seebohm/8c folgende Eintragung: „b) Rede Wuermeling (‚liberale Meute'). Adenauer kritisiert das sehr scharf. Indirekter Angriff auf Heuss, Aussprache mit Wuermeling vorgesehen. Rede Erhards auf dem Sparkassentag. Adenauer fühlt seine eigenen Ausführungen widersprochen. Adenauer: wir stehen wirtschaftlich auf einer sehr dünnen Decke, gegen die Kühlschrank- und Motorradpolitik, gegen die Auffassung: Teilzahlungen fördern den Spartrieb. Ist für Konsolidierung und nicht für Expansion. Erhard: 1953 gleichzeitig höchster Verbrauchszuwachs und höchster Sparzuwachs. Adenauer: Notwendigkeit, bei Ministerreden Auszug vorher der Presse geben! Attackiert die Mopeds und wünscht ihre Besteuerung. Blücher: wirtschaftliche Thesen vor den Landtagswahlen herausbringen. Darüber Aussprache im Kabinett erforderlich. Schröder: Ministerinflationen auf Tagungen. c) Landtagswahlen Nordrhein-Westfalen außenpolitisch entscheidend wichtig. d) Storch: schwierigste Frage ist Proklamation des DGB: 45- und 48-Stundenwoche in 5 Tagen. Storch: bei allen schweren Berufen gibt es keine Verlängerung der täglichen Arbeitszeit ohne gesundheitliche Schädigung und frühzeitige Invalidisierung. Außerordentliche Gefahr für Sozialversicherung. Schon heute 40% der Invaliden sind vor 65 Jahren invalidisiert."

[47]) Es geht dabei um folgenden Satz in einem fast anderthalbstündigen Vortrag Wuermelings, den dieser am 12. April 1954 in der Reihe „Gesunde Familie — Gesundes Volk" in der Domschule Würzburg gehalten hatte: „Wenn irgendwie ein gläubiger Christ auf sittlichem Gebiet einen Anspruch vertritt, der seinem Verantwortungsbewußtsein entspringt, schreit die ganze liberale Meute auf, weil sie ihren Monopolanspruch auf Beherrschung der öffentlichen Meinung bedroht fühlt" (siehe insbesondere Helmut Lindemann „Die liberale Meute" in Stuttgarter Zeitung vom 21. April 1954). — Vgl. dazu auch Schreiben Blüchers an Adenauer vom 23. April 1954 in Nachlaß Blücher/81 und 140 sowie Vermerk Blüchers betr. „Kleiner Kreis" beim Bundeskanzler am 23. April 1954 in ebenda/299, ferner Schreiben von Brentanos an Adenauer vom 6. Mai 1954 in Nachlaß von Brentano/155 und Protokoll der Sitzung des Gesamtvorstandes der FDP am 17. Mai 1954, Punkt 4 der Tagesordnung: Aussprache über die Äußerungen des Familienministers Dr. Wuermeling in Protokolle der Bundesvorstandssitzungen/101 (im ADL): „Dr. Dehler berichtet über seine Gespräche mit dem Bundeskanzler, in denen sich dieser von Wuermeling distanziert habe. Er habe geäußert, mehr scherzhaft, man könne nicht von einer liberalen Meute sprechen, aber auch nicht von einer christlichen Meute. Dem Kanzler sei darauf erwidert worden, daß man in den Begriffen christlich und liberal keine Antithese erblicken könne. Da die im Zusammenhang mit Wuermeling stehenden Dinge im Augenblick nicht sehr dringend sind, wird im übrigen dieser Tagesordnungspunkt zurückgestellt."

[48]) Im Entwurf folgte noch der Satz: „Er müsse mit diesem hierüber sehr ernsthaft persönlich unter vier Augen sprechen" (Kabinettsprotokolle Bd. 22 E).

30. Kabinettssitzung am 28. April 1954

Wirtschaftspolitik[49]). Der Bundesminister für Wirtschaft habe sich nach Pressemeldungen für eine erhebliche Konsumausweitung ausgesprochen. Diese Ausführungen stünden im Gegensatz zu seinen eigenen Anschauungen, die darin gipfelten, den Spartrieb zu fördern. Nach seiner Auffassung müsse das Schwergewicht der gegenwärtigen deutschen Wirtschaftspolitik in der Förderung der Investitionen liegen. Eine Politik weiterer Konsumausweitung könne er nicht billigen. Die deutsche Wirtschaft stehe auf einer sehr dünnen Decke, die bei politischer Belastung leicht brechen könne. Er befürchte, daß bei einer Depression kein genügendes Sparkapital zur Wiederankurbelung der Wirtschaft vorhanden sei. Er sei in seiner wirtschaftspolitischen Konzeption vorsichtiger als der Bundesminister für Wirtschaft und müsse diesen daher bitten, derartige grundsätzliche Ausführungen zur Wirtschaftspolitik in Zukunft vorher mit ihm abzustimmen. Der Bundesminister für Wirtschaft macht demgegenüber geltend, daß der bisherigen Konsumausweitung eine gleichgroße Erhöhung der Sparrate entspräche. Im übrigen sei der Inhalt seiner Rede von der Presse zum Teil falsch und überspitzt wiedergegeben worden. Der Bundesminister für wirtschaftliche Zusammenarbeit schlägt im Laufe der Aussprache vor, man sollte in einer Sondersitzung, die gründlich vorzubereiten wäre, gewisse wirtschaftspolitische Thesen festlegen. Auch er müsse zur Vorsicht hinsichtlich einer Konsumausweitung raten, besonders auch im Hinblick auf die spätere Wiedervereinigung, die durch ein zu großes Gefälle im Lebensstandard zwischen Ost und West erschwert werde. In der anschließenden Aussprache bittet der Bundeskanzler nochmals dringend darum, in Zukunft bei Äußerungen über die Gestaltung der deutschen Wirtschaftspolitik im Sinne einer Konsumausweitung sehr vorsichtig zu sein, um politischen Schwierigkeiten aus dem Wege zu gehen.

Bei dieser Gelegenheit trägt der Bundesminister für Arbeit seine Bedenken wegen der bevorstehenden Proklamation des DGB über die Einführung der 40-Stunden-Woche vor. Leider sei das Land Württemberg-Baden mit diesem Gedanken vorangegangen[50]). Er müsse immer wieder betonen, daß die Einführung eines 9-Stundentages nicht vertretbar sei, wenn man die Frühinvalidität großer Kreise vermeiden wolle. Er sei überzeugt davon, daß der Kräfteverschleiß, der durch eine übermäßige Beanspruchung im Rahmen einer 5-Tage-Woche entstände, nicht durch ein doppeltes Wochenende ausgeglichen werden könne. Man müsse sich auch darüber klar sein, daß man bei einem Eingehen auf die Forderung des DGB die 5-Tage-Woche auch im Bergbau einführen müsse. Das sei jedoch völlig undurchführbar. Das Kabinett schließt sich den vorgetragenen Bedenken des Bundesministers für Arbeit an.

---

[49]) Ansprache Adenauers sowie Rede Erhards („Linien deutscher Wirtschaftspolitik") in: Deutscher Sparkassentag 1954. Veranstaltet vom Deutschen Sparkassen- und Giroverband e. V., Bonn am 27. April 1954 in Bonn. Deutscher Sparkassenverlag G.m.b.H. Stuttgart [1954]. Vgl. dazu auch HEUSS – ADENAUER S. 157.
[50]) Vgl. auch 28. Sitzung TOP E: Fünf-Tage-Woche.

[C.] SAARFRAGE

Der Bundeskanzler macht allgemeine Ausführungen[51]) zu der in der morgigen Sitzung des Bundestages vorgesehenen Saardebatte[52]). Im Verlaufe der sich daran anschließenden Aussprache kommt zum Ausdruck, daß immer noch kein klares Bild darüber bestehe, wie die Franzosen sich eigentlich in der Saarfrage verhalten wollen. Staatssekretär Prof. Dr. Hallstein glaubt, zusichern zu können, daß in Kürze eine größere Klarheit über die französischen Absichten, insbesondere ihre Stellungnahme zu dem Naters-Plan[53]), gewonnen werden könne[54]).

[D.] FINANZREFORM

Der Bundeskanzler teilt dem Kabinett mit, daß er begründete Hoffnung auf eine Verständigung zwischen den Ländern, insbesondere Nordrhein-Westfalen, und dem Bund in der Frage der Finanzreform habe[55]).

---

[51]) Vgl. 27. Sitzung TOP 1b: Besprechungen in Paris. — Vgl. hierzu die handschriftliche Aufzeichnung Hallsteins vom 28. April 1954: „Debatte i[m] BT kann nicht verschoben werden, kein glücklicher Augenblick. ‚Naters-Plan sofern als Grundlage f[ür] Verhandlungen geeignet' – dies Sprachregelung, von mir u[nd] Hallstein eingehalten" (Nachlaß Hallstein/125–126) und die Mitschrift Seebohms „Morgige außenpolitische Debatte: entscheidend für Koalition und Lage des deutschen Volkes. Schlechter Zeitpunkt, aber nicht zu verschieben. Interpellation Saar, Montan-Union, allg[em]eine Außenpolitik. Bidault kümmert sich nicht um die Saar. Maurice Schumann führt diese Verhandlungen allein. Gestern Abend Besprechung mit Koalitions-Fraktionsvorsitzenden. Naters-Plan: Adenauer habe nur gesagt, er sei Diskussionsgrundlage. Frankreich rückt von dem Plan ab. Saarfrage darf nicht an deutscher intransigenter Haltung scheitern. Kaiser hofft, daß Franzosen durch übertriebene Forderungen Saarfrage ‚lösen'. Die 4 Punkte Adenauers in der CDU-Sitzung zur Saar seien in der Presse richtig wiedergegeben" (Nachlaß Seebohm/8c). Zum Naters-Plan siehe Anm. 53 dieser Sitzung und zur Saardebatte in der CDU/CSU-Fraktion am 27. April 1954 vgl. Aufzeichnung Blankenhorns vom 28. April 1954 in Nachlaß Blankenhorn/30a und Parlamentarischer Bericht des BPA vom 29. April 1954 in B 145/1902. Weitere einschlägige Unterlagen in Nachlaß Blankenhorn/30a, Nachlaß Hallstein 124, EAAA/455 und 1522, PrStK 905–8 (u. a. Gespräche zwischen Hallstein und Maurice Schumann am 9., 10. und 11. April 1954).
[52]) Regierungserklärung Adenauers vom 29. April 1954 in STENOGRAPHISCHE BERICHTE Bd. 19 S. 1067 B – 1076 D. Vgl. hierzu auch BT-Drs. Nr. 340 und 493 sowie Aufzeichnungen Blankenhorns vom 26., 29. und 30. April 1954 in Nachlaß Blankenhorn/30a.
[53]) Zur Entstehung und Vorgeschichte des Naters-Plans vgl. 2. Sitzung am 27. Okt. 1953 TOP C: Saarfrage und SCHMIDT II S. 569–575. — Der von Dr. iur. Marinus van der Goes van Naters am 11. Sept. 1953 vorgelegte zweiteilige Berichtsentwurf wurde am 26. April 1954 vom Ausschuß für Allgemeine Fragen der Beratenden Versammlung des Europarates mit 17 : 1 : 1 Stimmen angenommen; dabei stimmte Gerstenmaier dafür und Mommer dagegen, während Pfleiderer sich der Stimme enthielt (vgl. hierzu STENOGRAPHISCHE BERICHTE Bd. 19 S. 1071 D, 1092 D –1093 B). Der Naters-Plan vom 26. April 1954 ist dann am 30. April 1954 der Beratenden Versammlung des Europarates vorgelegt und von ihm angenommen worden. Abdruck von „Das zukünftige Statut der Saar. Bericht, im Namen des Ausschusses für Allgemeine Fragen vorgelegt von van der Goes van Naters (= Dokument 225 der Beratenden Versammlung des Europarates: Erster Teil. Vorschlag für den Umriß des europäischen Statuts für die Saar. Empfehlungsentwurf und Zweiter Teil. Die Stellung der politischen Parteien an der Saar. Entschließungsentwurf") in SCHMIDT II S. 760–768.
[54]) Fortgang 31. Sitzung TOP A: Außenpolitische Lage.
[55]) Vgl. TOP 4 dieser Sitzung. — Fortgang 33. Sitzung TOP A.

[E.] JAHRESTAG DES 17. JUNI

Der Bundeskanzler bittet die Bundesminister für wirtschaftliche Zusammenarbeit und für gesamtdeutsche Fragen, an der in Berlin am 17. 6. stattfindenden Feier zur Begehung des Jahrestages des 17. Juni 1953 teilzunehmen[56]).

[F.] STEUERVERGÜNSTIGUNGEN FÜR BERLIN

Der Bundesminister der Finanzen berichtet dem Kabinett über den Inhalt der Anträge einzelner Fraktionen der Koalition[57]). Diese sähen vor,
a) ab 1. 7. 1954 in Berlin keine Abgabe zum Notopfer Berlin[58]) mehr zu erheben. Dies würde eine Mehrbelastung für den Bundeshaushalt in Höhe von rd. 30 Millionen DM bedeuten und
b) eine Steuerpräferenz von 20% für die Einkommen- und Körperschaftsteuer. Der Ausfall an Bundessteuern infolge einer solchen Maßnahme sei auf 60 bis 70 Millionen DM geschätzt worden. Er sei der Ansicht, daß diese Anträge mit entsprechenden Deckungsvorschlägen verbunden werden müßten. Er rege an, ob man nicht die Deckung durch Erhöhung der Abgabe zum Notopfer Berlin von 3,75 auf 4% schaffen könne. Die Steuerpräferenz müsse im übrigen so durchgeführt werden, daß sie wirklich nur auf Berlin beschränkt sei und nicht Unternehmen begünstigt würden, die praktisch nur einen Briefkasten in Berlin unterhielten[59]). Er bittet das Kabinett, die Bundesminister für besondere Aufgaben zu ermächtigen, auf die übrigen Fraktionen der Koalition in dem Sinne einzuwirken, die vorgenannten Anträge zu unterstützen[60]). Der Bundesminister für Wohnungsbau hat gewisse Bedenken, die Abgabe zum Notopfer Berlin generell für alle Einkommensschichten zu erhöhen. Der Bundeskanzler bringt zum Ausdruck, daß er den Deckungsvorschlägen des Bundesfinanzministers durchaus positiv gegenüberstände. Das Kabinett billigt die Vorschläge des Bundesministers der Finanzen[61]).

[G.] HAUSHALTSGESETZ

Der Bundeskanzler bringt zum Ausdruck, er lege entscheidenden Wert darauf, daß die 2. und 3. Lesung des Haushaltsgesetzes am Freitag, den 30. 4., abgeschlossen werde[62]). Im übrigen werde nach seiner Ansicht die Aufhebung be-

---

[56]) Vgl. 29. Sitzung TOP 6. — Der Regierende Bürgermeister von Berlin Schreiber hatte Adenauer am 22. April 1954 um die Teilnahme eines Mitglieds der Bundesregierung gebeten (Schreiben in B 136/3006). — Fortgang 31. Sitzung TOP D.

[57]) Siehe den Entschließungsantrag der Fraktionen der CDU/CSU und der FDP (Umdruck 19 neu, STENOGRAPHISCHE BERICHTE Bd. 19 S. 1300).

[58]) Vgl. TOP 5 dieser Sitzung.

[59]) Zur Verwendung der Mittel siehe BULLETIN vom 28. April 1954 S. 701 f.

[60]) Der Antrag wurde am 6. Mai 1954 vom BT einstimmig angenommen (STENOGRAPHISCHE BERICHTE Bd. 19 S. 1261).

[61]) Fortgang (Drittes Gesetz zur Förderung der Wirtschaft im Lande Berlin) 58. Sitzung TOP 3.

[62]) Vgl. 25. Sitzung TOP C, auch 28. Sitzung TOP A.

grenzter Redezeiten⁶³) von der Opposition mißbraucht, indem diese den größten Teil der Redezeit für sich in Anspruch nehme. Man müsse daher überprüfen, ob es nicht richtiger sei, zur Beschränkung der Redezeiten zurückzukehren⁶⁴).

Nachdem der Bundeskanzler die Sitzung verlassen hat, übernimmt der Vizekanzler den Vorsitz.

[H.] TAGUNG DER EUROPA-UNION

Der Vizekanzler teilt mit, daß der Bundeskanzler zeitlich verhindert sei, an der Tagung der Europa-Union in Köln am 2. Mai teilzunehmen⁶⁵). Der Bundesminister für besondere Aufgaben, Dr. Schäfer, übernimmt es, den Bundeskanzler zu vertreten.

[I.] BEITRITT DER UDSSR ZUR INTERNATIONALEN⁶⁶) ARBEITSORGANISATION

Der Bundesminister für Arbeit berichtet über die Beitrittsabsichten der Sowjetunion zur Internationalen Arbeitsorganisation⁶⁷). Wenn der Antrag der UdSSR genehmigt werde, sei zu erwarten, daß alle Satellitenstaaten den gleichen Schritt tun würden⁶⁸). Es sei eine Frage von großer außenpolitischer Bedeutung, wie sich die deutschen Vertreter bei einer eventuellen Abstimmung über den Antrag der UdSSR Anfang Juni dieses Jahres verhalten sollten. Man müßte sich darüber im klaren sein, daß mit einem Beitritt der Sowjetunion zur Internationalen Arbeitsorganisation das Gesicht derselben entscheidend verändert werde. Daher hätten zweifellos die Vereinigten Staaten ein großes Interesse daran, den Beitritt der UdSSR zu verhindern. Alles dränge zu einer Entscheidung. Auch der Deutsche Gewerkschaftsbund, der in der deutschen Delegation

---

⁶³) Siehe STENOGRAPHISCHE BERICHTE Bd. 19 S. 849.
⁶⁴) § 39 der Geschäftsordnung des BT vom 6. Dez. 1951, bekanntgemacht am 28. Jan. 1952 (BGBl. II 389), begrenzte die Redezeit auf eine Stunde. – In einer interfraktionellen Besprechung am 30. Sept. 1954 wurde eine Begrenzung der Redezeit für die Plenarsitzungen des BT abgesprochen. Danach sollten der CDU/CSU 45, der SPD 30, der FDP 10, dem BHE 8 und der DP 6 Minuten Redezeit zustehen (Parlamentarischer Bericht des BPA vom 2. Okt. 1954 in B 145/1903). – In der Sitzung der CDU/CSU-Fraktion am 19. Okt. 1954 wurde berichtet, daß die SPD ihre Zustimmung zu dieser Regelung zurückgezogen habe (Nachlaß Barzel/314). – Fortgang (Haushalt 1955) 37. Sitzung TOP 1.
⁶⁵) Der VI. Jahreskongreß der Europa-Union fand am 2. Mai 1954 in Köln statt (EA 1954 S. 6629), Unterlagen dazu in B 136/3957 und ZSg. 1–115.
⁶⁶) Hier korrigiert aus: Interministeriellen.
⁶⁷) Die Sowjetunion, die 1939 durch den Austritt aus dem Völkerbund automatisch auch aus der Internationalen Arbeitsorganisation ausgeschieden war, hatte am 4. Nov. 1953 erklärt, die Verfassung der Organisation anzuerkennen, was einer Beitrittserklärung gleichkam (Schreiben der sowjetischen Gesandtschaft in Bern an den Generaldirektor der Organisation in B 136/6602). – Zur Verfassung der Internationalen Arbeitsorganisation und den Beitrittsbedingungen vgl. Bülck, Hartwig: Die neue Verfassung der Internationalen Arbeitsorganisation, Zeitschrift für die gesamte Staatswissenschaft, 107. Bd. 1951 S. 90–119.
⁶⁸) Außer Rumänien (vgl. Schreiben Sauerborns an Globke vom 3. Juni 1954 in B 136/6602) hatten auch die Sowjetrepubliken Weißrußland und Ukraine die Aufnahme beantragt (Bundesarbeitsblatt 1954 S. 472).

181

vertreten sei[69]), müsse über die Absichten der Bundesregierung unterrichtet werden. Er bitte Staatssekretär Dr. Globke, auch den Bundeskanzler über diese wichtige Frage zu unterrichten. Der Vizekanzler betont, daß es sich hier um eine Angelegenheit handele, die nur auf internationaler Ebene beraten werden könne. Er bittet daher Staatssekretär Hallstein, in Verbindung mit Staatssekretär Dr. Globke in diesem Sinne tätig zu werden[70]).

[J.] ZURÜCKNAHME VON STRAFANTRÄGEN DER BUNDESREGIERUNG WEGEN STRAFTATEN, DIE IM ZUSAMMENHANG MIT DEM WAHLKAMPF BEGANGEN WORDEN SIND

Die Beratung dieses Punktes wird wegen Abwesenheit des Bundeskanzlers wiederum zurückgestellt[71]).

[K.] AUSSAGEGENEHMIGUNG FÜR DEN BUNDESKANZLER IM SCHMEISSER-PROZESS[72])

Staatssekretär Dr. Globke bittet das Kabinett, die Aussagegenehmigung für den Bundeskanzler zu erteilen. Das Kabinett ist hierzu bereit[73]).

[L.] BEANTWORTUNG DER GROSSEN ANFRAGE DER SPD ÜBER DEN VULKAN-FALL

Der Bundesminister des Innern berichtet, daß eine Antwort der Bundesregierung auf die Große Anfrage der SPD[74]) inzwischen zwar vorbereitet sei, je-

---

[69]) Die Delegation eines Landes bestand aus zwei Vertretern der Regierung sowie einem Vertreter der Arbeitnehmer und einem der Arbeitgeber.
[70]) Die Sowjetunion, Weißrußland und die Ukraine wurden aufgenommen, Rumänien zog seinen Antrag zurück (Bundesarbeitsblatt 1954 S. 464). – Fortgang 33. Sitzung TOP 1.
[71]) Vgl. 28. Sitzung TOP G. – Siehe 31. Sitzung TOP 5.
[72]) Die Schmeißer-Affäre wurde durch den Artikel „Geheimnisse. Am Telefon vorsichtig" in Der Spiegel vom 9. Juli 1952 (vgl. dazu auch Der Spiegel von Neujahr 1954 S. 5 f.) öffentlich bekannt. Dieser Artikel basiert auf Bekundungen von Hans-Konrad Schmeißer (alias René Levacher); in dem Spiegelartikel war u. a. die Rede von Schmeißers Kontakten zu Adenauer, Blankenhorn und Generalkonsul Dr. rer. pol. Adolph Reifferscheid. Der von diesen daraufhin angestrengte Prozeß gegen den Kandidaten der Rechte Hans-Konrad Schmeißer, den Journalisten Hans-Hermann Maus, den Redakteur Hans-Dietrich Jaene und den Spiegel-Herausgeber Rudolf Augstein (Anklageerhebung 18. April 1953, Beginn der Hauptverhandlung 26. Sept. 1955) wurde bereits am 27. Sept. 1955 eingestellt.
[73]) Im Entwurf: „Das Kabinett macht keine Bedenken geltend" (Kabinettsprotokolle Bd. 22 E). – Text der Aussagegenehmigung vom 28. April 1954 („Die Bundesregierung hat durch Beschluß des Kabinetts vom 28. April 1954 dem Herrn Bundeskanzler – soweit erforderlich ist – gemäß § 6 des Bundesministergesetzes die Genehmigung erteilt, als Zeuge in der Untersuchungssache gegen Schmeißer und andere wegen verleumderischer Beleidigung auszusagen") und Protokoll der Vernehmung Adenauers in Bonn, Palais Schaumburg, vom 17. Mai 1954 seitens des Untersuchungsrichters beim Landgericht Hannover jeweils in B 136/241. Weitere einschlägige Unterlagen in B 136/240, 242 f., 1740; Nachlaß Blankenhorn/27; Nachlaß Kaiser/89, 224. – Fortgang 98. Sitzung am 28. Sept. 1955 TOP A.
[74]) Vgl. 16. Sitzung TOP B. – BT-Drs. Nr. 315 vom 10. März 1954: Große Anfrage der Fraktion der SPD betr. „Vulkan"-Fall (u. a. Öffentliche Bekanntgabe der Namen von 39 Verhafteten des unter dem Kennwort „Vulkan" bekanntgewordenen Ermittlungs- und Strafverfahrens durch Bundesminister Blücher am 10. April 1953; Maßnahmen der Bundesre-

doch nach seiner Ansicht nicht ausreiche. Ein eingehendes Aktenstudium habe ihn davon überzeugt, daß es ratsam sei, hier aus politischen Gründen eine durchaus klare und eindeutige Sprache zu sprechen. Es sei[75]) bei dieser Gelegenheit ein sehr bedeutsamer Herd sowjetischer und sowjetzonaler Wühlarbeit aufgedeckt worden. Daher könne es durchaus passieren, daß bei einem ersten Zugriff zunächst auch Personen in das Verfahren verwickelt würden, deren Unschuld sich später erwiesen hätte. Dieser Auffassung sollte die Bundesregierung bei ihrer Erklärung grundsätzlich Ausdruck verleihen. Er bittet das Kabinett um die Zustimmung, daß die von ihm abzufassende Erklärung in der vorgeschlagenen Form abgefaßt wird. Gleichzeitig regt er an, die Fraktionen der Koalition in diesem Sinne vorzubereiten. Im übrigen lehne er es ab, daß diese Frage etwa dem Bundestagsausschuß zum Schutze der Verfassung zur Beratung überwiesen würde.

Nach längerer Aussprache stimmt das Kabinett den Auffassungen des Bundesministers des Innern zu[76]).

[M.] AUSLÄNDISCHE BETEILIGUNGEN AN

a) dem Bochumer Verein
b) Kohlenbergbau (Harpener Bergbau und Essener Steinkohle)

Staatssekretär Dr. Westrick berichtet ausführlich über den Sachstand[77]) und bringt zum Ausdruck, daß das Bundeswirtschaftsministerium keine Bedenken

---

gierung zur Verhinderung eines solchen Verhaltens; Ehrenerklärung zugunsten der Beteiligten, deren Schuldlosigkeit sich inzwischen herausgestellt hat; Schadenersatz für die zu Unrecht Verdächtigten).

[75]) Im Entwurf lautet dieser Satz und die folgenden: „Es sei hier ein sehr wesentlicher Herd sowjetischer und sowjetzonaler Wühlarbeit aufgedeckt worden. Es könne daher durchaus passieren, daß zunächst auch Personen in das Verfahren verwickelt würden, deren Unschuld sich später erwiesen hätte. Diesen Gedanken sollte die Bundesregierung bei ihrer Erklärung grundsätzlich zum Ausdruck bringen. Er bittet das Kabinett um die Zustimmung, daß die von ihm abzufassende Erklärung in diesem Sinne abgefaßt wird. Gleichzeitig regt er an, die Fraktionen in diesem Sinne vorzubereiten. Der Bundesminister des Innern lehnt es ab, daß diese Frage etwa vom Bundestagsausschuß zum Schutze der Verfassung behandelt wird. Er tritt dafür ein, daß ein solcher Antrag abgelehnt werden sollte. Nach eingehender Aussprache erklärt sich das Kabinett mit den Vorschlägen des Bundesministers des Innern einverstanden" (Kabinettsprotokolle Bd. 22 E).

[76]) In dem Artikel „Rechtfertigung der Aktion ‚Vulkan'. Vor einer Erklärung der Bundesregierung zu Beschuldigungen" in der Frankfurter Allgemeinen Zeitung vom 4. Mai 1954 sind Ausführungen in die Öffentlichkeit gelangt, die in der 30. Kabinettssitzung am 28. April 1954 zum Teil von Schröder, zum Teil von anderen Kabinettsmitgliedern gemacht worden sind. – Beratung der Großen Anfrage der Fraktion der SPD betr. „Vulkan"-Fall (BT-Drs. Nr. 315) während der 35. BT-Sitzung am 24. Juni 1954 (STENOGRAPHISCHE BERICHTE Bd. 20 S. 1648 D – 1666 C), Beantwortung dieser Großen Anfrage durch Bundesminister Schröder in derselben Sitzung (ebenda S. 1652 C–D). – Fortgang 74. Sitzung am 9. März 1955 TOP 4 (Vorlage des BMI vom 26. Febr. 1955, mit historischem Rückblick ab 9. April 1953, in B 136/3787). – Weitere Unterlagen in B 106/12706–12709 (Schadensersatzansprüche, 1953–1965); B 136/4674; Nachlaß Dehler/2217 (im ADL).

[77]) Vgl. Sitzung des Kabinett-Ausschusses für Wirtschaft am 17. Juni 1953 TOP 2: Ausländische Beteiligung am westdeutschen Steinkohlenbergbau. Es ging hierbei um zwei verschiedene Komplexe: A) Der schwedische Großindustrielle Wenner-Gren wollte die Aktienbeteiligung (über 50%) der Rheinischen Stahlwerke AG in Essen (abgekürzt Rheinstahl) am Gußstahlwerk Bochumer Verein AG, Bochum (1854–1933: Bochumer Verein

gegen die vorgesehenen Transaktionen habe. Er hebt die besonders günstigen Verkaufsbedingungen hervor.

In der anschließenden eingehenden Aussprache werden gegen den Verkauf der Aktienbeteiligung Rheinstahl am Bochumer Verein an den schwedischen Großindustriellen Axel Wenner-Gren[78]), insbesondere von den Bundesministern des Innern und für Verkehr, Bedenken geltend gemacht. Der Bundesminister für besondere Aufgaben Dr. Tillmanns regt an, man solle alles vermeiden, was in der Öffentlichkeit den Anschein erwecken könne, daß die Verkäufe mit ausdrücklicher Billigung der Bundesregierung durchgeführt worden seien. Dieser Auffassung schließt sich die Mehrzahl der Kabinettsmitglieder an. Auf Anregung des Bundesministers des Innern beschließt das Kabinett, daß die Bundesregierung die Transaktionen offiziell nur zur Kenntnis nimmt. Wegen des Verkaufs der Harpen-Majorität durch Flick stellt das Kabinett zusätzlich fest, daß der in französischen Devisen anfallende Teil des Erlöses gemäß den Erklärungen von Flick im Einvernehmen mit dem Bundesminister für Wirtschaft in französischen Montanwerten angelegt werden soll[79]).

---

für Bergbau und Gußstahlfabrikation AG, Bochum) kaufen und somit eine Mehrheitsbeteiligung erwerben — B) Im Zuge der Neuordnung des Flick-Konzerns waren Ende 1952 zwei Steinkohlengesellschaften — die Harpener Bergbau-AG in Dortmund und die Essener Steinkohlenbergwerke AG in Essen — als unabhängige Gesellschaften errichtet worden (Anordnung Nr. 10 der Combined Coal Control Group vom 13. Dez. 1952 gemäß Gesetz Nr. 27 und den zu diesem Gesetz erlassenen Durchführungsverordnungen in Amtsbl. S. 2237). Die im Besitz der Flick-Gruppe befindlichen Anteile dieser beiden Gesellschaften sollten durch Treuhänder innerhalb eines Zeitraumes von fünf Jahren veräußert werden. In diesem Zusammenhang wurden 51% des Grundkapitals der Essener Steinkohlenbergwerke AG im Nov. 1953 an die Consolidation Bergbau-AG, Gelsenkirchen (Mannesmann) verkauft (der Gesamtanteil von Flick betrug 56,2%), sollte die Flick'sche Mehrheitsbeteiligung bei der Harpener Bergbau-AG (60,2%) an die französische Gesellschaft Société Sidérurgique de Participations et d'Approvisionnement en Charbons (Sidéchar), Paris veräußert werden. Einschlägige Unterlagen hierzu in B 102/21358.

[78]) Axel Wenner-Gren (1881–1961). 1912 Entwicklung eines Staubsaugers; 1932, nach dem Tode Ivar Kreugers, Kauf des größten Zellstoffkonzerns der Welt (Svenska Cellulose AB); seit 1950 Bemühen um die Entwicklung der nach den Anfangsbuchstaben seines Namens benannten Alweg-Bahn, einer Einschienen-Standbahn; zu den von Wenner-Gren kontrollierten Firmen gehörten zuletzt u. a. die größten Mühlengesellschaften in Skandinavien und Venezuela, Elektrokonzerne, Bergwerksgesellschaften, Unternehmen der Eisen verarbeitenden Industrie.

[79]) Ein Vermerk vom 1. Juli 1954 in B 136/2461 schließt wie folgt: „[. . .] haben die Franzosen bei diesen Finanzverhandlungen die Erklärung abgegeben, daß sie Herrn Flick keine Schwierigkeiten machen werden, wenn er auf dem Gebiet der französischen Montanindustrie Beteiligungen erwerben will." So hat die Flick-Gruppe Mitte 1955 eine Beteiligung an dem französischen Montanunternehmen Société des Aciéries et Tréfileries de Neuves-Maisons-Châtillon erworben. — Fortgang 32. Sitzung TOP E.

**31. Kabinettssitzung
am Mittwoch, den 5. Mai 1954**

Teilnehmer: Adenauer, Schäffer, Lübke, Storch, Seebohm, Balke, Preusker, Oberländer, Kaiser, Wuermeling, Tillmanns, F. J. Strauß, Schäfer, Kraft; Bleek, Globke, Hallstein, Ripken, W. Strauß, Westrick; Bott; von Eckardt, Krueger; Selbach, Kilb. Protokoll: Haenlein.

Beginn: 9.30 Uhr *Ende: 12.00 Uhr*

I

[Außerhalb der Tagesordnung]

[A. AUSSENPOLITISCHE LAGE]

In einem Überblick über die außenpolitische Lage[1]) wertet es der Bundeskanzler als ein erfreuliches Zeichen, daß der Interimsausschuß in Paris einen Beschluß über die direkte Wahl eines parlamentarischen Organs für die EPG[2]) gefaßt habe[3]).

---

[1]) Vgl. dazu die handschriftliche Notiz Hallsteins vom 5. Mai 1954 in Nachlaß Hallstein/ 125—126: „B[undes]k[anzler] i[m] Kabinett. Bedauerliche Lage in Genf. W[esten] uneinig, während Osten unter Führung Sowjets immer einig. Schwäche d[er] Front ge[gen] Sowjetrußland; nicht ausgeschlossen, daß China doch in Kreis d[er] Mächte: erhebt Anspruch, auch über D[eu]tschland mitzuentscheiden. D[as] alte China war beteiligt. Wir werden sehr bitter empfinden, wenn China sich einmischt"; ferner die Aufzeichnungen Blankenhorns vom 26. April 1954 (Nachlaß Blankenhorn/30a) und 3. Mai 1954 (ebenda/31b).
[2]) Vgl. 10. Sitzung am 1. Dez. 1953 TOP A: Internationale Lage. — Zur Europäischen Politischen Gemeinschaft (EPG), einer nicht zustandegekommenen supranationalen politischen Behörde, siehe Fischer, Peter: Die Bundesrepublik und das Projekt einer Europäischen Politischen Gemeinschaft. In: Vom Marshallplan zur EWG. Die Eingliederung der Bundesrepublik Deutschland in die westliche Welt. Herausgegeben von Ludolf Herbst, Werner Bührer und Hanno Sowade, München 1990 S. 279—299.
[3]) Das Comité Intérimaire de la Conférence pour l'Organisation d'une Communauté Européenne de Défense, der EVG-Interims-Ausschuß in Paris, hatte beschlossen, die Parlamentarische Versammlung der geplanten Verteidigungsgemeinschaft, die mit der Gemeinsamen Versammlung der Montanunion bis auf neun zusätzliche Mitglieder identisch war, in unmittelbarer Wahl selbst wählen zu lassen (Text des Übereinkommens vom 4. Mai 1954 in BW 9/2859; auf diese Weise sollten Mollets Forderungen nach demokratischer Kontrolle der EVG erfüllt werden (FRUS V pp. 950—951, 1063, 1103). — Protokoll über den Interimsausschuß vom 27. Mai 1952 in BGBl. II 1954 S. 411 f.; Heiser, Hans Joachim: Die Interimsarbeit an der Europäischen Verteidigungsgemeinschaft, EA 1953 S. 5761—5765. — Zur Überlieferungsbildung des EVG-Interims-Ausschusses siehe VOLKMANN S. 26.

Staatssekretär Dr. Hallstein berichtet, daß seine Unterredung[4]) mit Maurice Schumann[5]) in einer verhältnismäßig guten Atmosphäre verlaufen und eine weitere Besprechung in Aussicht genommen sei[6]). Er habe in Paris auch mit dem USA-Botschafter Dillon[7]) und dem Vertreter[8]) des Botschafters Bruce[9]) gesprochen, um ihnen den deutschen Standpunkt in der Saarfrage nahe zu bringen.

Auf die Bitte des Bundesministers für Wohnungsbau ergänzt Staatssekretär Dr. Hallstein seine Ausführungen dahin, daß er Herrn Schumann nur die

---

[4]) Vgl. 30. Sitzung TOP C: Saarfrage, ferner die Synopse (deutsch/gemeinsam/französisch) „Stand der Saarverhandlungen April 1954" (Durchschlag in Nachlaß Blankenhorn/30a) sowie FRUS VII p. 1517. Umstritten blieben vor allem die Positionen 1, 12 und 19 des insgesamt 30 Positionen umfassenden Ersten Teils des Naters-Plans (Empfehlungsentwurf). – Am 3. Mai 1954 überreichte die Bundesregierung (Hallstein) der französischen Regierung (Maurice Schumann) einen weiteren deutschen Saarvorschlag (vgl. Nachlaß Blankenhorn/31b, FRUS VII pp. 1516–1530).

[5]) Maurice Schumann (geb. 1911). Mitbegründer und 1945–1949 Präsident der Mouvement Républicain Populaire (Republikanischen Volksbewegung), 1945–1967 Abgeordneter der Nationalversammlung, 1951–1954 Staatssekretär im Außenministerium, 1959–1962 Vorsitzender des Auswärtigen Ausschusses der Nationalversammlung; 1962 Minister für Regionalplanung, 1967–1968 für Wissenschaft und Fragen der Atomenergie, 1968–1969 Sozialminister, 1969–1973 Außenminister, 1973–1977 Vizepräsident des Senats.

[6]) Am 11. und 14. Mai 1954 erörterten in Paris Hallstein und Maurice Schumann, unter Zugrundelegung des Naters-Plans, erneut die Saarfrage. Vgl. dazu Schreiben Maurice Schumanns an Hallstein vom 12. Mai 1954 in Nachlaß Blankenhorn/31b, das wie folgt endet: „Wie ich Ihnen bereits sagen zu müssen glaubte, fürchte ich, daß uns Ihre letzten Vorschläge von einer Einigung eher entfernt als ihr näher gebracht haben. Unter diesen Umständen sollte man nach meiner Auffassung bis zum Kern der Frage vordringen und feststellen, ob nicht eine Verständigung über die beiden Hauptschwierigkeiten herbeigeführt werden kann, denen wir gegenüberstehen und deren Lösung uns zweifellos leichter zu einer Einigung über die anderen Punkte gelangen ließe: ich denke an die Artikel 12 und 19. Ich würde mich freuen, wenn ich bei unserer nächsten Unterredung von Ihnen erfahren könnte, was der Herr Bundeskanzler und Sie selbst auf die Frage antworten konnten, die ich Ihnen in dieser Angelegenheit gestellt habe." Vgl. dazu auch das Protokoll vom 13. Mai 1954 (Klaiber) über die Unterredung Bundespräsident/Bundeskanzler am 12. Mai 1954 (3. Stand der Saarverhandlungen) in VS-B 122/15.

[7]) Douglas C. Dillon (geb. 1909). 1931–1953 tätig bei den Kreditinstituten „U. S. and Foreign Securities Corporation" und „U. S. and International Securities Corporation", deren Präsident er von 1946–1953 war; 1938–1953 Vizepräsident und Direktor des Bankhauses Dillon, Read and Co.; März 1953 – Jan. 1957 Botschafter in Paris, 1957–1959 Unterstaatssekretär für Wirtschaftsfragen, 1959–1960 stellvertretender Außenminister, 1961–1965 Finanzminister; Jan. 1966 Direktor der Chase Manhattan Bank.

[8]) William M. Tomlinson (geb. 1918), Stellvertreter (Deputy Representative) des Botschafters (Bruce) bei der Hohen Behörde der Montanunion in Luxemburg.

[9]) David K. E. Bruce (1898–1977). 1947–1948 stellvertretender Handelsminister der USA, 1948 Leiter der Marshallplan-Hilfe in Frankreich, 1949 Botschafter in Paris, 1952 stellvertretender Außenminister, 1953–1954 Botschafter bei der Hohen Behörde der EGKS und Berater in Fragen der militärischen Zusammenarbeit (Amtssitz: Paris), 1957–1959 als Nachfolger Conants Botschafter in Bonn, 1961–1969 Botschafter in London, 1970–1971 Vertreter bei den Pariser Vietnam-Verhandlungen, 1972–1974 Chef des US-Verbindungsbüros in der Volksrepublik China, 1974–1975 Botschafter der USA bei der NATO in Brüssel.

Grundsätze, die der Bundeskanzler zur Saarfrage in der Öffentlichkeit[10]) schon mehrfach dargelegt habe, im einzelnen präzisiert habe. Dabei sei betont worden, daß nur an eine vorläufige Lösung gedacht werden könne. Eine europäische Lösung ohne europäische Realität sei nicht möglich[11]). Sowohl in diesem Punkt, wie auch bei der Erörterung der wirtschaftlichen Fragen, habe sich Herr Schumann nicht mehr so abweisend gezeigt wie bisher[12]).

Bundesminister Strauß befürchtet, bei den lange dauernden Verhandlungen könne der europäische Gedanke verwässert werden. Es sei entscheidend, daß die sechs europäischen Staaten echte nationale Zuständigkeiten an eine zentrale Instanz abgeben. Es scheine aber der Gedanke Raum zu gewinnen, daß diese zentrale Instanz nur ein mehr oder weniger unverbindlich koordinierendes Gremium, eine „moralische Union" werden solle. In diesem Falle sei ihm eine Zustimmung zu einer „europäischen" Lösung der Saarfrage nicht mehr möglich. Der Beschluß des Interimsausschusses über die unmittelbare Wahl des Parlaments der EPG fordere im übrigen die Änderung des EVG-Vertrages[13]), da in diesem Vertrag bereits das Schumanplan-Parlament als demokratisches Organ vorgesehen sei[14]).

Dieser Auffassung widerspricht Staatssekretär Dr. Hallstein. Er verweist auf § 21 des Gesetzes über die Montan-Union. Dort sei bereits die Möglichkeit einer direkten Wahl des Parlaments vorgesehen[15]). Allerdings sei es möglich,

---

[10]) Vgl. im einzelnen die Regierungserklärung Adenauers in der 26. Sitzung des Deutschen Bundestages am 29. April 1954 u. a. zur Saarfrage (BT-Drs. Nr. 340 und 493) in STENOGRAPHISCHE BERICHTE Bd. 19 S. 1067 B – 1076 D.

[11]) Vgl. dazu den Schluß der handschriftlichen Notiz Hallsteins „Conant bei B[undes]k[anz]ler] 5. 5. 54" in Nachlaß Hallstein/125–126: „EPG muß fertig sein, ehe Saarstatut in Kraft tritt."

[12]) Hierzu findet sich in Nachlaß Seebohm/8c folgende Eintragung: „Besprechung mit Maurice Schumann. Günstige Atmosphäre unter 4 Augen. Weitere Besprechung im Lauf dieser Woche. Besuch bei den Amerikanern (Botschafter): Orientierung Dillons über unsere Auffassung zur Saar. Nach Dillons Einsicht habe sich EVG-Situation verbessert, aber unter Vorbehalt Indochina [. . .] Verschiedene Einstellung zum van Naters-Plan: Art. 19 – dauerhafte Lösung – von Frankreich gewünscht, von uns abgelehnt: nur bis zum Friedensvertrag, ‚prekäre' Lösung also über Friedensvertrag hinaus. Frankreich will erst nach europäischer Realität sich zu Änderungen bequemen. In wirtschaftlichen Fragen Lockerung des franz[ösischen] Standpunktes durch Vorstellungen der Saar. Gerade die Saar verlangt, daß Verhandlungen nicht abgebrochen werden."

[13]) Vgl. 26. Sitzung TOP B: Gesetz zur Ergänzung des Grundgesetzes. – Fortgang 33. Sitzung Wortprotokoll Anm. 28.

[14]) Art. 33 § 1 Abs. 1 des EVG-Vertrages lautet: „Die Versammlung der Europäischen Verteidigungsgemeinschaft ist die in Artikel 20 und 21 des Vertrages über die Gründung der Europäischen Gemeinschaft für Kohle und Stahl vom 18. April 1951 vorgesehene Versammlung; sie wird durch je drei Abgeordnete der Bundesrepublik Deutschland, Frankreichs und Italiens ergänzt; diese werden in der gleichen Weise und für die gleiche Dauer wie die anderen Abgeordneten gewählt, und ihre erste Amtszeit endet zur gleichen Zeit wie die der anderen Abgeordneten" (BGBl. II 1954 S. 353).

[15]) Im Gesetz betreffend den Vertrag vom 18. April 1951 über die Gründung der Europäischen Gemeinschaft für Kohle und Stahl vom 29. April 1952 (BGBl. II S. 445) lautet Art. 20: „Die Versammlung besteht aus Vertretern der Völker der in der Gemeinschaft zusammengeschlossenen Staaten; sie übt die Kontrollbefugnisse aus, die ihr nach diesem Vertrage zustehen" und Art. 21: „Die Versammlung besteht aus Abgeordneten, die einmal

daß gewisse technische Fragen, z. B. das Wahlverfahren, durch einen besonderen ergänzenden Vertrag gelöst werden müßten. Er ist in Übereinstimmung mit dem Bundeskanzler der Meinung, daß der Beschluß des Interimsausschusses einen erfreulichen Fortschritt in den Bemühungen zur Schaffung der EVG bedeutet.

Bundesminister Schäfer unterstreicht die große Bedeutung einer unmittelbaren Wahl für das europäische Bewußtsein der Völker. Er hält es für notwendig, stärker auf die Presse einzuwirken, damit diese die außenpolitische Linie der Bundesregierung besser herausarbeite. Die durchweg kritischen und skeptischen Kommentare der Presse beeinflußten die Bundestagsabgeordneten in sehr ungünstiger Weise. Er spricht sich ferner für eine Unterstützung der Europäischen Union[16]) aus. Den nationalen Parlamenten, an deren inneren Auseinandersetzungen der europäische Gedanke zu scheitern drohe, müsse ein Gegengewicht gegeben werden.

Der Bundesminister für gesamtdeutsche Fragen bezieht sich auf Gespräche, die er mit Vertretern des Saargebietes gehabt habe[17]) und in denen diese ihre große Sorge über den Verlauf der letzten Bundestagssitzung ausgesprochen hätten. Nach der Rede des Bundeskanzlers[18]) befürchteten sie, daß man sie aufgeben wolle und die Saar aus dem deutschen Vaterland ausscheiden müsse. Er bittet den Bundeskanzler, sowohl mit Vertretern der drei Oppositionsparteien des Saargebietes als auch mit hervorragenden Geistlichen der beiden Konfessionen und auch mit der Landesregierung von Rheinland-Pfalz zu sprechen[19]).

Der Bundeskanzler, der die zum Ausdruck gekommene Sorge für unbegründet hält, betont, daß zu einer solchen Besprechung vor allem auch Vertreter der Saarwirtschaft hinzugezogen werden müßten, da die wirtschaftlichen Fragen von besonderer Bedeutung seien. Er glaubt, daß ein Scheitern der Saarverhandlungen, schon im Interesse der Saarbevölkerung selbst, unter allen Umständen vermieden werden müsse. Auch deshalb, weil dies ein denkbar ungünstiges Präjudiz für die deutschen Bestrebungen zur Wiedervereinigung mit den Ostgebieten wäre. Wir würden in diesem Fall mit Sicherheit die inzwischen glücklicherweise errungene Unterstützung der angelsächsischen Mächte bei unseren Ansprüchen auf eine Wiedervereinigung verlieren[20]).

---

jährlich nach dem von jedem Hohen Vertragsschließenden Teil bestimmten Verfahren von den Parlamenten aus deren Mitte zu ernennen oder in allgemeiner direkter Wahl zu wählen sind. Die Zahl dieser Abgeordneten wird wie folgt festgesetzt: Deutschland 18, Belgien 10, Frankreich 18, Italien 18, Luxemburg 4, Niederlande 10. Die Vertreter der Saarbevölkerung sind in die Zahl der Frankreich zugewiesenen Abgeordneten eingerechnet."

[16]) Vgl. 30. Sitzung TOP H.
[17]) Unterlagen nicht ermittelt.
[18]) Vgl. Anm. 10 (die 27. Sitzung des Deutschen Bundestages fand am 30. April 1954 statt, die 28. Sitzung am 6. Mai 1954).
[19]) Vgl. dazu auch KOSTHORST S. 284 f.
[20]) Fortgang 33. Sitzung Wortprotokoll Anm. 32.

[B. STELLUNG DES PRÄSIDENTEN DER HOHEN BEHÖRDE DER MONTANUNION UND WAHL DES PRÄSIDENTEN DES PARLAMENTS DER MONTANUNION]

Der Bundesminister für Wohnungsbau bringt die sich abzeichnende Stimmungsmache[21] gegen den Präsidenten der Hohen Behörde, Herrn Monnet[22], zur Sprache. In gewissen Kreisen des Auslandes werde davon gesprochen, daß er durch den deutschen Vertreter, Herrn Etzel[23], abgelöst werden könne. Wenn Herr Monnet auch zweifellos bei den organisatorischen Fragen keine glückliche Hand habe, so müsse doch anerkannt werden, daß er im besten Sinne europäisch denke und gerade deshalb wohl bei seinen eigenen Landsleuten erheblichen Widerstand finde. Nach der Meinung des Bundeskanzlers wird Herr Monnet vor allem von der französischen Schwerindustrie bekämpft. Wenn von diesen Kreisen zunächst auch ein deutscher Kandidat vorgeschoben werde, so könne man mit Sicherheit rechnen, daß er im Laufe der Verhandlungen zugunsten eines Vertreters der französischen Schwerindustrie fallen gelassen werde. Es bestehe von deutscher Seite keine Veranlassung, die Bestrebungen der genannten französischen Kreise zu unterstützen.

Der Bundesminister für Wohnungsbau weist darauf hin, daß wegen des Ausscheidens von Herrn Spaak[24] die Wahl des Präsidenten des Montan-Parlaments bevorstehe. Er schlägt vor, von deutscher Seite für diesen Posten Herrn von Brentano[25] zu benennen.

---

[21] Vgl. 28. Sitzung TOP F. – Dazu noch Schreiben von Hermann J. Abs an Globke vom 24. April 1954 in B 136/8357 und Schriftwechsel Etzel-Adenauer in StBKAH 11.05.

[22] Jean Monnet (1888–1979). Seit 1915 in verschiedenen Regierungsämtern tätig, 1919–1923 stellvertretender Generalsekretär des Völkerbundes, 1943–1944 Mitbegründer des nationalen Befreiungskomitees in Algier, 1946–1952 Leiter des französischen Planungsamtes (in dieser Funktion verantwortlich für die Pläne zur Modernisierung der Wirtschaft), Monnet war der Urheber des Schuman-Planes und Leiter der französischen Verhandlungsdelegation, 1952–1955 erster Präsident der Hohen Behörde der EGKS, 1956 Gründer und Vorsitzender des bis 1975 bestehenden Aktionskomitees für die Vereinigten Staaten von Europa. – Monnet, Jean: Erinnerungen eines Europäers. München 1978. – Zur Person Monnets vgl. BLANKENHORN S. 106 f.

[23] Dr. iur. Franz Etzel (1902–1970). 1930–1952 Rechtsanwalt und Notar in Duisburg, 1949 – Jan. 1953 und 1957–1965 MdB (CDU), 1952–1957 Vizepräsident der Hohen Behörde der EGKS, 1957–1961 Bundesminister der Finanzen.

[24] Dr. iur. Paul-Henri Spaak (1899–1972). 1932–1956 und 1961–1966 Abgeordneter des Repräsentantenhauses (Belgische Sozialistische Partei). 1935 Minister für Post und Verkehr; 1936–1939 (1940–1945 in der Exilregierung in London), 1946–1949, 1954–1957, 1961–1966 Außenminister; 1938–1939 und 1946, 1947–1949 Ministerpräsident; 1945–1946 und 1961–1966 stellvertretender Ministerpräsident. 1949–1951 Präsident der Beratenden Versammlung des Europarates, 1950–1955 Leiter des Internationalen Rates der Europäischen Bewegung, 1952–1954 Präsident der Gemeinsamen Versammlung der EGKS, 1957–1961 Generalsekretär der NATO. – Spaak, Paul-Henri: Memoiren eines Europäers. Hamburg 1969.

[25] Dr. iur. Heinrich von Brentano (1904–1964). 1948–1949 Mitglied des Parlamentarischen Rates, 1949 gehörte er zu den Gründern der „Parlamentarischen Gruppe des deutschen Rates der Europabewegung" und setzte sich nachdrücklich für die deutsch-französische Annäherung ein, 1949–1964 MdB, 1949–1955 und 1961–1964 Vorsitzender der CDU/CSU-Fraktion, 7. Juni 1955 – 31. Okt. 1961 Bundesminister des Auswärtigen.

Auch Staatssekretär Dr. Hallstein spricht sich hierfür aus, da Herr v. Brentano auf Grund seiner bisherigen Tätigkeit in den europäischen Verhandlungen besonders geeignet sei und Deutschland auch Anspruch auf die Besetzung eines der wichtigen Präsidentenposten in der Montan-Union habe[26]). Es sei jedoch möglich, daß von italienischer Seite Herr de Gasperi benannt werde.

Der Bundeskanzler bittet den Bundesminister für Wohnungsbau und Bundesminister Strauß, mit Herrn von Brentano über die Angelegenheit zu sprechen und festzustellen, ob er gegebenenfalls zur Annahme dieses Amtes bereit ist[27]).

[C. WIEDERGUTMACHUNG]

Unter Hinweis auf einen ihm mitgeteilten Einzelfall[28]) bittet der Bundeskanzler zu klären, in welcher Weise und in welchem Umfang Verfolgte des Naziregimes entschädigt werden[29]). Der Bundesminister der Finanzen verspricht, hierüber im Kabinett zu berichten[30]).

[D. FEIER ZUR BEGEHUNG DES JAHRESTAGES DES 17. JUNI 1953 UND ANDERE VERANSTALTUNGEN AUS ANLASS DIESES TAGES]

Der Bundesminister für gesamtdeutsche Fragen bittet, wegen der Veranstaltungen am Tag der Deutschen Einheit mit den Parteien Fühlung zu nehmen und nicht zu sehr den Charakter eines „Fest"aktes zu unterstreichen[31]).

[E. GESETZ ÜBER DIE GEWÄHRUNG VON KINDERGELD UND DIE ERRICHTUNG VON FAMILIENAUSGLEICHSKASSEN]

Der Bundesminister der Finanzen weist auf die im Bundestag vorliegenden Anträge der SPD[32]) und der CDU[33]) über die Einrichtung von Familienaus-

---

[26]) Vgl. 247. Sitzung am 16. Sept. 1952 TOP 1d.
[27]) Fortgang 32. Sitzung TOP B.
[28]) Nicht ermittelt.
[29]) Zum Gesetz zur Regelung der Wiedergutmachung nationalsozialistischen Unrechts für Angehörige des öffentlichen Dienstes vom 11. Mai 1951 (BGBl. I 291 und 354) siehe 118. Sitzung am 21. Dez. 1950 (TOP 11), zur Gesetzgebung allgemein 126. Sitzung am 30. Jan. 1951 (TOP 8), zur Entschädigung der Juden 204. Sitzung am 26. Febr. 1952 (TOP B) und zum Bundesergänzungsgesetz zur Entschädigung für Opfer der nationalsozialistischen Verfolgung 306. Sitzung am 25. Aug. 1953 (TOP 3).
[30]) Der Anweisung Schäffers vom 5. Mai entsprechend wurde ihm am 18. Mai 1954 ein Überblick über den „Stand der Wiedergutmachung" vorgelegt (B 126/51549). Der Notiz vom 14. Juni 1954 ist zu entnehmen, daß Schäffer die Sache für „erledigt" hielt (ebenda).
[31]) Vgl. 30. Sitzung TOP E. — Der BMI ordnete die Beflaggung der öffentlichen Gebäude des Bundes an (BULLETIN vom 15. Juni 1954 S. 975) und bat die Ministerpräsidenten der Länder, die allgemeine Beflaggung anzuordnen. Außerdem hatte der BMI die Sport- und Jugendorganisationen gebeten, besondere Veranstaltungen am 17. Juni durchzuführen (Rundschreiben vom 23. April 1954 in B 136/3006).
[32]) Die SPD hatte am 10. März 1954 den Entwurf eines Gesetzes über die Gewährung von Kinderbeihilfen eingebracht (BT-Drs. Nr. 318). Der Entwurf sah die Zahlung von 20 DM monatlich vom zweiten Kind an vor.
[33]) Der Entwurf eines Gesetzes über die Gewährung von Kindergeld und die Errichtung von Familienausgleichskassen, den die CDU/CSU-Fraktion am 11. März 1954 eingebracht

gleichskassen hin und bittet, eine einheitliche Stellungnahme innerhalb der Koalition herbeizuführen. Der SPD-Antrag sehe untragbare Belastungen für die Bundeskasse vor³⁴). FDP und BHE neigten jedoch der SPD-Lösung³⁵) zu. Es sollte deshalb mit diesen Fraktionen gesprochen werden.

Der Bundesminister für Arbeit erinnert daran, daß im vergangenen Jahr die vorige Bundesregierung sich einstimmig auf die Grundsätze des CDU-Antrages geeinigt habe³⁶). Auch die Vertreter der FDP und DP hätten damals diesen Grundsätzen zugestimmt. Der Streit gehe wohl nur um die Frage, in welcher Weise die Familienunterstützung am zweckmäßigsten ausgezahlt werden soll³⁷).

Der Bundeskanzler bittet die Bundesminister Schäfer und Storch, die Angelegenheit mit Vertretern der Koalitionsfraktionen zu klären³⁸).

[F. WAHL DES BUNDESPRÄSIDENTEN IN BERLIN]

In der Aussprache über den von der FDP im Bundestag eingebrachten Antrag, die Wahl des Bundespräsidenten durch die Nationalversammlung in Berlin abzuhalten³⁹), wird von Bundesminister Dr. Tillmanns Wert auf eine einheitliche Stellungnahme der Koalitionsfraktionen gelegt. Bei allen Vorbehalten gegenüber dem Vorschlag müsse er feststellen, daß sich diese Maßnahme in der Sowjetzone politisch sehr günstig auswirken würde.

Der Bundesminister für gesamtdeutsche Fragen hält diese Geste für nötig, um den Berlinern neuen Glauben und neue Kraft in ihrem Kampf zu geben.

Von anderen Kabinettsmitgliedern werden starke Bedenken gegen diesen Plan geltend gemacht. Der Bundesminister für Wohnungsbau hebt die technischen Schwierigkeiten des bei seiner Ausführung notwendig werdenden mas-

---

hatte, sah die Zahlung von 20 DM vom dritten Kind an vor (BT-Drs. Nr. 319). Als Träger für die Zahlung sollten bei den Berufsgenossenschaften Familienausgleichskassen errichtet werden. – Vgl. auch 251. Sitzung am 7. Okt. 1952 (TOP 6).

³⁴) Nach den Berechnungen des BMF würde der Entwurf der SPD den Bundeshaushalt mit 1244 Mio, der der CDU/CSU mit 102 Mio DM jährlich belasten (Schreiben Schäffers an Adenauer vom 8. April 1954 in B 136/1330). – Siehe auch die Ausführungen Schäffers in der Pressekonferenz am 29. April 1954 in B 145 I/37.

³⁵) Vgl. dazu den Parlamentarischen Bericht des BPA vom 13. April, 5., 19., 20. und 26. Mai sowie vom 18. Juni 1954 (B 145/1902) und das Schreiben von Brentanos an Adenauer vom 7. Okt. 1954 (Nachlaß von Brentano/155).

³⁶) Vgl. 295. Sitzung am 29. Mai 1953 (TOP 2). – Unterlagen in B 153/734–741.

³⁷) Vgl. dazu das Kurzprotokoll der Sitzung des BT-Ausschusses für Sozialpolitik am 14. Juni 1954 in B 136/1330.

³⁸) Nicht ermittelt. – Die FDP brachte am 9. Okt. 1954 einen eigenen Gesetzentwurf ein, der die Gewährung des Kindergelds von der Höhe des Einkommens abhängig machte und vorsah, die Beträge durch den Arbeitgeber oder das Finanzamt auszahlen zu lassen (BT-Drs. Nr. 877). Der Gesetzentwurf der CDU/CSU-Fraktion wurde am 14. Okt. 1954 in namentlicher Abstimmung gegen die Stimmen der anderen Koalitionsparteien angenommen (STENOGRAPHISCHE BERICHTE Bd. 21 S. 2345 und 2383–2391). – Gesetz über die Gewährung von Kindergeld und die Errichtung von Familienausgleichskassen vom 13. Nov. 1954 (BGBl. I 333).

³⁹) BT-Drs. Nr. 492 vom 28. April 1954: „Antrag der Fraktion der FDP betr. Zusammentritt der Bundesversammlung. Der Bundestag wolle beschließen: Die Bundesversammlung (Art. 54 GG) tritt am 16. Juli in Berlin zusammen [...]."

sierten Luftverkehrs nach Berlin hervor. Der Bundeskanzler und die Staatssekretäre Dr. Hallstein und Dr. Strauß unterstreichen die gefährlichen Agitationsmöglichkeiten, die den antideutschen Kräften in Frankreich mit diesem demonstrativen Schritt gegeben werden. Es wird für glücklicher gehalten, wenn der Bundespräsident unmittelbar nach der Wahl die Stadt Berlin besucht[40]).

II

1. a) ENTWURF EINES GESETZES ZUR ÄNDERUNG DES KRIEGSGEFANGENENENTSCHÄDIGUNGSGESETZES BMVt

Der Bundesminister der Finanzen bemerkt, daß ihm der Beschluß des Bundestages, durch den die Auszahlungen an ehemalige Kriegsgefangene um ein Jahr vorverlegt werden[41]), zwar sehr unerwünscht sei, daß er aber die Verweigerung der Zustimmung gemäß Art. 113 GG politisch nicht für möglich halte.

Staatssekretär Dr. Strauß schlägt vor, in der Eingangsformel die Klausel, daß der Bundesrat dem Gesetz zugestimmt habe, wegzulassen[42]) und abzuwarten, ob der Bundesrat diese Frage aufgreife.

Der Bundesminister für Vertriebene erklärt, für ihn sei allein entscheidend, daß das Gesetz schnell in Kraft trete. Da dies gesichert ist, stimmt das Kabinett der Vorlage mit der von Staatssekretär Dr. Strauß gewünschten Maßgabe zu[43]).

Staatssekretär Dr. Strauß erwähnt in diesem Zusammenhang eine schriftliche Vereinbarung mit dem Bundesrat und dem Bundestag, wonach die Zustimmung des Bundesrates in der Präambel in allen Fällen ausgedrückt werden soll, in denen der Bundesrat tatsächlich zugestimmt hat[44]). Er regt an, in einer Chefbesprechung zu klären, ob diese Vereinbarung heute noch vertreten werden kann[45]).

Das Kabinett stimmt dem zu.

---

[40]) Hierzu findet sich in Nachlaß Seebohm/8c folgende Eintragung: „14. Bundesversammlung in Berlin. Adenauer nicht dafür. Technische Schwierigkeiten des Transportes. Anreizen der Gegner durch eine solche Demonstration. Angeblich soll aber Antrag der FDP vorliegen. Hallstein warnt vor Rückwirkung auf Frankreich. Mit Vernunft ist da wenig zu erreichen. Er fällt in die Zeit der Verhandlungen im französischen Parlament; die müssen abgewartet werden. Schäffer: der neugewählte Bundespräsident soll sofort zu Besuch nach Berlin fahren. Adenauer: Wenn bis Sommerferien das franz[ösische] Parlament nicht ratifiziert hat, müssen wir uns nach anderen Lösungen umsehen." — Fortgang 34. Sitzung TOP B.
[41]) Zum Gesetz vgl. 15. Sitzung TOP 1. — Der BT hatte den Initiativgesetzentwurf der CDU/CSU-Fraktion (BT-Drs. Nr. 263) am 19. März 1954 angenommen (STENOGRAPHISCHE BERICHTE Bd. 18 S. 689). — BR-Drs. Nr. 114/54. — Der BMVt hatte in seiner Vorlage vom 24. April 1954 vorgeschlagen, dem Gesetzentwurf zuzustimmen (B 136/2724 und B 126/10944).
[42]) Der BMVt hatte die Einfügung dieser Klausel vorgeschlagen. — Übereinstimmend mit Strauß das Schreiben des BMI vom 30. April 1954 an das Bundeskanzleramt (B 126/10944).
[43]) Gesetz vom 12. Juni 1954 (BGBl. I 143).
[44]) Nicht ermittelt.
[45]) In der Besprechung am 18. Mai 1954 wurde vereinbart, entsprechend dem Vorschlag des BMJ zu verfahren (Vermerk vom 18. Mai 1954 in B 141/58832).

1. b) ENTWURF EINER VERORDNUNG ÜBER DIE GELTUNG DES GESETZES ZUR ÄNDERUNG DES KRIEGSGEFANGENENENTSCHÄDIGUNGSGESETZES IM LANDE BERLIN[46])
BMVt)

Staatssekretär Dr. Strauß schlägt vor, in die Präambel noch den Zusatz aufzunehmen „Zur Vermeidung von Zweifeln", da die Auslegung des Dritten Überleitungsgesetzes[47]) umstritten sei. Diese Frage soll in einer Chefbesprechung geklärt werden[48]).

2. ENTWURF EINES GESETZES ÜBER DIE EINKOMMENSGRENZE FÜR DAS ERLÖSCHEN DER VERSICHERUNGSBERECHTIGUNG IN DER GESETZLICHEN KRANKENVERSICHERUNG; STELLUNGNAHME DER BUNDESREGIERUNG ZU DEN ÄNDERUNGSVORSCHLÄGEN DES BUNDESRATES[49])
BMA

Der Bundesminister für Familienfragen lenkt die Aufmerksamkeit darauf, daß in der Regierungsvorlage[50]) die kinderreichen Familien in unzureichender Weise berücksichtigt worden sind. Er bittet, bei der Behandlung im Bundestag Anträge, die eine Verbesserung in diesem Sinne herbeiführen sollen, zu unterstützen. Hiergegen wird kein Widerspruch erhoben.

Staatssekretär Dr. Strauß setzt sich dafür ein, dem Änderungsvorschlag des Bundesrates zu § 4[51]) zuzustimmen, da sonst den Versicherten ihre bereits erworbenen Rechte ohne Entschädigung genommen würden. Dieser Vorschlag wird von mehreren Kabinettsmitgliedern unterstützt. Das Kabinett stimmt nach eingehender Aussprache der Vorlage mit der Maßgabe zu, daß bei den nun folgenden Beratungen im Bundestag eine Lösung in dieser Frage gefunden werden soll[52]).

---

[46]) Vorlage des BMVt vom 24. April 1954 in B 136/2724 und B 126/10944.
[47]) Gesetz über die Stellung des Landes Berlin im Finanzsystem des Bundes vom 4. Jan. 1952 (BGBl. I 1).
[48]) Der BMJ teilte dem Bundeskanzleramt am 19. Mai 1954 mit, es sei mit dem BMVt und dem BMI eine Einigung darüber erzielt worden, es genüge, wenn bei der Zuleitung der VO an den BR darauf hingewiesen werde, daß die Zuleitung zur Vermeidung von Zweifeln eingeholt werde (B 136/2724). – VO vom 20. Juli 1954 (BGBl. I 218).
[49]) Vgl. 7. Sitzung am 10. Nov. 1953 (TOP 9). – Vorlage des BMA vom 20. April 1954 zu BR-Drs. Nr. 62/54 in B 149/3865.
[50]) Der Gesetzentwurf vom 30. Okt. 1953 sah vor, daß die Versicherungsberechtigung für Ledige bei 8 400 DM und für Verheiratete bei 9 000 DM Jahreseinkommen erlöschen sollte. Die Einkommensgrenze sollte um 300 DM für jedes unterhaltspflichtige Kind erhöht werden (B 149/3865). Der BMA hatte in seiner Vorlage vom 20. April 1954 den Vorschlag des BR, die Einkommensgrenze auf 1 200 DM zu erhöhen, abgelehnt.
[51]) Der BR hatte vorgeschlagen, § 4 durch einen Abs. 2 zu ergänzen, der lauten sollte: „Die Versicherungsberechtigungsgrenze findet keine Anwendung auf solche Personen, die beim Inkrafttreten dieses Gesetzes freiwillig versichert sind."
[52]) Der Entwurf wurde dem BT am 18. Mai 1954 zugeleitet (Schreiben des BK an den Präsidenten des BT in B 149/3865). Eine BT-Drs. oder eine Beratung dieses Entwurfs im BT konnte nicht ermittelt werden. – Der gleichlautende Entwurf der Bundesregierung vom 30. Okt. 1953 (BT-Drs. Nr. 67) war vom BT bei der ersten Beratung am 3. Dez. 1953 an den Ausschuß für Sozialpolitik überwiesen worden (STENOGRAPHISCHE BERICHTE Bd. 18 S. 153–156). – Das Gesetz kam nicht zustande.

3. ANTRAG AUF HERBEIFÜHRUNG EINES KABINETTSBESCHLUSSES ÜBER DIE WEITERE BEHANDLUNG DER LIQUIDATION DER I. G. FARBENINDUSTRIE AG
BMWi

Das Kabinett stimmt der Vorlage des Bundeswirtschaftsministers zu[53]). Bei den weiteren Verhandlungen mit den Alliierten soll vom Bundesminister für Wirtschaft in Abstimmung mit dem Bundesminister der Justiz eine geeignete Formulierung für die ablehnende Haltung der Bundesregierung gefunden werden[54]).

4. ANRECHNUNG VON GLEICH- ODER HÖHERWERTIGEN TÄTIGKEITEN EHEMALIGER BERUFSOFFIZIERE, DIE BEI DER DIENSTSTELLE DES BEAUFTRAGTEN DES BUNDESKANZLERS TÄTIG SIND, BEI DER FESTSETZUNG DER GRUNDVERGÜTUNG
Amt Blank

Die Angelegenheit wird mit Rücksicht darauf, daß der Beauftragte für Truppenfragen, Abgeordneter Blank, nicht anwesend ist, zurückgestellt[55]).

5. ZURÜCKNAHME VON STRAFANTRÄGEN DER BUNDESREGIERUNG WEGEN STRAFTATEN, DIE IM ZUSAMMENHANG MIT DEM WAHLKAMPF BEGANGEN WORDEN SIND
BMJ

Staatssekretär Dr. Strauß gibt einen Überblick über die z. Zt. schwebenden Verfahren[56]). Da bei einer Zurücknahme der Strafanträge nicht alle bereits in Gang gesetzten Verfahren entfallen würden[57]), spricht er sich dafür aus, von

---

[53]) Vgl. 230. Sitzung am 27. Juni 1952 TOP 2. — Vorlage vom 14. April 1954 in B 136/2465. — Im Zuge der Abwicklung des IG Restvermögens hatten die Alliierten verlangt, daß vor Abschluß eines Übereinkommens die Aktien der Hüls-Holdinggesellschaft (nominell 60 Mio DM) an die I. G. Aktionäre verteilt würden. Die Liquidatoren der I. G. Farbenindustrie vertraten unter Hinweis auf das Aktiengesetz den Standpunkt, daß diese Aktien bis zur Klarstellung der Verpflichtungen, welche dem I. G. Restvermögen möglicherweise aus den Schadensersatzklagen ehemaliger Häftlinge in Konzentrationslagern erwachsen würden, unverteilt bleiben müßten. Die alliierten Wirtschaftsberater wandten dagegen ein, daß auch nach der Verteilung der Hüls-Holding-Aktien die im I. G. Restvermögen noch verbleibenden offenen und stillen Reserven von schätzungsweise 150 Mio DM zur Befriedigung dieser Gläubiger ausreichen würden. Der BMWi hielt dies für ungewiß und trat daher dem Standpunkt der Liquidatoren der I. G. Farbenindustrie bei. In o. a. Vorlage wurde das Kabinett gebeten, folgenden Beschluß zu fassen: „Die Bundesregierung vermag einer alsbaldigen Verteilung der Aktien der Holding-Gesellschaft, in welcher die auf die I. G. Farbenindustrie AG Beteiligung entfallenden Aktien der neuen Chemischen Werke Hüls liegen, an die Aktionäre der I. G. Farbenindustrie AG i. L. nicht zuzustimmen." Gleichzeitig bat der BMWi, ihn zu ermächtigen, den Wirtschafts- und Finanzausschuß der AHK in diesem Sinne zu unterrichten.
[54]) Hatte sich „erledigt" durch Verkündung des AHK-Gesetzes Nr. 84 „Beendigung der Entflechtung und der Liquidation der I. G. Farbenindustrie A. G. i. L. auf Grund des Gesetzes Nr. 35" am 31. Jan. 1955 (Amtsbl. S. 3161). Vgl. dazu den einschlägigen Schriftwechsel zwischen Bundeskanzleramt und BMWi in B 136/2465. Unterlagen zur I. G.-Entflechtung auch in B 102/60752–60756 und B 136/2463 f., 2466.
[55]) Siehe 32. Sitzung TOP 6.
[56]) Vgl. 28. Sitzung TOP G. — Unterlagen in B 141/76230.
[57]) § 64 StGB vom 15. Mai 1871 i. d. F. der Bekanntmachung vom 25. Aug. 1953 (BGBl. I 1083) legte fest, daß ein Strafantrag nur in besonderen Fällen und nur bis zur Verkündung eines auf Strafe lautenden Urteils zurückgenommen werden konnte.

dem beabsichtigten Schritt Abstand zu nehmen. Im allgemeinen sei sowieso keine höhere Strafe als drei Monate Gefängnis zu erwarten, so daß sich die Angelegenheit durch das Amnestiegesetz von selbst regeln würde.

Der Bundeskanzler legt Wert darauf, daß die Strafanträge mit Rücksicht auf die günstige Wirkung in der Öffentlichkeit zurückgezogen werden. Unter den Wahlkampfstreit müsse ein Strich gezogen werden.

In der eingehenden Aussprache wird verlangt, daß die Betroffenen bereit sind, die Verfahrenskosten zu tragen[58]. Das Kabinett stimmt sodann der Zurücknahme der Strafanträge zu. Die Kabinettsmitglieder werden hierzu dem Bundesminister der Justiz in den Einzelfällen Vollmacht erteilen[59].

6. PERSONALIEN

Gegen die Ernennung des Min.Rat Kallus[60] werden Bedenken erhoben. Nach eingehender Erörterung stimmt das Kabinett mit Mehrheit dem Ernennungsvorschlag zu[61].

Gegenüber dem Hinweis, daß der zum Bundesrichter vorgeschlagene Reichsgerichtsrat a. D. Denecke[62] bereits die Altersgrenze überschritten habe, bemerkt der Bundesminister für Arbeit, daß er großen Wert darauf lege, im Bundesarbeitsgericht einen erfahrenen Richter zu haben.

Im übrigen werden gegen die Personalvorschläge der Anlage 1—5 der Tagesordnung keine Bedenken erhoben[63].

---

[58] § 470 StPO vom 1. Febr. 1877 i. d. F. der Bekanntmachung in der Anlage des Gesetzes zur Wiederherstellung der Rechtseinheit auf dem Gebiet der Gerichtsverfassung, der bürgerlichen Rechtspflege, des Strafverfahrens und des Kostenrechts vom 12. Sept. 1951 (BGBl. I 629) bestimmte, daß der Antragsteller die Kosten des Verfahrens übernehmen mußte.

[59] Siehe dazu den Vermerk vom 10. Mai und den Vermerk des BMJ vom 22. Mai 1954 in B 136/253. — Erlaß des BMJ vom 22. Mai 1954 an die Landesjustizverwaltungen über die Rücknahme der Strafanträge in B 141/76230.

[60] Heinz Kallus (1908—1961). 1936—1937 Reichsministerium für Volksaufklärung und Propaganda, 1938—1942 Reichswirtschaftsministerium, 1943—1945 Reichsverkehrsministerium (1. Juni 1943: MinR.); 1948 — 31. März 1957 Referent in der Abteilung Seeverkehr des BMV bzw. seiner Rechtsvorgänger (1. Mai 1954: MinR.), ab 1. April 1957 Leiter der Abteilung Luftfahrt des BMV (1. Juli 1957: Ministerialdirigent).

[61] Vgl. dazu folgende Eintragung in Nachlaß Seebohm/8c: „Strauß hält prinzipielle Rede gegen Kallus wegen Alt-Pg. Kallus mit Stimmenmehrheit durchgeholt dank Bundeskanzler. Enthaltung FDP (Schäfer, Preusker, Storch). Dagegen: Tillmanns, Strauß, Strauß, Kaiser, Lübke".

[62] Johannes Denecke (1884—1974). 1920 Landrichter (Landgerichtsrat) in Dortmund, 1927 Landgerichtsdirektor in Dortmund (zugleich Vorsitzender bei dem Landesarbeitsgericht), 1938 Hilfsrichter beim Reichsgericht, 1939 Reichsgerichtsrat; Mai 1954—1956 Bundesrichter beim Bundesarbeitsgericht. — Zur Ablehnung seitens des BMWo siehe internen Schriftwechsel in B 134/3358.

[63] An Ernennungen waren insgesamt vorgesehen: im AA ein Ministerialdirigent und ein Vortragender Legationsrat; im BMWi ein MinR.; im Geschäftsbereich BMA der Präsident des Landesarbeitsamtes Niedersachsen (Dr. iur. Hans Volmer), ein Bundesrichter beim Bundesarbeitsgericht (Johannes Denecke) und ein MinR.; im BMV ein MinR. (Heinz Kallus); im BMP ein MinDir. (Dr. iur. Fritz Schuster), zwei Ministerialdirigenten und drei Ministerialräte; im Geschäftsbereich BMI fünf Bundesrichter beim Bundesverwaltungsgericht (Dr. iur. Karl-August Bettermann, Dr. iur. Erich Eue, Eugen Hering, Dr. iur. Hans-

Das Kabinett nimmt ohne Widerspruch Kenntnis von der beabsichtigten Besetzung der Stelle des Generalkonsuls in Basel[64]).

---

werner Müller, Dr. iur. Wolfgang Ritgen) und drei Bundesrichter beim Bundesdisziplinarhof (Dr. iur. Wilhelm Hagen, Dr. iur. Edgar Leußer, Dr. iur. Willi Röhrmann). Ferner wurde beantragt: vom BMWi die Anstellung von Kapitän z. See a. D. Dipl.-Ing. Hans-Günther Mommsen als Angestellter nach der ADO für übertarifliche Angestellte im öffentlichen Dienst.

[64]) Vorgeschlagen war laut Anlage der Vortragende Legationsrat Dr. phil. Hugo Gördes. Generalkonsul Dr. phil. Hugo Gördes übernahm am 17. Juli 1954 die Leitung des Generalkonsulates der Bundesrepublik Deutschland in Basel.

32. Kabinettssitzung
am Mittwoch, den 12. Mai 1954

Teilnehmer: Blücher, Schröder, Neumayer, Schäffer, Storch, Seebohm, Oberländer, Wuermeling (bis 11.45 Uhr), Tillmanns, Schäfer, Kraft (bis 11.00 Uhr); Gladenbeck, Globke, Ripken, Sonnemann, Wandersleb, Westrick; Klaiber; Six; Selbach; Blank, Blankenhorn (bis 11.00 Uhr), Vockel. Protokoll: Spieler.

Beginn: 9.30 Uhr   *Ende: 13.45 Uhr*

Vor Eintritt in die Tagesordnung bringt der Stellvertreter des Bundeskanzlers dem Bundesminister der Finanzen zu seinem heutigen Geburtstage die Glückwünsche des Kabinetts zum Ausdruck.

I

1. VORRATSLAGE DER BUNDESREPUBLIK   BML

Staatssekretär Dr. Sonnemann gibt den wesentlichen Inhalt der Kabinettsvorlage des Bundesministers für Ernährung, Landwirtschaft und Forsten vom 10. Mai 1954 wieder[1]) und erläutert besonders das Zahlenwerk der beiden ihr beigefügten Tabellen. Er hält es für zweckmäßig, den normalen Einfuhr- und Versorgungsplan (Tabelle I) sobald wie möglich zu beschließen und der Öffentlichkeit zugänglich zu machen, während er bezüglich der Aufstockung der Bundesreserve (Tabelle II) eine streng vertrauliche Erörterung dringend empfiehlt. Der Stellvertreter des Bundeskanzlers tritt dem bei. Der Bundesminister der Finanzen weist darauf hin, daß die Aufstellung des Aufstockungsplanes sorgfältige Beratung (übrigens unter Beteiligung der Bank deutscher Länder) erfordere, zumal nach dem Entwurf des Bundesministers für Ernährung, Landwirtschaft und Forsten die Aufstockung den Bundeshaushalt in Höhe von rd. 70 + 84 Mio DM = rd. 154 Mio DM belasten werde[2]).

Auf Vorschlag des Stellvertreters des Bundeskanzlers beschließt das Kabinett:

a) Der normale Einfuhr- und Versorgungsplan gilt als genehmigt, falls sich nicht wider Erwarten bei der vorgesehenen Festlegung der Einzelheiten durch den Kabinettsausschuß die Notwendigkeit wesentlicher Änderungen herausstellen sollte.

---

[1]) Vgl. 30. Sitzung TOP A: Zur Außenpolitik. – Vorlage vom 10. Mai 1954 in B 136/2655.

[2]) Einfuhrprogramm 1954/55 unter Berücksichtigung einer Aufstockung von Vorräten (nach Vorlage des BML vom 10. Mai 1954): Lagerkosten je Jahr 84,1 Mio DM; Beschaffungskosten für die vorgesehenen Mengen bei damaligen Preisen 708,4 Mio DM. „[...] Von den Beschaffungskosten würden nach dem bisherigen Verfahren 10% = 70,8 Mio DM im außerordentlichen Haushalt (Betriebsmittelzuweisung zur Beschaffung von Vorräten) bereitzustellen sein. Der Rest muß wie bisher im Kreditwege beschafft werden (Erhöhung der Bundesbürgschaft)."

b) Ein Aufstockungsplan soll nach gründlicher Vorbereitung im Kabinettsausschuß alsbald dem Kabinett zum abschließenden Befinden vorgelegt werden[3]).

Die Frage des Bundesministers für Arbeit, ob für die Aufstockung hinreichende Lagermöglichkeiten vorhanden seien, wird von Staatssekretär Dr. Sonnemann bejaht[4]).

2. ERWEITERUNG DES INTERZONENHANDELS (VORSCHLAG DER SOWJETZONE AUF ABNAHME VON 100 MIO RUHRKOHLE) BMWi

Staatssekretär Dr. Westrick berichtet über den wesentlichen Inhalt der während der Sitzung verteilten Kabinettsvorlage des Bundesministers für Wirtschaft vom 11. Mai 1954[5]) und hebt dazu hervor, daß eine echte Abnahmebereitschaft der Bundesrepublik für sowjetzonale Waren eigentlich nur bezgl. der Braunkohle und einiger Chemikalien bestehe.

Dr. Vockel hält den vom Bundesminister für Wirtschaft vorgesehenen Versuch, dem Angebot der Sowjetzone zu begegnen, für gangbar. Ergänzend bemerkt er, es müsse verhindert werden, daß aus dem Interzonenhandel ein Politikum gemacht werde. Die Hilfsbereitschaft der Bundesrepublik für die Bevölkerung der sowjetischen Zone sollte auch in der Ausgestaltung des Interzonenhandels zum Ausdruck kommen; so sollte insbesondere bei dem Angebot von Waren auf die Bedürfnisse der Zonenbevölkerung Rücksicht genommen

---

[3]) Der Kabinett-Ausschuß für Wirtschaft befaßte sich in seiner 7. Sitzung (15. Mai) und 8. Sitzung (19. Mai 1954) mit beiden Plänen (a, b) auf Grund der beiden Vorlagen des BML vom 10. Mai 1954 betr. Einfuhr- und Versorgungsprogramm 1954/55 für Nahrungs- und Futtermittel, hier: Aufstockung von Vorräten in der Bundesreserve und vom 14. Mai 1954 betr. Einfuhrbedarf 1954/55 an Getreide und dessen Aufteilung (jeweils in B 136/2655). Der normale Einfuhr- und Versorgungsplan 1954/55 wurde am 15. Mai 1954 genehmigt (a). Gegen die Einzelheiten des Aufstockungsplanes erhob der Kabinett-Ausschuß keine Einwendungen; vielmehr wurde die Übernahme eines größeren Weizenkontingentes schon deshalb befürwortet, um Schweden, der Türkei und Argentinien in den bevorstehenden Handelsvertragsverhandlungen entgegenkommen zu können (b). Da der Vertreter des BMF (Hartmann) die Stellungnahme seines Ministers wegen der entstehenden Kosten (zu b) sich vorbehielt, beschloß der Kabinett-Ausschuß deshalb wie folgt: „Der Vizekanzler stellt fest, daß nach diesen Erörterungen der normale Einfuhr- und Versorgungsplan genehmigt ist und bittet, vor der nächsten Kabinettssitzung die zahlenmäßigen Grundlagen für die mit der Weizenaufstockung verbundenen Kosten und Belastungen des Bundeshaushalts zu klären."
[4]) Fortgang 33. Sitzung TOP 5.
[5]) Vgl. 12. Sitzung am 11. Dez. 1953 TOP 11 und Vermerk vom 13. Mai 1954 über die Delegationssitzung am 4. Mai 1954, an der Vertreter des Ministeriums für Außenhandel und innerdeutschen Handel der DDR (Erich Freund) sowie Vertreter der Treuhandstelle für den Interzonenhandel der BRD (Dr. Kurt Leopold) teilnahmen, TOP 1: 100-Mio-VE-Geschäft mit festen Brennstoffen von der Ruhr (Zechenkoks, Steinkohle, Schwelkoks) in B 102/20951: „[...] Ostseite erklärt, daß die Disproportionalität der Konten in sich und untereinander nicht das Hauptmotiv für ihren Vorschlag gewesen sei, sondern die Tatsache, daß im Ruhrgebiet die Haldenbestände auf über 4 Mio t angewachsen seien und die Abnahme von 1,5 Mio t festen Brennstoffen beiden Seiten nützlich sei [...]". — Vorlage vom 11. Mai 1954 in B 102/108194 und B 136/7835, einschlägige Unterlagen über Interzonenhandelsabkommen in B 136/7834—7836 und B 102/106002, 108193—108202.

werden, die vor allem Gewebe aller Art dringend benötige; andererseits sollte sich die Abnahmebereitschaft nicht auf die von Staatssekretär Dr. Westrick als besonders erwünscht bezeichneten Produkte beschränken.

Der Bundesminister für Verkehr gibt seine jüngsten Erfahrungen in Salzgitter wieder. Dort werde der sowjetzonale Vorschlag auf Abnahme von Steinkohlen bereits in kommunistischen Versammlungen propagandistisch verwertet; diese Versammlungen hätten neuerdings übrigens einen recht starken Zulauf[6]. Staatssekretär Dr. Sonnemann bemerkt, daß die Abnahme von 20 Mio Verrechnungseinheiten Zucker angesichts der Vorratslage und der internationalen Verpflichtungen der Bundesrepublik mindestens sehr bedenklich sei. Der Bundesminister für Arbeit führt Entsprechendes hinsichtlich der Abnahme von 10 Mio Verrechnungseinheiten für Buchungsmaschinen und dergl. und von 3,5 Mio Verrechnungseinheiten für Glas und Keramik aus; durch Abnahme dieser Industrieprodukte würden im Bundesgebiet aufstrebende oder blühende Betriebe mit mehreren Tausend Beschäftigten (zu einem großen Teil Sowjetzonenflüchtlinge) gefährdet[7].

Das Kabinett ist der Auffassung, daß das sowjetzonale Aufstockungsangebot nicht a limine abgelehnt werden dürfe und daß die Verhandlungen über ein Gegenangebot auf der vom Bundesminister für Wirtschaft entwickelten Grundlage geführt werden sollen. Auf Vorschlag des Bundesministers Dr. Tillmanns wird ferner vorgesehen, Einzelheiten erforderlichenfalls im Kabinettsausschuß zu erörtern[8].

3. KRIEGSFOLGENSCHLUSSGESETZ   BMF

Wie der Stellvertreter des Bundeskanzlers mitteilt, bitten die Bundesminister für Wirtschaft und für Wohnungsbau, die Angelegenheit heute nicht zu erörtern, weil sie darauf Wert legen, ihren Standpunkt im Kabinett persönlich zu vertreten[9].

---

[6]) Hierzu heißt es in der Mitschrift Seebohms lapidar: „S[eeboh]m Mitteilung über politische Aktivität im Zonengrenzgebiet" (Nachlaß Seebohm/8c).

[7]) Alle Zahlen sind entnommen der Anlage 1 „Lieferangebot der Sowjetzone vom 4. 5. 1954" der Vorlage des BMWi vom 11. Mai 1954.

[8]) Fortgang 12. Sitzung des Kabinett-Ausschusses für Wirtschaft am 3. Juli 1954, TOP B: „[...] Min. Rat Dr. Woratz gibt noch Kenntnis davon, daß nach dem Scheitern der Interzonenhandelsbesprechungen ein spezielles Lohnveredelungsgeschäft für Watenstedt-Salzgitter abgeschlossen worden ist, das die Verkokung von 120 000 Tonnen oberschlesischer Steinkohle vorsieht. Die Sowjetzonenmachthaber hätten sofort versucht, dieses Geschäft propagandistisch auszuwerten und in der Presse behauptet, durch das von ihnen gezeigte Entgegenkommen sei die Stillegung einer zweiten Koksbatterie in Watenstedt-Salzgitter verhindert und den Werktätigen dort die weitere Beschäftigung gesichert worden. Demgegenüber stellt Min. Rat Dr. Woratz fest, daß dieses Geschäft voraussichtlich das Anblasen einer dritten Koksbatterie notwendig machen werde [...]." Vgl. dazu auch Sitzungen des Kabinett-Ausschusses für Wirtschaft am 15. Nov. (TOP 3) und 17. Dez. 1954 (TOP 1), ferner am 24. Juni (TOP 2), 5. Juli (TOP 1), 21. Juli (TOP 3), 3. Aug. (TOP 4), 5. Aug. (TOP 2), 15. Nov. (TOP 1b), 10. Dez. (TOP B) und 19. Dez. 1955 (TOP A).

[9]) Vgl. 29. Sitzung TOP 2. – Siehe dazu auch die Vorlage des BMWi vom 8. April und die Stellungnahme des BMF dazu vom 30. April 1954 (B 126/12621) sowie das Schreiben des Bundeskanzleramts an den BMF vom 11. Mai 1954 (B 136/1158).

Das Kabinett stellt darauf die Erörterung zurück, und zwar auf dringenden Wunsch des Bundesministers der Finanzen nur für eine Woche. Er teilt dazu mit, daß die deutschen Bevollmächtigten für ihre Verhandlungen mit den Auslandgläubigern unverzüglich Richtlinien benötigen[10]). Die Herausgabe solcher Richtlinien habe mindestens einen von der Bundesregierung gebilligten Gesetzentwurf zur Voraussetzung.

Der Bundesminister der Justiz legt seine schon schriftlich zum Ausdruck gebrachte Auffassung dar, daß das Kriegsfolgenschlußgesetz die Regelung der Reparations- und Restitutionsschäden nicht behandeln sollte, weil dieses rechtlich außerordentlich schwierige Problem noch nicht genügend durchgearbeitet sei[11]). Das Kabinett ist der Meinung, daß vor Erörterung dieser Frage das Ergebnis der für morgen vorgesehenen Ressortbesprechungen abzuwarten sei[12]).

Der Anregung des Staatssekretärs Dr. Sonnemann, die Abwicklung des Reichsnährstandsvermögens[13]) ebenfalls aus dem Kriegsfolgenschlußgesetz auszunehmen, widerspricht der Bundesminister der Finanzen u. a. mit dem Hinweis, daß dann der Wunsch nach weiteren Ausnahmen, z. B. bezüglich des DAF-Vermögens[14]), kaum unberücksichtigt bleiben könne[15]).

4. ENTWURF EINES GESETZES ZUR ÄNDERUNG UND ERGÄNZUNG STEUERLICHER VORSCHRIFTEN ZUR FÖRDERUNG DES KAPITALMARKTES; STELLUNGNAHME DER BUNDESREGIERUNG ZU DEN ÄNDERUNGSVORSCHLÄGEN DES BUNDESRATES   BMF

Wie der Stellvertreter des Bundeskanzlers mitteilt, bitten die Bundesminister für Wirtschaft und für Wohnungsbau, die Angelegenheit heute nicht zu erörtern, weil sie Wert darauf legen, ihren Standpunkt im Kabinett persönlich zu vertreten. Das Kabinett stellt darauf die Erörterung zurück[16]).

---

[10]) Siehe 34. Sitzung TOP 10 und die Vorlage für den Minister vom 11. Mai 1954 (B 126/51546).

[11]) Siehe die Vorlage des BMJ vom 3. April und die Stellungnahme des BMF dazu vom 22. April 1954 (B 126/12624).

[12]) Vermerk vom 17. Mai über die Ressortbesprechungen am 13. und 14. Mai 1954 in B 126/12665 und B 136/1158.

[13]) Der durch das Gesetz vom 13. Sept. 1933 (RGBl. I 626) gegründete Reichsnährstand, die einheitliche Organisation der Land- und Forstwirtschaft, der anzugehören gesetzlich festgelegte Pflicht war, war durch das Gesetz vom 21. Jan. 1948 (WiGBl. S. 21) aufgelöst worden. Das Vermögen wurde im Auftrag des BML von Treuhändern verwaltet. — Vgl. dazu auch BT-Drs. Nr. 945, 1002, 1036 und 1108. — Die Materie wurde geregelt im Gesetz über die Abwicklung des Reichsnährstands und seiner Zusammenschlüsse vom 23. Febr. 1961 (BGBl. I 119).

[14]) Die nach der Zerschlagung der Gewerkschaften auf dem „Kongreß der deutschen Arbeit" am 10. Mai 1933 als „Organisation aller schaffenden Deutschen der Stirn und der Faust" gegründete Deutsche Arbeitsfront hatte das Vermögen der Gewerkschaften übernommen. Sie war durch das Kontrollratsgesetz Nr. 2 vom 10. Okt. 1945 (Amtsbl. S. 19) aufgelöst und ihr Vermögen beschlagnahmt worden.

[15]) Fortgang 33. Sitzung TOP 2.

[16]) Vgl. 25. Sitzung TOP 3. — Fortgang 33. Sitzung TOP 3.

5. BEITRITT DER BUNDESREPUBLIK DEUTSCHLAND ZU DEN VERTRÄGEN DES
WELTPOSTVEREINS VOM 11. JULI 1952   BMP

Staatssekretär Prof. Dr. Gladenbeck unterrichtet das Kabinett kurz über die Bedeutung der Vorlage[17]). Der Stellvertreter des Bundeskanzlers, dem Bundesminister Dr. Tillmanns beipflichtet, äußert Zweifel darüber, ob es zweckmäßig sei, dem Weltpostverein schon jetzt beizutreten. Er möchte die voraussichtlich erforderliche Genehmigung der Alliierten Hohen Kommission vermieden wissen und meint ferner, daß der Beitritt der Bundesrepublik eine entsprechende Erklärung der sowjetzonalen Regierung auslösen könne, was ihm ebenfalls unerwünscht erscheine. Die Bundesminister der Finanzen, für Arbeit und für Verkehr halten diese Gesichtspunkte nicht für ausschlaggebend.

Das Kabinett stimmt dem Entwurf zu[18]).

6. ANRECHNUNG VON GLEICH- ODER HÖHERWERTIGEN TÄTIGKEITEN EHEMALIGER BERUFSOFFIZIERE, DIE BEI DER DIENSTSTELLE DES BEAUFTRAGTEN DES BUNDESKANZLERS TÄTIG SIND, BEI DER FESTSETZUNG DER GRUNDVERGÜTUNG.
                                                                Amt Blank

Der Beauftragte für Truppenfragen bittet im Einverständnis mit Staatssekretär Dr. Westrick, die Erörterung der Frage zurückzustellen, weil er zur Zeit mit dem Bundesminister der Finanzen erneut darüber verhandele[19]). Das Kabinett entspricht dieser Bitte.

Staatssekretär Dr. Sonnemann hält übrigens die Erstreckung der vom Beauftragten für Truppenfragen angestrebten Regelung über den vom Bundesminister für Wirtschaft gewünschten weiteren Rahmen[20]) hinaus auf alle ehemali-

---

[17]) Vgl. 3. Sitzung am 3. Nov. 1953 TOP 12. Gemeinsame Vorlage des BMP und AA vom 13. April 1954 in B 136/10028; vgl. dazu auch AA, Abt. 2, Bd. 113 f.; AA, Ref. 300, Bd. 66 f.; AA, Ref. V 2, Bd. 714; B 141/10554–10556.

[18]) BR-Drs. Nr. 166/54. – BT-Drs. Nr. 585. – Gesetz vom 25. Dez. 1954 (BGBl. II 1211); Inkrafttreten: 21. März 1955 (Bekanntmachung vom 17. Mai 1956 in BGBl. II 653).

[19]) Die zunächst zurückgestellte Vorlage des Beauftragten des Bundeskanzlers für die mit der Vermehrung der alliierten Truppen zusammenhängenden Fragen (= Amt Blank, vgl. BARING S. 55) vom 6. April 1954 (B 134/3325 und B 137/5731) wollte eine Regelung, in der bei der Festsetzung der Grundvergütung (der nunmehr bei der Dienststelle Blank im Angestelltenverhältnis beschäftigten ehemaligen Berufsoffiziere) frühere militärische Vordienstzeiten angerechnet werden. In einem Vermerk über die „Besprechung bei Herrn Blank am Dienstag, den 6. Juli 1954 in Bonn" vom 9. Juli 1954 heißt es hierzu: „1. Anrechenbarkeit der Offizier-Dienstjahre bei den T. O. A.-Verträgen und später bei der Pension. Herr Blank führte aus, daß die vorgesehene Kabinettsvorlage auf Grund des Wunsches des Herrn Finanzministers, dessen Begründung sich auch Herr Blank nicht verschließen konnte, zurückgezogen wurde, da nur die Dienststelle Blank eine Ausnahmegenehmigung erhalten solle. Bei einer Vorlage an das Kabinett bestehe die Gefahr, daß auch die anderen Ministerien für ihre ehemaligen Offiziere entsprechende Anforderungen stellen würden. Bei der Ausnahmegenehmigung für die Dienststelle sei eine generelle Genehmigung vorgesehen, diese werde also nicht nach einem namentlichen Schlüssel erfolgen. Es habe sich herausgestellt, daß von dieser Ausnahmegenehmigung 144 von 268 ehemaligen Offizieren einen Nutzen haben würden. Herr Blank betrachtet die Angelegenheit als in seinem Sinne gewonnen [...]" (BW 9/1403).

[20]) Die Vorlage des BMWi vom 27. April 1954 in B 146/1156 und B 137/5731 hatte sich zum Ziel gesetzt, die vom Amt Blank gewollte Regelung auch auf ehemalige Berufsoffiziere

gen, jetzt im Bundesdienst beschäftigten Wehrmachtsangehörigen für angebracht, und zwar auch dann, wenn sie nicht adäquat tätig sind. Dazu bemerkt der Stellvertreter des Bundeskanzlers, daß das Problem im Falle einer solchen Ausweitung alle Bundesressorts, insbesondere den Bundesminister des Innern, angehe. Der Bundesminister der Finanzen weist darauf hin, daß dann wohl auch die Länder, Kommunalverbände und Gemeinden einbezogen werden müßten; schließlich sei auch noch die voraussichtlich ablehnende Stellungnahme des Bundesrechnungshofes zu berücksichtigen[21]).

7. ARBEITSZEIT IN DEN BUNDESMINISTERIEN   BMI

Der Bundesminister des Innern gibt den Stand der Übung und der Auffassung der Bundesressorts wieder und bittet, entsprechend seinem Antrag in der Vorlage vom 18. Januar 1954 zu beschließen[22]), hilfsweise aber entsprechend dem Vorschlag des Bundesministers für Verkehr vom 13. Februar 1954 die Regelung der Frage jedem Ressort zu überlassen[23]).

Der Stellvertreter des Bundeskanzlers weist darauf hin, daß sich in den kleineren Bundesressorts der umschichtig freie Sonnabendvormittag ungleich schwerer durchführen lassen würde als in den großen. Ferner würde gerade den überbeanspruchten Arbeitskräften in allen Ressorts die Vergünstigung praktisch kaum zugute kommen. Zudem sei der Sonnabend ein besonders geeigneter Tag für interne Besprechungen. Schließlich müsse in Rechnung gestellt werden, daß die angestrebte Regelung in der Öffentlichkeit voraussichtlich starker Kritik begegnen würde, der mit überzeugenden Argumenten schwerlich entgegengetreten werden könne.

Der Bundesminister für Arbeit gibt zu bedenken, daß die angestrebte Vergünstigung den von der Bundesregierung nicht gut geheißenen Wünschen der Gewerkschaften auf Einführung der 5-Tage-Woche[24]) neuen Auftrieb geben würde. Er halte übrigens die weitaus meisten in den Bundesressorts beschäftigten Personen — insbesondere im Vergleich zu den Verhältnissen in der Wirtschaft — nicht für überbeansprucht. Deshalb lehne er die angestrebte Vergün-

---

auszudehnen, die auf rüstungswirtschaftlichem oder rüstungstechnischem Gebiet bei den übrigen Bundesressorts beschäftigt waren.
[21]) Fortgang 58. Sitzung TOP 11.
[22]) Der BMI war in der 13. Sitzung am 18. Dez. 1953 (TOP M) beauftragt worden, eine Vorlage über die einheitliche Regelung der Arbeitszeit in den Bundesministerien zu unterbreiten. Es ging darum, die in den Bundesministerien unterschiedlich gehandhabte Praxis, den Bediensteten alle zwei Wochen am Sonnabend Dienstbefreiung ohne Arbeitszeitverkürzung zu gewähren, zu vereinheitlichen. Der BMI hatte in seiner Vorlage beantragt, die Dienstbefreiung in allen Bundesministerien einzuführen (B 106/18844 und B 136/1966). — Das Bundeskanzleramt hatte die vom BMI vorgeschlagene Behandlung der Vorlage im Umlaufverfahren abgelehnt (Notiz vom 21. Jan. 1954 auf der Vorlage des BMI in B 136/1966). — In der Vorlage vom 21. April 1954 hatte der BMI berichtet, daß sieben Ressorts seinem Vorschlag zugestimmt und drei ihn abgelehnt hatten (B 106/18844 und B 136/1966).
[23]) Vorlage des BMV ebenda und in B 106/18844.
[24]) Vgl. 28. Sitzung TOP E.

stigung entschieden ab[25]); derselben Auffassung sei der Bundesminister für gesamtdeutsche Fragen. Diese Meinung wird auch vom Bundesminister der Finanzen[26]) und von den Staatssekretären Dr. Westrick[27]) und Prof. Dr. Gladenbeck mit Nachdruck vertreten. Demgegenüber hält der Bundesminister des Innern gesundheitliche und soziale Gesichtspunkte für so wichtig, daß sie den Ausschlag geben sollten. Es handle sich im Grunde nicht um eine Abkürzung, sondern um die zweckmäßige Dosierung der Arbeitszeit.

Auf Anregung des Bundesministers der Finanzen unterbleibt die Beschlußfassung, weil nur knapp mehr als die Hälfte der Bundesminister anwesend sind und weil die beiden jetzt zur Erörterung stehenden Vorschläge auf die Aufhebung früherer Kabinettsbeschlüsse hinauslaufen[28]).

8. PERSONALIEN

Einwendungen werden nicht erhoben[29]).

II
Außerhalb der Tagesordnung

[A.] EUROPÄISCHE ZAHLUNGSUNION

Der Stellvertreter des Bundeskanzlers unterrichtet das Kabinett eingehend über die jüngsten Pariser Verhandlungen der Europäischen Zahlungsunion, die er dort im engsten Einvernehmen mit dem Bundesminister für Wirtschaft geführt habe[30]). Er hebt hervor, daß der britische Schatzkanzler deutsche wirtschaftliche Zugeständnisse in dem offenbaren Bestreben verlangt habe, die wirtschaftliche Expansion der Bundesrepublik zu drosseln. Er sei diesem Verlangen sehr bestimmt mit dem Hinweis darauf begegnet, daß die vielfach als unbequem empfundene Expansion letzten Endes auf schwere politische Fehlentscheidungen der Alliierten zurückzuführen sei; insbesondere die Tatsache, daß zehn Millionen Flüchtlinge in das ohnehin dicht bevölkerte und räumlich enge Bundesgebiet hineingepreßt worden seien, habe diese Expansion zur Folge gehabt. – In der Frage der Konvertibilität der Währungen hätten Belgien, Holland und die Schweiz den deutschen Standpunkt unterstützt; Italien und Frankreich seien ihm nicht entgegengetreten; vor allem die drei skandinavischen Staaten hätten opponiert. Es seien Anhaltspunkte dafür vorhanden, daß in etwa 12 bis 15 Monaten ein entscheidender Schritt in Richtung auf die volle Konvertibilität unternommen werden könne, falls sich bis dahin die allgemeine politi-

---

[25]) Siehe Vorlage des BMA vom 3. Febr. 1954 in B 106/18844 und B 136/1966.
[26]) Siehe Vorlage des BMF vom 16. Febr. 1954 (ebenda) und in B 106/18844.
[27]) Siehe Vorlage des BMWi vom 27. Febr. 1954 (ebenda) und in B 136/1966.
[28]) Siehe 249. Sitzung am 23. Sept. 1952 (TOP 12) und 300. Sitzung am 7. Juli 1953 (TOP I). – Fortgang 34. Sitzung TOP 12.
[29]) An Ernennungen waren vorgesehen: im AA zwei Vortragende Legationsräte.
[30]) Vgl. 28. Sitzung TOP D. – Unterlagen über die Vorbereitung und Durchführung der Ministerratssitzung am 5. und 6. Mai 1954, welche sich hauptsächlich mit dem Weiterbestehen und der Verlängerung (auf ein Jahr) der Europäischen Zahlungsunion befaßte, in B 146/861; B 102/10575–10578, 10860, 11137 f.; B 136/2594; Nachlaß Blücher/175, 289.

sche Lage nicht verschlechtere³¹). Alle beteiligten Länder hätten sich gegen eine
Europäische Agrarunion ausgesprochen³²).

[B.] MONTANUNION

Der Bundesminister für Verkehr gibt seiner Enttäuschung darüber Ausdruck, daß nach heutigen Pressemeldungen entgegen der in der vorigen Kabinettssitzung³³) angedeuteten Vermutung als deutscher Kandidat nicht Dr. von Brentano zum Präsidenten, sondern Dr. Pünder³⁴) nur zum dritten Vizepräsiden-

---

³¹) Am 5. und 6. Mai 1954 hatte in Paris eine Sitzung des Ministerrates der OEEC unter dem Vorsitz des britischen Schatzkanzlers Butler stattgefunden. Die Bundesrepublik wurde auf dieser Tagung durch Blücher und Erhard vertreten (vgl. im einzelnen Mitteilung des BPA Nr. 512/54 vom 7. Mai 1954 und EA 1954 S. 6624–6626). Am 6. Mai, gegen 23.10 Uhr, fuhr Blücher gemeinsam mit Butler, Maudling und Erhard von Paris nach Bonn (vgl. dazu seinen Terminkalender 1954 in Nachlaß Blücher/294). – Fortgang Sitzung des Kabinett-Ausschusses für Wirtschaft am 9. Juni 1954 TOP 1. – Der Europäische Wirtschaftsrat in Paris (OEEC), Vierter Jahresbericht der Europäischen Zahlungsunion, 1. Juni 1953 – 30. Juni 1954, Deutsche Übersetzung. Herausgegeben vom Bundesministerium für wirtschaftliche Zusammenarbeit. Bonn 1954.

³²) Vgl. 178. Sitzung am 9. Okt. 1951 TOP 15. – Adenauer hatte Blücher in seinem Schreiben vom 7. April 1954 aufgefordert, „jede Stellungnahme der deutschen Delegation zu vermeiden, die irgendwie die auf der Agrarministerkonferenz Ende Mai zu treffenden Beschlüsse präjudiziert" (B 136/2654). So findet sich in einem Schreiben Blüchers an Adenauer vom 18. Mai 1954 u. a.: „Auf der Ministerratssitzung des Europäischen Wirtschaftsrats am 5. und 6. Mai 1954 wurde auf Wunsch der englischen Delegation unter Punkt ‚Verschiedenes' die weitere Gestaltung des Verhältnisses zwischen der OEEC und der Agrarunion behandelt. Ich habe dazu die [...] Erklärung abgegeben, die auf der einen Seite die bisherige unzureichende Behandlung der agrarpolitischen Probleme durch die OEEC unterstreicht und auf der anderen Seite betont, daß die Entscheidung über die Fortführung der Arbeiten für eine Organisation der europäischen Agrarmärkte von der Agrarministerkonferenz getroffen werden muß [...]. Der französische Vertreter, der noch nicht in der Lage war, eine abschließende Stellungnahme abzugeben, teilte mit, daß die französische Regierung unverzüglich zu einer Konferenz der Agrarminister einladen werde. Es scheint mir daher erforderlich zu sein, über die auf dieser Konferenz einzunehmende deutsche Haltung recht bald Klarheit zu erzielen" (B 136/2654). Vgl. auch 39. Sitzung der Bundesregierung TOP B: Europäische Integrationsbestrebungen und Sitzung des Kabinett-Ausschusses für Wirtschaft am 13. Juli 1954 TOP 1: Konvertibilität der Währungen; deutsche Stellungnahme auf der bevorstehenden Tagung des Ministerausschusses des Europäischen Wirtschaftsrates in London. – Die langjährigen Auseinandersetzungen über die Agrarunion – „Green Pool" der 17 OEEC-Staaten (z. B. Großbritannien), Agrareuropa der sechs Montanunion-Staaten (z. B. Frankreich) oder „eigenständige Institutionen" (Lübke, Hermes) einer Europäischen Agrargemeinschaft – finden ihren Niederschlag auch in: B 116/1453, 1869–1876, 7291–7299, 7811–7816; B 102/11138; B 141/11464 f. Nach Kluge, Ulrich: Wege der europäischen Agrarintegration 1950–1957. In: Vom Marshallplan zur EWG. Die Eingliederung der Bundesrepublik Deutschland in die westliche Welt. Herausgegeben von Ludolf Herbst, Werner Bührer und Hanno Sowade, München 1990 S. 301–311 war die „kleine" Lösung eines gemeinschaftlichen Marktes der sechs Montanunion-Staaten (vgl. § 38 des Vertrages über die Europäische Wirtschaftsgemeinschaft vom 25. März 1957) das Ergebnis eines überaus verwickelten Entscheidungsprozesses.

³³) Vgl. 31. Sitzung TOP B.

³⁴) Dr. iur. Hermann Pünder (1888–1976). 1919–1925 Reichsfinanzministerium, 1925 Min-Dir. und 1926–1932 StS in der Reichskanzlei; 1945 Gründungsmitglied der CDU in Mün-

ten des Montan-Parlamentes gewählt worden sei. Bundesminister Dr. Tillmanns bemerkt hierzu, daß Dr. von Brentano sich wider Erwarten nicht für die Kandidatur zur Verfügung gestellt habe[35]) und daß seines Wissens die Vizpräsidenten unter sich gleichberechtigt seien. Auf Anregung des Stellvertreters des Bundeskanzlers wird vorbehalten, auf die Angelegenheit zurückzukommen, sobald amtliche Einzelheiten darüber bekannt geworden sind[36]).

[C.] ABWICKLUNG DES JUGOSLAWISCHEN KREDITABKOMMENS

Der Bundesminister der Finanzen berichtet über den Stand der Verhandlungen[37]). Der Entwurf eines Vertrages sei fertiggestellt[38]); es frage sich nun, ob entsprechend dem dringlich geäußerten Wunsch des jugoslawischen Bevollmächtigten paraphiert werden solle. Er habe sich bisher darauf nicht eingelassen, und zwar besonders deshalb nicht, weil er von befreundeter Seite vertraulich erfahren habe, daß Jugoslawien neuerdings das Zustandekommen einer Konferenz mit seinen übrigen Gläubigern betreibe. Der Stellvertreter des Bundeskanzlers hält es für erforderlich, insbesondere auf England als Gläubiger Rücksicht zu nehmen und deshalb die Paraphierung mindestens so lange zurückzustellen, bis geklärt sei, ob eine allgemeine Gläubiger-Konferenz in Aussicht stehe oder nicht. Der Bundesminister der Finanzen bemerkt, daß zur Zeit der von dem jugoslawischen Bevollmächtigten überreichte serbische Text des Vertragsentwurfes geprüft werde. Das werde einige Tage dauern. Inzwischen möge das Auswärtige Amt bei der englischen Regierung wegen der Gläubiger-

---

    ster, Oberbürgermeister in Köln (löste Adenauer auf diesem Posten ab), 1948–1949 Oberdirektor und Vorsitzer des Verwaltungsrates des VWG, 1949–1957 MdB (CDU), 1952–1957 Vizepräsident der Gemeinsamen Versammlung der EGKS. – Pünder, Hermann: Von Preußen nach Europa, Lebenserinnerungen. Stuttgart 1968. – Zur Person Pünders vgl. BARING S. 295 f.

[35]) Dazu findet sich in Nachlaß Seebohm/8c folgende Eintragung: „Tillmanns: Brentano hat verzichtet aus manchen Gründen, so daß wir Kandidatur de Gasperi unterstützt haben. Die Sache soll nochmals besprochen werden." Zur Ablehnung von Brentanos vgl. dessen Schreiben an Adenauer vom 6. Mai 1954 in Nachlaß von Brentano/155: „[...] Zunächst ist es die Frage der Wahl des Präsidenten der Gemeinsamen Versammlung. Ich höre, daß Sie sich im Kabinett [am 5. Mai 1954 TOP B] auch damit beschäftigt und offenbar überwiegend die Auffassung vertreten haben, daß ich mich zur Wahl stellen sollte. Ich habe erhebliche Bedenken dagegen, weil ich nicht weiß, ob ich diese Aufgabe neben der Fraktionsleitung übernehmen kann. Auf der anderen Seite bin ich mir klar darüber, daß dann wohl ein Deutscher nicht gewählt wird; ob das vielleicht mit Rücksicht auf die labile politische Situation in Paris von Vorteil wäre, scheint mir zum mindesten eine offene Frage [...]."

[36]) Vgl. Sitzung des Kabinett-Ausschusses für Wirtschaft am 23. Juli 1954 TOP A: „[...] nimmt der Kabinettausschuß davon zustimmend Kenntnis, daß gegen die vom belgischen Wirtschaftsminister vorgeschlagene Zurückstellung der Neuwahl des Präsidiums bis zum Februar nächsten Jahres keine Bedenken erhoben werden." – Fortgang Sondersitzungen des Kabinett-Ausschusses für Wirtschaft am 28. Jan. 1955 TOP A und Sondersitzung der Bundesregierung am 27. Mai 1955 TOP 1.

[37]) Vgl. 26. Sitzung TOP D.

[38]) Der Entwurf vom 25. März 1954 sah vor, daß Jugoslawien 1954 und 1955 insgesamt 42,05 Mio DM zahlen sollte und die nächste Rate 1958 fällig wurde (Unterlagen in B 102/58109).

Konferenz anfragen³⁹). Sollte sich herausstellen, daß Jugoslawien mit einiger Erfolgsaussicht eine derartige Konferenz betreibe, so wolle er dem jugoslawischen Bevollmächtigten erklären, daß deshalb zunächst die Paraphierung unterbleibe.

Damit ist das Kabinett einverstanden⁴⁰).

[D.] BEAMTENBESOLDUNGSREFORM IN NORDRHEIN-WESTFALEN

Der Bundesminister der Finanzen unterrichtet das Kabinett darüber, daß es den Bund rd. 1 Milliarde DM kosten würde, wenn er die in Nordrhein-Westfalen vorbereitete, dem Bundesrecht widersprechende Beamtenbesoldungsreform auch einführte⁴¹). Diese Mittel aufzubringen, sei ausgeschlossen; das gelte entsprechend auch für die meisten übrigen Länder. Im Bundesrat würde sich deshalb voraussichtlich die für die Zustimmung zum Bundeszwang⁴²) gegen das Land Nordrhein-Westfalen erforderliche Mehrheit finden. Der Bundeszwang dürfte indessen insbesondere mit Rücksicht auf die in Nordrhein-Westfalen bevorstehenden Wahlen⁴³) eine unzweckmäßige Maßnahme sein. Zunächst habe er für den nächsten Sonnabend eine Unterredung mit dem Ministerpräsidenten Arnold vereinbart, als deren Ergebnis er das Einlenken der Landesregierung erhoffe. Er wolle ihm vorschlagen, äußerstenfalls das Inkrafttreten der Besoldungsreform bis zur Klärung der Frage auszusetzen, ob die Reform mit dem Bundesrecht vereinbar sei. Er habe auch im Auge, eine Vereinbarung darüber zu treffen, daß das Bundesverfassungsgericht um ein verbindliches Gutachten über die Rechtsfrage gebeten werde. Sollte er eine Einigung mit dem Ministerpräsidenten Arnold nicht erreichen, so werde zu überlegen sein, ob und in welcher Form an den Bundesrat herangetreten werden solle⁴⁴).

Das Kabinett billigt dieses Vorhaben.

---

³⁹) Zu den Bemühungen, das britische und deutsche Vorgehen zu koordinieren, siehe die Mitteilungen der deutschen diplomatischen Vertretung in London an das AA vom 29. Jan. und 1. Mai 1954 sowie das Telegramm des AA vom 10. Mai 1954 an die deutsche diplomatische Vertretung in London, in dem um die Entsendung eines Vertreters der Mission nach Bonn gebeten wurde (ebenda).

⁴⁰) Das Abkommen wurde am 15. Mai 1954 paraphiert. Die am 31. Mai 1954 in Belgrad beginnenden Verhandlungen führten am 16. Juni 1954 zur Unterzeichnung des Abkommens über die Regelung der jugoslawischen Zahlungsverbindlichkeiten (Unterlagen in B 102/58110). – Vgl. auch die Mitteilung des BPA Nr. 669/54 vom 21. Juni 1954.

⁴¹) Der Landtag von Nordrhein-Westfalen hatte am 23. März 1954 in 2. Lesung dem Entwurf eines Besoldungsgesetzes zugestimmt, der auf einem Entwurf der CDU-Fraktion beruhte (Schreiben des Finanzministers Flecken an Schäffer vom 28. März 1954 in B 106/7978). Der Entwurf sah Gehaltserhöhungen zwischen 7 und 33 % vor (Landtagsdrucksache Nr. 1454, ebenda). Der BMF hatte die Landesregierung darauf hingewiesen, daß dieser Entwurf gegen die im Gesetz zur Änderung und Ergänzung des Besoldungsrechts vom 6. Dez. 1951 (BGBl. I 939) festgelegte Wahrung der Einheitlichkeit auf dem Gebiet des Besoldungs- und Versorgungsrechts verstoßen würde (Schreiben vom 27. Okt. 1953 sowie vom 18. Febr. und 3. April 1954 in B 106/7978). – Siehe auch die Schreiben Schäffers an Adenauer vom 3. und 5. April 1954 (B 136/584).

⁴²) Art. 37 GG.

⁴³) Die Landtagswahl fand am 27. Juli 1954 statt.

⁴⁴) Fortgang 35. Sitzung TOP 1.

[E.] AUSLÄNDISCHE BETEILIGUNG AM KOHLENBERGBAU (HARPENER BERGBAU AG)

Unter Bezugnahme auf die in der 30. Kabinettssitzung am 28. April 1954 gepflogenen Erörterungen (Punkt [M.] außerhalb der Tagesordnung)[45]) führt Staatssekretär Dr. Westrick ergänzend folgendes aus:

Der Kaufvertrag Flick/Sidéchar[46]), Paris, sehe ungünstigere Bedingungen vor, als damals auf Grund des von Flick vorgelegten Entwurfes habe angenommen werden können[47]). In der entscheidenden Verhandlung, die zum Abschluß des Vertrages geführt habe, habe Flick der Käuferin folgendes eingeräumt:

a) Von dem 180 Mio DM betragenden Verkaufspreis werden 40 Mio DM in Sperrmark (deren Herkunft wahrscheinlich nicht kommerzieller Natur ist) und 63,5 Mio DM in frei konvertierbarer DM oder in dem Verkäufer genehmen Devisen bezahlt, während zunächst die Bezahlung von 103,5 Mio DM in frei konvertierbarer DM in Gold oder in U.S.-Dollar vorgesehen war.

b) In einer Sondervereinbarung ist festgelegt, daß der Zweck des Geschäfts für die Käuferin die Gewährung des Werkselbstverkaufsrechts ist, ferner daß dieses Recht von der Kohlenverkaufsorganisation sowie von deren Zweigunternehmung genehmigt und garantiert werden soll, und schließlich, daß jede Vertragspartei zurücktreten kann, wenn das Recht nicht bis zum 15. Juni 1954 sichergestellt ist.

Das Bundesministerium für Wirtschaft habe sich durch Befragen der Verkäuferseite bestätigen lassen, daß die Zusicherung des Werkselbstverkaufsrechts

---

[45]) Vgl. 30. Sitzung TOP M.

[46]) Es handelt sich um die neugegründete Société Sidérurgique de Participations et d'Approvisionnement en Charbons-par abréviation „Sidéchar", Paris mit zehn Aktionären, alle Inhaber von Eisenhüttenwerken mit einem Verbrauch von je mehr als 24 000 t pro Jahr an festen Brennstoffen.

[47]) Während im „Entwurf des Vertrages" vom 20. April 1954 (Abschrift in B 102/60713) der Kaufpreis in Höhe von 42,5% (= 76,5 Mio DM) in französischen Franken und in Höhe von 57,5% (= 103,5 Mio DM) in deutscher Mark entrichtet werden sollte, sah der „Vertrag" vom 30. April 1954 vor (Abschrift in B 102/60713), den Kaufpreis zu zahlen: in Höhe von 42,5% (= 76,5 Mio DM) in französischen Franken und − was den Restbetrag (57,5% = 103,5 Mio DM) angeht − bis zu 22,2% (= 40 Mio DM) in Sperrmark und dann den Rest (= 63,5 Mio DM) „in freikonvertierbarer deutscher Mark oder in der Verkäuferin genehmen Devisen". Zweck des Aktienkaufes seitens der französischen Käuferin (Sidéchar, Paris) war es, durch den Erwerb der Majorität des Aktienkapitals der Harpener Bergbau-AG für ihre Aktionäre das Recht zu erlangen, sich mit Koks und Kohle direkt an den der Harpener Bergbau-AG gehörenden Zechen im Wege des Werkselbstverbrauchsrechtes zu versorgen; in dieser Hinsicht hatte die Verkäuferin (Verwaltungsgesellschaft für Steinkohlenbergbau und Hüttenbetrieb mbH, Düsseldorf) eine Garantie zu übernehmen. Inhalt dieser Garantieerklärung war nach dem „Entwurf des Vertrages" die „Herstellung dieses Rechts durch die Ruhrkohlenverkaufsgesellschaft ‚Angelika' und die Gemeinschaftsorganisation Ruhrkohle GmbH", nach dem „Vertrag", daß das „Werkselbstverbrauchsrecht durch eine entsprechende Entscheidung der Ruhrkohlenverkaufsgesellschaft ‚Angelika' und der Gemeinschaftsorganisation Ruhrkohle GmbH sichergestellt ist." Vgl. dazu Schreiben Westricks an Globke (für „Herrn Bundeskanzler, der am 12. 5. 1954 der Besprechung dieses Punktes nicht beiwohnen konnte [...], da er besonderes Interesse an der Frage bekundet hat") vom 22. Mai 1954 in B 136/2462. Weitere einschlägige Unterlagen in B 102/21363 und 60711−60714.

nur eine privatrechtliche Verschaffungspflicht des Verkäufers sei, für deren Erfüllung nicht etwa die Garantie der Bundesregierung erwartet werde.

Nach längerer Erörterung stimmt das Kabinett darin überein, daß die politische Beurteilung des Geschäfts durch die Verschlechterung der Verkaufsbedingungen keine grundlegende Veränderung erfahren müsse, und daß ferner der Bundesminister für Wirtschaft mit dem Bundesminister der Finanzen und der Bank deutscher Länder zu überprüfen haben werde, ob wegen der Sperrmark irgendwelche devisenrechtliche Bedenken zu erheben seien. Weder hinsichtlich der Begründung noch hinsichtlich der Erhaltung des Werkselbstverkaufsrechts könne die Bundesregierung eine Sicherheit geben. Einzelheiten hierzu sollen anhand einer Vorlage des Bundesministeriums für Wirtschaft im Kabinettsausschuß besprochen werden[48]). Im übrigen beschränkt sich das Kabinett wie bisher darauf, von dem Geschäft Kenntnis zu nehmen[49]).

[F.] ENTWURF EINER VERORDNUNG ÜBER DIE ARBEITSZEIT DER BUNDESBEAMTEN UND VON RUNDSCHREIBEN AN DIE OBERSTEN BEHÖRDEN USW. BETREFFEND DIE ARBEITSZEIT BEI DEN BEHÖRDEN

Das Kabinett stimmt den vom Bundesminister des Innern mit der Vorlage vom 26. April 1954 vorgeschlagenen Entwürfen ohne Aussprache zu[50]).

[G.] PROGRAMM DER NATIONALEN WIEDERVEREINIGUNG

Der Bundesminister der Justiz unterrichtet das Kabinett darüber, daß der Bundesgerichtshof das Programm[51]) kürzlich als Vorbereitung zum Hochverrat gewertet und die Angeklagten zu erheblichen Gefängnisstrafen verurteilt habe[52]). Der eine der Verurteilten sei sofort verhaftet worden[53]). Das Legalitäts-

---

[48]) Eine Besprechung im Kabinett-Ausschuß für Wirtschaft läßt sich nicht nachweisen. — Die Zahlungsweise für den 180 Mio DM betragenden Kaufpreis wurde schließlich so geregelt, daß der Teilbetrag von 103,5 Mio DM (vgl. Anm. 47) „grundsätzlich in Gold oder US-Dollar zu zahlen ist", siehe Schreiben des BMWi an das Bundeskanzleramt vom 13. März 1955 in B 136/2462.

[49]) Entspricht einem Vermerk Haenleins für Adenauer vom 6. Aug. 1953 in B 136/2461: „[...] Wenn somit dem Verkauf an die Franzosen nicht zugestimmt worden ist, so hat die Bundesregierung aber auch keine rechtliche Möglichkeit ihn zu verhindern [...]"

[50]) In der Vorlage des BMI vom 26. April 1954 wurde die Arbeitszeit der Bediensteten auf 48 Stunden in der Woche festgelegt (B 106/6892 und B 136/1965). — Fortgang 33. Sitzung TOP 9.

[51]) In dem am 2. Nov. 1952 vom Vorstand der KPD verabschiedeten „Programm der nationalen Wiedervereinigung Deutschlands" war die Forderung erhoben worden, daß das „Regime Adenauer gestürzt und auf den Trümmern dieses Regimes ein freies, einheitliches, unabhängiges, demokratisches und friedliebendes Deutschland geschaffen" werde. Nur der „unversöhnliche und revolutionäre Kampf aller demokratischen Patrioten" könne und werde „zum Sturz des Adenauer-Regimes und damit zur Beseitigung der entscheidenden Stütze der Herrschaft der amerikanischen Imperialisten in Westdeutschland führen" (Programm der nationalen Wiedervereinigung Deutschlands, herausgegeben vom Parteivorstand der KPD, Stuttgart [o. J.] S. 11 in ZSg. 1–65/36 [16]).

[52]) Der BGH hatte am 6. Mai 1954 die Parteisekretäre der KPD Horst Reichel und Herbert Beyer aus Salzgitter zu drei bzw. eineinhalb Jahren Gefängnis verurteilt (Urteil in B 141/11915).

prinzip erfordere nunmehr, daß im Zusammenhang mit diesem Programm gegen eine Reihe von Mitgliedern des Parteivorstandes der KPD und gegen sonstige kommunistische Parteifunktionäre strafrechtlich vorgegangen werde[54]. Zu prüfen bleibe, ob darüber hinaus der Oberbundesanwalt gegen diese Personen Haftbefehl beantragen solle; das könne im Hinblick auf die bevorstehenden Landtagswahlen[55] politisch unzweckmäßig erscheinen. Er erachte jedoch diesen Gesichtspunkt nicht für ausschlaggebend, halte vielmehr die Verhaftung für geboten. Soweit die für das Programm verantwortlichen Kommunisten[56], zu denen auch Max Reimann[57] gehört, in Nordrhein-Westfalen Landtagsabgeordnete seien, erscheine es ihm freilich nicht ratsam, die Aufhebung der Immunität zu betreiben. – Staatssekretär Dr. Globke gibt zu bedenken, daß eine Verhaftung voraussichtlich Märtyrer machen würde und der kommunistischen Bewegung, die ohnehin in letzter Zeit leicht ansteigende Tendenz habe, neuen Zuwachs bringen könne. Das sollte besonders im Hinblick auf die bevorstehenden Wahlen vermieden werden. Übrigens erscheine ihm Fluchtverdacht tatsächlich als unbegründet, weil nach seiner Kenntnis die verfolgten Funktionäre seitens der kommunistischen Parteileitung Weisung hätten, nicht zu fliehen. Der Bundesminister des Innern schließt sich der Auffassung des Bundesministers der Justiz an und meint, die Verhaftungen sollten so unauffällig wie möglich durchgeführt werden; schon deshalb sollte gegen die beschuldigten Abgeordneten die Aufhebung der Immunität besser nicht betrieben werden. Der Stellvertreter des Bundeskanzlers neigt zu der Auffassung, daß dies doch geschehen sollte, um dem Rechtsgedanken und der Staatsautorität Geltung zu verschaffen. Der Gesichtspunkt, daß die Immunität ohnehin mit größter Wahrscheinlichkeit nicht aufgehoben werden würde, erscheine ihm nicht ausschlaggebend. Der Zulauf, den die KPD bekäme, würde praktisch nur auf Kosten der SPD gehen und diese daher im Wahlkampf schwächen; demgegenüber könne ein kleinerer Stimmenzuwachs für die ohnehin bedeutungslose KPD in Kauf genommen werden.

---

[53] Reichel und Beyer waren am 29. Nov. 1952 wegen der Verbreitung des „Programms" und anderer Flugschriften der KPD auf Antrag des Oberstaatsanwalts in Braunschweig in Untersuchungshaft genommen worden. Im Jan. 1953 hatte der Oberbundesanwalt beim BGH den Fall übernommen. Im Nov. 1953 war der Haftbefehl zwar aufrechterhalten, aber Haftverschonung unter bestimmten Auflagen verfügt worden. Reichel war nach der Verkündung des Urteils des BGH erneut verhaftet worden (B 141/11915).

[54] Der Oberbundesanwalt beim BGH hatte am 8. Mai 1954 beantragt, die Voruntersuchung gegen neun der Mitglieder der Kommission zu eröffnen, die das „Programm" ausgearbeitet hatten (Schreiben an den Untersuchungsrichter beim BGH in B 136/1754).

[55] Vgl. 19. Sitzung TOP 4.

[56] Der Oberbundesanwalt beim BGH hatte mitgeteilt, daß auch die Abgeordneten des Landtags von Nordrhein-Westfalen Max Reimann und Josef Ledwohn sowie der Abgeordnete des Landtags von Baden-Württemberg Willi Bechtle der „Programm"-Kommission angehört hatten (Schreiben vom 8. Mai 1954 in B 136/1754).

[57] Max Reimann (1898–1977). Werftarbeiter, 1919 Mitbegründer der KPD, 1928–1932 Parteisekretär, 1932–1933 Gewerkschaftssekretär, 1934 Emigration, 1939–1945 Gefängnis und Haft (Konzentrationslager); 1948–1956 Vorsitzender der KPD, Mitglied des Wirtschaftsrats des VWG und des Parlamentarischen Rats, 1949–1953 MdB und Fraktionsvorsitzender, 1971 Ehrenvorsitzender und Mitglied des Präsidiums der DKP.

Das Kabinett hält es für richtig, daß der Oberbundesanwalt angewiesen wird, Haftbefehle gegen die Beschuldigten zu beantragen, soweit sie nicht durch Immunität geschützt sind[58]).

---

[58]) Am 14. Mai 1954 wurden acht der neun Mitglieder der Kommission, die nicht durch Immunität geschützt waren, verhaftet. Einer der Haftbefehle konnte nicht vollstreckt werden (Schreiben des Oberbundesanwalts an den BMJ vom 17. Mai 1954 in B 136/1754). Nach dem Verlust ihres Mandats bei der Landtagswahl in Nordrhein-Westfalen wurden Haftbefehle gegen Reimann und Ledwohn erlassen. Ledwohn wurde inhaftiert (Schreiben des Oberbundesanwalts an den BMJ vom 10. Aug. 1954, ebenda). Reimann floh in die DDR. Unterlagen über das Verfahren nicht ermittelt.

33. Kabinettssitzung
am Dienstag, den 25. Mai 1954

Teilnehmer: Adenauer (zeitweise)¹), Blücher, Schröder, Neumayer, Schäffer, Erhard, Lübke, Storch, Preusker, Oberländer, Kaiser, Wuermeling, Tillmanns, F. J. Strauß, Kraft; Bergemann, Gladenbeck, Hallstein, Nahm, Ripken; Klaiber; Six; Selbach, Kilb; Blank, F. Ernst (von 12.50 bis 13.30 Uhr)²). Protokoll: Pühl.

Beginn: 9.30 Uhr   *Ende: 14.00 Uhr*

AUSFÜHRUNGEN DES HERRN BUNDESKANZLERS IN DER 33. KABINETTSSITZUNG AM DIENSTAG, DEN 25. MAI 1954³)

Wir bilden uns immer ein, im Ausland Vertrauen und Achtung zu genießen. Aber das deutsche Volk als Ganzes ist nicht beliebt im Ausland, von ganz wenigen Ländern abgesehen, nämlich abgesehen von den mohammedanischen Ländern. Man muß das psychologisch verstehen können, einmal aus der vergangenen Zeit des Nationalsozialismus und aus diesem ganzen Krieg und aus all dem, was sich nachher zugetragen hat, aus den Ereignissen, die sich in der Welt weiter zugetragen haben und noch zutragen. Der zweite Grund ist, daß das deutsche Volk nach dem Zusammenbruch mit einer sehr anerkennenswerten Energie wieder begonnen hat, sich in die Höhe zu arbeiten.

Zweifellos wird auch meiner Meinung nach im Ausland das Maß unseres Emporkommens weit überschätzt, und es wird auch im Inland weit überschätzt. Ich habe wiederholt gesagt und möchte das sehr nachdrücklich betonen, daß nach meiner begründeten Überzeugung, wenn irgendwie infolge einer politischen Flaute — ich drücke mich sehr vorsichtig mit dem Wort „Flaute" aus —

---

¹) Vgl. den Satz zwischen TOP 4 und TOP 5 und den Satz nach dem ersten Absatz von TOP 6 des Kurzprotokolls.
²) Dr. iur. Friedrich Ernst (1889—1960). 1919—1931 Preußisches Ministerium für Handel und Gewerbe, 1931—1935 Reichskommissar für das Bankgewerbe, 1935—1939 Reichskommissar für die Verwaltung des feindlichen Vermögens. 1948 Leiter der Berliner Währungskommission, 1949—1957 Vorsitzender des Verwaltungsrates der Berliner Zentralbank, 1951 Geschäftsführer des Kabinett-Ausschusses für Wirtschaft, 1952—1958 Vorsitzender des Forschungsbeirates für Fragen der Wiedervereinigung Deutschlands beim Bundesminister für gesamtdeutsche Fragen.
³) Die folgende Niederschrift befindet sich in der amtlichen Serie der Kabinettsprotokolle (Bd. 19) als elfseitige maschinenschriftliche Ausfertigung mit Stempel „Geheim" (eine nur redaktionell davon abweichende Fassung, mit der Randverfügung Adenauers vom 26. Mai 1954 „H[errn] Kilb zur gef[ä]l[ligen] Durchsicht", wird in StBKAH III 82 verwahrt). Die diesem Wortprotokoll folgende Kurzfassung (TOP 1: Außenpolitische Lage) bringt die Informationen des Wortprotokolls in anderer Reihenfolge und Gewichtung, enthält aber eine zusätzliche Dokumentation der Aussprache über die „Ausführungen des Herrn Bundeskanzlers." Vgl. dazu auch Protokoll der CDU/CSU-Fraktionssitzung am 25. Mai 1954, 15.10—18.35 Uhr, mit Adenauers „kurzem Bericht über die aktuellsten Fragen" (6 Bl.) in Nachlaß Barzel/314, ferner Pressekonferenz am 25. Mai 1954, 15.30 Uhr im Bundeshaus, in B 145 I/38.

eine wirtschaftliche Flaute kommt, wir zuerst auf der Nase liegen, weil wir gar keinen Rückhalt haben und weil wir mit unseren finanziellen und moralischen Mitteln nicht Millionen von Arbeitslosen einfach überstehen können. Unser moralisches Fundament – hier das Verhältnis zum Staat – ist in Deutschland nicht allzu fest. Die allermeisten Menschen denken nur an sich und an den nächsten Tag. Ich glaube, wenn man die gegenwärtige Weltlage übersieht, muß man sich die beiden Tatsachen, einmal unsere äußerst geringe Beliebtheit und zum anderen unsere auch wirtschaftlich ungefestigte Position sehr vor Augen halten. Augenblicklich bestehen zwischen Amerika und Frankreich Spannungen. Es kann aber gar keinem Zweifel unterliegen, für jeden, der sich mit den Dingen befaßt hat, daß, wenn die Ursache dieser augenblicklichen Spannungen behoben ist, wenn z. B. die Europäische Verteidigungsgemeinschaft zur Tatsache geworden ist, die alte Liebe zwischen Amerika und Frankreich vielleicht in verstärktem Maße wieder hervorkommt; denn diese Beziehungen beruhen nicht auf irgendwelchen realen Erwägungen, sondern sind sehr weitgehend einfach psychologisch bedingt. Auch dann glaube ich, verkennen wir vollkommen die Sachlage, wenn wir meinen, wir hätten dauernd, ich wiederhole dauernd, die Position Frankreichs in der Weltpolitik überflügelt. Augenblicklich ja. Es ist aber nur vorübergehend. Die Verstimmung zwischen den Vereinigten Staaten und England ist seit etwa Jahresfrist, seitdem Churchill[4] seine Rede[5] gehalten hat, groß; aber es besteht kein Zweifel – wer zwischen den Zeilen zu lesen vermag – daß es Eden gelungen ist, Churchill umzustimmen jetzt bei seinem Aufenthalt in London und daß, wenn England beigeben will, auch das Verhältnis zwischen den Vereinigten Staaten und England wieder ein normales wird. Die Verstimmungen – das waren meine Eindrücke aus Gesprächen in Straßburg[6] – zwischen Frankreich und England sind augenblicklich sogar noch recht groß, und zwar deswegen, weil Churchill – nicht die britische Regierung – sich aus seiner Idee heraus, die Sowjets würden von selbst zur Vernunft kommen, wenn wir sie nur in Ruhe ließen, aus dieser Idee heraus den aktiveren Plänen der Vereinigten Staaten widersetzt hat[7]. Aber auch da werden die

---

[4] Sir Winston Churchill (1874–1965). 1900–1964 mit Unterbrechungen Abgeordneter im britischen Unterhaus; ab 1906 verschiedene Regierungsämter u. a.: 1911–1915 Erster Lord der Admiralität, 1924–1929 Schatzkanzler, 1939 Erster Lord der Admiralität, 1940–1945 und 1951–1955 Premierminister.

[5] In seiner Rede am 11. Mai 1953 im Unterhaus hatte sich Churchill für ein „Ost-Locarno" in Mitteleuropa unter Berücksichtigung der Sicherheitsinteressen der Sowjetunion ausgesprochen (vgl. Sondersitzung am 20. Mai 1953 TOP Ic: Gespräche mit Churchill. Vgl. dazu THOSS S. 54, 140).

[6] Die vierzehnte Sitzung des Ministerkomitees des Europarates hatte vom 18. bis 20. Mai 1954 unter dem Vorsitz Adenauers in Straßburg stattgefunden (EA 1954 S. 6667 f.), Rede Adenauers vor der Beratenden Versammlung des Europarates am 20. Mai 1954 in BULLETIN vom 21. Mai 1954 S. 841–844.

[7] Auf der Berliner Viermächtekonferenz (25. Jan. bis 18. Febr. 1954) war beschlossen worden, in Genf eine Konferenz abzuhalten, bei der unter Beteiligung von Vertretern der Vietminh und der Volksrepublik China über Indochina und Korea verhandelt werden sollte. Die Vorbereitungen auf die Konferenz von Genf standen im Zusammenhang mit den Kämpfen um Dien Bien Phu. Als sich die sichere Niederlage der Franzosen abzeichnete, hatte Dulles vorgeschlagen, mit amerikanischen und britischen Streitkräften zu in-

Ereignisse alles wieder glätten und — das möchte ich ganz deutlich machen — nach wie vor werden demnächst Amerika, England und Frankreich wieder zusammengehen; und wir können dann froh sein, wenn wir durch ein gutes Verhältnis zu den drei Ländern, zu Frankreich sowohl wie zu England, wie zu den Vereinigten Staaten, eine gewisse Position in der Weltpolitik besitzen. Die geringe Beliebtheit der Deutschen geht daraus hervor, daß Graf Spreti[8]) bei der Wahl zum stellvertretenden Generalsekretär unterlegen ist im Europarat. Er hatte 23 Stimmen, alle anderen Stimmen hat der Holländer bekommen[9]). Herr Pünder hat versucht, die Situation zu retten und hat ausgeführt, daß Deutschland in keiner entscheidenden Position vertreten sei, da hat ihm Lord Layton[10]) das Wort abgeschnitten[11]). Es ist ein ganz kleines Beispiel, man hat den Holländer dem Deutschen vorgezogen. Man kann das begründen, indem man sagt, der Holländer ist schon längere Zeit tätig im Europarat und man muß auch den Herren die Möglichkeit des Emporkommens geben. Das mag ein Grund mit sein, aber es ist bestimmt der Mangel an Beliebtheit der Deutschen.

---

tervenieren: vorgesehen war u. a., chinesische Stützpunkte in Südchina zu bombardieren. Zur Voraussetzung einer Intervention hatte die amerikanische Regierung eine gemeinsame Aktion der Vereinigten Staaten, Frankreichs und Großbritanniens gefordert. Die Intervention war unterblieben wegen der Weigerung Großbritanniens, sich an diesem Plan zu beteiligen. Am 7. Mai 1954 hatten die Vietminh Dien Bien Phu erobert. — Vgl. dazu auch THOSS S. 59 f.

[8]) Karl Graf von Spreti (1907—1970). 1932—1956 Architekt, u. a. bei Talkis Ltd. in Bombay/Indien (1935—1938); 1947—1956 Kreisvorsitzender der CSU Lindau, 1949—1956 MdB (CSU), 1953—1956 Delegierter im Europarat; dann Botschafter der Bundesrepublik Deutschland in Luxemburg (1956—1960), Kuba (1960—1963), Jordanien (1963—1965), Haiti (1967—1969), Guatemala (1969—1970) — dort am 5. April 1970 ermordet; 1965—1967 AA.

[9]) Am 24. Mai 1954 war Arnold Struycken (Niederlande) von der Beratenden Versammlung des Europarates auf Empfehlung des Ministerkomitees zum Chef des Verwaltungsdienstes des Europarates im Range eines stellvertretenden Generalsekretärs gewählt worden. Bei dieser Wahl hatte der deutsche Kandidat, der CSU-Abgeordnete Karl Graf von Spreti, 28 Stimmen, Struycken (bislang Direktor der Politischen Abteilung des Generalsekretariats des Europarates) dagegen 74 Stimmen erhalten (EA 1954 S. 6669).

[10]) Walter Thomas Layton, 1st Baron (created 1947) of Danehill (1884—1966). 1922—1938 Chefredakteur (editor) des „Economist", 1930—1950 Leiter (chairman) des „News Chronicle": 1931 Berufung in die nach der Londoner Konferenz eingesetzte Kommission zur Untersuchung der Kreditlage Deutschlands, auch gehörte er dem nach dem Youngplan gebildeten Prüfungsausschuß an; im Oberhaus war er erst stellvertretender Leiter, dann geschäftsführender Leiter der Gruppe der Liberalen Peers (1952—1955); 1949—1956 einer der vier Vizepräsidenten des Europarates.

[11]) In der Beratenden Versammlung des Europarates (132 Abgeordnete; aus den nationalen Parlamenten, unter verhältnismäßiger Beteiligung auch der Oppositionsparteien, entsandt) verfügte die Bundesrepublik Deutschland über insgesamt 18 Sitze (EA 1952 S. 4641). „Vor der Wahl hatte der deutsche Abgeordnete Dr. Hermann Pünder vor der Versammlung die Gründe für die Aufstellung Spretis darlegen und dabei darauf hinweisen wollen, daß Deutschland bisher keine einzige maßgebliche Position in der Bürokratie des Europarates besetzt habe. Pünder wurde jedoch vom amtierenden Präsidenten, dem britischen Lord Layton, das Wort abgeschnitten, da nach Ansicht Laytons keine Diskussion über die Kandidaten stattfinden sollte. Mehrere Abgeordnete erhoben gegen diese Entscheidung Laytons Protest" (aus einer dpa-Meldung vom 24. Mai 1954, in B 136/6431).

Nun einige allgemeine Bemerkungen: Sowjetrußland führt — und das sind keine neuen Wahrheiten, aber man muß sich das immer wieder vor Augen halten — den Krieg auf zwei Seiten, einmal in Europa den kalten Krieg, in Asien den heißen Krieg, zunächst in Korea, Fortsetzung in Indochina, und daß sie die Waffen direkt oder indirekt aus Sowjetrußland bekommen.

Die allgemeine politische Lage ist so kritisch und hat sich, seitdem wir darüber gesprochen haben, weiter so kritisch entwickelt, daß man in der Tat nicht sehr erstaunt sein könnte, wenn es innerhalb der nächsten Monate zu einem Weltkrieg kommen würde.

Es kommt noch eines hinzu, das ist die Frage der Wasserstoffbombe. Ich glaube, man kann als feststehend annehmen, daß die Russen auf dem Gebiet der Wasserstoffbombe noch nicht so weit sind wie die Vereinigten Staaten. Man kann aber auch als feststehend annehmen, daß sie in 1 ½—2 Jahren soweit sein werden. Was dann passieren würde, wenn Sowjetrußland im Besitz der H-Bombe ist, das kann kein Mensch voraussehen. Ebenso wenig kann aber einer voraussehen, was eine Wehrmacht tut, welche Schritte sie tut, die im Besitz einer Waffe ist, die ihr die Überlegenheit über den präsumptiven Gegner bis zur Beendigung eines gewissen Zeitraumes gibt. Es ist eine Frage, die sich die verantwortlichen Leute vorlegen müssen. Jeder von uns kann Gott danken, wenn er ihm eine solche Entscheidung nicht vorlegt. Aber ich glaube, um die ganze Situation in der Welt richtig zu sehen, daß man sich diesen Moment nicht aus den Augen gehen lassen sollte. Ich möchte Ihnen vorlesen, was Montgomery[12] gesagt hat. Es steht auch in der Presse: er könne „mit denen nicht übereinstimmen", die „voraussagen, daß Atomwaffen in einem zukünftigen Krieg nicht verwandt werden würden". Er sei davon überzeugt, daß die Furcht vor den Atomwaffen ein mächtiges Abschreckmittel für einen neuen Krieg sein könne. „Wenn der Krieg aber erst einmal begonnen hat, werden beide Seiten vermutlich zu Atomwaffen greifen." Ein solcher Krieg könne „jederzeit" durch einen „Irrtum" vom Zaune gebrochen werden[13].

Meine Ausführungen, die ich eben gemacht habe, stützen sich nicht darauf. Ich habe das heute morgen zufällig gelesen.

---

[12] Bernard Law Montgomery of Alamein, 1st Viscount (created 1946) of Hindhead (1887—1976). Seit 1908 in der britischen Armee: 1938 Generalmajor, 1942 Generalleutnant, 1942 General, 1944 Feldmarschall; Aug. 1942 — Dez. 1943 Oberbefehl über die 8. Armee (Nordafrika, Sizilien, Italien), Dez. 1943—1945 Oberbefehl (unter Eisenhower) über das britische Kontingent der Invasionsstreitkräfte (Frankreich, Belgien, Niederlande, Nordwestdeutschland), 1945—1946 Oberbefehlshaber der britischen Besatzungstruppen in Deutschland und Mitglied des Alliierten Kontrollrates in Berlin, 1946—1948 Chef des britischen Empire-Generalstabes, 1948—1951 Vorsitzender des Ständigen Verteidigungsrates der Westeuropäischen Union, 1951—1958 Stellvertreter des Oberbefehlshabers der Atlantikpakt-Streitkräfte und Oberbefehlshaber der Streitkräfte der Westeuropäischen Union. — Montgomery, Marschall: Memoiren. München 1958.

[13] Vgl. dazu im einzelnen den Artikel „Soviet Armed Strength, Need For Larger N. A. T. O. Reserves, Survey by Lord Montgomery" in The Times vom 25. Mai 1954 und Montgomery, Marschall: Memoiren. München 1958, S. 581.

Nun möchte ich Ihnen eine Schilderung wiedergeben, die mir in Straßburg Ministerpräsident Bech[14]) von Genf[15]) gegeben hat. Die meisten werden ihn persönlich oder so aus seinen Ausführungen kennen, er ist ein sehr ruhiger, sehr objektiver und unterrichteter Mann; er war während des Krieges in Amerika und ist ein wirklich kluger Mann. Den Eindruck, den er in Genf bekommen hätte, wäre psychisch und physisch schrecklich. Wenn man diese Front da hätte sitzen sehen, die Sowjetrussen, China, die Vietminh-Leute, die Nordkoreaner, die Physiognomien einer Horde geradezu. Sie repräsentieren 800 Millionen Menschen – und demgegenüber der Westen zersplittert, uneinig. Ministerpräsident Bech hat starke Nerven, aber er hat geradezu ein physisches Grauen bekommen. Und er hat mir weiter gesagt, daß es Bidault genau so geht. Ich habe einen namhaften französischen Politiker gesprochen – den Namen möchte ich nicht nennen – er hat mir gesagt, auf der Berliner Konferenz, als die Sowjetrussen allein die kommunistische Front vertreten hätten, die Russen verhältnismäßig zurückhaltend gewesen wären und der Westen demgegenüber einen stärkeren Eindruck gemacht habe, hat sich jetzt auf dieser Konferenz die ganze große russische Front geschlossen, geradezu schrecklich, gezeigt. Die kommunistische Front aggressiv, abscheulich, abschreckend – und der Westen dagegen zersplittert.

Im Nachrichtenspiegel von heute habe ich den Satz gelesen von AFP über die Besserungen auf der Genfer Konferenz. Es steht da folgender wunderbarer Satz: „Wenn auch noch keine Übereinstimmung in Sicht sei, so sei es doch zumindest befriedigend, daß die kommunistischen Sprecher die voneinander abweichenden Ansichten nicht noch weiter unterstrichen." Das, meine Herren, ist das offiziöse französische Nachrichtenbüro. Man dankt schon Gott, wenn die anderen die voneinander abweichenden Ansichten nicht noch weiter unterstreichen. Und das ist die Weltlage, der wir uns gegenübersehen. Es kann keinem Zweifel unterliegen, daß wenn es zur Katastrophe kommen wird, wir die ersten sind, die daran glauben müssen. Ich meine die Bundesrepublik.

Ich komme gleich auf EVG und Saar zu sprechen. Ich möchte jetzt von Herrn Pfleiderer[16]) sprechen und von Dr. Etzel[17]) aus Bamberg. Der Herr Etzel

---

[14]) Dr. iur. Joseph Bech (1887–1975). Seit 1914 Mitglied der Abgeordnetenkammer (Luxemburg) für die Rechtspartei, 1921 Innen- und Unterrichtsminister und 1923 zusätzlich Justizminister, 1926–1937 und 1953–1958 Ministerpräsident, 1926–1958 Außenminister, 1953 zusätzlich Landwirtschafts- und Weinbauminister, 1959–1964 Präsident der Abgeordnetenkammer.

[15]) Vgl. 30. Sitzung TOP A: Außenpolitik. – Der Verlauf der Genfer Ostasienkonferenz 16.–31. Mai 1954 in EA 1954 S. 6653 f. – Fortgang 35. Sitzung TOP A: Außenpolitische Lage.

[16]) Dr. iur. Karl Georg Pfleiderer (1899–1957). 1923–1945 im Auswärtigen Dienst tätig (u. a. 1928–1930 Botschaft in Moskau, 1930–1933 Generalkonsulat in Leningrad, 1943–1945 Generalkonsulat in Stockholm). 1948 Landrat in Waiblingen, 1949–1955 MdB (FDP, Mitglied des BT-Ausschusses für auswärtige Angelegenheiten), in seiner am 2. Sept. 1952 veröffentlichten Denkschrift „Vertragswerk und Ostpolitik" verwarf er den Gedanken einer Neutralisierung Deutschlands durch Dritte und befürwortete statt dessen eine auf eigenem Willen und eigener Verteidigung beruhende Neutralität der Bundesrepublik Deutschland („Pfleiderer-Plan"), in seiner BT-Rede am 7. April 1954 schlug er die Aufnah-

war bei Herrn Molotow[18]), und er arbeitet zusammen mit Herrn Pfleiderer und zusammen mit Reinhold Maier[19]). Der vierte im Bunde ist Herr Rauschning[20]). Daß wir eines Tages mit der Sowjetunion diplomatische Beziehungen anknüpfen werden, ist eine absolute Selbstverständlichkeit. Und vor zwei Jahren, bei der Verhandlung des Deutschlandvertrages, habe ich das den drei Hohen Kommissaren ausdrücklich gesagt; und sie haben das, wenn auch zuerst mit einem gewissen Zögern, als Tatsache hingenommen. Das ist doch ganz selbstverständlich, daß wir das eines Tages tun werden. Aber wenn wir mit Sowjetrußland wieder in Beziehung treten, dann wird das geschehen auf dem normalen diplomatischen Wege und nicht durch Herren, die milde ausgedrückt, keine Verant-

---

me diplomatischer Beziehungen mit den Staaten von „Warschau [. . .] bis nach Peking im Fernen Osten" vor (vgl. dazu auch Protokoll der Sitzung des Gesamtvorstandes der FDP am 17. Mai 1954 mit „Referat Pfleiderers über die außenpolitische Situation mit anschließender Diskussion" in Protokolle der Bundesvorstandssitzungen/101 [im ADL]) und regte in der Folge eine Reise von Bundestagsabgeordneten nach Moskau an mit dem Ziel, dort über die Wiedervereinigung und Heimschaffung der Kriegsgefangenen zu sprechen; 1955—1957 Botschafter in Belgrad. — Pfleiderer, Karl Georg: Politik für Deutschland, Reden und Aufsätze 1948—1956. Stuttgart 1961. — Der Nachlaß Pfleiderer befindet sich im Bundesarchiv.

[17]) Dr. iur. Hermann Etzel (1882—1978). 1919—1934 stellvertretender Direktor und (1930) Direktor der Handwerkskammer für Oberbayern, München; 1949 stellvertretender Vorsitzender der BP, 1949—1953 (BP, ab Dez. 1951 Föderalistische Union, seit Dez. 1952 fraktionslos). — Das Gespräch Etzel—Molotov soll in Genf stattgefunden haben (EA 1954 S. 4617).

[18]) Vjačeslav Michailovič Molotov (1890—1986), eigentlich Skrjabin. 1921—1957 Mitglied des ZK der KPdSU, 1921—1926 Kandidat und anschließend bis 1952 Mitglied des Politbüros des ZK der KPdSU, 1930—1941 Vorsitzender des Rates der Volkskommissare, 1939—1949 und 1953—1956 Volkskommissar des Äußeren und Außenminister, 1957 Botschafter in der Mongolei, 1960 Vertreter der UdSSR bei der Internationalen Atomenergiekommission.

[19]) Dr. iur. Reinhold Maier (1889—1971). 1920—1929 Rechtsanwalt in Stuttgart, 1924—1933 Vorsitzender der württembergischen DDP und MdL, 1929—1933 Wirtschaftsminister und Bevollmächtigter Württembergs im Reichsrat, 1932—1933 MdR, 1933—1945 wieder Rechtsanwalt; 1945 Mitbegründer der Demokratischen Volkspartei (später FDP). 1945—1952 Ministerpräsident von Württemberg-Baden, 1952—1953 Ministerpräsident von Baden-Württemberg und Präsident des Bundesrates, 1953—1956 und 1957—1959 MdB (FDP), 1957—1960 Bundesvorsitzender der FDP. — Maier, Reinhold: Ein Grundstein wird gelegt, Die Jahre 1945—1947. Tübingen 1964 und derselbe: Erinnerungen, 1948—1953. Tübingen 1966.

[20]) Vorlage: Rauschnick. — Dr. phil. Hermann Rauschning (1887—1982). Leitete nach 1918 die Kulturarbeit der deutschen Volksgruppe in Posen; übersiedelte 1926 in den damaligen Freistaat Danzig (Freie Stadt Danzig), wo er ein Gut erwarb und 1932 Vorsitzender des Danziger Landbundes wurde; 1932—1934 Senatspräsident und damit Staatsoberhaupt von Danzig; ging der eigenen Sicherheit wegen 1936 nach Polen und emigrierte von dort in die Schweiz; in der Schweiz schrieb er die ersten großen Anklagewerke aus dem Kreis ehemaliger Anhänger Hitlers (u. a. „Gespräch mit Hitler", 1940). Seit 1948 lebte er, mit Unterbrechungen (Deutschlandaufenthalte), in Gaston (Oregon, USA); nach 1945 griff er wiederholt in die Diskussionen um den Ost-West-Konflikt und die deutsche Wiedervereinigung ein, wobei er sich für eine in allen Teilen unabhängige Zone der Neutralität aussprach (u. a. „Deutschland zwischen West und Ost", 1950; „Ist Friede noch möglich?", 1953; „Die deutsche Einheit und der Weltfriede", 1955). — Der Nachlaß Rauschning befindet sich im Bundesarchiv.

wortung tragen, und der ganzen Situation in keiner Weise gewachsen sind. Ich glaube, ich kann in diesem Kreise auch sagen — ich halte mich für verpflichtet, das zu sagen — daß Herr Pfleiderer selbst zugegeben hat, daß er schon vor Monaten mit Karlshorst in Verbindung getreten ist[21]). Sie sehen daraus die ganze Gefahr. Sie sehen daraus auch, wie tief bedauerlich es ist, daß der Herr Pfleiderer mit diesen Ideen bei Leuten Anerkennung gefunden hat oder wenigstens Tolerierung gefunden hat, von denen man es nicht für möglich gehalten hat, auch in einem gewissen Teil der Presse. Dabei kann ich Ihnen erklären, daß die Aktion Pfleiderer — wie durch Befragung festgestellt ist — in den weitesten Kreisen der Bevölkerung reaktionslos abgelehnt ist, insbesondere auch von der deutschen Industrie und der deutschen Wirtschaft, obgleich da auch manche Dinge sind, die besser nicht wären. Da spielt, wie ich glaube, der Herr Aumer[22]), der Vizepräsident der Handelskammer in München, eine Rolle. Er hat sich mit einer Denkschrift an Karlshorst gewandt[23]). Der Schaden ist groß, den er angerichtet hat.

Ich weiß nicht, ob Sie französische, englische usw. Zeitungen lesen. Darin finden Sie, daß diese Vorgänge als typisch für Deutschland bezeichnet werden, das seinem Wort und seiner Politik nicht treu bleibt, das unzuverlässig ist. Unsere ganze Stärke in der Außenpolitik beruhte bisher darauf, daß wir als zuverlässig und als treu zu unserem Wort stehend angesehen wurden, während das in all den Jahrzehnten vorher nicht der Fall gewesen ist, auch im Mittelalter nicht. Im Mittelalter galten die Deutschen schon wegen ihrer Landsknechtsgeschichten als treulos — fides germanica und fides punica —. Diese Leute sind drauf und dran, Deutschlands Gegnern geradezu in die Hände zu spielen, indem sie ihnen den Stoff dafür geben, die Deutschen sind eine unzuverlässige Gesellschaft. Ich bedaure das außerordentlich. Ich möchte ein Wort dazu sagen:

---

[21]) Am 27. Februar 1954 hatte in Karlshorst ein Gespräch Pfleiderers mit dem stellvertretenden sowjetischen Hochkommissar stattgefunden. Bei dieser Unterhaltung, so Pfleiderer, habe es sich lediglich um die Frage einer Reise nach Moskau gehandelt, wobei Programm und Zeitpunkt erörtert wurden und auch von den Kriegsgefangenen und der Lage der Kirchen die Rede war. Am 11. März 1954 habe er ein Schreiben des Hochkommissars (Semjonov) selbst erhalten, in dem zum Ausdruck kam, daß gegen die Reise einer Gruppe westdeutscher Parlamentarier in die Sowjetunion kaum Einwände bestehen würden und daß die Einzelheiten noch zu besprechen seien. Erst nach Erhalt dieses Schreibens habe er seinen politischen Freunden von seinem Schritt und von seinem Plan Kenntnis gegeben, wobei er auf Zustimmung gestoßen sei (Informationsgespräch mit von Eckardt am 14. Mai 1954 in B 145 I/38, Vermerk (o. Dat.) von Brentanos über ein Gespräch mit Pfleiderer am 1. Juni 1954 in Nachlaß von Brentano/163, KEESING 1954 S. 4564 f.).

[22]) Hermann Aumer (1889—1974). Ab Nov. 1928 Vorstandsmitglied und ab 1934 alleiniger Vorstand der Diamalt Aktiengesellschaft in München, eines Unternehmens der Nährmittelindustrie (1960—1970 Vorsitzender des Aufsichtsrates), 1948—1960 Vizepräsident der Industrie- und Handelskammer für München und Oberbayern, 1960—1974 Ehrenmitglied der Vollversammlung der Kammer, 1950—1964 Präsidialmitglied/Ehrenmitglied des Landesverbandes der bayerischen Industrie.

[23]) Unterlagen nicht ermittelt.

Herr Dehler hat geglaubt, in einer Versammlung in Bonn aussprechen zu müssen, wenn ich mich mit Herrn Hoffmann[24]) an einen Tisch setze, dann ginge es über die Grenzen des Tragbaren hinaus[25]).

Ich sage dazu: Ich bin z. Zt. der Vorsitzende des Ministerkomitées des Europarats[26]). Das geht turnusmäßig. Der jeweilige Vorsitzende gibt den Delegationschefs — es sind 14 Leute — nachdem er sein Amt angetreten hat, ein Essen. Die Saar ist beratendes Mitglied im Europarat wie auch im Ministerrat. Daß ich selbstverständlich als Vorsitzender des Ministerrats[27]), genau wie alle anderen, alle einladen muß, ist absolute Pflicht der diplomatischen Höflichkeit. Wo kämen wir ohne sie hin? Dabei kann ich Ihnen genau sagen, was wir gesprochen haben. Vor Beginn des Essens kam Herr Hoffmann und dankte mir für die Einladung, und nach dem Essen kam er wieder auf mich zu und verabschiedete sich. Das war die ganze Geschichte. Aber es ist etwas anderes, wenn man vor 1500 Studenten sagt, ich setzte mich mit Herrn Hoffmann an einen Tisch und das überschritte die Grenzen des Erträglichen.

Zu den Aussichten EVG[28]). Die Ratifizierung der EVG durch die französische Nationalversammlung ist eine Frage, von deren Entscheidung es abhängt, ob die kommunistische Front einen weiteren großen Triumph im kalten Krieg bekommen wird oder nicht. Die Aussichten für die Ratifizierung durch die französische Nationalversammlung sind nie so günstig gewesen wie jetzt. Sie sind z. T. etwas erstaunt. Es ist aber so. Inwieweit die Entwicklung in Indochina dazu beigetragen hat, läßt sich schwer entscheiden. Vorher haben die Franzosen gesagt, es wird die Sache erschweren. Andere haben gesagt, es wird sie erleichtern. Die Entscheidung wird fallen am nächsten Sonntag auf dem sozialistischen Parteikongreß in Frankreich. Mollet[29]), der Parteisekretär, ist der Überzeu-

---

[24]) Johannes Hoffmann (1890—1967). Bis 1929 Korrespondent rheinischer und süddeutscher Zentrumszeitungen in Berlin, dann Chefredakteur der Saarbrücker Landeszeitung (Zentrum): Agitation für Rückgliederung der Saar an Deutschland, ab 1934 (nach der Röhm-Affäre) Verfechter des „Status-quo-Gedankens" mit der von ihm gegründeten Neuen Saarpost, 1935—1945 Emigration (Luxemburg, Frankreich, Brasilien). Von französischer Seite zurückgerufen, gründete er im Sept. 1945 die Christliche Volkspartei (CVP), deren Vorsitzender er wurde (1946—1956), dann Ehrenvorsitzender der CVP bis zu ihrer Auflösung im Jahre 1959; 1945—1955 Ministerpräsident des Saarlandes, Rücktrittserklärung nach der Volksabstimmung am 23. Okt. 1955. — Hoffmann, Johannes: Das Ziel war Europa, Der Weg der Saar 1945—1955. München 1963.

[25]) Rede Dehlers anläßlich einer öffentlichen Kundgebung der FDP im Saal der Mensa, Bonn, am 20. Mai 1954 in Nachlaß Dehler/2675 (im ADL).

[26]) Vgl. Anm. 6.

[27]) Am 13. Mai 1950 wurde das Saarland und am 13. Juli 1950 die Bundesrepublik Deutschland jeweils assoziiertes Mitglied des Europarates (EA 1950 S. 3369), am 2. Mai 1951 erwarb die Bundesrepublik die volle Mitgliedschaft mit Sitz und Stimme im Ministerkomitee des Europarates (ebenda 1951 S. 4141).

[28]) Vgl. hierzu 31. Sitzung TOP A: Außenpolitische Lage. — Fortgang hierzu 35. Sitzung TOP A: Außenpolitische Lage.

[29]) Guy Mollet (1905—1975). 1944—1975 Bürgermeister von Arras, 1946—1969 Generalsekretär der französischen Sektion der Arbeiterinternationale, 1948 Mitbegründer und stellvertretender Vorsitzender des Generalrats der Sozialistischen Internationale, 1949 Mitglied und 1954—1956 Präsident der Beratenden Versammlung des Europarates, 1946—1947 und

gung, daß der Parteikongreß sich mit einer entschiedenen Mehrheit aussprechen wird für die Unterzeichnung und daß der Parteikongreß die Fraktion zwingen wird, für EVG zu stimmen. In der Fraktion ist eine Mehrheit gegen EVG und nur eine Minderheit für EVG. Es haben jetzt die ersten Abstimmungen stattgefunden in Frankreich über die Delegierten für den sozialistischen Parteikongreß. Folgende Zahlen haben sich dabei ergeben: 337 gegen 33, 359 gegen 12, 361 gegen 5, 388 gegen 11[30]).

Meine Herren, jedenfalls muß ich sagen, daß, wenn unsere Botschaft das als die wichtigsten Ergebnisse mitteilt, ich sehr erfreut und überrascht bin über die große Mehrheit, die sich für einen Fraktionszwang ausgesprochen hat. Das war die übereinstimmende Ansicht aller Franzosen, die ich in Straßburg gesprochen habe und auch die von anderen Sozialisten, z. B. von Spaak, von den holländischen Sozialisten und auch von den englischen Vertretern der Labour Party. Wenn auf dem Sozialisten-Kongreß eine gute Mehrheit sich entscheiden würde für EVG, dann wird es die Frage sein, ob es der Nationalversammlung gelingt, die Unentschiedenen zu bekommen oder lieber eine [...][31]) oder ihnen nicht Vorwände zu liefern und die Möglichkeit zu geben, mit Nein zu sprechen.

Saarfrage[32]). Zunächst bin ich mehr als empört über die deutsche Presse. Die deutsche Presse hat geradezu gewimmelt von falschen Meldungen. Ich möchte zu ihrer Entschuldigung sagen, daß vielleicht Herr Spaak oder Herr van Naters[33]), die an dem Gespräch teilgenommen haben, den Mund etwas zu voll genommen haben. Der Tatbestand ist der, es ist kein Abkommen in Straßburg geschlossen worden; es hat lediglich zwischen Herrn Teitgen[34]), Herrn Spaak,

---

1959 Staatsminister, 1950–1951 Minister für Angelegenheiten des Europarates, 1956–1957 Ministerpräsident, 1958–1965 Vizepräsident der Linksföderation.

[30]) Der außerordentliche Parteikongreß der Sozialisten in Puteaux beschloß am 30. Mai 1954 mit 1969 gegen 1215 Stimmen bei 265 Enthaltungen und 5 Abwesenden, dem EVG-Vertrag zuzustimmen. In der Debatte hatten sich u. a. Daniel Mayer und Jules Moch gegen und u. a. Guy Mollet für den Vertrag ausgesprochen. Mit 2414 gegen 972 Stimmen bei 60 Enthaltungen und 6 Abwesenden beschloß der Kongreß, in der Nationalversammlung Fraktionsdisziplin zugunsten der Ratifikation des EVG-Vertrages zu verlangen. In einer mit 2484 gegen 51 Stimmen bei 879 Enthaltungen und 40 Abwesenden angenommenen Resolution wurde bestimmt, daß Verletzungen dieses Grundsatzes disziplinarisch bestraft werden sollen (Nachlaß Blankenhorn/31a, EA 1954 S. 6663, FRUS VII pp. 1537–1541).

[31]) Es handelt sich hierbei nicht um eine Auslassung des Bearbeiters, sondern um eine Textlücke (Kabinettsprotokolle Bd. 19).

[32]) Vgl. 31. Sitzung TOP A: Außenpolitische Lage.

[33]) Dr. iur. Jonkheer Marinus van der Goes van Naters (geb. 1900). Seit 1937 Abgeordneter der Generalstaaten (Sozialdemokratische Arbeiterpartei/Partei der Arbeit), 1940–1944 in deutschen Konzentrationslagern, 1949–1960 Mitglied des Europarates, 1951 Vizepräsident der Beratenden Versammlung des Europarates, 1952 Mitglied der Gemeinsamen Versammlung der EGKS; er legte Sept. 1953 einen Plan zur Europäisierung des Saargebietes vor („Naters-Plan").

[34]) Prof. Pierre-Henri Teitgen (geb. 1908). 1945–1958 Abgeordneter der Nationalversammlung (Mouvement Républicain Populaire, 1952–1956: Vorsitzender), 1944–1945 Informationsminister, 1945–1947 Justizminister, 1947–1948 Minister für die Streitkräfte, 1949–1950 Staatsminister (Leitung des Informationsamtes), 1948 und 1953–1954 stellvertretender Ministerpräsident, 1955–1956 Minister für die Überseegebiete Frankreichs.

Herrn Goes van Naters, Herrn von Brentano, Herrn Gerstenmaier, Herrn Hallstein und mir über eine Reihe von Punkten eine Aussprache[35]) stattgefunden. Wir haben uns verpflichtet zum Stillschweigen[36]). Ich darf aber sagen, wenn Sie meine Rede lesen, die ich im Bundestag bei der letzten Saardebatte gehalten habe, dann wissen Sie, was meine Meinung ist[37]). Es ist nichts dazu gekommen, und es ist nichts gestrichen davon. Herrn Teitgen hatte man geschickt, vielleicht um den Quai d'Orsay mehr oder weniger auszuschalten. Beamte des Quai d'Orsay nahmen gegen Teitgen Stellung. Das Kabinett Laniel ist laufend in großer Gefahr wegen der Gaullisten, wegen der Vorgänge in Indochina. Es hält sich eigentlich nur am Leben dadurch, daß Herr Bidault seinerzeit erklärt hat, wenn das Kabinett gestürzt wird, werde ich Frankreich in Genf nicht mehr vertreten. Dann würde Frankreich in Genf nicht mehr vertreten sein. Diese Drohung hält das Kabinett Laniel am Leben. Vielleicht wird auch unter dieser Drohung mit uns über die Saarfrage eine Verständigung möglich sein. Ich kann nur sagen vielleicht. Ich kann in keiner Weise sagen sicher. Ich kann nicht einmal sagen, es ist wahrscheinlich. Ich weiß es nicht, wir müssen abwarten, was weiter kommt. Gestern war Herr Bérard[38]) bei mir. Darüber ist ein Pressekommuniqué ausgegeben, das in jeder Beziehung richtig ist. „Der Bundeskanzler empfing heute in Abwesenheit von Herrn Botschafter François

---

[35]) „Niederschrift über die Saarbesprechung in der Maison Rouge in Straßburg am 20. Mai 1954, 16.00 Uhr; anwesend waren der Herr Bundeskanzler und die Herren Hallstein, v. Brentano, Gerstenmaier, Spaak, Teitgen, v. d. Goes" (Durchschlag, 24 Bl., in deutscher Sprache, E. W. Rappeport), mit Entwurf eines Übereinkommens (3 Bl., in französischer Sprache) betreffend Auslegung der Art. 1 und 12 sowie Neufassung des Art. 19 des Naters-Plans vom 30. April 1954 (Datum der Annahme seitens der Beratenden Versammlung des Europarates) in Nachlaß Blankenhorn/31b. Weitere einschlägige Unterlagen in: Nachlaß Blankenhorn/31a und Nachlaß von Brentano/121; vgl. ferner Pressekonferenz am 25. Mai 1954 in B 145 I/38, AAEA/1561, PrStK 905-8, SBA/A VI 34, FRUS VII pp. 1531-1536, EA 1954 S. 6655-6657, SCHMIDT II S. 525-530, SCHNEIDER S. 236-238. - Siehe auch Abb. 4.

[36]) Vgl. dazu Schreiben Adenauers an Teitgen vom 25. Mai 1954, in dem u. a. steht: „Es ist mir ein wahrhaft dringendes Bedürfnis, Ihnen zu sagen, wie außerordentlich ich es bedauert habe, daß Herr Ophüls den Entwurf unserer Abrede über eine Lösung des Saarproblems britischen und amerikanischen Delegationsmitgliedern zugeleitet hat und daß auf diese Weise unsere Vereinbarung, strengstes Stillschweigen zu bewahren, nicht eingehalten worden ist. Dies ist nicht nur ohne meine Autorisierung, sondern auch ohne meine Kenntnis geschehen" (Nachlaß Blankenhorn/31b). Siehe dazu die Aktennotiz Kaisers vom 11. Juni 1954 in Nachlaß Kaiser/183 („Teitgen war sehr niedergeschlagen wegen der Veröffentlichung der Saarvereinbarung").

[37]) Regierungserklärung Adenauers vom 29. April 1954 u. a. zur Saarfrage (BT-Drs. Nr. 340 und 493) in STENOGRAPHISCHE BERICHTE Bd. 19 S. 1067 B - 1076 D.

[38]) Armand Bérard (geb. 1904). 1931-1936 Gesandtschaftsattaché/Botschaftssekretär an der französischen Botschaft in Berlin, 1936-1937 Unterstaatssekretär für auswärtige Angelegenheiten im Kabinett Léon Blum, Botschaftssekretär in Washington (1938) und Rom (1939), Flucht aus Frankreich (März 1944); 1949-1955 Stellvertreter des französischen Hohen Kommissars in Deutschland; französischer Botschafter in Tokio (1956), bei den Vereinten Nationen (1959) und Rom (1962). - Bérard, Armand: Un ambassadeur se souvient, Washington et Bonn 1945-1955. Paris 1978.

Poncet³⁹) den stellvertretenden Hohen Kommissar Bérard, der ihn um einige Erläuterungen seines Standpunktes bezüglich der Straßburger Gespräche bat⁴⁰).“

Er kam im Auftrage der franz. Regierung oder des franz. Ministerpräsidenten und bat über einige Punkte um weitere Erläuterung des deutschen Standpunktes; sie sind ihm gegeben worden. Alles ist in Übereinstimmung mit den Erklärungen, die ich im Bundestag abgegeben habe. Nun müssen wir das Weitere abwarten. Das einzig Richtige für uns ist, daß unsere Presse schweigt. Wenn jetzt unsere Presse, sei es pro, sei es kontra, ins Horn stößt, kann sie in Frankreich wirklich großes Unheil anrichten. Schweigen im gegenwärtigen Augenblick ist die einzig richtige deutsche Politik⁴¹).

Nun werde ich heute abend eine Besprechung haben mit den Vorsitzenden der Fraktionen der Koalition⁴²). Ich weiß, was Sie haben, ich will Aufklärung geben, Sie haben Beschwerden gegeneinander, die zum Teil berechtigt sind, zum Teil sich daher leiten, daß kleine Parteien mit einer großen in einer Koalition zusammen sind und sich leicht überfahren glauben. Nach wie vor, und ich bitte Sie, Ihren Fraktionen es auch zu sagen, gibt es für uns nur eine Möglichkeit der Politik, und das ist der Ruf der Zuverlässigkeit, den Deutschland sich erworben hat und der insbesondere auch beruht auf der großen Regierungskoalition, den Ruf der Zuverlässigkeit zu bewahren und dafür zu sorgen, daß da nicht ein Unglück entsteht in der entscheidensten Periode unserer Nachkriegsgeschichte. Ich meine, jeder Deutsche müßte es — gleich welcher Partei er angehört, gleichgültig welcher Fraktion er angehört, gleichgültig welche Widerstände er zu überwinden hat — als den leitenden Gesichtspunkt für unsere ganze Arbeit betrachten. Auch wenn EVG fertig wird — und ich glaube, daß es fertig wird — werden noch schlimme Zeiten kommen. Und diese Koalition muß die nächsten ein, zwei oder drei Jahre unter allen Umständen aus deutschem Interesse zusammenhalten. Auf innerem Gebiet muß man sich zusammenfinden. Sie muß zusammenbleiben, damit wir die Stellung Deutschlands in der Außenwelt festigen und ihr zuverlässig erscheinen. Greifen wir doch einmal zurück, Sie haben das nicht so erlebt, die Sie jünger sind. Aber wenn Sie

---

³⁹) André François-Poncet (1887–1978). Botschafter Frankreichs in Berlin (1931–1938) und Rom (1938–1940), 1948–1949 Berater des französischen Militärgouverneurs in Deutschland, 1949–1955 Hoher Kommissar Frankreichs in Deutschland, 1955–1967 Vizepräsident und Präsident des französischen Roten Kreuzes.
⁴⁰) Mitteilung des BPA Nr. 589/54 vom 24. Mai 1954. — Aus einer Niederschrift vom 24. Mai 1954 geht hervor, daß an diesem Gespräch Adenauer, Hallstein, Armand Bérard und Jean Sauvagnargues teilgenommen hatten und die französische Seite Änderungen an der Straßburger „Abrede", vor allem, was die Art. 1 und 12 des Naters-Plans vom 30. April 1954 angeht, durchsetzen wollte (Nachlaß Blankenhorn/31b). — Vgl. dazu die französischen Vorschläge vom 24. bzw. 26. Mai 1954 und die saarländische Stellungnahme vom 28. Mai 1954, jeweils in AAEA/1561.
⁴¹) Fortgang 53. Sitzung TOP 1: Bericht über die Pariser Konferenzen.
⁴²) Aus dem „Tischkalender des Vorzimmers des Bundeskanzlers" (StBKAH) geht lediglich hervor, daß die Besprechung mit den „Koalitionsfraktionsvorsitzenden" am Dienstag, 25. Mai 1954, um 19.00 Uhr begann („anschl[ießend] Abendessen") und daran teilgenommen hatten: Dehler, Krone, Haasler, Stücklen, Mocker, von Merkatz, Cillien, Matthes, Globke, Janz, Kilb.

mal die letzten 40 Jahre in ganz großen Zügen an Ihrem geistigen Auge vorüberziehen lassen, dann werden Sie dieses Ressentiment gegenüber der deutschen Politik verstehen. Ich möchte daran erinnern, daß vor 1914 Großbritannien sehr ernsthaft den Versuch gemacht hat, mit Deutschland zu einer Verständigung zu kommen. Die Flottenfrage hat dabei eine große Rolle gespielt. Die Bemühungen Englands waren umsonst durch die Dummheit Deutschlands. Dann kam der Krieg, es kam der Sturz des Kaiserreiches, es kamen die Folgegeschichten unseres geradezu unsinnigen Verhaltens in allen Verhandlungen mit dem Ausland. Wir haben uns damals so töricht benommen. Ich kann Ihnen das wirklich nicht beschreiben. Ich erinnere mich, wie der gute Fehrenbach[43]) als Reichskanzler zu den wichtigsten Vorfriedensverhandlungen nach Spa[44]) gefahren ist und ich ihn in Köln auf dem Bahnhof begrüßt habe und mit ihm politisch gesprochen habe und wie völlig ahnungslos er dahin fuhr. Wenn ich ferner daran denke, wie vor der Londoner Konferenz[45]), die unsere Kriegsentschädigung festsetzen sollte, die ganzen Reichsminister auf Reisen waren (Wahlreisen usw.) und sie völlig unvorbereitet nach London kamen. Ich habe den verantwortlichen Mann vor seiner Abreise nach London gesprochen — ich war damals in Berlin —. Wenn ich bedenke, wie er mir sagte, er hoffe in London 24 Stunden Zeit zu haben, sich vorzubereiten. Er hatte keine 24 Stunden Zeit, sondern die Konferenz begann einen Tag früher. Ich weiß von einem Freund, der auf der anderen Seite des Tisches gesessen hat (also bei unseren Gegnern), daß damals die Engländer und Amerikaner gesagt haben, sollen wir den Deutschen noch weiter sprechen lassen, es hat ja keinen Zweck.

Dann kam der Nationalsozialismus. Er ist nicht vergessen, weder was hier im Lande geschehen ist, noch was in Polen und Rußland geschehen ist. Diese ganzen Sachen sind nicht vergessen. Nicht vergessen ist natürlich, daß alle Völker in dem Krieg Lasten zu tragen haben. Dann kam dieser entsetzliche Zusammenbruch.

Und nun kommen wir wieder in die Höhe. Und nun haben wir die Möglichkeit, wenn wir wirklich eine konsequente Politik betreiben, die wirklich in den anderen das Gefühl, die Deutschen sind doch zuverlässig geworden, erweckt, in den anderen dieses Gefühl zu stärken. Dann kann ich verstehen, wenn selbst Franzosen, Belgier, Holländer, Engländer und auch Amerikaner ei-

---

[43]) Konstantin Fehrenbach (1852—1926). 1919 Präsident der Weimarer Nationalversammlung (Zentrum), 1920—1921 Reichskanzler, ab 1924 Vorsitzender der Zentrumsfraktion des Reichstages.

[44]) Erst nachdem am 25. Juni 1920 die neue Reichsregierung mit dem Kanzler Fehrenbach gebildet worden war und damit auf der deutschen Seite eine verantwortliche Instanz bestand, wurde der Beginn der Konferenz von Spa über die Entwaffnungs- und die Reparationsfrage auf den 5. Juli 1920 festgesetzt. Der neuen Regierung blieben damit lediglich zehn Tage, um sich in die komplizierte Vertrags- und Verhandlungsmaterie einzuarbeiten.

[45]) Zum Verhandlungsführer auf der Londoner Konferenz über die Reparationsfrage war von deutscher Seite Reichsaußenminister Walter Simons (parteilos) bestimmt worden: die Verhandlungen in London begannen am 1. März 1921 und wurden schon am 7. März 1921 abgebrochen, da alle Vermittlungsversuche an der unnachgiebigen französischen Haltung scheiterten.

ne gewisse Sorge haben, wenn sie unsere Zeitungen jetzt lesen über die Verhandlungen mit Sowjet-Rußland. Vergessen Sie nicht, daß Tauroggen[46]) und Rapallo[47]) in der Einnerung der Menschen auch eine Rolle spielen, daher ist unsere Situation sehr ernst. Ich habe es Ihnen außenpolitisch dargestellt, damit wir nicht in alte Fehler verfallen. Manche denken schon eine Rolle spielen zu können, während wir gerade erst anfangen, draußen zu sein. Was glauben Sie denn, was Herr Pfleiderer in Moskau Großes erreichen wird; was glauben Sie, was Herr Etzel erreicht. Was glauben die Herrschaften da zu erreichen, wie ist ein solcher Größenwahn und eine solche Überspanntheit überhaupt möglich. Ich habe sehr offen und sehr frei mit Ihnen gesprochen, helfen Sie, daß wir dem deutschen Volk wirkliche Dienste erweisen.

1. AUSSENPOLITISCHE LAGE[48]) AA

Der Bundeskanzler gibt dem Kabinett einen eingehenden Bericht über seine Eindrücke anläßlich der Tagung des Europa-Rates in Straßburg[49]). Insbesondere geht er auf das Verhältnis zwischen den Vereinigten Staaten, England, Frankreich und der Bundesrepublik ein. Nach seiner Meinung würde die traditionelle Freundschaft zwischen den Vereinigten Staaten, England und Frankreich auch in Krisenzeiten Bestand haben. Diese Tatsache müsse bei der Außenpolitik der Bundesrepublik Berücksichtigung finden[50]).

Die allgemeine Weltlage beurteilt der Bundeskanzler als sehr kritisch und ernst. Nach ihm zugegangenen zuverlässigen Berichten sei die Atmosphäre der Genfer Konferenz durch die Verbreiterung der kommunistischen Front entscheidend verändert und im hohen Maße unerfreulich geworden[51]).

Die Bestrebungen des Bundestagsabgeordneten Dr. Pfleiderer lehnt der Bundeskanzler ab. Es könne nicht Aufgabe einzelner Persönlichkeiten sein[52]),

---

[46]) Am 30. Dez. 1812 hatte der preußische General Ludwig Graf (seit 1814) Yorck von Wartenburg bei Tauroggen einen Neutralitätsvertrag mit dem russischen General Graf (seit 1829) Johann Karl Friedrich Anton (Ivan Ivanovič) Diebitsch-Zabalkanskij abgeschlossen.

[47]) Am 16. April 1922 erfolgte Abschluß und Veröffentlichung des deutsch-russischen Sondervertrages von Rapallo auf der Grundlage gegenseitiger Gleichberechtigung (Wiederaufnahme der diplomatischen Beziehungen, alle Ansprüche aus der Zeit des Krieges zwischen Deutschland und dem früheren Rußland gelten als erledigt — damit hatte die Sowjetunion auf die Ansprüche aus Art. 116 des Versailler Vertrages verzichtet).

[48]) Bei der hier folgenden Niederschrift, die nur in der amtlichen Serie der Kabinettsprotokolle überliefert ist (Bd. 19, Bd. 22 E), handelt es sich um die Kurzfassung des unmittelbar vorausgehenden Wortprotokolls (Bd. 19) und eine Dokumentation der Aussprache über die „Ausführungen des Herrn Bundeskanzlers". Da die Kurzfassung lediglich Informationen des Wortprotokolls in anderer Reihenfolge und Gewichtung bringt, wird bei den Anmerkungen dieses Teils der hier folgenden Niederschrift überwiegend nur auf die entsprechenden Anmerkungen im Wortprotokoll verwiesen. — Vgl. dazu auch Pressekonferenz am 25. Mai 1954 in B 145 I/38.

[49]) Vgl. Wortprotokoll Anm. 6.

[50]) Im Entwurf: „Diese Tatsache müsse bestimmend für die Politik der Bundesrepublik sein."

[51]) Vgl. Wortprotokoll Anm. 7.

[52]) Im Entwurf: „Es könne nicht Aufgabe einzelner nichtverantwortlicher Persönlichkeiten sein."

diplomatische Beziehungen zur Sowjetunion anzuknüpfen. Er sei darüber unterrichtet worden, daß die Aktion[53] des Abg. Dr. Pfleiderer in weitesten Kreisen der deutschen Bevölkerung auf Ablehnung stoße.

Was die Ratifizierung des Vertrages über die Europäische Verteidigungsgemeinschaft anbelange, so sei die Entscheidung über die Haltung Frankreichs am kommenden Sonntag anläßlich des sozialistischen Parteikongresses in Frankreich zu erwarten[54]. Er, der Bundeskanzler, rechne mit einer Entscheidung zugunsten dieses Vertrages.

Der Bundeskanzler bringt sein Mißfallen über die Berichterstattung der deutschen Presse über seine Verhandlungen mit dem französischen stellvertretenden Ministerpräsidenten Teitgen in der Saarfrage zum Ausdruck. Er betont, daß man kein Abkommen getroffen, sondern lediglich eine eingehende Aussprache über diese Frage geführt habe[55]. Er unterrichtet das Kabinett darüber, daß er sich dabei eng an seine Erklärung gehalten habe, die er bei der kürzlichen Debatte über die Saarfrage im Bundestag[56] abgegeben habe[57].

Er beabsichtige, heute abend mit den Vorsitzenden der Koalitionsparteien die schwebenden außenpolitischen Fragen zu erörtern. Er werde bei dieser Gelegenheit auch betonen, daß erster Grundsatz der deutschen Außenpolitik Zuverlässigkeit und Stetigkeit gerade in diesen entscheidenden und kritischen Zeiten sein müsse. Die im Ausland gegenüber Deutschland bestehenden Ressentiments dürften unter keinen Umständen genährt werden[58].

An diese Ausführungen des Bundeskanzlers schließt sich eine sehr eingehende Aussprache des Kabinetts an. In dieser Aussprache kommt zum Ausdruck, daß das Vorgehen des Abg. Dr. Pfleiderer vom Kabinett gleichfalls abgelehnt wird. Der Bundesminister für wirtschaftliche Zusammenarbeit betont bei dieser Gelegenheit, daß er und seine dem Kabinett angehörenden Fraktionskollegen bisher alles getan hätten, um auf ihre Fraktion mäßigend einzuwirken[59] und daß sie auch weiterhin in dieser Richtung bemüht sein würden. Der Bundesminister für Vertriebene, Flüchtlinge und Kriegsgeschädigte warnt davor, daß Vorsitzende der Koalition angehörender Parteien derartige der deutschen Außenpolitik zuwiderlaufende Verstöße unterstützten[60]. Ein solches Vorgehen müsse die Festigkeit der Koalition erschüttern.

Der Bundesminister für wirtschaftliche Zusammenarbeit bringt sein Bedauern darüber zum Ausdruck, daß die Opposition die Außenpolitik der Bundesre-

---

[53] Vgl. Wortprotokoll Anm. 16 und 21.
[54] Vgl. Wortprotokoll Anm. 30.
[55] Vgl. Wortprotokoll Anm. 35, 36 und 40.
[56] Vgl. Wortprotokoll Anm. 37.
[57] Im Entwurf folgen noch die beiden Sätze: „Er müsse allerdings gestehen, daß er zur Zeit nicht wüßte, ob und wie eine Einigung in der Saarfrage erzielbar sei. Auf jeden Fall sei eine äußerste Zurückhaltung der deutschen Presse oberstes Gebot."
[58] Vgl. Wortprotokoll Anm. 42.
[59] Im Entwurf: „daß er und seine Fraktionskollegen im Kabinett bisher alles getan hätten, um auf den Abg[eordneten] Dr. Dehler mäßigend einzuwirken."
[60] Im Entwurf: „daß Führer der Koalition angehörenden Parteien derartige der deutschen Außenpolitik zuwiderlaufende Vorstöße unterstützten, wie der Abg[eordnete] Dr. Dehler es getan habe."

gierung nicht unterstütze. Es würde beispielsweise bei der Lösung der Saarfrage sehr wichtig sein, wenn Frankreich sich einer geschlossenen politischen Auffassung der Bundesrepublik gegenübersehe. Er regt an, der Bundeskanzler möge die SPD vor eine klare Entscheidung über ihre zukünftige außenpolitische Haltung stellen. Hierzu bemerkt der Bundeskanzler, daß er in den nächsten Tagen mit dem Abg. Ollenhauer ein sehr ausführliches außenpolitisches Gespräch haben werde[61]).

Der Bundesminister für Wohnungsbau bringt sein Bedauern darüber zum Ausdruck, daß durch die ständigen Neuwahlen in den Bundesländern eine politische Beruhigung niemals eintreten könne[62]). Er regt an, zu prüfen, ob nicht der Bund die Initiative ergreifen sollte, mit dem Ziel einer gesetzlichen Festlegung weniger bestimmter Wahltermine. Der Bundesminister für Wohnungsbau macht weiterhin den Vorschlag, ob man nicht regelmäßig in einem Kreis führender Politiker der Fraktionen der Koalitionsparteien die schwebenden außenpolitischen Fragen erörtern sollte, um Vorfälle wie die beabsichtigte Aktion des Abg. Dr. Pfleiderer zu vermeiden. Eine klare Haltung der Koalition in außenpolitischen Fragen würde auch nicht ohne Wirkung auf die Opposition bleiben. Der Bundeskanzler greift den letzteren Gedanken auf und nimmt in Aussicht, in einem noch näher zu bestimmenden Kreis führender Politiker der Koalitionsparteien alle außenpolitischen Fragen von Bedeutung zu erörtern, sobald sich Frankreich hinsichtlich seiner Haltung zur Ratifizierung des EVG-Vertrages festgelegt habe[63]). Der Bundesminister für gesamtdeutsche Fragen bringt seine Beunruhigung darüber zum Ausdruck, daß in weiten Kreisen auch denkender Menschen der Bundesrepublik eine gewisse Resignation in der Frage der Europäischen Verteidigungsgemeinschaft Platz greife. Er empfiehlt daher dem Bundeskanzler, bei seinen nächsten öffentlichen Reden gewisse beruhigende Erklärungen in dieser Richtung abzugeben.

Der Bundesminister für Arbeit bringt in diesem Zusammenhang die Frage der nächsten Tagung der Internationalen Arbeitsorganisation zur Sprache. Er weist darauf hin, daß sich das Gesicht und die Atmosphäre dieser Tagung durch den Beitritt der Sowjetunion[64]) und einzelner ihrer Satelliten vermutlich erheblich verändern würde. Man müsse der deutschen Delegation klare Weisungen geben, wie sie sich bei dieser Tagung zu verhalten habe. Er habe ernste Befürchtungen, daß diese Konferenz von kommunistischer Seite im politischen Sinne ausgewertet werden würde. Nach seinen Informationen müsse man damit rechnen, daß die Russen ihre Delegation hervorragend besetzen würden. Hierauf müsse bei der Zusammenstellung der deutschen Delegation Rücksicht genommen werden[65]).

---

[61]) Dieses Gespräch Adenauers mit Ollenhauer fand am 26. Mai 1954, 17.00 Uhr statt (StBKAH 04.05).
[62]) Vgl. 19. Sitzung Anm. 17.
[63]) Unterlagen nicht ermittelt.
[64]) Vgl. 30. Sitzung TOP I: Beitritt der UdSSR zur Internationalen Arbeitsorganisation.
[65]) Die Bundesregierung wurde auf dieser Konferenz durch Storch und Sauerborn vertreten (Bundesarbeitsblatt Jg. 1954 S. 466–469).

2. KRIEGSFOLGENSCHLUSSGESETZ BMF

Der Bundesminister der Finanzen bittet das Kabinett, zu den mit seiner Vorlage vom 19. 5. 1954 übersandten Fragen Stellung zu nehmen[66]). Demgegenüber bedauert der Bundesminister für wirtschaftliche Zusammenarbeit, eine abschließende Stellungnahme noch nicht abgeben zu können. Die Vorlage sei erst am 20. 5. 1954 eingegangen. Sie enthalte eine Vielzahl so schwieriger Fragen, daß er noch nicht genügend Zeit gehabt habe, diese erschöpfend zu durchdenken. Außerdem sei nach seinen Informationen das Ergebnis der Ressortbesprechungen von dem Bundesminister der Finanzen nicht in allen Punkten richtig wiedergegeben. Das letztere wird vom Bundesminister der Justiz bestätigt[67]). Dem Bedenken des Bundeskanzlers gegenüber, ob es zweckmäßig sei, sich im gegenwärtigen Zeitpunkt – d. h. vor den Wahlen in Nordrhein-Westfalen[68]) – mit einem solchen Gesetzentwurf zu beschäftigen, bemerkt der Bundesminister der Finanzen, er könne wegen der schwebenden Verhandlungen mit den ausländischen Gläubigern[69]) nicht länger warten.

Das Kabinett beschließt auf Anregung des Bundeskanzlers mit überwiegender Mehrheit, daß die Vorlage des Bundesministers der Finanzen zunächst im Kabinettsausschuß erörtert werden soll[70]).

3. ENTWURF EINES GESETZES ZUR ÄNDERUNG UND ERGÄNZUNG STEUERLICHER VORSCHRIFTEN ZUR FÖRDERUNG DES KAPITALMARKTES; HIER: ENTWURF EINER STELLUNGNAHME DER BUNDESREGIERUNG ZU DEM ÄNDERUNGSVORSCHLAG DES BUNDESRATES BMF

Nach kurzem Vortrag des Bundesministers der Finanzen stimmt das Kabinett der vorgelegten Stellungnahme der Bundesregierung zu dem Änderungsvorschlag des Bundesrates zu, nachdem Staatssekretär Dr. Bergemann die Erklärung abgegeben hat, daß der Bundesminister für Verkehr seine Bedenken zurückgezogen habe[71]).

Bei dieser Gelegenheit meldet der Bundesminister für Wirtschaft grundsätzliche Bedenken gegen das Fortbestehen des steuerfreien Sozialpfandbriefes an. Er regt an, baldmöglichst zu prüfen, ob man dieses, die Entwicklung des freien

---

[66]) Vgl. 32. Sitzung TOP 3. – Der BMF hatte mit seiner Vorlage über das Ergebnis der Referentenbesprechungen am 13. und 14. Mai 1954 berichtet (B 126/12665 und B 136/1158). Siehe dazu auch die Vorlage für den Minister vom 22. Mai 1954 in B 126/51546.
[67]) In seinem Schreiben an Hartmann vom 25. Mai 1954 hielt Schäffer fest, daß der BMJ Einwendungen gegen Ziffer 2 der Vorlage erhoben habe. Es sei, so der BMJ, nicht beabsichtigt gewesen, in dem Gesetzentwurf „eine Entschädigung für sozialbedürftige Reparations- und Restitutionsgeschädigte" festzulegen (Nachlaß Schäffer/34). – Siehe dazu auch den Vermerk vom 25. Mai 1954 in B 126/12665.
[68]) Vgl. 32. Sitzung Anm. 43.
[69]) Siehe 34. Sitzung TOP 10.
[70]) Siehe die Sitzungen des Kabinett-Ausschusses für Wirtschaft am 2. Juni und 27. Sept. 1954. – Fortgang 55. Sitzung TOP 1.
[71]) Vgl. 25. Sitzung TOP 3. – Siehe dazu den Schriftwechsel in B 126/6208. – BT-Drs. Nr. 565. – Der Entwurf ging entsprechend BT-Drs. Nr. 961 Ziffer 2d (siehe dazu STENOGRAPHISCHE BERICHTE Bd. 22 S. 2879) in das Gesetz zur Neuordnung von Steuern vom 16. Dez. 1954 ein (BGBl. I 373).

Kapitalmarktes störende, Element nicht dadurch beseitigen könne, daß man den berechtigten Wünschen des Bundesministers für Wohnungsbau auf anderem Wege entspreche. Der Bundesminister der Finanzen erklärt sich zu einem solchen Gespräch bereit. Staatssekretär Dr. Bergemann beantragt, daß bei der Erörterung dieser Frage auch die Belange der Schiffbaufinanzierung berücksichtigt werden müßten. Auf Vorschlag des Bundesministers für wirtschaftliche Zusammenarbeit sollen diese Fragen innerhalb der beteiligten Ressorts auf Chefebene besprochen werden[72]). Alsdann wird eine Erörterung im Kabinettausschuß in Aussicht genommen[73]).

4. ENTWURF EINES GESETZES ÜBER DIE SICHERSTELLUNG DER ERFÜLLUNG VÖLKERRECHTLICHER VERPFLICHTUNGEN AUF DEM GEBIET DER GEWERBLICHEN WIRTSCHAFT BMWi

Auf Antrag des Bundesministers für Wirtschaft wird die Beratung dieses Punktes zurückgestellt[74]), da vorher geklärt werden müsse, wie die Bundesstelle für den Warenverkehr[75]) in Zukunft gestaltet werden solle[76]).

Der Bundeskanzler verläßt für kurze Zeit die Sitzung. Der Vizekanzler übernimmt den Vorsitz.

---

[72]) Unterlagen über die in dem Entwurf einer Kabinettsvorlage des BMF vom 27. Juli 1954 erwähnte Chefbesprechung (B 126/12079) nicht ermittelt. – Zu der Ressortbesprechung am 24. Juni 1954 vgl. die Niederschrift vom 7. Juli (B 126/6208) und den Vermerk vom 30. Juni 1954 (B 126/12079).

[73]) Siehe dazu 63. Sitzung TOP 20.

[74]) Siehe 36. Sitzung TOP 2.

[75]) Siehe 41. Sitzung TOP C: Zukünftige Gestaltung der Bundesstelle für den Warenverkehr der gewerblichen Wirtschaft.

[76]) Das Gesetz für Sicherungsmaßnahmen auf einzelnen Gebieten der gewerblichen Wirtschaft vom 9. März 1951 (BGBl. I 163), das mehrfach novelliert worden war, lief mit dem 30. Sept. 1954 aus (Gesetz zur Verlängerung der Geltungsdauer und zur Änderung von Vorschriften auf dem Gebiet der gewerblichen Wirtschaft vom 28. Mai 1953, BGBl. I 265): dieses Gesetz hatte die Ermächtigung gegeben, Rechtsvorschriften a) zur Beseitigung vorübergehender binnenwirtschaftlicher Mangelerscheinungen und b) zur Erfüllung völkerrechtlicher Verpflichtungen des Bundes zu erlassen. Da der BMWi auf Grund der damaligen Wirtschaftslage glaubte, auf die Ermächtigung zu a) verzichten zu können, enthielt die für die 33. Sitzung eingebrachte Vorlage vom 3. Mai 1954 (B 136/2434) nur noch die Ermächtigung zu b): in dieser Vorlage war vorgesehen, daß der BMWi die Ausführung der für b) notwendigen Maßnahmen, soweit sie eine zentrale Bearbeitung erforderten, der Bundesstelle für den Warenverkehr der gewerblichen Wirtschaft übertragen konnte. Doch das Gesetz über die Errichtung einer Bundesstelle für den Warenverkehr der gewerblichen Wirtschaft vom 29. März 1951 (BGBl. I 216), das ebenfalls mehrfach novelliert worden war, lief auch mit dem 30. Sept. 1954 aus (Gesetz zur Verlängerung der Geltungsdauer und zur Änderung von Vorschriften auf dem Gebiet der gewerblichen Wirtschaft vom 28. Mai 1953, BGBl. I 265): damit wäre die zu beauftragende Stelle nicht mehr vorhanden gewesen. Dieser Mangel wurde mit der für die 41. Sitzung eingebrachten Vorlage des BMWi vom 14. Juni 1954 geheilt (B 136/2434).

5. EINFUHR- UND VERSORGUNGSPROGRAMM 1954/55 FÜR NAHRUNGS- UND FUTTERMITTEL; HIER: AUFSTOCKUNG VON VORRÄTEN IN DER BUNDES-
RESERVE BML

Nachdem die Bundesminister für Ernährung, Landwirtschaft und Forsten und der Finanzen die zahlenmäßigen Grundlagen für die mit der Aufstockung der Vorräte[77]) verbundenen Kosten und Belastungen des Bundeshaushalts bekannt gegeben[78]) und erörtert haben, beschließt das Kabinett die Aufstockung der Vorräte in dem vorgeschlagenen Sinne – allerdings unter Beschränkung auf Weizen und Roggen[79]).

6. a) HANDHABUNG DER NOTAUFNAHME
b) BEREITSTELLUNG VON BUNDESMITTELN FÜR DIE UNTERBRINGUNG DER AUFGENOMMENEN BMVt

Der Bundesminister für Vertriebene, Flüchtlinge und Kriegsgeschädigte berichtet eingehend über die in der Kabinettsvorlage[80]) enthaltenen drei Lösungsvorschläge und bittet das Kabinett, dem Vorschlag 3 – Beibehaltung des Verfahrens, jedoch unterschiedliche Betreuung der Aufgenommenen – in der vom Bundesminister für gesamtdeutsche Fragen mit der Kabinettsvorlage vom 24. 5. 1954 angeregten Fassung[81]) zuzustimmen. Der Bundesminister der Finanzen bedauert, zu dem finanziellen Teil der Vorlage[82]) noch keine Stellung nehmen zu können, da auf Grund neuester Mitteilungen über die finanziellen Beziehungen zwischen Bund und Ländern[83]) seine bisherigen haushaltsmäßigen Berechnungen einer vollständigen Überprüfung bedürften. Er sei unter diesen Umständen nicht in der Lage, größere nicht übersehbare finanzielle Verpflichtungen zu übernehmen. Er schlägt vor, die zur Erörterung stehende Frage im Laufe der nächsten Tage mit dem Bundesminister für Vertriebene, Flüchtlinge und Kriegsgeschädigte persönlich zu erörtern.

Inzwischen hat der Bundeskanzler wieder den Vorsitz übernommen.

Der Bundesminister für Vertriebene, den der Bundesminister für wirtschaftliche Zusammenarbeit unterstützt, hebt hervor, daß eine Entscheidung in dieser Frage nicht mehr länger hinausgezögert werden könne. Man müsse jetzt zu der

---

[77]) Vgl. 32. Sitzung TOP 1.
[78]) Vgl. im einzelnen Spalte 5 der Anlage II „Aufstockung der Bundesreserve, Menge in 1 000 t" der Vorlage des BML vom 10. Mai 1954 in B 136/2655.
[79]) Weizen: 370 000 t, Reichweite: 2 ½ Monate, Beschaffungskosten: 163 Mio DM, Lagerkosten je Jahr: 22,2 Mio DM; Roggen: 230 000 t, Reichweite: 3 ⅔ Monate, Beschaffungskosten: 92 Mio DM, Lagerkosten je Jahr: 13,8 Mio DM. – Fortgang 83. Sitzung am 24. Mai 1955 TOP 6: Einfuhr- und Versorgungsprogramm 1955/56.
[80]) Vgl. 23. Sitzung TOP A. – Vorlage des BMVt vom 18. Mai 1954 in B 150/5709 und B 136/816.
[81]) Der BMG hatte eine „straffere Formulierung und eine genauere Präzisierung" vorgeschlagen (B 136/816).
[82]) Schäffer hatte in seiner Vorlage vom 24. Mai 1954 (ebenda) bestritten, eine Zusage über die Zahlung von DM 1 500 für jeden Flüchtling als Beitrag zur Finanzierung des Wohnungsbaus gegeben zu haben, wie von Oberländer in seiner Vorlage angeführt worden war.
[83]) Vgl. TOP A dieser Sitzung.

schon seit langem den Ministerpräsidenten der Länder zugesagten Besprechung kommen.

Im weiteren Verlauf der Aussprache wird von mehreren Kabinettsmitgliedern zum Ausdruck gebracht, daß die vom Bundesminister für Vertriebene, Flüchtlinge und Kriegsgeschädigte gemeinsam mit dem Bundesminister für gesamtdeutsche Fragen vorgeschlagene Lösung durchaus eine annehmbare Diskussionsgrundlage für die Erörterung mit den Ministerpräsidenten darstelle. Eine Verhandlung auf dieser Grundlage bedeute keineswegs eine endgültige Festlegung.

Da der Bundesminister der Finanzen sich außerstande sieht, zu dem finanziellen Teil der Vorlage Stellung zu nehmen, schlägt der Bundesminister für wirtschaftliche Zusammenarbeit vor, zunächst nur über den ersten Teil der Vorlage — Handhabung der Notaufnahme — Beschluß zu fassen.

Dieser Anregung folgend, beschließt das Kabinett, den Vorschlag 3 des Bundesministers für Vertriebene, Flüchtlinge und Kriegsgeschädigte unter Berücksichtigung der vom Bundesminister für gesamtdeutsche Fragen vorgeschlagenen Änderungen zur Grundlage von Verhandlungen mit den Ministerpräsidenten der Länder zu machen[84]).

Über den zweiten Teil der Kabinettsvorlage — Bereitstellung von Bundesmitteln für die Unterbringung der Aufgenommenen — soll zunächst noch eine Aussprache zwischen den Bundesministern für Vertriebene, Flüchtlinge und Kriegsgeschädigte und der Finanzen erfolgen[85]).

7. TÄTIGKEITSBERICHT 1952/53 DES FORSCHUNGSBEIRATES FÜR FRAGEN DER WIEDERVEREINIGUNG DEUTSCHLANDS BEIM BUNDESMINISTER FÜR GESAMTDEUTSCHE FRAGEN BMG

Nachdem der Bundesminister für gesamtdeutsche Fragen eingehend die Notwendigkeit begründet hat, den Tätigkeitsbericht des Forschungsbeirates[86]) für Fragen der Wiedervereinigung Deutschlands mindestens auszugsweise zu veröffentlichen[87]), gibt der Vorsitzende dieses Beirates, Ministerialdirektor a. D. Dr. Friedrich Ernst, einen ausführlichen Bericht über die bisherige Tätigkeit des Forschungsbeirates sowie Aufbau und Inhalt des vorliegenden Tätigkeitsberichtes. In der anschließenden Aussprache stellt der Bundeskanzler die Frage, ob das in der sowjetischen Besatzungszone vorhandene Menschenpotential ausreichend erscheine, um den im Falle einer Wiedervereinigung auftretenden wirt-

---

[84]) Die Ministerpräsidenten lehnten eine Besprechung wegen der nicht geklärten Finanzierung des Wohnungsbaus ab (Vermerk vom 5. Juni 1954 in B 136/816).
[85]) Fortgang 52. Sitzung TOP 7.
[86]) Vgl. 301. Sitzung am 16. Juli 1953 TOP C.
[87]) Vorlage des BMG vom 18. Mai 1954 mit Anlage „Forschungsbeirat für Fragen der Wiedervereinigung Deutschlands beim Bundesminister für gesamtdeutsche Fragen, Auszug aus dem Tätigkeitsbericht 1952/53 zum Zwecke der Veröffentlichung" und Vorlage des BMG vom 24. Mai 1954 mit „Neufassung der Seiten 3–4" in B 137/5723 und B 136/963. Vollständiger Text „Forschungsbeirat, Tätigkeitsbericht 1952/1953" mit Anlage „Zusammenstellung der vom Forschungsbeirat 1952 und 1953 verabschiedeten Thesen" in B 136/987. Weitere einschlägige Unterlagen in B 137/937–943, 3932, 4087 sowie B 102/27782.

schaftlichen Anforderungen genügen zu können. Diese Frage wird von Dr. Ernst bejaht. Der Bundesminister für wirtschaftliche Zusammenarbeit ist der Auffassung, daß der vorliegende Bericht einer gründlichen redaktionellen Überarbeitung durch die zuständigen Ressortvertreter bedürfe, ehe an eine Veröffentlichung gedacht werden könne. Dr. Ernst hält es für unmöglich, den Forschungsbeirat, der aus sehr heterogenen Persönlichkeiten[88]) zusammengesetzt sei, dazu zu bringen, noch Änderungen des Berichts in größerem Umfange zuzustimmen. Er jedenfalls sehe sich außerstande, eine solche Aufgabe zu übernehmen. Wenn auf dieser Forderung bestanden würde, müsse zu seinem Bedauern von der Veröffentlichung des Berichts abgesehen werden. Der Bundesminister des Innern macht keine durchschlagenden Bedenken gegen die Veröffentlichung geltend. Er ist jedoch der Meinung, daß kleinere Änderungswünsche auch die Zustimmung des Forschungsbeirates finden könnten. Der Bundesminister für Wohnungsbau hat schwerwiegende Bedenken gegen die Veröffentlichung des vom Forschungsbeirat erarbeiteten Materials. Nach seiner Auffassung könne man höchstens an die Veröffentlichung eines kurzen Berichts der Bundesregierung über die bisherige Tätigkeit des Forschungsbeirats denken, um der Bevölkerung dies- und jenseits des Eisernen Vorhanges zu zeigen, wie ernst es der Bundesregierung mit den Vorarbeiten zur Wiedervereinigung ist. Der Bundeskanzler faßt das Ergebnis der Beratungen dahin zusammen, daß der Zeitpunkt für eine abschließende Erörterung noch zu früh sei, da noch eine Anzahl politischer Fragen geklärt werden müsse. Auf seinen Vorschlag beschließt das Kabinett, die Angelegenheit erneut anläßlich der Kabinettssitzung vom 23. 6. 1954 zu erörtern. Dr. Ernst sagt seine Teilnahme an dieser Sitzung zu.

Auf Anregung des Bundesministers für wirtschaftliche Zusammenarbeit wird der Bundesminister für gesamtdeutsche Fragen zu einer Vorbesprechung für diese Kabinettsberatung einladen[89]).

Abschließend dankt der Bundeskanzler Ministerialdirektor a. D. Dr. Ernst für seine aufopferungsvolle und verdienstvolle Arbeit als Vorsitzender des Forschungsbeirates.

8. ENTWURF EINES ZWEITEN GESETZES ZUR ÄNDERUNG UND ERGÄNZUNG DES GESETZES ÜBER VIEHZÄHLUNGEN   BML

Der Bundesminister der Finanzen beharrt auf seinem ablehnenden Standpunkt[90]). Er betont, daß es sich hierbei für ihn nicht um eine finanzpolitische,

---

[88]) Der Forschungsbeirat setzte sich zusammen aus sechs Professoren; Vertretern der CDU, SPD, FDP, DP; des Gemeinschaftsausschusses der deutschen gewerblichen Wirtschaft, des Deutschen Bauernverbandes, des DGB und der DAG sowie dem Vorsitzenden des BT-Ausschusses für gesamtdeutsche Fragen und dem Präsidenten des Deutschen Instituts für Wirtschaftsforschung. Er hatte dem am 23. Jan. 1952 gebildeten „Interministeriellen Ausschuß für Fragen der Wiedervereinigung Deutschlands" laufend Bericht zu erstatten und Empfehlungen zu übermitteln.

[89]) Fortgang 37. Sitzung TOP D.

[90]) Vgl. 304. Sitzung am 4. Aug. 1953 TOP 6. — Kleine Anfrage 49 der Abgeordneten Lücke und Genossen (BT-Drs. Nr. 416 vom 2. April 1954), Vorlage des BML vom 8. Mai 1954 in B 116/1900 und B 136/709, Vorlage des BMF vom 15. Mai 1954 in B 136/709, Sitzung des

sondern um eine verfassungsrechtliche Frage handele. Demgegenüber weist der Bundesminister für Ernährung, Landwirtschaft und Forsten darauf hin, daß die Viehzählungen unter allen Umständen erfolgen müßten. Er macht den Vermittlungsvorschlag, daß der Bund zunächst nur die Nachuntersuchungen finanzieren sollte. Der hierfür erforderliche Kostenaufwand würde etwa 128 000 DM ausmachen. Er müsse jedoch darauf aufmerksam machen, daß diese Lösung die bereits bestehenden Spannungen mit den Ländern noch vertiefen würden und bittet daher den Bundesminister der Finanzen zu prüfen, ob er nicht doch seine Zustimmung gemäß Art. 113 GG[91]) geben könne. Der Bundesminister der Finanzen vertritt den Standpunkt, daß er diese Zustimmung versagen müsse. Er betont, daß nach seiner Auffassung hierdurch ein Schaden nicht entstehen würde. Er regt an, folgenden Beschluß zu fassen:
a) Der Bundesminister der Finanzen erklärt sich bereit, die Nachuntersuchungen zu finanzieren.
b) Der Bundesminister der Finanzen versagt die Zustimmung zu dem vorliegenden Gesetzentwurf gemäß Art. 113 GG.
c) Der Bundesminister für Ernährung, Landwirtschaft und Forsten wird beauftragt, einen Gesetzentwurf vorzulegen, in dem die Frage der Kostenverteilung neu geregelt wird.

Da eine Einigung über diesen Vorschlag nicht zu erzielen ist, spricht sich das Kabinett in der Mehrheit für die Vertagung der Beschlußfassung aus[92]).

9. ENTWURF EINER VERORDNUNG ÜBER DIE ARBEITSZEIT DER BUNDESBEAMTEN UND EINES RUNDSCHREIBENS AN DIE OBERSTEN BUNDESBEHÖRDEN USW. BETREFFEND DIE ARBEITSZEIT BEI DEN BEHÖRDEN BMI

Das Kabinett bestätigt den anläßlich der Kabinettssitzung vom 12. 5. 1954 bereits gefaßten Beschluß[93]).

10. ARBEITSZEIT IN DEN BUNDESMINISTERIEN BMI

Wird zurückgestellt[94]).

Kabinett-Ausschusses für Wirtschaft am 19. Mai 1954 TOP 2 mit „Vertagung der Entscheidung".
[91]) Nach Art. 113 GG bedürfen solche Beschlüsse des Bundestages und des Bundesrates der Zustimmung der Bundesregierung, die sog. finanzwirksame Gesetze betreffen; im vorliegenden Fall ging es um eine „Mehrbelastung des Bundes in Höhe von 1,6 Mio DM" (vgl. Sitzung des Kabinett-Ausschusses für Wirtschaft am 19. Mai 1954 TOP 2).
[92]) Fortgang 44. Sitzung TOP 3.
[93]) Vgl. 32. Sitzung TOP F. — Der TOP war noch einmal auf die Tagesordnung gesetzt worden, weil festgestellt worden war, daß das Kabinett in der 32. Sitzung bei der Behandlung dieses TOPs nicht mehr beschlußfähig gewesen war (Vermerk vom 21. Mai 1954 in B 136/1965). — VO vom 15. Juni 1954 (BGBl. I 149).
[94]) Siehe 34. Sitzung TOP 12.

11. GRIECHENLANDHILFE   BMI

Nach kurzem Vortrag[95]) durch den Bundesminister des Innern[96]) erklärt sich der Bundesminister der Finanzen einverstanden, einen Betrag von 100 000 DM zur Verfügung zu stellen. Die Art der Verwendung dieses Betrages wird der Entscheidung des Bundesministers des Innern überlassen[97]).

12. MITTEILUNG ÜBER DIE IN AUSSICHT GENOMMENE BESETZUNG ZWEIER AUSWÄRTIGER VERTRETUNGEN   AA

Gegen die in Aussicht genommene Besetzung zweier auswärtiger Vertretungen werden Bedenken nicht geltend gemacht[98]).

13. PERSONALIEN

Einwendungen werden nicht erhoben[99]).

Außerhalb der Tagesordnung

[A. ANTEIL DES BUNDES AN DER EINKOMMEN- UND KÖRPERSCHAFTSTEUER]

Der Bundesminister der Finanzen berichtet über seine Besprechungen mit einzelnen Ländern wegen der zukünftigen Gestaltung des Bundeshaushalts und der Beteiligung des Bundes an der Einkommen- und Körperschaftsteuer. Die Länder hätten im Prinzip einer Inanspruchnahme von 40% zugestimmt[100]). Er

---

[95]) Vgl. 305. Sitzung am 18. Aug. 1953 TOP E. — Ende April 1954 war die Provinz Thessalien von einem schweren Erdbeben betroffen worden, vgl. dazu Mitteilung des BPA Nr. 491/54 vom 4. Mai 1954.

[96]) Vorlage des BMI vom 17. Mai 1954 in B 146/1338.

[97]) Vgl. dazu Vorlage des BMF vom 31. Mai 1954 (ebenda).

[98]) Vorgeschlagen waren laut Anlagen die Ernennung des Leiters der Vertretung der Bundesrepublik Deutschland bei der FOA (Foreign Operations Administration) in Washington, MinDir. Hans Podeyn, zum Leiter der Botschaft der Bundesrepublik in Karachi sowie die Ernennung des Botschaftsrates Dr. iur. Herbert Siegfried zum Leiter der Gesandtschaft der Bundesrepublik in Stockholm.

[99]) An Ernennungen waren vorgesehen: im Geschäftsbereich BMJ ein Senatspräsident beim Bundesgerichtshof (Roderich Glanzmann), im Geschäftsbereich BMF ein Oberfinanzpräsident (Dr. iur. Josef Oermann), im Geschäftsbereich BMP ein Präsident einer Oberpostdirektion (Karl Bamberger). Ferner wurde beantragt: vom Bundeskanzleramt (Amt Blank) die Anstellung von Generalmajor a. D. Hellmuth Laegeler und von Oberst i. G. a. D. Ernst Klasing jeweils als Angestellte nach der ADO für übertarifliche Angestellte im öffentlichen Dienst.

[100]) Vgl. 30. Sitzung TOP 4 und TOP D. — Schäffer berichtete hier vermutlich über die Sitzungen des „Gemischten Ausschusses Große Steuerreform" am 15. und 24. Mai 1954. Der vom Bundesvorstand der CDU Anfang des Jahres 1954 eingesetzte Ausschuß bestand zunächst aus je drei Mitgliedern der CDU und des finanzpolitischen Ausschusses der CDU/CSU. Am 26. April 1954 hatte der Bundesvorstand der CDU beschlossen, Schäffer sowie die Ministerpräsidenten der von der CDU regierten Länder und Bayerns hinzuzuziehen. Der Ausschuß wurde geleitet von dem ehemaligen niedersächsischen Finanzminister Georg Strickrodt. — Unterlagen über die Entstehung des sog. Strickrodt-Ausschusses und Vermerk Strickrodts vom 25. Mai über die Sitzungen des Ausschusses am 15. und 24. Mai 1954 in B 126/51528. — Siehe dazu auch die Ausführungen Strickrodts in der Sitzung des

beabsichtige in der morgigen Sitzung des Finanzausschusses des Bundesrates anzuregen, den Beteiligungssatz des Bundes im Inanspruchnahmegesetz von 42 auf 40% zu ändern[101]). Er bittet die Kabinettsmitglieder, diese Frage innerhalb ihrer Fraktion zu erörtern[102]).

[B. ENTWURF EINES GESETZES ZUR ERGÄNZUNG DES GESETZES ÜBER DIE MITBESTIMMUNG DER ARBEITNEHMER IN DEN AUFSICHTSRÄTEN UND VORSTÄNDEN DER UNTERNEHMEN DES BERGBAUS UND DER EISEN UND STAHL ERZEUGENDEN INDUSTRIE VOM 21. 5. 1951 (BGBL. I 347)][103])

Auf Grund eines Schreibens des Vorsitzenden des DGB, Freitag,[104]) an den Bundeskanzler wegen der Frage der Ausdehnung des Mitbestimmungsrechtes auf Holdinggesellschaften schlägt der Bundeskanzler vor, den Gesetzentwurf zur Ergänzung des Mitbestimmungsgesetzes anläßlich der nächsten Kabinettssitzung erneut zu beraten. Das Kabinett erklärt sich hiermit einverstanden[105]).

[C. NÄCHSTE KABINETTSSITZUNG]

Die nächste Kabinettssitzung wird für Dienstag, den 1. Juni 1954, in Aussicht genommen. Da der Bundesminister der Finanzen an dieser Sitzung nicht teilnimmt, bittet er, von der Beratung finanzpolitisch bedeutsamer Gesetze Abstand zu nehmen. Die Frage, ob in der Woche nach Pfingsten eine Kabinettssitzung stattfinden soll, bleibt unentschieden[106]). Es wird in Aussicht genommen, falls eine Kabinettssitzung notwendig werden sollte, die Kabinettsmitglieder kurzfristig zusammenzubitten.

CDU-Vorstands am 26. April 1954 (PROTOKOLLE CDU-BUNDESVORSTAND S. 205–208).
[101]) Vgl. 13. Sitzung am 18. Dez. 1953 (TOP C). — In dem Gesetz über die Inanspruchnahme eines Teils der Einkommensteuer und der Körperschaftsteuer durch den Bund im Rechnungsjahr 1954 vom 25. April 1955 (BGBl. I 182) wurde der Bundesanteil auf 38% festgelegt.
[102]) Fortgang 36. Sitzung TOP E.
[103]) Vgl. 16. Sitzung TOP 3.
[104]) Walter Freitag (1889–1958). 1920–1933 hauptberuflich im Deutschen Metallarbeiterverband. 1946 MdL (SPD) in Nordrhein-Westfalen; 1949–1953 MdB. 1946 Vorsitzender der IG Metall in der Britischen Zone; 1950 Vorsitzender der IG Metall; 1952–1956 Vorsitzender des DGB.
[105]) Fortgang 34. Sitzung TOP 1.
[106]) In der Woche nach Pfingsten (8.–12. Juni 1954) fand keine Kabinettssitzung statt, wohl aber eine Woche darauf (35. Sitzung am 15. Juni 1954).

34. Kabinettssitzung
am Dienstag, den 1. Juni 1954

Teilnehmer: Adenauer (bis 13.00 Uhr)[1]*), Blücher, Neumayer, Schäffer, Lübke, Storch, Seebohm, Preusker, Oberländer, Kaiser, Wuermeling, F. J. Strauß, Kraft; Bergemann, Bleek, Gladenbeck, Globke, Hallstein, Ripken, Westrick; Klaiber; Six; Selbach, Kilb; Blank. Protokoll: Grau (zu TOP 4 bis 7), Pühl (zu allen anderen Punkten).*

Beginn: 9.30 Uhr   *Ende: 13.30 Uhr*

1. ENTWURF EINES GESETZES ZUR ERGÄNZUNG DES GESETZES ÜBER DIE MITBESTIMMUNG DER ARBEITNEHMER IN DEN AUFSICHTSRÄTEN UND VORSTÄNDEN DER UNTERNEHMEN DES BERGBAUS UND DER EISEN UND STAHL ERZEUGENDEN INDUSTRIE VOM 21. 5. 1951 (BGBl. I 347)   BMA

Der Bundesminister für Arbeit berichtet eingehend über den bisherigen Verlauf der Beratungen über den Entwurf des Ergänzungsgesetzes zum Mitbestimmungsgesetz[2]). Anlaß[3]) für die erneute Erörterung im Kabinett bilde der Brief[4]) des Vorsitzenden des Bundesvorstandes des DGB, Freitag, vom 1. 4. 1954 an den Bundeskanzler. In diesem Schreiben bitte Freitag den Bundeskanzler um eine baldige Klärung in der Frage der Ausdehnung des Mitbestimmungsgesetzes auf die Holding-Gesellschaften. Man habe seinerzeit bei den Verhandlungen mit dem Deutschen Gewerkschaftsbund über das Mitbestimmungsgesetz Zusagen gemacht, daß nach der Gründung von Holding-Gesellschaften für Kohle und Eisen die Ausdehnung des Mitbestimmungsgesetzes auch auf diesen Bereich erfolgen solle. In Verfolg der zwischenzeitlich erfolgten Zusammenschlüsse im Sektor Kohle und Stahl habe sich die Praxis mangels einer gesetzlichen Regelung der Mitbestimmung dadurch geholfen, daß bei der Mehrzahl der Holding-Gesellschaften durch den Abschluß privatrechtlicher Vereinbarungen den Anforderungen des Mitbestimmungsgesetzes Rechnung getragen wurde. Diese Entwicklung sei dann gestört worden durch das bekannte Urteil im Mannesmann-Prozeß, in dem festgestellt worden sei, daß für die Gestaltung des Aufsichtsrates im Sinne des Mitbestimmungsgesetzes die gesetzliche Grundlage fehlte[5]). Nach seiner Meinung sei im Hinblick auf diese Entwicklung und zur

---

[1]) Vgl. den Satz vor TOP 8 des Kurzprotokolls. – Laut Terminkalender Adenauer ging der BK um 13.10 Uhr „zum Frühstück anläßlich der Einweihung des neuen Hauses der Vertretung von Nordrhein-Westfalen" (StBKAH 04.05).
[2]) Vgl. 16. Sitzung TOP 3.
[3]) Vgl. 33. Sitzung TOP B.
[4]) Schreiben in B 136/723.
[5]) Das Landgericht Düsseldorf hatte am 21. Dez. 1953 die Klage einer Aktionärin der Mannesmann AG gegen diese Firma abgelehnt. Die Klägerin hatte beantragt, die Wahlen zum Aufsichtsrat der Firma vom 26. Juni 1953 für ungültig zu erklären, weil die Vertreter der Arbeitnehmer nicht von der Hauptversammlung, sondern entsprechend § 76 des Be-

Beseitigung der in weiten Kreisen entstehenden Beunruhigung die Ausdehnung des Mitbestimmungsrechts auf Holding-Gesellschaften für Kohle und Eisen nicht mehr aufzuhalten. Es bestehe zwar in Kreisen um den Abgeordneten Sabel die Absicht, auf diesem Gebiet durch die Einbringung eines Gesetzentwurfs initiativ zu werden[6]). Hiergegen habe er jedoch Bedenken. Er hielte es für richtiger, daß die Bundesregierung sich die Initiative nicht aus der Hand nehmen lassen solle. In diesem Zusammenhang weist der Bundesminister für Arbeit darauf hin, daß seinerzeit bei den Beratungen des Mitbestimmungsgesetzes im Bundestag der jetzige Bundesminister des Innern ziemlich klare Zusagen in dieser Richtung gemacht habe[7]). Nach seiner Ansicht könne die Aussprache mit Freitag nicht mehr länger hinausgeschoben werden. Das Kabinett müsse sich daher zumindest über die grundsätzliche Frage schlüssig werden, ob man eine Ausdehnung des Mitbestimmungsrechts auf die Holdings wolle. Eine solche Entscheidung schließe nicht die Notwendigkeit aus, daß der vom Bundesarbeitsministerium vorgelegte Gesetzentwurf[8]) noch gewisse Änderungen erfahren müsse. Insbesondere bedürfe die Frage eingehender Prüfung, ob das im Entwurf vorgesehene Kriterium für die Anwendung des Mitbestimmungsgesetzes auf die Holding als gesetzliche Regelung geeignet sei und in welchen der bestehenden Holding-Gesellschaften in diesem Falle das Mitbestimmungsgesetz zur Anwendung gelangen würde. Die zur Zeit in Aussicht genommene Regelung sei in der Tat nicht voll befriedigend. Es seien daher in seinem Hause bereits seit langem Erwägungen darüber angestellt worden, ein anderes geeigneteres Kriterium zu finden. Im übrigen jedoch müsse der Entwurf unverändert bleiben. Der Bundeskanzler unterstützt die Ausführungen des Bundesministers für Arbeit und regt an, die Grundsatzfrage in der heutigen Kabinettssitzung klar zu entscheiden, damit er das seit langem fällige Gespräch mit Freitag führen könne. Der Bundesminister für wirtschaftliche Zusammenarbeit gibt einen kurzen Überblick über den Verlauf der unter seinem Vorsitz am 4. 2. 1954 erfolgten Chefbesprechung. Neben der Frage der Gestaltung des Kriteriums für die Anwendung des Mitbestimmungsgesetzes in der Holding habe man eingehend darüber beraten, ob mit Rücksicht auf die Weisungsbefugnisse der Holding-Gesellschaften gegenüber den mitbestimmten Tochtergesellschaften ein Arbeitsdirektor in der Holding notwendig sei. Man sei dann dabei übereingekommen, als Grundlage für die weiteren Beratungen zu diesen Fragen zunächst Schaubilder von den in Betracht kommenden Montan-Konzernen auszuarbeiten[9]). Diese Schaubilder seien bisher trotz Erinnerung noch nicht vorgelegt worden[10]). Für seine Entscheidung über die Grundsatzfrage sei von besonderer Bedeutung, welche Gestaltung das Kriterium „überwiegender Unternehmenszweck" erfahre.

---

triebsverfassungsgesetzes vom 11. Okt. 1952 (BGBl. I 681) von der Belegschaft hätten gewählt werden müssen (Urteil in B 149/26738 und B 141/7921).

[6]) Undatierter Entwurf Sabels (ebenda).
[7]) Vgl. 16. Sitzung TOP 3.
[8]) Auch dieser Beratung lag die Vorlage des BMA vom 8. Jan. 1954 zugrunde (B 149/26738 und B 136/723).
[9]) Vgl. 16. Sitzung Anm. 36.
[10]) Der BMWi übersandte die Schaubilder am 15. Juni 1954 (B 141/7921).

Die im Klöckner-Konzern für diese Frage gefundene Lösung[11]) sei sehr interessant. Es sei zu erwägen, ob und in welchem Umfange diese Regelung für die gesetzliche Gestaltung Verwendung finden könne. Der Bundesminister für Wohnungsbau schließt sich diesen Ausführungen an. Staatssekretär Dr. Westrick spricht sich dafür aus, den Entwurf des Abg. Sabel zu fördern. Dieser stelle eine Mittellösung zwischen dem Mitbestimmungsgesetz und dem Betriebsverfassungsgesetz[12]) dar. Der Bundeskanzler macht demgegenüber geltend, daß, wenn seinerzeit bei der Verabschiedung des Mitbestimmungsgesetzes bereits Holding-Gesellschaften bestanden hätten, man mit Sicherheit das Mitbestimmungsgesetz auch auf diese ausgedehnt hätte. Diese Tatsache sei für die Entscheidung über die von ihm zur Erörterung gestellte Grundsatzfrage besonders wichtig. Auch er sei der Meinung, daß der vorliegende Gesetzentwurf noch gewisser Änderungen bedürfe. Dies schließe jedoch nicht aus, daß man sich heute im grundsätzlichen entscheide, wobei auch er Wert darauf lege, daß nicht der Bundestag, sondern die Bundesregierung die Initiative ergreife[13]). Nach eingehender Aussprache wird folgender Beschluß gefaßt:

1. Der Bundeskanzler wird dem Vorsitzenden des Bundesvorstandes des DGB Freitag schriftlich mitteilen, daß das Kabinett der Ausdehnung des Mitbestimmungsgesetzes auf die Holdings für Kohle und Eisen grundsätzlich zustimme. Die Bundesregierung werde bemüht sein, noch in diesem Sommer dem Deutschen Bundestag den Entwurf eines solchen Gesetzes zuzuleiten. Es bedürften jedoch einige politisch und rechtlich sehr schwierige Fragen noch eingehender Prüfung, ehe das Kabinett einen solchen Gesetzentwurf verabschieden könne. Auf Vorschlag des Staatssekretärs Dr. Westrick werden die beteiligten Bundesministerien einen solchen Briefentwurf für den Bundeskanzler gemeinsam ausarbeiten[14]).
2. Es ist eine Kommission aus Vertretern der Bundesministerien für Arbeit, für Wirtschaft, der Justiz und der Finanzen zu bilden, die den vorliegenden Gesetzentwurf in dem erörterten Sinne umarbeitet[15]).
3. Nach Vorliegen dieses Gesetzentwurfes soll dieser zunächst erneut im Kabinettsausschuß beraten werden[16]).
4. Nach der Beratung im Kabinettsausschuß soll Vorlage im Kabinett zur endgültigen Beschlußfassung erfolgen[17]).

---

[11]) Die Klöckner AG hatte einen Aufsichtsrat nach dem Mitbestimmungsgesetz vom 21. Mai 1951 gebildet (Vermerk des BMWi vom 31. März 1952 in B 141/7921 und Vermerk vom 21. Dez. 1953 in B 149/26738).
[12]) Betriebsverfassungsgesetz vom 11. Okt. 1952 (BGBl. I 681).
[13]) Der Entwurf von Sabel und weiteren Mitgliedern der CDU/CSU-Fraktion wurde dem BT am 24. Sept. 1954 vorgelegt (BT-Drs. Nr. 842).
[14]) Entwurf vom 2. Juni und Schreiben Adenauers an Freitag vom 8. Juni 1954 in B 136/723.
[15]) Unterlagen über die Ressortbesprechungen in B 149/26739 und B 141/7921 f.
[16]) In der Sitzung des Kabinett-Ausschusses für Wirtschaft am 20. Sept. 1954 TOP 1 wurde die in den Ressortbesprechungen erarbeitete Vorlage des BMA vom 17. Aug. 1954 (B 141/7922) erörtert.
[17]) Fortgang 46. Sitzung TOP 1.

2. SOZIALREFORM   BMA/BMF

Einleitend bemerkt der Bundeskanzler, daß er diesen Punkt heute erneut im Kabinett zur Erörterung gestellt habe, weil man nicht länger einer Entscheidung über die Grundsatzfrage ausweichen könne, ob man eine umfassende organische Sozialreform wolle oder nur an eine Rentenerhöhung denke. Darüber hinaus könne eine Entscheidung über den Antrag des Bundesministers der Finanzen auf Einsetzung einer Regierungskommission nicht länger hinausgeschoben werden[18]. Der Bundesminister für Arbeit gibt einen eingehenden Bericht über die Entstehungsgeschichte des Beirats beim Bundesarbeitsministerium[19]. Die Bildung dieses Beirates habe deshalb so große Schwierigkeiten bereitet, weil die SPD mit der Nominierung der Mitglieder so lange gezögert habe. Im Anschluß daran berichtet der Bundesminister für Arbeit über die personelle Zusammensetzung des Beirates[20]. Auf den Einwand des Bundeskanzlers, daß nach seiner Meinung ein großer Teil der Mitglieder des Beirates als Funktionäre von Interessenvertretungen und politischen Parteien angesprochen werden müsse, erwidert der Bundesminister für Arbeit, daß dies nur zum Teil zuträfe. Man habe mit der Aufnahme der Professoren Dr. Muthesius[21] und Dr. Achinger[22] in den Arbeitsausschuß für Grundsatzfragen[23] Persönlichkeiten gewonnen, die anerkanntermaßen den Ruf genössen, reine Fachleute zu sein. Auf die Bemerkung des Bundeskanzlers, daß beispielsweise der Fürsorgesektor bei der personellen Zusammensetzung des Beirates viel zu wenig Berücksichtigung gefunden habe, erklärt der Bundesminister für Arbeit, man müsse zwar alle Säulen des Sozialleistungssystems beachten, jedoch der Sozialversicherung ein besonderes Gewicht beimessen. Der Bundeskanzler vertritt weiterhin den Standpunkt, daß die

---

[18] Vgl. 28. Sitzung TOP 9.
[19] Vgl. 19. Sitzung TOP 4.
[20] Unterlagen in B 149/411. — Storch hatte die Mitglieder in der BT-Debatte am 21. Mai 1954 genannt (STENOGRAPHISCHE BERICHTE Bd. 20 S. 1409). Siehe auch BULLETIN vom 30. April 1954 S. 721.
[21] Dr. iur. Volkmar Muthesius (1885—1977). 1914—1933 in der Kommunalverwaltung, 1933—1935 beim Deutschen Verein für öffentliche und private Fürsorge, 1936—1945 wissenschaftlicher Hilfsarbeiter in der Gesundheitsabteilung des Reichsministeriums des Innern; 1945—1947 wissenschaftlicher Hilfsarbeiter und 1950—1964 Vorsitzender des Deutschen Vereins für öffentliche und private Fürsorge, 1948—1953 Beigeordneter im Deutschen Städtetag, 1956 Honorarprofessor an der Universität Frankfurt/Main. Mitautor der auf Anregung des Bundeskanzlers verfaßten Denkschrift „Neuordnung der sozialen Leistungen", Köln 1955.
[22] Prof. Dr. rer. pol. Hans Achinger (1899—1981). 1924—1945 Geschäftsführer des sozialen Instituts gemeinnütziger Wohnungsgesellschaften; 1946—1952 bei der Deutschen Zeitung und Wirtschaftszeitung, seit 1952 Professor für Sozialpolitik an der Universität Frankfurt/Main. Mitverfasser der Denkschrift „Neuordnung der sozialen Leistungen", Köln 1955.
[23] Der Beirat hatte neben dem Arbeitsausschuß für Grundsatzfragen (Sitzungsprotokolle in B 149/414 und 2243, weitere Unterlagen in B 149/417) einen Arbeitsausschuß für Fragen der Rentenversicherung (Sitzungsprotokolle in B 149/424) und einen Arbeitsausschuß für Fragen der Frühinvalidität gebildet. — Zur Erweiterung des Arbeitsausschusses für Grundsatzfragen siehe Schreiben Storchs an die Bundesminister vom 2. Juni 1954 (B 136/1363).

Kapitalansammlung bei den Sozialversicherungsträgern[24]) eine ungeheuere Machtzusammenballung darstelle, die unter Umständen zu einem wesentlichen Machtfaktor in der Wirtschaft werden könne. Er hält eine solche Entwicklung für nicht erstrebenswert und würde es daher begrüßen, wenn im Beirat eine Persönlichkeit vertreten sei, die diese Fragen souverän beurteilen könne. Der Bundesminister für Arbeit unterstützt diesen Gedanken des Bundeskanzlers und betont, man sollte in der Tat anstreben, das Deckungskapital der Sozialversicherungsträger weitgehend für den Erwerb von Eigenheimen zur Verfügung zu stellen. Die wirtschaftliche Betätigung der Sozialversicherungsträger müsse entscheidend eingeschränkt werden. Er habe seinerzeit versucht, den Ministerialdirektor a. D. Dr. Ernst[25]) für die Mitarbeit im Beirat zu gewinnen. Leider jedoch sei dieser infolge arbeitsmäßiger Überlastung nicht in der Lage gewesen, diesem Wunsche zu entsprechen. Er stelle zur Erwägung, ob man nicht den Bankier Abs[26]) für diese Aufgabe gewinnen könne. Der Bundeskanzler stellt Übereinstimmung des Kabinetts darüber fest, daß in dem mit der Durchführung der Sozialreform zu betreuenden Gremium eine solche Persönlichkeit vertreten sein müsse. Der Bundesminister der Finanzen bringt seine Sorge darüber zum Ausdruck, daß das Verhältnis zwischen der Wirtschaftskraft und Soziallast von Jahr zu Jahr ungünstiger werde, wenn man nicht bald an eine umfassende organische Sozialreform herangehe. Die zunehmende Überalterung lasse ein weiteres Ansteigen der Soziallasten in den nächsten Jahren erwarten. Dieser Entwicklung müsse durch eine entsprechende Umschichtung im Sozialhaushalt rechtzeitig Rechnung getragen werden. Die vom Bundesminister für Arbeit vorweg angestrebte Erhöhung der Altrenten[27]) würde ohne Zweifel ähnliche Forderungen der anderen Sozialleistungsträger nach sich ziehen. Die Realisierung derselben müsse jedoch an etatmäßigen Schwierigkeiten scheitern. Daher müsse er sich nach wie vor für die grundlegende Neuordnung des Sozialrechts der Versorgung, der Fürsorge und des Lastenausgleichs in sinnvoller Abstimmung aufeinander aussprechen[28]). Nach seiner Auffassung müsse man ein einheitliches Sozialgesetzgebungswerk schaffen, das etwa wie folgt aufgegliedert werden könnte[29]):

Allgemeiner Teil,
Sozialversicherung,
Versorgung der Kriegsbeschädigten und Hinterbliebenen,
Kinderbeihilfen,

---

[24]) Vgl. dazu 19. Sitzung TOP 4.
[25]) Nicht ermittelt.
[26]) Hermann Josef Abs (geb. 1901). 1936 Teilhaber des Bankhauses Delbrück, Schickler & Co. 1938 Vorstandsmitglied der Auslandsabteilung der Deutschen Bank; 1948 stellvertretender Vorsitzender und 1951 Vorsitzender des Verwaltungsrats der Kreditanstalt für Wiederaufbau, 1957 Vorstandssprecher und 1967 Aufsichtsratsvorsitzender der Deutschen Bank.
[27]) Vgl. 6. Sitzung am 5. Nov. 1953 (TOP 1). – Fortgang hierzu 44. Sitzung TOP B.
[28]) Siehe dazu das Schreiben des BMF an den BK vom 21. Mai 1954 in B 126/10940 und B 136/1358.
[29]) Schäffer folgte hier der Vorlage für den Minister vom 31. Mai 1954 (B 136/1358).

Soziale Fürsorge,
Vorbeugende Gesundheitsfürsorge,
Produktive Arbeitslosenfürsorge,
Finanzierungsbestimmungen,
Organisation.

Die Neuordnung dieses vielschichtigen Aufgabengebietes müsse einer unabhängigen Regierungskommission übertragen werden. Das bedeute jedoch nicht, daß der beim Bundesarbeitsministerium existierende Beirat als ein Teil dieser Kommission seine Sonderuntersuchungen auf dem Gebiete der Sozialversicherung nicht weiter durchführen sollte. Es sei weiterhin erforderlich, gewisse Leitsätze aufzustellen. Er denke hierbei insbesondere an die Festlegung des Grundsatzes der Subsidiarität aller öffentlichen Hilfe. Wenn er auch wegen der Auswahl der Mitglieder für eine solche Kommission keine grundsätzlichen Meinungsverschiedenheiten mit dem Bundesminister für Arbeit habe, so würde er es doch für richtiger halten, wenn diese weitgehend aus Persönlichkeiten zusammengesetzt würde, die als in der Verwaltung erfahrene Praktiker anzusprechen seien. Der Bundesminister für Arbeit glaubt, im Grundsatz mit dem Bundesminister der Finanzen einig zu sein. Wenn man auch die mit einer Sozialreform notwendigerweise verbundene große Linie und Zusammenschau sehen müsse, dürfe man doch nicht versäumen, bei den Altrentnern eine gewisse Beruhigung auszulösen. Diese Frage müsse daher vorweg behandelt werden. Der Bundeskanzler pflichtet den Ausführungen des Bundesministers der Finanzen in vollem Umfange bei und betont, daß es besonders wichtig sei, gewisse Leitsätze für eine umfassende Sozialreform zu erarbeiten. Der Bundesminister für wirtschaftliche Zusammenarbeit ist der Meinung, daß die Erhöhung der Altrenten so gestaltet werden müsse, daß damit die angestrebte Gesamtlösung nicht gefährdet würde. Auch er sei der Meinung, daß man zunächst einmal den Gesamtrahmen kennenlernen müsse, ehe man die Frage der Altrentenerhöhung endgültig regeln könne. Die Frage des Bundeskanzlers an den Bundesminister für Arbeit, ob er einer Gesamtkodifikation in dem von dem Bundesminister der Finanzen vorgeschlagenen Sinne zustimme, wird von jenem bejaht. Staatssekretär Bleek ist der Meinung, daß unabhängig von der Entscheidung über die Frage, von welchem Gremium die Sozialreform vorzubereiten sei, in jedem Falle eine Umgestaltung des Beirats erforderlich sei. Dieser habe bisher das Schwergewicht seiner Arbeit eindeutig nur auf das Gebiet der Sozialversicherung gelegt. Die Gebiete der Versorgung und Fürsorge seien völlig vernachlässigt worden. Es genüge nicht, daß Vertreter des Fürsorgesektors in Arbeitsausschüssen vertreten seien; es sei vielmehr erforderlich, daß diese im Beirat mitarbeiten könnten. Er schlägt zur baldigen Klärung der organisatorischen Fragen vor, in einer Abteilungsleiterbesprechung der Bundesministerien für Arbeit, des Innern und der Finanzen die Frage zu erörtern, ob unter Berücksichtigung der vom Kabinett für notwendig gehaltenen Gesamtkodifizierung des Sozialrechts die Einrichtung einer unabhängigen Regierungskommission erforderlich sei oder ob es genüge, den beim Bundesminister für Arbeit bestehenden Beirat so auszubauen, daß er diese Aufgabe erfüllen könne. Er spricht sich weiterhin dafür aus, daß der Vorsitz in diesem Gremium nicht einem Regierungsvertreter, sondern einer unabhängigen Persönlichkeit übertragen werden sollte. Man könne hierbei eventuell an Prof. Dr. Muthesius denken. Der auf Grund dieser Abteilungsleiterbesprechung zu erarbeitende Vorschlag sollte alsdann dem Kabinett zur Entscheidung vorgelegt werden. Der Bundeskanzler greift diese Anregung auf und bringt weiterhin seinen Wunsch zum Ausdruck, daß das Ziel einer großen Sozialreform, die Gesamtkodifizierung des Sozialrechts, noch vor der nächsten Bundestagswahl erreicht werden sollte. Auch der Bundesminister für Vertriebene, Flüchtlinge und Kriegsgeschädigte hält eine Durchleuchtung des gesamten Sozialleistungsgefüges für dringend erforderlich. Der gegenwärtige Rechtszustand sei für die Praxis immer unübersichtlicher geworden und daher nicht mehr haltbar. Eine Gesamtkodifizierung des Sozialrechts dürfe daher nicht mehr aufgeschoben werden. Nach Abschluß der Aussprache einigt sich das Kabinett über folgende Punkte:

1. Es ist das Ziel der Bundesregierung, die Neukodifizierung des gesamten Sozialrechts noch in dieser Legislaturperiode durchzuführen.
2. Die Ministerialdirektoren Eckert[30], Prof. Dr. Oeftering und Dr. Kitz[31] erhalten den Auftrag, baldmöglichst zu prüfen, welches Instrument als am geeignetsten zur Vorbereitung der großen Sozialreform erscheint. Insbesondere sollen Vorschläge über die personelle Zusammensetzung und über die organisatorische Ausgestaltung einer solchen Kommission unterbreitet werden.
3. Der von den genannten Abteilungsleitern gemeinsam ausgearbeitete Bericht soll vom Bundesminister für Arbeit dem Kabinett zur Entscheidung vorgelegt werden[32].

3. ENTWICKLUNG IM RAUM SALZGITTER – HARZVORLAND   BMWi

Staatssekretär Dr. Westrick berichtet dem Kabinett über die bisher zur Behebung der Krise im Eisenerzbergbau ergriffenen Maßnahmen[33]. Der Bundes-

---

[30] Josef Eckert (1889–1970). 1920–1945 im Reichsarbeitsministerium (1941 MinR.); 1947–1949 ehrenamtliche Mitarbeit im Bayerischen Arbeitsministerium, 1949–1954 Leiter der Abteilung Sozialversicherung und Kriegsopferversorgung im BMA (1950 MinDir.).

[31] Dr. iur. Wilhelm Kitz (1890–1956). 1921 Provinzialverwaltung Düsseldorf, 1931 1. Landesrat, Leiter der Finanzabteilung der rheinischen Provinzialselbstverwaltung. 1946 Finanzministerium Nordrhein-Westfalen; 1948–1950 Generalsekretär der Gutachterkommission für den Lastenausgleich, Bad Homburg; 1950–1953 BMI (1951 MinDir.), Leiter der Abteilung Sozialwesen, soziale Angelegenheiten und Wohlfahrt.

[32] Fortgang 39. Sitzung TOP 3.

[33] Vgl. 299. Sitzung am 30. Juni 1953 TOP I: Verhältnis zwischen Bund und Ländern, ferner Sitzung des Kabinett-Ausschusses für Wirtschaft am 15. Mai 1954 TOP 2. Dem TOP 2 „Krise im Eisenerzbergbau" lag eine entsprechende Vorlage des BMWi vom 30. April 1954 (in B 102/34899 und B 136/7662) zugrunde, deren Inhalt MinDir. Dr. Müller-Armack zunächst vortrug. Die seit Anfang 1954 mit Vertretern des Bergbaus, der Ruhrhüttenwerke und der Industriegewerkschaft Bergbau geführten Verhandlungen (einschlägige Protokolle in B 102/34899 f.) waren bis Mitte Mai 1954 noch nicht abgeschlossen, so daß Müller-Armack am 15. Mai 1954 keine endgültigen Vorschläge zur Behebung der Krise im Eisenerzbergbau unterbreiten konnte. – StS Westrick informierte das Kabinett entsprechend einem Vermerk des BMWi vom 31. Mai 1954 (in B 102/34899 und B 136/7661), in dem u. a. steht: „Für die Thomaserzgruben sind vom 1. Juni 1954 an die Lieferungen von

minister der Finanzen erklärt sich mit der für die Thomas-Erzgruben[34]) vorgesehenen Hilfsaktion zunächst bis zum 31. März 1955 einverstanden[35]). Der Bundesminister für Verkehr regt an, auch heute schon nach Hilfsmaßnahmen für die Zeit nach dem 31. 3. 1955 Ausschau zu halten[36]). Das Kabinett nimmt den Bericht von Staatssekretär Dr. Westrick zur Kenntnis.

4. ENTWURF EINES GESETZES ZUR SICHERUNG DES STRASSENVERKEHRS DURCH ENTLASTUNG DER STRASSEN (STRASSENENTLASTUNGSGESETZ)[37]); STELLUNGNAHME DER BUNDESREGIERUNG ZU DEN ÄNDERUNGSVORSCHLÄGEN DES BUNDESRATES BMV

Der Bundesminister für wirtschaftliche Zusammenarbeit regt an, in der Stellungnahme zu den Änderungsvorschlägen des Bundesrates[38]) nicht von „Saargrenzgürtel" zu sprechen, sondern statt dessen einen anderen, das Wort „Grenze" vermeidenden Ausdruck, wie etwa „Gemeinden im Saarrandgebiet", zu wählen. Der Bundesminister für Verkehr stimmt dieser Anregung zu.

Der Bundesminister der Finanzen äußert unter Bezugnahme auf seine Kabinettsvorlage vom 29. Mai 1954[39]) gegen die Änderungsvorschläge des Bundesrates folgende Bedenken:
a) Der nach Nr. 4 der Änderungsvorschläge neu einzufügende § 3a gebe den obersten Verkehrsbehörden der Länder die Möglichkeit, die Wirkung des Straßenentlastungsgesetzes zu beeinträchtigen. Bei allem Vertrauen zu den Landesbehörden müsse doch darauf hingewiesen werden, daß diesen naturgemäß die Beseitigung der in ihrem Gebiet auftretenden Schwierigkeiten näher liege als die allgemeine Verkehrsentwicklung. Auch sei der durch den § 3a eingeführte Begriff „Verkehrsnotstand" vieldeutig. Der Bundesminister für Verkehr erläutert daraufhin diesen Begriff. Der Bundesminister der Finanzen schlägt vor, in der Stellungnahme der Bundesregierung darauf hinzuweisen, was diese unter „Verkehrsnotstand" verstehe.

Eisenerz an die Hütten von bisher 375 000 t auf 468 000 t monatlich erhöht worden. Damit fallen auch die Feierschichten im Salzgittergebiet fort. Die durch den Einsatz der deutschen Erze gegenüber der Verwendung von schwedischen Erzen hervorgerufenen Mehrkosten hat zum Teil die Eisenindustrie selbst übernommen, zum Teil sind sie durch Preiszugeständnisse der Eisenerzgruben und durch die Rabattgewährung für den Koksbezug ausgeglichen worden. Die erhöhte Abnahme tritt mit dem 1. Juni 1954 in Kraft."

[34]) Die phosphorhaltigen Eisenerze, die wegen ihres Einsatzes zur Erzeugung von Thomas-Roheisen auch Thomaserze genannt werden, umfaßten damals etwa 90% der Eisenerzförderung im Bundesgebiet, unter ihnen die Erze im Raum Salzgitter-Harzvorland allein fast 40%.

[35]) Niedersachsen war seit dem 18. Mai 1954 bereit, den Eisenerzbergbau in seinem Land vom 1. Juni 1954 bis 31. März 1955 mit 300 000 DM im Monat zu stützen, falls die vom BMF für das Land Niedersachsen vorgesehenen Grenzlandmittel letzterem tatsächlich zufließen und einengende Vorschriften des BMF die Zahlung an den Eisenerzbergbau nicht verhindern würden (einschlägiger Schriftwechsel in B 102/34899).

[36]) Westrick vermerkte auf seiner Vorlage (vgl. Anm. 33) u. a.: „Seebohm bittet möglichst rechtzeitig für nächstes Jahr Vorsorge zu treffen" (in B 102/34899).

[37]) Vgl. 27. Sitzung TOP 2b.

[38]) Vorlage des BMV vom 15. Mai 1954 zu BR-Drs. Nr. 127/54 (Beschluß) in B 108/10470.

[39]) Vorlage in B 126/13962.

b) Zu Nr. 5 der Änderungsvorschläge (Einfügung eines Absatzes 1a in § 4 des Gesetzentwurfs) erklärt der Bundesminister der Finanzen, er habe gegen diesen Inhalt unter politischen Gesichtspunkten nichts zu erinnern. Es sei ihm jedoch fraglich, ob die vom Bundesrat vorgesehene Ausnahmeregelung in ein Straßenentlastungsgesetz gehöre. Der Bundesminister für Verkehr begründet daraufhin die Notwendigkeit der Aufnahme einer solchen Bestimmung. Zu der vom Bundesminister für Verkehr vorgesehenen Stellungnahme zu diesem Punkt wirft der Bundesminister für wirtschaftliche Zusammenarbeit die Frage auf, ob nicht die Stellungnahme der Bundesregierung rechtlich nur aus einer Zustimmung oder Ablehnung bestehen, nicht aber Vorschläge einer Neufassung enthalten könne. Der Bundesminister für Verkehr erwidert, daß nach der bisherigen Praxis der Bundesregierung andere Formulierungen vorgesehen werden könnten, wenn — wie im vorliegenden Fall — der Inhalt im wesentlichen derselbe bleibe.

Das Kabinett beschließt, dem vom Bundesminister für Verkehr vorgeschlagenen Entwurf einer Stellungnahme der Bundesregierung zu den Änderungsvorschlägen des Bundesrates zuzustimmen, jedoch, dem Antrag des Bundesministers der Finanzen entsprechend, in der Stellungnahme der Bundesregierung zu dem Vorschlag des Bundesrates auf Einfügung eines § 3a zu erläutern, was die Bundesregierung unter „Verkehrsnotstand" verstehe[40]).

5. VERKEHRSFINANZGESETZ 1954[41]); STELLUNGNAHME DER BUNDESREGIERUNG ZU DEN ÄNDERUNGSVORSCHLÄGEN DES BUNDESRATES BMF

Der Bundesminister der Finanzen nimmt Bezug auf seine gemeinsam mit dem Bundesminister für Verkehr eingebrachte Kabinettsvorlage vom 26. Mai 1954 und erklärt, daß er mit dem Bundesminister für Verkehr in der Stellungnahme zu den Änderungsvorschlägen des Bundesrates[42]) bis auf zwei Punkte übereinstimme:
a) Der Bundesrat habe in Nr. I 3d seiner Änderungsvorschläge vorgesehen, den § 11 Abs. 2 des Kraftfahrzeugsteuergesetzes[43]) zu streichen. Der Bundesminister für Verkehr schlage vor, diesem Änderungsvorschlag zuzustimmen, während er für die Beibehaltung der Regierungsvorlage sei. Der Bundesminister für Wohnungsbau spricht sich wie der Bundesminister der Finanzen dringend dafür aus, den § 11 Abs. 2 wegen der in ihm vorgesehenen Vergünstigung für Spezialbaufahrzeuge beizubehalten. Das Kabinett stimmt dem Bundesminister der Finanzen und dem Bundesminister für Wohnungsbau in dieser Stellungnahme zu.

---

[40]) „Dem Ergänzungsvorschlag des Bundesrates [Einfügung eines § 3a] wird zugestimmt. Die Bundesregierung geht dabei davon aus, daß ein Verkehrsnotstand nur dann gegeben ist, wenn der Eisenbahnbetrieb, in bestimmten Gebieten auch die Schiffahrt, durch besondere Umstände vorübergehend unterbrochen ist" (BT-Drs. Nr. 574, Anlage C). STENOGRAPHISCHE BERICHTE Bd. 20 S. 1776 A — 1842 D, 1849 C — 1868 D. — Fortgang 58. Sitzung TOP 7.
[41]) Vgl. 27. Sitzung TOP 2a.
[42]) Gemeinsame Vorlage vom 26. Mai 1954 zu BR-Drs. Nr. 126/54 (Beschluß) in B 126/10902 und B 146/1689.
[43]) Kraftfahrzeugsteuergesetz vom 25. März 1935 (RGBl. I 407).

b) Der Bundesrat schlage vor, in Abschnitt IV (Finanzierung des Baues von Bundesautobahnen) Artikel 2 statt „einen jährlichen Zuschuß von 80 Mio DM" zu sagen „einen jährlichen Zuschuß von mindestens 80 Mio DM". Er, der Bundesminister der Finanzen, sei der Auffassung, es bei der Regierungsvorlage zu belassen, während der Bundesminister für Verkehr dem Änderungsvorschlag des Bundesrates beitreten wolle. Das Kabinett beschließt, dem Änderungsvorschlag des Bundesrates zuzustimmen und billigt im übrigen den von dem Bundesminister der Finanzen und dem Bundesminister für Verkehr vorgelegten Entwurf einer Stellungnahme der Bundesregierung[44]).

6. ENTWURF EINES GESETZES ÜBER DIE BEFÖRDERUNG VON PERSONEN ZU LANDE   BMV

Der Bundesminister für Verkehr weist einleitend auf die langen und sorgfältigen Vorarbeiten an dem Gesetzentwurf[45]) unter den Ressorts und im Kabinettsausschuß[46]) hin. Vom Kabinett seien noch 3 Punkte zu entscheiden:
a) In § 2 Abs. 4 hätten die Ziffern 2 und 3 nicht die Zustimmung des Bundesministers für wirtschaftliche Zusammenarbeit und des Bundesministers der Finanzen gefunden. Die in diesen Ziffern vorgesehenen Ausnahmen von der Genehmigungspflicht würden jedoch einen Kompromiß zwischen dem Bundesminister für Wirtschaft, dem Bundesminister für Arbeit und ihm, dem Bundesminister für Verkehr, darstellen, an dem er festhalten möchte. Nachdem auch der Bundesminister der Justiz Bedenken gegen die Ziffern 2 und 3 geltend gemacht hat, beschließt das Kabinett die Streichung beider Ziffern[47]).
b) Gegen den in § 8 Abs. 2 Ziff. 5 vorgesehenen Vorrang der privaten Unternehmer im Gelegenheitsverkehr habe der Bundesminister der Finanzen im Hinblick auf die Bundesbahn Bedenken geäußert. Der Bundesminister für Verkehr begründet demgegenüber seine Vorlage und weist insbesondere darauf hin, daß die Eigengesellschaften der Bundesbahn (wie z. B. Touropa, Touring) in diesen Vorrang einbezogen seien. Nach dieser Erklärung zieht der Bundesminister der Finanzen seine Bedenken zurück.
c) Gegen die Bestimmungen des § 64 Abs. 2 hätten im Kabinettsausschuß die Vertreter des Bundespostministers rechtliche Vorbehalte gemacht. Staatsse-

---

[44]) BT-Drs. Nr. 573 und STENOGRAPHISCHE BERICHTE Bd. 20 S. 1776 A – 1842 D, 1849 C – 1868 D. – Fortgang 45. Sitzung TOP 5.
[45]) Vgl. 294. Sitzung am 22. Mai 1953 TOP 1. Vorlage des BMV vom 21. Mai 1954 in B 108/6918 und B 136/2747, Vorarbeiten dazu in B 108/6918 f., B 136/2747–2750, 9743 und B 146/1643.
[46]) In der Sitzung des Kabinett-Ausschusses für Wirtschaft am 19. Mai 1954 TOP 1.
[47]) „(4) Der Genehmigung bedarf ferner nicht der Arbeitgeber, der, ohne von den Beförderten ein unmittelbares Entgelt dafür zu erheben, mit werkeigenen Fahrzeugen [...] 2. die Werktätigen seines Betriebes und deren Familienangehörige zu Erholungsheimen, Ferienheimen oder ähnlichen Einrichtungen des Werks regelmäßig befördert, 3. für seine Werktätigen und deren Familienangehörige Ausflugsfahrten veranstaltet" (Vorlage des BMV vom 21. Mai 1954).

kretär Prof. Dr. Gladenbeck erklärt sich bereit, diese Vorbehalte zurückzustellen.

Sodann nimmt Staatssekretär Bleek für das Bundesministerium des Innern zu dem Gesetzentwurf Stellung. Er äußert gegen § 11 Abs. 1 des Gesetzentwurfs [48] verfassungsrechtliche Bedenken, da die Ausführung von Gesetzen Sache der Länder sei. Der Bundesminister für Verkehr gibt zu, daß es sich bei dieser Bestimmung um ein Grenzgebiet der Verfassungszuständigkeiten handele. Andererseits sei zu beachten, daß in § 11 Abs. 1 Regelungen über die Bundesbahn und die Bundespost, somit über in bundeseigener Verwaltung stehende Betriebe, getroffen würden. Das Kabinett einigt sich darauf, daß die von Staatssekretär Bleek vorgebrachten verfassungsrechtlichen Bedenken zunächst nicht weiter verfolgt werden sollen; es solle vielmehr die Stellungnahme des Bundesrates[49] abgewartet werden.

Staatssekretär Bleek schlägt ferner vor, das in den §§ 56 und 57 des Entwurfs vorgesehene Verfahren an die Vorschriften der zur Zeit dem Bundestag vorliegenden Verwaltungsgerichtsordnung[50] anzupassen. Diesem Vorschlag soll nach Meinung des Kabinetts dadurch Rechnung getragen werden, daß der Bundesminister für Verkehr in Zusammenarbeit mit dem Bundesminister des Innern eine Neufassung dieser beiden Bestimmungen vornimmt[51].

Unter diesem Vorbehalt und nach Streichung der Ziffern 2 und 3 in Abs. 4 § 2 beschließt das Kabinett, dem Gesetzentwurf in der Vorlage des Bundesministers für Verkehr zuzustimmen[52].

7. VERKEHRSPOLITISCHE MASSNAHMEN   BMV

Der Bundesminister für wirtschaftliche Zusammenarbeit erinnert zunächst das Kabinett daran, daß der Bundesminister für Verkehr mit seiner Kabinettsvorlage vom 12. Dezember 1953[53] ein verkehrspolitisches Gesamtprogramm vorgelegt habe, von dem inzwischen das Straßenentlastungsgesetz[54], das Verkehrsfinanzgesetz 1954[55], der Wirtschaftsplan der Deutschen Bundesbahn für das

---

[48] „Die Genehmigung für den Linien- und den Gelegenheitsverkehr der Deutschen Bundespost oder der Deutschen Bundesbahn erteilt der Bundesminister für Verkehr. Er entscheidet im Einvernehmen mit der zuständigen obersten Landesverkehrsbehörde, und zwar bei Anträgen auf Einrichtung eines Linienverkehrs mit der Behörde, in deren Bezirk der Verkehr betrieben werden soll, bei Anträgen auf Einrichtung eines Gelegenheitsverkehrs mit der Behörde, in deren Bezirk sich der Sitz der betriebsleitenden Einsatzstelle befindet. Über Anträge der Deutschen Bundespost auf Einrichtung eines Linien- oder Gelegenheitsverkehrs entscheidet der Bundesminister für Verkehr nach Benehmen mit dem Bundesminister für das Post- und Fernmeldewesen" (ebenda).
[49] In BR-Drs. Nr. 195/54 (Beschluß) erhielt § 11 Abs. 1 folgende Fassung: „Die Genehmigung erteilt die oberste Landesverkehrsbehörde oder die von ihr bestimmte Behörde."
[50] BT-Drs. Nr. 462.
[51] Zwischen den Vertretern des BMI und des BMV wurde am 2. Juni 1954 über die Neufassung der §§ 56, 57 und 66 der Vorlage des BMV vom 21. Mai 1954 Übereinstimmung erzielt (B 108/6918), vgl. auch BR-Drs. Nr. 195/54.
[52] Fortgang 43. Sitzung TOP 5.
[53] Vorlage in B 108/1478 und B 136/1477.
[54] Vgl. 27. Sitzung TOP 2b und TOP 4 dieser Sitzung.
[55] Vgl. 27. Sitzung TOP 2a und TOP 5 dieser Sitzung.

Geschäftsjahr 1954[56]) sowie das Personenbeförderungsgesetz[57]) vom Kabinett behandelt worden seien. In seiner Kabinettsvorlage vom 23. April 1954 habe der Bundesminister für Verkehr sodann die Punkte seines Gesamtprogramms zusammengefaßt, die vom Kabinett noch nicht behandelt worden seien[58]). Der Inhalt dieser Kabinettsvorlage sei Gegenstand eingehender Beratungen im Kabinettsausschuß gewesen[59]), wobei weitgehende Übereinstimmung über die dem Kabinett zu machenden Vorschläge erzielt worden sei.

Der Entscheidung des Kabinetts vorbehalten worden sei die Frage, ob im Rahmen der von dem Bundesminister für Verkehr vorzubereitenden tarifpolitischen Maßnahmen auch eine Erhöhung der Sozialtarife der Deutschen Bundesbahn vorzusehen sei. Die Verwaltungsorgane der Deutschen Bundesbahn hätten schon vor Monaten eine Erhöhung der Sozialtarife um 15% vorgeschlagen, der Bundesminister für Verkehr halte jedoch aus politischen Gründen eine solche Erhöhung derzeit für untunlich, während der Bundesminister der Finanzen im Hinblick auf die Finanzlage der Bundesbahn Bedenken habe, auf eine Erhöhung dieser Tarife zu verzichten. Das Kabinett beschließt, entsprechend dem Vorschlag des Bundesministers für Verkehr von einer Erhöhung der Sozialtarife vorerst abzusehen.

Der Bundesminister für wirtschaftliche Zusammenarbeit legt weiter dar, daß die Frage der Übernahme der betriebsfremden Lasten der Deutschen Bundesbahn auf den Bundeshaushalt im Kabinettsausschuß erörtert worden sei. Übereinstimmung habe dabei darüber geherrscht, daß diese Frage einer weiteren eingehenden Prüfung durch die Bundesminister für Verkehr, der Finanzen und des Innern bedürfe. Der Bundesminister für Verkehr sei jedoch der Auffassung, daß diese Prüfung sich nur darauf zu erstrecken habe, welche betriebsfremden Lasten zu übernehmen seien, während er, der Bundesminister für wirtschaftliche Zusammenarbeit, mit den übrigen Mitgliedern des Kabinettsausschusses der Auffassung sei, daß bei der nunmehr gegebenen Lage zunächst die Frage geprüft werden müsse, ob überhaupt betriebsfremde Lasten auf den Bundeshaushalt übernommen werden sollen. Der Bundesminister der Finanzen tritt dem Standpunkt des Bundesministers für wirtschaftliche Zusammenarbeit ausdrücklich bei, der auch die Zustimmung des Kabinetts findet.

Das Kabinett faßt sodann zu der Vorlage des Bundesministers für Verkehr vom 23. April 1954 folgende vom Kabinettsausschuß erarbeitete Beschlüsse:
I. Die Vorschläge des Bundesministers für Verkehr in Abschnitt I – Sicherheit im Straßenverkehr – seiner Kabinettsvorlage vom 12. 12. 1953 werden gebilligt, soweit dies nicht schon durch die Verabschiedung des Straßenentlastungs- und Verkehrsfinanzgesetzes geschehen ist.

---

[56]) Vgl. 28. Sitzung TOP B und 29. Sitzung TOP 1.
[57]) Vgl. TOP 6 dieser Sitzung.
[58]) Vorlage in B 108/1414 und B 136/1478.
[59]) Sitzung des Kabinett-Ausschusses für Wirtschaft am 26. Mai 1954, einziger (ordentlicher) TOP: Verkehrspolitische Maßnahmen. Als Vorlagen dienten die beiden Kurzprotokolle über die Sitzungen des Arbeitsausschusses des Kabinett-Ausschusses für Wirtschaft am 11. und 18. Mai 1954 sowie der Schlußbericht dieses Arbeitsausschusses, o. Dat. (jeweils in B 136/1479).

II. Der Bundesminister für Verkehr wird beauftragt, in Zusammenarbeit mit den beteiligten Ressorts und nach Anhörung der Verkehrsträger und der verladenden Wirtschaft auf der Grundlage der Vorschläge unter Abschnitt II A seiner Kabinettsvorlage vom 12. Dezember 1953 tarifpolitische Maßnahmen so vorzubereiten, daß sie, soweit möglich, im Rahmen seines verkehrspolitischen Gesamtprogramms alsbald nach Anlaufen des Straßenentlastungs- und Verkehrsfinanzgesetzes wirksam werden können.

Von einer Erhöhung der Sozialtarife der Deutschen Bundesbahn ist vorerst abzusehen.

III. Der Bundesminister der Finanzen wird beauftragt, das dem Bund zufließende Steueraufkommen aus dem Verkehrsfinanzgesetz, soweit es nicht für den Bau von Bundesautobahnen und Bundesstraßen in Anspruch genommen wird, für Zwecke der Bundesbahn zu verwenden.

Die Bundesminister der Finanzen, des Innern und für Verkehr werden beauftragt, die Notwendigkeit einer Übernahme der betriebsfremden Lasten der Bundesbahn auf den Bundeshaushalt zu prüfen und hierzu nötigenfalls gesetzgeberische Vorschläge vorzubereiten.

IV. Das Kabinett billigt die Vorschläge des Bundesministers für Verkehr zur Rationalisierung der Deutschen Bundesbahn und zur weiteren Verminderung des Personalbestandes gemäß Abs. IV 1–3 seiner Kabinettsvorlage vom 21. März 1954[60]). Es beauftragt den Bundesminister für Verkehr, den Präsidenten des Hauptprüfungsamtes der Bundesbahn zu beauftragen, in Zusammenarbeit mit besonders sachkundigen Wirtschaftsprüfern und Stellen ein Gutachten darüber zu erstatten, ob über die Vorschläge der Kabinettsvorlage hinaus und — zutreffendenfalls — welche betriebswirtschaftlichen und personellen Maßnahmen seitens der Bundesbahn im Hinblick auf die vor allem in den letzten Jahrzehnten eingetretenen Strukturveränderungen im Verkehr angebracht wären, um eine anhaltende Wirtschaftlichkeit der Bundesbahn zu gewährleisten.

V. Das Kabinett stimmt einer Anhebung des Regeltarifs im Kraftfahrlinienverkehr der Deutschen Bundesbahn und der Deutschen Bundespost zu[61]), damit er über den Regelsatz der 3. Klasse des Eisenbahnfahrpreises von 6,9 Pf/km zu liegen kommt. Es ist damit einverstanden, daß die beiden bundeseigenen Verkehrsträger alsbald unter Angleichung der Beförderungsbedingungen in ihrem Kraftfahrlinienverkehr einen Regelsatz von 7,5 Pf/km einführen und wie bisher für bestimmte Bergstrecken und in ähnlichen besonderen Fällen einen angemessenen erhöhten Satz zugrunde legen. Hierbei ist jedoch von einer Erhöhung der Sozialtarife im Kraftfahrlinienverkehr vorerst abzusehen.

Das Kabinett geht dabei von der Erwartung aus, daß die Landesregierungen entsprechend dem Ergebnis der 29. Verkehrsminister-Konferenz[62]) sich bei

---

[60]) Vorlage in B 136/1519.
[61]) Fortgang hierzu Sitzung des Kabinett-Ausschusses für Wirtschaft am 10. Okt. 1955 TOP 2.
[62]) Verkehrsministerkonferenz am 17. und 18. Mai 1954 in Berlin (B 136/1478). — Vgl. dazu den Vortrag von Seebohm („Verkehrspolitische Probleme der Bundesrepublik") am

der Handhabung ihrer Tarifhoheit von folgenden Gesichtspunkten leiten lassen:
1. Bei der Genehmigung von Omnibuslinien sollen nur solche Tarife genehmigt werden, die mindestens den einheitlich von der Deutschen Bundespost und der Deutschen Bundesbahn erhobenen Sätzen entsprechen.
Das gleiche gilt, sofern ein Unternehmer eine Tarifänderung beantragt.
2. Auch ohne Antrag eines Unternehmens ist zum nächstmöglichen Zeitpunkt auf eine Neufestsetzung der Tarife nach Ziffer 1 hinzuwirken, wenn und soweit die Bedingungen, unter denen die Linie oder die Tarife für die Linie genehmigt worden sind, dies zulassen.
3. Es werden keine Bedenken dagegen erhoben, daß im Einzelfall von den Regelsätzen abgewichen wird, wenn, soweit und solange bei Mehrfachbedienung einer Omnibuslinie oder eines Teiles einer Linie die Tarife eines Unternehmens unter den Sätzen der Ziffer 1 liegen.

Das Kabinett begrüßt es, daß die Verkehrsminister und Verkehrssenatoren aller Länder – mit Ausnahme Niedersachsens – diesen Grundsätzen ausdrücklich zugestimmt haben. Mit Rücksicht hierauf glaubt es, von einer allgemeinen bundesrechtlichen Preisanordnung für alle Kraftfahrlinienbetriebe vorerst absehen zu können, müßte jedoch hierauf zurückgreifen, falls die Verwaltungspraxis der Länder den erstrebten Erfolg nicht haben sollte.

Bundesbahn und Bundespost werden verpflichtet, mit aller Beschleunigung ein Abkommen über die Beseitigung des Wettbewerbs und über die Grundlagen für eine reibungslose Zusammenarbeit auf dem Gebiet ihres Kraftfahrlinienverkehrs abzuschließen.

Das vorgesehene Abkommen zwischen Bundesbahn und Bundespost über den Kleingutverkehr ist baldmöglichst zu treffen[63]).

Im Anschluß an die Beschlußfassung über das verkehrspolitische Gesamtprogramm[64]) richtet der Bundeskanzler an Staatssekretär Dr. Westrick die Frage, ob die Eisenindustrie nunmehr mit der Abwicklung und dem Stand der Auftragsvergabe der Deutschen Bundesbahn zufrieden sei. Staatssekretär Dr. Westrick verneint diese Frage. Es seien ihm auch noch in den letzten Tagen Klagen über mangelnde Auftragseingänge zugegangen. Der Bundeskanzler betont demgegenüber mit Nachdruck, daß er, wie wohl das gesamte Kabinett, bei seiner Zustimmung zu dem Wirtschaftsplan 1954[65]) der Deutschen Bundesbahn sich in erster Linie von dem Gesichtspunkt habe leiten lassen, daß dadurch nach Ostern große Aufträge an die Eisenindustrie würden vergeben werden können. Der ihm nunmehr vorliegende Bericht des Vorstandes der Deutschen Bundes-

---

18. Mai 1954 in Berlin, in: Die Verkehrsminister-Konferenzen in Dortmund, München, Bonn und Berlin. Vier Vorträge des Bundesministers für Verkehr. Bielefeld 1954 (= Schriftenreihe des Bundesministers für Verkehr, Heft 1) S. 60–73, ferner BULLETIN vom 22. Mai 1954 S. 854 f.
[63]) Unterlagen nicht ermittelt.
[64]) Fortgang 58. Sitzung TOP 7.
[65]) Vgl. 29. Sitzung TOP 1.

bahn über die Erteilung solcher Aufträge könne ihn nicht befriedigen[66]). Der Bundeskanzler bittet den Bundesminister für Verkehr aus wirtschaftlichen wie politischen Gründen dringend, dieser Angelegenheit nachzugehen. Er wird darin von dem Bundesminister für Arbeit unterstützt, der insbesondere darauf hinweist, daß er auf Grund der Beratungen des Kabinetts über den Wirtschaftsplan der Deutschen Bundesbahn mit Aufträgen in einer ganz anderen Größenordnung gerechnet habe, als sie nunmehr von der Bundesbahn getätigt oder vorgesehen seien. Der Bundeskanzler bemerkt hierzu, daß nach seiner Kenntnis die Eisenindustrie bereit wäre, die Begleichung rückständiger Verbindlichkeiten durch die Bundesbahn zurückzustellen zugunsten neuer Aufträge. Der Bundesminister für Verkehr erklärt, alsbald den vorgebrachten Beschwerden nachgehen zu wollen.

Nachdem der Bundeskanzler gegen 13 Uhr die Sitzung verlassen hat, übernimmt der Vizekanzler den Vorsitz.

8. ENTWURF EINES GESETZES ÜBER DAS ZWEITE ABKOMMEN ZWISCHEN DER BUNDESREPUBLIK DEUTSCHLAND UND DER REPUBLIK ÖSTERREICH ÜBER SOZIALVERSICHERUNG[67])
BMA

Der Vizekanzler begründet seine Bedenken gegen die Ausklammerung des Saargebietes aus dem vorliegenden Abkommen[68]). Er ist jedoch bereit, seine Bedenken zurückzustellen, wenn in der Begründung zu dem Gesetzentwurf der Sachverhalt dargelegt wird. Es müsse darin klar zum Ausdruck kommen, daß in der Fassung des Artikels 18 des Abkommens keineswegs die Anerkennung gewisser territorialer Zuordnungsbestrebungen des Saargebietes durch die Bundesrepublik erblickt werden könne. Auch der Bundesminister für Vertriebene, Flüchtlinge und Kriegsgeschädigte teilt die Bedenken des Vizekanzlers. Nachdem der Bundesminister für Arbeit sich bereit erklärte, dem Wunsche des Vizekanzlers zu entsprechen, wird der vorgelegte Gesetzentwurf unter Berücksichtigung der angeregten Ergänzung der Begründung beschlossen[69]).

---

[66]) Schnellbrief des Vorstandes der Deutschen Bundesbahn an Adenauer vom 25. Mai 1954 betr. Auftragsvergabe der Deutschen Bundesbahn in B 136/1519. Unterlagen zur Auftragserteilung der Deutschen Bundesbahn und zu Klagen der Eisenindustrie über unzureichende Bundesbahnaufträge in ebenda.

[67]) Die Vorlage des BMA vom 24. April mit Ergänzung vom 25. Mai 1954 sah die Ratifizierung des am 11. Juli 1953 unterzeichneten Abkommens vor, mit dem Leistungsansprüche und Anwartschaften geregelt werden sollten, die bis 1945 in der deutschen Unfall- und Rentenversicherung entstanden waren (B 136/748).

[68]) Siehe dazu Art. 18 des Abkommens. – Vgl. auch das Schreiben Blüchers vom 5. Mai 1954, in dem er Widerspruch gegen die Verabschiedung der Vorlage des BMA vom 24. April 1954 im Umlaufverfahren eingelegt hatte (B 136/748 und Nachlaß Blücher/81).

[69]) In der Ergänzung der Begründung zu Art. 18 wurde darauf hingewiesen, daß das Saarland deshalb nicht in das Abkommen einbezogen werden konnte, weil die saarländischen Versicherungsträger den Berechtigten Renten zahlten. – BR-Drs. Nr. 192/54. – BT-Drs. Nr. 663. – Gesetz vom 21. Aug. 1954 (BGBl. II 773).

9. ENTWURF EINES ZWEITEN GESETZES ZUR ÄNDERUNG UND ERGÄNZUNG DES PERSONENSTANDSGESETZES; STELLUNGNAHME DER BUNDESREGIERUNG ZU DEN ÄNDERUNGSVORSCHLÄGEN DES BUNDESRATES   BMI/BMJ

Ist von der Tagesordnung gestrichen[70]).

10. VERHANDLUNGEN MIT DEN AUSLÄNDISCHEN GLÄUBIGERVERTRETUNGEN ÜBER DIE REICHSMARKVERPFLICHTUNGEN DES REICHES AUF GRUND DES LONDONER ABKOMMENS   BMF

Nach kurzer Aussprache faßt das Kabinett folgenden Beschluß:
1. Der vom Bundesminister der Finanzen vorgelegte Briefentwurf wird gebilligt.
2. Die Antwort an die englischen und französischen Gläubigervertretungen soll von dem Bankier Hermann J. Abs unterzeichnet werden.
3. Eine Entscheidung über die Frage, wer mit der Leitung der deutschen Delegation beauftragt werden soll, wird zurückgestellt[71]).

11. ERGÄNZUNG DES VERWALTUNGSRATES DER DEUTSCHEN BUNDESPOST   BMP

Die Vorlage[72]) wird ohne Aussprache beschlossen.

12. ARBEITSZEIT IN DEN BUNDESMINISTERIEN[73])   BMI

Auf Vorschlag von Staatssekretär Bleek beschließt das Kabinett, die Beschlußfassung bis zur Verabschiedung des Personalvertretungsgesetzes[74]) zurückzustellen[75]).

---

[70]) Siehe 44. Sitzung TOP 5.
[71]) Vgl. 27. Sitzung TOP 3. – Vorlage des BMF vom 25. Mai 1954 in B 126/12665. – Die Bundesregierung hatte sich verpflichtet, mit den ausländischen Gläubigern über die Reichsmarkverbindlichkeiten gemäß dem Londoner Abkommen vor dem 1. April 1954 über eine Sonderregelung zu verhandeln, falls das Kriegsfolgenschlußgesetz nicht bis zum 1. Jan. 1954 verkündet worden war. Die englischen und die französischen Gläubigervertretungen hatten am 22. April 1954 an diese Abrede erinnert. Schäffer schlug vor, in einem von Abs unterzeichneten Schreiben auf einige Punkte hinzuweisen, die vor Beginn der Verhandlungen geklärt werden sollten, und Abs mit der Leitung der Delegation zu beauftragen. – In der Besprechung am 16. Juli in London sagte der Leiter der deutschen Delegation, Abs, den ausländischen Gläubigern zu, ihnen bis zum 1. Okt. 1954 den Entwurf eines Kriegsfolgenschlußgesetzes zuzuleiten (Niederschrift vom 20. Juli 1954 in B 126/12623). – Fortgang 55. Sitzung TOP 1.
[72]) Vorlage des BMP vom 20. Mai 1954 in B 257/5474.
[73]) Vgl. 32. Sitzung TOP 7.
[74]) Zum Personalvertretungsgesetz vgl. 16. Sitzung TOP 12. – § 68 des Gesetzentwurfs sah eine Dienstvereinbarung mit dem Personalrat über Beginn und Ende der Arbeitszeit vor. – Vgl. dazu auch die Vorlage für den Minister vom 11. Mai 1954 in B 106/18844.
[75]) Fortgang 58. Sitzung TOP 13.

13. RICHTLINIEN FÜR KANTINEN BEI DIENSTSTELLEN DES BUNDES BMI

Der Vizekanzler hält es für nicht vertretbar, die Höhe eines bisher gewährten Zuschusses zu mindern, wenn nicht eine grundsätzliche Veränderung in den Lebenshaltungskosten eingetreten sei[76]). Nach den von ihm getroffenen Feststellungen seien die Lebenshaltungskosten in Bonn bei weitem als die höchsten im gesamten Bundesgebiet anzusprechen. Insoweit sei eine Sonderregelung für die Bundesbediensteten durchaus berechtigt. Der Bundesminister für Wohnungsbau schließt sich dieser Auffassung an. Der gegenwärtige Zeitpunkt sei sehr ungünstig für die vom Bundesminister der Finanzen angestrebte Maßnahme, da eine Vielzahl der Bundesbediensteten noch nicht wohnungsmäßig untergebracht sei und die Dezentralisierung der Bonner Verwaltung eine Vielzahl von Bundesbediensteten dazu zwinge, die Mahlzeiten in den Kantinen einzunehmen[77]). Der Bundesminister der Finanzen weist demgegenüber auf Schwierigkeiten im Haushaltsausschuß des Bundestages hin, der die Neigung habe, die Zuschüsse abzubauen, da inzwischen eine wesentliche Erhöhung der Dienstbezüge eingetreten sei[78]). Er schlägt vor, die Entscheidung über diese Frage bis nach Pfingsten zurückzustellen. Der Bundesminister für Verkehr sieht gewisse Schwierigkeiten in der unterschiedlichen Höhe der Zuschüsse im Hinblick auf die nachgeordneten Dienststellen, beispielsweise in Hamburg. Das Kabinett beschließt, die Entscheidung bis nach Pfingsten zurückzustellen[79]).

14. PERSONALIEN

Gegen die in den Anlagen 2 und 3 enthaltenen Personalvorschläge werden Bedenken nicht geltend gemacht[80]). Dem Anstellungsvorschlag[81]) für Prof. Dr. Josef Höfer[82]) wird grundsätzlich zugestimmt, vorbehaltlich einer befriedigenden

---

[76]) Der BMI hatte in den am 3. Juli 1953 erlassenen Richtlinien den Bediensteten einen Zuschuß von 0,60 DM pro Arbeitstag zugestanden (B 106/59463). Die Mittel waren vom Haushaltsausschuß des BT bis zum Ende des Rechnungsjahrs bewilligt worden. Nachdem Ressortbesprechungen über eine Reduzierung des Zuschusses zu keiner Einigung geführt hatten, hatte der BMF der Anwendung der Richtlinien bis zum 31. Mai 1954 zugestimmt (Schreiben vom 20. Mai 1954 ebenda). – Siehe auch das Schreiben Blüchers an den BMI vom 12. Mai 1954 (ebenda). – In der Vorlage vom 26. Mai 1954 beantragte der BMI, den Zuschuß in der bisherigen Höhe aufrechtzuerhalten (B 134/3250).

[77]) Siehe auch das Schreiben des BMWo an den BMI vom 11. Mai 1954 in B 106/59463.

[78]) Schäffer hatte in seiner Vorlage vom 26. Mai 1954 die Herabsetzung des Zuschusses auf 0,40 DM auch deshalb vorgeschlagen, um schrittweise eine einheitliche Regelung mit den Ländern, die nur 0,30 DM zahlten, zu erreichen (ebenda). Unterlagen über die Beschlüsse des Haushaltsausschusses (ebenda).

[79]) Fortgang 35. Sitzung TOP 3.

[80]) An Ernennungen waren vorgesehen: in der Anlage 2: im AA ein Botschaftsrat (o. Prof. D. Dr. Josef Höfer), im Bundesrechnungshof ein Oberregierungsrat als Ministerialbürodirektor, im BMV ein MinR.; in der Anlage 3: im Geschäftsbereich BMA der Vizepräsident der Bundesanstalt für Arbeitsvermittlung und Arbeitslosenversicherung (Dr. iur. Otto Quenzer).

[81]) In der Anlage 1 wurde vom AA beantragt die Anstellung von o. Prof. D. Dr. Josef Höfer als Angestellter nach der ADO für übertarifliche Angestellte im öffentlichen Dienst.

[82]) O. Prof. D. Dr. theol. habil. Josef Rudolf Höfer (1896–1976). 1936–1940 (Vorlesungsverbot) Prof. für Liturgik und Pastoraltheologie an der Universität Münster, 1941–1945

Lösung der mit der Besetzung des Amtes in Zusammenhang stehenden haushaltsrechtlichen Fragen.

Außerhalb der Tagesordnung

[A.] AUSSENPOLITISCHE LAGE

Der Bundeskanzler teilt dem Kabinett seine Ansichten über die gegenwärtige weltpolitische Lage mit[83]). Nach seiner Auffassung ist die augenblickliche Krise in Guatemala[84]) als weltpolitisch besonders ernst anzusehen im Hinblick auf die mögliche Gefährdung des Panama-Kanals[85]).

[B.] WAHL DES BUNDESPRÄSIDENTEN

In einer erneuten Aussprache über die Wahl des Bundespräsidenten bringt der Bundeskanzler zum Ausdruck, die Antragsteller, die die Durchführung der Wahl in Berlin anstrebten[86]), hätten zweifellos übersehen, daß die Besatzungsmächte in dieser Angelegenheit von ihrem Einspruchsrecht Gebrauch machen könnten. Die Stellungnahme der Besatzungsmächte zu dieser Frage sei offenbar nicht einheitlich[87]). Falls ein Einspruch von irgendeiner Besatzungsmacht kom-

---

Dompfarrer in Paderborn. 1945–1954 o. Prof. für Geschichte der Philosophie, Theologie und Dogmen an der philosophisch-theologischen Akademie Paderborn; 1954–1967 Botschaftsrat der Botschaft der Bundesrepublik Deutschland beim Heiligen Stuhl.

[83]) Hierzu findet sich in Nachlaß Seebohm/8c folgende Eintragung: „1.) Indochina: Debatte um Kabinett Laniel beginnt heute. Sturz wegen Genf nicht wahrscheinlich, sehr gefährliche Situation in Mittelamerika. Guatemala hat kommunistische Mehrheit. Materialtransporte von Stettin aus Polen. USA sehen darin Bedrohung des Panamakanals und werden voraussichtlich eingreifen; Panamakanal verwundbarste Stelle. Küstenkontrolle auf Waffen durch USA auf allen Schiffen, auch auf deutschen Schiffen. Mehrheit für EVG in Frankreich sehr gering, aber seit Abstimmung Sozialisten sicherer Einfluß des Votums der Generale (Juin, Weygand etc.). Kommunistische Umtriebe in Nordafrika (Manöver gegen EVG und gegen Entlastung Indochinas). Vertrauliche Unterrichtung der Reeder scheint angebracht." Vgl. dazu die handschriftliche Aufzeichnung Hallsteins vom 1. Juni 1954 in Nachlaß Hallstein/125–126: „BK: Indochina sehr ungünstig militärisch, gefährl[iche] Sit[uation] in Guatemala, kommunistische Waffentransporte aus Polen. USA können nicht zulassen, daß Panama-Kanal lädiert oder v[on] kommunistischer Macht beherrscht [...] Weltlage d[ur]ch Guatemala u[nd] Nordafrika eher ernster." Vgl. dazu Parlamentarischer Bericht des BPA vom 12. Juni 1954 in B 145/1902.

[84]) Vgl. dazu KEESING 1954 S. 6664, EA 1954 S. 4543. – In einem Interview, das der Präsident von Guatemala, Oberst Jacobo Arbenz Guzman, einem Korrespondenten von Le Monde gewährte, protestierte der guatemaltekische Präsident gegen den amerikanischen Vorwurf, Guatemala sei ein kommunistischer Brückenkopf; er führte die Differenzen mit den USA auf das unbillige Vorgehen der amerikanischen Firma United Fruit Company zurück (ebenda S. 4564, vgl. auch S. 4590–4592).

[85]) Siehe dazu FRUS IV pp. 1027–1239 (Relations of the United States and Guatemala, with special reference to the concern of the United States over Communist activity in Guatemala).

[86]) Vgl. 31. Sitzung TOP F und STENOGRAPHISCHE BERICHTE Bd. 20 S. 1524 A – 1525 B.

[87]) Vgl. dazu Vermerk Blankenhorns für BK vom 21. Mai 1954 in B 136/4613: „Wegen der Wahl des Herrn Bundespräsidenten in Berlin hatte ich soeben ein Gespräch mit Mr. Dowling [stellvertretender amerikanischer Hochkommissar], der mir erklärte, daß die Auffassung der Hohen Kommission geteilt sei. Die Franzosen hätten bereits starke Be-

men sollte, würde dies einen Prestigeverlust für die Bundesrepublik bedeuten. Außerdem habe man offenbar die verkehrstechnischen Schwierigkeiten übersehen[88]). Es sei weiterhin nicht erkannt worden, daß der Wahlakt ein kurzer, rein technischer Vorgang sei, an dem die Öffentlichkeit in Berlin keinen Anteil nehmen könne. Der Bundesminister für gesamtdeutsche Fragen hält es im Hinblick auf die vorgebrachten Schwierigkeiten für bedenklich, den Antrag der FDP vor das Plenum des Bundestages zu bringen, da dieses dann aus nationalen Gründen gezwungen sei, sich dafür auszusprechen. Auch der Bundesminister für wirtschaftliche Zusammenarbeit ist der Ansicht, daß sich die Antragsteller offenbar die Konsequenzen und technischen Schwierigkeiten ihres Antrages nicht genügend überlegt hätten. Er wolle in diesem Sinne auf seine Fraktion Einfluß nehmen. Das Kabinett ist übereinstimmend der Auffassung, man müsse die Öffentlichkeit in geeigneter Weise darüber aufklären, daß die Wahl des Bundespräsidenten lediglich ein technischer Akt sei.

Der Gedanke, die Wahl nicht am 16. Juli stattfinden zu lassen, sondern sie mit der Feier des 20. Juli zusammenzulegen, stößt im Kabinett auf schwerwiegende Bedenken. Das Kabinett stellt abschließend Übereinstimmung darüber fest, daß

a) die Wahl des Bundespräsidenten am 16. Juli und nicht am 20. Juli stattfinden sollte,

b) anzustreben sei, diese Wahl nicht in Berlin, sondern in Bonn abzuhalten und

c) der Gedanke in die Öffentlichkeit getragen werden sollte, daß der Bundespräsident die Absicht habe, seinen ersten Staatsbesuch als wiedergewählter Präsident nach Berlin zu machen[89]).

---

denken angemeldet und seien dagegen; die Engländer seien nicht begeistert, würden aber keine Schwierigkeiten machen; die amerikanische Hohe Kommission würde, wenn ein formeller Antrag der Bundesregierung vorliege, zustimmen. Der britische und amerikanische Teil der Hohen Kommission habe sich darauf geeinigt, zu erklären, daß es Sache der Deutschen sei. Es bleibe der Widerstand der Franzosen."

[88]) Vgl. hierzu Schreiben Seebohms an Globke vom 1. Juni 1954 und Vermerk Gumbels für BK vom 1. Juni 1954, jeweils in B 136/4613.

[89]) Hierzu findet sich im Nachlaß Seebohm/8c folgende Eintragung: „2.) Wahl des Bundespräsidenten. Verlegung der Wahl auf 20. Juli wird nicht für glücklich gehalten. Frage der Feier des 20. Juli: Gerstenmaier gegen Berliner Feier mit Bundespräsidenten, will Feier in Bonn. Heuss hat sich aber festgelegt für Berlin. Berufung der Bundesversammlung (Ort, Zeit) erfolgt durch Bundestagspräsidenten; Ausschüsse und Bundestag können nicht beschließen. Staatsrechtliche Fragen: Einstellung der 3 Alliierten (Frankreich); Einsprüche der Besatzungsmächte möglich (USA, UK: zwar unerwünscht, Provokation gegenüber Osten; franz[ösische] Stellungnahme dagegen. Rußland hat Einspruchsmöglichkeiten). Transport von 1 500 Menschen ohne Presse, größter Teil mit Flugzeugen. Können diese Flugzeuge zur Verfügung gestellt werden? Sofortige Prüfung durch Abt[eilung] L und sachliche Stellungnahme, wie es möglich ist! Berlin bekommt pro Kopf der Bevölkerung im Jahr vom Bund 1 000 DM. Bundespräsident selbst legt keinen Wert auf die Wahl in Berlin; kann Wahl außerhalb des Hoheitsgebietes der Bundesrepublik erfolgen? Nur Wahl im Juli: kein Amtsantritt, keine Vereidigung (dies erfolgt erst am 12. 9.)". – Fortgang 35. Sitzung TOP C.

[C.] ENTWURF EINES ZWEITEN GESETZES ZUR ÄNDERUNG UND ERGÄNZUNG DES ERSTEN WOHNUNGSBAUGESETZES (WOHNUNGSBAU- UND FAMILIENHEIMGESETZ); HIER: ENTWURF EINER STELLUNGNAHME DER BUNDESREGIERUNG ZU DEN ÄNDERUNGSVORSCHLÄGEN DES BUNDESRATES

Der Vizekanzler macht darauf aufmerksam, daß in der vorgelegten Stellungnahme der Bundesregierung[90]) bei einzelnen Punkten gewisse Änderungen gegenüber der Regierungsvorlage enthalten seien[91]). Der Bundesminister für Vertriebene, Flüchtlinge und Kriegsgeschädigte sieht sich im Hinblick auf die nicht eingehaltene Einlassungsfrist[92]) nicht in der Lage, Stellung zu nehmen. Er beantragt daher die Zurückstellung der Beratung. Diesem Antrag schließt sich der Vizekanzler an und macht darauf aufmerksam, daß bei der Verabschiedung dieses Entwurfs in der nächsten Kabinettssitzung am 15. 6. 1954 ein Fristverlust nicht eintrete, weil der Bundestag nicht vor dem 18. 6. 1954 wieder zusammentrete. Das Kabinett beschließt daher,

1.) die Beratung bis zur nächsten Sitzung zurückzustellen,
2.) den Bundesminister für Wohnungsbau zu ermächtigen, die Vorlage in der vorliegenden Fassung bereits den zuständigen Ausschüssen des Bundestages für die bevorstehenden Beratungen zur Verfügung zu stellen[93]).

[D. NÄCHSTE KABINETTSSITZUNG]

Als Termin für die nächste Kabinettssitzung wird der 15. 6. 1954 vorgesehen.

---

[90]) Vgl. 30. Sitzung TOP 1. – Vorlage des BMWo vom 28. Mai 1954 zu BR-Drs. Nr. 156/45 / Beschluß in B 134/6257 und B 136/1445.
[91]) Im Zusammenhang mit der Erarbeitung dieser Vorlage hatte der BMWo auch einige Paragraphen des vom Kabinett verabschiedeten Gesetzentwurfs geändert (Vermerk vom 28. Mai 1954 in B 134/6257). – Vgl. dazu auch den Vermerk vom 2. Juni 1954 mit Anlagen (ebenda).
[92]) § 21 Abs. 3 der Geschäftsordnung der Bundesregierung vom 11. Mai 1951 bestimmte, daß Kabinettsvorlagen mindestens eine Woche vor der Beratung den Bundesministern zugestellt werden mußten (GMBl. S. 137).
[93]) Fortgang 35. Sitzung TOP 4.

35. Kabinettssitzung
am Dienstag, den 15. Juni 1954

Teilnehmer: Adenauer, Blücher, Schröder, Neumayer, Schäffer, Erhard, Lübke, Preusker, Oberländer, Kaiser, Hellwege, Wuermeling, Tillmanns, F. J. Strauß, Schäfer, Kraft; Bergemann, Bleek, Globke, Hallstein, Weber; Klaiber; von Eckardt, Six; Selbach, Kilb. Protokoll: Spieler.

Beginn: 9.30 Uhr *Ende: 12.00 Uhr*

I

Außerhalb der Tagesordnung

[A.] AUSSENPOLITISCHE LAGE.

Der Bundeskanzler entwickelt seine Auffassung über die durch die Regierungskrise in Frankreich entstandene Lage[1]), insbesondere im Hinblick auf die Genfer Verhandlungen[2]) und auf die EVG[3]). In den Vereinigten Staaten und in England werde voraussichtlich die Enttäuschung und der Unmut über die unentschlossene Haltung Frankreichs wachsen. Das könne sich mittelbar auflockernd auf die internationale Stellung der Bundesrepublik auswirken; um diese Entwicklung nicht zu stören, sei eine stetige Politik in der bisher innegehaltenen Richtung erforderlich, und zwar um so mehr, als die Pläne[4]) Pfleiderers die

---

[1]) Am 12. Juni 1954 hatte die französische Nationalversammlung der Regierung mit 306 gegen 293 Stimmen das Vertrauen verweigert, das Ministerpräsident Joseph Laniel zu Beginn der außenpolitischen Debatte über Indochina verlangt hatte. Da das Vertrauen nicht mit der absoluten Majorität von 314 Stimmen verweigert worden war, hätte die Regierung Laniel nicht zu demissionieren brauchen. Am 14. Juni 1954 wurde der radikal-sozialistische Abgeordnete Pierre Mendès-France mit der Neubildung der Regierung beauftragt (EA 1954 S. 4568, KEESING 1954 S. 6726). – Fortgang 36. Sitzung TOP D: Aussprache über die politische Lage.
[2]) Vgl. 33. Sitzung Wortprotokoll Anm. 15. – Mitschrift von „Telefonat Genf" am 1. Juni 1954 in B 145 I/39. Der Verlauf der Genfer Ostasienkonferenz 1. bis 15. Juni 1954 in EA 1954 S. 6723 f. – Fortgang 37. Sitzung TOP A: Politische Lage.
[3]) Vgl. dazu die handschriftliche Aufzeichnung Hallsteins vom 15. Juni 1954: „BK: Sturz R[e]g[ierung] Laniel eigenartig, nicht weil man bes[onders] glücklich mit R[e]g[ierung] Laniel, aber: während Genfer Konferenz. 308 Stimmen, nicht 314 g[e]g[en] Laniel – um Auflösung Assemblée zu vermeiden, wobei Gaullisten u[nd] K[ommun]isten nicht so stark. Krise 8 Tage bis 4 Wochen. Genfer Konferenz stark geschwächt. EVG weiter verzögert, Aussichten Ratif[ikation] weiter gut (anders Ollenhauer). Es wächst d[er] Gedanke, B[undes] R[e]p[ublik] d[ie] Souv[eränität] wiederzugeben auch ohne EVG. Wir können nur mit großer Behutsamkeit davon sprechen, daß wir nicht warten können [...]. Wenn EVG nicht kommen sollte, darf nicht Eindruck entstehen, daß wir daran schuld sind; die Mehrheit d[es] d[eut]sch[en] Volkes muß als absolut zuverlässig erscheinen" (Nachlaß Hallstein/125–126). – Vgl. 33. Sitzung Wortprotokoll Anm. 28; Fortgang 36. Sitzung TOP D: Aussprache über die politische Lage.
[4]) Vgl. 33. Sitzung Wortprotokoll Anm. 16.

beabsichtigte Reise deutscher Wirtschaftler nach Moskau[5]), die Fühlungnahme deutscher Wirtschaftler[6]) mit den Rotchinesen in Genf[7]) und besonders die Äußerungen Brünings[8]) und Luthers[9]) im Rhein-Ruhr-Club[10]) gerade im befreundeten Ausland einen Widerhall gefunden hätten, der möglicherweise das Vertrauen zur Bundesrepublik beeinträchtigen könne[11]).

---

[5]) Die für den 10. Juni 1954 geplante Reise einer sechsköpfigen Delegation des Ostausschusses der deutschen Wirtschaft, welche die Voraussetzung für den eventuellen Abschluß eines Handelsabkommens schaffen sollte, war durch Intervention des AA auf unbestimmte Zeit verschoben worden, wobei die offiziellen und inoffiziellen Begründungen zwischen technischen Schwierigkeiten und politischen Erwägungen schwankten (KEESING 1954 S. 4564).

[6]) In der handschriftlichen Aufzeichnung Hallsteins vom 15. Juni findet sich hierzu folgender Passus: „Reise eines W[irtschaft]lers nach Genf" (Nachlaß Hallstein/125—126).

[7]) Vgl. 33. Sitzung Wortprotokoll Anm. 17.

[8]) Dr. phil. Heinrich Brüning (1885—1970). 1921—1930 Geschäftsführer des Deutschen Gewerkschaftsbundes (christliche Gewerkschaften), 1924—1933 MdR (Zentrum, seit 1929 Fraktionsführer), 1930—1932 Reichskanzler, 1934 Emigration in die USA: 1937—1952 Professor für Politische Wissenschaften in Harvard, 1951—1955 in Köln: seit 1955 wieder in den USA. — Der Nachlaß Heinrich Brüning befindet sich in der Harvard-University in Cambridge, Massachusetts.

[9]) Dr. iur. Hans Luther (1879—1962). 1918—1922 Oberbürgermeister von Essen, 1922—1923 Reichsminister für Ernährung und Landwirtschaft, 1923—1925 Reichsfinanzminister, 1925—1926 Reichskanzler, 1927—1930 Vorsitzender des Bundes zur Erneuerung des Reiches, 1930—1933 Reichsbankpräsident, 1933—1937 Botschafter in Washington; nach 1945 stellte er sich in Fragen des staatlichen und wirtschaftlichen Wiederaufbaus zur Verfügung. 1953—1955 arbeitete er im Auftrag Adenauers als Vorsitzender eines Sachverständigenausschusses ein Gutachten über die Neugliederung der Länder in der Bundesrepublik Deutschland aus (vgl. im einzelnen KABINETTSPROTOKOLLE Bd. 5 S. 760), 1958 Vorsitzender des wiedergegründeten „Vereins für das Deutschtum im Ausland" (VDA).

[10]) Die Vereinigten Staaten und Europa, Rede im Rhein-Ruhr-Klub Düsseldorf am 2. Juni 1954. In: Heinrich Brüning, Reden und Aufsätze eines deutschen Staatsmanns. Herausgegeben von Wilhelm Vernekohl unter Mitwirkung von Rudolf Morsey. Münster 1968 S. 283—306. — Luther hatte lediglich in der Diskussion gesprochen; vgl. dazu Morsey, Rudolf: Brünings Kritik an Adenauers Westpolitik, Vorgeschichte und Folgen seines Düsseldorfer Vortrages vom 2. Juni 1954. In: Demokratie und Diktatur. Geist und Gestalt politischer Herrschaft in Deutschland und Europa. Herausgegeben von Manfred Funke, Hans-Adolf Jacobsen, Hans-Helmuth Knütter, Hans-Peter Schwarz. Düsseldorf 1987 S. 355.

[11]) Zur Kritik Adenauers an Brünings und Luthers Vorstellungen „über Ostwesthandel und über Ostpolitik und Politik im allgemeinen" (vgl. Anm. 10 dieser Sitzung) anläßlich einer Mitgliederversammlung der Deutschen Gruppe der Internationalen Handelskammer am 3. Juni 1954 in Baden-Baden vgl. BULLETIN vom 12. Juni 1954 S. 967 („Eine Schaukelpolitik kommt nicht in Frage. Objektive Feststellungen zum viel diskutierten Problem des Ostwesthandels"). — Fortgang 36. Sitzung TOP D: Aussprache über die politische Lage.

[B.] ARTIKEL „GEGEN PARITÄTSPREISE IN DER LANDWIRTSCHAFT" IN DER HEUTIGEN AUSGABE DER „FRANKFURTER ALLGEMEINEN ZEITUNG"

Die vom Bundeskanzler erbetene Aufklärung über die Grundlagen[12]) dieses Artikels[13]) ergibt, daß das darin besprochene Gutachten des Wissenschaftlichen Beirats beim Bundeswirtschaftsministerium erstattet worden ist[14]), ohne zuvor dem am Gegenstand des Gutachtens in erster Linie interessierten Bundesminister für Ernährung, Landwirtschaft und Forsten Gelegenheit zur Stellungnahme zu geben, sowie ferner, daß für ihn auch die Berichterstattung über das obendrein als „geheim"[15]) bezeichnete Gutachten überraschend erfolgt ist. Der Bundeskanzler bittet dringend, darauf Bedacht zu nehmen, daß insbesondere bei einer Frage von so fundamentaler Wichtigkeit künftig das Zusammenwirken der beteiligten Bundesressorts sichergestellt werde[16]).

[C.] WAHL DES BUNDESPRÄSIDENTEN

Das Kabinett bleibt bei seiner bisherigen Auffassung, daß es angebracht sei, die Bundesversammlung nicht nach Berlin, sondern nach Bonn einzuberufen[17]). Darüber habe indessen allein der Präsident des Bundestages zu befinden[18]).

---

[12]) Vgl. KABINETTSPROTOKOLLE Bd. 4 S. LI, 158.
[13]) Artikel „Gegen Paritätspreise in der Landwirtschaft. Ein Gutachten des Wissenschaftlichen Beirats beim Bundeswirtschaftsministerium" in Frankfurter Allgemeine Zeitung vom 15. Juni 1954.
[14]) Gutachten des Wissenschaftlichen Beirats beim Bundeswirtschaftsministerium vom 31. Mai 1954 zum Thema: Problem landwirtschaftlicher Paritätspolitik im Rahmen der allgemeinen Wirtschaftspolitik in B 102/33608, abgedruckt in: Der Wissenschaftliche Beirat beim Bundeswirtschaftsministerium. 3. Band: Gutachten vom Dezember 1952 bis November 1954. Göttingen 1955 S. 80–88. Protokoll der 30. Tagung des Wissenschaftlichen Beirats beim Bundeswirtschaftsministerium vom 29. bis 31. Mai 1954 im Hotel Margarethenhof [auf der Margarethenhöhe in Königswinter] in B 102/12566; an dieser Tagung hatten vom BML Dr. Mengel und Itschner teilgenommen.
[15]) Das Gutachten war als „Vertraulich" eingestuft worden (B 102/33608).
[16]) Vgl. Sitzungen des Kabinett-Ausschusses für Wirtschaft am 9. Juni 1954 TOP 4: Reorganisation des Agrarrechts und der Agrarwirtschaft und am 10. Dez. 1954 TOP 3: Paritätsforderungen der Landwirtschaft; weitere einschlägige Unterlagen in B 136/707 f.
[17]) Vgl. 34. Sitzung TOP B. – Fortgang 36. Sitzung TOP A.
[18]) Die BT-Drs. Nr. 492 vom 28. April 1954 (Antrag der Fraktion der FDP betr. Zusammentritt der Bundesversammlung am 16. Juli 1954 in Berlin) und die BT-Drs. Nr. 577 vom 11. Juni 1954 (gleichlautender Antrag der Fraktion der SPD) erledigten sich dadurch, daß vor Beginn der Beratung der Ausschüsse – Ausschuß für Rechtswesen und Verfassungsrecht (federführend) und Ausschuß für Gesamtdeutsche und Berliner Fragen – der Präsident des Deutschen Bundestages mitgeteilt hatte, „er beabsichtige, die Bundesversammlung für den 17. Juli 1954 nach Berlin einzuberufen" (STENOGRAPHISCHE BERICHTE Bd. 20 S. 1548 D: 33. Sitzung am 18. Juni 1954). Adenauer hatte am 11. Juni 1954 Ehlers geraten, „von einer Einberufung der Bundesversammlung nach Berlin" abzusehen (Schreiben in B 136/4613).

II

1. BESOLDUNGSGESETZ FÜR DAS LAND NORDRHEIN-WESTFALEN (LANDTAGS-
DRUCKSACHE NR. 1639) BMF

Der Bundesminister der Finanzen teilt unter Bezugnahme auf seine Vorlage vom 28. Mai 1954 mit[19]), daß das Besoldungsgesetz für das Land Nordrhein-Westfalen inzwischen verkündet worden ist[20]).

Er hält es für notwendig, ihn zu beauftragen und zu ermächtigen, namens der Bundesregierung beim Bundesverfassungsgericht gegen die Landesregierung Nordrhein-Westfalen Klage auf Feststellung der Nichtigkeit des Gesetzes zu erheben und ihm nach Absprache mit dem Bundeskanzler die Wahl des Zeitpunktes für die Klageerhebung zu überlassen. Gegen diese Auffassung erhebt sich im Kabinett kein Widerspruch[21]).

2. ENTWURF EINES GESETZES ZUR SICHERUNG DES EINHEITLICHEN GEFÜGES
DER BEZÜGE IM ÖFFENTLICHEN DIENST BMF

Der Bundesminister der Finanzen stellt den von ihm vorgelegten Entwurf zur Erörterung[22]). In Übereinstimmung mit den schon bekannten Beanstandungen des Bundesministers für Arbeit halten die Bundesminister für wirtschaftliche Zusammenarbeit, der Justiz und für Wohnungsbau den § 1 des Entwurfes insoweit für bedenklich, als dadurch die Angestellten und Arbeiter im öffentlichen Dienst rechtlich schlechter gestellt werden würden als die Arbeiter und Angestellten im übrigen[23]). Vom Bundeskanzler unterstützt, hält Bundesminister Dr. Schäfer ferner den § 2 Absatz 1 des Entwurfes, insbesondere hinsichtlich der Beamten der Gemeinden usw., für unangebracht, weil insoweit Maßstäbe für den Vergleich mit Beamten des Bundes bzw. der Länder vielfach fehlen[24]).

---

[19]) Vgl. 32. Sitzung TOP D. – Vorlage in B 106/7978 und B 136/584.

[20]) Gesetz vom 9. Juni 1954 (Gesetz- und Verordnungsblatt des Landes Nordrhein-Westfalen Ausgabe A S. 162).

[21]) Die Klage wurde am 25. Juni 1954 erhoben (Klageschrift in B 106/7978 und B 136/584). – Fortgang 42. Sitzung TOP E.

[22]) Vorlage des BMF vom 28. Mai 1954 in B 106/7980 und B 136/885. – Der Gesetzentwurf zielte darauf ab, Sonderregelungen der Länder bei den Bezügen im öffentlichen Dienst zu unterbinden. – Zum Hamburgischen Gesetz zur Neuregelung der Lehrerbesoldung vom 24. Okt. 1952 siehe 260. Sitzung am 21. Nov. 1952 (TOP 6), zur Auseinandersetzung über die Zahlung eines Weihnachtsgeldes für 1953 mit Bayern und Hessen siehe 12. Sitzung am 11. Dez. 1953 (TOP B) und zur Besoldungsreform in Nordrhein-Westfalen siehe 32. Sitzung TOP D. – Der BMF hatte zur Begründung seines Entwurfs auch auf den Beschluß des BR verwiesen, der am 18. Dez. 1953 anläßlich der Beratungen über die Gewährung von Weihnachtszuwendungen die Bundesregierung ersucht hatte, die „Sperrvorrichtungen so auszubauen, daß eine einheitliche Handhabung auch außerordentlicher Zuwendungen an die öffentlichen Bediensteten gesichert ist" (BR-SITZUNGSBERICHTE 1953 S. 475–478). Vgl. dazu auch 13. Sitzung am 18. Dez. 1953 (TOP A).

[23]) § 1 listete die Voraussetzungen für einen Rechtsanspruch auf Bezüge auf und hob die schriftliche Festlegung der Vereinbarung hervor. – Zu den Einwendungen des BMJ siehe dessen Schreiben vom 20. Mai 1954 an den BMF in B 106/7980, zu den Einwendungen des BMA die Vorlage für den Minister vom 26. Mai 1954 (ebenda).

[24]) § 2 legte fest, daß die Bezüge der Beamten der Länder und Gemeinden nicht günstiger geregelt werden durften als die der Bundesbeamten.

Auf Wunsch des Bundesministers der Finanzen stellt das Kabinett darauf die weitere Erörterung des Entwurfes bis Anfang Juli zurück. In der Zwischenzeit sollen auf Abteilungsleiterebene nochmals Ressortbesprechungen stattfinden, zumal bis dahin voraussichtlich die Auswirkung der Tarifvertragskündigungen[25] besser abgeschätzt werden kann[26].

3. RICHTLINIEN FÜR KANTINEN BEI DIENSTSTELLEN DES BUNDES BMI

Der Bundesminister der Finanzen hält es wie bisher für richtig, den arbeitstäglichen Zuschuß auf 0,40 DM herabzusetzen, um so eine einheitliche Regelung mit den Ländern zu ermöglichen. Diesen Gesichtspunkt hält der Bundesminister des Innern nicht für ausschlaggebend. Er bittet, entsprechend seinem Vorschlag in der Kabinettsvorlage vom 26. Mai 1954, den Essenszuschuß für die obersten Bundesbehörden und die ihnen nachgeordneten Dienststellen einheitlich auf 0,60 DM festzusetzen.

Das Kabinett beschließt dementsprechend[27].

4. ENTWURF EINES ZWEITEN GESETZES ZUR ÄNDERUNG UND ERGÄNZUNG DES ERSTEN WOHNUNGSBAUGESETZES (WOHNUNGSBAU- UND FAMILIENHEIMGESETZ); STELLUNGNAHME DER BUNDESREGIERUNG ZU DEN ÄNDERUNGSVORSCHLÄGEN DES BUNDESRATES BMWo

Der Bundesminister für Wohnungsbau erläutert eingehend die Tragweite der von ihm vorgeschlagenen Stellungnahme zu den Änderungswünschen des Bundesrates[28]. Das Kabinett billigt sie ohne Aussprache.

Anschließend macht der Bundesminister für Wohnungsbau davon Mitteilung, daß der Bundesrat sich an den bevorstehenden Ausschußberatungen des Bundestages zu beteiligen beabsichtige[29]; dabei solle der Minister Schmidt (Nordrhein-Westfalen) als Bevollmächtigter auch der übrigen Länder auftreten. Nach Auffassung des Kabinetts kann der Minister Schmidt in den Ausschüssen nach außen hin nur für Nordrhein-Westfalen Erklärungen abgeben; ob er im Innenverhältnis auch von den übrigen Ländern dazu beauftragt sei, sei rechtlich unerheblich. Der Bundesminister für Wohnungsbau übernimmt es, vorkommendenfalls die Ausschußvorsitzenden entsprechend zu verständigen[30].

---

[25] Vgl. 36. Sitzung TOP F.
[26] Fortgang 40. Sitzung TOP 1.
[27] Vgl. 34. Sitzung TOP 13.
[28] Vgl. 34. Sitzung TOP C. — Der BMWo hatte den redaktionellen Änderungsvorschlägen des BR zum Teil zugestimmt, sie zum Teil stilistisch verändert. Abgelehnt hatte er den Vorschlag des BR, die Gewährung von Wohnungsbauprämien auch auf den Bau von Mietwohnungen auszudehnen. Preusker hielt daran fest, daß der BMWo leitend an der Abstimmung der Bauprogramme der Länder beteiligt sein sollte. Der BR wollte, daß die Programme nur im Einvernehmen mit dem BMWo erstellt werden sollten. Außerdem sollte, gegen den Vorschlag des BR, die Bestimmung erhalten bleiben, daß den Bauwilligen, die über 30% der Bausumme verfügten, ein Rechtsanspruch auf ein Darlehen aus öffentlichen Mitteln zustand.
[29] Entsprechend Art. 43 GG können die Mitglieder des BR an den Beratungen der BT-Ausschüsse teilnehmen.
[30] BT-Drs. Nr. 601. — Gesetz vom 27. Juni 1956 (BGBl. I 523).

5. PERSONALIEN

Einwendungen werden nicht erhoben[31]). Das gilt auch bezüglich der vom Bundesminister des Innern mit Vorlage vom 8. Juni 1954[32]) vorgeschlagenen Ernennung des Ord. Professors z. W. v. Dr. Erich Boehringer[33]) zum Präsidenten des Deutschen Archäologischen Instituts.

---

[31]) An Ernennungen waren vorgesehen: im AA ein Ministerialdirigent, im BMWi zwei Ministerialdirigenten und ein MinR. Ferner wurde erbeten: vom BMG die Anstellung des Referenten Friedrich Koepp als Angestellter nach der ADO für übertarifliche Angestellte im öffentlichen Dienst.

[32]) Nicht ermittelt.

[33]) O. Prof. Dr. phil. Erich Boehringer (1897–1971). 1932 Privatdozent; 1934–1938 Vertreter des Lehrstuhlinhabers für klassische Archäologie an der Universität Greifswald, danach a. o. Prof. und 1942 schließlich Ordinarius. 1946–1954 Universität Göttingen mit einem Lehrauftrag für klassische Archäologie, Ausgrabungswesen, antike Ikonographie und Numismatik; 1954–1960 Präsident des Deutschen Archäologischen Instituts in Berlin, gleichzeitig Honorarprof. für klassische Archäologie an der Freien Universität Berlin.

36. Kabinettssitzung
am Mittwoch, den 23. Juni 1954

Teilnehmer: Adenauer, Blücher, Schröder, Neumayer, Schäffer, Erhard, Lübke, Storch, Seebohm, Balke, Preusker, Oberländer, Kaiser, Hellwege, Wuermeling, Tillmanns. F. J. Strauß, Schäfer, Kraft; Globke, Hallstein; Klaiber; von Eckardt, Six; Selbach, Kilb; Blank, Vockel. Protokoll: Haenlein.

Beginn: 9.30 Uhr *Ende: 13.30 Uhr*

I

Vor Eintritt in die Tagesordnung werden folgende Punkte behandelt

[A.] WAHL DES BUNDESPRÄSIDENTEN IN BERLIN

Der Bundeskanzler teilt mit, daß er über die Einzelheiten des Programms in Berlin[1]) bisher nicht unterrichtet worden sei. Soviel er erfahren habe, werde der Bundespräsident nach seiner Wahl eine Ansprache vor der Nationalversammlung[2]) halten. Wenn dies auch mit den besonderen Umständen dieser Wahl begründet werde, so halte er es doch für nötig festzustellen, daß dies kein Präjudiz für die Zukunft sein dürfe. Man müsse beispielsweise an Fälle denken, daß ein bisheriger Bundespräsident nicht wieder gewählt werde, eine Persönlichkeit außerhalb des Parlaments vorgeschlagen werde, oder eine sehr knappe Wahlentscheidung falle. Es müsse in diesen Fällen dem zukünftigen Präsidenten Zeit und Ruhe zu der Überlegung gegeben werden, ob er die Wahl annehmen wolle.

Dieser Feststellung wird von keiner Seite widersprochen.

Der Bundesbevollmächtigte Dr. Vockel berichtet über die Einzelheiten des in Berlin vorgesehenen Programms. Seine Frage, ob die Bundesregierung und der Bundesrat bei dem Wahlakt auf einem besonderen Podium ähnlich wie im Bundestag Platz nehmen sollen, wird vom Bundeskanzler verneint; die Mitglieder des Kabinetts seien nur als Wähler in dieser Versammlung anwesend.

Der Vizekanzler bittet den Bundeskanzler, seinen Besuch in Berlin nicht zu sehr zeitlich zu beschränken, da sich dies politisch nachteilig auswirken würde. Der Bundesminister für gesamtdeutsche Fragen schließt sich diesem Wunsch ausdrücklich an und regt an, daß der Bundeskanzler möglichst auch bei der Rede des Bundespräsidenten zur Feier des 20. Juli anwesend sein möge. Der Bundeskanzler sagt dies zu.

Der Vizekanzler weist noch darauf hin, daß wegen des Wahlaktes für längere Zeit kein Mitglied der Bundesregierung in der Bundeshauptstadt und in

---
[1]) Vgl. 35. Sitzung TOP C, ferner Protokoll der CDU/CSU-Fraktionssitzung am 15. Juni 1954 (14.45−17.45 Uhr) in Nachlaß Barzel/314.
[2]) Gemeint ist die Bundesversammlung.

der Bundesrepublik anwesend sein werde. Dieser Zustand sei nicht unbedenklich, und es sollten hierfür Vorkehrungen getroffen werden[3]).

Dem wird zugestimmt[4]).

[B.] ORDENSVERLEIHUNGEN

Der Bundeskanzler bemerkt, daß ihn der Vorschlag des Bundesministers für Wirtschaft, dem Präsidenten W. A. Menne[5]) zum 50. Geburtstag einen Orden zu verleihen, in beträchtliche Verlegenheit gebracht habe. Der 50. Geburtstag allein sei kein Anlaß zu Ordensverleihungen. Die Verleihung aus dem angegebenen Anlaß müsse zu Verstimmungen führen. Er habe deshalb den Vorschlag abgelehnt[6]). Es sei zu erwägen, ob die Verleihungsgrundsätze vom Bundespräsidialamt gestrafft werden könnten[7]).

---

[3]) Hierzu findet sich in Nachlaß Seebohm/8c folgende Eintragung: „1.) Wahl des Bundespräsidenten in Berlin. Besonderheit: Wahl in Berlin und Wiederwahl des derzeitigen Präsidenten; letzteres kann sich nicht wiederholen, soweit es sich um Heuss handelt. Vokkel: äußerer Verlauf wie folgt: Wahl am 17. 7., 15^h, große Messehalle (Diplomaten auf Sondertribüne, 300 Presseleute). Saal faßt 3 000 Menschen − 1 000 Zuschauer. Dauer mit Namensaufruf: 2 Stunden, danach Pause, Abholen Heuss vom Haus Königsallee (½ − ¾ Stunde), Rede Heuss, Empfang durch Ehlers von 6−7, Abendessen (20^h) durch Senat in geschlossenem Kreis und die Mitglieder der Bundesversammlung in den Prälaten (Theater sind geschlossen). Sonntag früh Gottesdienst. Nachmittag 16^h Stadionprogramm. Anschließend: 19. Juli, 17^h, Rede Heuss in der Universität. Feier 20. Juli nur in engstem Kreis. Adenauer: keine Sondertribüne für Regierung und Bundesrat; kein Bundestag, sondern Bundesversammlung. Geht am 18. Juli auf Urlaub. Kaiser: Adenauer sollte bei Rede Heuss am 20. 7. anwesend sein. Adenauer sagt das zu."

[4]) Einschlägige Unterlagen zur Vorgeschichte der Wahl des Bundespräsidenten in Berlin am 17. Juli 1954 in B 136/4613, B 122 Anh./80 f., B 145/1902, B 145 Anh./16−19, BULLETIN vom 9. Juli 1954 S. 1118, ebenda vom 14. Juli 1954 S. 1150, ebenda vom 17. Juli 1954 S. 1174 f. BARING S. 364 f. − 2. Bundesversammlung der Bundesrepublik Deutschland am 17. Juli 1954 mit Ansprache von Heuss in STENOGRAPHISCHE BERICHTE Bd. 21 S. 3 A − 9 D; Rede von Heuss im Auditorium Maximum der Freien Universität Berlin am 19. Juli 1954 anläßlich einer Feierstunde zur zehnten Wiederkehr des 20. Juli 1944 in BULLETIN vom 20. Juli 1954 S. 1188−1190.

[5]) Dr. rer. pol. Wilhelm Alexander Menne (geb. 20. Juni 1904). 1929−1939 Direktor der Gleno Plaint Products, London; 1940−1951 Vorstandsmitglied der Glasurit-Werke M. Winkelmann AG, Hamburg/Hiltrup; 1943 wegen Verdachts der „Wehrkraftzersetzung", Hochverrat, Heimtücke und Beleidigung des Führers" in Haft genommen; 1952−1969 Vorstandsmitglied der Farbwerke Hoechst AG, Frankfurt-Höchst; 1946−1956 Präsident des Verbandes der Chemischen Industrie e. V., 1961−1969 und 1972 MdB (FDP).

[6]) Einschlägiger Schriftwechsel mit neuer Begründung Erhards vom 8. Juli 1954, die nicht mehr auf den 50. Geburtstag Mennes Bezug nahm, sondern dessen „außergewöhnliche Verdienste um die Förderung des deutschen Exports, besonders der Ausfuhr nach den USA (Dollar-Drive)" hervorkehrte, sowie mit Erlaß über die Verleihung des Großen Verdienstkreuzes mit Stern des Verdienstordens der Bundesrepublik Deutschland vom 27. Juli 1954 für „Herrn Wilhelm Alexander Menne, Frankfurt/Main" in B 136/1899.

[7]) Das Statut des „Verdienstordens der Bundesrepublik Deutschland" vom 7. September 1951 (BGBl. I 831) in der Fassung des Erlasses vom 9. Juni 1952 (BGBl. I 325) wurde durch Erlaß über die Neufassung des Statuts des „Verdienstordens der Bundesrepublik Deutschland" vom 8. Dezember 1955 (BGBl. I 749) novelliert. Einschlägige Unterlagen in B 106/2670−2672, B 136/3009−3011 und B 146/1336.

Der Chef des Bundespräsidialamtes betont, daß bisher bei den Ordensverleihungen keineswegs allzu großzügig verfahren worden sei. In 2 ½ Jahren habe der Bundespräsident etwa 5 000 Orden aller Stufen verliehen und sei damit wesentlich unter den etwa vergleichbaren Auszeichnungen der Ehrenlegion in Frankreich geblieben. Die Beamtenschaft sei besonders zurückhaltend bedacht worden. Nach den bestehenden Richtlinien soll ein Orden erst gewährt werden, wenn die Lebensleistung des zu Bedenkenden überschaubar ist. Allerdings müsse eine Ausnahme für Sonderfälle möglich sein. Wenn von einem Ressort ein derartiger Sonderfall mit Nachdruck geltend gemacht werde, müsse sich der Bundespräsident darauf verlassen können.

Der Bundeskanzler setzt sich im weiteren Verlauf der Aussprache dafür ein, daß auch aktive Beamte in besonderen Fällen einen Orden bekommen sollen, damit dieser nicht zu einem Altersorden herabgewürdigt werde. Es sollte aber erwogen werden, ob nicht in allen Fällen zunächst mit der Verleihung der kleinsten Stufe des Ordens[8] begonnen werden müsse.

Im Fall Menne wäre zu überlegen, ob ein neuer Antrag mit einer neuen Begründung gestellt werden könne[9].

[C.] KOORDINIERUNGSAUSSCHUSS FÜR PRESSEFRAGEN

Der Bundeskanzler betont hierzu, daß er sich über die Einzelheiten des geplanten Ausschusses noch nicht schlüssig sei. Er halte eine derartige Einrichtung für notwendig, weil die außer dem Bundespresse- und Informationsamt noch bestehenden 13 Pressestellen der einzelnen Ressorts auf eine gemeinsame Arbeit abgestimmt werden müßten und ein besseres Verständnis der deutschen Presse gegenüber den Absichten der Bundesregierung[10] erreicht werden müsse. Er werde noch heute mit Vertretern der Bundespressekonferenz sprechen und beruhigend auf diese einwirken[11].

Der Bundesminister des Innern betont, daß er mit dem ursprünglichen, im März bekanntgegebenen Plan[12] einverstanden[13] gewesen sei, daß aber nach

---

[8] Verdienstkreuz am Bande (Art. 2 in Verbindung mit Art. 4 im Statut des „Verdienstordens der Bundesrepublik Deutschland" – BGBl. I 1952 S. 325).

[9] Die Überlieferungen der Ordenskanzlei (auch Einzelfälle aus dem Jahre 1954) befinden sich noch im Bundespräsidialamt.

[10] Vgl. 286. Sitzung am 10. April 1953 TOP F: Wahlkampf.

[11] Vgl. Parlamentarischer Bericht des BPA vom 16. Juni 1954 in B 145/1902 und Pressekonferenz am 21. Juni 1954 in B 145 I/39. – Zum Gespräch Adenauers mit dem Vorstand der Bundespressekonferenz e. V. am Nachmittag des 23. Juni 1954 vgl. Pressekonferenz am 23. Juni 1954 in B 145 I/39 und Schreiben des Vorstandes der Bundespressekonferenz e. V. (Dr. Ferdinand Himpele) an Adenauer vom 23. Juni 1954 in B 136/4801.

[12] Rundschreiben des BK an die Bundesminister vom 8. März 1954 in B 136/4801: „Im Hinblick auf die außen- und innenpolitische Lage scheint mir eine verstärkte Zusammenarbeit derjenigen Dienststellen der Bundesregierung notwendig, die sich mit publizistischen Angelegenheiten befassen. Nur auf diese Weise können m. E. die von der Bundesregierung geplanten Maßnahmen von allgemein politischer Bedeutung, insbesondere gesetzgeberischer Art, der Bevölkerung rechtzeitig nahegebracht und die zur Unterrichtung der Öffentlichkeit zur Verfügung stehenden finanziellen und sonstigen Mittel planmäßig eingesetzt werden. Ich würde es daher für zweckmäßig ansehen, wenn sich die Staatsse-

der neuerdings veröffentlichten Erklärung¹⁴) die Aufgaben des Koordinierungsausschusses erweitert seien. Es sei jetzt nicht deutlich genug unterschieden zwischen Koordinierungsaufgaben und gewissen Exekutivbefugnissen. Er halte es für staatsrechtlich unmöglich und politisch bedenklich, diesem Ausschuß, dem auch Vertreter der Legislative angehören würden, Exekutivaufgaben zuzubilligen¹⁵). Von verschiedenen Kabinettsmitgliedern wird darauf aufmerksam gemacht, daß die Angelegenheit u. U. am kommenden Freitag auf Grund eines SPD-Antrages im Plenum des Bundestages erörtert wird¹⁶). Es müsse befürchtet werden, daß sich dann eine große Mehrheit des Hauses gegen den geplanten Ausschuß aussprechen werde. Wenn dies vermieden werden solle, müsse den

---

kretäre der in erster Linie beteiligten Ressorts oder ihre besonderen Beauftragten für diese Fragen in regelmäßigen Abständen im Bundeskanzleramt träfen, um die geplanten publizistischen Maßnahmen miteinander abzustimmen. Um die notwendige Verbindung zu den die Bundesregierung tragenden Parteien und Fraktionen sicherzustellen, würde am besten ein Beirat, bestehend aus je einem Mitglied der Koalitionsfraktionen, berufen [. . .]. Ich bitte, mir Ihre Stellungnahme zu meinem Vorschlag bis zum 22. 3. 1954 zugehen zu lassen. Angesichts des besonderen Interesses der Öffentlichkeit an allen publizistischen Angelegenheiten bitte ich, die besondere Geheimhaltung dieses Vorgangs sicherzustellen."

¹³) Schreiben des BMI an das Bundeskanzleramt vom 23. März 1954 in B 136/4801.

¹⁴) Mitteilung des BPA Nr. 647/54 vom 12. Juni 1954: „Um die von der Bundesregierung geplanten Maßnahmen von allgemeinpolitischer Bedeutung, insbesondere gesetzgeberischer Art, der Bevölkerung rechtzeitig nahezubringen und die zur Unterrichtung der Öffentlichkeit zur Verfügung stehenden finanziellen und sonstigen Mittel planmäßig einzusetzen, ist beim Bundeskanzleramt ein Koordinierungsausschuß für Verlautbarungen der Bundesregierung gebildet worden. Dem Koordinierungsausschuß gehören je ein Vertreter der Koalitionsparteien und der interessierten Ressorts an. Die Berufung von Abgeordneten in den Ausschuß soll eine enge Zusammenarbeit der Regierung mit den Regierungsparteien gewährleisten und außerdem eine stärkere Würdigung der Arbeit des Parlaments sicherstellen." Vgl. dazu auch Schreiben Adenauers an Otto Lenz vom 1. Juni 1954 mit Rundschreiben des BK an die Bundesminister vom 1. Juni 1954 in B 136/4801: „Im Anschluß an unsere Besprechung bitte ich Sie, den Vorsitz in dem beim Bundeskanzleramt gebildeten Koordinierungsausschuß für Verlautbarungen der Bundesregierung zu übernehmen. Abschrift des an die Herren Bundesminister gerichteten Schreibens füge ich bei"; ferner Rundschreiben Adenauers an die Vorsitzenden der CDU-, FDP-, DP-, GB/BHE-Fraktion, der CSU-Landesgruppe in B 136/4801: „Als Anlage übersende ich Ihnen Abschrift eines Schreibens, das ich heute an die Herren Bundesminister gerichtet habe. Ich bitte, mir für den beim Bundeskanzleramt gebildeten Koordinierungsausschuß für Verlautbarungen der Bundesregierung ein Mitglied Ihrer Fraktion namhaft zu machen."

¹⁵) Vgl. im einzelnen die beiden Schreiben Schröders an Adenauer vom 15. Juni 1954 („[. . .] Erhebliche Bedenken habe ich auch besonders dagegen, daß ein aus Regierungsvertretern und Parlamentariern zusammengesetzter Ausschuß sich mit dem planmäßigen Einsatz der zur Verfügung stehenden finanziellen Mittel befassen soll [. . .]") und 29. Juni 1954 („[. . .] Berechtigt sind die Bedenken, die dagegen erhoben werden, daß in Vermischung von exekutiven und legislativen Elementen in einem einheitlichen Ausschuß, der sich mit Verlautbarungen der Bundesregierung befaßt, Vertreter der Bundesregierung und des Parlaments zusammengefaßt werden und daß dieser Ausschuß der Leitung eines Parlamentariers unterstellt wird"), jeweils in B 136/4801.

¹⁶) Der Antrag der Fraktion der SPD vom 23. Juni 1954 betr. Auflösung des Koordinierungsausschusses für Verlautbarungen der Bundesregierung (BT-Drs. Nr. 630) wurde auf der 39. Sitzung des Deutschen Bundestages am 10. Juli 1954, nach einer kurzen Sachdebatte, von der Tagesordnung abgesetzt (STENOGRAPHISCHE BERICHTE Bd. 20 S. 1872 A).

Fraktionen gesagt werden können, daß die ganze Frage von der Bundesregierung noch einmal geprüft werde.

Der Bundeskanzler sagt zu, nach seiner Unterhaltung mit den Vertretern der Bundespressekonferenz die Frage im Kabinett zur Aussprache zu stellen. Die Fraktionen sollen in dem gewünschten Sinne unterrichtet werden.

Bei dieser Gelegenheit weist der Vizekanzler darauf hin, daß es notwendig ist, auf eine Einheitlichkeit und Abstimmung des von der Presse bekanntzugebenden Zahlenmaterials bedacht zu sein. Er gibt weiter zu bedenken, ob nicht von der Presse selbst eine Stelle eingerichtet werden könnte, bei der unrichtige Darstellungen sofort zu berichtigen wären[17].

[D.] AUSSPRACHE ÜBER DIE POLITISCHE LAGE

a) In einer ausführlichen Beurteilung der Vorgänge, die zum Sturz Laniels[18] und der Bildung einer Regierung unter Mendès-France[19] geführt haben, kommt der Bundeskanzler zu dem Ergebnis, daß die Entscheidung Frankreichs über den EVG-Vertrag[20] noch völlig offen sei. Es müsse deshalb von deutscher Seite weiter an dem Vertrag festgehalten werden. Man gebe sonst auch seinen Gegnern die Möglichkeit, die Schuld am Scheitern auf Deutschland abzuwälzen.

---

[17] Der Koordinierungsausschuß für Pressefragen kam nicht zustande. – Vgl. dazu bereits Rundschreiben Adenauers vom 8. Juli 1954 an die Vorsitzenden der Fraktionen des Deutschen Bundestages: „Zu dem Antrag der Fraktion der SPD auf Drucksache 630, die Bundesregierung zu ersuchen, den Koordinierungsausschuß für Verlautbarungen der Bundesregierung aufzulösen, bemerke ich folgendes: Die Bildung des Koordinierungsausschusses ist bisher nicht durchgeführt worden. Gegen den Koordinierungsausschuß sind insbesondere aus Presse- und parlamentarischen Kreisen Bedenken geltend gemacht worden. Diese beruhen zwar zum Teil auf Mißverständnissen über die Aufgaben des Koordinierungsausschusses. Die Bundesregierung beabsichtigt indes gleichwohl, den vorgesehenen Ausschuß nicht zu errichten. Ob an seiner Stelle unter Berücksichtigung der geltend gemachten Bedenken ein anderes Gremium gebildet wird, das die Nachrichtengebung an die Presse verbessern soll, wird erst nach den Parlamentsferien entschieden werden" (BULLETIN vom 10. Juli 1954 S. 1127). – Einschlägige Unterlagen zum Nichtzustandekommen der Institution „Lenz-Ausschuß" (Der Spiegel vom 23. Juni 1954 S. 6) in: Parlamentarische Berichte des BPA vom 24. Juni 1954 (B 145/1902), 7. und 14. Juli 1954 (B 145/1903); Nachlaß von Brentano/155; Nachlaß Rheindorf/324. – Jahn, Hans Edgar: An Adenauers Seite, Sein Berater erinnert sich. München 1987 S. 227–230.
[18] Vgl. 35. Sitzung TOP A: Außenpolitische Lage.
[19] Dr. iur. Pierre Mendès-France (1907–1982). 1932–1940, 1945–1958 und 1967–1968 Abgeordneter der Nationalversammlung (Radikalsozialist), 1947 Ständiger Vertreter Frankreichs im Wirtschafts- und Sozialrat der Vereinten Nationen, 1947–1958 Gouverneur des Internationalen Währungsfonds und stellvertretender Gouverneur der Internationalen Bank für Wiederaufbau und Entwicklung, 1954–1955 Ministerpräsident und Außenminister (vermied in der Frage der EVG eine klare Stellungnahme, was wohl mit zu deren Scheitern am 30. Aug. 1954 in der Nationalversammlung führte), 1956 Staatsminister, 1958 gründete er mit Mitterand und anderen Linksgruppen die Union des Forces Démocratiques (UFD), 1959 Ausschluß aus der Radikalsozialistischen Partei, 1960 Gründung der Parti Socialiste Unifié (PSU), 1968 trat er aus der PSU aus, danach Journalist und Publizist. – Mendès-France, Pierre: Sept mois et dix-sept jours. Juin 1954 – Février 1955. Paris 1955. Derselbe: Choisir – Conversations avec Jean Bothorel. Paris 1974. Derselbe: Regard sur la Ve République 1958–1978. Paris 1983.
[20] Vgl. 35. Sitzung TOP A: Außenpolitische Lage. – Fortgang 37. Sitzung TOP A.

Eine besondere Gefahr liege in der Verzögerung der ganzen Angelegenheit, da die USA nicht über den Herbst hinaus warten wollten. Er habe deshalb eine deutsche Initiative für richtig gehalten und auch in der Öffentlichkeit die Forderung erhoben, der Bundesrepublik bald die Souveränität zu geben[21]). Die USA und Großbritannien, aber auch namhafte französische Persönlichkeiten stünden diesem Verlangen verständnisvoll gegenüber[22]).

Dieser Vorstoß des Bundeskanzlers wird von mehreren Kabinettsmitgliedern ausdrücklich begrüßt.

Der Vizekanzler glaubt, daß die günstige Wirtschaftslage des Westens ihre Anziehungskraft auf die Bevölkerung der sowjetisch besetzten Zone mehr und mehr verliert und dafür die politischen Entwicklungen und damit auch die Frage der Souveränität stärker beachtet werden.

Bundesminister Dr. Schäfer und der Bundesminister für Wirtschaft schildern die Persönlichkeit des neuen französischen Ministerpräsidenten, den sie kennen und von dem sie glauben, daß er sich als Wirtschafts- und Realpolitiker von dem Zeitpunkt an mit Nachdruck für eine europäische Integrationspolitik einsetzen wird, in dem die wirtschaftliche Lage Frankreichs gesichert ist. Nach den Eindrücken, den der Bundesminister für Wohnungsbau erhalten hat, wird Mendès-France sein Programm nur verwirklichen können, wenn vorher in Frankreich Neuwahlen stattgefunden haben[23]).

---

[21]) Adenauer hatte in seiner Rede am 20. Juni 1954, 20 Uhr in der Europa-Halle in Düsseldorf, anläßlich einer CDU-Kundgebung zu den am 27. Juni 1954 stattfindenden Landtagswahlen in Nordrhein-Westfalen, Ausführungen zur damaligen Phase der Außenpolitik gemacht und u. a. erklärt, „daß, wenn die Verhandlungen über die Ratifizierung des Vertrages um die Europäische Verteidigungsgemeinschaft sich weiter hinausziehen sollten, man das deutsche Volk nicht mehr warten lassen kann auf die Rückgabe seiner Freiheit und seiner Souveränität" (StBKAH 16.15); auch in seiner Rede auf einer gemeinsamen evangelisch-katholischen Akademietagung über „Zusammenarbeit der Konfessionen im Staat" in Bad Boll am 21. Juni 1954 erhob Adenauer die Forderung nach der Souveränität, betonte aber, daß die Bundesrepublik Deutschland nicht die Geduld verlieren dürfe (Stuttgarter Zeitung vom 22. Juni 1954, EA 1954 S. 6762). Vgl. dazu die beiden Pressekonferenzen am 22. und 23. Juni 1954, jeweils in B 145 I/39.

[22]) Zu den britischen und amerikanischen Stellungnahmen vgl. EA 1954 S. 6764 (Sir Ivone Kirkpatrick an Hans Schlange-Schöningen) und S. 6765 (John Foster Dulles an Heinz L. Krekeler).

[23]) Zu den verschiedenen Charakterisierungen des neuen französischen Ministerpräsidenten und Außenministers Pierre Mendès-France durch Mitglieder des Bundeskabinetts vgl. die entsprechenden Eintragungen in Nachlaß Seebohm/8c: „Adenauer: Kabinett Laniel war verbraucht; enthielt 6 dissidente Gaullisten. Stimmung im franz[ösischen] Parlament für EVG immer verbessert und günstiger als früher. Mendès-France hat Laniel gestürzt; er ist Jude, aber nicht antideutsch (Jude portugiesischer Herkunft; Frau ist arabischer Herkunft). Er ist sehr von sich überzeugt (Retter Frankreichs, aber kein Professor). In der Sozialistischen Partei gibt es viele antideutsche Juden. De Gaulle hat sich trotz Huldigungstelegramm gegen ihn ausgesprochen; damit ist die Basis des Kabinetts sehr schmal[...] Schäfer: Mendès-France ist alter Bekannter von Schäfer; vor 1933 bestrebt um Ausgleich Frankreich-Deutschland. Sein Denken stark von ökonomischen Erkenntnissen getragen. Er will erst Frankreich sanieren, dann erst kann er in Europäische Gemeinschaft eintreten. Er ist kein Mann der Volksfront wie Daladier und Herriot. Man sollte ihn nicht schlecht machen, sondern ihn Boden gewinnen lassen [...] Erhard: kennt Mendès-France sehr gut; eingehende Gespräche über wirtschaftliche Lage in Frankreich. Für

Staatssekretär Prof. Dr. Hallstein verweist auf die sehr präzisen Formulierungen in der Regierungserklärung des neuen französischen Ministerpräsidenten. Dieser wolle das französische Parlament auf jeden Fall noch vor den Sommerferien mit dem EVG-Vertrag befassen und eine baldige Entscheidung herbeiführen[24]).

b) Bundesminister Strauß teilt mit, der Rhein-Ruhr-Club beabsichtigt, den Gedankengängen des ehemaligen Reichskanzlers Brüning in einem öffentlichen Streitgespräch größere Publizität zu geben[25]). Man müsse dies entweder verhindern oder durch eine Beteiligung die Meinung der Bundesregierung zum Ausdruck bringen. Er macht ferner darauf aufmerksam, daß Molotow durch seine überraschende Rede in Genf[26]) den Sturz Laniels und Bidaults herbeigeführt hat und daraufhin Mendès-France mit Unterstützung der Kommunisten zum Nachfolger gewählt worden ist. Er befürchtet, daß diesem Schachzug sorgfältige Überlegungen der Russen zugrundeliegen und als Gegenleistung für die von ihnen gewährte Hilfe die Preisgabe der EVG gedacht ist.

---

europäische Zusammenarbeit (EPG, aber auch EVG). Mendès-France: Zug um Zug wirtschaftliche Reformen und dann Bereitschaft zur Gemeinschaft. Preusker: ältere Radikalsozialisten nehmen an, daß M[endès]-Fr[ance] ohne vorherige Neuwahlen scheitert."

[24]) In seiner Investitur-Rede am 17. Juni 1954 (EA 1954 S. 6712–6716) versprach Mendès-France zu „Indochina" u. a. folgendes: „Ich habe mich lange und ernsthaft mit den Akten befaßt. Ich habe die höchsten militärischen und diplomatischen Sachverständigen befragt. Meine Überzeugung ist dadurch bestätigt worden, daß eine friedliche Lösung des Konflikts möglich ist. Der Waffenstillstand muß also schneller erfolgen. Die Regierung, die ich bilden werde, wird sich – und unseren Gegnern – eine Frist von vier Wochen setzen, um das zu erreichen. Wir haben heute den 17. Juni. Vor dem 20. Juli werde ich wieder vor Sie treten und Ihnen Rechenschaft ablegen über die erzielten Ergebnisse. Wenn bis zu diesem Zeitpunkt keine zufriedenstellende Lösung gefunden werden konnte, so sind Sie losgesprochen von dem Vertrag, der uns binden wird, und meine Regierung wird dem Präsidenten der Republik ihre Demission einreichen" (ebenda S. 6712). Mendès-France erhielt die Investitur mit 419 gegen 47 Stimmen bei 143 Enthaltungen (zur Stimmabgabe im einzelnen siehe KEESING 1954 S. 4575).

[25]) Vgl. 35. Sitzung Anm. 10. – In diesem Zusammenhang führte Adenauer in seiner Düsseldorfer Rede am 20. Juni 1954 u. a. aus: „Ich habe auch sehr klar meine Meinung zum Ausdruck gebracht über die Ausführungen, die – Gott sei es geklagt – der frühere Reichskanzler Brüning, unterstützt von Herrn Luther, im Rhein-Ruhr-Klub gehalten hat. Ich kann übrigens zu meiner Genugtuung feststellen, daß der Satz, der uns am meisten geschadet hat, der Satz, daß in den Vereinigten Staaten eine große Krise drohe und daß deswegen die Bundesrepublik sich nicht nur stur an Amerika anlehnen dürfe, in der Broschüre, die die Rede Brünings enthält und die vor wenigen Tagen herausgekommen ist, gestrichen worden ist. Nun, meine Damen und Herren, wenn man einen solchen Satz nachher streicht, dann wäre es doch klüger, ihn überhaupt nicht auszusprechen" (StBKAH 16.15).

[26]) Molotow hatte in einer öffentlichen Plenarsitzung über Indochina am 8. Juni 1954 vorgeschlagen, die politischen Probleme des Waffenstillstandes parallel zu den militärischen Fragen zu behandeln. Dabei sollten in erster Linie die Unabhängigkeit der drei assoziierten Staaten Indochinas, die Durchführung freier Wahlen sowie der Abzug der ausländischen Truppen erörtert werden. Über die militärischen und politischen Fragen sollten an Ort und Stelle Kommissionen verhandeln, die von der Konferenz zu bestellen seien (EA 1954 S. 6723, KEESING 1954 S. 4578 f.).

Der Bundeskanzler unterrichtet das Kabinett über sein persönliches Verhältnis[27] zu Brüning, meint aber, man solle dem Rhein-Ruhr-Club, der bisher keine Bedeutung habe, nicht durch eine Regierungsbeteiligung eine besondere Resonanz geben.

c) Der Bundesbevollmächtigte Dr. Vockel weist darauf hin, daß im Zuge der stärkeren Einschaltung sowjetzonaler Stellen[28] der russische Verwaltungsapparat eingeschränkt worden sei. Die russische Kommandantur in Berlin sei bereits aufgehoben worden[29], so daß die drei alliierten Kommandanten in Berlin keinen Gesprächspartner mehr hätten. Auf diese Weise möchten die Russen die Alliierten zwingen, sich unmittelbar mit der Pankower Regierung zu unterhalten.

Das Kabinett beschließt, die sich aus diesem Tatbestand ergebenden Probleme sorgfältig vom Auswärtigen Amt prüfen zu lassen[30].

d) Der Bundesminister für Angelegenheiten des Bundesrates weist auf einen im Wirtschaftsteil der Frankfurter Allgemeinen Zeitung erschienenen Artikel über „Millionenverluste in Kiel" hin[31], die bei den ehemaligen Deutschen Werken[32] entstanden sein sollen. Er hält eine Untersuchung und eine Aussprache über diesen Komplex im Kabinett für notwendig.

---

[27] Vgl. hierzu folgende Eintragung in Nachlaß Seebohm/8c: „Brünings Politik gegenüber NSDAP für falsch gehalten, weiter den Mangel an Mut und Tatkraft gegenüber Hindenburg. Dann ging er nach USA. Erste Rücksprache nach Rückkehr: Besuch A[denauers] zuerst bei Brüning: stark englischer Akzent und eingesponnen in Verhältnisse 1932. Mehrfache Aufforderungen A[denauers] an Br[üning], ihn zu besuchen; hat Br[üning] abgelehnt. Er hat aber Ehlers aufgesucht." Vgl. dazu Parlamentarischer Bericht des BPA vom 24. Juni 1954 in B 145/1902.

[28] Vgl. 28. Sitzung TOP C.

[29] Am 19. Juni 1954 war in Moskau und Berlin (-Ost) amtlich bekanntgegeben worden, daß infolge einer Reorganisation des Apparates der Sowjetischen Hohen Kommission in Deutschland, welche die Anzahl des Personals um zwei Drittel vermindert habe, deren Bezirksvertretungen (in den Bezirken Rostock, Schwerin, Neubrandenburg, Frankfurt/Oder, Cottbus, Potsdam, Dresden, Leipzig, Halle, Erfurt, Karl-Marx-Stadt, Suhl, Gera und Magdeburg) sowie deren Berliner Vertretung aufgelöst seien (Nachrichtenspiegel (I) des BPA vom 20. Juni 1954 in Nachlaß Blankenhorn/31a, EA 1954 S. 6762). — Vertrag über die Beziehungen der Deutschen Demokratischen Republik und der Sowjetunion vom 20. Sept. 1955 in EA 1955 S. 8316 f., Beschluß des Ministerrats der Sowjetunion vom 20. Sept. 1955 über die Aufhebung der Sowjetischen Hohen Kommission in Deutschland und die Außerkraftsetzung der Kontrollratsbeschlüsse in ebenda S. 8317 f.

[30] Unterlagen nicht ermittelt.

[31] „Millionenverluste in Kiel. Wenn der Staat wirtschaftet." Von Heinz Brestel in Frankfurter Allgemeine Zeitung vom 22. Juni 1954. — Vgl. dazu Vorgang „Verluste bei der DWK" in B 126/40325 sowie Vermerk vom 6. August 1954, in dem u. a. steht: „daß sowohl der Bundeskanzler selbst wie auch das Kabinett, das sich am 23. 6. 54 mit der Sache befaßt hat, Wert darauf legen, über die Angelegenheit voll unterrichtet zu werden. Es sei nicht glücklich, wenn der Bundeskanzler und die Kabinettsmitglieder aus der Presse bzw. dem Bundestag das erfahren würden, was sie ausdrücklich zu wissen gewünscht haben" (B 136/2345).

[32] Die Deutsche Werke Kiel AG, eine Schiffswerft und Maschinenfabrik, wurde im Jahre 1925 gegründet; 1937 erwarb sie das Grundkapital der Howaldtswerke AG (in Kiel, seit 1939 in Hamburg). Nach 1945 wurden die Deutschen Werke demontiert und schließlich liquidiert (Großaktionär Bundesrepublik Deutschland, der das Aktienkapital in Höhe von DM 8 000 000,- gehörte; Unterlagen in B 126/40320–40326).

Der Bundeskanzler stimmt dem zu. Er meint, es sei ein unhaltbarer Zustand, daß das frühere Reichsvermögen[33]) im wesentlichen auf die Bundesministerien der Finanzen und für Wirtschaft aufgeteilt und die von den beiden Ressorts benannten Aufsichtsräte ohne ausreichende Kontrolle und Publizität tätig seien. In der gesamten Frage müsse schnell und wirksam Ordnung geschaffen werden[34]).

[E.] VERHANDLUNGEN IM BUNDESTAG ÜBER DIE FINANZ- UND STEUERREFORM

Der Bundesminister der Finanzen berichtet über den Verlauf der Verhandlungen im Bundestagsausschuß für Finanzen und Steuerfragen. Dort zeichne sich eine Lösung für die Finanzreform auf breiter Grundlage ab. Es sei vorgeschlagen worden, eine Reihe kleinerer Steuern, die z. Zt. den Ländern zustehen, auf den Bund zu übertragen und dafür den Anteil des Bundes an der Einkommen- und Körperschaftsteuer zu senken. Auf die sehr umstrittene Revisionsklausel soll verzichtet werden, wenn in der Verfassung die prozentuale Aufteilung der Einkommen- und Körperschaftsteuer zwischen Bund und Ländern vermieden wird. Dafür sollte bestimmt werden, daß diese Steuern gemeinsame Steuern des Bundes und der Länder seien; und es sollten weiter gewisse Grundsätze für die Berechnung des Bundesbedarfs festgelegt werden. Der dem Bund zuzubilligende Prozentsatz an diesen Steuern wäre sodann durch einfaches Gesetz jeweils nach Ablauf von zwei Jahren festzustellen. Bei diesem Verfahren wären die Rechnungshöfe gutachtlich einzuschalten[35]).

In seinen Besprechungen mit den Finanzministern einiger Länder in Königstein habe sich ergeben, daß die steuerschwachen Länder für diese Lösung, Nordrhein-Westfalen und Hamburg in differenzierter Stärke jedoch dagegen seien[36]).

Verfassungsrechtlich sei diese Lösung nicht ganz zweifelsfrei, er halte sie aber für gesund und in Übereinstimmung mit den Bundesministern der Justiz und des Innern für vernünftig.

---

[33]) Zum Problem Reichsvermögen/Überleitung von Bundesvermögen in private Unternehmerhände siehe Sitzungen des Kabinett-Ausschusses für Wirtschaft am 18. Febr. 1955 TOP 1 und am 3. März 1955 TOP A, ferner die einschlägigen Vorgänge in B 136/2344—2347.

[34]) Im Jahre 1955 fand eine Verschmelzung der Deutsche Werke Kiel AG und der Kieler Howaldtswerke AG unter gleichzeitiger Erhöhung des Kapitals der Kieler Howaldtswerke AG statt (Unterlagen in B 136/2347); vgl. dazu auch — im Parlamentsarchiv des Deutschen Bundestages — 2. Wahlperiode 1953–1957: Haushaltsausschuß, Protokolle der 36. und 42.–44. Sitzung (jeweils Deutsche Werke Kiel AG) am 28. Juni, 14. Juli, 7. Sept. und 8. Okt. 1954. — Am 1. Januar 1968 wurden die Anlagen der Howaldtswerke Hamburg AG, der Kieler Howaldtswerke AG und der Deutschen Werft AG (Hamburg) von der neugegründeten Betriebsführungsgesellschaft Howaldtswerke-Deutsche Werft AG Hamburg und Kiel, Kiel, im Wege der Pacht übernommen.

[35]) Vgl. 33. Sitzung TOP A. — Kurzprotokoll der Sitzungen in B 126/6204. — Siehe dazu auch die Vermerke vom 14. und 19. Juni 1954 in B 126/10787.

[36]) Zu den Beratungen des sog. Strickrodt-Ausschusses am 18. Juni 1954 in Königstein siehe das Protokoll vom 6. Juli 1954 in B 126/51528.

Der Bundesminister der Finanzen bittet, ihn zu ermächtigen, bei der 2. Lesung des Gesetzes im Bundestag die Zustimmung der Bundesregierung zu diesen Vorschlägen auszusprechen[37]).

Der Bundesminister des Innern stimmt diesen Vorschlägen trotz gewisser verfassungsrechtlicher Bedenken zu.

Der Bundesminister für Verkehr bittet wegen der großen Bedeutung dieser Frage, die neuen Vorschläge auf Grund genauer Formulierungen in einer späteren Kabinettssitzung zu beraten. Den Kabinettsmitgliedern müsse ausreichend Gelegenheit gegeben werden, den materiellen und politischen Gehalt der neuen Vorschläge zu prüfen.

Der Bundesminister für Wohnungsbau hält es für nötig, Sicherungen einzubauen, damit die sich in jedem dritten Jahr wiederholenden Verhandlungen über die Höhe des Bundesanteils auch zu einer schnellen Einigung führen.

Der Bundesminister der Finanzen ist bereit, den Kabinettsmitgliedern sofort die formulierten Vorschläge zusammen mit den von ihm im Bundestag abgegebenen Erklärungen zuzuleiten[38]).

Es wird beschlossen, die Angelegenheit in der Kabinettssitzung am 30. 6. 1954 zu behandeln[39]).

II

1. PROGRAMM FÜR FAMILIENPOLITISCHE MASSNAHMEN BMFa

[Es] wird bemerkt, daß die Kabinettsvorlage[40]) erst vor zwei Tagen den Kabinettsmitgliedern zugegangen ist. Mit Rücksicht hierauf und weil auch noch keine Ressortbesprechungen über das Programm stattgefunden haben, wird die Sache vertagt[41]).

Der Bundesminister für Familienfragen trägt vor, daß morgen im Plenum des Bundestages das Gesetz über die steuerliche Behandlung von Leistungen im Rahmen des Familienausgleichs behandelt werde[42]). In den Ausschußberatungen habe man sich überraschend dahin geeinigt, die Steuerbefreiung für ein höhe-

---

[37]) Bei der 2. Beratung des Finanzverfassungsgesetzes im BT am 16. Nov. 1954 (STENOGRAPHISCHE BERICHTE Bd. 22 S. 2665–2667) gab der BMF keine Erklärung ab.
[38]) Vorlage des BMF vom 25. Juni 1954 in B 126/51528.
[39]) Fortgang 37. Sitzung TOP 2.
[40]) Vorlage des BMFa vom 19. Juni 1954 in B 153/2708 und B 136/6134. – Wuermeling hatte u. a. Steuererleichterungen für Ehepaare mit Kindern, ein Kindergeld von 25 DM monatlich ab dem dritten Kind, Unterstützung beim Bau von „Familienheimen", verbilligte Kredite für junge Ehepaare, den besonderen „Schutz der Bauernfamilie" sowie die Verbesserung des Mutterschutzes gefordert und darüber hinaus gebeten, ihn mit der Koordinierung dieser Maßnahmen zu beauftragen.
[41]) Fortgang 39. Sitzung TOP 4.
[42]) Der von der CDU/CSU-Fraktion eingebrachte Gesetzentwurf über die steuerliche und versicherungsrechtliche Behandlung von Kindergeld (BT-Drs. Nr. 189) wurde vom BT am 25. Juni 1954 in zweiter und dritter Lesung beraten (STENOGRAPHISCHE BERICHTE Bd. 20 S. 1696–1699).

res Kindergeld, nämlich für 25,— DM, zu gewähren[43]). Er befürchtet, daß dieser Beschluß vom Bundestag auch dann aufrechterhalten wird, wenn die Bundesregierung sich aus finanziellen Gründen gegen ihn wenden sollte. Er schlägt deshalb vor, nicht erst die politisch ungünstige Wirkung einer Ablehnung hervorzurufen, sondern sich jetzt schon zur Annahme des Vorschlags zu entschließen. Er glaubt, daß diese Erhöhung auch finanziell tragbar ist; denn in Deutschland werde das Kindergeld nur 1 bis 1,2% der Lohnsumme ausmachen im Gegensatz zu Belgien, wo es sich auf 6,5%, und Frankreich, wo es sich auf etwa 16% belaufe.

Der Bundesminister der Finanzen wendet sich gegen diesen Vorschlag. Er bittet, unter keinen Umständen durch eine Zustimmung zu diesen Anregungen schon jetzt eine Präjudizierung des Familienausgleichsgesetzes herbeizuführen[44]). Er dringt darauf, bei den Fraktionen in diesem Sinne Einfluß zu nehmen. Der Vorschlag würde den Bund nach vorläufigen Berechnungen etwa 80 Mio DM kosten. Nach den Feststellungen seines Ministeriums müsse aber schon jetzt im Bundeshaushalt 1955 mit einer Lücke von etwa 5 Milliarden DM gerechnet werden. Er bittet, vor irgendwelchen Beschlüssen, die den Bund finanziell belasten, erst über die Haushaltslage 1955 zu beraten.

Diesen Ausführungen des Bundesministers der Finanzen wird — vom Bundesminister für Familienfragen abgesehen — nicht widersprochen.

2. ENTWURF EINES GESETZES ÜBER DIE SICHERSTELLUNG DER ERFÜLLUNG VÖLKERRECHTLICHER VERPFLICHTUNGEN AUF DEM GEBIET DER GEWERBLICHEN WIRTSCHAFT BMWi

Das Kabinett stimmt der Vorlage des Bundesministers für Wirtschaft zu[45]).

---

[43]) Der BT-Ausschuß für Sozialpolitik hatte bei den Beratungen der von der SPD-Fraktion (BT-Drs. Nr. 318) und der CDU/CSU-Fraktion (BT-Drs. Nr. 319) eingebrachten Entwürfe für ein Kindergeldgesetz (vgl. 31. Sitzung TOP E) den ursprünglich vorgesehenen Betrag von 20 auf 25 DM erhöht (Kurzprotokolle in B 153/734—751, BT-Drs. Nr. 708).

[44]) Das Gesetz über die steuerliche und versicherungsrechtliche Behandlung von Kindergeld vom 12. Aug. 1954 (BGBl. I 257) sah Steuerfreiheit für einen Betrag von 20 DM vor.

[45]) Vgl. 33. Sitzung TOP 4. — Vorlage vom 14. Juni 1954 in B 136/2434. — BR-Drs. Nr. 223/54 und 483/56; BT-Drs. Nr. 794 und 2943. — Durch das Gesetz über die Sicherstellung von Leistungen auf dem Gebiet der gewerblichen Wirtschaft vom 24. Dez. 1956 in BGBl. I 1070 wurden die Bundesregierung oder der Bundesminister für Wirtschaft mit Zustimmung des Bundesrates zum Erlaß von Rechtsverordnungen ermächtigt, um die Erfüllung völkerrechtlicher Verpflichtungen der Bundesrepublik Deutschland, die Erfüllung von Verteidigungsaufgaben oder die Deckung des lebenswichtigen Bedarfs sicherzustellen.

3. ORGANISATION DER MILITÄR-ARCHIVE   BMI

Der Vizekanzler beantragt, in Ziff. 4 der geplanten Vereinbarung[46]) zwischen dem Bundesminister des Innern und dem Bundesbeauftragten für Truppenfragen das Wort „Militär-Archiv" durch das Wort „Militärarchiv-Abteilung" zu ersetzen. Damit soll klarer zum Ausdruck gebracht werden, daß es sich um ein einheitliches Bundesarchiv[47]) handelt.

Der Beauftragte für Truppenfragen, Abg. Blank, bittet, es bei dem in der Kabinettsvorlage wiedergegebenen Vereinbarungstext zu belassen, da dieser nach langwierigen und sehr mühsamen Verhandlungen zustandegekommen sei. Diesem Wunsch folgt das Kabinett gegen die Stimme des Vizekanzlers[48]).

Bei dieser Gelegenheit erwähnt der Bundeskanzler, daß viele wichtige Vorgänge und die grundlegenden Entscheidungen, die seit Bestehen der Bundesrepublik von der Bundesregierung getroffen worden seien, in vielerlei Akten verstreut und sehr schwer auffindbar seien. Er hält es für notwendig, für eine spätere Geschichtsschreibung dieses Material greifbar zu machen, damit die Größe der Aufgabe, die der Bundesrepublik in den ersten Jahren ihres Bestehens gestellt war, umfassend und mit allen Schwierigkeiten ihrer Lage geschildert werden könne. Dieser Auffassung wird von allen Seiten zugestimmt.

Der Vizekanzler regt an, vom Bundesministerium des Innern eine Dienstanweisung an die Ressorts zu geben, wie die gesetzgeberischen Stoffe in ihrer Entwicklung und wie die bedeutsamen Ereignisse in den Akten deutlich gemacht werden und wann sie an das Archiv abgegeben werden sollen.

Der Bundesminister für das Post- und Fernmeldewesen hält es für wesentlich, eine Kartei als Findex anzulegen und ein System zu entwickeln, nach dem die Dinge gefunden werden können[49]).

---

[46]) Das Kabinett hatte in der 3. Sitzung am 3. Nov. 1953 (TOP 13) auf Wunsch des BMI die Entscheidung über den Antrag Blanks zurückgestellt, ein ressorteigenes Archiv zu errichten. Die in der Vorlage des BMI vom 5. Juni 1954 mitgeteilte „Vereinbarung" sah vor, beim Bundesarchiv ein Militärarchiv zu errichten, das in enger Zusammenarbeit mit der Dienststelle Blank verwaltet werden sollte. Der Leiter des Militärarchivs sollte ein von Blank vorgeschlagener Offizier sein, die Hälfte der Mitarbeiter des höheren Dienstes sollten von Blank vorgeschlagen werden (B 136/4959).

[47]) Zur Errichtung des Bundesarchivs, dem auch die Betreuung der militärgeschichtlichen Quellen zugewiesen worden war, siehe 55. Sitzung am 24. März 1950 (TOP 7).

[48]) Die Abteilung Militärarchiv nahm ihre Tätigkeit am 1. Aug. 1955 in Koblenz auf. Sie übersiedelte am 1. Dez. 1967 nach Freiburg und übernahm die Bestände der Dokumentationszentrale des Militärgeschichtlichen Forschungsamts. — Siehe auch Kehrig, Manfred: „... und keinen Staat im Staate bilden." Skizzen zur Entwicklung des militärischen Archivwesens 1945–1955. In: ARBEIT DER ARCHIVE S. 368–408.

[49]) Der BMI forderte das Bundesarchiv am 16. Juli 1954 zu einer Stellungnahme zu den letzten drei Absätzen dieses Tagesordnungspunktes auf. Der Bericht des Bundesarchivs vom 11. Aug. 1954 wurde in der Sitzung des interministeriellen Organisationsausschusses am 16. Nov. 1954 erörtert. In dem Erlaß vom 12. Mai 1955 verzichtete der BMI unter Hinweis auf die in Bearbeitung befindliche Neuordnung der §§ 10 und 11 der Registraturanweisung darauf, neue Richtlinien zu erlassen (B 198/152).

4. PERSONALIEN

Gegen die Ernennungsvorschläge[50]) und die Beschäftigung[51]) des Botschafters Nöldeke[52]) über das 65. Lebensjahr hinaus werden im Kabinett keine Einwendungen erhoben.

III

Außerhalb der Tagesordnung

[F.] KÜNDIGUNG DER LOHN- UND VERGÜTUNGSTARIFE DES BUNDES, DER LÄNDER UND DER GEMEINDEN DURCH DIE GEWERKSCHAFTEN ÖTV UND DAG

Der Bundesminister der Finanzen berichtet hierzu entsprechend seiner Vorlage vom 19. 6. 1954[53]). Ergänzend fügt er hinzu, daß die Finanzminister der Länder die Forderungen der Gewerkschaften abgelehnt und eine Entscheidung ihrer Kabinette verlangt haben.

Nach kurzer Aussprache stimmt das Kabinett den Vorschlägen des Bundesministers der Finanzen zu.

Der Bundesminister des Innern stimmt gegen den Beschluß, soweit er sich auf die Weihnachtszuwendungen 1954 erstreckt, weil er diese Frage bei der Besoldungs- und Tarifreform behandelt wissen will.

Auf Wunsch des Bundesministers für das Post- und Fernmeldewesen wird der ablehnende Beschluß auf die inzwischen auch von der Postgewerkschaft erhobenen Forderungen ausgedehnt.

Der Bundesminister für Verkehr stellt fest, für die Bundesbahn würde sich durch die geforderte Lohnerhöhung eine Mehrbelastung von etwa 80 Mio DM ergeben. Bei der schlechten Finanzlage der Bundesbahn sei dies völlig untragbar.

Im Anschluß an diese Erörterungen schlägt der Bundesminister für den Wohnungsbau vor, sich in der nächsten Kabinettssitzung mit der von den Ge-

---

[50]) An Ernennungen waren vorgesehen: im BMJ drei Ministerialdirigenten (Anlage 1).

[51]) In der Anlage 2 wurde vom AA beantragt die Weiterbeschäftigung über das 65. Lebensjahr hinaus bis zum 31. Dez. 1954 für den Leiter der Botschaft der Bundesrepublik Deutschland in Kopenhagen, Botschafter Dr. iur. Wilhelm Nöldeke.

[52]) Dr. iur. Wilhelm Bruno Karl Nöldeke (1889–1971). 1919–1945 im Auswärtigen Dienst tätig (1934–1939 Generalkonsul I. Klasse und deutscher Staatsvertreter in Kattowitz, 1939–1945 AA: Kulturabteilung); 1951–1954 Leiter der Botschaft der Bundesrepublik Deutschland in Kopenhagen, 1955–1957 Erledigung von Sonderaufträgen des AA (u. a. Leiter der Deutschen Delegation für die Verhandlungen mit der Dänischen Regierung über die Minderheitenfrage).

[53]) Vorlage in B 106/8288 und B 136/587. – ÖTV und DAG hatten eine Erhöhung der Angestelltengrundvergütung um 10 % und der Ecklöhne der Arbeiter um 10 Pfennige ab 1. Juli 1954 sowie Weihnachtszuwendungen von 60 DM für Verheiratete, 40 DM für Ledige und 15 DM für jedes kinderzuschlagsberechtigte Kind gefordert (Unterlagen in B 106/8288). Die Forderungen waren in Chefbesprechungen, an denen auch Vertreter der Tarifgemeinschaft deutscher Länder und der Vereinigung der Kommunalen Arbeitgeberverbände e. V. teilgenommen hatten, abgelehnt worden (Unterlagen ebenda). Der BMF schlug in seiner Vorlage vor, die Lohn- und Gehaltserhöhungen abzulehnen und erklärte sich zur Zahlung eines Weihnachtsgeldes von 15 DM für jedes zuschlagsberechtigte Kind der Bediensteten und Arbeiter bereit, deren Grundgehalt 420 DM nicht überstieg.

werkschaften und den mit diesen zusammenarbeitenden Kräften in Gang gesetzten Lohnerhöhungswelle zu befassen.

Der Bundesminister für Arbeit begrüßt dies und glaubt, daß man sich zunächst in einem kleinen Kreis innerhalb der Bundesregierung über die tatsächliche Lage unterhalten und sodann an die Arbeitgeber und Arbeitnehmer herantreten sollte. Auf Vorschlag des Bundeskanzlers wird der Bundesminister für Arbeit baldigst zu dieser Vorbesprechung den Vizekanzler und die Bundesminister Schäffer, Erhard und Lübke einladen[54]).

Bei dieser Gelegenheit erkundigt sich der Bundeskanzler nach dem Stand der Vorarbeiten zu dem Gesetz über Urabstimmungen[55]). Es sollte beispielsweise bald geklärt werden, ob diese Abstimmungen öffentlich oder geheim durchzuführen sind. Der Bundesminister für Arbeit erklärt, daß ein entsprechender Gesetzentwurf in seinem Hause vorbereitet sei und jederzeit vorgelegt werden könne[56]).

[G.] GESETZ ÜBER DIE ENTSCHÄDIGUNG DER MITGLIEDER DES BUNDESTAGES

Das Kabinett stimmt diesem Gesetz zu[57]).

---

[54]) Unterlagen nicht ermittelt. – Nachdem die ÖTV am 13. Juli 1954 bekanntgegeben hatte, sie werde Kampfmaßnahmen einleiten, wenn die öffentlichen Arbeitgeber nicht bis zum 26. Juli Verhandlungsbereitschaft erklärt hätten, nahmen die Tarifgemeinschaft deutscher Länder und die Vereinigung der Kommunalen Arbeitgeberverbände am 2. Aug. 1954 Verhandlungen mit den Gewerkschaften auf. Der BMF teilte der ÖTV und der DAG am 21. Juli 1954 die Entscheidung des Kabinetts vom 23. Juni mit und lehnte es ab, zu Tarifverhandlungen einzuladen (B 106/8288). – In einer von Blücher einberufenen Chefbesprechung am 11. Aug. 1954 wurde eine Stellungnahme der Bundesregierung erarbeitet, die dem BK in seinem Urlaubsort vorgelegt wurde, in der die Lohnforderungen erneut abgelehnt wurden (vgl. den Vermerk vom 11. Aug. 1954 in B 106/8288 und den Vermerk vom 11. Aug. 1954 in B 136/587). – Siehe auch die Mitteilung des BPA Nr. 899/54 vom 12. Aug. 1954 und BULLETIN vom 18. Aug. 1954 S. 1361 f. – Fortgang hierzu 55. Sitzung TOP 4.
[55]) Vgl. 299. Sitzung am 30. Juni 1953 (TOP 1).
[56]) Der ursprüngliche Protokolltext lautete: „Der Bundesminister für Arbeit sichert zu, daß dieses Gesetz in kurzer Zeit vorgelegt werden könnte." Die Protokollberichtigung erfolgte auf Grund eines Schreibens des Protokollführers vom 7. Juli 1954 an die Bundesminister. – Adenauer mahnte in einem Schreiben vom 20. Juli 1954 die Vorlage des Gesetzentwurfs bei Storch an, zog diesen Auftrag am 25. Aug. 1954 jedoch wieder zurück und wies den BMA an, „völliges Stillschweigen über [die] zukünftige Regelung auf dem ganzen Gebiete" zu beobachten (B 136/8805).
[57]) Der BMI hatte in seiner Vorlage vom 16. Juni 1954 vorgeschlagen, dem von allen Fraktionen des BT eingebrachten Gesetzentwurf (BT-Drs. Nr. 540), der am 28. Mai 1954 verabschiedet worden war (STENOGRAPHISCHE BERICHTE Bd. 20 S. 1528), entsprechend Art. 113 GG zuzustimmen (B 106/81251). Das Gesetz trat an die Stelle des Gesetzes vom 15. Juni 1950 (BGBl. 215) und erhöhte die Aufwandsentschädigung von 600,– auf 750,– und die Unkostenpauschale von 500,– auf 700,– DM. – Gesetz vom 24. Juni 1954 (BGBl. II 637).

**37. Kabinettssitzung
am Mittwoch, den 30. Juni 1954**

Teilnehmer: Adenauer (bis 11.10 Uhr)[1]), Blücher, Schröder, Neumayer, Schäffer (bis 11.35 Uhr), Erhard (bis 11.35 Uhr), Lübke, Storch, Seebohm, Balke, Preusker, Oberländer, Kaiser, Hellwege, Wuermeling, Tillmanns, Schäfer; Globke (bis 11.35 Uhr), Hallstein (bis 11.35 Uhr), Westrick; Klaiber; von Eckardt, Six; Selbach, Kilb; Blank. Protokoll: Haenlein.

Beginn: 9.30 Uhr   *Ende: 12.30 Uhr*

[Außerhalb der Tagesordnung]

[A.] POLITISCHE LAGE

1. In seinen Ausführungen über die politische Lage hebt der Bundeskanzler die Besprechung Eisenhower[2]) – Churchill in Washington hervor[3]). Der EVG-Vertrag[4]) habe in der amerikanischen Politik eine neue Bedeutung erhalten und sei der Angelpunkt für das Verbleiben amerikanischer Truppen in Europa geworden. Dies habe der amerikanische Botschafter in Paris, Dillon, der französischen Regierung mitgeteilt und es kennzeichnenderweise im britisch-amerikanischen Presseclub der Öffentlichkeit bekanntgegeben[5]). Die Washingtoner Erklärungen zur deutschen Souveränität[6]) seien das Ergebnis monatelanger Be-

---

[1]) Dem Terminkalender Adenauer ist zu entnehmen, daß der BK um 11.15 eine Besprechung mit Kilb, um 11.20 eine Besprechung mit Pferdmenges und Globke hatte und um 11.50 Uhr zum Flughafen Wahn zum Empfang „der griechischen Gäste" (StBKAH 04.05) fuhr (Ministerpräsident Alexander Papagos, Außenminister Stephanos Stephanopoulos, Koordinationsminister Thanos Kapsalis).

[2]) Dwight D. Eisenhower (1890–1969). Nov. 1942 – Mai 1945 Oberbefehlshaber der amerikanischen Truppen in Europa, Mai – Nov. 1945 Oberbefehlshaber der amerikanischen Truppen in Deutschland und Militärgouverneur, 1945–1947 Generalstabschef in Washington, 1947–1949 Präsident der Columbia University, Dez. 1950 – April 1952 Oberbefehlshaber der NATO, 1952–1961 Präsident der USA. – Eisenhower, Dwight D.: Die Jahre im Weißen Haus 1953–1956. Düsseldorf 1964.

[3]) Die Konferenz zwischen Eisenhower, Churchill, Dulles und Eden „on a wide range of matters of mutual interest, including EDC" hatte vom 25. bis 29. Juni 1954 in Washington stattgefunden (FRUS V p. 984); KEESING 1954 S. 4597–4599. Vgl. dazu auch THOSS S. 60.

[4]) Vgl. 36. Sitzung TOP D, ferner Protokoll der CDU/CSU-Fraktionssitzung am 23. Juni 1954 (14.45–18.30 Uhr) in Nachlaß Barzel/314. – Fortgang hierzu 38. Sitzung Anm. 20.

[5]) Am 29. Juni 1954 hatte Douglas C. Dillon in einer Ansprache vor dem amerikanischen Presseclub in Paris mit Nachdruck hervorgehoben, daß die amerikanischen militärischen Verpflichtungen in Europa vom Inkrafttreten des EVG-Vertrages abhängig seien: die Rückgabe der Souveränität an die Bundesrepublik Deutschland, welche vor zwei Jahren versprochen worden sei, werde nunmehr durch die Schwierigkeiten verzögert, denen Frankreich bei seiner Entscheidung über die EVG begegne (EA 1954 S. 6764).

[6]) Kommuniqué vom 28. Juni 1954 in EA 1954 S. 6757 („In den wenigen Tagen unserer freundschaftlichen und fruchtbaren Besprechungen haben wir verschiedene Fragen von

mühungen, wobei sich der amerikanische Oberkommissar Conant[7]) sehr bewährt habe.

Nach der Meinung des Bundeskanzlers muß die Politik Mendès-Frances sorgfältig beobachtet werden. Insbesondere sei sein Verhältnis zur Kommunistischen Partei Frankreichs nicht geklärt[8]). Mendès-France wolle bis zum 20. 7. 1954 den Waffenstillstand in Indochina[9]) haben und sich, gestärkt durch diesen außenpolitischen Erfolg, eine Generalvollmacht für wirtschaftliche Reformen in Frankreich vom Parlament geben lassen. Erst wenn dies gesichert sei, wolle er sich mit den Problemen der Europapolitik befassen. Er habe die Einladung Spaaks zu einer Ministerkonferenz[10]) in brüsker Form zurückgewiesen[11]) und nur mit Rücksicht auf die schlechte Reaktion in der öffentlichen Meinung des Auslandes Spaak für heute zu sich eingeladen[12]). Der Bundeskanzler legt Wert

---

gegenseitigem und internationalem Interesse erörtert. 1. Westeuropa: wir stimmen darin überein, daß die Bundesrepublik Deutschland ihren Platz als gleichberechtigter Partner in der Gemeinschaft der westlichen Nationen einnehmen sollte, wo sie ihren eigenen Beitrag zur Verteidigung der freien Welt leisten kann. Wir sind entschlossen, dieses Ziel zu erreichen, und wir sind überzeugt, daß die Verträge von Bonn und Paris den besten Weg dafür bieten [. . .]); Grundsatzerklärung vom 29. Juni 1954 in ebenda S. 6757 f.

[7]) James B. Conant, Ph. D. (1893–1978). 1929 Professor an der Harvard-University (Organische Chemie) und 1933–1953 deren Präsident, 1941–1946 Vorsitzender des Forschungsausschusses für Landesverteidigung und maßgebend an der Entwicklung der Atombombe beteiligt, 1946 Mitglied des Beratenden Ausschusses der Atomenergiekommission, 1953–1955 Hoher Kommissar und 1955–1957 Botschafter in der Bundesrepublik Deutschland.

[8]) Im Entwurf: „Nach der Meinung des Bundeskanzlers kann die Politik Mendès-Frances nicht günstig beurteilt werden. Es spreche sehr viel dafür, daß die Unterstützung, die er durch die Kommunistische Partei Frankreichs erfahre, mit einer Zusage auf Kosten der EVG erkauft worden sei" (Kabinettsprotokolle Bd. 22 E).

[9]) Vgl. 35. Sitzung TOP A: Außenpolitische Lage sowie 36. Sitzung TOP D: Aussprache über die politische Lage (Investitur-Rede von Mendès-France am 17. Juni 1954 in Anm. 24). — Der Verlauf der Genfer Ostasien-Konferenz 16. bis 30. Juni 1954 in EA 1954 S. 6759 f. — Fortgang 38. Sitzung Wortprotokoll.

[10]) Die Außenminister der Niederlande, Belgiens und Luxemburgs hatten auf einer Zusammenkunft am 22. Juni 1954 in Luxemburg beschlossen, die übrigen Teilnehmerstaaten der EVG zu einer Konferenz einzuladen, die innerhalb der nächsten zwei Wochen in Brüssel stattfinden und sich mit der durch den Regierungswechsel in Frankreich im Hinblick auf das Schicksal des EVG-Vertrages eingetretenen Lage befassen sollte (Pressekonferenz am 24. Juni 1954 in B 145 I/39; EA 1954 S. 6764 f.). — Fortgang 38. Sitzung Wortprotokoll.

[11]) Am 24. Juni 1954 hatte ein Sprecher des französischen Außenministeriums erklärt, Mendès-France könne an der von den Beneluxstaaten nach Brüssel einberufenen Konferenz (vgl. Anm. 10) nicht teilnehmen, da er entschlossen sei, seine ganze Aufmerksamkeit dem Indochina-Problem zu widmen, dem nach seiner Ansicht unbedingt Priorität gegeben werden müsse (ebenda S. 6764). Die Bundesregierung hatte (am 24. Juni 1954) ihr Einverständnis erklärt, an der nach Brüssel einberufenen Konferenz teilzunehmen (ebenda S. 6763). — Fortgang 38. Sitzung Wortprotokoll.

[12]) Am 30. Juni 1954 reiste der belgische Außenminister Spaak nach Paris, um mit Mendès-France über den EVG-Vertrag zu sprechen. In dem Kommuniqué, das nach der Unterredung veröffentlicht wurde, hieß es, die beiden Minister hätten sich geeinigt, die Signatarstaaten des EVG-Vertrages zu versammeln, sobald die französische Regierung zum Ergebnis der innerpolitischen Studien zum EVG-Vertrag (Auftrag des französischen Kabinetts an Verteidigungsminister Koenig und Industrieminister Bourgès-Maunoury) Stel-

darauf festzustellen, daß er den Vorstoß Spaaks, der in diesem Falle als guter Europäer gehandelt habe, nicht beeinflußt hat.

Dem angekündigten Besuch des Staatssekretärs de Beaumont[13]) sehe er mit höflichem Interesse entgegen. Einen Erfolg könne er sich von den Unterhaltungen mit ihm kaum versprechen. Im übrigen sei dieser Besuch von den Franzosen schon wieder verschoben worden, um Zeit zu gewinnen[14]).

In der Sache selbst steht der Bundeskanzler nach wie vor auf folgendem Standpunkt: Der Deutschlandvertrag ist von drei der vier Unterzeichnermächte ratifiziert worden, der EVG-Vertrag von vier der sechs Vertragschließenden. Mit der Unterschrift Italiens kann gerechnet werden[15]). Nicht dieselbe französische Regierung, die diese Verträge unterzeichnet hat[16]), sondern eine zweite französische Regierung[17]) hat sich auf der Grundlage dieser Verträge von England und den USA besondere Zusicherungen geben lassen[18]). Sie hat darüber hinaus mit den unterzeichnenden Mächten ein Zusatzprotokoll ausgehandelt[19]). Nach sei-

---

lung genommen habe und bevor dieses der Nationalversammlung vorgelegt werde (ebenda S. 6764). – Fortgang 38. Sitzung Wortprotokoll.

[13]) Guérin Jean Michel du Boscq de Beaumont (1896–1955). 1924–1939 Rechtsanwalt am Pariser Gerichtshof, Okt. 1943 – Nov. 1946 französischer Generalkonsul und Vertreter des Freien Frankreich (de Gaulle) in New York, 1946–1949 Unterstaatssekretär für auswärtige Angelegenheiten, 1949 Leitung des Informationsdienstes und Pressewesens im Außenministerium, 1950 Direktor der Amerika-Abteilung und Juni 1954 Staatssekretär im Außenministerium, Sept. 1954 Innenminister und wenig später auch Leiter der französischen Delegation bei der Vollsitzung der Vereinten Nationen in New York, mit der Regierung Mendès-France trat im Febr. 1955 zurück.

[14]) FRUS V p. 985 und Pressekonferenz am 30. Juni 1954 in B 145 I/39.

[15]) Dem stand die ungelöste Triest-Frage entgegen. Vgl. dazu folgenden Passus aus einem Schreiben der amerikanischen Botschafterin in Italien (Claire Booth Luce) an das Department of State vom 26. Juni 1954: „2. EDC: Scelba said he had ‚every intention' of bringing EDC to Chamber floor immediately after reaching agreement on Trieste. In reply my query, he said debate would commence on signature of accord and not await conclusion of take-over phase. He earnestly hoped Trieste accord could be reached by July 15 because he felt that between July 15 and August 15 (beginning of traditional Italian vacation period), EDC could be passed" (FRUS V p. 991), ferner FRUS VIII pp. 239–589 und EDEN pp. 175–188.

[16]) Regierung Antoine Pinay-Robert Schuman (7./8. März bis 23. Dez. 1952).

[17]) Regierung René Mayer-Georges Bidault (7./9. Jan. bis 21. Mai 1953).

[18]) Vom 12. bis 14. Febr. 1953 hatten Mayer, Bidault und der französische Wirtschaftsminister Robert Buron über Wirtschaftsfragen und über eine engere Zusammenarbeit Großbritanniens mit der künftigen EVG verhandelt. Wenn auch nicht mit einem Beitritt Großbritanniens gerechnet werden konnte, sollten doch Garantien und Zugeständnisse Londons die Zustimmung der Gaullisten zum EVG-Vertrag erleichtern. Vgl. 282. Sitzung am 13. März 1953 TOP B: EVG-Vertrag. – Abkommen über die Zusammenarbeit zwischen dem Vereinigten Königreich und der Europäischen Verteidigungsgemeinschaft vom 13. April 1954, Militärische Assoziierung der Streitkräfte des Vereinigten Königreiches und der Europäischen Verteidigungsgemeinschaft – Erklärung einer gemeinsamen Politik vom 13. April 1954 und Erklärung der britischen Regierung zur EVG vom 13. April 1954 in EA 1954 S. 6578–6582 (vgl. auch VOLKMANN S. 98); Botschaft Präsident Eisenhowers an die Regierungschefs der sechs EVG-Staaten vom 16. April 1954 in ebenda S. 6582 f. Vgl. auch Pressekonferenz am 15. April 1954 in B 145 I/37.

[19]) Vgl. 288. Sitzung am 23. April 1953 TOP A: Zusatzprotokolle zum EVG-Vertrag. – Wortlaut der Zusatzprotokolle zum Vertrag über die EVG in BULLETIN vom 20. Juni 1953

ner Meinung ist es unvorstellbar, daß eine dritte französische Regierung[20]) alle diese Ergebnisse, die dazu noch auf französische Anregung zurückgehen, zunichte macht. Neue Verhandlungen über das Vertragswerk, das immerhin schon zwei Jahre alt sei, könnten sich vielleicht später als notwendig erweisen. Jetzt müsse aber auch von Frankreich Farbe bekannt und ratifiziert werden. Sonst würde der Europagedanke in endlos sich hinziehenden Verhandlungen zu Tode geritten. Es bestehe die Gefahr, daß sich dabei wieder ein unbeherrschter deutscher Nationalismus entwickele. Die schürenden Kräfte würden mit Sicherheit von Rußland finanziert werden[21]).

2. Der Bundeskanzler bedauert die Ausführungen des Vorsitzenden der SPD Ollenhauer im nordrhein-westfälischen Wahlkampf, der von Deutschland als der „Bundesrepublik Dulles" gesprochen habe[22]). Befremdlich sei, daß dies die Presse nicht einmal gerügt habe. Als besonders gefährlich bezeichnet er Ausführungen der sozialdemokratischen „Freiheit" in Mainz, die ihm vorwerfe, er habe noch nicht bemerkt, daß die Macht der USA zurückgehe[23]). Damit wolle diese Zeitung offensichtlich empfehlen, sich in die Arme Rußlands zu werfen.

S. 971 f. und EA 1953 S. 5863 f. (vgl. dazu ebenda S. 5761–5765 und BW 9/716, 825, 2295, 2558, 2825, 2850). Die gewichtigste französische Forderung bezog sich auf Art. 113 des EVG-Vertrages und sollte die Möglichkeit sicherstellen, Streitkräfte des französischen Kontingents für Aufgaben in Übersee abzuziehen.

[20]) In der Zählung Adenauers ist es die vierte französische Regierung (Mendès-France: 18./19. Juni 1954 bis 5. Febr. 1955), war doch den Regierungen Pinay-Schuman (vgl. Anm. 16) und Mayer-Bidault (vgl. Anm. 17) die Regierung Joseph Laniel-Georges Bidault (26./28. Juni 1953 bis 12./14. Juni 1954) gefolgt. Insgesamt waren es aber nur drei verschiedene Außenminister (Schuman, Bidault, Mendès-France).

[21]) Vgl. hierzu folgenden Eintrag in Nachlaß Seebohm/8c: „Adenauer: Sprachregelung mit den Franzosen: a) Deutschlandvertrag: 3 ratifiziert, Frankreich nicht b) EVG-Vertrag: 6 unterzeichnet, 4 ratifiziert; Frankreich nicht, trotz Zusagen von USA, UK und Zusatzprotokolle. Wer soll Frankreich noch glauben? Änderungen erst möglich, nachdem Frankreich ratifiziert hat. Aussöhnung Deutschland-Frankreich: 3 mal versucht (Stresemann-Briand, Brüning-Daladier, Adenauer-Schuman), 3 mal gescheitert: Nationalbolschewismus. Dann werden deutsche Nationalbolschewisten und Russen sehr schnell in Paris sein. Damit ist Kultur und Selbständigkeit der europäischen Völker dahin."

[22]) Ollenhauer hatte am 23. Juni 1954 in seiner Wahlrede in Essen u. a. die Aufforderung Adenauers vom 21. Juni 1954 in Bad Boll (vgl. 36. Sitzung Anm. 21) kritisiert, es sei an der Zeit, dem Bolschewismus mit stärkeren Mitteln entgegenzutreten. Ollenhauer fragte, was der Bundeskanzler damit habe sagen wollen und trug in diesem Zusammenhang folgendes vor: „Ist denn das die Sprache des Chefs der Regierung eines Landes, das sich in der Lage befindet, nicht noch Öl ins Feuer gießen zu dürfen? Wir dürfen nicht nur darauf hören, welche Deklarationen der Mächtigste im Westen von sich gibt, wir müssen deutsche Entscheidungen treffen. Schließlich leben wir in der Bundesrepublik Deutschland und nicht in der Bundesrepublik Dulles" (Frankfurter Allgemeine Zeitung vom 24. Juni 1954).

[23]) Der entsprechende Passus in dem Artikel „Vereinsamter Bundeskanzler" in Die Freiheit vom 25. Juni 1954 lautet: „Er hat sich auch dann noch stur jeder Forderung der amerikanischen Politik verpflichtet gefühlt, als die zunehmende Abnahme des Einflusses Amerikas auf das Weltgeschehen sich bereits sichtbar abzeichnete. Bei dieser Beflissenheit und eifrigen Bereitschaft, Amerika dienstbar zu sein, gingen alle Maßstäbe verloren, um noch beurteilen zu können, welche Opfer nach anderer Richtung dabei gebracht werden müssen."

3. Auf das Wahlergebnis in Nordrhein-Westfalen eingehend, teilt der Bundeskanzler mit, daß nach seiner Meinung praktisch nur eine Koalition zwischen CDU und SPD oder CDU und FDP möglich sei[24]). In seinen bisherigen Besprechungen habe er sich für die zweite Lösung eingesetzt; denn es würde außenpolitisch einen sehr schlechten Eindruck machen, wenn im größten und wichtigsten Bundesland die Partei, welche die außenpolitische Linie der Bundesregierung ablehnt, jetzt zum Zuge käme. Der Bundeskanzler bittet die Kabinettsmitglieder, die der FDP angehören, Einfluß auf ihre Landespartei in Nordrhein-Westfalen zu nehmen, um dort die Koalitionsverhandlungen zu erleichtern[25]).

Den außenpolitischen Ausführungen des Bundeskanzlers wird von dem Vizekanzler und dem Bundesminister für Wohnungsbau ausdrücklich zugestimmt. Letzterer versichert, daß auch der Vorsitzende der FDP, Herr Dehler, so denke. In Hessen[26]) und — wie der Bundesminister der Finanzen ausführt — auch in Bayern[27]) werde die Zusammensetzung der neuen Regierung wesentlich von dem Ergebnis der Koalitionsverhandlungen in Nordrhein-Westfalen beeinflußt werden.

---

[24]) Die Mandatsverteilung auf Grund der am 27. Juni 1954 durchgeführten Wahlen in den Landtag von Nordrhein-Westfalen war folgende: CDU 93 (41,3%), SPD 67 (34,5%), FDP 26 (11,5%), Zentrum 16 (4%), KPD 12 (3,8%) (KEESING 1954 S. 4592). Ging die CDU auch als stärkste Partei aus der Landtagswahl vom 27. Juni 1954 hervor, so büßte sie doch zusammen mit dem Zentrum (dem bisherigen Koalitionspartner) ihre Mehrheit im Landtag ein. Arnolds Neigung, lieber mit der SPD als mit der FDP eine Koalition einzugehen, stand allerdings der Wunsch Adenauers gegenüber, mit Rücksicht auf die Bundespolitik nach Bonner Muster die FDP in die Düsseldorfer Regierung einzubeziehen (Die Welt vom 29. Juni 1954). Dazu auch Schreiben Adenauers an Arnold vom 1., 9. und 15. Juli 1954 in StBKAH 11.05.

[25]) Arnold bildete schließlich ein Kabinett aus CDU, FDP und Zentrum, auf das vor allem Adenauer gedrängt hatte, wollte er doch seine Koalition im Bund auf der Ebene des größten Bundeslandes abgesichert sehen. Diese Regierung hatte jedoch keinen langen Bestand; schon im Febr. 1956 gelang es einer Gruppe von FDP-Abgeordneten um Willi Weyer, Erich Mende und Wolfgang Döring mit der SPD und dem Zentrum, gegen den Willen des FDP-Landesvorsitzenden und Wirtschaftsminister Middelhauve, Arnold zu stürzen; Fritz Steinhoff (SPD) bildete daraufhin mit FDP und Zentrum eine Koalitionsregierung.

[26]) Die SPD bildete von 1950 bis 1969 unter Ministerpräsident Georg-August Zinn die Regierung des Landes Hessen: zunächst allein, da sie mit 47 von insgesamt 80 Sitzen im zweiten Landtag die Mehrheit hatte, und seit den Landtagswahlen vom 28. Nov. 1954 zusammen mit GB/BHE, wodurch diese Koalition im dritten Landtag auf 51 Stimmen (von 96), im vierten Landtag auf 55 Stimmen (von 96) und im fünften Landtag auf 56 Stimmen (von 96) kam. Im sechsten Landtag hatte die SPD auch ohne den jetzt ausgefallenen GB/BHE allein die zur Regierungsbildung notwendige Mehrheit, die jetzt noch um ein Mandat besser war als 1962.

[27]) Die Mandatsverteilung auf Grund der am 28. Nov. 1954 durchgeführten Wahlen in den Landtag von Bayern war folgende: CSU 83 (38%), SPD 61 (28,1%), BP 28 (17,9%), GB/BHE 19 (10,2%), FDP 13 (7,2%). Die SPD war bereit, die Koalition mit der CSU fortzusetzen, fand jedoch bei dieser keine Resonanz. Am 14. Dez. 1954 bildete Wilhelm Hoegner schließlich eine Koalitionsregierung aus Vertretern von SPD, BP, GB/BHE und FDP. Diese Viererkoalition, die sich als eine Anti-CSU-Koalition verstand, wurde am 16. Okt. 1957 durch eine Koalitionsregierung (CSU, GB/BHE, FDP) unter Ministerpräsident Hanns Seidel (CSU) abgelöst.

1. BERICHT DES BUNDESMINISTERS DER FINANZEN ÜBER DEN STAND DES
HAUSHALTSVORANSCHLAGES 1955   BMF

Der Bundesminister der Finanzen gibt einen Überblick über die voraussichtliche Gestaltung des Haushalts 1955 auf der Grundlage seiner Kabinettsvorlage vom 20. 6. 1954[28]). Die auf gesetzlicher Verpflichtung beruhenden Mehrausgaben im Jahre 1955 beliefen sich gegenüber 1954 bereits auf 800 Mio DM, denen nur 300 Mio DM Mehreinnahmen gegenüberständen. Es müßten deshalb eigentlich im Jahre 1954 500 Mio DM für den Haushalt 1955 aufgespart werden.

Der Bundesminister der Finanzen verteilt an die Kabinettsmitglieder eine Gesamtübersicht über die Einnahmen und Ausgaben und eine schriftliche Erläuterung zu seiner Einnahmeschätzung für 1955[29]). Er legt ihnen sodann 13 schriftlich formulierte Anträge an das Bundeskabinett vor und erläutert diese[30]).

Im Anschluß an seinen Vortrag wird von mehreren Kabinettsmitgliedern betont, daß keinerlei Gelegenheit gegeben worden sei, über die in den Anträgen angeschnittenen Probleme zwischen den Ressorts zu verhandeln. Der Bundesminister des Innern sieht in den Anträgen zu 5. und 6. einen Eingriff in seine Verantwortlichkeit als Ressortminister.

Der Bundeskanzler faßt die Einwendungen dahin zusammen, daß kein Kabinettsmitglied in der Lage ist, im Augenblick zu den 13 Anträgen Stellung zu nehmen. Um zu vermeiden, daß diese Anträge in der Öffentlichkeit erörtert werden, bittet er, die verteilte schriftliche Unterlage wieder einzuziehen. Dies geschieht[31]). Zu dem Vorschlag des Bundesministers der Finanzen, seine Pläne mit Rücksicht auf die Geheimhaltung in der nächsten Sitzung nur mündlich vorzutragen, bemerkt der Bundeskanzler, daß den Kabinettsmitgliedern Gelegenheit zur Prüfung und ruhigen Überlegung gegeben werden müsse. Es wird deshalb beschlossen, daß der Bundesminister der Finanzen seine Anregungen mit einzelnen Ressortchefs vorklärt, damit keine unnötigen Erörterungen im Kabinett stattfinden. Der Bundesminister der Finanzen wird das Ergebnis dieser Verhandlungen und eine Neufassung der ihm dann noch notwendig erscheinenden Vorschläge den Kabinettsmitgliedern schriftlich mitteilen. Im Anschluß daran soll über den Haushalt 1955 im Kabinett beraten werden[32]).

Der Bundesminister für Verkehr regt bei dieser Gelegenheit an, den Beginn des Haushaltsjahres auf den 1. Januar zu verlegen[33]).

---

[28]) Vorlage in B 136/572.
[29]) Undatierte Gesamtübersicht und „Erläuterungen" vom 28. Juni 1954 (ebenda).
[30]) Die „Anträge" des BMF vom 14. Juni 1954 (ebenda) sind als Anlage zu diesem TOP ausgedruckt.
[31]) Der Protokollführer übersandte das ihm überlassene Exemplar am 30. Juni 1954 dem BMF und fügte hinzu, es sei „jetzt nur noch das Exemplar des Herrn Bundeskanzlers unterwegs, für dessen Rücksendung sich der Persönliche Referent, Herr Kilb, stark gemacht" habe (ebenda).
[32]) Fortgang 39. Sitzung TOP 2.
[33]) Unterlagen dazu in B 136/3223. — Gesetz zur Anpassung des Rechnungsjahres an das Kalenderjahr vom 29. Dez. 1959 (BGBl. I 832).

ANLAGE

Der Bundesminister der Finanzen   Bonn, den 14. Juni 1954

Anträge an das Bundeskabinett
anläßlich der ersten Beratung des Bundeshaushalts 1955 [34])

Das Bundeskabinett möge beschließen

1. In den Verhandlungen mit den Alliierten und EVG-Mächten über den Verteidigungsbeitrag für das Kalenderjahr 1955 ist anzustreben, daß der Beitrag auf nicht mehr als 9 000 Mio DM bemessen wird [35]). Läßt sich dieser Standpunkt nicht durchsetzen, müssen die zum Ausgleich des Haushalts erforderlichen Einsparungen in Höhe des über 9 000 Mio DM liegenden Betrages bei den sonstigen Bundesausgaben durchgeführt werden.
2. Im Bundeshaushaltsplan 1955 werden keine Haushaltsmittel für eine Erhöhung der Grundrenten der Kriegsopferversorgung [36]) bewilligt. Ist dieser Standpunkt nicht durchzusetzen, müssen in Höhe der Mehrausgaben Ausgaben anderer Art gekürzt werden.
3. Die Bundesregierung erklärt, daß sie die Übernahme von Schuldverschreibungen oder Schuldbuchforderungen durch die Rententräger und die Bundesanstalt in Höhe von 500 Mio DM für angemessen hält und anstrebt [37]). Im Bundeshaushaltsplan für 1955 werden diejenigen Ausgaben ausdrücklich bezeichnet, die nicht geleistet werden können, wenn die Rententräger und die Anstalt es ablehnen, Schuldbuchforderungen statt Barzuschüsse entgegenzunehmen [38]).
4. Die Bundesregierung wird sich tatkräftig dafür einsetzen, daß im Falle eines Scheiterns der Regierungsvorlage des Finanzanpassungsgesetzes [39]) die an die Länder zu erstattenden Steuerverwaltungskosten nicht höher, als im jetzigen Regierungsentwurf für 1954 gesagt ist, festgesetzt werden, also auch nicht mehr als ein Drittel des gesamten Steuerverwaltungsaufwands der Länder.
5. Von Luftschutzmaßnahmen über das im Bundeshaushalt 1954 beschlossene finanzielle Volumen [40]) hinaus wird abgesehen.
6. Die im Bundeshaushaltsplan 1954 für die zweite Welle des Bundesgrenzschutzes vorgesehenen Mittel von 65 Mio DM [41]) bilden auch für 1955 die oberste Grenze. Der Bundesgrenzschutz stellt sein gesamtes Ausstattungspro-

---

[34]) Es handelt sich um eine dreiseitige maschinenschriftliche Ausfertigung ohne Eingangs- und Bearbeitungsvermerk, die auf der ersten Seite oben rechts die offensichtlich von Protokollführer Haenlein stammende Notiz „Persönlich" trägt (B 136/572).
[35]) Vgl. 40. Sitzung TOP A.
[36]) Vgl. Sondersitzung am 12. Nov. 1954 TOP C.
[37]) Vgl. 6. Sitzung am 5. Nov. 1953 (TOP 1).
[38]) Neben diesem Absatz findet sich die handschriftliche Notiz „Zusammenhang mit Ziffer 11".
[39]) Vgl. TOP 2 dieser Sitzung.
[40]) Vgl. 6. Sitzung am 5. Nov. 1953 (TOP 1).
[41]) Ebenda.

gramm danach um. Wird die Verteidigungsgemeinschaft verwirklicht, unterbleibt die Ausstattung des Grenzschutzes mit schwerem Gerät überhaupt.

7. *Die Bundesregierung hält an einem Bundesanteil von 40% der Einkommen- und Körperschaftsteuer für 1955*[42]*) nur für den Fall einer Annahme der Finanzreform durch den Bundestag fest. Wird der Gesetzentwurf der Bundesregierung abgelehnt oder wesentlich verändert, wird zur Deckung der Finanzbedürfnisse des Bundes für 1955 ein Bundesanteil von 45% angestrebt.*

8. *Die Bundesregierung ermächtigt den Bundesminister der Finanzen, von der an sich gesetzlich vorgeschriebenen Einstellung des Gesamtdefizits der Vorjahre in den Haushaltsentwurf 1955 Abstand zu nehmen und lediglich einen Betrag von 1 000 Mio DM (Kassendefizit 1951) in den Haushaltsplan für 1955 einzustellen.*

9. *Der Aufbau der Bundesverwaltung gilt als beendet. Personalvermehrungen und Stellenhebungen finden für 1955 weder für die obersten noch für die nachgeordneten Bundesbehörden statt*[43]*). Das Personal für weggefallene Aufgaben ist abzubauen (Haushaltsvermerk).*

10. *Für die Bundesbahn werden in den Bundeshaushalt 1955 lediglich die gleichen Leistungen eingestellt, wie sie der Bundeshaushalt 1954 vorsieht*[44]*). Wird eine weitere Bezuschussung der Bundesbahn unabweisbar, sind die Deckungsmittel durch Kürzungen sonstiger Ansätze oder durch Stillegung geplanter Maßnahmen zu gewinnen.*

11. *Der Bundesminister der Finanzen wird ermächtigt, die Leistung genau bestimmter, ziffernmäßig auf einen limitierten Betrag beschränkter Ausgaben an das tatsächliche Aufkommen bestimmter, bisher in der Höhe und nach ihrer Entwicklung zweifelhaft erscheinender Einnahmen oder an das Entstehen von Minderausgaben zu binden. Das Bundeskabinett beschließt, sich für die so entstehenden haushaltsmäßigen „Junktims" auch bei der parlamentarischen Beratung einzusetzen*[45]*).*

12. *Das Bundeskabinett beschließt, welche neuen Maßnahmen auf Grund gesetzlicher oder sonstiger Zwangsläufigkeiten durch den Bundeshaushalt 1955 finanziert werden müssen.*

    Falls auf diese Weise die für 1955 geschätzten Mehreinnahmen nicht ganz verbraucht werden, wird der Rest auf Grund von Beschlüssen des Bundeskabinetts entweder für einzelne Mehrausgaben oder prozentual den Ressorts für Mehranforderungen zugewiesen.

    Falls die für 1955 geschätzten Mehreinnahmen zur Deckung der nach Absatz 1 zu finanzierenden Maßnahmen nicht ausreichen, wird das Abgabevolumen 1954 der Einzelpläne entweder schematisch (prozentual) oder auf Grund von Einzelbeschlüssen um den Betrag des Mehrbedarfs gekürzt.

---

[42]) Vgl. 33. Sitzung TOP A.
[43]) Vgl. 61. Sitzung TOP 2.
[44]) Vgl. 9. Sitzung am 24. Nov. 1953 (TOP 1).
[45]) Neben diesem Absatz befindet sich die handschriftliche Notiz „z. B. Abschöpfungsbeträge o[hne] Mehrausgaben des BELF".

13. Die Anforderungen an den außerordentlichen Haushalt 1955 sind auf die Höhe des Investitionsteils des außerordentlichen Haushalts 1954 einzuschränken[46]*).*

2. STELLUNGNAHME DER BUNDESREGIERUNG ZU DEN BESCHLÜSSEN DES BUNDESTAGSAUSSCHUSSES FÜR FINANZ- UND STEUERFRAGEN ÜBER DIE ENTWÜRFE DES GESETZES ZUR ÄNDERUNG UND ERGÄNZUNG DER FINANZVERFASSUNG (FINANZVERFASSUNGSGESETZ) UND EINES GESETZES ZUR ANPASSUNG DER FINANZBEZIEHUNGEN ZWISCHEN BUND UND LÄNDERN AN DIE FINANZVERFASSUNG (FINANZANPASSUNGSGESETZ) BMF

Der Bundesminister der Finanzen bezieht sich auf seine Ausführungen in der letzten Kabinettssitzung und bittet, ihn zu ermächtigen, den im Finanzausschuß des Bundestages erarbeiteten Vorschlägen zuzustimmen[47]). Die Frage des Bundesministers für Verkehr, ob auch eine etwaige zukünftige Reifensteuer dem Bund zustehe, bejaht er. Auf die Frage des Bundesministers für Angelegenheiten des Bundesrates, ob er eine Bundesfinanzverwaltung anstrebe, verweist er auf die in dieser Frage ablehnende Haltung der Länder. Auf die weitere Frage des Bundesministers für Angelegenheiten des Bundesrates, ob auch die Wünsche für eine Berücksichtigung der Interessen der Kommunalverbände erfüllt werden können, wird festgestellt, daß hierüber zur Zeit zwischen den Fraktionen beraten wird. Das Kabinett beschließt bei Stimmenthaltung des Bundesministers für Angelegenheiten des Bundesrates, dem Bundesminister der Finanzen die gewünschte Ermächtigung zu erteilen[48]).

3. ENTWURF EINES ZWEITEN GESETZES ÜBER DIE ALTERSGRENZE VON RICHTERN AN DEN OBEREN BUNDESGERICHTEN UND MITGLIEDERN DES BUNDESRECHNUNGSHOFES BMJ

Der Bundesminister der Justiz bemerkt, daß die Angelegenheit[49]) von der Tagesordnung abgesetzt sei[50]), weil vorher noch der Bundespersonalausschuß[51]) gehört werden soll. Man befinde sich jedoch in Zeitnot, denn bei Ablauf des

---

[46]) Unter diesem Absatz befindet sich die handschriftliche Notiz „⅓ Wohnungsbau, ⅓ Verkehr, ⅓ Sonstiges (B[er]l[i]n-Sanierungsgeb[iete] etc.)". — Fortgang 39. Sitzung TOP 2.

[47]) Vgl. 36. Sitzung TOP E. — In seiner Vorlage vom 25. Juni 1954 (B 126/10786 und B 136/594) teilte der BMF die Ergebnisse der Ausschußberatungen mit, über die er in der 36. Sitzung berichtet hatte. Danach sollte der Bund zusätzlich folgende Steuern erhalten: die Vermögen-, die Erbschaft- und Kraftfahrzeugsteuer, ferner die Verkehrsteuern mit Ausnahme der Rennwett-, der Lotterie- und der Sportwettsteuern. — Der Anteil des Bundes an der Einkommen- und Körperschaftsteuer sollte durch ein einfaches Bundesgesetz geregelt werden. — Der Vorlage des BMF war eine Neufassung des Finanzverfassungsgesetzes entsprechend diesen Vorschlägen beigegeben.

[48]) Fortgang 61. Sitzung TOP 3.

[49]) Die Vorlage des BMJ vom 24. Juni 1954 sah eine Altersgrenze von 68 Jahren vor (B 141/1438 und B 136/7120). Die Geltung des Gesetzes sollte bis zum 31. Dez. 1956 befristet sein.

[50]) Vgl. dazu den Vermerk vom 26. Juni mit der Notiz Globkes vom 29. Juni 1954 (B 136/7120).

[51]) Zum Bundespersonalausschuß siehe §§ 95—104 des Bundesbeamtengesetzes vom 14. Juli 1953 (BGBl. I 551). — Vgl. dazu auch das Schreiben des Vorsitzenden des Bundespersonalausschusses an den BMJ vom 3. Juli 1954 (B 141/1438).

Gesetzes⁵²) gelte auch für die höheren Bundesrichter die Altersgrenze von 65 Jahren⁵³). Das würde in einer großen Zahl von Fällen zu untragbaren Verhältnissen führen⁵⁴). Er bittet deshalb schon heute, zu seiner Kabinettsvorlage Stellung zu nehmen. Nach eingehender Aussprache, wobei der Bundesminister des Innern darauf verweist, daß auch die Spitzenverbände der Gewerkschaften vorher gehört werden müssen⁵⁵), beschließt das Kabinett mit Rücksicht hierauf heute von der Erörterung abzusehen. Die Vorlage soll aber noch vor den Ferien im Kabinett verabschiedet werden⁵⁶).

4. GETREIDEPREISGESETZ 1954/55   BML

Der Bundesminister der Finanzen ist damit einverstanden, daß dem Gesetzentwurf trotz erheblicher Bedenken gemäß Art. 113 GG zugestimmt wird⁵⁷). Er spricht dabei die Bitte aus, daß der Bundesminister für Ernährung, Landwirtschaft und Forsten bei seinen Maßnahmen möglichst eine Überfüllung des Binnenmarktes vermeiden und für strenge Anforderungen an die Qualität der Brau-

---

⁵²) Das Gesetz über die Dienstaltersgrenze von Richtern an den oberen Bundesgerichten und Mitgliedern des Bundesrechnungshofes vom 19. Dez. 1952 (BGBl. I 836), das eine Altersgrenze von 72 Jahren festgesetzt hatte, lief am 31. Dez. 1954 aus.

⁵³) Siehe § 41 des Bundesbeamtengesetzes.

⁵⁴) In der Begründung zu der Vorlage hatte der BMJ aufgelistet, daß 32 Personen am 31. Dez. 1954 die Altersgrenze von 65 Jahren erreichen würden. Er hatte außerdem darauf hingewiesen, daß z. B. beim Bundesfinanzhof der Präsident, vier Senatspräsidenten sowie vier Bundesrichter und beim Bundesrechnungshof der Präsident und der Vizepräsident, drei Direktoren sowie fünf Ministerialräte ausscheiden würden. Diese Behörden würden jeweils ein Drittel ihrer Mitglieder verlieren.

⁵⁵) Drei der vier der vom BMI vorzuschlagenden nichtständigen Mitglieder des Bundespersonalausschusses in seiner besonderen Zusammensetzung für die Angelegenheiten der Bundesrichter wurden entsprechend § 189 Abs. 2 des Bundesbeamtengesetzes von den zuständigen Gewerkschaften benannt. – Vgl. auch § 94 des Gesetzes.

⁵⁶) Der Bundespersonalausschuß stimmte der Vorlage am 15. Sept. 1954 zu (Schreiben an den BMJ vom 18. Sept. 1954 in B 141/1438). – Fortgang 45. Sitzung TOP 3.

⁵⁷) Vgl. 26. Sitzung TOP E. – Der Bundesrat hatte auf seiner 122. Sitzung am 7. Mai 1954 zwar beschlossen, gegen den Entwurf des Getreidepreisgesetzes 1954/55 keine Einwendungen zu erheben, jedoch in diesem Zusammenhang eine Entschließung gefaßt, die zu den finanziellen Auswirkungen des Gesetzentwurfes Stellung bezog, insbesondere zu den Paragraphen 3 (Sicherung der Preise für Brot- und Futtergetreide) und 8 (Lieferprämie für Roggen in Höhe von DM 20,– je 1 000 kg) (BR-SITZUNGSBERICHTE 1954 S. 132 C – 133 A, BR-Drs. Nr. 128/54/Beschluß). – Dieser Gesetzentwurf wurde dem BT am 15. Mai 1954 unter Übersendung der Entschließung des Bundesrates, aber ohne Stellungnahme der Bundesregierung zu dieser Entschließung zugeleitet (BT-Drs. Nr. 524). In einem Vermerk des Bundeskanzleramtes (Haenlein) findet sich hierzu u. a.: „Wegen der §§ 3 und 8 haben bereits vor Verabschiedung im Kabinett und in der Kabinettssitzung am 26. 3. 1954 Erörterungen stattgefunden. Der Bundesminister der Finanzen hatte schließlich davon abgesehen, Widerspruch einzulegen. Falls man jetzt eine Stellungnahme zu der Entschließung vorbereiten wolle, müßte der Bundesminister der Finanzen letzten Endes die gleichen Bedenken gegen den Regierungsentwurf wieder vorbringen" (B 136/717). – BT-Drs. Nr. 563, STENOGRAPHISCHE BERICHTE Bd. 20 S. 1549 A – 1555 D, Schriftwechsel BML–BMF (in B 136/717) wegen der mit Mehrbelastung des Bundeshaushalts verbundenen Neufassung des Gesetzentwurfes (BT-Drs. Nr. 563 wurde am 18. Juni 1954 „bei nur wenigen Enthaltungen einstimmig beschlossen").

gerste sorgen möge. Der Bundesminister für Ernährung, Landwirtschaft und Forsten sagt dies zu[58]). Er habe bereits angeordnet, daß Lagerverträge nicht mehr abgeschlossen werden.

Das Kabinett stimmt daraufhin der Vorlage zu.

5. ENTWURF EINES GESETZES ÜBER DEN INTERNATIONALEN FERNMELDEVERTRAG BUENOS AIRES 1952   BMP/AA

Nach kurzen Ausführungen[59]) des Bundesministers für das Post- und Fernmeldewesen stimmt das Kabinett seiner Vorlage zu[60]).

6. ENTWURF EINER VERORDNUNG ÜBER DEN ERHOLUNGSURLAUB DER BUNDESBEAMTEN UND BUNDESRICHTER   BMI

Der Bundesminister für Wirtschaft bittet um eine Ergänzung zu § 10 der Verordnung[61]).

Das Kabinett stimmt der Vorlage des Bundesministers des Innern vorbehaltlich einer Einigung der Ressorts für Wirtschaft und des Innern zu § 10 zu[62]).

7. UNTERBRINGUNG DER BEI DEN OBERSTEN UND OBEREN BUNDESBEHÖRDEN FREIWERDENDEN VERWALTUNGSFACHKRÄFTE   BMI

Der Bundesminister der Finanzen erhebt gegen die Vorlage[63]) Bedenken, weil damit eine neue Stelle und eine Mehrbelastung der Ressorts geschaffen werde, ohne daß damit ein Erfolg verbunden sein werde[64]).

Der Bundesminister für Arbeit glaubt, daß sich Schwierigkeiten mit den Betriebsräten ergeben, weil diese in erster Linie Wert darauf legen, daß bei freiwerdenden Stellen Kräfte aus dem Hause nachrücken. Es könnten also nur die untersten Stellen für eine Vermittlung in Frage kommen. Nach seiner Ansicht würde es genügen, wenn die Personalreferenten durch einen Kabinettsbeschluß verpflichtet würden, sich der Fälle besonders anzunehmen[65]).

---

[58]) BR-SITZUNGSBERICHTE 1954 S. 192 A – B, BR-Drs. Nr. 206/54 (Beschluß), Gesetz über Preise für Getreide inländischer Erzeugung für das Getreidewirtschaftsjahr 1954/55 sowie über besondere Maßnahmen in der Getreide- und Futtermittelwirtschaft (Getreidepreisgesetz 1954/55) vom 10. Juli 1954 in BGBl. I 180. – Vgl. dazu auch 80. Sitzung am 4. Mai 1955 TOP 7: Entwurf eines Getreidepreisgesetzes 1955/56.

[59]) Vgl. 169. Sitzung am 28. Aug. 1951 TOP 5.

[60]) Gemeinsame Vorlage des BMP und AA vom 25. Juni 1954 in AA Ref. 501 Bd. 365 und B 136/10061; vgl. dazu auch AA II Bd. 115 f., AA Ref. V 2 Bd. 714 und B 146/1701. – BR-Drs. Nr. 236/54. – BT-Drs. Nr. 746. – Gesetz vom 27. Jan. 1955 (BGBl. II 9); Inkrafttreten: 26. Juli 1955 (Bekanntmachung vom 20. Aug. 1955 – BGBl. II 884).

[61]) Vorlage des BMI vom 11. Juni 1954 in B 106/18846 und B 136/5170. – § 10 sollte die Anrechnung von Kuren auf den Erholungsurlaub regeln.

[62]) Der BMI teilte dem Bundeskanzleramt am 30. Juli 1954 mit, daß eine Einigung mit dem BMWi erreicht worden sei (B 136/5170). – VO vom 6. Aug. 1954 (BGBl. I 243).

[63]) Der BMI hatte in seiner Vorlage vom 16. Mai 1954 beantragt, das Kabinett möge ihm die Unterbringung in anderen Bundesbehörden übertragen. Die Durchführung sollte im Benehmen mit dem BMA erfolgen (B 136/877).

[64]) Siehe die Vorlage des BMF vom 21. Juni 1954 (ebenda).

[65]) Siehe dazu auch die Niederschrift des BMA vom 22. März 1954 über die Abteilungsleiterbesprechung am 16. März 1954 (ebenda).

Der Bundesminister für Verkehr wendet sich gegen eine Absplitterung der Zuständigkeit des Bundesministers für Arbeit, in dessen Ressort die Vermittlung von Angestellten falle. Er befürchtet ebenso wie der Bundesminister der Finanzen eine erhebliche nutzlose Schreibarbeit.

Der Vizekanzler setzt sich mit Nachdruck für die Vorlage ein. Man müsse bedenken, daß nicht ein Ressort, sondern der Bund Arbeitgeber der Bundesangestellten sei. Er habe bei der Auflösung einer Stelle, deren Aufgaben weggefallen seien, Entlassungen z. T. mit großer Härte durchführen müssen. Gleichzeitig habe der Bund in anderen Dienststellen neue Kräfte eingestellt. Es müsse hierbei ein Ausgleich gesucht werden. Seine Bemühungen, mit Hilfe der Personalreferenten der Ressorts diesen Ausgleich zu finden, seien völlig gescheitert. Er habe auf seine Anfragen noch nicht einmal eine Antwort erhalten. Im übrigen solle nach der Vorlage gar keine neue Dienststelle geschaffen werden[66]. Dies wird auch von dem Bundesminister des Innern betont.

Der Bundesminister für Vertriebene, Flüchtlinge und Kriegsgeschädigte regt an, die Aufgaben dieser Ausgleichsstelle nicht auf die Räume um Bonn und Frankfurt zu beschränken.

Nach eingehender Aussprache stimmt das Kabinett mit großer Mehrheit der Vorlage zu[67].

8. ENTWURF EINES GESETZES ZUR BEKÄMPFUNG DER SCHWARZARBEIT   BMA

Der Bundesminister für Arbeit bittet, die Angelegenheit[68] etwas zurückzustellen, da er vor ihrer Behandlung im Kabinett sie noch mit dem Bundesminister für Wirtschaft abstimmen möchte[69].

Der Bundesminister der Justiz hält das Gesetz für überflüssig und glaubt, daß die derzeitige Rechtslage genügend Handhaben zum Einschreiten bietet[70].

Bundesminister Dr. Schäfer fürchtet die Gefahr zahlreicher Denunziationen, wenn das Gesetz Wirklichkeit wird. Er tritt dafür ein, die Möglichkeit der tätigen Reue zu schaffen, um dem zu begegnen.

Der Bundesminister für das Post- und Fernmeldewesen regt an, den Gesetzentwurf darauf abzustellen, daß nur der Arbeitgeber strafbar gemacht wird. Dem schließt sich der Bundesminister für Wohnungsbau an, der auch befürchtet, daß den im Wege der Selbsthilfe erstellten Bauten Schwierigkeiten gemacht

---

[66]) Vgl. auch das Schreiben Blüchers an Schröder vom 24. Juni 1954 (ebenda).

[67]) Mit Rundschreiben vom 31. Juli 1954 gab der BMI den Bundesbehörden den Kabinettsbeschluß bekannt und übertrug die Unterbringung der freiwerdenden Verwaltungsfachkräfte der Bundesausgleichsstelle beim BMI (GMBl. S. 389).

[68]) Der Gesetzentwurf des BMA vom 19. Juni 1954 sah vor, daß Schwarzarbeit mit Gefängnis bis zu sechs Monaten oder/und Geldstrafen geahndet werden sollte (B 149/5688 und B 136/8858, Unterlagen zur Vorbereitung des Entwurfs auch in B 149/630 f.).

[69]) Der BMWi hatte den Entwurf des BMA abgelehnt und eine weitere Besprechung vorgeschlagen (Schreiben vom 24. Juni 1954 in B 149/5688 und B 136/8858). – Vgl. auch den (undatierten) Gesetzentwurf des BMWi, der vorsah, entsprechende Strafbestimmungen in die Gewerbeordnung, das Gesetz über Arbeitsvermittlung und Arbeitslosenversicherung sowie die Reichsversicherungsordnung einzubauen (B 149/5688).

[70]) Der Vorlage des BMA war eine Übersicht der Gesetze und Verordnungen beigegeben, gegen die bei Schwarzarbeit verstoßen wird.

werden könnten. Er bittet deshalb, sein Haus bei den weiteren Ressortbesprechungen zu beteiligen.

Der Bundesminister für Arbeit macht darauf aufmerksam, daß sich zahlreiche Abgeordnete, die dem Handwerk nahestehen, in den Fraktionen bemühen, einen Initiativgesetzentwurf im Bundestag einzubringen[71]. Wenn das verhindert werden solle, müsse die Bundesregierung durch einen eigenen Entwurf, der sich in einem gemäßigten Rahmen halte, zuvorkommen. Diese Auffassung wird allgemein geteilt. Es wird deshalb beschlossen, über die Vorlage in der nächsten Sitzung des Kabinetts oder spätestens am 13. 7. 1954 zu entscheiden. Auf Anregung des Vizekanzlers soll der Bundesminister der Justiz zu der Besprechung der Bundesminister für Wirtschaft und für Arbeit hinzugezogen werden[72].

9. ENTWURF EINES GESETZES ZUR ÄNDERUNG DES GESCHÄFTSRAUMMIETENGESETZES – VERLÄNGERUNG DER IN § 22 DES GESCHÄFTSRAUMMIETENGESETZES VORGESEHENEN FRIST BMJ

Der Bundesminister der Justiz trägt seine Zweifel vor, ob dieses Gesetz[73] noch notwendig ist. Der von dem Bundesminister für Wohnungsbau geäußerte Wunsch, die Selbstverwaltung der Gemeinden stärker im Gesetz einzubauen[74], könne mit Rücksicht auf die dadurch eintretende Rechtsunsicherheit nicht verwirklicht werden. Der Bundesminister für Vertriebene, Flüchtlinge und Kriegsgeschädigte hält das Gesetz, das eine gerechte und soziale Lösung in manchen Fällen auch heute noch garantiere, für dringend erforderlich.

Auf Vorschlag des Bundesministers für Wohnungsbau wird beschlossen, die Vorlage am 13. 7. 1954 im Kabinett nochmals zu behandeln[75].

---

[71]) Der BT hatte am 11. Sept. 1952 einen Antrag der CDU/CSU-Fraktion angenommen, der die Bundesregierung ersuchte, einen Gesetzentwurf zur Bekämpfung der Schwarzarbeit vorzulegen (BT-Drs. Nr. 3135 und 3566, STENOGRAPHISCHE BERICHTE Bd. 13 S. 1056–1060). – Ein Initiativgesetzentwurf wurde nicht eingebracht.

[72]) An den Besprechungen am 1. Juli 1954 nahmen Storch, Blücher, Erhard und Schäffer sowie Vertreter ihrer Ressorts teil (Vermerk vom 1. Juli 1954 in B 149/5688). – Fortgang 40. Sitzung TOP 5.

[73]) Die Vorlage des BMJ vom 24. Juni 1954 sah vor, den in § 22 des Gesetzes zur Regelung der Miet- und Pachtverhältnisse über Geschäftsräume und gewerblich genutzte unbebaute Grundstücke vom 25. Juni 1952 (BGBl. I 338) enthaltenen Kündigungsschutz um ein Jahr bis zum 31. Dez. 1955 zu verlängern (B 141/6843 und B 136/1029).

[74]) Vgl. dazu das Schreiben des BMWo vom 25. Juni 1954 (B 141/6843).

[75]) Fortgang 40. Sitzung TOP 8.

10. PERSONALIEN

Gegen die Ernennungsvorschläge in den Anlagen 1[76]) und 2[77]) zur Tagesordnung werden keine Einwendungen erhoben.

Der von dem Bundesminister für Arbeit gewünschte Kabinettsbeschluß aus der Anlage 3 der Tagesordnung wird gefaßt[78]).

Das Kabinett nimmt ferner Kenntnis von den beabsichtigten Ernennungen von Richtern zum Bundesgerichtshof[79]).

Auf Antrag des Bundesministers für Wirtschaft[80]) erklärt sich das Kabinett damit einverstanden, daß der Bundesminister für Wirtschaft den Prof. Dr. Otto Donner[81]) als Kandidaten für die Wahl des Direktors der Internationalen Bank für Wiederaufbau und Entwicklung für die Zeit bis zum 31. 10. 1954 benennt[82]).

---

[76]) An Ernennungen waren vorgesehen: im AA ein Gesandter (Dr. iur. Erich Boltze), im BML und BMJ je ein MinR.

[77]) An Ernennungen waren vorgesehen: im Geschäftsbereich BMA: der Präsident des Bundessozialgerichtes (Josef Schneider), fünf Senatspräsidenten beim Bundessozialgericht (Dr. iur. Fritz Berndt, Kurt Brackmann, Dr. iur. Gustav Brockhoff, Dr. iur. Paul Weiß, Franz Krause), 16 Bundesrichter beim Bundessozialgericht (Dr. iur. Werner Baresel, Wilhelm Demiani, Dr. iur. Fritz Haueisen, Dr. iur. Klaus Kläß, Dr. iur. Helmut Langkeit, Dr. iur. Hans Schraft, Richard Stengel, Prof. Dr. iur. Walter Bogs, Dr. iur. Gerhard Dapprich, Friedrich Fechner, Dr. iur. Josef Neuhaus, Norbert Penquitt, Friedrich Richter, Dr. iur. Herbert Schmeißer, Dr. iur. Georg Tesmer, Dr. iur. August Teutsch).

[78]) Die vom Bundeskanzleramt am 24. Juni 1954 formulierte Vorlage lautet: „I. Die Bundesregierung bestätigt die von der Vertreterversammlung der Bundesversicherungsanstalt für Angestellte auf ihrer Sitzung am 12. November 1953 in Köln gewählten Herren Dr. iur. Erwin Gaber, Dr. iur. Herbert Gudohr und Dr. iur. Rudolf Schmidt als Mitglieder der Geschäftsführung der Bundesversicherungsanstalt für Angestellte und den vom Vorstand der Bundesversicherungsanstalt für Angestellte auf seiner Sitzung am 12. November 1953 in Köln gewählten Herrn Dr. iur. Erwin Gaber als Vorsitzenden der Geschäftsführung der Bundesversicherungsanstalt für Angestellte. II. Die Bundesregierung beschließt, dem Herrn Bundespräsidenten die Berufung der Obengenannten in das Beamtenverhältnis auf Lebenszeit vorzuschlagen. Vorlage des Herrn Bundesministers für Arbeit vom 22. Juni 1954 − IVa 9 − 7050/54. −"

[79]) Entsprechende Unterlagen nicht ermittelt. Vgl. KABINETTSPROTOKOLLE Bd. 4 S. 65 Anm. 4.

[80]) Vorlage des BMWi vom 29. Juni 1954 in B 102/26233 sowie in B 136/3338 f. − Vgl. dazu BULLETIN vom 18. Aug. 1954 S. 1362.

[81]) O. Prof. Dr. rer. pol. Otto Donner (1902−1981). 1925−1933 Institut für Konjunkturforschung in Berlin, 1933−1934 Institut für Weltwirtschaft an der Universität Kiel, 1935−1937 Statistisches Reichsamt, 1938−1939 Reichsaufsichtsamt für das Kreditwesen, 1940−1943 Beauftragter für den Vierjahresplan; 1952−1956 Alternative Executive Director für die Bundesrepublik (anfangs auch für Jugoslawien) beim Internationalen Währungsfonds, 1954−1968 Executive Director für die Bundesrepublik bei der Weltbank: die gleiche Funktion übte er auch aus 1956−1958 bei der International Finance Organization und ab 1960 bei der International Development Association.

[82]) Fortgang hierzu Sitzung des Kabinett-Ausschusses für Wirtschaft am 20. Sept. 1954 TOP A und 46. Sitzung TOP A.

Außerhalb der Tagesordnung

[B. STEUERREFORM, HIER: FINANZIERUNG DES WOHNUNGSBAUS]

Der Bundesminister für Wohnungsbau berichtet über eine Besprechung, die vor der Kabinettssitzung zwischen dem Vizekanzler, den Bundesministern der Finanzen und für Wirtschaft und ihm mit Vertretern der Bundestagsausschüsse für Finanzen und Steuerwesen und für den Wohnungsbau stattgefunden hat[83]). In dieser Besprechung konnte eine Einigung darüber erzielt werden, in welcher Weise die Finanzierung des Wohnungsbaus mit 7-c-Geldern gelöst werden soll. Er gibt die Einzelheiten der geplanten Regelung bekannt. Die bedeutsamste Folge dieser Lösung wird die sein, daß die großen gemeinnützigen Wohnungsbaugesellschaften nicht mehr so leicht wie bisher die Möglichkeit haben, zu verbilligtem Kapital zu kommen[84]).

Gegen die getroffenen Abmachungen werden im Kabinett keine Bedenken erhoben[85]).

[C. SACHVERSTÄNDIGENKOMMISSION FÜR WAHLRECHTSFRAGEN]

Der Bundesminister des Innern gibt bekannt, daß er eine Kommission einberufen habe, die sich mit vorbereitenden rechtlichen und soziologischen Fragen des künftigen Wahlrechts befassen soll. Das Bundesministerium des Innern sei in diesen Fragen noch nicht festgelegt und verspreche sich von den Kommissionsarbeiten eine Erleichterung für die weiteren Verhandlungen. Der Bundesminister des Innern gibt die Namen der Persönlichkeiten bekannt, die er berufen hat und sagt den Kabinettsmitgliedern zu, ihnen Abschrift des Berufungsschreibens und des vorgesehenen Beratungsprogramms zuzuleiten[86]).

Der Bundesminister für Verkehr spricht den Wunsch aus, daß durch die Behandlung in diesem Kreise die Wahlrechtsvorlage unter keinen Umständen verzögert werden möchte[87]).

---

[83]) Vgl. 21. Sitzung Anm. 18 und 22. Sitzung Anm. 22. − Unterlagen über die Besprechung nicht ermittelt.
[84]) In der Sitzung des Ausschusses für Finanz- und Steuerfragen am 30. Juni 1954 legte der BMF eine Neufassung des § 7c vor. Danach sollten Steuerpflichtige, die Bauherren für mindestens zehn Jahre ein zinsloses Darlehen gaben, 25 % der Steuern vom Gewinn abziehen können (Text und Kurzprotokoll in B 126/6204).
[85]) Fortgang (Steuerreform) 43. Sitzung TOP 4.
[86]) Zum Wahlgesetz zum zweiten Bundestag und zur Bundesversammlung vom 8. Juli 1953 (BGBl. I 470) vgl. 298. Sitzung am 23. Juni 1953 (TOP B). − Die erste Sitzung der überwiegend aus Professoren für Staats- und Verfassungsrecht und für Soziologie bestehenden 13-köpfigen Kommission hatte am 29. Juni 1954 stattgefunden (Niederschrift und Unterlagen über die Berufung in B 106/3161, Liste der Mitglieder auch in B 136/3839 und in BULLETIN vom 1. Juli 1954 S. 1072). „Um die Ausschußarbeit nach den praktischen gesetzgeberischen Bedürfnissen auszurichten", hatte es sich der BMI vorbehalten, die zu bearbeitenden Themen selbst zu bestimmen. Er hatte u. a. vorgeschlagen, die Vor- und Nachteile des Mehrheits- und des Verhältniswahlrechts, die Zahl der Abgeordneten, die Probleme der Kandidatenaufstellung durch Parteigremien, Fragen der Wahlkreiseinteilung und der Sperrklauseln zu behandeln (Schreiben des BMI vom 26. Mai 1954 an die Mitglieder in B 106/3161). Weitere Unterlagen in B 106/3162−3164.
[87]) Fortgang 58. Sitzung TOP C. − Siehe auch 45. Sitzung TOP Aa.

[D. TÄTIGKEITSBERICHT 1952/53 DES FORSCHUNGSBEIRATES FÜR FRAGEN DER WIEDERVEREINIGUNG DEUTSCHLANDS BEIM BUNDESMINISTER FÜR GESAMTDEUTSCHE FRAGEN]

Der Vizekanzler macht auf die heutige Sitzung des Forschungsbeirates für die Wiedervereinigung aufmerksam[88]) und bittet mit Rücksicht auf den Vorsitzenden dieses Forschungsbeirates, Herrn Dr. Ernst, der eigens aus Berlin nach Bonn gekommen sei, möglichst nur verantwortliche Vertreter der Ressorts zu der Sitzung zu entsenden. Das Schwergewicht bei der Entscheidung über die Frage, ob und wie weit die Forschungsergebnisse veröffentlicht werden sollen, liege auf politischem Gebiet[89]).

[E. FRANZÖSISCHER NATIONALFEIERTAG]

Auf eine Anregung des Bundesministers für gesamtdeutsche Fragen wird zwischen einzelnen Kabinettsmitgliedern abgesprochen, wer die Bundesregierung bei den Feierlichkeiten anläßlich des französischen Nationalfeiertages (14. Juli) vertreten soll[90]).

[F. VERTRETUNG DER BUNDESREGIERUNG BEI VERANSTALTUNGEN]

Der Bundeskanzler bemängelt, daß bei dem 50. Geschäftsjubiläum der Firma Otto Wolff[91]) die Bundesregierung durch vier Bundesminister vertreten gewesen sei. Eine vorherige Abstimmung über die Teilnahme an derartigen Veranstaltungen sei nötig.

Der Bundesminister für gesamtdeutsche Fragen weist darauf hin, daß im Gegensatz hierzu bei der repräsentativen Veranstaltung der GEG in Hamburg[92])

---

[88]) Vgl. 33. Sitzung TOP 7. — Einladungsschreiben des BMG an das Bundeskanzleramt vom 15. Juni 1954 und Vermerk des Bundeskanzleramtes vom [3.] Juli 1954 über die „Sitzung am 30. Juni 1954" in B 136/963.
[89]) Fortgang 39. Sitzung TOP 1.
[90]) Vgl. 231. Sitzung am 1. Juli 1952 TOP F. — Blücher hat die Bundesregierung am 14. Juli 1954 in Koblenz bei den Feierlichkeiten anläßlich des französischen Nationalfeiertages vertreten (vgl. dazu seinen Terminkalender 1954 in Nachlaß Blücher/294).
[91]) Otto Wolff (1881—1940) hatte am 25. Juni 1904 das Familienunternehmen Otto Wolff, Eisengroßhandlung in Köln, gegründet. Am Samstag, dem 28. Juni 1954 war das fünfzigjährige Jubiläum begangen worden; für die Bundesregierung hatte in diesem Zusammenhang Erhard die Wünsche überbracht (vgl. Frankfurter Allgemeine Zeitung vom 28. Juni 1954). — Nachdem das Unternehmen zunächst als Einzelfirma und sodann als Kommanditgesellschaft geführt worden war, wurde es im Jahre 1966 in eine Aktiengesellschaft umgewandelt, ohne daß dadurch der Charakter eines Familienunternehmens verlorengegangen wäre. Die Otto Wolff AG ist das führende Weißblechunternehmen in der Bundesrepublik Deutschland.
[92]) Am 16. März 1894 war die „Groß-Einkaufsgesellschaft Deutscher Consumvereine mbH" (GEG) mit dem Sitz in Hamburg errichtet worden. 1933 wurde die GEG zwangsweise verschmolzen mit der „Großeinkaufs- und Produktions-Aktiengesellschaft deutscher Konsumvereine" (GEPAG). Nach 1945 behielt man diese Verschmelzung bei, die nunmehr wieder genossenschaftliche Organisation führte den Namen „Großeinkaufs-Gesellschaft Deutscher Konsumgenossenschaften mbH" (zum sechzigjährigen Jubiläum der GEG, der zentralen Einkaufsorganisation der deutschen Konsumgenossenschaften, vgl. Frankfurter Allgemeine Zeitung vom 26. Juni 1954). — Durch Umwandlung der GEG entstand im Jah-

289

die Bundesregierung überhaupt nicht vertreten gewesen sei. Auf Vorschlag des Vizekanzlers wird beschlossen, die erforderliche Abstimmung im Bundeskanzleramt vornehmen zu lassen. Zu diesem Zweck soll von den Kabinettsmitgliedern jeweils mitgeteilt werden, welche Veranstaltungen in Frage kommen und ob beabsichtigt ist, an ihnen teilzunehmen[93]).

---

re 1972 die Co op Zentrale AG, Hamburg, die auch die Führungsaufgaben des Bundes deutscher Konsumgenossenschaften mbH übernahm.
[93]) Siehe 42. Sitzung TOP A.

38. Kabinettssitzung
am Mittwoch, den 7. Juli 1954

Teilnehmer: Adenauer, Blücher, Schröder, Neumayer, Schäffer, Erhard, Storch, Seebohm, Balke, Preusker, Oberländer, Kaiser, Hellwege, Wuermeling, Tillmanns, F. J. Strauß, Schäfer, Kraft; Globke, Hallstein, von Lex, Sonnemann; Klaiber; von Eckardt, Forschbach; Selbach, Kilb; Blank. Protokoll: Pühl.

Beginn: 9.30 Uhr   *Ende: 13.20 Uhr*

[AUSFÜHRUNGEN DES HERRN BUNDESKANZLERS IN DER 38. KABINETTSSITZUNG AM MITTWOCH, DEN 7. JULI 1954][1])

Ich möchte ihnen eine Darstellung der außenpolitischen Entwicklung der letzten Woche geben:

Ein Wort über die Vorgeschichte, und zwar darüber, was Herr Mendès-France bei der Übernahme der Regierung überhaupt gesagt hat. Ich habe leider festgestellt, daß darüber unter führenden deutschen Politikern eine vollkommene Unkenntnis besteht. Herr Mendès-France hat gesagt, er wolle zunächst die Indochina-Frage erledigen, und zwar bis zum 20. Juli[2]), dann wolle er sich von dem franz. Parlament Vollmachten geben lassen, um die wirtschaftlichen Dinge in Frankreich in Ordnung zu bringen. Weiter hat er gesagt, er werde die Frage EVG[3]) dem Parlament vorlegen vor den Parlamentsferien, er hat nicht gesagt, eine Entscheidung herbeiführen. Das möchte ich zunächst einmal sehr nachdrücklich betonen. Denn gestern in einer Besprechung mit den Koalitionsfraktionsvorsitzenden[4]) wurde die Ansicht geäußert, er würde eine Entscheidung herbeiführen. Das hat er niemals und nirgends gesagt. Mendès-France hat sich zur EVG selbst in seiner bisherigen Tätigkeit in den vergangenen Jahren jeder Stellungnahme enthalten. Er hat sich weder dafür noch dagegen erklärt. Weiter hat Mendès-France erklärt, er halte es nicht für möglich, diese Frage mit einer kleinen Mehrheit zur Erledigung zu bringen. Er werde versuchen, die Gegner

---

[1]) Die folgende Niederschrift befindet sich in der amtlichen Serie der Kabinettsprotokolle (Bd. 20) als achtseitige maschinenschriftliche Ausfertigung. Die diesem Wortprotokoll folgende Kurzfassung (TOP A: Politische Lage) bringt die Informationen des Wortprotokolls in anderer Reihenfolge und Gewichtung, erhält aber eine zusätzliche Dokumentation der Aussprache über die „Ausführungen des Bundeskanzlers".
[2]) Vgl. 37. Sitzung TOP A: Politische Lage. – Fortgang 39. Sitzung TOP A: Politische Lage.
[3]) Vgl. 37. Sitzung TOP A. – Fortgang 39. Sitzung TOP A.
[4]) Die Besprechung mit den Vorsitzenden der Koalitionsfraktionen fand am 6. Juli 1954, 16.10 Uhr statt (StBKAH 04.05); vgl. dazu im einzelnen die handschriftliche Aufzeichnung Hallsteins vom 6. Juli 1954 „Fraktionsführer (Brentano, Krone, Strauß, Dehler, Euler, Haasler, Engell), 6. 7. 54" (3 Bl., in Nachlaß Hallstein/125–126), die wie folgt beginnt: „B[undes]k[anzler]. Gespräche mit Conant vor lang[er] Zeit (2–3 Monate): Souveränität nötig als eigene Inanspruchnahme der Souveränität, Interview mit Friedländer lange fällig. Mendès[-France] hat mit Rotchina u[nd] wohl auch Moskau Fühl[u]ng gehabt vor R[e]g[ierungs-]Übernahme. Fr[an]zös[ische] Frage schon damals hoffnungslos."

von EVG und die Befürworter von EVG auf einer gemeinsamen Linie zu vereinigen. Wenn sich das als unmöglich herausstelle, dann werde er der franz. Nationalversammlung einen eigenen Vorschlag machen.

Mendès-France hat dann aus seinem Kabinett zu Vertretern aus beiden Richtungen General Koenig[5]) und seinen Minister Bourgès-Maunoury[6]) ernannt. Herr Bourgès-Maunoury hat mir sagen lassen, daß der Versuch, mit General Koenig zu einer Verständigung zu kommen[7]), völlig gescheitert ist.

Dann, meine Herren, möchte ich einige Ausführungen darüber machen, welche Verpflichtungen eine Regierung übernimmt, die einen Vertrag unterschreibt. Eine Regierung, die einen Vertrag unterschreibt, ist verpflichtet, gegenüber den anderen Unterschreibern des Vertrages diesen Vertrag im Parlament vorzulegen und ratifizieren zu lassen. Denn die Unterschrift bedeutet, die Verhandlungen von Regierung zu Regierung sind abgeschlossen, jetzt hat das Parlament das Wort. Nun hat eine französische Regierung nach 18 monatigen Verhandlungen unter den EVG-Vertrag und unter den Deutschland-Vertrag im Mai 1952 ihre Unterschrift gesetzt[8]). Die französische Regierung hat dann in der Folgezeit von den Vereinigten Staaten und von Großbritannien Erklärungen verlangt über die Erläuterungen zum Vertrag. Diese Unterschriften sind sowohl von den Vereinigten Staaten wie auch von Großbritannien dieser neuen französischen Regierung gegeben worden[9]). Diese neue französische Regierung ist nicht Mendès-France, sondern die Regierung, die auf die Regierung folgte, die den Schuman-Plan gemacht hat[10]). Es hat lange Verhandlungen gegeben darüber, daß alle EVG-Staaten erklärt haben, wir können an dem Vertrage selbst nichts mehr ändern, dieses Stadium ist abgeschlossen. Wir können nur solche Zusatzprotokolle unterschreiben, die sich auf Auslegungen des abgeschlossenen Vertrages beziehen. Von den Ländern, die beteiligt sind an den Verträgen, haben Amerika und England den Deutschland-Vertrag schon im Sommer 1952 ratifiziert. Es haben von den EVG-Ländern vier Länder inzwischen ratifiziert, die

---

[5]) Vorlage: König. — Marie-Pierre Koenig (1898—1970). Berufsoffizier: 1920 Leutnant, 1941 Oberst, 1943 Divisionsgeneral, 1944 Kommandierender General und Gouverneur von Paris; 1945—1949 Oberbefehlshaber der französischen Besatzungsarmee, Chef der Militärverwaltung in der französischen Besatzungszone und Mitglied im Alliierten Kontrollrat; 1941—1951 Generalinspekteur der französischen Land-, See- und Luftstreitkräfte in Nordafrika; 1951—1958 Mitglied der Nationalversammlung (Sammlungsbewegung des französischen Volkes von de Gaulle, Sozialrepublikaner), außerdem Mitglied der Beratenden Versammlung des Europarates; 1954—1955 (mit Unterbrechungen) Verteidigungsminister.

[6]) Vorlage: Bourgèt-Manoruy. — Maurice Bourgès-Maunoury (geb. 1914). 1940 Kriegsgefangenschaft, 1941 in der Widerstandsbewegung tätig: seit 1947 mehrfach Staatssekretär und Minister, beispielsweise: Jan.—Juni 1953 Finanzminister, 1954 Handels- und Industrieminister, 1955 Innenminister, 1956 Verteidigungsminister, Juni bis 1. Okt. 1957 Ministerpräsident, Nov. 1957 — April 1958 Innenminister (Radikalsozialist).

[7]) Am 23. Juni 1954 waren Verteidigungsminister Koenig und Industrieminister Bourgès-Maunoury vom französischen Kabinett beauftragt worden, einen Ausgleich zwischen den Gegnern und Befürwortern der EVG in Frankreich zu versuchen (EA 1954 S. 6764).

[8]) Vgl. 37. Sitzung Anm. 16.

[9]) Vgl. 37. Sitzung Anm. 18.

[10]) Vgl. 37. Sitzung Anm. 17.

drei Benelux-Länder und Deutschland. Das 5. Land, Italien, hat sich ausdrücklich zur Ratifikation bereit erklärt[11]), auch jetzt wieder, glaubt aber, daß, wenn Frankreich eine positive Haltung zum EVG-Vertrag einnimmt, es eine größere Mehrheit in seinem Parlament bekommt. In diesem Stadium, meine Herren, will jetzt das dritte franz. Kabinett[12]) die Unterschriften der beiden vorherigen franz. Regierungen nicht anerkennen, indem es dem Parlament einen abgeänderten Vertrag vorzulegen beabsichtigt.

Da die Sachen so weit gekommen sind, hat Herr Spaak die Initiative ergriffen, ohne jedes Zutun Deutschlands — Herr Spaak ist zur Zeit Vorsitzender des Ministerrats der Montan-Union. Sie wissen, daß die drei Minister der drei Benelux-Staaten engere Beratungen führen. Es ist jetzt zunächst mit den beiden Herren besprochen worden, was zu tun sei. Man ist zu der Auffassung gekommen, daß der Ministerrat zusammentreten soll, um diese Lage zu besprechen. Da hat sich Herr Spaak an uns gewandt, ob wir bereit wären, er hat sich an Italien gewandt, und er hat sich an Frankreich gewandt. Alle waren bereit, zu einer Konferenz zusammenzutreten. Außer Herrn Mendès-France, der sich in einer ungewöhnlich schroffen Weise nicht bereit erklärt hat. Das ist meines Wissens das erste Mal in der ganzen diplomatischen Geschichte des Europagedankens, daß ein Außenminister eines der beteiligten Länder in so schroffer Weise erklärt hat, NEIN, ich nehme nicht teil. Dann hat Herr Spaak überlegt, ob er trotz der Absage von Mendès-France die Konferenz zusammenrufen soll. Herr Mendès-France hat dann Herrn Spaak eingeladen, mit ihm zu frühstücken, das war Mittwoch vergangener Woche. Von dieser Reise nach Paris — ich habe auch geraten, Herr Spaak solle hinfahren, — ist Herr Spaak tief erschüttert zurückgekommen. Er hat, nachdem wir telefonische Mitteilung bekommen hatten, am Donnerstag unserem Botschafter in Brüssel einen Bericht gegeben. Herr Spaak war wegen der Haltung von Mendès-France von tiefstem Pessimismus erfüllt bezüglich der ganzen europäischen Politik. Herr Pfeiffer[13]) hat uns das Abschiedswort Spaaks wörtlich übermittelt: „Ich sehe die Situation als sehr ernst an für uns und für das Wohl Europas[14])." Dieser Ausspruch zeugt von tiefstem Pessimismus. Dieser Pessimismus beruht auf der Haltung von Mendès-France, er beruht auch auf den Nachrichten aus Paris, die er erhalten hat, daß ich den franz. Wünschen nachgeben würde und in Verhandlungen eintreten würde, bevor Frankreich den bestehenden Vertrag ratifiziere. Das ist von Paris geflissentlich, und zwar bewußt unwahr, verbreitet worden, um dadurch einmal die Front der EVG-Länder zu sprengen und ferner in Washington und London zu beunruhigen. Und wir haben auf Grund dieser Gerüchte von Herrn Mendès-France sehr pessimistische Mitteilungen bekommen, auch von Washington und

---

[11]) Dem stand die ungelöste Triest-Frage entgegen (vgl. 37. Sitzung Anm. 15).
[12]) Vgl. 37. Sitzung Anm. 20.
[13]) Dr. phil. Anton Pfeiffer (1888–1957). 1928–1933 MdL (Generalsekretär der Bayerischen Volkspartei), nach 1933 inhaftiert; 1945–1946 Leiter der Bayerischen Staatskanzlei und Minister für Sonderaufgaben (Entnazifizierung), 1948–1949 Mitglied des Parlamentarischen Rates (Vorsitzender der CDU/CSU-Fraktion), 1950–1954 Generalkonsul/Botschafter der Bundesrepublik Deutschland in Belgien.
[14]) Unterlagen nicht ermittelt.

London, daß wir gegenüber Mendès-France nicht fest blieben. Wir wissen auch, welche Quellen das zum Teil gewesen sind, die Herrn Mendès-France bestärkt haben. Aber Herr Mendès-France mußte sich völlig darüber klar sein, daß es eine völlige Unwahrheit ist. Denn ich habe Herrn Mendès-France niemals eine derartige Erklärung gegeben. Ich habe nur immer wieder erklärt, daß, wenn der Vertrag von Italien und Frankreich ratifiziert sei, nichts dagegen einzuwenden sei, wenn die Vertreter zusammenkommen, um über gewisse franz. Wünsche zu sprechen. Übrigens, seine Wünsche kennen wir noch gar nicht, denn Herr Mendès-France hat es bisher absolut vermieden, zu sagen, was er eigentlich will. General Koenig hat jetzt zum ersten Mal den ganzen Vertrag gelesen[15]). Das war die Situation, als ich Herrn Friedländer[16]) das Interview gegeben habe. Das war vergangenen Freitag, nachdem gerade diese Mitteilung von Herrn Spaak gewesen ist. Dieses Interview, meine Herren, ist nach meiner Meinung völlig klar und völlig eindeutig; und ich glaube, es ist eigentlich, falls Sie es gelesen haben, nichts dazu zu sagen[17]).

---

[15]) Vgl. zu diesem Abschnitt 37. Sitzung TOP A: Politische Lage (zweiter Abschnitt) und entsprechende Eintragung in Nachlaß Seebohm/8c: „Initiative Spaaks als Vorsitzender Ministerrat Montan-Union: Konferenzvorschlag: alle 5 Partner (auch Italien) bereit; schroffe Ablehnung durch Mendès-France: ganz ungewöhnlich. Zur Milderung: Einladung Spaaks nach Paris. Nach Rückkehr gab Spaak Bericht: tief erschüttert, von tiefem Pessimismus über Europa und die Zukunft erfüllt. Dies nicht nur wegen Mendès-France, sondern weil Paris bewußt unwahr verbreitet hat, Deutschland werde auf EVG verzichten und in neue Verhandlungen einwilligen. Das hat in USA und UK gestört, bei Benelux erschüttert. Diese Lügen scheinen auf Informationen zu beruhen, die Bérard übermittelt hat, der genau wußte: wir verhandeln über Veränderung des Vertrages erst nachdem Frankreich ratifiziert hat. In dieser Lage: Friedländer-Interview: nach Meinung Adenauers klar und eindeutig. Die franz[ösische] Presse, soweit M[ouvement] R[épublicain] P[opulaire] usw., hat sich positiv dazu gestellt." Vgl. hiermit auch die handschriftliche Aufzeichnung Hallsteins über die Kabinettssitzung am 7. Juli 1954 in Nachlaß Hallstein/ 125–126 (5 Bl.).

[16]) Ernst Friedländer (1895–1973). 1920–1929 in der Wirtschaft und 1929–1931 als Direktor und Filialleiter der I. G.-Farbenindustrie A. G. in den USA tätig, 1931–1945 Aufenthalt vor allem in Liechtenstein; 1946–1950 stellvertretender Chefredakteur und Leitartikler der Wochenzeitung Die Zeit, 1950–1960 Kolumnist bei den Zeitungen Hamburger Abendblatt und Berliner Morgenpost, seit 1951 Kommentator des Nordwestdeutschen Rundfunks, Mai 1954 Vizepräsident des Deutschen Rats der Europäischen Bewegung, Okt. 1954 – Juni 1957 Präsident der Europa-Union.

[17]) Am 2. Juli 1954 hatte Adenauer in seinem Rundfunkinterview mit Friedländer erneut die Forderung nach der Wiederherstellung der Souveränität der Bundesrepublik Deutschland erhoben: Adenauer erklärte darüber hinaus, ein baldiges Ja Frankreichs zur EVG sei die einzige sinnvolle und folgerichtige Antwort auf die durch die weltpolitische Lage gestellten Fragen. Er gab seiner Besorgnis vor der Möglichkeit Ausdruck, daß die französische Regierung einen von dem Vertrag wesentlich abweichenden Vorschlag zur Abstimmung im Parlament stellen könnte; ein solches Verfahren sei gleichbedeutend mit einer neuen Verzögerung auf unabsehbare Zeit und könne als das Ende der EVG bezeichnet werden. Adenauer unterstrich, daß die Bundesregierung nach wie vor am unveränderten Wortlaut des EVG-Vertrages festhalte, daß aber nach dem Inkrafttreten sich im allgemeinen Einverständnis das eine oder andere ändern ließe. Auf die Frage nach Alternativen zur EVG hatte Adenauer erklärt, alle hier und da erwogenen Alternativen seien kein wirklicher Ersatz. Die Bundesrepublik werde jeden Versuch einer Wiederbewaffnung unter entwürdigenden Bedingungen ablehnen; die sogenannte Alternative zur EVG wür-

Ich möchte, meine Herren, jetzt hier etwas über das Kabinett Mendès-France überhaupt sagen. Sie wissen, daß Herr Mendès-France gesagt hat, wenn er mit den Rotchinesen und den Vietminh [...]18). Diese Meinung hat sich in Frankreich immer mehr verdichtet. Ich habe auch gehört, — ich darf das wohl sagen, daß ich das von Ihnen gehört habe, Herr v. Eckardt, Ihre Quelle ist wohl glaubhaft, — daß der Vermittler zwischen Mendès-France und den Chinesen Pierre Cot19) gewesen ist, der eine üble Rolle in Frankreich spielt. Und in der Zwischenzeit hat sich Herr Mendès-France umgeben mit Menschen, die doch mehr oder weniger Salon-Bolschewiken sind. Das war von Anfang an die Absicht von Herrn Mendès-France, zu einer Volksfront-Regierung zu kommen. Es ist bezeichnend für die Kommunisten. Doch kam sicher der Befehl von Moskau. Es fragt sich natürlich, wieso kommt Rotchina dazu, ein Abkommen zu treffen mit Frankreich, obgleich die Lage Frankreichs in Indochina völlig hoffnungslos ist. Es liegt auf der Hand — man kann es nicht beweisen — er hat dafür den Kommunisten versprochen, daß Frankreich die EVG verzögern oder zum Platzen bringen wird. Ich möchte betonen, daß dieser Verdacht, genau so wie er in Paris und bei uns bestand, auch in Washington und London bestand. Wie Washington und London zu der ganzen Sache stehen, ersehen Sie daraus, daß dieses Mal seit unserem Zusammensein London und Washington in einer entscheidenden Sitzung in der ganzen Deutschlandfrage o h n e Frankreich zusammentreten. Das ist jetzt diese Konferenz in London20). Es ist die Frage der Gewährung der Souveränität an Deutschland. Und nun, meine Herren, muß ich sagen, daß es notwendig war, so klar zu sprechen, wie ich gesprochen habe. Es war namentlich notwendig, damit das Ausland nicht an uns irre wurde. Mendès-France wußte durch François-Poncet genau Bescheid, daß wir nicht verhan-

---

de eine deutsche Nationalarmee sein, die aber auch in der Bundesrepublik nicht gewünscht werde (BULLETIN vom 3. Juli 1954 S. 1085—1088). Vgl. dazu auch Schriftwechsel zum Friedländer-Interview in AA, BStSe, Bd. 57 und Informationsgespräch am 6. Juli 1954 mit dem Bundespressechef in B 145 I/40.

18) Es handelt sich nicht um eine Auslassung des Bearbeiters (wie gelegentlich in Zitaten angewandt), sondern um eine Textlücke in der achtseitigen maschinenschriftlichen Ausfertigung des Wortprotokolls (Kabinettsprotokolle Bd. 20).

19) Vorlage: Côte. — Prof. Dr. iur. Pierre Cot (1895—1977). 1922—1946 Rechtsanwalt am Pariser Appellationsgerichtshof (ab 1933 war er zugleich Professor für Völkerrecht an der Universität Rennes), 1929—1971 Bürgermeister seiner Wohngemeinde Coise-Saint-Jean-Pied-Gauthier in Savoyen, 1928—1940 Abgeordneter der Kammer (linker Flügel der Radikalsozialistischen Partei), 1929—1940 Generalrat von Montemélian, 1932 Unterstaatssekretär im Außenministerium, 1933—1937 Luftfahrtminister (er besuchte im Sept. 1933 Moskau); 1938 Handelsminister, 1945—1946 Mitglied der Verfassunggebenden Nationalversammlung, von 1946—1951 gehörte er für Savoyen und von 1951—1958 für Rhône der Kammer an, 1953 Josef-Stalin-Friedenspreis, 1954—1973 Generalrat des Kantons Chamoux-sur-Gelon.

20) Am 5. Juli 1954 hatten Beratungen begonnen zwischen britischen und amerikanischen Sachverständigen über die Frage, wie die Souveränität der Bundesrepublik Deutschland auch ohne gleichzeitige Inkraftsetzung des EVG-Vertrages wiederhergestellt werden könnte. Die Beratungen wurden am 10. Juli 1954 vorläufig abgeschlossen; ein Ergebnis wurde nicht veröffentlicht, doch hatten die Amerikaner und die Briten die Bundesregierung und die französische Regierung entsprechend unterrichtet (EA 1954 S. 6801).

deln würden, bevor ratifiziert ist. Es mußte Washington und London sehr klar gesagt werden, daß wir mit ihnen in einer Linie stehen und daß wir nicht verhandeln, ehe Frankreich ratifiziert hat.

Nun möchte ich Sie bitten, noch einmal zu überlegen, wie die Welt sich entwickelt hat, nachdem Churchill 1953 von einer Zusammenkunft auf höchster Ebene gesprochen hat[21]. Seitdem haben sich die Kommunisten weiter und weiter entwickelt. Die Genfer Konferenz ist ein Erfolg für die Kommunisten, die EVG steht auf des Messers Schneide. Wenn die EVG scheitert, würde das natürlich ein Clou für Sowjetrußland sein; das würde sein Ansehen nicht nur bei den europäischen Satelliten, sondern auch bei seinen Bundesgenossen in Asien sehr stärken.

Man kann, meine Herren, auch die innenpolitische Entwicklung in Deutschland mit großer Sorge betrachten. Ganz unverkennbar zeigen die Sozialdemokraten eine Hinwendung zum Neutralismus. Ich weiß nicht, ob Sie die Zusammenstellung der Anträge zum Parteitag der SPD[22] gelesen haben. Ganz anders als der bisher von Herrn Ollenhauer vertretene Standpunkt für Wiederbewaffnung. Sie lehnen nicht nur die EVG ab, sie wollen überhaupt keine Bewaffnung mehr. Sie stehen auf dem Standpunkt, daß die westeuropäische Front zu Ende sei.

Wir, meine Herren, fordern schon lange unsere Souveränität, und Sie wissen, daß ich das mehrfach in Reden getan habe[23]. Ich habe darüber mit Herrn Conant in den letzten 3—4 Monaten verhandelt. Ich habe gesagt, das deutsche Volk kann nicht weiter warten. Nun kommt meine erste Überraschung über die deutsche Presse. Zunächst „Frankfurter Rundschau", die immerhin ein sozialdemokratisches Blatt ist von einem gewissen Niveau. Dieses Blatt hat sich dagegen gewandt, daß man ein solches Ansinnen stellt, nicht nach dem Interview, das ich gehabt habe, sondern vorher schon[24]. Man dürfte ausgerechnet Frankreich nicht jetzt in Schwierigkeiten bringen, man dürfe nicht drängen, man müsse Rücksicht nehmen. Nachdem wir — die Regierung — bisher doch in dem Ruf standen einer Vorleistung, kommen dieselben Blätter und machen uns die größten Vorwürfe, daß wir die Souveränität verlangen. Ich mache mir aber auch ernste Sorgen über die Entwicklung in Deutschland, und zwar die Seite des Nationalismus. Ich habe das Herrn François-Poncet gesagt mit der dringenden Bitte, das wörtlich Herrn Mendès-France wiederzusagen, weil meine Befürchtungen vollkommen mit seinen Sorgen übereinstimmen. Wenn der europäische Gedanke wirklich tot gemacht wird, dann sind die Aussichten, den Nationalismus wieder in die Politik hineinzudrängen, sehr stark. Daß dieser Nationalismus

---

[21]) Vgl. 33. Sitzung Anm. 5.
[22]) Zu den Anträgen und Entschließungen vgl. im einzelnen Protokoll der Verhandlungen des Parteitages der Sozialdemokratischen Partei Deutschlands vom 20. bis 24. Juli 1954 in Berlin (ZSg. 1—90/122(3)). Zur Verteidigungspolitik der SPD siehe Jahrbuch der Sozialdemokratischen Partei Deutschlands 1954/55 (ZSg. 1—90/66 [1954/55]).
[23]) Vgl. dazu 36. Sitzung Anm. 21.
[24]) „Die vierte Teilung Deutschlands, Hintergründe und Möglichkeiten der Forderung nach westdeutscher ‚Souveränität'", von Fried Wesemann in Frankfurter Rundschau vom 25. Juni 1954.

eine Wendung zum Osten hin nehmen wird, ist für mich ganz zweifellos, nach dem Westen kann er sich nicht wenden. Er kann sich darauf stützen, daß Frankreich eine Aussöhnung mit Deutschland nicht will und sich auch jetzt wieder so zeigt, als Erbfeind. Für sich allein kann ein deutscher Nationalismus nichts werden. Er kann nur an Bedeutung gewinnen, wenn er sich an den Osten wendet. Der Osten würde das mit Vergnügen tun. François-Poncet soll Mendès-France sagen, das wäre meine Meinung, daß es so kommen würde. Eine solche Bewegung würde vom Osten Geld bekommen; und wenn sie es wolle, würde sie auch Waffen bekommen. Und wenn sie Waffen bekämen, würde weder ein englischer noch ein amerikanischer noch ein franz. Soldat dagegen kämpfen.

Das hat er getan. Ich weiß, daß er es getan hat. Er hat es auch herausgestellt als seine Überzeugung. Er hat Herrn Mendès-France gesagt, daß seinerzeit Briand[25]) mit Stresemann[26]) versucht hat, eine Aussöhnung herbeizuführen, daß Brüning und Daladier[27]) es versucht haben, umsonst, daß Schuman[28]) und Adenauer es versucht haben, umsonst. Ich möchte im Anschluß daran sagen, was ich gestern in der „Frankfurter Allgemeinen" gelesen habe. Einen Artikel[29]) von

---

[25]) Aristide Briand (1862–1932). Zwischen 1906 und 1932 mehrfach Minister, u. a. für Justiz und Äußeres; Ministerpräsident 1909–1911, 1915–1917, 1921–1922, 1925–1926, 1929. Trat u. a. ein für die Annäherung an Deutschland, für die Rheinlandräumung und für die Abrüstung; seine Politik gipfelte im Locarnopakt (1925) und in einer Denkschrift über eine engere Verbindung zu den europäischen Staaten (1930). Zusammen mit Gustav Stresemann und Sir Joseph Austen Chamberlain erhielt er im Jahre 1926 den Friedensnobelpreis.

[26]) Gustav Stresemann (1879–1929). 1902–1918 Syndikus des Verbandes sächsischer Industrieller, 1907–1912 und 1914–1918 MdR (Nationalliberale Partei), Dez. 1918 Mitbegründer der Deutschen Volkspartei (Jan. 1919 bis zu seinem Tode Parteivorsitzender), Aug.–Nov. 1923 Reichskanzler und Reichsaußenminister, Nov. 1923 bis zu seinem Tod Reichsaußenminister. Zusammen mit Aristide Briand und Sir Joseph Austen Chamberlain erhielt er im Jahre 1926 den Friedensnobelpreis.

[27]) Edouard Daladier (1884–1970). 1919–1940 und 1946–1958 vertrat er Vaucluse als Abgeordneter der Radikalsozialistischen Partei in der französischen Nationalversammlung, seit 1924 mehrfach Minister; Jan.–Okt. 1933, 31. Jan. – 4. Febr. 1934 und April 1938 – Sept. 1939 Ministerpräsident, Sept. 1939 – Juni 1940 Minister für nationale Verteidigung, 1943–1945 Internierung in Deutschland, 1947–1954 Präsident der Linksrepublikanischen Sammlungsbewegung (einer der Hauptgegner gegen die EVG und eine deutsche Wiederbewaffnung), 1956–1958 Fraktionsvorsitzender und 1957–1958 Präsident der Radikalsozialistischen Partei und damit Nachfolger des verstorbenen Edouard Herriot, 1953–1958 Bürgermeister von Avignon.

[28]) Robert Schuman (1886–1963). In der Stadt Luxemburg als Sohn lothringischer Eltern geboren; Jurastudium in Bonn, München und Berlin; im Ersten Weltkrieg Reservist im deutschen Heer, nach der Abtrennung Elsaß-Lothringens von Deutschland 1919 französischer Staatsbürger, 1919–1940 Mitglied der Deputiertenkammer, 1944 Mitbegründer der Republikanischen Volksbewegung, 1946–1947 Finanzminister, 1948 Ministerpräsident und 1948–1952 Außenminister, Initiator des nach ihm benannten „Schumanplanes" (Europäische Gemeinschaft für Kohle und Stahl), 1955 Präsident der Europäischen Bewegung, 1958–1960 Erster Präsident des Europäischen Parlaments in Straßburg. – Schuman, Robert: Für Europa. Hamburg 1963.

[29]) Vgl. im einzelnen den Artikel „Eine umstrittene Rede, Dr. Dürig auf dem Großdeutschland-Treffen" in Frankfurter Allgemeine Zeitung vom 6. Juli 1954, der wie folgt endet: „In seiner ersten Vorlesung nach Pfingsten hat Dr. Dürig vor seinen Hörern den Bericht der

Dürig³⁰), Privatdozent in Tübingen. Er hat auf dem Pfingsttreffen der Division Großdeutschlands erklärt, eines Tages werden wir auf den Knopf drücken und eine Volkserhebung auslösen. Ich verstehe nicht, daß die Rechts- und Staatswissenschaftliche Fakultät festhält an ihrem Berufungsvorschlag, daß Herr Dürig die Nachfolge von Herrn Merk³¹) antreten soll. Diesen Umstand beurteile ich als wesentlich schwerwiegender, als wenn etwa der General a. D. Ramcke³²) nach einem Glas Bier eine Rede hält³³). Dann sind wir auf demselben Wege, wie vor 1933, als Hitler gekommen ist. Ich erinnere an den furchtbaren Mißgriff von Brüning, der der SA das Tragen von Uniform verboten hat und die SA selbst nicht³⁴). Die Sache Dürig ist für mich eine sehr gute Bestätigung meiner Sorge. Es liegt in der Natur der Sache, was soll Deutschland tun, wenn es überall zurückgestoßen wird. Nun bin ich der Auffassung, daß unsere deutsche Presse ja wirklich ein unglückseliges Instrument ist. Als neulich der Präsident der Vereinigten Staaten, Herr Eisenhower, an Herrn Coty³⁵) einen Brief ge-

---

Nachrichtenagentur mit den entsprechenden Stellen des von ihm verlesenen Manuskripts gegenübergestellt. Darin heißt es: ‚Und das eine steht unter uns alten Soldaten doch wohl fest: Die Dinge in einem Volk sind ganz gewiß nicht in Ordnung, wenn es zwischen Bruder und Bruder kein wahres Mit-Leiden, keinen echten Trennungsschmerz, kein elementares Zusammenstreben mehr gibt. Sehen Sie, hier werden wir eines Tages auf den Knopf drücken und eine Volkserhebung auslösen müssen. Diese Volkserhebung wird rein passiv sein, und es wird Märtyrer geben. Sie wird aber so elementar sein, daß sich auch die Besatzungsmächte mit ihr abfinden werden, und denken wir doch nicht, die Welt fängt einen neuen Krieg an, nur weil wir Deutschen ohne Aggression und revolutionären und kriegerischen Spektakel einfach den Helmstedter Zonenirrsinn nicht mehr beachten.'"

³⁰) Oö. Prof. Dr. iur. Günter Dürig (geb. 1920). 1953 Dozent, 1955 ao. Prof., 1956 oö. Prof. der Universität Tübingen.

³¹) O. Prof. Dr. iur. Wilhelm Merk (1887–1970). 1928 Dozent, 1932 apl. Prof., 1936 ao. Prof., 1945 o. Prof. der Universität Tübingen.

³²) Vorlage: Ramke. – Hermann Bernhard Ramcke (1889–1968). Kommandeur der Fallschirmtruppen auf Kreta (1941) und Befehlshaber der Festung Brest (1944), 1944 General der Fallschirmtruppen; nach kurzer amerikanischer Kriegsgefangenschaft im Dez. 1946 von der britischen Besatzungsmacht an Frankreich ausgeliefert, bis Juni 1951 in französischer Kriegsgefangenschaft.

³³) Vgl. dazu auch 254. Sitzung am 28. Okt. 1952 TOP B: Rede des Generals a. D. Ramcke.

³⁴) Während der Kanzlerschaft Brünings wurden verboten: a) „Das Tragen von Abzeichen oder von einheitlicher Kleidung, die die Zugehörigkeit zu einer politischen Vereinigung kennzeichnen [...] außerhalb der eigenen Wohnung [...] für jedermann" (Allgemeines Uniformverbot in der Vierten Verordnung des Reichspräsidenten zur Sicherung von Wirtschaft und Finanzen und zum Schutze des inneren Friedens vom 8. Dez. 1931, RGBl. I 699), b) „Sämtliche militärähnliche Organisationen der Nationalsozialistischen Deutschen Arbeiterpartei, insbesondere die Sturmabteilungen (SA), die Schutzstaffeln (SS), mit allen dazugehörigen Stäben und sonstigen Einrichtungen" (SA-Verbot in der Verordnung des Reichspräsidenten zur Sicherung der Staatsautorität vom 13. April 1932, RGBl. I 175). Das allgemeine Uniformverbot wie das SA-Verbot wurden, unter von Papen, bereits in der Verordnung des Reichspräsidenten gegen politische Ausschreitungen vom 14. Juni 1932 (RGBl. I 297) wieder aufgehoben.

³⁵) René Coty (1882–1962). 1902–1932 Rechtsanwalt in Le Havre, 1908–1919 Stadtrat von Le Havre, 1919–1945 Generalrat des Departements Seine-Inférieure, 1923–1936 Vertreter der Linksrepublikaner in der Kammer seines Departements, 1931 Unterstaatssekretär für Inneres, 1936–1944 und 1948–1953 Senator seines Departements, 1945–1948 Abge-

schrieben hat wegen EVG[36]), hat auf einen Wink des Quai d'Orsay die gesamte franz. Presse dieses Schreiben nicht gebracht, sondern nur eine ganz kurze Erwähnung. Und unsere Presse — man kann nehmen, was man will — fällt der Bundesregierung bei dem sehr schweren Kampf um die EVG einfach in den Rücken. Daß die SPD-Presse das tut, ist mir zwar unverständlich (ich habe eine andere Auffassung von Opposition) — wenn EVG nicht wird, hat unsere Politik triumphiert und die Regierung hat einen sehr bösen Schlag erhalten — ist aus parteipolitischen Gründen zu verstehen. Warum das die nichtsozialdemokratische Presse tut, ist mir schleierhaft. Übrigens sind die Aussichten in Frankreich für die EVG gar nicht so schlecht. Herr Blücher sagt vielleicht selbst etwas dazu, er war vorige Woche in Frankreich[37]). Ich weiß auch von Herren, die in Frankreich waren, daß die Zahl der Bejaher von EVG in der Nationalversammlung steigt und nicht zurückgeht, trotz Mendès-France. Gestern sagte in der Besprechung der Koalitionsfraktionsvorsitzenden[38]) Herr v. Brentano, er habe ein paar Tage vorher mit einigen franz. Abgeordneten gesprochen, ebenso wie einige holländische Abgeordnete ihm das bestätigt haben aus Mitteilungen aus Paris. Es war notwendig, daß den ganzen EVG-Ländern, daß besonders Frankreich mit sehr klaren Worten gezeigt worden ist, welche Entwicklung es heraufbeschwört, wenn es die EVG nicht ratifiziert. Ich hoffe, daß unsere Presse zur Einsicht kommt, es ist eine sehr trübe und kleine Hoffnung, weil ich nicht weiß, geschieht es aus bestem Willen oder dummen Meinungen. Ich habe „Die Welt" hier, den Artikel: „Adenauer: So war es nicht gemeint"[39]). Meine Herren, es war doch so gemeint!

---

    ordneter der Nationalversammlung, 1947—1948 Minister für Wiederaufbau und Städtebau, 1953—1959 Präsident der Republik (am 23. Dez. 1953 im 13. Wahlgang als Nachfolger von Vincent Auriol gewählt).

[36]) Schreiben Eisenhowers an Coty (über die französisch-amerikanischen Beziehungen) vom 16. Juni 1954 und Antwortschreiben Cotys an Eisenhower vom 25. Juni 1954 in EA 1954 S. 6758.

[37]) Laut Terminkalender hielt sich Blücher am 2. Juli 1954 in Paris auf (Nachlaß Blücher/ 294).

[38]) Vgl. Anm. 4.

[39]) Der Artikel „Adenauer: So war es nicht gemeint, Der Bundeskanzler wendet sich gegen Pariser Mißverständnisse" findet sich in Die Welt vom 7. Juli 1954.

[I]

Außerhalb der Tagesordnung

[A.] POLITISCHE LAGE[40])

Der Bundeskanzler nimmt eingehend zu der Reaktion Frankreichs auf sein Interview mit Friedländer Stellung[41]). Zur Vorgeschichte dieses Interviews sei folgendes zu sagen:

Der französische Ministerpräsident Mendès-France habe bei der Regierungsübernahme folgende Zusagen gemacht:
1. Bis zum 20. 7. 1954 sollte die Indochina-Frage abschließend geregelt sein[42]).
2. Daran anschließend wolle er ein Wirtschaftsprogramm für Frankreich entwickeln.
3. Im Anschluß daran wolle er den EVG-Vertrag der Nationalversammlung zur Beratung vorlegen. Er habe jedoch keinerlei Zusagen darüber gemacht, daß er eine Entscheidung über den EVG-Vertrag herbeiführen wolle.

Die Tatsache, daß die Regierung Mendès-France anscheinend nicht bereit sei, die Unterschriften der beiden vorangegangenen französischen Regierungen[43]) anzuerkennen, sondern eine Umgestaltung des Vertragswerkes erwäge, habe die übrigen EVG-Vertrags-Staaten veranlaßt, der Aufforderung des belgischen Außenministers Spaak zu der Pariser Konferenz Folge zu leisten. Der belgische Außenminister habe die Initiative ohne Zutun der Bundesregierung spontan von sich aus ergriffen. Um so bemerkenswerter sei die schroffe Ablehnung der Einladung durch Mendès-France. Zum Ausgleich habe Mendès-France den belgischen Außenminister zu einer Unterredung eingeladen. Hiervon sei Spaak wegen der wenig positiven Haltung der französischen Regierung zur europäischen Frage sehr enttäuscht[44]) zurückgekehrt. Die pessimistische Haltung des belgischen Außenministers sei vertieft worden durch in Paris verbreitete Nachrichten, daß der Bundeskanzler zu neuen Verhandlungen über das Vertragswerk zur Europäischen Verteidigungsgemeinschaft bereit sei. Diese Meldungen seien völlig unzutreffend. Er, der Bundeskanzler, habe den maßgeblichen französi-

---

[40]) Bei der hier folgenden Niederschrift, die nur in der amtlichen Serie der Kabinettsprotokolle überliefert ist (Bd. 20, Bd. 22 E), handelt es sich um die Kurzfassung des unmittelbar vorausgehenden Wortprotokolls (Bd. 20) und eine Dokumentation der Aussprache über die „Ausführungen des Bundeskanzlers". Da die Kurzfassung lediglich Informationen des Wortprotokolls in anderer Reihenfolge und Gewichtung bringt, wird bei den Anmerkungen dieses Teils der hier folgenden Niederschrift überwiegend nur auf die entsprechenden Anmerkungen im Wortprotokoll verwiesen.
[41]) Nach dem Bekanntwerden des Rundfunkinterviews vom 2. Juli 1954 (vgl. im einzelnen Wortprotokoll Anm. 17) wurde der Besuch de Beaumonts in Bonn (vgl. dazu auch 37. Sitzung TOP A), der von Adenauer für den 7. Juli 1954 zum Frühstück eingeladen worden war, von der französischen Regierung abgesagt (vgl. Schreiben François-Poncets an Adenauer vom 3. Juli 1954 (Abschrift) in Nachlaß Blankenhorn/31a).
[42]) Vgl. Wortprotokoll Anm. 2.
[43]) Gemeint sind die beiden Regierungen Pinay und Mayer, vgl. Wortprotokoll Anm. 8 und 10.
[44]) Im Entwurf: „tief erschüttert" (Kabinettsprotokolle Bd. 22 E), wie übrigens auch im Wortprotokoll.

schen Stellen gegenüber niemals Zweifel darüber gelassen, daß er am Vertrag in seiner jetzigen Fassung festhalten wolle[45]).

In dieser Situation habe er es für richtig gehalten, Herrn Friedländer das bekannte Interview zu geben[46]). Er habe im übrigen festgestellt, daß die nichtkommunistische französische Presse dem Inhalt dieses Interviews zugestimmt habe.

Auf Fragen der Innenpolitik übergehend, stellt der Bundeskanzler bedauernd fest, daß die SPD offenbar immer mehr die Neigung zum Neutralismus entwickele. Es lägen Anzeichen dafür vor, daß die SPD gegebenenfalls auf jede deutsche Bewaffnung verzichten wolle[47]). Dies jedoch sei das Ende einer europäischen Verteidigungsfront. Überraschend sei auch die Haltung der deutschen oppositionellen Presse zu der durch sein Interview mit Friedländer ausgelösten politischen Diskussion. Bisher habe die Opposition die Bundesregierung beschuldigt, durch laufende Vorleistungen wichtige außenpolitische Trümpfe aus der Hand zu geben. Nunmehr sei, nachdem er ein klares Bekenntnis zur deutschen Außenpolitik abgegeben habe, die SPD-Presse gegenteiliger Meinung geworden und verlange von der Bundesregierung zunächst Vorleistungen[48]).

Eine weitere Sorge sei das Anwachsen des deutschen Nationalismus. Diese Bestrebungen würden zweifellos durch die Aushöhlung des Europagedankens begünstigt. Eine solche Entwicklung sei deswegen besonders gefährlich, weil sich jeder deutsche Nationalismus zwangsläufig dem Osten zuwenden müsse, da er im Hinblick auf die unversöhnliche französische Haltung im Westen keinen Rückhalt fände. Er habe diese seine Befürchtungen dem französischen Ministerpräsidenten Mendès-France in geeigneter Weise zur Kenntnis bringen lassen[49]).

---

[45]) Vgl. im einzelnen Wortprotokoll Anm. 15. — Im Entwurf folgt noch: „Sein Verdacht, daß Mendès-France offenbar enge Verbindung zur französischen Volksfront habe, habe sich durch die jüngsten Ereignisse immer mehr verstärkt. Es sei auffallend, daß Rot-China zum Abschluß eines Abkommens bereit sei, obgleich die militärische Lage in Indochina für Frankreich als hoffnungslos bezeichnet werden müsse. Es sei der Verdacht nicht von der Hand zu weisen, daß der Kaufpreis für ein solches Abkommen die Preisgabe der Europäischen Verteidigungsgemeinschaft sein könne. Dieser Verdacht bestände offenbar auch in Washington und London. Daher habe es erstmalig dazu kommen können, daß eine Deutschlandkonferenz ohne Frankreich abgehalten würde. Der Bundeskanzler bemerkt abschließend zu dieser Frage, daß er im Hinblick auf diese unklare Haltung der französischen Regierung es als seine Pflicht angesehen habe, der Welt die unveränderte außenpolitische Haltung der Deutschen Bundesregierung klar zu bekunden" (Kabinettsprotokolle Bd. 22 E).
[46]) Vgl. Wortprotokoll Anm. 17.
[47]) Vgl. Wortprotokoll Anm. 22.
[48]) Vgl. Wortprotokoll Anm. 24.
[49]) Im Entwurf folgt noch: „Der Bundeskanzler bemängelt weiter die wenig disziplinierte Haltung der deutschen Presse. Diese habe sich wieder einmal in auffälliger Weise in der öffentlichen Diskussion um das Kanzlerinterview gezeigt. Nicht nur die Presse der Opposition sei dabei der Bundesregierung mit wenig Fingerspitzengefühl wiederholt in den Rücken gefallen. Diese Haltung der deutschen Presse sei um so bedauerlicher, als die Chancen zur Ratifizierung des Vertrages zur Europäischen Verteidigungsgemeinschaft durch die französische Nationalversammlung keineswegs als ungünstig zu bezeichnen seien" (Kabinettsprotokolle Bd. 22 E).

38. Kabinettssitzung am 7. Juli 1954

Im Anschluß an diese Ausführungen des Bundeskanzlers tritt das Kabinett in eine sehr ausführliche Aussprache hierzu ein, an der sich besonders die Bundesminister für wirtschaftliche Zusammenarbeit, für gesamtdeutsche Fragen, für besondere Aufgaben Dr. Strauß und Dr. Schäfer, für Wohnungsbau, für das Post- und Fernmeldewesen sowie für Arbeit beteiligen. Dabei ergibt sich, daß das Kabinett übereinstimmend das Interview des Kanzlers mit Friedländer vollinhaltlich billigt[50]).

---

[50]) Im Entwurf folgt noch: „Der Bundesminister für wirtschaftliche Zusammenarbeit hat den Eindruck gewonnen, daß sich Mendès-France offenbar zu viel vorgenommen habe. Er sei keineswegs sicher, ob dieser eine klare Konzeption über eine europäische Politik habe. Es gebe in Frankreich genug einsichtige politische Kreise, die befürchteten, daß die französische Regierung für einen geringen Erfolg im Osten die gesamte westliche Freundschaft riskieren könne. Er glaube aber, daß es diesen Kreisen gelingen dürfte, die französische Regierung auf eine klare, nach Westen ausgerichtete Politik zu drängen. Im übrigen sei er der Meinung, daß man im gegenwärtigen Zeitpunkt noch nicht zu einem abschließenden Urteil über Mendès-France kommen dürfe. Er bedaure gleichfalls die Haltung der deutschen Presse, die in gewisser Hinsicht als ein Mißbrauch der demokratischen Freiheit bezeichnet werden müsse. Der Bundesminister für gesamtdeutsche Fragen glaubt, daß man die Schwierigkeiten des französischen Ministerpräsidenten im Hinblick auf die ungünstige militärische Lage in Indochina nicht unterschätzen dürfte. Zu der vom Bundeskanzler befürchteten Entwicklung eines deutschen Nationalismus würde es nach seiner Meinung nur kommen, wenn die westliche Welt und insbesondere Frankreich gegenüber den deutschen Belangen einsichtslos bleibe. Der Bundesminister für besondere Aufgaben, Dr. Strauß, ist der Meinung, daß Mendès-France eine wenig ausgerichtete, zu vielgesichtige Politik treibe. Der Bundesminister für Wohnungsbau rät dazu, man solle in jedem Falle bemüht bleiben, die Beziehungen zu der französischen Regierung zu verbessern. Es sei nicht sicher, ob Mendès-France nicht doch eine Lösung im europäischen Sinne wolle. Das Klima für eine Ratifizierung der Europäischen Verteidigungsgemeinschaft verbessere sich in Frankreich laufend. Man solle daher alles tun, um diese günstige Atmosphäre nicht zu stören. Nach seiner Meinung sieht [er] es als eine große Gefahr an, wenn die SPD mit ihrer neutralistischen Haltung einen zu großen politischen Einfluß beispielsweise über die Regierungsbildung in Nordrhein-Westfalen gewinnen würde. Nach Auffassung des Bundesministers für das Post- und Fernmeldewesen ist die Haltung der französischen Regierung stark von französischen Wirtschaftskreisen beeinflußt. Diesen sei eine Verbindung mit der amerikanischen Wirtschaft wenig erwünscht. Sie zeigten mehr die Neigung, in engere Beziehungen zur östlichen Wirtschaft zu kommen. In dieser Haltung sehe er eine gewisse Gefahr für die Ratifizierung des EVG-Vertrages. Bundesminister Dr. Schäfer bedauert, daß Italien seine Haltung zum EVG-Vertrag von der politischen Entwicklung in Frankreich abhängig mache. Er gibt zur Erwägung, ob man hier nicht stimulierend auf Italien einwirken solle. Man dürfe im übrigen die politischen Schwierigkeiten von Mendès-France nicht verkennen. Es sei die Frage, ob man Frankreich nicht davon überzeugen könne, daß es richtiger sei, sich zunächst für die Ratifizierung des EVG-Vertrages einzusetzen, indem man davon ausgehe, daß die in Aussicht genommene Wirtschaftsreform mit dem EVG-Vertrag leichter möglich sei als ohne ihn. Auch er müsse die Neigung einzelner deutscher Politiker, mit ihren Äußerungen in der Öffentlichkeit in jedem Falle originell erscheinen zu wollen, bedauern, wenn sie der deutschen Sache damit schadeten. Dies könne eine Gefährdung der Demokratie bedeuten. Man müsse daher bestrebt sein, einen gewissen politischen Stil zu entwickeln. Der Bundesminister für Arbeit berichtet über seine Eindrücke anläßlich der Internationalen Arbeitskonferenz in Genf. Er habe hier eine völlig veränderte internationale Atmosphäre vorgefunden. Die Enttäuschung über den Ausgang der Indochina-Konferenz sei in hohem Maße spürbar gewesen. Die Haltung der westlich orientierten Staaten gegenüber der französischen Delegation habe er als ausgesprochen unfreundlich empfunden" (Kabi-

Abschließend beauftragt der Bundeskanzler den Bundespressechef[51]), der Presse eine entsprechende Mitteilung zugehen zu lassen[52]).

[B.] ERKLÄRUNG DER BUNDESREGIERUNG ZUR FRAGE DES VERFASSUNGSSCHUTZES

Der Bundesminister des Innern macht längere Ausführungen zur Frage, wie man den laufenden Angriffen gegen den Verfassungsschutz am besten begegnen sollte[53]). Er vertritt die Meinung, daß die Bundesregierung die Initiative ergreifen und in Form einer Regierungserklärung dazu Stellung nehmen solle. Er beabsichtige daher morgen im Bundestag eine Regierungserklärung abzugeben und die anschließende Aussprache hierüber durch Vorgespräche mit den Koalitionsparteien vorzubereiten. Er gibt anschließend die Grundgedanken der von ihm beabsichtigten Regierungserklärung bekannt[54]). Der Bundeskanzler hält den Entwurf der Regierungserklärung für zu lang und bittet den Bundesminister des Innern zu versuchen, diese so zu kürzen, daß das Vorlesen derselben nicht mehr als höchstens eine halbe Stunde in Anspruch nimmt. Dieses sagt der Bundesminister des Innern zu. Der Bundesminister für Wohnungsbau regt noch gewisse redaktionelle Änderungen an, die der Bundesminister des Innern übernehmen will. Auch der Bundesminister der Justiz spricht sich für eine Kürzung der Regierungserklärung aus. Er regt weiterhin an, die Vulkan-Affäre[55]) nicht noch einmal in der Regierungserklärung anzusprechen. Er bemerkt darüber hinaus, daß die Methoden der Verfassungsschutzämter nicht in jedem Falle zu billigen seien. Er habe dem Bundesminister des Innern gegenüber bereits zum Ausdruck gebracht, daß er hierüber mit ihm noch einmal sprechen müsse. Er habe daher gewisse Bedenken gegen die beabsichtigte Regierungserklärung. Auch der Bundesminister für wirtschaftliche Zusammenarbeit schließt sich den Bedenken des Bundesministers der Justiz an. Er gibt zur Erwägung, ob es ratsam sei, kurz vor Parlamentsschluß diese Frage in der vorgesehenen Form anzusprechen. Man sei nicht sicher, ob die Erörterung im Bundestag mit der nötigen Sachlichkeit geführt würde und ob nicht Fragen angeschnitten würden, auf die die Bundesregierung nicht vorbereitet sei. Es könne nicht verhindert werden,

---

nettsprotokolle Bd. 22 E). — Zur „sehr ausführliche(n) Aussprache hierzu" vgl. auch die entsprechende Eintragung in Nachlaß Seebohm/8c.

[51]) Im Entwurf folgt: „der Presse bekanntzugeben, daß das Kabinett die Außenpolitik des Bundeskanzlers in vollem Umfange billige" (Kabinettsprotokolle Bd. 22 E).

[52]) „Keine Nationalarmee gefordert, Erklärungen Adenauers; Bonn, 7. Juli (dpa)" in Frankfurter Allgemeiner Zeitung vom 8. Juli 1954.

[53]) In der Presse war berichtet worden, das Bundesamt für Verfassungsschutz habe mehrere Personen zu Unrecht als Mitglieder kommunistischer Organisationen bezeichnet (siehe die undatierten Aufzeichnungen über solche Pressemeldungen in B 106/63059 sowie Frankfurter Allgemeine Zeitung vom 27. April 1954 „Staat im Staate" und Süddeutsche Zeitung vom 1. Juli 1954 „Apropos Staatssicherheit..").

[54]) In dem Entwurf vom 6. Juli 1954 wurden die Aufgaben des Verfassungsschutzes und die gesetzlichen Grundlagen für seine Tätigkeit, die Methoden der Behörden bei der Durchführung ihrer Aufgaben sowie die zwischen Bund und Ländern noch zu klärenden Fragen behandelt (B 106/63059 und B 136/4367).

[55]) Vgl. 15. Sitzung TOP B.

daß der Bundestagsabgeordnete Dr. Reinhold Maier gegebenenfalls das Wort ergreife[56]). Auch der Bundesminister für Angelegenheiten des Bundesrates meldet Bedenken gegen die geplante Erörterung im Bundestag an. Der Bundeskanzler berichtet dem Kabinett über die Hintergründe seiner Meinungsverschiedenheiten[57]) mit Reinhold Maier. Der Bundesminister des Innern hält an seiner Auffassung fest, daß die Bundesregierung an einer Stellungnahme nicht vorbeigehen könne. Die gegen den Verfassungsschutz gerichteten Angriffe seien auf das Bundesamt für Verfassungsschutz konzentriert worden. Diesem müsse man jedoch entgegentreten. Er könne nicht empfehlen, die Initiative dem Bundestagsausschuß für den Verfassungsschutz zu überlassen[58]). Es sei diesem Ausschuß unbenommen, Einzelfragen zu erörtern. Wenn der Ausschuß dies wolle, möge er dies ihm, dem Bundesminister des Innern, zur Kenntnis bringen. Er werde dann in geeigneter Weise Stellung dazu nehmen. Im übrigen könne man auf die Bundestagsdebatte in der Weise Einfluß nehmen, daß die Erörterung von Einzelfragen vermieden werde. Er bittet daher das Kabinett nochmals, die vorgebrachten Bedenken fallen zu lassen. Bundesminister Strauß unterstützt den Bundesminister des Innern und bemerkt, daß ausländische Stimmen eine eindeutige Stellungnahme der Bundesregierung zu diesen Vorgängen für unerläßlich hielten. Der Bundesminister für Wohnungsbau berichtet dem Kabinett über eine Beratung der FDP-Fraktion, die zum Ergebnis gekommen sei, den Bundesminister des Innern zu bitten, zunächst von einer Regierungserklärung abzusehen und zunächst zu versuchen, innerhalb der Koalition zu einer übereinstim-

---

[56]) Maier konnte an der BT-Sitzung wegen einer Erkrankung nicht teilnehmen (vgl. sein Telegramm an Schröder, mit Eingangsstempel vom 8. Juli 1954, in B 106/63059). Er nahm in der BT-Sitzung am 16. Sept. 1954 zu dieser Frage Stellung (STENOGRAPHISCHE BERICHTE Bd. 21 S. 1966 f.).

[57]) Maier hatte sich dagegen verwahrt, daß Adenauer Dehler über einen Bericht des Bundesamtes für Verfassungsschutz vom 20. Mai 1954 unterrichtet hatte (Schreiben an Adenauer vom 1. Juni 1954 in B 106/63059). Die „noch unbestätigte Nachricht" besagte, Dr. Hermann Etzel habe behauptet, nach seinem Gespräch mit Molotov in Genf mit Maier Kontakt aufgenommen zu haben. Maier sei auch bereit, sich an der geplanten Reise Pfleiderers nach Moskau zu beteiligen. Außerdem habe Maier erklärt, „es sei im Augenblick wichtig, die ‚Adenauer-hörigen' FDP-Minister von dem verständigungsbereiten Teil der Mitgliederschaft zu isolieren" (Bericht des Bundesamtes für Verfassungsschutz an den BMI und das Bundeskanzleramt vom 20. Mai 1954, ebenda). Maier hatte Adenauer erklärt, er sei mit der Absicht Pfleiderers einverstanden, plane jedoch keine Reise nach Moskau. „Adenauerhörige" Mitglieder der FDP-Fraktion kenne er nicht. Im übrigen habe Adenauer seine Geheimhaltungspflicht verletzt und den Bericht des Bundesamtes ungeprüft weitergegeben (Schreiben vom 1. Juni, ebenda). Adenauer hatte die Vorwürfe Maiers am 24. Juni 1954 zurückgewiesen (Schreiben an Maier ebenda und als Mitteilung des BPA Nr. 686/54 vom 24. Juni 1954). — Siehe auch den Bericht über ein Schreiben Maiers an Adenauer vom 29. Juni 1954 (Frankfurter Allgemeine Zeitung vom 1. Juli 1954) und den Bericht über die Rundfunkrede Maiers (Frankfurter Allgemeine Zeitung vom 2. Juli 1954). — Seebohm notierte dazu u. a.: „Adenauer möchte offenbar die Auseinandersetzung mit Reinhold Maier." (Nachlaß Seebohm/8c). — Siehe dazu auch Maier, Reinhold, Erinnerungen 1948–1955. Tübingen 1966 S. 470 f.

[58]) Maier hatte in seinem Schreiben vom 1. Juni 1954 angekündigt, den Fall vor den BT-Ausschuß zum Schutze der Verfassung zu bringen.

menden Auffassung zu gelangen⁵⁹). Er regt an, ob man nicht versuchen solle, noch heute nachmittag zu einer solchen Koalitionsvereinbarung zu gelangen. Der Bundeskanzler greift diese Anregung auf und bittet den Bundesminister des Innern, zu versuchen, heute nachmittag eine übereinstimmende Auffassung der Koalitionsparteien zu dieser Frage herzustellen⁶⁰).

[C.] VERLEGUNG DES AMTSSITZES DES BUNDESPRÄSIDENTEN UND DES BUNDES-MINISTERS FÜR GESAMTDEUTSCHE FRAGEN NACH BERLIN

Der Bundesminister für gesamtdeutsche Fragen bringt sein Bedauern darüber zum Ausdruck, daß die beiden Anträge der Fraktion der DP wegen der Verlegung des Amtssitzes des Bundespräsidenten und des Bundesministers für gesamtdeutsche Fragen nach Berlin⁶¹) in der morgigen Sitzung des Bundestages behandelt werden sollen. Er regt an, zu versuchen, diesen Punkt von der Tagesordnung abzusetzen. Auch der Bundeskanzler hält eine solche Beratung im Hinblick auf die außenpolitische Situation für äußerst ungeschickt. Bundesminister Dr. Tillmanns glaubt, daß es möglich sein müsse, die Anträge den zuständigen Ausschüssen zur Beratung zuzuweisen und somit eine Aussprache zu vermeiden. Der Bundeskanzler übernimmt es, den Bundestagsabgeordneten Dr. von Merkatz⁶²) zu bitten, die Begründung der Anträge seiner Partei in diesem Sinne zu gestalten⁶³).

---

⁵⁹) Seebohm hielt dazu fest: „Hellwege: DP würde sich kritisch zum Verfassungsschutz, insbesondere zu den Landesämtern, äußern. Blücher: Unzulässige Verwertung von Material/Beschaffung von Material über Unschuldige." (Nachlaß Seebohm/8c).

⁶⁰) Unterlagen nicht ermittelt. — Zur Diskussion in der CDU/CSU-Fraktion siehe das Protokoll über die Sitzung am 7. Juli 1954 S. 7—9 (Nachlaß Barzel/314), zur Stellungnahme der FDP siehe Freie Demokratische Korrespondenz 5. Jg. Nr. 46 vom 8. Juli 1954 S. 5. — Die Regierungserklärung wurde am 8. Juli 1954 von Schröder im BT verlesen — entgegen dem zunächst von der FDP-Fraktion gestellten Antrag — an diesem Tag auch diskutiert (STENOGRAPHISCHE BERICHTE Bd. 20 S. 1720—1743).

⁶¹) BT-Drs. Nr. 584 und 586.

⁶²) Prof. Dr. iur. Hans-Joachim von Merkatz (1905—1982). 1935—1938 Kaiser-Wilhelm-Institut für ausländisches öffentliches Recht und Völkerrecht, 1938—1945 Generalsekretär des Ibero-Amerikanischen Instituts in Berlin; 1946 Rechtsberater des Direktoriums der Deutschen Partei (DP), 1947 Fraktionssekretär und Mitglied des Niedersächsischen Landtages, 1948/49 wissenschaftlicher Mitarbeiter der DP-Fraktion im Parlamentarischen Rat, 1949—1969 MdB, 1953—1955 Fraktionsvorsitzender der DP, 1955 Stellvertretender Vorsitzender, 1960 Eintritt in die CDU; 1949—1952 mit der Wahrnehmung der Geschäfte des StS beim BMBR betraut, 1955—1962 Bundesminister für Angelegenheiten des Bundesrates und jeweils zugleich Bundesminister der Justiz (von 1956—1957) und Bundesminister für Vertriebene, Flüchtlinge und Kriegsgeschädigte (von 1960—1961). — Nachlaß von Merkatz im Archiv für Christlich-Demokratische Politik der Konrad-Adenauer-Stiftung e. V., St. Augustin.

⁶³) In der Sitzung des Bundestages am 8. Juli 1954 begründete von Merkatz zunächst diese beiden Anträge der Fraktion der DP und beantragte dann ihre Überweisung an den Ausschuß für Gesamtdeutsche und Berliner Fragen (federführend) und an den Ausschuß für Rechtswesen und Verfassungsrecht. Nach einer kurzen Aussprache wurden beide Anträge schließlich überwiesen an den Ausschuß für Gesamtdeutsche und Berliner Fragen (federführend) sowie an den Ausschuß für Rechtswesen und Verfassungsrecht und an den Ausschuß für Angelegenheiten der inneren Verwaltung (STENOGRAPHISCHE BERICHTE Bd. 20 S. 1743 B — 1749 D). In der Sitzung des Bundestages am 8. Juni 1955 wurde den

II

1. PROGRAMM DER BUNDESREGIERUNG FÜR FAMILIENPOLITISCHE MASSNAHMEN. BMFa

   [Nicht behandelt][64]

2. TÄTIGKEITSBERICHT 1952/53 DES FORSCHUNGSBEIRATES FÜR FRAGEN DER WIEDERVEREINIGUNG DEUTSCHLANDS BEIM BUNDESMINISTER FÜR GESAMTDEUTSCHE FRAGEN BMG

   [Nicht behandelt][65]

3. ENTWURF EINES GESETZES ZUR SICHERUNG DES EINHEITLICHEN GEFÜGES DER BEZÜGE IM ÖFFENTLICHEN DIENST BMF

   [Nicht behandelt][66]

4. ENTWURF EINES GESETZES ZUR BEKÄMPFUNG DER SCHWARZARBEIT BMA

   [Nicht behandelt][67]

5. ENTWURF EINES GESETZES ÜBER DAS SPEDITIONSGEWERBE BMV

   [Nicht behandelt][68]

6. ENTWURF EINER ERSTEN VERORDNUNG ZUR DURCHFÜHRUNG DES FREMDRENTEN- UND AUSLANDSRENTENGESETZES BMA

   [Nicht behandelt][69]

7. FINANZIERUNG DES WOHNUNGSBAUS DER SOWJETZONENFLÜCHTLINGE BMVt

   [Nicht behandelt][70]

Anträgen des Ausschusses für Gesamtdeutsche und Berliner Fragen zugestimmt, und zwar der BT-Drs. Nr. 1314 „Der Bundestag wolle beschließen: Der Bundestag hält es für erwünscht, daß sowohl Berlin als auch Bonn als Amtssitz des Bundesministeriums für gesamtdeutsche Fragen bestimmt werden" (STENOGRAPHISCHE BERICHTE Bd. 24 S. 4640 A) und der BT-Drs. Nr. 1315 „Der Bundestag wolle beschließen, den Antrag — Drucksache 586 — für gegenstandslos zu erklären" (ebenda S. 4640 C).

[64] Siehe 39. Sitzung TOP 4.
[65] Siehe 39. Sitzung TOP 1.
[66] Siehe 40. Sitzung TOP 1.
[67] Siehe 40. Sitzung TOP 5.
[68] Siehe 40. Sitzung TOP 6.
[69] Siehe 40. Sitzung TOP 10.
[70] Siehe 52. Sitzung TOP 7.

8. PERSONALIEN

[Nicht behandelt][71])

In die Beratung der Tagesordnung wird im Hinblick auf die vorgeschrittene Zeit nicht mehr eingetreten. Sie wird auf einen späteren Zeitpunkt vertagt.

---

[71]) Siehe 39. Sitzung TOP 18.

39. Kabinettssitzung
am Dienstag, den 13. Juli 1954

Teilnehmer: Adenauer (bis 12.15 und ab 12.55 Uhr)[1]), Blücher, Schröder, Neumayer, Schäffer, Erhard, Lübke, Storch, Seebohm, Balke, Preusker (ab 11.00 Uhr), Oberländer, Kaiser, Wuermeling, Tillmanns (bis 12.15 Uhr), F.J. Strauß, Schäfer (bis 13.40 Uhr), Kraft; Globke, Hallstein, Ripken, W. Strauß (bis 10.00 und ab 12.00 Uhr), Thedieck; Klaiber; von Eckardt, Forschbach; Selbach, Kilb; Blank, Ernst (zu TOP 1). Protokoll: Haenlein (zu TOP 2, 16 und B), Pühl (zu allen anderen Punkten).

Beginn: 9.30 Uhr Ende: 13.45 Uhr

[I]

Außerhalb der Tagesordnung

[A.] POLITISCHE LAGE

Der Bundeskanzler vermittelt dem Kabinett seine Auffassung über die Lage in Indochina[2]). Er bedauert in diesem Zusammenhang, daß der Riß zwischen den Vereinigten Staaten und Frankreich im Laufe der letzten Wochen immer größer geworden sei. Dies bedeute letztlich eine weitere Schwächung der westlichen Front. Auf die Frage der Ratifizierung des Vertrages zur Europäischen Verteidigungsgemeinschaft[3]) übergehend, bringt der Bundeskanzler seine Erwartung zum Ausdruck, daß die Abstimmung in der Nationalversammlung die absolute Majorität für den Vertrag bringen werde. Entscheidend wäre nur, daß Mendès-France sich entschließe, den Vertrag vorzulegen. Der Bundeskanzler bedauert erneut die negative Haltung der Opposition, insbesondere des Abgeordneten Ollenhauer, in dieser für die Bundesrepublik so kritischen politischen Situation, die jedoch keineswegs als ungünstig bezeichnet werden könne. Das Verhalten der Opposition habe zur Folge, daß das Ausland bei allen Verhand-

---

[1]) Dem Terminkalender Adenauer ist zu entnehmen, daß er in der Zeit von 12.20 bis 12.45 Uhr eine Besprechung mit Hoyer Millar hatte, an der auch Hallstein teilnahm (StBKAH 04.05). Seebohm notierte in seiner Mitschrift zu dieser Kabinettssitzung, Adenauer sei nach dem Bericht über den Kirchentag (TOP D) abgerufen worden und nach der Beratung des Haushaltsvoranschlags (TOP 2) zurückgekehrt (Nachlaß Seebohm/8c).

[2]) Vgl. 38. Sitzung Anm. 2. – Der Verlauf der Genfer Ostasien-Konferenz 1. bis 15. Juli 1954, 16. bis 21. Juli 1954 (Schluß) in EA 1954 S. 6797 f. und 6827 f., Dokumente der Genfer Konferenz über Indochina (26. April bis 21. Juli 1954) in ebenda S. 6822–6826; FRUS XIII UND XVI; ANNEX II pp. 23–32; Nachlaß Blankenhorn/30a–32b; EDEN pp. 107–145; Cable, James: The Geneva Conference of 1954 on Indochina. London 1986. – Fortgang 91. Sitzung am 13. Juli 1955 TOP C: Genfer Konferenz und Sondersitzung am 27. Juli 1955 TOP B: Politische Lage.

[3]) Vgl. 38. Sitzung Anm. 3. – Fortgang Sondersitzung am 31. Aug. 1954 TOP A: Scheitern des EVG-Vertrages.

lungen mit der Bundesrepublik in der Haltung der SPD ein Unsicherheitsmoment sehen müsse[4]).

[B.] EUROPÄISCHE INTEGRATIONSBESTREBUNGEN[5])

Der Bundesminister für Ernährung, Landwirtschaft und Forsten bringt die Sprache auf die in den nächsten Tagen beginnende Konferenz des Ministerrates der OEEC in London[6]). Dort solle über die Pläne, wie eine weltweite Konvertibilität erzielt werden könne, gesprochen werden. England mit den nordischen Ländern, der Schweiz und Portugal kämpfe dabei gegen einen besonderen europäischen Wirtschaftsraum. Es stelle sich vor allem den französischen Wünschen entgegen, die bisherigen Vorteile, die Frankreich aus seinen Abmachungen auf dem Kontinent habe, aufrechtzuerhalten. Auch der Bundesminister für Wirtschaft vertrete die Ansicht — wie aus seinem „Bericht der Arbeitsgruppe Konvertibilität"[7]) für die Londoner Verhandlungen hervorgehe —, daß diese Präferenzen der Konvertibilität entgegenständen. Der Bundesminister für Ernährung, Landwirtschaft und Forsten ist der Meinung, daß es in erster Linie darauf ankomme, sich in Europa zu verständigen und daß alles vermieden werden müsse, was den Franzosen ihre Mitarbeit bei der Bildung einer europäischen Gemeinschaft erschwere. Er würde es bedauern, wenn die Bemühungen um ei-

---

[4]) So hatte Ollenhauer am 9. Juli 1954 in einem Rundfunkinterview mit Peter Raunau, dem Chefredakteur des Sozialdemokratischen Pressedienstes, die Äußerungen Adenauers in einem Rundfunkinterview mit Friedländer am 2. Juli 1954 kritisiert und erklärt, man könne die ausweglose Situation, in der sich die EVG-Politik befinde, nicht durch Ermahnungen und Drohungen gegen die Partner retten. Die deutsche Sozialdemokratie werde keine Lösung der Frage des deutschen Verteidigungsbeitrages ohne oder gegen Frankreich akzeptieren. Die Gegenüberstellung „EVG oder Nationalarmee" hatte Ollenhauer als irreführend bezeichnet: es sei wohl denkbar, daß man an die Stelle der integrierten Armee eine Koalitionsarmee setze. Ollenhauer hatte sich auch gegen die Bestrebungen gewandt, die Souveränität der Bundesrepublik Deutschland auf der Grundlage des Generalvertrages wiederherzustellen: dieser Vertrag gewähre der Bundesrepublik keine Souveränität (Sozialdemokratischer Pressedienst vom 9. Juli 1954, Anhang — in ZSg. 1—90/28).

[5]) Dazu findet sich in Nachlaß Seebohm/8c folgende Eintragung: „Lübkes Verhandlungen in Paris: europäische Integration auf agrarischem Gebiet. Franzosen wollen nur integrieren, wenn sie besondere Vorteile erhalten (Handelspräferenzen, europäischer Preis). England dagegen; dazu Schweiz, Portugal, Skandinavien: innereuropäische Integration würde weltweite Konvertibilität und Handelsausdehnung verhindern. ‚Agrarunion in Europa nur bei allgem[einer] wirtschaftl[icher] europ[äischer] Integration.' Erhard: so eng hängen diese Probleme nicht zusammen; im Rahmen fortschreitender Konvertibilität müssen durch Zölle nationale Interessen gewahrt werden. Blücher: innereuropäische Konvertibilität führt zu schweren Spannungen in Europa. Erhard: soll Agrarunion fortschreiten, um eine neue Teilintegration neben Montan-Union zu setzen. Konvertibilität ist Voraussetzung weiterer Integrationen."

[6]) Vgl. auch 32. Sitzung TOP A: Europäische Zahlungsunion. — Das vom Ministerrat der OEEC anläßlich seiner Sitzung vom 5. bis 6. Mai 1954 in Paris mit der näheren Prüfung der Probleme der Konvertierbarkeit der Währungen betraute besondere Ministerkomitee (vgl. dazu EA 1954 S. 6625) tagte am 15. und 16. Juli 1954 unter dem Vorsitz des britischen Schatzkanzlers Richard A. Butler in London. Diese Londoner Konferenz faßte keine Beschlüsse, sondern erteilte lediglich Weisungen an die Sachverständigen (ebenda S. 6828 f.).

[7]) Bericht der Arbeitsgruppe „Konvertibilität" vom 6. Juli 1954 in B 102/11176.

ne weltweite Konvertibilität die europäischen Vereinigungsbestrebungen gefährdeten.

Der Bundesminister für Wirtschaft führt aus, daß es zwar das Ziel einer vollkommenen Konvertibilität sei, alle Handelspräferenzen und alle Maßnahmen, die ein Land von dem internationalen Handel absperren, zu beseitigen. Auf dem Wege zu diesem Ziel gebe es jedoch Zwischenstufen, und er trete dafür ein, daß allen Ländern und auch Frankreich genügend Schutz für ihre Einzelmärkte gewährt würde, bis sie in der Lage seien, sich den wirtschaftlich fortgeschrittenen Ländern voll anzuschließen. In London sollten gerade die zur Erreichung einer vollen Konvertibilität notwendigen Übergangsformen besprochen werden.

Der Vizekanzler weist darauf hin, daß die von den Landwirtschaftsministern einiger europäischer Völker vertretene Auffassung nicht ohne weiteres mit der Meinung ihrer Regierungen gleichzusetzen sei. Sollte unsere Währung unbeschränkt umtauschbar gemacht werden, dann seien wir geradezu gezwungen, in verstärktem Maße auf dem europäischen Markt Waren einzukaufen, da wir nicht genügend Dollar zu Käufen im Dollarraum zur Verfügung hätten. Wenn wir durch besondere Absprachen und einschränkende Bestimmungen enge Handelsräume, z. B. einen europäischen Wirtschaftsraum, schaffen würden, handelten wir unlogisch, denn den Engländern, die großen Wert darauf gelegt hätten, in ihrem Commonwealth besondere Handelspräferenzen zugestanden zu erhalten, hätten wir diese Wünsche abgelehnt. Er ist der Meinung, daß die Befürchtungen des Bundesministers für Ernährung, Landwirtschaft und Forsten unbegründet sind.

Der Bundeskanzler stellt außenpolitische Erwägungen in den Vordergrund und bezeichnet die Wirtschaftspolitik als eine Funktion der Außenpolitik. Nur wenn den Franzosen der Absatz ihres Weizens und ihres Zuckers in Europa gesichert werde, seien sie bereit, auch die europäische Gemeinschaft zu fördern. Es sollten deshalb in London von deutscher Seite keine Ansichten geäußert werden, die geeignet wären, der europäischen Gemeinschaft zu schaden.

Das Kabinett beschließt im übrigen, diese besondere Frage durch eingehende Erörterungen im Kabinettsausschuß zu vertiefen[8]).

[C.] HOCHWASSERKATASTROPHE

Der Bundesminister für besondere Aufgaben, Dr. Strauß, berichtet eingehend über seine Eindrücke anläßlich seiner Reise in das Katastrophengebiet[9]). Er hebt hervor, daß sich die hervorragend ausgestatteten amerikanischen Trup-

---

[8]) Sitzung des Kabinett-Ausschusses für Wirtschaft am 13. Juli 1954 TOP 1: Konvertibilität der Währungen; hier: deutsche Stellungnahme auf der bevorstehenden Tagung des Ministerausschusses des Europäischen Wirtschaftsrates in London.

[9]) Vgl. dazu die Eintragung in Nachlaß Seebohm/8c: „Bericht Strauß [. . .] Dank an die USA-Armee. Dem zuständigen Ressortminister wurde das Wort nicht gegeben." — Vorgang „Minister Strauß zur Überschwemmungskatastrophe", 13.—27. Juli 1954 in B 106/15184 (dieser Band ist in der Zwischenzeit im Bundesarchiv kassiert worden). — BT-Drs. Nr. 693—695, 728, 733; MBl. BML 1954 vom 5. Aug. 1954 S. 1.

pen in vorbildlicher Weise eingesetzt hätten. Auch der Einsatz des Technischen Hilfswerks habe sich außerordentlich bewährt. Dagegen habe es sich gezeigt, daß die deutsche Polizei[10]) zu ungenügend ausgerüstet wäre, um den praktischen Erfordernissen in jedem Falle zu entsprechen.

Durch den beispiellosen Einsatz der Amerikaner sei es gelungen, den Verlust von Menschenleben auf das geringste Ausmaß zu beschränken. Der Umfang der Schäden sei zur Zeit noch nicht zu übersehen, auf jeden Fall sehr groß.

Auf Vorschlag des Bundeskanzlers beschließt das Kabinett:
a) Es soll ein Ausschuß aus mehreren Kabinettsmitgliedern zur Beratung über erforderliche Hilfsmaßnahmen eingesetzt werden[11]).
b) Staatssekretär Professor Dr. Hallstein wird beauftragt, eine Dankadresse an die amerikanischen Besatzungstruppen auszuarbeiten[12]).
c) Die Bundesregierung stellt der bayerischen Landesregierung als erste Hilfe zur Abwendung der dringendsten Not einen Zuschuß von 5 Mio DM zur Verfügung[13]).

[D.] EVANGELISCHER KIRCHENTAG IN LEIPZIG

Der Bundesminister für besondere Aufgaben, Dr. Tillmanns, berichtet dem Kabinett eingehend über seine Eindrücke anläßlich des Kirchentages in Leipzig[14]). Wenngleich der Kirchentag eine rein kirchliche Angelegenheit sei, so hätte dieses Ereignis bei den Menschen in der Sowjetzone jedoch bedeutsame politische Eindrücke hinterlassen, wenn auch nicht über Fragen der Politik gesprochen worden sei. Die Teilnehmerzahl sei überraschend groß gewesen und könne nicht geschätzt werden[15]). Hervorzuheben sei die große innere Anteilnahme der Teilnehmer. Während die Aussprachen anfangs zögernd gewesen wären, seien später auch von mitteldeutschen Teilnehmern bemerkenswert offene Reden gehalten worden.

---

[10]) Neben Angehörigen des Bundesgrenzschutzes (Grenzschutzkommando Süd) und des Technischen Hilfswerkes arbeiteten u. a. auch Einheiten der bayerischen Bereitschaftspolizei im Katastropheneinsatz. BULLETIN vom 13. Juli 1954 S. 1143, 1147; BULLETIN vom 14. Juli 1954 S. 1150. – Siehe auch Abb. 5.
[11]) Unterlagen nicht ermittelt.
[12]) Jeweils Dankschreiben Adenauers an James W. Conant und an General William M. Hoge, Oberbefehlshaber der 7. amerikanischen Armee, in BULLETIN vom 15. Juli 1954 S. 1157.
[13]) Danktelegramm der Bayerischen Staatsregierung (Ehard) an Adenauer vom 14. Juli 1954 in B 136/5046, vgl. dazu auch BULLETIN vom 15. Juli 1954 S. 1159. – Weitere einschlägige Unterlagen in B 126/13973; B 136/820; B 146/161, 241a; zahlreiche Mitteilungen des BPA im Zeitraum 9. Juli (Nr. 745/54) bis 9. Aug. 1954 (Nr. 885/54).
[14]) Vgl. 305. Sitzung am 18. Aug. 1953 TOP F: Evangelischer Kirchentag 1953 in Hamburg. – Der 6. Deutsche Evangelische Kirchentag hatte vom 7. bis 11. Juli 1954 in Leipzig unter dem Losungswort „Seid fröhlich in Hoffnung, geduldig in Trübsal, haltet an im Gebet" stattgefunden (BULLETIN vom 15. Juli 1954 S. 1158). – Siehe auch Abb. 6.
[15]) Vgl. dazu die Eintragung in Nachlaß Seebohm/8c: „Bericht über Kirchentag in Leipzig (Tillmanns). Gesamtteilnehmer 80 000. Arbeitsgruppen je 10 000 bis 15 000 [. . .]." Vgl. von den Sitzungen des Sekretariats des ZK die 4. am 5. Mai 1954 TOP 7 und die 7. am 26. Mai 1954 TOP 3 (IfGA, ZPA, J IV 2/3/426 und 429).

311

Die westdeutschen Gäste hätten eine sehr freundliche Aufnahme gefunden, wobei die Absicht der Sowjetzone, einen guten Eindruck zu erwecken, unverkennbar gewesen wäre.

Das Kabinett nimmt den Bericht des Bundesministers Dr. Tillmanns zur Kenntnis[16]).

Auch der Bundeskanzler glaubt, daß die Wirkung des Kirchentages als sehr nachhaltig angesehen werden könne. Er ist jedoch der Meinung, daß die deutsche Presse die Stimmung des Leipziger Kirchentages nicht eindrucksvoll genug wiedergegeben habe. Er bittet den Bundesminister Dr. Tillmanns, in dieser Richtung zu wirken.

Das Kabinett erörtert alsdann die Teilnahme des Bundestagspräsidenten Dr. Ehlers[17]) und des Staatssekretärs Dr. Strauß an dem von Thadden-Trieglaff[18]) veranstalteten Mittagessen[19]), an dem auch Dieckmann[20]) und Nuschke[21]) als Gäste anwesend waren. Hierbei wird auch Staatssekretär Dr. Strauß Gelegenheit gegeben, zu dieser Frage Stellung zu nehmen[22]).

---

[16]) Vgl. dazu auch Pressekonferenz am 13. Juli 1954 mit Bundestagspräsident Dr. Ehlers und Bundesminister Dr. Tillmanns im Bundeshaus (in B 145 I/40).

[17]) Dr. iur. Hermann Ehlers (1904–1954). 1935–1937 Leitung des Bundesrates der Evangelischen Kirche der Altpreußischen Union, 1937–1939 Richter in Berlin (1939 Entlassung), 1940–1945 Kriegsdienst; 1945 Juristischer Oberkirchenrat der Landeskirche Oldenburg, 1946 Mitglied des Rates der Stadt Oldenburg, 1949–1954 MdB (CDU), 1950–1954 Präsident des Deutschen Bundestages. – Ehlers, Hermann: Gedanken zur Zeit. 2. Auflage, Stuttgart 1956; Wenzel, Rüdiger (Bearbeiter): Hermann Ehlers – Präsident des Deutschen Bundestages. Ausgewählte Reden, Aufsätze und Briefe 1950–1954. Herausgegeben und eingeleitet für die Hermann-Ehlers-Stiftung von Karl Dietrich Erdmann. Boppard 1991. – Siehe auch Abb. 7.

[18]) Dr. iur. Reinhold von Thadden-Trieglaff (1891–1976). 1932–1944 Mitglied der Preußischen Generalsynode, gehörte ab 1934 der Bekennenden Kirche an, 1941–1945 Kriegsdienst; 1948–1961 Mitglied des Zentralvorstandes des Weltrates der Kirchen, 1951–1967 Mitglied der Synode der EKD, 1949 Gründer des Deutschen Evangelischen Kirchentages, 1964 Ehrenpräsident des Deutschen Evangelischen Kirchentages.

[19]) Zum gemeinsamen Empfang beim Kirchentagspräsidenten von Thadden-Trieglaff vgl. im einzelnen KEESING 1954 S. 4621.

[20]) Johannes Dieckmann (1893–1969). 1919–1933 Sekretär der Deutschen Volkspartei für die Bezirke Niederrhein, Hannover und Sachsen; 1930–1933 Mitglied des Sächsischen Landtages. 1945 Mitbegründer der Liberal-Demokratischen Partei Deutschlands (LDPD), 1946–1952 Mitglied des Sächsischen Landtages, 1948–1950 Justizminister und stellvertretender Ministerpräsident des Landes Sachsen, 1949–1969 Präsident der Volkskammer der DDR und stellvertretender Vorsitzender der LDPD.

[21]) Otto Nuschke (1883–1957). 1906–1909 Generalsekretär der Fortschrittlichen Volkspartei, 1919 Mitglied der Weimarer Nationalversammlung, 1921–1933 Mitglied des Preußischen Landtages (DDP, DStP); 1945 Mitbegründer der CDU in der Sowjetischen Besatzungszone, 1948–1957 Vorsitzender der Christlich-Demokratischen Union Deutschlands (CDUD), 1949–1957 stellvertretender Ministerpräsident der DDR. – Siehe auch Abb. 8.

[22]) Vgl. dazu die Eintragung in Nachlaß Seebohm/8c: „[...] Einladung, insbesondere Strauß–Nuschke, Ehlers–Dieckmann, soll noch Nachspiele haben. Adenauer wirft Strauß vor, daß er dahin gegangen ist. Private Einladung Thaddens. Gemeinsame Fotos, gemeinsame Postkarten an Freunde. Strauß kommt wieder: Auseinandersetzung mit Adenauer." – Der Nachlaß Walter Strauß befindet sich im Institut für Zeitgeschichte, München.

[E.] GENEHMIGUNG DER BUNDESREGIERUNG ZU EINER VERNEHMUNG ALS ZEUGE

Das Kabinett erteilt dem Bundesminister für gesamtdeutsche Fragen die von diesem beantragte Genehmigung zur Vernehmung als Zeuge[23]) in der Strafsache gegen den Redakteur Wilhelm Riepekohl[24]) in Nürnberg.

II

1. TÄTIGKEITSBERICHT 1952/53 DES FORSCHUNGSBEIRATES FÜR FRAGEN DER WIEDERVEREINIGUNG DEUTSCHLANDS BEIM BUNDESMINISTER FÜR GESAMTDEUTSCHE FRAGEN
BMG

Der Bundesminister für wirtschaftliche Zusammenarbeit berichtet über das Ergebnis der Chefbesprechung vom 30. 6. 1954. Die Wünsche der beteiligten Bundesressorts seien weitgehend berücksichtigt worden. Lediglich mit dem Bundesminister für Wirtschaft sei wegen einzelner Fragen Übereinstimmung nicht erzielt worden[25]). Der Bundesminister für Wirtschaft betont ausdrücklich, daß er die Arbeit des Beirats, Material für eine künftige Wiedervereinigung zu sammeln, als sehr wertvoll ansehe; jedoch halte er es nicht für richtig, die vom Beirat aufgestellten wirtschaftlichen Thesen zu veröffentlichen. Auch die Bundesminister der Finanzen und für gesamtdeutsche Fragen tragen einige Änderungswünsche vor[26]). Nachdem jedoch Ministerialdirektor a. D. Dr. Ernst das Kabinett darauf hingewiesen hat, daß in dem vorgelegten Bericht[27]) unter dem Kapitel II A Ziffer 1 ausdrücklich darauf hingewiesen sei, daß alles, was durch den Forschungsbeirat erarbeitet wurde, nur Material für weitere Maßnahmen des Bundesministers für gesamtdeutsche Fragen und der gesamten Bundesregie-

---

[23]) Vgl. 253. Sitzung am 21. Okt. 1952 TOP E. — Vorlage des BMG vom 2. Juli 1954 in B 137/5730 und B 136/1737; ebenda Anordnung des Amtsgerichts Nürnberg vom 10. Mai 1954, in dem Strafverfahren gegen Riepekohl (wegen Vergehens der üblen Nachrede u. a.) Kaiser als Zeugen durch das Amtsgericht Bonn vernehmen zu lassen. Kaiser beabsichtigte, folgende Erklärungen abzugeben: „Zu a) Von der Existenz des BDJ habe ich Kenntnis gehabt, nicht jedoch von der des Technischen Dienstes. Zu b) Es ist weder mir noch der Bundesregierung bekannt gewesen, daß der BDJ sich mit der Ausbildung von Partisanen befaßte. Zu c) Ich weiß nichts davon, daß die Geldmittel, die dem BDJ in seiner Eigenschaft als Jugendorganisation zugeflossen sind, zur Ausbildung von Partisanen oder Widerstandskämpfern verwendet werden sollten und tatsächlich verwendet worden sind." — Zu der im Sept. 1952 durch die hessische Polizei ausgehobenen „Partisanenorganisation", die Anfang 1951 von Führern des antikommunistischen Bundes Deutscher Jugend (BDJ) unter der Bezeichnung „Technischer Dienst des BDJ" gegründet worden war, vgl. im einzelnen KABINETTSPROTOKOLLE Bd. 5 S. LXXIII–LXXV. — Gegen mehrere Angehörige des Technischen Dienstes des BDJ und Funktionäre des BDJ wurden von der Bundesanwaltschaft Ermittlungsverfahren eingeleitet, die sich zum Teil bis zum Jahre 1957 hinzogen und dann ergebnislos eingestellt wurden (B 106/15588, B 136/4430).
[24]) Wilhelm Riepekohl (1893–1975). 1919–1921 Berichterstatter der Volksstimme, Magdeburg; 1922–1933 Redakteur der Fränkischen Tagespost, Nürnberg; 1933–1949 Emigration. Seit 1949 Chefredakteur der Fränkischen Tagespost, Nürnberg.
[25]) Vgl. 37. Sitzung TOP D. — Vermerk des BMWi vom 9. Juli 1954 in B 102/13315, weitere einschlägige Unterlagen in B 102/13316 und B 136/963.
[26]) Vgl. dazu im einzelnen die Eintragung in Nachlaß Seebohm/8c.
[27]) Anlage der Vorlage des BMG vom 18. Mai 1954 (B 137/5723 und B 136/963).

rung sein kann, erklärt sich das Kabinett mit der Veröffentlichung des Berichts in der vorgelegten Fassung unter Berücksichtigung der Änderungen auf Grund der Kabinettsvorlage des Bundesministers für gesamtdeutsche Fragen vom 8. 7. 1954[28]) einverstanden[29]).

2. STAND DES HAUSHALTSVORANSCHLAGES 1955 BMF

Der Vizekanzler bemerkt einleitend, daß heute wohl kaum zu den Einzelvorschlägen, die der Bundesminister der Finanzen in seinem Schreiben vom 30. 6. 1954 an die Kabinettsmitglieder gemacht habe[30]), Stellung genommen werden könne.

Der Bundesminister der Finanzen betont, er habe dieses Schreiben an die Bundesminister gerichtet, um offensichtlichen Mißverständnissen zu begegnen. Er habe nicht die Absicht, schon jetzt über einzelne Etatpositionen zu verhandeln. Er bitte aber um volle Unterstützung des Kabinetts bei seinen allgemeinen Bemühungen, den Haushalt 1955 abzugleichen und den zum Teil sehr weitgehenden Forderungen an den Bund zu begegnen. So hätten beispielsweise bestimmte Importeurkreise und auch das Land Bremen besondere Zugeständnisse bei der Rücklagenbildung gewünscht[31]). Er habe diese Forderungen bisher abgelehnt. Im Bundestag sei aber von den Vertretern der Bundesministerien für Wirtschaft und für wirtschaftliche Zusammenarbeit das Einverständnis zu diesen Wünschen erklärt worden[32]). Die Verwirklichung der erhobenen Forderungen würde den Bundeshaushalt mit mehreren hundert Millionen DM belasten. Es sei völlig unmöglich, daß im Parlament von ihm und den anderen Ressorts widersprechende Erklärungen in derart bedeutungsvollen Fragen abgegeben würden; und er bittet dringend, in Zukunft vorher die Übereinstimmung mit dem Bundesminister der Finanzen herbeizuführen.

Der Bundesminister der Finanzen erläutert sodann im einzelnen die in seinem Schreiben vom 30. 6. 1954 enthaltenen Vorschläge[33]). Sein Hauptanliegen ist, festzustellen, welches für 1955 die vordringlichsten Mehrausgaben sind. Er möchte, daß diese Frage im Kabinett entschieden wird und daß er nicht gezwungen werde, sich allein mit den Ressorts in jeder einzelnen Frage auseinanderzusetzen[34]).

---

[28]) Vorlage in ebenda.
[29]) Zur Übergabe der Druckschrift „Forschungsbeirat für Fragen der Wiedervereinigung Deutschlands beim Bundesminister für gesamtdeutsche Fragen, Erster Tätigkeitsbericht 1952/1953 (Auszug). Herausgegeben vom Bundesministerium für gesamtdeutsche Fragen. Bonn 1954", welche den Zeitraum 24. März 1952 bis 31. Dezember 1953 umfaßt, an die Öffentlichkeit am 17. Aug. 1954 in Bonn anläßlich der Pressekonferenz mit Staatssekretär Thedieck vgl. B 137 I/30 und Pressekonferenz am 17. Aug. 1954 in B 145 I/41.
[30]) Vgl. 37. Sitzung TOP 2. — Vorlage des BMF vom 30. Juni 1954 in B 136/572.
[31]) Siehe dazu das Schreiben des Staatlichen Außenhandelskontors Bremen an den BMWi vom 12. Jan. 1954 in B 102/5935.
[32]) Nicht ermittelt.
[33]) Die Vorschläge entsprachen den als Anlage zur 37. Sitzung TOP 1 abgedruckten „Anträgen".
[34]) Art. 110 Abs. 2 GG bestimmt, daß der Haushalt vor Beginn des Rechnungsjahres festgestellt wird. — § 22 der 1954 noch geltenden Reichshaushaltsordnung in der Fassung vom

Zum Schluß macht er darauf aufmerksam, daß die Aufstellung der Haushaltsvoranschläge spätestens bis zum 20. 8. 1954 beendet sein muß, damit die verfassungsmäßige Frist eingehalten werden kann.

Der Bundesminister für Verkehr schließt sich der Auffassung an, daß im Kabinett eine Abgleichung über die Dringlichkeit bestimmter Großobjekte vorgenommen werden soll.

Auch der Bundesminister für Wohnungsbau spricht sich dafür aus, gewisse grundsätzliche Fragen, wie z. B. die Frage, ob in erster Linie Mittel für den Verkehr oder für den Wohnungsbau gegeben werden sollen, im Kabinett nach politischen Gesichtspunkten zu entscheiden.

Der Vizekanzler und der Bundesminister des Innern wünschen, daß für diese Entschließung des Kabinetts vom Bundesminister der Finanzen noch genauere ziffernmäßige Unterlagen und Aufstellungen über die Anforderungen der Ressorts gegeben werden möchten.

Nach eingehender Aussprache wird auf Vorschlag des Bundesministers der Finanzen folgendes Verfahren vorgesehen:

Am Samstag, den 17. 7. 1954, soll eine Vorbesprechung mit den Staatssekretären stattfinden, in der diese über die finanzielle Situation und über die wichtigsten Fragen, die einer Entscheidung bedürfen, unterrichtet werden sollen[35]. In der zweiten Hälfte des Juli, etwa um den 28. 7. 1954 herum, wird der Bundesminister der Finanzen seinen Urlaub unterbrechen, um sodann mit den Ressortchefs selbst diese Besprechungen fortzuführen[36].

3. BERICHT ÜBER DIE ORGANISATORISCHEN VORAUSSETZUNGEN ZUR VORBEREITUNG DER SOZIALREFORM   BMA

Einleitend nimmt der Bundesminister für Arbeit zu dem vorgelegten Bericht der Gutachter eingehend Stellung[37]. Nach seiner Meinung hätten die Gutachter die ihnen vom Kabinett zugewiesene Aufgabe nicht richtig aufgefaßt. Es sei doch eigentlich ihre Aufgabe gewesen, zu prüfen, ob und in welcher Weise der

---

14. April 1930 (siehe dazu Haushaltsgesetz 1949 und Vorläufige Haushaltsordnung vom 7. Juni 1950, BGBl. 199) besagte, daß der Entwurf des Haushaltsplanes dem Reichsrat spätestens am 1. Nov., dem Reichstag spätestens am 5. Jan. vor Beginn des Rechnungsjahrs vorzulegen sei (RGBl. II 693).

[35] In der Besprechung am 17. Juli 1954 wurden die Staatssekretäre „auf die prekäre Lage des Bundeshaushalts hingewiesen und [. . .] über die Haupteinnahme- und -ausgabeposten unterrichtet" (Vermerk vom 2. Aug. 1954 in B 136/572). Außerdem wurde ihnen eine Aufstellung des Haushaltsvoranschlags, Stand 15. Juli 1954, übergeben (ebenda). – Siehe auch die Ausführungen Schäffers in einer nichtdatierten Besprechung, in der er „den Haushaltsreferenten der Bundesministerien und geladenen Gästen einen Überblick über die gegenwärtige Haushaltslage unter besonderer Berücksichtigung des Bundeshaushaltsplans für 1955" gab (BULLETIN vom 21. Sept. 1954 S. 1563 f.).

[36] Die Chefbesprechung hat am 28. Juli 1954 nicht stattgefunden (Vermerk vom 2. Aug. 1954 in B 136/572). – Fortgang 50. Sitzung TOP 2.

[37] Vgl. 34. Sitzung TOP 2. – Der am 18. Juni 1954 vorgelegte Bericht war dem Bundeskanzleramt am 23. Juni 1954 vom BMF zugeleitet worden (B 126/10941 und B 136/1363). Der Bundeskanzler hatte den BMA am 8. Juli 1954 aufgefordert, den Bundesministern den Bericht vorzulegen (ebenda, mit Vermerk „ab 8. 7. 10.10 durch Sonderboten"). Storch hatte der Aufforderung noch am 8. Juli 1954 entsprochen (Vorlage in B 136/1363).

Beirat beim Bundesministerium für Arbeit erweitert werden müsse. Statt dessen hätten die Gutachter sich für eine Auflösung des Beirats ausgesprochen und dafür eine unabhängige Studienkommission vorgeschlagen. Bei der Beurteilung einer organisatorischen Frage müsse man von dem vorliegenden Aufgabenkreis ausgehen. Dabei sei wohl nicht zu verkennen, daß das Schwergewicht eindeutig beim Bundesministerium für Arbeit liege. Er habe auch erhebliche Bedenken gegen die in Aussicht genommene personelle Zusammensetzung der vorgeschlagenen Kommission[38]). Darüber hinaus müsse er betonen, daß der Beirat seine Arbeiten schon so weit vorangetrieben habe, daß beispielsweise der Arbeitsausschuß für Grundsatzfragen schon im September dem Kabinett gewisse Leitsätze zur Beschlußfassung vorlegen könne. Nach seiner Meinung würde es genügen, zu prüfen, ob der vorhandene Beirat vielleicht noch erweitert werden bzw. eine andere personelle Zusammensetzung erfahren sollte. Er müsse befürchten, daß die vorgeschlagene unabhängige Kommission mindestens ein Jahr brauche, um die ersten greifbaren Ergebnisse vorlegen zu können. Das würde auf eine weitere Verzögerung der Sozialreform hinauslaufen. Leider hätte auch schon die Presse Meldungen herausgegeben, die davon sprächen, daß das Bundeskabinett die Errichtung einer unabhängigen Kommission beschlossen habe und daß dieser Beschluß als ein Mißtrauensvotum gegen ihn angesehen würde. Es sei weiter in Presseverlautbarungen zum Ausdruck gekommen, daß man eine Veröffentlichung der bisherigen Arbeitsergebnisse des Beirats vermisse[39]). Eine Aussprache über die Arbeitsergebnisse des Beirats in der Öffentlichkeit halte er jedoch für sehr bedenklich. Auf die Frage des Vorsitzes im Beirat übergehend, betont der Bundesminister für Arbeit, daß der Beirat übereinstimmend zu dem Beschluß gekommen sei, daß er den Vorsitz behalten solle. Der Beirat habe sich dabei von dem Gedanken leiten lassen, daß man in einem zu hohen Maße auf die Unterlagen des Bundesministeriums für Arbeit angewiesen sei, als daß man auf den Vorsitz durch ihn verzichten könne[40]). Es bestände auch nach seiner Meinung die Gefahr, daß man zu sehr im luftleeren Raum arbeiten würde und ohne genügende Verbindung mit der Verwaltung, wenn der Vorsitz einer unabhängigen Persönlichkeit übertragen würde.

Auch er sei der Meinung, daß eine Gesamtkodifizierung des Sozialrechts erforderlich sei; jedoch dürfe man die Schwere der Aufgabe nicht verkennen. Die Sozialversicherungsgesetzgebung habe seinerzeit zur Fertigstellung sieben Jahre in Anspruch genommen[41]). Abschließend bittet er das Kabinett, dem vorliegenden Gutachten nicht zuzustimmen, sondern zu prüfen, ob und in welchem Umfange man den Beirat erweitern sollte.

---

[38]) Dem Bericht war eine Liste der zu berufenden Mitglieder und von Sachverständigen beigegeben worden. Neben der Berufsbezeichnung war auch die Parteizugehörigkeit vermerkt worden.

[39]) Presseausschnitte in B 126/10940.

[40]) Vgl. Niederschrift über die Sitzung des Beirats am 3. Mai 1954 (B 149/410 und B 136/1363).

[41]) Zur Entstehung der Sozialversicherungsgesetze im Kaiserreich siehe Syrup, Friedrich: Hundert Jahre Staatliche Sozialpolitik, 1839–1939. Stuttgart 1957 S. 113–128.

Demgegenüber bemerkt der Bundeskanzler, daß im Hinblick auf die weittragende politische Bedeutung der Sozialreform ein Beirat beim Bundesarbeitsministerium als nicht ausreichend für die Vorbereitung der Sozialreform angesehen werden könne. Eine unabhängige Kommission sei mehr als ein Beirat. Auch er sei der Meinung, daß die Kommission nicht ohne laufende Verbindung mit den beteiligten Bundesressorts arbeiten könne und dürfe. Er sei aber im Gegensatz zu dem Bundesminister für Arbeit der Auffassung, daß die Kommission von Zeit zu Zeit mit ihren Ergebnissen an die Öffentlichkeit treten sollte. Nur so könne die Bundesregierung die genügende Autorität für etwa zu ergreifende schwerwiegende Maßnahmen in der Öffentlichkeit gewinnen. Eine so große politische Aufgabe, wie sie die Sozialreform darstelle, könne man nicht nur als die Arbeit eines Ministers oder der Bundesregierung ansehen, sondern sie müsse getragen werden von allen auf dem Gebiet der Sozialpolitik maßgebenden Kräften in der Bundesrepublik. Die Errichtung einer unabhängigen Kommission sei keineswegs ein Novum. Man sei doch auch bei der Reform des Wahlrechts zu einer ähnlichen Lösung gekommen[42]. Was den Vorsitz anbelange, so hält es der Bundeskanzler für nicht richtig, diesen einem Minister zu übertragen. Der Vorsitz müsse vielmehr von einer unabhängigen Persönlichkeit ausgeübt werden. Der Bundesminister für das Post- und Fernmeldewesen spricht sich für die Beibehaltung des Beirats aus mit der Begründung, daß die deutsche Sozialwissenschaft mehr in die Richtung von Beveridge tendiere und sich daher schwerlich mit den Zielen der deutschen Wirtschaftspolitik vereinbaren lasse. Es bestände daher die Gefahr, daß eine unabhängige Kommission von deutschen Sozialpolitikern Vorschläge unterbreiten würde, die der Politik der Bundesregierung zuwiderliefen. Der Bundeskanzler bemerkt, daß gerade diese Gesichtspunkte für ihn maßgebend seien, führende deutsche Sozialpolitiker zu den Fragen einer Sozialreform zu hören. Würde man dies nicht tun, so würden diese Persönlichkeiten bei den Beratungen im Parlament im Bundestag mittelbar oder unmittelbar zu Worte kommen und gegebenenfalls gegen die nur von der Bundesregierung ausgearbeiteten Vorschläge Stellung nehmen. Er glaube, daß gerade die jüngsten Erfahrungen mit den Verkehrsgesetzen[43] die Richtigkeit seiner Auffassung bewiesen hätten.

Im Hinblick auf die vorgeschrittene Zeit wird die Erörterung über diese Frage abgebrochen. Der Bundeskanzler nimmt die Weiterberatung dieser Frage und ihre Entscheidung unmittelbar nach Beendigung seines Urlaubs in Aussicht[44].

---

[42] Vgl. 37. Sitzung TOP C.
[43] Zur Diskussion des vom Kabinett in der 27. Sitzung TOP 2a verabschiedeten Verkehrsfinanzgesetzes (vgl. auch 34. Sitzung TOP 5) im BT am 9. und 10. Juli 1954 siehe STENOGRAPHISCHE BERICHTE Bd. 20 S. 1776–1843 und 1849–1868.
[44] Storch hatte in einem Schreiben an das Bundeskanzleramt am 24. Juli 1954 um eine Änderung des letzten Satzes des Protokolls zu diesem TOP gebeten. Adenauer habe erklärt, daß er, Storch, „die Vorarbeiten zur Sozialreform in der bisherigen Form fortführen" und daß die organisatorischen Fragen „zu gegebener Zeit" wieder besprochen werden sollten (B 136/4799). Der Protokollführer lehnte eine Berichtigung ab (Schreiben an den BMA

4. PROGRAMM DER BUNDESREGIERUNG FÜR FAMILIENPOLITISCHE MASSNAHMEN BMFa

Der Bundesminister für Familienfragen bittet das Kabinett um Billigung des von ihm vorgelegten Programms[45]), um der Presse eine Gesamtkonzeption der Bundesregierung bekanntgeben zu können. Von den Bundesministern für wirtschaftliche Zusammenarbeit, der Finanzen und des Innern werden noch einige Änderungswünsche vorgebracht. Es wird jedoch auf die Berücksichtigung dieser Änderungswünsche verzichtet, nachdem auf Anregung des Bundeskanzlers das Kabinett den vorgelegten Bericht lediglich als Arbeitsgrundlage zur Kenntnis genommen und beschlossen hat, auf eine Veröffentlichung zu verzichten[46]). Es wird auf Wunsch des Bundeskanzlers in Aussicht genommen, über die im Zusammenhang mit der Familienpolitik stehenden bedeutsamen Probleme, insbesondere über Fragen der Bevölkerungspolitik, später noch eingehend zu sprechen[47]).

5. ENTWURF EINES GESETZES ZUR SICHERUNG DES EINHEITLICHEN GEFÜGES DER BEZÜGE IM ÖFFENTLICHEN DIENST BMF

[Nicht behandelt][48])

6. ENTWURF EINES GESETZES ZUR BEKÄMPFUNG DER SCHWARZARBEIT BMA

[Nicht behandelt][49])

7. ENTWURF EINES GESETZES ÜBER DAS SPEDITIONSGEWERBE BMV

[Nicht behandelt][50])

8. GENEHMIGUNG DES HAUSHALTSPLANES DER BUNDESANSTALT FÜR ARBEITSVERMITTLUNG UND ARBEITSLOSENVERSICHERUNG FÜR DAS RECHNUNGSJAHR 1953 UND ERTEILUNG EINER AUSGABEERMÄCHTIGUNG FÜR DAS RECHNUNGSJAHR 1954 DURCH DIE BUNDESREGIERUNG BMA

[Nicht behandelt][51])

---

vom 31. Juli 1954, ebenda). — Fortgang 48. Sitzung TOP 1. — Vgl. auch 45. Sitzung TOP A b.
[45]) Vgl. 36. Sitzung TOP 1. — Der BMFa hatte seine Vorlage vom 29. Juni 1954 mit geringfügigen Änderungen am 3. Juli 1954 erneut vorgelegt (B 153/2708 und B 136/6134).
[46]) Wuermeling hielt beim Cartell-Verband der katholischen deutschen Studentenverbindungen (CV) am 1. Aug. 1954 einen Vortrag, dessen im BULLETIN veröffentlichter Text zum Teil wörtlich mit der Kabinettsvorlage übereinstimmt (BULLETIN vom 5. Aug. 1954 S. 1289—1291).
[47]) Fortgang 162. Sitzung am 5. Dez. 1956 (TOP 4).
[48]) Siehe 40. Sitzung TOP 1.
[49]) Siehe 40. Sitzung TOP 5.
[50]) Siehe 40. Sitzung TOP 6.
[51]) Vorlage des BMA vom 30. Juni 1954 in B 136/733. Weitere Unterlagen in B 149/5989. — Die Vorlage wurde im Umlaufverfahren verabschiedet (Schreiben des Bundeskanzleramtes vom 25. Juli 1954 in B 136/733.

9. ENTWURF EINES GESETZES ÜBER EINE BERUFSORDNUNG DER VEREIDIGTEN BUCHPRÜFER (BUCHPRÜFERORDNUNG); STELLUNGNAHME DER BUNDESREGIERUNG ZU DEN ÄNDERUNGSVORSCHLÄGEN DES BUNDESRATES BMWi

   [Nicht behandelt][52]

10. ENTWURF EINES GESETZES ÜBER EINE BERUFSORDNUNG DER WIRTSCHAFTSPRÜFER (WIRTSCHAFTSPRÜFERORDNUNG); STELLUNGNAHME DER BUNDESREGIERUNG ZU DEN ÄNDERUNGSVORSCHLÄGEN DES BUNDESRATES BMWi

    [Nicht behandelt][53]

11. ENTWURF EINES GESETZES ÜBER DIE RECHTSVERHÄLTNISSE DER STEUERBERATER UND STEUERBEVOLLMÄCHTIGTEN (STEUERBERATUNGSGESETZ); STELLUNGNAHME DER BUNDESREGIERUNG ZU DEN ÄNDERUNGSVORSCHLÄGEN DES BUNDESRATES BMF

    [Nicht behandelt][54]

12. ENTWURF EINES GESETZES ÜBER DEN BEITRITT DER BUNDESREPUBLIK DEUTSCHLAND ZU DEN INTERNATIONALEN GESUNDHEITSVORSCHRIFTEN VOM 25. MAI 1951 (VORSCHRIFTEN NR. 2 DER WELTGESUNDHEITSORGANISATION) BMI/AA

    [Nicht behandelt][55]

13. ENTWURF EINER ERSTEN VERORDNUNG ZUR DURCHFÜHRUNG DES FREMDRENTEN- UND AUSLANDSRENTENGESETZES BMA

    [Nicht behandelt][56]

14. ENTWURF EINER VERORDNUNG ZUR UMSIEDLUNG VON VERTRIEBENEN UND FLÜCHTLINGEN AUS ÜBERBELEGTEN LÄNDERN BMVt

    [Nicht behandelt][57]

15. FINANZIERUNG DES WOHNUNGSBAUS DER SOWJETZONENFLÜCHTLINGE BMVt

    [Nicht behandelt][58]

---

[52]) Siehe 40. Sitzung TOP 2.
[53]) Siehe 40. Sitzung TOP 3.
[54]) Siehe 40. Sitzung TOP 4.

39. Kabinettssitzung am 13. Juli 1954

16. ENTWURF EINES GESETZES ÜBER DIE ABGELTUNG VON BESATZUNGSLEISTUNGEN UND BESATZUNGSSCHÄDEN (INITIATIVANTRAG DER FDP-ABGEORDNETEN SCHLOSS[59]), DR. PFLEIDERER, EBERHARD[60]), WIRTHS[61]) UND GENOSSEN – BUNDESTAGSDRUCKSACHE 554 DER 2. WAHLPERIODE) BMF

Der Bundesminister der Finanzen führt aus[62]), daß in seinem Hause ein Gesetzentwurf über die Abgeltung von Besatzungsleistungen und Besatzungsschäden ausgearbeitet worden sei[63]). Diesen Entwurf wolle er noch heute den Abgeordneten, die den Initiativantrag der FDP eingebracht haben, und auch Vertretern der anderen Koalitionsparteien aushändigen[64]). Er hoffe, daß damit die erste Lesung des Initiativantrages am 15. 7. 1954 im Bundestag ohne Aussprache vorübergehen und der Antrag den zuständigen Ausschüssen überwiesen werde[65]). Er rechne damit, daß dann im federführenden Ausschuß des Bundestages der Regierungsentwurf zur Grundlage der weiteren Erörterungen gemacht werde.

Das Kabinett nimmt von diesen Ausführungen Kenntnis.

Der Bundesminister für Ernährung, Landwirtschaft und Forsten glaubt, daß in der Öffentlichkeit eine wesentliche Beruhigung eintreten wird, wenn das Bundesministerium der Finanzen die Vergütungen für die anerkannten Schäden schneller auszahlt. Zum Teil müßten die Geschädigten jahrelang auf diese Vergütung warten, obwohl ihr Anspruch bestätigt sei. Wenn dieses Verfahren beschleunigt würde, könne man mit einer erheblichen Erleichterung der Verhandlungen im Bundestag rechnen.

Der Bundesminister der Finanzen erklärt, daß in seinem Gesetzesvorschlag festgelegt wird, wann und in welchem Umfange aus Billigkeitsgründen Zahlungen auf die Entschädigungssumme auch im voraus geleistet werden können[66]).

---

[59]) Hanns Schloß (1903–1986). Prokurist. Mitbegründer der DVP im Bezirk Mannheim-Land, Mitglied des geschäftsführenden Landesvorstandes der FDP, 1946 Mitglied des Landtages von Württemberg-Baden, 1953–1957 MdB.

[60]) Anton Eberhard (1892–1967). Steuer- und Wirtschaftsberater. 1947–1949 Vorsitzender des Bezirksverbandes Pfalz der FDP, 1950–1951 Mitglied des Landesvorstandes Rheinland-Pfalz, 1951–1953 MdL, 1952–1957 und 1959–1961 MdB.

[61]) Carl Wirths (1897–1955). Bauunternehmer, 1946–1949 MdL von Nordrhein-Westfalen, 1949–1955 MdB.

[62]) Der BMF hatte in seiner Vorlage vom 29. Juni 1954 erklärt, daß die in dem Entwurf vorgesehene Regelung zu einer untragbaren finanziellen Belastung des Haushalts führen werde. Er hatte gebeten, das Kabinett möge, falls eine Erklärung der Bundesregierung bei der ersten Lesung im BT erforderlich sein sollte, ihn zu der Aussage ermächtigen, das Kabinett werde gemäß Art. 113 GG dem Entwurf seine Zustimmung versagen (B 126/4944 und B 136/2301).

[63]) Vgl. 262. Sitzung am 27. Nov. 1952 (TOP 1 Anm. 18). – Undatierter Entwurf in B 126/4944, Entwurf vom 28. Aug. 1954 ebenda und in B 136/2301.

[64]) In der Besprechung mit Vertretern der CDU/CSU, FDP und DP am 13. Juli 1954 wurde der Entwurf des BMF nicht übergeben (Vermerk vom 14. Juli 1954 in B 126/4944). Er wurde den Teilnehmern dieser Besprechung am 26. Juli 1954 zugeleitet (ebenda).

[65]) Der Entwurf wurde ohne Beratung dem Ausschuß für Besatzungsfragen (federführend) überwiesen (STENOGRAPHISCHE BERICHTE Bd. 20 S. 1930).

[66]) Der BMF leitete dem Mitglied der CDU/CSU-Fraktion Eduard Wahl am 3. Dez. 1954 eine Neufassung seines Entwurfs mit der Bitte zu, ihn als Initiativentwurf im BT einzubringen (B 126/4944). – BT-Drs. Nr. 1094. – Gesetz vom 1. Dez. 1955 (BGBl. I 734).

17. MITTEILUNG ÜBER DIE IN AUSSICHT GENOMMENEN BESETZUNGEN VON VERTRETUNGEN DER BUNDESREPUBLIK DEUTSCHLAND AA

Gegen die vorgeschlagenen auswärtigen Besetzungen werden Einwendungen nicht erhoben[67]).

18. PERSONALIEN

Gegen die Ernennungsvorschläge werden keine Einwendungen erhoben[68]).

Die Erörterung der Punkte 5 bis 15 wird zurückgestellt.

[F. TERMIN DER NÄCHSTEN KABINETTSSITZUNG]

Als Termin für die nächste Kabinettssitzung wird der 21. Juli 1954 in Aussicht genommen.

---

[67]) Unterlagen nicht ermittelt.
[68]) An Ernennungen waren vorgesehen: im AA ein Gesandter (Dr. iur. Herbert Siegfried); im Geschäftsbereich BMI der Präsident des Bundeskriminalamtes (Dr. iur. Wilhelm Pickel) und ein Kommandeur im Bundesgrenzschutz (Kurt Andersen) sowie im BMI ein Ministerialdirigent (Walter Bargatzky); im Geschäftsbereich BMWi der Präsident der Bundesanstalt für mechanische und chemische Materialprüfung (Prof. Dr. Ing. Maximilian Pfender) und im BMWi ein MinR.; im Geschäftsbereich BMP ein Präsident einer Oberpostdirektion (Dr. iur. Heinrich Drerup); im BMWo ein MinR.; im BMFa ein MinDir. (Edo Osterloh); ferner ein Senatspräsident bei dem Bundesdisziplinarhof (Ernst Reitzenstein) und zwei Bundesanwälte beim Bundesgerichtshof (Josef Hartinger, Dr. iur. Walter Wagner). Darüber hinaus wurde beantragt: vom Bundeskanzleramt (BPA) die Anstellung von Korvettenkapitän a. D. Hansfrieder Rost als Angestellter nach der ADO für übertarifliche Angestellte im öffentlichen Dienst, vom BMA die Weiterbeschäftigung von MinR. a. D. Dr. med. Fritz Paetzold als Angestellter nach der ADO für übertarifliche Angestellte im öffentlichen Dienst sowie die Hinausschiebung des Eintritts in den Ruhestand bis zum 31. Aug. 1955 für den Staatssekretär Maximilian Sauerborn; vom Bundeskanzleramt die Ernennung eines MinR. zum Ministerialdirigenten (Franz Haenlein).

40. Kabinettssitzung
am Mittwoch, den 21. Juli 1954

Teilnehmer: Blücher, Schröder, Neumayer, Erhard, Lübke (bis 16.20 Uhr), Storch (bis 16.30 Uhr), Seebohm (bis 17.30 Uhr), Balke, Preusker, Kaiser, Wuermeling, F. J. Strauß (bis 17.30 Uhr), Schäfer; Hallstein (ab 16.00 Uhr), Nahm, Ripken, Sonnemann (ab 16.20 Uhr), Westrick; Forschbach; Blank, Janz, Oeftering. Protokoll: Haenlein.

Ort: Haus Carstanjen

Beginn: 15.00 Uhr   Ende: 18.00 Uhr

1. ENTWURF EINES GESETZES ZUR SICHERUNG DES EINHEITLICHEN GEFÜGES DER BEZÜGE IM ÖFFENTLICHEN DIENST   BMF

Min.Direktor Prof. Dr. Oeftering berichtet über die Ressortbesprechungen der letzten Zeit, die zu einer starken Annäherung der Standpunkte geführt hätten[1]. Umstritten sei nur noch der § 1, gegen dessen Fassung die Bundesministerien für Arbeit[2] und für wirtschaftliche Zusammenarbeit[3] Bedenken hätten. Das Verlangen, daß für die Zukunft öffentlich-rechtliche Ansprüche nur noch auf Grund einer ausdrücklichen Rechtsnorm entstehen sollten, begründet Min.-Direktor Prof. Dr. Oeftering mit dem Unterschied zwischen dem öffentlichen und privaten Dienst und mit haushaltsrechtlichen Gesichtspunkten.

Der Bundesminister für Arbeit hält es nicht für richtig, eine Regelung zu treffen, durch die Arbeitnehmer des öffentlichen Dienstes in Zukunft schlechter gestellt werden als nach der bisherigen höchstrichterlichen Rechtsprechung.

Der Bundesminister für Familienfragen weist darauf hin, daß im Gegensatz zur privaten Wirtschaft im öffentlichen Dienst eine starke präjudizielle Wirkung davon ausgeht, wenn einzelne öffentlich-rechtliche Körperschaften ihren Arbeitnehmern Zugeständnisse machen.

Mit Rücksicht auf die von Min.Direktor Prof. Dr. Oeftering und dem Bundesminister für Familienfragen vorgetragenen Argumente stellt der Vizekanzler seine Bedenken gegen die Fassung des § 1 zurück. Zu § 2 hält er seine verfassungsrechtlichen Bedenken aufrecht.

Das Kabinett stimmt mit Mehrheit der Vorlage des Bundesministers der Finanzen zu[4].

---

[1]) Vgl. 35. Sitzung TOP 2. – Vermerk vom 28. Juni über die Ressortbesprechung vom 25. Juni 1954 in B 106/7980 und Vermerk vom 25. Juni über dieselbe Besprechung in B 141/1545. – Vorlage des BMF vom 28. Juni 1954 in B 106/7980 und B 136/885.
[2]) Siehe dazu die Vorlage des BMA vom 10. Juli in B 106/7980 und B 136/885.
[3]) Nicht ermittelt.
[4]) BR-Drs. Nr. 272/54. – Fortgang 55. Sitzung TOP 3.

40. Kabinettssitzung am 21. Juli 1954

2. ENTWURF EINES GESETZES ÜBER EINE BERUFSORDNUNG DER VEREIDIGTEN BUCHPRÜFER (BUCHPRÜFERORDNUNG); STELLUNGNAHME DER BUNDESREGIERUNG ZU DEN ÄNDERUNGSVORSCHLÄGEN DES BUNDESRATES   BMWi

3. ENTWURF EINES GESETZES ÜBER EINE BERUFSORDNUNG DER WIRTSCHAFTSPRÜFER (WIRTSCHAFTSPRÜFERORDNUNG); STELLUNGNAHME DER BUNDESREGIERUNG ZU DEN ÄNDERUNGSVORSCHLÄGEN DES BUNDESRATES   BMWi

Der Bundesminister für Wirtschaft trägt vor, daß im Kabinettausschuß eine Einigung erzielt worden ist[5].

Das Kabinett stimmt den auf Grund der Verhandlungen im Kabinettsausschuß neu gefaßten Stellungnahmen des Bundesministers für Wirtschaft zu[6].

4. ENTWURF EINES GESETZES ÜBER DIE RECHTSVERHÄLTNISSE DER STEUERBERATER UND STEUERBEVOLLMÄCHTIGTEN (STEUERBERATUNGSGESETZ); STELLUNGNAHME DER BUNDESREGIERUNG ZU DEN ÄNDERUNGSVORSCHLÄGEN DES BUNDESRATES   BMF

Der Bundesminister für Wirtschaft bemerkt, daß in einer wesentlichen Frage, nämlich darüber, ob die Wirtschafts- und Buchprüfer das Recht erhalten sollen, vor den Finanzgerichten aufzutreten, im Kabinettsausschuß keine Einigung erzielt werden konnte[7]. Er trägt die in der Vorlage vom 16. 3. 1954[8] niedergelegten Gesichtspunkte des Bundeswirtschaftsministeriums hierzu vor und betont besonders die Tatsache, daß nach der augenblicklichen Regelung nur die Berater[9], die unter der Aufsicht des Bundesfinanzministers ständen, das Recht hätten, vor den Finanzgerichten aufzutreten, die von dem Bundesminister der Finanzen unabhängigen Wirtschaftsprüfer aber nicht[10]. Dadurch müsse in der Öffentlichkeit ein ungünstiger Eindruck entstehen. Zweifellos habe dies auch Rückwirkungen auf den Berufsstand, da die Auftraggeber lieber eine Persönlichkeit mit ihrer Interessenvertretung beauftragen, die von Anfang an bis zur etwa notwendigen Entscheidung durch das Gericht eine Angelegenheit bearbeiten und vertreten kann.

Min.Direktor Prof. Dr. Oeftering stellt fest, daß der Kabinettsausschuß den Wunsch des Bundesministers für Wirtschaft abgelehnt habe und daß mit der

---

[5]) Vgl. 10. Sitzung am 1. Dez. 1953 TOP 6. — Vorlage des BMWi vom 9. Juli 1954 zu BR-Drs. Nr. 526 und 527/1954 (jeweils Beschluß) in B 102/12075. — Vgl. dazu Sitzung des Kabinett-Ausschusses für Wirtschaft am 3. Juli 1954 TOP 1a–b.

[6]) Vgl. BT-Drs. Nr. 783 und 784. — Die Buchprüferordnung und die Wirtschaftsprüferordnung wurden im Gesetz über eine Berufsordnung der Wirtschaftsprüfer (Wirtschaftsprüferordnung) vom 24. Juli 1961 (BGBl. I 1049) vereinigt. Siehe auch: 60 Jahre Berufsorganisation der Vereidigten Buchprüfer (Bücherrevisoren) 1896–1956, Verantwortlich für den Inhalt: Dipl.-Volkswirt Karl-Heinz Gerhard, Stuttgart 1956 und Thümmel, Manfred: WP 1931/1981 — 50 Jahre Wirtschaftsprüfer, Jubiläumsschrift der Wirtschaftskammer Düsseldorf, Düsseldorf 1981.

[7]) Vgl. Sitzung des Kabinett-Ausschusses für Wirtschaft am 3. Juli 1954 TOP 1c.
[8]) Vorlage vom 16. März 1954 in B 136/1063.
[9]) Im Entwurf: „Steuerberater" (Kabinettsprotokolle Bd. 23 E).
[10]) Im Entwurf: „die Wirtschaftsprüfer aber nicht" (Kabinettsprotokolle Bd. 23 E).

Regierungsvorlage[11]) nichts an dem augenblicklichen Rechtszustand geändert werde. Er hält es für notwendig, die unterschiedliche Behandlung der beiden Berufe vor den Finanzgerichten beizubehalten, weil auch in den Prüfungen für diese Berufe ein wesentlicher Unterschied bestehe. Während die Steuerberater ein schwieriges Spezialexamen ablegten, würden die Wirtschaftsprüfer in fünf Fächern geprüft, wobei das Steuerfach nur eine Nebenrolle spiele. Im übrigen könne der Wirtschaftsprüfer jederzeit eine steuerliche Ergänzungsprüfung machen und müsse dann auch vor den Finanzgerichten zugelassen werden.

Die Bundesminister für Verkehr, für das Post- und Fernmeldewesen und für den Wohnungsbau schließen sich der Auffassung des Bundesministers für Wirtschaft an. Dabei kommt zum Ausdruck, daß für die Zulassung vor den Finanzgerichten nicht entscheidend sein soll, wer der Aufsicht des Bundesfinanzministers untersteht, sondern wer das Vertrauen seiner Mandanten genießt. Der Bundesminister der Justiz weist auf den unerfreulichen Umstand hin, daß Firmen, die nach dem Gesetz verpflichtet seien, sich für die vorgeschriebenen Prüfungen eines Wirtschaftsprüfers zu bedienen[12]), durch die augenblickliche Regelung gezwungen würden, bei einem Verfahren vor dem Finanzgericht zusätzlich noch einen Steuerberater zu beauftragen. Der Bundesminister für Arbeit hält es für nicht erwünscht, daß es im freien Ermessen der Finanzgerichte liegt, ob sie einen Wirtschaftsprüfer zulassen wollen oder nicht. Der Bundesminister für besondere Aufgaben, Strauß, schließt sich den Ausführungen des Bundesministers für Wirtschaft an, obwohl nicht zu verkennen sei, daß der Beruf der Steuerberater durch die gewünschte Änderung der Vorschriften Einbuße erleiden könne. Er schlägt deshalb vor, auch umgekehrt den Steuerberatern die Gelegenheit zu geben, ihr Aufgabengebiet zu erweitern.

Der Bundesminister für Ernährung, Landwirtschaft und Forsten und Min.-Direktor Prof. Dr. Oeftering unterstützen diesen Vorschlag.

Das Kabinett stimmt sodann nach eingehender Aussprache mit großer Mehrheit den Darlegungen des Bundesministers für Wirtschaft und damit dem Änderungswunsch des Bundesrates zu. Dabei wird ausdrücklich festgestellt, daß die Verbesserung der Rechtsstellung gegenüber den Finanzgerichten nur den Wirtschaftsprüfern, nicht aber den Buchprüfern zugute kommen soll. Die von dem Bundesminister der Finanzen vorbereitete Stellungnahme der Bundesregierung ist deshalb in diesem Punkt zu ändern[13]). Entsprechend einer Anregung des Bundesministers des Innern bestätigt das Kabinett, daß die Vertreter der Bundesregierung in den Ausschüssen des Bundestages für eine Angleichung des

---

[11]) Vgl. 10. Sitzung am 1. Dez. 1953 TOP 5. — Vorlage des BMF vom 8. Juli 1954 zu BR-Drs. 528/54 (Beschluß) in B 102/12075 und B 136/1064.

[12]) § 137 des Gesetzes über Aktiengesellschaften und Kommanditgesellschaften auf Aktien (Aktiengesetz) vom 30. Jan. 1937 (RGBl. I 107).

[13]) Vgl. BT-Drs. Nr. 785. — Eine endgültige Regelung in diesem Zusammenhang erfolgte in § 119 des Gesetzes über die Rechtsverhältnisse der Steuerberater und Steuerbevollmächtigten (Steuerberatungsgesetz) vom 16. Aug. 1961 (BGBl I 1301). Siehe auch: Illustrierte Geschichte des steuerberatenden Berufes, Herausgegeben von Karl-Heinz Mittelsteiner, Köln 1984 und Haymann, Wolfram: Die Reichskammer der Steuerberater, Mainz 1987 (mit Auswertung von B 297).

§ 36 des Steuerberatergesetzes an die Verwaltungsgerichtsordnung¹⁴) einzutreten haben.

5. ENTWURF EINES GESETZES ZUR BEKÄMPFUNG DER SCHWARZARBEIT   BMA

Der Bundesminister für Arbeit trägt vor, daß der Gesetzentwurf von seinem Hause noch einmal gemeinsam mit dem Bundesminister für Wirtschaft überarbeitet worden sei und man sich dabei einigen konnte¹⁵). Zwar habe er persönlich an der Verabschiedung dieses Gesetzes kein besonderes Interesse; man müsse aber darauf Rücksicht nehmen, daß der Bundestag die baldige Vorlage verlange.

Der Bundesminister für Wirtschaft wiederholt seine grundsätzlichen Bedenken gegen die Tendenz des Gesetzentwurfes.

Das Kabinett stimmt sodann der Vorlage zu¹⁶).

6. ENTWURF EINES GESETZES ÜBER DAS SPEDITIONSGEWERBE   BMV

Der Bundesminister für Verkehr trägt eingehend die Vorlage seines Ministeriums vom 15. 6. 1954 vor¹⁷) und betont die Dringlichkeit einer Beschlußfassung.

Der Bundesminister für Wirtschaft wendet sich mit Entschiedenheit gegen die Vorlage. Mit ihr werde eine Entwicklung fortgeführt, die für die Marktwirtschaft äußerst gefährlich sei. Seinem Ministerium lägen zahlreiche Wünsche zur gesetzlichen Festlegung von Berufsordnungen vor¹⁸). Komme man diesen Forderungen nach, werde die freie demokratische Gesellschaftsordnung ernstlich in Frage gestellt. Solche Gelüste müßten ein für alle Mal abgetötet werden. Das, was den Spediteuren billigerweise zugestanden werden könne, lasse sich durch eine Ergänzung des § 35 der Gewerbeordnung¹⁹), die zur Zeit in seinem Ministerium vorbereitet werde, regeln.

---

¹⁴) Es sollte die zersplitterte Verfahrensregelung vor den Verwaltungsgerichten durch eine bundeseinheitliche Verwaltungsgerichtsordnung ersetzt werden, vgl. 28. Sitzung TOP 2.
¹⁵) Vgl. 37. Sitzung TOP 8. — Der BMA hatte mit Datum vom 2. Juli 1954 einen neuen Gesetzentwurf vorgelegt, in dem die Ergebnisse der Besprechungen vom 1. Juli 1954 berücksichtigt waren (B 149/5688 und B 136/8858; vgl. auch den Vermerk vom 1. Juli über die Besprechungen am selben Tag in B 149/5688).
¹⁶) BR-Drs. Nr. 273/54. — Fortgang 64. Sitzung TOP 10.
¹⁷) Vgl. 287. Sitzung am 21. April 1953 TOP 5 und 294. Sitzung am 22. Mai 1953 TOP 1. — Die Vorlage sah eine Berufsordnung für das Speditionsgewerbe vor (B 108/27456 und B 136/9598).
¹⁸) Vgl. Schreiben Erhards an Adenauer vom 7. Juli 1954 in Nachlaß Erhard/I.1)3.
¹⁹) Auf Grund des § 35 der auf dem Grundsatz der Gewerbefreiheit beruhenden Gewerbeordnung in der Fassung vom 26. Juli 1900 (RGBl. I 871) bestand die Möglichkeit, unzuverlässigen Gewerbetreibenden (deren Art von Gewerbe im einzelnen aufgezählt wird, z. B. Kleinhandel mit Bier) nachträglich die Befähigung, ihr jeweiliges Gewerbe auszuüben, abzusprechen. Die im BMWi vorbereitete Neufassung des § 35 (Gewerbeuntersagung wegen Unzuverlässigkeit), welche auf eine Entschließung des Ersten Deutschen Bundestages zurückzuführen ist (BT-Drs. Nr. 4491), sollte eine große Anzahl von Anträgen auf Erlaß von Berufsordnungen gegenstandslos machen. — Vgl. dazu erst § 35 der Bekanntmachung der Neufassung der Gewerbeordnung vom 1. Jan. 1978 (BGBl. I 97).

Diese Ausführungen werden von dem Bundesminister für das Post- und Fernmeldewesen und dem Beauftragten für Truppenfragen nachdrücklich unterstützt. Auch der Bundesminister für Wohnungsbau schließt sich diesen Ausführungen an unter der Bedingung, daß vom Bundesministerium für Wirtschaft demnächst dem Kabinett eine Vorlage gemacht werde, um die grundsätzliche Frage der zukünftigen Behandlung der Berufsordnungen zu klären.

Der Bundesminister der Justiz schließt sich dem an und hält Verhandlungen zwischen den Ressorts über die Einzelheiten des Entwurfs noch für erforderlich.

Der Vizekanzler unterstreicht den engen Zusammenhang der Vorlage mit den Gesetzentwürfen der Bundesregierung über die Regelung des Verhältnisses von Schiene und Straße[20].

Der Bundesminister für Verkehr verweist auf die besonderen Verhältnisse auf dem Gebiet des Verkehrs, die auch eine besondere Regelung rechtfertigten. Da ein einstimmiger Beschluß des ersten Bundestages vorliege[21], müsse damit gerechnet werden, daß der Bundestag einen Initiativantrag stelle, der noch weit über die Zugeständnisse, die in seiner Vorlage gemacht würden, hinausgehe. Dieser Gesichtspunkt wird auch von Bundesminister Dr. Schäfer hervorgehoben.

Der Bundesminister für Wirtschaft entgegnet, daß der Bundestag sich in einem solchen Falle zweifellos im Widerspruch zu der Meinung des Volkes befände, das, wie die letzten Abstimmungen in der Schweiz[22] gezeigt hätten, derartige zünftlerische Regungen ablehne.

Das Kabinett beschließt sodann, die Vorlage des Bundesministers für Verkehr zurückzustellen und zunächst eine Vorlage des Bundesministers für Wirtschaft abzuwarten[23], die dem Kabinett Gelegenheit geben soll, über die Frage, wie sich die Bundesregierung zu den vielerlei Berufsordnungswünschen stellt, zu entscheiden[24].

---

[20] Vgl. 34. Sitzung TOP 4—7, insbesondere TOP 6.
[21] Der in der BT-Drs. Nr. 4138 enthaltene Antrag, „dem Bundestag umgehend 1. das Gesetz über das Speditionswesen 2. das Gesetz über das Seelotswesen vorzulegen mit dem Ziel, daß diese Gesetze unter allen Umständen noch in der 1. Wahlperiode verabschiedet werden", wurde vom BT am 25. März 1953 „einstimmig angenommen" (STENOGRAPHISCHE BERICHTE Bd. 15 S. 12496 D). Unterlagen zum Nichtzustandekommen des Gesetzes über das Speditionsgewerbe in B 108/27454—27459.
[22] Der Bundesbeschluß über die Einführung eines obligatorischen Fähigkeitsausweises im Schuhmacher-Coiffeur-Sattler- und Wagnergewerbe war am 20. Juni 1954 in einer eidgenössischen Volksabstimmung verworfen worden. Diesen Bundesbeschluß hatten zuvor sowohl der Nationalrat (1952) als auch der Ständerat (1953) gebilligt (KEESING 1954 S. 4580 A).
[23] Vorlage des BMWi vom 10. Dez. 1954 in B 102/43082 und B 136/9598. Die Anlage 3 dieser Vorlage enthält ein Verzeichnis von insgesamt 42 Berufsgruppen (darunter befindet sich auch das Speditionsgewerbe), die eine Berufsordnung oder ein Gewerbezulassungsgesetz oder einen besonderen Schutz der Berufsbezeichnung haben wollten.
[24] Die entsprechende Eintragung im Nachlaß Seebohm/8c lautet: „Preusker für Zurücksetzung, Neumayer ähnlich, Blücher wackelt. Erhard, Storch, Blank: dagegen. Schäfer positiver, um Schlimmeres zu verhüten (Initiativgesetz). Erhard soll bald eine Vorlage machen, was in der Zunftmacherei erlaubt oder versagt werden soll: Grundsatzaussprache. Vorlage binnen 4 Wochen. Endgültige Entscheidung soll über Speditionsgesetz fallen,

7. ENTWURF EINES GESETZES ÜBER MASSNAHMEN AUF DEM GEBIET DES MIET-
PREISRECHTES (ERSTES BUNDESMIETENGESETZ) BMWo/BMWi

Der Bundesminister für Wohnungsbau begründet sehr eingehend die Vorlage vom 13. 7. 1954 und bittet um eine Stellungnahme des Kabinetts, damit er dem von ihm vorgeschlagenen Gesetz eine umfangreiche und alle Zweifelsfragen ausschöpfende Begründung beifügen könne[25]. Es handele sich dabei um politische Fragen von besonderer Bedeutung. Er glaubt, daß die Vorlage, die mit allen in Frage kommenden Stellen erörtert worden sei[26], das Optimum dessen enthalte, was im Bundestag erreicht werden könne. Man müsse bedenken, daß die vorgesehene Erhöhung der Mieten insgesamt höchstens eine Mehrbelastung von 200 Mio DM bringe. Davon werde etwa ein Drittel, nämlich 60 bis 70 Mio DM, durch Zuschüsse der Länder[27], der Kriegsfolgenhilfe[28] und der Beihilfe nach § 12[29] den finanziell schwachen Mietern wieder ersetzt. Er hebt hervor, daß alle Maßnahmen nur auf Antrag des Vermieters getroffen werden können und nicht etwa von selbst eintreten. Er betont, das Gesetz sei dringlich, um endlich die Wohnungswirtschaft auf eine gesunde Grundlage zu stellen. Mit der Vorlage solle die letzte Stufe erreicht werden, bevor zur völlig freien Wohnungswirtschaft übergegangen werden könne. Es müsse dabei auch bedacht werden, daß das Gesetz voraussichtlich erst Mitte 1955 in Kraft trete und bis dahin durch über 500 000 Neubauwohnungen der Wohnungsmarkt noch stärker aufgelockert sei.

In einer eingehenden Aussprache wendet sich der Bundesminister für Verkehr gegen die Definition der sog. Komfortwohnungen im § 8 des Entwurfs. Nach seiner Meinung müßten vor allem die Ziffern 3 und 4 im ersten Absatz gestrichen werden[30]. Er empfiehlt auch, im § 12 Abs. 3 des Entwurfs die den

---

wenn diese Grundsatzaussprache erfolgt ist." — Fortgang Sitzung des Kabinett-Ausschusses für Wirtschaft am 3. März 1955 TOP 2: Einstellung der Bundesregierung zur Frage der Berufsordnungen sowie 129. Sitzung am 11. April 1956 TOP 7: Entwurf eines Vierten Bundesgesetzes zur Änderung der Gewerbeordnung und 163. Sitzung am 12. Dez. 1956 TOP 3: Speditionsgewerbe.

[25] Vorlage und undatierte „Erläuterungen" in B 102/30801 und B 136/1472. — Die Vorlage sah vor, daß die Mieten für Wohnungen, die bis zum 20. Juni 1948 bezugsfertig geworden waren, um 10% erhöht werden konnten. Für sogenannte Komfortwohnungen sollte eine Mieterhöhung um 20%, für sogenannte Bruchbuden keine Mieterhöhung zulässig sein. Die Vermieter sollten stärker als zuvor dazu angehalten werden können, die Miete zu Instandsetzungs- und Instandhaltungsarbeiten zu verwenden. — Die Grundzüge dieser Regelung hatte der BMWo in der 10. Sitzung am 1. Dez. 1953 (TOP 1) vorgetragen.

[26] Der Gesetzentwurf war zunächst im BMWi vorbereitet worden (Unterlagen in B 102/30799–30801).

[27] Die Leistungen für die Fürsorgeempfänger wurden von den Ländern festgelegt und getragen (VO über die Fürsorgepflicht vom 13. Febr. 1924, RGBl. I 100).

[28] Siehe § 7 des Ersten Gesetzes zur Überleitung von Lasten und Deckungsmitteln auf den Bund vom 28. Nov. 1950 (BGBl. 773).

[29] § 12 des Gesetzentwurfs sollte die Mietbeihilfen regeln.

[30] § 8 zählte die Ausstattungsmerkmale auf, die alle in einer Komfortwohnung vorhanden sein mußten. Ziffer 3 erwähnte ein „Spülklosett innerhalb der Wohnung" und Ziffer 4 „Anschlußmöglichkeiten für Gas- oder Elektroherd, Wasserzapfstelle und Ausguß in der Küche".

Ländern zu gebende Beihilfe nicht auf diese im einzelnen zu verteilen, damit über den Schlüssel keine unnötigen Erörterungen in der Öffentlichkeit geführt würden.

Staatssekretär Dr. Nahm stimmt einer allgemeinen Erhöhung der Mieten trotz der starken Bedenken, die von zahlreichen Verbänden erhoben werden[31]), zu. Er hält aber folgende Änderungen für notwendig: im § 12 müsse außer den vorgesehenen 15 Mio DM Beihilfen des Bundes noch eine Reserve von 10 Mio DM für besondere Fälle geschaffen werden. Der § 11[32]) sei zu kompliziert, durchlöchere das Prinzip der Erhöhung um 10% und führe zu einer Beunruhigung. Außerdem sei im § 22 eine klarere Fassung der Bestimmung über den Mietwert der Geschäftsräume im Verhältnis zum Mietwert der Wohnräume erforderlich.

Der Bundesminister für Familienfragen bittet, im allgemeinen Teil der Begründung auch die Gesichtspunkte der Familienpolitik zu berücksichtigen, um dabei von vornherein den zu erwartenden Einwendungen zu begegnen.

Nach eingehender Aussprache ermächtigt das Kabinett den Bundesminister für Wohnungsbau, die Vorlage auf der von ihm gekennzeichneten Grundlage fertigzustellen[33]).

8. ENTWURF EINES GESETZES ZUR ÄNDERUNG DES GESCHÄFTSRAUMMIETEN-GESETZES – VERLÄNGERUNG DER IN § 22 DES GESCHÄFTSRAUMMIETENGESETZES VORGESEHENEN FRIST BMJ

Der Bundesminister der Justiz stellt die Frage, ob das Geschäftsraummietengesetz verlängert werden soll[34]). Wahrscheinlich müsse mit Initiativanträgen in diesem Sinne aus dem Bundestag gerechnet werden[35]). Es handele sich im wesentlichen um eine wirtschaftspolitische Frage. Er selbst halte die Verlängerung des Gesetzes nicht für erforderlich und habe die Vorlage nur vorsorglich eingebracht.

Die Bundesminister für Wirtschaft und für das Post- und Fernmeldewesen sprechen sich gegen die Verlängerung des Gesetzes aus.

Staatssekretär Dr. Nahm weist darauf hin, daß sich vier Länder für eine Verlängerung und nur zwei Länder gegen die Verlängerung ausgesprochen hätten[36]). Ein großer Teil der Vertriebenen, die inzwischen einen kleinen Geschäftsbetrieb einrichten konnten, ständen mangels einer ausreichenden Kapitalgrundlage vor einer wirtschaftlich sehr schwierigen Situation und würden von

---

[31]) Unterlagen in B 102/30799–30801 und B 136/1472 f.
[32]) § 11 sollte dem Vermieter die Möglichkeit geben, durch die Preisbehörde eine Kostenvergleichsmiete feststellen zu lassen unter der Voraussetzung, daß trotz der im Gesetz vorgesehenen Mieterhöhungen die Bewirtschaftungskosten nicht gedeckt werden konnten.
[33]) Fortgang 43. Sitzung TOP 2.
[34]) Vgl. 37. Sitzung TOP 9.
[35]) Die SPD schlug in einem Initiativgesetzentwurf vor, den Kündigungsschutz bis zum 31. Dez. 1956 zu verlängern (BT-Drs. Nr. 814). — Vgl. auch den Vermerk vom 10. Juli 1954 in B 141/6843.
[36]) Unterlagen nicht ermittelt.

dem Ablauf des Gesetzes stark betroffen. Er halte es deshalb für richtig, das Gesetz[37]) noch um ein Jahr zu verlängern.

Der Bundesminister für Wohnungsbau weist darauf hin, daß das Gesetz eine Übergangsregelung von 2 ½ Jahren bis zum Ablauf des Jahres 1954 getroffen habe und daß man jetzt nicht die damals getroffene Entscheidung zurücknehmen sollte. Man könne erwägen, höchstens für extreme Fälle eine Verlängerung um ein Jahr vorzusehen.

Der Bundesminister der Justiz erinnert daran, daß bei der Verabschiedung des Gesetzes in der Öffentlichkeit behauptet worden sei, man müsse mit mindestens 300 000 Prozessen zwischen den Mietparteien rechnen. Diese Behauptung sei völlig falsch gewesen: die Zahl der Prozesse habe noch nicht einmal 300 erreicht, und auch in diesen Fällen habe man sich sehr häufig vergleichen können. Damit in der Öffentlichkeit Klarheit herrsche, schlägt er vor, die heutige Kabinettsentscheidung zu veröffentlichen.

Das Kabinett beschließt mit großer Mehrheit, das Geschäftsraummietengesetz nicht zu verlängern und diese Entscheidung bekanntzugeben[38]).

9. ENTWURF EINES GESETZES ÜBER DEN BEITRITT DER BUNDESREPUBLIK DEUTSCHLAND ZU DEN INTERNATIONALEN GESUNDHEITSVORSCHRIFTEN VOM 25. MAI 1951 (VORSCHRIFTEN NR. 2 DER WELTGESUNDHEITSORGANISATION)   AA/BMI

Das Kabinett stimmt der Vorlage zu[39]).

10. ENTWURF EINER ERSTEN VERORDNUNG ZUR DURCHFÜHRUNG DES FREMDRENTEN- UND AUSLANDSRENTENGESETZES[40])   BMA

Min.Direktor Prof. Dr. Oeftering bittet, den § 4 zu ergänzen, um die andersartigen Währungs- und Lohnverhältnisse in der sowjetischen Besatzungszone zu berücksichtigen. Der Bundesminister für Arbeit erklärt sich mit einer Ergänzung einverstanden[41]).

Das Kabinett stimmt sodann der Vorlage mit dieser Maßgabe zu[42]).

---

[37]) Geschäftsraummietengesetz vom 25. Juni 1952 (BGBl. I 338).
[38]) Fortgang 61. Sitzung TOP 4.
[39]) Gemeinsame Vorlage des AA und des BMI vom 25. Juni 1954 in B 142/9 und B 136/5302. Weitere einschlägige Unterlagen in B 142/10 sowie AA, Ref. 500, Bd. 2 und 528. — BR-Drs. Nr. 268/54, BT-Drs. Nr. 1465. — Gesetz vom 21. Dez. 1955 (BGBl. II 1060), Bekanntmachung vom 25. Febr. 1957 (BGBl. II 10).
[40]) Vorlage des BMA vom 28. Juni 1954 in B 136/790. Entwürfe in B 149/3991. — Die VO wurde erlassen gemäß § 3 des Gesetzes über Fremdrenten der Sozialversicherung an Berechtigte im Bundesgebiet und im Land Berlin, über Leistungen der Sozialversicherung an Berechtigte im Ausland sowie über freiwillige Sozialversicherung vom 7. Aug. 1953 (BGBl. I 848). Sie enthielt Richtlinien für die Berechnung der zu gewährenden Leistungen und Vorschriften über die Umrechnung ausländischer und nicht mehr bestehender Währungen, über die Anrechnung früherer Versicherungszeiten bei nicht-deutschen Versicherungsträgern, bei Versicherungsträgern des Saarlandes und der DDR sowie über die Gewährung von Steigerungsbeträgen bei Verlust von Versicherungsunterlagen.
[41]) Vgl. dazu den Vermerk vom 22. Juli 1954 (B 136/790).
[42]) BR-Drs. Nr. 262/54. — VO vom 31. Juli 1954 (BGBl. I 243).

11. ENTWURF EINER VERORDNUNG ZUR UMSIEDLUNG VON VERTRIEBENEN UND FLÜCHTLINGEN AUS ÜBERBELEGTEN LÄNDERN BMVt

Staatssekretär Dr. Nahm trägt den Inhalt der Vorlage vom 3. 7. 1954 vor und betont dabei, daß Evakuierte und heimatlose Ausländer in die Umsiedlung mit einbezogen werden sollen[43]. Er fügt ergänzend hinzu, daß sich der Bundesminister der Finanzen inzwischen bereit erklärt habe, einen Kassenmittelbedarf der Länder in Höhe von 42 Mio DM vorzufinanzieren, wenn die Länder untereinander nicht zu einer befriedigenden Vereinbarung kommen[44].

Min.Direktor Prof. Dr. Oeftering erklärt, daß ihm diese Zusage des Bundesministers der Finanzen noch nicht mitgeteilt worden sei, daß aber Gelegenheit bestehe, diese Frage im Finanzausschuß des Bundesrates zu klären.

Das Kabinett stimmt sodann der Vorlage zu[45].

12. SACHVERSTÄNDIGENAUSSCHUSS FÜR DIE NEUGLIEDERUNG DES BUNDESGEBIETES; HIER: ERSATZ AUSGESCHIEDENER MITGLIEDER BMI

Das Kabinett stimmt der Berufung der drei vorgeschlagenen Herren in den Sachverständigenausschuß für die Neugliederung des Bundesgebietes zu[46].

---

[43] Vorlage des BMVt in B 150/5262, 6539 und 8108 sowie in B 136/810. Der Entwurf sah vor, aus den Ländern Bayern, Niedersachsen und Schleswig-Holstein 165 000 Personen in die Länder Baden-Württemberg, Bremen, Hamburg, Hessen, Nordrhein-Westfalen und Rheinland-Pfalz umzusiedeln. Damit sollte das zunächst 900 000 Personen umfassende Umsiedlungsprogramm der Bundesregierung (vgl. dazu 12. Sitzung am 11. Dez. 1953 TOP 1) abgeschlossen werden. — Dem Entwurf war ein Umsiedlungs- und Finanzierungsplan beigegeben.

[44] Der BMF hatte in einem Schreiben an den BMVt vom 1. Juli 1954 der Finanzierung des Wohnungsbaus für den 2. Abschnitt des III. Umsiedlungsprogrammes durch den Erlös einer Umsiedlungsanleihe in zwei Abschnitten zu je 100 Mio DM jeweils zu Beginn des Rechnungsjahres 1955 und 1956 zugestimmt, eine Vorfinanzierung jedoch abgelehnt (ebenda). Vgl. auch das Schreiben des BMVt an das Bundeskanzleramt vom 8. Juli 1954 (ebenda). — Die Zustimmung des BMF zur Vorfinanzierung konnte nicht ermittelt werden.

[45] BR-Drs. Nr. 267/54. — Fortgang 61. Sitzung TOP 6.

[46] Der BMI schlug in seiner Vorlage vom 19. Mai 1954 vor, anstelle der ausscheidenden Mitglieder Wuermeling, Rolf Wagenführ und Alfred Petersen zu ernennen: Karl Weber (MdB, CDU), den Leiter des Instituts für Raumforschung Erich Dittrich und den Leiter des Gemeinschaftsausschusses der deutschen gewerblichen Wirtschaft Friedrich Spennrath (B 106/2659 und B 136/4343). — Zur Errichtung des Ausschusses siehe 151. Sitzung am 5. Juni 1951 (TOP 5), zur Berufung der Mitglieder 189. Sitzung am 4. Dez. 1951 (TOP 8), 267. Sitzung am 19. Dez. 1952 (TOP 8) und 274. Sitzung am 10. Febr. 1953 (TOP G).

13. AUSGLEICH ÜBERHÖHTER FAHRKOSTEN IM VERKEHR NACH UND VON BERLIN
BMI/BMV

Da der Bundesminister für Verkehr[47]) nicht anwesend ist, beschränkt sich der Bundesminister des Innern auf die Erörterung seines Vorschlages zu Ziffer 3 seiner Kabinettsvorlage[48]) vom 10. 7. 1954. Er bittet zu entscheiden, ob entweder seine Haushaltmittel um 100 000 DM verstärkt werden sollen oder der Flugverkehr nach Berlin einzuschränken ist.

Min.Direktor Prof. Dr. Oeftering hält es für nötig, diese Angelegenheit noch in einer Referentenbesprechung zu klären und schlägt ein Dreiecksgespräch zwischen den Bundesministern des Innern und der Finanzen und mit den Ländern hierzu vor. Der Bundesminister des Innern erklärt sich damit einverstanden. Der Vizekanzler stellt fest, daß somit ein Beschluß des Kabinetts zu der Vorlage nicht mehr erforderlich ist[49]).

14. MITTEILUNG ÜBER DIE IN AUSSICHT GENOMMENEN BESETZUNGEN AUSWÄRTIGER VERTRETUNGEN DER BUNDESREPUBLIK DEUTSCHLAND
AA

Das Kabinett nimmt von der in Aussicht genommenen Besetzung zweier auswärtiger Vertretungen Kenntnis[50]).

15. PERSONALIEN

Gegen die Ernennungsvorschläge aus der Anlage zur Einladung[51]) und dem Nachtrag (Dr. Buurmann[52])) werden keine Bedenken erhoben[53]).

---

[47]) Vgl. 13. Sitzung am 18. Dez. 1953 (TOP F). — Laut Einladung zu dieser Sitzung (Kabinettsprotokolle Bd. 23 E) lag der Beratung die Vorlage des BMI vom 10. Juli 1954 zugrunde (B 106/6878 und B 136/9573). Einem Vermerk des BMV vom 20. Juli 1954 zu der Vorlage des BMI ist zu entnehmen, daß der BMV nach der Ressortbesprechung vom 21. Mai 1954 die Federführung in dieser Sache übernommen hatte (ebenda). (Das Schriftgut des Referates L 3 (Az. 301) für die Zeit von 1949–1960 wurde 1960 im BMV vernichtet.)

[48]) Der BMI hatte in seiner Vorlage darauf hingewiesen, daß die zur Bezuschussung der Flugpreise für die Angehörigen des Öffentlichen Dienstes zur Verfügung stehenden Mittel (40,- DM für einen Hin- und Rückflug) in absehbarer Zeit erschöpft sein würden. In Ziffer 3 hatte er vorgeschlagen, ihm zur Sperrung der Zuschüsse für Bedienstete der Länder und Gemeinden und, gemeinsam mit dem BMF, zu Verhandlungen mit den Ländern über deren Beitrag zu den Flugkosten zu ermächtigen.

[49]) Fortgang 64. Sitzung TOP 3.

[50]) Unterlagen nicht ermittelt.

[51]) An Ernennungen waren vorgesehen: im AA ein Vortragender Legationsrat, im BMI ein MinDir. (Dr. med. habil. Otto Buurmann), im BMF drei Ministerialräte, ferner ein Direktor beim Bundesrechnungshof.

[52]) Dr. med. habil. Otto Buurmann (1890–1967). Okt. 1927 – Nov. 1945 als praktischer Arzt tätig in verschiedenen Gesundheitsämtern und größeren Gesundheitsverwaltungen; Dez. 1945 – 7. Juni 1954 Oberpräsidium bzw. Niedersächsisches Sozialministerium in Hannover (1953 Ministerialdirigent), 8. Juni 1954 bis 30. Nov. 1956 Leiter der Abteilung IV „Gesundheitswesen" im BMI (27. Juli 1954 MinDir.).

[53]) Fortgang (Buurmann) 107. Sitzung am 25. Nov. 1955 TOP 6b.

40. Kabinettssitzung am 21. Juli 1954

Außerhalb der Tagesordnung

[A. FINANZIELLER VERTEIDIGUNGSBEITRAG DER BUNDESREPUBLIK]

Min.Direktor Prof. Dr. Oeftering berichtet über die „Ad-hoc-Vereinbarung", die der Bundesminister der Finanzen in Paris wegen eines deutschen finanziellen Verteidigungsbeitrages getroffen hat. Danach soll das Abkommen vom April 1953 verlängert und der Betrag von 950 Mio DM monatlich von dem etwaigen Wirksamwerden des EVG-Vertrages an bis zum 31. 12. 1954 gezahlt werden. Bei dieser Vereinbarung ist von dem Bundesminister der Finanzen ausdrücklich betont worden, daß dies für die zukünftige Regelung keine präjudizielle Wirkung haben dürfe und daß Deutschland zum letzten Male vor Inkrafttreten des EVG-Vertrages eine derartige Verpflichtung eingehe. Der Bundesminister der Finanzen habe Gelegenheit gehabt, alle seine Überlegungen bei der Bemessung des Beitrages vorzutragen; und man könne davon ausgehen, daß sie in den Inhalt der Vereinbarung aufgenommen worden seien. Bemerkenswert sei gewesen, daß auch Frankreich den von dem Bundesminister der Finanzen erwähnten Voraussetzungen zugestimmt habe und in betonter Form darauf Wert gelegt habe, in dieser Frage „Arm in Arm" mit Deutschland vorzugehen[54]).

[B. HILFSMASSNAHMEN FÜR EHEMALIGE SOWJETZONENHÄFTLINGE]

Der Bundesminister für gesamtdeutsche Fragen weist darauf hin, daß es äußerst dringlich sei, die Frage zu klären, wie den Deutschen, die aus den Zuchthäusern der Sowjetzone entlassen werden, wirtschaftlich und finanziell geholfen werden könne[55]). Man müsse davon ausgehen, daß ihnen in gleicher Weise wie den Spätheimkehrern[56]) geholfen werden sollte. Es handele sich dabei um insgesamt etwa 25 000 Menschen; und er bittet den Bundesminister der Finanzen, sich hierbei großzügig und aufgeschlossen zu zeigen. Wenn man nicht rasch in dieser Sache handele, werde der Bundestag die Angelegenheit aufgreifen[57]).

Staatssekretär Dr. Nahm bemerkt, daß diese Angelegenheit im Bundesministerium für Vertriebene, Flüchtlinge und Kriegsgeschädigte bereits geprüft werde und noch während der Ferien des Bundestages dem Kabinett eine Vorlage zu einer grundsätzlichen Entscheidung zugehen werde[58]).

---

[54]) Vgl. 289. Sitzung am 28. April 1953 (TOP 1). — Unterlagen über die Sitzung des ad-hoc-Ausschusses in Paris am 20. Juli 1954, an der Vertreter der Unterzeichnerstaaten des EVG-Vertrags und der NATO teilgenommen hatten, in AA, Ref. 215, Bd. 1028. Die Vereinbarung ist auch enthalten in der Übersicht des BMF vom 15. Sept. 1954 über die Besatzungskosten in B 126/51519. — Vgl. auch Mitteilung des BPA Nr. 808/54 vom 22. Juli 1954.
[55]) Siehe dazu das Schreiben des BMG vom 22. Juni 1954 (B 136/2717).
[56]) Vgl. 31. Sitzung TOP 1a.
[57]) Der BT hatte am 14. Juli 1954 zwei Anträge über Hilfsmaßnahmen beraten (STENOGRAPHISCHE BERICHTE Bd. 20 S. 1907–1910). Der Antrag der Koalitionsfraktionen ersuchte die Bundesregierung zu prüfen, welche Hilfen für die Haftentlassenen möglich seien (BT-Drs. Nr. 700). Die SPD-Fraktion ersuchte die Bundesregierung, einen Gesetzentwurf zur Regelung der Hilfsmaßnahmen vorzulegen (BT-Drs. Nr. 701).
[58]) Unterlagen in B 150/819. — Fortgang 63. Sitzung TOP 4.

**Sondersitzung der Bundesregierung
am Freitag, den 23. Juli 1954**

Teilnehmer: Blücher, Schröder, Neumayer, Erhard, Storch, Seebohm, Balke, Kaiser, Hellwege, Wuermeling, F. J. Strauß, Schäfer; Hallstein; Klaiber; Forschbach (zeitweise), Schulze¹) (zeitweise); Egidi²). Protokoll: Gumbel (zeitweise).

Ort: Haus Carstanjen

Beginn: 16.00 Uhr   *Ende: gegen 19.00 Uhr*

[A. VERSCHWINDEN DES PRÄSIDENTEN DES BUNDESAMTES FÜR VERFASSUNGSSCHUTZ]

Gegenstand der Besprechung ist das Verschwinden des Präsidenten des Bundesamtes für Verfassungsschutz³), Dr. Otto John⁴).

---

¹) Peter H. Schulze (geb. 1919). 1945 – 25. Sept. 1949 selbständig im Radioabhördienst, 26. Sept. 1949–1984 BPA (1953–1963 Referatsleiter Chef vom Dienst).

²) Dr. iur. Hans Egidi (1890–1970). 1919 Regierungsassessor im Preußischen Ministerium des Innern, 1920–1933 Landrat des Kreises Ostprignitz, 1934–1938 Regierungsvizepräsident in Schneidemühl und Erfurt, 1938–1945 Rechnungshof des Deutschen Reiches. Nach Kriegsende MinR., später Ministerialdirigent in der Landesregierung Brandenburg in Potsdam; 1948–1949 Vizepräsident des Niedersächsischen Landesrechnungshofes, Dez. 1949–1955 MinDir. im BMI (Innere Sicherheit), 1955–1958 Präsident des Bundesverwaltungsgerichtes.

³) Hierzu findet sich in Nachlaß Seebohm/8c folgende Eintragung: „Vortrag Egidi: Tatbestand wie bekannt. Dr. Wohlgemuth: mit John seit 15 Jahren bekannt, da W. den Bruder J. behandelte. Angebliche Duzbekanntschaft. [Prof. Dr. med. Theo] Morell bekannt durch Anwendung von Drogen u. s. w.; bei ihm hat W. gearbeitet. John hatte sich vor 10 Tagen in privater Form bei W. angemeldet. W. ist von beiden Seiten verdächtig; arbeitete in Charité, hatte Auto mit Ostnummer. Charakterlich und moralisch zweifelhaft. W. hat noch Absteigequartier in Lietzenburger Str[aße]. Keine Anzeichen dafür, daß John freiwillig herübergegangen ist. W. war morgens 5ʰ nochmals im Westsektor, hat wohl dann erst den Brief geschrieben. Brief zweifellos von W. geschrieben. Zeugen, die ihn am 20. 7. sprachen, haben keine schwere Depression festgestellt. Verlautbarung des Polizeivizepräsidenten von Berlin: Motiv genau entgegengesetzt zur Auffassung BMdI, daß er entführt worden ist. Rückflugkarte gebucht; nur Personalausweis bei sich. F. J. Strauß: hat John am 20. 7. noch gesprochen. Hallstein: Besuch von Hoyer Millar, dann auch Allen und Hope, dazu Gumbel. 2 Weisungen Adenauers: a. Festhalten an These der Entführung, b. Vorsitz der AHK (England) um Intervention bei den Sowjets ersuchen. Leiter des Chefs des Bundeskriminalamts (Jeß) mit der Leitung des Bundesamts für Verfassungsschutz beauftragt. Am 31. 7. ist er in Wiesbaden frei. Daher soll Jeß um 1 Jahr verlängert werden. Egidi: seinerzeit mußte Plazet der Alliierten herbeigeführt werden, die alle 3 John zustimmten. Schröder: Schaden nach Westen (unsere Zuverlässigkeit, unser Dichthalten) größer als Schaden nach Osten, alles Nutzen für den Osten. Hallstein sprach inzwischen Allen; Beschluß: die 3 H[ohen] K[ommissare] schreiben an Sowjets: wie üblich Noten, um Ersuchen, ob und wo John ist; aber in der Form schwächer als sonst, weil sie voll des Verdachtes sind, es könne keine Entführung direkter Art sein. Trotzdem wollen Alliierte daran festhalten, daß keine freie Willensbestimmung bei J. vorliegt. Anfrage im

Zunächst gibt Ministerialdirektor Egidi einen Bericht über das bisherige Ergebnis der Ermittlungen. Daran schließt sich eine Aussprache unter den Bundesministern an. Das Ergebnis wird zur Weitergabe an die Presse wie folgt zusammengefaßt:

„Es hat heute eine Besprechung von Regierungsmitgliedern über den Fall John stattgefunden. Der Bundesminister des Innern hat über das vorliegende Ermittlungsergebnis berichtet. Die Würdigung des vorliegenden Materials führte zu dem Schluß, daß sich Dr. John nicht freiwillig außerhalb des Gebietes der Bundesrepublik und Westberlins aufhält."[5])

In der Besprechung gibt der Bundesminister des Innern davon Kenntnis, daß er Herrn Dr. Hanns Jess[6]), den bisherigen Präsidenten des Bundeskriminal-

---

Unterhaus liegt vor. Personalzentralkartei der Bundesministerien von Blücher gefordert. a) Bericht erstattet in einer Aussprache zwischen Regierungsmitgliedern, b) Tatbestand der Entführung (kein freier Willensentschluß) für Verbleib außerhalb West-Berlins, c) Provisorische Besetzung des Postens durch Jeß."

[4]) Dr. iur. Otto John (geb. 1909). 1937–1944 Rechtsanwalt und Syndikus bei der Deutschen Lufthansa Aktiengesellschaft, ab Frühjahr 1937 in der Widerstandsbewegung gegen das NS-Regime aktiv, nach dem Attentat auf Hitler am 20. Juli 1944 Flucht über Spanien nach England: dort in der antinationalsozialistischen Propaganda der britischen Abwehr tätig. 1950 kommissarischer Leiter des Bundesamtes für Verfassungsschutz (dazu Vermerk über ein Telephonat zwischen Hallstein und Lehr am 24. Juli 1954 „wie es seiner Zeit zu der Anstellung von Herrn John gekommen sei" in Nachlaß Hallstein/125–126), 1952 dessen erster Präsident; nahm an den Gedenkveranstaltungen für die Opfer des 20. Juli 1944 in Berlin (West) teil und überschritt freiwillig mit Dr. Wolfgang Wohlgemuth zwischen 20.15 und gegen 21 Uhr die Sektorengrenze (vgl. im einzelnen die umfangreiche (17 Bl.) Mitteilung des BPA Nr. 1019/54 vom 15. Sept. 1954), tauchte angeblich als politischer Flüchtling am 21. Juli 1954 in Berlin (Ost) auf, kehrte am 12. Dez. 1955 mit Hilfe des dänischen Journalisten Henrik Bonde-Henriksen in die Bundesrepublik Deutschland zurück, 1956 vom Bundesgerichtshof wegen Landesverrats zu vier Jahren Zuchthaus verurteilt, 1958 aus der Haft entlassen, kämpft seidem um seine Rehabilitierung. – John, Otto: Zweimal kehrte ich heim, Vom Verschwörer zum Schützer der Verfassung. Düsseldorf 1969.

[5]) Zu den Mitteilungen des BPA Nr. 809/54 und 812/54, jeweils vom 22. Juli 1954 (abgedruckt in BULLETIN vom 23. Juli 1954 S. 1217), vgl. Vermerk von Dr. Franz Mai für Gumbel vom 23. Juli 1954, der wie folgt beginnt: „Auf Grund der von Herrn Ministerialdirigent Gumbel um 19.20 Uhr dem C[hef] v[om] D[ienst] zur Veröffentlichung freigegebenen offiziellen Stellungnahme hat sich Herr Min. Rat Forschbach sofort auch mit Vizekanzler Blücher in Verbindung gesetzt. Auf Grund des dem Vizekanzler vorgelegten widerspruchsvollen Nachrichtenmaterials aus dem Innenministerium und über die Leitung der Kriminalpolizei Berlin entschied Vizekanzler Blücher, daß bis zur Aufklärung des wirklichen Tatbestandes das Bundespresseamt sich darauf beschränken sollte, lediglich die offiziell festgestellten Tatsachen der Presse mitzuteilen, sich jedoch jeder eigenen wertenden Stellungnahme zu enthalten habe [...]" (B 136/1755).

[6]) Vorlage: Jeß. – Dr. iur. Hanns Jess (1887–1975). 1919–1923 Stadtrat und Stadtpolizeichef in Schwerin, 1923–1945 Mecklenburgisches Ministerium des Innern; Juni-Juli 1945 Leiter der Regierung des zunächst englisch besetzten Teils von Mecklenburg (als Staatsminister), 1945–1948 Präsident der Reichsbahndirektion Schwerin, 1949–1952 Polizeivizepräsident der Stadt Frankfurt a. M., 1952–1954 Präsident des Bundeskriminalamtes, 1954–1955 Kommissarischer Leiter des Bundesamtes für Verfassungsschutz, 1956–1964 Mitglied der Frankfurter Stadtverordnetenversammlung (CDU), 1960–1962 Vorsitzender von deren Fraktion.

amtes, mit der Wahrung der Geschäfte des Leiters des Bundesamtes für Verfassungsschutz beauftragt habe. Das Kabinett nimmt hiervon Kenntnis.

In der außerordentlichen Kabinettssitzung wird auf Antrag des Bundesministers des Innern beschlossen, den Eintritt des Präsidenten Dr. Hanns Jess in den Ruhestand um ein Jahr bis zum 31. Juli 1955 hinauszuschieben[7]).

---

[7]) Fortgang Sondersitzung am 28. Juli 1954.

41. Kabinettssitzung
am Mittwoch, den 28. Juli 1954

Teilnehmer: Blücher, Lübke, Seebohm, Wuermeling, Schäfer, Kraft; Bleek, Nahm, Ripken, Sauerborn, Thedieck; Klaiber; Forschbach; Blank, Bolder[1]) (zu TOP A), Janz, von Maltzan[2]), Müller-Armack[3]), Oeftering. Protokoll: Pühl.

Ort: Haus Carstanjen

Beginn: 9.30 Uhr *Ende: 10.50 Uhr*

I

Einleitend stellt der Vizekanzler fest, daß das Kabinett nicht beschlußfähig ist.

II

1. ENTWURF EINER VERWALTUNGSANORDNUNG DER BUNDESREGIERUNG ÜBER DIE ANERKENNUNG DES ERWERBS DER 7 ½%IGEN ANLEIHE DES LANDES NIEDERSACHSEN VON 1954 IN HÖHE VON 100 000 000 DEUTSCHE MARK ALS STEUERBEGÜNSTIGTER KAPITALANSAMMLUNGSVERTRAG BMF

Ministerialdirektor Prof. Dr. Oeftering begründet die vorgelegte Verwaltungsanordnung[4]). Es handele sich hierbei im wesentlichen um eine Routine-Angelegenheit. Wenn das Bundesfinanzministerium auch grundsätzlich der Auflegung steuerlich begünstigter Anleihen sehr zurückhaltend gegenüberstände, sei es jedoch im vorliegenden Fall bedenklich, den Antrag abzulehnen. Man müsse beachten, daß im Falle einer Ablehnung der Bund für eigene Anleihen, die er gegebenenfalls noch bis zum Auslaufen des Kapitalmarktförderungsgesetzes[5]) begeben wollte, steuerliche Vergünstigungen dann auch nicht mehr bean-

---

[1]) Dr. iur. Otto Bolder (1908–1979). 1937–1945 und 1949–1951 in der Finanzverwaltung tätig (1950 Oberregierungsrat), 1952–1963 BMF (1956 MinR.), 1963–1973 Oberfinanzpräsident und Leiter der Oberfinanzdirektion Freiburg.

[2]) Dr. iur. Vollrath Freiherr von Maltzan (1899–1967). 1925–1938 im Auswärtigen Dienst, danach in der Industrie tätig; Jan.–Aug. 1946 Leiter der Abteilung „Handel" (Außenhandel) im hessischen Ministerium für Wirtschaft und Verkehr, Sept.–Nov. 1946 Beauftragter für Interzonen- und Außenhandel des Länderrates des amerikanischen Besatzungsgebietes, Dez. 1946–1949 Verwaltungsamt/Verwaltung für Wirtschaft des VWG, 1950–1953 Leiter der Abteilung Außenhandel im BMWi, 1953–1955 Leiter der Handelspolitischen Abteilung des AA, 1955–1958 Botschafter in Paris.

[3]) O. Prof. Dr. rer. pol. Alfred Müller-Armack (1901–1978). 1923–1939 Universität Köln (ab 1934 a. o. Prof.), 1939–1950 Universität Münster (ab 1940 o. Prof.), ab 1950 Universität Köln; 1952–1963 BMWi: ab 16. Okt. 1952 Leiter der Abteilung I (Wirtschaftspolitik), seit 29. Jan. 1958 StS; 1964 Stadtverordneter in Köln (CDU).

[4]) Vorlage des BMF vom 5. Juli 1954 in B 136/1086.

[5]) Das Erste Gesetz zur Förderung des Kapitalmarktes vom 15. Dez. 1952 (BGBl. I 793) lief am 31. Dez. 1954 aus.

spruchen könne. Prof. Dr. Müller-Armack teilt mit, daß das Bundeswirtschaftsministerium aus wirtschaftspolitischen Gründen mit der Auflegung der Anleihe einverstanden sei. Er bitte lediglich darum, bei der Auflegung der zweiten Tranche dieser Anleihe in Höhe von 50 Mio DM nochmals eine Abstimmung mit seinem Hause herbeizuführen. Der Vizekanzler bringt sein Bedauern darüber zum Ausdruck, daß der wiederholt bei den verschiedensten Gelegenheiten herausgestellte Grundsatz, zur Kapitalmarktbereinigung und zur Schaffung eines organischen Zinsniveaus alle steuerbegünstigten Papiere zu beseitigen, immer wieder durch neue Ausnahmefälle erschüttert würde. Auf diese Weise würde es nie gelingen, den Übergang zu einem niedrigen Zinsniveau herzustellen[6]). Nachdem jedoch die Beratung der vorliegenden Anträge durch die Erörterung auf Kabinettsebene ein politisches Gesicht erhalten habe, könne man die Genehmigung wohl kaum versagen. Das Kabinett schließt sich übereinstimmend dieser Auffassung an und beschließt die vorgelegte Verwaltungsanordnung[7]).

2. ENTWURF DER GRUNDANNAHMEN UND DES MEMORANDUMS FÜR DEN DEUTSCHEN BEITRAG ZUM 6. BERICHT DES EUROPÄISCHEN WIRTSCHAFTSRATES BMZ

Der Vizekanzler berichtet[8]) über das Ergebnis der Beratung im Kabinettsausschuß am 23. Juli 1954[9]) und stellt die Bedeutung des Berichtes für die internationalen Verhandlungen besonders heraus. Der bisherige Pessimismus bei der Festlegung der Zuwachsrate habe sich im Ausland nicht günstig ausgewirkt, da die deutschen Zahlen der OEEC-Beiträge der vergangenen Jahre stets von den tatsächlichen Ergebnissen übertroffen worden seien[10]). Es bestände die Gefahr, daß bei der Wiederholung eines solchen auf rein taktischen Erwägungen beruhenden Verfahrens die deutsche Glaubwürdigkeit im Ausland erschüttert werden könnte. Ministerialdirektor Prof. Dr. Oeftering begründet nochmals den bisherigen Standpunkt des Bundesministeriums der Finanzen[11]). In der gestrigen

---

[6]) Siehe dazu das Schreiben Blüchers, der einer Verabschiedung im Umlaufverfahren widersprochen hatte, an das Bundeskanzleramt vom 19. Juni 1954 in B 136/1086.

[7]) BR-Drs. Nr. 316/54. – Verwaltungsanordnung vom 4. Nov. 1954 (BAnz Nr. 215 vom 6. Nov. 1954).

[8]) Vgl. Sitzung des Kabinett-Ausschusses für Wirtschaft am 2. Juli 1953 TOP 2 und 302. Sitzung der Bundesregierung am 21. Juli 1953 TOP 1 (5. OEEC-Bericht), ferner Sitzung des Kabinett-Ausschusses für Wirtschaft am 23. Juli 1954 TOP 1 (6. OEEC-Bericht).

[9]) TOP 1: Entwurf der Grundannahmen und des Memorandums für den deutschen Beitrag zum 6. Bericht des Europäischen Wirtschaftsrates.

[10]) So werden, beispielsweise, in den Grundannahmen vom 19. Juni 1953 für den deutschen Beitrag zum 5. OEEC-Bericht (in B 136/1307) für das Bruttosozialprodukt folgende Zahlen genannt: 1953 = 132.6, 1954 = 139.1, 1954/55 = 142.0 (jeweils in Mia DM). Das Statistische Jahrbuch für die Bundesrepublik Deutschland 1956 nennt dagegen folgende Zahlen: 1953 = 134 315, 1954 = 145 460, 1955 = 164 000 (jeweils in Mio DM).

[11]) Anlage 2 „Stellungnahme zu den Sozialproduktsschätzungen für den 6. OEEC-Bericht" in B 146/908 und B 136/1307. In einem Vermerk des Bundeskanzleramtes vom 26. Juli steht u. a.: „Das Bundesministerium für wirtschaftliche Zusammenarbeit hat in Übereinstimmung mit den anderen Ressorts eine Zuwachsrate für 1954 von 6,7 % und für 1955 von 5,5 % angesetzt. Dagegen schlägt das Bundesfinanzministerium vor, nur eine Zuwachsrate von 6,1 % bzw. 5,4 % vorzusehen. Diese offensichtlich zu niedrigen Ansätze verteidigt

Abteilungsleiterbesprechung sei man jedoch zu einer Einigung gekommen auf der Grundlage, daß für das Jahr 1954 die Bedenken seines Hauses zurückgestellt würden unter der Bedingung, daß man sich für 1955 hinsichtlich der Höhe der Zuwachsrate noch nicht festlegen wolle[12]). Das Kabinett nimmt diese Ausführungen zur Kenntnis und billigt den vorgelegten Entwurf[13]).

3. PERSONALIEN

Staatssekretär Bleek begründet kurz die Ernennungsvorschläge (einschl. der in dem Nachtrag vom 24. 7. 1954 enthaltenen Vorschläge). Das Kabinett billigt diese[14]), nachdem eine kurze Aussprache über den Ernennungsvorschlag Ministerialdirektor Hans Podeyn[15]) zum Botschafter vorausgegangen ist.

---

das Bundesfinanzministerium allein aus taktischen Erwägungen, da es befürchtet, daß sie sich ungünstig auf unsere Verhandlungen über den Verteidigungsbeitrag und auf die parlamentarischen Beratungen der Steuerreform auswirken könnten. Die Vorlage des Bundesministers für wirtschaftliche Zusammenarbeit wurde am 23. 7. 54 im Kabinettsausschuß beraten. Dabei hat das Bundesfinanzministerium seinen Widerspruch gegen die Zahlen aufrechterhalten und sich vorbehalten, die persönliche Entscheidung seines Ministers einzuholen." (B 136/1307).

[12]) Vgl. die entsprechende Eintragung in Nachlaß Seebohm/8c: „B[undes]M[inisterium] d[er] Fi[nanzen] möchte Zahlen niedriger angesetzt haben. Oeftering will sich für 1954 abfinden, aber Vorbehalt für 1955 machen."

[13]) Vorlage des BMZ vom 16. Juli 1954 in B 146/908 und B 136/1307, vgl. dazu (in ebenda) Vorlage des BMZ vom 12. Okt. 1954 betr. Berichtigung der Sozialproduktsvorausschätzungen im deutschen Beitrag zum 6. Bericht des Europäischen Wirtschaftsrates [1954: statt 6,7% nunmehr 7 bis 8%; 1955: statt 5,5% nunmehr mindestens 6%]. Weitere einschlägige Unterlagen über den deutschen Beitrag zum 6. Bericht des Europäischen Wirtschaftsrates in B 146/906 f., 909 und B 102/1192. — Der Europäische Wirtschaftsrat in Paris (OEEC), Sechster Bericht: Vom Wiederaufbau zur wirtschaftlichen Expansion, Deutsche Übersetzung. Herausgegeben vom Bundesministerium für wirtschaftliche Zusammenarbeit. Bad Godesberg 1955.

[14]) An Ernennungen waren vorgesehen: im AA ein Botschafter (MinDir. Hans Podeyn), ein Ministerialdirigent und ein Vortragender Legationsrat; im BMWi zwei Ministerialräte (einer davon Dr. iur. Eberhard Günther, 1958–1976 Präsident des Bundeskartellamtes); im BMV und BMJ je ein MinR.; im BML ein MinDir. (Dr. iur. Franz Herren). — Vgl. dazu Rundschreiben Globkes vom 4. August 1954 betr. Ernennungsvorschläge in B 134/4213: „Die Bundesregierung hat in ihrer Sitzung am 28. Juli 1954 den in der beigefügten Nachweisung aufgeführten Ernennungsvorschlägen zugestimmt. Da das Kabinett in dieser Sitzung nicht beschlußfähig war, muß eine Bestätigung des Beschlusses herbeigeführt werden. Wenn bis zum 14. 8. 1954, 13.30 Uhr, keine gegenteilige schriftliche Mitteilung bei mir eingegangen ist, werde ich unterstellen, daß Sie den Ernennungsvorschlägen zustimmen. Der an mich herangetragenen Bitte, die Bestätigung der beschlossenen Ernennungsvorschläge im Umlaufverfahren herbeizuführen, habe ich ausnahmsweise und mit besonderer Rücksicht darauf entsprochen, daß in absehbarer Zeit mit dem Zusammentritt eines beschlußfähigen Kabinetts nicht gerechnet werden kann. Meine grundsätzliche Ansicht, daß Personalangelegenheiten nur in mündlicher Sitzung des Kabinetts behandelt werden sollen, bleibt unberührt."

[15]) Hans Carl Podeyn (1894–1965). 1914–1933 (Entlassung) Volksschullehrer im Dienste der Hamburger Schulverwaltung, 1924–1933 Mitglied der Hamburger Bürgerschaft (1928 Fraktionsvorsitzender der SPD), nach seiner Entlassung in verschiedenen Aushilfsstellen tätig, ab 1936 Angestellter im Kohlengroßhandel; Nov. 1945 – Mai 1946 Direktor im Landwirtschaftsamt Hamburg (4. Jan. 1946 Ernennung zum Senatsdirektor), Juni

III

Außerhalb der Tagesordnung

[A.] SECHSTE VERORDNUNG ÜBER ZOLLTARIFÄNDERUNGEN AUS ANLASS DER ERRICHTUNG DES GEMEINSAMEN MARKTES DER EUROPÄISCHEN GEMEINSCHAFT FÜR KOHLE UND STAHL

Nachdem Ministerialdirektor Prof. Dr. Oeftering einleitend die Eilbedürftigkeit der Verabschiedung des vorgelegten Verordnungsentwurfs[16]) begründet hat, berichtet Regierungsdirektor Dr. Bolder im einzelnen über Sinn und Inhalt desselben. Es sei in langwierigen Verhandlungen mit Frankreich gelungen, die Zollsätze für Edelstahl auf einen Satz festzulegen, der zwischen den französischen und den derzeitigen deutschen Zollsätzen liegt. Das Ergebnis dieser Verhandlungen habe die Zustimmung aller beteiligten Ressorts gefunden. Er bemerkt ergänzend, daß er soeben fernmündlich aus Luxemburg darüber unterrichtet worden sei, daß der gemeinsame Markt der Montanunion für Edelstahl − wie vorgesehen − am 1. 8. 1954 Wirklichkeit würde[17]). Grundlage hierfür sei jedoch die Verabschiedung des vorliegenden Verordnungsentwurfs. Das Kabinett stimmt nach kurzer Aussprache der Vorlage zu[18]).

[B.] DIFFERENZEN ZWISCHEN SCHÄFFER UND KÜSTER

Der Vizekanzler teilt mit, daß der Bundeskanzler durch die Erörterung der Meinungsverschiedenheiten zwischen dem Bundesfinanzminister und dem Staatsbeauftragten für die Wiedergutmachung, Rechtsanwalt Küster[19]), vor der Landespressekonferenz in Stuttgart[20]) peinlich berührt sei. Der Bundeskanzler

---

1946 − Nov. 1949 Abteilungsleiter beim Zentralamt für Ernährung und Landwirtschaft in der britischen Zone / bei der Verwaltung für Ernährung, Landwirtschaft und Forsten des VWG/ im BML (1. Aug. 1946 Ernennung zum MinDir.), Nov. 1949 − 1954 Leiter der Vertretung der Bundesrepublik Deutschland bei der FOA (Foreign Operations Administration) in Washington (27. Sept. 1950 Übernahme als MinDir. unter Berufung in das Beamtenverhältnis auf Lebenszeit), 1954−1959 Botschafter in Karachi.

[16]) Vorlage des BMF vom 24. Juli 1954 in B 126/11433 und B 136/371.
[17]) Siehe dazu den Vermerk des BMWi vom 4. Aug. 1954 über die Besprechungen Westricks mit dem französischen Wirtschaftsminister am 27./28. Juli 1954 (B 126/11433).
[18]) VO vom 31. Juli 1954 (BGBl. I 220). − Nach dem Gesetz zur Änderung des Zolltarifs aus Anlaß der Errichtung des Gemeinsamen Marktes der Europäischen Gemeinschaft für Kohle und Stahl vom 20. April 1953 (BGBl. I 131) war die Bundesregierung verpflichtet, innerhalb von drei Wochen nach Verkündung einer RechtsVO (VorlaufVO) den gesetzgebenden Körperschaften den Entwurf zur Behandlung zuzuleiten (NachlaufVO). − BR-Drs. Nr. 280/54. − BT-Drs. Nr. 772.
[19]) Dr. iur. Otto Küster (geb. 1907). 1933 aus dem Richteramt entlassen, seit 1935 Rechtsanwalt; 1945−1954 Staatsbeauftragter für die Wiedergutmachung in Württemberg-Baden/ Baden-Württemberg und Abteilungsleiter im Landesjustizministerium.
[20]) Der Ministerpräsident von Baden-Württemberg Gebhard Müller hatte am 27. Juli 1954 bei der Pressekonferenz über Schreiben Schäffers an den baden-württembergischen Justizminister Wolfgang Haußmann berichtet (Frankfurter Allgemeine Zeitung vom 28. Juli 1954). Der BMF hatte einen Vortrag Küsters bei der Gesellschaft für christlich-jüdische Zusammenarbeit in Freiburg am 4. Dez. 1953, der unter dem Titel: „Bundesrechtliche Entschädigung: Das Gesetz der unsicheren Hand" veröffentlicht worden war (Freiburger Rundbrief VI 1953/54 Heft 21/24), als „Verunglimpfung" der Mitarbeiter seines Hauses

lasse daher den Bundesminister der Finanzen bitten, sich in dieser Angelegenheit größtmögliche Zurückhaltung aufzuerlegen, bis er Gelegenheit genommen habe, sich persönlich ausreichend zu informieren. Der Vizekanzler bittet Prof. Dr. Oeftering, ihm zur Unterrichtung des Bundeskanzlers einen ausführlichen Bericht über diese Angelegenheit vorzulegen[21]).

[C.] ZUKÜNFTIGE GESTALTUNG DER BUNDESSTELLE FÜR DEN WARENVERKEHR DER GEWERBLICHEN WIRTSCHAFT

Der Bundesminister für Verkehr bringt sein Bedauern darüber zum Ausdruck, daß mit der Drucksache Nr. 719 dem Bundestag der Entwurf eines Gesetzes über die Abwicklung der Bundesstelle für den Warenverkehr der gewerblichen Wirtschaft und die Errichtung eines Bundesamtes für gewerbliche Wirtschaft zur 1. Lesung vorgelegt worden sei. Durch den vorgelegten Gesetzentwurf sollten ausschließlich Organisationsformen geregelt werden[22]). Nach

---

bezeichnet und erklärt, Vertreter des BMF würden nicht mehr an Verhandlungen teilnehmen, bei denen Küster anwesend sei (Schreiben vom 26. Febr. 1954 in B 126/51549). Obwohl Haußmann Schäffer gebeten hatte, diese Folgerung noch einmal zu überprüfen, hatte der BMF in seinem Schreiben vom 31. Mai 1954 an den baden-württembergischen Justizminister seine Aussage bekräftigt (Anlage 1 zu Verhandlungen des Landtags von Baden-Württemberg, 1. Wahlperiode, 43. Sitzung am 5. Aug. 1954 S. 1838). — Oeftering äußerte in seinem Bericht über die Kabinettssitzung an Schäffer die Vermutung, Müller habe sich mit der Bekanntgabe der Schäfferschen Schreiben „eine Art Rückendeckung" für seine „gewichtigen Maßnahmen gegenüber Küster" verschaffen wollen (Schreiben vom 28. Juli 1954 in B 126/51549). — Der baden-württembergische Ministerrat hatte den Mandatsvertrag mit Küster zum 31. Dez. 1954 gekündigt, weil Küster die Übernahme in das Beamtenverhältnis abgelehnt hatte (Verhandlungen des Landtags von Baden-Württemberg, 1. Wahlperiode, 43. Sitzung am 5. Aug. 1954 S. 1807). Siehe auch Frankfurter Allgemeine Zeitung vom 22. Juli 1954 „Der Fall Küster".

[21]) Oeftering berichtete Schäffer am 2. Aug. 1954, der „Fall Küster" scheine erledigt zu sein, er habe von Blücher „nichts weiteres in der Angelegenheit gehört" (Schreiben in B 126/51549). — Küster wurde am 4. Aug. 1954 fristlos entlassen, nachdem sein Brief an Franz Böhm, den Leiter der deutschen Delegation bei den Wiedergutmachungsverhandlungen mit Israel (vgl. dazu 220. Sitzung am 16. Mai 1952 TOP 2), vom 11. Juli 1954 bekanntgeworden war, in dem er nicht nur die Haltung der baden-württembergischen Regierung insgesamt in Fragen der Wiedergutmachung, sondern vor allem Justizminister Haußmann kritisiert hatte (Schreiben in Anlage 1 zu Verhandlungen des Landtags von Baden-Württemberg, 1. Wahlperiode, 43. Sitzung am 5. Aug. 1954 S. 1855–1857). Der Landtag von Baden-Württemberg stimmte der Entlassung Küsters am 5. Aug. 1954 zu (ebenda S. 1823). — Siehe auch das Schreiben Gebhard Müllers an Globke vom 14. Jan. 1955 in B 136/1154 und Pross, Christian: Wiedergutmachung. Der Kleinkrieg gegen die Opfer. Frankfurt am Main 1988 S. 86–89.

[22]) Zu BT-Drs. Nr. 719 vom 13. Juli 1954, die bereits am 15. Juli 1954 in erster Lesung behandelt und an den BT-Ausschuß für Wirtschaftspolitik überwiesen worden war (STENOGRAPHISCHE BERICHTE Bd. 20 S. 1928 D – 1929 C), vgl. 12. Sitzung des Kabinett-Ausschusses für Wirtschaft am 3. Juli 1954 TOP A: „[...] Staatssekretär Dr. Westrick weist darauf hin, daß das zur Zeit gültige Gesetz für die Bundesstelle für den Warenverkehr am 30. 9. 54 ausläuft und man wegen Zeitmangel den Weg eines Initiativgesetzes habe beschreiten wollen. Auf Grund der Aussprache im Kabinettsausschuß wolle er jedoch prüfen, ob nicht doch einer Regierungsvorlage der Vorzug zu geben sei [...]". - BT-Drs. Nr. 804 vom 21. Sept. 1954. Gesetz über die Abwicklung der Bundesstelle für den Warenverkehr der gewerblichen Wirtschaft und die Errichtung eines Bundesamtes für gewerb-

seiner Auffassung sei es mißlich, wenn in Organisationsfragen, deren Regelung Angelegenheit der Exekutive sei, die Initiative von der Legislative ergriffen werde. Hierdurch würde der Eindruck erweckt, als wenn die Bundesregierung nicht in der Lage sei, rechtzeitig einen solchen Gesetzentwurf vorzulegen. Es müsse alles vermieden werden, was als Eingriff des Parlaments in die Organisationsgewalt der Bundesregierung angesehen werden könne. Er fühle sich aus grundsätzlichen Erwägungen verpflichtet, diese Frage zur Erörterung zu stellen. In der anschließenden Aussprache ergibt sich, daß das Kabinett diese Auffassung teilt und sich zu dem Grundsatz bekennt, in Zukunft in verstärktem Maße bemüht zu sein, derartige Vorfälle zu vermeiden[23]).

Bei dieser Gelegenheit regt der Vizekanzler an, die während der 1. Legislaturperiode üblichen abendlichen Gespräche der Kabinettsmitglieder, die in gelockerter Form geführt worden seien und sich als sehr fruchtbar erwiesen hätten[24]), nach den Ferien wieder aufzunehmen[25]). Diese Anregung wird vom Kabinett zustimmend aufgenommen.

---

liche Wirtschaft (Gesetz über das Bundesamt für gewerbliche Wirtschaft) vom 9. Okt. 1954 in BGBl. I 281. – Art. 3 des ersten Gesetzes zur Änderung des Filmförderungsgesetzes vom 18. Nov. 1986 (BGBl. I 2040) lautet: „Das nach dem Gesetz über das Bundesamt für gewerbliche Wirtschaft vom 9. Oktober 1954 (BGBl. I S. 281), zuletzt geändert durch Artikel 287 Nr. 39 des Gesetzes vom 2. März 1974 (BGBl. I S. 469), errichtete Bundesamt für gewerbliche Wirtschaft wird in ‚Bundesamt für Wirtschaft' umbenannt."

[23]) Zu den entsprechenden Bemühungen um eine Regierungsvorlage siehe auch Schreiben Erhards an Globke vom 15. Sept. 1954 in B 136/7593: „[...] daß die nicht wegzuleugnenden Bedenken gegen ein Initiativgesetz auf dem Gebiet der Organisation geringer zu veranschlagen seien als die Gefahren eines gesetzlosen Zustandes, der sich nach dem 30. 9. 54 für einen längeren Zeitraum ergeben müßte, weil die Verabschiedung der Regierungsvorlage zwangsläufig erheblich mehr Zeit beansprucht als die Verabschiedung des Initiativgesetzes. Ich möchte deshalb anregen, von einer Weiterverfolgung der Regierungsvorlage abzusehen. Soweit es sich um die Errichtung eines neuen Bundesamtes für gewerbliche Wirtschaft handelt, weichen Initiativgesetz und Regierungsvorlage so gut wie gar nicht voneinander ab. Die materiellen Vorschriften, die in Abschnitt IV des Initiativgesetzentwurfes enthalten sind, entsprechen durchaus der Wirtschaftspolitik der Regierung [...]" Unterlagen zur Errichtung des Bundesamtes für gewerbliche Wirtschaft auch in B 102/3022, 20834, 33588 f. Vgl. auch Sitzung des Kabinett-Ausschusses für Wirtschaft am 17. Dez. 1954 TOP 3 und Fortsetzung der 83. Sitzung am 24. Mai 1955 TOP 7, jeweils: Gebührenerhebung bei dem Bundesamt für gewerbliche Wirtschaft in Frankfurt/Main, ferner Rummer, Hans: Die Geschichte des Außenwirtschaftsrechts. Beiträge der Fachhochschule für Wirtschaft Pforzheim Nr. 46/Jan. 1989 S. 29–31.

[24]) Vgl. dazu die entsprechenden Eintragungen im Terminkalender Blücher Dez. 1950 – April 1954 (Nachlaß Blücher/294), z. B. Freitag, 9. Mai 1952, 20.00 Uhr: „z. Bierabend m. d. Kab. Kollegen b. Min. Hellwege."

[25]) Entsprechende Hinweise fehlen im Terminkalender Blücher Juli 1954–1955 (ebenda).

Sondersitzung[1]) **der Bundesregierung
am Mittwoch, den 28. Juli 1954**

Teilnehmer: Blücher, Schröder (zeitweise), Lübke, Seebohm, Wuermeling, Tillmanns, Schäfer, Kraft; Klaiber; Egidi.

Ort: Haus Carstanjen

Beginn: 16.00 Uhr   Ende: [?][2])

[A. VERSCHWINDEN DES PRÄSIDENTEN DES BUNDESAMTES FÜR VERFASSUNGSSCHUTZ]

Blücher: Besuch auf Bühlerhöhe. Starkes Gefühl bei A[denauer] für die politischen Auswirkungen. Frage: welche Gefahr stellt John in russischer Hand dar? Sorge der Auswirkungen auf die Gespräche, die in Brüssel um EVG bevorstehen[3]).

Schröder: Verlauf: bekannt geworden am 21. 7. abends. Ermittlungen: Oberbundesanwalt zusammen mit Staatsanwaltschaft Berlin und Bonn. Stand der Ermittlungen: Pressekonferenz[4]), Text veröffentlicht im Bulletin[5]). Text der Fragen und Antworten wird uns zugehen. Pressekonferenz, um Bundestagsausschuß zuvorzukommen und Menzel[6]) Wasser abzugraben. Ausschußsitzung[7]):

---

[1]) Von dieser Sondersitzung war ein amtliches Protokoll nicht zu ermitteln. Hier wird deshalb die handschriftliche Aufzeichnung Seebohms im Nachlaß Seebohm/8c (1 Bl.) wiedergegeben. Laut Einladung (in Nachlaß Seebohm/8c) und Terminkalender Blücher (Nachlaß Blücher/294) begann die Sitzung um 16.00 Uhr. – Siehe auch Abb. 9–11. – Vgl. Sondersitzung am 23. Juli 1954, Pressekonferenz am 26. Juli 1954 in B 145 I/40, ferner Mitteilungen des BPA Nr. 824/54 und 825/54 vom 27. Juli 1954 sowie Mitteilung des BPA Nr. 839/54 vom 28. Juli 1954.

[2]) Nicht ermittelt.

[3]) Adenauer verbrachte einen mehrwöchigen Urlaub im Kurhaus Bühlerhöhe bei Baden-Baden; dieser begann am 22. Juli 1954 und endete am 6. Sept. 1954, u. a. unterbrochen durch die Teilnahme Adenauers an der Brüsseler Konferenz (der sechs Schumanplanländer über die EVG) vom 19.–22. Aug. 1954 (vgl. im einzelnen Terminkalender Adenauer in StBKAH 04. 05).

[4]) Pressekonferenz am 26. Juli 1954 zum Thema: Der Fall John (Erklärung Schröders, Fragen der Journalisten und Antworten des Bundesministers) in B 145 I/40.

[5]) „Vorläufige Erklärung zur Angelegenheit Dr. John. Der Bundesminister des Innern vor der Bundespressekonferenz [am 26. Juli 1954]" in BULLETIN vom 27. Juli 1954 S. 1233 f. (ohne die in B 145 I/40 – vgl. Anm. 4 – dokumentierten Fragen der Journalisten und Antworten des Bundesministers Schröder).

[6]) Dr. iur. Walter Menzel (1901–1963). 1928–1931 Finanzrat im Preußischen Finanzministerium, 1931–1933 Landrat in Weilburg/Lahn, 1933 amtsenthoben, 1934–1945 Rechtsanwalt in Berlin. 1945–1946 Generalreferent für Inneres im Oberpräsidium der Nord-Rheinprovinz, 1946–1950 Innenminister und stellvertretender Ministerpräsident von Nordrhein-Westfalen, 1948–1949 Mitglied des Parlamentarischen Rates, 1949–1963 MdB, 1951–1957 Vorsitzender des BT-Ausschusses zum Schutze der Verfassung, 1952–1961 Parlamentarischer Geschäftsführer der SPD-Bundestagsfraktion.

Koalition uneinheitlich: SPD: vorbereitete Fragen und Negativvorträge nach bestimmtem, vorher abgesprochenem Plan. Anträge auf Einberufung Bundestag nicht zu erwarten. Neue Ausschußsitzung nächste Woche[8]). Im Ausschuß hat Schröder auf das objektive Kriterium hingewiesen, daß John Mitglied des englischen Nachrichtendienstes im Kriege war und daher objektiv für seinen Posten ungeeignet war[9]). In den Unterlagen ist nichts zu finden, was auch nur vermuten läßt, daß er in verräterischer Absicht hinübergegangen sein könnte[10]).

---

[7]) Bericht über die Sitzung des Ausschusses zum Schutze der Verfassung am 27. Juli 1954, Vorsitz Abgeordneter Dr. Menzel (SPD) (Wortprotokoll der von 16.10 bis 23.32 Uhr dauernden Sitzung, 203 Bl., in der Verwaltung des Deutschen Bundestages, Bonn).

[8]) Bericht über die Sitzung des Ausschusses zum Schutze der Verfassung am 3. Aug. 1954, Vorsitz Abgeordneter Dr. Friedensburg (CDU/CSU) (Wortprotokoll der von 15.08 bis 18.10 Uhr dauernden Sitzung, 94 Bl., in der Verwaltung des Deutschen Bundestages, Bonn). Vgl. dazu folgenden Auszug aus dem Protokoll der Sitzung des Partei- und Fraktionsvorstandes der SPD am 11. August 1954 in PV-Protokolle 1954: „Schmid: Im Ausschuß hat sich Schröder in der ersten Sitzung auf das Vorgeben von Nichtwissen beschränkt. Er könne zudem nicht in ein schwebendes Verfahren beim Oberbundesanwalt eingreifen. Offensichtlich will die Regierung daraus einen Kriminalfall machen [...] Ollenhauer: Die sofortige Einberufung des Verfassungsschutzausschusses am 22. 7. entsprang unserer Initiative. Durch den Unterausschuß haben wir nichts erreicht."

[9]) Vgl. dazu Schreiben Blüchers an Adenauer vom 29. Juli 1954 in B 136/1755, in dem u. a. steht: „Eine Äußerung über gewisse aus dem Ausland zu uns dringende Stimmen. Hier wird auch – ich bin versucht zu sagen ‚leider' – versucht werden müssen, in einem Nebensatz die Behauptung abzutun, daß die Engländer uns John aufgezwungen hätten. Jedoch sollte dieser Nebensatz nicht allzu energisch sein; er müßte Ihren guten Willen der englischen Regierung deutlich machen, anderseits aber auch durch seinen Tenor eine gewisse stillschweigende Mahnung bedeuten, daß sich manche Stellen der drei Westmächte in Zukunft besser aus den Dingen heraushalten. Sie brauchen dazu eine von mir bereits angeregte Zusammenstellung der ersten bereits vorliegenden Berichte unserer diplomatischen Vertretungen sowie eine vernünftige Zusammenstellung des Bundespresseamtes." Ferner auch Schreiben Blüchers an Adenauer vom 29. Juli 1954 in Nachlaß Blücher/105, in dem sich folgender Passus findet: „Mir scheint kaum ein Zweifel möglich, daß John freiwillig übergelaufen ist, sei es wegen der Amerikareise, sei es, weil er irgend eine Bloßstellung fürchtete. Ich habe gehört, daß gegen ihn ein Verfahren beim Bundeskriminalamt eingeleitet war."

[10]) Vgl. dazu Schreiben von F. J. Strauß an Adenauer vom 31. Juli 1954, in dem u. a. steht: „Die Theorie der Entführung von John ist ausgeschlossen. Gegen die Theorie einer sorgfältig vorbereiteten Flucht sprechen auch die meisten Indizien. Denn wenn er sich gegen die zunehmende Macht der Nazi aus Sorge um die Demokratie glaubte wehren zu müssen, dann hätte er sich wohl kaum nach dem Osten abgesetzt, sondern wäre nach England zurückgegangen. Er wußte wohl, daß seine Tage im Verfassungsschutzamt gezählt waren. Am wahrscheinlichsten ist wohl die These, daß er sich freiwillig mit seinem kommunistischen Freund W[ohlgemuth] in den Ostsektor begeben hat, aber unfreiwillig seinen Aufenthalt dort fortsetzen mußte. Es ist die Aufgabe der Kriminalpolizei und der ausländischen Nachrichtendienste, die einzelnen Beweisstücke zusammenzutragen, um ein lückenloses Bild zu gewinnen, auch darüber, inwieweit Erpressungsmaterial gegen ihn in sowjetischen Händen war und bei seinem Besuch im Ostsektor geschickt ausgespielt wurde. Seine Rundfunkerklärungen enthalten keinen Beweiswert. Denn mit einem Manne wie John kann man mit den üblichen Methoden wohl alles erreichen, insbesondere die Abgabe jeder gewünschten Erklärung. Dafür spricht ja auch, daß er bei keiner Pressekonferenz gezeigt wurde, daß seine Stimme nur aus einer Bandaufnahme am Radio zu hören war und seine letzte Erklärung über [Wolfgang E.] Hoefer sogar nur verlesen wurde" (B 136/1755).

Tillmanns bestätigt: Rundfunkrede Johns Satz für Satz sowjetische Diktion[11]).

Zukunft: Forderungen der FDP (Zusammenfassung von Verfassungsschutz und den Nachrichtendiensten): verfassungsänderndes Gesetz, mindestens stärkere Koordinierung notwendig.

Ziel der Sowjetpolitik: Verhinderung der Sicherung unseres wirtschaftlichen und sozialen Aufstieges durch militärische Sicherung. Darin sind sich viele andere Kreise einig: Motiv: Nazis vor der Wiederkehr!! Gebt den Kerlen keine Waffen! Warum hat Sch[röder] dann nichts gegen John unternommen: es lag kein Grund vor: daher Warten auf größeres Revirement, um elegantere Lösung zu finden. In seiner Amtsführung mußte er verteidigt werden. John wird in den einstweiligen Wartestand versetzt: die Sache ist eingeleitet (Schröder geht).

Blücher: schwere außenpolitische Sorgen des Bundeskanzlers: gelassene Haltung, aber keineswegs Bagatellisierung. Gefahr: „Nazistische Welle in Deutschland" und „Diffamierung des Widerstandes".

Neue Erklärung Johns im Deutschlandsender (soeben aufgenommen): Wort für Wort Diktion sowjetzonaler Propaganda[12]). Vorbereitung einer Rundfunkansprache des Bundeskanzlers:[13]) Rückberufung des Pressechefs[14]).

---

[11]) Erste Rundfunkerklärung Johns am 23. Juli 1954 im Deutschlandsender (DDR) in KEESING 1954 S. 4641 f.

[12]) Zweite Rundfunkerklärung Johns am 28. Juli 1954 im Deutschlandsender (DDR) in ebenda S. 4654 f.

[13]) Ansprache Adenauers am 6. Aug. 1954 im Südwestfunk (u. a. Der Fall John) in BULLETIN vom 7. Aug. 1954 S. 1305 f. — Vgl. dazu auch HEUSS—ADENAUER S. 161; siehe auch Abb. 12.

[14]) Fortgang Sondersitzung am 14. Sept. 1954 TOP A. — Vgl. dazu auch CDU/CSU Fraktionssitzung am 24. Aug. 1954 (15.15—21.45 Uhr) in Nachlaß Barzel/314.

Sondersitzung der Bundesregierung am Dienstag, den 31. August 1954

Teilnehmer: Blücher, Schäffer, Lübke, Storch, Balke, Preusker, Oberländer, Kaiser, Wuermeling, Tillmanns, Schäfer; Bergemann, von Lex, Ripken. W. Strauß, Westrick; Klaiber; Forschbach; Blank, Janz. Protokoll: Gumbel.

Ort: Haus Carstanjen

Beginn: 11.00 Uhr *Ende: 13.00 Uhr*

I

[A. SCHEITERN DES EVG-VERTRAGES]

Der Vizekanzler begründet die Einberufung der Sitzung[1]) damit, daß in der Öffentlichkeit der Eindruck vermieden werden müsse, die Bundesregierung gehe an der gestrigen Entscheidung der Pariser Kammer[2]) vorüber[3]). Es sei nicht Aufgabe, jetzt Beschlüsse zu fassen; die Aussprache solle nur Anregungen geben und vermeiden, daß die einzelnen Minister unterschiedlich Stellungnahmen zu den Vorgängen in Paris abgeben.

Unter Bezugnahme auf eine am Vortage durch das Presse- und Informationsamt verteilte Information[4]), daß die politische Entwicklung in letzter Zeit das Ergebnis sowjetischer Aktionen darstelle, wirft der Vizekanzler die Frage auf, ob darüber etwa gesprochen werden solle. Eine andere Frage sei beispielsweise die, ob die Bundesrepublik neue Vorschläge (Eintritt in die NATO) machen oder zunächst abwarten solle.

Als erster äußert sich der Bundesarbeitsminister, der erklärt, daß er die Nachrichten aus Paris mit einer gewissen Erleichterung gehört habe. Sie bedeuteten das Ende der Politik der Vorleistungen. Die Einstellung der Regierung Mendès-France zur EVG ist nach Ansicht des Bundesarbeitsministers damit zu

---

[1]) Vgl. 39. Sitzung TOP A: Politische Lage sowie Informationsgespräche am 27. und 30. Aug. 1954 (jeweils in B 145 I/41).
[2]) Seit dem 28. Aug. 1954 hatte die französische Nationalversammlung über den EVG-Vertrag beraten. Der Antrag, die Debatte über diesen Vertrag fristlos zu vertagen (question préalable), der von General Adolphe Aumeran (Unabhängiger) eingebracht und von Edouard Herriot (Radikalsozialist) mitunterzeichnet worden war, wurde in der Nacht vom 30. zum 31. Aug. 1954 mit 319 gegen 264 Stimmen − bei 12 Enthaltungen und 31 Abwesenden (darunter die 23 Regierungsmitglieder und der Präsident der Nationalversammlung) − angenommen. Dieser Beschluß kam einer Ablehnung der Ratifikation des EVG-Vertrages gleich. Mendès-France hatte vor der Abstimmung erklärt, die Regierung werde sich der Stimme enthalten; schon vor Beginn der Debatte war von ihm angekündigt worden, daß er auf keinen Fall die Vertrauensfrage stellen werde (EA 1954 S. 6916 f., KEESING 1954 S. 4705−4711).
[3]) Im Entwurf folgt noch der Satz: „Auch habe der Bundesminister der Finanzen diese Sitzung angeregt" (Kabinettsprotokolle Bd. 23 E).
[4]) Nicht ermittelt.

erklären, daß die französische Regierung nach Indochina[5]) und nach den Ereignissen in Nordafrika[6]) den Beweis der Stärke habe erbringen wollen. Er empfiehlt, keine Stellungnahme abzugeben, sondern abzuwarten.

Eine andere Auffassung vertritt der Bundesfinanzminister. Er habe die Sitzung aus Gründen der „Sprachregelung" begrüßt. In der ersten Stunde nach der Pariser Entscheidung könne eine neue Politik nicht gezeigt werden. Daher sei größte Vorsicht am Platze. Die Bedeutung der Ablehnung der EVG durch Frankreich sei außerordentlich groß. Sie werde vielleicht einmal verglichen werden können mit dem Scheitern der Pläne von Briand und Stresemann in der Weimarer Zeit[7]).

Der Bundesfinanzminister hält eine Erklärung der Bundesregierung zu den Pariser Vorgängen vor dem Parlament für notwendig. Bei Abgabe der Erklärung müßten allerdings die zukünftigen Möglichkeiten im Grundsatz erarbeitet sein. Nach Auffassung des Bundesfinanzministers sollte der Bundeskanzler in Verbindung damit ein Vertrauensvotum gemäß Art. 68 GG fordern. Mit der Abgabe der Regierungserklärung solle man nicht zuwarten, bis eine entsprechende Aufforderung der Parteien vorliege. Es sei ferner zu überlegen, ob jetzt nicht auch der Zeitpunkt für eine Besetzung des Außenministeriums gekommen sei[8]). Die neuen Verhandlungen würden eine starke Arbeitsbelastung des für die Außenpolitik verantwortlichen Ministers mit sich bringen. Der Bundeskanzler müsse sich nunmehr aber der Innenpolitik widmen.

Der Bundesfinanzminister sieht für die Zukunft drei Möglichkeiten: entweder Unterwerfung unter den sowjetischen Willen oder eine Neutralisierung Deutschlands oder auch weiterhin Sicherung der freien Welt. Nur das Letztere könne in Betracht kommen.

Auf Grund von Reiseeindrücken in Frankreich erklärt der Bundesernährungsminister, die Bundesregierung dürfe aus Rücksicht auf die europafreundlichen Kräfte in Frankreich keinen Zweifel an der deutschen Haltung aufkommen lassen. Ein Richtungswechsel der deutschen Politik könne nicht in Erwägung gezogen werden.

Zum Thema der Vorleistungen in der Vergangenheit bemerkt der Bundesernährungsminister, es sei dagegen nichts einzuwenden gewesen, da Deutschland seinen guten Willen habe unter Beweis stellen müssen. Die Gegner der Integra-

---

[5]) Vgl. 39. Sitzung TOP A: Politische Lage.
[6]) Die französische Nationalversammlung hatte am 27. Aug. 1954 die Regierungserklärung zur Politik in Nordafrika mit 451 gegen 122 Stimmen gebilligt. Dabei wandten sich die Kritiker insbesondere dagegen, daß die neue Regierungspolitik in Tunesien eine Liquidation und Preisgabe der französischen Interessen darstelle. Was Marokko angeht, so nahmen die Kritiker vor allem gegen den Beschluß der Regierung Stellung, an dem damaligen Sultan von Marokko festzuhalten (KEESING 1954 S. 4700). − Vgl. dazu DDF pp. LVII−LXII.
[7]) Vgl. 38. Sitzung Anm. 25 und 26.
[8]) Vgl. 135. Sitzung am 13. März 1951 TOP A: Errichtung eines Auswärtigen Amtes. − Heinrich von Brentano wurde am 7. Juni 1955 zum ersten Bundesminister des Auswärtigen (der BK leitete in Personalunion das AA vom 15. März 1951 bis 6. Juni 1955) ernannt; vgl. dazu 85. Sitzung am 8. Juni 1955 TOP A: Begrüßung der neu ernannten Bundesminister.

tion seien nach seinen Eindrücken in Frankreich vornehmlich in der französischen Industrie zu suchen[9]).

Auch er empfiehlt die Abgabe einer Regierungserklärung, der die Parteien zustimmen sollten – also ohne Stellung der Vertrauensfrage. Er verbindet damit den Hinweis auf die Entwicklung einer Tradition in Deutschland.

In Anknüpfung an die Ausführungen des Bundesernährungsministers betont auch der Bundeswohnungsbauminister, daß sich unsere politische Linie nicht ändern werde. Inhalt der deutschen Politik sei nicht der EVG-Vertrag als solcher, sondern der deutsche Beitrag zur Erhaltung der freien Welt. Durch einen solchen Beitrag werde auch ein Beitrag zur Wiedervereinigung Deutschlands geleistet.

Es müsse nunmehr gefordert werden, die Sicherheit der Bundesrepublik auf andere Weise herzustellen. Damit sollte die Bereitschaft zur Mitarbeit auf der Grundlage gleicher Rechte und Pflichten erneuert werden. Es sei die Forderung zu erheben, daß die Voraussetzungen dazu verwirklicht werden, daß die russische Offensive keine weiteren Fortschritte mache.

Der Bundeswohnungsbauminister spricht sich ebenfalls für eine Regierungserklärung aus, die sich jedoch nicht auf die Außenpolitik allein beschränken, sondern mit einem innenpolitischen Programm des „nationalen Notstandes", wie er sich in diesem Kreise einmal ausdrücken wolle, verbunden werden sollte. Dabei sollten die Probleme der Landwirtschaft, der Sozialreform und dergl. angesprochen werden. Durch eine solche Verbindung werde die Stellung der Opposition erschwert. Nach Ansicht des Bundeswohnungsbauministers sollte die Regierungserklärung möglichst bald und zwar schon in der nächsten Woche abgegeben werden.

Bundesminister Dr. Tillmanns vertritt die Auffassung, daß die bisherige Politik der Bundesregierung durch Paris gerechtfertigt worden sei. Er weist auf die Gemeinsamkeit mit den übrigen EVG-Partnern, mit Amerika und Großbritannien hin. Dr. Tillmanns warnt davor, in antifranzösische Komplexe zu verfallen. Er rät auch davon ab, das in Paris eingeschlagene Verfahren zu kritisieren. Deutschland sollte auch keine Alternativvorschläge machen. Diese seien sehr schwer. Die EVG habe sowohl den Gesichtspunkt der Gleichberechtigung als auch den Gesichtspunkt der deutschen Mitwirkung miteinander verbunden. Die Lage sei außerordentlich ernst. Die Sowjets würden sie ausnutzen. Darauf müßten wir uns vorbereiten.

Auch Bundesminister Dr. Tillmanns ist für eine Regierungserklärung, die einen Appell an die Opposition enthalten sollte. Ob allerdings eine Bundestagssitzung in der nächsten Woche möglich sei, erscheine ihm fraglich.

Der Bundesvertriebenenminister äußert sich zunächst über eine von ihm abgegebene Erklärung[10]) unter Hinweis auf Auslassungen von Malenkow[11]). Er

---

[9]) Vgl. hierzu FRUS V p. 1117.
[10]) Vgl. hierzu den Artikel „Gegen Vorschußleistungen. Eine Erklärung Oberländers" in Frankfurter Allgemeine Zeitung vom 28. Aug. 1954.
[11]) Georgij M. Malenkow (1902–1988). 1924–1939 im Apparat des ZK der KPdSU tätig, seit 1938 auch persönlicher Sekretär Stalins, 1939–1957 Mitglied des ZK, bis 1953 Sekretär

spricht sich außerdem für eine möglichst baldige Regierungerklärung¹²) aus, diese gehe allem anderen vor. Eine Koexistenz sei unmöglich — also gebe es auch keine Neutralisierung.

Unter Hinweis darauf, daß Kabinettsmitglieder und er selbst im schleswig-holsteinischen Wahlkampf¹³) sprechen müßten und daß dabei eine Stellungnahme zur Pariser Entscheidung nicht ausgelassen werden könne, regt der Bundestagsabgeordnete Blank an, dem Bundeskanzler mitzuteilen, daß das Kabinett bereit sei, zu einer Sitzung nach Bühlerhöhe¹⁴) zu kommen. Es sei unbedingt notwendig, die Äußerungen der Kabinettsmitglieder mit dem Bundeskanzler abzustimmen.

Dieser Vorschlag wird allseitig begrüßt. Nach einem Anruf in Bühlerhöhe teilt der Vizekanzler mit, daß der Bundeskanzler ebenfalls an eine Kabinettssitzung in Bühlerhöhe gedacht habe. Diese Sitzung finde morgen um 10 Uhr in Bühlerhöhe statt.

Im Anschluß daran macht Staatssekretär Dr. Strauß noch zwei Bemerkungen. Die eine bezieht sich auf die vom Bundesernährungsminister angeschnittete Frage der Traditionsbildung. Nach einem Rückblick auf die Vergangenheit macht Staatssekretär Dr. Strauß den Vorschlag, daß vor jeder Arbeitsperiode des Parlaments, also nach den Sommerferien, eine Regierungserklärung abgegeben werden sollte. Es sei gerade jetzt begründeter Anlaß, diese Übung einzuführen. In einer zweiten Bemerkung äußert sich Staatssekretär Dr. Strauß zum Junktim zwischen Deutschland- und EVG-Vertrag (Art. 11 Abs. 2b des Deutschland-Vertrages¹⁵). Die Frage der Art und Weise der Trennung der beiden Verträge und die weitere Frage, ob eine materielle Änderung des Deutschland-Vertrages verlangt werden müsse, bildet den Gegenstand der weiteren Aussprache.

Im übrigen werden die Erörterungen im Hinblick auf die morgige Kabinettssitzung nicht weiter fortgesetzt¹⁶).

II

[B. ERNTESCHÄDEN]

Der Bundesernährungsminister gibt dem Kabinett einen Bericht über Umfang und Schwere der Ernteschäden sowie die notwendigen Hilfsmaßnahmen¹⁷).

---

des ZK der KPdSU und Chef der Kaderleitung beim ZK, 1941–1945 eines der acht Mitglieder des Nationalen Verteidigungsrates, 1946 stellvertretender Ministerpräsident und Mitglied des Politbüros, 5. März 1953 Ministerpräsident (bis Febr. 1955, dann von Nikolai A. Bulganin abgelöst) und Parteichef (13. Sept. 1953 Nikita S. Chruščev Erster Sekretär), Juli 1957 sämtlicher Partei- und Regierungsämter enthoben und auf den Posten eines Direktors eines großen Kraftwerkes in Utj-Kamenogorsk in Kasachstan versetzt, 1961 Ausschluß aus der KPdSU.

¹²) Vgl. dazu 49. Sitzung TOP 1.
¹³) Die Landtagswahlen in Schleswig-Holstein fanden am 12. Sept. 1954 statt.
¹⁴) Vgl. Sondersitzung am 28. Juli 1954 Anm. 3.
¹⁵) Vgl. BGBl. II 1954 S. 67.
¹⁶) Fortgang Sondersitzung am 1. Sept. 1954 TOP A.
¹⁷) Vgl. Schreiben Rehwinkels (des Präsidenten des Landesverbandes des Niedersächsischen Landvolkes e. V. und Präsidenten der Landwirtschaftskammer Hannover) an Ade-

Im Hinblick darauf, daß er heute nachmittag im Rundfunk sprechen müsse, bittet er um die Billigung durch das Kabinett[18]).

Im einzelnen berichtet der Bundesernährungsminister, daß in weiten Gebieten die Ernte noch auf den Feldern stehe. Der Gesamtschaden gegenüber einer normalen Getreideernte werde auf einen Totalausfall von 10%, teilweise auch auf 15—20% geschätzt. Das bedeute einen Verlust von ¾ bis 1 Milliarde [DM]. Die Schäden hätten vielfach vermieden werden können, wenn die Meliorationen weiter vorangeschritten wären. Der Bundesernährungsminister hebt hervor, daß infolge der planmäßig betriebenen Vorratsbewirtschaftung die Ausfälle für die Verbraucher nicht fühlbar werden würden[19]). Die Katastrophenschäden könnten aber nicht nur auf den Landwirten sitzen bleiben. Es müßten alle Kapazitäten an Trocknungsmöglichkeiten ausgenutzt werden. Es sei notwendig, daß die Einfuhr- und Vorratsstellen[20]) das Getreide übernehmen und die Trocknung selbst vornähmen. Eine erste Schätzung der dazu notwendigen Mittel habe einen Betrag von 8,5 Mio DM ergeben. Dieser Betrag könne sich aber auch verdoppeln oder gar verdreifachen. Die Schäden seien nicht allein auf Getreide beschränkt. Es gäbe auch Ausfälle bei den Kartoffeln, den Rüben und dem Heu. Die durch die Witterungsunbilden verursachten Schäden müßten teilweise durch staatliche Beihilfen aufgefangen werden. Dies gelte für Betriebe, die infolge der Witterungsschäden nicht mehr durchkommen konnten. Die Prüfung müsse gebiets- und betriebsweise erfolgen. Außerdem sei die Stundung von Steuern und anderer Abgaben notwendig.

Der Bundesfinanzminister erklärt dazu, die Steuerstundung sei eine Selbstverständlichkeit, sie entspreche alter Praxis. Ende September werde eine Oberfinanzpräsidenten-Konferenz im Finanzministerium stattfinden[21]), dabei werde diese Frage besprochen werden. Im übrigen sollte man nicht so viel von Katastrophen reden, um nicht die Spekulation anzuregen. Ein Betrag von 8—10 Mio DM sei zu verkraften. Abschließend stellt der Vizekanzler fest, daß der Bericht des Bundesernährungsministers gebilligt worden sei[22]).

---

nauer vom 27. Aug. 1954 (Abschrift, B 136/8651), in dem angesichts der „naturbedingten Katastrophen" u. a. gefordert wurde: Stundung aller Steuern und Abgaben bis 15. Nov. bzw. 1. Dez. 1954, Beihilfen zur Trocknung und Lagerung feuchten Getreides, Beihilfen für Einsilierung und Trocknung der zum Teil in ihrer Qualität gefährdeten Kartoffelernte, vorläufiger Lohnstopp und zugleich staatliche Einflußnahme auf die Unternehmer mit dem Ziele einer allgemeinen Preissenkung.

[18]) Weder das Redemanuskript (in den einschlägigen Beständen des Bundesarchivs) noch die Rundfunkaufnahme (im Deutschen Rundfunkarchiv) konnten ermittelt werden. — Vgl. dazu die Ausführungen Lübkes in der Pressekonferenz am 31. Aug. 1954 in B 145 I/41.
[19]) Vgl. 33. Sitzung TOP 5.
[20]) Gemeint ist die Einfuhr- und Vorratsstelle für Getreide und Futtermittel in Frankfurt am Main, eine bundesmittelbare Anstalt des öffentlichen Rechts unter Aufsicht des BML.
[21]) Unterlagen nicht ermittelt.
[22]) Fortgang 42. Sitzung TOP F.

Sondersitzung der Bundesregierung
am Mittwoch, den 1. September 1954

Teilnehmer: Adenauer, Blücher, Schröder, Schäffer, Erhard, Lübke, Storch, Balke, Preusker, Oberländer, Kaiser, Hellwege, Wuermeling, Tillmanns, F. J. Strauß, Schäfer, Kraft; Globke, Hallstein, Klaiber; von Eckardt; Kilb; Blank, Blankenhorn und die Mitglieder des Bundestages von Brentano, Dehler, Gerstenmaier (ab 12.30 Uhr), Haasler[1], von Merkatz. Protokoll: Gumbel.

Ort: Bühlerhöhe

Beginn: 10.00 Uhr   *Ende: 13.00 Uhr*

[A. SCHEITERN DES EVG-VERTRAGES]

Der Bundeskanzler eröffnet die Sitzung[2], die wegen des bereits fest vereinbarten Besuches des amerikanischen Senators Wiley[3] in Bühlerhöhe am folgenden Tag[4] ebenfalls nach Bühlerhöhe habe einberufen werden müssen, mit einem Bericht über die Brüsseler Konferenz der EVG-Staaten vom 19.–22. August 1954[5], über die er einen Teil der Anwesenden noch nicht habe unterrichten können.

---

[1]) Horst Haasler (1905–1969). 1951–1953 MdL in Niedersachsen (Fraktionsvorsitzender des GB/BHE); 1953–1957 MdB: 1953–1955 Fraktionsvorsitzender des GB/BHE, 14. Juli 1955 Gruppe Kraft/Oberländer, 15. Juli 1955 CDU/CSU (Gast), 20. März 1956–1957 CDU/CSU.

[2]) Vgl. Sondersitzung am 31. Aug. 1954 TOP A. Ferner: Aufzeichnung Blankenhorns über eine Besprechung mit Adenauer, F. J. Strauß, Hallstein, Globke, Blankenhorn und von Eckardt auf Bühlerhöhe am „31. August 1954, 10.30 Uhr" (1 Bl.) in Nachlaß Blankenhorn/32a; handschriftliche Aufzeichnung Hallsteins über eine Besprechung mit Adenauer, Hallstein, Globke und Blankenhorn auf „Bühlerhöhe 31. 8. 54" (5 Bl.) in Nachlaß Hallstein/125–126; Pressekonferenz am 31. Aug. 1954 in B 145 I/41; DDF pp. 293–294.

[3]) Alexander Wiley (1884–1967). Seit 1907 als Rechtsanwalt in Chippewa Falls (Wisconsin) tätig (1908–1915 Staatsanwalt des Distrikts Chippewa County), 1938–1962 Senator für Wisconsin (Republikaner), 1947–1949 Vorsitzender der Kommission für Gerichtswesen im Senat, 1953–1954 Vorsitzender des Außenpolitischen Ausschusses des Senats.

[4]) Die Besprechung mit Wiley, an der neben Adenauer und einem Dolmetscher auch Conant, Blankenhorn und Hallstein teilnahmen, fand am 2. Sept. 1954 von 12.30–15.15 Uhr statt (StBKAH 04.05). Vgl. dazu auch ADENAUER S. 303 sowie Pressekonferenz am 3. Sept. 1954 mit Wiley in B 145 I/42.

[5]) Vorlage: 19.–22. Juli 1954. – Aufzeichnung über eine „Besprechung zwischen dem Herrn Bundeskanzler, dem Herrn Staatssekretär und dem belgischen Außenminister Herrn Spaak am 18. August 1954" (Durchschlag), welche zum Teil wörtlich in ADENAUER S. 275–280 eingegangen ist, in Nachlaß Blankenhorn/32a; „Erklärung des Herrn Ministerpräsidenten Mendès-France in der Schlußsitzung der Brüsseler Konferenz über die EVG am 22. August 1954" (Durchschlag, ebenda); Notizen zur Brüsseler Konferenz vom 10. Sept. 1954, mit handschriftlichem Zusatz: Geheim (in rot), Strauß (in grün), in StBKAH III 82 (10 Bl.); Informationsgespräch am 23. Aug. 1954 mit von Eckardt in B 145 I/41; EA 1954 S. 6869–6874. – Vgl. dazu auch DDF pp. XXVIII–XXXV, ANNEX II pp.

Das Programm, mit dem Mendès-France nach Brüssel gekommen sei[6]), habe Forderungen enthalten, die (a) eine Ratifizierung durch die Parlamente nötig gemacht hätten[7]) und die (b) eine Diskriminierung für Holland, Belgien und die Bundesrepublik bedeutet hätten[8]). Ferner habe Mendès-France verlangt (c) ein Veto für Frankreich für die ersten acht Jahre der Vertragsdauer gegen alles[9]) und (d) ein Kündigungsrecht für jedes Mitglied der EVG im Falle der Wiedervereinigung Deutschlands[10]).

Die fünf Länder außer Frankreich, die weder vorher noch nachher gemeinsame Besprechungen geführt hätten, hätten die Forderungen von Mendès-France einmütig abgelehnt[11]). Dieser aber sei bei seinen Forderungen geblieben[12]).

Der unerhörte Vorgang in der französischen Kammer, daß die EVG durch einen Geschäftsordnungsantrag zu Fall gebracht worden sei[13]), sei durch ein Zusammengehen von Gaullisten und Kommunisten ermöglicht worden[14]).

Der Bundeskanzler gibt dann einen Überblick über die historische Entwicklung des Problems der Wiederbewaffnung Deutschlands und der Europäischen Verteidigungsgemeinschaft[15]). Es werde darüber ein Weißbuch veröffentlicht werden[16]). Anschließend wendet sich der Bundeskanzler der Haltung der Vereinigten Staaten und Großbritanniens zu. Er nimmt auf die Erklärungen des amerikanischen Außenministers Dulles Bezug, die für die Bundesrepublik sehr gut seien und deren wesentliche Punkte er wörtlich verliest[17]). Demgegenüber sei

---

33–130; HEUSS-ADENAUER S. 162–164, 412 f.; ANFÄNGE SICHERHEITSPOLITIK S. 208–215.

[6]) Entwurf eines Protokolls (vom 13. Aug. 1954) zur Anwendung des Vertrages über die Gründung der Europäischen Verteidigungsgemeinschaft (vorgelegt von der französischen Regierung) mit insgesamt 7 Teilen (Titeln) in EA 1954 S. 6869–6873 und ANNEX II pp. 105–112; vgl. dazu DDF pp. 147–150, 154–155, 160–163, 165–173. – Informationsgespräch am 16. Aug. 1954 mit von Eckardt in B 145 I/41.

[7]) Zum Beispiel Titel VII Abs. 3 (EA 1954 S. 6872). Vgl. auch ADENAUER S. 282.

[8]) Vgl. Titel IV (EA 1954 S. 6871) und Titel VI Abs. 1 (ebenda S. 6872).

[9]) Vgl. Titel II Abs. 3 (ebenda S. 6870).

[10]) Vgl. Titel I Abs. 5 (ebenda S. 6870).

[11]) Entwurf einer Erklärung über die Auslegung und die Anwendung des EVG-Vertrages in Erwiderung auf die französischen Vorschläge in EA 1954 S. 6873 f.

[12]) Im Entwurf folgt noch der Satz: „Mendès-France sei in schlechter Absicht nach Brüssel gekommen" (Kabinettsprotokolle Bd. 23 E).

[13]) Vgl. Sondersitzung am 31. Aug. 1954 Anm. 2.

[14]) Im Entwurf folgt noch der Satz: „Unter den gegenwärtigen Verhältnissen könne eine vernünftige Politik mit Frankreich nicht gemacht werden" (Kabinettsprotokolle Bd. 23 E).

[15]) Vgl. dazu handschriftliche Aufzeichnung Hallsteins über diese Kabinettssitzung am 1. Sept. 1954 (8 Bl.) in Nachlaß Hallstein/125–126. – Fortgang 43. Sitzung TOP A: Außenpolitische Lage.

[16]) Ein Weißbuch der Bundesregierung über die historische Entwicklung des Problems der EVG wie der Wiederbewaffnung Deutschlands kam nicht zustande, vgl. dazu auch NOACK S. 9.

[17]) Am 31. Aug. 1954 hatte Dulles nach dem Scheitern des EVG-Vertrages erklärt, es sei tragisch, daß sich in Frankreich mit Hilfe des Kommunismus der Nationalismus behauptet habe, so daß er ganz Europa in Gefahr bringe. Die französische Haltung zwinge die Vereinigten Staaten, ihre Außenpolitik, besonders ihre Politik in Europa, zu überprüfen. Die Westmächte seien es der Bundesrepublik Deutschland schuldig, so schnell wie möglich alles in ihrer Macht Stehende zu tun, um ihr die Souveränität zurückzugeben und sie in

die Haltung Großbritanniens noch nicht ganz durchsichtig[18]). Nach der Auffassung des Bundeskanzlers müssen jetzt folgende fünf Forderungen öffentlich erhoben werden:
1. Fortsetzung der Politik der europäischen politischen Integration. Zurückstellung der militärischen Integration in Konsultation mit den Ländern, die die EVG ratifiziert haben oder unmittelbar vor der Ratifizierung stehen.
2. Souveränität.
3. Teilnahme an der westlichen Verteidigung ohne Diskriminierung.
4. Abschluß von Verträgen über Aufenthalt von Truppen anderer Länder in der Bundesrepublik.
5. Unverzügliche Verhandlungen mit den Vereinigten Staaten und Großbritannien.

Der Bundeskanzler gibt zu diesen Punkten einzelne Erläuterungen. Mit diesen Forderungen, so fährt der Bundeskanzler fort, werde man sich in Gegensatz zur SPD stellen. Das Verlangen der SPD nach einer Vier-Mächte-Konferenz sei jetzt nicht erfüllbar[19]). Wer im gegenwärtigen Augenblick eine Vier-Mächte-Konferenz verlange, fördere die Neutralisierung Deutschlands. Der Bundeskanzler führt noch weitere Beispiele für den Gegensatz[20]) zu den außenpolitischen Auffassungen der SPD an. Eine Zusammenarbeit auf außenpolitischem Gebiet könne nicht die Übernahme der Ansichten der SPD bedeuten.

Die sich anschließende Diskussion ergibt eine grundsätzliche Übereinstimmung des Kabinetts und der Koalitionsparteien in der Beurteilung der Lage. Nach Ansicht von Dr. Dehler kann allerdings die Schuld für das Scheitern der EVG in Frankreich nicht allein bei Mendès-France gesucht werden; die Ursachen lägen tiefer. Allgemein wird insbesondere betont, daß kein Anlaß bestehe, die bisherige, auf eine Einigung Europas gerichtete Politik der Bundesregierung als gescheitert zu bezeichnen, sie müsse vielmehr mit unveränderter Zielsetzung und auf allen Gebieten fortgeführt werden. Das soll in einer Einleitung zu den fünf Punkten des Bundeskanzlers zum Ausdruck gebracht werden.

Zum Fünf-Punkte-Programm des Bundeskanzlers werden von verschiedenen Seiten einige Textänderungen vorgeschlagen, die jedoch keine Inhaltsänderung zum Gegenstand haben. Es kommt dabei zum Ausdruck, daß die Nichterwähnung Frankreichs keineswegs auf einen Ausschluß Frankreichs hinauslaufe. Der

---

die Lage zu versetzen, zum internationalen Frieden und zur Sicherheit beizutragen. Es wäre unbillig, wollte man jetzt das Fehlschlagen der geplanten EVG als Vorwand für die Bestrafung Deutschlands benutzen. Dulles kündigte an, daß die Vereinigten Staaten sofort die Einberufung einer Sondersitzung des NATO-Ministerrates zur Erörterung der neuen Lage beantragen und auch Konsultationen mit Adenauer aufnehmen würden (Wortlaut der Dulles-Erklärung nach United Press in Nachlaß Blankenhorn/33b).

[18]) Im Entwurf lautet dieser Satz: „Demgegenüber sei die Haltung Großbritanniens undurchsichtig" (Kabinettsprotokolle Bd. 23 E). — Zur „Haltung Großbritanniens" siehe NOACK S. 57 f. und BLANKENHORN S. 192 f.

[19]) So hatte z. B. Ollenhauer am 30. Aug. 1954 nach dem Scheitern des EVG-Vertrages erklärt, damit sei die Außenpolitik Adenauers endgültig gescheitert: die SPD fordere nunmehr eine Viermächtekonferenz über die Wiedervereinigung Deutschlands und die europäische Sicherheit (EA 1954 S. 6916). — Siehe auch Abb. 13.

[20]) Im Entwurf: „unüberbrückbaren Gegensatz" (Kabinettsprotokolle Bd. 23 E).

Bundeskanzler betont vielmehr, daß die deutsch-französische Verständigung die Grundlage jeder europäischen Einigung sei.

Im Zusammenhang mit Punkt 4 weist der Bundesfinanzminister darauf hin, daß die Opposition wahrscheinlich die Ausgabe der auf einem Sonderkonto verwahrten 1844 Mio DM Überschuß aus Besatzungskosten und die Streichung der 9 000 Mio DM Haushaltsmittel für die EVG beantragen werde. Verfügungen über diese Beträge könnten jedoch nicht getroffen werden, solange nicht Verhandlungen mit den Besatzungsmächten darüber geführt worden seien. Die Abmachungen über die Besatzungskosten würden am 30. 9. 1954 ablaufen, über den finanziellen Verteidigungsbeitrag[21]) seien neue Verhandlungen nach dem 1. 1. 1955 nötig. Der Bundesfinanzminister bittet daher, daß die Koalitionsparteien etwaige Anträge der Opposition ablehnen.

Die Notwendigkeit einer Erwähnung der deutschen Forderung auf Wiedervereinigung in der Verlautbarung der Bundesregierung wird von Bundesminister Dr. Tillmanns hervorgehoben. Auch in diesem Punkte besteht volles Einvernehmen. Auf die Wiedervereinigung soll in der Einleitung zu den fünf Punkten hingewiesen werden. Eingehend befaßt sich das Kabinett mit der Frage einer neuen Vierer-Konferenz. Es ist die einmütige Auffassung, daß eine solche Konferenz im gegenwärtigen Zeitpunkt unmöglich ist, weil die unerläßliche politische Voraussetzung einer neuen Vierer-Konferenz die zur Zeit nicht vorhandene Gemeinsamkeit des Westens ist. In Stellungnahmen soll zum Ausdruck gebracht werden, daß die Lösung der Deutschlandfrage zwar auf einer Vierer-Konferenz gefunden werden müsse, die aber erst dann stattfinden könne, wenn die erforderlichen Voraussetzungen geschaffen seien.

Im Interesse einer gemeinsamen Außenpolitik befürwortet vor allem Bundesminister Kaiser ein neues Gespräch mit der SPD, wenn diese sich auch voreilig auf eine Vierer-Konferenz festgelegt habe. Von anderer Seite wird das Paktieren mit der SPD jedoch entschieden abgelehnt. Der Bundeskanzler sagt dazu, er werde noch mit Ollenhauer sprechen, aber erst in Bonn[22]).

Das Ergebnis der Verhandlungen faßt der Bundeskanzler folgendermaßen zusammen:

„Wir halten fest an der bisherigen Europa-Politik. Diese Politik hat Erfolge gehabt. Sie hat uns zu der außenpolitischen Stellung geführt, die wir einnehmen. Wir haben jetzt Forderungen an die drei Besatzungsmächte zu stellen. Wir dürfen keinen Zweifel darüber lassen, daß wir den Weg der SPD unter keinen Umständen zu gehen bereit sind, der zur Neutralisation führt. Wir werden dadurch auch Großbritannien stärken."

Zur endgültigen Formulierung des Fünf-Punkte-Programms[23]) wird ein Ausschuß eingesetzt, dem u. a. der Vizekanzler und Staatssekretär Hallstein angehö-

---

[21]) Vgl. dazu 40. Sitzung TOP A.
[22]) Vgl. 45. Sitzung Anm. 19.
[23]) Vgl. „Erklärung der Bundesregierung, Konsequente Fortsetzung der bisherigen Linie der deutschen Außenpolitik — fünf Ziele" in BULLETIN vom 2. Sept. 1954 S. 164 mit dem Wortlaut der Positionen 1–5 des Fünf-Punkte-Programms des BK in diesem Kurzprotokoll.

Sondersitzung am 1. September 1954

ren. Der Vorschlag, vor dem Bundestag eine Regierungserklärung²⁴) über die außenpolitische Lage abzugeben, wird gebilligt. Die Innenpolitik soll bei dieser Gelegenheit nicht berührt werden. Von der in Art. 39 Abs. 3 GG gegebenen Möglichkeit (Verlangen des Bundeskanzlers nach Einberufung des Bundestages) soll Gebrauch gemacht werden.

Am Schluß der Sitzung dankt der Bundeskanzler dem Abgeordneten Blank und seinen Mitarbeitern für die bisher von ihnen geleistete Arbeit²⁵).

---

²⁴) Vgl. dazu 49. Sitzung TOP 1.
²⁵) In einem Rundschreiben Globkes vom 29. Sept. 1954 an alle Empfänger des Kurzprotokolls über die Sondersitzung der Bundesregierung auf Bühlerhöhe am 1. Sept. 1954 wurde gebeten, von einem abschriftlich anliegenden Schreiben vom 14. Sept. 1954 Kenntnis zu nehmen, das der BMBR an den BK gerichtet habe. Dieses Schreiben lautet, ohne Anrede und Schlußformel, wie folgt: „Das Kurzprotokoll über die Sondersitzung der Bundesregierung auf Bühlerhöhe am 1. 9. 1954 darf ich zum Anlaß nehmen, um Ihnen mein Bedauern auszudrücken, daß die auch von Ihnen als ganz besonders gut gekennzeichneten Ausführungen des Herrn Dr. von Merkatz in diesem Protokoll überhaupt keinen Niederschlag gefunden haben. Ein für die Unterrichtung des Direktoriums und der Fraktion der Deutschen Partei gefertigter Bericht enthält hierzu folgendes: ‚Dr. von Merkatz erklärte einleitend, daß er aus der Diskussion nicht den Eindruck gewonnen habe, daß in dieser Aussprache eine wirkliche Einigung im Kabinett über die Außenpolitik der Bundesregierung erzielt worden sei. Er könne nur seine persönliche Meinung zum Ausdruck bringen, da Partei und Fraktion angesichts der Lage eine gründliche Inventur machen werde. Er glaube aber, im Sinne seiner Freunde zu sprechen, wenn er eine restlose Klarheit und Festigkeit der politischen Linie des Kabinetts verlange. Vor allen Dingen wünsche er, daß mit dem Mißbrauch der Worte z. B. »eine deutsche Politik betreiben« und der »Wiedervereinigungspolitik« im Schatten der Argumentation der SPD endgültig Schluß gemacht werde. Die SPD wünsche sofortige Verhandlungen mit der Sowjet-Union. Das sei ein vollkommener Gegensatz zur notwendigen Politik der Koalition. Es gebe nur eine aktive Wiedervereinigungspolitik, nämlich die, die europäischen Mächte des Westens sowie England und USA zur zuverlässigen Unterstützung des deutschen Anspruchs auf Wiederherstellung seiner Einheit zu veranlassen. Jedes Abweichen von dieser Linie einer zur europäischen Einheit führenden Politik, in deren Rahmen dann Deutschland seinen Frieden finden könne, bedeute eine Preisgabe des Grundsätzlichen. Dr. von Merkatz wandte sich gegen die gefährliche Zweideutigkeit der sogenannten Kontakte mit den Ostblock-Vertretern und Vertretern der DDR. Durch diese Kontaktnahmen werde der Widerstandswille der Deutschen in der Zone gelähmt. Denn für den Zonenbewohner sei jede Persönlichkeit suspekt, die dann von den Presseorganen der SED gelobt wird. Damit trage man Verwirrung in die Reihen der zum Widerstand gewillten Kreise in der Zone. Dr. von Merkatz erläuterte diese Thesen an einigen Beispielen und schloß mit dem Grundsatz, daß über ein Sicherheitssystem in Europa mit der Sowjet-Union nur verhandelt werden könne, wenn zuvor die Sicherheit in Europa durch eine erfolgreiche Einigungspolitik sichergestellt sei; und erst dann seien Verhandlungen über die Bedingungen des europäischen Sicherheitssystems mit der Sowjet-Union und über den Status der Wiederherstellung der deutschen Einheit möglich. Bundesminister Hellwege unterstrich dann nochmals die Haltung der Deutschen Partei, die eine Ratifikation des EVG-Vertrages bereits im Sommer 1952 verlangt habe. Mendès-France habe nun selbst erklärt, daß das Vertragswerk vor 15 Monaten noch eine Mehrheit hätte finden können. Die Gunst der Stunde sei durch Unsicherheit auch in der Koalition verpaßt worden. Bundesminister Hellwege machte wörtlich den Zwischenruf: »Die Schuldigen sitzen hier mitten unter uns«'. Ich darf Sie, sehr verehrter Herr Bundeskanzler, um Verständnis bitten, wenn ich Wert darauf lege, daß diese Aufzeichnung ergänzend zu dem Kurzprotokoll über diese wichtige Sitzung genommen wird" (B 136/4799).

**42. Kabinettssitzung
am Donnerstag, den 2. September 1954**

Teilnehmer: Blücher, Schröder, Schäffer, Balke, Oberländer (bis 12.15 Uhr), Kaiser, Tillmanns; Bergemann, Ripken, Sauerborn, Sonnemann, W. Strauß, Wandersleb, Westrick; Klaiber; Mai[1]*; Selbach. Protokoll: Gumbel.*

Ort: Haus Carstanjen

Beginn: 9.30 Uhr   Ende: 13.00 Uhr

Die Abwicklung der Tagesordnung nimmt folgenden Verlauf.

1. ENTWURF EINES GESETZES ÜBER DEN UNMITTELBAREN ZWANG BEI AUSÜBUNG ÖFFENTLICHER GEWALT DURCH VOLLZUGSBEAMTE DES BUNDES (UZwG)   BMI

Dem Entwurf wird zugestimmt.

Die Bemerkung des Staatssekretärs Dr. Ripken, daß der Bundesrat auf Grund von § 10 wahrscheinlich auf die Zustimmungsbedürftigkeit des Entwurfes[2] aufmerksam machen werde, führt zu allgemeinen Erörterungen über die verfassungsrechtliche und praktische Behandlung des Zustimmungserfordernisses durch den Bundesrat[3]. Man ist übereinstimmend der Auffassung, daß der Bundesrat seine Rechte zu weit auszudehnen sucht. Der Bundesfinanzminister teilt mit, daß er in seinem Ministerium die Anweisung gegeben habe, solche Vorschriften, die der Zustimmung durch den Bundesrat bedürfen, in ein besonderes Gesetz zu übernehmen, um bei künftigen Änderungen des Hauptgesetzes die Zustimmungsbedürftigkeit durch den Bundesrat zu vermeiden. Staatssekretär Dr. Strauß äußert demgegenüber Bedenken, weil sich die Trennung in zwei Gesetze nicht in allen Fällen werde durchführen lassen. Nach seiner Auffassung sollte ein geeigneter Fall dem Bundesverfassungsgericht zur Entscheidung der bisher ungeklärten Fragen vorgelegt werden. Die Anrufung des Bundesverfassungsgerichtes sollte allerdings dem Bundesrat selbst überlassen bleiben.

---

[1] Dr. iur. Franz Wilhelm Mai (geb. 1911). 1940–1945 Wehrdienst; 1945–1950 Amtsgerichtsrat in Frankfurt am Main, 1950–1952 Bundeskanzleramt (zunächst als Stellvertreter des Persönlichen Referenten, ab 1951 Persönlicher Referent des Bundeskanzlers), 1952–1957 Abteilungsleiter im Presse- und Informationsamt der Bundesregierung, 1957–1977 Intendant des Saarländischen Rundfunks.

[2] Vorlage des BMI vom 24. Juli 1954 in B 106/17379 und B 136/5030. – Der BMI entsprach mit dieser Vorlage dem Ersuchen des BT vom 12. Juni 1953, einen Gesetzentwurf zur Vereinheitlichung des Waffengebrauchsrechts unter besonderer Berücksichtigung des Zolldienstes und des Bundesgrenzschutzes vorzulegen (STENOGRAPHISCHE BERICHTE Bd. 16 S. 13425, BT-Drs. Nr. 3914 und 4254). – § 10 sah vor, daß das Gesetz auch für die Polizeikräfte der Länder gelten sollte, sobald die Bundesregierung gemäß Art. 91 Abs. 2 GG die Polizeikräfte eines Landes ihren Weisungen unterstellt hatte.

[3] Vgl. dazu auch 31. Sitzung TOP 1a.

Es wird auch die theoretische Möglichkeit einer Grundgesetzänderung erwähnt. Man ist sich jedoch darüber klar, daß sie nicht die Zustimmung des Bundesrates finden wird.

Staatssekretär Dr. Ripken teilt mit, daß im Bundesrat selbst Bedenken wegen der Behandlung der Zustimmungsbedürftigkeit entstanden seien. Er habe den Eindruck, daß der Bundesrat nicht nach Karlsruhe gehen werde[4].

Der vom Bundesfinanzminister angegebene Weg wird als eine durchaus erwägenswerte Möglichkeit angesehen, dem Problem beizukommen[5].

2. AUSGLEICH FÜR VERGILBUNGSKRANKE ZUCKERRÜBEN   BML

Das Kabinett stimmt den Änderungen des Bundesrates unter entsprechender Änderung seines Beschlusses vom 28. 7. 1953/18. 8. 1953 zu[6]. Der Bundesfinanzminister erklärt jedoch einschränkend unter Bezugnahme auf die Vorgeschichte, daß es sich um einen einmaligen Fall handele, der gegen alle Grundsätze der Verfassung und der Finanzwirtschaft verstoße; in Zukunft werde er in gleichgelagerten Fällen seine Zustimmung nicht mehr geben. Er schlägt daher vor, den Ländern mitzuteilen, daß aus der Regelung im vorliegenden Falle kein Präjudiz abgeleitet werden könne, und außerdem Auskunft über die Verwendung der Zuschußmittel zu verlangen. Das Kabinett ist damit einverstanden.

Der Bundesfinanzminister benutzt die Gelegenheit, um anschließend die Anregung zu geben, die für die Erkennung und Bekämpfung von Viruskrankheiten eingesetzten Mittel an geeigneter Stelle zu konzentrieren, indem er darauf hinweist, daß Viruskrankheiten auch beim Menschen auftreten. Darauf entwickelt sich eine längere Aussprache über die zweckmäßigste Art und Weise der Organisation und Förderung der wissenschaftlichen Forschung überhaupt. Das Thema wird zur Behandlung bei einer gelegentlichen Zusammenkunft der Bundesminister vorgesehen[7].

---

[4] Der BR erörterte die Zustimmungsbedürftigkeit des Gesetzes nicht; er schlug vor, § 10 des Entwurfs zu streichen (BR-SITZUNGSBERICHTE 1954, S. 273–276 und BR-Drs. Nr. 306/54/Beschluß).

[5] BR-Drs. Nr. 306/54. – BT-Drs. Nr. 1172. – Gesetz vom 10. März 1961 (BGBl. I 165).

[6] Vgl. 300. Sitzung am 7. Juli 1953 TOP 8, 303. Sitzung am 28. Juli 1953 TOP 4 und 305. Sitzung am 18. Aug. 1953 TOP 5. – Vorlage des BML vom 6. Aug. 1954 zu BR-Drs. Nr. 550/53 (Beschluß) in B 116/7224, B 136/2631 und B 126/10776. – Der BR hatte vorgeschlagen, den Beschluß des Kabinetts, den durch die Vergilbungskrankheit der Zuckerrüben am stärksten geschädigten rheinischen Rübenbauern aus den Überschüssen der Frachtausgleichskasse für Zuckerrüben einen Zuschuß von 3,5 Mio DM zu gewähren, dahin zu ändern, daß 3,2 Mio DM nicht nur Nordrhein-Westfalen, sondern auch anderen Ländern (den Befallsflächen des Jahres 1952 entsprechend) zugeteilt und 300 000 DM für den Auf- und Ausbau des Warn- und Meldedienstes bei den Pflanzenschutzämtern der Länder und der Biologischen Bundesanstalt eingesetzt werden sollten. – Vgl. auch BULLETIN vom 24. Sept. 1954 S. 1592.

[7] Unterlagen nicht ermittelt.

3. BESTIMMUNGEN FÜR DIE MITTELANFORDERUNG, GELDVERSORGUNG, BUCHFÜHRUNG, ABRECHNUNG, RECHNUNGSLEGUNG UND VORPRÜFUNG BEI LEISTUNGEN ZU LASTEN DES BUNDES NACH DEM GESETZ ÜBER DIE EINSTWEILIGE GEWÄHRUNG EINER TEUERUNGSZULAGE ZUR ABGELTUNG VON PREISERHÖHUNGEN BEI GRUNDNAHRUNGSMITTELN (TEUERUNGSZULAGENGESETZ) IN DER FASSUNG VOM 25. 6. 1952 (BGBL. I S. 354) UNTER BERÜCKSICHTIGUNG DER DURCH DAS ZWEITE GESETZ ZUR ÄNDERUNG UND ERGÄNZUNG DES BUNDESVERSORGUNGSGESETZES VOM 7. AUGUST 1953 (BGBL. I S. 862) EINGETRETENEN ÄNDERUNGEN (BEST.ABR. TZG.) [STELLUNGNAHME DER BUNDESREGIERUNG ZU DEN ÄNDERUNGSVORSCHLÄGEN DES BUNDESRATES][8]   BMA

Die Änderungsvorschläge des Bundesrates zu den §§ 3 und 7[9]) begegnen keinen Bedenken. Auch in bezug auf das Verlangen des Bundesrates, daß die Vorschriften von der Bundesregierung und nicht von den Bundesministern für Arbeit und der Finanzen zu erlassen sind, schließt sich das Kabinett dem Vorschlage des Bundesarbeitsministeriums an. Es soll aber dem Bundesrat mitgeteilt werden, daß die Bundesregierung ihren Rechtsstandpunkt in dieser Frage aufrechterhält[10]).

Was den Änderungsvorschlag zu § 8 angeht, so bittet Staatssekretär Sauerborn auch ihm zu entsprechen, da die von den Ministerien ausgearbeitete Neufassung des § 8[11]) eine nochmalige Befragung des Bundesrates notwendig mache und das Zustandekommen der Verwaltungsvorschriften weiter verzögere. Er erklärt, daß das gleiche Ziel auf dem Wege der Aufsicht über die Sozialversicherungsträger erreicht werden könne und sichert die Ausübung der Kontrollrechte durch das Bundesarbeitsministerium zu. Auf Grund dieser Erklärung nimmt das Kabinett auch den Änderungsvorschlag des Bundesrates zu § 8 an[12]).

4. VERÄUSSERUNG VON BUNDESVERMÖGEN; HIER: BERGWERKSGESELLSCHAFT HIBERNIA AG., HERNE/WESTFALEN   BMF

Der Bundesfinanzminister schildert zunächst den Sachverhalt, wie er sich aus seiner Kabinettsvorlage vom 16. 7. 1954 ergibt, und nimmt gegen Kaufverhandlungen mit der interessierten amerikanischen Gruppe Stellung, weil sich im Falle der Veräußerung der Anteil des Fremdkapitals im westdeutschen Bergbau in unangemessener Weise erhöhen würde[13]). Er bringt ferner zum Ausdruck, daß er durchaus für die Privatisierung von Bundesvermögen sei, lehnt

---

[8]) Vorlage des BMA vom 1. Juli 1954 zu BR-Drs. Nr. 6/54 (Beschluß) in B 136/792. — Die Bestimmungen waren dem BR in einem gemeinsamen Schreiben des BMA und des BMF vom 31. Dez. 1953 vorgelegt worden (ebenda).
[9]) § 3 sollte, ebenso wie § 8, die Abrechnungsmodalitäten regeln; in § 7 sollte den für die Sozialversicherung zuständigen obersten Landesbehörden das Recht auf Einsichtnahme in die Belege zugestanden werden.
[10]) Vgl. dazu den Vermerk des BMJ vom 9. Dez. 1953 und das Schreiben Adenauers an den Präsidenten des BR vom 13. Mai 1955 (ebenda).
[11]) Die Neufassung hatte eine Kontrollmöglichkeit auch durch den Bundesrechnungshof vorgesehen.
[12]) Bestimmungen vom 6. Mai 1955 (BAnz Nr. 93 vom 14. Mai 1955).
[13]) Der BMF hatte in seiner Vorlage mitgeteilt, „eine amerikanische Gruppe" sei an dem Kauf eines Objekts im Wert von 20 bis 100 Mio Dollar interessiert, das neben Steinkohle entweder eine Eisenhütte oder chemische Betriebe enthalte (B 136/7384).

aber im Hinblick auf gewisse Angebote für bestimmte Objekte jede Verschleuderung ab.

Dr. Westrick nimmt ebenfalls gegen Kaufverhandlungen mit amerikanischen Interessenten im Falle Hibernia Stellung. Er sei zwar nicht grundsätzlich gegen einen Verkauf an Ausländer; bei der Hibernia handele es sich jedoch um die zweitgrößte deutsche Gesellschaft, die durchaus in der Lage sei, einen eigenen Kohlenverkauf aufzuziehen. Im Falle eines Verkaufs ergäben sich daher möglicherweise Gefahren für den gemeinsamen Kohlenverkauf.

Staatssekretär Sauerborn bringt arbeitsmarktpolitische Gründe gegen die angeregten Kaufverhandlungen vor. Staatssekretär Dr. Bergemann weist auf die Verflechtung der Hibernia mit der Binnenschiffahrt hin. Im Falle eines Verkaufs an die Amerikaner könnten sich Schwierigkeiten für die Festsetzung der Frachttarife in der deutschen Binnenschiffahrt ergeben.

Der Vizekanzler stellt daraufhin fest, daß Kaufverhandlungen nicht befürwortet werden. Der Bundesfinanzminister will der amerikanischen Gruppe lediglich antworten, daß ein geeignetes Objekt nicht vorhanden sei[14]).

Allgemeine Zustimmung findet die Anregung von Dr. Westrick, daß von den beteiligten Ministerien eine grundsätzliche Ausarbeitung darüber angefertigt werden soll, wann und wie privatisiert werden soll[15]).

5. PERSONALIEN

Einwendungen gegen die Personalvorschläge in den Anlagen zur Einladung zur Kabinettssitzung werden nicht erhoben[16]). Das Kabinett stimmt auf Antrag des Staatssekretärs Sauerborn außerdem der Ernennung des Bundesrichters

---

[14]) Unterlagen nicht ermittelt.
[15]) Der BMWi legte dem Bundeskanzleramt mit Schreiben vom 29. Jan. 1955 „Grundsätze zur Privatisierung von Bundesunternehmen" vor (B 136/2345).
[16]) An Ernennungen waren vorgesehen: im AA zwei Gesandte (Botschaftsrat z. Wv. Dr. iur. Günther Bock, Bevollmächtigter der Freien Hansestadt Bremen beim Bund Dr. iur. Karl Carstens), im BMP ein MinDir. (Dr. iur. Ulrich Engel), im BMWi und BMFa je ein MinR., im Geschäftsbereich BMA drei Bundesrichter beim Bundessozialgericht (Dr. iur. Karl Heyderhoff, Dr. iur. Peter Plein, Dr. iur. Ludwig Rückert). Ferner wurde beantragt: vom BMA die Hinausschiebung des Eintritts in den Ruhestand bis zum 30. Sept. 1955 für den Präsidenten des Landesarbeitsamtes Berlin Paul Fleischmann (Fortgang dazu 98. Sitzung am 28. Sept. 1955 TOP 9: Personalien), vom BML die Anstellung von MinR. a. D. Dr. iur. Kurt Dietrich als Angestellter nach der ADO für übertarifliche Angestellte im öffentlichen Dienst mit den Dienstbezügen eines Beamten nach der Besoldungsgruppe A 1a bis zum 30. Sept. 1954 sowie die Anstellung von Oberlandforstmeister Oswalt Baumann als Angestellter nach der ADO für übertarifliche Angestellte im öffentlichen Dienst bis zum 30. Sept. 1954. Der vom BMA in seiner Vorlage vom 15. Juli 1954 erbetene und vom Bundeskanzleramt am 30. Aug. 1954 formulierte Kabinettsbeschluß lautet: „1. Die Bundesregierung nimmt in Aussicht, dem Herrn Bundespräsidenten die Ernennung des früheren Präsidenten des Landesarbeitsamtes Christian Carlberg im Landesdienst zum Präsidenten des Landesarbeitsamtes Hamburg vorzuschlagen. 2. Der Bundesminister für Arbeit wird beauftragt, im Namen der Bundesregierung den Verwaltungsrat der Bundesanstalt und den Senat der Freien und Hansestadt Hamburg zu dem in Aussicht genommenen Vorschlag der Bundesregierung zu hören."

beim Bundessozialgericht Prof. Dr. Walter Bogs[17]) zum Senatspräsidenten beim Bundessozialgericht zu.

Außerhalb der Tagesordnung

[A. TEILNAHME VON REGIERUNGSMITGLIEDERN AN VERANSTALTUNGEN]

Das Kabinett begrüßt die dem Bundeskanzleramt gegenüber zum Ausdruck gebrachte Bereitschaft des Bundesministers Kraft, die Bundesregierung bei der 800-Jahr-Feier des Ratzeburger Domes zu vertreten[18]).

Die Einladung hierzu und Einladungen der Deutschen Forschungsgemeinschaft geben erneut Anlaß, eine Koordinierung in bezug auf die Teilnahme an derartigen Veranstaltungen seitens der Kabinettsmitglieder durch das Bundeskanzleramt anzuregen[19]).

[B. PANEUROPA-KONGRESS]

Das Kabinett spricht sich gegen eine Beteiligung von Kabinettsmitgliedern an dem von dem Grafen Coudenhove-Kalergi[20]) einberufenen Paneuropa-Kongreß aus[21]).

---

[17]) Prof. Dr. iur. Walter Bogs (geb. 1899). Ab 1927 Richter am Arbeitsgericht Berlin, dann im Reichsversicherungsamt tätig, unterbrochen durch eine längere Abordnung an das Reichsarbeitsministerium; 1944 Senatspräsident beim Reichsversicherungsamt. 1946–1949 Lehrbeauftragter für Arbeits- und Sozialrecht an der Universität Göttingen; 1949–1954 o. Prof. für Arbeits- und Sozialrecht an der Hochschule für Arbeit, Politik und Wirtschaft in Wilhelmshaven-Rüstersiel; 1954–1967 Senatspräsident beim Bundessozialgericht in Kassel, 1958–1978 Mitglied des Sozialbeirates der Bundesregierung, 1964–1966 Vorsitzender der Sozial-Enquête-Kommission.

[18]) Schreiben Krafts an Globke vom 27. Aug. 1954 in B 136/4746. Die Eröffnungsveranstaltung fand am 12. Sept. 1954 statt; Ratzeburg war Wohnsitz Krafts und lag in seinem Wahlkreis.

[19]) Vgl. 37. Sitzung TOP F. – In einem Rundschreiben Globkes vom 17. Nov. 1954 betr. Teilnahme von Mitgliedern der Bundesregierung an Veranstaltungen und Tagungen wurde gebeten, das Bundeskanzleramt „künftig von den Ihnen zugehenden Einladungen und von der beabsichtigten Beantwortung möglichst frühzeitig in Kenntnis zu setzen. Es wird dann dafür Sorge getragen, daß die notwendige Abstimmung zwischen den einzelnen Herren Bundesministern über die Teilnahme an Veranstaltungen oder Tagungen stattfindet" (B 136/4746).

[20]) Prof. Dr. phil. Richard Graf Coudenhove-Kalergi (1894–1972). Österreichischer Schriftsteller und Politiker der Europäischen Einheitsbewegung; 1923 Begründer der Paneuropa-Union, 1938–1946 in der Emigration in den USA und in der Schweiz; 1947 Generalsekretär der Europäischen Parlamentarier-Union, 1952–1965 führend an der „Europäischen Bewegung" beteiligt. – Coudenhove-Kalergi, Richard: Eine Idee erobert Europa, Meine Lebenserinnerungen. Wien 1958.

[21]) Zur Feier des 30jährigen Bestehens der Paneuropa-Union hatte Coudenhove-Kalergi den VI. Paneuropa-Kongreß für den Zeitraum 30. Okt. bis 1. Nov. 1954 nach Baden-Baden einberufen (EA 1954 S. 7143); Unterlagen dazu in B 136/3956.

[C. PATENSCHAFT FÜR DIE MARIEN-KIRCHE IN LÜBECK]

Ebenfalls abgelehnt wird die Übernahme einer Patenschaft der Bundesregierung für die Marien-Kirche in Lübeck[22]).

[D. BELEIDIGUNG DER BUNDESREGIERUNG]

Die Erteilung der Aussagegenehmigung für den Bundesminister Kaiser und den Bundesminister a. D. Dr. Lehr in einem mit dem BDJ zusammenhängenden Verfahren, die vom Vorsitzenden vorgebracht wird, nach der von Bundesminister Kaiser gegebenen Aufklärung aus verschiedenen Gründen aber längst überholt ist[23]), gibt dem Bundesminister Anlaß, sich mit den von der Bundesregierung angestrengten Beleidigungsprozessen zu befassen und sich gegen den häufigen Gebrauch des Antragsrechts auszusprechen[24]). Der Bundesinnenminister findet allgemeine Zustimmung, als er die Regelung des Ehrenschutzes in Deutschland als schlecht bezeichnet[25]). Er spricht sich für eine Verstärkung des Berichtigungszwanges unter gleichzeitiger Erschwerung der Beschlagnahmemöglichkeit von Druckerzeugnissen aus[26]).

[E. BESOLDUNGSGESETZ FÜR DAS LAND NORDRHEIN-WESTFALEN]

Der Bundesfinanzminister unterrichtet das Kabinett über den Stand des beim Bundesverfassungsgericht anhängigen Verfahrens wegen der Besoldungs-

---

[22]) Vgl. 169. Sitzung am 28. Aug. 1951 TOP I: Aufbau der Lübecker Marienkirche. Unterlagen über den Wiederaufbau der St.-Marien-Kirche zu Lübeck in Nachlaß Pünder/519 (Laufzeit 1948–1956).

[23]) Vgl. 39. Sitzung TOP E: Genehmigung der Bundesregierung zu einer Vernehmung als Zeuge.

[24]) Die Mehrzahl der Verfahren wegen „politischer Beleidigung", die vom BMJ für die Bundesregierung oder ihre Mitglieder eingeleitet wurden, kamen im Kabinett nicht zur Sprache; sie wurden nämlich im Umlaufverfahren beschlossen. Umfangreiche Unterlagen ab 1949 hierzu in B 136/145–260 und B 141/11979–12129.

[25]) § 187a StGB [Politische üble Nachrede] lautet: „(1) Wird gegen eine im politischen Leben des Volkes stehende Person öffentlich, in einer Versammlung oder durch Verbreitung von Schriften, Schallaufnahmen, Abbildungen oder Darstellungen eine üble Nachrede (§ 186) aus Beweggründen begangen, die mit der Stellung des Beleidigten im öffentlichen Leben zusammenhängen, und ist die Tat geeignet, sein öffentliches Wirken erheblich zu erschweren, so ist die Strafe Gefängnis nicht unter drei Monaten. (2) Eine Verleumdung (§ 187) wird unter den gleichen Voraussetzungen mit Gefängnis nicht unter sechs Monaten bestraft."

[26]) Vgl. 234. Sitzung am 11. Juli 1952 TOP 8: Vortrag des Bundesministers über „Formale Behandlung des Referentenentwurfes zum Bundespressegesetz" und TOP C: Bekämpfung staatsgefährdender Presse-Erzeugnisse. – Überlegungen des BMI, einen Pressegesetzentwurf in Zusammenarbeit mit den Ländern sowie den Journalisten- und Zeitungsverlegerverbänden auszuarbeiten (Schreiben des BMI vom 7. Mai 1954 in B 136/5875), wurden 1955 endgültig fallen gelassen (vgl. BULLETIN vom 23. Nov. 1955 S. 1844–1946, mit u. a. folgenden Zwischenüberschriften: Kein neues Pressegesetz, Die Beschlagnahme von Zeitungen, Die Presseberichtigung, Die Verstärkung des Ehrenschutzes). Vgl. dazu auch Schwinge, Erich: Zur Reform des Beleidigungsrechts, Goltdammer's Archiv für Strafrecht Jg. 1956 S. 309–315.

aufbesserungen in Nordrhein-Westfalen[27]). Nordrhein-Westfalen suche offenbar das Verfahren zu verschleppen. Auf die Klageerwiderung, deren Inhalt der Bundesfinanzminister vorträgt[28]), wolle er sich nicht schriftsätzlich äußern[29]). Er habe vielmehr das Bundesverfassungsgericht um die Anberaumung eines Verhandlungstermins gebeten. Das Kabinett erklärt sein Einverständnis mit dem Vortrag des Bundesfinanzministers. Der Bundesinnenminister weist darauf hin, daß infolge der Besoldungsaufbesserungen in Nordrhein-Westfalen die Gewinnung von Beamten dieses Landes für den Bundesdienst unmöglich geworden sei. Dieses Argument könne vielleicht in Karlsruhe mitverwendet werden[30]).

[F. ERNTESCHÄDEN]

Der Bundesfinanzminister bringt dann sein Erstaunen über die im Anschluß an die Kabinettssitzung am 31. August 1954 gehaltene Rundfunkansprache des Bundesernährungsministers zum Ausdruck[31]). In dieser Rundfunkansprache sei nicht nur von Beihilfen für die Trocknung, sondern schlechthin von Beihilfen für Ernteschäden die Rede gewesen. Er sei der Auffassung, daß in der Kabinettssitzung am 31. August nur über die Trocknungskosten gesprochen worden sei, räume aber die Möglichkeit eines Mißverständnisses ein. Auf Grund dieses Vorfalles werde er in Zukunft verlangen müssen, daß die beabsichtigten Ausführungen vorher schriftlich niedergelegt würden. Nach Ansicht des Bundesfinanzministers sind allgemeine Beihilfen für Ernteschäden wegen der sich daraus ergebenden Konsequenzen nicht möglich. Allein vertretbar könne eine Regelung sein, wie sie bei den Hochwasserschäden[32]) in Bayern getroffen worden sei. Die Beteiligung des Bundes habe in diesem Falle einen gewissen Prozentsatz der Aufwendungen des Landes betragen und sei nicht den einzelnen Geschädigten, sondern dem Lande gewährt worden.

Der Vizekanzler schildert daraufhin nach seiner Erinnerung den Gang der Verhandlungen in der Kabinettssitzung am 31. August. Daraus ergibt sich, daß auf der Seite des Bundesfinanzministers in der Tat ein Mißverständnis vorliegt. Anschließend gibt Staatssekretär Dr. Sonnemann einen umfangreichen Bericht über die Maßnahmen des Ministeriums, die im Hinblick auf die Ernteschäden bei Getreide ergriffen worden sind, wobei er hervorhebt, daß sie streng im Rahmen der Möglichkeiten der Verwaltung gehalten worden seien, sowie über den zeitlichen Ablauf der Ereignisse. Er äußert sich ferner über die Auswirkun-

---

[27]) Vgl. 35. Sitzung TOP 1.
[28]) Klageerwiderung der Landesregierung vom 21. Aug. 1954 in B 126/19948, B 106/7978 und B 136/584.
[29]) Der BMF leitete dem Bundesverfassungsgericht am 30. Sept. 1954 eine Stellungnahme zu (ebenda).
[30]) Der Zweite Senat des Bundesverfassungsgerichts wies am 1. Dez. 1954 die Klage der Bundesregierung ab (Entscheidungen des Bundesverfassungsgerichts, herausgegeben von Mitgliedern des Bundesverfassungsgerichts. 4. Bd. Tübingen 1956 S. 116–142).
[31]) Vgl. Sondersitzung am 31. Aug. 1954 TOP B.
[32]) Vgl. 39. Sitzung TOP C.

gen der Schäden in bezug auf etwa notwendige Mehreinfuhren und über die Ernteaussichten bei anderen Feldfrüchten[33]).

[G. BEFLAGGUNG VON DIENSTGEBÄUDEN DES BUNDES]

Ein weiteres Vorbringen des Bundesfinanzministers betrifft die durchgängige Beflaggung des Bundesinnenministeriums. Er bittet, eine einheitliche Regelung bei den Bundesministerien herbeizuführen. Der Bundesinnenminister erwidert darauf, daß es sich um einen Versuch handele, der dazu bestimmt sei, Erfahrungen zu sammeln. Zu gegebener Zeit werde er dem Kabinett einen Vorschlag machen[34]).

[H. INANSPRUCHNAHME DER ABGEORDNETEN-DIÄTEN DURCH DIE BUNDESMINISTER]

Schließlich regt der Bundesfinanzminister eine Verständigung unter den Kabinettsmitgliedern, die zugleich auch Mitglieder des Bundestages sind[35]), über den Umfang der Inanspruchnahme der Diäten[36]) an[37]). Die Besprechung wird wegen des Fehlens einer großen Zahl von Ministern zurückgestellt.

Im Zusammenhang damit wird von verschiedenen Seiten kritisiert, daß die festgesetzten Reisekostenentschädigungen[38]) die tatsächlich entstehenden Unkosten nicht decken[39]).

---

[33]) MBl. BML 1954 vom 2. Sept. 1954 S. 1, BULLETIN vom 3. Sept. 1954 S. 1461. – Fortgang 45. Sitzung TOP 1.
[34]) Siehe 76. Sitzung am 16. März 1955 (TOP 2). – Erlaß der Bundesregierung über die Beflaggung der Dienstgebäude des Bundes vom 14. April 1955 (BAnz Nr. 75 vom 20. April 1955 und GMBl. S. 121).
[35]) Mit Ausnahme von Balke waren alle Bundesminister Mitglieder des BT.
[36]) Zur Erhöhung der Diäten vgl. 36. Sitzung TOP G.
[37]) Schäffer schlug vor, „es dabei zu belassen, daß die Minister nur den unverzichtbaren Teil für sich zur Auszahlung bringen lassen (Verwendung dieses Teils bleibt Sache des einzelnen Mitglieds) und von den Zuschüssen für Unterhaltung eines eigenen Sekretariats im Wahlkreis nur in der Erhöhung Gebrauch machen, wie sie vor der Diätenerhöhung vorgesehen war, nämlich höchstens 700 DM. In diesem Fall soll aber die Auszahlung nicht an das Kabinettsmitglied, sondern unmittelbar an das Sekretariat erfolgen." (Schreiben Schäffers an Hartmann vom 2. Sept. 1954 in Nachlaß Schäffer/34.)
[38]) Die Reisekostenentschädigung war geregelt in den „Ausführungsbestimmungen zum Gesetz über die Entschädigung der Mitglieder des Bundestages vom 23. Juli 1954" (BAnz vom 27. Juli 1954). – Siehe dazu auch SCHINDLER S. 981.
[39]) Am 4. Okt. 1954 teilte Schäffer mit, daß er festgestellt habe, er sei „der einzige Bundesminister, der die ihm als Abgeordneten zustehenden Beträge nicht voll" abgehoben habe. Da er glaube, daß „weitere Besprechungen im Kabinett keinen Erfolg haben" würden, habe er folgende Anordnung getroffen: „Ich nehme die 700 DM an in der Form, daß ich a) 500 DM unmittelbar an mein Bezirkssekretariat in Passau überweisen lasse, b) 200 DM an mich persönlich für Reisen im Wahlkreis und als Abgeordneter, und dafür in meinem Haus die Weisung gebe, daß Reisen in meinen Wahlkreis und ebenso Reisen zu rein politischen Versammlungen in Bayern nicht als Dienstreisen mehr gerechnet werden. Ich glaube, daß diese Regelung allgemein übernommen werden könnte. Der Betrag für Reisekosten zu politischen Versammlungen erscheint zwar gering, es darf aber nicht vergessen werden, daß jeder Minister daneben noch die vollen 750 DM feste Diäten bezieht." (Schreiben Schäffers an Kaiser, Abschriften an die Bundesminister, die Bundestagsabgeordnete waren, in B 126/51505.)

**43. Kabinettssitzung
am Mittwoch, den 8. September 1954**

Teilnehmer: Adenauer, Blücher, Schröder, Neumayer, Schäffer, Erhard, Storch (bis 12.00 Uhr), Seebohm, Balke, Preusker, Oberländer, Kaiser, Wuermeling, F. J. Strauß, Schäfer, Kraft; Globke, Hallstein (bis 12.00 Uhr), Ripken, Sonnemann (ab 11.30 Uhr); Klaiber; von Eckardt, Forschbach; Selbach, Kilb; Blank (bis 12.00 Uhr). Protokoll: Haenlein.

Beginn: 9.30 Uhr   Ende: 13.00 Uhr

[Außerhalb der Tagesordnung]

[A. AUSSENPOLITISCHE LAGE]

Vor Eintritt in die Tagesordnung wird die außenpolitische Lage erörtert.

a) In seiner Schilderung über den Verlauf der Brüsseler Konferenz unterstreicht der Bundeskanzler mit Nachdruck die Tatsache, daß die ablehnende Haltung der fünf Länder gegenüber den französischen Vorschlägen sich völlig spontan ergeben habe. Zwischen diesen fünf Mächten sei in keinem Augenblick eine gemeinsame Haltung gegenüber Frankreich abgesprochen worden[1].

Herr Mendès-France sei mit einer ganzen Reihe schwerwiegender Forderungen erschienen[2]. Die anderen Mächte seien zu großen Zugeständnissen bereit gewesen, wenn folgende Grundsätze gewahrt blieben:
1. Im Augenblick keine Abmachungen, die einer neuen Ratifikation bedürfen,
2. Keine Vertragsänderungen, welche die Supranationalität der Gemeinschaft beeinträchtigen,
3. Keine Änderungen, welche die militärische Schlagkraft der europäischen Kräfte mindern,
4. Keine Diskriminierungen gegenüber irgendeinem Lande.

Darüber hinaus wurde Herrn Mendès-France zugesichert, daß man nach einer Ratifikation des EVG-Vertrages auch zu Änderungen bereit sei, die einer erneuten Ratifikation bedürften. Dies habe jedoch Herrn Mendès-France nicht genügt. Er habe u. a. verlangt:
1. Ein Vetorecht innerhalb der nächsten acht Jahre für Frankreich, eingekleidet in die Formulierung, daß für diese Zeit die beteiligten Länder in allen wichtigen Fragen einstimmig handeln müßten[3].
2. Es sollten nur die Truppenteile in der europäischen Armee aufgehen, die in der gefährdeten Zone Europas ständen. Das hätte bedeutet, daß die ge-

---
[1]) Vgl. Sondersitzung am 1. Sept. 1954 Anm. 5–12.
[2]) Vgl. ebenda Anm. 6.
[3]) Vgl. ebenda Anm. 9.

samten belgischen, niederländischen und deutschen Streitkräfte, dagegen nur kleine Teile der französischen Streitkräfte integriert worden wären[4]).
3. Ein Kündigungsrecht für den Fall der Wiedervereinigung Deutschlands. Damit hätte Moskau die Möglichkeit bekommen, jederzeit auf eine Auflösung der EVG einwirken zu können[5]).

Wenn auch die fünf Länder geschlossen diese weitgehenden Forderungen des Herrn Mendès-France abgelehnt hätten[6]), so sei seine Behandlung doch keineswegs demütigend gewesen[7]).

Man stehe nun vor der Tatsache, daß das Vertragswerk[8]), das auf französische Initiative entstanden und von drei französischen Regierungen gebilligt worden sei[9]) und für das die USA und England starke Zusicherungen gegeben hätten[10]), durch eine parlamentarische Behandlung in der französischen Kammer, die etwa einem Übergang zur Tagesordnung gleichkomme, vom Tisch gefegt wurde[11]). Die internationale Reaktion auf dieses Vorgehen sei für Frankreich nicht erfreulich. Herr Mendès-France habe deshalb auch sofort Herrn Churchill aufgesucht[12]). Die Meldungen über das Ergebnis dieses Besuches in der französischen Presse seien zum Teil unrichtig[13]). Aber auch Meldungen in

---

[4]) Vgl. ebenda Anm. 8.

[5]) Vgl. ebenda Anm. 10.

[6]) Vgl. ebenda Anm. 11.

[7]) Vgl. dagegen den Auszug aus dem Memorandum von Martin F. Herz [zweiter Sekretär und Konsul des amerikanischen Botschafters in Paris] „Post-Mortem on the Rejection of the EDC Treaty" vom 16. Sept. 1954: „[...] He did not merely return to Paris a disappointed man – indeed his disappointment cannot have been very large, given his advance preparations for defeat – but above all an angry man who did not see in Brussels the vitality of the European idea when an attempt is made to pervert or debilitate it, but rather a humiliating defeat for France whose spokesman and leader had been lectured, doubted, snubbed and utterly rebuffed [...]" (FRUS V p. 1104).

[8]) Vgl. die beiden Sondersitzungen am 31. Aug. und 1. Sept. 1954, jeweils TOP A. – Einschlägige Unterlagen betr. Scheitern des EVG-Vertrages in B 136/2106, 2109 f., 2162–2164, 3624; Nachlaß Blankenhorn 32a–b; Nachlaß Blücher/176; Nachlaß von Brentano/155; Nachlaß Hallstein/125–126; Nachlaß Kaiser/238; FRUS V pp. 871–1113 (C. Events leading to the rejection of the Treaty, January–August 1954); DDF pp. XXVII–XXXV; ADENAUER S. 270–304 (VII. Scheitern der Europäischen Verteidigungsgemeinschaft); VOLKMANN S. 255–270.

[9]) Es handelt sich um die Regierungen: Pinay-Schuman (7./8. März bis 23. Dez. 1952), Mayer-Bidault (7./9. Jan. bis 21. Mai 1953), Laniel-Bidault (26./28. Juni 1953 bis 12./14. Juni 1954). Vgl. dazu 37. Sitzung Anm. 20.

[10]) Vgl. 37. Sitzung Anm. 18.

[11]) Vgl. Sondersitzung am 31. Aug. 1954 Anm. 2.

[12]) Mendès-France flog nach der Brüsseler Konferenz nach Großbritannien, wo er mit Churchill und Eden am 23. Aug. 1954 in Chartwell Besprechungen führte. In dem über die Besprechungen ausgegebenen Kommuniqué wurde lediglich ausgeführt: „Es fand eine allgemeine Erörterung der Lage statt, die sich aus dem Verlauf der Brüsseler Konferenz ergab. Die Minister stimmten hinsichtlich der Bedeutung überein, die Einigkeit der freien Nationen des Westens aufrechtzuerhalten und hinsichtlich der Notwendigkeit baldige praktische Schritte zu unternehmen, um diese Einigkeit wirksam werden zu lassen" (KEESING 1954 S. 4703). Vgl. dazu auch Drahtbericht Schlange-Schöningens aus London vom 25. Aug. 1954 in Nachlaß Blankenhorn/32a, ferner EDEN pp. 147–148 und ANNEX II pp. 131–141 sowie ANFÄNGE SICHERHEITSPOLITIK S. 215–223.

[13]) Im Entwurf: „Zum Teil völlig frei erfunden" (Kabinettsprotokolle Bd. 23 E).

den deutschen Blättern, wie zum Beispiel die Behauptung, daß sich in Brüssel ein Zweikampf zwischen Deutschland und Frankreich abgespielt habe[14]), oder daß Staatssekretär Hallstein bei einem Besuch in Paris versucht habe, beruhigend einzuwirken[15]), träfen nicht zu[16]).

b) Der Bundeskanzler führt weiter aus:

Nach dem Scheitern der Brüsseler Konferenz bewegen sich die Erwägungen Englands über die nun zu treffenden Maßnahmen in zwei Richtungen. Soll Deutschland in die NATO aufgenommen werden oder kann ein europäisches Koalitionssystem, vielleicht unter Mitwirkung Großbritanniens, geschaffen werden? England neige zu der ersten Lösung[17]); und auch er, der Bundeskanzler, halte sie für die bessere. Dieser Weg sei verhältnismäßig einfach und führe schneller zum Ziel[18]). Für ihn hätten sich schon mehrere europäische Länder, so auch Dänemark und Norwegen, ausgesprochen[19]). Es sei allerdings die Frage, ob Frankreich einverstanden sei[20]).

Der Bundeskanzler hält es für notwendig, die jetzt notwendigen Entscheidungen mit großer Schnelligkeit herbeizuführen, weil der Kommunismus durch die letzten politischen Entwicklungen einen sehr starken Auftrieb erhalten ha-

---

[14]) Vgl. hierzu den Artikel „Brüssel berät den Vorschlag Spaaks" in Frankfurter Allgemeine Zeitung vom 21. Aug. 1954 („[. . .] Der Kampf um die europäische Gemeinschaft entwikkelt sich damit zu einem dramatischen Duell zwischen dem deutschen Bundeskanzler und dem französischen Ministerpräsidenten, in dem die Aussichten für Mendès-France zur Zeit nicht günstig zu sein scheinen [. . .]").

[15]) Vgl. hierzu den Artikel „Kurzer Besuch Hallsteins in Paris" in Frankfurter Allgemeine Zeitung vom 7. Sept. 1954.

[16]) Im Entwurf: „versöhnend einzuwirken, seien unwahr" (ebenda).

[17]) Einschlägige Unterlagen in Nachlaß Blankenhorn/33b, u. a. Telegramm Hallsteins vom 7. Sept. 1954 an verschiedene deutsche Vertretungen im Ausland, das wie folgt beginnt: „1) Englische Regierung hat durch Hoyer Millar als Ersatzlösung Aufnahme Bundesrepublik in NATO vorgeschlagen. Hoyer Millar hat hinzugefügt, man habe außer dieser Lösung auch eine ‚verwässerte EVG' geprüft, nämlich EVG ohne supranationale Elemente, so daß Großbritannien beitreten könne; dies sei aber verworfen worden, weil die Verhandlung hierüber kaum viel weniger Zeit als die EVG-Verhandlung (einschließlich des parlamentarischen Verfahrens) fordern würde." Vgl. dazu auch ADENAUER S. 306 f.

[18]) Vgl. dazu folgende Eintragung in Nachlaß Seebohm/8c: „c. Aktion Großbritannien: ‚auf GB hört man in Frankreich mehr als auf USA'. 2 Richtungen: entweder Eintritt Deutschlands in die NATO oder Koalitionsabkommen mit Koalitionsarmee; schwieriger neuer Vertragsabschluß! Eintritt in NATO: einfacher und schneller Weg; notwendig wegen starker Gewichtszunahme der Russen. Dafür ist: Benelux, Dänemark, Norwegen, keine Einstellung des neutralen Schwedens, Südeuropa: jedoch Einstimmigkeit: Stimme Frankreichs. Bei Eintritt in NATO: für uns nur ohne jede Einschränkung; aber wir könnten freiwillig von unseren Rechten zur Aufrüstung eingeschränkten Gebrauch machen [. . .]."

[19]) Vgl. dagegen Drahtbericht von Broich-Opperts aus Oslo vom 7. Sept. 1954, der wie folgt beginnt: „Heutige Meldungen norwegischer Presse (Regierungsorgan ‚Arbeiterbladet' und ‚Aftenposten'), denen zufolge Teilnahme Dänemarks und Norwegens an bevorstehender Londoner Konferenz gefordert wird, haben sich nicht bestätigt" (Nachlaß Blankenhorn/33b), ferner (ebenda) Telegramm von Broich-Opperts aus Oslo an das AA vom 8. Sept. 1954 („[. . .] Norwegen und Dänemark werden nicht darum bitten, an der Londoner Konferenz teilzunehmen [. . .]").

[20]) Im Entwurf: „Es sei allerdings die Frage, ob Frankreich einverstanden sei oder ob es sich wiederum allein gegen alle anderen beteiligten Staaten stellen wolle" (Kabinettsprotokolle Bd. 23 E).

be. Rußland nutze die Zeit und Gelegenheit, um planmäßig — zusammen mit allen antideutschen Kräften im Ausland — gegen Deutschland zu hetzen. Der Bundeskanzler erinnert dabei an die Vorfälle bei der Fußballmeisterschaft in Bern[21]), bei den Leichtathletikmeisterschaften[22]), an die Belästigungen deutscher Besucher in Holland[23]) und verweist auf die Hetzkampagne Sefton Delmers[24]), auf das Buch von Lord Russell[25]) und die Greuelschilderungen amerikanischer Schriftsteller[26]). Er betont, daß es unter diesen Umständen ganz besonders dar-

---

[21]) Vom 16. Juni bis 4. Juli 1954 hatte in der Schweiz die Fußballweltmeisterschaft stattgefunden: am 4. Juli wurde die Bundesrepublik Deutschland in Bern Fußballweltmeister (Frankfurter Allgemeine Zeitung vom 5. Juli 1954). Vgl. dazu den Artikel „Können die Deutschen nicht maßhalten? Ein Wort zu den Mißtönen, die der Fußballweltmeisterschaft folgten" in Frankfurter Allgemeine Zeitung vom 17. Juli 1954.

[22]) Vom 25. bis 29. Aug. 1954 hatten in der Schweiz (Bern) die fünften Europameisterschaften der Leichtathletik stattgefunden. Im Artikel „Der Russe Kuc schlägt Zatopek in Weltrekordzeit" der Frankfurter Allgemeinen Zeitung vom 30. Aug. 1954 findet sich folgender Passus: „Der Samstag. Merkwürdige Disqualifikation. Trotz der teilweise hervorragenden Leistungen, mit denen in verschiedenen Disziplinen am Samstag aufgewartet wurde, stand wiederum die Disqualifikation der deutschen 4 mal-100-Meter-Staffel im Mittelpunkt aller Gespräche, und zwar um so mehr, als es sich hierbei tatsächlich um ein krasses Fehlurteil handelt."

[23]) Vgl. dazu den Artikel „Zwischenfall in Holland, Ein deutscher Pfarrer tätlich angegriffen" in Frankfurter Allgemeine Zeitung vom 26. Aug. 1954, ferner den Artikel „Ein Übergriff, Der Zwischenfall von Katwijk" von Hermann Opitz (ebenda vom 1. Sept. 1954).

[24]) Vgl. 26. Sitzung TOP C.

[25]) Russell of Liverpool, Edward Frederick Langley, 2nd Baron (created 1919) (1895—1981). 1934—1954 in der Militärjustiz tätig: 1946—1950 verantwortlich für alle Kriegsverbrecherprozesse in der britischen Besatzungszone Deutschlands, 1946—1951 Rechtsberater der britischen Rheinarmee in Deutschland, 1951—1954 stellvertretender Kronanwalt und Rechtsberater der britischen Streitkräfte. — Obwohl schon für Sept. 1954 über seine Versetzung auf den Posten eines stellvertretenden Obersten Richters der fernöstlichen Streitkräfte in Singapur verfügt worden war, sah sich der Lordkanzler, Garin Turnbull Simonds, genötigt, Lord Russell of Liverpool wegen seines Buches „The Scourge of the Swastika, A Short History of Nazi War Crimes, New York 1954" zum Rücktritt aufzufordern. Britische Beamte dürfen nämlich, so lange sie im Amt sind, keine Bücher politisch-polemischen Inhalts veröffentlichen. Lord Russell hatte nur die Erlaubnis erhalten, ein Buch „ausschließlich geschichtlichen Tatsachencharakters" ohne Rückgriff auf amtliche Dokumente zu schreiben. Er verfaßte jedoch, gestützt auf amtliche Berichte, ein illustriertes Werk über die nationalsozialistischen Verbrechen, z. B. in Oradour, Lidice, Warschau und in den Konzentrationslagern. Das vom Daily Express veröffentlichte Schreiben des Lordkanzlers an Lord Russell lautete: „Die ganze Behandlung des Stoffes und insbesondere die Photographien sind geeignet, den Haß des deutschen Volkes zu wecken und damit die Ansicht derjenigen zu stützen, die scharfe Kritik an einer Politik üben, nach der Deutschland eine Gelegenheit gegeben werden soll, durch Wiederbewaffnung oder auf andere Weise einen Einfluß auf die Weltprobleme auszuüben. Diese Frage ist eine Angelegenheit von akutem öffentlichen Interesse. Die Veröffentlichung eines Buches, wie des Ihren, würde sich nicht mit der Beibehaltung eines Justizamtes vereinbaren lassen." Lord Russell zog die Konsequenzen und schied am 11. Aug. 1954 aus seinem Amt (vgl. dazu auch den Artikel „Ein Buch führte zum Rücktritt. Lord Russell: ‚Die Geißel des Hakenkreuzes'. Auseinandersetzung in England" in Frankfurter Allgemeine Zeitung vom 12. Aug. 1954).

[26]) Sowohl in der Mitschrift Seebohms (Nachlaß Seebohm/8c) als auch in der handschriftlichen Aufzeichnung Hallsteins (Nachlaß Hallstein/125—126, 6 Bl.) findet sich in diesem Zusammenhang der Name „Forrester".

auf ankomme, die kulturellen Bestrebungen der deutschen Auslandsvertretungen (auch finanziell) zu fördern, damit als Gegengewicht gegen diese Propaganda im Ausland auf die großen kulturellen Werte Deutschlands verwiesen werden könne.

Wenn auch auf große Eile gedrängt werden müsse, so sollte doch die von England vorgeschlagene Neun-Mächte-Konferenz[27]) genügend vorbereitet werden. Es wäre falsch, eine Konferenz nur um der Konferenz willen abzuhalten. Die Lage werde nur noch schlimmer, wenn diese Konferenz wiederum keine Ergebnisse haben sollte. In diesem Sinne habe er sich auch Großbritannien gegenüber geäußert.

c) Der Bundeskanzler wendet sich sodann gegen die Äußerungen der Opposition zu der außenpolitischen Lage. Die Forderung des Abgeordneten Ollenhauer nach einem sofortigen Zusammentritt einer Viermächtekonferenz[28]) sei falsch[29]) und dem deutschen Interesse abträglich. In der gegenwärtigen Situation werde eine solche Konferenz kein Ergebnis haben, es sei denn, daß eine Einigung der Konferenzteilnehmer auf Kosten Deutschlands erfolge.

Im Hinblick auf die Haltung der Opposition und die gefahrvolle Lage überhaupt bittet der Bundeskanzler dringend, alle Kräfte innerhalb der Koalition zusammenzufassen. Er beabsichtigt, am 14. 9. eine Regierungserklärung im Bundestag abzugeben[30]). Mit Rücksicht darauf, daß die außenpolitische Lage ständig neue Gesichtspunkte bringe, sei es ihm erst im letzten Augenblick möglich, die Regierungserklärung zu formulieren. Er wolle sie am 14. 9. in einer Kabinettssitzung zur Beschlußfassung vorlegen.

d) In der anschließenden Aussprache werden die Haltung des Bundeskanzlers auf der Brüsseler Konferenz und seine Ausführungen über die außenpolitische Lage allseits gebilligt.

Der Vizekanzler hebt hervor, daß Herr Mendès-France heute zwar erkläre, er wolle an der gemeinsamen europäischen Politik festhalten; er verschweige dabei aber, daß er das nur unter der Voraussetzung tue, daß England sich in noch viel stärkerem Maße als bisher verpflichte.

---

[27]) Einschlägige Unterlagen in Nachlaß Blankenhorn/33b, u. a. Telegramm Schlange-Schöningens aus London an das AA vom 7. Sept. 1954, in dem u. a. steht: „Soweit bisher bekannt, hat Antwortbrief Churchill sehr befriedigt. Habe aus verschiedenen Gesprächen, auch in Umgebung Premierministers, Eindruck, daß eine Erklärung Bundeskanzlers über Selbstbeschränkung, wie sie im Brief angedeutet und im Gespräch mit Hoyer Millar näher umschrieben ist, auf britische Öffentlichkeit sehr positiv wirken und allgemein als Zeichen deutscher Stärke angesehen würde. Aus Gesprächen, die [Botschaftsrat Sigismund von] Braun heute im Foreign Office führte, geht hervor, daß britische Regierung 9-Mächtekonferenz in London einer NATO-Konferenz deswegen vorziehen würde, weil Gremium kleiner und Bundesrepublik Teilnehmer wäre. Gebe hierzu ferner zu bedenken, daß 9-Mächtekonferenz unter britischem Vorsitz stattfinden würde, wobei Churchill sein großes internationales Prestige zu Deutschlands Gunsten einsetzen würde." Vgl. dazu auch FRUS V, pp. 1144, 1159.
[28]) Vgl. Sondersitzung am 1. Sept. 1954 Anm. 19.
[29]) Im Entwurf: „sei grundfalsch und dem deutschen Interesse durchaus abträglich. Der gleichartige Vorschlag Rußlands sei von den drei Mächten noch nicht beantwortet" (Kabinettsprotokolle Bd. 23 E).
[30]) Vgl. dazu 49. Sitzung TOP 1.

Die Ansicht des Bundesministers für Wirtschaft, daß durch die Vorgänge in Paris[31]) der europäische Gedanke lebendiger geworden sei, wird auch von Bundesminister Strauß geteilt. Dieser führt aus, Herr Mendès-France habe für die sofortige Einberufung einer Viererkonferenz eintreten wollen. Die scharfe Ablehnung seiner Politik in Europa habe ihn zu einer Änderung seiner Taktik, vielleicht sogar auch seiner Ziele, gezwungen. Die SPD habe gehofft, für ihren Viererkonferenz-Vorschlag die Unterstützung Frankreichs zu erhalten. Um diese Hoffnung sei sie jetzt betrogen. Bundesminister Strauß wendet sich sodann mit Nachdruck gegen Ausführungen des Vorsitzenden der FDP, Dr. Dehler, daß für die Reaktion der CDU/CSU auf die enttäuschende Haltung von Mendès-France klerikale Hintergründe maßgebend seien[32]).

Die Rede Dr. Dehlers, ebenso wie ein Artikel des FDP-Abgeordneten Rademacher[33]) in einer Hamburger Zeitung[34]), werden auch von mehreren anderen Kabinettsmitgliedern, vor allem den Bundesministern Oberländer und Kraft, kritisiert und als eine Gefahr für den Zusammenhalt in der Koalition bezeichnet.

Die Bundesminister für Wohnungsbau und der Justiz, die ebenfalls die Ausführungen Dr. Dehlers für nicht glücklich halten, glauben, daß er dabei die Absicht gehabt habe, eine Verständigung mit Frankreich zu erleichtern.

Der Bundesminister für gesamtdeutsche Fragen bittet sodann den Bundeskanzler, vor dem deutschen Volk etwa folgendes zu erklären:

Die Europäische Verteidigungsgemeinschaft sei ein ideales Ziel, eine schöne Vision gewesen. Der Kampf hierfür sei jedoch vergeblich gewesen und vor-

---

[31]) Vgl. Sondersitzung am 31. Aug. 1954 TOP A: Scheitern des EVG-Vertrages.
[32]) Vgl. dazu Pressekonferenz mit Dehler am 6. Sept. 1954 („[...] Ich lehne den Vorwurf, daß Mendès-France das schwarze Schaf ist, ab; das ist er vielleicht nur, wenn man ihn durch eine schwarze Brille betrachtet [...]", B 145 I/42). Die New York Times vom 7. Sept. 1954 brachte unter der Überschrift „Bonn für baldige Wiederbewaffnungsgespräche; Adenauer wegen Haltung gegenüber Frankreich getadelt" einen Artikel über eine Pressekonferenz Dehlers. Vgl. hierzu folgenden Auszug, unter dem Datum vom 9. Sept. 1954, in B 145 I/42: „Mit einem Hieb gegen seinen Chef, Dr. Adenauer, sagte der Vorsitzende der Freien Demokraten: ‚Ich weise die Beschuldigung zurück, daß Mendès-France ein schwarzes Schaf ist. Man kann dies nur sagen, wenn man ihn durch eine schwarze Brille sieht.' Dies war eine Anspielung auf den angeblichen Klerikalismus des Kanzlers (schwarz in Verbindung mit dem schwarzen Gewand der römisch-katholischen Priester). Gelegentlich eines Rundfunkinterviews am Abend kam Dr. Dehler auf die Anspielung zurück; er deutete an, daß der Kanzler versuche, die Volksrepublikaner in Frankreich zu einer klerikalen Frontbildung gegen Mendès-France zu veranlassen."
[33]) Willy Max Rademacher (1897–1971). 1922 trat er als Versandleiter in die Speditionsfirma H. Ristelhuebers Nachf. GmbH, Hamburg, ein, die er dann als Geschäftsführer und Gesellschafter führte; zwischen 1933 und 1945 politisch verfolgt. 1945 Mitbegründer und Vorstandsmitglied der Hamburger FDP, 1946–1967 Präsident des Bundesverbandes Spedition und Lagerei e. V., 1949–1965 MdB, Vorsitzender (1949–1953) und stellvertretender Vorsitzender (1953–1957) des BT-Ausschusses für Verkehrswesen; 1961–1965 Mitglied des Europäischen Parlamentes. – Der Nachlaß Rademacher befindet sich im Staatsarchiv Hamburg.
[34]) In dem Artikel Rademachers, der am 28. Aug. 1954 im Hamburger Anzeiger erschienen war, hatte er sich für die Bildung einer großen Koalition aus CDU, SPD und FDP ausgesprochen, um die starren Fronten durch Beteiligung der Sozialdemokraten an der Bundesregierung aufzulösen. Dieser Hinweis ist Herrn Dr. Udo Wengst zu verdanken.

bei. Die Mehrheit, die sich gegen dieses Ziel in der französischen Kammer gefunden habe, sei bemerkenswert groß. Es müsse deshalb jetzt ein anderer Weg gesucht werden. Der Augenblick sei gekommen, um in Deutschland eine Außenpolitik auf breitester Grundlage zu treiben. Die Verständigung mit der Opposition hierüber müsse gesucht werden. Erläuternd fügte der Bundesminister für gesamtdeutsche Fragen hinzu, auch von den Koalitionsparteien seien bisher in der Behandlung der Opposition Fehler gemacht worden. Das müsse man einsehen. Starke Kreise innerhalb der SPD seien zu einer Verständigung bereit, und man höre dort bittere Worte darüber, daß der Bundeskanzler nicht vor der Brüsseler Konferenz mit der SPD gesprochen habe.

Diese Ausführungen finden im Kabinett keine Unterstützung. Bundesminister Dr. Schäfer hält es für falsch, von dem Gedanken der Europäischen Verteidigungsgemeinschaft abzurücken. Im Gegenteil, wenn man jetzt gezwungen sei, eine Koalitionsarmee zu schaffen, würde sich ergeben, daß der gemeinsame Generalstab keine parlamentarische Kontrolle habe. Auf der Suche nach einer Abhilfe werde man auf Umwegen doch wieder zur EVG zurückkehren. Allerdings müßten die Bemühungen, sich mit der SPD über eine gemeinsame Außenpolitik zu verständigen, fortgesetzt und der deutschen Öffentlichkeit sichtbar gemacht werden.

Der Vizekanzler fürchtet, daß der Oppositionsführer nicht zu einer gemeinsamen Außenpolitik zu bewegen sein wird. Seine Ausführungen in den letzten Monaten zeigten, daß er in zunehmendem Maße extremen Ansichten zuneige. Das habe er besonders im schleswig-holsteinischen Wahlkampf[35] bewiesen[36]. Der Vizekanzler bittet, in dem vorbereiteten Weißbuch der Regierung[37] den Vorgängen zur Zeit des damaligen Innenministers Heinemann[38] besondere Aufmerksamkeit zu widmen[39].

Auch Bundesminister Strauß wendet sich gegen die Ausführungen des Bundesministers für gesamtdeutsche Fragen. Er fordert, bis zum Abschluß der bevorstehenden Landtagswahlen[40] jeden Streit innerhalb der Koalition zu unterdrücken und gemeinsam gegen die SPD zu kämpfen. Durch das auch von dem Bundesminister für Vertriebene, Flüchtlinge und Kriegsgeschädigte erwähnte

---

[35] Die Landtagswahlen in Schleswig-Holstein fanden am 12. Sept. 1954 statt.
[36] Im Entwurf folgt noch der Satz: „Er müsse vor der Öffentlichkeit klar und eindeutig ins Unrecht gesetzt werden" (Kabinettsprotokolle Bd. 23 E).
[37] Vgl. Sondersitzung am 1. Sept. 1954 Anm. 16.
[38] Dr. iur. Dr. rer. pol. Gustav Heinemann (1899–1976). 1926–1928 Anwaltstätigkeit, 1928–1945 Justitiar (stellvertretendes und ordentliches Vorstandsmitglied) der Rheinischen Stahlwerke A.G. in Essen; 1946–1949 Oberbürgermeister von Essen, 1946–1950 MdL (CDU) und Justizminister (1947–1948) von Nordrhein-Westfalen, 1949–Okt. 1950 Bundesminister des Innern, Nov. 1951 Bildung der Notgemeinschaft für den Frieden Europas, Nov. 1952 Austritt aus der CDU und Gründung der Gesamtdeutschen Volkspartei, nach deren Auflösung 1957 Anschluß an die SPD, 1957–1969 MdB, 1966–1969 Bundesminister der Justiz, 1969–1974 Bundespräsident.
[39] Vgl. KABINETTSPROTOKOLLE Bd. 2 S. 744, 748 und Bd. 3 S. 31–61 (jeweils 103. Sitzung am 10. Okt. 1950 und 104. Sitzung am 17. Okt. 1950).
[40] Vgl. 19. Sitzung Anm. 17.

enge Zusammenspiel des linken bevanistischen[41]) Flügels der Arbeiterpartei mit den jetzt bestimmenden Kräften innerhalb der SPD, den Volksfrontneigungen von Mendès-France und der kommunistischen Aktivität sei eine äußerst ernste Lage entstanden. Es komme nicht so sehr darauf an, jeden zu verdächtigen, der nicht ständig nach der Wiedervereinigung schreie, als darauf, konkrete Macht zu gewinnen, um die deutsche Forderung auf Wiedervereinigung durchsetzen zu können.

Der Bundesminister für Wohnungsbau ist der Meinung, daß die radikalen Kräfte innerhalb der SPD auf dem Berliner Parteitag[42]) die Übermacht gewonnen haben[43]). Die gemäßigten Elemente innerhalb der SPD könnten nicht durchdringen. Es bleibe unter diesen Umständen nichts übrig, als schärfster Kampf gegen die SPD. Die Richtigkeit unserer Politik sei bei der Berliner Blockade[44]) und am 17. 6. 1953[45]) erwiesen worden; an ihr müsse konsequent festgehalten werden.

Diese Ausführungen werden vom Bundesminister für Arbeit durch eine Schilderung der Verhältnisse innerhalb der Gewerkschaften ergänzt. Auch hier versuche der linksextreme Flügel, die Macht zu ergreifen, um das christliche Element völlig aus den Gewerkschaften zu beseitigen[46]). In dieser Situation sei

---

[41]) Aneurin Bevan (1897–1960). 1929–1939 Unterhausabgeordneter (Labour Party, Führer des linksradikalen Flügels), 1939 Parteiausschluß (wieder aufgenommen auf Betreiben der Gewerkschaften), 1940–1945 Chefredakteur der unabhängigen sozialistischen Wochenzeitung Tribune, 1945–1950 Gesundheitsminister, Jan.–April 1951 Arbeitsminister, 1954 Ausscheiden aus dem Schattenkabinett der Labour Party, März 1955 zeitweiliger Ausschluß aus der Labourfraktion (nicht aber aus der Partei), seit 1958 stellvertretender Parteivorsitzender.

[42]) Vgl. im einzelnen Protokoll der Verhandlungen des Parteitages der Sozialdemokratischen Partei Deutschlands vom 20. bis 24. Juli 1954 in Berlin (ZSg. 1–90/122(3)), ferner SCHMID S. 561 f. und NOACK S. 143–148.

[43]) Im Entwurf folgt noch der Satz: „Herr Ollenhauer steuere deren Kurs, um den Vorsitz zu behalten" (Kabinettsprotokolle Bd. 23 E).

[44]) Es handelte sich hierbei um die von der sowjetischen Besatzungsmacht aus Anlaß der Währungsreform verhängte Blockade (24. Juni 1948 bis 12. Mai 1949) über Westberlin durch Sperrung aller Land- und Wasserwege nach der Bundesrepublik Deutschland, zum Ostsektor von Berlin und zum Gebiet der sowjetischen Besatzungszone Deutschlands. Die Westsektoren wurden seit dem 26. Juni 1948 über eine Luftbrücke versorgt. Im Mai 1949 hob die Sowjetunion nach einer Vereinbarung mit den Westmächten in New York die Berliner Blockade auf. Wortlaut des Viermächtekommuniqués vom 4. Mai 1949 in EA 1949 S. 2146.

[45]) Vgl. 15. Sitzung Anm. 29.

[46]) Storch bezog sich hierbei zum einen auf die DGB-Vertreter eines radikalen gewerkschaftlichen Reformismus, dessen bekanntester Exponent in der Öffentlichkeit Viktor Agartz war, zum andern auf die Christlich-Soziale Kollegenschaft innerhalb des DGB, eine Gruppe mehrheitlich katholischer Gewerkschafter, die sich in den Jahren 1952/53 um den Jesuitenpater Herbert Reichel gebildet hatte; vgl. dazu im einzelnen Schroeder, Wolfgang: Christliche Sozialpolitik oder Sozialismus. Oswald von Nell-Breuning, Viktor Agartz und der Frankfurter DGB-Kongreß 1954; Vierteljahrshefte für Zeitgeschichte 39. Jg. 1991 S. 179–220. — Sowohl die 3. Bundesjugendkonferenz des DGB vom 24. bis 26. Sept. 1954 in Düsseldorf (Protokoll in ZSg. 1–31/12) als auch der 3. ordentliche Bundeskongreß des DGB vom 4. bis 9. Okt. 1954 in Frankfurt a. M. (Protokoll in ZSg. 1–31/2)

es unmöglich, den Oppositionsführer mit Vernunftgründen zu einem Kompromiß in der Außenpolitik zu bewegen. Statt dessen sollte der gemäßigte Flügel in der SPD und in den Gewerkschaften gestützt werden.

Der Bundesminister für Verkehr kann die Angaben des Bundesministers für Arbeit über den großen Einfluß der bevanistischen Labourgruppe auf die jetzt maßgebenden Männer innerhalb der SPD bestätigen. Er empfiehlt, sich in der Außenpolitik auf die konservativen Kräfte Englands zu stützen und durch eine gemeinsame Politik sowohl diesen als auch dem deutschen Volk die Angst und Unsicherheit in der augenblicklichen Lage zu nehmen. Durch einen festen Zusammenhalt innerhalb der Koalition müsse die Stellung des Bundeskanzlers für die zukünftigen Verhandlungen gestärkt werden.

Auch der Bundesminister der Justiz schließt sich diesen Gedankengängen ausdrücklich an. Er glaubt, man sollte wegen des jetzt aufgewühlten europäischen Gewissens schnell handeln und die Londoner Neunerkonferenz[47] nicht verschieben.

Bundesminister Kraft tritt ebenfalls dafür ein, an dem eingeschlagenen Weg festzuhalten. Nur dann werde man sich auch im deutschen Volk durchsetzen können. Die Forderung Ollenhauers, sofort eine Viererkonferenz einzuberufen[48], sei absurd. Wenn sich der deutsche Standpunkt auf der Berliner Konferenz, in der die drei Westmächte geschlossen gegen Rußland auftraten, nicht durchgesetzt habe, dann sei das noch viel weniger zu erwarten, wenn jetzt auf einer neuen Viererkonferenz den zwei angelsächsischen Mächten das von Frankreich unterstützte Rußland gegenüberstände. Er empfiehlt, im Anschluß an die nächste Besprechung des Bundeskanzlers mit dem Oppositionsführer[49] der Öffentlichkeit deutlich zu sagen, daß sich bei dieser Unterredung keine Aussicht für eine gemeinsame Außenpolitik gezeigt habe.

In seiner Erwiderung auf die Anregungen des Bundesministers für gesamtdeutsche Fragen weist der Bundeskanzler mit Nachdruck darauf hin, daß ihm eine Verständigung mit der SPD durch die maßlosen Angriffe von dieser Seite erschwert werde. Er erinnert[50] an die beleidigenden Worte Schumachers[51] und betont, daß er sich gegenüber dem immer wieder erhobenen Vorwurf, er wolle die 18 Millionen Deutsche in der Sowjetzone abschreiben, nur mit äußerster Anstrengung beherrschen könne. Nichts liege ihm mehr am Herzen als das

---

sprachen sich, in Opposition zur Außen- und Wirtschaftspolitik der Bundesregierung, gegen einen bundesdeutschen Wehrbeitrag aus.
[47] Vgl. Anm. 27 dieser Sitzung.
[48] Vgl. Anm. 28 dieser Sitzung.
[49] Vgl. 45. Sitzung Anm. 19.
[50] Vgl. dazu 27. Sitzung am 29. Nov. 1949 TOP 1: Hauptaufgaben der nächsten Zukunft Anm. 1.
[51] Dr. rer. pol. Kurt Schumacher (1895–1952). 1918 Mitglied des Arbeiter- und Soldatenrates, 1920–1930 Redakteur der Schwäbischen Tagwacht, 1924–1933 MdL in Württemberg (SPD), 1930–1933 MdR, 1933–1945 politisch verfolgt und inhaftiert (in mehreren Gefängnissen und Konzentrationslagern, zuletzt in Dachau und Neuengamme); 1946–1952 Vorsitzender der SPD, 1946–1947 Mitglied des Zonenbeirates der britischen Besatzungszone, 1949–1952 MdB (Fraktionsvorsitzender).

Schicksal dieser Menschen. Er müsse sich aber aus außenpolitischen Rücksichten bei diesen Vorwürfen zurückhalten.

Wenn er sich um eine Festigung der Verhältnisse in der Bundesrepublik bemühe, dann geschehe das einmal, um die Wiedervereinigung zu erreichen, aber gleichzeitig auch, um die Interessen der 48 Mio Deutschen im Westen zu wahren.

Ihm schwebe vor, daß Deutschland, wenn es in die NATO aufgenommen werde, freiwillig von seinen Rechten nur in etwa dem Rahmen Gebrauch machen sollte, wie dies im EVG-Vertrag bestimmt war[52]). In seinen weiteren Ausführungen weist der Bundeskanzler auf das bedrohliche Anwachsen der neoisolationistischen Strömungen in den USA hin. Besonders militärische Kreise ständen diesen Gedankengängen nahe und drängten auf eine periphere Verteidigung[53]) Europas. Deshalb müsse bei der Bundestagsdebatte der entschlossene Wille Deutschlands, sich für eine europäische Verteidigung einzusetzen, erkennbar sein. Wenn die Londoner Konferenz verschoben werde, müsse das genützt werden, um die Vorarbeiten weiterzutreiben[54]).

1. GENEHMIGUNG DER IN DER 42. KABINETTSSITZUNG AM 2. 9. 1954 GEFASSTEN BESCHLÜSSE   BK

Das Kabinett genehmigt die in seiner 42. Sitzung am 2. 9. 1954 gefaßten Beschlüsse.

2. ENTWURF EINES GESETZES ÜBER MASSNAHMEN AUF DEM GEBIET DES MIETPREISRECHTES (ERSTES BUNDESMIETENGESETZ)   BMWo

Der Bundesminister für Wohnungsbau bittet, der Vorlage, die in ihren Grundzügen bereits in der Kabinettssitzung am 21. 7. 1954 genehmigt worden sei, zuzustimmen[55]). Auf die Begründung habe man besonderes Gewicht gelegt.

---

[52]) Vgl. dazu die vier „Briefe des Bundeskanzlers zu dem Vertrag über die Gründung der Europäischen Verteidigungsgemeinschaft und seinen Zusatzprotokollen", jeweils vom 7. Mai 1952, in BGBl. II S. 416–418, speziell das zweite Schreiben (keine Ermächtigung für die in Anlage II zu Art. 107 des EVG-Vertrages näher beschriebenen Kriegsmaterialien) und das dritte Schreiben (Verbot der Entwicklung, der Herstellung und des Besitzes von Atomwaffen, wie sie in Anlage II zu Art. 107 des EVG-Vertrages näher beschrieben sind). Siehe hierbei auch ADENAUER S. 307 und ANFÄNGE SICHERHEITSPOLITIK S. 713 f.

[53]) Zur Option einiger amerikanischer Militärs für eine Randverteidigung („peripheral defense") Europas, d. h. für einen Rückzug der Amerikaner aus Mitteleuropa und die Verteidigung Europas von den europäischen Randgebieten aus, vgl. STEININGER S. 5.

[54]) Vgl. hierzu die Eintragung in Nachlaß Seebohm/8c: „Noch kein Konferenztermin festgelegt. Inzwischen Verhandlungen mit Großbritannien; Churchill handelt als Geschäftsführer ohne Auftrag. Festigung der Bundesrepublik ist Verpflichtung zur Wiedervereinigung, aber auch Verpflichtung gegenüber den 48 Mio in den Westgebieten."

[55]) Vgl. 40. Sitzung TOP 7. – Die in der Einladung zur Sitzung genannte Vorlage vom 4. Aug. 1954 (Kabinettsprotokolle Bd. 23 E) konnte nicht ermittelt werden. In B 136/1472 ist lediglich ein Übersendungsschreiben vom 4. Aug. 1954 vorhanden. In dem auf den 28. Juli 1954 datierten Gesetzentwurf (ohne Begründung in B 102/30801) waren die in der 40. Sitzung besprochenen Änderungswünsche zum Teil berücksichtigt.

Die Ressorts hätten ihr zugestimmt. Gewisse redaktionelle Änderungen wolle er noch mit dem Bundesjustizminister abstimmen[56]).

Der Bundesminister für Vertriebene, Flüchtlinge und Kriegsgeschädigte erhebt Bedenken gegen die Fassung des § 6[57]). Er befürchtet von dieser Vorschrift ungünstige Wirkungen für den gesamten Kreis der Geschädigten. Hieran schließt sich eine Aussprache über Formulierungen in den Absätzen 1 und 2 des § 6, die als zu sehr in die Einzelheiten gehend beurteilt werden. Der Bundesminister für Wohnungsbau sagt zu, sich wegen des § 6 noch einmal mit dem Bundesminister für Vertriebene, Flüchtlinge und Kriegsgeschädigte auszusprechen[58]).

Der Bundeskanzler bezweifelt, ob es richtig ist, den Gesetzentwurf im jetzigen Augenblick der Öffentlichkeit zu übergeben. Er möchte ihn nur gleichzeitig mit dem Gesetzesvorschlag der Bundesregierung über die Erhöhung der Renten veröffentlicht sehen. Auf seine Frage wird festgestellt, daß die wegen dieses Gesetzentwurfs vorgesehene Besprechung zwischen den Bundesministern für Arbeit, für Wirtschaft und der Finanzen noch nicht stattgefunden hat.

Der Bundesminister für Arbeit schlägt vor, diese Besprechung am heutigen Tage um 18.00 Uhr abzuhalten. Der Gesetzentwurf soll dann möglichst in der nächsten Kabinettssitzung beraten werden[59]). Die Vorlage des Bundesministers für Wohnungsbau, gegen die im übrigen keine Einwendungen erhoben werden, könnte dann gleichzeitig mit dem Rentenerhöhungsgesetz an den Bundesrat geleitet werden[60]).

3. ENTWURF EINES GESETZES ÜBER DIE VERBÄNDE DER GESETZLICHEN KRANKENKASSEN UND DER ERSATZKASSEN   BMA

Der Vizekanzler wendet ein, daß die Gesetzesvorlage[61]) erst am 31. 8. in seinem Hause eingegangen sei. Da er die finanziellen Auswirkungen in der kurzen Zeit nicht habe prüfen können, müsse er sich der Stimme enthalten.

Nach der Versicherung des Bundesministers für Arbeit, daß in den Ressortverhandlungen keine Einwendungen gegen den Entwurf erhoben worden und auch politische Auswirkungen nicht zu erwarten seien, stimmt das Kabinett der Vorlage zu[62]).

---

[56]) Siehe dazu das Schreiben des BMJ vom 14. Juli 1954 (B 141/2115 und B 136/1472) und vom 3. Aug. 1954 (B 141/2115 und B 102/30801) sowie die Vorlage für den Minister vom 6. Sept. und den undatierten Vermerk über die Besprechung am 10. Sept. 1954 (B 141/2115).
[57]) § 6 des Entwurfs enthielt die Merkmale der sog. Komfortwohnungen.
[58]) Unterlagen nicht ermittelt.
[59]) Vgl. 44. Sitzung TOP B.
[60]) Die endgültige Fassung des Entwurfs eines Bundesmietengesetzes wurde dem Bundeskanzleramt am 15. Sept. 1954 zugeleitet (B 136/1472 und B 102/30801). – BR-Drs. Nr. 290/54. – Fortgang 64. Sitzung TOP 9.
[61]) Vorlage des BMA vom 18. Aug. 1954 in B 149/3862 und B 136/8984. – Der Gesetzentwurf sah für jede Kassenart den Zusammenschluß in Landesverbänden und die Errichtung eines Bundesverbandes vor. Alle Verbände sollten Körperschaften des öffentlichen Rechts werden. Die Landesverbände sollten der Aufsicht der oberen Verwaltungsbehörde des Landes, die Bundesverbände der des BMA unterstellt werden.
[62]) BR-Drs. Nr. 295/54. – BT-Drs. Nr. 1010. – Gesetz vom 17. Aug. 1955 (BGBl. I 524).

Bei dieser Gelegenheit stellt der Bundeskanzler die Frage, wann der Bundesminister für Arbeit dem Kabinett die verlangten Sozialreformpläne vorlegen werde. Der Bundesminister für Arbeit erklärt, er sei bereit, sich über diese Fragen mit jedem, der daran interessiert sei, zu unterhalten. Er halte es aber für unzweckmäßig, die zur Zeit laufenden Arbeiten seines Beirates zu unterbrechen und in einem neuen Gremium von vorne zu beginnen. Der Bundeskanzler erwidert, daß die Erörterung dieser Fragen im Kabinett seinerzeit nicht zu Ende geführt worden sei[63]) und deshalb in der nächsten oder übernächsten Sitzung fortgesetzt werden müsse. Er bittet den Bundesminister für Arbeit, als Unterlage hierfür einen Bericht über den Stand der gegenwärtigen Arbeiten in seinem Hause vorzulegen. Hiermit erklärt sich der Bundesminister für Arbeit einverstanden[64]).

4. ENTWURF EINES GESETZES ZUR NEUORDNUNG VON STEUERN (BUNDESTAGSDRUCKSACHE 481) BMF

Der Bundesminister der Finanzen gibt einen Überblick über die Verhandlungen zur Finanz- und Steuerreform[65]) im Bundestag[66]) und mit dem Gemeinschaftsausschuß der deutschen Wirtschaft[67]). Er stellt die Frage, ob die Steuerreform unter den heutigen Voraussetzungen noch weiter verfolgt werden kann. Der mit ihr beabsichtigte Zweck sei durch die in der Zwischenzeit erfolgten Erhöhungen der Löhne[68]) und die dadurch zu befürchtende Erhöhung der Preise und Ausgaben im Haushalt ernsthaft gefährdet.

Im Finanzausschuß des Bundestages sei beschlossen, die Finanzreform[69]), einschließlich der Ergänzungsabgabe, so wie sie im Ausschuß geändert worden sei[70]), dem Bundestagsplenum vorzulegen. Es bestehe die Absicht, dem Bundesrat die volle Verantwortung dafür aufzubürden, wenn er diese Vorlagen ablehnen wolle.

Es habe sich allgemein die Auffassung durchgesetzt, daß die neuen Steuergesetze nicht am 1. 10. 1954, sondern erst zum 1. 1. 1955 in Kraft treten könnten. Verschiedene Änderungen am Regierungsentwurf ließen einen Steuerausfall von 375 Mio DM, von denen der Bund 200 Mio DM tragen müsse, erwarten.

---

[63]) Vgl. 39. Sitzung TOP 3.
[64]) Fortgang 48. Sitzung TOP 1.
[65]) Vgl. 30. Sitzung TOP 5.
[66]) Der Ausschuß für Finanz- und Steuerfragen hatte die erste Beratung des Gesetzes zur Neuordnung von Steuern Anfang Sept. 1954 im wesentlichen abgeschlossen. Kurzprotokolle in B 126/6205.
[67]) Die Besprechung hatte am 3. Sept. 1954 stattgefunden (Schreiben Wellhausens an Neuburger vom 4. Sept. 1954 in B 126/51539). Unterlagen hierzu nicht ermittelt. — Zu den Forderungen einiger dem Gemeinschaftsausschuß angehörender Verbände siehe deren Denkschrift vom 6. Sept. 1954 in B 126/51535 und B 136/600. Siehe auch das Schreiben des Gemeinschaftsausschusses an Adenauer vom 12. Okt. 1954 (ebenda).
[68]) Siehe dazu Wirtschaft und Statistik 6. Jg. NF 1954 S. 544—548.
[69]) Vgl. 37. Sitzung TOP 2.
[70]) Zu den Finanzvorlagen siehe den Schriftlichen Bericht des BT-Ausschusses für Finanz- und Steuerfragen (BT-Drs. Nr. 960). — Eine Beratung der Ergänzungsabgabe konnte nicht ermittelt werden. Fortgang dazu Sondersitzung am 12. Nov. 1954 TOP B.

43. Kabinettssitzung am 8. September 1954

Der Bundesminister der Finanzen schlägt sodann vor, das Inkrafttreten der Steuerneuordnung um drei Monate zu verschieben, den gespaltenen Körperschaftsteuersatz aus den von ihm in seiner Vorlage[71]) erwähnten Gründen zu beseitigen und den Körperschaftsteuersatz einheitlich auf 45 % festzusetzen.

Der Bundeskanzler wendet sich aus grundsätzlichen Erwägungen dagegen, eine Kabinettsvorlage, die in parlamentarischer Behandlung sei, zu ändern.

Der Bundesminister für Verkehr empfiehlt aus politischen Gründen, keinen Beschluß in der Sache zu fassen.

Das Kabinett sieht von einer Beschlußfassung ab[72]).

5. ENTWURF EINES GESETZES ÜBER DIE BEFÖRDERUNG VON PERSONEN ZU LANDE (PERSONENBEFÖRDERUNGSGESETZ)   BMV

Nach erläuternden Ausführungen des Bundesministers für Verkehr stimmt das Kabinett der Vorlage[73]) zu.

Auf Einwendungen der Bundesminister des Innern und für Wirtschaft wird festgestellt, daß wegen der §§ 11, 48 und 49 des Entwurfs noch in den Ausschüssen des Parlaments über eine andere Lösung verhandelt werden kann[74]).

6. ABKOMMEN ZWISCHEN DER BUNDESREPUBLIK DEUTSCHLAND UND DEN VEREINIGTEN STAATEN VON AMERIKA ÜBER DIE VON DER BUNDESREPUBLIK ZU GEWÄHRENDEN ABGABENVERGÜNSTIGUNGEN FÜR DIE VON DEN VEREINIGTEN STAATEN ZUM ZWECKE DER GEMEINSAMEN VERTEIDIGUNG GELEISTETEN AUSGABEN   BMF

Der Bundesminister für Wohnungsbau bemerkt, daß er die Vorlage[75]) erst am Vortage um 16 Uhr erhalten habe und noch nicht ihre Wirkung auf die Bauwirtschaft ausreichend prüfen konnte. Der Vizekanzler verweist darauf, daß die Vorlage bereits am 19. 8. 1954 im Kabinettsausschuß behandelt worden ist[76]).

Das Kabinett stimmt sodann der Vorlage zu, vorbehaltlich einer Aussprache der Bundesminister der Finanzen und für Wohnungsbau[77]).

---

[71]) Vorlage des BMF vom 2. Sept. 1954 in B 126/6205 und 51535 sowie in B 136/600.
[72]) Fortgang 51. Sitzung TOP 1.
[73]) Vgl. 34. Sitzung TOP 6. — Vorlage vom 14. Aug. 1954 zu BR-Drs. Nr. 195/54 (Beschluß) in B 108/6919 und B 136/2748.
[74]) BT-Drs. Nr. 831. — Fortgang 58. Sitzung TOP 7.
[75]) Vorlage des BMF vom 30. Aug. 1954 in B 126/11081. — Das Abkommen regelte die Vergünstigungen bei Bundessteuern und Zöllen.
[76]) In der Sitzung des Kabinett-Ausschusses für Wirtschaft am 19. Aug. 1953 (TOP 1) war die Vorlage des BMWi zur selben Sache vom 11. Aug. 1953 behandelt worden.
[77]) Der BMWo zog seinen Einspruch „aufgrund der nunmehr abgeschlossenen Prüfung" in einem Schreiben an das Bundeskanzleramt vom 4. Okt. 1954 zurück (B 126/11081). — Das Abkommen, dem ein Briefwechsel Adenauers mit Conant beigegeben war, wurde am 15. Okt. 1954 unterzeichnet. — BR-Drs. Nr. 28/55. — Gesetz (betr. das Abkommen) vom 19. Aug. 1955 (BGBl. II 821).

7. VERKAUF DER HOWALDTSWERKE HAMBUG AG, HAMBURG   BMF

Der Bundeskanzler hat Zweifel, ob 20 Millionen DM für die Howaldtswerke nicht zu wenig sind[78]). Er meint, man solle bei dem nun beginnenden Verkauf von Bundesvermögen nicht mit zu niedrigen Sätzen beginnen.

Der Bundesminister der Finanzen teilt mit, das von der Treuarbeit angeforderte Gutachten werde in nächster Zeit vorliegen[79]). Einen Preis von 20 Mio DM hält er gerade noch für angemessen. Bedenklich sei, daß der Käufer, die Dortmund-Hörder Union-A.G., zu 40% im Besitz einer holländischen Gesellschaft sei, hinter der der holländische Staat stehe[80]). Man müsse sich fragen, ob ein Werk, das mit großen Mühen und Kosten wieder aufgebaut und jetzt rentabel sei, ausgerechnet an holländische Kreise verkauft werden solle, da doch Holland sehr gegensätzliche schiffahrtspolitische Interessen habe[81]).

Der Bundesminister des Innern macht darauf aufmerksam, daß auch ein etwaiges rüstungswirtschaftliches Interesse Deutschlands geprüft werden müsse. Dazu wäre klarzustellen, was von den Howaldtswerken bisher gebaut worden sei. Auf der anderen Seite bestehe ein starkes Interesse an der Förderung eines so bedeutenden und arbeitspolitisch so wichtigen Werkes wie der Dortmund-Hörder Union-A.G. Diese besitze die größte Grobblechstraße Europas, sei auf Werftaufträge daher angewiesen und müsse in ihrer Beschäftigung gesichert werden. Die an Dortmund-Hörde beteiligte holländische Gesellschaft sei im Zuge der Entflechtung[82]) an der Ruhr aus anderen deutschen Werken ausgeschieden, so daß sich ihr Interessenkreis in Deutschland durch den Erwerb der Howaldtswerke nicht wesentlich verstärke.

Es komme auf folgende Fragen an:
1. Soll der Bund an den Howaldtswerken beteiligt bleiben?
2. Ist der genannte Preis angemessen?

Der Vizekanzler hat Zweifel, ob die Beschäftigung der Werftindustrie bei einem starken holländischen Einfluß auch in Krisenzeiten gesichert bleibt[83]). Beim Kaufpreis müsse man auch den Firmenwert der Howaldtswerke berücksichtigen. Diese bauten die größten Tanker der Welt und hätten sich einen besonders guten Namen verschafft. Die Beschäftigung der Werke sei für 2 ¼ Jahre gesichert, und es sei deshalb mit festen Erträgen für eine längere Zeit zu

---

[78]) In seiner Vorlage vom 19. Aug. 1954 berichtete der BMF, daß die Verhandlungen über den Verkauf der 1937 in Reichsbesitz übergegangenen Howaldtswerke, mit denen das Kabinett ihn in der 219. Sitzung am 13. Mai 1952 (TOP B) beauftragt hatte, zu einem vorläufigen Ergebnis geführt hätten (B 102/75292 und B 136/2344).

[79]) Gutachten der Deutschen Revisions- und Treuhand AG nicht ermittelt. In B 102/75929 ist nur das Übersendungsschreiben des BMF vom 18. Okt. 1954 vorhanden. Siehe den Vermerk vom 15. Nov. 1954, in dem über das Gutachten berichtet wird (ebenda). Der Wert des Unternehmens wurde mit 21−30 Mio DM angegeben. Siehe dazu auch den Vermerk vom 3. Jan. 1955 in B 136/2344.

[80]) Nach Auskunft des Aufsichtsratsvorsitzenden der Dortmund-Hörder Hüttenunion AG, Abs, hielten die Niederländischen Hochofen und Stahlwerke in Jmuiden 40% des Grundlagenkapitals (Vermerk vom 7. Sept. 1954, ebenda).

[81]) Vgl. 36. Sitzung Anm. 34.

[82]) Vgl. dazu 15. Sitzung am 25. Okt. 1949 Anm. 8.

[83]) In den Howaldtswerken in Hamburg waren etwa 8 100 Arbeitnehmer beschäftigt.

rechnen. Er schlägt vor, heute noch keinen Beschluß in der Sache zu fassen, sondern die verkehrs- und allgemeinpolitischen Fragen, die mit dem Verkauf aufgeworfen würden, zunächst eingehend zu prüfen.

Der Bundesminister für Verkehr betont, daß der goodwill der Howaldtswerke besonders berücksichtigt werden müsse. Die rüstungswirtschaftlichen Bedenken des Bundesministers des Innern teilt er nicht, dagegen erhebt er starke Bedenken gegen einen holländischen Einfluß. Holland sei nach dem Verlust seines Kolonialbesitzes auf dem Verkehrsgebiet ein besonders scharfer Konkurrent Deutschlands. Seine Beteiligung an den Howaldtswerken gebe ihm die Möglichkeit, auf den Hamburger Senat einzuwirken, um die Hamburger Hafenpolitik zu beeinflussen. Er hält es für wünschenswert, eine Übersicht darüber zu erlangen, in welchen maßgebenden deutschen Betrieben das Ausland die Oberhand gewonnen habe. Aus dem Anwachsen dieses ausländischen Einflusses seien politische Schwierigkeiten zu erwarten.

Der Bundesminister für Wohnungsbau kritisiert den Verkauf großer Objekte en bloc an einen Käufer. In diesen Fällen liege der Kaufpreis stets unter dem wirklichen Wert. Es sei besser, Anteile oder Aktien dieser großen Objekte nach und nach an der Börse zu verkaufen. Wenn sich dann die Gefahr abzeichne, daß unerwünschte Kreise einen zu großen Einfluß auf die zu verkaufende Gesellschaft gewinnen, habe man es in der Hand, den weiteren Verkauf von Anteilen einzustellen. Er bittet, in diesem Sinne einen Beschluß zu fassen.

Der Bundesminister für Wirtschaft hält einen Kaufpreis von 20 Mio DM für zu gering. Er tritt dafür ein, sich möglichst bald im Kabinett über die Grundsätze, die bei der Veräußerung von Bundesvermögen maßgebend sein sollen, auszusprechen. Einen Verkauf der Howaldtswerke an die Dortmund-Hörder Union-A.G. hält er im Prinzip für richtig. Man müsse in erster Linie berücksichtigen, daß dieses Werk ein großes deutsches Unternehmen sei und nach seinem Produktionsprogramm ein durchaus legitimes Interesse am Werftbesitz habe.

Der Bundesminister für gesamtdeutsche Fragen schließt sich dem Wunsche an, recht bald im Kabinett eine grundsätzliche Aussprache über die Veräußerung von Bundesvermögen durchzuführen[84]).

Der Bundesminister der Finanzen ist damit einverstanden, daß heute kein Beschluß gefaßt wird. Er will zunächst genauere Unterlagen über die Angemessenheit des Kaufpreises beschaffen. Sodann will er dafür eintreten, daß der Kaufvertrag gegebenenfalls nicht mit der Dortmund-Hörder Union-A.G. allein, sondern unmittelbar mit den dabei noch aufgetretenen Mitinteressenten (Siemens-Schuckert und eine Schiffsbaubank) abgeschlossen wird. Er wird weiter prüfen, welche Sicherungen wirtschafts- und sozialpolitischer Art im Sinne des deutschen Interesses in den Vertrag eingebaut werden können.

Das Kabinett ist hiermit einverstanden[85]).

---

[84]) Stellungnahmen dazu in B 136/2345. – Die Frage wurde am 18. Febr. 1955 im Kabinett-Ausschuß für Wirtschaft erörtert.
[85]) Der Verkauf kam nicht zustande. – Fortgang 80. Sitzung am 4. Mai 1955 (TOP 1).

8. PERSONALIEN

Gegen die in den Anlagen 1 und 2 der Tagesordnung enthaltenen Personalvorschläge werden keine Bedenken erhoben[86]).

---

[86]) An Ernennungen waren vorgesehen: im AA ein Gesandter (Dr. phil. Hermann Quiring). Ferner wurde beantragt: vom BMWi die Anstellung von Ministerialdirigent a. D. Hans Classen als Angestellter nach der ADO für übertarifliche Angestellte im öffentlichen Dienst mit den Dienstbezügen eines Beamten nach der Besoldungsgruppe B 7a bis zum 31. Aug. 1955.

44. Kabinettssitzung
am Dienstag, den 14. September 1954

Teilnehmer: Adenauer (bis 10.00 und ab 11.15 Uhr)[1]*), Blücher, Schröder, Neumayer, Schäffer, Erhard, Storch, Balke, Preusker, Oberländer, Kaiser, Hellwege, Wuermeling, Tillmanns, F. J. Strauß (ab 10.00 Uhr), Kraft; Bergemann, Globke, Hallstein (bis 10.00 und ab 11.15 Uhr), Sonnemann; Klaiber; von Eckardt, Forschbach; Selbach, Kilb (bis 10.00 und ab 11.15 Uhr); Blank. Protokoll: Gumbel.*

Beginn: 9.30 Uhr *Ende: 13.50 Uhr*

1. REGIERUNGSERKLÄRUNG ÜBER AUSSENPOLITIK BK

Die Absetzung der Regierungserklärung von der Tagesordnung des Bundestages ist den Kabinettsmitgliedern bereits bekanntgegeben worden. Wie der Bundeskanzler ausführt, ist die Bundestagsdebatte über die Außenpolitik[2]) erst nach Abschluß der Reise des britischen Außenministers möglich[3]). In seinem Bericht über die gegenwärtige außenpolitische Lage[4]) erklärt der Bundeskanzler u. a., daß ein Wechsel in der Leitung der auswärtigen Politik jetzt nicht in Betracht komme[5]). Er würde dahin ausgelegt werden, daß die Bundesrepublik die Schuld für die Ereignisse in Frankreich trage.

2. GENEHMIGUNG DER IN DER 41. KABINETTSSITZUNG AM 28.7.1954 ZU PUNKT 1 UND 2 UND AUSSERHALB DER TAGESORDNUNG GEFASSTEN BESCHLÜSSE BK

Die Beschlüsse der 41. Kabinettssitzung werden genehmigt.

---

[1]) In der Zeit von 10.00 bis 10.50 Uhr hatte Adenauer eine Besprechung mit Murphy, Blankenhorn, Hallstein, Conant, Dowling und Herwarth von Bittenfeld; in der Zeit von 10.50 bis 11.10 Uhr führte er eine weitere Besprechung mit Blankenhorn (StBKAH 04.05).

[2]) Vgl. dazu Rundschreiben Adenauers an die Bundesminister vom 13. Sept. 1954 in Nachlaß Blücher/81 und handschriftliche Aufzeichnung Hallsteins, die wie folgt beginnt: „Kabinett 14. 9. 54. BK: Verh[andlungen] mit Eden von 1ʰ bis 1ʰ. R[eg[ierungs-] Erkl[ärung] verschoben. Debatte wird baldigst stattfinden müssen, jedenfalls nicht ehe Eden in Paris gewesen ist; i[n] f[ranzösischer] Nat[ional-] Vers[ammlung] ist alles so durcheinander, daß man nichts voraussagen kann [...]" (Nachlaß Hallstein/125−126). Ferner: 49. Sitzung TOP 1.

[3]) Zur Rundreise Edens vom 11. bis 16. Sept. 1954 in die EVG-Hauptstädte Brüssel, Bonn, Paris und Rom vgl. KEESING 1954 S. 4743 f.; FRUS V pp. 1159, 1160, 1179, 1184, 1188, 1192, 1195, 1201; EDEN pp. 153−162, ADENAUER S. 307 f.

[4]) Vgl. dazu auch im einzelnen handschriftliche Aufzeichnung Hallsteins über diese Kabinettssitzung (Nachlaß Hallstein 125/126): „[...] Eden hat auch in Rom volle Einigung mit uns betont. Wenn Sache i[n] Paris gut geht, dann Konf[erenz] in London nächste Woche, NATO-Konf[erenz] Anf[ang] Okt. Verh[andlungen] mit Eden und Roberts in harmonischer und freundschaftl[icher] Form [...]", ferner Protokoll der CDU/CSU-Fraktionssitzung am 14. Sept. 1954 (16.15−18.50 Uhr) in Nachlaß Barzel/314 (6 Bl.).

[5]) Vgl. Sondersitzung am 31. Aug. 1954 Anm. 8.

3. ENTWURF EINES ZWEITEN GESETZES ZUR ÄNDERUNG UND ERGÄNZUNG DES
GESETZES ÜBER VIEHZÄHLUNGEN   BML

Der Staatssekretär im Bundesernährungsministerium beantragt eine Entscheidung darüber, ob dem bereits vor 1½ Jahren verabschiedeten Gesetz nunmehr zugestimmt wird oder nicht[6]. Bisher sei diese Entscheidung immer zurückgestellt worden. Der Bundesratspräsident habe in einem Schreiben vom 23. Juli 1954[7]), gestützt auf eine Untersuchung des Rechtsausschusses des Bundesrates, die Auffassung vertreten, daß die Prüfung der Frage, ob die Gegenzeichnung verweigert werden solle, binnen angemessener Frist vorzunehmen und das Ergebnis dem Bundestag und Bundesrat unverzüglich mitzuteilen sei.

Während der Debatte äußert sich der Staatssekretär auch über die Bedeutung der statistischen Feststellungen für die Ernährungspolitik der Bundesregierung. Nach seiner Ansicht entspricht die Kostenverteilung im Gesetz der Interessenlage. Er empfiehlt daher Zustimmung und wird dabei von einigen Kabinettsmitgliedern unterstützt, die sich teilweise auch im Hinblick auf die Geringfügigkeit des in Rede stehenden Betrages für die Zustimmung aussprechen.

Der Bundesfinanzminister stellt dagegen den Antrag auf Verweigerung der Zustimmung, und zwar aus grundsätzlichen Erwägungen. Eine Anwendung des Art. 113 GG sei deswegen gegeben, weil durch das Gesetz neue Ausgaben für den Bund entstehen[8]). Der Finanzminister verweist auf den Entwurf des Finanzanpassungsgesetzes[9]) und § 8 des Gesetzes über die Bundesstatistik[10]). Die dort verfolgte Linie dürfe nicht verlassen werden. Im Falle des Nachgebens werde sich dies in der Zukunft äußerst nachteilig auswirken. Ein Schaden entstehe durch die Verweigerung der Zustimmung nicht. Der Staatssekretär im Bundesernährungsministerium stimmt dem Finanzminister insofern zu, als das Gesetz im Augenblick noch nicht dringend notwendig sei.

---

[6]) Vgl. 33. Sitzung TOP 8.

[7]) An den BK (in B 136/709), in dem u. a. steht: „Das Zweite Gesetz zur Änderung und Ergänzung des Gesetzes über Viehzählungen ist bereits Mitte April 1953 vom Bundestag verabschiedet worden. Der Bundesrat hat dem Gesetz am 24. April 1953 zugestimmt. Der Beschluß des Bundesrats wurde Ihnen am gleichen Tage notifiziert. Das Gesetz ist aber bisher nicht verkündet worden. Soweit mir bekannt geworden ist, wurde es dem Bundespräsidenten noch nicht vorgelegt. Obgleich die Verabschiedung des Gesetzes durch die gesetzgebenden Körperschaften länger als ein Jahr zurückliegt, ist eine offizielle Erklärung der Bundesregierung, warum die Verkündung unterblieb, dem Bundesrat bisher nicht zugegangen."

[8]) Vgl. 33. Sitzung Anm. 91.

[9]) Hierzu findet sich in einem Schreiben des BMF an das Bundeskanzleramt vom 5. Okt. 1954 (B 136/709) folgender Passus: „Da Bund und Länder nach Art. 109 des Grundgesetzes in ihrer Haushaltswirtschaft selbständig und voneinander unabhängig sind, fallen die Verwaltungskosten, die durch den Gesetzesvollzug bei den Ländern entstehen, allein den Ländern zur Last (vgl. hierzu auch Nr. 59 der Begründung zum Entwurf des Finanzverfassungsgesetzes – Drucksache 480 –)." Vgl. dazu 21. Sitzung TOP 2: Finanzreform.

[10]) Gesetz über die Statistik für Bundeszwecke (StatGes) vom 3. Sept. 1953 in BGBl. I 1314 („§ 8 Die Kosten der Bundesstatistiken tragen der Bund und die Länder nach den bei ihnen entstehenden Arbeiten, soweit nicht durch Gesetz oder Rechtsverordnung etwas anderes bestimmt wird").

Da sich die Kabinettsmitglieder nicht auf einen der beiden Anträge[11] einigen können, wird die strittige Frage durch eine Abstimmung entschieden. Das Kabinett schließt sich mit Mehrheit der Auffassung des Bundesfinanzministers an und verweigert die Zustimmung zu dem Gesetz. Nach dem Vorschlag des Bundesfinanzministers muß jetzt ein neues Gesetz vorgelegt werden, in dessen Begründung die Gründe für die Verweigerung anzuführen sind[12].

4. ENTWURF EINES GESETZES ÜBER WEITERE ERGÄNZUNGEN UND ÄNDERUNGEN DES D-MARKBILANZGESETZES SOWIE ÜBER ERGÄNZUNGEN DES ALTBANKEN-BILANZ-GESETZES (DRITTES D-MARKBILANZERGÄNZUNGSGESETZ)
BMJ

In dem Gesetzentwurf[13] ist nur noch die Frage des Prozentsatzes im § 8 Abs. 2 und 5 offen[14]. Im übrigen ist in den Vorverhandlungen bereits völlige Übereinstimmung unter den Beteiligten erzielt worden. Der Bundesjustizminister hält einen Hundertsatz von 30 für die angemessenste Lösung. Damit ist das Kabinett einverstanden.

Die aus wirtschaftspolitischen Überlegungen gegebene Anregung des Bundeswohnungsbauministers, die Stichtage im Gesetzentwurf näher heranzuziehen, soll dem Bundesfinanzminister und dem Bundesjustizminister schriftlich mitgeteilt werden, damit sie geprüft werden kann. Unbeschadet dessen empfiehlt der Bundesfinanzminister, an dem Gesetzentwurf mit Rücksicht auf die Vorbesprechungen mit den Sachverständigen der Wirtschaft und des Bankgewerbes jetzt nichts mehr zu ändern. Das Kabinett schließt sich dieser Auffassung an und verabschiedet den Gesetzentwurf mit der Maßgabe, daß im § 8 Abs. 2 und 5 der Satz auf 30 von Hundert festgesetzt wird[15]).

5. ENTWURF EINES ZWEITEN GESETZES ZUR ÄNDERUNG UND ERGÄNZUNG DES PERSONENSTANDSGESETZES; STELLUNGNAHME DER BUNDESREGIERUNG ZU DEN ÄNDERUNGSVORSCHLÄGEN DES BUNDESRATES
BMI/BMJ

Das Kabinett befaßt sich ausschließlich mit dem Änderungsvorschlag des Bundesrates[16]) zu § 67[17]) und der Frage der Eintragung des religiösen Bekennt-

---

[11]) Vorlage des BML vom 8. Mai 1954 (B 116/1900 und B 136/709) und Vorlage des BMF vom 15. Mai 1954 (B 136/709).
[12]) Siehe BT-Drs. Nr. 857 vom 12. Okt. 1954. – BR-Drs. Nr. 388/55. – BT-Drs. Nr. 2102. – Viehzählungsgesetz vom 18. Juni 1956 in BGBl. I 522 (regelt die wiederkehrende Zählung der Bestände an Rindvieh, Pferden, Schweinen, Schafen, Ziegen, Federvieh und Bienenvölkern). – Unterlagen zur langwierigen Vorgeschichte dieses Gesetzes in B 116/1898–1902, B 136/709, 2599 und B 146/1317.
[13]) Vorlagen des BMJ vom 3. Aug. und 1. Sept. 1954 in B 141/2440 und B 136/6974. – Unterlagen zur Entstehung und Durchführung des DM-Bilanzgesetzes vom 30. Aug. 1949 (WiGBl. 279) in B 141/2397–2428.
[14]) § 8 Abs. 2 sollte die zurückzugewährenden Ausgleichsforderungen bei Wertpapieren regeln, Abs. 5 sah eine Sonderregelung für Berlin vor.
[15]) BR-Drs. Nr. 299/54. – BT-Drs. Nr. 1019. – Gesetz vom 21. Juni 1955 (BGBl. I 297).
[16]) Vgl. 18. Sitzung TOP 6. – Vorlage vom 20. Mai 1954 zu BR-Drs. Nr. 55/54 (Beschluß) in B 106/47933, B 141/2949 und B 136/1924. Der BMJ hatte die Vorlage nur unter der Bedingung mitgezeichnet, daß eine Stellungnahme zu den Änderungsvorschlägen des BR

nisses[18]). Die vorbereitete Stellungnahme zu den sonstigen Änderungsvorschlägen des Bundesrates begegnet keinen Bedenken.

Zu den beiden Punkten gibt der Bundesinnenminister einen Überblick über die in der Vergangenheit jeweils gültigen Regelungen[19]). Zum § 67 führt er dann aus, es bestehe die Möglichkeit, an der Regierungsvorlage, d. h. der ersatzlosen Streichung dieser Vorschrift, festzuhalten, oder sich der Ansicht des Bundesrates anzuschließen, der im wesentlichen auf den Stand der Gesetzgebung von 1875[20]) zurückgehen will; es gebe aber auch noch eine dritte Mög-

---

zu § 67 und den Eintragungen der Religionszugehörigkeit erst nach der Beratung im Kabinett eingefügt würde (siehe Vermerk vom 20. Mai 1954 in B 141/2949).

[17]) In dem seit 1950 vorbereiteten Gesetzentwurf der Bundesregierung war auf Wunsch von Vertretern beider Konfessionen § 67 des Gesetzes vom 3. Nov. 1937 (RGBl. I 1146) gestrichen worden. Er lautete: „Wer die religiösen Feierlichkeiten einer Eheschließung vornimmt, bevor die Ehe vor dem Standesbeamten geschlossen ist, wird mit Geldstrafe oder mit Gefängnis bestraft. Eine Bestrafung tritt nicht ein, wenn einer der Verlobten lebensgefährlich erkrankt und ein Aufschub nicht möglich ist." Die Streichung war in dem den Bundesministern und Länderministerien seit Febr. 1953 vorliegenden Entwurf damit begründet worden, daß die Strafvorschrift „entbehrlich" erscheine und erwartet werden könne, „daß die Verlobten im eigenen Interesse und im Interesse der zu erwartenden Kinder die standesamtliche Eheschließung nicht unterlassen werden. Allerdings werden bei Wegfall der Strafvorschrift einige Fälle übrig bleiben, in denen lediglich eine kirchliche Trauung vorgenommen wird, [...]. Dies muß hingenommen werden." (Begründung zu dem Entwurf in B 106/47928.) — Nach der Zuleitung des Entwurfs an den BR hatte die Presse die Frage gestellt, ob die obligatorische Zivilehe beseitigt werden sollte. Die Synode der EKD war von ihrer Zustimmung zur Aufhebung des Strafparagraphen abgerückt; die katholische Kirche bestand weiter auf der Beseitigung (Unterlagen ebenda). Die Meinung in der CDU/CSU war uneinheitlich (siehe Parlamentarischer Bericht des BPA vom 10., 12. und 13. März 1954 in B 145/1902, vgl. auch das Schreiben Schröders an Adenauer vom 25. März 1954, in dem von der „Beunruhigung der Öffentlichkeit, insbesondere auch unserer Partei" durch die Streichung gesprochen wurde, in B 136/1924). In der FDP-Fraktion überwog der Widerstand gegen die Beseitigung. Der frühere BMJ Dehler, der die Streichung in dem Entwurf von 1953 vorgeschlagen hatte, hatte im März 1954 unter Hinweis auf die von Politikern und Vertretern der katholischen Kirche geforderte Abschaffung der obligatorischen Zivilehe für die Beibehaltung der Strafvorschrift plädiert (Freie Demokratische Korrespondenz vom 11. März 1954). — Der BR hatte folgende Fassung vorgeschlagen: „Wer die religiösen Feierlichkeiten einer Eheschließung vornimmt, bevor die Ehe vor dem Standesbeamten geschlossen ist, wird mit Geldstrafe bis zu 500,— DM oder mit Gefängnis bis zu 3 Monaten bestraft." Vgl. dazu auch das Schreiben Schröders an Adenauer vom 22. April 1954 in B 136/1924.

[18]) Die Eintragung der Religionszugehörigkeit in das Familienbuch und ähnliche Dokumente war in den §§ 11, 12, 21 und 37 des Entwurfs vorgesehen. Der BR hatte vorgeschlagen, jeweils einzufügen „im Falle ihres (seines) Einverständnisses".

[19]) Die im Gesetz über die Beurkundung des Personenstandes und die Eheschließung vom 6. Febr. 1875 (RGBl. 23) verlangte Eintragung der Religionszugehörigkeit war im Gesetz über den Personenstand vom 11. Juni 1920 (RGBl. 1209) aufgehoben und im Gesetz von 1937 wieder eingeführt worden.

[20]) § 67 des Gesetzes von 1875 lautete: „Ein Geistlicher oder anderer Religionsdiener, welcher zu den religiösen Feierlichkeiten einer Eheschließung schreitet, bevor ihm nachgewiesen ist, daß die Ehe vor dem Standesbeamten geschlossen sei, wird mit Geldstrafe bis zu 300 RM oder mit Gefängnis bis zu drei Monaten bestraft." Ihm war durch das Einführungsgesetz zum Bürgerlichen Gesetzbuche vom 18. Aug. 1896 (RGBl. 604) folgender Passus angefügt worden: „Eine strafbare Handlung ist nicht vorhanden, wenn der Geistliche

lichkeit, die sogenannte Schweizer Lösung. Die Bestimmung würde dann lauten müssen, daß die kirchliche Eheschließung erst erfolgen darf, wenn die Ehe vor dem Standesbeamten geschlossen ist.

Für den Bundesratsvorschlag setzt sich der Bundesjustizminister nachdrücklich ein. Auch die Bundesminister Dr. Tillmanns und Kraft empfehlen seine Annahme. Bundesminister Strauß ist gegen die Schaffung eines Straftatbestandes. Von der Schweizer Lösung ausgehend, schlägt er vor, den Vorrang der Ziviltrauung, über den im Kabinett Einverständnis besteht, durch eine Vorschrift zu sichern, die die Vornahme der kirchlichen Trauung vor der standesamtlichen Trauung als Ordnungswidrigkeit mit einer Geldbuße belegt. Einen vierten Vorschlag macht der Bundesfamilienminister. Er weist darauf hin, daß der Strafandrohung gegen Geistliche keine positiv rechtliche Vorschrift im Gesetz vorangehe, welche die Reihenfolge von ziviler und kirchlicher Eheschließung regele. Das Gesetz sollte daher nach seiner Ansicht insoweit ergänzt werden. Die Einhaltung dieser neuen Vorschrift sollte dann von den Eheschließenden gefordert und sie sollten mit Strafe bedroht werden, wenn die Beachtung nicht erfolge. Dieser Gedankengang findet großen Anklang. Er hätte, wie der Bundeskanzler bemerkt, in einem früheren Stadium des Gesetzgebungsweges sicher verwirklicht werden können. Es sei jetzt aber zu spät[21].

Auf Vorschlag des Bundeskanzlers einigt sich das Kabinett dahin, entsprechend der Empfehlung des Bundesrates zwar der Aufnahme einer Strafbestimmung in das Gesetz zuzustimmen, die aber nur eine Geldstrafe bis zu 500,- DM, jedoch keine Gefängnisstrafe vorsehen soll. Diese Strafvorschrift soll ferner durch einen Absatz 2 ergänzt werden, wonach sie nicht gilt, wenn einer der Verlobten lebensgefährlich erkrankt und ein Aufschub nicht möglich ist.

Was die Eintragung des religiösen Bekenntnisses anlangt, so beschließt das Kabinett nach dem Vortrag des Bundesinnenministers ohne weitere Aussprache, an der Eintragung des religiösen Bekenntnisses festzuhalten[22].

6. ERGÄNZUNG ZUM ENTWURF EINES VERKEHRSFINANZGESETZES 1954   BMF

Dieser Punkt wurde von der Tagesordnung gestrichen[23].

7. PERSONALIEN

Den Personalvorschlägen stimmt das Kabinett zu[24].

---

oder der Religionsdiener im Falle einer lebensgefährlichen, einen Aufschub nicht gestattenden Erkrankung eines der Verlobten zu den religiösen Feierlichkeiten der Eheschließung schreitet." — Vgl. dazu auch die Vermerke vom 30. Juni (B 136/1924) und vom 13. Sept. 1954 (B 141/2949).

[21] In einem Vermerk vom 7. Juli 1954 wird darauf hingewiesen, daß es unüblich sei, dem BT einen neuen Text in Verbindung mit der Stellungnahme der Bundesregierung zu den Änderungsvorschlägen des BR vorzulegen (B 136/1924).

[22] BT-Drs. Nr. 848. — Gesetz vom 18. Mai 1957 (BGBl. I 518). — Fortgang 105. Sitzung am 9. Nov. 1955 (TOP D).

[23] Siehe 45. Sitzung TOP 5.

[24] An Ernennungen waren vorgesehen: im BML drei Ministerialräte.

[Außerhalb der Tagesordnung]

[A. PROGRAMM DES BUNDESTAGES]

Das Programm des Bundestages für die nächsten Plenarsitzungen[25]) wird durchgesprochen. Der Bundesvertriebenenminister verweist wegen noch bestehender Meinungsverschiedenheiten zwischen den Ressorts auf die Notwendigkeit einer rechtzeitigen Beratung der Antwort auf die Große Anfrage der SPD über die Politik der Bundesregierung in den Angelegenheiten der Vertriebenen, Sowjetzonenflüchtlinge, Kriegssachgeschädigten und Evakuierten im Kabinett[26]) und Kabinettsausschuß[27]).

[B. ENTWURF EINES GESETZES ZUR GEWÄHRUNG VON MEHRBETRÄGEN AN ALTE RENTNER IN DEN GESETZLICHEN RENTENVERSICHERUNGEN (RENTENMEHRBETRAGSGESETZ)]

Ferner wird der Gesetzentwurf des Bundesarbeitsministeriums über die Gewährung von Mehrbeträgen an alte Rentner in den gesetzlichen Rentenversicherungen beraten[28]). Der Bundesarbeitsminister hält an seinem Gesetzentwurf, über den in den vorangegangenen Ressortbesprechungen eine Übereinstimmung nicht erzielt werden konnte[29]), fest und verteidigt ihn mit dem Hinweis, daß dieser Gesetzentwurf aus Gründen der sozialen Gerechtigkeit und in Erfüllung eines Versprechens der Bundesregierung beim Bundestag eingebracht werden müsse[30]). Er geht in seinen Ausführungen insbesondere auf die Argumente im Schreiben des Bundesinnenministeriums vom 7. 9. 1954[31]) ein, die er nicht für stichhaltig hält.

Der Bundeswirtschaftsminister bestreitet zwar die Notwendigkeit einer Rentenerhöhung für die Altrentner nicht. Diese Erhöhungen können aber nach seiner Auffassung nicht mit dem Versicherungsprinzip begründet werden. Äußerst bedenklich erscheint ihm wegen der möglicherweise sich daraus ergebenden Folgerungen eine Bezugnahme auf die Geldentwertung. Nach seiner Ansicht

---

[25]) Die auf die Parlamentsferien folgenden Sitzungen des Deutschen Bundestages fanden statt: am 16., 17., 23. und 24. Sept. 1954 (STENOGRAPHISCHE BERICHTE Bd. 21 S. 1941 A – 2225 D). Dabei wurden u. a. erörtert der Fall John, Maßnahmen zur Milderung der Ernte- und Hochwasserschäden des Jahres 1954, das Kindergeldgesetz, das Rentenmehrbetragsgesetz und nicht zuletzt die Absetzung der außenpolitischen Debatte.

[26]) Vgl. 45. Sitzung TOP 6.

[27]) Vgl. Sitzung des Kabinett-Ausschusses für Wirtschaft am 20. Sept. 1954 TOP 4.

[28]) Die Vorlage des BMA vom 13. Sept. 1954 sah beitragsbezogene Rentenerhöhungen vor für Rentner, die das 65. Lebensjahr und für Hinterbliebene, die das 60. Lebensjahr vollendet hatten. Die Erhöhungsbeträge sollten für die Beiträge, die bis zum 31. Dez. 1923 gezahlt worden waren, höher sein als für die vom 1. Jan. 1924 bis zum 31. Dez. 1938 entrichteten Beiträge und höchstens 30,– DM monatlich betragen (B 149/3963 und B 136/788).

[29]) Unterlagen in B 149/3963.

[30]) Siehe dazu die Ausführungen Storchs im BT am 3. Dez. 1953 (STENOGRAPHISCHE BERICHTE Bd. 18 S. 137) und am 21. Mai 1954 (STENOGRAPHISCHE BERICHTE Bd. 20 S. 1408).

[31]) Der BMI hatte eine Sonderregelung für alte Rentner vor der Durchführung der Sozialreform für fragwürdig gehalten und statt dessen vorgeschlagen, die Invaliden- und die Mindestrenten zu erhöhen (B 149/3963 und B 136/788).

müssen die Aufwendungen für die vorgeschlagenen Verbesserungen aus dem allgemeinen Haushalt bestritten werden. Diese Aufwendungen würden letzten Endes ohnehin auf den Bundeshaushalt zukommen. Der Bundeswirtschaftsminister ist ferner der Auffassung, daß die Aufbesserungen nicht auf die staatlichen Renten beschränkt werden dürfen. Erstrebenswert sei eine Regelung, die alle Renten umfasse, die ungenügend sind[32].

Der Bundesfinanzminister bedauert die Verzögerung der Sozialreform, in deren Rahmen das Problem der Altrentner hätte organisch geregelt werden können und müssen[33]. Davon abgesehen begrüße er die Kabinettsvorlage, da auf diese Weise eine Entscheidung durch das Kabinett herbeigeführt werden könne. Er könne dem Gesetzentwurf aus haushaltsmäßigen Überlegungen nicht zustimmen. Die unmittelbare Belastung des Haushalts, die sich aus dem Entwurf ergebe, betrage rd. 130 Mio DM. Bei den Vorverhandlungen sei aber bereits geklärt worden, daß der Gesamtaufwand vom Bund getragen werden müsse. Das sei im Hinblick auf die finanzielle Lage des Bundes nicht möglich. Auch lasse sich der Vorschlag nicht realisieren, statt barer Zuschüsse Schuldverschreibungen auszugeben[34].

Der Bundesfinanzminister erkennt an, daß in Einzelpunkten Änderungswünschen, die er gehabt habe, entsprochen worden sei[35]. Das gelte jedoch nicht für seinen Vorschlag, den durch die bisherigen Rentenverbesserungsgesetze[36] nicht aufgerechneten Rest des Auffüllungsbetrages bei Mindestrenten nach dem Sozialversicherungsanpassungsgesetz auf den Mehrbetrag anzurechnen.

Der Bundesfinanzminister befürwortet dann im Interesse einer finanziellen Stärkung der Rentenversicherungsträger eine Erhöhung des Beitragssatzes um 1 %, der durch eine Senkung des Beitrages zur Arbeitslosenversicherung um den gleichen Prozentsatz ausgeglichen werden soll[37].

Schließlich legt der Bundesfinanzminister dem Kabinett noch eine Vorlage über die Einsetzung einer Regierungskommission für die Neuordnung der Sozialhilfe vor, um deren sofortige Verabschiedung er bittet[38].

Mit den Darlegungen des Bundesfinanzministers erklärt sich der Bundeswohnungsbauminister im wesentlichen einverstanden. Der Bundespostminister will die Zulagen als fürsorgerische Maßnahmen angesehen wissen. Er spricht sich für eine Heranziehung der Stocks der Rentenversicherungsträger im Darlehenswege aus. Der Bundesvertriebenenminister hat Wünsche hinsichtlich der

---

[32]) Vgl. dazu auch das Schreiben des BMWi an das Bundeskanzleramt vom 13. Aug. 1954 (ebenda).
[33]) Vgl. 19. Sitzung TOP 4.
[34]) Vgl. dazu auch das Schreiben des BMF an das Bundeskanzleramt vom 13. Aug. 1954 (B 149/3963 und B 136/788).
[35]) Siehe dazu das dem Gesetzentwurf beigegebene Schreiben des BMA vom 13. Sept. 1954 (ebenda).
[36]) Vgl. das Rentenzulagengesetz vom 10. Aug. 1951 (BGBl. I 505), das Grundbetragserhöhungsgesetz vom 17. April 1953 (BGBl. I 125) und das Sozialversicherungsanpassungsgesetz vom 4. Aug. 1953 (BGBl. I 846).
[37]) Siehe § 9 der Neufassung der Vorlage vom 15. Sept. 1954 (B 149/3963 und B 136/788).
[38]) Die Vorlage des BMF vom 5. Juli 1954 (B 126/10941 und B 136/1360) wurde in der 48. Sitzung TOP 1 beraten.

Einbeziehung der Vertriebenen, die Ansprüche außerhalb des ehemaligen Reiches erworben haben[39]). Nach Ansicht des Vizekanzlers ist im Entwurf des Bundesarbeitsministeriums die Aufbringungsfrage ungenügend geregelt. Auch er weist auf die widerspruchsvolle Systematik des Gesetzes hin. Im übrigen sollen nach seinem Vorschlag gestaffelte Zuschläge zu den Renten gegeben werden. Er hält es für erforderlich, daß vorerst bestimmte Grundsätze über die Rentenerhöhung ausgearbeitet werden, die den Koalitionsparteien mitgeteilt werden sollen.

Im Verlauf der Diskussion tritt immer mehr die Frage in den Vordergrund, auf welchem Wege der Entwurf vorangetrieben werden soll. Der Bundesfinanzminister nimmt gegen die Absicht der Koalitionsparteien Stellung, den Regierungsentwurf als Initiativantrag einzubringen[40]). Dem hält der Bundeskanzler entgegen, daß ein Initiativantrag der Koalitionsparteien im Hinblick auf den bereits vorliegenden Antrag der SPD[41]) unvermeidlich sei. Da die Erörterungen gezeigt hätten, daß ernstzunehmende Bedenken gegen den Entwurf bestünden, müsse Zeit für eine weitere gründliche Überlegung gewonnen werden. Am zweckmäßigsten werde die ganze Frage im Zusammenhang mit der Sozialreform geregelt. Unabhängig davon sei jedoch zu prüfen, ob dem in Betracht kommenden Personenkreis – etwa im Wege von Abschlagszahlungen – sofort etwas gegeben werden könne. Die Prüfung dieser Frage und die Ausarbeitung entsprechender Vorschläge überträgt das Kabinett den Bundesministern für Arbeit, für wirtschaftliche Zusammenarbeit, des Innern, der Finanzen und für Wirtschaft sowie dem Abgeordneten Blank. Die Beratungen darüber sollen wegen der Eilbedürftigkeit bereits am folgenden Tag aufgenommen werden[42]).

[C. SONDERSITZUNG DES KABINETTS]

Wegen der von dem Bundesratsminister gewünschten Kabinettssitzung über die im Falle John vor dem Bundestag abzugebende Stellungnahme der Bundesregierung wird eine neue Kabinettssitzung auf den gleichen Tag, 20 Uhr, einberufen.

---

[39]) Vgl. dazu das Schreiben des BMVt an das Bundeskanzleramt vom 16. Sept. 1954 (B 136/788).
[40]) Siehe dazu das Schreiben von Brentanos an Adenauer vom 14. Sept. und die Antwort Adenauers vom 15. Sept. 1954 in Nachlaß von Brentano/155.
[41]) Die SPD hatte am 1. Sept. 1954 einen Initiativgesetzentwurf eingebracht, der die Gewährung einer Sonderzulage in Höhe einer Monatsrente bis zum 31. Dez. 1954 vorsah (BT-Drs. Nr. 788).
[42]) In der Sitzung des „Ausschusses" am 15. Sept. 1954 wurde eine Einigung über den Gesetzentwurf erreicht (Niederschrift vom 15. Sept. in B 136/788). Die neue Fassung des Entwurfs wurde dem BR am 15. Sept. 1954 zugeleitet (BR-Drs. Nr. 298/54). Sie war identisch mit dem interfraktionellen Initiativgesetzentwurf, der am 16. Sept. 1954 im BT eingebracht wurde (BT-Drs. Nr. 820). – Gesetz zur Gewährung von Mehrbeträgen in den gesetzlichen Rentenversicherungen und zur Neufestsetzung des Beitrags in der Rentenversicherung der Arbeiter, der Rentenversicherung der Angestellten und der Arbeitslosenversicherung vom 23. Nov. 1954 (BGBl. I 345).

Sondersitzung am 14. September 1954

**Sondersitzung der Bundesregierung
am Dienstag, den 14. September 1954**

Teilnehmer: Adenauer (ab 21.00 Uhr)[1], Blücher, Schröder, Neumayer, Schäffer (ab 21.00 Uhr), Erhard (ab 21.00 Uhr), Storch, Preusker (ab 21.00 Uhr), Kaiser, Hellwege, Wuermeling, Tillmanns, F. J. Strauß, Kraft; Globke, Hallstein; Klaiber; von Eckardt, Forschbach; Selbach, Kilb (ab 21.00 Uhr); Blank. Protokoll: Gumbel.

Beginn: 20.00 Uhr   *Ende: 0.40 Uhr*

[A. BEHANDLUNG DES FALLES JOHN IM BUNDESTAG][2])

Die Sitzung dient der Vorbereitung der Bundestagssitzung über den Fall John.

Darüber, ob gleich zu Beginn der Sitzung eine Regierungserklärung zu dieser Angelegenheit abgegeben werden oder zunächst die Begründung der Großen Anfrage durch die Sozialdemokraten abgewartet werden solle, bestehen geteilte Meinungen. Schließlich setzt sich aber die Auffassung durch, daß von der Abgabe einer Regierungserklärung Abstand genommen werden solle.

Der Bundesminister des Innern verliest im weiteren Verlauf der Sitzung eine von ihm vorbereitete Gesamtdarstellung des Falles John und später auch noch die Antworten auf die Einzelfragen in der Großen Anfrage. Beide Entwürfe[3] werden eingehend besprochen. Der Bundesminister des Innern wird gemeinsam mit den Bundesministern Dr. Tillmanns, Strauß, Dr. Preusker und

---

[1] Dem Terminkalender Adenauer ist zu entnehmen, daß er von 18.20 bis 19.15 Uhr und von 20.10 bis 20.50 Uhr mit Schäffer, Erhard, Preusker, von Merkatz, Eickhoff, Schmücker, Günther, Wellmann, Wellhausen, Neuburger, Eckardt, Dehler, Miessner, Scharnberg, Kilb „u. a." über Fragen der Steuerreform gesprochen hatte (StBKAH 04.05).
[2] Vgl. Sondersitzung am 28. Juli 1954 TOP A, ferner Protokoll der CDU/CSU-Fraktionssitzung am 15. Sept. 1954 (Nachlaß Barzel/314); BULLETIN vom 10. Aug. 1954 S. 1319; Mitteilung des BPA Nr. 896/54 und 898/54, jeweils vom 12. Aug. 1954; BULLETIN vom 13. Aug. 1954 S. 1340 und vom 14. Aug. 1954 S. 1347; Pressekonferenz am 17. Aug. 1954 in B 145 I/41; Parlamentarische Berichte des BPA vom 25. Aug. und 11. Sept. 1954 in B 145/1903.
[3] „Gesamtdarstellung des Falles John" sowie „Antworten auf die Einzelfragen in der Großen Anfrage" (zwei Entwürfe) in B 136/1755.

Kraft, Staatssekretär Dr. Globke und dem Bundespressechef auf Grund des Ergebnisses der Aussprache die endgültige Antwort der Bundesregierung auf die Große Anfrage[4]) fertigstellen[5]).

---

[4]) Die Große Anfrage der Fraktion der SPD betr. Fall John vom 12. Aug. 1954 (BT-Drs. Nr. 767) wurde während der 42. Sitzung des Deutschen Bundestages am 16. Sept. 1954 begründet (STENOGRAPHISCHE BERICHTE Bd. 21 S. 1943 C — 1953 B) und von Schröder, nachdem er eine entsprechende Regierungserklärung abgegeben hatte (ebenda S. 1953 B — 1957 A), eingehend beantwortet (ebenda S. 1957 A — 1959 D); dann erfolgte eine gemeinsame Aussprache über die Große Anfrage (BT-Drs. Nr. 767) in Verbindung mit den Anträgen der Fraktion der SPD betr. Einsetzung eines Untersuchungsausschusses im Falle John (BT-Drs. Nr. 768) und betr. Mißbilligung des Verhaltens des Bundesministers des Innern (BT-Drs. Nr. 769) (ebenda S. 1959 D — 2032 D). Dazu auch BULLETIN vom 18. Sept. 1954 S. 1551, 21. Sept. 1954 S. 1559 und vom 8. Dez. 1954 S. 2120.

[5]) Fortgang 109. Sitzung am 14. Dez. 1955 TOP C und 110. Sitzung am 21. Dez. 1955 TOP J. — Unterlagen zum „Fall John", der bis heute noch nicht endgültig abgeschlossen werden konnte (John kämpft immer noch um seine Rehabilitierung), befinden sich in B 106/15490—15492, 63057 f.; B 122/2186; B 136/4381 f.; B 145/1903; Nachlaß Blücher/105, 176; Nachlaß Hallstein/124 f.; Nachlaß Heuss/66, 156; Nachlaß Kaiser/89, 239—241, 259, 394 (vgl. KOSTHORST S. 299—303); Nachlaß Kraft/27; Nachlaß Rheindorf/161, 166, 350—359; FRUS VII pp. 585—590; SCHWARZ S. 236—238.

**45. Kabinettssitzung
am Mittwoch, den 22. September 1954**

Teilnehmer: Adenauer (bis 11.45 Uhr)[1]*), Blücher (bis 13.00 Uhr), Schröder, Neumayer, Schäffer, Lübke, Storch (bis 13.00 Uhr), Seebohm, Balke, Preusker, Oberländer, Kaiser, Hellwege, Wuermeling, Tillmanns, F. J. Strauß, Schäfer, Kraft; Globke, Hallstein (zeitweise); Klaiber; von Eckardt, Forschbach; Selbach, Kilb (bis 11.45 Uhr); Blank. Protokoll: Haenlein.*

Beginn: 9.30 Uhr   Ende: 14.50 Uhr

[Außerhalb der Tagesordnung]

Vor Eintritt in die Tagesordnung werden unter dem Vorsitz des Bundeskanzlers folgende Punkte beraten:

[A.] INNENPOLITISCHE LAGE

a) Der Bundeskanzler nimmt auf die in der Öffentlichkeit und auch von den Koalitionsfraktionen erhobenen Vorwürfe Bezug, auf innenpolitischem Gebiet geschehe zu wenig[2]). Vergleiche man die Arbeit des jetzigen Bundestages mit der seines Vorgängers, so ergebe sich, daß sogar mehr Gesetze als in dem entsprechenden Zeitraum der ersten Legislaturperiode verabschiedet worden seien[3]). Allerdings sei man gerade mit den wichtigeren Dingen im Rückstand. Vor allem werde bemängelt, daß noch kein Entwurf für ein Wahlgesetz vorliege. Bei den kleineren Fraktionen bestehe die Sorge, daß sie, wenn diese Frage nicht bald und ausreichend erörtert würde, benachteiligt werden könnten. Der Wissenschaftliche Ausschuß für das Wahlrecht[4]) beim Bundesministerium des Innern werde allgemein kritisiert. Der Bundeskanzler schlägt deshalb vor, sich im Kabinett auf eine kleine Zahl von Grundsätzen für ein neues Wahlgesetz zu einigen und nach erfolgter Einigung mit den Fraktionen der Koalition Fühlung zu nehmen. Er bittet, in der nächsten Kabinettssitzung über diesen Vorschlag zu beraten[5]).

---

[1]) Dem Terminkalender Adenauer ist zu entnehmen, daß er um 11.45 Uhr zu einem Besuch der Landtagsfraktion der CDU nach Düsseldorf abfuhr (StBKAH 04.05). Seebohm notierte in seiner Mitschrift zu dieser Kabinettssitzung, daß Adenauer bei der Behandlung von TOP A–D anwesend war (Nachlaß Seebohm/8c).
[2]) Zur Kritik der CDU/CSU-Fraktion siehe Protokoll der Sitzung am 15. Sept. 1954 (Nachlaß Barzel/314).
[3]) In der Zeit vom Dez. 1949 bis zur Sommerpause 1950 hatte der BT 75 Gesetzentwürfe, in der Zeit vom Nov. 1953 bis zur Sommerpause 1954 62 Gesetzentwürfe verabschiedet (Wissenschaftliche Abteilung des Deutschen Bundestages, Materialien Nr. 20 und Nr. 16, Bonn 1970). – Vgl. auch BULLETIN vom 19. Aug. (S. 1371–1373) und vom 9. Sept. 1954 (S. 1498).
[4]) Vgl. 37. Sitzung TOP C.
[5]) Siehe 58. Sitzung TOP C.

b) An den Bundesminister für Arbeit richtet der Bundeskanzler die dringende Bitte, jetzt, nachdem das Rentenmehrbetragsgesetz[6]) von der Bundesregierung verabschiedet sei, in kürzester Frist dem Kabinett seine Pläne zur Reform der Sozialgesetze[7]) vorzulegen. Mit diesem Reformwerk werde das Schicksal von Millionen Deutschen bestimmt und der Bundestag müsse so schnell wie möglich Gelegenheit bekommen, sich mit diesem Fragenkomplex zu befassen.

c) Als besonders dringlich bezeichnet der Bundeskanzler die schnelle Verabschiedung der zur Zeit dem Bundestag vorliegenden Steuergesetze[8]).

d) Der Bundeskanzler teilt sodann mit, er habe feststellen lassen, welche gesetzgeberischen Maßnahmen darüber hinaus noch getroffen werden müssen[9]). Er schlägt vor, zu unterscheiden zwischen Dingen, die für die innenpolitische Lage von entscheidender Bedeutung sind, und Fragen, die zwischendurch erledigt werden können. Über die nach diesen Gesichtspunkten aufgestellte Liste soll in einer der nächsten Kabinettssitzungen beraten werden[10]). Es müsse dann auch dafür gesorgt werden, daß wichtige Fragen nicht zu lange in den Ausschüssen des Bundestages unerledigt bleiben.

Der Bundesminister für Wohnungsbau glaubt, daß die langsame Behandlung mancher Dinge im Bundestag an dessen unvorteilhaftem Arbeitsrhythmus liegt.

Bundesminister Dr. Tillmanns teilt mit, daß der Ältestenrat beschlossen hat, vorläufig den derzeitigen zweiwöchentlichen Arbeitsrhythmus durch einen dreiwöchentlichen zu ersetzen und verspricht sich hiervon eine Besserung[11]).

Nach der Meinung des Bundesministers der Finanzen beeinflussen die Interessentenverbände und gewisse Institute die öffentliche Meinung in ungünstigem Sinne durch ihre scharfe und übertriebene Kritik an den Gesetzesvorlagen der Bundesregierung. Den Kabinettsmitgliedern, deren Aufgabe es sei, die Verbindung zu den Koalitionsfraktionen herzustellen[12]), sei es nicht gelungen, dort Verständnis und eine ausreichende Unterstützung der Pläne der Bundesregierung zu gewinnen. Dazu trete eine bedauerliche Führungslosigkeit innerhalb der Fraktionen.

[B.] AUSSENPOLITISCHE LAGE

Der Bundeskanzler bezeichnet in seinen Ausführungen im Augenblick als Hauptschwierigkeiten die ungeklärte Lage in Frankreich und die neo-isolationistischen Strömungen in den USA. Dort verlange die öffentliche Meinung nachdrücklich die Integration Europas. Komme diese nicht zustande, dann bestehe die Gefahr, daß sich die USA von Europa abwenden und in der Folge Frankreich kommunistisch werde. Deutschland gerate dann mitten in das kommunistische Lager[13]).

---

[6]) Vgl. 44. Sitzung TOP B.
[7]) Fortgang hierzu 48. Sitzung TOP 1.
[8]) Vgl. 36. Sitzung TOP E.
[9]) Unterlagen in B 136/837.
[10]) Eine Behandlung im Kabinett bis Ende 1955 nicht ermittelt.
[11]) Vgl. das Kurzprotokoll der Sitzung des Ältestenrats am 21. Sept. 1954 (Parlamentsarchiv des BT) und SCHINDLER S. 530 und 534.
[12]) Vgl. 308. Sitzung am 8. Sept. 1953 (TOP 1).
[13]) Vgl. dazu die Eintragung in Nachlaß Seebohm/8c: „2. Adenauer: Letzte Kabinettssitzung vor der Londoner Konferenz. 1. Weltsorge: Frankreich, sowohl Regierung wie Parlament;

Der Bundeskanzler erläutert die Vorschläge des britischen Außenministers[14]). Er spricht sich dabei für ein gleichzeitiges Eintreten Deutschlands in den Brüsseler Pakt und die NATO aus. Für diesen Fall könne sich die Bundesrepublik freiwillig zu einer Beschränkung ihrer Rüstungen, etwa in dem im EVG-Vertrag vorgesehenen Rahmen, bereit erklären[15]).

Daran anschließend gibt der Bundeskanzler die Gedankengänge wieder, die Herr Dulles bei seinem Besuch vorgetragen hat und aus denen hervorgeht, daß die USA einer schnelleren Lösung der mit der Ablehnung der EVG entstandenen Schwierigkeiten zustreben[16]).

Aus den in der Zwischenzeit bekanntgewordenen mehrfachen Äußerungen des französischen Regierungschefs[17]) ist, wie sich aus den Darlegungen des Bundeskanzlers ergibt, die französische Haltung noch nicht eindeutig zu erkennen.

Wahlen erst Mai 1956. 2. Weltsorge: Neoisolationismus in USA, Demokraten werden hinter Außenpolitik Eisenhower-Dulles stehen, auch wenn sie bei den Herbstwahlen gewinnen (Besuch demokratischen Senators Mansfield bei A[denauer]). Gefahr: nicht politische Parteien, sondern öffentliche Meinung. Zieht USA sich zurück, so verelendet Europa; zuerst wird Frankreich bolschewistisch." Vgl. dazu auch FRUS V pp. 1160, 1162, 1164, 1189, 1216, 1217, 1226 und ADENAUER S. 323 f.

[14]) Zum Inhalt des Eden-Planes, einer Aufnahme der Bundesrepublik Deutschland in den revidierten Brüsseler Fünf-Mächte-Vertrag vom 17. März 1948, aber auch in den Nordatlantikpakt (NATO) vom 4. April 1949 (ursprünglich 12 Mitglieder, am 15. Febr. 1952 waren noch Griechenland und die Türkei beigetreten), vgl. „Aufzeichnung [17 Bl.] über eine Unterredung des Herrn Bundeskanzlers mit dem englischen Außenminister, Mr. Anthony Eden, die am 12. September 1954 um 16.00 Uhr im Hause des Bundeskanzlers stattfand" (außerdem mit Hallstein, Blankenhorn, Blank; Sir Frank K. Roberts, Hoyer Millar, William Denis Allen) und „Kurze Zusammenfassung [5 Bl.] der Verhandlungen mit dem britischen Außenminister Eden am 13. September 1954, 10 Uhr bis 11.30 Uhr im Palais Schaumburg" (mit Adenauer, Hallstein, Blankenhorn, Blank, Grewe, Ophüls, Herwarth von Bittenfeld; Roberts, Hoyer Millar, Charles H. Johnston, Maurice E. Bathurst), jeweils in Nachlaß Blankenhorn/33a. Weitere einschlägige Unterlagen in Nachlaß Hallstein/125—126.

[15]) Vgl. 43. Sitzung Anm. 52.

[16]) Am 16. und 17. Sept. 1954 hatte Dulles in Bonn Besprechungen mit Adenauer über die durch das Scheitern des EVG-Vertrages entstandene Lage geführt. Vgl. hierzu: Erklärung von Dulles bei seiner Ankunft am 16. Sept. 1954 auf dem Köln-Bonner Flughafen Wahn (siehe auch Abb. 14) und Erwiderung Adenauers in KEESING 1954 S. 4744; handschriftliche Aufzeichnung Hallsteins „Dulles, Merchant, Hensel, Bowie, Conant, Dowling; BK, Blankenhorn, Blank" (o. Dat., 9 Bl.) in Nachlaß Hallstein/125—126 und Vermerk vom 17. Sept. 1954 über eine „sehr vertrauliche Besprechung" Adenauers mit Dulles (an der außerdem nur noch Hallstein und Blankenhorn zugegen waren) in Nachlaß Blankenhorn/33a; Deutsch-amerikanisches Kommuniqué in BULLETIN vom 18. Sept. 1954 S. 1549 (Informationsgespräch mit von Eckardt am 17. Sept. 1954 in B 145 I/42); FRUS V pp. 1193, 1195, 1209—1223, ADENAUER S. 308—313.

[17]) Nach einer entsprechenden Eintragung im Nachlaß Seebohm/8c handelte es sich hierbei um: Interview von Mendès-France am 18. Sept. 1954 im Manchester Guardian, in dem er vier Fragen über die Vorstellungen der französischen Regierung von einer zu schaffenden Verteidigungsorganisation beantwortete (in Nachlaß Blankenhorn/33a); Rede von Mendès-France am 19. Sept. 1954 in Nevers anläßlich der Einweihung eines Denkmals für die Widerstandskämpfer (vgl. Frankfurter Allgemeine Zeitung vom 20. Sept. 1954); Rede von Mendès-France am 20. Sept. 1954 vor der Beratenden Versammlung des Europarates in Straßburg (vgl. EA 1954 S. 7038 f., BULLETIN vom 25. Sept. 1954 S. 1598 f., FRUS V p. 1244 und DDF pp. 399, 410).

Der Bundeskanzler gibt sodann den Entwurf eines Memorandums bekannt, in dem der Standpunkt der Bundesregierung für die Londoner Konferenz präzisiert wird[18]).

Abschließend geht er auf sein gestriges Gespräch mit dem Abgeordneten Ollenhauer ein[19]). In diesem traten die gegensätzlichen Auffassungen deutlich zutage. Es hat sich dabei gezeigt, daß die Opposition an ihrer Forderung auf sofortige Einberufung einer Viermächtekonferenz festhält. Zu dem Vorwurf, der Bundeskanzler verzichte auf eine Wiedervereinigung mit der Sowjetzone zugunsten einer Eingliederung in den Westen[20]), hat er dem Oppositionsführer gegenüber folgendes festgestellt: Im Ziel der baldigen Wiedervereinigung seien sich Regierung und Opposition völlig einig, nur über den Weg dorthin sei man verschiedener Meinung. Er glaube, daß eine Viermächtekonferenz im gegenwärtigen Augenblick der größten Schwäche der westlichen Nationen falsch und für das Ziel schädlich sei. Wenn der Westen einig und stark sei, könne man die Verhandlungen sofort aufnehmen. Er erstrebe die deutsche Souveränität auch schon deshalb, weil es dann möglich sei, unmittelbar und nicht wie jetzt durch Vermittlung der drei Westmächte mit den Russen über die Wiedervereinigung zu verhandeln[21]).

In der anschließenden Aussprache weist der Bundesminister für Wohnungsbau darauf hin, daß Herr Mendès-France in Straßburg die Lösung der Saarfrage als eine Vorbedingung für eine Verständigung genannt hat[22]).

Der Bundeskanzler betont, daß für ihn die Saarfrage nicht aktuell ist. Die Europäisierung der Saar sei nicht möglich, wenn Europa nicht geschaffen werde[23]).

---

[18]) Wortlaut des deutschen Memorandums vom 23. Sept. 1954 in ADENAUER S. 319 f. und ANNEX III pp. 291—292 (verschiedene Fassungen in AA, BStSe, Bd. 31). Vgl. dazu auch Krone, Heinrich: Aufzeichnungen zur Deutschland- und Ostpolitik 1954—1969. In: Adenauer-Studien III, Herausgegeben von Rudolf Morsey und Konrad Repgen. Mainz 1974 S. 135.

[19]) Zu der Unterredung zwischen Adenauer und Ollenhauer am 21. Sept. 1954 in Bonn vgl. Protokoll über die Fraktionsvorstandssitzung am 21. 9. 1954 in SPD-Bundestagsfraktion/ 1017 (alt) (im AdsD) und EA 1954 S. 6991.

[20]) Auf einer Pressekonferenz in Kiel am 3. Sept. 1954 hatte Ollenhauer das außenpolitische Programm der Bundesregierung kritisiert, welches ohne Konsultation der Opposition beschlossen worden sei. Die Bundesregierung habe in dem Programm die Forderung nach der Wiedervereinigung Deutschlands ganz in den Hintergrund gedrängt und sich auf eine überhastete Integration in den Westen festgelegt, sie habe außerdem Frankreich schwer brüskiert (EA 1954 S. 6854).

[21]) Im Entwurf (zwei Sätze) lautet dieser Satz: „Er erstrebe die deutsche Souveränität auch schon deshalb, weil wir in diesem Falle einen deutschen Botschafter in Moskau haben könnten. Es wäre dann möglich, unmittelbar und nicht wie jetzt durch Vermittlung der drei Westmächte mit den Russen über die Wiedervereinigung zu verhandeln" (Kabinettsprotokolle Bd. 23 E).

[22]) In seiner Rede am 20. Sept. 1954 vor der Beratenden Versammlung des Europarates in Straßburg hatte Mendès-France erklärt, daß er an dem geplanten europäischen Statut für die Saar festhalte; diese Ausführungen erläutert er später in einer Pressekonferenz noch in der Richtung, daß Verhandlungen über die Saar nicht unbedingt vor, sondern auch gleichzeitig mit dem Verteidigungsproblem geführt werden könnten (BULLETIN vom 25. Sept. 1954 S. 1598). Presseausschnitte zu dieser Rede in Nachlaß Blankenhorn/33a.

[23]) Vgl. dazu die Eintragung in Nachlaß Seebohm/8c: „Saarfrage. M[endès-] F[rance] hat in Brüssel von Moselkanalisation gesprochen! Adenauer zu Eden: wir waren zur Europäisie-

Bundesminister Strauß weist auf die auffallende Tatsache hin, daß die Opposition, die jahrelang gegen eine zu starke Rücksichtnahme des Bundeskanzlers auf Frankreich polemisiert habe, jetzt verlange, daß man den französischen Wünschen viel stärker nachgeben müsse. Er hält an der Auffassung fest, daß Mendès-France in den Genfer Vorbesprechungen das Zugeständnis für eine Beendigung der Kampfhandlungen in Indochina gegen das Versprechen eingehandelt hat, die deutsche Wiederbewaffnung in jeder Weise hinauszuzögern[24].

Der Vizekanzler drückt seine Sorge über die innenpolitische Entwicklung in England aus. Es bestehe die Möglichkeit, die Haltung der derzeitigen Regierung auf der Londoner Konferenz werde schwach sein in dem Gedanken, daß im nächsten Jahre eine Labour-Regierung an die Macht kommen könnte.

Der Bundesminister für gesamtdeutsche Fragen bittet den Bundeskanzler, auch weiterhin zu versuchen, unter allen Umständen mit der SPD und dem Abgeordneten Ollenhauer einen gemeinsamen Weg für die deutsche Außenpolitik zu suchen. Er dürfe in dieser Bemühung nicht müde werden. Der Ruf der SPD nach einer Viermächtekonferenz sei allerdings unverständlich[25]. Er rate, den Vorschlägen des britischen Außenministers zu folgen und auf eine gleichzeitige Aufnahme Deutschlands in den Brüsseler Pakt und in die NATO zu drängen.

Nach der Meinung des Vizekanzlers läßt die Entwicklung innerhalb der SPD keine Hoffnung auf Verständigung. Ein zu starkes Werben um diese werde als Unsicherheit ausgelegt und schwäche die eigene Position. Nur das Festhalten am alten Ziel erhalte uns das Vertrauen des Auslandes.

Bundesminister Dr. Schäfer teilt mit, die FDP werde auf eine außenpolitische Debatte im Plenum des Bundestages morgen verzichten, sie wünsche aber eine baldige Beratung im Auswärtigen Ausschuß[26].

Auffallend bei den letzten Reden von Mendès-France[27]) sei, daß er mit keinem Wort auf die aus dem Osten drohenden Gefahren hingewiesen habe. Er zeige das Bestreben, diese Gefahr als gering erscheinen zu lassen[28].

Bundesminister Dr. Schäfer bittet, darauf zu achten, daß in dem zu schaffenden europäischen Rüstungspool[29] die Aufträge nicht ohne deutsche Mitwirkung vergeben werden können. Er hält auch eine Untersuchung darüber für nötig, ob in Westdeutschland die sozialen Lasten geringer sind als in Frankreich. Nach seiner Meinung ist es notwendig, mit der Opposition im außenpolitischen

---

rung der Saar bereit; da Europa nun nicht geschaffen wird, ist Saarfrage nicht mehr aktuell."
[24] Vgl. dagegen THOSS S. 75 f.
[25] Vgl. Sondersitzung am 1. Sept. 1954 Anm. 19.
[26] Vgl. Wortprotokoll der am 27. Sept. 1954 von 10.12 bis 13.28 Uhr dauernden Sitzung des Ausschusses für auswärtige Angelegenheiten, 91 Bl., in der Verwaltung des Deutschen Bundestages, Bonn und handschriftliche Aufzeichnungen Hallsteins über „Ausw[ärtiger] Ausschuß 27. 9. 54" (3 Bl.) in Nachlaß Hallstein/125—126.
[27] Vgl. Anm. 17.
[28] Im Entwurf: „Er zeige das Bestreben, die Sorge vor dieser Gefahr zu verkleinern (Kabinettsprotokolle Bd. 23 E).
[29] Zur Forderung von Mendès-France, zwecks Koordinierung und Standardisierung der europäischen Waffenproduktion einen Rüstungspool zu errichten, vgl. FRUS V pp. 1165, 1175, 1200 und ADENAUER S. 332.

Gespräch zu bleiben und diese dabei vor der Öffentlichkeit ins Unrecht zu setzen. Man müsse deutlich sagen, daß die Opposition die Wiedervereinigung verhindere. Nach seiner Meinung wird den Russen die Sowjetzone in dem Augenblick als Aufmarschgebiet uninteressant, in dem der Westen sich geeinigt hat und stark ist. Dann könne mit einem Verzicht der Russen auf die Sowjetzone gerechnet werden. Die Opposition suche die Einigung im Westen zu verhindern und erhalte dadurch das Interesse der Russen an der Sowjetzone.

Abschließend teilt der Bundeskanzler mit, daß er wegen der ständig wechselnden Aspekte die außenpolitische Lage noch einmal vor seinem Abflug nach London am kommenden Montagvormittag in einer Kabinettssitzung[30]) erörtern wolle.

[C.] BERATUNG DER PUNKTE 5a, b UND 6a, b, c, d AUF DER TAGESORDNUNG DER BUNDESTAGSSITZUNG AM 23. 9. 1954

Hierzu führt der Bundesminister der Finanzen aus, daß er sein Vorhaben, auch im Haushaltsjahr 1955 den Sozialversicherungsträgern Schuldverschreibungen an Stelle von Barmitteln zu geben[31]), nicht mehr durchführen könne, weil von diesen die Belastung durch das Altrentenmehrbetragsgesetz[32]) aufgefangen werden müsse. Er sei deshalb gezwungen, im nächsten Jahre eine Ergänzungsabgabe von 2,5 % zu erheben[33]). Diese Abgabe müsse er sogar noch erhöhen, wenn die im Bundestag neuerdings gestellten Anträge angenommen würden. Er bittet deshalb dringend, den Fraktionen klarzumachen, daß diese Wünsche keinesfalls erfüllt werden können[34]).

Es bestehe Übereinstimmung, daß auf die Fraktionen eingewirkt werden soll, die am 23. 9. 1954 im Plenum des Bundestages anstehenden Anträge ohne Aussprache an die Ausschüsse zu überweisen[35]).

---

[30]) Fortgang 47. Sitzung TOP 1.
[31]) Vgl. 37. Sitzung Anlage.
[32]) Vgl. 44. Sitzung TOP B.
[33]) Vgl. 21. Sitzung TOP 1.
[34]) Schäffer notierte dazu u. a.: „Ich gebe dem Kabinett bekannt, daß das Altrentengesetz eine Haushaltsverschlechterung von 529 (629) Mio DM zur Folge haben wird, nämlich 127 Mio DM unmittelbare Belastung, 262 Mio DM dadurch, daß die Unterbringung von Schuldverschreibungen anstelle von Barzuschüssen in dieser Höhe bei der Bundesanstalt für Arbeitsvermittlung und Arbeitslosenversicherung unmöglich wird, und dadurch, daß in Höhe von 140 Mio DM Zuschüsse auf Grund des § 90 BVG an die Rentenversicherungsträger bezahlt werden müssen, aber auch nicht in Schuldverschreibungen, sondern in bar. (Bundesarbeitsministerium hat 240 Mio DM verlangt.)" (Schreiben an Hartmann vom 22. Sept. 1954 in Nachlaß Schäffer/34.).
[35]) Aufgrund einer interfraktionellen Vereinbarung wurden in der BT-Sitzung am 23. Sept. 1954 die Punkte 6a (BT-Drs. Nr. 716 neu), 6b (BT-Drs. Nr. 717) und 7b (BT-Drs. Nr. 793), die Anträge zur Kriegsopferversorgung enthielten, nicht behandelt (STENOGRAPHISCHE BERICHTE Bd. 21 S. 2082). — Die Punkte 5a (BT-Drs. Nr. 318) und 5b (BT-Drs. Nr. 319) betrafen jeweils die zweite Lesung eines Gesetzentwurfs und können hier also nicht gemeint sein. — Die Punkte 7a (BT-Drs. Nr. 788, Gesetzentwurf der SPD-Fraktion zur Gewährung einer Sonderzulage in den gesetzlichen Rentenversicherungen), 7c (BT-Drs. Nr. 820, Entwurf eines von den Koalitionsfraktionen vorgelegten Rentenmehrbetragsgesetzes) und 7d (BT-Drs. Nr. 789, Antrag der SPD auf Erhöhung der Leistungen der öffentlichen Fürsorge) wurden vom BT am 24. Sept. 1954 in erster Lesung beraten (STE-

Der Bundeskanzler macht den Bundesminister der Finanzen darauf aufmerksam, daß die von diesem zu den Steuergesetzen[36] mitgeteilten Zahlen immer noch nicht die sachverständigen Beteiligten überzeugen[37]. Er bittet ihn, die Gegenvorschläge[38] der Abgeordneten Dr. Wellhausen und Neuburger noch einmal zu prüfen und mit diesen Herren zu verhandeln.

Der Bundesminister der Finanzen sagt dies zu. Er ist auch mit dem Vorschlag des Bundesministers für Arbeit einverstanden, wegen der Übernahme von Schuldverschreibungen durch die Sozialversicherungsträger mit dem früheren Ministerpräsidenten Stock[39] zu verhandeln[40]).

[D.] ÄNDERUNGEN DER GESCHÄFTSORDNUNG DES BUNDESTAGES

Der Bundeskanzler verliest den Antrag des Geschäftsordnungsausschusses des Bundestages vom 7. 9. 1954 und betont, daß die Arbeit der Regierung außerordentlich erschwert werde, wenn dieser Antrag angenommen würde[41]).

Der Bundesminister des Innern macht darauf aufmerksam, daß damit die Bundesregierung jeden Schutz verliere. Sie habe bei allen sonstigen Anfragen und Anträgen aus dem Bundestag eine Frist zur Überlegung. Würde der Antrag des Geschäftsordnungsausschusses angenommen, sähen sich die Vertreter der Bundesregierung in den Ausschüssen ständig überraschenden Fragen ausgesetzt

---

NOGRAPHISCHE BERICHTE Bd. 21 S. 2195–2214). – Fortgang hierzu Sondersitzung am 12. Nov. TOP B.

[36]) Vgl. 43. Sitzung TOP 4.

[37]) Siehe z. B. die Hefte 1/1954 und 2/1954 des Instituts „Finanzen und Steuern" (B 126/11777). – Zur Stellungnahme des BMF zur Kritik an der Steuerreform siehe BULLETIN vom 8. April 1954 S. 582–584.

[38]) Zu den Vorschlägen Wellhausens, den Steuersatz stärker als vorgesehen zu senken, siehe den Bericht über die Sitzung des Arbeitskreises der CDU/CSU-Fraktion für Finanz- und Steuerfragen am 15. Sept. 1954 (B 145/1903). Siehe auch die Ausführungen Wellhausens in der Pressekonferenz am 10. Sept. 1954 (B 145 I/42). – Zu den in dieselbe Richtung zielenden Vorschlägen Neuburgers siehe Sondersitzung am 12. Nov. 1954 TOP B.

[39]) Christian Stock (1884–1967). 1902 Eintritt in die SPD, 1910–1914 hauptberuflich in der Gewerkschaft tätig, Mitglied der Weimarer Nationalversammlung, 1920 parlamentarischer Unterstaatssekretär im Reichswehrministerium, 1922–1932 Direktor der Allgemeinen Ortskrankenkasse Heidelberg, 1932–1933 Direktor der Allgemeinen Ortskrankenkasse Frankfurt/M., 1933 Entlassung und Aufenthalt im Konzentrationslager; 1945 Präsident der hessischen Landesversicherungsanstalt, 1946–1950 hessischer Ministerpräsident. Vorsitzender des Verbandes Deutscher Rentenversicherungsträger.

[40]) Fortgang (Haushalt) 50. Sitzung TOP 2.

[41]) Dem Antrag der FDP, § 60 der Geschäftsordnung des BT in der Form der Bekanntmachung vom 28. Jan. 1952 (BGBl. II 389) so zu ändern, daß den Ausschüssen für auswärtige Angelegenheiten und für gesamtdeutsche und Berliner Fragen größere Befugnisse zugestanden werden sollten (BT-Drs. Nr. 94, vgl. 12. Sitzung am 11. Dez. 1953 TOP F), hatte der Ausschuß für Geschäftsordnung zugestimmt und außerdem vorgeschlagen, daß darüber hinaus die Ausschüsse für Besatzungsfolgen, für Fragen der europäischen Sicherheit, zum Schutze der Verfassung, für Angelegenheiten der inneren Verwaltung – soweit es Polizeiangelegenheiten betrifft – und der Haushaltsausschuß berechtigt sein sollten, sich „im Rahmen ihres Aufgabenbereichs auch mit Fragen zu befassen, die ihnen nicht ausdrücklich überwiesen worden sind" (BT-Drs. Nr. 799).

und kämen in eine äußerst schwierige Lage. Auch eine bedenkliche Vermengung von Exekutive und Legislative sei zu befürchten[42]).

Das Kabinett beschließt, bei den Fraktionen auf eine Vertagung dieser Frage einzuwirken[43]).

Bei der Behandlung der folgenden Punkte übernimmt der Vizekanzler bis 13.00 Uhr den Vorsitz.

Er macht einleitend darauf aufmerksam, daß er mit seinen Freunden der Rentenerhöhung[44]) nur als einem Teilstück der Sozialreform zugestimmt habe und deshalb die Behandlung dieser Frage in der nächsten Kabinettssitzung erwarten müsse[45]).

1. BERICHT DES BUNDESMINISTERS FÜR ERNÄHRUNG, LANDWIRTSCHAFT UND FORSTEN ÜBER DIE ERNTESCHÄDEN BML

Der Bundesminister für Ernährung, Landwirtschaft und Forsten berichtet über den bis jetzt festgestellten Umfang der durch die Auswinterung und das schlechte Sommerwetter verursachten Schäden[46]). Er unterstreicht, daß es sich um eine Ausnahmeerscheinung handelt, wie sie in jeder Generation nur einmal vorkommt. Der Totalausfall bei Getreide beträgt etwa 600 000 Tonnen, dazu kommen die Auswuchsschäden. Die Hauptschäden sind in Schleswig-Holstein, Niedersachsen und in den Überschwemmungsgebieten[47]) entstanden. Letztere wurden besonders hart getroffen, so daß für sie eine gesonderte Behandlung notwendig wird. Bei der Schadensberechnung muß berücksichtigt werden, daß in diesem Jahr eine sehr gute Ernte herangewachsen war, die das Vorjahresergebnis bei Getreide um etwa 1 Mio Tonnen übertroffen hätte. Nach der Darstellung des Bundesministers für Ernährung, Landwirtschaft und Forsten wird bei Weizen eine Mehreinfuhr von etwa 4 bis 500 000 Tonnen notwendig werden. Schwierig wird die zusätzliche Einfuhr von Roggen sein, da der Roggenmarkt äußerst empfindlich reagiert. Die Gefahr einer Erhöhung des Brotpreises sei nicht von der Hand zu weisen. Er sei sich aber mit allen Beteiligten darin einig, daß sowohl eine Preissteigerung als auch eine Qualitätsminderung unter allen Umständen verhindert werden müsse. Er schlägt vor, die Brotgetreide-

---

[42]) Siehe dazu auch die Vorlage des BMI vom 17. Sept. 1954 (B 106/55497 und B 136/4509) und den Entwurf eines Schreibens des BMI an das Bundeskanzleramt vom 20. Sept. 1954 (B 106/55497).
[43]) Der BT überwies am 23. Sept. 1954 die Beratung der BT-Drs. Nr. 799 an den Ausschuß für Rechtswesen und Verfassungsrecht (STENOGRAPHISCHE BERICHTE Bd. 21 S. 2071). – Mit Wirkung vom 1. Okt. 1969 wurde allen BT-Ausschüssen die 1954 beantragte Erweiterung des Aufgabenbereichs zugestanden (BGBl. I 776).
[44]) Vgl. 44. Sitzung TOP B.
[45]) Siehe 48. Sitzung TOP 1.
[46]) Vgl. 42. Sitzung TOP F.
[47]) Vor allem im Osten und Südosten Bayerns sowie in der Elbniederung wurde die Ernte gebietsweise durch Hochwasser völlig vernichtet (nach MBl. BML 1954 vom 5. Aug. 1954 S. 1).

reserve nicht, wie vorgesehen, auf 1,8 Mio[48]), sondern nur auf 1,5 Mio Tonnen aufzustocken. Wenn sich die Gefahr einer Qualitätsminderung abzeichnet, sollen die geplanten Einfuhren vorverlegt werden.

Hiermit ist das Kabinett einverstanden.

Mit dem von den Bundestagsfraktionen eingebrachten Antrag vom 14. 9. 1954[49]) betreffend Maßnahmen zur Milderung der Ernte- und Hochwasserschäden des Jahres 1954 erklärt sich der Bundesminister für Ernährung, Landwirtschaft und Forsten einverstanden.

Auch der Bundesminister der Finanzen hält den Antrag für unbedenklich und hofft, daß er unverändert vom Bundestag beschlossen wird.

Der Bundesminister für Ernährung, Landwirtschaft und Forsten verliest sodann die Richtlinien, die zur Feststellung und Abwicklung der Ernteschäden 1954[50]) erlassen werden sollen und die er bereits mit dem Ernährungsausschuß des Bundestages abgesprochen hat[51]).

Von den Bundesministern des Innern und für Wohnungsbau werden Bedenken dagegen erhoben, daß nach diesen Richtlinien schon dann eine Hilfe gewährt werden soll, wenn Betriebe einen Ausfall von 15 % aufweisen, und daß dieser nach den besonders hohen Ernteerwartungen dieses Jahres errechnet werden soll.

Wie der Bundesminister für Ernährung, Landwirtschaft und Forsten hierzu mitteilt, ist der Vorschlag, als Berechnungsgrundlage den Durchschnitt der letzten fünf Jahre zu wählen, im Bundestagsausschuß als untunlich verworfen worden.

Der Bundesminister für Finanzen vermißt in den Richtlinien den Grundsatz, daß eine Hilfe nur bei einer ernsthaften Existenzgefährdung gewährt werden soll.

Auf eine Frage des Bundesministers für Wohnungsbau wird festgestellt, daß eine Hilfe nur dann gegeben werden soll, wenn der einzelne nicht in der Lage ist, den Ausfall zu tragen. Die Bedeutung der Richtlinien liegt darin, daß bei Schäden unter 15 % überhaupt keine Prüfung vorgenommen wird.

Bundesminister Dr. Schäfer warnt vor einer quotalen Schadensregelung. Auch der Krieg sei eine Katastrophe gewesen. Man habe zur Regelung der durch ihn entstandenen Schäden nur eine soziale Lösung vorgesehen und könne deshalb jetzt nicht von anderen Grundsätzen ausgehen.

Es besteht Übereinstimmung darin, daß die Richtlinien noch mit den Ländern und mit dem Bundesminister der Finanzen abgestimmt werden müssen[52]).

---

[48]) Vgl. 33. Sitzung TOP 5.
[49]) BT-Drs. Nr. 810.
[50]) „Vorschlag: Richtlinien zur Feststellung und Abwicklung der Ernteschäden 1954" (Vervielfältigung in B 136/8651) mit Bearbeitungsvermerk Haenleins vom 22. Sept. 1954 „In der Kab[inetts]sitzung am 22. 9. vom BELF verteilt."
[51]) Vgl. Kurzprotokoll der 32. Sitzung des Ausschusses für Ernährung, Landwirtschaft und Forsten am Dienstag, dem 21. 9. 1954 TOP 1 (in B 136/8651).
[52]) Vgl. dazu Pressekonferenz am 22. Sept. 1954 in B 145 I/42. – Fortgang 64. Sitzung TOP 13.

2. ENTWURF EINES GESETZES ÜBER DEN LADENSCHLUSS   BMA

Der Vizekanzler trägt vor, daß der Gesetzentwurf[53]) eingehend im Kabinettsausschuß behandelt worden ist[54]) und das Kabinett sich deshalb schnell entschließen könne.

Der Bundesminister für Arbeit geht auf die Grundgedanken seiner Vorlage ein. Der Ladenschluß komme sowohl den Unternehmern als auch den Arbeitnehmern der betroffenen Betriebe zugute. Dieser begünstigten Gruppe stehe die Gruppe der Käufer gegenüber, für die der Gesetzentwurf eine Erschwerung bringe. Das Arbeitsministerium habe sich für den freien Mittwochnachmittag entschieden, weil der roulierende Ladenschluß den Geschäftsinhabern selbst keine Entlastung bringe und nicht genügend zugunsten der Arbeitnehmer kontrolliert werden könne.

Der Vizekanzler hält es für besser, die Frage nicht starr zu regeln. Auf jeden Fall müsse verhindert werden, daß die Läden an Samstagnachmittagen oder Montagvormittagen geschlossen würden. Er empfiehlt, den Beteiligten die Regelung im einzelnen zu überlassen.

Der Bundesminister für Wohnungsbau stellt den Antrag, anstelle des freien Mittwochnachmittags den roulierenden halben Tag zu beschließen.

Das Kabinett entscheidet sich mit Mehrheit für den freien Mittwochnachmittag und stimmt der Vorlage mit dieser Maßgabe zu[55]).

3. ENTWURF EINES ZWEITEN GESETZES ÜBER DIE ALTERSGRENZE VON RICHTERN AN DEN OBEREN BUNDESGERICHTEN UND MITGLIEDERN DES BUNDESRECHNUNGSHOFES   BMJ

Nach kurzem Vortrag des Bundesministers der Justiz über die Vorlage[56]) stellt der Bundesminister der Finanzen den Antrag, in den Gesetzentwurf auch den Höchsten Gerichtshof der Britischen Zone einzubeziehen[57]).

---

[53]) Die Vorlage des BMA vom 5. Juni 1954 hatte vorgesehen, die Geschäfte am Mittwochnachmittag geschlossen zu halten (B 149/1071 und B 136/739). Angesichts des Widerspruchs mehrerer Ministerien gegen diesen Vorschlag hatte der BMA in seiner Vorlage vom 26. Aug. 1954 als Alternative die Gewährung eines freien halben Werktags wöchentlich oder eines ganzen freien Werktags alle zwei Wochen vorgeschlagen (B 149/1071 und B 136/739).

[54]) In der Sitzung des Kabinett-Ausschusses für Wirtschaft am 3. Aug. 1954 hatte sich die Mehrheit der Anwesenden für einen roulierenden freien Nachmittag ausgesprochen. Von einigen Teilnehmern war die Notwendigkeit einer gesetzlichen Regelung überhaupt verneint worden.

[55]) BR-Drs. Nr. 310/54. – Fortgang 74. Sitzung am 9. März 1955 (TOP 1). – Wegen der Differenzen innerhalb des Kabinetts und der unterschiedlichen Meinungen der Koalitionsfraktionen wurde der Entwurf dem BT nicht zugeleitet. Den Beratungen im BT lag der am 14. Juni 1956 eingebrachte interfraktionelle Gesetzentwurf (BT-Drs. Nr. 1461, vgl. auch BT-Drs. Nr. 1943) zugrunde. – Gesetz vom 28. Nov. 1956 (BGBl. I 875). – Siehe dazu Kreikamp, Hans-Dieter: Die Entstehung des Ladenschlußgesetzes. In: ARBEIT DER ARCHIVE S. 866–892.

[56]) Vgl. 37. Sitzung TOP 3. – Vorlage des BMJ vom 17. Sept. 1954 in B 141/1438 und B 136/7120.

[57]) Siehe dazu das Schreiben des BMF vom 24. Juni 1954 (B 141/1438).

Der Bundesminister der Justiz widerspricht dem, weil damit nur ein Fall, der zudem noch ein Wiedergutmachungsfall sei, betroffen würde[58].

Das Kabinett lehnt den Antrag des Bundesministers der Finanzen ab und stimmt der Vorlage zu[59].

4. ENTWURF EINES GESETZES ÜBER DAS ABKOMMEN ZWISCHEN DER BUNDESREPUBLIK DEUTSCHLAND UND DEN VEREINIGTEN STAATEN VON AMERIKA VOM 22. JULI 1954 ZUR VERMEIDUNG DER DOPPELBESTEUERUNG AUF DEM GEBIETE DER STEUERN VOM EINKOMMEN BMF/AA

Der Vorlage wird zugestimmt[60].

5. ERGÄNZUNG ZUM ENTWURF EINES VERKEHRSFINANZGESETZES 1954 BMF

Der Bundesminister für Verkehr bittet, der Vorlage[61] noch nicht zuzustimmen. Vorher sollte das Verkehrsfinanzgesetz im Bundestag verabschiedet werden[62].

Der Bundesminister der Finanzen betont, er müsse mit seiner Vorlage nur Opfer bringen. Wenn der Bundesminister für Verkehr die angebotene Unterstützung nicht wünsche, verzichte er heute auf eine Entscheidung in der Sache.

Das Kabinett stellt die Angelegenheit zurück. Dabei bittet der Bundesminister für Verkehr, daß gemäß Kabinettsbeschluß vom 1. Juni 1954 die Verhandlungen zwischen dem Bundesminister der Finanzen, dem Bundesminister des Innern und ihm auf Grund der bereits am 7. 7. 1954 übersandten Unterlagen wegen Übernahme der betriebsfremden Lasten der Bundesbahn endlich aufgenommen werden möchten[63].

---

[58] Vgl. dazu die Vermerke vom 28. Juni und 20. Sept. 1954 (ebenda). Diese Bemerkung bezog sich auf Prof. Dr. iur. Ernst Wolff (1877–1959), der 1933 aus seinen Ämtern entfernt worden und 1938 emigriert war. Wolff war von 1948–1950 Präsident des Obersten Gerichtshofes für die Britische Zone. Nach der Auflösung des Gerichts war ihm kein Amt übertragen worden.
[59] BR-Drs. Nr. 311/54. – BT-Drs. Nr. 897. – Fortgang 64. Sitzung TOP C.
[60] Vorlage des BMF und des AA vom 24. Aug. 1954 in B 126/6058 und B 136/2247. – BR-Drs. Nr. 313/54. – BT-Drs. Nr. 894. – Gesetz vom 10. Dez. 1954 (BGBl. II 1117).
[61] Vorlage des BMF vom 3. Sept. 1954 in B 126/10902 und B 134/3257.
[62] Vgl. 34. Sitzung TOP 5. – Fortgang 58. Sitzung TOP 7.
[63] Aus einem Schreiben des Bundeskanzleramtes vom 5. Okt. 1954 betr. Protokolländerung der Kabinettssitzung am 22. Sept. 1954 geht hervor, daß auf Wunsch des BMV der letzte Absatz zu Punkt 5 der Tagesordnung gestrichen wird. Dieser Absatz lautete ursprünglich wie folgt: „Das Kabinett stellt die Angelegenheit zurück. Dabei bittet der Bundesminister für Verkehr den Bundesminister der Finanzen, endlich die Verhandlungen wegen der Übernahme der gemeinwirtschaftlichen Lasten der Bundesbahn mit ihm aufzunehmen." – Der Vorlage des BMV vom 7. Okt. 1954 zum Wirtschaftsplan der Deutschen Bundesbahn für das Geschäftsjahr 1954 stimmte der BMF schließlich zu (B 136/1519).

6. GROSSE ANFRAGE DER FRAKTION DER SPD BETREFFEND POLITIK DER BUNDESREGIERUNG IN DEN ANGELEGENHEITEN DER VERTRIEBENEN, SOWJETZONENFLÜCHTLINGE, KRIEGSSACHGESCHÄDIGTEN UND EVAKUIERTEN (BUNDESTAGSDRUCKSACHE NR. 725) BMVt

Dieser Punkt wurde als letzter unter dem Vorsitz des Bundesministers der Finanzen behandelt.

Nach einem Bericht des Bundesministers für Vertriebene, Flüchtlinge und Kriegsgeschädigte über die von ihm beabsichtigte Antwort[64]) bemerkt der Bundesminister der Finanzen zunächst, daß die Bundesregierung noch nicht alle Einzelheiten des in Ziff. 1 der Anfrage erwähnten Zweijahresplanes gebilligt habe[65]). Zu Ziff. 6 der Anfrage hält er es nicht für richtig, daß sich die Bundesregierung schon jetzt den Sowjetzonenflüchtlingen gegenüber zur Gewährung von Rechtsansprüchen auf Schadensersatz verpflichte[66]). Er glaubt, daß es genügt, wenn in der Antwort der gute Wille der Bundesregierung zur Lösung dieser Frage betont und auf die Schwierigkeiten, die dem entgegenstehen, hingewiesen würde. Er verliest sodann einen Antwortentwurf in diesem Sinne[67]).

Der Bundesminister für Vertriebene, Flüchtlinge und Kriegsgeschädigte stimmt diesem Gegenvorschlag im Grundsatz zu, weil er im wesentlichen die von ihm nach der Behandlung im Kabinettsausschuß[68]) entworfenen Formulierungen enthalte. Er meint aber, daß der Vorschlag noch ergänzt werden müsse. Nach eingehender Aussprache wird beschlossen, im Entwurf des Bundesministers der Finanzen noch folgende Sätze einzufügen:

Nach dem 2. Absatz:

„Der Bundestag ist in seinem Beschluß vom 16. 5. 1952 davon ausgegangen, daß die Sowjetzonen-Flüchtlinge im Lastenausgleich nicht berücksichtigt werden konnten und daß die Verweisung der Flüchtlinge auf den Härtefonds nur als Interimslösung gedacht war."

Im 1. Satz des dritten Absatzes nach dem Worte „hinaus":

---

[64]) Vorlagen des BMVt vom 13. und 15. Sept. 1954 in B 150/463 und 2748 sowie in B 136/807. – In den Vorlagen wurde eine verstärkte Förderung und Unterstützung zugesagt.

[65]) Das Kabinett hatte in der 12. Sitzung am 11. Dez. 1953 (TOP 1) den vom BMVt mit Datum vom 5. Nov. 1953 vorgelegten Zweijahresplan für die Eingliederung der Vertriebenen und Flüchtlinge beraten, der die Auflösung der Notaufnahmelager, eine weitere Umsiedlungsaktion und die Aussiedlung von Bauern vorsah. Über die Finanzierung war nicht beschlossen worden. Der Plan war den im BT vertretenen Parteien zugeleitet worden. Der Vorlage vom 15. Sept. 1954 war die Kurzfassung des Entwurfs einer Antwort auf die SPD-Anfrage und ein aktualisierter Zweijahresplan beigegeben.

[66]) Ziffer 6 der Anfrage hatte Bezug genommen auf den Beschluß des BT vom 16. Mai 1952, der für DDR-Flüchtlinge eine gesetzliche Regelung des Schadensersatzes gefordert hatte (STENOGRAPHISCHE BERICHTE Bd. 11 S. 9384). Der BMVt hatte in dem Entwurf einer Antwort die Vorlage eines entsprechenden Gesetzes nicht ausgeschlossen.

[67]) Undatierter Vorschlag des BMF in B 150/2748. – Der BMF hatte in seinem Entwurf darauf hingewiesen, daß die DDR-Flüchtlinge soziale Leistungen aus dem Härtefonds des Lastenausgleichs erhielten. Eine gesetzliche Regelung sollte geprüft werden. – Siehe auch das Schreiben Schäffers an Hartmann vom 22. Sept. 1954 (Nachlaß Schäffer/34). – Weitere Unterlagen über die Vorbehalte des BMF in B 150/1441.

[68]) Siehe die Sitzungen des Kabinett-Ausschusses für Wirtschaft am 3. Aug. (TOP 2 außerhalb der TO) und 20. Sept. 1954 (TOP 4).

„ — insbesondere für den Fall, daß die Mittel des Härtefonds nicht ausreichen — "[69]).

Nach der Zusage des Bundesministers für Vertriebene, Flüchtlinge und Kriegsgeschädigte, daß er mit seinen Ausführungen zu Ziff. 1 den Bundesminister der Finanzen nicht festlegen werde und über diesen Punkt in einer der nächsten Kabinettssitzungen noch einmal verhandelt werden könne[70]), stimmt das Kabinett seiner Vorlage im übrigen zu.

7. ABKOMMEN MIT DEM LANDE NORDRHEIN-WESTFALEN [ÜBER DIE HERANZIEHUNG DES BUNDESGRENZSCHUTZES ZU POLIZEILICHEN AUFGABEN IM LANDE NORDRHEIN-WESTFALEN] BMI

Das Kabinett stimmt der Vorlage zu[71]).

8. MITTEILUNG ÜBER DIE IN AUSSICHT GENOMMENE BESETZUNG AUSWÄRTIGER VERTRETUNGEN AA

Das Kabinett nimmt von den beabsichtigten Maßnahmen Kenntnis[72]).

9. PERSONALIEN

Von den Ernennungsvorschlägen der Anlage 1 zur Einladung wird zustimmend Kenntnis genommen[73]). Das Kabinett ist damit einverstanden, bei den Beamten gemäß Anlage 3 den Eintritt in den Ruhestand hinauszuschieben[74]).

Die Beschlußfassung zu dem Antrag des Bundesministers für Arbeit nach der Anlage 2[75]) wird zurückgestellt. Sie soll in Anwesenheit des Bundeskanzlers erfolgen[76]).

---

[69]) Diese Formulierungen wurden in die Erklärung übernommen, die Oberländer am 23. Sept. 1954 im BT abgab (STENOGRAPHISCHE BERICHTE Bd. 21 S. 2073—2079).
[70]) Siehe 55. Sitzung TOP 2.
[71]) Mit der Vorlage vom 2. Sept. 1954 beantragte der BMI, das Kabinett möge dem Entwurf des Abkommens zustimmen (B 106/17964 und B 136/1928). Das Abkommen sollte den Einsatz des Bundesgrenzschutzes regeln für den Fall, daß die Polizeikräfte des Landes nicht ausreichten, „die öffentliche Sicherheit und Ordnung aufrechtzuerhalten oder bereits eingetretene Störungen zu beseitigen". Das Abkommen, dem die Landesregierung schon zugestimmt hatte, bedurfte der Ratifizierung durch den Landtag, bevor es dem BT zugeleitet werden konnte. Eine Behandlung im Landtag wurde nicht ermittelt (Vermerk vom 6. Febr. 1956 in B 136/1928). — Abkommen vom 20./29. Dez. 1954 in B 106/17964.
[72]) Vorgeschlagen waren laut Anlagen die Ernennung des Gesandten Dr. phil. Gustav Strohm zum Botschafter in Pretoria und die Ernennung des Gesandten Dr. rer. pol. Walther Becker zum Botschafter in Kairo.
[73]) An Ernennungen waren vorgesehen: im Bundeskanzleramt (Amt Blank) ein MinR., im AA ein Generalkonsul.
[74]) Es wurde beantragt: vom AA die Hinausschiebung des Eintritts in den Ruhestand bis zum 31. Dez. 1954 für den Generalkonsul Dr. iur. Hans Riesser und vom BMI die Hinausschiebung des Eintritts in den Ruhestand bis zum 30. Sept. 1955 für den Ersten Direktor der Römisch-Germanischen Kommission des Archäologischen Instituts Frankfurt/Main, Prof. Dr. phil. Gerhard Bersu.
[75]) Vgl. dazu 15. Sitzung Anm. 43. — Der vom BMA in seiner Vorlage vom 23. Juli 1954 erbetene und vom Bundeskanzleramt am 16. Sept. 1954 formulierte Kabinettsbeschluß lautete: „1. Die Bundesregierung hält gemäß § 27 Abs. 2, letzter Satz, Bundesanstaltsgesetz das Vorliegen eines wichtigen Grundes, der ein Abweichen von der Stellungnahme des Verwaltungsrats der Bundesanstalt für Arbeitsvermittlung und Arbeitslosenversicherung

[Außerhalb der Tagesordnung]

[E. HAUSARBEITSTAG]

Der Bundesminister des Innern bringt zum Schluß noch vor, daß nach seiner Meinung die Frage Nr. 30 in der Fragestunde des Bundestages am 23. 9. von seinem Hause und nicht vom Bundesministerium der Finanzen beantwortet werden sollte[77]). Er liest einen Entwurf für diese Antwort vor[78]). Das Kabinett billigt diesen mit dem Zusatz, daß die Bundesregierung mit den Gewerkschaften wegen dieser Frage verhandeln wolle[79]).

---

rechtfertigt, für gegeben. Sie schlägt dem Herrn Bundespräsidenten die Ernennung des Bundestagsabgeordneten Oberregierungsrat a. D. Anton Sabel zum Präsidenten des Landesarbeitsamtes Nordrhein-Westfalen vor. 2. Der Bundesminister für Arbeit wird beauftragt, den genannten Beamten nach seiner Ernennung durch den Herrn Bundespräsidenten in die Planstelle des Präsidenten des Landesarbeitsamtes Nordrhein-Westfalen einzuweisen."

[76]) Siehe 51. Sitzung TOP 3.

[77]) Mit der mündlichen Anfrage Nr. 30 war die Bundesregierung um Auskunft darüber gebeten worden, ob sie den bezahlten Hausarbeitstag für Lohnempfängerinnen und weibliche Angestellte im öffentlichen Dienst wieder einführen wollte (BT-Drs. Nr. 823). Der Hausarbeitstag war im VWG durch die Urlaubsregelung des Personalamtes vom 10. Mai 1948 eingeführt und in Bremen, Nordrhein-Westfalen, Hamburg und Niedersachsen in den Jahren 1948 und 1949 zusätzlich durch Gesetze geregelt worden. Bis zum 31. März 1953 war in allen Bundesländern auf Grund tarifvertraglicher Regelung so verfahren worden. Für das Urlaubsjahr 1953/54 war die tarifvertraglich festgelegte Kannbestimmung im Einvernehmen mit den Gewerkschaften aufgehoben worden, weil durch Entscheidungen einiger Landesarbeitsämter strittig geworden war, ob der Hausarbeitstag Art. 3 Abs. 2 GG entspreche (Unterlagen über Ressortbesprechungen und über die Verhandlungen mit den Gewerkschaften in B 106/7910). Grundlage dieser Entscheidungen war, daß gemäß Art. 117 Abs. 1 GG das Art. 3 Abs. 2 GG entgegenstehende Recht längstens bis zum 31. März 1953 in Kraft bleiben sollte. – Das Bundesarbeitsgericht hatte am 14. Juli 1954 entschieden, daß die Gewährung eines Hausarbeitstages an weibliche Arbeitnehmer nicht gegen das Grundgesetz verstoße und daß die Ländergesetze auch auf die Arbeitnehmer des Bundes anzuwenden seien (schriftliche Begründung des Urteils in B 149/1114). – Zur Federführung siehe den Schriftwechsel BMI-BMF in B 106/7910 und das Schreiben Schäffers an Hartmann vom 22. Sept. 1954 in Nachlaß Schäffer/34. – Die Anfrage wurde am 23. Sept. 1954 im BT aus Zeitmangel nicht mehr behandelt (STENOGRAPHISCHE BERICHTE Bd. 21 S. 2071).

[78]) Entwurf des BMI nicht ermittelt. – Laut Schreiben Schäffers an Hartmann vom 22. Sept. 1954 (Nachlaß Schäffer/34) sollte der Entwurf des BMF der Antwort zugrunde gelegt werden. In dem Entwurf wurde die Wiederaufnahme der Verhandlungen mit den Gewerkschaften und, falls diese nicht zu einem Ergebnis führen sollten, die Beseitigung der Rechtsunsicherheit durch eine bundesgesetzliche Regelung angekündigt (Entwurf des BMF vom 21. Sept. 1954, der dem BMA und dem BMI mit der Bitte um Einverständnis zugeleitet worden war, in B 149/1114). – Eine schriftliche Beantwortung der Anfrage wurde nicht ermittelt.

[79]) Der Tarifvertrag zwischen der Bundesregierung und der ÖTV sowie der DAG vom 24. Sept. 1954 regelte die Gewährung eines Hausarbeitstages für die weiblichen Angestellten und Lohnempfänger (GMBl. S. 450 f.). Siehe auch das Rundschreiben des BMI vom 29. Sept. 1954 an die obersten Bundesbehörden (ebenda).

**46. Kabinettssitzung
am Donnerstag, den 23. September 1954**

Teilnehmer: Blücher, Neumayer, Schäffer, Erhard, Lübke, Storch, Seebohm, Preusker, Kaiser, Wuermeling, Tillmanns, F. J. Strauß, Schäfer; Bleek, Globke (kurzfristig am Anfang); Klaiber; Forschbach; Selbach; Fitting[1]), Herschel[2]), Kattenstroth, Kötter[3]). Protokoll: Gumbel.

Beginn: 19.00 Uhr *Ende: 20.30 Uhr*

1. ENTWURF EINES GESETZES ZUR ERGÄNZUNG DES GESETZES ÜBER DIE MITBESTIMMUNG DER ARBEITNEHMER IN DEN AUFSICHTSRÄTEN UND VORSTÄNDEN DER UNTERNEHMEN DES BERGBAUS UND DER EISEN UND STAHL ERZEUGENDEN INDUSTRIE VOM 21. 5. 1951 BMA

Auf Vorschlag des Bundesarbeitsministers referiert Ministerialrat Fitting über den Inhalt des Gesetzentwurfes in der Fassung vom 21. September 1954 unter besonderer Berücksichtigung der Änderungen, die gegenüber den früheren Entwürfen vorgenommen worden sind[4]).

Vor Eintritt in die Einzelberatung geben die Minister Neumayer, Preusker, Blücher und Seebohm die Erklärung ab, daß sie dem Entwurf aus grundsätzlichen Überlegungen nicht zustimmen können[5]).

In § 1 beanstandet der Bundesverkehrsminister, daß bereits ein beherrschtes Unternehmen genügen solle, um die Mitbestimmung in der Holding wirksam werden zu lassen. Es müssen nach seiner Ansicht mehrere beherrschte Unternehmen vorhanden sein. Wenn beispielsweise ein kleines Erzbergwerk durch einen Organvertrag mit einem Unternehmen der chemischen Industrie verbunden sei, sei die Einführung des Mitbestimmungsrechtes bedenklich.

---

[1]) Karl Fitting (geb. 1912). 1930–1933 juristisches Studium ohne Abschlußprüfung, die aus politischen Gründen nicht möglich war; 1933–1942 in der Wirtschaft tätig, 1942–1945 politischer Häftling. 1945–1948 Bayerisches Staatsministerium für Arbeit und soziale Fürsorge, 1948–1950 Verwaltung für Arbeit des VWG, 1950–1967 BMA (1953 MinR., 1962 Ministerialdirigent, 1966 MinDir. und Leiter der Abteilung Arbeitsrecht und Arbeitsschutz).

[2]) O. Prof. Dr. iur. Wilhelm Herschel (1895–1986). 1940–1946 o. Prof. und Direktor des Instituts für Arbeitsrecht der Universität Halle, 1946 Zentralamt für Arbeit in der britischen Zone, 1947 Verwaltung für Wirtschaft des VWG, 1949–1960 Abteilungsleiter im BMA.

[3]) O. Prof. Dr. iur. Hans-Wilhelm Kötter (1911–1975). 1938–1945 Rechtsanwalt (1940–1945 bei der Wehrmacht); 1945–1950 Amtsgericht in Erlangen (1947 Amtsgerichtsrat, abgeordnet von Juli 1949–1950 an das Oberlandesgericht Nürnberg), 1951–1967 BMWi (Aug. 1951 MinR.).

[4]) Vgl. 34. Sitzung TOP 1. – Vorlage des BMA vom 21. Sept. 1954 in B 149/26739 und B 141/7922, in B 136/723 nur Anschreiben. – Zu den Änderungen siehe das Anschreiben vom 21. Sept. 1954.

[5]) Vgl. dazu auch die Sitzung des Kabinett-Ausschusses für Wirtschaft am 20. Sept. 1954 (TOP 1).

Das Kabinett hält diese Bedenken für unbegründet, zumal dem Mitbestimmungsrecht nach dem Mitbestimmungsgesetz nur Unternehmen mit mehr als 1000 Arbeitnehmern unterliegen.

§ 2 ist nach Ansicht des Vizekanzlers überflüssig. Dieser Ansicht wird im Hinblick auf die Fassung des § 1 widersprochen. Praktisch handele es sich um den Fall der „Hibernia"[6]. Es habe der Klarstellung bedurft, daß die Vorschriften des in Rede stehenden Gesetzentwurfes auf solche Obergesellschaften keine Anwendung finden, die in vollem Umfange dem Mitbestimmungsgesetz unterliegen. Die Einfügung einer entsprechenden Ausnahme in § 1 habe gesetzestechnisch zu große Schwierigkeiten bereitet.

Nach Auffassung des Bundesfamilienministers ist die Klarstellung im § 2 aus politischen Gründen besonders zu begrüßen.

Zu § 3 wirft der Bundesjustizminister die Frage auf, ob bei der Ermittlung der Umsätze die Kosten für Roh- und Hilfsstoffe abgesetzt werden sollen. Diese Frage sollte im Hinblick auf den Vorschlag des Abgeordneten Sabel, der vom Außenumsatz ausgegangen sei, noch einmal diskutiert werden. Der Bundesarbeitsminister erwidert darauf, daß der Abgeordnete Sabel inzwischen selbst von seinem Entwurf abgerückt sei[7], gegen den sich insbesondere auch die Gewerkschaften ausgesprochen hätten. Der Bundeswirtschaftsminister fügt hinzu, daß die Einbeziehung der Kosten für Roh- und Hilfsstoffe den verarbeitenden Unternehmungen im Konzern ein unberechtigtes Übergewicht verleihen würden.

Die Frage des Bundeswohnungsbauministers, ob ein evtl. Umsatz der Holding selbst mit erfaßt werde, wird unter Hinweis auf § 15 des Aktiengesetzes[8] bejaht.

§ 5 soll nach dem Vorschlag des Bundesverkehrsministers dahin geändert werden, daß in den Aufsichtsrat nur Vertreter der Arbeitnehmer aus den Konzernunternehmungen, aber keine Gewerkschaftsvertreter entsandt werden können. Damit soll nach den Ausführungen des Bundesverkehrsministers erreicht werden, daß aus möglichst vielen Konzernunternehmungen Arbeitnehmer in den Aufsichtsrat kommen. Gegenüber diesem Vorschlag weist der Bundesarbeitsminister auf § 6 des Entwurfes[9] hin. Er macht außerdem geltend, daß der Einfluß der Gewerkschaften ohnehin nicht ausgeschlossen werden könne. Der Bundeswohnungsbauminister macht daraufhin den Vorschlag, wenigstens zu bestimmen, daß die Vertreter der gewerkschaftlichen Spitzenorganisationen im Aufsichtsrat aus den Gewerkschaftsvertretern in den Aufsichtsräten der einzelnen Konzernunternehmungen ausgewählt werden müssen. Auch gegen diesen

---

[6] Die im Bundesbesitz befindliche Bergwerksgesellschaft Hibernia AG wurde entsprechend DVO Nr. 25 vom 1. Sept. 1953 zum AHK-Gesetz Nr. 27 (Amtsbl. S. 2648) am 6. Okt. 1954 neu gegründet (Gebhard, Gerhard: Ruhrbergbau. Geschichte, Aufbau und Verflechtung seiner Gesellschaften und Organisationen. Essen 1957 S. 342).

[7] Siehe dazu auch die Ausführungen Sabels in der Pressekonferenz am 24. Sept. 1954 (B 145 I/42).

[8] § 15 des Aktiengesetzes vom 30. Jan. 1937 (RGBl. I 107) definiert den Begriff des Konzerns und des Konzernunternehmens.

[9] § 6 sollte die Zahl der von den Arbeitnehmern zu wählenden und der von den Spitzenorganisationen der Gewerkschaften zu entsendenden Vertreter regeln.

Vorschlag nimmt der Bundesarbeitsminister Stellung. Es sei vorteilhaft, wenn die Gewerkschaftsvertreter im Aufsichtsrat der Holding nicht einem Konzernunternehmen besonders verhaftet seien.

Zu den übrigen Vorschriften des Gesetzes werden keine Bemerkungen gemacht. Änderungen des Textes werden in keinem Falle beschlossen. Es wird lediglich darauf hingewiesen, daß noch einige Schreibfehler und sprachliche Unebenheiten bereinigt werden müssen[10].

Vor der Abstimmung teilt der Vizekanzler mit, daß der Bundesratsminister sich schriftlich gegen den Entwurf ausgesprochen habe[11]. Der Entwurf wird mit der Mehrheit der Kabinettsmitglieder verabschiedet[12].

[Außerhalb der Tagesordnung]

[A. WAHL DES DEUTSCHEN DIREKTORS IN DER WELTBANK]

Der Bundesfinanzminister bringt seine Kabinettsvorlage vom 17. September 1954 über die Benennung eines Kandidaten für die Wahl eines Direktors bei der Weltbank zur Sprache[13]. Eine schnelle Entscheidung sei nötig. Der von ihm vorgeschlagene Kandidat, Ministerialdirektor a. D. Wohlthat[14], sei ausgezeichnet qualifiziert und werde die deutschen Interessen am wirksamsten fördern können. Bundesminister Strauß unterstützt diesen Vorschlag mit großem Nachdruck.

Der Bundeswirtschaftsminister hält dagegen an seinem Vorschlag Prof. Dr. Donner (Kabinettsvorlage vom 10. 9. 1954)[15] fest. Bei der Abstimmung entscheidet sich die Mehrheit der Kabinettsmitglieder für Wohlthat. Dabei wird jedoch zur Auflage gemacht, daß Wohlthat die Verpflichtung übernehmen muß, sich ausschließlich seiner Aufgabe als deutscher Direktor der Weltbank zu widmen.

---

[10]) Vgl. dazu auch den Vermerk vom 21. Sept. und das Schreiben des BMWi an den BMJ vom 23. Sept. 1954 (B 141/7922).
[11]) Nicht ermittelt.
[12]) Der BMA übersandte dem Bundeskanzleramt am 28. Sept. 1954 eine überarbeitete Fassung des Entwurfs (B 136/723). Siehe auch den Vermerk vom 30. Sept. 1954 (B 141/7922). — BR-Drs. Nr. 321/54. — BT-Drs. Nr. 986. — Gesetz vom 7. Aug. 1956 (RGBl. I 707).
[13]) Vgl. 37. Sitzung TOP 10 und Sitzung des Kabinett-Ausschusses für Wirtschaft am 20. Sept. 1954 TOP A. — Vorlage in B 102/26233 und B 136/3339.
[14]) Helmuth Ch. H. Wohlthat (1893–1982). 1920–1929 Prokurist und alleiniger Geschäftsführer der Firma Franz Hesemann Wwe. in Düsseldorf-Neuß, 1932 Master of Arts an der Faculty of Political Science der Columbia-University New York, 1933–1934 Vorstandsmitglied der „Reichsstelle für Milcherzeugnisse, Öle und Fette", 1934–1938 Reichswirtschaftsministerium (1935 MinDir.) und Leiter der Reichsstelle für Devisenbewirtschaftung, 1938 MinDir. zur besonderen Verwendung beim Beauftragten für den Vierjahresplan, 1947–1973 Industrieberater vornehmlich für Henkel und Cie. GmbH. — Das Depositum Wohlthat befindet sich im Henkel-Archiv in Düsseldorf.
[15]) Vorlage in B 102/26233 und B 136/3339.

Als Stellvertretender Direktor wird Dr. Lück[16]) in Aussicht genommen. Der Gegenvorschlag des Bundesfinanzministers, Dr. Große[17]) von der Deutschen Diplomatischen Mission in Washington zu benennen, findet keine Mehrheit. Es besteht Übereinstimmung darüber, daß noch eine Etatisierung der Stelle Dr. Lück erfolgen muß[18]).

---

[16]) Dr. rer. pol. Heinrich Willy Lück (1908–1960). 1944–1945 Reichswirtschaftsministerium, 1946 Zentralamt für Wirtschaft in der britischen Zone, 1946–1949 Abordnung nach Berlin als volkswirtschaftlicher Berater im deutschen Stab der Economic Subcommission, 1950–1952 Bundesministerium für den Marshallplan, 1952–1953 in der Vertretung der Bundesrepublik Deutschland bei der Mutual Security Agency in Washington, 1953–1954 in der Delegation der Bundesrepublik Deutschland bei der Foreign Operations Administration in Washington, 1954–1956 Alternate Executive Director bei der Weltbank und beim Weltwährungsfonds, ab 1957 im BMZ/Bundesministerium für wirtschaftlichen Besitz des Bundes/BM Schatz.

[17]) Günther Große (1897–1971). 1950 Finanzreferent beim Generalkonsulat New York, 1951 Finanzreferent bei der Diplomatischen Vertretung Washington, 1955 Gesandtschaftsrat I. Klasse, 1960 Versetzung in den Ruhestand. – Vgl. dazu auch AA, UAbt. 40, Bd. 21.

[18]) Fortgang 58. Sitzung TOP 10.

47. Kabinettssitzung
am Montag, den 27. September 1954

Teilnehmer: Adenauer (bis 10.10 Uhr)[1], Blücher, Schröder, Neumayer, Schäffer, Lübke, Storch, Preusker, Oberländer, Kaiser, Hellwege, Wuermeling, Tillmanns, F. J. Strauß, Schäfer; Bergemann, Globke, Hallstein; Klaiber; von Eckardt, Forschbach; Selbach, Kilb; Blank. Protokoll: Gumbel.

Beginn: 9.00 Uhr *Ende: 10.20 Uhr*

1. AUSSENPOLITISCHE LAGE BK

Der Bundeskanzler teilt eingangs mit, die Kabinettssitzung[2]) habe wegen der um 10 Uhr beginnenden Sitzung des Auswärtigen Ausschusses des Bundestages[3]) vorverlegt werden müssen. Die SPD habe anfänglich der Abhaltung der Ausschußsitzung widersprochen, bezeichnenderweise mit der Begründung, daß in sitzungsfreien Wochen Ausschußsitzungen nicht statthaft seien[4]). Auf eine Intervention der in Straßburg am Europarat teilnehmenden SPD-Mitglieder[5]) hin habe man sich entschlossen, der Einladung zur Ausschußsitzung zwar nicht mehr zu widersprechen, die Einberufung aber auch nicht zu unterstützen.

Die Erfolgsaussichten der Londoner Konferenz[6]) beurteilt der Bundeskanzler mit großer Zurückhaltung. Es könne nicht übersehen werden, welche Haltung letztlich die französische Kammer einnehmen werde. Die Entscheidung darüber, welche Ergebnisse die Konferenz selbst erzielen werde, hänge wesentlich von Großbritannien ab. Die Konferenz habe nicht nur große Bedeutung für Deutschland, sondern auch für die NATO.

Die Gefahren, in denen wir schweben, würden illustriert durch den Fall Dides[7]) in Frankreich und die verfehlte Einstellung der deutschen Presse[8]). Der

---

[1]) Im Terminkalender Adenauer ist vermerkt, daß er um 10.10 Uhr zu einer Sitzung des Ausschusses für auswärtige Angelegenheiten des BT ging (StBKAH 04.05). Siehe auch den letzten Absatz des Protokolls.
[2]) Vgl. 45. Sitzung TOP B, ferner CDU/CSU-Fraktionssitzung am 22. Sept. 1954 in Nachlaß Barzel/314.
[3]) Vgl. 45. Sitzung Anm. 26.
[4]) Vgl. Protokoll über die Fraktionsvorstandssitzung am 21. Sept. 1954 in SPD-Bundestagsfraktion/1017 (alt) (im AdsD).
[5]) Vgl. dazu Vermerk des Ausschuß-Referenten Jürgen C. Weichert vom 24. Sept. 1954 (4 Bl.), Annex zum Wortprotokoll der Sitzung des Ausschusses für auswärtige Angelegenheiten am 27. Sept. 1954 (vgl. 45. Sitzung Anm. 26).
[6]) Vgl. 49. Sitzung TOP 1: Regierungserklärung zur außenpolitischen Lage.
[7]) Jean Dides (geb. 1915). 1944 Polizeikommissar der Stadt Paris bei der Direktion für allgemeine Nachrichten, 1944—1949 Polizeikommissar der Stadtviertel Vivienne und Gaillon, 1949—1950 Chefkommissar der achten Territorialbrigade, 1950—1951 Rückkehr zur Direktion für allgemeine Nachrichten als Hauptkommissar, 1951—1954 von dem Pariser Polizeipräfekten Jean Baylot, einem entschiedenen Antikommunisten, mit einem Sonderauftrag versehen (Sachbearbeiter für die Überwachung der kommunistischen Parteizentrale in Paris). Obwohl er offiziell als Hauptkommissar der Pariser Hafenpolizei fungierte,

Bundeskanzler bittet die Bundesminister dafür zu sorgen, daß die Koalitionsfraktionen gerade jetzt den Regierungskurs einhalten. Er erklärt mit Entschiedenheit, daß er nicht den Versuch gemacht habe, Mendès-France zu stürzen[9]. Mit scharfen Worten wendet er sich gegen die Ausführungen des SPD-Vorsitzenden Ollenhauer auf einer Pressekonferenz am vergangenen Freitag[10]. Er sei nicht mehr gesonnen, die Verleumdungen über seine Politik zur Wiedervereinigung hinzunehmen[11].

In London werde er darauf bestehen müssen, daß die Aufnahme der Bundesrepublik in den geänderten Brüsseler Pakt und in die NATO gleichzeitig erfolge. Die weitere Frage sei die der deutschen Souveränität. Die Souveränität müsse jetzt zurückgegeben werden. Bis zum Abschluß neuer Verträge werde sich ein Modus vivendi finden lassen. Er habe schließlich – das sei der 3. Punkt, zu dem er die Äußerung des Kabinetts erbitte – nicht die Absicht, um jeden Preis dafür einzutreten, daß etwas Positives zustande komme.

In der Diskussion äußern sich die Bundesminister Blücher, Dr. Tillmanns, Dr. Preusker, Schäffer, Strauß und Kaiser. Sie bringen ihre Zustimmung zu den vom Bundeskanzler angeführten drei Punkten zum Ausdruck.

---

entwickelte Dides in diesen Jahren seine parapolitischen Aktivitäten und die Errichtung des berühmten „réseau Dides", welches parallel zum Netz der von Roger Warin alias Wybot geleiteten Direction de la Surveillance du Territoire (DST) auf Kommunistenjagd ging. Juli 1954 Entzug seines Sonderauftrages (im Zusammenhang mit der Absetzung von Baylot durch Mendès-France), Nov. 1954 Entlassung wegen der „l'affaire des fuites", wurde Papier- und Buchladenbesitzer (wie Pierre Poujade) und bereitete sich dabei auf seine politische Karriere vor, 1956 als Poujadist (Union et Fraternité Françaises) in der französischen Nationalversammlung. — Presseausschnitte zum „Fall Dides" in B 136/3624.

[8]) Im Entwurf: „[...] und den verfehlten Einfluß der deutschen Presse" (Kabinettsprotokolle Bd. 23 E).

[9]) Vgl. dazu aber FRUS V pp. 1177, 1187.

[10]) Der BT hatte am 23. Sept. 1954 einen Antrag der sozialdemokratischen Fraktion auf sofortige Abhaltung einer außenpolitischen Debatte abgelehnt (STENOGRAPHISCHE BERICHTE Bd. 21 S. 2134 C); daraufhin übergab Ollenhauer am 24. Sept. 1954 der Presse den Wortlaut einer Rede, die er für diese Debatte vorbereitet hatte (enthalten im Anhang an die Pressekonferenz mit Ollenhauer am 27. Sept. 1954 zum Thema: Außenpolitische Fragen in B 145 I/42; ferner, mit handschriftlichen Anmerkungen Adenauers, in StBKAH 12.27).

[11]) Im Redemanuskript Ollenhauers heißt es u. a.: „Die Bundesregierung scheint bereit, für jede andere Lösung eines deutschen militärischen Beitrages in einem westlichen Verteidigungssystem eine aktive Politik für die Wiedervereinigung Deutschlands aufgeben zu wollen." Vgl. dazu handschriftliche Aufzeichnung Hallsteins „Kabinett 27. 9. 54 [...] Rede Ollenh[auers]. Eine solche Unverschämtheit habe ich lange nicht gehört. Ich lasse mir diese Beleidigungen v[on] H[errn] Oll[enhauer] nicht mehr gefallen, daß ich W[ieder]v[ereinigung] opfere f[ür] EVG. Ich hatte bisher geglaubt, daß Oll[enhauer] ein leidlich honoriger Mann sei: nach dies[er] Rede glaube ich das nicht mehr" (Nachlaß Hallstein/ 125–126).

[A. 50. GEBURTSTAG VON EHLERS, STRESEMANN-GEDENKSTUNDE]

Der Bundeskanzler verläßt kurz nach 10 Uhr die Sitzung. Anschließend wird noch beschlossen, dem Bundestagspräsidenten zu seinem 50. Geburtstag[12]) ein Geschenk des Bundeskabinetts zu überreichen. Anläßlich der Stresemann-Gedenkstunde am 3. Oktober in Berlin wird der Vizekanzler zusammen mit dem Bundesbevollmächtigten Dr. Vockel die Bundesregierung vertreten[13]).

---

[12]) Zur Feier des 50. Geburtstages von Ehlers am 1. Okt. 1954 in Bonn vgl. Der Spiegel vom 3. Nov. 1954 („Hermann Ehlers, Alles war ausgelöscht").
[13]) Die Gedenkfeier zum 25. Todestag Stresemanns fand am Sonntag, dem 3. Oktober 1954, in Berlin an seinem Grab statt; die Bundesregierung wurde durch Vockel vertreten, Blücher war an Grippe erkrankt (Frankfurter Allgemeine Zeitung vom 4. Okt. 1954).

**48. Kabinettssitzung
am Mittwoch, den 29. September 1954**

Teilnehmer: Blücher, Neumayer, Schäffer, Lübke, Storch, Seebohm, Balke, Preusker, Oberländer, Kaiser, Hellwege, Wuermeling, Tillmanns, Schäfer; Bleek, Globke, Westrick; Klaiber; Forschbach; Selbach; von Maltzan[1])*. Protokoll: Grau.*

Ort: Haus Carstanjen

Beginn: 9.30 Uhr   Ende: 12.30 Uhr

[Außerhalb der Tagesordnung]

Zunächst werden außerhalb der Tagesordnung folgende Punkte behandelt.

[A. WECHSEL IM AMT DES PRÄSIDENTEN DES BUNDESRATES]

Der Vizekanzler weist darauf hin, daß Ministerpräsident Altmeier[2]) in der Plenarsitzung des Bundesrates vom 1. 10. 1954 das Amt des Präsidenten übernehmen wird. Der Vizekanzler bittet, daß einige Kabinettsmitglieder bei dieser Amtsübernahme anwesend sind[3]).

[B. LONDONER KONFERENZ]

Der Vizekanzler und Botschafter Frh. v. Maltzan unterrichtet das Kabinett von den eingegangenen Informationen über den Gang der Londoner Konferenz[4]). Eine kurze Aussprache schließt sich an[5]).

[C. JAHRESVERSAMMLUNG DER WELTBANK UND DES INTERNATIONALEN WÄHRUNGSFONDS]

Auf Anregung des Vizekanzlers berichtet Staatssekretär Dr. Westrick über die Jahresversammlung der Weltbank und die Sitzung des Internationalen Wäh-

---

[1]) Siehe 41. Sitzung Anm. 2. — Ergänzend ist hierbei anzumerken, daß von Maltzan anläßlich seines Scheidens aus Paris mit dem Großkreuz der Ehrenlegion, dem höchsten französischen Orden überhaupt, ausgezeichnet wurde; er war der erste Deutsche, der ihn erhielt.
[2]) Peter Altmeier (1899—1977). 1929—1933 Stadtverordneter in Koblenz (Deutsche Zentrumspartei), 1933—1945 kaufmännische Tätigkeit; 1947—1966 Vorsitzender der CDU Rheinland-Pfalz, 1947—1969 Ministerpräsident des Landes Rheinland-Pfalz.
[3]) An dieser Sitzung nahmen Hellwege, Storch, Kaiser, Oberländer und Wuermeling teil. Ansprache des neuen Bundesratspräsidenten Altmeier in BR-SITZUNGSBERICHTE 1954 S. 232 C—234 D, Ansprache von Hellwege als Vertreter der Bundesregierung (ebenda S. 234 D—235 A).
[4]) Vgl. hierzu die Eintragung in Nachlaß Seebohm/8c: „3. Bericht aus London — Saarfrage in wirtschaftlicher Hinsicht; M[endès-]F[rance] soll sich sehr eingehend mit den Fragen beschäftigt haben, insbesondere mit der wirtschaftlichen Seite. Unklarheit über Einstellung der Londoner Delegation."
[5]) Fortgang 49. Sitzung TOP 1: Regierungserklärung zur außenpolitischen Lage.

rungsfonds in Washington[6]). Die Tagung habe auch Gelegenheit gegeben zu Aussprachen mit Vertretern anderer Länder und mit dem Präsidenten der Weltbank[7]). Dieser habe mit ihm insbesondere über Anleihen der Weltbank an Deutschland gesprochen, wobei er – Dr. Westrick – das Interesse an langfristigen Anleihen zu günstigen Zinssätzen hervorgehoben habe; diese dürften aber unter keinen Umständen unter diskriminierenden Bedingungen gegeben werden[8]). Der Präsident habe ferner dem Wunsch Ausdruck gegeben, daß unsererseits eine zustimmende Vorauszusage für alle Dispositionen der Weltbank über deutsche Einzahlungen gegeben werde. Er – Dr. Westrick – habe demgegenüber unser starkes handelspolitisches Interesse daran hervorgehoben, in welche Länder die Anleihen von der Weltbank gegeben würden und daher in vollem Einvernehmen mit Bundesminister Prof. Dr. Erhard eine solche Zustimmung zur Enttäuschung des Präsidenten nicht geben können. Hervorzuheben sei auch das große Interesse der Weltbank für das Ägypten-Geschäft[9]) sowie das Interesse des State Department an der Lieferung amerikanischer Kohle nach Deutschland. Zu letzterem Punkt habe er darauf hingewiesen, daß amerikanische Kohle keinen normalen Absatz in Deutschland habe, und daß ihre Einfuhr im Blick auf die Beschäftigungs- und Absatzlage im Ruhrgebiet ein großes politisches Problem enthalte. Er habe Verständnis für diese Gesichtspunkte gefunden und den Eindruck gehabt, daß es den Amerikanern darauf ankomme, daß im Kohlengeschäft keine Diskriminierung der USA gegenüber England eintrete.

Die Darlegungen von Dr. Westrick finden die Zustimmung der Kabinettsmitglieder.

Sodann wird in die Erörterung der Tagesordnung eingetreten.

1. SOZIALREFORM; HIER: EINSETZUNG EINER REGIERUNGSKOMMISSION FÜR DIE NEUORDNUNG DER SOZIALEN HILFE   BMF

Der Bundesminister der Finanzen bemerkt zunächst, daß er wegen seiner Vorschläge zur Einsetzung einer Regierungskommission für die Neuordnung der

---

[6]) Die 9. Jahresversammlung der Gouverneure des Internationalen Währungsfonds und der Weltbank fand vom 24. bis 29. Sept. 1954 in Washington statt (vgl. EA 1954 S. 7140 und KEESING S. 4772 f.; einschlägige Unterlagen in B 146/710). Bis zum Eintreffen Erhards am 26. Sept. wurde die deutsche Delegation von Westrick geleitet (BULLETIN vom 29. Sept. 1954 S. 1622). Vgl. auch Möller, Hans: Die Beziehungen der Bundesrepublik zum Internationalen Währungsfonds und zur Internationalen Bank für Wiederaufbau und Entwicklung, EA 1954 S. 6959–6964.
[7]) Präsident der Weltbank war Eugene R. Black, und zwar von 1949–1962.
[8]) Vgl. 8. Sitzung am 18. Nov. 1953 TOP A: die beiden Dollaranleihen der Weltbank für das Industriekreditbank- und das August Thyssen-Hütte-Projekt waren seinerzeit an den „diskriminierenden" Konditionen der Weltbank gescheitert. Unterlagen hierzu in B 102/26248–26254, B 146/1587 und B 136/3339.
[9]) Es handelt sich um den Bau des Hochdammes „Sadd-el-Ali" (Assuan-Staudamm), der erst ab 1959 mit sowjetischer Hilfe errichtet werden konnte. Unterlagen über eine deutsche Beteiligung (über die Weltbank) in B 136/3339.

sozialen Hilfe (Kab.Vorlage vom 5. 7. 1954)[10]) eine eingehende Besprechung mit dem Bundesarbeitsminister gehabt habe[11]). Eine Entscheidung sei in Abwesenheit des Herrn Bundeskanzlers wohl nicht möglich. Doch sei er der Auffassung, daß das vom Bundesminister für Arbeit nunmehr eingereichte Memorandum (Kabinettsvorlage des Bundesministers für Arbeit vom 27. 9. 1954)[12]), das neue Gesichtspunkte enthalte, erörtert werden sollte. Er habe sich bei seinen Vorschlägen zur Sozialreform stark von innenpolitischen Gesichtspunkten leiten lassen. Er habe die Sorge, ob nicht die Zeit herankomme, in der die sozialen Lasten in ihrer jetzigen Höhe unsere wirtschaftliche Leistungsfähigkeit übersteigen werden. Er möchte dann nicht die Epoche Brüningscher Notverordnungen[13]) wiederkommen sehen. In der Nachkriegszeit sei notwendigerweise die Sozialgesetzgebung Stück für Stück gemacht worden, ohne daß eine Abstimmung der einzelnen Stücke untereinander möglich gewesen sei. Die Bundesregierung müsse nunmehr die Harmonisierung in die Hand nehmen. Dieses große Werk sei eine Aufgabe der Gesamtpolitik. Dabei frage es sich, ob die Vorarbeiten hierfür im Beirat des Bundesarbeitsministeriums schon zum großen Teil geleistet worden seien; sei dies der Fall, so müßten sie benutzt werden und dürften die zur Mitarbeit herangezogenen Persönlichkeiten nicht vor den Kopf gestoßen werden. Notwendig sei auch eine Zurückhaltung bei Einzelanträgen im Bundestag, bis die Grundkonzeption der Reform sichtbar sei. Der Bundesminister der Finanzen empfiehlt Verhandlungen hierwegen mit den Koalitionsparteien.

Der Vizekanzler weist auf die außenpolitischen Aspekte der Sozialreform und auf die Bestrebungen von Mendès-France hin, die sozialpolitischen Verhältnisse Frankreichs und die Höhe seiner sozialen Leistungen als internationale Norm festzulegen[14]). Er hält solche Bestrebungen für sehr gefährlich, schon

---

[10]) Vgl. 39. Sitzung TOP 3. — Der BMF hatte die Vorlage in der Kabinettssitzung am 14. Sept. 1954 verteilt (vgl. dazu das der Vorlage beigegebene Schreiben vom 17. Sept. 1954 in B 136/1360. Schäffer hatte „aus persönlicher Rücksichtnahme gegenüber Minister Storch" seine Vorlage so lange zurückgehalten (Vermerk vom 20. Sept. 1954 in B 126/10941). — Schäffer beantragte, das Kabinett solle den von Eckert, Kitz und Oeftering vorgelegten Bericht billigen und ihn einer zu bildenden unabhängigen Kommission als verbindliche Richtlinie vorlegen. Zum Vorsitzenden der Kommission sollte Prof. Dr. Volkmar Muthesius, zu dessen Stellvertreter Prof. Dr. Ludwig Heyde ernannt werden (B 126/10941 und B 136/1360).

[11]) Unterlagen nicht ermittelt.

[12]) Vorlage in B 149/392 und B 136/1360.

[13]) Zu den Notverordnungen, durch die u. a. die Sozialleistungen gekürzt wurden, siehe: Die Kabinette Brüning I u. II, Bd. 1—3, bearbeitet von Tilman Koops. Boppard am Rhein 1982 und 1990.

[14]) Zu den umfassenden Leistungen der Sozialversicherung in Frankreich siehe J. Servais, Das System der Sozialversicherung in Frankreich. Bundesarbeitsblatt 1954 S. 625—629. — Zum sozialpolitischen Programm von Mendès-France siehe seine Ausführungen bei der Beratung des von ihm eingebrachten Wirtschaftsermächtigungsgesetzes (KEESING 1954 S. 4657—4659) in der Nationalversammlung am 10. Aug. 1954 (ebenda S. 4680 f.). — Mendès-France hatte erklärt, beim Internationalen Arbeitsamt, der OEEC und dem Europarat eine Angleichung der Löhne und Sozialleistungen in den der OEEC angehörenden Ländern an das höhere französische Niveau anzuregen mit der Begründung, daß dies die Voraussetzung für eine Liberalisierung der französischen Einfuhr darstelle (Der Arbeitge-

weil echte internationale Vergleiche auf diesem Gebiet bis jetzt nicht möglich seien. Der Vizekanzler wird in dieser Auffassung von den Bundesministern für Arbeit und für das Post- und Fernmeldewesen unterstützt. Der Bundesminister für Arbeit hebt insbesondere hervor, daß Deutschland mit der Kriegsopferversorgung[15]) und mit seinen Leistungen an die Vertriebenen[16]) an der Spitze stehe. Der französische Ministerpräsident werde für seine Forderungen bei dem Internationalen Arbeitsamt und bei der Montanunion keine Unterstützung finden. Im übrigen sei zu berücksichtigen, daß wir in ganz anderem Umfang als jedes andere Volk Wertsubstanzen aus der Wirtschaft zur Schaffung neuer Wertsubstanzen und nicht zur Verbesserung der Lebenshaltung benutzen müssen. Der Bundesminister für das Post- und Fernmeldewesen weist darauf hin, daß mit der internationalen Debatte über soziale Leistungen in Wirklichkeit Wirtschaftspolitik getrieben werde. Die Bestrebungen Frankreichs in dieser Hinsicht seien schon lange bekannt; wir hätten jedoch weder ein theoretisches noch ein praktisches Interesse, die sozialen Verhältnisse Frankreichs nachzuahmen. Dagegen seien wir stark interessiert an vergleichenden Untersuchungen des Internationalen Arbeitsamtes und an der Schaffung einer einwandfreien internationalen Methodik für solche Untersuchungen.

Der Bundesminister für Arbeit gibt sodann an Hand seiner Kabinettsvorlage vom 27. 9. 1954 einen Überblick über die Zusammensetzung und die bisherigen Arbeiten des bei seinem Ministerium gebildeten Beirats für die Neuordnung der sozialen Leistungen[17]). Er sei sich mit dem Beirat völlig darüber einig, daß die von diesem und seinen Ausschüssen durchzuführenden Arbeiten die gesamte Sozialreform und nicht etwa nur einen Ausschnitt aus ihr zu umfassen hätten. Den Wünschen nach einer Zusammensetzung des Beirats auf breiter Grundlage und nach elastischerer Gestaltung seiner Arbeit sei Rechnung getragen worden. Der Bundesminister für Arbeit befaßt sich im besonderen mit der Arbeit des Grundsatzausschusses dieses Beirats, in der sehr wertvolle Persönlichkeiten beisammen seien[18]). In 3—4 Wochen könne mit den ersten Arbeitsergebnissen dieses Ausschusses gerechnet werden. Weitere Unterausschüsse seien nötig, die sich mit Teilgebieten zu befassen hätten. Er könne sich nicht vorstellen, daß zutreffendere und schnellere Ergebnisse erzielt würden, wenn eine erst zu bildende Regierungskommission an die Stelle des Beirats treten würde.

In der sich anschließenden eingehenden Aussprache, an der sich, neben den Bundesministern für Arbeit und der Finanzen, die Bundesminister für gesamtdeutsche Fragen, für Wohnungsbau, für das Post- und Fernmeldewesen sowie die Bundesminister Dr. Schäfer und Dr. Tillmanns beteiligen, wird besonders die Notwendigkeit hervorgehoben, umgehend konkrete sozialpolitische Thesen aufzustellen, die eine Diskussionsgrundlage für die Entscheidung des

---

ber, Zeitschrift der Bundesvereinigung der Deutschen Arbeitgeberverbände, 1954 S. 617 f. und 766 f.).
[15]) Gesetz über die Versorgung der Opfer des Krieges vom 20. Dez. 1950 (BGBl. 791).
[16]) Gesetz über die Angelegenheiten der Vertriebenen und Flüchtlinge vom 19. Mai 1953 (BGBl. I 201).
[17]) Vgl. 19. Sitzung TOP 4.
[18]) Zu den Ausschüssen des Beirats vgl. 34. Sitzung TOP 2.

Kabinetts bilden könnten. Denn zur alsbaldigen Erörterung stehe keineswegs nur eine Entscheidung über die Art und Zusammensetzung von Sachverständigenkommissionen, sondern eine solche über Inhalt und System der Sozialpolitik der Bundesregierung. Auch könne die Erarbeitung solcher Thesen nicht Beiräten oder Kommissionen allein überlassen werden, sondern müsse, auch im Hinblick auf eine gemeinsame Politik der Koalitionsparteien, Gegenstand von Erörterungen innerhalb der Bundesregierung sein. Verschiedentlich wird auf den Bericht[19]) über die organisatorischen Voraussetzungen zur Vorbereitung der Sozialreform hingewiesen, der auf Grund des Kabinettsbeschlusses vom 1. 6. 1954 von den Ministerialdirektoren Eckert, Dr. Kitz und Prof. Dr. Oeftering vorgelegt wurde (vgl. Anlage zur Kabinettsvorlage des Bundesministers der Finanzen vom 5. 7. 1954) und die Frage aufgeworfen, ob dieser Bericht nicht schon eine Skizzierung der Arbeitshypothesen enthalte. Staatssekretär Bleek weist noch darauf hin, daß sich die Bundesregierung durch das inzwischen verabschiedete Rentenmehrbetragsgesetz[20]) bereits in der Richtung ihrer Sozialpolitik stark präjudiziert habe. Er begrüßt die Beiziehung der Professoren Dr. Muthesius und Dr. Achinger durch den Bundesminister für Arbeit und betont die Notwendigkeit der Berücksichtigung des kommunalen Sektors. Der Bundesminister der Justiz unterrichtet das Kabinett über seine Erfahrungen bei den Vorarbeiten für die Strafrechtsreform. Er schildert das Verfahren in der hierfür gebildeten Kommission, bei der sich die Regierung die Führung nicht habe aus der Hand nehmen lassen[21]).

Der Bundesminister der Finanzen erklärt, auf Grund der Ausführungen des Bundesministers für Arbeit und der Aussprache des Kabinetts sein Urteil über den Beirat und seine Arbeiten zurückstellen zu wollen, bis die ersten Arbeitsergebnisse des Ausschusses für Grundsatzfragen vorliegen. Dabei gehe er nach den Erklärungen des Bundesministers für Arbeit davon aus, daß dies in 3–4 Wochen der Fall sei. Der Bundesminister für Arbeit gibt seiner Genugtuung über den Verlauf der Aussprache Ausdruck. Er hält es für dringend notwendig, daß nicht nur im Beirat und in den Ministerien die Arbeiten mit aller Beschleunigung fortgesetzt werden, sondern daß auch die hauptsächlich beteiligten und interessierten Kabinettsmitglieder sich in den nächsten Wochen zusammensetzen und sich über die Fragestellungen und Thesen zur Sozialreform abstimmen. Der Bundesminister der Finanzen ergänzt diesen Vorschlag dahin, daß nach er-

---

[19]) Vgl. 39. Sitzung TOP 3.
[20]) Vgl. 44. Sitzung TOP B.
[21]) In der vom BMJ berufenen Kommission waren, neben Mitgliedern des BMJ, Wissenschaftler, die Landesjustizbehörden, der Bundesgerichtshof, die Bundesanwaltschaft, Vertreter der Koalitionsparteien und der SPD sowie die Verbände der Anwälte und Richter vertreten. (Unterlagen dazu in B 141/3483, auch in B 141/17229 f.) Die Sitzungen fanden unter dem Vorsitz des BMJ statt. In der konstituierenden Sitzung am 6. April 1954 war den Mitgliedern der Kommission eine Zusammenstellung der in der Strafrechtsreform zu klärenden Grundsatzfragen übergeben worden (Niederschriften der Sitzungen in B 141/3492–3504 und Niederschriften über die Sitzungen der Großen Strafrechtskommission, Bonn 1956–1960). – Der auf der Grundlage der Beratungen der Kommission erarbeitete Gesetzentwurf wurde dem BT im Nov. 1960 vorgelegt (BT-Drs. Nr. 2150). Er mündete in das Erste Gesetz zur Reform des Strafrechts vom 25. Juni 1969 (BGBl. I 717).

zielter Abstimmung unter den Kabinettsmitgliedern auch der Vorsitzende des Grundsatzausschusses und sein Stellvertreter zugezogen werden sollten[22]); um mit ihnen insbesondere wegen der vordringlich zu behandelnden Themen eine gemeinsame Linie zu finden.

Der Vizekanzler faßt das Ergebnis der Aussprache dahin zusammen, daß es sich nicht darum handeln könne, ob entweder unabhängige Sachverständige oder die Bundesressorts Arbeitshypothesen aufstellen, sondern daß sowohl von den Sachverständigen des Beirats als auch von den Ressorts gleichzeitig allgemeine Direktiven erarbeitet werden müßten. Er unterstreicht die Notwendigkeit, dabei umgehend zu Fragestellungen zu kommen, für die der Katalog der drei Ministerialdirektoren als Grundlage dienen könne, der aber erweitert und konkretisiert werden müsse[23]).

2. PERSONALIEN

Die Ernennungsvorschläge Anlage 1 Ziffer 1 und Anlage 2 zu Punkt 2 der Tagesordnung werden nicht behandelt[24]).

Den Ernennungsvorschlägen Anlage 1 Ziffer 2—14 stimmt das Kabinett zu[25]).

Entsprechend dem Antrag des Bundesministers für Arbeit in seiner Kabinettsvorlage vom 24. 9. 1954 erhebt das Kabinett keine Einwendungen dagegen, daß der Eintritt des Direktors des Arbeitsamtes Recklinghausen, Oberregierungsrat Otto Klein[26]), in den Ruhestand bis zum 31. März 1955 hinausgeschoben wird (Anlage 3 zu Punkt 2 der T.O.).

---

[22]) Der Vorsitzende des Grundsatzausschusses war Prof. Dr. Ludwig Heyde, sein Stellvertreter Prof. Dr. Volkmar Muthesius.
[23]) Fortgang 63. Sitzung TOP 1.
[24]) Siehe 51. Sitzung TOP 3.
[25]) An Ernennungen waren vorgesehen: im AA ein Botschafter (Dr. iur. Helmut Allardt), im BMF elf Ministerialräte, ferner im Bundesrechnungshof ein MinR.
[26]) Otto Klein (1889—1971). Ab 1928 in der Arbeitsverwaltung tätig (1940 Regierungsrat, 1952 Oberregierungsrat), 1952 mit der Wahrnehmung der Geschäfte des Direktors des Arbeitsamtes Recklinghausen beauftragt (Mai 1954 endgültige Bestellung auf diesen Dienstposten).

**49. Kabinettssitzung
am Dienstag, den 5. Oktober 1954**

Teilnehmer[1]): *Adenauer (zeitweise)*[2]), *Blücher, Neumayer, Schäffer, Erhard, Lübke, Seebohm, Preusker, Oberländer, Kaiser, Hellwege, Wuermeling, Tillmanns, F. J. Strauß, Schäfer; Bleek, Globke, Hallstein; Klaiber; von Eckardt, Forschbach; Selbach, Kilb; Blank und die Mitglieder des Bundestages von Brentano, Dehler, Euler*[3]), *Gerstenmaier, Haasler, Jaeger, Kiesinger*[4]), *von Manteuffel*[5]), *von Merkatz. Protokoll: Pühl.*

Beginn: 9.30 Uhr   *Ende: 12.15 Uhr*

Vor Eintritt in die Tagesordnung berieten die Kabinettsmitglieder unter Hinzuziehung der vorgenannten Bundestagsabgeordneten in geheimer Sitzung unter dem Vorsitz des Bundeskanzlers[6]).

---

[1]) Vgl. den ersten Satz des Kurzprotokolls.
[2]) Vgl. den Satz nach TOP 4 des Kurzprotokolls. — Dem Terminkalender Adenauer ist zu entnehmen, daß er von 9.30 bis 9.35 Uhr mit Blankenhorn und Globke und von 9.35— 9.40 Uhr mit Globke sprach (StBKAH 04.05).
[3]) August-Martin Euler (1908—1966). 1949—1958 MdB (FDP, FVP, DP), 1951—1952 Vorsitzender der FDP-Fraktion, 1950 und 1952—1956 stellvertretender Vorsitzender der FDP-Fraktion.
[4]) Kurt Georg Kiesinger (1904—1988). 1935 Rechtsanwalt beim Kammergericht Berlin, 1940—1945 Rundfunkpolitische Abteilung des AA (1943 stellvertretender Abteilungsleiter); 1948—1951 Geschäftsführer des CDU-Landesverbandes Württemberg-Hohenzollern, 1949—1958 und 1969—1980 MdB, 1950—1958 Vorsitzender des Vermittlungsausschusses und 1954—1958 Vorsitzender des Ausschusses für auswärtige Angelegenheiten des Deutschen Bundestages, ab Okt. 1950 war Kiesinger auch Mitglied des erweiterten Parteivorstandes und von 1951—1958 des geschäftsführenden Vorstandes der CDU, 1958—1966 Ministerpräsident von Baden-Württemberg, 1966—1969 Bundeskanzler, 1967—1971 Bundesvorsitzender der CDU. — Kiesinger, Kurt Georg: Dunkle und helle Jahre, Erinnerungen 1954—1958. Stuttgart 1989.
[5]) Dr. phil. Georg Baron Manteuffel-Szoege (1881—1962). 1914—1918 Tätigkeit im Kurländischen Kreditverein und in der Raiffeisengenossenschaft Posen, 1918—1920 Abgeordneter im Baltischen Volksparlament, 1923—1945 (mit Unterbrechungen) Verwalter des mütterlichen Besitzes in Polen; seit 1946 Vorsitzender des Beirates bei der Arbeitsgemeinschaft deutscher Flüchtlingsverwaltungen, 1950—1953 Präsident des Hauptamtes für Soforthilfe, 1953—1962 MdB (CSU).
[6]) Vgl. hierzu folgende Eintragung in Nachlaß Seebohm/8c: „Zunächst ohne Staatssekretäre: Bereinigung schweren innenpolitischen Konfliktes. Ausführungen Dehler am 4. 10. in Würzburg, 2. 10. in Bonn. Empfindliche Beeinflussung der deutschen Interessen in London. Schlechthin unerträglich. ‚Reise nach Moskau lieber als Washington' — ‚Zusage für unfreie Wahlen' — ‚blasser Schimmer der Rheinbundkrone'. Vorlage des Bundesinnenministers über Tragen von Orden; gleichzeitig Veröffentlichung in der Presse: erfordert sehr ernste Aussprache mit Herrn Schröder. Sehr unglücklicher Zeitpunkt. Donnerstag französische Nationalversammlung: dort wird Ordensgesetz als sofortige Folge des Paktes aufgefaßt; noch mehr wird schaden (Schäffer kommt). Falls Dehler nicht völlig abrückt, ist weitere Zusammenarbeit nicht möglich. Dehler: Ideologie, der Russe sei schlecht, muß abgelegt werden. Anknüpfung an Rede Wischinsky vor der UNO (Alle

Gegen 10 Uhr 30 tritt das Kabinett in die Beratung von Punkt 1 der Tagesordnung ein.

1. REGIERUNGSERKLÄRUNG ZUR AUSSENPOLITISCHEN LAGE　　　　　　BK

Der Bundeskanzler berichtet eingehend[7]) über den Verlauf der Londoner Konferenz[8]). Er hebt lobend die gewaltige Arbeitsleistung und große Einsatzbereitschaft der deutschen Delegation[9]) hervor. Nunmehr sei es die Aufgabe der Sachverständigen, in intensiver Arbeit bis zum 20. Oktober die Verträge auf Grund der Ergebnisse der Londoner Konferenz zu formulieren. Am 21. Oktober sei der Zusammentritt der neun Mächte des Brüsseler Paktes geplant, die die vorgelegten Dokumente prüfen würden. Am 22. und 23. Oktober solle alsdann der NATO-Rat in Paris zusammenkommen, um über den Beitritt der Bundesre-

---

Atomwaffen weg, alle Kriegsrüstung hat Frist nach Stand 1953: gibt absolute Überlegenheit Rußlands; davon weiß Dehler nichts). Glaube nicht, daß er London geschadet habe. Ich habe aus meiner Verantwortung gesprochen. Lehnt Wertung des Bundeskanzlers ab. Adenauer: diese Ausführungen sind genau die gleichen wie die Heinemanns (Tillmanns geht). Lage in Paris gefährdet durch Teil der Kommunisten, Teil der Sozialisten, M[ouvement] R[épublicain] P[opulaire] und Teil Gaullisten: stürzt das auch, dann ist alles kaputt. Die Sache in Frankreich darf jetzt nicht scheitern. Dulles mit nicht zu überbietendem Ernst und Deutlichkeit: Zurückziehen aus Europa. Blücher erklärt dazu: die 4 FDP-Minister sind jederzeit bereit, die Konsequenzen zu ziehen. Wir dürfen Frankreich nicht den Eindruck erwecken, wir liefen mit ihm um die Wette um die Gunst Moskaus. Bedauert auf das Tiefste die Ausführungen, die unsere eindeutige Linie verunklart. Erinnert an die Saar und die Bedeutung des Wortes ‚unfreie Wahlen' dort. Brentano: in diesem Zwielicht kann man nicht arbeiten, wertet sehr die Haltung Blüchers. Adenauer: Dehlers Äußerungen sind geeignet, die Sache in der Nationalversammlung zum Scheitern zu bringen. Preusker: empfiehlt weitere Behandlung innerhalb der FDP". Vgl. hierzu auch handschriftliche Aufzeichnung Hallsteins „Kabinett 5. 10. 54" in Nachlaß Hallstein/125—126 und „5. 10. 54 — rein persönl. Erinnerungsvermerk Blücher" in Nachlaß Blücher/299. — Einschlägige Presseausschnitte zu den Ausführungen Dehlers am 2. und 4. Okt. 1954 in Nachlaß Dehler/2591 im ADL sowie „Nur persönlicher Erinnerungsvermerk, bestimmt für Herrn Bundesminister Blücher, über seine Besprechungen beim Herrn Bundeskanzler am 10. 10. 1954" in Nachlaß Blücher/299.

[7]) Vgl. 48. Sitzung TOP B: Londoner Konferenz.

[8]) An der Londoner Neunmächtekonferenz vom 28. Sept. bis 3. Okt. 1954, welche die Verstärkung der politischen und militärischen Zusammenarbeit sich angelegen sein ließ, hatten folgende neun Staaten teilgenommen: Belgien (Spaak), Bundesrepublik Deutschland (Adenauer), Frankreich (Mendès-France), Italien (Martino), Kanada (Pearson), Luxemburg (Bech), Niederlande (Beyen), Großbritannien (Eden), USA (Dulles). Zum Inhalt der Beschlüsse dieser Konferenz siehe EA 1954 S. 6978—6987 (= Die Schlußakte der Londoner Neunmächtekonferenz vom 3. Okt. 1954). — Vgl. hierzu: B 136/2109 f.; B 145 I/43; FRUS V pp. 1294—1370; DDF pp. XXXV—XL, ANNEX III pp. 15—351; Nachlaß Blankenhorn 33a, 34, 39; Nachlaß Hallstein/125—126; TEEGESPRÄCHE S. 540 f.; EDEN pp. 167—169; ADENAUER S. 321—354; BLANKENHORN S. 197—199; GREWE S. 195—202; NOACK S. 112—119. — Einschlägige Unterlagen vor allem im Politischen Archiv der Westeuropäischen Union, London. — Siehe auch Abb. 15.

[9]) Zur Zusammensetzung der Londoner Delegation, die auch (wenig später) der Pariser Delegation zugrunde gelegt wurde, vgl. AA, BStSe, Bd. 120; führende Mitglieder waren: Adenauer, Blank, Blankenhorn und Hallstein (FRUS p. 1295), ferner Grewe (GREWE S. 199) sowie Lahr, Ophüls und Thierfelder (Nachlaß Blankenhorn/35 Bl. 303).

publik zu beraten¹⁰). Im Anschluß daran sei die Beratung in den Parlamenten der einzelnen Vertragsstaaten in Aussicht genommen.

Während der Außenminister Spaak beabsichtige, die Verträge dem Parlament seines Landes erst vorzulegen, wenn die französische Nationalversammlung ratifiziert habe, vertrete er, der Bundeskanzler, die Auffassung, daß unabhängig von dem Ablauf der Dinge in Frankreich die Bundesrepublik möglichst bald ratifizieren solle. Mendès-France habe der Hoffnung Ausdruck gegeben, daß die Ratifikation durch die Nationalversammlung bis zu Weihnachten dieses Jahres gelingen würde, so daß die Beschlußfassung durch den Rat der Republik frühestens bis Mitte Januar 1955 erfolgen könne. Mendès-France habe ausdrücklich erklärt, daß das Schicksal seiner Regierung von der Ratifizierung der Londoner Verträge abhänge. Man könne mithin damit rechnen, daß Mendès-France gegebenenfalls die Vertrauensfrage stellen werde¹¹).

Besonders bedeutsam bei den Londoner Beschlüssen sei die sofortige Abschaffung des Besatzungsregimes¹²). Man sei übereingekommen, die Hohen Kommissare anzuweisen, schon jetzt im Sinne der Londoner Abmachungen und nur im Einvernehmen mit der Bundesregierung zu handeln. Auch habe man beschlossen, der Bundesrepublik einen Sitz im Alliierten Sicherheitsamt¹³) in Koblenz einzuräumen¹⁴). Bemerkenswert sei ferner, daß die bisherigen Beschränkungen bei der Atomforschung für zivile Zwecke beseitigt werden sollten¹⁵).

Im Anschluß an diese grundsätzlichen Mitteilungen läßt der Bundeskanzler den Wortlaut der Londoner Schlußakte verteilen¹⁶). Er bemerkt dazu ergänzend, daß der Angelpunkt der Konferenz die britische Entscheidung gewesen sei, die englischen Truppen verbindlich auf dem Kontinent zu belassen¹⁷). Die geschickte Verhandlungsführung durch den britischen Außenminister Eden als Vorsitzender der Konferenz habe weitgehend zu dem Konferenzerfolg beigetragen.

---

¹⁰) Fortgang hierzu 52. Sitzung TOP B: Bericht über die Verhandlungen in Paris.

¹¹) Am 12. Okt. 1954 billigte die französische Nationalversammlung nach einer Debatte am 7. und 8. Okt. die Politik der Regierung auf der Londoner Neunmächtekonferenz in der Form einer „Tagesordnung" des Abgeordneten Aubry, mit der Mendès-France die Vertrauensfrage verbunden hatte (EA 1954 S. 7025).

¹²) Vgl. im einzelnen Teil I: Deutschland der Schlußakte (ebenda S. 6978).

¹³) Zum Militärischen Sicherheitsamt (Military Security Board) vgl. 15. Sitzung am 25. Okt. 1949 Anm. 10 und 33. Sitzung am 3. Jan. 1950 TOP B.

¹⁴) Vgl. FRUS V pp. 1320, 1340.

¹⁵) Der Abschnitt I Die Atomwaffe in der Liste zu der Erklärung des Bundeskanzlers im Teil II: Brüsseler Vertrag der Schlußakte (EA 1954 S. 6980) ist wörtlich dem Abschnitt I der Anlage II zu Art. 107 des EVG-Vertrages (BGBl. II 1954 S. 373) entnommen. Dabei ist jedoch Abs. c von Abschnitt I in Fortfall gekommen; dieser Absatz hatte folgenden Wortlaut: „Als eigens für Atomwaffen entworfenes oder in erster Linie dafür verwendbares Material gilt jede 500 g überschreitende Menge von Kernbrennstoff, die im Laufe eines Jahres hergestellt wird." Vgl. dazu auch Aufzeichnung Hallsteins vom 18. Okt. 1954 in Nachlaß Hallstein/125—126.

¹⁶) Die Schlußakte der Londoner Neunmächtekonferenz vom 3. Okt. 1954 befindet sich in EA 1954 S. 6978—6987 und in: Die Konferenz der Neun Mächte in London vom 28. 9. bis 3. 10. 1954, herausgegeben vom Presse- und Informationsamt der Bundesregierung. Wuppertal-Elberfeld [1954] (ADS).

¹⁷) Vgl. im einzelnen Teil III: Zusicherungen der Vereinigten Staaten, des Vereinigten Königreichs und Kanadas der Schlußakte (EA 1954 S. 6981).

Die Verhandlungsleitung sei um so schwieriger gewesen, weil es mehrfach zu heftigen Zusammenstößen[18]) gekommen sei. Hierbei sei es der deutschen Delegation gelungen, sich weitgehend zurückzuhalten, da die deutschen Interessen von den übrigen Konferenzteilnehmern sehr bestimmt vertreten worden seien[19]).

In Beantwortung einer Frage des Bundestagsabgeordneten Dr. von Merkatz wegen der beabsichtigten Aufhebung des Besatzungsregimes teilt der Bundeskanzler mit, daß man hierbei zwei Perioden unterscheiden müsse: 1. Eine Interims-Periode bis zur Ratifizierung der Verträge und 2. die besatzungslose Zeit[20]). Während der Interimsperiode seien die Rechte der Besatzungsmächte gewissermaßen storniert. Eventuelle alliierte Eingriffe könnten nur im Einvernehmen mit der Bundesrepublik erfolgen. Nach der Aufhebung des Besatzungsregimes dagegen bestehe grundsätzlich nicht mehr die Möglichkeit des Eingreifens der Besatzungsmächte[21]).

Auf Einzelheiten des Brüsseler Vertrages übergehend, bemerkt der Bundeskanzler, daß beabsichtigt sei, den Brüsseler Vertrag zu verstärken und auszubauen und die Bestimmungen zu ändern, die sich gegen die Bundesrepublik richteten[22]). Außerdem sollten die Bundesrepublik und Italien aufgefordert werden, dem Vertrag beizutreten[23]).

---

[18]) Vgl. FRUS V p. 1324 und ADENAUER S. 347 f.

[19]) Vgl. hierzu folgende Eintragung in Nachlaß Seebohm/8c: „Es kann sofort geflogen werden (Lufthansa) [Siehe auch Abb. 16]. Kernstoffe für zivile Atomzwecke zugesagt. Wesentlich deutschfreundlichere Haltung Churchills; Eden, Kirkpatrick, Franks: sehr deutschfreundlich. Erörterung des uns übergebenen Textes. Art. 7 Ziffer 3 des Bonner Vertrages ist nicht mehr aufgenommen: will aber in der Regierungserklärung nicht darauf eingehen." Vgl. auch handschriftliche Aufzeichnung Hallsteins „Kabinett 5. 10. 54" in Nachlaß Hallstein/125–126.

[20]) Vgl. im einzelnen die „Grundsatzerklärung" der drei Westalliierten in Teil I: Deutschland der Schlußakte (EA 1954 S. 6978).

[21]) Im Entwurf folgt noch der Halbsatz: „ausgenommen bei Vorliegen eines Notstandes für die dann noch in der Bundesrepublik stationierten alliierten Truppen" (Kabinettsprotokolle Bd. 23 E).

[22]) In der Präambel und in Art. 7. — Wortlaut des Brüsseler Fünf-Mächte-Vertrages (oder Brüsseler Paktes) vom 17. März 1948 in EA 1948 S. 1263 f.: ein Vertrag über wirtschaftliche, soziale und kulturelle Zusammenarbeit und über berechtigte kollektive Selbstverteidigung, der zwischen Belgien, Frankreich, Großbritannien, Luxemburg und den Niederlanden abgeschlossen worden war und den Verbündeten gegenseitigen Beistand „im Falle eines Wiederauflebens der deutschen Aggressionspolitik" (Art. 7) garantiert hatte. Die Vereinigten Staaten hatten den Beitritt zum Brüsseler Vertrag vor allem mit dem Hinweis auf diese Passage abgelehnt; zudem waren die automatische Beistandspflicht des Art. 4 und die Vertragsdauer von fünfzig Jahren (Art. 10) für die USA nicht akzeptabel.

[23]) Vgl. Anlage 1: Entwurf einer Erklärung, mit welcher die Bundesrepublik Deutschland und Italien eingeladen werden, dem Brüsseler Vertrag beizutreten, in der Schlußakte (EA 1954 S. 6982 f.). — Die WEU, eine aus dem revidierten Brüsseler Vertrag vom 23. Okt. 1954 hervorgegangene Sieben-Mächte-Gemeinschaft, erhielt mit dem Beitritt der Bundesrepublik eine besondere Funktion: sie wurde ein Instrument der Kontrolle und der Rüstungsbeschränkung Westdeutschlands. Während die NATO von ihren Mitgliedern forderte, ein Mindestmaß von Rüstungs- und Truppenstärke nicht zu unterschreiten, stellte die WEU zugleich ein System der Rüstungsbegrenzung und -kontrolle dar, das seine Mitglieder verpflichtete, gewisse Höchststärken nicht zu überschreiten.

Es sei gelungen, die Befürchtungen Frankreichs wegen der Höhe des deutschen Verteidigungsbeitrages zu zerstreuen. Diese Aufgabe sei nicht leicht gewesen, weil Frankreich einen möglichst geringen, die NATO dagegen einen möglichst hohen deutschen Verteidigungsbeitrag anstrebe. Er habe den Standpunkt vertreten, daß die deutschen Streitkräfte äußerstenfalls 500 000 Mann betragen könnten[24].

Hinsichtlich der Bewaffnung sei der Bundesrepublik folgendes zugestanden worden: Flugzeuge aller Art mit Ausnahme von Langstrecken-Bombern, Kriegsschiffe bis 3000 Tonnen, U-Boote bis 350 Tonnen[25]. Die letzte Krise, die durch die Frage der Rüstungskontrolle entstanden sei, sei durch den freiwilligen Verzicht der Bundesrepublik, Hollands und Belgiens auf die Verwendung und Anfertigung der sogenannten ABC-Waffen überwunden worden[26]. Ergänzend fügte der Bundeskanzler hinzu, in diesem Verzicht könne ein wichtiger Faktor zur Beruhigung der öffentlichen Meinung wegen der atomaren Aufrüstung gesehen werden. Bei den Londoner Verhandlungen habe er mit Mendès-France auch die Möglichkeit der Errichtung eines Waffenpools[27] erörtert. Jedoch hätten in London sowohl die sachlichen wie auch die zeitlichen Voraussetzungen gefehlt, die Untersuchung dieser Frage zu vertiefen. Verhandlungen über diesen Gegenstand müßten der Zukunft vorbehalten bleiben[28]. Er habe sich jedoch in London diesem Gedanken keineswegs ablehnend gegenüber verhalten.

Der Bundeskanzler macht weiterhin auf die besonders wichtige Bestimmung aufmerksam, wonach die Besatzungsmächte in ihrer Erklärung ausdrücklich feststellen, „daß sie die Regierung der Bundesrepublik Deutschland als die einzige deutsche Regierung betrachten, die frei und rechtmäßig gebildet wurde und daher berechtigt ist, für Deutschland als Vertreter des Deutschen Volkes in internationalen Angelegenheiten zu sprechen"[29].

---

[24]) Einzelheiten über die von den sechs EVG-Mitgliedern im Rahmen des EVG-Vertragswerkes aufzubietenden Land-, Luft- und Seestreitkräfte faßte der „Accord entre les Gouvernements des Etats membres de la Communauté", das militärische Sonderabkommen, zusammen (Text in BW 9/3276): danach belief sich der Friedensumfang allein der deutschen Landstreitkräfte (ohne Heimatverteidigung, militärische Territorialorganisation und Wachregiment) auf 407 750 Mann (ANFÄNGE SICHERHEITSPOLITIK S. 706). Protokoll Nr. II über die Streitkräfte der Westeuropäischen Union (Die Westeuropäischen Verträge vom 23. Okt. 1954, Die Westeuropäische Union) bezog sich in Art. 1 ausdrücklich auf das „Sonderabkommen zu dem am 27. Mai 1952 in Paris unterzeichneten Vertrag über die Gründung der Europäischen Verteidigungsgemeinschaft" (EA 1954 S. 7129), nannte aber aus Geheimhaltungsgründen keine Zahlen.
[25]) Vgl. im einzelnen „Liste zu der Erklärung des Bundeskanzlers" (V und VI) in Teil II: Brüsseler Vertrag der Schlußakte (ebenda S. 6980).
[26]) Auf der neunten Plenarsitzung am 2. Okt. 1954 (FRUS V p. 1325, EDEN p. 169), vgl. dazu aber FRUS V pp. 1397–1398.
[27]) Vgl. Nachlaß Blankenhorn/39 und FRUS V pp. 1318, 1367 sowie ADENAUER S. 331–334 und NOACK S. 151–163.
[28]) Vgl. Position 14 der Bestimmungen über die Errichtung einer Dienststelle für die Kontrolle der kontinentalen Rüstung der kontinentalen Mitglieder der Organisation des Brüsseler Vertrages in Teil II: Brüsseler Vertrag der Schlußakte (EA 1954 S. 6779).
[29]) Genauer Wortlaut der Position 1 der gemeinsamen Erklärung der Regierungen Frankreichs, des Vereinigten Königreichs und der Vereinigten Staaten von Amerika: „1. sie die Regierung der Bundesrepublik Deutschland als die einzige deutsche Regierung betrach-

In der anschließenden Aussprache stellt der Bundestagsabgeordnete Haasler die Frage, ob in London auch das Saarproblem berührt worden sei. Der Bundeskanzler stellt hierzu fest, daß die Saarfrage in London nicht angeschnitten worden sei. Er erwarte dieses jedoch für den 20. Oktober anläßlich der Zusammenkunft der Alliierten mit der Bundesrepublik in Paris[30]). Er habe den Eindruck, daß Frankreich an der Saar mehr wirtschaftlich als politisch interessiert sei. In jedem Falle sei eine sorgfältige Vorbereitung der künftigen Besprechungen durch die Bundesregierung unerläßlich. Der Vizekanzler bedauert, daß man wegen des mangelnden Kontaktes mit der Saarregierung nicht ausreichend über die eigentlichen Absichten Frankreichs und der führenden Persönlichkeiten des Saargebietes unterrichtet sei. Hier Näheres zu erfahren, müsse das Ziel der Bundesregierung sein. Man müsse mit konkreten Vorstellungen in die kommenden Verhandlungen hineingehen. Dabei solle man sich mit dem Gedanken vertraut machen, gegebenenfalls auf wirtschaftlichem Gebiet gewisse Konzessionen zu machen. Der Bundeskanzler hat gegen eine zu enge Verzahnung der Saarfrage mit den Londoner Verträgen Bedenken. Nach seiner Ansicht komme es darauf an, zunächst das Londoner Vertragswerk unter Dach und Fach zu bringen. Der Bundestagsabgeordnete Dr. Gerstenmaier glaubt sagen zu können, Frankreich gehe davon aus, daß der gegenwärtige Zustand an der Saar als ein endgültiger angesehen werden müsse. Die von dem Bundestagsabgeordneten Haasler geäußerte Ansicht, daß Deutschland auf Grund der Londoner Verträge die Möglichkeit habe, die Rechte der Saarbevölkerung zu vertreten, sei daher gefährlich und seiner Meinung nach kein Ausgangspunkt für kommende Verhandlungen[31]).

Der Bundesminister für besondere Aufgaben, Dr. Tillmanns, berichtet über die heutigen Beratungen des Ältestenrates des Bundestages[32]). Der Ältestenrat habe der Erwartung Ausdruck gegeben, daß vor Abgabe der Regierungserklärung die Abgeordneten den Wortlaut der Londoner Schlußakte erhalten würden. Der Bundeskanzler ordnet daraufhin an, daß allen Bundestagsabgeordneten sofort Abdrucke der Londoner Schlußakte ausgehändigt werden.

---

ten, die frei und rechtmäßig gebildet und daher berechtigt ist, für Deutschland als Vertreterin des deutschen Volkes in internationalen Angelegenheiten zu sprechen" in Teil V der Schlußakte (ebenda S. 6982).

[30]) Siehe 53. Sitzung TOP 1: Bericht über die Pariser Konferenzen.

[31]) Vgl. hierzu folgende Eintragung in Nachlaß Seebohm/8c: „Über Saar ist nicht verhandelt worden; nach Abschluß der Konferenz hat M[endès-] F[rance] Adenauer angesprochen; Bereitschaft erklärt, am 20. 10. darüber zu sprechen; wirtschaftliche Grundlagen, Gegenvorschläge, Verflechtung? Blücher: Belastung durch fehlende direkte Verbindung zur Saar. Freie Wahlen? Vorschlag Mommers ist wesentlich brauchbarer als frühere SPD-Gedanken. Niemand wird uns konzedieren, wegen der Saar die Sache scheitern zu lassen. Moselkanalisierung und Elektrifizierung (50 Hz): Unterrichtung Hallsteins!" Vgl. dazu auch FRUS V p. 1331 und ADENAUER S. 349.

[32]) Vgl. dazu im einzelnen Deutscher Bundestag, 2. Wahlperiode 1953–1957, Ältestenrat: Kurzprotokoll der 33. Sitzung am 5. Okt. 1954 (Parlamentsarchiv des Deutschen Bundestages) und Protokoll über die Fraktionsvorstandssitzung am 5. 10. 1954 in SPD-Bundestagsfraktion/1017a (alt) (im AdsD).

Hinsichtlich der Gestaltung der Bundestagsdebatte am kommenden Donnerstag, den 7. 10., regt der Vizekanzler an, in diesem besonderen Falle eine gemeinsame Erklärung der Regierungsparteien statt gesonderter Erklärungen jeder einzelnen Koalitionspartei abzugeben. Sowohl im Inland wie auch im Ausland, insbesondere in Frankreich, werde eine gemeinsame Stellungnahme der Koalitionsparteien[33]) einen günstigen Eindruck hinterlassen. Die Bedenken des Bundestagsabgeordneten Dr. von Merkatz gegen diesen Vorschlag zerstreut der Bundeskanzler durch den Hinweis, daß es den einzelnen Regierungsparteien im Verlauf der anschließenden Debatte[34]) durchaus möglich sei, besonders zu Worte zu kommen. Abschließend regt der Bundeskanzler an, daß die Fraktionsvorsitzenden über die Gestaltung der kommenden Bundestagsdebatte nachmittags im Anschluß an die Regierungserklärung beraten möchten[35]).

2. ENTWURF EINES FÜNFTEN GESETZES ZUR ÄNDERUNG DES ZOLLTARIFS
BMF

[Nicht behandelt][36])

3. PERSONALIEN

[Nicht behandelt][37])

4. KRIEGSFOLGENSCHLUSSGESETZ
BMF

[Nicht behandelt][38])

Nachdem der Bundeskanzler die Sitzung verlassen hat, übernimmt der Vizekanzler den Vorsitz. Der Anregung mehrerer Kabinettsmitglieder folgend, schlägt er vor, die Erörterung der weiteren Punkte der Tagesordnung im Hinblick auf die bevorstehende Sitzung des Bundestages auf den nächstmöglichen Termin zu vertagen.

Hiermit erklärt sich das Kabinett einverstanden.

---

[33]) Siehe Antrag der Fraktionen der CDU, CSU, FDP, GB/BHE, DP betr. Regierungserklärung vom 5. Oktober 1954 (BT-Drs. Nr. 864 vom 7. Okt. 1954).
[34]) Siehe Aussprache über die Erklärung der Bundesregierung vom 5. Oktober 1954 in STENOGRAPHISCHE BERICHTE Bd. 21 S. 2235 D – 2320 C. – Vgl. dazu auch den Vorgang „Beitrag der Dienststelle Blank zur Regierungserklärung am 5. Okt. 1954" in BW 9/2577 sowie TEEGESPRÄCHE S. 767 f.
[35]) Am 5. Okt. 1954 gegen 15 Uhr fand eine Besprechung Adenauers statt mit von Brentano, Krone, Pferdmenges, Kiesinger, Gerstenmaier (StBKAH 04.05).
[36]) Siehe 52. Sitzung TOP 2.
[37]) Siehe 51. Sitzung TOP 3.
[38]) Siehe 55. Sitzung TOP 1.

**50. Kabinettssitzung
am Donnerstag, den 14. Oktober 1954**

Teilnehmer[1]: *Adenauer, Blücher, Schröder, Schäffer (zeitweise)*[2], *Erhard, Storch, Preusker, Oberländer, Kaiser, Hellwege, Tillmanns, F. J. Strauß, Schäfer; Bergemann, Globke, Hallstein, Hartmann, Nahm, Sonnemann, Westrick; Klaiber; von Eckardt, Forschbach; Selbach, Kilb; Blank. Protokoll: Haenlein.*

Ort: Bundeshaus

Beginn: 9.00 Uhr   Ende: 10.30 Uhr

1. STAND DER STEUERREFORM   BMF

   [Nicht behandelt][3]

2. NEUBELASTUNG DES BUNDESHAUSHALTS[4] DURCH SOZIALMASSNAHMEN (KRIEGSOPFERVERSORGUNG[5], ALTRENTEN[6], WEIHNACHTSZUWENDUNGEN[7], KRIEGSGEFANGENENENTSCHÄDIGUNG[8] ETC.)[9]   BMF/BMA

Es wird zunächst

3. LASTENAUSGLEICHSBANK; HIER: ÖFFENTLICHE AUFSICHT ÜBER DIE BANK GEMÄSS § 13 DES ENTWURFES EINES GESETZES ÜBER DIE LASTENAUSGLEICHSBANK   BMVt

behandelt.
Der Bundesminister der Finanzen erscheint im Verlauf dieser Beratung.

---

[1]) Vgl. den Satz vor TOP 4 des Kurzprotokolls.
[2]) Vgl. den ersten Satz in TOP 3 und den ersten Satz des neunten Absatzes in TOP 3 des Kurzprotokolls.
[3]) Siehe 51. Sitzung TOP 1.
[4]) Vgl. 39. Sitzung TOP 2. — Dieser TOP wurde offensichtlich in dem Teil der Sitzung beraten, an dem nur die Kabinettmitglieder und der Chef des Bundespräsidialamtes teilnahmen (vgl. den Satz nach TOP 3 dieser Sitzung). — Schäffer hielt dazu fest: „Im Laufe der Aussprache habe ich vorgetragen, daß Haushaltsmittel für keinen der Anträge zur Verfügung stehen und daß ich vorschlage, der Herr Bundesmin. f. Arbeit möge im Namen des Kabinetts eine Erklärung abgeben, die Bundesregierung sei bereit, auf Grund des seinerzeitigen grundsätzlichen Antrags einen Gesetzentwurf dem Bundestag vorzulegen, der gleichzeitig die Frage der Deckung beantwortet. Es soll im Laufe des Tages in Besprechungen unter den Ressorts und den Vertretern der Fraktionen eine solche Formulierung vereinbart werden. Das Kabinett hat dementsprechend beschlossen." (Schreiben an Hartmann vom 14. Okt. 1954 in Nachlaß Schäffer/34).
[5]) Siehe Sondersitzung am 12. Nov. TOP C.
[6]) Vgl. 44. Sitzung TOP B.
[7]) Vgl. 36. Sitzung TOP F.
[8]) Vgl. 14. Sitzung TOP 1.
[9]) Vgl. auch den Vermerk vom 11. Nov. 1954 in B 136/305. — Fortgang 51. Sitzung TOP 4.

Der Bundesminister für Vertriebene, Flüchtlinge und Kriegsgeschädigte trägt den Inhalt seiner Kabinettsvorlage vom 9. 10. 1954 vor[10]). Die Gründe für den Kabinettsbeschluß vom 6. 3. 1953 seien inzwischen fortgefallen[11]). Er bittet deshalb, die Ausübung der Aufsicht über die Lastenausgleichsbank ihm zu übertragen.

Staatssekretär Hartmann widerspricht diesem Antrag aus sachlichen Gründen und führt dabei aus, daß die Bankenaufsicht grundsätzlich nur von den Bundesministern für Wirtschaft und der Finanzen ausgeübt werde[12]). Er bittet, mit der Entscheidung im vorliegenden Falle zu warten, bis der Bundesminister der Finanzen persönlich anwesend ist. Dieser sei in dieser Frage durch einen Beschluß seiner Partei auch politisch gebunden[13]).

Der Bundeskanzler antwortet, er könne derartige politische Bindungen nicht anerkennen[14]), da die Bundesminister selbst für die Führung ihres Ressorts verantwortlich seien. Er möchte wissen, ob die Mitwirkung des Bundesministeriums für Wirtschaft bei der Aufsicht über die Bank gesichert ist.

Der Bundesminister Strauß und der Bundesminister für gesamtdeutsche Fragen bitten, die Sache bis zum Eintreffen des Bundesministers der Finanzen zurückzustellen.

Der Bundesminister für Wohnungsbau weist darauf hin, daß es sich bei der Lastenausgleichsbank nicht um eine Bank im üblichen Sinne, sondern um einen Sonderfall handele und daß er aus diesem Grund den Wunsch des Bundesministers für Vertriebene, Flüchtlinge und Kriegsgeschädigte für berechtigt halte.

Dieser Auffassung schließt sich auch der Vizekanzler an, unter der Voraussetzung, daß der für die Bankenaufsicht zuständige Bundesminister für Wirtschaft keine Bedenken habe. Er bittet, auch in Zukunft auf eine enge Zusammenarbeit zwischen der Bank und seinem Ressort, das die ERP-Mittel verwalte, bedacht zu sein.

Der Bundesminister für Wirtschaft und Staatssekretär Dr. Bergemann sprechen sich für den Antrag des Bundesministers für Vertriebene, Flüchtlinge und Kriegsgeschädigte aus.

---

[10]) Zum Gesetz vgl. 23. Sitzung TOP 2. – Vorlage in B 106/24357 und B 136/9438. – Siehe auch das Schreiben Oberländers an Adenauer vom 30. April 1954, mit dem er die Zuständigkeit beanspruchte, in B 136/2334.

[11]) Das Kabinett hatte in der 280. Sitzung am 6. März 1953 (TOP 2a) beschlossen, die Aufsicht über die Lastenausgleichsbank dem BMF zu übertragen. In § 13 des Gesetzentwurfs über die Lastenausgleichsbank war nur festgelegt, daß die Bundesregierung die Aufsicht einem Bundesminister übertragen werde. – Nach der Übertragung der Zuständigkeit für die Kriegssachgeschädigten vom BMI auf den BMVt mit Wirkung ab 1. April 1954 (vgl. 16. Sitzung TOP 1) hielt der BMVt die vom BMF vertretene Ansicht, daß ein neutraler Minister mit der Aufsicht beauftragt werden sollte, für gegenstandslos.

[12]) Vgl. dazu 186. Sitzung am 16. Nov. 1951 (TOP D).

[13]) Vgl. dazu das Schreiben Schäffers an Adenauer vom 16. Febr. 1954 und den Vermerk vom 28. Mai 1954 in B 136/9438.

[14]) Adenauer bemühte sich, die Zustimmung der CDU/CSU-Fraktion zu der Übertragung der Aufsicht an den BMVt zu gewinnen (Schreiben an von Brentano vom 29. Juni 1954 in B 136/9438). Zur ablehnenden Haltung der Fraktion siehe das Schreiben von Brentanos an Adenauer vom 6. Juli und das Schreiben Johannes Kunzes an Adenauer vom 16. Okt. 1954 (ebenda).

Der inzwischen erschienene Bundesminister der Finanzen erklärt, er sei aus politischen Gründen nicht in der Lage, diesem Antrag zuzustimmen. Er verweist auf den Kabinettsbeschluß vom März 1953, durch den die Ausübung der Aufsicht ihm übertragen worden sei. In den Verhandlungen mit dem Bundesminister für Vertriebene, Flüchtlinge und Kriegsgeschädigte im Februar ds. Js. sei ausdrücklich vereinbart worden, daß die Frage der Zuständigkeit von diesem nicht mehr aufgeworfen und an dem derzeitigen Zustand nichts geändert werde[15]). Er müsse auch darauf Wert legen, daß eine objektive Stelle die Bankenaufsicht ausübe, nicht aber derjenige, der die Interessen der Darlehensnehmer wahrzunehmen habe.

Der Bundesminister für Vertriebene, Flüchtlinge und Kriegsgeschädigte entgegnet, daß er bei den Besprechungen im Februar nichts von dem Kabinettsbeschluß vom März vorigen Jahres und seinen Gründen gewußt habe. Er habe dies erst nachträglich erfahren und müsse deshalb eine andere Haltung einnehmen. Im übrigen sei der Präsident des Bundesausgleichsamts, der dem Bundesminister der Finanzen unterstehe, der Vorsitzende des Aufsichtsrats der Bank. Damit sei auch vom Standpunkt des Finanzministers aus gewährleistet, daß die Geschäftsführung objektiv gehandhabt werde.

Es wird sodann über den Antrag des Bundesministers für Vertriebene, Flüchtlinge und Kriegsgeschädigte abgestimmt. Für ihn spricht sich die Mehrheit aus.

Der Bundesminister der Finanzen stimmt gegen den Antrag und erklärt zu Protokoll, daß er gegen den Beschluß gemäß § 26 der Geschäftsordnung der Bundesregierung ausdrücklich Widerspruch erhebe[16]).

An dem weiteren Verlauf der Sitzung nehmen nur die Kabinettsmitglieder selbst und der Chef des Bundespräsidialamtes teil.

4. PERSONALIEN

[Nicht behandelt][17])

---

[15]) Unterlagen in B 136/9438 und B 106/23048.
[16]) § 26 der Geschäftsordnung vom 11. Mai 1951 legt fest, daß bei einem Widerspruch des BMF gegen Maßnahmen von finanzieller Bedeutung die Sache erneut im Kabinett behandelt werden muß (GMBl. S. 137). Oberländer bestritt in seinem Schreiben an Schäffer vom 15. Okt. 1954, daß § 16 in dem strittigen Fall anwendbar sei (B 106/24312). – Fortgang 58. Sitzung TOP 2.
[17]) Siehe 51. Sitzung TOP 3.

**51. Kabinettssitzung
am Montag, den 18. Oktober 1954**

*Teilnehmer:*¹) *Adenauer*²)*, Blücher, Schröder, Neumayer, Schäffer, Erhard, Storch, Balke, Preusker, Oberländer, Kaiser, Hellwege, Wuermeling, Tillmanns, F. J. Strauß, Schäfer; Globke, Hallstein, Sonnemann; Klaiber; von Eckardt, Forschbach; Selbach, Kilb; Blank und die Mitglieder des Bundestages Eickhoff, Euler. Protokoll: Haenlein.*

*Beginn: 16.45 Uhr*³)   *Ende: 18.30 Uhr*

Die Beratungen werden zunächst nur im Kreise der Bundesminister, der Abgeordneten und in Anwesenheit des Chefs des Bundespräsidialamtes geführt⁴).

Von der Tagesordnung wird nur Punkt 3 — Personalien — abgewickelt.

1. STEUER- UND FINANZREFORM   BMF

[Nicht behandelt]⁵)

---

¹) Siehe dazu den ersten Satz des Kurzprotokolls.
²) Adenauer empfing um 18.15 den isländischen Gesandten Vilhjálmur Finsen, um 18.20 hatte er eine Besprechung mit Dehler, an der ab 18.25 Uhr auch Blücher, Preusker, Neumayer, Schäfer und Euler teilnahmen (StBKAH 04.05).
³) Laut Einladung sollte die Sitzung um 16.00 Uhr beginnen (Kabinettsprotokolle Bd. 24 E). Dem Terminkalender ist zu entnehmen, daß Adenauer um 16.10 Uhr eine Besprechung mit Fritz Berg und Dr. Friedrich Beyer hatte (StBKAH 04.05).
⁴) Vgl. dazu „18. 10. 1954 — Nur persönlicher Erinnerungsvermerk f[ür] Min[ister] Blücher", der wie folgt beginnt: „Vor der Kabinettssitzung vom 18. Oktober habe ich mich selbstverständlich mit meinen drei FDP-Kabinettskollegen unterhalten über die neuerlichen Äußerungen von Dehler (auf Bayernparteitag FDP-Angriffe gegen Außenpolitik, Kanzler und Strauß usw.). Wir haben nur mit Rücksicht auf die nächsten Tage und Wochen (Pariser Verhandlungen w[egen] Aufnahme in NATO, Saarabkommen, Souveränität) von Entschlüssen Abstand genommen, d. h. also von Rücktritt aus Kabinett. Wir haben nur im Kabinett geäußert gegenüber dem Bundeskanzler: Nachdem uns bekannt geworden ist, daß Sie heute um 18.00 Uhr Dr. Dehler empfangen, legen wir Wert darauf, daß einer oder mehrere von uns dabei anwesend sind, damit es hinterher keine Unklarheiten gibt" (Nachlaß Blücher/81). — Zu den umstrittenen Äußerungen Dehlers am 16. Okt. 1954 auf dem Landesparteitag der bayerischen FDP in Nürnberg vgl. EA 1954 S. 7099 und Freie Demokratische Korrespondenz vom 27. Okt. 1954.
⁵) Vgl. 43. Sitzung TOP 4. — Schäffer notierte dazu: „1. Vertrauliche Aussprache unter den Ministern. 2. Steuer- und Finanzreform: Ich gebe einen Überblick über die haushaltswirtschaftliche Lage und im Zusammenhang damit über die Verschärfung dieser Lage durch die zur Zeit im Bundestag laufenden Initiativanträge der verschiedenen Parteien. Die Zahlen entsprechen der Veröffentlichung, die im Bulletin demnächst erscheint. Ich erkläre, daß keine Möglichkeit bestehe, den Bundeshaushalt unter diesen Umständen aufrechtzuerhalten. Ich rege an, daß sofort eine Besprechung mit den Koalitionsparteien stattfindet des Inhalts, daß die Koalitionsparteien der Bundesregierung die Bundesregierung nicht zwingen sollen, die Zustimmung nach Artikel 113 GG zu verweigern. Das Kabinett beschließt entsprechend. Der Stellvertreter des Herrn Bundeskanzler wird beauf-

2. LASTENAUSGLEICHSBANK; HIER: ÖFFENTLICHE AUFSICHT ÜBER DIE BANK GEMÄSS § 13 DES ENTWURFES EINES GESETZES ÜBER DIE LASTENAUSGLEICHSBANK. – ENTSCHEIDUNG ÜBER DEN WIDERSPRUCH DES BUNDESMINISTERS DER FINANZEN GEMÄSS § 26 DER GESCHÄFTSORDNUNG DER BUNDESREGIERUNG BMVT

[Nicht behandelt][6])

3. PERSONALIEN

Die Ernennungs- und Anstellungsvorschläge der Anlagen 1[7]) und 2[8]) zu Punkt 4 der Tagesordnung für die Kabinettssitzung am 14. 10. 1954 werden vom Kabinett gebilligt[9]). Der Bundesminister der Finanzen erklärt hierbei, daß er der Ernennung des Ministerialrats Forschbach zum Ministerialdirigenten nicht zustimmen könne.

Die Vorschläge des Bundesministers für Arbeit zur Person des Abgeordneten Oberregierungsrats a. D. Anton Sabel[10]) werden zurückgestellt. Nach kurzer Aussprache erklärt sich der Bundesminister für Arbeit bereit, in dieser Angelegenheit mit dem Bundespräsidenten und Vertretern im Selbstverwaltungsorgan der Bundesanstalt für Arbeitsvermittlung und Arbeitslosenversicherung Fühlung zu nehmen[11]).

---

tragt, die Einladungen zu einer solchen Besprechung zu übernehmen." (Schreiben an Hartmann vom 19. Okt. 1954 in Nachlaß Schäffer/34.) – Siehe auch den Sprechzettel vom 14. Okt. 1954 (B 126/6205) und das Schreiben Schäffers an die Mitglieder der CDU/CSU-Fraktion vom 21. Okt. 1954 (ebenda und B 136/600). – Fortgang 52. Sitzung TOP D.

[6]) Siehe 58. Sitzung TOP 2.

[7]) An Ernennungen waren vorgesehen: im Bundeskanzleramt (BPA) ein Ministerialdirigent (Edmund Forschbach), im AA ein MinDir. (Dr. iur. Josef Löns), im BMWi ein Ministerialdirigent. In einem Schreiben Schäffers an Hartmann vom 19. Okt. 1954 findet sich zu Forschbach folgender Passus: „Die Ernennung von MR Forschbach zum MinDirig. wird gegen meine Stimme genehmigt. Ich gebe die Erklärung ab, daß ich aus politischen Gründen nicht zustimmen könne" (Nachlaß Schäffer/34).

[8]) Vom Bundeskanzleramt (BPA) wurde beantragt die Anstellung von Chefredakteur Heinz Diestelmann als Angestellter nach der ADO für übertarifliche Angestellte im öffentlichen Dienst.

[9]) Dieser Satz lautet ursprünglich, und zwar im Entwurf wie in der Ausfertigung: „Die Ernennungs- und Anstellungsvorschläge der Anlagen 1 und 2 zu Punkt 7 der Tagesordnung für die Kabinettssitzung am 13. 10. 1954 werden vom Kabinett gebilligt" (Kabinettsprotokolle Bd. 24 E, Bd, 21 A). Die Änderung dieses Satzes durch den Bearbeiter war erforderlich, weil die Anlage 1 zu Punkt 7 der Tagesordnung für die 50. Kabinettssitzung der Bundesregierung am 13. Okt. 1954 (die 50. Kabinettssitzung wurde auf den 14. Okt. 1954 verschoben) nur die beiden Ernennungen von Löns und Heck vorsah (ebenda Bd. 24 E) und das Bundeskanzleramt mit Schreiben vom 12. Okt. 1954 bat, „die bereits übersandte Anlage 1 zu Punkt 7 der Tagesordnung für die 50. Kabinettssitzung am 13. Oktober 1954" gegen die „Anlage 1 zu Punkt 4 der Tagesordnung für die 50. Kabinettssitzung der Bundesregierung am 14. Oktober 1954" auszuwechseln (ebenda Bd. 21 A), welche nunmehr die drei Ernennungen Forschbach, Löns und Heck vorsah.

[10]) Vgl. dazu 45. Sitzung Anm. 75.

[11]) Die Ernennung Sabels zum Präsidenten des Landesarbeitsamtes Nordrhein-Westfalen kam nicht zustande (zur Ablehnung seitens des Verwaltungsrates der Bundesanstalt für Arbeitsvermittlung und Arbeitslosenversicherung vgl. die einschlägigen Unterlagen in B 134/4220). – Fortgang hierzu 131. Sitzung am 25. April 1956 TOP 1.

4. NEUBELASTUNG DES BUNDESHAUSHALTS DURCH SOZIALMASSNAHMEN (KRIEGSOPFERVERSORGUNG, ALTRENTEN, WEIHNACHTSZUWENDUNGEN, KRIEGSGEFANGENENENTSCHÄDIGUNG ETC.)[12]) BMF/BMA

[Nicht behandelt]

Außerhalb der Tagesordnung

[A.] ABSCHLUSS EINES FREUNDSCHAFTS-, HANDELS- UND SCHIFFAHRTSVERTRAGES ZWISCHEN DER BUNDESREPUBLIK DEUTSCHLAND UND DEN VEREINIGTEN STAATEN VON AMERIKA

Staatssekretär Dr. Sonnemann erklärt, daß in einer Vorbesprechung zwischen den beteiligten Ressorts ein Einvernehmen erzielt worden sei[13]).

Das Kabinett stimmt daraufhin dem Vertragsentwurf[14]) zu, vorbehaltlich einer Einigung hinsichtlich der redaktionellen Änderungswünsche des Bundesministers der Justiz[15]).

---

[12]) Vgl. 50. Sitzung TOP 2. – Schäffer notierte dazu: „Erledigt im Zusammenhang mit Finanz- und Steuerreform." (Schreiben an Hartmann vom 19. Okt. 1954 in Nachlaß Schäffer/34.) – Fortgang 52. Sitzung TOP 1.

[13]) Die vom BML erbetene „Aussprache" über Artikel XIV Abs. 2 des Vertragsentwurfes, welcher eine volle Liberalisierung des Warenverkehrs vorsah – soweit sie nicht auch dritten Ländern gegenüber beschränkt war (vgl. Sondersitzung des Kabinett-Ausschusses für Wirtschaft am 20. Aug. 1954 TOP A) – hatte am 27. Sept. 1954 unter Vorsitz des Vizekanzlers stattgefunden (Abschrift einer Niederschrift in B 136/1256). Vgl. dazu auch Vermerk des BML vom 16. Okt. 1954 in B 136/1256, in dem u. a. steht: „Wichtig ist die Haltung der USA bei den GATT-Verhandlungen. Den amerikanischen Auffassungen zu Artikel XIV des Freundschaftsvertrages könnte mit einigen Vorbehalten zugestimmt werden, wenn 1) die Amerikaner eindeutig erklären, daß sie bei den GATT-Verhandlungen unsere Forderungen auf Beibehaltung der derzeitigen Schutzmaßnahmen für die landwirtschaftliche Produktion unterstützen, 2) in einem nicht zu veröffentlichenden Zusatzprotokoll zum Freundschaftsvertrag festgestellt würde, daß die Bestimmungen des Artikels XIV, soweit sie sich auf den Schutz der landwirtschaftlichen Produktion auswirken, nicht in Kraft treten, wenn bei den GATT-Revisionsverhandlungen unsere agrarwirtschaftlichen Forderungen unerfüllt bleiben."

[14]) Vorlage des AA vom 15. Okt. 1954 in AA, Ref. 404, Bd. 12 und B 136/1256. Weitere einschlägige Unterlagen in AA, Ref. 404, Bd. 1–11 und 13–16, ferner in AA, Ref. 414, Bd. 62–64 und AA, Ref. 500, Bd. 58–65.

[15]) Zu den redaktionellen Änderungswünschen des BMJ, vor allem zur Protokollbestimmung Nr. 1 zu Art. VII des Vertragsentwurfs, vgl. Schriftwechsel BMJ mit AA und Bundeskanzleramt in B 141/9617 f. In diesem Zusammenhang findet sich in einem Vermerk des BMJ vom 26. Okt. 1954 folgender Passus: „Daraus ergibt sich, daß die Verhandlungen in Washington zu einer Abweichung von der vom Bundesjustizministerium vorgeschlagenen Protokollklausel zu Ziffer 1 geführt haben. Da jedoch Satz 3 dieser Protokollklausel eine wesentlich weitere und schärfere Formulierung erhalten hat, dürften die Bedenken des Bundesjustizministeriums auch durch diese Fassung ausgeräumt sein" (B 141/9617). Weitere einschlägige Unterlagen in B 141/9619–9624 und B 146/1585. – Unterzeichnung des Vertrages – bestehend aus 29 Artikeln, zu dem noch ein Protokoll und mehrere Notenwechsel traten – am 29. Okt. 1954 in Washington durch Adenauer und Dulles (Mitteilung des BPA 1225/54 vom 30. Okt. 1954, BULLETIN vom 19. Nov. 1954 S. 1979–1988). – Fortgang 98. Sitzung am 28. Sept. 1955 TOP 6.

[B. BEERDIGUNG DES MINISTERPRÄSIDENTEN FRIEDRICH WILHELM LÜBKE]

Es wird vereinbart, daß bei der Beerdigung des verstorbenen Ministerpräsidenten Lübke[16]) neben dem Vizekanzler noch die Bundesminister Dr. Tillmanns, Storch und wenn möglich Schäffer teilnehmen sollen[17]).

---

[16]) Friedrich Wilhelm Lübke (25. 08. 1887–16. 10. 1954, Bruder von Heinrich Lübke). Bis 1933 zweiter Vorsitzender des Schleswig-Holsteiner Bauernvereins; 1946 Landrat des Kreises Flensburg, 1947–1954 MdL in Schleswig-Holstein (CDU), 1951–1954 Vorsitzender des CDU-Landesverbandes und Ministerpräsident von Schleswig-Holstein.
[17]) Ansprache Blüchers bei der Trauerfeier am 20. Okt. 1954 im Stadttheater Kiel in Nachlaß Blücher/178 und BULLETIN vom 28. Okt. 1954 S. 1823 f.

**52. Kabinettssitzung
am Freitag, den 22. Oktober 1954**

Teilnehmer: Blücher, Schröder (ab 12.15 Uhr), Neumayer, Schäffer, Erhard, Storch, Preusker, Oberländer, Kaiser, Hellwege, Wuermeling, Tillmanns (bis 12.30 und ab 13.00 Uhr), Schäfer; Bleek, Gladenbeck, Globke (bis 12.15 Uhr), Nahm, W. Strauß, Thedieck (ab 11.15 Uhr), Westrick (bis 12.20 Uhr); Klaiber; Forschbach; Selbach; Schiller[1]*). Protokoll: Haenlein.*

Ort: Bundeshaus

Beginn: *10.30 Uhr*   Ende: *14.15 Uhr*[2])

[Außerhalb der Tagesordnung]

Vor Eintritt in die Tagesordnung werden folgende Punkte erörtert.

[A.] SPORTREISE DER RUSSISCHEN MANNSCHAFT „DYNAMO"

Der Bundesminister für gesamtdeutsche Fragen gibt zu erwägen, ob das Spiel der russischen Mannschaft „Dynamo" in Krefeld verhindert werden soll[3]. Er hält es für sehr unerwünscht, daß die russische Mannschaft ausgerechnet am Gedenktag für die Kriegsgefangenen in der deutschen Öffentlichkeit auftritt und beifällig begrüßt wird.

Staatssekretär Bleek teilt mit, das Bundesministerium des Innern habe die Frage geprüft, habe aber feststellen müssen, daß es schwer möglich sei, die Veranstaltung zu verhindern. Die Versuche, über den Minister des Innern des Landes Nordrhein-Westfalen, Dr. Meyers[4], in dieser Richtung etwas zu erreichen, würden fortgesetzt[5].

---

[1] Dr. iur. Friedrich Schiller (geb. 1895). 1947–1949 stellvertretender Direktor der Verwaltung für Verkehr des VWG, 1949–1960 BMV (MinDir.).

[2] Die Sitzung war von 11.00 bis 11.30 Uhr unterbrochen (vgl. den Satz vor TOP 1 des Kurzprotokolls).

[3] Die Eishockey-Mannschaft Dynamo Moskau hatte am 20. Okt. in Köln und am 21. Okt. in Düsseldorf gegen deutsche Mannschaften gespielt und deutlich gewonnen. Weitere Spiele sollten am 24. Okt. in Krefeld und am 26. Okt. 1954 in Bad Nauheim stattfinden (Unterlagen in B 106/1955 und B 136/5551). – Siehe auch Frankfurter Allgemeine Zeitung vom 22. und 23. Okt. 1954. – Zur Beurteilung der kulturellen und sportlichen Kontakte mit der DDR durch den BMG vgl. auch Franz Thedieck: Politik mit Geige, Feder und Fußball. Kulturpolitische Sirenenklänge aus der Sowjetzone – Eine Zersetzungs- und Infiltrationstaktik (BULLETIN vom 9. Nov. 1954 S. 1905 f.).

[4] Dr. iur. Franz Meyers (geb. 1908). Rechtsanwalt; 1950–1970 MdL (CDU), 1952 Oberbürgermeister von Mönchengladbach, 1952–1956 Innenminister und 1958–1966 Ministerpräsident von Nordrhein-Westfalen. – Meyers, Franz: gez. Dr. Meyers, Summe eines Lebens. Düsseldorf 1982.

[5] Unterlagen nicht ermittelt. – Die Spiele fanden statt (siehe Frankfurter Allgemeine Zeitung vom 25. und 28. Okt. 1954).

Der Bundesminister für Arbeit rät, nur dann einzugreifen, wenn gesichert sei, daß nicht wieder wie bei dem Film „Bis 5 nach 12" eine Panne eintrete[6]).

[B.] BERICHT ÜBER DIE VERHANDLUNGEN IN PARIS

Der Vizekanzler unterrichtet sodann die Kabinettsmitglieder anhand der ihm zugegangenen Nachrichten über den Stand der Pariser Verhandlungen. Daraus ergebe sich ein etwas anderes Bild als aus den Meldungen der Presse.

Von verschiedenen Seiten sei er darauf aufmerksam gemacht worden, man empfinde es als unglücklich, daß zwar die Fraktionen, nicht aber Kabinettsmitglieder zur Vorbereitung der Entscheidungen in Paris hinzugezogen worden sind[7]).

Der Bundesminister für Wohnungsbau weist dazu darauf hin, daß Minister Strauß nach Paris gerufen wurde, obwohl er nicht Vorsitzender einer Fraktion ist.

Der Bundesminister der Finanzen erklärt dies damit, daß Minister Strauß Obmann der Landesgruppe CSU ist.

Der Bundesminister für gesamtdeutsche Fragen glaubt, das Kabinett selbst trage hieran im gewissen Sinne eine eigene Schuld, weil es nicht rechtzeitig dem Bundeskanzler seine Auffassung, zum Beispiel zur Saarfrage[8]), nahegebracht habe.

Von 11.00 bis 11.30 Uhr wird die Sitzung unterbrochen, um den Kabinettsmitgliedern Gelegenheit zu geben, an dem Gedenken des Bundestages für die Kriegsgefangenen teilzunehmen[9]).

1. ENTWURF EINES GESETZES ÜBER DIE FESTSTELLUNG DES BUNDESHAUSHALTSPLANS FÜR DAS RECHNUNGSJAHR 1955   BMF

   a) Hierzu gibt der Bundesminister der Finanzen einen allgemeinen Überblick im Sinne seiner Kabinettsvorlage[10]). Dabei weist er besonders auf die §§ 20

---

[6]) Vgl. 24. Sitzung TOP C.
[7]) Vgl. 49. Sitzung TOP 1: Regierungserklärung zur außenpolitischen Lage, ferner PROTOKOLLE CDU-BUNDESVORSTAND S. 247–291. — Blücher unterrichtete das Kabinett auf Grund zweier Drahtberichte aus Paris vom 20. („Bitte Vizekanzler unterrichten") und 21. Okt. 1954 („zur Unterrichtung des Vizekanzlers") (Nachlaß Blankenhorn/35). — Vgl. im einzelnen auch handschriftliche Aufzeichnung Hallsteins „20. 10. 1954 mit Brent[ano], Merkatz, Gerstenmaier, Dehler, Strauß, Haasler, Blankenhorn, Ophüls, Lahr, Thiefelder", in der u. a. steht: „Wenn keine Saarlösung wird Stell[un]g M[endès-] F[rance] i[m] Parlament sehr erschwert. Amerikaner werden nicht bleiben, wenn an Saarlösung Londoner Konf[erenz] scheitert" (Nachlaß Hallstein/125–126).
[8]) Siehe 53. Sitzung TOP 1.
[9]) Siehe dazu STENOGRAPHISCHE BERICHTE Bd. 21 S. 2568 und 2587 f.
[10]) Vgl. 51. Sitzung TOP 4. — Vorlagen des BMF vom 6. und 16. Okt. 1954 in B 136/305. — Der Haushaltsplan für das Haushaltsjahr 1955 belief sich in Einnahmen und Ausgaben auf insgesamt 27 576 632 600 DM, davon 1 433 859 500 im außerordentlichen Haushalt. — Zu den davon leicht differierenden Zahlen des vom Kabinett verabschiedeten Entwurfs siehe BULLETIN vom 11. Nov. 1954 S. 1936–1940.

und 21 der Haushaltsordnung[11]) hin. Wenn das Gesetz nach den Vorschriften der Verfassung termingerecht verabschiedet werden solle[12]), müsse es am 28. 10. 1954 — wie er das dem Bundesrat zugesichert habe — diesem zugestellt werden. Der Haushalt sei ausgeglichen, obwohl im nächsten Jahr die Steuern gesenkt würden, die sozialen Lasten höher seien und große Ausgaben für die Aufrüstung entständen. Er habe deshalb die Einnahmen höher geschätzt, als er das eigentlich verantworten könne. Dabei sei er von einer Steigerung des Sozialprodukts um 5,5 % ausgegangen.

Im Anschluß an den allgemeinen Überblick geht der Bundesminister der Finanzen auf die wesentlichen Änderungen der Einzelpläne gegenüber dem Vorjahr ein[13]).

b) Es wird sodann der Entwurf des Haushaltsgesetzes besprochen.
   aa) Staatssekretär Bleek erhebt Bedenken gegen den § 4 Abs. 2 des Gesetzentwurfes[14]). Zwar habe der Bundesminister der Finanzen mit seiner Vorlage vom 19. 10. 1954 versucht, diese Bestimmung genauer zu umschreiben[15]). Die Erläuterung stimme jedoch nicht mit dem Wortlaut des § 4 Abs. 2 überein. Nach diesem habe der Bundesminister der Finanzen jederzeit die Möglichkeit, in ein anderes Ressort einzugreifen. Nach der Meinung von Staatssekretär Bleek sind die vom Bundesminister der Finanzen mitgeteilten erklärenden Beispiele bereits in der Haushaltsordnung geregelt.

   Der Bundesminister der Justiz schließt sich diesen Ausführungen an. Der 1. Satz im § 4 Abs. 2 stehe im Widerspruch zu dem 2. Satz, nach dem § 30 Abs. 1 der RHO[16]) unberührt bleiben solle. Die vom

---

[11]) §§ 20 und 21 der laut Haushaltsgesetz 1949 und Vorläufige Haushaltsordnung vom 7. Juni 1950 (BGBl. 199) noch geltenden Reichshaushaltsordnung i. d. F. vom 14. April 1930 (RGBl. II 693) legten die Befugnisse des BMF bei der Aufstellung des Haushaltsplans fest. So konnte er Anträge, die ihm nicht gerechtfertigt erschienen, nach Benehmen mit dem Antragsteller ändern oder streichen. Wenn es sich bei den vom BMF abgelehnten Anträgen um Ausgaben von grundsätzlicher Bedeutung handelte, entschied auf Antrag des zuständigen Ressortministers die Bundesregierung. Dem BMF stand ein Widerspruchsrecht zu, wenn das Kabinett gegen sein Votum eine Ausgabe beschlossen hatte. Sie durfte nur dann in den Haushaltsplan aufgenommen werden, wenn sie in einer erneuten Abstimmung vom Kabinett mit der Stimme des BK beschlossen worden war.

[12]) Vgl. 39. Sitzung TOP 2.

[13]) Änderungen bestanden u. a. in den Mehrausgaben für die Bundesbahn, für die finanzielle Unterstützung Berlins, das Kriegsfolgenschluß- und das Rentenmehrbetragsgesetz sowie für die Wiedergutmachung nationalsozialistischen Unrechts.

[14]) Der Absatz lautete: „Der Bundesminister der Finanzen kann ferner Ausgabensätze im Plan des ordentlichen Haushalts sperren, wenn die Voraussetzungen, unter denen ihre Bewilligung erfolgt ist, ganz oder teilweise entfallen sind oder wenn der Bedarf, für den die Ausgabemittel bewilligt sind, auf andere Weise gedeckt werden kann. § 30 Abs. 1 der Reichshaushaltsordnung bleibt unberührt."

[15]) Vorlage in B 136/306.

[16]) Nach § 30 Abs. 1 der Reichshaushaltsordnung entschied der Fachminister darüber, ob der Zweck fortgefallen war, für den Haushaltsansätze bewilligt worden waren.

Bundesminister der Finanzen gewünschte Regelung verstoße im übrigen gegen das Grundgesetz[17]).

Der Bundesminister der Finanzen versichert, er habe weitergehende Konsequenzen nicht beabsichtigt, sondern nur den praktischen Fall des Interimsausschusses[18]) im Auge gehabt.

Der Vizekanzler hält eine nachträgliche Legalisierung dieses Falles nicht für erforderlich. Nach seiner Meinung sollte auch aus politischen Gründen die Autorität der Regierung und der einzelnen Kabinettsmitglieder nicht durch eine derartige Vorschrift geschwächt werden.

Der Bundesminister für Wohnungsbau hält die vom Bundesminister der Finanzen vorgeschlagene Formulierung für viel zu weitgehend. Da der Bundesminister der Finanzen danach Ausgabeansätze sperren könne, wenn der Bedarf „auf andere Weise gedeckt werden kann", habe damit der Bundesminister der Finanzen das Recht, die Ressortminister unter Umständen zur Deckung ihrer Bedürfnisse auf den Kapitalmarkt zu verweisen.

Staatssekretär Bleek beantragt, entsprechend der Vorlage des Bundesministers des Innern vom 14. 10. 1954[19]), den § 4 Abs. 2 des Gesetzentwurfs zu streichen, weil die in der Kabinettsvorlage des Bundesministers der Finanzen vom 19. 10. 1954 erwähnten beiden Fälle schon nach den §§ 30 und 65[20]) der Haushaltsordnung befriedigend geregelt sind.

Der Bundesminister für Arbeit bittet den Bundesminister der Finanzen, den § 4 Abs. 2 von sich aus zurückzuziehen.

Dem will der Bundesminister der Finanzen entsprechen unter dem Vorbehalt, daß er eine andere Formulierung findet, die den Bedenken der Kabinettsmitglieder Rechnung trägt.

bb) Der Bundesminister für Wohnungsbau bittet um Mitteilung, ob die Bestimmung des § 4 Abs. 1, wonach über die letzten 5 % aller Ausgabeansätze nur mit Zustimmung des Bundesministers der Finanzen verfügt werden kann, auch für die Fälle gelte, in denen eine gesetzliche Verpflichtung besteht.

---

[17]) Art. 65 GG legt fest, daß jeder Bundesminister seinen Geschäftsbereich selbständig und unter eigener Verantwortung leitet. — Vgl. dazu die Vermerke vom 12. und 20. Okt. 1954 in B 141/4948.

[18]) Der Ausschuß war durch das Protokoll über den Interimsausschuß, das gleichzeitig mit dem Vertrag über die EVG am 29. März in Paris unterzeichnet worden war, eingesetzt worden. Er bestand aus den Delegationen, die an der Ausarbeitung des Vertrages teilgenommen hatten, und sollte bis zur Unterzeichnung des Vertrages und zur Aufnahme der Tätigkeit der Organe tätig sein (Protokoll vom 27. Mai 1952, BGBl. II 1954 411). — Der Wirtschaftsplan für den Interimsausschuß (Deutsche Delegation) der Konferenz zur Errichtung einer Europäischen Verteidigungsgemeinschaft war für die Zeit vom 1. April bis zum 30. Sept. 1954 aufgestellt worden. Zur Auflösung des Ausschusses nach dem Scheitern der EVG siehe den Vermerk vom 11. Sept. 1954 in B 126/51519.

[19]) Vorlage in B 136/305.

[20]) Aus der Vorlage des BMI geht hervor, daß hier Art. 65 GG gemeint ist.

Der Bundesminister für Wirtschaft wünscht, von dieser Bestimmung jedenfalls die Personalausgaben auszunehmen, da er sonst 25 Kräfte seines Hauses entlassen müsse.

Der Bundesminister der Finanzen weist darauf hin, daß es sich um eine Bestimmung handelt, die auch früher schon jahrelang gegolten habe. Damals seien 10 % der Ansätze an seine Zustimmung gebunden worden. Nur im letzten Jahr sei anstelle dieser Bestimmung eine generelle 4 %ige Kürzung der Ansätze getreten. Diese Maßnahme habe sich jedoch nicht bewährt.

Staatssekretär Dr. Strauß macht darauf aufmerksam, daß bei der früheren Bestimmung einige Ausnahmen vorgesehen gewesen sind, die jetzt im Gesetzentwurf fehlen[21]).

Es besteht Übereinstimmung, noch festzustellen, worin diese Unterschiede bestehen.

cc) Ministerialdirektor Dr. Schiller, BMV, macht darauf aufmerksam, daß im früheren § 8 (jetzt § 7 Abs. 3) des Haushaltsgesetzes eine Ermächtigung für den Bundesminister der Finanzen enthalten war, gewisse Leerstellen auszubringen[22]). Gerade jetzt sei eine solche Vorschrift notwendig.

Der Bundesminister der Finanzen antwortet, daß der Haushaltsausschuß diese Vorschriften beanstandet habe.

dd) Der Bundesminister für Wohnungsbau erinnert daran, daß der Bundesminister der Finanzen nach Pressemeldungen darauf verzichtet haben soll, für die Zwecke des außerordentlichen Haushalts 1954 eine Anleihe auszugeben, weil er hierfür die ersparten Verteidigungskosten verwenden wolle. Unter diesen Umständen könne wohl auf § 12 Abs. 1 des Gesetzentwurfes[23]) verzichtet werden. Er will wissen, ob die Pressemeldungen zutreffen, oder ob der Bundesminister der Finanzen noch in diesem Jahr eine Anleihe ausgeben oder ob er im Jahre 1955 von dem Recht des § 12 Abs. 1 Gebrauch machen wolle.

Der Bundesminister der Finanzen bestätigt zunächst die Pressenachrichten. Ein Teil der gesparten Verteidigungskosten komme den Ländern zugute, da der Bund nur 38 % der Einkommen- und Körperschaftsteuer erhalte[24]). Mit dem Rest werde der außerordentliche Haushalt abgedeckt. Weiter führt der Bundesminister der Finanzen aus, daß

---

[21]) § 4 Abs. 2 des Haushaltsgesetzes 1954 (BGBl. II 541) lautete: „Der Bundesminister der Finanzen kann eine Befreiung des einzelnen Haushaltsgesetzes von der 4 prozentigen Kürzung zulassen, wenn die Ausgabe bis zur vollen Höhe des Ausgabeansatzes wegen einer internationalen Rechtsverpflichtung oder aus ebenso unabweisbaren Gründen zwangsläufig ist. Befreiungen über 300 000 Deutsche Mark bedürfen der Zustimmung des Haushaltsausschusses des Deutschen Bundestages."

[22]) § 8 Abs. 3 des Haushaltsgesetzes 1954 sollte die Befugnis des BMF regeln, mit Zustimmung des Haushaltsausschusses des BT Planstellen für Beamte auszubringen, deren Verwendung bei einer internationalen oder übernationalen Organisation vorgesehen war.

[23]) Der Absatz ermächtigte den BMF, Geldmittel für den außerordentlichen Haushalt durch Kredite zu beschaffen.

[24]) Vgl. 33. Sitzung TOP A.

der § 12 die in jedem Jahr üblichen Ermächtigungen enthalte. Er könne noch nicht übersehen, ob der außerordentliche Haushalt 1954 in vollem Umfange mit den ersparten Beträgen abzudecken sei. Wenn sich erst im Laufe des Jahres 1955 eine Lücke herausstelle, müsse er auch dann noch das Recht haben, diese durch eine Anleihe auszufüllen.

c) Vor Eintritt in die Erörterung der Haushaltspläne selbst stellt der Vizekanzler fest, daß er eine Verantwortung für das Zahlenwerk der Einzelpläne nicht übernehmen könne, da für ihre sorgfältige Prüfung die nötigen Unterlagen und die erforderliche Zeit gefehlt hätten.

Nach der Meinung des Bundesministers des Innern sind 2 bis 3 Sondersitzungen zur Beratung der Einzelpläne nötig. Da heute zur gleichen Zeit eine Vollsitzung des Bundestages abgehalten werde, hätten einige Kabinettsmitglieder weder Ruhe noch Zeit, sich der schwierigen Beratung zu widmen. Er schlägt vor, einen Tag der nächsten Woche für eine besondere Kabinettssitzung vorzusehen.

Der Bundesminister für Vertriebene, Flüchtlinge und Kriegsgeschädigte bedauert, daß das Bundesministerium der Finanzen es abgelehnt hat, einen Abteilungsleiter seines Hauses zur Vorbereitung der Haushaltsentscheidungen zu empfangen. Er hält es für notwendig, zunächst die sechs erheblichen Meinungsverschiedenheiten, die er noch mit dem Bundesministerium der Finanzen habe, in einer Vorbesprechung zu klären. Vor allem müßten für die Entschädigungen der Heimkehrer wesentlich mehr als 50 Mio DM bereitgestellt werden[25].

Hierzu bemerkt der Vizekanzler, daß er den Haushalt des Bundesministers für Vertriebene, Flüchtlinge und Kriegsgeschädigte noch nicht kenne. Ihm sei aber bekannt, daß nach dem Heimkehrergesetz[26] jährlich rd. 246 Mio DM für die Entschädigungen aufgebracht werden müßten. Da das Kabinett noch nicht mit einem Gegenvorschlag befaßt worden sei, müsse er davon ausgehen, daß dieser Betrag auch in den Haushalt des Bundesministers für Vertriebene, Flüchtlinge und Kriegsgeschädigte aufgenommen werde. Politisch wichtig sei es auch, ausreichende Mittel vorzusehen, um die Räumung der Lager[27] durchzuführen.

Auf Vorschlag des Vizekanzlers beschließt das Kabinett sodann, eine Sitzung zur Beratung des Haushaltsplanes 1955 am Dienstag, den 26. 10. 1954, 9.00 Uhr, im Haus des Bundeskanzlers vorzusehen. Die Sitzung soll nur zur Einnahme des Mittagessens um etwa 1 Stunde unterbrochen werden. Am darauffolgenden Mittwoch müsse die Sitzung unter Umständen fortgesetzt werden.

Der Bundesminister der Finanzen erklärt zu Protokoll, daß er hierfür jede Verantwortung ablehne, da er unter diesen Umständen die verfassungsmäßig vorgeschriebenen Termine nicht einhalten könne.

---

[25] Siehe dazu die Vorlage des BMVt vom 16. Okt. 1954 in B 136/305.
[26] Gesetz über die Entschädigung ehemaliger deutscher Kriegsgefangener vom 30. Jan. und Ergänzungsgesetz vom 12. Juni 1954 (BGBl. I 5 und 143).
[27] Vgl. 23. Sitzung TOP A.

d) Der Bundesminister für gesamtdeutsche Fragen bemerkt, er könne bei der Kabinettssitzung am 26. 10. nicht zugegen sein. Mit dem Bundesminister der Finanzen habe er abgesprochen, 8 Mio DM mehr für kultur- und volkspolitische Zwecke in seinen Haushalt einzusetzen. Sie sollen vor allem zur Unterstützung der Kirchen und der Jugend dienen. Der Bundesminister der Finanzen habe ihm das in Aussicht gestellt, wenn dies keine Berufungen anderer Ressorts nach sich ziehe. Er bittet, dem Bundesminister der Finanzen die Erfüllung seiner Zusage möglich zu machen[28].

2. ENTWURF EINES FÜNFTEN GESETZES ZUR ÄNDERUNG DES ZOLLTARIFS   BMF

Der Vizekanzler berichtet, daß sich bereits der Außenhandelsausschuß des Bundestages und der Kabinettsausschuß mit der Sache befaßt haben. Das Auswärtige Amt wolle nur einer Geltung des Gesetzes für ein Jahr zustimmen. Der Kabinettsausschuß wäre zu einem Kompromiß auf zwei Jahre bereit gewesen[29]. Der Bundesminister für Wirtschaft bittet, die Geltungsdauer des Gesetzes auf ein Jahr zu beschränken[30].

Nach der Meinung des Bundesministers der Finanzen hat sich die Einführung des Mischzolls bewährt. Dieser werde von allen Beteiligten begrüßt. Es bestehe kein Zweifel, daß der von dem Abgeordneten Horlacher[31] im Bundestag eingebrachte Antrag, dem Gesetz drei Jahre zu geben, angenommen werde. Man solle deshalb keinen neuen Gegensatz zur „Grünen Front" schaffen. Der Vizekanzler weist auf die präjudizierenden Wirkungen hin. Sollte das Mischzollsystem auch bei andern Wirtschaftszweigen angewandt werden, würde das bedenkliche Folgen haben. Sowohl im GATT wie bei der OEEC werde man zweifellos Deutschland ein einseitiges Vorgehen vorwerfen; deshalb sollte man die nun einmal beschlossene Übertretung der internationalen Vereinbarungen nicht überspannen. Der Bundesminister für Wohnungsbau unterstreicht die grundsätzliche Bedeutung der Frage und hofft, daß der Bundestag der Vorlage zustimmen wird, wenn die Bundesregierung erklärt, daß sie in der Zwischenzeit die Frage der Einführung des Mischzollsystems klären wolle.

---

[28] Fortgang 54. Sitzung TOP 1.
[29] Der Ausschuß für Außenhandelsfragen hatte am 21. Sept. dem von Mitgliedern der CDU/CSU-Fraktion am 8. Juli 1954 eingebrachten Entwurf (BT-Drs. Nr. 677) zugestimmt. Er sah vor, das Gesetz zur Verlängerung des Gesetzes zur Änderung des Zolltarifs vom 22. Dez. 1953 (BGBl. I 1568), das am 31. Dez. 1954 auslief, um drei Jahre zu verlängern (Kurzprotokoll in B 136/352). Das Gesetz hatte für Braumalz anstelle des geltenden Zollsatzes „20 % des Wertes" einen Mischzoll von „60 DM/100 kg abzüglich 70 % des Wertes" eingeführt. – Die dieser Sitzung zugrundeliegende Vorlage des BMF vom 10. Sept. 1954, die eine unbefristete Beibehaltung des Mischzolls vorsah, war im Kabinett-Ausschuß für Wirtschaft am 27. Sept. 1954 behandelt worden.
[30] Vgl. auch das Schreiben des BMWi vom 23. Sept. 1954 an das Bundeskanzleramt in B 136/352.
[31] Dr. rer. pol. Michael Horlacher (1888–1957). 1920–1933 Direktor der Bayerischen Landesbauernkammer, 1920–1924 Mitglied des Bayerischen Landtages, 1924–1933 MdR (Bayerische Volkspartei); 1945 Mitbegründer der CSU, 1948 stellvertretender Vorsitzender der CSU, Staatskommissar für das landwirtschaftliche Genossenschaftswesen im Bayerischen Landwirtschaftsministerium und Präsident des Bayerischen Bauernverbandes, Direktor (1945) und geschäftsführender Präsident (1948) des Deutschen Raiffeisenverbandes; 1946–1950 Präsident des Bayerischen Landtages, 1949–1957 MdB.

Das Kabinett beschließt sodann die Vorlage mit der Maßgabe, daß das Gesetz nur zwei Jahre gültig sein soll[32]).

3. ENTWURF EINER ZWEIUNDZWANZIGSTEN VERORDNUNG ÜBER ZOLLSATZÄNDERUNGEN   BMF

Nach kurzer Aussprache stimmt das Kabinett der Vorlage des Bundesministers der Finanzen zu[33]).

4. ENTWURF EINES PERSONALVERTRETUNGSGESETZES: STELLUNGNAHME DER BUNDESREGIERUNG ZU DEN BESCHLÜSSEN DES UNTERAUSSCHUSSES PERSONALVERTRETUNG DES BUNDESTAGES   BMI

Der Bundesminister des Innern hebt die entscheidenden Punkte für die Beurteilung der von dem Bundestagsausschuß vorgesehenen Änderungen des Gesetzes hervor und bittet, im Sinne seiner Vorlage zu beschließen[34]). Nach seiner Meinung ist das Gesetz nur ein Nachklang zu den früheren Entscheidungen der Bundesregierung und des Bundestages über die Mitwirkung der Arbeitnehmer in den Betrieben[35]). Das Gesetz bessere in jedem Fall die zur Zeit vor allem durch einige Länder[36]) geschaffene Lage im Sinne der Verwaltung.

Nach der Meinung von Staatssekretär Dr. Strauß enthält das Gesetz nur ein Mindestmaß dessen, was notwendig ist, wenn das Wesen des Beamtentums nicht entscheidend verändert werden soll.

---

[32]) Der BT stimmte dem Initiativentwurf am 22. Okt. 1954 zu (STEONGRAPHISCHE BERICHTE Bd. 21 S. 2591f.). – Gesetz vom 26. Nov. 1954 (BGBl. I 357). – Der Gesetzentwurf der Bundesregierung wurde dem BR nicht zugeleitet (Vermerk vom 28. Okt. 1954 in B 136/352).

[33]) Vorlage des BMF vom 28. Aug. 1954 in B 126/11426 und B 136/360. – Die VO regelte den Zollsatz für Kakaobohnen. – Vgl. auch die Sitzung des Kabinett-Ausschusses für Wirtschaft am 20. Sept. 1954 (TOP 3). – BR-Drs. Nr. 356/54. – VO vom 21. Mai 1955 (BGBl. I 80).

[34]) Vgl. 20. Sitzung TOP C. – In seiner Vorlage vom 18. Okt. 1954 hatte der BMI zu den wichtigsten Änderungen Stellung genommen, die der aus Mitgliedern der BT-Ausschüsse für Arbeit und für Beamtenrecht bestehende Unterausschuß Personalvertretung am Regierungsentwurf in der ersten Lesung vorgenommen hatte (B 106/18425, unvollständig in B 136/500, Protokoll der Sitzungen des Unterausschusses in B 106/18433 und B 141/1331–1334). Der BMI lehnte die vom Unterausschuß vorgeschlagene Anrufung des Arbeitsgerichts im Fall einer Wahlanfechtung anstelle des Verwaltungsgerichts ab (§ 21). Er sprach sich gegen die vom Ausschuß vorgesehene stärkere Heranziehung von Gewerkschaftsvertretern bei Sitzungen des Personalrats (§§ 34 und 49) sowie gegen die vom Ausschuß vorgeschlagene Gruppenentscheidung auch über nur eine der Gruppen der Beamten, Angestellten und Arbeiter betreffende Angelegenheit (§ 36) aus. Außerdem schlug er die Streichung des vom Unterausschuß eingefügten § 69 a vor, der die Mitwirkung des Personalrats bei der Einstellung, Anstellung und Beförderung von Beamten und Richtern vorsah.

[35]) Zum Betriebsverfassungsgesetz vom 1. Okt. 1952 (BGBl. I 681) vgl. 237. Sitzung am 25. Juli 1952 (TOP E).

[36]) Vgl. das schleswig-holsteinische Gesetz vom 9. Febr. 1954 (GVBl. 21), das baden-württembergische Gesetz vom 3. Mai 1954 (GBl. 62) und das württembergisch-hohenzollernsche Gesetz vom 10. April 1951 (Regierungsblatt 37). – Unterlagen über das schleswig-holsteinische Gesetz in B 106/18424. – Die Anwendung des Gesetzes in den Ländern sollte in § 82 geregelt werden.

52. Kabinettssitzung am 22. Oktober 1954

Der Bundesminister der Justiz hält es für völlig ausgeschlossen, die Anstellung und Beförderung von Richtern von der Personalvertretung beraten zu lassen. In jedem Fall wäre deshalb ein Vorbehalt für Richter notwendig[37]). Es sei auch nicht tragbar, zu einer Nebenbeschäftigung der Beamten vorher die Personalvertretung zu hören.

Der Bundesminister für Familienfragen bemerkt, daß diese Bedenken auch für alle anderen Beamten gelten. Es sei notwendig, die parlamentarische Verantwortung des Behördenchefs herauszustellen und zu sichern. Bundesminister Dr. Schäfer weist auf die vom Auswärtigen Amt schriftlich vorgetragenen Bedenken bei der Besetzung von Auslandsposten hin[38]). Nach seiner Meinung sei es gefährlich, zwar eine Gruppenwahl[39]), aber keine Gruppensprecher vorzusehen.

Der Bundesminister der Finanzen erinnert an seine Wünsche zu § 7 Abs. 2 des Gesetzes[40]). Staatssekretär Bleek sichert zu, daß diese Frage in der 2. Lesung erledigt werden könne.

Der Vizekanzler schlägt vor, die Stellungnahme des Bundesministers des Innern nur zur Kenntnis zu nehmen und rät von einem ausdrücklichen Beschluß des Kabinetts, auf die Fraktionen des Bundestages einzuwirken, ab.

1.) Das Kabinett beschließt sodann:
   Die Bundesregierung hat die vom Unterausschuß Personalvertretung zum Regierungsentwurf eines Personalvertretungsgesetzes beschlossenen Änderungen (Bundestagsdrucksache 160 neu) geprüft. Sie hält die im einzelnen dargelegten Änderungen aus den in der Anlage zur Kabinettsvorlage des Bundesministers des Innern vom 18.10.1954 aufgeführten Gründen für unannehmbar.

2.) Die Kabinettsmitglieder sind sich darin einig, daß die Fraktionsvorstände der Regierungsparteien gebeten werden sollen, sowohl bei den Mitgliedern des Unterausschusses wie auch bei der Abstimmung im Plenum zu diesen Paragraphen auf eine Wiederherstellung der Regierungsvorschläge hinzuwirken[41]).

---

[37]) Vgl. dazu das Schreiben des BMJ vom 27. April (B 136/500), die Schreiben des Deutschen Richterbundes vom 6. Mai und 22. Nov. (B 106/18425) sowie das Schreiben des BMJ vom 27. Sept. 1954 (B 141/1334).

[38]) Schreiben des AA vom 20. Okt. 1954 in B 106/18425 und B 136/500.

[39]) § 15 des Entwurfs sah vor, daß Beamte, Angestellte und Arbeiter ihre Vertreter getrennt wählen sollten.

[40]) Der BMF hatte in seinem Schreiben vom 14. Okt. 1954 (B 136/500) die folgende Formulierung für § 7 Abs. 2 und 3 vorgeschlagen: „(2) Im Bereich der Bundesfinanzverwaltung und des Bundesgrenzschutzes können durch Anordnung des Bundesministers der Finanzen bzw. des Bundesministers des Innern eine oder mehrere nachgeordnete Dienststellen gemeinsam mit der übergeordneten Dienststelle zu einer Dienststelle im Sinne dieses Gesetzes bestimmt werden, sofern eine solche Anordnung nach Umfang und Aufgaben der nachgeordneten Dienststellen zweckmäßig ist. (3) Bei gemeinsamen Dienststellen des Bundes und eines Landes bilden die Bediensteten des Bundes eine Dienststelle im Sinne dieses Gesetzes."

[41]) Unterlagen über die Besprechungen mit den Koalitionsfraktionen in B 106/18425 und B 136/500. Aus dem Schreiben Adenauers an v. Brentano vom 28. Febr. 1955 geht hervor, daß sich die Bundesregierung „zu einem ungewöhnlichen Schritt entschlossen" hatte,

5. ENTWURF EINES GESETZES ZUR ÄNDERUNG UND ERGÄNZUNG DES GESETZES ÜBER ARBEITSVERMITTLUNG UND ARBEITSLOSENVERSICHERUNG   BMA

Der Bundesminister für Arbeit trägt vor, daß diese Vorlage[42]) bereits im Kabinett[43]) und sehr ausführlich auch im Kabinettsausschuß behandelt worden ist[44]). Er bittet, ihr unter Berücksichtigung der Erläuterungen seines Hauses vom 12. 10. 1954 zuzustimmen[45]). Die Entscheidung sei dringend, weil sonst im Bundestag Beschlüsse gefaßt würden, die der vorgesehenen gesetzlichen Regelung sehr unbequem sein könnten[46]).

Bundesminister Dr. Schäfer bedauert, daß die knappschaftlich Versicherten auch weiterhin von der Zahlung der Beiträge befreit bleiben sollen[47]). Er hält diese indirekte Lohnsubvention des Bergbaus für falsch.

Der Bundesminister für Wirtschaft verweist auf die sehr hohe Sozialbelastung des Bergbaus mit etwa 39%, der eine Belastung von nur rd. 22,2% in der übrigen Wirtschaft gegenüberstehe[48]). Er schlägt vor, das Problem der Beitrags-

---

„sich mit der Bitte an die Fraktionsvorsitzenden der Regierungskoalition" zu wenden, „auf die Wiederherstellung der Regierungsvorlage hinzuwirken" (ebenda). – Gesetz vom 5. Aug. 1955 (BGBl. I 477). – Fortgang 76. Sitzung am 16. März 1955 (TOP J).

[42]) Vorlagen des BMA vom 6. Juli (B 149/6589 und B 136/1339) und vom 31. Juli 1954 (B 149/6581 und B 136/1339). Der Gesetzentwurf hatte das Ziel, das AVAVG vom 16. Juli 1927 (RGBl. I 187) durch Einfügen der inzwischen ergangenen Bestimmungen und der von der Bundesrepublik übernommenen internationalen Grundsätze zu ergänzen. Das Monopol der Bundesanstalt für Arbeitsvermittlung und Arbeitslosenversicherung für die Arbeitsvermittlung und das Versicherungsprinzip sollten erhalten bleiben, der versicherungspflichtige Personenkreis neu bestimmt und die Altergrenze auf 65 Jahre festgelegt werden. – Unterlagen zur Vorbereitung des Entwurfs in B 149/835, 6567–69, 6571, 6573, 6575, 6577, 6579, 6581 und 6586–90.

[43]) Eine Beratung im Kabinett konnte nicht ermittelt werden. Ein Vermerk vom 1. Okt. 1954 erwähnt die „Kabinettssitzung, in der erstmalig die Novelle zum AVAVG behandelt worden ist" (B 149/6581).

[44]) Der Entwurf des BMA vom 6. Juli 1954 war auf Vorschlag des BMWi, der ihn noch nicht „für kabinettsreif" hielt (Schreiben des BMWi an das Bundeskanzleramt vom 24. Juli 1954 in B 136/1339), am 3. Aug. 1954 im Kabinett-Ausschuß für Wirtschaft behandelt worden. Strittig geblieben waren dabei die neu eingefügte Bestimmung über die Beitragspflicht der Mitglieder der knappschaftlichen Rentenversicherung (Art. X § 7 Abs. 2 Nr. 25 und S. 74 des Entwurfs) und § 94 des Entwurfs, der vorsah, daß für die Dauer eines Streiks oder einer Aussperrung kein Arbeitslosengeld gezahlt werden sollte.

[45]) Erläuterungen in B 149/6581 und B 136/1339.

[46]) Der Initiativgesetzentwurf der SPD sah vor, das AVAVG auch auf die Anspruchsberechtigten zu erstrecken, die innerhalb der Grenzen des Deutschen Reiches von 1937 wohnten (BT-Drs. Nr. 412). Das Gesetz galt nur für die Personen, die im Geltungsbereich des Grundgesetzes lebten. – In einem weiteren Initiativgesetzentwurf hatte die SPD vorgeschlagen, den Kreis der Anspruchsberechtigten und die Leistungen der Arbeitslosenfürsorgeunterstützung wesentlich zu erweitern (BT-Drs. Nr. 587). – Vgl. auch STENOGRAPHISCHE BERICHTE Bd. 20 S. 1759–1761.

[47]) Der BMA hatte in den „Erläuterungen" auf die von ihm in der Vorlage vom 6. Juli 1954 vorgesehene Beitragsleistung der Mitglieder der knappschaftlichen Rentenversicherung verzichtet und diese Frage bis zur Regelung der Sozialreform zurückgestellt.

[48]) Siehe dazu die Schreiben des BMWi an das Bundeskanzleramt vom 24. Juli und 2. Aug. 1954 in B 136/1339. Unterlagen über Ressortbesprechungen über diese Frage in B 149/6581.

freiheit des Bergbaus im Zuge der Sozialreform[49]) zu lösen. Der Bundesminister für Arbeit stimmt dem zu.

Der Bundesminister der Finanzen erklärt sich ebenfalls mit der Vorlage einverstanden, wenn die vom Präsidenten des Bundesrechnungshofes vorgeschlagenen Änderungen im Laufe der weiteren Beratungen berücksichtigt werden[50]).

Das Kabinett stimmt sodann der Vorlage mit der eingangs genannten Maßgabe zu[51]).

6. FÜHRUNG DER DEUTSCHEN DELEGATION BEI DER AM 28. 10. 1954 BEGINNENDEN IX. GATT-TAGUNG IN GENF   AA

Das Kabinett stimmt nach kurzem Vortrag des Vizekanzlers der Vorlage des Auswärtigen Amtes zu[52]) und beauftragt den Bundesminister für Wirtschaft mit der Führung der deutschen Delegation für die am 28. 10. 1954 in Genf beginnende IX. GATT-Tagung[53]) und Herrn Hagemann[54]) mit der Stellvertretung.

7. LAGERRÄUMUNG   BMVt

Auf Vorschlag des Vizekanzlers soll diese Frage bei den Haushaltserörterungen in der nächsten Woche geklärt werden[55]). In einer Besprechung der Staatssekretäre soll morgen eine Lösung vorbereitet werden[56]).

8. PERSONALIEN

Nach kurzem Vortrag des Staatssekretärs Bleek stimmt das Kabinett den Ernennungsvorschlägen der Anlage[57]) zu Punkt 8 der Tagesordnung für die Kabinettssitzung am 22. 10 1954 zu[58]).

---

[49]) Vgl. 48. Sitzung TOP 1.
[50]) Unterlagen zu den umfangreichen Änderungsvorschlägen des Präsidenten des Bundesrechnungshofs in B 149/6571.
[51]) BR-Drs. Nr. 358/54. — BT-Drs. Nr. 1274. — Gesetz vom 16. April 1956 (BGBl. I 243).
[52]) Vorlage des AA vom 18. Okt. 1954 in B 136/1280.
[53]) Unterlagen über diese Tagung, die vom 28. Okt. 1954 bis zum 7. März 1955 stattfand, in: AA, UAbt. 40, Bd. 185, 238–240; AA, Ref. 400–405, Bd. 191–193; B 136/1280 f.; B 146/656 f.; Nachlaß Erhard/I. 1) 3. Vgl. Pressekonferenz mit Jean Emile Royer (GATT) am 16. Okt. 1954 in B 145 I/43 und 19. Sitzung des Kabinett-Ausschusses für Wirtschaft am 19. Okt. 1954 TOP 3: Aussprache über die von der deutschen Delegation bei den GATT-Verhandlungen einzunehmende Haltung.
[54]) Werner Hagemann (1881–1960). 1918–1936 Reichswirtschaftsministerium (1935 Ministerialdirigent), 1936 Versetzung in den Ruhestand; 1946–1948 Zentralamt/Verwaltungsamt für Wirtschaft bzw. Verwaltung für Wirtschaft des VWG, 1949 BMWi.
[55]) Vgl. 33. Sitzung TOP 6. — Siehe 55. Sitzung TOP 2.
[56]) Unterlagen nicht ermittelt.
[57]) An Ernennungen waren vorgesehen: im Geschäftsbereich BMF der Präsident der Bundesmonopolverwaltung für Branntwein (Dr. iur. Hans Walther), im BMF und BML jeweils ein MinR.
[58]) Dieser Satz lautet ursprünglich, und zwar im Entwurf wie in der Ausfertigung: „Nach kurzem Vortrag des Staatssekretärs Bleek stimmt das Kabinett den Ernennungsvorschlägen der Anlage zu Punkt 6 der Tagesordnung für die Kabinettssitzung am 20. 10. 1954 zu" (Kabinettprotokolle Bd. 24 E, Bd. 21 A). Die Änderung dieses Satzes durch den Bearbeiter war erforderlich, weil die 52. Kabinettssitzung vom 20. 10. 1954 auf den 22. 10. 1954

Außerhalb der Tagesordnung

[C. ZUSAMMENSETZUNG DES BERATENDEN AUSSCHUSSES DER MONTANUNION]

Der Bundesminister für Wirtschaft teilt mit, daß am Mittwoch in Luxemburg der Ministerrat[59]) über die Zusammensetzung des Beratenden Ausschusses der Montanunion[60]) beschließen müsse. Von deutscher Seite seien u. a. fünf Vertreter der Arbeitnehmer zu benennen. Man habe seinerzeit den Gewerkschaften die Auswahl überlassen, und diese hätten zwei Vertreter der IG Bergbau, zwei Vertreter der IG Metall und einen Vertreter des DGB entsandt[61]). Damals habe die Bundesregierung der Deutschen Angestellten-Gewerkschaft zugesichert, sich für ihren Anspruch, in diesem Gremium vertreten zu sein, zu verwenden[62]). Da der DGB sich entschieden weigere, auf einen Sitz zu verzichten, erhebe sich die Frage, ob und wie man heute dieses Versprechen einlösen könne. Es bliebe nur die Möglichkeit, dem DGB anheimzugeben, sich mit vier Sitzen zu begnügen und diese nach seinem Ermessen zu verteilen oder für den fünften Sitz eine alternierende Lösung ins Auge zu fassen. Nach der Meinung von Bundesminister Dr. Schäfer müssen die verschiedenen Stufen der Arbeitnehmerschaft angemessen vertreten sein. Der Vizekanzler glaubt, daß es nicht Aufgabe der Bundesregierung ist, den DGB als Einheitsgewerkschaft mit seinem Zahlengewicht besonders zu begünstigen. Er tritt dafür ein, daß sich die Deutsche Angestellten-Gewerkschaft und die Union der Leitenden Angestellten den fünften Sitz alternierend teilen sollen. Nach der Meinung des Bundesministers für Wohnungsbau handelt es sich um einen Beratenden Ausschuß der Montanunion, in dem die Arbeitnehmer vertreten sein sollen. Der DGB als solcher habe überhaupt kein Vertretungsrecht, auch nicht die DAG, sondern lediglich die Arbeitnehmerschaft der Kohle- und Metallbetriebe. Im innerdeutschen Mit-

---

verschoben wurde und die Ernennungsvorschläge der „Anlage zu Punkt 6 der Tagesordnung für die 52. Kabinettssitzung der Bundesregierung am 20. Oktober 1954" denen der „Anlage zu Punkt 8 der Tagesordnung für die 52. Kabinettssitzung der Bundesregierung am 22. Oktober 1954" entsprechen (ebenda).

[59]) Zur Sitzung des Besonderen Ministerrates am 27. Okt. 1954 siehe Protokollentwurf vom 11. Nov. 1954 TOP 6: Fragen der Ernennung der Mitglieder des Beratenden Ausschusses für die Zeit vom 15. Januar 1955 bis zum 14. Januar 1957, Bestimmung der maßgebenden Erzeuger- und Arbeitnehmerorganisationen sowie Verteilung der Sitze auf diese Organisationen in B 102/34563.

[60]) Vgl. Art. 18 des Gesetzes vom 29. April 1952 betreffend den Vertrag vom 18. April 1951 über die Gründung der Europäischen Gemeinschaft für Kohle und Stahl (BGBl. II 445). Im Januar 1952 hatte der Besondere Ministerrat seine Erörterungen über die Einsetzung des Beratenden Ausschusses abgeschlossen; er ernannte 51 Mitglieder, und zwar je 17 Vertreter der Erzeuger, der Arbeitnehmer sowie der Verbraucher und Händler (Liste der Mitglieder in BULLETIN vom 29. Jan. 1953 S. 155 f.). Unterlagen über den Beratenden Ausschuß der Montanunion in B 102/8659, 34539–34565 sowie in B 136/1243.

[61]) Dr. Franz Grosse und Johannes Platte (Industriegewerkschaft Bergbau, Bochum), Hans Brümmer und Heinrich Sträter (Industriegewerkschaft Metall, Frankfurt a. M.), Walter Freitag (DGB, Düsseldorf).

[62]) Zu den im Jahre 1952 vergeblichen Bemühungen der DAG (die Mitgliederzahl des Beratenden Ausschusses der Montanunion zu erweitern, um dadurch eine Berücksichtigung der DAG zu erreichen) vgl. B 102/34559 und des BMWi (die Zuteilung eines 6. deutschen Sitzes in der Gruppe Arbeitnehmer (für die DAG) zu erlangen) vgl. B 102/34560.

bestimmungsrecht sei auch das Recht der Vertretung der Minderheit besonders gesichert[63]). Diesem Grundsatz müsse die Bundesregierung auch im vorliegenden Fall Geltung verschaffen.

Der Bundesminister für Arbeit führt aus, daß die technischen Angestellten bei Kohle und Eisen ganz überwiegend im DGB vertreten seien. Die DAG könne nur für einen Teil der kaufmännischen Angestellten sprechen. Nach seiner Meinung wird der DGB mit allen Mitteln Widerstand leisten, wenn er zu Gunsten der DAG auf einen Sitz verzichten soll.

Bundesminister Dr. Tillmanns hält es für untunlich, im jetzigen Augenblick an der Zusammensetzung des Ausschusses, die zu keinen Schwierigkeiten geführt habe, etwas zu ändern[64]). Im europa-politischen Interesse sei es, jede Unruhe und alle Gegensätze in diesem Gremium zu vermeiden.

Der Bundesminister für Wirtschaft will über die Zugehörigkeit der Angestellten zu den Gewerkschaften Unterlagen beibringen. Es soll sodann über diese Angelegenheit in Anwesenheit des Bundeskanzlers am 25. 10. 1954 entschieden werden[65]).

[D. TERMIN FÜR DIE 2. UND 3. BERATUNG DER STEUERGESETZE IM BUNDESTAG]

Das Kabinett hatte im Verlauf der Beratungen Bundesminister Dr. Tillmanns gebeten, dem Ältestenrat des Bundestages vorzuschlagen, daß die Arbeitsprogramme des Bundestages für die beiden ersten November-Wochen umgetauscht werden möchten. Dadurch sollte dem Bundeskanzler Gelegenheit ge-

---

[63]) Zur Berücksichtigung der innerhalb der Belegschaften bestehenden Minderheiten vgl. § 6 des Gesetzes über die Mitbestimmung der Arbeitnehmer in den Aufsichtsräten und Vorständen der Unternehmen des Bergbaus und der Eisen und Stahl erzeugenden Industrie vom 21. Mai 1951 (BGBl. I 347).
[64]) In der Sitzung des Besonderen Ministerrates am 20. Jan. 1955 wurden die deutschen Mitglieder des Beratenden Ausschusses für die neue Amtszeit vom 15. Jan. 1955 bis 14. Jan. 1957 ernannt; die deutschen Mitglieder des neuen Beratenden Ausschusses waren dieselben geblieben, mit folgenden Ausnahmen: an die Stelle von Gerhard Bruns trat Gerhard Schroeder (Wirtschaftsvereinigung Eisen- und Stahlindustrie) und an die Stelle von Dr. Franz Grosse trat Karl Hoefner (ebenfalls Industriegewerkschaft Bergbau, Bochum) (EA 1955 S. 208). — Auf Grund eines Kabinettsbeschlusses vom 13. Dez. 1957 wurde der sechste Sitz im Beratenden Ausschuß für die Dauer der laufenden Amtsperiode dem DGB, Landesbezirk Saarland eingeräumt (7. Sitzung TOP 4).
[65]) In einem Vermerk des BMWi vom 22. Okt. 1954 heißt es u. a.: „Problematik soll in der Kabinettssitzung am Montag, den 25. Oktober 1954, in Anwesenheit des Bundeskanzlers abschließend erörtert werden. Herr Minister hat bemerkt, daß es in der heutigen Kabinettssitzung in dieser Frage zu einer rechten Meinungsbildung, jedenfalls zu einer gemeinsamen Auffassung, nicht gekommen sei. Es habe eine gewisse Meinung vorgeherrscht, die DAG zu berücksichtigen. Allerdings hat Herr Minister Storch darauf hingewiesen, daß der DGB auf dem Standpunkt stünde. die in den DAG-Zahlen erfaßten Angestellten seien zu einem großen Prozentsatz zugleich im DGB organisiert. Herr Minister bittet daher um nochmalige Überprüfung der Zahlenangaben über die im DGB und der DAG organisatorisch erfaßten Angestellten, insbesondere im Hinblick auf die DGB-Argumentation der organisatorischen Überschneidung [...] bis zum 25. Oktober 1954, 12.00 Uhr genau" (in B 102/34563). — Fortgang dazu 53. Sitzung TOP 1: Bericht über die Pariser Konferenzen.

geben werden, nach seiner Rückkehr aus den USA[66]) noch mit den Fraktionen wegen der Steuergesetze[67]) zu verhandeln. Auf der anderen Seite sollte der Wunsch des Bundesministers der Finanzen berücksichtigt werden, die Entscheidung über die Steuergesetze im Bundestag nicht bis Mitte November zu verschieben.

Nachdem er an den Beratungen im Ältestenausschuß teilgenommen hatte, berichtet Bundesminister Dr. Tillmanns, daß der Bundestag auf den Wunsch des Kabinetts nicht eingegangen sei und die 2. Lesung der Steuergesetze auf den 16. 11., die 3. Lesung auf den 19. 11. festgesetzt habe. Dabei sei der Bundestag von der Voraussetzung ausgegangen, daß der Bundesrat bereit sei, auf die ihm zustehende 2-Wochen-Frist zu verzichten und die Steuergesetze schon am 26. 11. im Bundesrat zu behandeln[68]), und daß weiterhin der Bundeskanzler nicht vor dem 4. 11. 1954 aus den USA zurückkehrt.

---

[66]) Zur Reise Adenauers in die USA, von der er am 3. Nov. 1954 zurückkehrte, vgl. 51. Sitzung TOP A.
[67]) Vgl. 51. Sitzung TOP 1. — Über die Beratungen mit Vertretern der Koalitionsfraktionen am 8. Okt. 1954 siehe den undatierten Vermerk in B 136/600, und über die Besprechung am 12. Okt. 1954 siehe den Vermerk vom selben Tag in Nachlaß Blücher/299.
[68]) Der BR behandelte die Steuergesetze am 3. Dez. 1954 (BR-SITZUNGSBERICHTE 1954 S. 330—336 und 346 f.). — Fortgang Sondersitzung am 12. Nov. 1954 TOP B.

53. Kabinettssitzung
am Montag, den 25. Oktober 1954

Teilnehmer: Adenauer[1]*), Blücher, Schröder, Neumayer, Schäffer, Erhard, Lübke, Storch, Seebohm, Balke, Preusker, Oberländer, Kaiser, Wuermeling, Tillmanns, Schäfer, Kraft; Globke, Hallstein, Nahm, Ripken, Westrick; Klaiber; von Eckardt, Forschbach; Selbach, Kilb; Blank, Blankenhorn und die Mitglieder des Bundestages von Brentano, Dehler*[2]*), Haasler, Matthes*[3]*), Stücklen*[4]*). Protokoll: Gumbel.*

Beginn: 16.00 Uhr   *Ende: 18.15 Uhr*

1. BERICHT ÜBER DIE PARISER KONFERENZEN   BK

Der Bundeskanzler beginnt seinen Bericht[5]) mit einer Aufzählung der verschiedenen, in Paris abgehaltenen Konferenzen[6]). Außerdem hätten viele Einzelbesprechungen, namentlich über die Saarfrage[7]), stattgefunden.

---

[1]) Siehe dazu den drittletzten Absatz von TOP 1. − Dem Terminkalender Adenauer ist zu entnehmen, daß er um 17.50 Uhr zum Fraktionsvorstand ging (StBKAH 04.05).

[2]) Vgl. den entsprechenden Passus in der Mitschrift Seebohms der „Kabinettssitzung 25. 10. 1954" in Nachlaß Seebohm/8c.

[3]) Heinz Matthes (1897−1976). 1921−1933 Geschäftsführer der Deutsch-Hannoverschen Partei und Mitglied des Hannoverschen Provinziallandtages; 1949−1961 MdB (DP, ab Mai 1961 fraktionslos).

[4]) Richard Stücklen (geb. 1916). 1949−1990 MdB (CSU), 1953−1957 stellvertretender Vorsitzender der Landesgruppe der CSU innerhalb der CDU/CSU-Bundestagsfraktion, 1957−1966 Bundesminister für das Post- und Fernmeldewesen, 1966−1976 Vorsitzender der Landesgruppe der CSU innerhalb der CDU/CSU-Bundestagsfraktion, 1976−1979 Vizepräsident des BT, 1979−1983 Präsident des BT, 1983−1990 Vizepräsident des BT.

[5]) Vgl. 52. Sitzung TOP B.

[6]) Zur Durchführung der Beschlüsse der Londoner Neunmächtekonferenz hatten vom 19. bis 23. Okt. 1954 eine Reihe von Konferenzen stattgefunden, die am 23. Okt. zur Unterzeichnung verschiedener Verträge, Abkommen und Vereinbarungen führten. Zu deren Ergebnis siehe EA 1954 S. 7171−7181 (Die Beendigung des Besatzungsregimes in der Bundesrepublik Deutschland), ebenda S. 7127−7135 (Die Westeuropäische Union), ebenda S. 7135−7138 (Der Beitritt der Bundesrepublik Deutschland zum Nordatlantikpakt), ebenda S. 7138 f. (Kommuniqués der Pariser Konferenzen). − Vgl. hierzu: B 136/2110−2113; B 145 I/43 f.; FRUS V pp. 1370−1464; DDF pp. XL−XLIII, ANNEX III pp. 353−481; Nachlaß Blankenhorn/34 f.; Nachlaß Hallstein/125−126; TEEGESPRÄCHE S. 552−569; EDEN pp. 169−174; ADENAUER S. 355−364, 381−383; HEUSS−ADENAUER S. 165, 413 f.; GREWE S. 202−217; NOACK S. 127−138. Einschlägige Unterlagen vor allem im Politischen Archiv der Westeuropäischen Union, London.

[7]) Parallel zu den eben erwähnten Konferenzen hatten vom 19. bis 23. Okt. 1954 in Paris auch zweiseitige deutsch-französische Verhandlungen stattgefunden. Zu deren Ergebnis siehe EA 1954 S. 7019 f. (Das deutsch-französische Kommuniqué über wirtschaftliche und kulturelle Zusammenarbeit), ebenda S. 7020−7022 (Das deutsch-französische Abkommen über das Statut der Saar, siehe auch Abb. 17). − Vgl. hierzu, neben den in der Anm. 6 angegebenen Unterlagen, außerdem: B 136/933, 937; B 137/6269−6284 (Material zur Saarfrage, 1946−1957); B 146/1246−1248; StK/1711 und AAEA/225, 266, 452, 1518,

In Bezug auf die Beendigung des Besatzungsregimes[8]) seien gegenüber der Londoner Konferenz Verbesserungen zu Gunsten Deutschlands, im Verhältnis zu den früheren Verträgen sogar wesentliche Verbesserungen erzielt worden. Der Bundeskanzler erwähnt zwei Punkte: Zunächst die Durchführung der Entflechtungsprogramme[9]). Die Verkaufsauflagen seien nicht mehr starr bis 1958 befristet. Er habe sich vielmehr vorbehalten, bei etwa auftauchenden Schwierigkeiten, mit denen durchaus zu rechnen sei, erneut mit den Drei Mächten in Verbindung zu treten. Der zweite Punkt betrifft das Vorbehaltsrecht der Drei Mächte, überall im Bundesgebiet Truppen zu stationieren[10]). Dieses Problem sei erst nach der Londoner Konferenz aufgekommen. Die Lösung sei mit Rücksicht auf die internationale Gesamtsituation Deutschlands in der Weise gefunden worden, daß sich die Drei Mächte das Recht zwar vorbehalten, gleichzeitig aber der Bundesrepublik gegenüber die Verpflichtung übernehmen, davon keinen Gebrauch zu machen. Unsere Rechte seien somit voll gewahrt[11]).

Die Brüsseler Pakt-Organisation sei in „Westeuropäische Union" umbenannt worden. Aus dieser Bezeichnung dürfe aber nicht geschlossen werden, daß der Teilnehmerkreis auf west-europäische Staaten beschränkt werden solle. Es sei bekannt, daß beispielsweise die Türkei großes Interesse dafür zeige, der Westeuropäischen Union beizutreten. Hauptdiskussionspunkte seien die Rüstungskontrolle und der Rüstungspool gewesen. Für die Rüstungskontrolle sei eine zufriedenstellende Lösung gefunden worden[12]). Besondere Bedeutung sei der Frage der Bestellung des Leiters des Kontrollamtes beigemessen worden. Die Experten hätten vorgeschlagen, daß der Leiter einstimmig auf drei Jahre gewählt

---

1561; DDF pp. XLIV-XLVIII; Nachlaß Blücher/81, 178, 299; Nachlaß von Brentano/155; Nachlaß Kaiser 183 f., 278; Nachlaß Kraft/12, 20, 27; Nachlaß Pfleiderer/75 f.; ADENAUER S. 364–381; SCHMIDT III S. 21–59, 675–690. Ferner: Bock, Hans Manfred: Zur Perzeption der frühen Bundesrepublik Deutschland in der französischen Diplomatie: Die Bonner Monatsberichte des Hochkommissars André François-Poncet 1949–1955, Francia Bd. 15 (1987) S. 579–658, hier S. 640.

[8]) Wortlaut des entsprechenden Vertrages in EA 1954 S. 7171–7181.
[9]) Die Liste IV (BGBl. II 1955 S. 405) änderte den Vertrag zur Regelung aus Krieg und Besatzung entstandener Fragen (BGBl. II 1954 S. 157). So wurde u. a. der bisherige Teil II (Dekartellierung und Entflechtung) gestrichen und dafür der Teil I (Allgemeine Bestimmungen) um die Artikel 9 bis 13 erweitert, welche u. a. die Fortführung der bestehenden Entflechtungsprogramme im Kohlenbergbau und in der Eisen- und Stahlindustrie sowie den Abschluß der Liquidation der I. G. Farbenindustrie AG regelten.
[10]) Vertrag über den Aufenthalt ausländischer Streitkräfte in der Bundesrepublik Deutschland in EA 1954 S. 7181 und BGBl. II 1955 S. 253.
[11]) Dazu findet sich in Nachlaß Seebohm/8c folgende Eintragung: „Aufhebung Besatzungsstatut: Verbesserungen gegenüber a) Entflechtung: Frage der Veräußerung von Aktienkapital in gewisser Weise storniert b) 3 Mächte verlangten das Recht, im ganzen Bundesgebiet Truppen zu stationieren; behaupteten, dies sei notwendig mit Rücksicht auf West-Berlin. Man hat das Recht zugestanden; aber das Recht wird nicht ausgenutzt; vielmehr tritt praktisch an seine Stelle der Truppenvertrag, nach dem de facto verfahren wird." Vgl. dazu auch DDF pp. 562–564.
[12]) Zu den Regelungen vgl.: Die Westeuropäische Union, 4. Protokoll Nr. III über die Rüstungskontrolle und 5. Protokoll Nr. IV über das Amt für Rüstungskontrolle der Westeuropäischen Union in EA 1954, S. 7130–7134. Vgl. dazu auch BW 9/24 f.; FRUS V pp. 1413, 1415, 1419; ANFÄNGE SICHERHEITSPOLITIK S. 713.

werde und daß seine Wiederwahl zulässig sein solle. Gegen diesen Vorschlag habe der belgische Außenminister Spaak Bedenken gehabt, weil sich der Kontrollamtsleiter im letzten Jahre seiner Amtsperiode sehr zurückhalten werde, um seine Chancen für eine Wiederwahl nicht zu verderben. Auf seinen, des Bundeskanzlers, Rat sei dann die Wahl auf fünf Jahre unter Ausschluß der Wiederwahl beschlossen worden[13]). Die Frage eines Rüstungspools sei schon in London ausgeklammert worden. Sie sei auch in Paris nicht behandelt worden, sondern solle demnächst in London im Rahmen der Paktorganisation erörtert werden[14]).

Zum Beitritt der Bundesrepublik in die NATO führt der Bundeskanzler aus, daß die Mitgliedschaft erst dann erworben werde, wenn alle bisherigen Teilnehmerstaaten und die Bundesrepublik ratifiziert hätten. Er habe der Sitzung des NATO-Rates als Beobachter beigewohnt. Die Außenminister der Teilnehmerstaaten hätten Deutschland in ihren Kreisen sehr herzlich begrüßt. Der Bundeskanzler knüpft daran die Bemerkung, daß sich das Klima gegenüber Frankreich während der Pariser Konferenzwoche als wesentlich verbessert erwiesen habe. Nach dem Scheitern der Brüsseler Konferenz am 22. August 1954[15]) sei es in der wahrscheinlich kurzen Zeit von zwei Monaten gelungen, ein neues Werk zu vollenden.

Der Bundeskanzler wendet sich dann den deutsch-französischen Beziehungen zu. Der französische Ministerpräsident Mendès-France habe ihm den Wunsch nach einer Besprechung vor den Pariser Konferenzen überbringen lassen[16]). Er sei bereit gewesen, zu diesem Zweck nach Bonn zu kommen. Er, der Bundeskanzler, habe Mendès-France daraufhin angeboten, einen Tag früher nach Paris zu kommen. Die Besprechungen in Paris hätten auf einer sehr breiten Grundlage begonnen. Es sei über einen Handelsvertrag auf die Dauer von drei Jahren gegenüber einer bisherigen Laufzeit von einem halben Jahr gesprochen worden[17]). Es seien ein Kulturabkommen[18]) und ein Abkommen über die

---

[13]) Vgl. dazu auch TEEGESPRÄCHE S. 562.
[14]) Vgl. im einzelnen: Die Westeuropäische Union, 6. Entschließung über Rüstungsproduktion und -standardisierung (Von der Neun-Mächte-Konferenz am 21. Oktober 1954 angenommen) in EA 1954 S. 7134, die wie folgt endet: „Daher: (1) Weisen sie auf den auf der Londoner Konferenz gefaßten Beschluß hin, eine Arbeitsgruppe zu bilden, die sich mit den von der französischen Regierung am 1. Oktober 1954 vorgelegten Entwürfen von Richtlinien und mit den Dokumenten zu befassen hat, die gegebenenfalls zur Frage der Produktion und Standardisierung der Rüstung zu einem späteren Zeitpunkt vorgelegt werden; (2) Vereinbaren sie, eine Arbeitsgruppe aus Vertretern Belgiens, Frankreichs, Italiens, Luxemburgs, der Niederlande, der Bundesrepublik Deutschland und des Vereinigten Königreichs für den 17. Januar 1955 nach Paris einzuberufen, damit diese sich mit den in vorstehender Ziffer genannten Entwürfen von Richtlinien und Dokumenten befaßt, um dem Rat der Westeuropäischen Union, sobald dieser besteht, diesbezügliche Vorschläge zu unterbreiten." Vgl. dazu auch die Schreiben Erhards an Adenauer vom 18. Okt. (Nachlaß Erhard/I. 1)3) und 25. Okt. 1954 (B 136/2111) sowie Nachlaß Blankenhorn/39, BW 9/950—955 und FRUS V pp. 1380, 1381, 1387, 1415, 1419.
[15]) Vgl. Sondersitzung am 1. Sept. 1954 TOP A: Scheitern des EVG-Vertrages.
[16]) Unterlagen nicht ermittelt.
[17]) Runderlaß Außenwirtschaft Nr. 69/55 betreffend Frankreich: Deutsch-französischer Warenverkehr in der Zeit vom 1. April 1955 bis 30. September 1958. Vom 17. August 1955 in

Kriegsgräberfürsorge in Frankreich[19]) verhandelt und unterzeichnet worden. Es sei ferner über eine engere Zusammenarbeit zwischen der deutschen und französischen Wirtschaft, insbesondere in Nordafrika, gesprochen worden. Die Gründung einer deutsch-französischen Kultur-Akademie zur Erörterung aller einschlägigen Fragen sei geplant. Gegenstand der Gespräche seien auch der Austausch der Bibliotheken, der Archive, von Studenten, Lehrlingen, Professoren und Dozenten sowie die Anerkennung von Examina gewesen. Alle Maßnahmen sollten einer stärkeren geistigen Annäherung zwischen Deutschland und Frankreich dienen, an der es bisher noch fehle.

Nun komme er zur Saarfrage[20]). Es habe sehr lange und entschieden geführte Verhandlungen gegeben[21]). Mendès-France habe sich einen Beschluß seines Kabinetts verschafft, daß er die Unterschrift unter die Verträge ablehnen könne, wenn die Saarfrage nicht gelöst werde. Auf der anderen Seite hätten alle auf eine schnelle Beendigung der Konferenz gedrängt, um sowjetischen Einwirkungen zuvorzukommen. Die Presseberichte über die Saarabmachungen seien nur zum Teil richtig. Insgesamt betrachtet ergäben sie ein schiefes Bild.

Es sei zunächst klargestellt worden, daß die Entscheidung über die Zukunft der Saar in einem Friedensvertrag getroffen werde[22]). Das brauche nicht notwendigerweise ein Friedensvertrag eines wiedervereinigten Deutschlands mit allen vier Besatzungsmächten zu sein. Entgegen der Forderung des französischen Ministerpräsidenten habe keines der beiden Länder in dem Abkommen eine Verpflichtung für die spätere Zukunft der Saar übernommen. Die Saarbevölkerung solle über den sie berührenden Teil eines Friedensvertrages — und zwar

---

BAnz vom 1. Sept. 1955, der wie folgt beginnt: „Am 5. August 1955 wurde in Paris zwischen der Regierung der Bundesrepublik Deutschland und der Regierung der Französischen Republik ein deutsch-französisches Handelsabkommen unterzeichnet, für das in den Pariser Besprechungen der Regierungschefs im Oktober 1954 Richtlinien vereinbart worden waren."

[18]) Kulturabkommen zwischen der Bundesregierung und der französischen Regierung vom 23. Okt. 1954 in BULLETIN vom 6. Nov. 1954 S. 1896 f. — Fortgang 89. Sitzung am 6. Juli 1955 TOP 4.

[19]) Abkommen über die Kriegsgräber des Krieges 1939/45 zwischen der Regierung der Bundesrepublik Deutschland und der Regierung der Französischen Republik vom 23. Okt. 1954 in BULLETIN vom 28. Okt. 1954 S. 1816 f.

[20]) Vgl. 33. Sitzung Wortprotokoll Anm. 40.

[21]) Vgl. im einzelnen: Vermerk Globkes für BK vom 16. Okt. 1954 in VS-B 136/975; Aufzeichnung Blankenhorns vom 18. Okt. 1954 über „ein vorbereitendes Gespräch [am 16. Okt. 1954] zwischen dem Kabinettschef von Mendès-France [Soutou] und mir für die Aussprache des Herrn Bundeskanzlers mit dem französischen Ministerpräsidenten" in Nachlaß Blankenhorn/35; Aufzeichnung Blankenhorns „über das Gespräch zwischen dem Bundeskanzler und Ministerpräsident Mendès-France im Schloß La Celle-St. Cloud am 19. Oktober 1954, nachmittags 15 Uhr. Anwesend auf französischer Seite: Staatssekretär de Moustier, François-Poncet, de Margerie, Parodi, Soutou; auf deutscher Seite: Staatssekretär Hallstein, Botschafter Blankenhorn" in ebenda (13 Bl.); handschriftliche Aufzeichnung Hallsteins „Schloß Celle St. Cloud" vom 19. Okt. 1954 in Nachlaß Hallstein/125—126; ANNEX II pp. 171—174.

[22]) Vgl. Art. I im deutsch-französischen Abkommen über das Statut der Saar (EA 1954 S. 7020).

vor seinem endgültigen Abschluß — selbst abstimmen[23]). Das sei als ein wesentlicher Vorteil zu werten. Der Bundeskanzler erinnert daran, daß die Frankreich von den USA und Großbritannien gegebenen Zusagen hinsichtlich der Saar nach wie vor gelten[24]).

Die politischen Freiheiten an der Saar würden von Anfang an wiederhergestellt[25]). Drei Monate nach dem Inkrafttreten des Saar-Abkommens finde ein Plebiszit über das Statut statt[26]). Das Statut könne im Falle der Annahme bis zum Abschluß eines Friedensvertrages nicht mehr in Frage gestellt werden[27]). Vor dem Friedensvertrag erlange das Saargebiet dadurch Autonomie, die allerdings in wirtschaftlicher Beziehung Einschränkungen unterliege[28]).

Das Verhandlungsergebnis hinsichtlich der Saar-Bergwerke sei als relativ günstig zu bezeichnen. Die gesamte Verwaltung der Saar-Bergwerke solle nach und nach in die Hände der Saar übergehen. Schon jetzt werde in die Verwaltung der Saar-Bergwerke ein saarländischer Personal- und Sozialdirektor berufen. Die Sequestrationen würden sofort aufgehoben werden.

Deutsche Bank- und Versicherungs-Gesellschaften könnten Niederlassungen an der Saar errichten[29]).

An der Saar selbst dürfe bis zur Volksabstimmung über das Statut, daneben zu jeder Zeit über die endgültige Saarlösung offen gesprochen werden[30]); jede von außen kommende Einwirkung aber sei untersagt. Besondere Bedeutung komme Ziff. XI[31]) des Abkommens zu. Damit erhalte die Bundesrepublik die Möglichkeit zu verhüten, daß die saarländische Wirtschaft verelendet werde.

---

[23]) Vgl. Art. II (ebenda S. 7021).
[24]) Im Zusammenhang mit der Außenministerkonferenz in Moskau (10. März bis 24. April 1947) hatten die Vereinigten Staaten (George C. Marshall) und Großbritannien (Ernest Bevin) den französischen Plänen hinsichtlich der Saar grundsätzlich zugestimmt, und zwar dem französischen Memorandum vom 10. April 1947 und den mündlichen Darlegungen Bidaults zu diesem Memorandum (vgl. dazu Foreign Relations of the United States 1947. Volume II: Council of Foreign Ministers; Germany and Austria. Washington: 1972 pp. 323—328; DDF pp. 612—615; SCHMIDT II S. 14—18). Diese Zusagen waren in einer Note der AHK (McCloy) an Adenauer vom 2. Aug. 1951 erneuert worden (vgl. dazu AA, Abt. V, Bd. 468, welche auch die Ausfertigung dieser Note enthält, und Foreign Relations of the United States 1951 Volume III: European Security and the German Question. Washington: 1981 p. 1979—1980). Vgl. hierzu auch 198. Sitzung am 29. Jan. 1952 TOP F: Politische Lage.
[25]) Vgl. Art. VI im deutsch-französischen Abkommen über das Statut der Saar (EA 1954 S. 7021).
[26]) Vgl. Art. X (ebenda).
[27]) Vgl. Art. VI Abs. 2 (ebenda).
[28]) Vgl. Art. XII (ebenda S. 7021 f.), ferner „fünf Abkommen" zwischen der Saarregierung und der französischen Regierung vom 16. Okt. 1954 in SCHNEIDER S. 406—410 (Unterlagen dazu in AAEA/225, 266, 299, 452).
[29]) Zu diesem und zum vorherigen Abschnitt vgl. im einzelnen: Zugehöriger Briefwechsel zum deutsch-französischen Abkommen über das Statut der Saar (EA 1954 S. 7022).
[30]) Im Entwurf: „An der Saar selbst dürfe über das Statut offen gesprochen werden" (Kabinettsprotokolle Bd. 24 E).
[31]) „Die beiden Regierungen werden gemeinsam alle Anstrengungen machen, die notwendig sind, um der saarländischen Wirtschaft Entwicklungsmöglichkeiten im weitesten Umfange zu geben" (EA 1954 S. 7021). — Fortgang hierzu Sondersitzung des Kabinett-Ausschusses für Wirtschaft am 28. Jan. 1955 TOP 1: Artikel XI und XII des Saarabkommens.

Das seien die wesentlichen Bestimmungen des Saarabkommens. Die „Vorperiode" bringe außerordentliche Vorteile gegenüber dem gegenwärtigen Zustand. Sie bedeute zugleich die beste Vorbereitung für einen Friedensvertrag. Der Bundeskanzler erklärt abschließend zu diesem Punkt, er sei guten Mutes hinsichtlich der Saar. Wir hätten die Möglichkeit, die Saarwirtschaft an uns heranzuziehen. Hinzu komme die Wiederherstellung der politischen Freiheiten.

Mendès-France habe ihm im Laufe der Verhandlungen erklärt, daß der Gedanke der europäischen Integration in Frankreich noch sehr lebendig sei. In der Westeuropäischen Union lägen große Möglichkeiten für die Zukunft.

Zur neuen Sowjet-Note[32]) bemerkt der Bundeskanzler, daß sie nichts Neues enthalte. Sie enthalte sogar weniger, als Molotow in Ost-Berlin gesagt habe[33]). Auch nach Auffassung von Mendès-France habe sie allein den Zweck, die Verhandlungen zu stören. Die Note solle von den drei Westmächten erst beantwortet werden, wenn die Verträge von Paris ratifiziert sind.

Die außenpolitischen Erfolge der Bundesrepublik seien nur durch das mustergültige Verhalten des deutschen Volkes möglich gewesen, das jeden Radikalismus von links oder rechts abgelehnt und den Wiederaufbau mit großem Fleiß angepackt habe.

Der Bundeskanzler berichtet dann noch, wie es zu der Berufung der sozialdemokratischen Vertreter nach Paris gekommen ist. Die Sozialdemokratie lehne die Saar-Vereinbarungen ab[34]). Sie wolle offenbar die bevorstehenden Landtagswahlkämpfe[35]) unter dem Stichwort „Saar" führen.

---

[32]) Die Sowjetregierung hatte am 23. Okt. den Regierungen Frankreichs, Großbritanniens und der Vereinigten Staaten inhaltlich gleichlautende Noten übermittelt (siehe Wortlaut in EA 1955 S. 7206–7209) als Antwort auf deren Note vom 10. Sept. 1954 (siehe Wortlaut in EA 1954 S. 6947 f.). Diese sowjetische Note vom Tage der Unterzeichnung der Pariser Abkommen schlug die Einberufung einer Außenministerkonferenz im November vor, welche über die Wiederherstellung der Einheit Deutschlands und die Durchführung gesamtdeutscher Wahlen, den Abzug der Besatzungstruppen der vier Mächte aus West- und Ostdeutschland sowie die Einberufung einer gesamteuropäischen Konferenz zur Schaffung eines kollektiven europäischen Sicherheitssystems beraten solle; sie nahm auch auf die Frage des Österreichischen Staatsvertrages Bezug. – Vgl. auch TEEGESPRÄCHE S. 568 f. und FRUS V p. 525.

[33]) Anläßlich des fünften Jahrestages der Gründung der DDR hatte Molotov am 6. Okt. 1954 eine Rede gehalten, in der er zu Fragen der Wiedervereinigung Deutschlands und der europäischen Sicherheit Stellung nahm. Er erklärte die Bereitschaft der Sowjetregierung, mit den Westmächten über den Abzug der Besatzungstruppen aus Deutschland zu verhandeln. Ferner erklärte er sich bereit, die auf der Berliner Viermächtekonferenz (25. Jan. bis 18. Febr. 1954) gemachten Vorschläge für die Abhaltung freier gesamtdeutscher Wahlen („1. Eden-Plan") oder neue Vorschläge zu dieser Frage zu erörtern. Er betonte, daß die ablehnende Haltung der Sowjetunion gegenüber der Aufrüstung Westdeutschlands nicht nur für die gescheiterte EVG, sondern auch für andere Projekte, einschließlich der auf der Londoner Neunmächtekonferenz (28. Sept. bis 3. Okt. 1954) in Aussicht genommenen, gelte (EA 1954 S. 7024, Nachlaß Grotewohl/427).

[34]) Dazu findet sich im Nachlaß Seebohm/8c folgende Eintragung: „Besprechung mit den 4 Vertretern der SPD: sie trafen im Zeitpunkt der Krise der Konferenz in Paris ein. Darüber waren sie sehr betroffen. Trotzdem blieben sie auf ihrem alten Standpunkt. Sie wollen Landtagswahlen unter Stichwort ‚Saar' führen. Ohne guten Konferenzausgang: a) Saar bleibt wie bisher französisch, oder b) Saar wird mit uns russisch." Vgl. dazu auch die bei-

Zum Schluß fordert der Bundeskanzler die Kabinettsmitglieder und Fraktionsvertreter auf, Fragen zu stellen. Eine Diskussion werde jedoch erst möglich sein, wenn Gelegenheit bestanden habe, die Texte näher zu studieren.

Die sich anschließenden Fragen und Ausführungen von Kabinettsmitgliedern und Fraktionsvertretern beziehen sich nahezu ausschließlich auf das Saar-Abkommen. Der Vizekanzler bittet, den Kabinettsmitgliedern zu dem in der Sitzung verteilten deutschen Wortlaut auch den französischen Text zu übersenden. Das soll nach der Anweisung des Bundeskanzlers geschehen. Zur Sache selbst erklärt der Vizekanzler, er finde die Interpretation der Ziffer IX[36]) durch den Bundeskanzler, daß die Volksbefragung an der Saar dem Abschluß des Friedensvertrages vorauszugehen habe, bedeutungsvoll. Wichtig erscheine ihm ferner, daß sich die Saarbevölkerung frei über das vorläufige Statut äußern könne[37]). Abg. Dr. Dehler beanstandet, daß bei dem Referendum über das Statut die Möglichkeit einer politischen Entscheidung für Deutschland nicht vorgesehen sei. Das aber sei die Kernfrage, ob das Statut die Loslösung der Saar von Deutschland bedeute. Demgegenüber unterstreicht der Bundeskanzler, daß es sich um ein Provisorium, einen modus vivendi, bis zum Friedensvertrag handele. Die Frage, ob dieser modus vivendi überhaupt ratifikationsbedürftig sei, werde noch geprüft werden müssen.

Der Bundesminister für gesamtdeutsche Fragen bringt seine volle Zustimmung zu den Abmachungen über die Beendigung des Besatzungsregimes[38]), den geänderten Brüsseler Pakt und den NATO-Beitritt zum Ausdruck, äußert aber Besorgnisse wegen des Saar-Abkommens. Die Pläne des Bundeskanzlers zur Lösung der Saarfrage seien dem Kabinett nicht bekannt gewesen. Nach dem Scheitern der EVG habe man eine den deutschen Auffassungen mehr entgegenkommende Lösung für möglich gehalten. Er empfehle dringend, so rasch als möglich mit den Vertretern der deutschen Parteien an der Saar zu sprechen und sie über die Pariser Lösung zu informieren. Er bedauere, daß der Bundeskanzler sich nicht in der gleichen Weise wie Mendès-France Rückendeckung bei dem Kabinett verschafft habe.

Der Bundeskanzler erwidert darauf, daß er ohne einen bestimmten Plan nach Paris gefahren sei. Im übrigen sei es nicht zutreffend, daß Mendès-France

---

    den Aufzeichnungen Blankenhorns vom 22. Okt. 1954 („[. . .] Mittagessen mit den Parteiführern unter Einschluß der SPD (Ollenhauer, Schmid, Wehner, Mommer), die inzwischen mit dem Bundeskanzler verhandelt hat, in Laserre. Es besteht weitgehende Einigung aller, daß die vom Bundeskanzler am Vormittag entworfene Grundsatzlösung den deutschen Interessen entspricht [. . .]") und vom 23. Okt. 1954 („Vormittags Besprechungen des Bundeskanzlers mit den Parteiführern. Die SPD nimmt eine ablehnende Haltung ein; auch die anderen Parteien sind eher kritisch eingestellt [. . .]"), jeweils in Nachlaß Blankenhorn/35, ferner DDF pp. 599–600 und SCHMID S. 559 f. – Siehe auch Abb. 18.

[35]) Vgl. 19. Sitzung Anm. 17.
[36]) „Bestimmungen im Friedensvertrag über die Saar unterliegen im Wege der Volksbefragung der Billigung durch die Saarbevölkerung; sie muß sich hierbei ohne irgendwelche Beschränkungen aussprechen können" (EA 1954 S. 7021).
[37]) Vgl. Art. VI Abs. 3 im deutsch-französischen Abkommen über das Statut der Saar (ebenda S. 7021).
[38]) Im Entwurf: „Besatzungsstatutes" (Kabinettsprotokolle Bd. 24 E).

53. Kabinettssitzung am 25. Oktober 1954

ein starkes Kabinett hinter sich habe. Mit der Information der Saarvertreter wird Botschafter Blankenhorn beauftragt.

Der Bundesminister für gesamtdeutsche Fragen teilt noch mit, daß die Absicht bestehe, die Vertreter der deutschen Saar-Parteien zu einer Sitzung der Ausschüsse für Gesamtdeutsche Fragen und Auswärtige Angelegenheiten einzuladen. Nach Ansicht des Bundeskanzlers wäre es besser, wenn von solchen Plänen Abstand genommen würde.

Die Bundesminister für Wohnungsbau und für Verkehr weisen auf französische Presseberichte hin, deren Kommentierung des Abkommens von den Erläuterungen des Bundeskanzlers abweiche. Der Bundesminister für Wohnungsbau bittet insbesondere um Aufklärung über Pressenachrichten, daß Frankreich die USA und Großbritannien ersuchen wolle, die Beibehaltung des Statuts im Friedensvertrag zu garantieren. Der Bundeskanzler erwidert darauf, daß ihm nichts darüber bekannt sei. Eine Garantie werde es nur bis zum Abschluß eines endgültigen Friedensvertrages geben. Damit ist die Erörterung über das Saar-Abkommen beendet[39]).

Zur Sowjet-Note[40]) bemerkt Bundesminister Dr. Tillmanns, daß diese in Bezug auf die freien Wahlen, die in Verbindung mit den europäischen Verteidigungsplänen gebracht würden, doch einen neuen Aspekt enthalte, der beachtet werden müsse. Der Vizekanzler schlägt vor, daß das Auswärtige Amt eine Analyse der Note unter Berücksichtigung der Berliner Konferenz und der früheren Sowjet-Noten geben solle.

Im Anschluß daran verläßt der Bundeskanzler mit Staatssekretär Prof. Hallstein, seinem persönlichen Referenten und den Vertretern der Fraktionen die Sitzung.

Die Kabinettsmitglieder setzen unter dem Vorsitz des Vizekanzlers die in der 52. Kabinettssitzung am 22. 10. 1954 begonnene Aussprache über die Arbeitnehmervertreter im Beratenden Ausschuß der Montanunion fort[41]). Der Bundesarbeitsminister trägt Zahlenmaterial über die gewerkschaftlich organisierten Arbeiter und Angestellten im Bergbau und der Eisen schaffenden Industrie vor[42]). Er kommt zu dem Ergebnis, daß die fünf Arbeitnehmervertreter – wie bisher – dem DGB belassen werden sollen. Dem widerspricht Bundesminister Dr. Schäfer mit der Begründung, daß es auf die Zahlen nicht ankomme. Es müsse vielmehr auf eine Repräsentation aller Gruppen Bedacht genommen werden. Auch der Bundespostminister nimmt gegen die Überlassung aller fünf Sitze an den DGB Stellung, weil er gegen ein Monopol des DGB sei. Der Bundeswohnungsbauminister schlägt vor, den fünften Sitz abwechselnd der DAG und der Union der Leitenden Angestellten zuzusprechen. Abg. Blank wendet sich gegen die Ausführungen von Bundesminister Dr. Schäfer über eine Gruppenre-

---
[39]) Fortgang hierzu 54. Sitzung TOP A: Saarabkommen und Friedensvertrag.
[40]) Fortgang hierzu Sondersitzung am 18. Nov. 1954 TOP A.
[41]) Vgl. 52. Sitzung TOP C.
[42]) In einem Vermerk vom 25. Okt. 1954 betr. Neuernennung der Mitglieder des Beratenden Ausschusses der Hohen Behörde wurden nur „geschätzte Zahlen" zum Organisationsgrad der Angestellten im Steinkohlen- und Braunkohlenbergbau sowie in der Eisen- und Stahlindustrie genannt (B 102/54563).

präsentanz. Er weist darauf hin, daß die Leitung der DAG ebenso wie die des DGB sozialistisch sei[43]).

Bei der Abstimmung findet der Vorschlag des Bundeswohnungsbauministers eine Mehrheit. Es tauchen dann aber erneut Bedenken wegen der möglichen personellen Auswirkungen dieses Beschlusses auf. Dies führt dazu, daß der Bundesarbeitsminister beauftragt wird zu klären, welche Personen in dem einen oder anderen Falle in den Montan-Ausschuß entsandt werden sollen[44]).

2. LASTENAUSGLEICHSBANK: HIER: ÖFFENTLICHE AUFSICHT ÜBER DIE BANK GEMÄSS § 13 DES ENTWURFES EINES GESETZES ÜBER DIE LASTENAUSGLEICHSBANK. – ENTSCHEIDUNG ÜBER DEN WIDERSPRUCH DES BUNDESMINISTERS DER FINANZEN GEMÄSS § 26 DER GESCHÄFTSORDNUNG DER BUNDESREGIERUNG BMVt

[Nicht behandelt][45])

3. STAND DER STEUERREFORM BMF

[Nicht behandelt][46])

---

[43]) Vgl. dazu die Eintragung in Nachlaß Seebohm/8c: „Schwere Auseinandersetzung Kaisers in der Gewerkschaftsfrage (mündl[iche] Absprache Adenauers/Freitag). Freitag schwer krank im Krankenhaus."
[44]) Fortgang hierzu Sitzungen des Kabinett-Ausschusses für Wirtschaft am 17. Dez. 1954 TOP B und 7. Jan. 1955 TOP A: (jeweils) Ernennung der Mitglieder des Beratenden Ausschusses der Montanunion.
[45]) Siehe 58. Sitzung TOP 2.
[46]) Siehe Sondersitzung am 12. Nov. 1954 TOP B.

54. Kabinettssitzung
am Dienstag, den 26. Oktober 1954

Teilnehmer: Blücher, Schröder, Neumayer, Schäffer (bis 16.30 Uhr), Erhard, Lübke, Storch (ab 15.30 Uhr), Seebohm, Balke, Preusker, Oberländer, Wuermeling, Tillmanns (bis 10.30 Uhr), Schäfer, Kraft; Globke (zeitweise), Nahm (bis 16.00 Uhr), Ripken (bis 13.30 Uhr), Sauerborn (bis 10.30 und ab 11.15 Uhr sowie von 14.30 bis 18.00 Uhr), W. Strauß, Thedieck, Westrick (bis 13.30 Uhr); Klaiber; Forschbach (bis 13.30 Uhr), Six (ab 14.30 Uhr); Selbach; Blank (bis 13.30 Uhr zeitweise, ab 14.30 Uhr). Protokoll: Haenlein.

Beginn: 9.30 Uhr[1])   Ende: 18.00 Uhr[2])

[I]

[Außerhalb der Tagesordnung]

[A. SAARABKOMMEN UND FRIEDENSVERTRAG]

Der Vizekanzler macht vor Eintritt in die Tagesordnung auf die Gefahr einer unrichtigen Auslegung des Saarabkommens[3]) in der Presse aufmerksam. Wenn gesagt werde, daß „ein Friedensvertrag" auch ohne Mitwirkung Rußlands möglich sei, könne man das übelwollend dahin auslegen, als ob man von einem Friedensvertrag mit Rußland abrücke und sich an der Wiedervereinigung nicht interessiert zeige[4]).

Wie Staatssekretär Dr. Globke mitteilt, hat der Bundeskanzler auf dem Pressetee[5]) zu dieser Bestimmung im Saarabkommen deutlich erklärt, es handele sich nur darum vorzusorgen, daß eine friedensvertragliche Regelung nicht auf den Nimmerleinstag aufgeschoben werden könne. Deshalb sei festgelegt, daß im Westen eine Vorwegregelung möglich ist, wenn sich herausstellt, daß Rußland einen Friedensvertrag nicht abschließen will.

Von mehreren Kabinettsmitgliedern wird auf die Gefahr einer Mißdeutung hingewiesen. Schließlich stimmt das Kabinett dem Vorschlag des Bundesministers der Finanzen zu, daß die Bundesregierung einheitlich folgenden Stand-

---

[1]) Laut Einladung, Entwurf des Kurzprotokolls S. 1 (Bd. 24 E) und Terminkalender Blücher (Nachlaß Blücher/294) begann die Sitzung um 9.00 Uhr.

[2]) Die Sitzung war von 13.30 bis 14.30 Uhr unterbrochen (vgl. den Satz nach „Einzelplan 26" in TOP 1 des Kurzprotokolls).

[3]) Vgl. 53. Sitzung TOP 1: Bericht über die Pariser Konferenzen.

[4]) Dazu findet sich in Nachlaß Seebohm/8c folgende Eintragung: „1) Bundeskanzler pünktlich abgeflogen. 2) Blücher: gegen Auswalzung des Themas 'ein Friedensvertrag' (Saar); gefährlich: denn es könnte heißen: Friedensvertrag nur mit dem Westen und damit endgültige Spaltung."

[5]) Am Kanzler-Tee vom 25. Okt. 1954 (18.30 – 19.50 Uhr) hatte Adenauer in der Zeit von 19.30 – 19.50 Uhr teilgenommen; zu den Ausführungen zur Saarfrage siehe TEEGESPRÄCHE S. 565–568.

punkt vertreten sollte: In erster Linie ist ein Frieden anzustreben, der ganz Deutschland erfaßt. Nur für den Fall, daß dieses Ziel nicht erreicht werden kann, wollen wir nicht gehindert sein, uns im Westen zu verständigen[6]).

[B. ABKOMMEN ZWISCHEN DER BUNDESREPUBLIK DEUTSCHLAND UND DEM KÖNIGREICH DER NIEDERLANDE ÜBER ARBEITSLOSENVERSICHERUNG]

Der Vizekanzler berichtet, der Bundesminister für Arbeit habe Schwierigkeiten bei der Unterzeichnung eines deutsch-holländischen Vertrages[7]), weil das Auswärtige Amt verlangt, daß vor dem Minister der deutsche Botschafter diesen Vertrag unterzeichnet. Der Bundesminister für Arbeit lehnt dies ab.

Nach der Darstellung von Staatssekretär Sauerborn ist mit dem Auswärtigen Amt eine Abrede getroffen, wonach die zuständigen Minister und Staatssekretäre vor dem Botschafter ihre Unterschrift geben[8]). Offenbar sei der neue Leiter der Rechtsabteilung des Auswärtigen Amtes[9]) von dieser Abmachung nicht unterrichtet. In Rom sei beispielsweise bei der Unterzeichnung von drei Verträgen entsprechend verfahren worden. Es bestehe kein Anlaß, hiervon abzuweichen.

Demgegenüber macht Staatssekretär Dr. Ripken darauf aufmerksam, daß früher allerdings die umgekehrte Regelung gegolten und der Botschafter als Vertreter des Staatsoberhauptes zuerst unterschrieben habe[10]).

Auf Vorschlag des Bundesministers für Verkehr wird in Aussicht genommen, die grundsätzliche Frage in Anwesenheit des Außenministers zu klären. Im vorliegenden Falle soll der Bundesminister für Arbeit als erster unterschreiben.

Der Bundesminister für Arbeit, der in diesem Augenblick kurz erscheint, wird von diesem Beschluß des Kabinetts unterrichtet[11]).

Das Kabinett tritt sodann in die Beratung der Tagesordnung ein.

---

[6]) Vgl. Pressekonferenz am 27. Okt. 1954 in B 145 I/43. — Fortgang 55. Sitzung TOP A.

[7]) Das Abkommen sah die gegenseitige Anerkennung der versicherungspflichtigen Beschäftigungszeiten bei der Gewährung der Arbeitslosenunterstützung vor. Unterlagen über die Verhandlungen und Abkommen in B 149/3543 und AA, Ref. 500, Bd. 269.

[8]) In dem Vermerk des BMA vom 3. Febr. 1953 über eine Besprechung von Vertretern des AA und des BMA am 27. Okt. 1952, an der auch Sauerborn teilgenommen hatte, ist festgehalten, daß internationale Abkommen im Ausland zuerst vom deutschen Missionschef, im Inland zuerst vom deutschen Verhandlungsleiter unterzeichnet werden sollten (AA, Ref. 500, Bd. 130).

[9]) Leiter der Rechtsabteilung war seit April 1954 Dr. iur. Hans Berger.

[10]) Siehe dazu den auf Anweisung vom 27. Okt. verfertigten Vermerk vom 18. Nov. 1954 in AA, Ref. 500, Bd. 130.

[11]) Das Abkommen wurde am 29. Okt. 1954 in Den Haag von Storch und drei niederländischen Ministern unterzeichnet (Mitteilung des BPA Nr. 1237/54 vom 2. Nov. 1954). — Gesetz über das Abkommen vom 29. Okt. 1954 vom 31. Okt. 1955 (BGBl. II 909).

1. ENTWURF EINES GESETZES ÜBER DIE FESTSTELLUNG DES BUNDESHAUSHALTSPLANS FÜR DAS RECHNUNGSJAHR 1955 BMF

1.) Zunächst wird der Gesetzestext erörtert[12]).
a) § 4 Abs. 1.

Unter Bezugnahme auf die neue Formulierung des Bundesministers der Finanzen in seiner Kabinettsvorlage vom 23. 10. 1954[13]) regt der Vizekanzler an, diese noch folgendermaßen zu ergänzen: „Ausgenommen sind Ausgaben, die auf gesetzlicher oder vertraglicher Verpflichtung beruhen." Auch sollte der Prozentsatz auf 5 v. H. festgesetzt werden.

Der Bundesminister der Finanzen meint, er komme schon dadurch entgegen, daß er von seiner ursprünglich vorgeschlagenen Fassung abgehe. Er müsse dann allerdings auch bitten, mindestens der Fassung, wie sie in früheren Jahren gegolten habe (10 %), zuzustimmen.

In der anschließenden Aussprache erklärt er sich bereit, die zunächst gesperrten 10 % dann freizugeben, wenn ihm von den Ressorts erklärt werde, daß außerplanmäßige Forderungen in diesem Falle nicht gestellt werden. Der Zweck der Vorschrift sei nur, eine Etatüberschreitung zu vermeiden.

Nach eingehender Erörterung beschließt das Kabinett gegen die Stimme des Bundesministers der Finanzen den § 4 Abs. 1 in folgender Fassung:

„Über die letzten 5 % der Bewilligung für Sachausgaben und für allgemeine Ausgaben darf nur mit Zustimmung des Bundesministers der Finanzen verfügt werden."

b) § 4 Abs. 2.

Gegen die von dem Bundesminister der Finanzen in seiner Kabinettsvorlage vom 23. 10. 1954 vorgelegte Neufassung[14]) hat der Vizekanzler Bedenken. Vor allem bringe die Zweiteilung dieser Bestimmung eine Unklarheit. Man könne daraus folgern, daß das Einverständnis des zuständigen Fachministers für den zweiten Halbsatz nicht verlangt werde. Er schlägt vor, den Absatz 2 des § 4 zu streichen.

Der Bundesminister der Finanzen ist bereit, die vorgeschlagene Formulierung zu ändern und die Worte

„nach der übereinstimmenden Ansicht des zuständigen Fachministers und des Bundesministers der Finanzen"

vorzuziehen und hinter dem Worte „wenn" einzuschalten. Damit würde zweifelsfrei das Einverständnis des Fachministers in allen Fällen notwendig sein.

Das Kabinett beschließt jedoch gegen seine Stimme, den § 4, Abs. 2 ersatzlos zu streichen.

---

[12]) Vgl. 52. Sitzung TOP 1.
[13]) Vorlage in B 136/306. — Der BMF hatte vorgeschlagen, in diesem Absatz festzulegen, daß über 10 % des bewilligten Betrags für Sachausgaben und für allgemeine Ausgaben nur mit Zustimmung des BMF verfügt werden konnte.
[14]) Der Vorschlag des BMF lautete: „Der Bundesminister der Finanzen kann ferner Ausgabeansätze im Plan des ordentlichen Haushalts sperren, wenn die Voraussetzungen, unter denen ihre Bewilligung erfolgt ist, nach der übereinstimmenden Ansicht des zuständigen Fachministers und des Bundesministers der Finanzen ganz oder teilweise entfallen sind oder wenn der Bedarf, für den die Ausgabemittel bewilligt sind, auf andere Weise aus Bundesmitteln voll gedeckt werden kann. § 30 Abs. 1 der RHO bleibt unberührt."

c) § 8 Abs. 3.

Der Bundesminister für Wirtschaft führt aus, daß nach den ihm vorliegenden Unterlagen der Haushaltsausschuß des Bundestages die Berechtigung der Vorschrift des § 8 Abs. 3 im Haushaltsgesetz 1954 nicht bezweifelt habe. Er glaubt, daß auf die mit dieser Vorschrift gegebenen Möglichkeiten wegen der Ungewißheit, ob und in welchem Umfange künftig Personal für nicht vorgesehene Zwecke benötigt wird, nicht verzichtet werden sollte. Man müsse sonst befürchten, daß der Aufbau plötzlich notwendig werdender Organisationen nicht rechtzeitig möglich sein werde[15].

Nach eingehender Aussprache über diesen Punkt wird dem Antrag des Bundesministers für Wirtschaft, den Absatz 3 des § 8 auch in das neue Haushaltsgesetz aufzunehmen, bei Stimmenthaltung des Bundesministers der Finanzen zugestimmt.

2.) Das Kabinett erörtert sodann die Einzelpläne des Haushalts 1955.

Einzelplan 04 (Dienststelle Blank).

Zu der Kabinettsvorlage des Beauftragten für Truppenfragen[16] bemerkt der Bundesminister der Finanzen, der Vorschlag laufe auf einen Stellenplan für ein Wehrministerium hinaus; er komme haushaltsmäßig zu spät und politisch zu früh. Es sei bedenklich, das Personal des Interimsausschusses ohne jede Prüfung vollzählig zu übernehmen. Die Angelegenheit könne auch noch nach der Ratifikation der Pariser Verträge[17] geregelt werden[18].

Der Beauftragte für Truppenfragen widerspricht dem und führt folgendes aus: Von den 661 Kräften, die er nach Abzug der in Koblenz[19] Beschäftigten habe, seien nur 340 im Haushalt verankert. 321 Kräfte würden aus überplanmäßigen Mitteln bzw. dem Ansatz für den Interimsausschuß versorgt. Ob alle diese 321 in einem späteren Ministerium zu verwenden seien, müsse der dann zuständige Minister entscheiden. Unmöglich sei jedoch, dieses Personal länger wegen seines Schicksals im Ungewissen zu lassen. Von dem Tage an, an dem sich entschieden habe, daß die EVG nicht zustande komme[20], seien diese Kräfte für ihre neue Aufgabe, nämlich eine deutsche Streitmacht innerhalb der Koalitionsarmee vorzubereiten, tätig. Mit dem Wegfall des Interimsausschusses sei nicht eine einzige Kraft überflüssig geworden; im Gegenteil, es müßten noch einige Hundert Mann Personal eingestellt werden. Wie er wisse, seien die Fraktionen im Bundestag entschlossen, dem unwürdigen Zustand, die Anstellungsverträge der in der Dienststelle Tätigen immer wieder kurzfristig zu verlängern, ein Ende zu machen. Die Bundesregierung schließe mit diesen Dienstangehörigen Kettenverträge ab, die unsittlich seien. Mit seinem Vorschlag werde keine Mehrausgabe verursacht; es gehe nur darum, die vorhandenen Arbeitskräfte in normale Planstellen zu überführen.

---

[15] Siehe dazu das Schreiben Erhards an Schäffer vom 23. Okt. 1954 in B 136/306.
[16] Vorlage vom 18. Okt. 1954 in B 136/305.
[17] Zur Ratifizierung der Verträge durch den BT am 27. Febr. 1955 siehe STENOGRAPHISCHE BERICHTE Bd. 23 S. 3880–3932.
[18] Siehe dazu die Vorlage des BMF vom 19. Okt. 1954 in B 136/306.
[19] Die Außenstelle Koblenz war für die Beschaffung militärischen Materials zuständig.
[20] Vgl. Sondersitzung am 31. Aug. 1954 TOP A.

54. Kabinettssitzung am 26. Oktober 1954

Von mehreren Kabinettsmitgliedern wird der jetzige Zustand für unhaltbar gehalten. Der Vizekanzler regt an, unverzüglich in die Prüfung der von dem Interimsausschuß zu übernehmenden Dienstangehörigen einzutreten und den dann festgestellten Stellenplan während der Haushaltsberatungen nachzuschieben.

Wie Staatssekretär Dr. Strauß mitteilt, ist in früheren Fällen, z. B. beim Patentamt, ein Globalbetrag in den Einzelplan aufgenommen worden. Dazu wurde vermerkt, daß die Einzelheiten noch geprüft und nachgereicht werden. In dieser Weise könne auch hier verfahren werden.

Der Bundesminister der Finanzen erklärt sich im Grundsatz mit einer solchen Regelung einverstanden. Er möchte sich die Prüfung von bestimmten Einzelfällen vorbehalten und erklärt, daß der Beauftragte für Truppenfragen für den Regelfall ermächtigt sei, normale Angestelltenverträge mit den Dienstangehörigen abzuschließen.

Der Beauftragte für Truppenfragen bemerkt, für ihn sei entscheidend, daß er nunmehr die üblichen Anstellungsverträge abschließen könne und daß die zur Bezahlung notwendigen Mittel vorhanden seien.

Das Kabinett stimmt dieser Regelung zu.

Einzelplan 06 (Bundesministerium des Innern).

Zur Kabinettsvorlage des Bundesministers des Innern vom 14. 10. 1954[21]) bemerkt der Bundesminister der Finanzen, er könne keiner Erhöhung bei Ermessensfonds zustimmen. Im übrigen habe er für die insgesamt 12 Mio DM Mehrforderungen des Bundesministers des Innern keinerlei Deckung. Nach der Haushaltsordnung sei außerdem nur noch eine Verhandlung über wesentliche Punkte, d. h. über Beträge von mehr als 250 000 DM, zugelassen.

Der Bundesminister des Innern unterstreicht mit Nachdruck die Notwendigkeit einer stärkeren Förderung der deutschen Forschung, ein Ziel, das auch dem Bundespräsidenten und dem Bundeskanzler besonders am Herzen liege.

Staatssekretär Dr. Globke weist darauf hin, daß die für die Forschung bewilligten Gelder zu einem erheblichen Teil in absehbarer Zeit dem Bund wieder Vorteile bringen werden.

In der weiteren Aussprache wird die Wichtigkeit der Nachwuchsfrage und der Gewinnung der Intelligenzschichten besonders betont. Der Bundesminister der Finanzen hält eine Zusammenfassung der in verschiedenen Positionen und Haushalten verzettelten Mittel für die Forschung für notwendig.

Der Anregung des Bundesministers für Familienfragen, bei den Ausgaben für den Grenzschutz 6 Mio DM zu sparen und sie für die Forschung zu verwenden, widerspricht der Bundesminister des Innern mit dem Hinweis, daß die Sicherheit noch dringlicher sei.

Nach eingehender Aussprache beschließt das Kabinett die Aufnahme folgender Ausgaben in den Haushalt und stellt die weiteren Anforderungen[22]) zurück:

---

[21]) Vorlage in B 136/305.
[22]) Die weiteren Anforderungen sind in der Anlage zu der Vorlage des BMI enthalten.

0602/615	Forschungsgemeinschaft Godesberg	1,120 Mio DM
616	Wissenschaftliche Forschung	0,066 Mio DM
617	Schwerpunkte wissenschaftliche Forschung	5,400 Mio DM
650	Blutspendenwesen	2,500 Mio DM
660	Fürsorge	1,900 Mio DM
4003/580	Heimatlose Ausländer	2,000 Mio DM

Zu der Etatposition 4004/305 = Ansiedlung von Auswanderern im Ausland erklärt sich der Bundesminister für Ernährung, Landwirtschaft und Forsten bereit, dem Bundesminister des Innern den geforderten Betrag von 500 000 DM aus seinem Haushalt zur Verfügung zu stellen, wenn ihm die Vorgriffsmöglichkeit erhalten bleibt und der Bundesminister des Innern sich mit 50 000 DM an den Organisationskosten beteiligt. Der Bundesminister der Finanzen will diese Frage prüfen. Es müsse dann ein entsprechender Vermerk im Haushalt des Bundesministers für Ernährung, Landwirtschaft und Forsten angebracht werden.

Einzelplan 07 (Bundesministerium der Justiz).

Wie der Bundesminister der Justiz erklärt, ist er unter allen Umständen darauf angewiesen, für Zuschüsse an überregionale rechtswissenschaftliche Vereinigungen usw. noch 20 000 DM mehr als ihm zugestanden wurden, zu erhalten[23]). Zum Ausgleich für diesen Betrag bietet er dem Bundesminister der Finanzen an, den Gebührenansatz bei 0704/3 von 1 030 000 DM auf 1 080 000 DM zu erhöhen[24]). Dies sei nach den bisherigen Feststellungen zu verantworten.

Durch diese Erhöhung um DM 50 000 würden gleichzeitig nicht nur die DM 20 000 betragenden Aufwendungen für die von ihm geforderten, aber vom Bundesminister der Finanzen noch nicht bewilligten Personalvermehrungen gedeckt, sondern es verbleibe dann noch ein Überschuß von DM 10 000.[25])

Der Bundesminister der Finanzen erklärt sich mit der Erhöhung der beiden Etatpositionen einverstanden.

Einzelplan 09 (Wirtschaft).

Nach kurzer Erörterung der von dem Bundesminister für Wirtschaft vorgeschlagenen Ergänzungen des Haushaltsplanes im Sinne seiner Vorlage vom 20. 10. 1954[26]) beschließt das Kabinett gegen die Stimme des Bundesministers der Finanzen folgende Mehrausgaben:

0902/305	Forschungsinstitute	0,300 Mio DM
601	Handwerk	1,000 Mio DM
602	ausländische Messen	1,000 Mio DM
612	Handel	1,000 Mio DM

Für den Handel soll eine weitere Million DM im außerordentlichen Haushalt bereitgestellt werden.

---

[23]) Siehe dazu die Vorlage des BMJ vom 9. Okt. 1954 in B 141/4948 und B 136/305.
[24]) Kap. 0704/3 betraf die Einnahmen des BGH aus Gebühren (Haushaltsplan des BMJ für 1955 in B 141/4949).
[25]) Dieser Satz wurde auf Wunsch des BMJ in den Protokolltext eingefügt (Schreiben des Protokollführers vom 19. Nov. 1954 war dem Protokoll beigefügt).
[26]) Vorlage in B 136/306.

Auf eine Frage von Staatssekretär Dr. Westrick bestätigt der Bundesminister der Finanzen, daß die Forderung des Bundesministers für Wirtschaft wegen der Kosten der deutschen Direktoren bei der Weltbank und dem Währungsfonds im positiven Sinne erledigt ist. Dem Wunsche des Bundesministers für Wirtschaft, 150 Mio DM für Investitionen in der demontagegeschädigten Wirtschaft einzusetzen, widerspricht der Bundesminister der Finanzen mit dem Hinweis auf die zahlreichen Hilfen, die diesen Wirtschaftskreisen durch Bundesbürgschaften, ERP-Mittel[27]) usw. bereits gewährt worden sind.

Das Kabinett beschließt, für die gewünschten Zwecke keine besonderen Mittel im Haushalt vorzusehen. Dagegen spricht es sich gegen die Stimme des Bundesministers der Finanzen dafür aus, 100 Mio DM im außerordentlichen Haushalt für die Wasserwirtschaft einzusetzen.

Zur Finanzierung überseeischer Niederlassungen des Ausfuhrhandels wird ebenfalls eine Bundeshilfe für notwendig gehalten. Gegen die Stimme des Bundesministers der Finanzen werden vom Kabinett für diese Zwecke 5 Mio DM im außerordentlichen Haushalt eingesetzt.

Einzelplan 12 (Verkehr).

Mit der Zweckbestimmung „Kosten für verkehrs- und tarifpolitische Untersuchungen und des Selbstkostenausschusses" verlangt der Bundesminister für Verkehr eine Erhöhung des in Titel 1202/305 ausgebrachten Betrages von 80 000 DM um 365 000 DM auf 445 000 DM[28]).

Das Kabinett stimmt diesem Wunsche gegen die Stimme des Bundesministers der Finanzen zu.

Einzelplan 26 (Vertriebene).

Es werden zunächst die Forderungen des Bundesministers für Vertriebene, Flüchtlinge und Kriegsgeschädigte zu den Ziffern 3 bis 7 seiner Kabinettsvorlage vom 16. 10. 1954 besprochen[29]). Gegen die Stimme des Bundesministers der Finanzen beschließt das Kabinett, folgende Mehrausgaben in den Haushalt einzusetzen:

2601/300	Informationsmaterial	0,160 Mio DM
301a	Betreuung von Organisationen	0,020 Mio DM
301b	Kulturelle Bestrebungen	0,050 Mio DM
309	Gesamterhebungen	1,500 Mio DM

Es wird in Aussicht genommen, die für die Betreuung heimatloser Ausländer geforderten 100 000 DM von den dem Bundesminister des Innern bewilligten Mitteln abzuzweigen.

Das Kabinett tritt gegen 13.30 Uhr in eine Mittagspause.

---

[27]) Vgl. 28. Sitzung TOP 8.
[28]) Siehe die Vorlage des BMV vom 8. Okt. 1954 in B 136/305.
[29]) Vorlage ebenda. Nicht behandelt wurden die vom BMVt geforderten Beträge für die sich aus dem Kriegsgefangenenentschädigungsgesetz ergebenden gesetzlich vorgeschriebenen und fakultativen Zahlungen (311 Mio DM) und die Personalanforderungen (72 000 DM).

54. Kabinettssitzung am 26. Oktober 1954

II.

Die Sitzung beginnt wieder um 14.30 Uhr. Das Kabinett setzt die Beratung der Tagesordnung fort.

Einzelplan 27 (gesamtdeutsche Fragen).

Staatssekretär Thedieck bezieht sich auf die Ausführungen des Bundesministers für gesamtdeutsche Fragen in der letzten Kabinettssitzung[30]) und legt dar, daß zum Titel 2701/300 von seinem Hause 8,8 Mio DM mehr angefordert worden seien. In den Verhandlungen mit seinem Minister habe der Bundesminister der Finanzen eine Erhöhung des Ansatzes um 2,8 Mio DM zugestanden. Er bittet, diesen Mehrbetrag in den Haushaltsplan aufzunehmen.

Der Bundesminister der Finanzen will nur 1 Mio DM bewilligen. Er habe seine Zusage davon abhängig gemacht, daß er auch eine Deckungsmöglichkeit finde. Er könne aber nur einen Betrag von 1 Million DM an anderer Stelle sparen.

Nachdem die besonderen Zwecke dieses Haushaltsansatzes ausführlich dargelegt worden sind, beschließt das Kabinett gegen die Stimme des Bundesministers der Finanzen, einen Mehrbetrag von 2 Millionen DM auszubringen.

Der Vizekanzler regt bei dieser Gelegenheit an, eine genaue Aufstellung der Istzahlen des Haushaltsplanes 1953 zu diesem Titel dem Kabinett vorzulegen[31]).

Bei Erörterung des
Einzelplans 40 (Soziale Kriegsfolgeleistungen)
a) führt der Bundesminister für Vertriebene, Flüchtlinge und Kriegsgeschädigte aus, daß im Kabinett wohl völlige Übereinstimmung darüber bestehe, daß das Heimkehrergesetz[32]) in der Fassung, die ihm der Bundestag gegeben habe, sehr starke Mängel habe. Man könne hieran aber nichts mehr ändern und müsse es ausführen. Um die daraus entstandenen Rechtsansprüche zu befriedigen, habe er unter dem Titel 4010/300 242 Mio DM für Entschädigungsleistungen an die Heimkehrer verlangt[33]). Dies entspreche einem Viertel der vom Bund innerhalb von jetzt noch vier Jahren zu zahlenden fast 1 Mia DM. Die vom Bundesminister der Finanzen bewilligten 100 Mio DM genügten keinesfalls. Ein solcher Ansatz werde vielmehr in der deutschen Öffentlichkeit größte Unzufriedenheit hervorrufen. Nach seiner Meinung seien mindestens weitere 100 Mio DM notwendig.

Die große politische Bedeutung dieser Frage wird von mehreren Kabinettsmitgliedern unterstrichen.

Der Vizekanzler glaubt, daß es unmöglich ist, in dem Augenblick, in dem eine neue deutsche Streitmacht aufgebaut werden muß, die gesetzlich festgelegten Entschädigungsansprüche der Teilnehmer des letzten Krieges nicht zu befriedigen.

---

[30]) Vgl. 52. Sitzung TOP 1 d.
[31]) Im Haushaltsplan 1953 waren 20 Mio DM für diesen Titel eingesetzt.
[32]) Gesetz über die Entschädigung deutscher Kriegsgefangener vom 30. Jan. und Änderungsgesetz vom 12. Juni 1954 (BGBl. I 5 und 143).
[33]) Vorlage des BMVt vom 16. Okt. 1954 in B 136/305.

Auf die Frage, welche Ansprüche fällig seien, antwortet Staatssekretär Dr. Nahm, dies hänge von dem Stichtag ab, den man in der demnächst zu erlassenden Verordnung festlege.

Das Kabinett beschließt gegen die Stimme des Bundesministers der Finanzen, den Ausgabenansatz um 100 Mio DM zu erhöhen.

b) Der Bundesminister für Vertriebene, Flüchtlinge und Kriegsgeschädigte erläutert sodann mit den Gründen der Kabinettsvorlage vom 16. 10. 1954 seine Forderung, in den Titeln 4010/530 und 600 insgesamt 69 Mio DM für Darlehen und Beihilfen an ehemalige Kriegsgefangene vorzusehen. Ihm widerspricht der Bundesminister der Finanzen mit dem Hinweis darauf, daß diese Entschädigungsfälle durch das Bundesausgleichsamt geregelt würden.

Einzelplan 50 (Angelegenheiten des Europarates usw.).

Bei der Erörterung der Etatposition 5002/676 beschließt das Kabinett, es bei dem Ansatz des Vorjahres zu belassen[34]).

Einzelplan 10 (Ernährung, Landwirtschaft und Forsten).

a) Zu den Haushaltspositionen 1002/603 und 1002/956 verlangt der Bundesminister für Ernährung, Landwirtschaft und Forsten eine Berücksichtigung der Fischwirtschaft. Bei dem Titel 1002/954 möchte er den Satz für Hanfstroh von 6 auf 8 DM erhöht haben. Dadurch sollen Mehrausgaben nicht entstehen. Nur die Erläuterungen zu den Ansätzen wären zu ergänzen[35]).

b) Bei den Ansätzen für die Virusforschungsanstalt Tübingen (A 1024/710) und für ein Fischereischutzboot (1001/951) bittet er den Bundesminister der Finanzen, die Sperrvermerke zu streichen. Dieser ist damit einverstanden.

c) Schließlich setzt sich der Bundesminister für Ernährung, Landwirtschaft und Forsten dafür ein, bei A 1002/600 den zur Sicherung der Küsten angesetzten Betrag von 24 Mio DM auf 30 Mio DM wie im Vorjahre zu erhöhen.

Der Bundesminister der Finanzen lehnt das mit dem Hinweis darauf ab, daß es sich hier ausschließlich um Landesaufgaben handele. Dem wird von mehreren Kabinettsmitgliedern widersprochen mit dem Hinweis auf Art. 73 Ziff. 17 GG und auf die Tatsache, daß bereits seit vielen Jahren für diese Zwecke vom Bund Beiträge geleistet werden.

Der Bundesminister der Finanzen möchte zunächst festgestellt sehen, ob überhaupt konkrete Pläne und Anforderungen der Länder für die genannten Zwecke vorliegen. Erst wenn diese sich bereit erklärten, selbst erhebliche Mittel zur Verfügung zu stellen, könne erwogen werden, ob der Bund sich beteiligen soll.

Das Kabinett beschließt mit Mehrheit gegen einige Stimmen, darunter der des Bundesministers der Finanzen, den Ansatz im außerordentlichen Haushalt auf 30 Mio DM zu erhöhen. Der Bundesminister für Ernährung, Landwirtschaft

---

[34]) Im Haushaltsplan 1954 waren für den „Beitrag des Bundes zum Europäischen Kulturfonds für Exilierte" 2 556 500 DM eingesetzt worden.

[35]) Der Titel 1002/603 betraf „Zuschüsse zur Förderung der Beratung und Fachausbildung auf dem Lande", 1002/956 betraf „Zuschüsse zur Verbilligung von Zinsen für Darlehen zur Förderung vordringlicher agrar- und ernährungswirtschaftlicher Maßnahmen", 1002/954 betraf „Stützung der inländischen Flachs- und Hanfpreise".

und Forsten erklärt sich bereit, sofort mit den Ländern zu verhandeln und, wenn diese sich nicht ausreichend an den Kosten beteiligen, auf den angeforderten Betrag zu verzichten[36]).

Einzelplan 05 (Auswärtiges Amt).

Die in der Kabinettsvorlage vom 15. 10. 1954 niedergelegten Wünsche des Auswärtigen Amtes werden vom Vizekanzler vorgetragen[37]).

a) Bei der Position 0501/961 (Beistandsprogramm für unentwickelte Länder)[38]) unterstreichen die Bundesminister für Wirtschaft und für Ernährung, Landwirtschaft und Forsten, daß die zusätzlich geforderten 875 000 DM sich für Deutschland bezahlt machen werden.

Der Bundesminister für Familienfragen weist darauf hin, daß andere Länder für die genannten Zwecke wesentlich mehr ausgeben. So zahlten z. B. die Niederlande das Vierfache der genannten Beträge.

Der Bundesminister der Finanzen lehnt die Forderung, bei der es sich um eine freiwillige Leistung des Bundes handele, ab.

Das Kabinett beschließt, den Haushaltsansatz um 575 000 DM auf 1,2 Mio DM zu erhöhen.

b) Zur Deckung der Kosten der deutschen Beteiligung am Schiedsgerichtshof und an der Kommission nach dem Londoner Schuldenabkommen[39]) verlangt das Auswärtige Amt, in 0501/967 800 000 DM neu anzusetzen.

Nach der Meinung des Bundesministers der Finanzen handelt es sich hierbei um eine Zuständigkeitsfrage. Die notwendigen Mittel seien im Haushalt des Bundesministers der Finanzen, der für die Schuldenverhandlungen zuständig sei, ausgeworfen. Er halte allerdings 200 000 DM für ausreichend.

In der Aussprache über die Zuständigkeiten wird die Notwendigkeit anerkannt, eine einheitliche Praxis für die Behandlung der Schiedsgerichtsfragen zu entwickeln. Dabei wird erwogen, ob in den Fällen, in denen völkerrechtliche Verträge vorliegen, das Auswärtige Amt oder das Bundesministerium der Justiz die Federführung haben müsse. Auf Vorschlag von Bundesminister Kraft wird beschlossen, die grundsätzliche Frage erst zu entscheiden, wenn das Auswärtige Amt im Kabinett vertreten ist. Im übrigen beschließt das Kabinett, es bei den im Haushalt des Bundesministers der Finanzen ausgeworfenen Beträgen zu belassen.

c) Zu der Forderung des Auswärtigen Amtes, in einer neuen Haushaltsposition 0501/968 1,5 Mio DM als Beitrag des Bundes zur United Nations Korean Reconstruction Agency (UNKRA)[40]) vorzusehen, teilt der Bundesminister der Fi-

---

[36]) Unterlagen über Verhandlungen mit den Ländern nicht ermittelt. − Sporadische Unterlagen zum Küstenschutz in B 116/4890. − Für diesen Titel wurden 31 Mio DM im Haushaltsplan eingesetzt.
[37]) Vorlage des AA in B 136/305.
[38]) Vgl. dazu 195. Sitzung am 15. Jan. 1952 (TOP 12).
[39]) In dem Abkommen über deutsche Auslandsschulden vom 27. Febr. 1953 (BGBl. II 333) war die Errichtung eines Schiedsgerichtshofs und einer Gemischten Kommission festgelegt worden.
[40]) Die UNKRA war 1950 mit dem Ziel gegründet worden, einen Beitrag zum Wiederaufbau

nanzen mit, bisher seien 11,65 Mio DM für das deutsche Lazarett ausgegeben worden. Es werde z. Zt. als Seuchenlazarett verwendet.

Das Kabinett lehnt den Antrag des Auswärtigen Amtes ab.

d) Weiter werden vom Auswärtigen Amt 100 000 DM zusätzlich als Beitrag zum Flüchtlingshilfsfonds der Vereinten Nationen[41]) in 0502/674 verlangt. Hierfür setzt sich der Vizekanzler mit dem Hinweis ein, daß es aus politischen Gründen dringend erwünscht sei, in einem guten Einvernehmen mit dem UN-Flüchtlingskommissar zu bleiben.

Das Kabinett beschließt die Aufnahme des genannten Betrages in den Haushalt.

e) Der Antrag, im Einzelplan 60 bei 6004/661 3,8 Mio DM mehr für die Erhaltung von deutschen Gräbern im Ausland vorzusehen, wird zurückgestellt.

f) Dem Wunsche, die Kultur- und Schulfonds des Auswärtigen Amtes für gegenseitig deckungsfähig[42]) zu erklären, stimmt der Bundesminister der Finanzen zu.

Dieser stellt sodann fest, daß nach den Entscheidungen des Kabinetts im ordentlichen Haushalt rd. 121 Mio DM Mehrausgaben entstehen. Er erklärt, daß er zur Deckung dieser Beträge keinerlei Mittel im Haushalt zur Verfügung habe und deshalb gegen die gefaßten Beschlüsse stimmen müsse. Er verläßt gegen 16.30 Uhr die Sitzung[43]).

3.) Vom Bundesminister für Verkehr wird die Frage aufgeworfen, wie die noch strittigen Personalanforderungen der Ressorts[44]) behandelt werden sollen.

---

     der koreanischen Wirtschaft zu leisten. – Vgl. auch 219. Sitzung am 13. Mai 1952 (TOP 5).

[41]) Die Bundesregierung hatte zu dem 1952 geschaffenen Fonds lediglich im Jahre 1952 einen Beitrag von 50 000 DM geleistet (Vorlage des AA).

[42]) Siehe dazu das Schreiben Schäffers an Adenauer vom 19. Okt. 1954 in B 136/306.

[43]) Blücher notierte dazu am 26. Okt. 1954: „In der Kabinettssitzung vom 26. 10. 1954 – in der unter meinem Vorsitz die einzelnen Haushalte der Ministerien besprochen wurden – habe ich mich auf Grund von Äußerungen von Min. Schäffer zu folgenden Worten gezwungen gesehen: 'Herr Schäffer, hier ist das Problem der Staatsführung überhaupt angesprochen. Wir können es uns in den fürchterlichen beiden nächsten Jahren nicht leisten, Haushalte zu überlegen, die an unvermeidlichen Ausgaben vorbeigehen und nur Ausgaben zu bewilligen, die dann doch später von uns anerkannt werden müssen und dann nicht mehr als eine Leistung der Einsicht der Regierung betrachtet werden, weil diese erst nach schweren Auseinandersetzungen dazu gezwungen wurde. Wenn wir überhaupt diese Zeiten überstehen wollen, müssen wir das Unvermeidliche rechtzeitig erkennen und demgemäß auch rechtzeitig von uns aus beschließen!' Ich habe Schäffer hier zum ersten Male offen das angekündigt, und wir haben dann (nachdem Schäffer um 16.00 Uhr weggehen mußte) noch ohne Schäffer 1 1/2 Stunden zusammengesessen in einer beispiellosen Einigkeit, daß es so nicht mehr weitergehe. Im übrigen wird die Haushaltsberatung morgen fortgesetzt. Wegen der Wichtigkeit wird Preusker seine Reise nach Stuttgart absagen und morgen doch im Kabinett anwesend sein. Lübke äußerte sich ‚der Mann ruiniert Deutschland'. Schäffer wird jedenfalls am Ende dieser Haushaltsberatungen im Kabinett vor der Tatsache stehen, daß das Kabinett gegen seine Darlegungen seine Ansätze um rund 500 Mio erhöht hat, und wir waren alle der Überzeugung, daß wir das verantworten können. (Tillmanns, Strauß und Kaiser waren im übrigen nicht anwesend – sonst waren sich die anderen Minister alle einig)" (Nachlaß Blücher/299.)

[44]) Siehe dazu die undatierte Zusammenstellung in B 136/306.

Nach seiner Meinung kann der Standpunkt des Bundesministers der Finanzen, daß der Aufbau der Bundesbehörden beendet sei und deshalb keine Personalvermehrung zugelassen werden dürfe, nicht aufrechterhalten werden. Die bevorstehende Aufrüstung und die immer stärker werdende internationale Verflechtung Deutschlands zwängen zu einem weiteren Ausbau in personeller Hinsicht.

Nach der Meinung des Vizekanzlers muß auch an eine Besserstellung der zu einem erheblichen Teil aus politischen Gründen zu niedrig eingestuften Dienstkräfte herangegangen werden.

Staatssekretär Dr. Strauß rät im Augenblick von grundsätzlichen Erörterungen ab, da diese eine Entscheidung verzögern würden. Man könne bei diesem Problem nicht von den Stelleninhabern, sondern nur von der Stellenbewertung ausgehen und sich auf die Prüfung der Streitfälle beschränken.

4.) Es wird sodann die Frage behandelt, in welcher Weise die vorgesehenen Mehrausgaben gedeckt werden könnten.

Dabei weist der Bundesminister für Familienfragen darauf hin, daß auch die im Bundestag gestellten Anträge auf Erhöhung der Grundrenten in der Kriegsopferversorgung[45]) zu weiteren Mehrausgaben zwängen und außerdem noch besonders für eine Verbesserung der Lage der Witwen und Waisen gesorgt werden müsse.

Der Bundesminister für Wirtschaft führt im einzelnen aus, in welcher Weise sich das Sozialprodukt im laufenden Jahre entwickelt hat. Man könne mit Sicherheit davon ausgehen, daß sich im nächsten Jahre die Konjunktur durch die Rüstungsaufgaben noch günstiger entwickeln werde und deshalb das Sozialprodukt im kommenden Jahre sich nicht um 5,5 %, sondern in einem wesentlich stärkeren Ausmaß vermehren werde. Steige aber das Sozialprodukt nur um 1 % mehr, dann vermehrten sich die Einnahmen des Bundes um rd. 300 Mio DM. Der Bundesminister für Wirtschaft ist daher der Meinung, die bis jetzt vorgesehenen Mehrausgaben von 121 Mio DM entsprächen noch nicht einmal einer Steigerung des Sozialproduktes um ½ % über 5,5 % hinaus. Daher seien diese Ausgaben ohne weiteres durch höhere Steuereinnahmen gedeckt. Als weitere Reserve stehe dem Bundesminister der Finanzen auch noch der bisher noch nicht in Anspruch genommene Kreditplafond[46]) von 1,5 Mia DM zur Verfügung, der im übrigen auf 2 Mia DM erhöht werden könnte.

Vom Vizekanzler und dem Bundesminister für Wohnungsbau wird die große politische Bedeutung der finanziellen Regelung der Bedürfnisse der Sowjetzonenflüchtlinge und der Heimkehrer hervorgehoben.

Letzterer weist auf die günstigen Zahlen über die Verschuldung des Bundes hin. Bemerkenswert sei, wie stark die Bestände der BdL an Ausgleichsforderungen des Bundes gesunken seien. Im Vergleich zu einem Höchststand von 5,47 Mia DM habe der Bestand am 15. 9. 1954 nur 1,135 Mia DM betragen.

---

[45]) Vgl. Sondersitzung am 12. Nov. 1954 TOP C.
[46]) Siehe Drittes Gesetz zur Änderung des Gesetzes über die Errichtung der Bank deutscher Länder vom 7. Sept. 1953 (BGBl. I 1317).

Er ist deshalb der Meinung, in den Ansätzen des Bundesministers der Finanzen für vom Bund zu zahlende Zinsen (Einzelplan 32) lägen noch erhebliche Ersparnismöglichkeiten.

Der Bundesminister für Vertriebene, Flüchtlinge und Kriegsgeschädigte macht bei dieser Gelegenheit auf die veränderte Lage des Lastenausgleichsfonds aufmerksam, der im nächsten Jahr wahrscheinlich mit einem Defizit von 800 Mio DM rechnen müsse.

Das Kabinett beschließt sodann, die Haushaltsberatung am nächsten Tage fortzusetzen[47]).

---

[47]) Fortgang 55. Sitzung TOP 2.

**55. Kabinettssitzung
am Mittwoch, den 27. Oktober 1954**

Teilnehmer: Blücher, Schröder, Neumayer, Schäffer, Lübke, Seebohm, Balke, Preusker, Oberländer, Hellwege, Wuermeling, Schäfer, Kraft; Bergemann, Globke, Nahm, Sauerborn, W. Strauß, Thedieck; Klaiber; Forschbach; Selbach; Abs (bis 10.00 Uhr), Blank, Kattenstroth. Protokoll: Haenlein.

Beginn: 9.30 Uhr   Ende: 13.15 Uhr

1. KRIEGSFOLGENSCHLUSSGESETZ   BMF

Der Bundesminister der Finanzen erinnert an den Grundsatz, daß die ausländischen Gläubiger die gleiche Entschädigung erhalten wie Inländer[1]). Man müsse sich darüber klar sein, daß die Bundesregierung an Vorschläge, die sie jetzt den Auslandsgläubigern mache, gebunden sei. Der für die Kriegsfolgenentschädigung im Haushalt vorgesehene Betrag von 200 Mio DM könne nicht überschritten werden. Er empfehle deshalb, mit den ausländischen Gläubigern nur über eine Mindestlösung zu sprechen. Wenn später im Gesetz eine höhere Entschädigung beschlossen werde, könne man auch den Ausländern mehr geben.

Die Höhe der Schulden des Reiches, der Bahn und der Post möchte Herr Abs nicht von seinen Verhandlungen im Ausland abhängig machen. Nach seiner Kenntnis der Verhältnisse werden die Auslandsgläubiger mit einer vernünftigen deutschen Regelung einverstanden sein. Das Ausland sei besonders an der Regelung für die verbrieften Forderungen interessiert. Für diese eine Quote von 4 % zugleich mit einem Verzicht auf Zinsen für zehn Jahre vorzusehen, sei völlig unrealistisch. Ein solcher Vorschlag werde weder im Ausland noch im Inland verstanden werden. Er empfehle schon jetzt den Betrag zu nennen, der auch endgültig beschlossen werden wird. Nach seiner Meinung sollte es eine Entschädigung von 6½ % sein. Wenn dabei noch für zehn Jahre auf Zinsen verzichtet werde, stelle sich die Abfindung praktisch nur auf 4 %. Nach seinen Berechnungen wird das den Bund, wenn man noch eine Tilgung von 2 bis 3 % vorsehe, etwa 70 bis 80 Mio DM jährlich kosten. Am 15. 11. 1954 wolle er in London mit den Auslandsgläubigern verhandeln. Bis dahin sollte die Bundesregierung sich über die Grundsätze der beabsichtigten Regelung klar geworden sein.

---

[1]) Vgl. 34. Sitzung TOP 10. — Vorlage des BMF vom 22. Sept. 1954 in B 126/51546 und B 136/1159. Siehe auch die Vorlage für den Minister vom 25. Sept. 1954 in B 126/51546. — In der Vorlage gab der BMF einen Überblick über die Besprechungen des Gesetzentwurfs und über die Verhandlungen von Abs mit den ausländischen Gläubigervertretungen. Da über den Gesetzentwurf bis zum 1. Okt. 1954 eine Einigung der Ressorts nicht hatte erreicht werden können, legte der BMF „Grundgedanken sowie Erläuterungen dieser Grundgedanken zur Kriegsfolgenschlußregelung" vor, die den ausländischen Gläubigervertretungen zugeleitet werden sollten.

Mit diesem Termin ist der Bundesminister der Finanzen einverstanden, auch damit, daß nicht die Höhe der Entschädigung mit den Auslandsgläubigern ausgehandelt wird, sondern diesen mitgeteilt wird, was die deutsche Regierung beabsichtigt. Seine Sorge ist, daß der Bundestag über den Vorschlag, den die Bundesregierung machen wird, noch hinausgeht und damit den Rahmen für die vorgesehenen jährlichen Aufwendungen sprengt.

Es gibt nach seiner Auffassung drei Möglichkeiten:
a) eine quotale Befriedigung von 4 %,
b) eine Quote von 5 % wie bei den Berliner Uraltkonten[2]),
c) eine Quote von 6,5 %[3]).

Er möchte sich in der nächsten Woche mit Herrn Abs über die Folgen dieser drei Lösungen unterhalten, damit dann in der übernächsten Woche eine Entscheidung im Kabinett gefällt werden kann.

Der Vizekanzler hält die Sorge des Bundesministers der Finanzen, daß der Bundestag über eine Quote von 6,5 % hinausgeht und etwa 10 % festsetzen wird, für unbegründet, schon wegen der Rückwirkung, die dies sonst auf zahlreiche andere Gebiete hat.

Abschließend erklärt der Bundesminister der Justiz, daß er die bisher von ihm vorgetragenen Bedenken in der Sache aufrechterhält[4]).

Herr Abs verläßt die Sitzung[5]).

2. FORTSETZUNG DER BERATUNG ÜBER DEN BUNDESHAUSHALT 1955   BMF

1. Der Bundesminister der Finanzen stellt fest, daß er gegen die gestrigen Beschlüsse, die eine Mehrbelastung zur Folge hätten, gestimmt habe[6]). Er legt Widerspruch gemäß § 21 Abs. 3 der Haushaltsordnung[7]) gegen diese Beschlüsse ein.

Der Vizekanzler stellt darauf die Frage, ob unter diesen Umständen überhaupt eine weitere Behandlung des Bundeshaushalts 1955 zweckmäßig sei. Wenn der Bundesminister der Finanzen in jedem Falle Widerspruch einlege, sei in jedem Falle eine Verhandlung in Anwesenheit des Bundeskanzlers notwendig.

Der Bundesminister der Finanzen bemerkt, er habe nur gegen die gestrigen Beschlüsse Widerspruch eingelegt. Gegen die Beratung der Einnahmeseite des

---

[2]) Als Uraltkonten wurden Forderungen bei Banken in Groß-Berlin vor dem 9. Mai 1945 bezeichnet, die für die Bewohner von Berlin-West am 23. Dez. 1949 auf 5 % abgewertet worden waren (VOBl. für Groß-Berlin I S. 509).

[3]) Durch das Dritte und Vierte Gesetz zur Neuordnung des Geldwesens (Gesetze vom 20. Juni 1948, WiGBl. Beilage Nr. 5 S. 13, und vom 4. Okt. 1948, WiGBl. 1949 Nr. 1 S. 15) waren die Altgeldguthaben auf insgesamt 6,5 % abgewertet worden.

[4]) Der BMJ hatte in seiner Vorlage vom 2. Okt. 1954 eine Änderung von Nr. 7 der „Grundgedanken" vorgeschlagen, der die nichtverbrieften Forderungen betraf, und statt dessen eine weniger präzise Formulierung eingebracht (B 126/51546 und B 136/1159).

[5]) Fortgang 58. Sitzung TOP 1.

[6]) Vgl. 54. Sitzung TOP 1. – Siehe dazu auch das Schreiben Schäffers an Adenauer vom 26. Okt. 1954 in B 136/306.

[7]) Vgl. 52. Sitzung TOP 1.

Haushalts wende er sich nicht. Jedenfalls habe er die Einnahmen so hoch wie irgend möglich geschätzt.

Nach der Meinung des Vizekanzlers sind am Vortage keine endgültigen Beschlüsse gefaßt worden. Die Beratung sollte nur dazu dienen, eine Gesamtverständigung über den Haushalt zu erreichen.

Dies wird vom Bundesminister des Innern unterstrichen, der hinzufügt, er müsse alle seine Anforderungen, soweit man sie gestern zurückgestellt habe, wieder vorbringen, wenn die gestern durch Abstimmung erzielten Ergebnisse in Frage gestellt würden.

2. Der Bundesminister für Vertriebene, Flüchtlinge und Kriegsgeschädigte berichtet sodann über die Einzelheiten seines Zweijahresplans für die Eingliederung der Geschädigten[8]), soweit dieser Auswirkungen auf den Haushalt 1955 hat:

a) Die beschleunigte Auflösung aller Lager in der Bundesrepublik, in denen noch 3 — 400 000 Dauerinsassen leben, ist nach der Meinung des Bundesministers für Vertriebene, Flüchtlinge und Kriegsgeschädigte dringend erforderlich. Über die dafür notwendigen Summen sei man sich klar, es fehle aber noch die notwendige Zweckbindung der den Ländern zur Verfügung gestellten Mittel.

Nach der Meinung des Bundesministers für Wohnungsbau können nur für einen Teil der Lagerinsassen neue Wohnungen gebaut werden. In vielen Fällen ist ein Dreiecksweg über Altbauwohnungen, die noch wesentlich geringere Mieten haben, erforderlich.

Der Bundesminister erklärt sich bereit, wegen der Zweckbindung der Mittel mit den Ländern zu verhandeln.

b) Im Jahre 1955 wird nach den Ausführungen des Bundesministers für Vertriebene, Flüchtlinge und Kriegsgeschädigte der Bedarf der voraussichtlich in die Bundesrepublik einströmenden Sowjetzonenflüchtlinge an Beihilfen und an Aufbaudarlehen einen Betrag erreichen, der nicht aus den im Härtefonds des Lastenausgleichs zur Verfügung stehenden Mitteln gedeckt werden kann. Er hält deshalb bei vorsichtiger Schätzung einen Beitrag aus dem Bundeshaushalt von 70 Mio DM zur Ergänzung der Mittel des Härtefonds für notwendig[9]).

Der Bundesminister der Finanzen ist der Meinung, ohne genaue Unterlagen sei es nicht möglich, einen derartigen Betrag im Haushaltsplan vorzusehen.

Nach der Meinung des Bundesministers für Vertriebene, Flüchtlinge und Kriegsgeschädigte handelt es sich um ungewöhnliche Verhältnisse, bei denen man nicht warten könne, bis die exakten statistischen Unterlagen vorlägen.

---

[8]) Siehe dazu die Vorlage des BMVt vom 19. Okt. 1954 (ebenda) und die Sitzung des Kabinett-Ausschusses für Wirtschaft am 19. Okt. 1954 TOP 1.

[9]) Zum Härtefonds siehe § 301 des Gesetzes über den Lastenausgleich vom 14. Aug. 1952 (BGBl. I 446). Aus dem Fonds wurden im Rechnungsjahr 1953 29,5 und im Rechnungsjahr 1954 127,9 Mio DM gezahlt (Die Lastenausgleichsgesetze. Dokumente zur Entwicklung des Gedankens, der Gesetzgebung und der Durchführung. Bd. III: Die Durchführung. Herausgegeben vom Bundesminister für Vertriebene, Flüchtlinge und Kriegsgeschädigte. Bonn 1963 S. 546). Abweichende Angaben (21 Mio DM für 1953 und 116 Mio DM für 1954) in: Bundeshaushaltsplan für das Rechnungsjahr 1955. Berlin und Bonn 1955 S. 292 f. — Einen Zuschuß aus Bundesmitteln hatte es zuvor noch nicht gegeben.

Der Bundesminister der Finanzen empfiehlt abzuwarten, bis der Gesetzgeber eine Grundlage für die Ansprüche geschaffen habe und dann die Frage ordnungsgemäß durch einen Nachtragshaushalt geregelt werden könne.

Dem wird vom Vizekanzler widersprochen, der es aus politischen Gründen für richtig hält, diese Frage jetzt schon zu klären und für eine Abdeckung der zweifellos notwendig werdenden Ausgaben rechtzeitig zu sorgen.

Das Kabinett beschließt sodann mit Mehrheit gegen die Stimme des Bundesministers der Finanzen bei einigen Enthaltungen, für die genannten Zwecke 50 Mio DM im Haushalt vorzusehen.

c) Entsprechend den Ausführungen in Ziffer 3 seiner Kabinettsvorlage vom 19. 10. 1954 bittet der Bundesminister für Vertriebene, Flüchtlinge und Kriegsgeschädigte, für die Finanzierung des Wohnungsbaus für Sowjetzonenflüchtlinge aus den Jahren 1954 und 1955 je 63 Mio DM, insgesamt also 126 Mio DM, in den Haushalt aufzunehmen.

Es müsse auch endlich der Streit mit den Ländern, an die noch 22 Mio DM wegen der im Haushaltsjahr 1953 aufgenommenen Sowjetzonenflüchtlinge gezahlt werden müßten, bereinigt werden. Auch dieser Betrag sei deshalb im Bundeshaushalt 1955 einzustellen.

Diese Darlegungen werden von dem Bundesminister für Wohnungsbau ausführlich erläutert, der dabei im einzelnen zu etwas anderen Zahlen kommt[10]).

Nach der Meinung des Bundesministers der Finanzen handelt es sich bei den Angaben zum Teil um theoretische Zahlen. Die Länder hätten nach seinen Feststellungen bis jetzt noch nicht einmal alle vorhandenen Mittel zu den vorgeschriebenen Zwecken verbraucht.

Dies wird vom Bundesminister für Vertriebene, Flüchtlinge und Kriegsgeschädigte und vom Bundesminister für Wohnungsbau energisch bestritten. Ohne eine Zusage über die Bereitschaft der Gelder sei eine Vorausplanung nicht möglich.

Nach eingehender Aussprache beschließt das Kabinett mit großer Mehrheit gegen die Stimme des Bundesministers der Finanzen, den im Haushalt 1955 für die genannten Zwecke vorgesehenen Betrag von 45 Mio DM um 105 Mio DM auf 150 Mio DM zu erhöhen.

d) Schließlich erwähnt der Bundesminister für Vertriebene, Flüchtlinge und Kriegsgeschädigte noch seine Forderung, im Haushalt 1955 zur Hergabe von Investitionskrediten an Vertriebene, Flüchtlinge und Kriegsgeschädigte 60 Mio DM vorzusehen. Er ist damit einverstanden, daß seine Wünsche in dieser Richtung durch Bundesgarantien befriedigt werden sollen.

e) Zum Schluß macht er darauf aufmerksam, daß in absehbarer Zeit mit der Ausgabe von Lastenausgleichsanleihen gerechnet werden müsse. Nach dem Vorschlag des Vizekanzlers soll diese Frage zunächst mit dem Bundesminister für Wirtschaft besprochen werden.

3. Gegen die damit beschlossenen insgesamt 155 Mio DM Mehrausgaben im Haushalt 1955 legt sodann der Bundesminister der Finanzen ebenfalls Widerspruch gemäß § 21 Abs. 3 der Haushaltsordnung ein.

---

[10]) Unterlagen dazu in B 134/9162—9164.

4. Abschließend wird noch einmal die Einnahmeseite des Haushalts erörtert. Der Bundesminister für Wohnungsbau weist darauf hin, daß vom Bundesministerium der Finanzen im Bulletin seinerzeit mitgeteilt worden sei, die Einnahmeschätzungen für 1955 seien auf der Grundlage einer 5 %igen Erhöhung des Bruttosozialprodukts errechnet worden[11]) und nicht, wie der Bundesminister der Finanzen in der letzten Sitzung angegeben habe, auf Grund einer 5,5 %igen Erhöhung.

Dieser meint, es sollte von einer 5 – 5,5 %igen Erhöhung ausgegangen werden. Er stehe vor der bemerkenswerten Tatsache, daß seine Einnahmeschätzungen für das Haushaltsjahr 1954 voraussichtlich nur annähernd erreicht würden, obwohl das Sozialprodukt erheblich stärker angewachsen sei als man angenommen habe. Hieraus sei zu folgern, daß sich die Erhöhung des Sozialprodukts nicht ohne weiteres auf die Einnahmen auswirkt. Für das laufende Jahr rechne er sogar mit einem Fehlbetrag von rd. 100 Mio DM.

Demgegenüber verweist der Bundesminister für Wohnungsbau auf die falschen Schätzungen des Bundesministers der Finanzen im Jahre 1951 und darauf, daß die für Zinsausgaben im Haushalt eingestellten 110 Mio DM auf 50 Mio DM herabgesetzt und auch diese nicht einmal verbraucht worden seien. Er glaubt, auch im Haushalt 1955 werde sich wegen der großen Bestände des Bundes an Ausgleichsforderungen eine Zinsersparnis von bis zu 100 Mio DM ergeben[12]).

3. ENTWURF EINES GESETZES ZUR SICHERUNG DES EINHEITLICHEN GEFÜGES DER BEZÜGE IM ÖFFENTLICHEN DIENST (VORLÄUFIGES BESOLDUNGSRAHMENGESETZ; STELLUNGNAHME DER BUNDESREGIERUNG ZU DEN ÄNDERUNGSVORSCHLÄGEN DES BUNDESRATES) BMF

Der Bundesminister der Finanzen berichtet über die Behandlung dieses Gesetzentwurfes[13]) im Bundesrat[14]) und trägt die in seiner Kabinettsvorlage vom 19. 10. 1954 vorgeschlagene Stellungnahme zu den Änderungswünschen des Bundesrates vor[15]). Er hat Zweifel, ob die zahlreichen Verhandlungen, die in der Sache mit vielerlei Stellen geführt werden müssen, bis zu der vom Bundesrat gewünschten Frist beendet sein können[16]). Er erklärt sich jedoch mit dieser Befristung einverstanden. Von mehreren Kabinettsmitgliedern wird hervorgehoben, daß auch aus politischen Gründen diese Fristsetzung nicht beanstandet werden sollte.

---

[11]) Siehe BULLETIN vom 8. Sept. 1954 S. 1491.
[12]) Fortgang 57. Sitzung TOP 2.
[13]) Vgl. 40. Sitzung TOP 1.
[14]) Siehe BR-SITZUNGSBERICHTE 1954 S. 236–240.
[15]) Vorlage des BMF vom 19. Okt. 1954 zu BR-Drs. Nr. 272/54 (Beschluß) in B 106/7980 und B 136/885.
[16]) Der BR hatte vorgeschlagen, die Geltung des Gesetzes bis zum „Erlaß eines Besoldungsrahmengesetzes, längstens bis zum 31. März 1956" zu begrenzen. – In seiner Vorlage hatte der BMF eine Frist bis zum 31. März 1957 für erforderlich gehalten.

Das Kabinett stimmt daraufhin der Vorlage des Bundesministers der Finanzen mit der Maßgabe zu, daß gegen die vom Bundesrat gewünschte Befristung keine Bedenken erhoben werden[17]).

4. MÜNDLICHER VORTRAG DES BUNDESMINISTERS DER FINANZEN ÜBER DIE LOHN- UND GEHALTSFORDERUNGEN DER GEWERKSCHAFTEN FÜR BUNDESBEDIENSTETE
BMF

Über seine Verhandlungen mit den Gewerkschaften berichtet der Bundesminister der Finanzen folgendes: Er habe den Gewerkschaftsvertretern gesagt, die Bundesregierung sei zur Zeit noch an den Kabinettsbeschluß vom 23. 6. 1954 gebunden[18]). Neue Verhandlungen über Lohn- und Gehaltsforderungen seien auch durch die Verfassungsklage gegen Nordrhein-Westfalen gehemmt. Das Verfahren stehe vor dem Abschluß[19]). Etwa Mitte November könne mit der Aufnahme neuer Verhandlungen gerechnet werden. Für diese wäre von drei Möglichkeiten auszugehen:

a) Der Bund übernimmt die Homburger Vereinbarungen[20]).
b) Man entzerrt das gesamte Lohn- und Gehaltssystem.
c) Eine Regelung, die einen Teil der Homburger Erhöhungen vorsieht und daneben noch die dringlichsten Entzerrungen durchführt.

---

[17]) BT-Drs. Nr. 959. — Der BMF schlug in seiner Vorlage vom 4. Dez. 1954 vor, unter Hinweis auf das Urteil des Bundesverfassungsgerichts vom 1. Dez. 1954, in dem die Klage der Bundesregierung gegen das Besoldungsgesetz von Nordrhein-Westfalen abgewiesen worden war (vgl. 42. Sitzung TOP E), die Vorlage zurückzuziehen (B 136/885). Das Gericht hatte darauf verwiesen, daß die Bundesregierung im Rahmen ihrer Kompetenz zur Rahmengesetzgebung nur solche Vorschriften erlassen könne, die darauf angelegt seien, von den Ländern durchgeführt zu werden. — Die Vorlage wurde in der 63. Sitzung TOP 14 zwar behandelt, ein Beschluß des Kabinetts über das Zurückziehen des Gesetzentwurfs wurde im Protokoll jedoch nicht festgehalten (Vermerke vom 1. und 17. Febr. 1955 in B 136/885). In seinem Schreiben vom 10. Febr. 1955 bat der BMF das Bundeskanzleramt, den Entwurf beim BT zurückzuziehen. Außerdem teilte er mit, daß er die Klagen beim Bundesverfassungsgericht wegen der von Bayern und Hessen gewährten Weihnachtszuwendung sowie wegen der Hamburgischen Lehrerbesoldung zurückgezogen habe (ebenda). — In einem Schreiben an den Präsidenten des BT vom 5. März 1955 zog der BK die Vorlage unter Hinweis auf das Urteil des Bundesverfassungsgerichts zurück (ebenda und BT-Drs. Nr. 1243).

[18]) Vgl. 36. Sitzung TOP F. — Schäffer berichtet hier über seine Besprechung mit Vertretern der ÖTV, der DAG, der Gewerkschaft der Eisenbahner Deutschlands und der Deutschen Postgewerkschaft am 12. Okt. 1954 (vgl. das Schreiben Schäffers an Adenauer vom 12. Okt. in B 136/587 und den Vermerk vom 20. Okt. über die Besprechung am 12. Okt. 1954 in B 106/8289). — Unterlagen über frühere Besprechungen ebenda.

[19]) Vgl. 42. Sitzung TOP E und Anm. 17 dieser Sitzung.

[20]) Die Verhandlungen der Tarifgemeinschaft deutscher Länder und der Vereinigung kommunaler Arbeitgeberverbände mit der ÖTV und der DAG hatten am 10. Sept. 1954 in Bad Homburg zur Unterzeichnung eines Tarifvertrages geführt, der die Ecklöhne der Arbeiter bis zu 6 Pfennige und die Gehälter der Angestellten durchschnittlich um 5 % mit Wirkung ab 1. Juli 1954 erhöhte (Tarifvertrag in B 106/8289). Außerdem hatten die Arbeitgeber der Zahlung der Weihnachtszuwendungen in der von den Gewerkschaften geforderten Höhe zugestimmt (Frankfurter Allgemeine Zeitung vom 13. Sept. 1954). Die Bundesregierung war bei den Verhandlungen zwar vertreten, hatte sich aber nicht beteiligt (Unterlagen in B 106/8289).

Zwei Vertreter der Gewerkschaften, dabei der ÖTV, hätten sich für die Lösung c) ausgesprochen, die Postgewerkschaft neige einer Regelung wie unter a) zu.

Die an ihn gestellte Frage, ob aus dem Bundeshaushalt für Lohnerhöhungen bei Bahn und Post ein Beitrag geleistet werden könne, habe er verneint. Auch für Weihnachtsgratifikationen könne er den beiden Unternehmen kein Geld zur Verfügung stellen.

Die Vertreter der Gewerkschaften hätten diese Ausführungen sehr ruhig aufgenommen und seien damit einverstanden, daß die Verhandlungen Mitte November aufgenommen werden sollen. Der Bundesminister der Finanzen hält es für richtig, daß die beteiligten Ressorts zusammentreten und sich überlegen, was den Gewerkschaften angeboten werden kann. Er selbst neigt dazu, das Gewicht auf die Entzerrung des Lohn- und Gehaltssystems zu legen.

Der Vizekanzler drängt darauf, so schnell wie möglich die Besprechungen mit den Bundesministern des Innern, für Arbeit, Verkehr und Post- und Fernmeldewesen aufzunehmen.

Vom Bundesminister für Verkehr wird für erforderlich gehalten, sich heute schon auf einige Grundsätze für das Angebot zu einigen, das man den Gewerkschaften machen wolle.

Als solche kämen in Betracht:

a) Der Bund, die Bahn und die Post sollen einheitlich vorgehen.

b) Lohn- und Gehaltserhöhungen sollen für dieses Jahr nicht mehr zugestanden werden, sondern frühestens ab Januar 1955, da die Finanzlage der Bahn dies fordert.

c) Bei dem Angebot soll man noch etwas unter den Homburger Vereinbarungen bleiben. Es sei an 4 Dpf. Aufwand für Lohnerhöhung und 1 Dpf. für Entzerrung zu denken.

Über seine Verhandlungen[21] mit der Postgewerkschaft berichtet der Bundesminister für das Post- und Fernmeldewesen. Diese habe zunächst eine 10 %ige Erhöhung und eine erhebliche Abschlagszahlung verlangt. Er hoffe, daß sie auf die Homburger Vorschläge zurückgehen werde, habe aber, um dies zu erreichen, zugestehen müssen, daß die Lohnerhöhung vom 1. 10. 1954 ab wirken werde. Man müsse bedenken, daß die Verhältnisse bei Bund, Bahn und Post nicht gleich liegen. Für die Post sei auch die Entzerrung des Lohnsystems nicht ungefährlich. Aus den weiteren Darlegungen des Bundesministers für das Post- und Fernmeldewesen ergibt sich eine günstige finanzielle Lage bei der Post. Der Verkehr konnte um 8 % im laufenden Jahr gesteigert werden, während das Personal nur um 4 % vermehrt wurde. Immer deutlicher zeigten sich Schwierigkeiten bei der Einstellung von neuem Personal, da geeignete Kräfte fehlen.

Auch der Bundesminister für Verkehr berichtet über eine günstige Entwicklung bei der Bahn durch den starken Herbstverkehr. Trotzdem habe er eine Vermehrung des Personals vermeiden können. Er glaubt, daß man an einer Entzerrung des Lohnsystems nicht vorbeikomme. Die bisher schon bestehenden

---

[21] Unterlagen ebenda.

Ungerechtigkeiten würden durch eine lineare Erhöhung der Löhne und Gehälter noch größer werden.

Im Kabinett besteht Einverständnis, daß die vorgesehene Besprechung der beteiligten Ressorts in Übereinstimmung mit dem Wunsche des Vizekanzlers in den ersten Tagen des November stattfinden soll[22].

Außerhalb der Tagesordnung

[A. SAARABKOMMEN]

Über den Beschluß des Direktoriums der Deutschen Partei zum Saarabkommen[23] berichtet auf eine Frage des Vizekanzlers der Bundesminister für Angelegenheiten des Bundesrates. Da man noch keine ausreichenden Unterlagen gehabt habe, sei die Entscheidung um 10 bis 12 Tage verschoben worden. Vor allem mache man sich in Schleswig-Holstein wegen der dänischen Forderungen[24] Sorge und befürchte auch Rückwirkungen auf die Frage der Oder-Neiße-Linie.

Der Vizekanzler unterrichtet das Kabinett von seiner Absicht, mit dem Präsidenten des Bundesrates zu sprechen[25]. Die Landtage Bayerns und von Rhein-

---

[22] Fortgang 60. Sitzung TOP C.

[23] Das Direktorium und der Außenpolitische Ausschuß der DP hatten nach einer Sitzung in Berlin am 26. Okt. 1954 erklärt, daß sie ihre Zustimmung zum Saarabkommen verweigern würden, falls bei genauer Überprüfung des Wortlauts eine auch nur provisorische Separation des Saargebietes vom deutschen Gesamtstaat sich ergeben sollte (EA 1954 S. 7100). Vgl. dazu Parlamentarischer Bericht des BPA vom 2. Nov. 1954 in B 145/1903.

[24] Vgl. dazu die Aufzeichnung (o. Dat.) „Äußerungen verschiedener NATO-Mitglieder zur Aufnahme der Bundesrepublik Deutschland in NATO" in Nachlaß Blankenhorn/35, in der vom dänischen Außenminister Hans Christian Hansen u. a. berichtet wird: „Hansen erwähnte sodann die Probleme, die sich aus dem Vorhandensein einer dänischen Minderheit in Deutschland ergeben; diesem Problem sei während der Debatten im dänischen Parlament über den Beitritt Deutschlands zur NATO-Organisation große Bedeutung beigemessen worden. Die Rechte der Minderheiten seien engstens mit dem Ideal der Menschenrechte verknüpft, und die Behandlung der Minderheiten dürfte ein Symbol für den Geist künftiger Zusammenarbeit sein. Er wünsche darauf hinzuweisen, daß, während die deutsche Minderheit in Dänemark im dänischen Parlament vertreten sei, die dänische Minderheit, welche um vier bis fünf mal stärker als die deutsche Minderheit in Dänemark sei, im Landtag von Schleswig-Holstein keinen Abgeordneten besitze. Das dänische Parlament habe betont, es vertraue fest darauf, daß der Zusammenarbeit innerhalb von NATO zugrundeliegenden Ideale Deutschland dazu führen werden, ebenfalls Verständnis dafür zu zeigen, daß im Interesse der Aufrechterhaltung guter internationaler Beziehungen eine liberale Politik in allen Minderheiten-Fragen von Bedeutung ist. Er hoffe, daß die Bundesregierung zusammen mit der Regierung von Schleswig-Holstein in der Lage sein werde, eine zufriedenstellende Lösung für dieses Problem zu finden." — Fortgang hierzu 77. Sitzung am 23. März 1955 TOP D: Deutsch-dänische Besprechungen über die Rechte der beiderseitigen Minderheiten.

[25] Vgl. dazu auch Schreiben Adenauers an Altmeier vom 25. Okt. 1954 in B 136/2111: „Die Ratifizierung der am 23. Oktober 1954 in Paris geschlossenen Verträge soll nach den Erklärungen des französischen Ministerpräsidenten Mendès-France in Frankreich bis zum Ende dieses Jahres durchgeführt werden. Die Bundesregierung muß Wert darauf legen, daß das deutsche Ratifizierungsverfahren keinen längeren Zeitraum beansprucht. Sie hat den Wunsch, daß die Verträge auch in der Bundesrepublik so schnell wie möglich ratifiziert werden. Die erforderlichen Gesetzentwürfe werden dem Bundesrat in aller Kürze

land-Pfalz wollten sich mit dem Saarproblem[26]) befassen. Er halte es aus diesem Grunde für richtig, im Auswärtigen Ausschuß des Bundesrates durch Herrn Blankenhorn einen aufklärenden Vortrag über die Saarabmachungen halten zu lassen. Auf diese Weise soll den Landtagen[27]) eine Grundlage für ihre Verhandlungen gegeben werden[28]).

Das Kabinett nimmt hiervon zustimmend Kenntnis.

[B. VERTRETUNG DER BUNDESREGIERUNG AUF DEM DEUTSCHEN BURSCHENTAG]

Vom Bundesminister des Innern wird die Frage gestellt, ob die Bundesregierung auf dem Deutschen Burschentag in Berlin[29]) vertreten sein kann. Nach dem Tagungsprogramm beabsichtigen der Bundesminister für Vertriebene, Flüchtlinge und Kriegsgeschädigte und Staatssekretär Thedieck dort zu sprechen[30]). Als weitere Redner sind Herr Achenbach[31]) und Abgeordneter Pfleiderer vorgesehen[32]). Wegen der Herausstellung dieser beiden Persönlichkeiten und verschiedener politischer sehr anfechtbarer Auslassungen in den Burschen-

---

zugehen. Ich wäre Ihnen, als dem Präsidenten des Bundesrates, dankbar, wenn Sie erreichen würden, daß der Bundesrat sofort Stellung nimmt, ohne die Frist von 3 Wochen gemäß Artikel 76 Absatz 2 des Grundgesetzes auszunutzen. Die Erfüllung meiner Bitte dürfte dadurch wesentlich erleichtert werden, daß die sich bei der Behandlung der Verträge ergebenden Fragen durch die Bonner und Pariser Verträge vom 26./27. Mai 1952 weitgehend bekannt sind."

[26]) Vgl. 54. Sitzung TOP A.

[27]) Vgl. dazu im einzelnen Telegramm Blankenhorns an Hallstein vom 30. Okt. 1954, das wie folgt beginnt: „Bei allen Parteien steht gegenwärtig die Saarfrage im Vordergrund des Interesses. Die kritische Einstellung hat in den letzten Tagen zugenommen. So wie die Dinge heute liegen, sind FDP, DP und BHE mit wenigen Ausnahmen gegen das Abkommen. Merkatz rechnet nicht damit, daß DP im Bundestag für eine Zustimmung zu gewinnen sei" (Nachlaß Blankenhorn/35, Durchschlag). – Siehe dazu die Artikel „Bayrische Opposition gegen das Saarabkommen" in Neue Zürcher Zeitung vom 28. Okt. 1954 und „Schwere Bedenken Altmeiers gegen das Saarstatut. Der Landtag von Rheinland-Pfalz fordert Klarstellungen und Verbesserungen" in Frankfurter Allgemeine Zeitung vom 6. Nov. 1954; vgl. dazu auch „Erklärung der Landesregierung von Rheinland-Pfalz zur Saarfrage in der Landtagssitzung vom 5. November 1954" (Umdruck) in Nachlaß Kaiser/278.

[28]) Fortgang 57. Sitzung TOP 1: Außenpolitische Lage.

[29]) Die Dritte Herbsttagung der Deutschen Burschenschaft unter dem Leitwort „Das ganze Deutschland soll es sein – Die Verpflichtung des Studenten gegenüber Volk und Staat" fand vom 17. bis 20. Nov. 1954 in Berlin statt.

[30]) Vorläufiger Tagungsplan in Burschenschaftliche Blätter (Sept.) 1954 S. 272 f.

[31]) Dr. iur. Ernst Achenbach (geb. 1909). 1936–1944 im Auswärtigen Dienst tätig, u. a. 1940–1943 Leiter der Politischen Abteilung der Deutschen Botschaft in Paris; 1947–1948 Verteidiger bei den Nürnberger Kriegsverbrecherprozessen, 1950–1958 MdL in Nordrhein-Westfalen (FDP, Vorsitzender des Außenpolitischen Ausschusses seiner Partei), 1957–1976 MdB (1971 stellvertretender Fraktionsvorsitzender), 1960–1964 Mitglied der Beratenden Versammlung des Europarates und der Versammlung der WEU, 1964–1977 Mitglied des Europäischen Parlamentes.

[32]) Im Endgültigen Tagungsplan (in Burschenschaftliche Blätter (Nov.) 1954 S. 332 f.) waren als Redner u. a. vorgesehen: Achenbach (Die Haltung der vier Besatzungsmächte in der Frage der deutschen Wiedervereinigung), Lehr (Der Student in Volk und Staat), Oberländer (Das Recht der Deutschen auf ihre Heimat).

schaftlichen Blättern erhebt er gegen die offizielle Beteiligung der Bundesregierung Bedenken.

Das Für und Wider einer Teilnahme an dieser Veranstaltung wird eingehend erörtert. Entsprechend einer Anregung des Bundesministers für Verkehr soll mit dem Vorstand Fühlung aufgenommen werden, um dessen Absichten genau kennen zu lernen. Wenn der Vorstand eine Beteiligung der Bundesregierung wünsche, soll er auch offiziell bei dieser anfragen[33]).

---

[33]) Unterlagen nicht ermittelt. — In einem Bericht über die Dritte Herbsttagung der Deutschen Burschenschaft in Berlin heißt es: „Am zweiten Tag (Donnerstag) mußte der ursprünglich vorgesehene Vortrag von Bundesminister Professor Dr. Oberländer (,Das Recht der Deutschen auf ihre Heimat') leider infolge einer plötzlich angesetzten wichtigen Kabinettssitzung entfallen" (Burschenschaftliche Blätter (Dez.) 1954 S. 374). Ein weiterer Bericht schließt wie folgt: „In der Schlußkundgebung forderte Dr. Vockel als Vertreter der Bundesregierung zur verstärkten geistigen und materiellen Stützung Berlins als der wirklichen und künftigen Hauptstadt Deutschlands auf. Die Tagung erhielt ihren besonderen Akzent durch die außerordentlich hohe Teilnahme Alter Herren aus der Sowjetzone und Ost-Berlin, die etwa ein Drittel der Versammelten ausmachten" (ebenda S. 376).

56. Kabinettssitzung

Bundeskanzleramt
14302−127/54 geh.

Bonn, den 28. Oktober 1954
Geheim!

*Einladung*¹)
für die 56. Kabinettssitzung der Bundesregierung
am 3. November 1954
Ort: Bad Godesberg − Haus Carstanjen

9.30 Uhr

Tagesordnung:	Federführend:
1. Entwurf eines Dritten Gesetzes zur Förderung der Wirtschaft im Land Berlin. (Vorlage d. Bundesfinanzmin. v. 26. 10. 1954, IV B-S 2061−19/54)²)	Der BM d. Finanzen
2. Entwurf eines Gesetzes zur Regelung von Ansprüchen aus Lebens- und Rentenversicherungen. (Vorlage d. Bundesjustizmin. v. 19. 10. 1954, 7205/1−6a−33896/54)³)	Der BM d. Justiz
3. Änderung des Ortsklassenverzeichnisses auf Grund des § 12 Abs. 3 des Besoldungsänderungsgesetzes vom 27. 3. 1953 (BGBl. I 71). (Vorlage des Bundesfinanzmin. v. 13. 10. 1954, I B-BA 3260−180/54)⁴)	Der BM d. Finanzen
4. Wirtschaftsplan der Deutschen Bundesbahn für das Geschäftsjahr 1954. (Vorlage d. Bundesverkehrsmin. v. 7. 10. 1954, E 2−7 Vm 54 XX)⁵)	Der BM f. Verkehr
5.) Verkehrspolitische Maßnahmen. (Vorlage d. Bundesverkehrsmin. vom 8. 10. 1954, A 1−12a−213 Vmz)⁶)	Der BM f. Verkehr

---

¹) VS − B 257/12: Umdruck mit Eingangsstempel „29. Okt. 1954" und Bearbeitungsvermerk „Sitzung fällt aus wegen Beisetzung des Bundestagspräsidenten O[berkirchenrat] Dr. Ehlers in Oldenburg", eine Seite (Anlage ebenfalls eine Seite); maschinenschriftlicher Entwurf (Kabinettsprotokolle Bd. 24 E) mit Paraphe Globkes vom 29. 10. und Unterschrift Blüchers sowie einem zusätzlichen TOP − Bericht über die Ergebnisse der Chefbesprechung am 28. 10. 1954 bei dem Stellvertreter des Bundeskanzlers betr. Auswirkung der Anträge im Bundestag zu den Sozialgesetzen (ohne Vorlage, Fortgang Sondersitzung am 12. Nov. 1954 TOP C: Grundrentenerhöhung in der Kriegsopferversorgung).
²) Siehe 58. Sitzung TOP 3.
³) Siehe 58. Sitzung TOP 4.
⁴) Siehe 58. Sitzung TOP 5.
⁵) Siehe 58. Sitzung TOP 6.
⁶) Siehe 58. Sitzung TOP 7.

6. Mitteilung über die in Aussicht genommene Besetzung einer auswärtigen Vertretung[7]).   Der BM d. Auswärt.
7. Personalien. (Siehe Anlage)[8])

gez. Blücher

---

[7]) Siehe 58. Sitzung TOP 15.
[8]) Siehe 58. Sitzung TOP 16.

57. Kabinettssitzung
am Freitag, den 5. November 1954

Teilnehmer: Adenauer[1]), Blücher, Schröder, Neumayer, Schäffer, Erhard, Lübke, Storch, Seebohm, Preusker, Oberländer, Hellwege, Wuermeling, F. J. Strauß, Kraft; Globke, Nahm, Thedieck; Klaiber; von Eckardt, Forschbach; Selbach, Kilb; Blank, Blankenhorn (zeitweise). Protokoll: Haenlein.

Beginn: 12.00 Uhr *Ende: 15.00 Uhr*

1. AUSSENPOLITISCHE LAGE BK

Der Bundeskanzler bemerkt, er habe nach seiner Rückkehr aus den USA eine etwas verworrene Lage in Deutschland vorgefunden. Nach den Gesprächen, die er inzwischen geführt habe, glaube er, daß sich die Mißverständnisse, die entstanden seien, aufklären ließen. Manches hätte sich vermeiden lassen, wenn er Gelegenheit gehabt hätte, sofort auf die aufgetauchten Fragen und Zweifel einzugehen[2]). Er bittet, auch mit Rücksicht auf die noch schwebenden Verhandlungen in den nächsten Tagen, bei den Wahlkämpfen in Hessen und Bayern[3]) größte Zurückhaltung zu üben. Mehr denn je sei Einigkeit innerhalb der Regierung und innerhalb der Koalition notwendig[4]).

Die starke politische Aktivität Rußlands[5]) müsse bei allen Überlegungen in Rechnung gestellt werden. Rußland komme es darauf an, den Aufbau einer westlichen Verteidigungsfront zum Scheitern zu bringen. Als besondere Kennzeichen für dieses Bestreben nennt der Bundeskanzler den überraschenden Vorschlag, Herrn Neurath[6]) aus dem Spandauer Gefängnis zu entlassen[7]), das unge-

---

[1]) Laut Terminkalender Adenauer hatte der BK um 11.10 eine Besprechung mit Blücher, Preusker, Schäfer, Neumayer, Euler, Mende, Wellhausen, Becker und Dehler und ging um 12.35 Uhr ins Kabinett (StBKAH 04.05).

[2]) Zu den im Zusammenhang mit dem Saarstatut aufgeworfenen Fragen und der französischen Reaktion darauf siehe DDF pp. 628, 645–647; vgl. dazu auch Die Welt vom 30. Okt. 1954.

[3]) Am 28. Nov. 1954 fanden in Bayern und Hessen Landtagswahlen statt.

[4]) Vgl. 55. Sitzung Anm. 27, ferner folgende Eintragung in Nachlaß Seebohm/8c: „[...] Glaubt an Einigung mit FDP. Herr Soutou (Kabinettschef Men[dès-] Fr[ance]) kommt Montag, um Fragen zu beantworten. Dadurch soll FDP überzeugt werden. Sonntag mit Wahlreden steht bevor: scharfe Granaten sollten um 1 Woche zurückgestellt werden. Möchte auch Erklärung Brentanos zur Hessenwahl zurückstellen."

[5]) Vgl. 53. Sitzung TOP 1: Bericht über die Pariser Konferenzen.

[6]) Constantin Freiherr von Neurath (1873–1956). 1903–1938 im Auswärtigen Dienst tätig (Juni 1932 – Febr. 1938 Reichsaußenminister), 1938–1939 Reichsminister ohne Geschäftsbereich und Präsident des Geheimen Kabinettsrates, März 1939 – Sept. 1941 Reichsprotektor in Böhmen und Mähren (formeller Rücktritt Aug. 1943); 1946 im Nürnberger Prozeß gegen die Hauptkriegsverbrecher zu fünfzehn Jahren Gefängnis verurteilt, am 6. Nov. 1954 aus der Spandauer Haft entlassen. – Der Nachlaß von Neurath befindet sich im Bundesarchiv.

wöhnliche Glückwunschtelegramm zum Staatsfeiertag der Türkei, die freundliche Behandlung Jugoslawiens und die Einladung des russischen Botschafters an Vertreter des französischen Parlaments zu einem Besuche nach Moskau[8]).

Nach der Meinung des Bundeskanzlers wird der Ausgang der Wahlen in den USA[9]) keine ungünstige politische Wirkung für Deutschland haben. Dies habe ihm u. a. der einflußreiche demokratische Abgeordnete Mansfield[10]) bestätigt. Dagegen bereite die politische Entwicklung in Deutschland den führenden Persönlichkeiten in den USA Sorge. Diese gründe sich auf die Beobachtung, daß sich die deutsche Öffentlichkeit weniger mit den positiven Ergebnissen der Londoner[11]) und der Pariser[12]) Konferenz befasse und statt dessen die Saarfrage[13]) in den Vordergrund schiebe. Hieraus werde auf starke nationalsozialistische Strömungen geschlossen. Kein Zweifel bestehe darüber, daß man in den USA dem Aufbau einer deutschen Nationalarmee mit einer gewissen Skepsis entgegensehe[14]).

2. ENTWURF EINES GESETZES ÜBER DIE FESTSTELLUNG DES BUNDESHAUSHALTSPLANS FÜR DAS RECHNUNGSJAHR 1955   BMF

a) Zu den vom Kabinett beschlossenen Änderungen des Haushaltsgesetzes[15]) bemerkt der Bundesminister der Finanzen, er wolle sich trotz erheblicher Bedenken mit dem Wegfall des § 4 Abs. 2 und der Übernahme des § 8 Abs. 3 aus dem Haushaltsgesetz des Vorjahres abfinden[16]). Sehr wesentlich sei für ihn aber

---

[7]) Der sowjetische Hochkommissar Georgij Maksimovič Puškin hatte mit einem Schreiben vom 2. Nov. 1954 den drei westlichen Hochkommissaren den Vorschlag einer vorzeitigen Freilassung von Neuraths im Hinblick auf dessen Krankheit und vorgerücktes Alter unterbreitet, wobei er darauf hingewiesen hatte, daß auch die Regierung der Tschechoslowakischen Republik mit diesem Vorschlag einverstanden sei. Die drei westlichen Hochkommissare, die wiederholt Hafterleichterungen für die Spandauer Häftlinge (vgl. 247. Sitzung am 16. Sept. 1952 TOP 1h: Kriegsverbrecherfragen), insbesondere auch für von Neurath, vorgeschlagen hatten, stimmten dem sowjetischen Vorschlag zu (KEESING 1954 S. 4832).

[8]) Vgl. den Artikel „Neue russische Einladung an die französischen Parlamentarier" in Neue Zürcher Zeitung vom 9. Nov. 1954.

[9]) In den Ergänzungswahlen (sogenannte Halbzeitwahlen) zum Kongreß am 2. Nov. 1954 hatten die Demokraten in beiden Häusern die Mehrheit erhalten, so daß der republikanische Präsident (Eisenhower) mit einem demokratischen Parlament regieren mußte (KEESING 1954 S. 4828).

[10]) Michael („Mike") Joseph Mansfield (geb. 1903). 1922−1931 Bergmann, dann Bergwerksingenieur, 1933−1942 Prof. für Geschichte und politische Wissenschaften an der Staatsuniversität von Montana, 1943−1952 als demokratischer Abgeordneter für Montana im Repräsentantenhaus, 1952−1976 Senator von Montana (ab 1961 war er Nachfolger Lyndon B. Johnsons als Fraktionsvorsitzender der Demokraten im Senat), Mitte der sechziger Jahre Verfechter einer Reduzierung amerikanischer Truppen in Europa, 1977−1983 Botschafter in Japan.

[11]) Vgl. 49. Sitzung TOP 1.

[12]) In der Vorlage versehentlich „Brüsseler". − Vgl. 53. Sitzung TOP 1.

[13]) Vgl. 55. Sitzung TOP A.

[14]) Fortgang Sondersitzung am 12. Nov. 1954 TOP 1−4.

[15]) Vgl. 55. Sitzung TOP 2.

[16]) Vgl. 52. Sitzung TOP 1.

die Entscheidung des Kabinetts zum § 4 Abs. 1. Nachdem er seinen neuen Vorschlag zurückgezogen habe, lege er großen Wert darauf, dieser Bestimmung wenigstens den Inhalt zu geben, den sie in den früheren Jahren gehabt habe[17].

Der Bundeskanzler unterstützt diesen Wunsch.

Demgegenüber macht der Bundesminister für Verkehr darauf aufmerksam, daß im Vorjahre die Ausgabepositionen allgemein um 4 % gekürzt wurden. Diese gekürzten Ansätze seien in den Haushalt 1955 übernommen worden. Wenn jetzt der Bundesminister der Finanzen hiervon wiederum 10 % von seiner Zustimmung abhängig mache, werde ein so erheblicher Teil der Ausgabenseite gebunden, daß eine ausreichende Planung nicht mehr gewährleistet sei.

Der Bundesminister des Innern stellt klar, man habe sich heute darüber zu entscheiden, ob eine Sperre von 5 % genüge, wie es die Meinung des Kabinetts in seiner letzten Sitzung gewesen sei, oder ob diese auf 10 % erhöht werden müsse.

Nach eingehender Aussprache beschließt das Kabinett nach Abstimmung, dem § 4 Abs. 1 die von dem Bundesminister der Finanzen in seiner Vorlage vom 23. 10. 1954 vorgeschlagene Fassung zu geben (10 %)[18]. Dabei wird jedoch mit Zustimmung des Bundesministers der Finanzen festgestellt, daß in den Fällen, in denen eine Übereinstimmung zwischen den Ressortministern und dem Bundesminister der Finanzen nicht zu erzielen ist, eine Entscheidung des Kabinetts herbeigeführt werden kann. Von der von verschiedenen Kabinettsmitgliedern für notwendig erachteten Festlegung dieser Möglichkeit im Gesetzestext wird abgesehen. Es wird davon ausgegangen, daß in diesen Fällen der Bundesminister der Finanzen mit einem Beschluß nach § 17 der Geschäftsordnung der Bundesregierung[19] gebunden werden kann.

b) Zu Beginn der hieran anschließenden Beratung der Einzelpläne führt der Bundesminister der Finanzen aus, er habe keine Deckung für die Forderungen der Ressorts und sei nicht in der Lage, über seine Schätzungen auf der Einnahmeseite hinauszugehen. Er müsse deshalb verlangen, alle nicht zwingend notwendigen Ausgaben zurückzustellen. Aus diesem Grunde wende er sich auch gegen den Wunsch des Auswärtigen Amtes, für das Beistandsprogramm für unentwickelte Länder (0501/961) mehr Mittel bereitzustellen[20].

Der Vizekanzler hebt die besondere Bedeutung dieses Postens im Rahmen unserer internationalen Verpflichtungen hervor.

Mit Rücksicht auf die von dem Bundesminister der Finanzen vorgetragenen Gründe und im Hinblick darauf, daß durch die bevorstehende Aufrüstung der Bundeshaushalt sehr stark angespannt wird, erklärt sich der Bundeskanzler bereit, auf die Forderung zu verzichten.

---

[17] Vgl. 54. Sitzung TOP 1.
[18] Ebenda.
[19] § 17 der Geschäftsordnung der Bundesregierung vom 11. Mai 1951 sah vor, daß Meinungsverschiedenheiten unter den Bundesministern in einer Besprechung unter dem Vorsitz des Bundeskanzlers erörtert werden (GMBl. S. 137).
[20] Vgl. 54. Sitzung TOP 1.

Die Erörterung des nächsten Punktes (Flüchtlingshilfsfonds 0502/674), für den sich insbesondere der Bundesminister für Vertriebene, Flüchtlinge und Kriegsgeschädigte einsetzt, führt zu dem Beschluß, den angeforderten Betrag von 100 000 DM in den Haushaltsplan einzusetzen[21]).

Bei der Aussprache über die Wünsche des Bundesministers des Innern führt der Bundesminister der Finanzen aus, er sei bei der Bewilligung zusätzlicher Mittel für den Grenzschutz sehr weit entgegengekommen. Voraussetzung hierfür sei aber gewesen, daß der Bundesminister des Innern sich bei den Fonds, über die er nach seinem Ermessen verfügen könne, aufs äußerste zurückhalte. Wenn er nun doch eine Erhöhung dieser Fonds verlange, dann müßten dafür die Mittel des Grenzschutzes entsprechend gekürzt werden.

Der Bundesminister des Innern gibt zunächst seiner Verwunderung darüber Ausdruck, daß heute die sehr ausführliche Diskussion der beiden letzten Kabinettssitzungen wiederholt werden soll, dazu noch unter einem schwer erträglichen Zeitdruck. Er führt sodann eingehend die Gründe für seine Haushaltsforderungen an.

c) Der Bundeskanzler unterbricht die Erörterung über die Einzelwünsche der Ressorts und stellt die beiden Hauptfragen heraus, in denen sich das Kabinett unter allen Umständen einigen müsse. Dies seien einmal die Entschädigungen für Heimkehrer, die eine erhebliche politische Bedeutung hätten. In diesem Fall müsse der Bundesminister der Finanzen nachgeben. Die zweite bedeutsame Frage sei die Bereitstellung von Mitteln für den Bau von Wohnungen für Flüchtlinge aus der Sowjetzone. Es sei zu erwägen, ob die dazu geforderten 105 Mio DM im außerordentlichen Haushalt aufgenommen werden könnten.

In diesem Zusammenhang erwähnt der Bundeskanzler, daß er bei seinem Besuch in den USA mit den Herren Dulles und McCloy[22]) über diese Frage gesprochen und Verständnis für die Bewilligung einer Anleihe zu diesem Zweck gefunden habe.

Nachdem der Bundesminister der Finanzen noch einmal geschildert hat, wie die Verhandlungen seines Ressorts mit dem Bundesministerium für Vertriebene, Flüchtlinge und Kriegsgeschädigte über die Entschädigung für Heimkehrer verlaufen sind[23]), schlägt er vor, den Haushaltsansatz für diese Zwecke von 100 auf 150 Mio DM zu erhöhen. Er müsse dann aber 50 Mio DM bei den Zuwendungen, die für die Bundesbahn in Aussicht genommen sind, streichen. Auf den Einwand des Bundeskanzlers, eine Deckung zu Lasten der Bahn sei nicht möglich, erklärt der Bundesminister der Finanzen, er habe in dem der Bundesregierung in diesen Tagen zugeleiteten Entwurf eines „Dritten Gesetzes zur Förderung der Wirtschaft im Lande Berlin" eine Erhöhung des Notopfers um 12 % vorgesehen[24]). Zur Deckung des Ausfalls, der dem Bund durch die Berlin ge-

---

[21]) Vgl. 55. Sitzung TOP 2.
[22]) John J. McCloy (1895–1989). Amerikanischer Politiker. 1947–1949 Präsident der Weltbank, 1949–1952 Hoher Kommissar für Deutschland, 1953–1961 Vorsitzender des Verwaltungsrats der Chase National (seit 1955 Chase Manhattan) Bank, 1961–1963 Sonderbeauftragter für Abrüstungsfragen.
[23]) Unterlagen in B 126/10943 f.
[24]) Vgl. 33. Sitzung TOP A. — Fortgang hierzu 58. Sitzung TOP 3.

währten Präferenzen entstehe, genüge aber eine Erhöhung des Notopfers um 8 %. Wenn das Kabinett bereit sei, die Erhöhung des Notopfers um 12 % zu beschließen, könne er aus dem Überschuß 50 Mio DM für die Entschädigung der Heimkehrer abzweigen.

Von verschiedenen Kabinettsmitgliedern wird betont, zu Gunsten der Heimkehrer müßten mindestens 200 Mio DM in den Haushalt eingesetzt werden.

Bundesminister Strauß glaubt, daß die effektiven Ausgaben für die Heimkehrer von dem im Haushalt eingesetzten Betrag unabhängig seien. Man könne sich im Haushalt mit 100 Mio DM begnügen. Wenn die neue Verordnung zu Gunsten der Heimkehrer höhere Aufwendungen verlange, müsse man mehr ausgeben.

Hiergegen wird von mehreren Kabinettsmitgliedern Stellung genommen.

Der Bundesminister für Wohnungsbau verweist, wie schon in den beiden letzten Sitzungen, auf die Möglichkeit, durch höhere Einnahmeschätzungen das Defizit zu decken. Der Bundesminister der Finanzen gehe heute selbst von einer Steigerung des Sozialprodukts im Jahre 1955 um 5½ % aus. Nach seinen Mitteilungen im Bulletin vom 30. März d. Js. beruhten die Einnahmeschätzungen aber auf der Annahme, daß das Sozialprodukt um 5 % steige[25]). Die Differenz von ½ % mache allein schon etwa 150 Mio DM zu Gunsten der Bundeseinnahmen aus. Außerdem spare der Bundesminister der Finanzen jährlich rund 100 Mio DM, weil er aus den Guthaben, die er bei der Bank deutscher Länder habe, über 3 Mia DM Ausgleichsforderungen zurückgekauft habe.

Eine weitere Reserve liege schließlich noch darin, daß im kommenden Jahr das Sozialprodukt noch um 2 % mehr als angenommen steigen werde.

Bundesminister Kraft macht sodann folgenden Deckungsvorschlag:

Im Haushalt 1954 habe der Bundesminister der Finanzen die gesamten Kosten, die für den Verteidigungsbeitrag zur EVG vorgesehen waren, gespart. Hiervon würden rd. 1,5 Mia DM an den außerordentlichen Haushalt fließen. Der außerordentliche Haushalt 1954 sollte ursprünglich aus Anleihen des Bundes gedeckt werden. Es sei ein ungewöhnlich glücklicher Umstand, daß es 1954 nicht notwendig werde, die Schulden des Bundes um 1,5 Mia DM zu erhöhen, sondern statt dessen den außerordentlichen Haushalt zum größten Teil aus Mitteln des ordentlichen Haushalts abzudecken. Es könne deshalb verantwortet werden, einen Teilbetrag der ersparten Verteidigungskosten statt dessen zu Gunsten der Heimkehrer zu verwenden. Wenn die Bundesregierung auf diese Weise zeige, daß sie sich bemühe, die Not der Heimkehrer besonders zu berücksichtigen, dann sei zu hoffen, daß sowohl in der Öffentlichkeit wie im Bundestag eine ruhige und objektive Betrachtung dieses Problems möglich werde. Man könne dann später daran gehen, die offensichtlichen Mängel dieses Gesetzes zu beseitigen.

Der Bundesminister der Finanzen erklärt, der gesparte Verteidigungsbeitrag sei völlig ausgegeben. 480 Mio DM seien im Haushalt 1954 dadurch ausgefal-

---

[25]) In dem hier angeführten Beitrag ist die Erhöhung des Sozialprodukts für 1954 nicht angegeben (S. 512). — Gemeint ist vermutlich der in der 55. Sitzung TOP 2 zitierte Artikel.

len, daß der Bundesanteil an den Einkommen- und Körperschaftsteuern nicht 42 %, sondern nur 38 % betrage[26]). 1200 Mio DM des außerordentlichen Haushalts seien bereits mit den gesparten Mitteln finanziert worden. Es bleibe sogar noch ein Fehlbetrag. Im Interesse des Kapitalmarktes möchte er von einer Anleihe zu seiner Deckung absehen.

Der Bundeskanzler hält den von Bundesminister Kraft vorgetragenen Gedanken für sehr gut. Er spricht sich dafür aus, die Ansprüche der Heimkehrer soweit wie möglich jetzt schon zu erfüllen, um damit die Gelegenheit zu bekommen, später die Nachteile des Gesetzes zu beseitigen. Ein solches Vorgehen sei auch mit Rücksicht auf die bevorstehenden Wahlen[27]) sehr zu begrüßen.

Nach kurzer Aussprache beschließt das Kabinett, folgendermaßen zu verfahren:

Im Haushalt 1955 werden im Einzelplan 40 (4010/300) 150 Mio DM zu Gunsten der Heimkehrer eingesetzt. Die neue Verordnung über die Auszahlung der Heimkehrerentschädigung soll so gestaltet werden, daß sie Ansprüche in Höhe von 200 Mio DM erfaßt. Durch einen Nachtrag zum Jahre 1954 sollen 50 Mio DM bei den Verteidigungskosten gekürzt und dafür der entsprechende Posten bei der Entschädigung der Heimkehrer erhöht werden[28]). Bei dieser Regelung wird davon ausgegangen, daß das Notopfer Berlin um 12 % erhöht wird.

d) Sodann gibt der Bundesminister der Finanzen einen Überblick über die Mittel, die den Ländern zum Wohnungsbau für Flüchtlinge aus der Sowjetzone gegeben worden sind[29]). Nach seiner Darstellung ist ein Teil dieser Mittel bis heute noch nicht verbaut worden. Deshalb würden die für das Jahr 1955 eingesetzten 45 Mio DM völlig ausreichen.

Dieser Darstellung wird von mehreren Kabinettsmitgliedern widersprochen. Der Bundeskanzler erwähnt, daß auch Ministerpräsident Arnold ihm mitgeteilt habe, die vom Bund gegebenen Gelder seien inzwischen restlos verbaut worden.

Nach eingehender Aussprache, in der der Bundesminister der Finanzen die Erwartung ausspricht, daß die vom Bundeskanzler erwähnte amerikanische Anleihe auch gewährt werde, und der Bundesminister für Wohnungsbau erklärt, die nicht für den vorgesehenen Zweck verbauten Mittel würden den Ländern auf ihre allgemeinen Wohnungsbaumittel angerechnet, beschließt das Kabinett, 105 Mio DM in den außerordentlichen Haushalt aufzunehmen.

e) Zum Schluß der Sitzung werden die streitigen Einzelforderungen der Ressorts noch einmal kurz erörtert. Mit allen Stimmen gegen die Stimme des Bundesministers der Finanzen wird beschlossen, für diese Einzelwünsche der Ressorts rd. 20 Mio DM in den ordentlichen Haushalt aufzunehmen. Weitere 50 Mio DM sollen entsprechend dem Beschluß in der letzten Kabinettssitzung zur

---

[26]) Vgl. 33. Sitzung TOP A.
[27]) Am 28. Nov. fanden in Bayern und Hessen und am 5. Dez. 1954 in Berlin Wahlen statt.
[28]) Die am 22. Febr. 1955 erlassene 1. VO zur Auszahlung der Entschädigung an Berechtigte nach dem Kriegsgefangenenentschädigungsgesetz (BAnz Nr. 38 vom 24. Febr. 1955) kündigte den sofortigen Beginn der Auszahlungen an.
[29]) Unterlagen in B 150/2073. — Unterlagen zum Wohnungsbauprogramm 1955 in B 134/1297 f.

Aufstockung des Lastenausgleich-Härtefonds in den außerordentlichen Haushalt eingestellt werden. Der Bundesminister der Finanzen wird gebeten, den notwendigen Ausgleich innerhalb des Haushalts vorzunehmen.

Das Kabinett beschließt ferner, die noch offenen Personalfragen zurückzustellen. Hierüber könne auch nachträglich entschieden werden. Bei der Besprechung dieses Punktes gibt der Bundesminister der Justiz zu Protokoll, daß er in aller Form den Antrag stellt, allen Mitgliedern der höchsten Bundesgerichte eine Zulage zu gewähren[30]).

3. MITTEILUNG ÜBER DIE IN AUSSICHT GENOMMENE BESETZUNG EINER AUSWÄRTIGEN VERTRETUNG AA

[Nicht behandelt][31])

4. PERSONALIEN

[Nicht behandelt][32])

---

[30]) BR-Drs. Nr. 371/54. – Fortgang 61. Sitzung TOP 1 und 2. – Siehe auch 61. Sitzung TOP E.
[31]) Siehe 58. Sitzung TOP 15.
[32]) Siehe 58. Sitzung TOP 16.

58. Kabinettssitzung
am Mittwoch, den 10. November 1954

Teilnehmer: Adenauer (zeitweise)[1]*, Blücher, Schröder, Neumayer, Lübke, Storch, Seebohm, Balke, Preusker, Oberländer, Hellwege, Wuermeling, F. J. Strauß, Schäfer, Kraft; Globke, Hartmann, Nahm, Thedieck, Westrick; Klaiber; von Eckardt, Forschbach; Selbach, Kilb; Abs (von 9.40 bis 11.00 Uhr), Blank, von Maltzan (ab 11.35 Uhr). Protokoll: Pühl.*

Beginn: 9.30 Uhr *Ende: 14.05 Uhr*

I

[Außerhalb der Tagesordnung]

Vor Eintritt in die Tagesordnung werden unter dem Vorsitz des Bundeskanzlers folgende Fragen erörtert.

[A. ZUSTIMMUNGSGESETZE ZU DEN PARISER VERTRÄGEN]

Der Bundeskanzler kündigt eine Sondersitzung der Bundesregierung für Freitag, den 12. 11. 1954 an. Gegenstand der Beratung ist das Zustimmungsgesetz[2] zu den Pariser Verträgen bzw. Abkommen, das den Kabinettsmitgliedern noch im Laufe des heutigen Tages zugeleitet werden soll[3].

[B. POLITISCHE LAGE IN FRANKREICH]

Zur gegenwärtigen politischen Lage in Frankreich bemerkt der Bundeskanzler, daß der gestrige Abstimmungserfolg des Ministerpräsidenten Mendès-France als günstig angesehen werden könne[4]. Er glaube nicht, daß man es bei der gegenwärtigen politischen Lage in Frankreich wagen werde, das Kabinett Mendès-France zu stürzen. Unter diesen Umständen erwarte er auch eine gute Mehrheit für die Ratifizierung der Vertragswerke[5].

---

[1] Dem Terminkalender Adenauer ist zu entnehmen, daß der BK um 9.40 ins Kabinett ging und um 12.50 eine Besprechung mit Friedrich Spennrath und Fritz Berg hatte, an der ab 13.10 Uhr auch Globke teilnahm (StBKAH 04.05). Siehe dazu auch den Satz vor TOP 11 des Kurzprotokolls und die Mitschrift Seebohm zu dieser Kabinettssitzung (Nachlaß Seebohm/8c).
[2] Im Entwurf: „Zustimmungsgesetze" (Kabinettsprotokolle Bd. 24 E).
[3] Siehe Sondersitzung am 12. Nov. 1954 TOP 1–4.
[4] Am 9. Nov. 1954 hatte die Nationalversammlung dem Ministerpräsidenten Mendès-France, der am 5. Nov. im Zusammenhang mit dem Budgetvorschlag für 1955 die Vertrauensfrage gestellt hatte, mit 320 gegen 207 Stimmen bei 71 Stimmenthaltungen das Vertrauen ausgesprochen (EA 1954 S. 7150).
[5] Vgl. hierzu folgende Eintragung in Nachlaß Seebohm/8c: „Ratifikationsbedürftigkeit des Saarstatuts wird von unseren Juristen bejaht. Adenauer bedauert das, zumal Frankreich nicht zu ratifizieren braucht. Abstimmungserfolg M[endès-]F[rance] in der Kammer bewertet A[denauer] sehr positiv."

[C. WAHLRECHT]

Der Bundeskanzler teilt dem Kabinett mit, daß er heute nachmittag eine Besprechung mit Vertretern der Koalitionsparteien habe. Dabei sei nicht daran gedacht, die Saarfrage oder die Vertragswerke zu erörtern. Vielmehr sei als wichtigster Punkt der Tagesordnung die Erörterung des zukünftigen Wahlgesetzes[6]) vorgesehen. Vertreter der Koalitionsparteien hätten ihrer Besorgnis Ausdruck gegeben, daß durch die Bildung und Tätigkeit der Wahlrechtskommission beim Bundesinnenministerium unnötige Zeit verloren ginge. Man fühle sich gerade in der Wahlrechtsfrage, die in erster Linie als Politikum zu werten sei, sachverständig genug, um sich über die Grundzüge des zukünftigen Wahlgesetzes ohne eine besondere Kommission einigen zu können. Der Bundeskanzler richtet an den Bundesinnenminister die Frage, ob die seinerzeit in Aussicht genommene Unterhaltung zwischen ihm und Vertretern der Koalitionsparteien mittlerweile stattgefunden habe[7]). Der Bundesminister des Innern bringt sein Bedauern darüber zum Ausdruck, daß seiner Aufforderung zu einem solchen Gespräch bisher nur eine Fraktion nachgekommen sei. Er gibt anschließend einen Überblick über die Vielzahl der Probleme, die mit einer Wahlrechtsreform zusammenhängen und sorgfältiger Prüfung durch Sachverständige bedürfen. Inzwischen seien mehrere Gutachten verteilt worden, mit deren Eingang in den nächsten Wochen gerechnet werden könne[8]). Alsdann sei eine Diskussion mit den Parlamentariern möglich[9]). Dazu sei es zunächst einmal erforderlich zu erfahren, was den einzelnen politischen Gruppen in dieser Frage vorschwebe. Der Bundeskanzler glaubt, daß man auf diesem Wege nicht schnell genug voran komme. Die Vertreter der Koalitionsparteien hätten es strikt abgelehnt, auf die Erstellung von Gutachten zu warten[10]). Sie wollten schon heute ganz klar sehen, nach welchen Grundsätzen die nächste Bundestagswahl vorgenommen würde. Für dieses Verlangen habe er Verständnis. Man solle daher den Fraktionen in der Weise entgegenkommen, daß die mit der Wahlrechtsreform zusammenhängenden Hauptprobleme durch die Bundesregierung zusammengestellt und alsdann den Koalitionsparteien zur Erörterung vorgelegt werden. Auch Bundesminister Strauß ist der Meinung, daß das Wahlgesetz frühzeitig vor der nächsten Bundestagswahl fertiggestellt sein sollte. Das schließe jedoch nicht aus, daß entsprechend den Wünschen des Bundesministers des Innern Gutachten zu den besonders schwierigen Rechtsfragen erstellt würden. Diesen Versuch sollte man nicht stören, wenn man nicht das Ziel, ein gutes und dauerhaftes Wahlgesetz zu schaffen, gefährden wolle. Der Bundesminister für Wohnungsbau glaubt, daß man die Bedeutung der Wahlrechtsfrage im Hinblick auf die

---

[6]) Vgl. 37. Sitzung TOP C und 45. Sitzung TOP A a.
[7]) Adenauer hatte Schröder in seinem Schreiben vom 27. Sept. 1954 zu Verhandlungen mit den Koalitionsfraktionen aufgefordert (B 136/3839).
[8]) Unterlagen in B 106/3161–3164.
[9]) Die erste Besprechung fand am 27. Jan. 1955 statt (Aufzeichnung vom 27. Jan. 1955 in B 136/3839).
[10]) Siehe dazu die Schreiben Dehlers an Adenauer vom 6. Juli und 8. Sept. 1954 (ebenda).

politischen Spannungen innerhalb der Koalition nicht unterschätzen dürfe[11]). Er regt daher an, die politischen Gespräche über das zukünftige Wahlrecht neben der Arbeit der Wahlrechtskommission zu führen. Bundesminister Kraft und der Bundesminister für Angelegenheiten des Bundesrates schließen sich der Auffassung des Bundesministers für Wohnungsbau in vollem Umfange an.

Im Anschluß an diese Aussprache bittet der Bundeskanzler das Kabinett, ihm gewisse Direktiven für sein heutiges Gespräch mit den Koalitionsparteien mitzugeben. Nach seiner Auffassung müßten folgende Kernfragen[12]) erörtert werden:
a) Mehrheitswahlrecht oder Verhältniswahlrecht oder Mischsystem,
b) 5 %-Klausel,
c) Anzahl der Abgeordneten,
d) Änderung der Wahlkreise[13]).

In der anschließenden Diskussion über die Vor- und Nachteile der verschiedenen Wahlsysteme kommt das Kabinett zu keiner abschließenden Stellungnahme. Der Bundeskanzler bemerkt, daß nach seiner Auffassung die Auswahl des Wahlsystems unter größeren staatspolitischen Gesichtspunkten erfolgen müsse. In diesem Zusammenhang müsse man auch die politische Entwicklung der SPD berücksichtigen[14]).

Über die Frage der 5 %-Klausel entwickelt sich eine sehr lebhafte Diskussion. In diesem Zusammenhang stellt der Bundesminister für wirtschaftliche Zusammenarbeit heraus, daß es — ganz gleich, wie man zur Frage der 5 %-Klausel stände — das Ziel bleiben müsse, die Splitterparteien zu beseitigen.

Hinsichtlich der vom Bundeskanzler aufgeworfenen Frage, ob eine Änderung der Wahlkreise möglich sei, bemerkt der Bundesminister des Innern, daß diese Frage nur dann interessant sei, wenn man sich für das Mehrheitswahlrecht[15]) entscheide.

Abschließend bittet der Bundeskanzler die Kabinettsmitglieder, die von ihm aufgeworfenen Probleme noch einmal gründlich zu durchdenken[16]).

---

[11]) Siehe dazu Lange, Erhard H. M.: Wahlrecht und Innenpolitik. Entstehungsgeschichte und Analyse der Wahlgesetzgebung und Wahlrechtsdiskussion im westlichen Nachkriegsdeutschland 1945–1956. Meisenheim am Glan 1975 S. 589–633.

[12]) Außer den von Adenauer hier angeführten Fragen wurde auch die Koordinierung der Wahlen in Bund und Ländern bei der Besprechung erörtert. Die Forderung des BHE-Abgeordneten Haasler auf Einführung des reinen Verhältniswahlrechts wurde von den Vertretern der CDU/CSU abgelehnt, jedoch die Bereitschaft der Fraktion erklärt, „das neue Wahlgesetz gemeinsam mit den Koalitionsparteien zu erarbeiten und alle ernsthaften Versuche zu unternehmen, eine Übereinstimmung der Koalition zu erreichen" (Aktennotiz von Brentanos in Nachlaß von Brentano/136).

[13]) Unterlagen dazu in B 106/3169 f.

[14]) Seebohm notierte dazu: „SPD: hier treten neuerdings neben den sozialistischen auch kommunistische Tendenzen auf, siehe Verhalten des DGB auf Frankfurter Kongreß. Linksdrall wird immer stärker. Wird die Einheit der Partei das überstehen?" (Nachlaß Seebohm/8c).

[15]) Der ursprünglich im Protokolltext stehende Begriff Verhältniswahlrecht wurde entsprechend dem Schreiben des Protokollführers vom 6. Dez. 1954 berichtet.

[16]) Die Verhandlungen führten nicht zu einer Einigung über einen Gesetzentwurf. Nachdem die SPD am 16. März 1955 einen Entwurf eingebracht hatte (BT-Drs. Nr. 1272), legte die

II

1. KRIEGSFOLGENSCHLUSSGESETZ   BMF

Einleitend berichtet Bankier Abs über seine Besprechungen[17]) mit dem Bundesminister der Finanzen. Hierbei sei vereinbart worden, bei den Verhandlungen mit den ausländischen Gläubigern zunächst von einer Ablösungsquote von 4 % auszugehen. Für den Fall, daß sich eine Quote in dieser Höhe nicht durchsetzen lasse, erkläre sich der Bundesminister der Finanzen mit einer Erhöhung auf maximal 6,5 % einverstanden. Die Ablösungsansprüche sollten ab 1. 1. 1960 mit 4 % jährlich verzinst und mit 2½ % jährlich getilgt werden. Eine Berücksichtigung des Zinszuwachses für die Vergangenheit solle nicht erfolgen. Er fürchte, daß er in London Schwierigkeiten haben werde, diese Zinsregelung durchzusetzen, besonders wenn er hinsichtlich der Höhe der Umstellungsquote gleichfalls nicht entgegenkommen könne. Staatssekretär Hartmann gibt zur Erwägung, ob man nicht gegebenenfalls günstigere Zins- und Tilgungsbedingungen in Aussicht stellen könne. Der Bundesminister für wirtschaftliche Zusammenarbeit hält dies nicht für ausreichend. Er glaubt, daß sich eine Umstellungsquote unter 6,5 % nicht durchsetzen lasse. Der Bundesminister für Wohnungsbau hält eine halbwegs befriedigende Regelung der Altschulden für unabdingbar, wenn der Bund in Zukunft den Anleihemarkt im Hinblick auf die kommenden Aufgaben stärker beanspruchen wolle. Es würde sich daher wohl die Notwendigkeit ergeben, eine Umstellungsquote von 6½ % zuzubilligen. Auch der Bundesminister für Verkehr spricht sich dafür aus, eine Umstellungsquote von 6½ % anzubieten. Auf dieser Grundlage könne man dann die Bedingungen im einzelnen aushandeln. Bankier Abs betont nochmals, daß er dem Bundesminister der Finanzen zugesagt habe — wenn möglich — über die Höhe der Quote nicht zu verhandeln. Er müsse jedoch dem Bundesminister für Wohnungsbau recht geben. Auch er glaube, daß es — auf die Dauer gesehen — besser wäre, eine Umstellungsquote von 6½ % anzubieten. Auf dieser Grundlage glaubt er, auch folgende Bedingungen für die Ablösungsansprüche aushandeln zu können: 4 % Verzinsung, 2½ % Tilgung. Beginn der Verzinsung ab 1955. Er würde es daher sehr begrüßen, wenn er zumindest auf der Grundlage zwischen 5 und 6,5 % Umstellungsquote verhandeln könnte. Staatssekretär Hartmann sagt zu, heute nachmittag dem Bundesminister der Finanzen den Wunsch von Bankier Abs vorzutragen und dabei zum Ausdruck zu bringen, daß die Mehrheit des Kabinetts sich für eine Umstellungsquote von 6,5 % ausgesprochen habe. Demgegenüber stellt der Bundesminister für Vertriebene fest, daß er sich gegen eine Umstellungsquote von 6,5 % aussprechen müsse, da eine Besserstellung gegenüber den Lastenausgleichsberechtigten[18]) nicht vertretbar sei.

FDP am 16. Juni und Mitglieder der CDU/CSU-Fraktion am 24. Juni 1955 Initiativgesetzentwürfe vor (BT-Drs. Nr. 1444 und Nr. 1494). — Gesetz vom 7. Mai 1956 (BGBl. I 383). — Fortgang 89. Sitzung am 6. Juli 1955 (TOP B).

[17]) Vgl. 55. Sitzung TOP 1. — Vermerk vom 3. Nov. über die Besprechung am 29. Okt. 1954 in B 126/12666.

[18]) In dem Gesetz über einen Währungsausgleich für Sparguthaben Vertriebener i. d. F. vom 14. Aug. 1952 (BGBl. I 547), in das die Bestimmungen des Lastenausgleichsgesetzes vom

Das Kabinett nimmt die vom Bundesminister der Finanzen vorgelegten „Grundgedanken" zur Kenntnis und stimmt der Bekanntgabe derselben an die ausländischen Gläubigervertreter zu. Die Änderung einzelner Punkte bleibt vorbehalten. Es bevollmächtigt den Bankier Abs — vorbehaltlich der Zustimmung durch den Bundesminister der Finanzen — auf der Grundlage der von ihm in Vorschlag gebrachten Bedingungen mit den ausländischen Gläubigern zu verhandeln[19]).

2. LASTENAUSGLEICHSBANK; HIER: ÖFFENTLICHE AUFSICHT ÜBER DIE BANK GEMÄSS § 13 DES ENTWURFES EINES GESETZES ÜBER DIE LASTENAUSGLEICHSBANK. ENTSCHEIDUNG ÜBER DEN WIDERSPRUCH DES BUNDESMINISTERS DER FINANZEN GEMÄSS § 26 DER GESCHÄFTSORDNUNG DER BUNDESREGIERUNG
BMVt

Einleitend bemerkt der Bundeskanzler, er könne wohl davon ausgehen, daß der Bundesminister der Finanzen seinen Widerspruch zurückziehe[20]). Hierzu bemerkt Bundesminister Strauß im Auftrag des Bundesministers der Finanzen folgendes: Der Bundesminister der Finanzen könne seinen Widerspruch nur unter der Voraussetzung zurückziehen, daß der Bundesminister für Vertriebene damit alle Zuständigkeitsfragen als erledigt ansehe und irgendwelche Forderungen auf Übertragung der Zuständigkeiten hinsichtlich der Geschäftsführung in Lastenausgleichsfragen, insbesondere auch der gesetzlich festgelegten Dienstaufsicht über das Bundesausgleichsamt und der personellen Besetzung dieses Amtes, nicht erheben werde. Unter dieser Voraussetzung sei er damit einverstanden, daß die laufende Aufsicht über die Lastenausgleichsbank vom Bundesminister für Vertriebene im Benehmen mit dem Bundesminister der Finanzen ausgeübt

---

14. Aug. 1952 (BGBl. I 446) aufgenommen worden waren, wurde eine Entschädigungsquote von 6,5 % und eine Verzinsung der Ausgleichskonten mit 4 % ab 1. Jan. 1952 festgelegt.

[19]) Die „Grundgedanken" wurden am 17. Nov. 1954 in London übergeben und den ausländischen Gläubigervertretungen eine Entschädigungsquote von 6,5 % angeboten (Schreiben von Abs an Adenauer vom 26. Nov. 1954 und undatierte Niederschrift über die Sitzung in B 136/1159). — Fortgang 81. Sitzung am 13. Mai 1955 (TOP 4). — BR-Drs. Nr. 205/55. — BT-Drs. Nr. 1659. — Gesetz zur allgemeinen Regelung durch den Krieg und den Zusammenbruch des Deutschen Reiches entstandener Schäden (Allgemeines Kriegsfolgengesetz) vom 5. Nov. 1957 (BGBl. I 1747). — Siehe auch: Die Lastenausgleichsgesetze. Dokumente zur Entwicklung des Gedankens, der Gesetzgebung und der Durchführung. Bd. IV/1. Herausgegeben vom Bundesminister für Vertriebene, Flüchtlinge und Kriegssachgeschädigte. Bonn 1964 S. 65–396.

[20]) Vgl. 50. Sitzung TOP 3. — Obwohl Adenauer Schäffer in einem „persönlichen" Schreiben mitgeteilt hatte, er wäre ihm „besonders dankbar", wenn er seinen Widerspruch, dessen rechtliche Begründung „sehr zweifelhaft" sei, zurückzöge (Schreiben vom 18. Okt. 1954 in StBKAH III/22), hatte Schäffer seinen Widerspruch in einer Vorlage vom 21. Okt. 1954 bekräftigt (B 136/9438 und B 106/24312). — Zu den Verhandlungen innerhalb der Koalitionsfraktionen und den Erklärungen des BHE, die Koalition zu verlassen, siehe Neumann, Franz: Der Block der Heimatvertriebenen und Entrechteten 1950–1960. Ein Beitrag zur Geschichte und Struktur einer politischen Interessenpartei. Meisenheim am Glan 1968 S. 111f.

werde²¹). Der Bundesminister für Vertriebene erklärt sich mit der hinsichtlich der Aufsicht über die Lastenausgleichsbank vorgeschlagenen Regelung einverstanden. Der Bundesminister für wirtschaftliche Zusammenarbeit bittet im Hinblick auf die Beteiligung des ERP-Vermögens an dem Kapital der Lastenausgleichsbank, gleichfalls die Aufsicht im Benehmen mit seinem Ministerium auszuüben. Der Bundesminister für Vertriebene bestätigt, daß an der bisherigen Übung, das Bundesministerium für wirtschaftliche Zusammenarbeit und das Bundesministerium für Wirtschaft bei der Aufsicht zu beteiligen, nichts geändert würde.

Die Forderungen des Bundesministers der Finanzen hinsichtlich der übrigen strittigen Zuständigkeitsfragen zwischen den Bundesministerien der Finanzen und für Vertriebene nimmt das Kabinett ohne Stellungnahme zur Kenntnis²²).

3. ENTWURF EINES DRITTEN GESETZES ZUR FÖRDERUNG DER WIRTSCHAFT IM LANDE BERLIN   BMF

Einleitend bemerkt der Bundesminister für wirtschaftliche Zusammenarbeit, daß er sich nicht in der Lage sehe, jetzt schon zu dem vorliegenden Gesetzentwurf²³) Stellung zu nehmen, da die Auswirkungen desselben noch nicht ganz übersehbar seien. Demgegenüber bittet Staatssekretär Hartmann, die Verabschiedung des Gesetzentwurfs nicht aufzuhalten. Der Bundeskanzler unterstützt dieses Verlangen. Auch nach seiner Auffassung sei es aus politischen Gründen wünschenswert, den Gesetzentwurf jetzt zu verabschieden²⁴). Staatssekretär Dr.

---

²¹) Siehe dazu auch das Schreiben Schäffers an Adenauer vom 25. Okt. 1954 (B 136/9438). — Strauß verlangte in einem Schreiben an den Protokollführer, daß auch seine Erklärung, die er auf Grund eines einstimmigen Beschlusses der CSU-Landesgruppe abgegeben habe, „daß eine Erweiterung der Kompetenzen des Bundesvertriebenenministers auf dem Gebiet des Lastenausgleichs, z. B. Übertragung der Federführung in der Lastenausgleichsgesetzgebung oder Übertragung der Dienstaufsicht über das Bundesamt für Lastenausgleich vom Bundesfinanzminister auf den Bundesvertriebenenminister, für die CSU die Kabinettsfrage bedeute", in den Protokolltext aufgenommen werden sollte (Schreiben an Globke vom 2. Febr. 1955 in VS-B 136/121, vgl. auch den Vermerk des Protokollführers vom 23. Dez. 1954, ebenda). — Die Protokollergänzung wurde abgelehnt (Unterlagen ebenda).
²²) In einem Schreiben vom 10. Nov. 1954 an den BK erklärte Schäffer: „Zur Frage des Lastenausgleichsamts muß ich Ihnen mitteilen, daß nach meiner Kenntnis die Zuständigkeit für das Lastenausgleichsamt für die CSU und m. W. auch für die CDU eine Kabinettsfrage ist." (B 126/51510.) — Fortgang (Interministerieller Ausschuß für den Lastenausgleich) 63. Sitzung TOP 5.
²³) Mit der Vorlage vom 26. Okt. 1954 (B 126/13944 und B 136/2264) hatte der BMF den Beschlüssen des BT vom 6. Mai 1954 (vgl. 30. Sitzung TOP F) entsprochen, ab 1. Juli 1954 in Berlin die Abgabe „Notopfer Berlin" nicht mehr zu erheben und die Einkommen- und Körperschaftsteuer um 20 % gegenüber den jeweils im Bundesgebiet geltenden Sätzen herabzusetzen. Als Ausgleich für den dadurch entstehenden Steuerausfall war eine Erhöhung der Abgabe „Notopfer Berlin" von 3,75 auf 4,2 der Einkommen- und Körperschaftsteuer, also um 12 %, vorgesehen.
²⁴) Der Bevollmächtigte der Bundesregierung in Berlin, Vockel, hatte darauf hingewiesen, daß Berlin „selbstverständlich einen großen Wert" darauf lege, daß das Gesetz „rechtzeitig vor den Berliner Wahlen (5. Dezember 1954)" vorliege (Schreiben an Globke vom 2. Nov. 1954 in B 136/2264).

Westrick schließt sich den Bedenken des Bundesministers für wirtschaftliche Zusammenarbeit an. Der Entwurf sei bisher auf Ressortebene noch nicht behandelt worden. Besondere Bedenken habe der Bundesminister für Wirtschaft gegen die Erhöhung des Notopfers. Wenn der Gesetzentwurf schon verabschiedet werden müsse, dann müsse man zumindest eine Revisionsklausel vorsehen. Auch der Bundesminister für Wohnungsbau, der keineswegs die Bedeutung der für die Verabschiedung des Gesetzentwurfs sprechenden politischen Gesichtspunkte verkennt, hat erhebliche Bedenken gegen die Erhöhung des Notopfers, durch die die Tarifsenkung der Einkommensteuer[25] zum Teil wieder aufgehoben würde. Auf der anderen Seite müsse jedoch vermieden werden, daß Berlin in dieser Frage initiativ würde. Wenn man daher die Verabschiedung des Gesetzentwurfes als notwendig ansehe, dann sollte zumindest die Erhöhung des Notopfers höchstens bis zu 7 % erfolgen und weiterhin ausreichende Sicherungen gegen eine mißbräuchliche Anwendung der steuerlichen Erleichterungen eingebaut werden. Der Bundesminister für wirtschaftliche Zusammenarbeit unterstützt diese Ausführungen und weist darauf hin, daß sich die Koalitionsparteien seinerzeit auf eine Erhöhung des Notopfers um 7 % geeinigt hätten. Der Bundeskanzler macht darauf aufmerksam, daß der Bundestag im Mai dieses Jahres weiterhin beschlossen habe, die Freigrenzen für die Lohnsteuer zu erhöhen[26]. Bestimmungen dieser Art seien in dem vorliegenden Entwurf nicht enthalten. Staatssekretär Hartmann gibt seiner Befürchtung Ausdruck, daß die Erhöhung der Freigrenze einen Sog der Arbeitskräfte nach Berlin bewirken könne. Diese Befürchtung wird vom Bundesminister für Arbeit nicht geteilt. Das Kabinett beschließt, den Gesetzentwurf in der vorliegenden Fassung zu verabschieden. Die Weiterleitung an den Bundesrat soll jedoch dilatorisch behandelt werden[27]. In der Zwischenzeit soll der Einbau geeigneter Bestimmungen über die Erhöhung der Freigrenze für Lohnsteuerpflichtige vorgenommen werden[28].

4. ENTWURF EINES GESETZES ZUR REGELUNG VON ANSPRÜCHEN AUS LEBENS- UND RENTENVERSICHERUNGEN BMJ

Nachdem der Bundesminister der Justiz den Inhalt des Gesetzentwurfs[29] dargelegt hat, werden vom Bundesminister für Vertriebene[30] und Botschafter von Maltzan einige Änderungsvorschläge[31] vorgetragen. Der Bundeskanzler bit-

---

[25] Vgl. 30. Sitzung TOP 5.
[26] STENOGRAPHISCHE BERICHTE Bd. 19 S. 1261.
[27] Siehe dazu den Vermerk vom 11. Nov. 1954 (B 126/13944).
[28] Vgl. auch den von Hartmann diktierten Vermerk über diese Sitzung (ebenda). — Fortgang 59. Sitzung TOP 3.
[29] Vorlage des BMJ vom 19. Okt. 1954 in B 141/20149 und B 136/1041. — Das Gesetz sollte die Ansprüche der Versicherungsnehmer regeln, die in der Zeit vom 20. Juni 1948 bis zum 31. Dez. 1952 in die Bundesrepublik gekommen und deren Ansprüche zuvor nicht anerkannt waren. Die Ansprüche der als Heimkehrer, Vertriebene oder Sowjetzonenflüchtlinge anerkannten Versicherungsnehmer sollten auch über diesen Stichtag hinaus berücksichtigt werden.
[30] Zu den Einwendungen des BMVt vgl. den Vermerk vom 23. Nov. 1954 in B 141/20149.
[31] Zu den Änderungswünschen des AA vgl. den Vermerk des AA vom 3. Nov. sowie die Vermerke des BMJ vom 11. und 23. Nov. 1954 (ebenda).

tet, Änderungswünsche von untergeordneter Bedeutung vor der Behandlung im Kabinett unmittelbar beim zuständigen Ressort einzubringen. Auf Vorschlag des Bundesministers für wirtschaftliche Zusammenarbeit verabschiedet das Kabinett den vorliegenden Gesetzentwurf im Grundsatz. Es sollen jedoch die vorgebrachten Änderungswünsche noch in interministeriellen Gesprächen erörtert werden[32]). Auf Anregung des Bundeskanzlers soll insbesondere auch die Frage geklärt werden, wie nach dem vorliegenden Gesetz die von den im Saargebiet ansässigen Personen abgeschlossenen Versicherungsverträge behandelt werden[33]).

5. ÄNDERUNG DES ORTSKLASSENVERZEICHNISSES AUF GRUND DES § 12 ABS. 3 DES BESOLDUNGSGESETZES IN DER FASSUNG DES DRITTEN BESOLDUNGSÄNDERUNGSGESETZES VOM 27. 3. 1953   BMF

Das Kabinett stimmt dem vorgelegten Verordnungsentwurf[34]) mit Wirkung vom 1. 1. 1955 zu. Auf Rückfrage des Bundesministers für wirtschaftliche Zusammenarbeit teilt Staatssekretär Hartmann mit, es werde durch geeignete Verwaltungsmaßnahmen sichergestellt, daß die Bediensteten der Bundesministerien – unabhängig von ihrem Wohnsitz – in die Ortsklasse eingereiht werden sollen, die für ihr Bundesministerium maßgebend ist[35]). Bundesminister Strauß regt an, das Ortsklassenverzeichnis einer grundsätzlichen Überprüfung zu unterziehen, da es keineswegs mehr mit den tatsächlichen Verhältnissen hinsichtlich der Lebenshaltungskosten in den einzelnen Orten übereinstimme. Das Kabinett schließt sich dieser Auffassung an und bittet Staatssekretär Hartmann, eine Überprüfung in diesem Sinne vorzunehmen[36]).

6. WIRTSCHAFTSPLAN DER DEUTSCHEN BUNDESBAHN FÜR DAS GESCHÄFTSJAHR 1954   BMV

Der Bundesminister für Verkehr legt den gegenwärtigen Sachstand eingehend dar und bittet das Kabinett, den in seiner Sitzung am 13. 4. 1954 gefaßten Beschluß, soweit er sich auf die Einreichung eines Nachtrags zum Wirtschafts-

---

[32]) Der BMVt zog seine Einwendungen zurück (Schreiben vom 25. Nov. 1954 in B 136/1041). – Das AA sah seine Bedenken durch die Streichung der Worte „bei Inkrafttreten dieses Gesetzes" in § 2a und 3a des Entwurfs als erledigt (Schreiben des BMJ an das Bundeskanzleramt vom 25. Nov. 1954, ebenda).

[33]) Diese Frage war in § 3 des Entwurfs geregelt. – BR-Drs. Nr. 407/54. – BT-Drs. Nr. 1142. – Gesetz vom 5. Aug. 1955 (BGBl. I 474).

[34]) Vorlage des BMF vom 13. Okt. 1954 in B 136/5184. – Die Vorlage sah vor, 243 Orte in höhere Ortsklassen einzustufen. Der BMF hatte die zusätzlichen Ausgaben für den Bund mit 2,5–3 Mio DM jährlich angegeben.

[35]) Der ursprüngliche Protokolltext lautete: „daß alle Bundesbediensteten – unabhängig vom Wohnsitz – in die gleiche Ortsklasse eingereiht werden sollen." Die von Hartmann am 30. Nov. 1954 erbetene Korrektur (B 136/4799) vom 6. Dez. 1954 lag dem Protokolltext bei.

[36]) BR-Drs. Nr. 374/54. – VO vom 13. Dez. 1954 (BGBl. II 1208). – Fortgang (2. VO) 131. Sitzung am 25. April 1956 (TOP 3).

plan der Deutschen Bundesbahn für 1954 bezieht, aufzuheben[37]). Das Kabinett erklärt sich hiermit einverstanden und nimmt von dem vom Bundesminister für Verkehr in seiner Kabinettsvorlage vom 7. 10. 1954 vorgesehenen Verfahren Kenntnis[38]).

7. VERKEHRSPOLITISCHE MASSNAHMEN   BMV

Der Bundesminister für Verkehr bringt dem Kabinett seine Besorgnis wegen der schleppenden Beratung der Verkehrsgesetze[39]) zur Kenntnis. Auf Grund des für die zweite Legislaturperiode des Bundestages geltenden Arbeitsplanes der Arbeitsausschüsse hätten bisher nur sechs Sitzungen der zuständigen Bundestagsausschüsse über die Verkehrsgesetze stattgefunden. Wenn die Beratungen weiterhin so langsam vor sich gingen, sei es ausgeschlossen, die Verabschiedung der Gesetze bis zum Frühjahr nächsten Jahres vorzunehmen. Er halte es daher für erforderlich, daß die Bundesregierung über den Bundesminister für besondere Aufgaben, Dr. Tillmanns, den Präsidenten des Deutschen Bundestages auf die geschilderte Sachlage hinweisen sollte mit der Anregung, beim Ältestenrat auf die Freigabe einer weiteren Arbeitswoche im Monat zur Behandlung vordringlicher Gesetzesvorlagen hinzuwirken[40]). Das Kabinett schließt sich der Auffassung des Bundesministers für Verkehr an und beschließt antragsgemäß[41]).

8. VORSCHLÄGE FÜR MASSNAHMEN ZUR FÖRDERUNG DER ZONENRANDGEBIETE[42])

Einleitend teilt der Bundeskanzler mit, daß Bundesminister Dr. Tillmanns Bedenken geäußert habe, den Bundesministern für Sonderaufgaben Aufgaben

---

[37]) Vgl. 29. Sitzung TOP 1. — „Der Vorsitzer gibt dem Verwaltungsrat einen Brief des Bundesfinanzministers an den Vorstand der DB vom 6. 7. 1954 bekannt, in welchem dieser vorschlägt, die Aufstellung des ursprünglich für Ende Juli vorzulegenden Nachtrags zum Wirtschaftsplan 1954 bis zum Oktober 1954 zu verschieben, da die in der Kabinettssitzung vom 13. 4. 1954 angenommenen Voraussetzungen (Verabschiedung des Verkehrsfinanzgesetzes 1954) nicht eingetreten seien und daher Mehreinnahmen aus den Verkehrsgesetzen noch nicht beziffert werden könnten [...]" (Auszug aus der Niederschrift über die 26. Sitzung des Verwaltungsrates der Deutschen Bundesbahn am 23. 7. 1954 in Frankfurt in B 108/681).
[38]) Vorlage in B 136/1519. — Erlaß des BMV vom 9. Dez. 1954 zum Wirtschaftsplan und Stellenplan der Deutschen Bundesbahn für das Geschäftsjahr 1954 in B 136/1519.
[39]) Vgl. 45. Sitzung TOP 5 (Verkehrsfinanzgesetz); 34. Sitzung TOP 4 (Straßenentlastungsgesetz: Unterlagen zum Nichtzustandekommen des Straßenentlastungsgesetzes mit seinem „Güterbeförderungs-Dirigismus" (Otto A. Friedrich) in B 108/1489, 10470, 10651−10653); 43. Sitzung TOP 5 (Personenbeförderungsgesetz).
[40]) Vorlage des BMV vom 8. Okt. 1954 in B 136/1478. Vgl. dazu auch die gleichlautenden Schreiben Adenauers (Entwurf) vom 14. Juni 1954 jeweils an den Vorsitzenden der Bundestagsfraktion der CDU/CSU, der FDP, des GB/BHE und der DP („[...] große Dringlichkeit der vom Bundestag zu treffenden Entscheidung [...]") in B 136/1478, ferner Parlamentarischer Bericht des BPA vom 12. Nov. 1954 in B 145/1903.
[41]) Fortgang 73. Sitzung am 2. März 1955 TOP 1: Stand der Beratungen der Verkehrsgesetze.
[42]) Vgl. 300. Sitzung am 7. Juli 1953 TOP F und die Sitzungen des Kabinett-Ausschusses für Wirtschaft am 19. Aug. 1953 TOP 2, 21. Dez. 1953 TOP 1 und 19. März 1954 TOP 3.

der vorgenannten Art zu übertragen[43]). Er könne diese Bedenken nicht teilen. Das Kabinett nimmt zu dieser Frage Stellung. Der Bundesminister für Verkehr bringt seine Sorge darüber zum Ausdruck, daß das Abströmen der Arbeitskräfte aus den Zonengrenzgebieten im Zuge der Wiederaufrüstung noch verstärkt würde. Hierdurch würde die wirtschaftliche Lage in den Zonengrenzgebieten weiterhin verschlechtert. Er regt daher an, dieser Frage bei den zukünftigen Beratungen über die vorgelegte Denkschrift[44]) besondere Aufmerksamkeit zuzuwenden. Der Bundesminister für das Post- und Fernmeldewesen bittet, in das von dem Bundesminister für besondere Aufgaben, Kraft, vorgelegte Programm auch die Frage einer verstärkten Förderung der Nachrichtenverbindungen aufzunehmen. Das Kabinett beschließt, die vorgelegte Denkschrift dem Kabinettsausschuß zur weiteren Beratung zu überweisen. Hierbei sollen die vorerwähnten Anregungen Berücksichtigung finden[45]).

9. BUNDESRECHTLICHE REGELUNG DES WASSERRECHTS UND DER WASSERWIRTSCHAFT

Der Bundesminister für besondere Aufgaben, Kraft, gibt einleitend einen umfassenden Überblick über den Sachstand und unterbreitet dem Kabinett seine Vorschläge[46]).

Nach Auffassung des Bundeskanzlers ist die zersplitterte Behandlung dieses überaus wichtigen Problemkreises durch die einzelnen Ressorts nicht mehr vertretbar. Es sei jetzt auch beim Bundestag ein interfraktioneller Antrag eingebracht worden, in dem die Bundesregierung ersucht werde, angesichts der immer größer werdenden Schwierigkeiten in der gesamten Wasserwirtschaft den Entwurf für wassergesetzliche Rahmenbestimmungen des Bundes vorzulegen[47]). Dieser Antrag sollte bereits in der Plenarsitzung des Bundestages am 14.10.1954 beraten werden. Er habe jedoch die Absetzung der Beratung des Antrages von der Tagesordnung dieser Bundestagssitzung veranlaßt, um diese schwierige Frage vorher im Kabinett in Anwesenheit von Bundesminister Kraft zu erörtern. Der Antrag stehe jedoch nunmehr für Anfang Dezember zur Beratung an. Das

---

[43]) Adenauer hatte Kraft beauftragt, die zur Förderung der Zonenrandgebiete für erforderlich gehaltenen Maßnahmen in einer Denkschrift zusammenzustellen (siehe sein Schreiben vom 8. April 1954 in B 136/699).

[44]) Vorlage des Bundeskanzleramtes vom 21. Okt. 1954 in B 146/1812, mit Anlage: Vorschläge für Maßnahmen zur Förderung der Zonenrandgebiete, von Bundesminister für besondere Aufgaben – Waldemar Kraft – im August 1954. Zu dieser Denkschrift vgl. auch Unterlagen in B 135/130, B 136/2390 f., B 102/13193, B 106/5159, B 137/5730 sowie Nachlaß Kraft/20 und 22.

[45]) Siehe Sitzung des Kabinett-Ausschusses für Wirtschaft am 11. März 1955 TOP 2. – Fortgang 100. Sitzung der Bundesregierung am 15. Okt. 1955 TOP D.

[46]) Vgl. 6. Sitzung am 5. Nov. 1953 TOP 4 e-dd und Schreiben Krafts an Adenauer vom 13. Sept. 1954 (Entwurf) in B 135/70, das in die Vorlage des Staatssekretärs des Bundeskanzleramtes vom 8. Nov. 1954 inseriert wurde (B 135/70). Unterlagen zu Wasserrecht und Wasserwirtschaft in B 136/1550–1563, 3827; B 102/13193; B 116/3843 f., 4020, 19593; B 142/1078–1101, 1108–1135, 4574 f. Nachlaß Kraft/22 und Nachlaß Blücher/301.

[47]) BT-Drs. Nr. 561 vom 28. Mai 1954.

Kabinett müsse daher eine Sprachregelung für diese Beratung finden. Nach Ansicht des Bundesministers für wirtschaftliche Zusammenarbeit dürfe die mit der Koordinierung dieses Gebietes zusammenhängende Arbeit nicht unterschätzt werden. Es sei daher der Aufbau eines größeren Arbeitsstabes notwendig. Unter diesen Umständen sei es jedoch bedenklich, ob man einen solchen Arbeitsstab bei einem Bundesminister für besondere Aufgaben bilden sollte, schon im Hinblick auf die vielfachen Angriffe gegen diese Sonderministerien[48]). Außerdem könnte der Eindruck entstehen, daß hier die Keimzelle für eine Bundesoberbehörde oder eine Art Generalkommissariat gelegt werden sollte. Es sei daher zu überlegen, ob man nicht besser eine vorhandene Verwaltungsapparatur für diese Aufgaben einsetzen sollte. So könne man daran denken, die Arbeit im Kabinettsausschuß zusammenzufassen. Der Bundesminister für Verkehr vertritt die Ansicht, die bisherige Praxis habe gezeigt, daß ein wechselnder Vorsitz im interministeriellen Ausschuß nachteilig sei. Andererseits dürfe man jedoch die Schwierigkeiten für den Erlaß eines Rahmengesetzes nicht unterschätzen. Weiterhin sei auch er der Auffassung, daß man das Entstehen einer Oberbehörde verhindern müsse. Er schlägt daher vor, dem interministeriellen Ausschuß einen ständigen Vorsitzenden zu geben und das erforderliche Sekretariat klein zu halten. Der interministerielle Ausschuß sollte dem Kabinettsausschuß möglichst kurzfristig Vorschläge für ein Rahmengesetz vorlegen. Weiterhin sollte eine Beratung des interfraktionellen Antrages im Bundestag vermieden, dieser vielmehr den zuständigen Ausschüssen überwiesen werden. Der Bundeskanzler betont nochmals die Notwendigkeit einer baldigen entscheidenden Regelung auf dem Gebiete des Wasserrechts und der Wasserwirtschaft. Er bringt eine Reihe von Beispielen für offenbare Mißstände auf diesem Gebiet. Der Bundesminister für Ernährung, Landwirtschaft und Forsten vertritt den Standpunkt, daß Wasserwirtschaft nur betreiben könne, wer den Boden in der Hand habe. Im Hinblick darauf, daß praktisch rund 90 % des Bodens vom Bundesministerium für Ernährung, Landwirtschaft und Forsten „betreut" würde, sei ohne Zweifel die überwiegende Zuständigkeit seines Ministeriums gegeben. Zur Frage des weiteren Prozedere übergehend, hält er es für erforderlich, alle wesentlichen Fragen im Kabinettsausschuß in mehreren Sitzungen in konzentrierter Arbeit durchzuberaten. Dieser sollte dann abschließend an das Kabinett berichten. Gegen eine Beauftragung von Bundesminister Kraft habe er Bedenken, da zur Beurteilung der teilweise sehr schwierigen rechtlichen Fragen ein großer Arbeitsstab erforderlich sei, der bereits in den Ressorts vorhanden wäre. Nach Auffassung von Bundesminister Kraft ist für den Fall, daß ihm der Auftrag erteilt werden sollte, ein kleiner Arbeitsstab unabhängiger Fachleute erforderlich, der die geschäftsordnungsmäßigen Dinge erledigen und insbesondere die Sitzungen des interministeriellen Ausschusses gründlich vorbereiten könne. Dies bedeute keineswegs eine Einengung der Tätigkeit der Spezialisten in den zuständigen Ressorts. Was

---

[48]) Zu Blüchers Bedenken vgl. auch sein Schreiben an Adenauer vom 9. Nov. 1954 in Nachlaß Blücher/81, ferner — ebenda — Schreiben Blüchers an Adenauer vom 21. Dez. 1954: „[...] und ich melde alle praktischen, politischen und persönlichen Bedenken gegen die Beauftragung des Herrn Kollegen Kraft erneut an."

den interfraktionellen Antrag anbelange, so werde von der Bundesregierung hierzu eine befriedigende Stellungnahme erwartet; andernfalls müsse man mit unerfreulichen Diskussionen im Bundestag rechnen. Der Bundesminister für das Post- und Fernmeldewesen regt an zu prüfen, ob man nicht schneller zum Ziele komme, wenn man die Wassergesetze der Länder auf den neuesten Stand brächte, statt ein Bundesrahmengesetz zu erlassen. Er tritt im übrigen auch dafür ein, die Erörterung der grundsätzlichen Fragen auf den Kabinettsausschuß zu übertragen. Der Bundesminister für Wohnungsbau spricht sich für die Rahmenkompetenz des Bundes in Wasserrechtsfragen aus. Er regt an, den vom Bundesminister für Ernährung, Landwirtschaft und Forsten bereits erarbeiteten Referentenentwurf[49]) den weiteren Beratungen zu Grunde zu legen. Für den Zeitraum der Beratung dieses Gesetzentwurfs sollte man den Vorsitz im interministeriellen Ausschuß dem Bundesminister für Ernährung, Landwirtschaft und Forsten übertragen. Die Übertragung des Vorsitzes auf einen neutralen Bundesminister bedinge einen größeren Mitarbeiterstab, dessen Erstellung eine weitere Verzögerung der Beratungen bedeuten würde. Der Bundesminister für besondere Aufgaben Dr. Schäfer glaubt, daß der vorliegende Fragenkomplex an Bedeutung nicht hinter den Wohnungsbaufragen zurückstände. Es genüge nicht mehr, die verschiedenen Auffassungen zu koordinieren; es müsse vielmehr eine besondere Stelle geschaffen werden, die darüber hinaus die Initiative ergreifen könne. Abschließend regt der Bundeskanzler an, die Erörterungen der im Kabinett angesprochenen Fragen in weiteren Beratungen des Kabinettsausschusses zu vertiefen. Der Kabinettsausschuß soll alsdann in der übernächsten Woche dem Kabinett über das Ergebnis berichten[50]). Das Kabinett erklärt sich hiermit einverstanden und bittet Bundesminister Kraft, sich dafür einzusetzen, daß die Beratung des interfraktionellen Antrags im Bundestag auf die Zeit nach Weihnachten hinausgeschoben wird[51]).

10. WAHL DES DEUTSCHEN DIREKTORS IN DER WELTBANK   BMWi

Einleitend bemerkt der Bundeskanzler, für ihn stände die fachliche Qualifikation von Ministerialdirektor a. D. Wohlthat außer Zweifel. Er habe lediglich gewisse Bedenken, ob nicht seine Tätigkeit in der nationalsozialistischen Zeit unerwünschte politische Wirkungen im Ausland gehabt habe. Außerdem habe Wohlthat erklärt, daß er nicht in der Lage sei, sich ausschließlich seiner Aufgabe als deutscher Direktor der Weltbank zu widmen, insbesondere seinen ständigen Wohnsitz in Washington zu nehmen[52]). Bundesminister Strauß bringt

---

[49]) Entwurf eines Wassergesetzes nach dem Stand vom 25. März 1954 in B 136/1557. Einschlägige Unterlagen in B 116/3843 f. und 4020.
[50]) Siehe Sitzungen des Kabinett-Ausschusses für Wirtschaft am 15. Nov. 1954 TOP A (nur in der Entwurfsfassung des Kurzprotokolls) und 10. Dez. 1954 TOP 2. – Fortgang 71. Sitzung am 16. Febr. 1955 TOP 4 und TOP D. – Gesetz zur Ordnung des Wasserhaushalts (Wasserhaushaltsgesetz) vom 27. Juli 1957 (BGBl. I 1110).
[51]) Am 17. Febr. 1955 wurde die BT-Drs. 561 „einstimmig angenommen" (STENOGRAPHISCHE BERICHTE Bd. 23 S. 3413 C).
[52]) Vgl. 46. Sitzung TOP A. – Vorlage des BMWi vom 26. Okt. 1954 in B 102/26233 und B 136/3339.

für den Bundesminister der Finanzen zum Ausdruck, daß es anerkanntermaßen keine besseren Experten auf diesem Gebiet gäbe[53]). Diese Tatsache dürfe im Hinblick auf die Erwartungen der Bundesrepublik, die sie an ihre Mitgliedschaft bei der Weltbank knüpfe, nicht unterschätzt werden. Auf der anderen Seite sei Professor Donner als Fachmann sicherlich nicht so hoch zu bewerten wie Wohlthat. Die politische Belastung Wohlthats wiege nicht schwerer als die vieler hoher Beamter, die auch während der nationalsozialistischen Zeit ähnliche Posten bekleidet hätten. Der Bundesminister für wirtschaftliche Zusammenarbeit macht darauf aufmerksam, inzwischen sei nun Prof. Donner berufen. Man könne ihn wohl kaum gleich wieder abberufen. Daher habe man für die Entscheidung über die endgültige Besetzung des Postens noch Zeit. Auf Anregung von Staatssekretär Dr. Westrick beschließt das Kabinett, den deutschen Missionschef in den Vereinigten Staaten, Dr. Krekeler[54]), zu beauftragen zu prüfen, wie die zuständigen Kreise in den Vereinigten Staaten eine Nominierung von Wohlthat aufnehmen würden.

Nachdem der Bundeskanzler die Sitzung verlassen hat, übernimmt der Vizekanzler den Vorsitz[55]).

11. ANRECHNUNG VON GLEICH- ODER HÖHERWERTIGEN TÄTIGKEITEN EHEMALIGER BERUFSOFFIZIERE, DIE BEI DER DIENSTSTELLE DES BEAUFTRAGTEN DES BUNDESKANZLERS TÄTIG SIND, BEI DER FESTSETZUNG DER GRUNDVERGÜTUNG AMT BLANK

Der Abg. Blank begründet seinen Antrag[56]) eingehend und berichtet dem Kabinett über den bisherigen Verlauf seiner Besprechungen mit dem Bundesminister der Finanzen. Leider sei eine Einigung in dem von ihm gewünschten Sinne nicht möglich gewesen. Demgegenüber teilt Staatssekretär Hartmann mit, der Bundesminister der Finanzen habe ihm gesagt, daß nach seiner Auffassung

---

[53]) Vgl. Schreiben des BMF vom 3. Nov. 1954 (ebenda).
[54]) Dr. phil. Heinz L. Krekeler (geb. 1906). 1946 MdL Lippe, 1947–1949 MdL Nordrhein-Westfalen, 1949 Mitglied der 1. Bundesversammlung, stellvertretender Vorsitzender des FDP Landesverbandes Nordrhein-Westfalen, Vizepräsident der Deutschen Gruppe der Liberalen Weltunion, 1950 Deutscher Generalkonsul in New York, 1951 Geschäftsträger in Washington, 1953 (1955) Botschafter, 1958–1964 Mitglied der Kommission der Europäischen Atomgemeinschaft in Brüssel.
[55]) Vgl. dazu Schriftwechsel Globke-Westrick in B 102/26233 und B 136/3339 sowie Schreiben des AA an das Bundeskanzleramt vom 2. März 1955 in B 136/3339: „[...] Das Auswärtige Amt schlägt daher vor, auf eine erneute Behandlung der Angelegenheit im Kabinett zu verzichten, weil Herr Dr. Wohlthat die Bedingungen des Kabinettsbeschlusses vom 13. 9. 1954 nicht erfüllt. Dem Beschluß des Kabinetts vom 10. 11. 1954 ist durch die Einforderung des Berichts der Diplomatischen Vertretung Washington entsprochen worden. Der Bericht hat die Bedeutung der erwähnten Bedingungen bestätigt [...]" Dazu hieß es in einem Vermerk des BMWi vom 28. Juli 1955 in B 102/26233: „Entsprechend der Weisung des Herrn Ministers ist mit dem Bundeskanzleramt, dem Auswärtigen Amt und dem Bundesfinanzministerium ein Einvernehmen darüber erzielt worden, daß Prof. Donner als deutscher Direktor in der Weltbank bis zum Ablauf seiner Amtsperiode, d. h. bis zum 30. 10. 1956, in seinem Amt verbleibt und nicht — wie zwischenzeitlich einmal erwogen wurde — durch Herrn MinDir. a. D. Wohlthat ersetzt wird [...]".
[56]) Vgl. 32. Sitzung TOP 6.

die Angelegenheit erledigt sei. Der Abg. Blank habe mit Schreiben vom 2.11. 1954[57]) um eine Pauschalausnahmegenehmigung gebeten, zu deren Erteilung der Bundesminister der Finanzen bereit sei. Der Abg. Blank nimmt diese Erklärung zur Kenntnis. Er bemerkt jedoch, daß es erforderlich sei, den Erlaß[58]) zu ändern, um eine Rechtsgrundlage auch für künftige Fälle zu schaffen. Staatssekretär Hartmann erklärt, der Bundesminister der Finanzen sei bereit, auch für die Zukunft neue Pauschalausnahmegenehmigungen der Dienststelle Blank von Fall zu Fall zu genehmigen. Er brauche jedoch eine Deckung gegenüber dem Bundesrechnungshof. Er wird hierbei in seiner Auffassung von Bundesminister Strauß unterstützt, der gegen die Erteilung einer generellen Genehmigung wegen möglicher Berufungsfälle Bedenken hat. Die anschließende Abstimmung des Kabinetts über den Antrag des Abg. Blank ergibt eine eindeutige Mehrheit für diesen[59]).

12. LAGE DES UNSELBSTÄNDIGEN MITTELSTANDES   BMS SCHÄFER

Der Bundesminister für besondere Aufgaben Dr. Schäfer begründet seinen Antrag im Sinne der Kabinettsvorlage vom 6.10.1954[60]). Er berichtet bei dieser Gelegenheit kurz über die bisherige Arbeit des Beirats und bringt zum Ausdruck, daß das Problem des „geistigen Arbeiters" sehr ernst genommen werden müsse[61]). Die bisherigen Untersuchungen des Beirats hätten die erschreckende Erkenntnis erbracht, daß zahlenmäßige Unterlagen über die wirtschaftliche Lage dieser Berufsgruppe bisher überhaupt nicht vorhanden seien und auch schwer zu erlangen wären. Er betont in diesem Zusammenhang die kulturtragende Mission des geistigen Mittelstandes, die es zu fördern gelte. Bundesminister Strauß

---

[57]) Schreiben nicht ermittelt.
[58]) Nach dem Erlaß betr. Festsetzung der Grundvergütung gem. § 5 Abs. 5 TO. A für Angestellte der Bundesverwaltung einschließlich der in Artikel 130 GG. bezeichneten Verwaltungsorgane und Einrichtungen vom 11. Dez. 1951 (MinBlFin. S. 500) konnte ehemaligen Beamten und Angestellten des öffentlichen Dienstes, die als Angestellte der Bundesverwaltung beschäftigt waren, bei der Festsetzung der Grundvergütung ihre frühere Tätigkeit im öffentlichen Dienst in bestimmtem Umfang angerechnet werden, soweit diese gegenüber den Tätigkeitsmerkmalen der derzeitigen Beschäftigung gleichwertig war; die Anrechnung früherer militärischer Vordienstzeiten war den im Angestelltenverhältnis beschäftigten ehemaligen Berufsoffizieren jedoch versagt worden.
[59]) Diese Fragen konnten vom Kabinett im Jahre 1954 abschließend nicht geregelt werden (vgl. dazu Schreiben des BMWi an den BMF vom 9. Mai 1955 in B 146/1156).
[60]) Vorlage in B 135/132 und B 146/1159. Hierin hatte sich Schäfer gegen die vollständige Einbeziehung des selbständigen Mittelstandes ausgesprochen, insbesondere des kleinen und mittleren Haus- und Hofbesitzes sowie der kleineren und mittleren Handwerker, Fabrikanten und Händler in den von ihm geleiteten Beirat; dagegen hatte er keine Bedenken gegen die Einbeziehung der Angehörigen der freien Berufe geäußert.
[61]) Unterlagen zur Bildung und Tätigkeit des Beirats für Fragen des unselbständigen Mittelstandes (Vorsitz Schäfer) in B 135/132 und B 134/4212 (hierin auch Verweis auf die Kundgebung des Hauptvorstandes der DAG am 18. März 1954 in Bonn, siehe die Broschüre „Die Unterbewertung der geistigen Arbeit" in ZSg. 1−23/16). Vgl. dazu BULLETIN vom 24. März 1954 S. 465−469, ferner Protokolle über die Sitzungen des Bundesvorstandes des DGB am 27. Okt. (TOP 1) und 21. Dez. 1954 (TOP 3), jeweils in 22/7 (HBS, DGB-Archiv).

erklärt, daß er mit seiner Kabinettsvorlage vom 30. 7. 1954[62]) nur eine Diskussion des Kabinetts über alle grundsätzlichen Fragen des Mittelstandes habe anregen wollen. Dem von Bundesminister Dr. Schäfer vorgebrachten Standpunkt hinsichtlich der Begrenzung des Aufgabenbereichs des Beirats trete er in vollem Umfange bei. Für die Erörterung der grundsätzlichen Frage einer Mittelstandspolitik müsse jedoch mehr Zeit zur Verfügung stehen. Der Bundesminister für Arbeit begrüßt den Bundesminister Dr. Schäfer erteilten Auftrag sehr. Er versichert, daß Bundesminister Dr. Schäfer von seinem Hause jede erforderliche Unterstützung bekommen würde. Auch er sei ein Gegner der Vermassung bei der Bewertung der Arbeitskraft. So habe er auch den Gewerkschaften den Vorwurf gemacht, daß sie in unkluger Weise das früher bestehende Verhältnis in der Bewertung von ungelernter Arbeit und Facharbeit so sehr zugunsten der ungelernten Arbeit verschoben hätten. Zusammenfassend stellt der Vizekanzler fest, daß man über den Antrag des Bundesministers Dr. Schäfer im Hinblick auf den engen Zusammenhang mit der gesamten Mittelstandsproblematik nicht ohne Erörterung des gesamten Fragenkomplexes abschließend entscheiden könne. Das Kabinett schließt sich dieser Auffassung an. Es wird in Aussicht genommen, demnächst bei der Beratung über Fragen der Mittelstandspolitik auf den Antrag von Bundesminister Dr. Schäfer zurückzukommen[63]).

13. ARBEITSZEITREGELUNG BEI DEN BUNDESMINISTERIEN   BMI

Der Bundesminister des Innern berichtet eingehend über den gegenwärtigen Sachstand[64]). Er vertritt den Standpunkt, daß das System des umschichtig freien Samstags nicht die festgesetzte Arbeitszeit von 48 Stunden[65]) in der Woche berühre. Außerdem würde durch diese Dienstzeitregelung die Gewährung besonderer Hausarbeitstage für die weiblichen Bediensteten mit eigenem Hausstand entfallen[66]). Er schlägt dem Kabinett vor, in Bestätigung des Kabinettsbeschlusses vom 1. 6. 1954 die Angelegenheit bis zur Verabschiedung des Personalvertretungsgesetzes[67]) zurückstellen. Der Bundesminister für Arbeit macht schwerwiegende Bedenken gegen diese Regelung geltend. Nach seiner Auffassung würde man hierdurch praktisch zur 45-Stundenwoche kommen. Dies sei besonders bedenklich im Hinblick auf die Agitation des Deutschen Gewerkschaftsbundes für die 40-Stundenwoche[68]). Im übrigen müsse er bezweifeln, ob nach dem Personalvertretungsgesetz sich das Mitspracherecht der Arbeitnehmer

---

[62]) Vorlage in B 135/132 und B 146/1159.
[63]) Fortgang 106. Sitzung am 18. Nov. 1955 TOP 8 und 116. Sitzung am 27. Jan. 1956 TOP 3: „[...] Nach Abschluß der Aussprache stimmt das Kabinett dem Antrag des Bundesministers für besondere Aufgaben Dr. Schäfer im Sinne seiner Kabinettsvorlage vom 6. Oktober 1954 zu."
[64]) Vgl. 34. Sitzung TOP 12. – Vorlage des BMI vom 2. Okt. 1954 in B 106/18844 und B 136/1966.
[65]) Zur VO vom 15. Juni 1954, in der die Arbeitszeit auf 48 Stunden festgesetzt worden war, vgl. 33. Sitzung TOP 9.
[66]) Vgl. 45. Sitzung TOP E.
[67]) Vgl. 52. Sitzung TOP 4.
[68]) Vgl. 28. Sitzung TOP E.

auch auf die Festsetzung der Höhe der Arbeitszeit erstrecke. Nach seiner Auffassung könne die Vertretung der Arbeitnehmerschaft lediglich bei der Verteilung der Arbeitszeit mitwirken. Staatssekretär Dr. Westrick unterstützt die Ausführungen des Bundesministers für Arbeit und betont, daß der freie Samstag gerade den übermäßig belasteten Bediensteten, vor allem den leitenden Beamten und Angestellten, nicht zugute komme, weil sie auch den freien Tag zur Arbeit benutzen würden. Gebrauch von der Vergünstigung würden in der Hauptsache die nicht überlasteten Bediensteten machen. Er würde es für bedauerlich halten, wenn nach der Verabschiedung des Personalvertretungsgesetzes das Bundesministerium für Wirtschaft dann doch gezwungen würde, die umschichtige Regelung einzuführen. Dann sei es schon besser, dies jetzt freiwillig zu tun[69]. Auch Staatssekretär Thedieck berichtet über Schwierigkeiten in seinem Hause, die durch den Druck der dortigen Betriebsvertretung ausgelöst würden. Das Kabinett beschließt entsprechend dem Vorschlag des Bundesministers des Innern, die Angelegenheit bis zur Verabschiedung des Personalvertretungsgesetzes zurückzustellen[70].

14. ABBERUFUNG DES ZUM PRÄSIDENTEN DES BUNDESSOZIALGERICHTES ERNANNTEN PRÄSIDENTEN SCHNEIDER[71]) ALS MITGLIED DES VORSTANDES DER BUNDESANSTALT FÜR ARBEITSVERMITTLUNG UND ARBEITSLOSENVERSICHERUNG BMA

Das Kabinett beschließt entsprechend dem Vorschlag des Bundesministers für Arbeit[72].

15. MITTEILUNG ÜBER DIE IN AUSSICHT GENOMMENE BESETZUNG EINER AUSWÄRTIGEN VERTRETUNG AA

Gegen die in Aussicht genommene Besetzung einer auswärtigen Vertretung werden Bedenken nicht erhoben[73].

---

[69]) Vgl. die Vorlage des BMWi vom 20. Aug. 1954 (B 106/18844 und B 136/1966) und die Sitzung des Kabinett-Ausschusses für Wirtschaft am 23. Juli 1954 (TOP 3).
[70]) Fortgang 147. Sitzung am 15. Aug. 1956 (TOP 3).
[71]) Joseph Schneider (geb. 1900). 1931–1935 Preußisches Ministerium des Innern, 1935–1936 Dezernent bei der Regierung in Aachen, 1936–1939 Reichsversicherungsamt, 1939–1942 Referent für die gesamte Sozialversicherung beim Reichsprotektor für Böhmen und Mähren und 1942–1945 Leiter der Sektion Sozialversicherung im Ministerium für Wirtschaft und Arbeit in Prag; ab 1947 Oberkreisdirektor des Kreises Olpe, seit 1950 Abteilungsleiter im BMA (MinDir.), 1954–1968 erster Präsident des Bundessozialgerichts.
[72]) Vorlage des BMA vom 22. Okt. 1954 in B 136/753. Nach seiner Ernennung zum Präsidenten am 20. Juli 1954 hatte Schneider um seine Abberufung als Mitglied des Vorstandes gebeten.
[73]) Vorschlag des AA, den Vortragenden Legationsrat Dr. Martin Schliep zum Generalkonsul in Genua zu ernennen, in B 134/4221.

16. PERSONALIEN

Von den Ernennungsvorschlägen gemäß Anlage 1 nimmt das Kabinett Kenntnis[74]). Gegen die Hinausschiebung des Eintritts in den Ruhestand gemäß Anlage 2 werden Bedenken nicht erhoben[75]).

---

[74]) An Ernennungen waren vorgesehen: im BMF ein MinDir. (Dr. rer. pol. Dr. iur. Joachim von Spindler) und zwei Ministerialdirigenten (darunter Dr. iur. Friedrich Karl Vialon), im BMA und BMP je ein MinR.

[75]) Mit Vorlage des AA vom 28. Okt. 1954 wurde beantragt die Hinausschiebung des Eintritts in den Ruhestand bis zum 31. Jan. 1955 für den Geschäftsträger der Bundesrepublik Deutschland in London, Botschafter Hans Schlange-Schöningen. – Fortgang hierzu 65. Sitzung am 19. Jan. 1955 TOP 7.

**Sondersitzung der Bundesregierung
am Freitag, den 12. November 1954**

Teilnehmer: Adenauer, Blücher, Schröder, Neumayer, Storch, Seebohm, Balke, Preusker, Oberländer, Kaiser, Hellwege, Wuermeling, Schäfer, Kraft; Globke, Hartmann, Sonnemann, Westrick; Klaiber; von Eckardt, Forschbach; Selbach, Kilb; Blank, von Grolman[1]*), Kaufmann, von Maltzan, Ophüls*[2]*). Protokoll: Pühl.*

Beginn: 9.30 Uhr   *Ende: 14.35 Uhr*

I

ZUSTIMMUNGSGESETZE ZU DEM
1. PROTOKOLL ÜBER DIE ABLÖSUNG DES BESATZUNGSSTATUTS IN DER BUNDESREPUBLIK DEUTSCHLAND – 2. VERTRAG ÜBER DEN AUFENTHALT AUSLÄNDISCHER STREITKRÄFTE IN DER BUNDESREPUBLIK DEUTSCHLAND – 3. BEITRITT DER BUNDESREPUBLIK DEUTSCHLAND ZUM BRÜSSELER PAKT UND ZUM NORDATLANTIKPAKT – 4. DEUTSCH-FRANZÖSISCHEN SAARABKOMMEN   AA

Einleitend macht der Bundeskanzler folgende Ausführungen:[3]) Für die Ratifizierung der Zustimmungsgesetze sei folgender Terminplan in Aussicht genommen: Nach Verabschiedung durch das Bundeskabinett soll sofortige Weiterleitung an den Bundesrat erfolgen. Unter Einhaltung der Dreiwochen-Frist könne der Bundesrat die Vorlagen am 3. 12. 1954 verabschieden. Nach Weiterleitung der Vorlagen an den Bundestag könnte dann die Erste Lesung am 16. 12. 1954 erfolgen. Die anschließenden Beratungen in den Bundestagsausschüssen müßten so beschleunigt werden, daß die 2. und 3. Lesung Mitte Januar nächsten Jahres vorgenommen werden könnten. Man dürfe damit rechnen, daß die Ratifizierung in Frankreich durch die Nationalversammlung auch bis Mitte Januar nächsten Jahres erfolgen würde. Soweit man bisher übersehen könne, würden Belgien, die Niederlande, Luxemburg und England schon im Laufe des Dezember dieses Jahres ratifizieren[4]). Dagegen würde Italien[5]) wohl etwas später nach-

---

[1]) Dr. iur. Wilhelm von Grolman (1904–1962). 1936–1945 im Auswärtigen Dienst (April 1945 Gesandtschaftsrat I. Klasse); 1945–1950 freiberuflich tätig, 1950–1953 BMJ (1951 MinR.), 1953–1959 AA (1955 Ministerialdirigent), 1959–1962 Generalkonsul in Istanbul.

[2]) Prof. Dr. iur. Carl Friedrich Ophüls (1895–1970). Seit 1918 im Justizdienst (1940 Landgerichtsdirektor); 1948 Oberregierungsrat im Rechtsamt der Verwaltung des VWG, 1949–1952 BMJ, ab Febr. 1952 im AA, 1955–1958 Botschafter in Brüssel, 1958–1960 ständiger Vertreter bei der Europäischen Wirtschaftsgemeinschaft und der Europäischen Atomgemeinschaft.

[3]) Vgl. 57. Sitzung TOP 1: Außenpolitische Lage.

[4]) Die Ratifikation der Pariser Verträge erfolgte: am 6. April 1955 durch den belgischen Senat (EA 1955 S. 7884, vgl. dazu auch ebenda S. 7351), am 28. April 1955 durch die niederländische Erste Kammer (ebenda S. 7574), am 6. April 1955 durch das luxemburgische Parlament (ebenda S. 7537). Bereits am 18. Nov. 1954 billigte das Unterhaus die Pariser Verträge (EA 1954 S. 7183).

kommen. Die in den Vereinigten Staaten geplante Sondersitzung des Senats sei noch im Dezember ds. Js. zu erwarten[6]).

Anschließend gibt der Bundeskanzler einige Erläuterungen zu dem Aufbau des dem Kabinett vorliegenden Zustimmungsgesetzes[7]). Man sei mit Frankreich übereingekommen, das Saarabkommen ratifizieren zu lassen. Die von ihm vorgeschlagene Verbindung des Saarabkommens mit den übrigen Vertragswerken in einem Zustimmungsgesetz sei besonders von Frankreich gewünscht worden[8]).

Auf die außenpolitische Lage[9]) übergehend, glaubt der Bundeskanzler, mit einer Mehrheit für die Vertragswerke in der französischen Nationalversammlung rechnen zu können[10]). Er ist der Meinung, daß – wenn sich im Bundestag keine Mehrheit für das Vertragswerk fände – praktisch die gleiche politische Lage einträte, wie sie bereits im August dieses Jahres, als die Ratifizierung der Verträge für die Europäische Verteidigungsgemeinschaft gescheitert war, gegeben war. Damals – im August dieses Jahres – hätte die Schuld für das Scheitern eindeutig bei Frankreich gelegen. Wenn das europäische Einigungswerk diesmal an dem Widerstand der Bundesrepublik scheitere, sei er überzeugt, daß Deutschland Sowjetrußland geopfert würde.

In der anschließenden Aussprache betont der Bundesminister für wirtschaftliche Zusammenarbeit einleitend, daß er die weltpolitische Situation ebenso ernst wie der Bundeskanzler ansähe. Zu dem vorliegenden Vertragswerk Stellung nehmend, glaubt er, auf Grund der ersten Durchsicht den Eindruck gewonnen zu haben, daß die dem Abkommen beigegebenen Begründungen teilweise noch erhebliche Mängel enthielten und daher einer gründlichen Überarbeitung bedürften. Es sei beispielsweise die Begründung zum Saarabkommen in der vorliegenden Fassung teilweise sehr bedenklich. Weiterhin habe er schwer-

---

[5]) Die Kammer ratifizierte die Pariser Verträge am 23. Dez. 1954 mit 335 gegen 215 Stimmen (EA 1955 S. 7259).
[6]) Am 1. April 1955 billigte der Senat mit 76 gegen 2 Stimmen die Pariser Verträge, am 7. April 1955 unterzeichnete Präsident Eisenhower die Ratifikationsurkunden (EA 1955 S. 7537).
[7]) Vorlage des AA vom 10. Nov. 1954 in AA, L1, Bd. 177.
[8]) Vgl. dazu folgende Eintragung in Nachlaß Seebohm/8c: „Adenauer wollte Saarabkommen nicht ratifizieren. Innerlich gehört dies zusammen; Frankreich ist durch frühere Beschlüsse seiner Parlamente seit 1952 gezwungen, das Präjudiz zwischen Saar und Verträgen zu bestätigen. Entscheidung nur ja oder nein möglich."
[9]) Dazu findet sich in Nachlaß Seebohm/8c folgende Eintragung: „Schwarzer Mann: Pentagon, periphere Verteidigung; darauf weist Entwicklung der Flugwaffe hin, die ganz auf Atomkrieg umgestellt. Die russische Luftwaffe ist das noch nicht, aber in 1–2 Jahren. In dieser Zeit wird Rußland keinen Krieg machen. Von 1956 an Parität in Atom- und Luftwaffe zwischen Sowjets und Angelsachsen. Endkampf: Atomkanonen machen Erdtruppen nicht überflüssig; aber Aufspaltung in kleine Kontingente. H-Bombe: 56 Stück genügen, um die ganze Erde und ihr organisches Leben zu vernichten. Gefahr: Atempause erreicht durch Aufopferung Deutschlands an Sowjets. Erfolge Sowjets: Genf, Ablehnung EVG, Verhinderung der Pariser Verträge. Frage Höhe der Gefahr der H-Bombe soll streng geheim bleiben." Vgl. hierzu auch den Passus „Schilderung der pol[itischen] Gesamtsituation" im Vermerk Kaisers „Kabinett 12. XI. 1954" in Nachlaß Kaiser/278.
[10]) Siehe 64. Sitzung Anm. 13.

wiegende Bedenken gegen die Vorlage nur eines Zustimmungsgesetzes[11]). Nach seiner Auffassung sei es richtiger, jedes der Abkommen durch ein besonderes Zustimmungsgesetz ratifizieren zu lassen. Wenn beispielsweise die Ratifizierung des Saarabkommens Schwierigkeiten bereite, könne dadurch, daß nur ein Zustimmungsgesetz vorgelegt sei, die Ratifizierung des gesamten Vertragswerks gefährdet sein, Weiterhin habe er Bedenken, ob es richtig sei, daß die Bundesregierung dem Junktim zwischen der Saarregelung und den übrigen Verträgen, das sie selber bisher stets so leidenschaftlich bekämpft habe, formell dadurch zustimme, daß sie die Vertragswerke durch ein einziges Gesetz ratifizieren lasse[12]).

Der Bundeskanzler glaubt nicht, daß die Koalition Bestand haben könne, wenn eine Fraktion einem Teil des Vertragswerkes nicht zustimme. Er sei im übrigen erschüttert, daß in der Bundesrepublik noch viele Restbestände eines ausgesprochenen Nationalismus bestünden. Nach seiner Auffassung habe der übersteigerte Nationalismus des Deutschland vor 1914 ein nicht geringes Maß von Mitschuld an dem Ausbruch des Ersten Weltkrieges gehabt. Das deutsche Volk müsse es endlich lernen, innerhalb der europäischen Gemeinschaft zu nehmen und auch zu geben. Er betrachte das Saarabkommen als einen großen Fortschritt, es sei denn, man halte es für richtiger, die Saar in ihrem bisherigen schlechten wirtschaftlichen Status zu belassen, um sie damit zu dem Entschluß zu zwingen, zu Deutschland zurückzukehren. Nach dem vorliegenden Saarabkommen habe das Saarvolk sein Schicksal selbst in der Hand. Bei den Friedensverhandlungen werde sich dies praktisch erweisen. Er könne es sich nicht vorstellen, daß die Vereinigten Staaten und Großbritannien sich dann über den frei geäußerten Willen des Saarvolkes hinwegsetzen würden. Was die Befürchtung einer präjudiziellen Wirkung der Saarregelung auf die zukünftige Regelung für die Gebiete jenseits der Oder-Neiße anbelange, so könne Deutschland glücklich sein, wenn es für diese Gebiete eine ähnliche Lösung wie für das Saargebiet erreiche. – Er befürchte, daß es nicht möglich sein würde, statt eines Gesetzes mehrere Zustimmungsgesetze vorzulegen bzw. den Saarvertrag herauszulösen. Wenn der Bundestag den Saarvertrag nicht billige, dann sei es sicher, daß die französische Regierung die Zustimmung der Nationalversammlung nicht erhalte, was ihrem Sturz gleichkäme. Der Bundesminister für wirtschaftliche Zusammenarbeit vermag weder politische noch sachliche Gründe dafür zu erkennen, warum man nicht einzelne Zustimmungsgesetze vorlegen

---

[11]) Vgl. dazu Vorlage des AA vom 10. Nov. 1954 (AA, L1, Bd. 177), die wie folgt beginnt: „Es ist in Aussicht genommen, die vorgesehenen Zustimmungsgesetze zu den verschiedenen Teilen des Pariser Vertragswerkes nunmehr in einer Gesetzesvorlage zusammenzufassen. Demgemäß wird anliegend der Entwurf eines sich auf alle Teile des Pariser Vertragswerkes beziehenden Zustimmungsgesetzes mit der Bitte überreicht, diesen Entwurf zur Grundlage der Erörterung in der Kabinettssitzung zu machen."
[12]) Vgl. dazu auch „Streng vertraulicher, nur für den Herrn Minister Blücher bestimmter Erinnerungsvermerk" vom 12. Nov. 1954 (Nachlaß Blücher/299), ferner „Protokoll über die Ausführungen des Herrn Bundeskanzlers in der Besprechung mit den Koalitionsfraktionsvorsitzenden über das Pariser Abkommen über die Saar am 8. 11. 1954" (Durchschlag, 5 Bl.) in StBKAH III 82.

solle. Im übrigen habe er persönlich seit Jahren die Überbewertung der Saarfrage abgelehnt. In diesem Punkt sei jedoch seine Fraktion anderer Meinung. Es bleibe jedoch in jedem Falle die Frage offen, ob man die Saarabmachungen ohne Kommentar billigen könne. Es sei auch nach seiner Meinung besser, vor der Ratifizierung über die Auslegung einzelner Bestimmungen völlige Klarheit zu gewinnen, als daß man später unerfreuliche Auseinandersetzungen mit Frankreich hierüber habe. Eine völlige Klarstellung dessen, was mit den Saarabmachungen gemeint sei, empfehle sich auch im Hinblick auf die Haltung der SPD.

Nach Auffassung des Bundeskanzlers ist es ausgeschlossen, noch langwierige Verhandlungen mit Frankreich über Einzelheiten der Saarabmachungen ohne größere Zeitverluste und ohne politische Schwierigkeiten durchzuführen. Durch die leidenschaftlichen Auseinandersetzungen in der Bundesrepublik über die Saarfrage sei die Stimmung in Frankreich bereits ungünstig beeinflußt. Er befürchte, daß der dem ganzen Vertragswerk zu Grunde liegende Versöhnungsgedanke mit Frankreich hierdurch Schaden leiden könnte. Er habe im übrigen volles Verständnis dafür, daß die Kabinettsmitglieder im Hinblick auf die knappe ihnen zur Durchsicht des Vertragswerkes zur Verfügung stehende Zeit heute noch nicht abschließend Stellung nehmen könnten. Es müsse jedoch unter allen Umständen der Eindruck vermieden werden, als wenn die Bundesregierung schwerwiegende Bedenken gegen die Zustimmung zu dem Vertragswerk habe. Hierdurch könnte die Stellung des französischen Ministerpräsidenten zum Schaden der Bundesrepublik gefährdet werden. Er regt daher an, ad hoc einen Kabinettsausschuß zu bilden, der das Vertragswerk und insbesondere auch die Begründungen eingehend durcharbeiten sollte, um im Laufe der nächsten Woche dem Kabinett für die endgültige Beschlußfassung Bericht zu erstatten.

Der Bundesminister für Verkehr legt die Auffassung der Deutschen Partei dar. Diese habe sich sehr eingehend mit dem Vertragswerk befaßt. Sie habe bisher stets die Auffassung vertreten, daß das Saarstatut bzw. Saarabkommen keiner Ratifikation bedürfe. Sie sei mit der FDP der Auffassung, daß man das Junktim zwischen der Saarregelung und dem übrigen Vertragswerk nicht noch durch ein einziges Zustimmungsgesetz noch mehr betonen sollte. Der Verzicht auf ein Ratifikationsgesetz für das Saarabkommen bedeute jedoch nicht, daß der Bundestag nicht dazu gehört werden müsse. Der Bundesminister für Verkehr gibt weiterhin seiner Überzeugung Ausdruck, daß die Ratifizierung des Vertragswerks eine zwingende politische Notwendigkeit sei. Eine Isolierung Deutschlands bedeute zwangsläufig den endgültigen Verlust der Gebiete jenseits der Oder-Neiße-Linie. Der Schwerpunkt der deutschen Interessen liege bei den Ostgebieten. Diese dürfe man wegen der Saarfrage nicht gefährden. Seine Partei sei der Auffassung, daß man zunächst die Verhandlungen des Botschafters Blankenhorn in Paris[13]) abwarten solle, ehe man dem Saarabkommen endgültig zustimme. Auf eine Interpretation der Saarabmachungen könne man nicht verzichten. Im übrigen begrüße er die Anregung des Bundeskanzlers auf Bildung eines Kabinettsausschusses.

---

[13]) Siehe 59. Sitzung Anm. 11.

Auf die Frage der Auslegung der Saarabmachungen eingehend, hebt der Bundeskanzler hervor, daß das Saarstatut von den Vereinigten Staaten und Großbritannien garantiert werde[14]). Um diese Funktion zu übernehmen, müßten diese Garantiemächte gleichfalls noch gewisse Aufklärungen über die Bestimmungen des Abkommens im einzelnen erhalten[15]).

Der Bundesminister der Justiz bedauert, nicht genügend Zeit zur Verfügung gehabt zu haben, um das Vertragswerk ausreichend zu prüfen. Er begrüßt daher den Vorschlag zur Bildung eines Kabinettsausschusses gleichfalls. Es sei richtig, daß das Justizministerium sich für ein Ratifizierungsgesetz zu den Saarabmachungen ausgesprochen habe. Jedoch habe das Justizministerium sich nicht für den Gedanken eines einzigen Zustimmungsgesetzes eingesetzt. Auch er habe gewisse Bedenken gegen dieses rechtliche Junktim, weil bei einem eventuellen Verfassungsstreit wegen der Saarabmachungen dann das gesamte Vertragswerk angefochten würde. Er schlägt die Vorlage von drei Zustimmungsgesetzen vor, und zwar je ein Gesetz für

a) das Protokoll über die Beendigung des Besatzungsregimes in der Bundesrepublik Deutschland und den Vertrag über den Aufenthalt ausländischer Streitkräfte in der Bundesrepublik Deutschland,

b) den Beitritt der Bundesrepublik Deutschland zu dem Vertrag für wirtschaftliche, soziale und kulturelle Zusammenarbeit und kollektive Selbstverteidigung und zum Nordatlantikvertrag,

c) das Abkommen über das Saarstatut.

Was das Saarabkommen anbelange, so müßten nach seiner Auffassung die Gedanken der zukünftigen größeren Freiheit der politischen Parteien im Saargebiet und des durch das Saarstatut[16]) geschaffenen Provisoriums stärker herausgearbeitet werden. Auch bedürften die Bestimmungen der Artikel IX und XII[17]) noch einer genaueren Definition.

Der Bundeskanzler ist der Meinung, daß die vom Bundesminister der Justiz vorgetragenen Wünsche bereits im Abkommen ausreichend zum Ausdruck gekommen seien. Es sei ihm daher nicht möglich, von dem französischen Ministerpräsidenten erneut Erklärungen zu verlangen, die dieser bereits abgegeben habe. Die Artikel XI und XII[18]) böten ausreichende Möglichkeiten für eine gedeihliche wirtschaftliche Entwicklung im Saargebiet. Er sei der Meinung, daß das Wichtigste die rechtzeitige Bestellung eines guten Kommissars sei. Der Bundesminister für besondere Aufgaben Kraft hält die Klärung der Frage, ob das

---

[14]) Siehe 64. Sitzung Anm. 15.

[15]) Im Entwurf folgt noch: „Dabei sei es politisch weitaus einfacher, wenn diese Mächte die erforderlichen Kommentare von der französischen Regierung anforderten, als wenn dieses die Bundesrepublik Deutschland täte. Ein solcher Schritt würde in der Nationalversammlung nur Mißfallen erregen. Er halte es daher politisch für klüger, diesen indirekten Weg zu wählen. Er sei bereits darüber unterrichtet, daß die Vereinigten Staaten und Großbritannien hierzu grundsätzlich bereit seien" (Kabinettsprotokolle Bd. 24 E).

[16]) Wortlaut des deutsch-französischen Abkommens über das Statut der Saar in EA 1954 S. 7020–7022. Es handelt sich um ein „Protokoll", nicht um ein „Abkommen".

[17]) Ebenda S. 7021 f.

[18]) Ebenda.

Saarabkommen ratifizierungsbedürftig sei, für besonders bedeutsam. Seine Fraktion habe im übrigen eine Reihe von Fragen gestellt, die noch der Beantwortung bedürften[19]). Er sei überzeugt, daß viele dieser Fragen ohne Rückfragen bei der französischen Regierung beantwortet werden könnten. Die vom Bundeskanzler geäußerte Befürchtung, daß eine Vertagung der Beschlußfassung des Kabinetts über das Vertragswerk von der Öffentlichkeit als Ablehnung gewertet werden könne, teile er nicht. Im übrigen sei es nicht unbedingt ein Nachteil, wenn in Deutschland ein gewisser Widerstand gegen das Saarabkommen zum Ausdruck gebracht würde, weil nicht geleugnet werden könne, daß dieses Abkommen mit dem Europa-Gedanken nicht ganz vereinbar sei. Die Gefahr des Nationalismus dürfe man nicht überschätzen. Eine gewisse nationalbewußte Haltung sei gerade gegenüber Frankreich nicht von Nachteil.

Der Bundesminister für Wohnungsbau befürchtet, daß gerade durch ein nicht ganz klares Saarabkommen ein dauernder Vergiftungsherd zwischen Frankreich und Deutschland entstehen könne. Er halte es für richtig, einzelne der unklaren Fragen unmittelbar, andere über die Vereinigten Staaten und England kommentieren zu lassen. Diese Aufklärung müßte aber erfolgen. Falle sie nicht befriedigend aus, so könne er keinen Zweifel darüber lassen, daß die FDP ihre Zustimmung zum Saarabkommen versagen müsse mit allen von dem Bundeskanzler aufgezeigten Konsequenzen. Es komme seiner Fraktion darauf an, eine echte deutsch-französische Annäherung zu erreichen. Der Bundeskanzler dürfe trotz dieser entschiedenen Haltung den guten Willen der FDP nicht anzweifeln.

Der Bundesminister für besondere Aufgaben Strauß ist überzeugt, daß das Saarabkommen die Vertragspartner noch lange beschäftigen wird. Dies enthalte sowohl Vor- wie auch Nachteile. Über die Rechtsnatur der Saarregelung, ob es sich um ein Statut oder um ein Abkommen handele, seien die Meinungen geteilt. Sicherlich sei es besser, wenn man die Ratifizierung vermeiden könnte. Jedoch habe man sich nach Abwägung des Für und Wider dazu entschlossen, die Ratifizierung vorzuschlagen, schon um einer späteren Verfassungsklage durch die SPD vorzubeugen. Was das vom Bundeskanzler vorgeschlagene rechtliche Junktim des Vertragswerkes anbelange, so sei dieses von geringer Bedeutung angesichts der Tatsache, daß das politische Junktim nicht bestritten werden könne. Es sei notwendig, hinsichtlich des Saarabkommens eine klare Interpretation darüber zu erhalten, was man unter politischer Freiheit zu verstehen habe und wie die wirtschaftlichen Entwicklungsmöglichkeiten dieses Gebietes aussehen sollten. Schließlich müsse die Freiheit der endgültigen Abstimmung eindeutig sichergestellt sein. Was die wirtschaftlichen Fragen des Saargebietes anbelange, so rege er an, innerhalb der Bundesregierung auf diesem Gebiet besser als bisher zu koordinieren.

---

[19]) Am 2. Nov. 1954 hat Bundesvorstand und Bundestagsfraktion des GB/BHE mit Mehrheit beschlossen, das Saarabkommen abzulehnen, bis die an die Bundesregierung gerichteten Fragen zur Aufklärung des Saarabkommens (vgl. im einzelnen KEESING 1954 S. 4835) beantwortet und Zusatzverträge abgeschlossen seien. Zu diesen Fragen vgl. Vermerk Krafts vom 19. Nov. 1954 (Nachlaß Kraft/20); Beantwortung dieser Fragen im Schreiben Blankenhorns an Haasler vom 3. Dez. 1954 (Durchschlag in Nachlaß Kraft/27).

Sondersitzung am 12. November 1954

Auf die Entwicklung der Saardiskussion in der Bundesrepublik zurückkommend, stellt der Bundeskanzler fest, daß nach den von ihm angestellten Ermittlungen im Bundestag niemals eine sofortige Rückkehr der Saar zu Deutschland verlangt worden sei. Ein solches Verlangen habe er daher auch in Paris nicht stellen können. Es sei ihm jedoch dafür gelungen, die Wiederherstellung der politischen Freiheit und die Einsetzung eines neutralen Kommissars zu erreichen. Er sei davon überzeugt, daß er im Vergleich zu den im Bundestag geäußerten Wünschen mehr erreicht habe.

Nach Ansicht des Bundesministers für gesamtdeutsche Fragen müsse man besonderen Wert auf die Einsetzung des unabhängigen Kommissars legen. Weiterhin sei es wichtig, daß die Artikel VI und IX des Saarabkommens[20]) entsprechend den deutschen Interessen durchgeführt werden.

Der Bundesminister für besondere Aufgaben Dr. Schäfer hält es für notwendig, eine ganz klare Regelung über die Saar zu treffen, die jeden späteren Konfliktstoff zwischen den beiden Nationen ausschalte. Er regt an, neben dem Kabinettsausschuß ein Gremium ins Leben zu rufen, das aus deutschen und französischen Parlamentariern zusammengesetzt wird, um die noch strittigen Fragen zu erörtern.

Der Bundeskanzler ist der Meinung, daß der gegenwärtige Zustand an der Saar größere Konfliktstoffe in sich trage als das Statut. Insoweit sehe er dieses als einen großen Erfolg an. Er halte die übersteigerte Debatte über die Saarfrage im Hinblick auf die Haltung der Sozialdemokratie politisch nicht für klug. Hierdurch spiele man der Opposition in die Hände.

Nach Abschluß der Debatte werden für den Kabinettsausschuß folgende Bundesminister benannt: Blücher, Preusker, Kaiser, Hellwege, Strauß, Kraft.

Es wird in Aussicht genommen, daß dieser Ausschuß am Dienstag zur Beratung zusammentritt[21]). Die erneute Erörterung des Vertragswerks im Kabinett wird für Freitag, den 19. 11. 1954, vorgesehen[22]).

Der Presse soll folgendes Kommuniqué übergeben werden:

„Das Kabinett hat die weltpolitische Lage erörtert und sodann mit den Beratungen aller Pariser Verträge begonnen. Diese Beratungen werden nach Vorbereitung durch einen Ausschuß des Kabinetts in der nächsten Woche fortgesetzt[23])."

---

[20]) EA 1954 S. 7021.
[21]) Vermerk „Betr. Sitzung des Kabinettsausschusses am 15. November 1954 zur Prüfung des Saarabkommens vom 23. Oktober 1954" (6 Bl., mit handschriftlichen Zusätzen Kaisers) in Nachlaß Kaiser/278. Weitere Unterlagen zu diesem Kabinettsausschuß nicht ermittelt.
[22]) Fortgang 59. Sitzung TOP 1.
[23]) Vgl. BULLETIN vom 13. Nov. 1954 S. 1959.

II

Außerhalb der Tagesordnung

[A. VERTRETUNG DER BUNDESREGIERUNG IM ÄLTESTENRAT DES BUNDESTAGES]

Auf Bitten des Bundeskanzlers übernimmt der Bundesminister für gesamtdeutsche Fragen die Vertretung des erkrankten Bundesministers für besondere Aufgaben Dr. Tillmanns im Ältestenrat des Bundestages[24]).

[B.] STEUERREFORM

Der Bundeskanzler berichtet über das Ergebnis der gestrigen Koalitionsbesprechung hinsichtlich der Steuerreform[25]). Danach sei man zu folgenden Übereinkommen gelangt:[26])
a) Es wird in Aussicht genommen, den § 96 der Geschäftsordnung des Deutschen Bundestages betr. Finanzvorlagen zu ändern[27]).
b) Keine gemeinsame Besteuerung der mitverdienenden Ehefrau.
c) Beibehaltung der steuerlichen Vergünstigungen für die Zuschläge für Sonntags-, Feiertags- und Nachtarbeit.
d) Erhöhung der Grundrenten durch Einsatz von Bundesmitteln bis 400 Mio DM[28]).
e) Veränderung des Einkommensteuer-Tarifs[29]) entsprechend den Vorschlägen des Abgeordneten Neuburger.

---

[24]) Tillmanns nahm an der 35.–45. Sitzung (19. Okt. 1954–11. Jan. 1955) des Ältestenrates nicht teil, lediglich für die 39. (15. Nov.), 42. (7. Dez.) und 43. Sitzung (8. Dez.) wurde er von Kaiser vertreten: vgl. im einzelnen Deutscher Bundestag, 2. Wahlperiode 1953–1957: Ältestenrat, Kurzprotokolle der 1.–172. Sitzung (Parlamentsarchiv des Deutschen Bundestages).
[25]) Vgl. 52. Sitzung TOP D.
[26]) Siehe dazu den undatierten Vermerk Schäffers, den er auf Grund eines Berichts Hartmanns anfertigte, in B 126/51510.
[27]) Die Abs. 3 und 4 des § 96 der vom BT am 6. Dez. 1951 verabschiedeten Geschäftsordnung (BGBl. II 389) waren vom Bundesverfassungsgericht im März 1952 für verfassungswidrig erklärt worden. Sie hatten bestimmt, daß Anträge von Mitgliedern des BT, die eine Finanzvorlage darstellten, nur dann beraten werden sollten, wenn ihnen ein Ausgleichsantrag zur Deckung beigegeben war. Der BMF hatte sich um eine Neufassung dieser Bestimmungen bemüht (Unterlagen in B 126/51510 und Nachlaß Schäffer/36). Am 6. Dez. 1954 brachten die Koalitionsfraktionen einen Antrag zur Änderung von § 96 der Geschäftsordnung des BT ein (BT-Drs. Nr. 1048). Der BT verabschiedete die Änderung am 27. Okt. 1955 (STENOGRAPHISCHE BERICHTE Bd. S. 5950–5952). – Bekanntmachung über die Änderung der Geschäftsordnung des Deutschen Bundestages vom 6. Dez. 1955 (BGBl. II 1048). – Siehe dazu auch den Beitrag von Friedrich Karl Vialon: Finanzvorlagen im Bundestag. Eine Lücke in der Geschäftsordnung. BULLETIN vom 27. Okt. 1953 S. 1710–1712.
[28]) Siehe den folgenden TOP.
[29]) Siehe das Schreiben Neuburgers an Adenauer vom 15. Sept. 1954 in B 136/600. – Neuburger hatte eine weitere Senkung der Einkommensteuer vorgeschlagen, die sich vor allem bei den Einkommen bis 30 000 DM jährlich auswirken, aber auch den höchsten Steuersatz von 55 % auf 53,9 % senken sollte (siehe dazu die Vermerke vom 27. Sept., 2. und 11. Okt. 1954 in B 126/51539).

f) Besoldungsreform für Beamte, Angestellte und Arbeiter des Bundes bis zu einem Gesamtaufwand von 200 Mio DM[30]).

Dies würde eine Verschlechterung des Bundeshaushalts um rd. 840 Mio DM ergeben. Die ungünstigen finanziellen Auswirkungen der Steuerreform würden jedoch nur um 240 Mio DM vergrößert. Er sei der Auffassung, daß die Deckung durch ein erhöhtes Steueraufkommen möglich sei, da mit einem erheblichen Zuwachs des Sozialprodukts gerechnet werden könne. Allerdings sei es nicht ganz sicher, ob es möglich sei, die Verschlechterung des Bundeshaushalts um 840 Mio DM in vollem Umfang aus einem erhöhten Steueraufkommen zu decken. Der Bundesminister der Finanzen habe erklärt, daß er die Verantwortung hierfür nicht übernehmen könne[31]). Er bedaure diese Haltung des Bundesministers der Finanzen, denn wenn man zu keiner Einigung mit dem Bundestag käme, seien unkontrollierte Anträge aus dem Bundestag zu befürchten. Er bittet daher Staatssekretär Hartmann, auf den Bundesminister der Finanzen einzuwirken, in diesem Punkte nachzugeben, um das größere Übel zu vermeiden. Staatssekretär Hartmann gibt bekannt, daß das vom Bundeskanzler vorgetragene rechnerische Bild eine weitere Verschlechterung um 40 Mio DM durch die Verlängerung der Abschreibungsmöglichkeiten bei der Investitionshilfe[32]) erfahre. Was die Schätzung des Steueraufkommens anbelange, so sei der Bundesminister der Finanzen davon überzeugt, daß er bereits an die äußerste Grenze des Vertretbaren gegangen sei.

Auch Staatssekretär Dr. Westrick glaubt nicht, daß es möglich sei, die entstehenden Mehrausgaben von 840 Mio DM in vollem Umfange aus einem steuerlichen Mehraufkommen zu decken.

Der Bundesminister für Wohnungsbau teilt gleichfalls die Bedenken des Bundesministers der Finanzen hinsichtlich des Mehraufkommens. Er regt an, in der Vereinbarung mit den Fraktionen weiterhin festzulegen, daß die seit langem geplante Sozialreform[33]) nun endlich auch die Unterstützung des Bundestages fände. Dies sei erforderlich, damit der Bundesminister der Finanzen gegen weitere Anträge des Bundestages auf Rentenerhöhungen abgesichert werde[34]).

---
[30]) Vgl. 36. Sitzung TOP F.
[31]) Siehe dazu auch das Schreiben Schäffers an Adenauer vom 10. Nov. 1954 in B 126/51510.
[32]) Vgl. Drittes Gesetz zur Änderung des Gesetzes über die Investitionshilfe der gewerblichen Wirtschaft vom 19. Dez. 1954 (BGBl. I 437).
[33]) Vgl. 19. Sitzung TOP 4.
[34]) Der BT verabschiedete die Steuergesetze am 19. Nov. 1954 (STENOGRAPHISCHE BERICHTE Bd. 22 S. 2849—2879). — Gesetz zur Neuordnung von Steuern vom 16. Dez. 1954 (BGBl. I 373). — Gesetz zur Erhebung einer Abgabe „Notopfer Berlin" vom 16. Dez. 1954 (BGBl. I 422). — Fünftes Gesetz zur Änderung des Umsatzsteuergesetzes vom 26. Dez. 1954 (BGBl. I 505). — Der Gesetzentwurf über eine Ergänzungsabgabe zur Einkommen- und Körperschaftsteuer (BT-Drs. Nr. 484) war vom BT an den Ausschuß für Finanz- und Steuerfragen überwiesen (STENOGRAPHISCHE BERICHTE Bd. 20 S. 1371) und im Plenum des BT nicht weiterbehandelt worden. In der dritten Beratung der Finanzgesetze im BT wurde lediglich darauf hingewiesen, daß die Ergänzungsabgabe als ein Teil des Finanzverfassungsgesetzes in der zweiten Lesung dieses Gesetzes verabschiedet worden war, daß jedoch über das vom BR abgelehnte Gesetz über die Ergänzungsabgabe eine Einigung im BT-Ausschuß nicht hatte erreicht werden können (STENOGRAPHISCHE BERICHTE Bd. 22 S. 2839 C). — Fortgang (finanzielle Fragen) 61. Sitzung TOP E.

[C.] GRUNDRENTENERHÖHUNG IN DER KRIEGSOPFERVERSORGUNG[35])

Der Bundesminister für Arbeit berichtet über das Ergebnis der bisherigen Chefbesprechungen. Die überwiegende Meinung sei dahin gegangen, grundsätzlich die Renten zu erhöhen, jedoch anzustreben, die Hälfte der Grundrenten[36]) zeitweilig ruhen zu lassen. Der Bundesminister der Finanzen habe gehofft, auf diese Weise den Betrag von 150 Mio DM einzusparen[37]). Auf dieser Grundlage habe er zwei Aussprachen mit Vertretern der Koalitionsparteien gehabt[38]). Es habe sich dabei herausgestellt, daß die Parlamentarier nicht bereit seien, eine solche Maßnahme zu unterstützen. Er beabsichtige daher, dem Ausschuß für Kriegsopfer- und Heimkehrerfragen des Bundestages einen Gesetzentwurf der Bundesregierung zu unterbreiten. In diesem wolle er eine Grundrentenerhöhung von 20 % anbieten. Er beabsichtige weiterhin, die Ausgleichsrente für Waisen um 10 DM zu erhöhen. Der Bundesminister der Finanzen habe sich grundsätzlich mit einer solchen Regelung als Vorschlag der Bundesregierung einverstanden erklärt.

Nachdem der Bundeskanzler und mehrere Kabinettsmitglieder ihr Mißfallen darüber zum Ausdruck gebracht haben, daß ihnen für die Stellungnahme zu dieser Frage keinerlei Unterlagen zur Verfügung gestellt worden seien, erklärt sich der Bundesminister für Arbeit bereit, seinen Gesetzentwurf den Kabinettsmitgliedern umgehend zuzuleiten[39]).

Alsdann wird eine Beratung des Kabinetts in Aussicht genommen. Gegen den Vorschlag des Bundesministers für Arbeit, den Gesetzentwurf inoffiziell als Entwurf der Bundesregierung dem Bundestag unter Umgehung des Bundesrates

---

[35]) Der BT hatte am 15. Okt. 1954 die Anträge zur Kriegsopferversorgung behandelt, deren Beratung am 23. Sept. 1954 zurückgestellt worden war (vgl. 45. Sitzung TOP C); hinzugekommen war ein Initiativentwurf des GB/BHE (BT-Drs. Nr. 859) und ein von einem Teil der CDU/CSU-Fraktion eingebrachter Initiativentwurf (BT-Drs. Nr. 887, STENOGRAPHISCHE BERICHTE Bd. 21 S. 2422—2439). Der BT hatte am 14. Juli 1954 auf Grund eines Antrags der CDU/CSU-Fraktion (BT-Drs. Nr. 558) die Bundesregierung einstimmig aufgefordert, einen Gesetzentwurf zur Verbesserung der Kriegsopferversorgung vorzulegen (STENOGRAPHISCHE BERICHTE Bd. 20 S. 1891f.). — Zu den Auseinandersetzungen über den Initiativentwurf in der CDU/CSU-Fraktion siehe die Protokolle über die Sitzungen am 13. und 14. Oktober 1954 in Nachlaß Barzel/314.

[36]) Die in dem Gesetz über die Versorgung der Opfer des Krieges (Bundesversorgungsgesetz) vom 20. Dez. 1950 (BGBl. 791) festgelegte Grundrente war nach der Minderung der Erwerbsfähigkeit gestaffelt und unabhängig von der finanziellen Lage der Berechtigten. Sie war seit dem Erlaß des Gesetzes nicht erhöht worden. Bei Bedürftigkeit wurde zusätzlich zur Grundrente eine Ausgleichsrente gezahlt, deren Beträge zuletzt durch das Zweite Änderungsgesetz vom 7. Aug. 1953 (BGBl. I 866) erhöht worden waren.

[37]) Siehe das Protokoll vom 29. Okt. über die Ressortbesprechung am 28. Okt. 1954 (B 136/393) und die Niederschrift des BMZ vom 6. Nov. über die Ressortbesprechung am 4. Nov. 1954 (ebenda).

[38]) Es wurden nur Unterlagen über eine Besprechung ermittelt (undatierte und ungezeichnete Niederschrift über die Besprechung am 10. Nov. 1954 in B 149/1874). Daß die Frage auch in der Besprechung Adenauers mit Koalitionsvertretern über die Steuerreform am 11. Nov. behandelt worden war, ergibt sich aus dem Vermerk vom 12. Nov. 1954 in B 136/393.

[39]) Vorlage des BMA vom 12. Nov. (Gesetzestext) und vom 13. Nov. (Begründung zu dem Gesetz) in B 149/1874 und B 136/393.

zur Verfügung zu stellen, haben der Bundeskanzler und der Bundesminister des Innern große Bedenken. Sie halten es nicht für richtig, den Bundesrat in dieser Weise auszuschalten. Der Bundeskanzler bittet den Bundesminister für Arbeit, auf den Ausschuß für Kriegsopfer- und Heimkehrerfragen in dem Sinne einzuwirken, die Beratung der Anträge zur Änderung des Bundesversorgungsgesetzes bis zum Eingang einer formellen Regierungsvorlage zurückzustellen[40]).

[D. NÄCHSTE KABINETTSSITZUNG]

Die nächste Kabinettssitzung wird für Freitagvormittag in Aussicht genommen[41]).

---

[40]) Der Ausschuß beschloß am 16. Nov., die Beratung bis zum 29. Nov. 1954 zurückzustellen (Protokoll in B 136/393). — Fortgang 59. Sitzung TOP 2.
[41]) Siehe Sondersitzung am 18. Nov. 1954 (Donnerstag) und 59. Sitzung am 19. Nov. 1954 (Freitag).

Sondersitzung der Bundesregierung
am Donnerstag, den 18. November 1954

Teilnehmer: Adenauer, Blücher, Schröder, Neumayer, Lübke, Storch, Balke, Preusker, Oberländer, Kaiser, Hellwege, Wuermeling, Kraft; Bergemann (ab 18.30 Uhr), Globke, Westrick; Klaiber; von Eckardt, Forschbach; Selbach, Kilb; Blank, Blankenhorn und die Mitglieder des Bundestages von Brentano, Dehler, Gerstenmaier, Haasler, Kiesinger, Krone, von Merkatz, Stücklen. Protokoll: Selbach.

Beginn: 17.45 Uhr   *Ende: 18.40 Uhr*

[A. BEHANDLUNG DER NOTEN DER SOWJETREGIERUNG IM BUNDESTAG]

Der Bundeskanzler eröffnet die Sitzung, die wegen eines am gleichen Tage eingegangenen Briefes des SPD-Vorsitzenden Ollenhauer habe einberufen werden müssen. Er verliest den Brief, mit welchem der Bundeskanzler aufgefordert wird, am 19. November 1954 eine Regierungserklärung zur außenpolitischen Lage, insbesondere zu den letzten Noten der Sowjetregierung, abzugeben, und dem ein Antrag der SPD-Fraktion betr. Viermächteverhandlungen über die Wiedervereinigung Deutschlands beigefügt ist[1]).

Der Bundeskanzler erwähnt, daß er vor wenigen Stunden mit Botschafter Conant eine Aussprache über die Beantwortung der sowjetischen Noten vom 23. Oktober[2]) und vom 13. November 1954[3]) gehabt habe[4]). Eine öffentliche Erörterung könne im Augenblick nur schaden. Er hält es deshalb für richtig, die von der SPD ohne ersichtlichen Anlaß gewünschte Diskussion abzulehnen und gibt hierauf den Entwurf eines Antwortbriefes an den SPD-Vorsitzenden be-

---

[1]) Schreiben Ollenhauers an Adenauer vom 18. Nov. 1954 in StBKAH 12.27, mit Anlage: Antrag der Fraktion der SPD betr. Viermächteverhandlungen über die Wiedervereinigung Deutschlands (= BT-Drs. Nr. 997 vom 18. Nov. 1954). Vgl. dazu Protokoll über die Fraktionsvorstandssitzung am 17. Nov. 1954 in SPD-Bundestagsfraktion/1017a (alt) (im AdsD).

[2]) Vgl. 53. Sitzung TOP 1: Bericht über die Pariser Konferenzen.

[3]) Die Sowjetunion hatte am 13. Nov. 1954 an 23 europäische Staaten und die USA eine Note gerichtet, in der sie vorschlug, zum 29. Nov. 1954 eine Konferenz nach Moskau oder Paris einzuberufen, um vor der Ratifizierung der Pariser Verträge über ein kollektives europäisches Sicherheitssystem zu beraten, das an die Stelle der geplanten WEU treten könnte; auch sollte an dieser Konferenz die Chinesische Volksrepublik durch Beobachter teilnehmen (siehe Wortlaut in EA 1955 S. 7209–7211). – Vgl. dazu AA, BStSe, Bd. 132; Pressekonferenz am 15. und 30. Nov. 1954 in B 145 I/44; ADENAUER S. 383–394; ANFANGSJAHRE S. 150–152; Außerordentliche Sitzung des Plenums des Ministerrats der DDR am 16. Nov. 1954 TOP 1 (C-20 I/3 Nr. 239).

[4]) Unterlagen über dieses Gespräch, an dem neben Adenauer und Conant auch Blankenhorn teilnahm und das laut Terminkalender Adenauer (StBKAH 04.05) am 18. Nov. 1954 von 16.15–16.45 Uhr stattfand, konnten nicht ermittelt werden.

kannt[5]). Für den Fall, daß die SPD nach einer Ablehnung ihres Ersuchens, dessen Inhalt für Zwecke des Wahlkampfes in Hessen und Bayern plakatiere, müsse auf die gleiche Weise geantwortet werden.

In der Aussprache, bei der sich die Abgeordneten Dr. von Brentano, Dr. Dehler, Stücklen, Dr. Krone, Dr. von Merkatz, Haasler und Kiesinger sowie der Vizekanzler, die Bundesminister für gesamtdeutsche Fragen und für Wohnungsbau sowie Bundesminister Kraft beteiligen, finden der Standpunkt des Bundeskanzlers und der beabsichtigte Antwortbrief an den SPD-Vorsitzenden allgemeine Billigung.

Abgeordneter Dr. Krone macht darauf aufmerksam, daß es am Schluß der heutigen Plenarsitzung zu einer Geschäftsordnungsdebatte über den Antrag der SPD kommen werde[6]). Dem Versuch der SPD, den Antrag betreffend Viermächteverhandlungen auf die Tagesordnung vom 19. November 1954 setzen zu lassen, müsse von den Koalitionsparteien entgegengetreten werden.

Es wird Übereinstimmung dahin erzielt, daß der Standpunkt der Koalitionsfraktionen in der Geschäftsordnungsdebatte durch einen Sprecher vorgetragen werden soll. Dabei solle darauf abgehoben werden, daß Verhandlungen mit den Vertretern der Westmächte in vollem Gange seien und daß ein so ernster und schwerwiegender Gegenstand sich nicht ohne gründliche Vorbereitung behandeln lasse.

Abgeordneter von Merkatz übernimmt es, für die Koalitionsfraktionen zu sprechen[7]).

---

[5]) Schreiben Adenauers an Ollenhauer vom 18. Nov. 1954 in Nachlaß Ollenhauer/2 und StBKAH 12.27, Abdruck in BULLETIN vom 20. Nov. 1954 S. 2008.
[6]) STENOGRAPHISCHE BERICHTE Bd. 22 S. 2810 A – 2812 A.
[7]) Ebenda S. 2811 D – 2812 A. – Note der Westmächte an die Sowjetunion vom 29. Nov. 1954 in EA 1955 S. 7211 f. als Antwort auf die Noten der Sowjetunion, vgl. dazu auch FRUS VII pp. 1232–1233 und Dokumente zur Frage der europäischen Sicherheit in EA 1955 S. 7206–7220. – Fortgang 69. Sitzung am 2. Febr. 1955 TOP B: Außenpolitische Lage.

**59. Kabinettssitzung
am Freitag, den 19. November 1954**

Teilnehmer: Adenauer, Blücher, Schröder, Neumayer, Lübke, Storch, Seebohm, Balke, Preusker, Oberländer, Kaiser, Hellwege, Wuermeling, Schäfer, Kraft; Globke, W. Strauß (zu TOP 1), Westrick; Klaiber; von Eckardt, Forschbach; Selbach, Kilb; Blank, Blankenhorn, Oeftering. Protokoll: Gumbel.

Ort: Bundeshaus

Beginn: 10.00 Uhr[1]) *Ende: 13.50 Uhr*

Infolge von Vorbesprechungen des Bundeskanzlers mit den Ministern Dr. h. c. Blücher und Kraft verzögert sich der Sitzungsbeginn um eine halbe Stunde.

1. ENTWURF EINES GESETZES BETREFFEND DAS AM 23. OKTOBER 1954 IN PARIS UNTERZEICHNETE VERTRAGSWERK AA

Nach Eröffnung der Sitzung bittet der Bundeskanzler die Kabinettsmitglieder[2]), dazu beizutragen, daß die Spannungen innerhalb der Koalitionsparteien unterbleiben[3]). Er sei über die Situation unterrichtet. Er werde noch mit Minister Dr. Wuermeling sprechen. Die Verfolgung eigener Interessen müsse auf jeden Fall zurückgestellt werden[4]). Der Bundeskanzler wendet sich ferner dage-

---

[1]) Laut Einladung sollte die Sitzung um 9.30 Uhr beginnen (Kabinettsprotokolle Bd. 24 E). – Vgl. dazu auch den ersten Satz des Kurzprotokolls. – Dem Terminkalender Adenauer ist zu entnehmen, daß Adenauer um 9.45 eine Besprechung mit Kraft, um 10.00 eine Besprechung mit Blankenhorn, um 10.15 eine Besprechung mit Blücher hatte und um 10.25 Uhr ins Kabinett ging (StBKAH 04.05). Seebohm notierte: „Bundeskanzler kommt 10.25" (Nachlaß Seebohm/8c).

[2]) Vgl. Sondersitzung am 12. Nov. 1954 TOP 1–4. – Das Einladungsschreiben Adenauers an die Bundesminister vom 16. Nov. 1954 lautete wie folgt: „Auf Wunsch mehrerer Mitglieder des Kabinetts ist der Beginn der Kabinettssitzung am 19. November auf 10 Uhr verlegt worden. Es werden zunächst die Punkte 2 bis 4 der Tagesordnung verhandelt werden. Wegen der Wichtigkeit des Punktes 1 bitte ich alle Herren, persönlich zu erscheinen. Die Gesetze müssen noch am gleichen Tage dem Bundesrat zugeleitet werden. Mit ihm ist vereinbart, daß der Bundesrat zu einer Sondersitzung am 10. Dezember zusammentritt. Nur so kann sichergestellt werden, daß die Gesetze, wie in Aussicht genommen ist, noch vor Weihnachten in 1. Lesung den Bundestag passieren" (Entwurf in Kabinettsprotokolle Bd. 122).

[3]) Im Entwurf: „Nach Eröffnung der Sitzung mahnt der Bundeskanzler die Kabinettsmitglieder dazu beizutragen, daß die Spannungen innerhalb des Kabinetts und der Koalitionsparteien unterbleiben" (Kabinettsprotokolle Bd. 24 E).

[4]) Zu dem in einer Rede in Gelsenkirchen am 16. Nov. 1954 von Wuermeling erhobenen Vorwurf, bei der Wahl Gerstenmaiers zum Bundestagspräsidenten (am selben Tage) seien religionsfeindliche Tendenzen zutage getreten, was von der Bundestagsfraktion der CDU (Krone) bestritten wurde, vgl. im einzelnen KEESING 1954 S. 4846 f. Vgl. dazu auch das Protokoll der CDU/CSU-Fraktionssitzung am 16. Nov. 1954 (16.45–17.10 Uhr, Ausspra-

gen, daß die Landtage sich mit der Außenpolitik befassen. Er wendet sich dann der Abstimmung im britischen Unterhaus zu, bei der sich die Labour Party der Stimme enthalten habe[5]. Das sei ein großer Erfolg für Rußland[6]. Der Bundeskanzler führt weiter aus, daß der französische Ministerpräsident Mendès-France in den Vereinigten Staaten gut aufgenommen worden sei[7]), weil er sich seit Brüssel entschieden gewandelt habe. Frankreich sei schon vor der Amerika-Reise seines Ministerpräsidenten an Großbritannien mit dem Wunsch herangetreten, die Beibehaltung des Saarstatuts im endgültigen Friedensvertrag zu unterstützen, Großbritannien habe jedoch abgelehnt. Mendès-France werde jetzt seine Bitte in den Vereinigten Staaten wiederholen. Es sei aber zu hoffen, daß sie auch dort auf Ablehnung stoßen werde[8]. Damit sei gesichert, daß die Saarbevölkerung beim Friedensvertrag selbst entscheide, ob sie der bei den Friedensvertragsverhandlungen ausgehandelten Lösung zustimmen wolle. Das sei das Wichtigste. Auch von Koalitionsparteien sei behauptet worden, daß niemand das Recht habe, aus dem Verband der Bundesrepublik auszuscheiden. Dabei werde übersehen, daß das Saargebiet nicht zur Bundesrepublik gehöre. Der Fortbestand des Deutschen Reiches sei nur eine Fiktion. In der Politik entscheide aber die Realität.

Mendès-France habe Frankreich aus seiner Isolierung herausgeführt, während Deutschland jetzt in Gefahr sei, sich zu isolieren. Wenn es dahin komme, würden wir als politisch nicht reif angesehen. Es sei viel Verwirrung durch Reden zu einer Zeit verursacht worden, als die Dinge noch nicht bekannt gewesen seien. Wir würden jetzt für die nationalistische Tour von Dr. Schumacher zu büßen haben. Für das Wichtigste habe er, der Bundeskanzler, eine Änderung der Zustände an der Saar gehalten.

---

che über den 1. Wahlgang der Wahl des Bundestagspräsidenten) in Nachlaß Barzel/314 sowie den Artikel „Die Union rückt von Wuermeling ab, Stürmische Proteste gegen den Minister im Bundestag" in Frankfurter Allgemeine Zeitung vom 20. Nov. 1954.

[5]) Das Unterhaus hatte am 18. Nov. 1954 nach zweitägiger Debatte die Pariser Verträge mit 264 gegen 4 Stimmen gebilligt. Dabei enthielt sich die Labour-Fraktion mit Ausnahme von vier Mitgliedern, die gegen die Verträge votierten, der Stimme, obwohl sie sich am 11. Nov. 1954 zugunsten einer Ratifikation ausgesprochen hatte (EA 1954 S. 7183).

[6]) Im Entwurf folgt noch der Satz: „Die Dinge hätten sich zugespitzt auf die Wiederbewaffnung der Bundesrepublik und das Verhältnis Deutschlands zu Rußland" (Kabinettsprotokolle Bd. 24 E).

[7]) Nach Abschluß viertägiger Besprechungen zwischen Eisenhower, Dulles und Mendès-France wurde am 20. Nov. 1954 in Washington ein Kommuniqué veröffentlicht, in dem es u. a. hieß: „Was Europa betrifft, wurde festgestellt, daß eine rasche Ratifikation der Pariser Verträge die Einheit der westlichen Welt stärken wird. So muß sich der Weg öffnen zum Studium von Mitteln zur Verbesserung der internationalen Beziehungen gemäß dem Geiste und den Zielen der Satzung der Vereinten Nationen. Die beiden Regierungen wünschen keine improvisierten, hauptsächlich der Propaganda dienenden, sondern sorgfältig vorbereitete und in Treu und Glauben geführte Verhandlungen einzuleiten. Der Ministerpräsident äußerte sich optimistisch über die Herstellung von immer fruchtbareren Beziehungen zwischen Frankreich und Deutschland als Voraussetzung zur Schaffung eines einigen und friedlichen Europas, welcher die Vereinigten Staaten große Bedeutung beimessen" (EA 1954 S. 7184).

[8]) Siehe 64. Sitzung Anm. 15.

Nach der ihm bekannt gewordenen Auffassung einiger Kabinettsmitglieder solle man noch einige Zeit zur weiteren Klärung verstreichen lassen. Es sei vorgeschlagen worden, heute nur einen Teil der Verträge zu verabschieden und den Rest in der nächsten Woche. Dabei werde das Zeitproblem übersehen. Der Bundesrat habe drei Wochen Frist zur Abgabe seiner Stellungnahme. Der Bundestag wolle die erste Lesung am 17. Dezember 1954 durchführen. Wenn dieser Plan nicht eingehalten werden könne, würde sich eine Verzögerung bis in den Januar hinein ergeben. Das aber sei im Hinblick auf das Ausland unmöglich. Dort dürfe nicht die Auffassung entstehen, daß die Ratifizierung der Pariser Verträge und Abkommen in Deutschland gefährdet sei. In einem solchen Falle wären auch weitere gefährliche russische Noten zu erwarten.

Der Vizekanzler vertritt dagegen den Standpunkt, daß die Verabschiedung im Kabinett noch hinausgeschoben werden sollte. Im Hinblick auf die verschiedenen Landtagsbeschlüsse könne man den Bundesrat nicht unvermittelt vor die Entscheidung über die Verträge stellen[9]. Es sei unbedingt notwendig, sich vorher mit den zur Koalition gehörenden Ministerpräsidenten zu beraten. Die Lage habe sich auf Grund der in der vergangenen Woche geführten Verhandlungen gebessert und werde sich durch weitere Verhandlungen noch weiter bessern. Das müsse man den Länderchefs im einzelnen darlegen können. Es müsse also Zeit zur Aufklärung gewonnen werden.

Den gleichen Standpunkt vertritt Bundesminister Kraft[10]. Die Verkrampfung unter den Koalitionsparteien müsse gelöst werden. Er macht folgenden Vorschlag: Es sollten vier Ratifizierungsgesetze eingebracht werden. Von diesen vier Entwürfen solle ein Entwurf in dieser Sitzung, ein weiterer Entwurf in der nächsten Woche und die beiden letzten in der am 28. November 1954 beginnenden Woche vom Kabinett verabschiedet werden. Die Drei-Wochen-Frist des Bundesrates laufe dann am 18. Dezember 1954 ab. Der Bundestag könne die erste Lesung am 20. und 21. Dezember 1954 durchführen. Wenn so verfahren werde, sei die Voraussetzung für eine positive Entwicklung gegeben.

Den Ansichten des Vizekanzlers und des Bundesministers Kraft widerspricht der Bundesinnenminister. Die Angelegenheit könne nicht losgelöst von der gesamten Weltlage betrachtet werden. Die Bundesregierung müsse einen klaren und festen Standpunkt einnehmen. Man dürfe sich nicht darüber hinwegtäuschen, daß sich noch weit schwierigere Situationen als jetzt ergeben würden. Die Aufteilung in vier Ratifikationsgesetze werde die allgemeine Unsicherheit verstärken. Wenn nach dem Vorschlag von Bundesminister Kraft verfahren werde, sei es ausgeschlossen, daß die erste Lesung im Bundestag noch in diesem Jahre erfolge. Das Kabinett müsse Entschlossenheit beweisen, es werde dadurch Vertrauen gewinnen.

Der Bundeskanzler gibt zu bedenken, ob im Falle einer Zurückstellung der Verabschiedung nicht die Wahlaussichten der SPD in Bayern und Hessen gefördert würden. Er gibt seiner Überzeugung Ausdruck, daß in diesem Falle die Hessenwahl für die Koalition abgeschrieben werden könne. Auch er betont, daß eine Zurückstellung der Bundesregierung als Unsicherheit ausgelegt werde.

---

[9]) Vgl. 55. Sitzung TOP A: Saarabkommen.
[10]) Vgl. Vermerk Krafts vom 19. Nov. 1954 in Nachlaß Kraft/20.

Der Bundesminister für Familienfragen stimmt den Ausführungen des Bundeskanzlers und des Bundesinnenministers zu. Er stellt die Frage, ob nicht allen Kabinettsmitgliedern Auskunft über den Inhalt der Pariser Besprechungen des Botschafters Blankenhorn gegeben werden könne.

Der Bundeskanzler deutet daraufhin einige der Verhandlungsthemen zwischen Botschafter Blankenhorn und dem stellvertretenden französischen Kabinettschef Soutou an[11]). Er verweist darauf, daß das Verhandlungsergebnis vom Ministerrat der Westeuropäischen Union gebilligt werden müsse[12]) und daß dieser Ministerrat nicht vor März des kommenden Jahres zusammentreten werde. Er fährt dann fort, daß die bisher erzielten Erfolge nur unserer Festigkeit zu verdanken seien. Wenn die Bundesregierung jetzt zögere, gebe es keine Sicherheit dafür, daß die Koalition für die Verträge stimmen werde. Ganz sicher aber werde die Stellung der SPD gestärkt werden, und es werde eine große Unruhe in der Welt darüber entstehen, was Deutschland tue. Wenn das Kabinett Geschlossenheit zeige, werde das aus sachlichen und persönlichen Gründen sehr viel wiegen. Die Zustimmung des Kabinetts werde für manchen Schwankenden in den Fraktionen eine starke Stütze sein[13]). Der Bundesinnenminister verweist ergänzend auf die Vorgänge um den KPD-Prozeß in Karlsruhe[14]). Daran könne man erkennen, wie entscheidend eine feste Haltung sei.

Demgegenüber ist der Vizekanzler der Auffassung, daß die Zustimmung des Kabinetts die Abstimmung im Bundestag erschweren werde. Die Abgeordneten hätten sich der Öffentlichkeit gegenüber festgelegt. Sie müßten, um ihren Standpunkt ändern zu können, Gelegenheit haben, sich durch Fakten überzeugen zu lassen. Für die der FDP angehörenden Kabinettsmitglieder sei es entscheidend, die Gegner der Pariser Abmachungen nicht noch weiter zu stärken. Bedauerlicherweise könne jetzt nicht über die Verhandlungen des Botschafters Blankenhorn gesprochen werden. Er räume ein, daß er durch die Ausführungen des Bundeskanzlers über einen SPD-Wahlerfolg bei den Landtagswahlen beeindruckt worden sei; an-

---

[11]) „Kurzprotokoll über die Aussprache, die zwischen Herrn Soutou, Botschaftsrat von Walther und Botschafter Blankenhorn am 11. November, abends 20.30 Uhr bis 24 Uhr in Paris stattgefunden hat" (Durchschlag, 5 Bl.) in Nachlaß Blankenhorn/35. Vgl. dazu „Note du Cabinet du Ministre, Conversation avec M. Blankenhorn" vom 13. Nov. 1954 in DDF pp. 713–716 sowie Aufzeichnung Blankenhorns über die Sitzung am 19. Nov. 1954 TOP 1 (2 Bl.) und Schreiben Blankenhorns an Hallstein vom 23. Nov. 1954, jeweils in Nachlaß Blankenhorn/36b.

[12]) Beschlüsse des Rats der WEU zu deutsch-französischen Abkommen über das Statut der Saar in EA 1955 S. 7924–7927.

[13]) Vgl. dazu folgende Eintragung in Nachlaß Seebohm/8c: „Adenauer: Schwanken wird Wasser auf Mühlen der SPD bei Landtagswahlen treiben. Gespräch Blankenhorn/Soutou über Modalitäten des Saarstatuts: Anweisung Ministerrat Brüssel an Kommissar; Ministerrat Brüssel wird sich frühestens im März konstituieren. Berichtspflicht des Kommissars. Landtagswahlen nicht innerhalb, sondern nach 3 Monaten. Jede Verschiebung wirkt sich außenpolitisch pro Sowjets, innenpolitisch pro SPD aus."

[14]) Vgl. KABINETTSPROTOKOLLE Bd. 5 S. LXXII f. und KPD-Prozeß, Dokumentarwerk zu dem Verfahren über den Antrag der Bundesregierung auf Feststellung der Verfassungswidrigkeit der Kommunistischen Partei Deutschlands vor dem Ersten Senat des Bundesverfassungsgerichts. 1. Band. Herausgegeben von Gerd Pfeiffer und Hans-Georg Strikkert. Karlsruhe 1955 S. 68–81. – Fortgang 74. Sitzung am 9. März 1955 TOP A.

dererseits sei es aber nicht zutreffend, daß durch eine Verabschiedung des Saarabkommens im Kabinett Schwankende mitgerissen würden.

In seiner Erwiderung weist der Bundeskanzler darauf hin, daß der Streit um das Saarabkommen vom Deutschen Saarbund in Hessen begonnen worden sei[15]), dessen Vorsitzender[16]) — soweit er unterrichtet sei — früher in den Diensten des französischen Sicherheitsdienstes gestanden habe. Es gäbe französische Kreise, die alles daran setzten, um das Saarabkommen zum Scheitern zu bringen. Es bestehe somit durchaus die Möglichkeit, daß die Aktionen gegen dieses Abkommen in Deutschland von Frankreich aus gesteuert würden. Der Bundeskanzler hebt noch einmal die sich für die Landtagswahlen ergebenden Gefahren hervor. Er stellt die Frage, ob es möglich sei, einen Beschluß lediglich über die Zuleitung der Verträge an den Bundesrat zu fassen und hinzuzufügen, daß das Kabinett zu verschiedenen Punkten des Saarabkommens noch Erläuterungen gewünscht habe.

Darauf erklärt der Bundesminister für gesamtdeutsche Fragen, daß er das Saarabkommen ablehne. Er schließe sich den Ausführungen an, die zuerst vom Vizekanzler und von Bundesminister Kraft gemacht worden seien. Er sei auch gegenteiliger Auffassung über die Landtagswahlaussichten als der Bundeskanzler. Im Grunde sei man nicht weiter gekommen als bei der letzten Kabinettssitzung über die Pariser Verträge. Die Besprechungen des Botschafters Blankenhorn hätten nur informelle Bedeutung. Man sollte jetzt mit den angelsächsischen Mächten in Verbindung treten. Wenn das Kabinett heute das Saarabkommen verabschiede, würde von Frankreich nichts mehr zu erreichen sein[17]).

Der Bundeskanzler entgegnet darauf, daß er dem Bundesminister für gesamtdeutsche Fragen Recht geben würde, wenn es sich um das Saarabkommen allein handelte. Die entscheidende Frage sei aber die, ob Deutschland zum Westen oder zu Rußland gehören werde. Erst dann, wenn die Verhandlungen mit Frankreich einen ungünstigen Verlauf nehmen würden, wolle er mit den angelsächsischen Mächten in Verbindung treten.

---

[15]) Vgl. im einzelnen „Entschließung anschließend an die öffentliche Tagung des Landesverbandes Hessen des Deutschen Saarbundes e. V. am 24. Oktober 1954 in Wiesbaden" (= Mitteilungen 66/54 vom 10. Nov. 1954 der Bundesgeschäftsführung des Deutschen Saarbundes e. V. in ZSg. 1—39/2). Weitere einschlägige Unterlagen in PrStK/029—2, SBA/A IV 8 und PVDrs./444.

[16]) Toni N. Schreiber, von der Vertretertagung des Landesverbandes Hessen des Deutschen Saarbundes e. V. am 23. Okt. 1954 in Wiesbaden zum Stellvertreter (des 1. Vorsitzenden Frank Seiboth) und Geschäftsführenden Vorsitzenden gewählt. Dazu einschlägiger Schriftwechsel zwischen BMG und Deutschem Saarbund e. V. in B 137/3623 und Nachlaß Thedieck/136.

[17]) Vgl. hierzu folgende Eintragung in Nachlaß Seebohm/8c: „Kaiser schließt sich Kraft und Blücher an. Glaubt nicht an schädliche Auswirkung auf Landtagswahlen. Ohne Erläuterungen kann Saarstatut nicht zugestimmt werden. Kabinettsausschuß ist durch Blankenhorn unterrichtet: keine Ergebnisse; nur informelle Besprechungen, die er am 24./25. 11. fortsetzt. Das sollten wir abwarten, da Blankenhorn sonst nichts erreichen kann, wenn wir heute zustimmen." ferner: handschriftliche Aufzeichnung Kaisers „Kabinett: 19. 11. 1954" (5 Bl.) in Nachlaß Kaiser/278 und Schriftwechsel Adenauer-Kaiser über Kaisers „Einstellung zu den sämtlichen Pariser Verträgen und Vereinbarungen" in Nachlaß Kaiser/183.

Botschafter Blankenhorn macht auf die großen Schwierigkeiten der Verhandlungen mit Frankreich über das Saarabkommen aufmerksam. Der französische Ministerpräsident habe ihm mitteilen lassen, daß nicht der Anschein neuer Verhandlungen entstehen dürfe. Wenn jetzt der Eindruck erweckt werde, daß neue Verhandlungen erstrebt würden, würden die geplanten weiteren Besprechungen nicht zustande kommen.

Im weiteren Verlauf der Sitzung tragen die der FDP und dem GB/BHE angehörenden Kabinettsmitglieder erneut ihre Ansicht vor, daß die Zeit für eine Zustimmung noch nicht reif sei. Der Bundesratsminister ist ebenfalls der Auffassung, daß die Haltung der gesamten Koalition nur gewinnen werde, wenn gesagt werden könne, daß nach Ansicht des Kabinetts noch Erläuterungen zum Saarabkommen erforderlich seien. Es wird auch die Meinung vertreten, daß durchaus noch die Möglichkeit bestehe, die erste Lesung vor Weihnachten durchzuführen. Das hält der Bundeskanzler jedoch für ausgeschlossen, wenn die Verträge nicht in der heutigen Kabinettssitzung verabschiedet werden. Nach den Erfahrungen der vergangenen Jahre könne nicht damit gerechnet werden, daß der Bundestag noch in der Weihnachtswoche tage. Seine erste Sitzung im neuen Jahre werde aber erst in der zweiten Januar-Hälfte stattfinden. Somit gebe man dem Gegner der Pariser Verträge zwei Monate Zeit. Was das bedeute, habe sich im Jahre 1952 gezeigt, als der Bundestag nicht bereit gewesen sei, den EVG-Vertrag vor den Sommerferien des Parlaments zu verabschieden[18]). Da der Vorschlag des Bundeskanzlers, lediglich die Zuleitung der Verträge an den Bundesrat zu beschließen, wenig Anklang findet, wirft er die Frage auf, ob eine Verabschiedung bei Stimmenthaltung einzelner Kabinettsmitglieder möglich erscheine. Er gibt auch seine Zustimmung zur Aufteilung in vier Ratifizierungsgesetze[19]). Der Bundesminister für Familienfragen hat inzwischen einen Vorschlag ausgearbeitet; danach soll das Kabinett dem Saarabkommen unter der Voraussetzung zustimmen, daß die Mächte, die demnächst den Ministerrat der Westeuropäischen Union bilden, sich bereit finden, die noch erforderlichen Klarstellungen und Durchführungsbestimmungen vorzusehen.

Dieser Vorschlag findet große Beachtung. Der Bundesarbeits- und der Bundespostminister versuchen noch einmal im Sinne der Ausführungen des Bundesinnenministers auf die einer Verabschiedung nicht geneigten Kabinettsmitglieder einzuwirken. Aber vornehmlich die der FDP angehörenden Minister können sich nicht zur Annahme des Vorschlags des Bundesministers für Familienfragen entschließen. Sie verneinen auch die Möglichkeit, sich der Stimme zu enthalten. Der Bundesminister für gesamtdeutsche Fragen erklärt erneut, daß

---

[18]) Vgl. KABINETTSPROTOKOLLE Bd. 5 S. XLVIII.
[19]) Vgl. hierzu folgende Eintragung Seebohms: „Adenauer: 30. 11. Churchills 80. Geburtstag. Geschenk durch Blankenhorn überbracht, gibt Gelegenheit zur Diskussion mit der englischen Regierung. 3. Lesung ist ja erst Mitte Januar; bis dahin kann Klärung erfolgen, ohne daß wir bis dahin absolut gebunden sind. 1 Gesetz oder 4 Gesetze: er fügt sich dem Gedanken der Auflösung in 4 Gesetze. Hellwege: Bundesrat wird sich wegen Landtagsbeschlüsse nicht im 1. Durchgang drücken können. ‚In Erwartung der notwendigen Ergänzungen u[nd] Durchführungsbestimmungen.' Blücher: will Vorbehalte mit Worten verbrämen [...]" (Nachlaß Seebohm/8c).

er dem Saarabkommen nicht zustimmen könne. Die Rückwirkungen im Osten seien überhaupt nicht bedacht worden. Der Bundeskanzler entschließt sich daraufhin, Botschafter Blankenhorn zur Abgabe eines genaueren Berichtes über seine bisherigen Pariser Verhandlungen aufzufordern. Im Anschluß an diesen Bericht[20]) bitten die dem GB/BHE und der DP angehörenden Minister um eine kurze Sitzungspause.

Nach Wiederaufnahme der Verhandlungen erklärt Bundesminister Kraft für diese, sie würden unter folgenden Voraussetzungen der Verabschiedung zustimmen: 1. daß vier Ratifizierungsgesetze eingebracht würden, 2. daß niemand durch die heutige Stimmabgabe unter Gewissenszwang gestellt werden dürfe. Er erinnert 3. an die elf Fragen seiner Fraktion; ein erheblicher Teil könne – wie sich aus den Ausführungen des Botschafters Blankenhorn ergeben habe – positiv beantwortet werden. Das berechtige zu der Erwartung, daß auch die restlichen Fragen zufriedenstellend beantwortet werden können[21]). Unter diesen Umständen seien die vier Minister bereit, der Verabschiedung aller Pariser Verträge zuzustimmen. Der Bundesratsminister schließt sich dieser Erklärung auch ausdrücklich an[22]). Der Bundeskanzler wiederholt seine frühere Erklärung, daß er die Hilfe der angelsächsischen Mächte in Anspruch nehmen werde, wenn die weiteren Verhandlungen mit Frankreich nicht den gewünschten Erfolg haben sollten.

Der Vizekanzler erklärt daraufhin für die zur FDP gehörenden Minister, daß sie den Pariser Verträgen mit Ausnahme des Saarabkommens zustimmen. Sie würden alles unternehmen, was dem deutsch-französischen Ausgleich diene und eine befriedigende Saarlösung herbeiführen könne. Für das in den bisherigen Verhandlungen Erreichte seien sie dankbar. Sie warteten auf den Augenblick, öffentlich Aufklärung darüber geben zu können.

---

[20]) Einzelheiten in der Aufzeichnung Blankenhorns über die Sitzung am 19. Nov. 1954 TOP 1 (2 Bl., Nachlaß Blankenhorn/36 b), abgedruckt in Trumpp, Thomas: Nur ein Phantasieprodukt? Zur Wiedergabe und Interpretation des Kurzprotokolls über die 59. Kabinettssitzung der Bundesregierung am 19. November 1954, 10.00–13.50 Uhr (Abstimmung über das Saarstatut vom 23. Oktober 1954), Francia Bd. 17/3 (1990) S. 192–197. Vgl. dazu auch die Eintragung in Nachlaß Seebohm/8c: „Blankenhorn mit Soutou (streng vertraulich): a. Überwachung der Herstellung der Freiheitsrechte; sofort Fünferkommission von Neutralen Europas (Benelux, Italien pp), die das tut und Plebiszit ausschreibt b. Statut für Kommissar durch 7 Mächte; es soll Aufgaben dieser Kommission übernehmen c. Wahlberechtigung; Rückrufen der 600 Ausgewiesenen d. Schiedsverfahren innerhalb der Brüsseler Mächte, auch für Einzelklagen e. Freiheitsrechte: Rundfunk, Fernsehen – gleiche Rechte und Zeiten; Zeitungen – schwieriger, noch nicht geklärt f. Erörterung der Endlösung innerhalb der Saarbevölkerung, Aufnahme in Parteiprogramm: keine Bedenken bei den Franzosen g. Grandval verschwindet mit Inkrafttreten des Saarstatuts."

[21]) Vgl. Sondersitzung am 12. Nov. 1954 Anm. 19.

[22]) Der erste Absatz eines aus zwei Absätzen bestehenden Vermerkes des Bundeskanzleramtes (Protokollführer Gumbel) vom 14. Jan. 1955 lautet wie folgt: „Auf Wunsch des Herrn Bundesministers für Angelegenheiten des Bundesrates ergänze ich das Protokoll zu Punkt 1 der Tagesordnung dahin, daß der Herr Bundeskanzler nach den Erklärungen des Herrn Bundesministers Kraft über die Voraussetzungen für die Zustimmung der dem GB/BHE und der DP angehörenden Minister zu der Verabschiedung der Pariser Verträge (S. 6 des Kurzprotokolls) festgestellt hat, daß diese durch ihre Entscheidungen im Kabinett in der Stimmabgabe bei künftigen Abstimmungen nicht gebunden sind" (Kabinettsprotokolle Bd. 21).

Der Bundeskanzler stellt daraufhin im Wege der Abstimmung fest, daß die Mehrheit der Kabinettsmitglieder den vier Ratifizierungsgesetzen zustimmt[23]). Eingeschlossen ist auch die Berlin-Erklärung[24]).

Das Presse-Kommuniqué erhält folgenden Wortlaut: „Das Kabinett verabschiedet die Entwürfe der vier Ratifizierungsgesetze (die im Kommuniqué einzeln aufzuführen sind). Im Laufe der Debatte wurde erörtert, welche Klarstellung und Durchführungsbestimmung das Saarabkommen noch nötig macht. Bei der Beschlußfassung ging das Kabinett davon aus, daß die Mächte, die demnächst den Ministerrat der Westeuropäischen Union bilden, sich bereit finden, die noch erforderlichen Klarstellungen vorzusehen[25])."

2. ENTWURF EINES DRITTEN GESETZES ZUR ÄNDERUNG UND ERGÄNZUNG DES BUNDESVERSORGUNGSGESETZES BMA

Nach kurzem Zögern entschließt sich das Kabinett mit Rücksicht auf die parlamentarische Situation zur Behandlung des Entwurfes[26]) noch in dieser Sitzung. Im Mittelpunkt der Erörterungen steht die Deckungsfrage. Die Notwendigkeit zur Steigerung der Leistungen in der Kriegsopferversorgung wird auch von dem Vertreter des Bundesfinanzministeriums nicht bestritten. Die im Bundesfinanzministerium ausgearbeitete Deckungsvorlage[27]), Ruhen der Hälfte der erhöhten Grundrente, wenn keine Ausgleichsrente bezogen wird, stößt nach Mitteilung des Bundesarbeitsministers auf unüberwindlichen Widerstand bei den Fraktionen[28]). Im Auftrage des Bundesfinanzministers macht Ministerialdirektor Dr. Oeftering, ausgehend von einem zu deckenden Mehrbetrag von 355 Mio DM, folgenden Alternativvorschlag: 107 Mio sollen durch Erhöhung der Er-

---

[23]) Vgl. hierzu folgende Eintragung in Nachlaß Seebohm/8c: „Erklärung Blüchers: können weder zustimmen noch enthalten. Daher fragt Adenauer nur, wer zustimmt und macht keine Gegenprobe. Nicht dafür gestimmt haben: 4 FDP + Kaiser. Die abwesenden Minister haben schriftlich zugestimmt. DP und BHE stimmen zu." — Der zweite Absatz eines aus zwei Absätzen bestehenden Vermerkes des Bundeskanzleramtes (Protokollführer Gumbel) vom 14. Jan. 1955 lautet wie folgt: „Auf Wunsch des Herrn Bundesministers Strauß trage ich ferner nach, daß der Herr Bundeskanzler vor der Abstimmung bekanntgegeben hat, die Bundesminister der Finanzen und für Wirtschaft sowie Bundesminister Strauß hätten ihre Zustimmung zur Verabschiedung der Pariser Verträge schriftlich übermittelt" (Kabinettsprotokolle Bd. 21). — Weitere Schriftwechsel betreffend Kritik (ohne ausdrücklichen Berichtigungswunsch) oder Ergänzungen (denen in keinem Fall stattgegeben wurde) des Kurzprotokolls der 59. Sitzung TOP 1 in B 136/4799.
[24]) Erklärung der Bundesrepublik betr. Hilfeleistungen für Berlin sowie Erklärung der drei Außenminister der USA, Großbritanniens und Frankreichs über Berlin, jeweils vom 23. Okt. 1954, in BULLETIN vom 30. Okt. 1954 S. 1843. Vgl. dazu auch „Berlin im westlichen Paktsystem" in ebenda vom 23. Nov. 1954 S 2009.
[25]) BULLETIN vom 20. Nov. 1954 S. 2008. — Fortgang 60. Sitzung TOP A: Saarabkommen.
[26]) Vgl. Sondersitzung am 12. Nov. 1954 TOP C. — Die Vorlage des BMA vom 12. Nov. 1954 sah die Erhöhung der Grundrenten um 20 % und die der Waisenrenten um 10,— DM monatlich vor. Außerdem sollten die Einkommensgrenze erhöht, ein Freibetrag bei Renten aus der gesetzlichen Rentenversicherung berücksichtigt sowie (§ 44 Abs. 2 Satz 2) die Renten an wiederverheiratete gewesene Witwen wiedereingeführt werden (B 149/1874 und B 136/393).
[27]) Schreiben des BMF an den BMA vom 13. Nov. 1954 (ebenda).
[28]) Vgl. das Schreiben von Brentanos an Adenauer vom 19. Nov. 1954 (ebenda).

gänzungsabgabe zur Einkommen- und Körperschaftsteuer, also durch eine Belastung der Steuerzahler, aufgebracht werden, weitere 107 Mio durch Erhöhung des Bundesanteils an der Körperschaft- und Einkommensteuer und der Rest durch einen Globalabstrich an den Etatpositionen der Bundesministerien[29]).

Nach Aufforderung durch den Bundeskanzler erläutert der Bundesminister für Arbeit die Gründe des Widerstandes gegen den ursprünglichen Deckungsvorschlag im Parlament[30]). Er legt dar, daß es früher in der Kriegsopferversorgung eine Einheitsrente gegeben habe, die jetzt in eine Grundrente mit Rechtsanspruch und eine Zusatzrente aufgegliedert sei[31]). Durch die zweite Novelle zum Bundesversorgungsgesetz sei die Zusatzrente erhöht worden[32]). Daraus resultiere die Forderung, nunmehr auch die Grundrente zu erhöhen, um die ursprüngliche Relation zwischen den beiden Rentenbestandteilen wieder herzustellen. Der Bundesarbeitsminister nimmt ferner zur Frage der Bedürftigkeitsklausel[33]) Stellung und führt die einzelnen Initiativanträge der Fraktion mit ihrem Kostenaufwand auf[34]).

Bundesminister Kraft setzt sich für eine positive Entscheidung des Kabinetts ein. Die Bundesregierung sei im Verzug. Die Verabschiedung der dritten Novelle werde auch für das Schicksal der Pariser Verträge[35]) von Bedeutung sein.

Da der Alternativvorschlag des Bundesfinanzministeriums nach allgemeiner Ansicht ebenfalls keine Aussicht auf Annahme im Bundestag und Bundesrat hat, schlägt der Bundeskanzler vor, zunächst einmal den ursprünglichen Deckungsvorschlag in den Gesetzentwurf einzuarbeiten. Man werde dann weiter sehen.

Der Vorschlag des Bundesministers für Familienfragen, die Waisenrente um 20,- DM statt um 10,- DM zu erhöhen[36]), wird nach kurzer Debatte abgelehnt. Der Bundesarbeitsminister legt anhand eines Zahlenbeispiels dar, daß die

---

[29]) Laut Vermerk vom 18. Nov. 1954 hatte der BMF vorgeschlagen, die Ergänzungsabgabe von 1,5 auf 2,5 % und den Bundesanteil an der Einkommen- und Körperschaftsteuer von 40 auf 41 % zu erhöhen sowie die Haushaltsausgaben um 4–5 % zu kürzen (ebenda).

[30]) Vgl. die BT-Debatte am 15. Okt. 1954 (STENOGRAPHISCHE BERICHTE Bd. 21 S. 2422–2439).

[31]) Zur Rechtslage vor dem Erlaß des Gesetzes über die Versorgung der Opfer des Krieges vom 20. Dez. 1950 (Bundesversorgungsgesetz, BGBl. 791) siehe die Begründung zu dem Gesetzentwurf (BT-Drs. Nr. 1333).

[32]) Zweites Gesetz zur Änderung und Ergänzung des Bundesversorgungsgesetzes vom 7. Aug. 1953 (BGBl. I 862).

[33]) § 33b Abs. 3 des Entwurfs.

[34]) Unterlagen in B 149/1874.

[35]) Zu den Pariser Konferenzen, in denen die Bundesrepublik aufgefordert worden war, dem am 17. März 1948 unterzeichneten Brüsseler Vertrag über wirtschaftliche, soziale und kulturelle Zusammenarbeit und über kollektive Selbstverteidigung beizutreten, vgl. 53. Sitzung TOP 1. In Art. 2 des Vertrags war festgelegt, daß die vertragsschließenden Parteien jede Anstrengung unternehmen, „um einen höheren Lebensstandard ihrer Völker zu erreichen und durch ähnliche Maßnahmen die sozialen und andere damit verbundenen Einrichtungen ihrer Länder zu entwickeln" (EA 1948 S. 1264).

[36]) Siehe auch das Schreiben Wuermelings an Storch vom 12. Nov. 1954 (B 149/1874 und B 136/393).

Rente für eine Witwe mit drei Kindern um 4 DM höher sein würde als die Rente eines 100 %ig Schwerbeschädigten mit Frau und drei Kindern.

Den Einwendungen des Bundesjustizministers gegen den neuen § 44 Absatz 2 Satz 2 wird ebenfalls nicht stattgegeben.

Auf die Frage des Bundesarbeitsministers stellt der Bundeskanzler am Schluß der Beratungen zu diesem Punkte noch einmal fest, daß die Vorlage mit der Maßgabe angenommen worden ist, daß der ursprüngliche Deckungsvorschlag des Bundesfinanzministeriums noch eingearbeitet werden soll[37]).

3. ENTWURF EINES DRITTEN GESETZES ZUR FÖRDERUNG DER WIRTSCHAFT IM LANDE BERLIN   BMF

Im Auftrag des Bundesministers der Finanzen bittet Ministerialdirektor Oeftering, die in der letzten Kabinettssitzung[38]) beschlossene Erhöhung der Freibeträge rückgängig zu machen. Die Erhöhung entspreche zwar einem Bundestagsbeschluß, werde aber vom Berliner Senat nicht gewünscht.

Der Bundeskanzler erklärt dazu, daß auch er davon unterrichtet worden sei, daß die Berliner Stellen gebeten haben, von einer Erhöhung der Freibeträge Abstand zu nehmen[39]). Unter diesen Umständen schlage er vor, dem Antrage des Bundesfinanzministers zu entsprechen.

Es erhebt sich kein Widerspruch[40]).

4. PERSONALIEN

Gegen die in der Anlage zur Einladung mitgeteilten Ernennungsvorschläge werden keine Einwendungen erhoben[41]).

---

[37]) Fortgang 60. Sitzung TOP B.
[38]) Vgl. 58. Sitzung TOP 3.
[39]) Siehe das Schreiben Schäffers an Adenauer vom 12. Nov. 1954 in B 136/2264.
[40]) Der Gesetzentwurf wurde dem BR am 26. Nov. 1954 zugeleitet (ebenda). – BR-Drs. Nr. 406/54. – Fortgang 63. Sitzung TOP C.
[41]) An Ernennungen waren vorgesehen: im AA ein Vortragender Legationsrat, im Bundesrechnungshof und im BMV je ein MinR.

**60. Kabinettssitzung
am Mittwoch, den 24. November 1954**

Teilnehmer: Blücher, Schröder, Neumayer, Lübke, Storch, Balke, Oberländer, Kaiser, Hellwege, Wuermeling, Schäfer (ab 10.30 Uhr), Kraft; Globke, Hartmann; Klaiber; Forschbach; Selbach; Schiller (ab 11.05 Uhr). Protokoll: Pühl.

Beginn: 9.00 Uhr   Ende: 11.25 Uhr

I

1. ENTWURF EINES DRITTEN GESETZES ÜBER ÄNDERUNGEN UND ERGÄNZUNGEN VON VORSCHRIFTEN DES ZWEITEN BUCHES DER REICHSVERSICHERUNGSORDNUNG (GESETZ ÜBER KRANKENVERSICHERUNG DER RENTNER –
KVdR)   BMA

Nachdem der Bundesminister für Arbeit den vorliegenden Gesetzentwurf[1]) in den Grundzügen erläutert hat, bittet der Bundesminister für das Post- und Fernmeldewesen in Vertretung des Bundesministers für Verkehr, im § 10 Abs. 3 des Gesetzentwurfs eine Ergänzung mehr redaktioneller Art vorzunehmen[2]). Der Bundesminister für Familienfragen zieht die von ihm mit seiner Kabinettsvorlage vom 9. 11. 1954 zum Ausdruck gebrachten Bedenken, daß durch die vorgesehene Regelung die von der Pflichtversicherung ausgeschlossenen Rentner ungerechtfertigt benachteiligt seien[3]), nach aufklärenden Worten durch den Bundesminister für Arbeit zurück.

Das Kabinett nimmt den Gesetzentwurf zustimmend zur Kenntnis. Die vom Bundesminister für Verkehr gewünschte Änderung soll zwischen dem Bundesminister für Arbeit und dem Bundesminister für Verkehr unmittelbar erörtert werden. Es wird jedoch noch kein Beschluß über den vorliegenden Gesetzentwurf gefaßt, um der von der Opposition bereits eingeleiteten Pressekampagne[4]) gegen die geplante Neuregelung im gegenwärtigen Zeitpunkt keine neue Nahrung zu geben[5]).

---

[1]) Der Entwurf des BMA vom 16. Nov. 1954 sah vor, daß nur noch die Rentner von den gesetzlichen Rentenversicherungen betreut werden sollten, die während der letzten fünf Jahre ihres Arbeitslebens dort versichert waren. Außerdem sollte eine gestaffelte Rezeptgebühr eingeführt und die Krankenscheingebühr von 0,25 auf 0,50 DM erhöht werden. Bei einem Krankenhausaufenthalt von mehr als zehn Tagen sollten die Rentner einen Kostenbeitrag leisten (Vorlage in B 149/3874 und B 136/787).
[2]) Der BMA entsprach dem Vorschlag des BMV (Schreiben des BMA an das Bundeskanzleramt vom 3. Dez. 1954 in B 149/3874 und B 136/787).
[3]) Vorlage des BMFa ebenda.
[4]) Nicht ermittelt. In einem Vermerk für die Kabinettssitzung vom 6. Dez. 1954 heißt es: „Wegen der damals bevorstehenden Landtagswahlen sah es [das Kabinett] von der endgültigen Verabschiedung der Vorlage ab." (B 136/787).
[5]) Fortgang 64. Sitzung TOP 11.

2. MITTEILUNG ÜBER DIE IN AUSSICHT GENOMMENE BESETZUNG EINER AUSWÄRTIGEN VERTRETUNG AA

Dieser Punkt wird nicht erörtert, da das Auswärtige Amt nicht vertreten ist[6]).

3. PERSONALIEN

a) Gegen die Ernennungsvorschläge gemäß Anlage 1 der T. O. werden Bedenken nicht erhoben[7]).
b) Der Bundesminister der Justiz erweitert seinen Antrag auf Hinausschiebung des Eintritts in den Ruhestand bis zum 31. 3. 1955 für den Oberbundesanwalt Dr. Karl Wiechmann[8]) (Anlage 2 der T. O.)[9]) dahin, daß dieser bis zum 31. 12. 1955 im Amt bleiben soll. Dieser Antrag wird von dem Bundesminister des Innern unterstützt, der darauf hinweist, daß in der Tat das von dem Oberbundesanwalt Wiechmann eingenommene Amt nur sehr schwer neu zu besetzen sei. Im übrigen sei Wiechmann voll leistungsfähig. Der Bundesminister der Justiz bemerkt ergänzend, auch der Vorsitzende des Bundespersonalausschusses habe Bedenken gegen die erweiterte Hinausschiebung nicht geltend gemacht. Der Bundesminister für Arbeit macht darauf aufmerksam, daß das Kabinett seinerzeit beschlossen habe, grundsätzlich keine Hinausschiebung des Eintritts in den Ruhestand mehr zu genehmigen, die über ein Jahr hinausgehe[10]). Er ist der Meinung, daß man auch in dem vorliegenden Fall diesen Grundsatz nicht verlassen dürfe. Nachdem jedoch der Bundesminister der Justiz zugesagt hat, daß der vorliegende Antrag als der letzte seines Hauses angesehen werden könne, stimmt das Kabinett entsprechend seinem Vorschlag der Hinausschiebung des Eintritts in den Ruhestand bis zum 31. 12. 1955 zu.
c) Gegen den Anstellungsvorschlag für den Oberregierungsrat z. Wv. Fritz Goetze[11]) werden Bedenken nicht erhoben[12]).

---

[6]) Siehe 63. Sitzung TOP 22.
[7]) An Ernennungen waren vorgesehen: im AA ein Vortragender Legationsrat, im BMWi ein MinR. (Dr. rer. pol. Hans Strack), im Geschäftsbereich BML der Präsident der Außenhandelsstelle für Erzeugnisse der Ernährung und Landwirtschaft (Diplomlandwirt Heinz Zörner), im BMV ein MinR.
[8]) Dr. iur. Carl Wiechmann (1886–1959). Seit 1912 im preußischen Justizdienst, 1933–1948 Senatspräsident am Kammergericht in Berlin, 1948–1950 Senatspräsident am Oberlandesgericht Celle, 1950–31. März 1956 Oberbundesanwalt beim Bundesgerichtshof.
[9]) Der BMJ hatte mit seiner Vorlage vom 3. Nov. 1954 beantragt, die bereits dreimal hinausgeschobene Pensionierung (vgl. 128. Sitzung am 9. Febr. 1951 TOP 8, 264. Sitzung am 9. Dez. 1952 TOP 10 und 12. Sitzung am 11. Dez. 1953 TOP 12 c) nunmehr bis zum 31. Dez. 1955 aufzuschieben. – Fortgang hierzu 109. Sitzung am 14. Dez. 1955 TOP 12.
[10]) Nicht ermittelt. – In einem Rundschreiben des BK an die Bundesminister vom 19. Febr. 1953 hatte Adenauer gebeten, künftig von Anträgen auf Hinausschiebung des Eintritts in den Ruhestand abzusehen, weil der personelle Aufbau der Bundesverwaltung abgeschlossen sei und daher kein Anlaß mehr bestehe, Beamte über das 65. Lebensjahr hinaus im Dienst zu belassen (B 136/882).
[11]) Dr. iur. Fritz Goetze (geb. 1905). 1933–1937 Preußisches Justizministerium (1937 Landgerichtsrat), 1937–1945 Reichswirtschaftsministerium (1940 Oberregierungsrat); 1945–3. Jan. 1954 in der Textil- und Bekleidungsindustrie tätig (zuletzt Hauptgeschäfts-

d) Gegen die außerhalb der Tagesordnung beantragte Beförderung des Obersten Schaefer[13]) zum Kommandeur des Bundesgrenzschutzes werden Bedenken nicht geltend gemacht[14]).

II

Außerhalb der Tagesordnung

[A. SAARABKOMMEN]

Der Vizekanzler teilt die von Bundesminister Strauß in der Kabinettssitzung vom 12. November zum Ausdruck gebrachte Sorge, daß alle mit dem Saarabkommen zusammenhängenden Einzelfragen innerhalb der Ressorts noch nicht genügend koordiniert würden[15]). Nach seiner Auffassung sei es notwendig, eine Art „Saarausschuß" auf interministerieller Ebene zu bilden[16]). Er richtet daher an die zuständigen Kabinettsmitglieder die Bitte, für einen solchen Ausschuß dem Staatssekretär des Bundeskanzleramtes einen Vertreter ihres Hauses zu benennen[17]).

[B.] ERHÖHUNG DER KRIEGSOPFERRENTEN[18])

Einer Anregung des Bundesministers für Familienfragen folgend stellt der Vizekanzler die Frage zur Erörterung, wie es zu der Pressebesprechung beim Bundesfinanzministerium über die geplante Erhöhung der Kriegsopferrenten kommen konnte und welche Haltung das Bundeskabinett gegenüber der hierdurch ausgelösten Pressekampagne einnehmen sollte. Staatssekretär Dr. Globke gibt einen ausführlichen Bericht über die Entwicklung dieser Angelegenheit. Ministerpräsident Ehard[19]) habe gestern morgen den Bundeskanzler sehr erregt angerufen und erklärt, daß durch die Presseverlautbarung[20]) des Bundesmini-

---

führer des Landesverbandes der westfälischen Bekleidungsindustrie), ab 4. Jan. 1954 Bundeskanzleramt (Amt Blank, Außenabteilung Koblenz), 1955–1970 BMVg (MinR.), 1970–1972 Deutscher Militärischer Bevollmächtigter für die USA und Kanada in Washington.

[12]) Vom Bundeskanzleramt (Amt Blank) wurde die Anstellung Goetzes als Angestellter nach der ADO für übertarifliche Angestellte im öffentlichen Dienst beantragt.

[13]) Otto Schaefer (geb. 1902). 1921 Eintritt in die Reichswehr, 1924 Leutnant, 1943 Oberst; 1952 Oberst im Bundesgrenzschutz, 1954–1956 Kommandeur des Grenzschutzkommandos Mitte in Kassel, 1956–1962 Bundeswehr (1956 Brigadegeneral und stellvertretender Divisionskommandeur, 1957 stellvertretender kommandierender General, 1959 stellvertretender General der Kampftruppen und Inspizient Infanterie, 1960 Generalmajor).

[14]) Ernennung Schaefers zum Kommandeur im Bundesgrenzschutz, Vorschlag des BMI vom 22. Nov. 1954 in B 134/4221.

[15]) Vgl. Sondersitzung am 12. Nov. 1954 TOP 1–4 und 59. Sitzung TOP 1.

[16]) Vgl. Sondersitzung des Kabinett-Ausschusses für Wirtschaft am 28. Jan. 1955 einziger TOP: Art. XI und XII des Saarabkommens.

[17]) Fortgang 61. Sitzung TOP A: Außenpolitische Fragen.

[18]) Vgl. 59. Sitzung TOP 2.

[19]) Dr. iur. Hans Ehard (1887–1980). 1946–1954 und 1960–1962 Ministerpräsident sowie 1962–1966 Justizminister des Freistaates Bayern.

[20]) Zu den Meldungen, die Grundrenten nur für die Bedürftigen zu erhöhen, vgl. Frankfurter Allgemeine Zeitung vom 23. Nov. 1954.

sters der Finanzen die Koalitionsparteien in Bayern in große Schwierigkeiten geraten seien. Wenn unangenehme politische Folgen vermieden werden sollten[21]), müsse die Bundesregierung wirksam zur Aufklärung der Angelegenheit beitragen. Es sei daher noch gestern abend eine Presseverlautbarung der Bundesregierung herausgegeben worden, in der der Deckungsvorschlag nur als eine von mehreren Möglichkeiten bezeichnet worden sei[22]). Außerdem seien erneute Verhandlungen innerhalb der Bundesregierung und mit Vertretern der Koalitionsparteien unter dem Vorsitz des Bundeskanzlers in Aussicht genommen[23]). Ministerpräsident Ehard habe diese Erklärung nicht als ausreichend angesehen, um die in Bayern entstandene Unruhe zu beseitigen. Der Bundeskanzler habe daher angeordnet, bei etwaigen Anfragen interessierter Kreise zu erklären, daß der gegenwärtige Besitzstand grundsätzlich gewahrt bleiben solle. In der sich anschließenden Aussprache beschäftigt sich das Kabinett zunächst mit der Frage, ob das Kabinett am vergangenen Freitag, den 19. 11. 1954, den vom Bundesminister der Finanzen vorgebrachten Deckungsvorschlag beschlossen habe oder nicht. Es ergibt sich, daß der weitaus überwiegende Teil der Kabinettsmitglieder dieses bejaht. Jedoch wird hierbei von verschiedenen Kabinettsmitgliedern zum Ausdruck gebracht, daß man davon ausgegangen sei, daß der Deckungsvorschlag auf der Linie der vorher mit den Koalitionsparteien getroffenen Absprachen läge. Bei diesen Absprachen habe man sich im Grundsatz auf folgende Regelung geeinigt: Nur bei Rentenbeziehern, die über ein ausreichendes Einkommen verfügen, sollte das Ruhen der Rente in Aussicht genommen werden. Allen übrigen Rentnern dagegen sollte das Wahlrecht eingeräumt werden, ob sie die Auszahlung der Grundrente in voller Höhe wünschen oder ob sie sich mit dem Ruhen eines Teils der Grundrente einverstanden erklären mit der Aussicht, im Alter oder im Bedarfsfalle eine zusätzliche Rente zu erhalten. Wie der Bundesminister des Innern hervorhebt, hat Professor Dr. Oeftering – nachdem das Kabinett den Deckungsvorschlag beschlossen habe – anläßlich der Pressebesprechung sachlich nichts Unrichtiges gesagt; er habe in seinen Ausführungen sogar noch die Schärfe des Deckungsvorschlages abgemildert. Das Kabinett mißbilligt jedoch das eigenmächtige Vorgehen von Prof. Dr. Oeftering, von dem nach Aussage des Bundesministers für Arbeit und von Staatssekretär Hartmann der Bundesminister der Finanzen persönlich nichts gewußt habe. Der von Prof. Dr. Oeftering gewählte Zeitpunkt sei denkbar ungünstig. Das Kabinett habe am vergangenen Freitag ausdrücklich beschlossen, daß über den Deckungsvorschlag Einzelheiten der Presse nicht bekannt werden sollten, um im Zusammenhang mit den bevorstehenden Landtagswahlen das politische Klima nicht zu beunruhigen.

---

[21]) In Bayern und in Hessen fanden am 28. Nov. 1954 Landtagswahlen statt.
[22]) Entwürfe in B 136/393. – Mitteilung des BPA Nr. 1319/54 vom 23. Nov. und 1325/54 vom 24. Nov. 1954.
[23]) In der Besprechung am 29. Nov. 1954 wurden die Vertreter der Koalitionsparteien über die unterschiedlichen Standpunkte des BMA und des BMF informiert und eine weitere Besprechung in Aussicht genommen (undatierte Niederschrift in B 136/393).

Auf den Inhalt des Deckungsvorschlages zurückkommend, bemerkt der Bundesminister des Innern, daß er hierin in der Tat etwas völlig Neues im Sinne der kommenden Sozialreform gesehen habe. Der Grundgedanke dieses Vorschlages, in Zukunft die Renten in der Kriegsopferversorgung auf die Bedürftigkeit der Versorgungsempfänger abzustellen, sei gut und auch zum Teil von der Presse sehr positiv aufgenommen worden[24]. Die Bundesregierung habe vor einem Jahr in der Regierungserklärung eine große Sozialreform angekündigt[25]. Zu seinem Bedauern müsse er feststellen, daß man in der Realisierung dieses Programms bisher kaum vorangekommen sei. Es sei nun an der Zeit, endlich an die Verwirklichung der Sozialreform heranzugehen und den dieser zugrundeliegenden Gedanken einer Umschichtung des Sozialleistungsgefüges zu realisieren. Auch bei der Beratung sozialpolitischer Einzelmaßnahmen müsse man daher immer den Zusammenhang mit der künftigen Sozialreform sehen. Hierbei dürfe man auch nicht vor dem Widerstand der öffentlichen Meinung zurückschrekken.

Der Vizekanzler unterstützt diese grundsätzlichen Darlegungen des Bundesministers des Innern; jedoch hat er schwerwiegende Bedenken, ob man die Grundrente in der bisherigen Höhe ohne größere politische Schwierigkeiten antasten könne.

Das Kabinett erörtert weiter eingehend die Frage, ob die Bundesregierung — über die gestrige Presseverlautbarung hinaus — von ihrem Kabinettsbeschluß vom 19. 11. 1954 in einer weiteren offiziellen Erklärung abrücken solle. Hierzu vertritt der Bundesminister des Innern die Auffassung, daß die Fassung der gestrigen Regierungserklärung bereits ein deutliches Abrücken, wenn nicht sogar die Aufgabe des vom Bundesminister der Finanzen vorgeschlagenen Deckungsvorschlages zum Inhalt habe und insoweit genüge. Er hält es nicht für möglich, schon heute zu einem Beschluß über einen neuen Deckungsvorschlag zu kommen. Die Aussprache ergibt, daß eine Aufhebung des am 19. 11. 1954 gefaßten Kabinettsbeschlusses im gegenwärtigen Zeitpunkt im Hinblick auf die verschiedenartigen Auffassungen innerhalb des Kabinetts nicht möglich erscheint. Auch eine offizielle Ergänzung der gestrigen Regierungserklärung wird daher nicht für ratsam gehalten.

Dagegen hält es der Vizekanzler für erforderlich, im Hinblick auf den gegenwärtigen Wahlkampf eine gemeinsame Sprachregelung im Kabinett zu dieser Frage zu finden, die die Grundlage für die Stellungnahme der einzelnen Kabinettsmitglieder abgeben könnte. Der Bundesminister des Innern macht hierzu folgende Ausführungen: Er würde sich jederzeit grundsätzlich für eine Erhöhung der Renten in der Kriegsopferversorgung einsetzen. Wie jedoch diese Erhöhung auf die Versorgungsempfänger verteilt würde, sei eine zweite und noch nicht ganz geklärte Frage. Nach seiner Auffassung müßte die Rentenerhöhung in Zukunft nach dem Grade der Bedürftigkeit auf die Versorgungsempfänger gestreut werden. Von den 1,5 Millionen Empfängern von Kriegsopferrenten beispielsweise bezögen nur etwa 300 000 Personen neben der Grundrente eine

---

[24] Vgl. Die Zeit vom 2. Dez. 1954.
[25] Vgl. STENOGRAPHISCHE BERICHTE Bd. 18 S. 13 f.

Ausgleichsrente. Nur dieser Personenkreis der Ausgleichsrentenempfänger sei als wirklich bedürftig anzusehen. Sollte er im Wahlkampf auf die Angelegenheit angesprochen werden, werde er erklären, daß die Bundesregierung die Leistungen der Kriegsopferversorgung nicht verkleinern, sondern vergrößern wolle.

Der Bundesminister für Arbeit kann sich mit dem vom Bundesminister des Innern vorgeschlagenen Verteilungsprinzip nach der Bedürftigkeit nicht einverstanden erklären. Er für seine Person sehe sich außerstande, Erklärungen in diesem Sinne abzugeben.

Die übrigen Kabinettsmitglieder jedoch einigen sich auf eine Sprachregelung, die in etwa den vom Bundesminister des Innern vorgetragenen Gedankengängen entspricht[26].

[C.] BETREFFEND LOHN- UND GEHALTSVERHANDLUNGEN ZWISCHEN DER BUNDESVERWALTUNG UND DEN GEWERKSCHAFTEN

Staatssekretär Hartmann berichtet dem Kabinett über folgende noch offenstehende zwei Fragen[27]:
a) Es sei zwischen den beteiligten Bundesministern noch keine Einigung über den Zeitpunkt erzielt worden, von dem ab die Lohnerhöhung gewährt werden könne. Die Bundespost habe den Wunsch, den neuen Tarifvertrag vom 1. 10 1954 abzuschließen. Wenn man diesem Verlangen nachgeben würde, seien Rückwirkungen auf die Tarifverhandlungen mit der Bahn zu befürchten, die dann gleichfalls das Inkrafttreten der neuen Tarifregelung ab 1. 10. 1954 verlange. Dies sei jedoch im Hinblick auf die finanzielle Lage der Bundesbahn nicht möglich. Für die Bundesbahn sei nach seiner Meinung der frühstmögliche Zeitpunkt der 1. 1. 1955. Er schlage dem Kabinett daher vor, die drei Tarifpartner der Bundesverwaltung zu ermächtigen, auf der Grundlage des Inkrafttretens vom 1. 1. 1955 zu verhandeln.
b) Bei den Ressortbesprechungen sei Übereinstimmung darüber erzielt worden, daß die tariflichen Verbesserungen zunächst nur zugunsten der Arbeiter zugestanden werden sollten. Man sei sich jedoch darüber einig geworden, daß eine Erhöhung der Angestelltenvergütung im Hinblick auf die Auswirkungen auf die Beamtenbesoldung zur Zeit nicht vertretbar sei. Man müsse sich im Hinblick auf die kommende Besoldungsreform gewisse finanzielle Reserven bewahren.

In der anschließenden Erörterung über den Zeitpunkt des Inkrafttretens der Tariferhöhung bittet der Bundesminister für das Post- und Fernmeldewesen, ihn zu ermächtigen, mit den Tarifverhandlungen auf der Grundlage vom 1. 1. 1955 zu beginnen und ihm gleichzeitig zu gestatten, für die Zeit vom 1. 10. bis 31. 12. 1954 eine Übergangsregelung zu treffen. Ministerialdirektor Dr. Schiller hat Bedenken, der Postgewerkschaft so weit entgegenzukommen. Es sei nur mit Mühe gelungen, die Bahngewerkschaft zu veranlassen, nicht gleichfalls die Ta-

---

[26]) Fortgang 63. Sitzung TOP 9. – Vgl. auch 61. Sitzung TOP E.
[27]) Vgl. 55. Sitzung TOP 4. – Siehe die undatierte Niederschrift und den Vermerk vom 9. Nov. über die Ressortbesprechung am 4. Nov. 1954 sowie den Vermerk vom 18. Nov. über die Chefbesprechung am 12. Nov. 1954 (B 106/8289).

rife zu kündigen. Diese habe darauf vertraut, daß bei den Tarifverhandlungen eine Gleichstellung mit der Post erfolgen würde. Man dürfe dieses Vertrauen jetzt nicht untergraben.

Der Bundesminister für Arbeit macht den Vorschlag, einheitlich für alle drei Tarifpartner der Bundesverwaltung den 1. 12.1954 zu wählen und auf dieser Grundlage mit den Verhandlungen zu beginnen. Das Kabinett kommt zu folgendem Beschluß:

a) Der Kabinettsbeschluß vom 23. 6. 1954 wird hinsichtlich der Lohnerhöhung für die Arbeiter des öffentlichen Dienstes aufgehoben[28]).

b) Die Bundesminister der Finanzen, für Verkehr und für das Post- und Fernmeldewesen werden ermächtigt, Tarifverhandlungen mit den Gewerkschaften auf der Grundlage des Inkrafttretens am 1. 12. 1954 zu beginnen. Der Bundesminister für Verkehr verzichtet dabei ausdrücklich darauf, wegen der durch die Vorverlegung des Inkrafttretens bei den Bahnarbeitern vom 1. 1. 1955 auf den 1. 12. 1954 entstehenden Mehraufwendungen Forderungen an den Bundeshaushalt zu stellen.

c) Die Angestellten des öffentlichen Dienstes sollen in die Tarifverhandlungen nicht einbezogen werden. Insoweit bleibt der Kabinettsbeschluß vom 23. 6. 1954 bestehen. Dabei wird davon ausgegangen, daß der Entwurf einer Besoldungsreform beschleunigt vorgelegt wird[29]).

---

[28]) Vgl. 36. Sitzung TOP F. — Vorlage des BMF vom 18. Nov. 1954 ebenda und in B 136/587.
[29]) Fortgang 61. Sitzung TOP F.

61. Kabinettssitzung
am Mittwoch, den 1. Dezember 1954

Teilnehmer: Adenauer (bis 12.30 Uhr)[1]), Blücher, Schröder, Neumayer, Schäffer (bis 13.00 Uhr), Lübke, Storch (ab 10.20 bis 13.30 Uhr), Seebohm, Balke, Preusker, Oberländer, Hellwege, Wuermeling (ab 10.00 Uhr), F. J. Strauß (ab 10.00 Uhr), Schäfer, Kraft; Globke, Hartmann, Sauerborn (bis 12.00 Uhr), W. Strauß, Thedieck, Westrick; Klaiber (bis 13.00 Uhr); von Eckardt (bis 13.00 Uhr); Selbach, Kilb (bis 12.30 Uhr); Blank (bis 12.00 Uhr), von Maltzan (bis 12.30 Uhr). Protokoll: Haenlein.

Beginn: 9.30 Uhr　　　　　　　　　　　　　　　　　　　　　Ende: 14.15 Uhr

I

[Außerhalb der Tagesordnung]

Vor Eintritt in die Tagesordnung werden folgende Punkte erörtert.

Außenpolitische Fragen

[A. POLITISCHE LAGE IN FRANKREICH]

Nach den Ausführungen des Bundeskanzlers hat sich in Frankreich[2]) die Lage für Mendès-France verschlechtert. Die algerische Frage bereite ihm größere Schwierigkeiten als angenommen[3]). Seine Maßnahmen gegen den Alkoholmißbrauch hätten ihm gewichtige Gegner geschaffen. Da eine Regierungskrise in Frankreich den Aufbau der Verteidigung des Westens außerordentlich gefährden würde, tritt er dafür ein, auf deutscher Seite größte Zurückhaltung zu üben, um die Schwierigkeiten für Mendès-France nicht zu vergrößern[4]).

---

[1]) Laut Terminkalender Adenauer hatte der BK um 12.20 eine Besprechung mit Ophüls, Thierfelder und von Maltzan und ab 13.00 Uhr eine mit Adolf Cillien (StBKAH 04.05).
[2]) Vgl. dazu 60. Sitzung TOP A: Saarabkommen.
[3]) Vgl. dazu Sondersitzung am 31. Aug. 1954 Anm. 6. — Am 11. Dez. 1954 führte die französische Nationalversammlung eine Debatte über die Politik in Nordafrika durch und stimmte den Erklärungen der Regierung Mendès-France mit 294 gegen 265 Stimmen bei 45 Enthaltungen zu (KEESING 1954 S. 4895 f.).
[4]) Vgl. dazu Drahtberichte Blankenhorns und Hausensteins vom 30. Nov. 1954 in AA, BStSe, Bd. 31 und Nachlaß Blankenhorn/36 b, aus dem Adenauer hier zum Teil wörtlich zitiert, und folgende Eintragung in Nachlaß Seebohm/8c: „Situation in Frankreich für M[endès-]France verdüstert, vor allem durch Nordafrika, auch wegen seines Vorgehens gegen den Alkohol. Nimmt Moskauer Konferenz und Molotows Rede nicht besonders ernst." — Fortgang 63. Sitzung TOP B.

[B. URTEIL DES BUNDESVERWALTUNGSGERICHTS ÜBER DAS FORTBESTEHEN DER DEUTSCHEN STAATSANGEHÖRIGKEIT FÜR IN DER BUNDESREPUBLIK LEBENDE ÖSTERREICHER]

Über die Spannung im Verhältnis zu Österreich infolge des Urteils des Bundesverwaltungsgerichts unterrichtet der Bundeskanzler das Kabinett[5]). Er habe einer österreichischen Zeitung ein Interview[6]) gegeben, um beruhigend zu wirken und den Österreichern in ihren Schwierigkeiten mit den Russen zu helfen[7]). Zu seinem Erstaunen sei diese Art seines Eingreifens beanstandet worden[8]). Österreich habe sogar die Besatzungsmächte ersucht, über die Hohen Kommissare bei der Bundesregierung Vorstellungen zu erheben[9]). Dies sei im gegenwärtigen Augenblick ein unfreundlicher Akt.

Der Bundespressechef bemerkt hierzu, daß es gerade die österreichische Vertretung in Bonn war, die mehrfach dringend darum gebeten habe, das Interview in der vom Bundeskanzler durchgeführten Form zu veröffentlichen[10]).

---

[5]) Das Gericht hatte am 30. Okt. 1954 in den Anfechtungsklagen zweier seit 1945 in der Bundesrepublik lebender Österreicher entschieden, daß die auf Grund der Eingliederung Österreichs erworbene deutsche Staatsangehörigkeit (VO vom 3. Juli 1938, RGBl. I 190) noch bestehe („Mündliche Begründung" und undatiertes Urteil in B 136/3020, siehe dazu auch Frankfurter Allgemeine Zeitung vom 1. Nov. 1954 „75 000 Österreicher sind noch Deutsche"). Das Urteil hatte in Österreich heftige Kritik hervorgerufen (siehe dazu die Zusammenstellung von Zitaten aus der österreichischen Presse in B 141/723 und Frankfurter Allgemeine Zeitung vom 2. und 4. Nov. 1954).

[6]) Adenauer hatte Ende Nov. 1954 in einem Interview mit dem Chefredakteur der Wiener Tageszeitung Neues Österreich erklärt, die Bundesregierung habe „niemals einen Zweifel darüber aufkommen lassen, daß sie Österreich als einen selbständigen Staat ebenso bejaht wie sie den sogenannten Anschluß Österreichs durch Hitler verurteilt". Die Bundesregierung werde „alles Erforderliche" unternehmen, „um so bald wie möglich die Staatsangehörigkeitsfragen zu klären, selbstverständlich im Benehmen mit der österreichischen Regierung" (BULLETIN vom 3. Dez. 1954 S. 2089 f.).

[7]) Nach einer Meldung von Associated Press hatte die Zeitung das Interview erbeten, um dem sowjetischen Argument entgegenzutreten, die sowjetische Armee müsse in Österreich bleiben, um einem neuen „Anschluß" vorzubeugen (Frankfurter Allgemeine Zeitung vom 1. Dez. 1954).

[8]) Die Stellungnahme Adenauers war in Österreich als unzureichend und die Form der Erklärung als Brüskierung des österreichischen Parlaments bezeichnet worden (siehe Frankfurter Allgemeine Zeitung vom 1. Dez. 1954). — Vgl. auch die Mitteilung des BPA Nr. 1356/54 vom 2. Dez. 1954.

[9]) Nicht ermittelt.

[10]) Fortgang 63. Sitzung TOP 11 (Entwurf eines Zweiten Gesetzes zur Regelung von Fragen der Staatsangehörigkeit).

Innenpolitische Fragen

[C. EINBÜRGERUNGSANTRAG STRASSER]

Zum Fall Straßer[11]) drückt der Bundeskanzler sein Erstaunen darüber aus, daß die Einbürgerungsurkunde[12]) vom Bundesministerium des Innern dem Auswärtigen Amt zur Aushändigung an Straßer weitergegeben worden sei. Eine Maßnahme von einer solchen politischen Bedeutung sollte nicht ohne vorherige Besprechung im Kabinett vorgenommen werden. Aus der Rückkehr Straßers nach Deutschland seien große Schwierigkeiten und eine Wiederbelebung extrem nationalistischer Kräfte zu erwarten, vor allem auch deshalb, weil die deutsche Presse in unverständlicher Weise für Straßer Reklame gemacht habe. Der Bundeskanzler tritt dafür ein, die Urkunde jedenfalls bis zum Eingang der schriftlichen Urteilsbegründung nicht auszuhändigen und die ganze Angelegenheit sehr dilatorisch zu behandeln. Dem wird von keiner Seite widersprochen[13]).

[D. LANDTAGSWAHLEN]

Der Bundeskanzler bedauert die für die sachliche Arbeit der Bundesregierung nachteilige Wirkung der sich in kurzen Abständen folgenden Landtagswahlkämpfe[14]). Er ist der Meinung, daß die Regierungsbildung in den Ländern Bayern[15]) und Hessen[16]) zunächst den örtlichen Stellen überlassen werden sollte. Für den Ausgang der Wahlen in Hessen wäre es besser gewesen, wenn sich die Parteien der Koalition einig gewesen wären. Bundesminister Erhard sei in

---

[11]) Im Protokolltext: Strasser. — Dr. Otto Straßer (1897—1974). 1926—1930 Leiter des nationalsozialistischen Kampfverlags in Berlin, 1930 Bruch mit Hitler, 1931 Gründer und Führer der Kampfgemeinschaft Revolutionärer Nationalsozialisten und Hauptschriftleiter ihres Organs „Schwarze Front", 1933 emigriert, 1934 ausgebürgert; 1951 zum Vorsitzenden des Bundes für Deutschlands Erneuerung gewählt. — Straßer hatte 1950 in Bayern und beim BMI, der den Vorgang an das Bayerische Staatsministerium des Innern abgegeben hatte, einen Antrag auf Wiedereinbürgerung gestellt (Unterlagen in B 106/73207 und B 136/1746). — Vgl. auch 168. Sitzung am 24. Aug. 1951 (TOP A).

[12]) Das Oberverwaltungsgericht Münster hatte am 23. Febr. 1954 die Klage des BMI gegen die Wiedereinbürgerung (vgl. dazu 294. Sitzung am 22. Mai 1953 TOP B) abgelehnt. Die vom BMI eingelegte Revision war am 19. Nov. 1954 abgewiesen worden (Unterlagen in B 106/15566 f. und 46635 sowie in B 136/1746 und 1757).

[13]) Fortgang 64. Sitzung TOP H.

[14]) Am 27. Juni hatten in Nordrhein-Westfalen, am 12. Sept. in Schleswig-Holstein und am 28. Nov. 1954 in Bayern und Hessen Landtagswahlen stattgefunden. — In Nordrhein-Westfalen hatte die CDU, verglichen mit der Bundestagswahl von 1953, 7,6 % der Stimmen verloren, die SPD hatte 2,6 %, die FDP 3 % und der BHE 1,9 % mehr Stimmen gewonnen. — In Schleswig-Holstein hatte die CDU, wiederum im Vergleich zur Bundestagswahl, 14,9 % verloren, zugenommen hatte die SPD um 5,7 %, die FDP um 3 % und der BHE um 2,4 %.

[15]) Die CSU hatte, gegenüber der Bundestagswahl, 9,9 % verloren, die SPD hatte 4,8 %, die BP 4 %, die FDP 1 % und der BHE 2 % mehr Stimmen erhalten.

[16]) Die CDU hatte im Vergleich zur Bundestagswahl 9,1 % verloren, die SPD hatte 8,9 %, die FDP 0,8 % und der GB/BHE 1,3 % mehr Stimmen erhalten.

Jugoslawien gewesen[17]), als der Artikel[18]) des Vorsitzenden der FDP Dr. Dehler erschienen sei. Mitglieder der Belgrader Regierung hätten ihm sehr nachdrücklich gesagt, man werfe Jugoslawien vor, daß es mit den Sowjets sympathisiere, aber so weitgehende Erklärungen wie von Herrn Dehler seien von jugoslawischer Seite niemals abgegeben worden.

Der Wahlkampf in Berlin[19]) zeige sehr unerfreuliche Erscheinungen. Herr Bucerius[20]) habe als Verleger des Stern, und deshalb mitverantwortlich für die Artikelserie dieses Blattes[21]) gegen den Polizeipräsidenten Stumm[22]) gemacht, sein Amt als Bundesbeauftragter für die Förderung der Berliner Wirtschaft zur

---

[17]) Erhard war am 23. Nov. 1954 zu dreitägigen Wirtschaftsverhandlungen in Jugoslawien eingetroffen (Frankfurter Allgemeine Zeitung vom 24. Nov. 1954).

[18]) Die jugoslawische Zeitung Politika hatte am 20. Nov. 1954 ein Interview mit Dehler veröffentlicht, in dem dieser u. a. gesagt haben sollte, daß „Ko-Existenz" mit dem Osten „durchaus möglich und unmittelbare Verhandlungen zwischen Bundesrepublik und Sowjetunion erforderlich" seien. Dehler habe sich „für Aufnahme diplomatischer Beziehungen zwischen Bonn und Moskau" ausgesprochen und erklärt, „daß er bereit sei, auch unfreie Wahlen in Ostdeutschland zu akzeptieren, selbst um den Preis, daß 100 Abgeordnete der SED in gesamtdeutschen Bundestag einziehen" (Telegramm des deutschen Botschafters in Belgrad Kroll an das AA vom 20. Nov. 1954 in StBKAH 12.32). Siehe dazu auch Freie Demokratische Korrespondenz 5. Jg. Nr. 76 vom 23. Nov. 1954 S. 7. Dehler hatte erklärt, seine Äußerungen seien „verkürzt und nicht sinnentsprechend wiedergegeben" worden (ebenda). Adenauer hatte Dehler am 22. Nov. 1954 mitgeteilt, das Interview habe nach den Aussagen Krolls „schweren Schaden angerichtet" und zwinge ihn, bei „erster sich bietender Gelegenheit", nämlich bei seinen Wahlreden, gegen Dehler Stellung zu nehmen (Dringendes Telegramm in StBKAH 12.32). Siehe dazu auch Adenauers Rede vor Vertretern der bayerischen Wirtschaft am 24. Nov. 1954 (Frankfurter Allgemeine Zeitung vom 25. Nov. 1954) und Freie Demokratische Korrespondenz Nr. 78 vom 25. Nov. 1954 S. 2 f.

[19]) Die Wahlen zum Abgeordnetenhaus fanden am 5. Dez. 1954 statt. — Siehe auch Abb. 19 und 20.

[20]) Dr. iur. Gerd Bucerius (geb. 1906). Richter in Kiel und Flensburg, verteidigte als Rechtsanwalt politisch und rassisch Verfolgte; 1947—1949 Mitglied des Wirtschaftsrats des VWG, MdB 1949—1962 (Austritt aus der CDU), 1952—1957 Bundesbeauftragter für die Förderung der Berliner Wirtschaft, 1946 Mitbegründer der Wochenzeitung Die Zeit, seit 1949 Anteil und seit 1951 Mehrheit an der Wochenzeitschrift Der Stern.

[21]) Der Stern hatte seit Mitte November 1954 in einer als Beilage zu seiner wöchentlich erscheinenden Ausgabe veröffentlichten Artikelserie „nach Dokumenten und Zeugenaussagen [...]" über die größten Skandale der Nachkriegszeit in Berlin und die zwei Gesichter des Polizeipräsidenten Dr. Johannes Stumm" berichtet (Unterlagen in B 136/3807). Stumm war beschuldigt worden, von dem Geschäftsführer einer Margarinefabrik, der sich danach wegen des Verdachts auf Steuerhinterziehung in Untersuchungshaft befand, ein zinsloses Darlehen angenommen zu haben. Der Regierende Bürgermeister von Berlin, Schreiber, hatte Strafantrag gegen den Herausgeber des Stern gestellt, die Zeitschrift beschlagnahmen und Hausdurchsuchungen in den Wohnungen von zwei Redakteuren durchführen lassen (Unterlagen ebenda, siehe auch Frankfurter Allgemeine Zeitung vom 19., 20., 22. und 29. Nov. 1954).

[22]) Dr. rer. pol. Johannes Stumm (1897—1978). 1933 aus dem Dienst im Polizeipräsidium Berlin entlassen, bis 1945 freiberufliche Tätigkeit; seit 1945 wieder im Polizeidienst in Berlin, 1946 stellvertretender, 1948—1962 Polizeipräsident in Berlin (West), 1947 zum Stadtverordneten gewählt (SPD), Mandat aber nicht angenommen.

Verfügung gestellt²³). Sehr bedenklich seien auch die Zwischenfälle in einer Versammlung der Deutschen Partei²⁴).

Hierzu nehmen die Bundesminister für Verkehr und für Angelegenheiten des Bundesrates Stellung. Sie betonen, daß die Zwischenfälle einwandfrei durch Provokateure, die der Deutschen Partei schaden wollten, hervorgerufen worden seien²⁵).

[E.] FINANZIELLE FRAGEN

Die Fragen der Steuer-²⁶), Finanz-²⁷) und Sozialreform²⁸) belasten nach der Meinung des Bundeskanzlers die Innenpolitik in sehr starkem Maße. Auch die Neuregelung der Kriegsopferversorgung²⁹) habe wieder einen schlechten Start.

Ministerialdirektor Dr. Oeftering habe vor der Presse eine Erklärung über die Deckung der entstehenden zusätzlichen Lasten abgegeben, die sehr ungünstig gewirkt habe³⁰). Eine vorherige Verständigung mit dem Bundespressechef sei nicht erfolgt. Der Bundeskanzler bittet den Bundesminister der Finanzen, Herrn Dr. Oeftering zu sagen, daß er sich mehr zurückhalten müsse. Die durch diese Vorträge erzeugte Aufregung mache es unmöglich, auf dem geplanten Weg weiterzugehen. Er selbst sei in der Montagssitzung mit den Koalitionsparteien in eine sehr peinliche Lage geraten. Erst in der Sitzung habe er den Vorschlag, der dort erörtert werden sollte, erhalten, zugleich mit der Mitteilung, daß er undurchführbar sei³¹). Wenn morgen diese Frage im Kriegsopferausschuß des Bundestages behandelt werde, müsse ein vernünftiger Vorschlag von der Bundesregierung gemacht sein.

Zu dieser Frage gibt der Bundesminister des Innern einige Zahlen³²). Von rd. 1,5 Millionen Kriegsopfern seien etwa 815 000 leichtbeschädigt, rund 700 000 schwerbeschädigt. Nur 74 000 seien 100 % beschädigt. Unsere Fürsorge sollte vor allem der Gruppe der Schwerstbeschädigten gelten.

---

²³) Siehe das Schreiben von Bucerius an Adenauer vom 13. Nov. 1954 in B 136/3807.
²⁴) In einer Wahlversammlung der DP im Sportpalast am 24. Nov. 1954 war es zu tätlichen Auseinandersetzungen gekommen, als sich Teilnehmer der Veranstaltung beim Singen aller drei Strophen des Deutschlandliedes nicht erhoben hatten (Frankfurter Allgemeine Zeitung vom 25. Nov. 1954). Am 26. Nov. 1954 war eine Wahlversammlung der DP in Berlin wegen Beleidigung der Staatsorgane aufgelöst worden (Frankfurter Allgemeine Zeitung vom 29. Nov. 1954).
²⁵) Fortgang 63. Sitzung TOP A.
²⁶) Vgl. 21. Sitzung TOP 1.
²⁷) Vgl. 21. Sitzung TOP 2.
²⁸) Vgl. 19. Sitzung TOP 4.
²⁹) Vgl. Sondersitzung am 12. Nov. 1954 TOP C.
³⁰) Vgl. 60. Sitzung TOP B. — Vgl. auch die Pressekonferenz Oefterings am 9. Nov. 1954 (B 145 I/44).
³¹) In der Besprechung am 29. Nov. 1954 hatte der Vertreter des BMF vorgeschlagen, lediglich die Ausgleichsrenten, nicht aber die Grundrenten der Versorgungsempfänger zu erhöhen. Dieser Vorschlag wurde von dem Vertreter des BMA für undurchführbar erklärt (undatierte Niederschrift in B 136/393).
³²) Vgl. dazu die statistische Aufstellung vom 30. Nov. 1954 in B 149/1874.

Der Bundesminister der Finanzen gibt hieran anschließend einen ausführlichen Überblick über die Finanz- und Haushaltslage des Bundes[33]). Er erinnert dabei an den Brief des Bundeskanzlers vom 16. 10. 1953 an die Fraktionen der Koalition im Bundestag[34]) und an seine eigene Erklärung in der Kabinettssitzung vom 12. März ds. Js.[35]).

Nach der Darstellung des Bundesministers der Finanzen bewegt sich der Bund bereits seit dem Jahre 1949 am Rande des Defizits. Der Haushalt 1953 weist einschließlich der Ausgabenreste ein Defizit von 2 075 Mio DM aus. Obwohl im Haushalt 1954 1 800 Mio DM Verteidigungskosten gespart werden konnten, wird auch dieser Haushalt voraussichtlich mit einem rechnungsmäßigen Fehlbetrag von 810 Mio DM abschließen. Der Plan für den Haushalt 1955 ist schon jetzt nicht mehr einzuhalten, weil eine Reihe von Beschlüssen die Einnahmen vermindert und die Ausgaben erhöht haben. Der Bundestag hat neue Ermäßigungen über 1 Mia DM ausgesprochen[36]). Dies ergibt für den Bund einen Ausfall von 570 Mio DM. Der Beschluß des Bundesrates über die Steuerverwaltungskosten[37]) fordert 125 Mio DM. Sein Verlangen, den Bundesanteil an der Einkommen- und Körperschaftsteuer auf 36 % zu beschränken[38]), kostet den Bund 349 Mio DM. Die Ablehnung des Finanzverfassungsgesetzes[39]), durch das die Grundlage für die Ergänzungsabgabe geschaffen werden sollte, verursacht einen Ausfall von 160 Mio DM. Insgesamt beträgt danach der Fehlbetrag im Haushalt 1955 schon jetzt rund 1 250 Mio DM.

Hinzu kommen noch die nach dem obsiegenden Urteil Nordrhein-Westfalens[40]) mit Sicherheit zu erwartenden Lohn- und Gehaltserhöhungen der Bundesbediensteten, die Aufwendungen für die Novelle des Kriegsopferversorgungsgesetzes[41]) und des Bundesversorgungsgesetzes (§ 90)[42]).

In dieser Lage macht der Bundesminister der Finanzen folgende Vorschläge:

---

[33]) Vgl. TOP 1 und 2 dieser Sitzung.
[34]) Adenauer hatte die Vorsitzenden der Koalitionsfraktionen gebeten, sich vor der Einbringung von Anträgen, die eine Erhöhung der Ausgaben oder eine Verminderung der Einnahmen mit sich bringen würden, mit der Bundesregierung ins Benehmen zu setzen (B 126/51510). — Unterlagen über die Entstehung dieses Schreibens, das von Schäffer im Sept. 1953 im Zusammenhang mit den Koalitionsverhandlungen angeregt worden war, in Nachlaß Schäffer/36.
[35]) Vgl. 23. Sitzung TOP 1.
[36]) Siehe das Schreiben Schäffers an Adenauer vom 27. Nov. 1954 („vertraulich, persönlich") in B 136/307 und B 126/51510.
[37]) Vgl. 37. Sitzung TOP 2.
[38]) Vgl. 33. Sitzung TOP A.
[39]) Vgl. 37. Sitzung TOP 2.
[40]) Vgl. 32. Sitzung TOP D.
[41]) Der Antrag der SPD über die Gewährung einer Sonderzulage an Kriegsopfer und Angehörige von Kriegsgefangenen (BT-Drs. Nr. 793) war am 15. Okt. 1954 in erster Lesung beraten worden (STENOGRAPHISCHE BERICHTE Bd. 21 S. 2426). — Vgl. auch 45. Sitzung TOP C.
[42]) § 90 des Bundesversorgungsgesetzes i. d. F. vom 7. Aug. 1953 (BGBl. I 862) regelt die Leistungen an die Träger der gesetzlichen Krankenkassen.

1. Es ist zu erwägen⁴³), ob der Bundesrat wegen der Steuerreform den Vermittlungsausschuß anrufen sollte. Die Finanzminister der Länder hätten dies aus folgenden Gründen bereits vorgeschlagen:
a) Der Bundestag habe einige verwaltungsmäßig unvollziehbare Beschlüsse gefaßt.
b) Der gespaltene Satz bei der Körperschaftsteuer sollte beseitigt werden. In dieser Frage sei die Wirtschaft durchaus geteilter Meinung.
c) Die Neuregelung zur Exportförderung sei unzweckmäßig.
d) Bei der Besteuerung der Haushalte sollte die Regierungsvorlage wieder hergestellt werden.
e) Die Vergünstigung für Spenden zu staatspolitischen Zwecken sei aufzuheben⁴⁴).

Wenn der Vermittlungsausschuß angerufen werde und sich in seiner Sitzung am 10. 12. 1954 mit diesen Fragen befasse, könne am 17. 12. 1954 endgültig über die Steuerreform beschlossen werden und diese noch rechtzeitig am 1. 1. 1955 in Kraft treten. Technisch sei hierzu alles vorbereitet⁴⁵).

2. Wenn die Finanzreform vom Bundesrat abgelehnt werde, dann habe die Ergänzungsabgabe keine Grundlage mehr. Es sei unmöglich, die damit entstehende Lücke durch eine Erhöhung der Umsatzsteuer auszugleichen. Theoretisch bleibe nur die Möglichkeit, den Bundesanteil an der Einkommen- und Körperschaftsteuer erheblich über 40 % hinaus zu erhöhen. Damit komme man in eine Kampflage mit den Ländern, die nach seiner Meinung bis zu einem Verfassungskonflikt führen könne.

3. Zu den Verhandlungen über die Verbesserung der Kriegsopferversorgung bemerkt der Bundesminister der Finanzen:

Die Pressekonferenz Ministerialdirektor Dr. Oefterings sei sehr unglücklich gewesen und werde von ihm bedauert. Er habe sofort nach Bekanntwerden versucht, die Veröffentlichung zu sperren. Nach kurzer Überlegung habe er aber eingesehen, daß dies zwecklos sei und deshalb die Sperre wieder aufgehoben. Wenn er das Interview auch nicht veranlaßt habe, so sei er selbstverständlich als Ressortchef dafür verantwortlich. Nach der Resonanz in der Öffentlichkeit könne der ursprüngliche Plan, der übrigens kein Vorschlag des Bundesministers der Finanzen gewesen sei, nicht mehr durchgeführt werden. Nach seiner Meinung sollte jetzt den Koalitionsfraktionen die finanzielle Lage, soweit er sie heute auch im Kabinett vorgetragen habe, eingehend geschildert werden. Sie sollten sich dann ihrerseits entschließen, zu sagen, was sie glauben, unter diesen Umständen finanziell verantworten zu können. Es wäre gut, wenn sie da-

---

⁴³) In einem Schreiben vom 23. Dez. 1954 an den Protokollführer übermittelte Hartmann im „besonderen Auftrag" Schäffers „Bemerkungen" zu dem Protokolltext „mit der dringenden Bitte um Berücksichtigung". Er bat, die Worte „Es ist zu erwägen" durch „Das Ergebnis der Steuerreform hängt davon ab" zu ersetzen. Die Protokolländerung wurde, wie auch die weiteren Wünsche des BMF zur Änderung des Protokolltextes zu diesem TOP, abgelehnt (B 136/4799).
⁴⁴) Siehe die Stellungnahme des Finanzausschusses des BR (BR-Drs. Nr. 397/1/54).
⁴⁵) Siehe dazu TOP 3 dieser Sitzung.

bei veranlaßt werden könnten, sich auf den Antrag der FDP[46]), der etwa 280 Mio DM Mehrausgaben verursache, zu beschränken. Erst wenn dies geklärt sei, sollte die Bundesregierung mit einer Vorlage, die diesen Rahmen ausfülle, hervortreten.

Der Bundeskanzler widerspricht diesen Darlegungen und meint, der Bundesminister der Finanzen habe bei seiner Darstellung die ungünstigen Seiten der Lage stark herausgestrichen. Günstig zu bewerten sei, daß sich beispielsweise inzwischen alle Koalitionsfraktionen verpflichtet haben, die Geschäftsordnung des Bundestages zu ändern, um hemmungslose Ausgabebeschlüsse zu verhindern[47]). Die verwaltungsmäßig nicht vollziehbaren Beschlüsse des Bundestages könnten durch eine Novelle beseitigt werden. Im übrigen stimmten die heute von dem Bundesminister der Finanzen vorgetragenen Zahlen nicht überein mit einem Schreiben, das er von diesem vor einigen Tagen erhalten habe[48]). Die Zahlenangaben werden daraufhin von dem Bundesminister der Finanzen erläutert[49]).

Der Bundeskanzler fährt fort, es sei irreal zu glauben, im Vermittlungsausschuß am 10. 12. 1954 könnte wegen der Steuerreform eine Änderung der Bundestagsbeschlüsse erreicht werden. Der Bundestag würde sich am 17. 12. 1954 einem neuen Vorschlag auch nicht fügen. Es bestehe vielmehr die Gefahr, daß die Koalition über diese Frage auseinanderbreche. Der gespaltene Körperschaftsteuersatz müsse bleiben.

Auch mit den Deckungsvorschlägen für die Kriegsopferversorgung käme die Bundesregierung in keinem Falle durch. Damit müsse man sich jetzt abfinden.

Der Bundeskanzler bringt in diesem Zusammenhang die nach seiner Meinung unrichtige Behandlung der nicht abgerufenen Besatzungskosten[50]) zur Sprache. Der Bundesminister der Finanzen behaupte seit langer Zeit, die Rückstände seien restlos verplant. Demzufolge habe er auch den Auftrag gegeben[51]), von den Besatzungsmächten zu verlangen, daß sie diese Rückstände so schnell wie möglich ausgeben möchten. Der Bundeskanzler meint, von keinem Ressort

---

[46]) Die BT-Drs. Nr. 716 neu und 717 waren am 15. Okt. 1954 in erster Lesung behandelt worden (STENOGRAPHISCHE BERICHTE Bd. 21 S. 2422–2425).
[47]) Vgl. Sondersitzung am 12. Nov. 1954 TOP B.
[48]) Schreiben Schäffers vom 27. Nov. 1954 (B 136/307 und B 126/51510).
[49]) Schäffer bat, diesen Satz durch folgenden Text zu ersetzen: „Der Finanzminister verweist darauf, daß die gegebenen Zahlen in den Summen genau übereinstimmen mit den an den Herrn Bundeskanzler in dem erwähnten persönlichen und vertraulichen Schreiben genannten Zahlen. Nur in den Einzelposten sind 2 Verschiebungen eingetreten, die das Ergebnis überhaupt nicht berühren." (B 136/4799).
[50]) Vgl. 40. Sitzung TOP A. – Unterlagen über die Verhandlungen des Finanzausschusses der NATO, der im Rahmen der Londoner Konferenz vom 28. Sept. bis 3. Okt. 1954 über die Besatzungskosten beraten hatte, und über die anschließenden Verhandlungen des BMF mit der AHK in B 126/51509. – Vgl. auch die Mitteilungen des BPA Nr. 1193/54 vom 25. Okt. und Nr. 1314/54 vom 22. Nov. 1954.
[51]) Schäffer bat um folgende Protokollkorrektur: „Gelegentlich der letzten Verhandlungen in London habe Herr Ministerialdirigent Vialon ihm gesagt, das Bundesfinanzministerium habe angeregt..." (B 136/4799).

der eigenen Regierung verlange der Bundesminister der Finanzen etwas Ähnliches. Man sollte genau umgekehrt vorgehen und im Augenblick nichts sagen. Nach Ablauf einer gewissen Zeit könne man sich auf den Standpunkt stellen, die angesetzten Beträge seien nicht ausgegeben. Daraus folge, daß so hohe Summen nicht gebraucht und in Zukunft auch nicht beansprucht werden könnten[52].

Was die Schätzungen des Sozialprodukts betreffe, führt der Bundeskanzler weiter aus, so gehe er zwar nicht so weit wie viele Sachverständige in dieser Frage. Es sei aber nicht zu bestreiten, daß sich das Sozialprodukt in einem stärkeren Maße vergrößere, als man ursprünglich angenommen habe. Das gelte auch für 1955 und müsse sich bei den Einnahmen auswirken. Der Bundesminister der Finanzen beharre aber auf seinen alten Schätzungen. Schon die Entwicklung der Umsatzsteuer zeige[53], daß diese überholt seien.

In seiner Entgegnung hierauf will der Bundesminister der Finanzen die Einnahmeschätzungen als eine Einheit betrachtet wissen. Wenn beispielsweise der Bundesrat in seiner Stellungnahme zum Bundeshaushalt[54] die Zolleinnahmen höher schätze, dann müsse auch an Mindereinnahmen an anderer Stelle gedacht werden. Die Schätzungen des Sozialprodukts beruhten im übrigen auf einer Gemeinschaftsarbeit der Ministerien der Finanzen, für Wirtschaft, für Ernährung, Landwirtschaft und Forsten und der Bank deutscher Länder[55].

Hierzu stellt der Bundeskanzler in Übereinstimmung mit Staatssekretär Dr. Westrick fest, daß das Ministerium für Wirtschaft[56] und die Bank deutscher Länder[57] ein stärkeres Wachsen des Sozialprodukts annehmen als das Bundesministerium der Finanzen. Er führt sodann weiter aus, es sei nach seiner Meinung völlig ausgeschlossen, daß die Besatzungsmächte die nicht abgerufenen 3,7 Mia DM in einem kurzen Zeitraum zusätzlich ausgeben könnten, auch

---

[52] Schäffer war der Meinung, daß dazu seine „Entgegnung gebracht werden" müsse. „Der Bundesminister der Finanzen entgegnet, diese angebliche Äußerung des Herrn Ministerialdirigenten sei ihm bis heute von keiner Seite berichtet worden; es müsse ein Mißverständnis vorliegen. Er habe mit den Alliierten harte Auseinandersetzungen gehabt und verlangt, daß die Verpflichtungen auf Rechnung der ‚rückständigen Besatzungskosten' auf keinen Fall mehr anwachsen dürften. Dies sei dann auch Gegenstand der Londoner Vereinbarungen gewesen und dort im wesentlichen zugesagt worden. Diese Verpflichtungen einseitig zu verneinen, sei nach eben diesen Vereinbarungen aber kaum möglich." (B 136/4799).

[53] Der BMF hatte eine Zunahme der Umsatzsteuer im Oktober gegenüber dem Vormonat mit etwa 15 % angegeben (Mitteilung des BPA Nr. 1347/54 vom 30. Nov. 1954).

[54] Siehe TOP 1 dieser Sitzung.

[55] Vgl. 41. Sitzung TOP 2.

[56] Erhard hatte in seinem Schreiben an Adenauer vom 12. Okt. 1954 die Zunahme des Sozialprodukts für das Kalenderjahr 1954 mit etwa 9 % angegeben (B 136/600). – Siehe dazu auch den Vermerk des BMWi vom 3. Nov. 1954 in B 136/306 und die Mitteilung des BPA Nr. 1047/54 vom 22. Sept. 1954.

[57] Der Präsident des Zentralbankrats Bernard hatte in seinem Schreiben an Adenauer vom 11. Okt. 1954 die Steigerung des Sozialprodukts für das Rechnungsjahr 1954 mit „annähernd 8 %" und für das Rechnungsjahr 1955 mit 6,5–7 % geschätzt (B 136/600). – Zur Beurteilung dieser Schätzung durch den BMF siehe den Vermerk des BMF vom 29. Nov. 1954, den Schäffer Adenauer am 4. Dez. 1954 zuleitete (ebenda).

wenn sie dies wollten. Die Schwierigkeiten des Haushalts sollten mit Hilfe dieser Mittel überbrückt werden. Im übrigen habe der Bundesminister der Finanzen mehrere 100 Mio DM in die bundeseigenen Unternehmen gesteckt, statt sie dem Bundeshaushalt zur Verfügung zu stellen[58]).

Zu den nicht abgerufenen Besatzungskosten äußert sich auch der Vizekanzler. Nach seiner Meinung sind die Rückstände nur zu einem Teil belegt. Aber auch wenn sie völlig belegt wären, schiebe das Bundesministerium der Finanzen einen bedeutsamen Ausgabeblock noch lange Zeit vor sich her. Die Masse der Rückstände könne erst 1956 ausgezahlt werden. Er hält es für sehr bedenklich, daß die Bank deutscher Länder dadurch, daß der Bundesminister der Finanzen für 3½ Mia DM Ausgleichsforderungen zurückgekauft hat, unbeweglich wird und nur geringe Erträge bringt.

Gegenüber der Behauptung des Bundesministers der Finanzen, auch durch ein stärker wachsendes Sozialprodukt würden zur Zeit die Schätzungen der Steuereinnahmen nicht übertroffen[59]), führt der Vizekanzler aus, gerade die Konsumgüterindustrie habe inzwischen riesige Auftragsbestände angesammelt. Es sei zu erwarten, daß sich daraus im nächsten Jahre erheblich größere Steuereinnahmen ergäben. Nach seiner Meinung ist es verfehlt, wenn von Deutschland im internationalen Gespräch die Steigerung des Sozialprodukts fortgesetzt zu gering eingeschätzt wird. Unseren Zahlenangaben traue man deshalb schon nicht mehr, und unsere Verhandlungsgegner machten deshalb von sich aus gewisse Aufschläge. Er hält das Defizit des laufenden Haushaltsjahres für nicht gefährlich.

Der Bundeskanzler faßt noch einmal zusammen, welche Gesichtspunkte in dieser Lage günstig zu werten sind:
1. Die Koalitionsfraktionen sind bereit, die Geschäftsordnung des Bundestages in dem Sinne zu ergänzen, daß bei Anträgen, die Kosten verursachen, auch Deckungsvorschläge gemacht werden müssen.
2. Die Steuereinnahmen des nächsten Jahres können höher geschätzt werden.

---

[58]) Schäffer wünschte, daß an dieser Stelle seine Entgegnung in den Protokolltext eingefügt würde: „Der Bundesfinanzminister unterbricht hier den Herrn Bundeskanzler und erklärt, ihm sei nichts davon bekannt, daß er mehrere 100 Millionen — etwa gar ohne gesetzliche Ermächtigung oder Verpflichtung — aus dem Bundeshaushalt Kredite, wie Herr Bundeskanzler sagte, an die bundeseigenen Betriebe gegeben habe. Er bittet um sofortige Bekanntgabe der Unterlagen für diese Behauptung. Diese Unterlagen werden nicht gegeben. Der Bundesminister der Finanzen verweist ferner darauf, daß das jeweilige Steueraufkommen nicht jährlich gleichbleibend mit dem Bruttosozialprodukt steige oder falle. Im übrigen bleibe es dabei, daß die Berechnung des Bruttosozialproduktes 1955/56 für den OEEC-Bericht eine Gemeinschaftsarbeit der Bundesminister für Wirtschaft, Zusammenarbeit und der Bank deutscher Länder sei." (B 136/4799). — Adenauer übermittelte Schäffer am 3. Dez. 1954 „streng vertraulich" eine auf Angaben des BMF beruhende Aufstellung über Darlehen und Zuschüsse an bundeseigene Unternehmen sowie über Sonderabschreibungen dieser Firmen, die „insgesamt [...] mehrere hundert Millionen DM" ergeben (Schreiben in Nachlaß Blücher/81). — Das Schreiben Schäffers vom 4. Dez. 1954 an Adenauer „persönlich", in dem er die Kredite an bundeseigene Firmen mit 19,9 Mio DM angab (B 126/51510), hat sich offensichtlich mit dem Schreiben Adenauers gekreuzt.
[59]) Siehe dazu das Schreiben Schäffers an Adenauer vom 26. Nov. 1954 (B 136/600). — Vgl. auch BULLETIN vom 12. Nov. 1954 S. 1951.

3. Mindestens 1 Mia DM der rückständigen Besatzungskosten kann nutzbar gemacht werden.

Er bittet sodann den Bundesminister für Arbeit mitzuteilen, wie er in der am nächsten Tage stattfindenden Sitzung des Kriegsopferausschusses des Bundestages vorgehen wolle.

Dieser glaubt, im Sinne seiner Vorlage, die rd. 355 Mio DM Mehrausgaben vorsieht, zu einer Vereinbarung im Ausschuß zu kommen. Nach seiner Meinung würde sich durch die weitere Entwicklung im Haushaltsjahr 1955 bei dem erhöhten Betrag eine Ersparnis von etwa 100 Mio DM ergeben.

Bundesminister Kraft weist darauf hin, daß nicht die Parteien, sondern die Bundesregierung durch ihr Zögern die jetzt aufgetretenen Schwierigkeiten hervorgerufen habe. Vor drei Monaten wäre eine Einigung noch leicht gewesen, jetzt seien die Parteien verärgert und eine größere Ausgabe sei nicht zu vermeiden.

Der Bundeskanzler bittet den Bundesminister für Arbeit, er möge bei seinen Verhandlungen auf der Grundlage einer Mehrausgabe von 350 Mio DM im Ausschuß ausdrücklich hervorheben, daß die Bundesregierung die Frage der Deckung für diesen Mehrbetrag noch nicht klären konnte[60].

Für diese Verhandlungen ist es nach der Ansicht des Bundesministers für Arbeit von entscheidender Bedeutung, an welchem Zeitpunkt die Novelle in Kraft treten soll. Am 1. 12. 1954, am 1. 1. 1955 oder am 1. 4. 1955. Er empfiehlt, sich entweder für den 1. 12. 1954, an dem das Rentenmehrbetragsgesetz[61]), oder für den 1. 1. 1955, an dem das Kindergeldgesetz[62]) in Kraft treten, zu entscheiden.

Bundesminister Kraft stellt den Antrag, die Erhöhung mit dem 1. 12. 1954 wirksam werden zu lassen. Der Bundesminister für Arbeit sollte aber ermächtigt werden zu erklären, wenn der weitergehende SPD-Antrag[63] angenommen werde, könne die Novelle erst am 1. 4. 1955 in Kraft treten[64]).

Der Bundesminister der Finanzen gibt zu Protokoll, daß er einem Gesetzesvorschlag, der noch völlig ungedeckt sei, nicht zustimmen könne.

Der Bundeskanzler stellt fest, daß alle anderen Kabinettsmitglieder dem Vorschlag zugestimmt haben und die Deckungsfrage später erörtern wollen.

Der Bundesminister für Wohnungsbau bemerkt, man habe in den letzten drei Monaten rd. 1,5 Mia DM Mehrausgaben für soziale Verbesserungen beschlossen. Nur bei einem Bruchteil führe dies zu wirklichen Verbesserungen für den Empfänger der Bezüge. Ein großer Teil diene nur dazu, die soziale Last den Ländern und Gemeinden abzunehmen und dem Bund aufzubürden. Er hält

---

[60]) Der BMA legte dem Ausschuß einen undatierten Entwurf vor, der u. a. die Erhöhung der Grundrenten um 20 % vorsah und Mehrausgaben von 310 Mio DM erforderte (Kurzprotokoll über die Sitzungen des Ausschusses für Kriegsopfer- und Heimkehrerfragen am 2. Dez. 1954, dem die Vorlage beigegeben ist, in B 149/1875 und B 136/393).
[61]) Vgl. 44. Sitzung TOP B.
[62]) Vgl. 31. Sitzung TOP E.
[63]) BT-Drs. Nr 793 und 836.
[64]) Fortgang hierzu 63. Sitzung TOP 9.

es für dringend notwendig, diese Frage mit den Ländern zu klären und zu erreichen, daß diese sich angemessen an den Ausgaben beteiligen.

Nach der Meinung des Bundesministers für Arbeit trifft dies für die Vergangenheit in der Tat zu. Zur Zeit erhielten jedoch nur 3 % der Rentenempfänger Wohlfahrtszuschüsse.

Der Bundeskanzler bittet, ihm genauere Zahlen[65]) hierüber zu seiner heutigen Besprechung mit den Ministerpräsidenten der Länder zur Verfügung zu stellen[66]).

II

1. VORBEREITUNG DER STELLUNGNAHME DER BUNDESREGIERUNG ZU DEN ZU ERWARTENDEN ÄNDERUNGSVORSCHLÄGEN DES BUNDESRATES ZUM BUNDESHAUSHALTSPLAN 1955[67])   BMF

Der Bundeskanzler weist auf die Besprechung hin, die er am Nachmittag mit den Ministerpräsidenten der Länder haben wird[68]). Er will mit ihnen auch über die geforderte Herabsetzung des Bundesanteils an der Einkommen- und Körperschaftsteuer auf 36 %[69]) verhandeln und schlägt vor, aus diesem Grunde heute keinen Beschluß zu fassen.

Der Bundesminister der Finanzen hält dies jedoch für erforderlich, weil bereits am 8. 12. 1954 die 1. Lesung des Gesetzes im Bundestag stattfinden soll[70]), und, um dies zu gewährleisten, unmittelbar nach dem Beschluß des Bundesrates am 3. 12. 1954[71]) die Stellungnahme der Bundesregierung an den Bundestag weitergeleitet werden muß.

Das Kabinett beschließt deshalb, vorsorglich zu den bisher bekannt gewordenen Wünschen des Bundesrates Stellung zu nehmen und legt dem die vom Bundesministerium der Finanzen vorgelegte Synopse zugrunde[72]). Je nach dem Ausgang der Sitzung des Bundesrates sollen die überflüssigen Stellen aus der Synopse gestrichen oder diese ergänzt werden. Sodann werden einige Ergänzungen und Verbesserungen der Synopse beschlossen.

---

[65]) Siehe das Schreiben des BMA an das Bundeskanzleramt vom 1. Dez. 1954 in B 149/1874.
[66]) Fortgang hierzu Sondersitzung am 2. Dez. 1954 TOP A.
[67]) Vgl. 57. Sitzung TOP 2.
[68]) Siehe Sondersitzung am 2. Dez. TOP A.
[69]) Vgl. 33. Sitzung TOP A.
[70]) Die erste Beratung fand am 8. und 9. Dez. 1954 statt (STENOGRAPHISCHE BERICHTE Bd. 22 S. 2936–2952 und 3005–3075).
[71]) BR-SITZUNGSBERICHTE 1954 S. 347–356.
[72]) Vorlage des BMF vom 26. Nov. 1954 (B 136/307). − Der BMF hatte seiner Stellungnahme die Vorschläge der BR-Ausschüsse zugrundegelegt (BR-Drs. Nr. 371/1/54).

Der Bundesminister für Verkehr[73]) erinnert an die Besprechungen über die künftige Finanzierung des Schiffbaues und an den Bericht, den er dazu dem Herrn Bundeskanzler erstattet hat[74]). Anstelle der wegfallenden steuerlichen Erleichterungen (§ 7d)[75]) sollten neben den Darlehen auf Grund des Wiederaufbaugesetzes[76]) Bundesbürgschaften und Zinsverbilligung treten. Für die Zinsverbilligung ist im ordentlichen Haushalt eine Summe ausgebracht. Über die Ausstattung der Bundesbürgschaften ist aber noch kein Einvernehmen hergestellt. Die Bundesbürgschaften können einen teilweisen Ersatz für die wegfallenden steuerlichen Erleichterungen (§ 7d) nur dann erbringen, wenn sie zu einem sehr erheblichen Anteil so ausgestattet werden wie die Wiederaufbaudarlehen nach dem Gesetz von 1950. Daran lasse der Brief des Bundesministers der Finanzen an den Bundeskanzler vom 10. 11. 1954[77]) Zweifel aufkommen. Wenn diese Zweifel aber berechtigt seien und nicht ein erheblicher Teil der vorgesehenen 100 Millionen DM Bundesbürgschaften eine Ausstattung entsprechend den Wiederaufbaudarlehen erhalte, so müsse der Ansatz im Haushalt für den Wiederaufbau von 50 auf 70 Millionen DM erhöht werden.

Der Bundesminister der Finanzen sagt eine Prüfung seines Schreibens vom 10. 11. 1954 zu.

Weiterhin spricht sich der Bundesminister für Verkehr für die Erhöhung der zum Ausbau des Dortmund-Ems-Kanals bereitgestellten Mittel von 11 auf 17 Mio DM aus. Ein Beschluß hierzu wird jedoch nicht gefaßt.

Seinem Antrag, bei der Stellungnahme betr. den Rhein-Main-Donau-Kanal (A 1203/760) das Wort „sachlich" durch die Worte „angesichts der Dringlichkeit anderer Vorhaben" zu ersetzen, wird zugestimmt.

Der Vizekanzler bittet, in den Drucksachen zur Klarstellung die Zahl der eigentlichen Bundesbediensteten anzugeben und die Vermehrung der Stellen zu erläutern.

Diesem Vorschlag stimmt das Kabinett zu.

Dagegen wird der Wunsch St.S. Dr. Westricks, die Mittel zur Förderung des Handwerks im Sinne des mehrfach ausgesprochenen Verlangens des Bundestages[78]), des Bundesrates[79]) und seines Hauses[80]) zu erhöhen, abgelehnt.

---

[73]) Der folgende Absatz wurde auf Wunsch des BMV in den Protokolltext eingefügt (Schreiben des Protokollführers vom 11. Jan. 1955, lag dem Protokoll bei). — Der ursprüngliche Protokolltext lautete: „Der Bundesminister für Verkehr erinnert an die Abmachungen über die Finanzierung des Schiffbaus. Danach sollten die bisherigen Darlehen (§ 7 d) durch Bundesbürgschaften ersetzt werden. Diese sollten aber so ausgestattet werden, daß sie wirtschaftlich denselben Zweck erfüllten. Der Brief des Bundesministers der Finanzen an den Bundeskanzler vom 10. 11. 1954 lasse Zweifel aufkommen, ob an dieser Absprache festgehalten werde. Wenn diese Zweifel berechtigt seien, müsse der Ansatz im Haushalt von 50 auf 70 Millionen DM erhöht werden."

[74]) Unterlagen nicht ermittelt.

[75]) Vgl. 21. Sitzung TOP 1. — Zur Schiffbaufinanzierung siehe auch 28. Sitzung TOP 3—7.

[76]) Gesetz über Darlehen zum Bau und Erwerb von Handelsschiffen vom 27. Sept. 1950 (BGBl. 684).

[77]) Nicht ermittelt.

[78]) Siehe dazu die BT-Drs. Nr. 3212 und 3214 der 1. Legislaturperiode. — Vgl. auch 8. Sitzung am 17. Nov. 1953 (TOP 1).

Der Vizekanzler schlägt vor, für eine zentrale Behandlung dieser Belange Mittel, die ihm zur Verfügung stehen, in Aussicht zu nehmen.

Auf Wunsch des Bundesministers des Innern wird auf Seite 10 der Synopse die Stellungnahme der Bundesregierung zum Titel 641[81]) gestrichen und statt dessen eingefügt: „An der Regierungsvorlage wird festgehalten. Es werden nur Bauwerke von allgemein deutscher Bedeutung bezuschußt, die durch Kriegseinwirkung zerstört oder beschädigt worden sind. Die Beteiligung des Bundes entspricht auch dem Wunsche der Kostenträger, dem sich die Bundesregierung nicht verschließen kann[82])."

2. RESTLICHE PERSONALSACHEN IM ENTWURF DES BUNDESHAUSHALTSPLANS 1955[83])   BMF

Der Bundesminister der Finanzen führt zunächst aus, der Haushaltsausschuß des Bundestages habe mit dem Bundesrechnungshof beraten, wie das weitere Wachsen der Bundesverwaltung verhindert werden könne[84]). Die Bestrebungen des Bundesrates gingen in der gleichen Richtung: Er selbst habe deshalb von 2 304 Personalstellen, die seine Zollverwaltung gefordert habe, nur rund 30 bewilligt und die Organisation seines eigenen Hauses vereinfacht, um jede Stellenvermehrung zu verhüten. Er bittet dringend die anderen Ressorts, in gleicher Weise zu verfahren.

Der Vizekanzler weist auf eine Reihe grundsätzlicher Fragen hin und meint, gewisse Verbesserungen seien unumgänglich. Er müsse in seinem Hause zum Beispiel Regierungsratsstellen haben, um Assessoren einstellen zu können und brauche einige Stellen, um die seinerzeit aus mancherlei Gründen zu gering eingestuften Mitarbeiter ihrer Vorbildung und ihrer Arbeit entsprechend einstufen zu können.

Auch der Bundesminister für Verkehr weist auf einige grundsätzliche Fragen hin. Nach seiner Meinung gehen die Gutachten des Bundesrechnungshofes am Leben vorbei und sind nicht verwertbar. Die Ressortchefs hätten gegenüber ihren Mitarbeitern eine bestimmte Verantwortung. Mit Rücksicht auf das Nachwuchsproblem und ein ausgewogenes Verhältnis zwischen dem gehobenen und höheren Dienst seien gewisse Verbesserungen notwendig.

Auf Vorschlag des Bundesministers der Finanzen werden die Grundsatzfragen zurückgestellt. Sie sollen entsprechend einer Anregung von Staatssekretär

---

[79]) Der BR forderte in seinen Änderungsvorschlägen zum Bundeshaushalt 1955 die Erhöhung des Betrages zur Förderung des Handwerks um 2 Mio DM (BR-Drs. Nr. 371/54/Beschluß).
[80]) Siehe die Vorlage des BMWi vom 20. Okt. 1954 in B 136/306.
[81]) Der BR hatte vorgeschlagen, den von der Bundesregierung bei Titel 641 „Zuschüsse zur Erhaltung und zum Wiederaufbau von Kulturbauten mit besonderer nationaler Bedeutung" eingesetzten Betrag von 278 000 DM zu streichen, weil diese denkmalpflegerische Leistung ausschließlich Ländersache sei und der Betrag in keinem Verhältnis zu den von den Ländern aufgebrachten Summen stände.
[82]) BT-Drs. Nr. 1100. — Gesetz vom 12. Juli 1955 (BGBl. II 714).
[83]) Vgl. 57. Sitzung TOP 2. — Vorlage des BMF vom 26. Nov. 1954 in B 136/306.
[84]) Siehe das Kurzprotokoll der Sitzung des Haushaltsausschusses am 10. Nov. 1954 (B 136/4949).

Dr. Strauß demnächst in einer Besprechung der Staatssekretäre unter dem Vorsitz des Bundesministeriums der Finanzen behandelt werden.

Sodann wird in die Erörterung der Wünsche der einzelnen Ressorts eingetreten. Vorweg erklärt der Bundesminister der Finanzen, daß er mit folgenden Verbesserungen einverstanden sei:
1. Vier neue Stellen beim Bundesministerium für Arbeit, wie mit Bundesminister Storch besprochen[85]).
2. Eine Stellenhebung für die Vertretung des Bundesministeriums für wirtschaftliche Zusammenarbeit in Berlin[86]).
3. Erfüllung der Wünsche der Bundesminister für besondere Aufgaben durch eine überplanmäßige Regelung[87]).

Alle weitergehenden Anträge lehnt er ab. Er ist der Meinung, daß auch der Haushaltsausschuß in Übereinstimmung mit dem Bundesrechnungshof in seinem Sinne entscheiden werde.

Mit Rücksicht auf seinen angegriffenen Gesundheitszustand verläßt der Bundesminister der Finanzen sodann die Sitzung.

Die weitere Erörterung[88]) der Einzelpläne ergibt folgendes:
a) Zu 0 4 0 3
wird für drei Abteilungsleiter eine außertarifliche Einstufung entsprechend dem Vorschlag von Staatssekretär Dr. Globke bewilligt[89]).
b) Zu 0 6 0 1
wird dem Wunsch des Bundesministers des Innern, eine B 7a-Stelle zu bewilligen, zugestimmt. Dabei wird bemerkt, daß von interessierten Kreisen für Jugendfragen sogar die Stelle eines Staatssekretärs oder zumindest eines Abteilungsleiters verlangt wird[90]).
c) Zu 0 7 0 1 und 0 7 0 4
beschließt das Kabinett entsprechend dem Antrage des Bundesministers der Justiz[91]), eine A 1a-Stelle zu schaffen und eine A 1b-Stelle in eine A 1a-Stelle zu heben[92]). Dagegen wird die Forderung auf Gewährung einer oberstgerichtlichen Zulage für Richter im Einverständnis mit dem Bundesminister der Justiz zurückgestellt.

---

[85]) Unterlagen nicht ermittelt.
[86]) Siehe Vorlage des BMZ vom 12. Okt. 1954 in B 136/305.
[87]) Für die Bundesminister hatte Tillmanns u. a. die Umwandlung der vier Regierungsdirektorstellen in Ministerialratstellen gefordert (Vorlage vom 20. Okt. 1954 in B 136/306). Siehe dazu auch die Vorlage Schäfers vom 18. Nov. 1954 (ebenda).
[88]) Die Erörterung folgte der in der Vorlage des BMF enthaltenen Zusammenstellung.
[89]) Das Bundeskanzleramt hatte diese Regelung für die Leiter der Abteilungen I, II und V des Presse- und Informationsamtes der Bundesregierung gefordert (Schreiben an den BMF vom 27. Okt. 1954 in B 141/4949).
[90]) Siehe dazu die Vorlage des BMI vom 14. Okt. 1954 (B 136/305).
[91]) Vorlage des BMJ vom 9. Okt. 1954 in B 141/4948 und B 136/305.
[92]) Der Protokolltext wurde hier entsprechend dem Schreiben des Protokollführers vom 11. Jan. 1955 korrigiert (lag dem Protokolltext bei). Der BMJ hatte in seinem Schreiben an das Bundeskanzleramt vom 17. Dez. 1954 auf einen Fehler im Protokolltext aufmerksam gemacht (B 136/4799).

d) Zu 1 9 0 1
wird entsprechend den Ausführungen von Staatssekretär Dr. Strauß dem Bundesverfassungsgericht die Hebung einer Stelle von A 4b 1 auf A 2d bewilligt, dagegen nicht die Stelle des Regierungsdirektors.

e) Zu 0 9 0 1
weist Staatssekretär Dr. Westrick auf die Personaleinsparungen seines Hauses hin. Allerdings müsse er für die umfangreiche Abteilung Geld und Kredit die Stelle eines Unterabteilungsleiters (B 7a) fordern[93].
Bundesminister Strauß möchte hierzu wissen, wieviel Beamte im Bundesministerium der Finanzen dadurch eingespart wurden, daß die Aufgaben aus dem Arbeitsgebiet Geld und Kredit von dort an das Bundesministerium für Wirtschaft abgegeben worden sind[94] und wieviel Kräfte das Bundesministerium für Wirtschaft bei der weiteren Befreiung der Wirtschaft von staatlichen Fesseln einzusparen gedenke.
Staatssekretär Dr. Westrick glaubt, daß die erste Frage mit Rücksicht auf die mannigfachen Aufgaben, die der Abteilung des Bundesministeriums der Finanzen inzwischen übertragen worden seien, nicht leicht beantwortet werden könne.
Staatssekretär Hartmann sieht in dieser Richtung keine Ersparnismöglichkeiten. Wenn auch das Bundesministerium der Finanzen in den Fragen Geld und Kredit nicht mehr federführend sei, so müsse es doch mitbeteiligt bleiben. In der Abteilung V würden außerdem auch die Devisen- und die Rechtsfragen des Ministeriums behandelt.
Das Kabinett stimmt dem Antrage des Bundesministeriums für Wirtschaft zu.

f) Zu 1 0 0 1 und 1 0 0 2
bewilligt es nach erläuternden Ausführungen des Bundesministers für Ernährung, Landwirtschaft und Forsten auch die von diesem zum Personalhaushalt vorgetragenen Wünsche[95].

g) Zu 1 1 0 1
verweist der Bundesminister für Arbeit auf die Erklärung des Bundesministers der Finanzen, und das Kabinett beschließt entsprechend[96].

h) Zu 1 2 0 1
Das Kabinett entspricht auch dem Wunsche des Bundesministers für Verkehr, seine Berliner Verbindungsstelle in eine A 1 a-Stelle und eine B 7a- in eine B 4-Stelle umzuwandeln. Die von ihm angeschnittene Frage, wie die Pressereferenten der Ressorts eingestuft werden sollen, wird der vorbereitenden Besprechung der Staatssekretäre überwiesen.

---

[93]) Siehe dazu die Vorlage des BMWi vom 20. Okt. 1954 in B 136/306.
[94]) Vgl. dazu 206. Sitzung am 11. März 1952 (TOP 2).
[95]) Der BML hatte u. a. für den Leiter der Abt. IV (Agrarwesen) eine Anhebung der Stelle von B 7a auf B 4 gefordert (Vorlage vom 19. Okt. 1954 in B 136/306).
[96]) Der Titel betraf Stellenanhebungen für Beamte der Besoldungsgruppe A 1a (Vorlage des BMF vom 26. Nov. 1954 in B 136/306).

i) Zu 2 4 0 1 und 2 4 0 3
beschließt das Kabinett entsprechend den Wünschen des Vizekanzlers[97]).

j) Zu 2 6 0 1 und 2 6 0 3
Nachdem der Bundesminister für Vertriebene, Flüchtlinge und Kriegsgeschädigte bedauert hat, daß sich das Kabinett mit seinen Wünschen überhaupt befassen müsse, weil der Bundesminister der Finanzen ihm eine Abteilungsleiterbesprechung verweigert habe, stimmt das Kabinett seinem Antrage zu[98]).

k) Zu 2 8 0 1
billigt nach kurzer Aussprache das Kabinett auch die vom Bundesminister für Angelegenheiten des Bundesrates vorgetragenen Wünsche[99]).

l) Zu 3 0 0 1
stimmt es auch den für die Bundesminister für besondere Aufgaben vorgeschlagenen Stellenverbesserungen zu[100]).

m) Auf Wunsch von Staatssekretär Thedieck sollen die von seinem Hause mit dem Bundesministerium der Finanzen getroffenen mündlichen Vereinbarungen schriftlich bestätigt werden[101]).

Nach Abschluß dieser Erörterungen stellt Staatssekretär Hartmann zu Protokoll fest, daß der Bundesminister der Finanzen die vorstehend behandelten Wünsche ablehne und den Stellenverbesserungen nicht zustimme.

Auf eine Zwischenfrage von Staatssekretär Dr. Strauß wird festgestellt, daß im Haushaltsausschuß die Vertreter des Bundesministeriums der Finanzen gehalten sind, bei allen an sie gerichteten Fragen die Kabinettsbeschlüsse zu vertreten[102]).

3. FINANZREFORM; HIER: ANRUFUNG DES VERMITTLUNGSAUSSCHUSSES DURCH DIE BUNDESREGIERUNG BMF

Das Kabinett beschließt nach kurzer Aussprache, vorsorglich den Vermittlungsausschuß anzurufen, wenn der Bundesrat am 3. 12. 1954 die Gesetze zur Finanzreform ablehnen und nicht seinerseits den Vermittlungsausschuß anrufen sollte[103]). Dabei bittet der Bundeskanzler ausdrücklich, diesen Beschluß nur als

---

[97]) Vgl. Anm. 86 dieser Sitzung. — Der BMZ hatte u. a. die Neuschaffung einer Planstelle der Besoldungsgruppe B 7a für den Leiter der Dienststelle der FOA in Washington gefordert (Vorlage vom 12. Okt. 1954 in B 136/305).

[98]) Der BMVt hatte Stellenanhebungen im höheren und gehobenen Dienst gefordert (Vorlage vom 16. Okt. 1954 in B 136/305).

[99]) Der BMBR hatte in seiner Vorlage vom 19. Okt. 1954 u. a. gefordert, den k.w.-Vermerk bei der Stelle des Staatssekretärs zu streichen (B 136/306).

[100]) Vgl. Anm. 87 dieser Sitzung.

[101]) Nicht ermittelt.

[102]) BR-Drs. Nr. 34/55. — BT-Drs. Nr. 1260. — Der BT behandelte die Personalfragen zusammen mit den Einzelplänen des Haushalts (BT-Drs. Nr. 1500–1530) und erklärte die BT-Drs. Nr. 1260 damit für erledigt (BT-Drs. Nr. 1531). — Fortgang 65. Sitzung am 19. Jan. 1955 (TOP 1).

[103]) Vgl. 37. Sitzung TOP 2. — Der BT hatte die drei Gesetze zur Finanzreform am 19. Nov. 1954 angenommen (STENOGRAPHISCHE BERICHTE Bd. 22 S. 2838–2849, BR-Drs. Nr. 394–396/54). — Siehe dazu auch BULLETIN vom 23. Nov. 1954 S. 2016–2020. — In

vorsorglichen Beschluß anzusehen und jede Äußerung darüber in der Öffentlichkeit zu vermeiden[104]).

4. ENTWURF EINES GESETZES ZUR ÄNDERUNG DES § 22 DES GESCHÄFTSRAUMMIETENGESETZES; STELLUNGNAHME DER BUNDESREGIERUNG ZU DEM INITIATIVGESETZENTWURF[105]) DES BUNDESRATES   BMJ

Die Bundesminister der Justiz[106]) und für Wohnungsbau[107]) tragen den Stand der Beratungen zu dieser Frage im Bundesrat[108]) und Bundestag[109]) vor und erläutern die dort gestellten Anträge.

Der Bundesminister für Familienfragen bemerkt, in der nächsten Woche stehe die Angelegenheit im Plenum des Bundestages an, und empfiehlt, einen Beschluß erst nach dieser Verhandlung zu fassen.

Der Bundesminister für Wohnungsbau spricht sich dafür aus, den Beschluß des Kabinetts vom Juni ds. Js.[110]) nicht aufzuheben, und ist mit einer kürzeren Vertagung der Sache einverstanden.

Das Kabinett beschließt, die Beschlußfassung vorerst auszusetzen[111]).

5. ENTWURF EINES BESCHLUSSES DER BUNDESREGIERUNG ÜBER VORBEUGENDE SICHERUNGSMASSNAHMEN IN PERSONALSACHEN   BMI

Auf Vorschlag des Vizekanzlers wird beschlossen, diesen Punkt in Anwesenheit des Bundeskanzlers zu beraten.

Hiermit ist das Kabinett einverstanden[112]).

---

seiner Vorlage vom 27. Nov. 1954 wies der BMF darauf hin, daß nach den Ergebnissen im Finanzausschuß des BR damit gerechnet werden mußte, daß der BR das Finanzverfassungsgesetz und das Finanzanpassungsgesetz ablehnen würde (B 126/10788 und B 136/594).

[104]) Fortgang Sondersitzung am 2. Dez. 1954 TOP A.
[105]) Hier geändert aus: zu den Änderungsvorschlägen des Bundesrates.
[106]) Vgl. 40. Sitzung TOP 8. — Der BMJ hatte in seiner Vorlage vom 24. Nov. 1954 eine Verlängerung des Gesetzes erneut abgelehnt (B 141/6843a und B 136/1029).
[107]) Der BMWo hatte der Stellungnahme des BMJ zugestimmt, jedoch mit Schreiben vom 30. Nov. 1954 eine ausführlichere Begründung vorgeschlagen (ebenda).
[108]) Der BR hatte am 12. Nov. 1954 einen Initiativgesetzentwurf verabschiedet, der vorsah, den in § 22 des Geschäftsraummietengesetzes geregelten Kündigungsschutz bis zum 31. Dez. 1955 zu verlängern (BR-SITZUNGSBERICHTE 1954 S. 324, BR-Drs. Nr. 359/54/ Beschluß).
[109]) Zur ersten Beratung des Initiativgesetzentwurfs der SPD am 15. Okt. 1954 im BT siehe STENOGRAPHISCHE BERICHTE Bd. 21 S. 2408 f.
[110]) Vgl. 37. Sitzung TOP 9.
[111]) Der BT verabschiedete am 8. Dez. 1954 ein auf dem Initiativgesetzentwurf beruhendes Gesetz, das den Kündigungsschutz bis zum 31. Dez. 1956 verlängerte und nahm eine Entschließung an, die die Bundesregierung ersuchte, dem BT bis zum 30. Juni 1955 Vorschläge zur Vermeidung von sozialen Härtefällen nach Ablauf des Kündigungsschutzes vorzulegen (STENOGRAPHISCHE BERICHTE Bd. 22 S. 2975). — Gesetz vom 26. Dez. 1954 (BGBl. I 503). — Fortgang (Zweites Gesetz zur Änderung des Geschäftsraummietengesetzes und Entschließung des BT) 97. Sitzung am 21. Sept. 1955 (TOP 7 und 8).
[112]) Siehe 64. Sitzung TOP 2.

6. ENTWURF EINER VERORDNUNG ZUR UMSIEDLUNG VON VERTRIEBENEN UND FLÜCHTLINGEN AUS ÜBERBELEGTEN LÄNDERN BMVt

Der Vorlage des Bundesministers für Vertriebene, Flüchtlinge und Kriegsgeschädigte stimmt das Kabinett zu[113]).

7. PERSONALIEN

Gegen die Ernennungsvorschläge in der Anlage 1 zu Punkt 7 der Einladung zur Tagesordnung werden keine Einwendungen erhoben[114]). Das Kabinett faßt den in Anlage 2 dieser Einladung vom Bundesministerium für Arbeit vorgeschlagenen Beschluß[115]).

III
Außerhalb der Tagesordnung

[F. LOHN- UND GEHALTSVERHANDLUNGEN ZWISCHEN DER BUNDESVERWALTUNG UND DEN GEWERKSCHAFTEN]

Staatssekretär Hartmann berichtet über neue Schwierigkeiten, die sich bei den Tarifverhandlungen mit den Gewerkschaften ergeben haben[116]). Trotz des Kabinettsbeschlusses vom 24. 11. 1954[117]) habe der Bundesminister für das Post- und Fernmeldewesen den Postarbeitern eine Rationalisierungszulage von 30 DM zugesagt. Für die Arbeiter bei der Bundesbahn und beim Bund selbst werden daraufhin dieselben Forderungen gestellt. Das Vorgehen des Bundesministers für das Post- und Fernmeldewesen entspreche nicht der Kabinettsvereinbarung, auch sei die Zustimmung des Bundesministers der Finanzen gemäß § 26 des Postgesetzes[118]) nicht eingeholt worden.

Der Bundesminister für das Post- und Fernmeldewesen verliest einen längeren Brief, den er in dieser Sache an den Bundesminister der Finanzen geschrieben hat[119]) und stellt sich auf den Standpunkt, daß die von ihm bewilligte Zulage nichts mit den Tarifverhandlungen zu tun hat.

---

[113]) Vgl. 40. Sitzung TOP 11. – Mit der Vorlage vom 29. Nov. 1954 schlug der BMVt vor, einigen der von dem BR-Ausschuß für Flüchtlingsfragen und dem BR-Ausschuß für Wiederaufbau und Wohnungswesen beantragten Änderungen bei der Beratung im BR zuzustimmen (B 150/6539 und B 136/810). – VO vom 19. Jan. 1955 (BGBl. I 33).

[114]) An Ernennungen waren vorgesehen: im Bundeskanzleramt (Amt Blank) und im Bundesrechnungshof je ein MinR.

[115]) Der vom BMA in seiner Vorlage vom 18. Nov. 1954 erbetene und vom Bundeskanzleramt am 26. Nov. 1954 formulierte Kabinettsbeschluß lautet: „Die Bundesregierung schlägt dem Herrn Bundespräsidenten die Ernennung des Senatspräsidenten beim Bayerischen Landessozialgericht, Dr. Kurt Ankenbrank, zum Präsidenten des Landesarbeitsamtes Nordbayern vor."

[116]) Vgl. 60. Sitzung TOP C.

[117]) Hier korrigiert aus: „1. 12. 1954."

[118]) § 26 des Gesetzes über die Verwaltung der Deutschen Bundespost vom 24. Juli 1953 (BGBl. I 676) legte fest, daß Tarifvereinbarungen im Einvernehmen mit dem BMF und dem BMI geschlossen werden, „wenn sie wegen ihrer grundsätzlichen Bedeutung geeignet sind, die Gestaltung der Lohn- und Arbeitsbedingungen in anderen Zweigen der Bundesverwaltung zu beeinflussen".

[119]) Schreiben vom 1. Dez. 1954 in B 136/587.

Dem wird vom Bundesminister für Verkehr lebhaft widersprochen. Dieser hält eine verschiedenartige Behandlung der Arbeiter bei Bund, Bahn oder Post im Hinblick darauf, daß es sich letzten Endes bei allen um den gleichen Arbeitgeber handelt, für unmöglich. Im vorliegenden Falle hätte das Vorgehen des Bundesministers für das Post- und Fernmeldewesen auch vom Bundesminister der Finanzen gebilligt werden müssen.

Der Bundesminister für das Post- und Fernmeldewesen hält eine gleichartige Behandlung aller Arbeiter für falsch und führt aus, weshalb er nach seiner Meinung in diesem Falle allein entscheiden konnte. Die Zulage nach dem Wunsche von Staatssekretär Hartmann auf die Löhne ab 1. 1. 1955 anrechnen zu lassen, hält er nicht für möglich, da die Beträge zum größten Teil schon ausbezahlt seien.

Nach längerer Aussprache, in der auch der Bundesminister des Innern die Auffassung des Bundesministeriums der Finanzen unterstützt, stellt der Vizekanzler fest, daß die große Mehrheit des Kabinetts mit dem Vorgehen des Bundesministers für das Post- und Fernmeldewesen bei der Gewährung der Zulage nicht einverstanden ist. Das Kabinett teilt auch seine Auffassung über eine unterschiedliche Behandlung der Arbeiter nicht und ist auch entgegen dem Bundesminister für das Post- und Fernmeldewesen der Meinung, daß bei der Beurteilung der Angelegenheit von den jetzt zur Zeit geltenden Verhältnissen ausgegangen werden muß und nicht etwa seit langen Jahren gewährte Zulagen noch in die Debatte einbezogen werden können.

Zur grundsätzlichen Frage der Auslegung des Post- und Bundesbahngesetzes[120] bittet der Vizekanzler den Bundesminister der Finanzen, den Kabinettsmitgliedern eine Vorlage zuzustellen[121].

Abschließend macht Bundesminister Dr. Schäfer auf die Unruhe der Angestelltenschaft aufmerksam, die sich bei der Bundesanstalt für Arbeitsvermittlung und Arbeitslosenversicherung zu einer unerfreulichen Lage entwickelt habe[122]. Da die Länder und Gemeinden vorangegangen seien, müsse auch vom Bund die Besoldungsfrage der Angestellten so schnell wie möglich gelöst werden. Man habe die Absicht gehabt, dies mit der allgemeinen Besoldungsreform zu erledigen; es sei aber zweifelhaft, ob man bis dahin warten könne[123].

---

[120] §§ 22 und 23 des Bundesbahngesetzes vom 13. Dez. 1951 (BGBl. I 955) setzten für die Regelung der Dienstbezüge und Vergütungen das Einvernehmen mit dem BMF voraus.

[121] Der BMF begründete in seiner Vorlage vom 4. Dez. 1954 anhand des Postverwaltungsgesetzes erneut seinen Widerspruch gegen die vom BMP gewährte Zulage (B 106/8290 und B 136/587).

[122] Der Vorstand der Bundesanstalt hatte am 28. Okt. 1954 den Präsidenten zu Tarifverhandlungen ermächtigt (Schreiben der Bundesanstalt an den BMF vom 3. Nov. 1954 in B 106/8314). Auf Grund der Einwendungen des BMF wurden die Verhandlungen zunächst verschoben. Nach dem Abbruch der Verhandlungen am 26. Nov. 1954, in denen die Bundesanstalt die Erhöhung der Angestelltengehälter um 5 % abgelehnt hatte, ließen ÖTV und DAG am 7. Dez. 1954 über einen Streik bei der Arbeitsverwaltung abstimmen. Der Beginn des Streiks wurde auf den 17. Dez. 1954 festgesetzt (Unterlagen ebenda und in B 106/8289).

[123] Fortgang Sondersitzung am 2. Dez. 1954 TOP B.

Sondersitzung der Bundesregierung
am Donnerstag, den 2. Dezember 1954

Teilnehmer: Adenauer (ab 18.00 Uhr)[1]*), Blücher, Neumayer, Schäffer, Lübke, Storch, Balke, Preusker, Oberländer, Hellwege (ab 18.00 Uhr), F. J. Strauß, Schäfer, Kraft; Globke, Hartmann, Thedieck, Westrick; Klaiber; von Eckardt, Forschbach; Selbach, Kilb (ab 18.00 Uhr); Blank. Protokoll: Haenlein.*

Beginn: 17.00 Uhr   Ende: 18.15 Uhr

[A. BESPRECHUNG DES BUNDESKANZLERS UND DES BUNDESFINANZMINISTERS MIT DEN MINISTERPRÄSIDENTEN VON BADEN-WÜRTTEMBERG, NORDRHEIN-WESTFALEN, RHEINLAND-PFALZ UND SCHLESWIG-HOLSTEIN SOWIE DEN BÜRGERMEISTERN VON BERLIN UND HAMBURG ÜBER DIE FINANZREFORM]

In Abwesenheit des Bundeskanzlers gibt der Bundesminister der Finanzen einen Bericht über die Besprechung des Bundeskanzlers mit einigen Ministerpräsidenten am heutigen Tage[2]). Über die Steuerreform[3]) sei nicht gesprochen worden, da diese Gesetze vom Bundesrat angenommen würden. Zur Frage der Finanzreform[4]) und der von den Finanzministern der Länder vorgeschlagenen Ermäßigung des Bundesanteils an der Einkommen- und Körperschaftsteuer auf 36 % habe er in der Sitzung etwa folgendes ausgeführt:

Zunächst habe er betont, daß der Bundesrat ebenso wie der Bundestag und die Bundesregierung ein Bundesorgan sei und deshalb die Interessen des Bundes wahrnehmen müsse. Dann habe er die schwierige Lage des Haushalts geschildert, die sich durch die Auswirkungen des von Nordrhein-Westfalen gegen den Bund gerichteten Urteils[5]) und die Novelle zu Gunsten der Kriegsopfer[6]) noch erheblich verschlechtern werde. Der Kampf zwischen Bund und Ländern auf finanziellem Gebiet müsse beendet werden. Sei das auf der Grundlage der vom Bundestag verabschiedeten Finanzreformgesetze nicht möglich, dann werde der Bund im nächsten Jahre 45–50 % der Einkommen- und Körperschaftsteuer von den Ländern fordern müssen. Er schlage deshalb vor, wenn die Länder den Gesetzen nicht zustimmen wollten, wenigstens den Vermittlungsausschuß anzurufen. Dort scheine ihm ein Kompromiß möglich. Der Bund sei seiner Ansicht nach an der Vermögen- und Kraftfahrzeugsteuer nicht interessiert.

Diese Argumente hätten die Ministerpräsidenten leider nicht überzeugt. Ministerpräsident Arnold habe vielmehr von einer dauernden Benachteiligung und Aushöhlung der Länder gesprochen. Leider habe weder er noch der Präsident

---

[1]) Laut Terminkalender Adenauer war der BK ab 15.30 Uhr im Ausschuß für auswärtige Angelegenheiten des BT (StBKAH 04.05).
[2]) Niederschrift vom 2. Dez. 1954 über den ersten Teil der Besprechung in B 136/595.
[3]) Vgl. Sondersitzung am 12. Nov. 1954 TOP B.
[4]) Vgl. 61. Sitzung TOP E und D.
[5]) Vgl. 42. Sitzung TOP E.
[6]) Vgl. 60. Sitzung TOP B.

des Bundesrates, Ministerpräsident Altmeier, trotz mehrfacher Aufforderung einen konkreten Gegenvorschlag gemacht. Der Bundeskanzler habe deshalb eine Verhandlungspause eingelegt, um die Ministerpräsidenten unter sich beraten zu lassen. Ministerpräsident Altmeier habe dann folgendes vorgeschlagen:

Der Bundesrat werde die Finanzreform ablehnen. Der Vermittlungsausschuß sollte weder vom Bundesrat noch von der Bundesregierung angerufen werden. Dafür wolle er dann eine vom Bundesratsplenum zu billigende Erklärung abgeben, wonach der Bundesrat bereit sei, Anfang Januar 1955 mit dem Ziel einer loyalen Verständigung mit dem Bund neue Verhandlungen über die Finanzreform zu führen[7]).

Der Bundesminister der Finanzen schlägt vor, es bei dem vom Kabinett gefaßten Beschluß zu belassen und sofort nach der morgigen Sitzung des Bundesrates den Vermittlungsausschuß anzurufen. Die Lage sei in diesem Ausschuß für den Bund günstig. Die Länder Bayern, Schleswig-Holstein, Niedersachsen und Hessen seien zu einem Kompromiß bereit. Da die Vertreter des Bundestages im Ausschuß wohl einstimmig für die Gesetze eintreten würden, sei eine starke Mehrheit gewiß. Der Bundesrat stehe dann in der darauf folgenden Woche vor der unangenehmen Lage, auch den Vorschlag des Vermittlungsausschusses ablehnen zu müssen. Man könne hoffen, daß er sich dies sehr ernsthaft überlegen werde.

Wenn man diesen Ausführungen nicht folgen wolle, wäre zu erwägen, ob man den von Ministerpräsident Altmeier für das Land Rheinland-Pfalz in Aussicht genommenen Weg gehen wolle, nämlich den Vermittlungsausschuß nicht anzurufen und dafür ein Initiativgesetz zur Verlängerung des Artikels 107 des Grundgesetzes[8]) bis zum 31. 3. 1955 zu beraten.

Der Vizekanzler widerspricht diesem letzten Vorschlag und meint, es sei schon viel zu lange in dieser Frage verhandelt worden. Es müsse nun ein Abschluß erzwungen werden.

Auch Bundesminister Strauß lehnt eine Verlängerung der Frist des Artikels 107 ab. Entweder werde man sich im Vermittlungsausschuß einigen oder der derzeitige Zustand müsse erhalten bleiben.

Der Bundesminister für Wohnungsbau hält es für ausgeschlossen, daß im Bundestag eine ⅔-Mehrheit für ein Verlängerungsgesetz zustande kommt.

Nur der Bundesminister für Ernährung, Landwirtschaft und Forsten glaubt, daß es besser wäre, mit dem Bundesrat noch eine Verständigung zu suchen. Die Lage sei vor allem durch psychologische Momente verhärtet. Wenn durch eine Verlängerung der Frist noch Möglichkeiten zu Verhandlungen gegeben würden, sei eine Auflockerung zu erwarten[9]).

---

[7]) BR-SITZUNGSBERICHTE 1954 S. 344, Sitzung am 3. Dez. 1954.
[8]) Vgl. 21. Sitzung TOP 2.
[9]) Der BT verabschiedete am 15. Dez. einstimmig den am 13. Dez. 1954 von den Koalitionsfraktionen eingebrachten Gesetzentwurf (BT-Drs. Nr. 1078), der die in Art. 107 GG gesetzte Frist bis zum 31. Dez. 1955 verlängerte (STENOGRAPHISCHE BERICHTE Bd. 22 S. 3165, BR-Drs. Nr. 434/54). – Gesetz vom 25. Dez. 1954 (BGBl. I 517).

Der Bundeskanzler hebt nach seinem Erscheinen hervor, daß die Ministerpräsidenten der Länder offenbar durch das Verhalten des Bundestagsausschusses in der Sache sehr verletzt worden seien. Die aus diesem Grunde zunächst sehr unfreundliche Stimmung in der heutigen Besprechung habe erst nach längerer Verhandlung gebessert werden können. Er befürchtet, daß im Vermittlungsausschuß keine konstruktive Lösung gefunden wird. Der Bundeskanzler verliest sodann die Erklärung, die Ministerpräsident Altmeier im Bundesrat abgeben will und die den Gegensatz zwischen Bundesregierung und Bundesrat nicht sichtbar werden lassen soll[10]).

Nachdem der Vizekanzler und der Bundesminister der Finanzen sich noch einmal dafür eingesetzt haben, den Vermittlungsausschuß durch die Bundesregierung anzurufen, stimmt das Kabinett dem zu.

Der Bundeskanzler bittet, in der Begründung zu dem Schreiben der Bundesregierung noch auf die verfassungsrechtlichen Schwierigkeiten, die sonst entstehen könnten, hinzuweisen[11]).

[B. LOHN- UND GEHALTSVERHANDLUNGEN ZWISCHEN DER BUNDESVERWALTUNG UND DEN GEWERKSCHAFTEN]

Zum Schluß der Sitzung berichtet der Bundesminister der Finanzen über den Stand der Lohnverhandlungen, die sich durch die Forderung, auch für die Bahnarbeiter eine Zulage von 30 DM wie bei der Post zu gewähren, verschärft haben. Er stellt die Frage, ob auch für die Arbeiter des Bundes eine gleiche Vergünstigung gewährt werden soll. Auf seinen Vorschlag wird er ermächtigt, bei weiteren Verhandlungen zu erklären, daß er wegen dieser Frage dem Kabinett eine Vorlage zustellen werde[12]).

---

[10]) Erklärung, irrtümlich datiert auf den 3. Dez. 1954, mit handschriftlichem Vermerk Altmeiers in B 126/51529. – Siehe dazu auch das Schreiben Altmeiers an Adenauer vom 2. Dez. 1954 in B 136/595.
[11]) Schreiben vom 3. Dez. 1954 (ebenda, BT-Drs. Nr. 1043). – Der BR lehnte in seiner Sitzung am 3. Dez. 1954 das Finanzverfassungsgesetz ab und beschloß, zu dem Finanzanpassungsgesetz und dem Länderfinanzausgleichsgesetz den Vermittlungsausschuß anzurufen (BR-SITZUNGSBERICHTE 1954 S. 336–346, BR-Drs. Nr. 394–396 Beschluß). – Fortgang zum Finanzverfassungsgesetz Sondersitzung am 27. Okt. 1955 (TOP B). – Der BT verabschiedete am 24. März 1955 die drei Finanzgesetze entsprechend den Vorschlägen des Vermittlungsausschusses (STENOGRAPHISCHE BERICHTE Bd. 24 S. 4163–4169 und 4170 f., BT-Drs. Nr. 1254, 1255 und 1257). – Gesetz über den Finanzausgleich unter den Ländern (Länderfinanzausgleichsgesetz) vom 27. April 1955 (BGBl. I 199). – Gesetz zur Regelung finanzieller Beziehungen zwischen dem Bund und den Ländern (Viertes Überleitungsgesetz) vom 27. April 1955 (BGBl. I 189). – Gesetz zur Änderung und Ergänzung der Finanzverfassung (Finanzverfassungsgesetz) vom 23. Dez. 1955 (BGBl. I 817).
[12]) Vgl. 61. Sitzung TOP F. – Fortgang 63. Sitzung TOP 14.

62. Kabinettssitzung

Der Bundeskanzler　　　　　　　　　　　　　　　Bonn, den 2. Dezember 1954
14302—145/54 geh.　　　　　　　　　　　　　　*Geheim!*
　　　　　　　　　　　　　　　　　　　　　　　　63 Ausfertigungen
　　　　　　　　　　　　　　　　　　　　　　　　19. Ausfertigung

Einladung[1])
für die 62. Kabinettssitzung der Bundesregierung
am 7. Dezember 1954　　　　　　　　　　　　　　　9.30 Uhr
Ort: Haus des Bundeskanzlers

Tagesordnung:　　　　　　　　　　　　　　　　　*Federführend:*

1. *Sozialreform. (Vorlage d. Bundesarbeitsmin. v. 8. 10. und 27. 11 1954, IVa1—14160/54)*[2])　　*Der BM f. Arbeit*

2. *Entwurf eines Gesetzes über Maßnahmen auf dem Gebiete des Mietpreisrechts (Erstes Bundesmietengesetz); Stellungnahme der Bundesregierung zu den Änderungsvorschlägen d. Bundesrates. (Gemeinsame Vorlage d. Bundeswohnungsbaumin. und d. Bundeswirtschaftsmin. v. 26. 11. 1954, I—6400/86/54 und IB4—V2—7657/54)*[3])　　*Der BM f. Wirtschaft*

3. *Entwurf eines Beschlusses der Bundesregierung über vorbeugende Sicherungsmaßnahmen in Personalsachen. (Vorlage d. Bundesinnenmin. v. 4. 11. 1954, 63 A 845/54 geh.)*[4])　　*Der BM d. Innern*

4. *Entwurf eines Gesetzes zur Bekämpfung der Schwarzarbeit; Stellungnahme der Bundesregierung zu den Änderungsvorschlägen des Bundesrates. (Vorlage d. Bundesvertriebenenmin. v. 30. 11. 1954, I3a—Kab. 1281/54)*[5])　　*Der BM f. Vertriebene, Flüchtlinge u. Kriegsgeschädigte*

5. *Entwurf eines Dritten Gesetzes über Änderungen und Ergänzungen von Vorschriften des Zweiten Buches der Reichsversicherungsordnung (Gesetz über Krankenversicherung der Rentner-KVdR).*

---

[1]) VS-B 257/12: Umdruck mit Eingangsstempel „3. Dez. 1954" und Bearbeitungsvermerk „ausgefallen", eine Seite (Anlage ebenfalls eine Seite); maschinenschriftlicher Entwurf (Kabinettsprotokolle Bd. 25 E) mit den Paraphen Globkes und Adenauers vom 2. 12. und einem zusätzlichen TOP — Erweiterung des deutsch-französischen Warenverkehrs (Vorlage des BML vom 30. 11. 1954, VII B 1—7526.2—Kab. 568/54) —, allerdings ohne TOP 1 (außerhalb der Tagesordnung).
[2]) Siehe 63. Sitzung TOP 1.
[3]) Siehe 64. Sitzung TOP 9.
[4]) Siehe 64. Sitzung TOP 2.
[5]) Siehe 64. Sitzung TOP 10.

(Vorlage wird den Herren Bundesministern vom
Bundesarbeitsmin. noch zugehen[6])   Der BM f. Arbeit
6. Altersversorgung für das Deutsche Handwerk.
(Vorlage d. Bundesarbeitsmin. v. 23. 7. u. 5. 11.
1954, IVa9—7514/54 und —10564/54)[7])   Der BM f. Arbeit
7. Altersversorgung der freien Berufe. (Vorlage d.
Bundeswirtschaftsmin. v. 23. 9. 1954, ZA1—871/54)[8])   Der BM f. Wirtschaft
8. Personalien. (Siehe Anlage)[9])

Außerhalb der Tagesordnung
1. Beamtenbesoldung, Angestelltenvergütung und
Arbeiterlöhne. (Vorlage wird den Herren BM vom
BMF noch zugehen)[10])   Der BM d. Finanzen

gez. Adenauer

---

[6]) Siehe 64. Sitzung TOP 11.
[7]) Siehe 63. Sitzung TOP 3.
[8]) Siehe 63. Sitzung TOP 2.
[9]) Siehe 63. Sitzung TOP 23.
[10]) Siehe 63. Sitzung TOP 14.

**63. Kabinettssitzung
am Dienstag, den 14. Dezember 1954**

Teilnehmer: Adenauer (zeitweise)[1]), Blücher, Schröder (ab 10.00 Uhr), Neumayer, Erhard, Lübke, Storch, Seebohm, Balke, Preusker, Oberländer, Kaiser, Wuermeling, Tillmanns, Schäfer, Kraft; Bergemann (ab 12.00 Uhr), Globke, Hartmann, Nahm, Ripken, W. Strauß (ab 10.10 Uhr), Westrick; Klaiber; von Eckardt, Forschbach; Selbach, Kilb; Berger[2]) (ab 13.15 Uhr), Blank, Blankenhorn (zeitweise). Protokoll: Pühl.

Beginn: 9.30 Uhr   *Ende: 13.35 Uhr*

I
[Außerhalb der Tagesordnung]

Vor Eintritt in die Tagesordnung werden unter dem Vorsitz des Bundeskanzlers folgende Fragen erörtert.

[A.] ZUR INNENPOLITISCHEN LAGE

Der Bundeskanzler gibt seiner großen Besorgnis über die Entwicklung der innenpolitischen Lage[3]) Ausdruck. Im besonderen beunruhige ihn die auf Grund des Wahlausganges in Berlin entstandene Lage, die dadurch gekennzeichnet sei, daß die SPD mit nur einer Stimme über die Mehrheit verfüge[4]). Dabei müsse man sich darüber im klaren sein, daß der FDP eine große Anzahl von Stimmen durch die Wahlreden von Dr. Dehler verloren gegangen seien. In seinen Augen sei der Berliner Wahlausgang von vorrangiger Bedeutung, denn Berlin müsse als Vorkämpfer für die Wiedererringung der deutschen Freiheit angese-

---

[1]) Vgl. den Satz vor TOP C des Kurzprotokolls. — Dem Terminkalender Adenauer ist zu entnehmen, daß der BK um 12.15 eine Besprechung mit dem italienischen Finanzminister Ezio Vanoni, dem italienischen Botschafter Babuscio Rizzo und Albert Hilger van Scherpenberg hatte und um 12.35 Uhr eine Besprechung mit den Vorsitzenden der Koalitionsfraktionen (StBKAH 04.05).
[2]) Dr. iur. Hans Berger (1909—1985). 1937—1939 Gerichtsassessor, 1939—1945 abgeordnet zum Reichskommissar für die Preisbildung (1941 Amtsgerichtsrat). 1945 Amtsgericht Köln, 1946 Landgericht Köln, 1946—1948 Justizministerium des Landes Nordrhein-Westfalen (1948 MinR.), 1949—1953 Präsident des Landgerichtes Düsseldorf; 1953—1954 Leiter der Abteilung Verfassung, Staatsrecht und Verwaltung im BMI (1953 MinDir.); 1954—1959 Leiter der Rechtsabteilung im AA, 1959 Botschafter in Kopenhagen, 1963 Botschafter in Den Haag, 1965—1969 Chef des Bundespräsidialamtes im Range eines StS, 1969—1971 Botschafter beim Heiligen Stuhl.
[3]) Vgl. 61. Sitzung TOP D.
[4]) Bei der Wahl zum Abgeordnetenhaus am 5. Dez. 1954 hatte die bis zu jenem Zeitpunkt den Senat bildende Koalition von CDU und FDP ihre Mehrheit verloren. Zwar hatte der Stimmenanteil der CDU von 24,6 auf 30,4 % im Vergleich zur Wahl von 1950 zugenommen, doch derjenige der FDP war von 23 auf 12,8 % gesunken. Die SPD verfügte über 64, die CDU über 44 und die FDP über 19 Sitze.

hen werden. Er bedauere insbesondere die Art, in der Dr. Suhr⁵) die Außenpolitik der Bundesregierung kritisiert habe.

Dazu komme noch die Entwicklung in Bayern⁶) und Hessen⁷), die zusammen mit der Lage in Berlin im Ausland den Eindruck erwecken könnte, als wenn die Koalition an Bestand verliere. Nach seiner Auffassung dürfe man trotz Anerkennung der großen Bedeutung aller innerpolitischen Probleme den Primat der Außenpolitik nicht übersehen. Er sei fest entschlossen, von sich aus alles Erforderliche zu tun, um die Koalition zusammenzuhalten und damit dem Ausland gegenüber eine geschlossene Haltung der Bundesregierung zu manifestieren.

Der Bundeskanzler bringt weiterhin sein Mißfallen darüber zum Ausdruck, daß bei bedeutenden innerpolitischen Fragen nicht immer die erforderliche Abstimmung innerhalb der beteiligten Ressorts vorgenommen würde. So habe ihm z. B. der Bundestagsabgeordnete Bausch⁸) mitgeteilt⁹), daß im Ausschuß für Fragen der Presse, des Rundfunks und des Films die Vertreter der beteiligten Bundesministerien ihre Meinungsverschiedenheiten in der unerfreulichsten Weise vor den Ausschußmitgliedern ausgetragen hätten¹⁰). Als weiteres Beispiel für mangelnde Zusammenarbeit erwähnt der Bundeskanzler die Frage des Einsatzes der italienischen Arbeiter. Nach seiner Auffassung sei diese Frage von so eminenter Bedeutung, daß, bevor einzelne Ressortminister in der Öffentlichkeit zu dieser Frage Stellung nähmen, vorher eine einheitliche Meinungsbildung des Kabinetts hergestellt werden müsse¹¹). Er bitte die Kabinettsmitglieder dringend, in Zukunft Fragen von politischem Gewicht von sich aus im Kabinett zur Erörterung zu stellen.

---

⁵) Dr. rer. pol. Otto Suhr (1894–1957). 1921–1925 hauptberuflich im Allgemeinen Deutschen Gewerkschaftsbund, 1925–1933 im Allgemeinen Freien Angestelltenbund und Dozent an der Hochschule für Politik in Berlin, 1933 zunächst arbeitslos, dann freier Mitarbeiter an verschiedenen Zeitungen; 1946 Generalsekretär der Sozialdemokratischen Partei in Berlin, 1946–1951 Vorstand, 1951–1955 Präsident der Stadtverordnetenversammlung, 1955–1957 Regierender Bürgermeister von Berlin.

⁶) Die Verhandlungen von SPD, BP, FDP und BHE über die Bildung einer Koalitionsregierung in Bayern waren am 9. Dez. 1954 abgeschlossen worden (KEESING 1954 S. 4898). Am 14. Dez. 1954 wurde Wilhelm Hoegner (SPD) als Nachfolger des seit 1946 amtierenden Hans Ehard (CSU) vom bayerischen Landtag zum Ministerpräsidenten gewählt (ebenda S. 4907).

⁷) Die Absprachen zwischen SPD und BHE über die Bildung einer Koalitionsregierung in Hessen waren am 12. Dez. 1954 von den Gremien beider Parteien gebilligt worden (ebenda S. 4898).

⁸) Paul Bausch (1895–1981). Verwaltungsbeamter. 1924 Mitbegründer des Christlich-Sozialen Volksdienstes, 1928–1930 MdL in Württemberg, 1930–1933 MdR; 1945 Mitbegründer der CDU in Württemberg-Baden, 1946 Mitglied der Verfassunggebenden Landesversammlung und danach des Landtags, 1949–1965 MdB, 1953–1957 Vorsitzender des Ausschusses für Fragen der Presse, des Rundfunks und des Films.

⁹) In den Sitzungen des Ausschusses am 12. Nov. und 1. Dez. 1954 hatten die Vertreter des BMF und des BMVt gegensätzliche Auffassungen über eine angemessene Berücksichtigung der heimatvertriebenen Filmtheaterbesitzer bei der Entflechtung des ehemaligen reichseigenen Filmvermögens vertreten (Kurzprotokolle im Parlamentsarchiv des BT).

¹⁰) Das von Seebohm (Nachlaß/8c) erwähnte Schreiben Bauschs an Adenauer nicht ermittelt.

¹¹) Vgl. TOP 17 dieser Sitzung.

In der anschließenden Aussprache weist der Bundesminister für wirtschaftliche Zusammenarbeit auf die bedenklichen außenpolitischen Folgen hin, die eine rein sozialistische Regierung in Berlin auslösen könnte. Bundesminister Dr. Tillmanns dagegen betrachtet die Wahlergebnisse in Berlin mit einem gewissen Optimismus. Entscheidend sei doch der Mißerfolg der SED[12]), wenn man berücksichtige, mit welchem gewaltigen Aufwand die SED Wahlpropaganda getrieben habe. Man dürfe die Stimmen der SPD in Berlin nicht schlechthin als Stimmen gegen die Außenpolitik der Bundesregierung werten. Auch der SPD sei es bekannt, daß sie mit einer Stimme Mehrheit nicht regieren könne. Der Bundesminister für wirtschaftliche Zusammenarbeit ist der Meinung, daß die Angriffe gegen die Bundesregierung jeder Grundlage entbehren. Ein Überblick z. B. über die zum Jahresende im Fluß befindlichen Maßnahmen der Bundesregierung zeige ihre Aktivität gerade auf innenpolitischem Gebiet. Er denke hier insbesondere an die Steuerreform[13]), an die Verbesserung der Kriegsopferversorgung[14]), an die Regelung für Spätheimkehrer[15]), an die Regelung der Ernteschäden[16]), an die tariflichen Verbesserungen für die Arbeiter und Angestellten im öffentlichen Dienst[17]), an die Regelung der Besatzungsschäden[18]) usw. Es sei erforderlich, daß dies einmal ganz klar von der Bundesregierung herausgestellt würde.

[B.] AUSSENPOLITISCHE LAGE

Der Bundeskanzler berichtet über den Inhalt seines gestrigen Gesprächs mit dem Bundestagsabgeordneten Ollenhauer. Er habe diesem vorgeschlagen, die Debatte über die Verträge möglichst ruhig und sachlich zu gestalten. Ollenhauer persönlich habe sich dazu bereit gefunden; jedoch fürchte er, daß diese Bereitschaft nicht bei allen Sprechern der Opposition zu dieser Frage vorhanden sei[19]).

Der Bundeskanzler geht alsdann auf die Saarfrage ein[20]), beleuchtet diese von der französischen und von der deutschen Sicht aus und stellt fest, daß das Saarproblem offenbar von den beiden Vertragspartnern verschieden gesehen würde[21]). Er sieht in dem Saarabkommen den Angelpunkt des gesamten Ver-

---

[12]) Die SED hatte 2,7 % der Stimmen erhalten.
[13]) Vgl. 22. Sitzung TOP 1.
[14]) Vgl. TOP 9 dieser Sitzung
[15]) Vgl. 14. Sitzung TOP 1.
[16]) Vgl. Sondersitzung am 31. Aug. 1954 TOP B.
[17]) Vgl. 36. Sitzung TOP F.
[18]) Vgl. 39. Sitzung TOP 16.
[19]) Zur Unterredung Adenauers mit Ollenhauer vgl. Protokoll über die Fraktionsvorstandssitzung am 14. 12. 1954 in SPD-Bundestagsfraktion/1017 (alt) (im AdsD) und BULLETIN vom 14. Dez. 1954 S. 2162.
[20]) Vgl. dazu 60. Sitzung TOP A.
[21]) Vgl. die „Begründung" des Saarabkommens in der Vorlage des AA vom 10. Nov. 1954 zum Entwurf eines Gesetzes betreffend das am 23. Oktober 1954 in Paris unterzeichnete Vertragswerk (AA, L1, Bd. 177) bzw. die „Begründung" des Saarabkommens im Schreiben des BK an den Präsidenten des BR vom 19. Nov. 1954 zum Gesetz betreffend das am 23. Oktober 1954 in Paris unterzeichnete Abkommen über das Statut der Saar (B 136/937)

tragswerkes und empfiehlt daher den Kabinettsmitgliedern äußerste Vorsicht bei ihren Äußerungen zur Saarfrage, um Frankreich keine Gelegenheit zu Angriffen gegen die Bundesrepublik zu geben. Es müsse deutscherseits vermieden werden, daß an der Saarfrage das gesamte Vertragswerk scheitere, weil dann die Gefahr bestehe, daß der Bundesrepublik die Schuld hierfür zugeschoben werde. In diesem Zusammenhang berichtet der Bundeskanzler über Gespräche, die er mit maßgeblichen Vertretern der Saar gehabt habe[22].

An diese Ausführungen schließt sich eine längere Diskussion an. Der Bundesminister für wirtschaftliche Zusammenarbeit bringt seine Sorge darüber zum Ausdruck, daß auch von der gesamten deutschen Presse die Behauptung verbreitet würde, die Westmächte hätten sich zu einer Politik der Koexistenz[23] entschlossen. Zweifellos trage diese These entscheidend zur Beunruhigung in der deutschen Bevölkerung bei. Nach seiner Auffassung müsse der Bundeskanzler in seiner Regierungserklärung[24] zu dieser Frage Stellung nehmen. Der Bundeskanzler pflichtet dieser Auffassung bei. Jedoch dürfe man nicht übersehen, daß diese Auffassung noch niemals von einer verantwortlichen Seite des Westens vertreten worden sei. Lediglich die Presse beschäftige sich bisher mit dem Problem der Koexistenz. Dabei handele es sich zweifellos um eine Propagandamaßnahme des Ostens. Von verschiedenen Kabinettsmitgliedern wird gleichfalls die These von der „Koexistenz" als sehr gefährlich angesehen. Der Bundespres-

---

mit „Französische Begründung zum Saarabkommen, 7. 12. 54 der Nationalversammlung vorgelegt" in Nachlaß Blankenhorn/36a. Siehe dazu auch Schreiben Blüchers an Adenauer vom 6. Dez. 1954 (Durchschlag) in Nachlaß Blücher/81, ferner Schreiben Conants an Merchant vom 14. Dez. 1954, dessen zweitletzter Absatz wie folgt lautet: „I hardly need point out that one of the basic troubles is that from the start the German and French 'explanations' of what was agreed have differed markedly. In a few words, the Chancellor has always maintained the solution was not a European solution, but was a provisional one, whereas the French seem to insist that it is a European one and is not provisional!" (FRUS V p. 1496).

[22] Vgl. dazu folgende Eintragung in Nachlaß Seebohm/8c: „Gespräch mit den 3 ‚freien' Saarländern gestern, darunter R[echts]A[nwalt] Schneider. Schneider: Gefahr für wirtschaftliche Lage an der Saar; Vertreter der Verelendungstheorie (Schröder kommt). Adenauer: wenn dann Frankreich etwas bietet, werden die Saarleute sich dorthin wenden. Sie haben schriftlich erklärt, wenn uns keine Sicherungen über Saarfreiheit (Wahl, Abstimmung) gegeben sei[en], müsse die Saar das Statut ablehnen (StS Strauß kommt). Frankreich wird Verträge genehmigen, um dann alles über die Saar kaputt zu machen."

[23] Vgl. hierzu folgenden Auszug aus „14. 12. 1954. Streng vertraulich – rein persönlicher Erinnerungsvermerk Minister Blücher! Kabinettssitzung am 14. 12. 54" in Nachlaß Blücher/81 und 299: „Im übrigen sollte der wesentliche Inhalt Ihrer Regierungserklärung bestimmt sein durch die leider zutage getretene allgemeine Annahme der gesamten deutschen Presse, daß der Westen sich zu einer Politik der Koexistenz auf der Grundlage des status quo entschieden habe. Hier müssen Sie richtigstellen anhand von Erklärungen, Abkommen usw.! Sie werden dem entgegenhalten, woher die Publizistik das wissen und beweisen wolle. Doch das ist eine müßige Frage, wenn Sie an die augenblickliche Verfassung unseres Volkes denken und an die alle – auch die gutwilligen – beherrschende Angst, daß der Westen sich von dem Wiedervereinigungsgedanken abgekehrt habe." Vgl. dagegen NOACK S. 21 f.

[24] „Änderungsvorschläge Blücher" vom [14.] Dez. 1954 zur Regierungserklärung Adenauers am 15. Dez. 1954 vor dem Deutschen Bundestag (STENOGRAPHISCHE BERICHTE Bd. 22 S. 3120 C – 3135 C) in Nachlaß Blücher/81.

sechef bemerkt hierzu, daß man mit innerdeutschen Maßnahmen dieser neuen These kaum entgegenwirken könne, da diese vom Ausland, insbesondere von England, infiltriert würde. Es wäre zu erwägen, ob man dieser Tendenz nicht auf diplomatischem Wege entgegenwirken sollte. Der Bundeskanzler beurteilt diese Frage ähnlich. Es sei hier ein typischer Fall dafür gegeben, in welcher verhängnisvollen Weise sich die mangelnde deutsche Souveränität auswirken könne. Zu seinem Bedauern würde dies oftmals nicht einmal von maßgeblichen deutschen Politikern gesehen. Er erwäge, ob er nicht in einem Neujahrsartikel über diese fundamentalste Frage der deutschen Außenpolitik schreiben sollte. Der Bundespressechef übernimmt es, einen solchen Artikel vorzubereiten[25].

In diesem Zusammenhang regt Bundesminister Dr. Tillmanns an, daß sich das Kabinett einmal sehr gründlich über die Methoden der sowjetischen Infiltration und über Maßnahmen zur Abwehr derselben beraten sollte. Diese Anregung wird vom Kabinett positiv aufgenommen[26].

Nachdem der Bundeskanzler die Sitzung verlassen hat, übernimmt der Vizekanzler den Vorsitz.

[C.] ENTWURF EINES DRITTEN GESETZES ZUR FÖRDERUNG DER WIRTSCHAFT IM LANDE BERLIN

Bundesminister Dr. Tillmanns weist auf die Bedeutung dieses Gesetzentwurfes[27] für die Berliner Wirtschaft hin und bittet Staatssekretär Hartmann, anläßlich der für Freitag, den 17. d. M., im Plenum des Bundesrates vorgesehenen Beratung dieses Gesetzentwurfs diesen nochmals mit aller Entschiedenheit zu vertreten[28]. Das Kabinett unterstreicht seinerseits gleichfalls die politische Bedeutung dieses Gesetzentwurfs[29].

II

Unter dem Vorsitz des Bundeskanzlers werden die Punkte 1—5, 17 und 22 (teilweise) beraten.

---

[25] Nicht ermittelt.
[26] Fortgang 64. Sitzung TOP B: Saarabkommen.
[27] Vgl. 59. Sitzung TOP 3. — Siehe das Schreiben Schäffers an Adenauer vom 12. Nov. 1954 in B 136/2264.
[28] Der BMF wurde bei der Beratung durch Oeftering vertreten (BR-SITZUNGSBERICHTE 1954 S. 390).
[29] Fortgang 65. Sitzung am 19. Jan. 1955 (TOP 3). — BT-Drs. Nr. 1159. — Erstes Gesetz zur Änderung des Einkommensteuergesetzes in der Fassung vom 21. Dezember 1954 (Bundesgesetzbl. I S. 441), des Körperschaftsteuergesetzes in der Fassung vom 21. Dezember 1954 (Bundesgesetzbl. I S. 467) und des Gesetzes zur Erhebung einer Abgabe „Notopfer Berlin" vom 4. Juli 1955 (BGBl. I 384).

1. SOZIALREFORM BMA
A) BERICHT ÜBER DIE ARBEITSERGEBNISSE DES BEIRATS FÜR DIE NEUORDNUNG DER SOZIALEN LEISTUNGEN
B) MATERIELLE UND ORGANISATORISCHE GESTALTUNG DER ARBEIT DES BEIRATS BEIM BUNDESARBEITSMINISTERIUM

Der Bundesminister für Arbeit bezieht sich auf die dem Kabinett vorliegenden Schreiben vom 27. 11. und 4. 12.[30]) sowie auf die inzwischen erstellten versicherungstechnischen Bilanzen der Invalidenversicherung und Angestelltenversicherung[31]) und teilt mit, daß inzwischen die Ergebnisse der Sozialenquête[32]) vorlägen. Es sei nunmehr erforderlich, einen Kabinettsausschuß einzusetzen, um die Grundlagen für die kommende Sozialreform festzulegen. Dieser Kabinettsbeschluß müsse eng mit den maßgebenden Mitgliedern des Beirats für die Reform der sozialen Leistungen zuammenarbeiten. Dabei sei es erforderlich, den Ausschuß möglichst klein zu halten, um seine Intensität zu steigern. Er bitte daher das Kabinett, heute einen Beschluß in diesem Sinne zu fassen.
Der Bundeskanzler hält den Vorschlag des Bundesministers für Arbeit, einen Kabinettsausschuß für die Durchführung der Sozialreform zu bilden, für gut. Auch er ist der Meinung, daß der Ausschuß klein gehalten werden und daß er sehr konzentriert arbeiten müsse. Bisher sei die Vorbereitung der Sozialreform nur sehr langsam vorangekommen. Wenn man eine Sozialreform noch in dieser Legislaturperiode wolle, müsse man die gesetzesvorbereitenden Arbeiten bis Ende 1955 abgeschlossen haben, damit das Parlament Gelegenheit habe, im Laufe des Jahres 1956 die Sozialreform zu verabschieden. Er bezeichnet daher als die

---

[30]) Vgl. 48. Sitzung TOP 1. — Vorlagen in B 149/392 und B 136/1363. — In der Vorlage vom 27. Nov. 1954 hatte Storch die im BMA erarbeiteten Grundsätze für die Sozialreform dargelegt. Der Vorlage beigegeben war ein Bericht über die Arbeit des Beirats. Siehe dazu auch HOCKERTS S. 271—274. Vgl. auch den Vermerk vom 6. Dez. 1954 in B 136/1360. — Mit der Vorlage vom 4. Dez. 1954 bat Storch, die in der Vorlage vom 27. Nov. 1954 unterbreiteten Vorschläge als „Leitsätze für die Sozialreform zu beschließen".

[31]) Der BMA hatte entsprechend der Verordnung über die Änderung, die neue Fassung und die Durchführung von Vorschriften der Reichsversicherungsordnung, des Angestelltenversicherungsgesetzes und des Reichsknappschaftsgesetzes vom 17. Mai 1934 (RGBl. I 419, hier § 1391 der Reichsversicherungsordnung und § 172 des Angestelltenversicherungsgesetzes) „Versicherungstechnische Bilanzen für die Rentenversicherung der Arbeiter und der Rentenversicherung der Angestellten im Bundesgebiet und im Land Berlin für den 1. Juli 1954" erstellt, die er mit Schreiben vom 6. Dez. 1954 den Bundesministern zugeleitet hatte (B 149/3767, Unterlagen in B 149/3764—3766, Druck in Bundesarbeitsblatt, Beiheft zu Nr. 6, 1955). In dieser Bilanz waren die Einnahmen, Ausgaben sowie das Vermögen der Rentenversicherungen bis zum Jahr 1998 hochgerechnet worden. Die Berechnungen hatten ergeben, daß die Rentenversicherung der Arbeiter ab 1973 einen sich ständig erhöhenden Fehlbetrag aufweisen werden, während in der Angestelltenversicherung sich zwar der Überschuß der Einnahmen über die Ausgaben verringern, aber nicht zu einem Fehlbetrag führen würde.

[32]) Das Statistische Bundesamt hatte in der Zeit von Okt. bis Dez. eine „Statistik über die sozialen Verhältnisse der Renten- und Unterstützungsempfänger", Teil I Bericht 1—3, vorgelegt, die Storch am 15. Jan. 1955 zusammen mit der Stellungnahme des BMA dem Kabinett zuleitete (B 136/1363). Die Erhebung basierte auf den Unterlagen von 4,5 % der Leistungsempfänger, d. h. 13 820 Personen, deren Familiennamen mit L begann (sog. L-Statistik), Stand Sept. 1953. Die Ergebnisse wurden zu einem Teil veröffentlicht in Wirtschaft und Statistik, 6. Jg. NF 1954 S. 553—564, Berichtigung ebenda 7. Jg. NF 1955 S 48.

vordringlichste Aufgabe dieses Ministerausschusses die Festlegung eines Zeitplans und den Aufbau eines personellen Apparates, der eine wirksame Vorbereitung der gesetzgeberischen Maßnahmen gewährleiste. Wie er von dem Bundesminister für Arbeit erfahren habe, seien wichtige personelle Veränderungen bzw. Neubesetzungen in seinem Ministerium erforderlich[33]). Dabei habe dieser Klage darüber geführt, daß ihm die Haushaltsmittel fehlten, um die erforderliche personelle Ausstattung durchzuführen[34]). Es sei notwendig, den Bundesminister für Arbeit von dieser Sorge zu befreien. Als Ergebnis der anschließenden Aussprache faßt das Kabinett folgenden Beschluß:
a) Es wird ein Ministerausschuß für die Fragen der Sozialreform eingesetzt, dem die folgenden Bundesminister angehören:
Der Bundesminister für Arbeit
Der Bundesminister des Innern
Der Bundesminister der Finanzen
Der Bundesminister für Vertriebene, Flüchtlinge und Kriegsgeschädigte
Der Bundesminister für besondere Aufgaben Dr. Schäfer[35]).
b) Dieser Ausschuß soll umgehend einen Zeitplan festlegen und prüfen, welche personelle Ausstattung zur Einhaltung dieses Zeitplanes als notwendig angesehen wird[36]).

2. ALTERSVERSORGUNG DER FREIEN BERUFE[37])   BMWi

3. ALTERSVERSORGUNG FÜR DAS DEUTSCHE HANDWERK   BMA

Der Bundesminister für Arbeit begründet die Vorlage des Memorandums zur Frage der Altersversorgung für das Deutsche Handwerk[38]). Er habe eine

---

[33]) Der Leiter der Abteilung IV Sozialversicherung und Kriegsopferversorgung des BMA, MinDir. Josef Eckert, war nach Erreichen der Altersgrenze mit Wirkung vom 1. Nov. 1954 ausgeschieden (vgl. Bundesarbeitsblatt 1954 S. 648). — Zur Nachfolge siehe die Vermerke vom 26. Nov. 1954 und 5. Jan. 1955 in B 136/1360. — Im Jan. 1955 wurde MinR. Dr. Kurt Jantz Leiter der Abt. IV Sozialversicherung. Neu gebildet wurde die Abt. V: Versorgung der Kriegsopfer, arbeitsmedizinische-, versorgungs- und sozialärztliche Angelegenheiten (Bundesarbeitsblatt 1955 S. 70).
[34]) Unterlagen dazu in B 136/1360 und B 126/10941.
[35]) Im Protokolltext ursprünglich: „Der Bundesminister für Wirtschaft." Der Text wurde hier geändert auf Grund der Berichtigung des Protokollführers vom 10. Jan. 1955, die dem Protokoll beilag.
[36]) Fortgang 64. Sitzung TOP I.
[37]) Der BMWi hatte in seiner Vorlage vom 23. Sept. 1954 darauf hingewiesen, daß eine Grundsatzentscheidung über die Haltung des Kabinetts zur Altersversorgung der freien Berufe herbeigeführt werden müsse, weil für diese Personengruppen mehrere Ressorts (BMA, BMJ, BMF, BMWi und BMWo) zuständig seien. Erhard hatte sich gegen eine Zwangsversicherung ausgesprochen (B 102/8301). — Die Meinung des BMJ, daß die Vorlage noch nicht kabinettsreif sei, war von dem zuständigen Referenten des Bundeskanzleramts geteilt worden (Vermerk vom 7. Okt. 1954 in B 141/19190).
[38]) Vgl. 7. Sitzung am 10. Nov. 1953 (TOP 12). — In dem Memorandum vom 5. Nov. 1954 (B 149/4065 und B 136/2665) hatte der BMA die Frage zur Diskussion gestellt, ob die im Gesetz über die Altersversorgung für das Deutsche Handwerk vom 21. Dez. 1938 (RGBl. I 1900) festgelegte Altersversorgung beibehalten werden und, wenn ja, in welcher Weise sie geregelt werden sollte. Das Gesetz von 1938 hatte den Handwerkern die Wahl

Erörterung dieser Frage im Kabinett für notwendig gehalten, nachdem er erfahren habe, daß diese in der Liste der vordringlichen Maßnahmen der Bundesregierung enthalten sei[39]). Der Bundeskanzler bringt seine tiefe Besorgnis darüber zum Ausdruck, daß die Tendenz zum Versorgungsstaat offenbar immer mehr um sich greife. Er bittet die beteiligten Ressortminister, ihm einen Überblick über Art und Umfang dieser Bestrebungen zu vermitteln. Es sei dringend erforderlich, dieser staatspolitisch bedenklichen Entwicklung entgegenzutreten. Auf Anregung des Bundesministers für wirtschaftliche Zusammenarbeit beschließt das Kabinett:
   a) Dem Antrag des Bundesministers des Innern vom 25. 11. 1954[40]) zu folgen und die Frage der Altersversorgung für das Deutsche Handwerk sowie die Frage der Altersversorgung der Freien Berufe zunächst auf Ressortebene vorzuklären.
   b) Das vom Bundeskanzler erbetene Material zu erarbeiten und ihm zuzuleiten[41]).

4. HILFSMASSNAHMEN FÜR EHEMALIGE SOWJETZONENHÄFTLINGE   BMVt

Einleitend bemerkt der Bundesminister für wirtschaftliche Zusammenarbeit, daß nach seiner Meinung als die wichtigste Frage die Klärung der Zuständigkeit angesehen werden müsse. Bisher habe der Bundesminister für Vertriebene, Flüchtlinge und Kriegsgeschädigte dankenswerterweise die Vorarbeiten geleistet[42]). Er rege daher an, daß dieser auch weiterhin die Federführung behalte. Hiermit erklärt sich der Bundesminister für Vertriebene, Flüchtlinge und Kriegsgeschädigte grundsätzlich einverstanden.

Anschließend berichtet Staatssekretär Dr. Nahm über den Sachstand und die zur Beratung anstehenden Kernfragen[43]). Er betont, daß eine Übereinstimmung der Ressorts darüber herbeigeführt werden konnte, das Bundesversorgungsgesetz[44]) auf ehemalige Sowjetzonenhäftlinge auszudehnen. Dagegen sei

---

gelassen zwischen einer Pflichtversicherung und dem Abschluß einer Lebensversicherung in einer vorgeschriebenen Höhe. — Einen Vorschlag hatte der BMA nicht vorgelegt.
[39]) Vgl. 45. Sitzung TOP A.
[40]) Vorlage des BMI vom 25. Nov. 1954 in B 149/4065 und B 136/2665.
[41]) Der BK forderte in einem Schreiben vom 16. Jan. 1955 „Betr.: Entwicklung zum Versorgungsstaat" die Bundesminister erneut auf, ihm bis zum 28. Febr. 1955 ihre Stellungnahme „zu dieser staatspolitischen Grundsatzfrage" zuzuleiten (B 136/1385). Stellungnahmen ebenda und in B 149/394 und B 102/40896. Diese Frage wurde in der Beratung des Kabinetts über die Sozialreform wieder aufgegriffen (vgl. Sondersitzung am 22. März 1955, TOP 1) und in die Erörterung eines Gesamtkonzepts der Reform der sozialen Leistungen durch den Interministeriellen Ausschuß für die Sozialreform einbezogen (Unterlagen in B 136/1361). — Unterlagen über die Beratungen der CDU/CSU-Fraktion über die Altersversorgung des Handwerks in B 102/14759. — Der von der CDU/CSU-Fraktion am 21. Juni 1955 eingebrachte Initiativgesetzentwurf sah die Einführung der Beitragspflicht für Handwerker vor (BT-Drs. Nr. 1479). — Gesetz vom 27. Aug. 1956 (BGBl. I 755). — Unterlagen zur Diskussion über die Altersversorgung der freien Berufe in B 135/135—137.
[42]) Vgl. 40. Sitzung TOP B.
[43]) Vorlage des BMVt vom 30. Nov. 1954 in B 150/822 und B 136/2717. — In diesen Bänden auch Niederschriften über Ressortbesprechungen und Stellungnahmen der Ressorts.
[44]) Gesetz über die Versorgung der Opfer des Krieges vom 20. Dez. 1950 (BGBl. 791).

es jedoch nicht gelungen, sich mit allen beteiligten Bundesressorts über die Frage einer Haftentschädigung zu einigen. Für eine Entschädigung träten nur der Bundesminister für gesamtdeutsche Fragen und Bundesminister Dr. Tillmanns ein. Alle übrigen Bundesressorts hätten sich gegen die Haftentschädigung ausgesprochen mit der Begründung, daß eine solche Regelung von der sowjetzonalen Propaganda sofort aufgegriffen würde. Der Bundesminister für Vertriebene habe statt dessen den Vorschlag unterbreitet, einen Fonds in Höhe von etwa 10 Mio DM zu bilden, aus dem bedürftigen und würdigen ehemaligen Sowjetzonenhäftlingen ohne Einräumung eines Rechtsanspruchs Geldzuwendungen gemacht werden könnten. Besonders schwierig sei schließlich die Frage, wie der Kreis der Berechtigten abzugrenzen sei. Für die weitere Arbeit sei eine Stellungnahme des Kabinetts zu diesen Fragen erforderlich. Der Bundeskanzler vertritt die Auffassung, daß den Sowjetzonenhäftlingen in jedem Falle geholfen werden müsse. Er berichtet dem Kabinett über einzelne, ihm persönlich bekannte Fälle. Auch nach seiner Auffassung sollte man einen Fonds bilden, aus dem Unterstützungen bei Vorliegen besonderer Notlage gewährt werden.

Aus der anschließenden Aussprache ergibt sich, daß eine Abgrenzung des Kreises der Berechtigten als äußerst schwierig angesehen wird. Man ist sich darüber im klaren, daß dies auf gesetzlichem Wege kaum möglich sein wird, sondern im Rahmen einer Ermessungsentscheidung versucht werden müsse.

Als Ergebnis der Aussprache bleibt festzuhalten:
a) Das Kabinett ist mit der Gewährung von Leistungen an Sowjetzonenhäftlinge entsprechend den Bestimmungen des Bundesversorgungsgesetzes einverstanden.
b) Das Kabinett lehnt eine Haftentschädigung ab und entscheidet sich für die Bildung eines Fonds in der vom Bundesminister für Vertriebene vorgeschlagenen Höhe. Von der Festlegung des Personenkreises auf gesetzlichem Wege kann bei dieser Lösung abgesehen werden[45].

5. ERRICHTUNG EINES INTERMINISTERIELLEN AUSSCHUSSES FÜR DEN LASTENAUSGLEICH BK

Der Bundesminister für wirtschaftliche Zusammenarbeit spricht sich für die Errichtung des vorgeschlagenen Ausschusses aus und bittet, in demselben vertreten zu sein[46]. Hiermit erklärt sich der BM für Vertriebene einverstanden. Staatssekretär Hartmann bittet, die Beratung dieses Punktes zu vertagen, da es

---

[45]) Das Kabinett verabschiedete in der 78. Sitzung am 30. März 1955 (TOP 3) den Entwurf eines Gesetzes über Hilfsmaßnahmen für Personen, die aus politischen Gründen in Gebieten außerhalb der Bundesrepublik Deutschland und Berlin (West) in Gewahrsam genommen wurden. – BR-Drs. Nr. 114/55. – BT-Drs. Nr. 1450. – Gesetz vom 6. Aug. 1955 (BGBl. I 498).

[46]) Zu den Kompetenzstreitigkeiten zwischen BMF und BMVt in den Fragen des Lastenausgleichs vgl. 58. Sitzung TOP 2. – Der BK schlug in seiner Vorlage vom 13. Dez. 1954 die Errichtung des Ausschusses vor, dessen Geschäftsführung durch den BMF oder den BMVt er offengelassen hatte (B 136/9438). Die der Vorlage beigegebenen Richtlinien waren dem Entwurf entnommen, den der BMF am 12. Febr. 1954 dem BMVt zugeleitet und in dem er sich die Geschäftsführung vorbehalten hatte (ebenda).

ihm bisher nicht gelungen sei, sich mit dem Bundesminister der Finanzen telefonisch zu verständigen. Der Bundesminister für Wohnungsbau unterstützt diesen Antrag, da er sich noch wegen der Formulierung der Ziff. 6 der der Vorlage beigefügten Richtlinien mit dem Bundesminister für Vertriebene, Flüchtlinge und Kriegsgeschädigte abstimmen müsse[47]). Der Bundeskanzler dagegen weist darauf hin, daß man über die Frage nun seit fast 14 Monaten verhandele. Er sehe keinen Anlaß, die Entscheidung weiter hinauszuschieben. Nach seiner Auffassung sei die Mitwirkung des Bundesministers für Vertriebene, Flüchtlinge und Kriegsgeschädigte bei der Gestaltung des Lastenausgleichs sachlich notwendig. Er beabsichtige, dem Bundesminister der Finanzen persönlich einen ausführlichen Brief zu dieser Frage zu schreiben[48]). Als Ergebnis der sich anschließenden Aussprache beschließt das Kabinett gegen die Stimme von Staatssekretär Hartmann:

a) antragsgemäß einen interministeriellen Ausschuß für den Lastenausgleich auf der Grundlage der vorliegenden Richtlinien zu errichten. Die vom Bundesminister für Wohnungsbau zur Fassung der Ziffer 6 der Richtlinien vorgebrachten Bedenken werden durch eine Erklärung des Bundesministers für Vertriebene, Flüchtlinge und Kriegsgeschädigte, daß eine Änderung der Zuständigkeitsverteilung in wohnungspolitischen Angelegenheiten von ihm nicht beabsichtigt sei, ausgeräumt

b) die Geschäftsführung des Ausschusses dem Bundesminister für Vertriebene, Flüchtlinge und Kriegsgeschädigte zu übertragen. Er wird diese im Einvernehmen mit dem Bundesministerium der Finanzen wahrnehmen[49]).

6. BUNDESGESETZLICHE REGELUNG DES WASSERRECHTS UND DER WASSERWIRTSCHAFT

[Nicht behandelt][50])

7. ENTWURF EINES DRITTEN GESETZES ÜBER ÄNDERUNGEN UND ERGÄNZUNGEN VON VORSCHRIFTEN DES ZWEITEN BUCHES DER REICHSVERSICHERUNGSORDNUNG (GESETZ ÜBER KRANKENVERSICHERUNG DER RENTNER – KVdR) BMA

[Nicht behandelt][51])

8. ENTWURF EINES GESETZES ZUR BEKÄMPFUNG DER SCHWARZARBEIT; STELLUNGNAHME DER BUNDESREGIERUNG ZU DEN ÄNDERUNGSVORSCHLÄGEN DES BUNDESRATES BMA

[Nicht behandelt][52])

---

[47]) Siehe unter a) in diesem TOP.
[48]) Nicht ermittelt.
[49]) Die erste Sitzung des Ausschusses fand am 28. Febr. 1955 statt (Protokoll in B 136/9438). – Weitere Unterlagen in B 106/23048.
[50]) Siehe 71. Sitzung am 16. Febr. 1955 TOP 4 und TOP D.
[51]) Siehe 64. Sitzung TOP 11.
[52]) Siehe 64. Sitzung TOP 10.

9. VERBESSERUNG DER KRIEGSOPFERVERSORGUNG   BMA

Der Bundesminister für Arbeit teilt dem Kabinett mit, daß in der morgigen Sitzung des Bundestages über die Verbesserungen in der Kriegsopferversorgung Beschluß gefaßt werde[53]). Dabei gehe der Bundestag davon aus, daß die Deckungsfrage in befriedigender Weise geregelt werde. Auch er müsse der Erwartung Ausdruck geben, daß von der Bundesregierung bei der Beratung dieser Frage keine Einwendungen unter Bezugnahme auf die Deckungsfrage gemacht würden. Auf Vorschlag von Staatssekretär Dr. Globke beschließt das Kabinett, die Deckungsfrage zunächst nicht zu erörtern. Dies könne anläßlich der Haushaltsberatungen im Bundestag geschehen[54]).

10. BERICHT DES BUNDESMINISTERS DES INNERN ÜBER DIE DURCHFÜHRUNG VON LANGWELLENSENDUNGEN   BMI

[Nicht behandelt][55])

11. ENTWURF EINES ZWEITEN GESETZES ZUR REGELUNG VON FRAGEN DER STAATSANGEHÖRIGKEIT   BMI

Der Bundesminister des Innern berichtet über den Sachstand. Die Kernfrage sei, ob die Bundesregierung einen Gesetzentwurf vorlegen oder ob man dem Bundestag die Initiative überlassen solle[56]). Er habe sich in seiner Vorlage für ein Initiativgesetz des Bundestages ausgesprochen[57]). Dagegen habe der Bundeskanzler sich vor seinem Weggang aus dem Kabinett für eine Regierungsvorlage ausgesprochen[58]). Der Bundesminister des Innern gibt alsdann die Grundzüge

---

[53]) Vgl. 60. Sitzung TOP B und 61. Sitzung TOP E. Der TOP wurde laut Einladung ohne Vorlage behandelt (Kabinettsprotokolle Bd. 25 E). – Der BT verabschiedete das auf den Initiativgesetzentwürfen beruhende Gesetz einstimmig am 15. Dez. 1954 (STENOGRAPHISCHE BERICHTE Bd. 22 S. 3166 f.). – Dieses Gesetz brachte eine Erhöhung der Grundrenten in der Kriegsopferversorgung um 20–30 %. Der Mehrbedarf gegenüber der vom BMA vorgesehenen zwanzigprozentigen Erhöhung betrug 60 Mio DM (vgl. den Vermerk vom 13. Dez. 1954 in B 136/393).

[54]) In einem Vermerk des Bundeskanzleramts vom 11. Jan. 1955 wurde festgestellt, daß das Kabinett „einen formellen Beschluß im Sinne des Art. 113 GG nicht gefaßt" habe. Doch könne man aus der Tatsache, daß die Bundesregierung bei der Beratung im BT keine Einwendungen hinsichtlich der Deckungsfrage gemacht habe, schließen, daß dies einer Zustimmung im Sinne von Art. 113 GG gleichkomme. Nach eingehender Prüfung habe der BMF den Gesetzentwurf unterzeichnet. Bedenken, den Entwurf gegenzuzeichnen, beständen also nicht (B 136/393). – Drittes Gesetz zur Änderung und Ergänzung des Bundesversorgungsgesetzes vom 19. Jan. 1955 (BGBl. I 25).

[55]) Vgl. 144. Sitzung am 27. April 1951 (TOP 7). – Eine Behandlung im Kabinett während der zweiten Legislaturperiode konnte nicht ermittelt werden. – Unterlagen in B 106/700 sowie in B 136/2014 f. und 3459. – Siehe dazu auch die Pressekonferenz am 9. Dez. 1954 (B 145 I/45).

[56]) Vgl. 61. Sitzung TOP B. – Schröder hatte in einem Schreiben vom 8. Dez. 1954 Adenauer berichtet, daß die CDU und die SPD die Frage eines Initiativgesetzes erörtern wollten (B 136/3020).

[57]) Zu der Vorlage vom 13. Dez. 1954 schlug der BMI vor, die Bundesregierung möge sich mit der Regelung durch ein Initiativgesetz einverstanden erklären (B 136/3020).

[58]) Siehe dazu auch das Schreiben des Bundeskanzleramtes an Schröder vom 10. Dez. 1954 (ebenda).

des von seinem Hause erarbeiteten Entwurfes bekannt[59]). Das Gesetz solle darauf abstellen, daß die deutsche „Anschluß"-Staatsangehörigkeit am 27. 4. 1945 (dem Tage der Wiedererrichtung des österreichischen Staates) kraft Völkerrechts erloschen ist. Gleichzeitig aber solle es allen Österreichern, die seit diesem Tage in Deutschland leben, ein Optionsrecht für die deutsche Staatsangehörigkeit einräumen, und zwar mit Rückwirkung auf den 27. 4. 1945. Ministerialdirektor Dr. Berger vom AA stimmt den Vorschlägen des Bundesministers des Innern im Grundsatz zu. Nur in zwei Punkten macht er den materiellen Gehalt des Gesetzentwurfs ändernde Gegenvorschläge[60]). Der Bundesminister der Justiz hat Bedenken, ob man schon jetzt einen solchen Gesetzentwurf verabschieden sollte, solange noch eine schriftliche Begründung des vom Bundesverwaltungsgericht gefällten Urteils nicht vorliege[61]). Hierzu teilt Staatssekretär Dr. Globke mit, daß der Bundeskanzler der gleichen Auffassung sei, obgleich ihm die Schwierigkeiten der Innenminister der Länder bekannt seien[62]). Er bittet den Bundesminister des Innern, auf die Länder in dem Sinne einzuwirken, daß sich diese mit der dilatorischen Behandlung einer gesetzlichen Regelung einverstanden erklären. Der Bundesminister des Innern bringt sein Erstaunen über diese Mitteilung zum Ausdruck, da ihn doch der Bundeskanzler persönlich gebeten habe, einen solchen Gesetzentwurf vorzulegen. Man dürfe die verwaltungsmäßigen Schwierigkeiten, die durch das Urteil des Bundesverwaltungsgerichtes ausgelöst würden, nicht unterschätzen. Nach seiner Auffassung sei es besser, möglichst bald eine gesetzliche Regelung zu finden. Verbesserungen könne man später immer noch vornehmen. Der Vizekanzler neigt jedoch auch zu einer dilatorischen Behandlung der Angelegenheit. Das Kabinett schließt sich dieser Auffassung mit Mehrheit an. Es wird jedoch in Aussicht genommen, über diese Frage in der nächsten Kabinettssitzung am 21. 12. erneut zu beraten[63]).

12. ENTWURF EINES GESETZES ÜBER MASSNAHMEN AUF DEM GEBIETE DES MIETPREISRECHTS (ERSTES BUNDESMIETENGESETZ); STELLUNGNAHME DER BUNDESREGIERUNG ZU DEN ÄNDERUNGSVORSCHLÄGEN DES BUNDESRATES
BMWo/BMWi

[Nicht behandelt][64])

---

[59]) Der Entwurf vom 19. Nov. 1954 war in einer Ressortbesprechung am 24. Nov. 1954 erörtert worden (ebenda). — Siehe auch den Vermerk vom 25. Nov. 1954 in B 141/723.
[60]) Zu den Änderungsvorschlägen des AA siehe die Vorlage des BMI vom 17. Dez. 1954 (B 136/3020).
[61]) Siehe dazu die Vorlage für den Minister vom 13. Dez. 1954 (B 141/723).
[62]) Siehe dazu die Notiz Adenauers auf dem Schreiben Schröders vom 8. Dez. 1954 (B 136/3020).
[63]) Fortgang 64. Sitzung TOP 1.
[64]) Siehe 64. Sitzung TOP 9.

13. ENTWURF EINES GESETZES GEGEN WETTBEWERBSBESCHRÄNKUNGEN; STELLUNGNAHME DER BUNDESREGIERUNG ZU DEN ÄNDERUNGSVORSCHLÄGEN DES BUNDESRATES BMWi

In eine Beratung der Vorlage[65]) des Bundesministers für Wirtschaft wird nicht eingetreten, nachdem dieser sich mit dem Vorschlag des Bundesministers für Ernährung, Landwirtschaft und Forsten einverstanden erklärt hat, die Vorlage erneut auf Referentenebene zu erörtern[66]). Das Ergebnis dieser Referentenbesprechung soll alsdann im Kabinettsausschuß beraten werden[67]).

14. BEAMTENBESOLDUNG, ANGESTELLTENVERGÜTUNGEN UND ARBEITERLÖHNE
BMF

Staatssekretär Hartmann berichtet[68]) über den bisherigen Verlauf sowie über das Ergebnis der Tarifverhandlungen mit den Gewerkschaften ÖTV und DAG. Er sei heute morgen darüber unterrichtet worden, daß die Gewerkschaften bereit seien, das Homburger Abkommen der Länder und Gemeinden[69]) mit folgender Maßgabe zu übernehmen[70]):
a) Die Erhöhung der Arbeiterlöhne (um durchschnittlich 5 Pfg.) soll erst mit Wirkung vom 1. 12. 1954 in Kraft treten. Dafür sollen die Arbeiter des Bundes eine einmalige Zulage – ähnlich der Rationalisierungszulage der Bundespost – in Höhe von DM 30,– erhalten.
b) Die Angestelltenvergütung solle ab 1. 10. 1954 um 5 bis 7 % erhöht werden. Dabei soll noch eine Sonderzulage von DM 30,– ausgezahlt werden.

Gegen diese letztere Forderung auf Zahlung einer Sonderzulage von DM 30,– habe er Bedenken wegen der Rückwirkungen auf die Gestaltung der Arbeiterlöhne. Durch diese zusätzliche Forderung, die bei den bisherigen Verhandlungen nicht erhoben worden sei, sei eine neue Sachlage entstanden, die auch

---

[65]) Vgl. 18. Sitzung TOP 3 sowie Schreiben Fritz Bergs an Adenauer vom 3. Juni 1954, Anlage 3: Kartellgesetzgebung in B 136/4800. – Vorlage vom 10. Dez. 1954 in B 102/17084 und B 136/702.
[66]) Zu der Auseinandersetzung zwischen BMWi und BML über die Ausweitung der Möglichkeit zu kartellarischen Absprachen auf dem Agrarsektor, in der beide Ressorts auf ihrem jeweiligen Standpunkt beharrten, vgl. Schriftwechsel Erhard-Lübke in B 102/17085, B 116/10263 und B 136/702.
[67]) Siehe die Sitzung des Kabinett-Ausschusses für Wirtschaft am 7. Jan. 1955 TOP 1, auf der folgender Beschluß gefaßt wurde: „Der Kabinettsausschuß schlägt dem Kabinett vor, 1. der Kabinettsvorlage des Bundesministers für Wirtschaft [vom 10. Dez. 1954] zuzustimmen und 2. zu beschließen, daß das Kabinett nach der ersten Lesung des Gesetzes im Wirtschaftspolitischen Ausschuß des Bundestages die von diesem in Aussicht genommenen Vorschläge erörtern wird, um eine einheitliche Stellungnahme der Bundesregierung zu diesen Wünschen herbeizuführen". – Fortgang 65. Sitzung am 19. Jan. 1955 TOP 4, BT-Drs. Nr. 1158 vom 22. Jan. 1955 (enthält die Vorlage des BMWi vom 25. Jan. 1954 und die Änderungsvorschläge des Ausschusses für Wirtschaftspolitik des BT in der ersten Wahlperiode in synoptischer Form). – Gesetz vom 27. Juli 1957 (BGBl. I 1081).
[68]) Vgl. Sondersitzung am 2. Dez. 1954 TOP B. – Vorlagen des BMF vom 4. und 7. Dez. 1954 in B 106/8290 und B 136/587. – Vgl dazu auch die undatierte Vorlage für den Minister zu dieser Sitzung in B 106/8290.
[69]) Vgl. 55. Sitzung TOP 4.
[70]) Vgl. den Vermerk vom 16. Dez. 1954 (ebenda).

63. Kabinettssitzung am 14. Dezember 1954

neue Tarifverhandlungen erfordere. Der Bundesminister für Verkehr teilt die Bedenken von Staatssekretär Hartmann. Der Bundesminister für Arbeit betont jedoch die Notwendigkeit einer baldigen Entscheidung wegen der von der Bundesanstalt für Angestellte geführten Verhandlungen[71]). Er regt an, auf der Grundlage der bisherigen Vereinbarungen Auszahlungen vorzunehmen, um den Gewerkschaften den Wind aus den Segeln zu nehmen.

Das Kabinett beschließt entsprechend diesem Vorschlage[72]). Dabei soll die zusätzliche Forderung der Gewerkschaften zum Gegenstand erneuter Beratungen gemacht werden[73]).

In diesem Zusammenhang berichtet Staatssekretär Hartmann dem Kabinett über eine Anfrage des Bundestagsabgeordneten Dr. Miessner[74]) zur Frage der Beamtenbesoldung, die auf der Tagesordnung des Bundestages am Freitag, dem 17. d. M., stände. Es sei erforderlich, diese Anfrage zu beantworten[75]). Anschließend verliest er den Entwurf einer Antwort[76]). Das Bundesfinanzministerium beabsichtige, eine einmalige Zwischenzahlung für die Bundesbeamten zur Überbrückung der Zeit bis zur Besoldungsreform vorzunehmen. Diese Zwischenzahlung solle einen Zeitraum von sechs Monaten umfassen, und zwar vom 1. 10. 1954 bis zum 31. 3. 1955. Über die Höhe der Auszahlungsquote in Anpassung an die Erhöhung der Angestelltenvergütungen bzw. die Erhöhung der Beamtenbesoldung in einzelnen Ländern solle jedoch noch[77]) verhandelt werden. Er schlage daher vor, in der Antwort auf die Anfrage keinerlei präzise zahlenmäßige Angaben zu machen. Der Bundesminister für Verkehr macht Bedenken gegen den Vorschlag von Staatssekretär Hartmann geltend. Er könne diesem Vorschlag nur zustimmen, wenn der Bundesminister der Finanzen bereit sei, für die der Bundesbahn hierdurch entstehenden Mehraufwendungen aufzukommen. Staatssekretär Hartmann bedauert, diesem Verlangen nicht entsprechen zu können. Er ist der Meinung, daß die Bereinigung der Finanzlage der Bahn vor der Verabschiedung der Verkehrsfinanzgesetze[78]) ohnehin nicht erfolgen könne. Insoweit spiele es keine entscheidende Rolle, wenn die finanzielle Lage der Bundesbahn durch diese unausweichliche Erhöhung der Beamtenbezüge weiterhin

---

[71]) Unterlagen nicht ermittelt.
[72]) Siehe den Erlaß des BMF vom 15. Dez. 1954 (B 106/8290 und B 126/32351).
[73]) Im Tarifvertrag vom 22. Dez. 1954 war eine zusätzliche Zahlung von 30 DM nicht vorgesehen (B 106/8290 und MinBlFin. S. 686).
[74]) Dr. iur. Herwart Miessner (geb. 1911). 1938 Reichsfinanzverwaltung: 1945 Oberfinanzpräsidium Hannover, 1948 Eintritt in die DRP, 1949–1957 und 1959–1969 MdB (seit 1950 FDP), Vorstandsmitglied im Bund Deutscher Steuerbeamter.
[75]) Die in der BT-Drs. Nr. 1070 enthaltene Kleine Anfrage Nr. 39, in der nach einer Übergangsregelung der Beamtenbesoldung bis zum Inkrafttreten der Besoldungsreform gefragt wurde, wurde in der BT-Sitzung am 17. Dez. 1954 aus Zeitmangel nicht mehr behandelt (STENOGRAPHISCHE BERICHTE Bd. 22 S. 3266). Die Antwort wurde dem Abgeordneten mit Schreiben vom 31. Dez. 1954 übermittelt (B 106/7947).
[76]) Siehe dazu die Vermerke vom 13. und 16. Nov. 1954 (B 106/7947) und den von Hartmann diktierten undatierten Bericht über diese Sitzung (B 106/8290).
[77]) Der Protokollführer bat in seinem Schreiben vom 10. Jan. 1955, die im Protokolltext hier folgenden Worte „im Ausschuß für Beamtenfragen" zu streichen. (Kabinettsprotokolle Bd. 21 A).
[78]) Vgl. 58. Sitzung TOP 7.

um rd. 50 Mio DM verschlechtert würde. Der Vizekanzler würde es aus politischen Gründen ungern sehen, wenn sich die Gehaltserhöhung auch auf die Bundesminister erstrecken würde. Der Bundesminister des Innern weist darauf hin, daß sich dies wegen des Zusammenhangs der Ministergehälter mit der Besoldungsordnung für die Beamten nicht vermeiden lasse[79]. Dem Hinweis von Staatssekretär Dr. Strauß auf die unerfreulichen Auswirkungen der Erhöhung der Bundesbeamtengehälter auf das Besoldungswesen der Länder begegnen der Bundesminister des Innern und Staatssekretär Hartmann mit dem Bemerken, daß diese Entwicklung auf Grund des Urteils des Bundesverfassungsgerichts[80] faktisch unvermeidlich sei. Das Kabinett beschließt gegen die Stimme des Bundesarbeitsministers entsprechend dem Vorschlag von Staatssekretär Hartmann[81].

15. BUNDESWIRTSCHAFTSRAT BMWi

[Nicht behandelt][82]

16. EINSTELLUNG DER BUNDESREGIERUNG ZUR FRAGE DER „BERUFSORDNUNGEN" BMWi

[Nicht behandelt][83]

17. BESCHÄFTIGUNG AUSLÄNDISCHER ARBEITSKRÄFTE IN DER BUNDESREPUBLIK; HIER: EINSATZ ITALIENISCHER ARBEITSKRÄFTE BMA

Der Bundeskanzler bittet das Kabinett, eine gemeinsame Sprachregelung wegen des Einsatzes italienischer Arbeitskräfte zu finden[84], da er noch heute

---

[79]) Siehe § 11 des Gesetzes über die Rechtsverhältnisse der Mitglieder der Bundesregierung vom 17. Juni 1953 (BGBl. I 407).
[80]) Vgl. 42. Sitzung TOP E.
[81]) Fortgang (Beamtenbesoldung) 64. Sitzung TOP G.
[82]) Vgl. 185. Sitzung am 13. Nov. 1951 TOP 1 sowie Sitzung des Kabinett-Ausschusses für Wirtschaft am 4. März 1952 TOP 2. – Siehe 71. Sitzung am 16. Febr. 1955 TOP 2.
[83]) Siehe 71. Sitzung am 16. Febr. 1955 TOP 3 und Sitzungen des Kabinett-Ausschusses für Wirtschaft am 3. März 1955 TOP 2 und 21. Juli 1955 TOP A.
[84]) Laut Einladung zu dieser Sitzung wurde der TOP ohne Vorlage behandelt (Kabinettsprotokolle Bd. 25 E). – Auf die Ankündigung Erhards, er wolle mit dem italienischen Haushaltsminister bei dessen Aufenthalt in der Bundesrepublik über die Beschäftigung italienischer Arbeitskräfte im Wohnungs- und Straßenbau verhandeln (Frankfurter Allgemeine Zeitung vom 29. Nov. 1954) hatte der BMA mit der Mitteilung reagiert, von Verhandlungen könne überhaupt keine Rede sein (Frankfurter Allgemeine Zeitung vom 30. Nov. 1954). Storch hatte außerdem in einem Schreiben an Adenauer auf seine Zuständigkeit für diesen Bereich hingewiesen (Schreiben vom 29. Nov. 1954 in B 136/8841). – Vgl. auch das Schreiben Erhards an den DGB vom 12. Okt. 1954, in dem er Besprechungen mit dem italienischen Außenhandelsminister Martinelli im Sept. 1954 über die Beschäftigung italienischer Saisonarbeiter in der Landwirtschaft bestätigt hatte (Denkschrift zur Frage der Beschäftigung ausländischer Wanderarbeiter in der Landwirtschaft der Bundesrepublik, überreicht vom Hauptvorstand der Gewerkschaft Gartenbau, Land- und Forstwirtschaft, o. O., o. J. [1954], S. 1, in B 136/8841). Der Leiter der Hauptabteilung Wirtschaftspolitik des DGB-Vorstandes, Ludwig Rosenberg, berichtete am 20. Dez. 1954, daß Storch in der Ablehnung der Gastarbeiter mit dem DGB übereinstimme. Erhard habe zugesagt, daß ausländische Arbeiter nur im Benehmen mit dem DGB angeworben werden sollten. Anlaß zur Diskussion über die Beschäftigung italienischer Arbeiter in der

den italienischen Budgetminister Vanoni[85]) empfangen müsse. Der Bundesminister für Wirtschaft hält es für erforderlich, das grundsätzliche Interesse der Bundesrepublik an dem Einsatz italienischer ungelernter Arbeiter zu bekunden und in Aussicht zu stellen, bei eintretendem Bedarf auf das italienische Angebot zurückzukommen. Der Bundesminister für Arbeit hat gegen eine solche Erklärung keine Bedenken. Er hält es jedoch für notwendig – bevor man zu konkreten Abmachungen komme – diese Frage eingehend im Kabinett zu erörtern. Der Bundeskanzler sagt dem Bundesarbeitsminister zu, seinem Wunsche zu entsprechen. Das Kabinett beschließt eine gemeinsame Sprachregelung entsprechend dem Vorschlag des Bundesministers für Wirtschaft[86]).

18. ENTWURF EINES BESCHLUSSES DER BUNDESREGIERUNG ÜBER VORBEUGENDE SICHERUNGSMASSNAHMEN IN PERSONALSACHEN   BMI

[Nicht behandelt][87])

19. AUSGLEICH ÜBERHÖHTER FAHRKOSTEN IM VERKEHR NACH UND VON BERLIN   BMI

[Nicht behandelt][88])

20. EMISSION STEUERFREIER PFANDBRIEFE ZUR UMSCHULDUNG ERSTSTELLIG EINGESETZTER ÖFFENTLICHER MITTEL   BMWo

Auf Vorschlag des Vizekanzlers wird die Beratung dieser Angelegenheit dem Kabinettsausschuß überwiesen. Hierbei sollen Vertreter der BdL hinzugezogen werden[89]).

Bundesrepublik sei die negative Handelsbilanz Italiens im Handelsverkehr mit der Bundesrepublik, die durch den Transfer eines Teils der Löhne verbessert werden sollte (22/7, HBS). – Siehe auch die Bundestagdebatte am 9. Dez. 1954 (STENOGRAPHISCHE BERICHTE Bd. 22 S. 3013).

[85]) Ezio Vanoni (1903–1956). Seit 1947 Mitglied der italienischen Regierung als Finanz-, Budget- oder Schatzminister.

[86]) Nach den Verhandlungen mit Vanoni erklärte Erhard, die deutsche Wirtschaft werde in absehbarer Zeit italienische Arbeiter beschäftigen (Frankfurter Allgemeine Zeitung vom 16. Dez. 1954), während Storch unter Hinweis auf die steigende Arbeitslosigkeit in der Landwirtschaft und der Bauindustrie darauf hinwies, daß „dieses Schreien, wir stünden vor einem Facharbeitermangel, völlig unberechtigt ist" (Frankfurter Allgemeine Zeitung vom 20. Dez. 1954). – Zur ablehnenden Haltung der Bauwirtschaft siehe Frankfurter Allgemeine Zeitung vom 7. Dez. 1954, zur Ablehnung des BML Frankfurter Allgemeine Zeitung vom 13. Dez. 1954. – Fortgang 64. Sitzung TOP F.

[87]) Siehe 64. Sitzung TOP 2.

[88]) Siehe 64. Sitzung TOP 3.

[89]) In seiner Vorlage vom 17. Dez. 1954 hatte der BMWo einen Kabinettsbeschluß beantragt, über das bestehende Kontingent von 410 Mio DM hinaus weitere 75 Mio DM steuerfreie 5-prozentige Pfandbriefe entsprechend § 3 des Gesetzes über die staatliche Genehmigung der Ausgabe von Inhaber- und Schuldverschreibungen vom 26. Juni 1954 (BGBl. I 147) herauszugeben (B 134/4651). Der Kabinett-Ausschuß für Wirtschaft, dem für diesen Fall das endgültige Beschlußrecht vom Kabinett übertragen worden war, stimmte dem Antrag am 17. Dez. 1954 (TOP 2) zu.

21. WAHL VON BUNDESRICHTERN BEIM BUNDESARBEITSGERICHT BMA

[Nicht behandelt][90])

22. MITTEILUNG ÜBER DIE IN AUSSICHT GENOMMENE BESETZUNG AUSWÄRTIGER VERTRETUNGEN AA

Über die Vorschläge von Maltzan[91]), von Herwarth[92]) und von Eckardt wird in Gegenwart des Bundeskanzlers beraten. Dabei wird von verschiedenen Kabinettsmitgliedern der Sorge Ausdruck gegeben, daß es schwierig sein würde, den freiwerdenden Posten des Botschafters Freiherr von Maltzan als Leiter der Handelspolitischen Abteilung des AA mit einer gleichwertigen Persönlichkeit zu besetzen. Das Kabinett nimmt im übrigen nach kurzer Beratung von diesen in Vorschlag gebrachten Besetzungen Kenntnis.

Über die weiteren vom AA vorgelegten Besetzungsvorschläge wird unter dem Vorsitz des Vizekanzlers beraten. Dabei werden von einigen Kabinettsmitgliedern zu einzelnen Besetzungsvorschlägen Bedenken geltend gemacht. Sie werden jedoch zurückgestellt, um das vom AA vorgeschlagene Revirement nicht aufzuhalten[93]). Der Vizekanzler bittet jedoch den Botschafter Blankenhorn, dem Bundeskanzler die bei der Beratung vorgebrachten Bedenken zur Kenntnis zu bringen.

---

[90]) Siehe 64. Sitzung TOP 5.
[91]) Vgl. 48. Sitzung TOP B.
[92]) Hans-Heinrich Herwarth von Bittenfeld (geb. 1904). 1927–1945 im Auswärtigen Dienst tätig; 1945–1949 Bayerische Staatskanzlei (1949 MinR.), 1949 Abordnung zum Bundeskanzleramt (mit der Leitung der Protokollabteilung beauftragt), 1951 Protokollchef AA, 1955–1961 Botschafter in London, 1961–1965 Chef (StS) des Bundespräsidialamtes, 1965–1969 Botschafter in Rom, 1971–1977 Präsident des Goethe-Instituts in München. – Herwarth, Hans von: Von Adenauer zu Brandt, Erinnerungen. Berlin 1990.
[93]) Folgende Vorschläge des AA für die Besetzung von Botschaften der Bundesrepublik Deutschland liegen in den Anlagen vor: in Paris mit dem MinDir. Botschafter Dr. iur. Freiherr von Maltzan, in Belgrad mit dem Ministerialdirigenten Dr. phil. Heinz Trützschler von Falkenstein, in London mit dem Gesandten Hans Herwarth von Bittenfeld, in Tokio mit dem Botschafter Dr. Hans Kroll, in Lima mit dem Botschafter Dr. Werner Gregor, in La Paz mit dem Botschafter Dr. rer. pol. Joseph Fischer, in Havanna mit dem Vortragenden Legationsrat Dr. phil. Henry Jordan, in Kopenhagen mit dem Konsul I. Klasse Georg Ferdinand Duckwitz; ferner wurde vom AA erbeten die Besetzung der Dienststelle des Ständigen Beobachters der Bundesrepublik bei den Vereinten Nationen (New York) mit dem Bundespressechef Felix von Eckardt. Folgende Vorschläge des AA für die Besetzung von Gesandtschaften der Bundesrepublik Deutschland liegen in den Anlagen vor: in Manila mit dem Botschafter Wilhelm Mackeben, in Lissabon mit dem Generalkonsul Dr. iur. Gebhard Seelos, in Caracas mit dem Vortragenden Legationsrat Dr. iur. Gerhart Weiz, in San Salvador mit dem Gesandtschaftsrat I. Klasse Dr. iur. Bernd Mumm von Schwarzenstein. – Ferner wurde vom AA beantragt die Besetzung des Generalkonsulats der Bundesrepublik in Sao Paulo mit dem Vortragenden Legationsrat Dr. iur. Otto Bräutigam (vgl. dazu auch Rundschreiben des StS des Bundeskanzleramtes vom 23. Nov 1954 [Entwurf] in B 136/1836). Fortgang hierzu 64. Sitzung TOP K.

23. PERSONALIEN

Gegen die in der Anlage 1 zur Einladung mitgeteilten Ernennungsvorschläge werden keine Einwendungen erhoben[94]). Dagegen wird die Beratung des Ernennungsvorschlages[95]) Ministerialrat Dr. Schadt[96]) auf Antrag des Bundesministers des Innern und von Staatssekretär Hartmann zurückgestellt. Sie wird für die nächste Kabinettssitzung am 21. d. Mts. in Aussicht genommen[97]).

Die Beratung der Punkte 6 bis 8, 10, 12, 15, 16, 18, 19 und 21 wird zurückgestellt.

[Außerhalb der Tagesordnung]

[D. NÄCHSTE KABINETTSSITZUNG]

Die nächste Kabinettssitzung wird für Dienstag, den 21. 12. 1954, in Aussicht genommen.

---

[94]) An Ernennungen waren vorgesehen: im BMI drei Ministerialräte; im BMJ ein MinR.; im Bundesrechnungshof ein Direktor (Dr. iur. Hans Greuner) sowie zwei Ministerialräte, im BMBR ein MinR.
[95]) Es war vorgesehen, im Geschäftsbereich BMF Schadt zum Oberfinanzpräsidenten zu ernennen.
[96]) Dr. iur. Wilhelm Schadt (1903−1966). 1930−1948 in der Finanzverwaltung tätig, 1948−1952 Niedersächsisches Ministerium der Finanzen (1950 Regierungsdirektor), 1952−1954 Bundesrat (1952 MinR.), 1955−1966 Oberfinanzpräsident und Leiter der Oberfinanzdirektion Hannover.
[97]) Siehe 71. Sitzung am 16. Febr. 1955 TOP 7.

**64. Kabinettssitzung
am Dienstag, den 21. Dezember 1954**

Teilnehmer: Adenauer, Blücher, Schröder, Neumayer, Erhard, Lübke, Seebohm, Balke, Preusker, Oberländer, Wuermeling, F. J. Strauß, Schäfer, Kraft; Bleek, Globke, Hartmann, Ripken, Sauerborn, W. Strauß, Thedieck, Westrick; Klaiber; von Eckardt, Forschbach; Selbach, Kilb; Blank, Blankenhorn. Protokoll: Pühl.

Beginn: 9.30 Uhr *Ende: 13.25 Uhr*

I
Außerhalb der Tagesordnung

[A. ZWISCHENFRAGEN IN BUNDESTAGSDEBATTEN]

Bezugnehmend auf die Bundestagsdebatte in der vergangenen Woche[1] stellt der Bundeskanzler fest, daß nach seinen Beobachtungen die Regierungstribüne von nur sehr wenigen Kabinettsmitgliedern besetzt gewesen sei. Dies habe keinen günstigen Eindruck gemacht. Er regt daher an, die Kabinettsmitglieder möchten sich in Zukunft bei besonders wichtigen Bundestagsdebatten über die Teilnahme abstimmen.

Seine von der Presse in übertriebener Weise herausgestellte Debatte[2] mit dem Bundestagsabgeordneten Prof. Dr. Carlo Schmid[3] habe bewiesen, daß die bisherige Regelung, Zwischenfragen zu stellen, nicht tragbar sei. Seines Wissens sei es beispielsweise beim englischen Parlament Übung, daß, bevor überhaupt eine Zwischenfrage gestellt würde, der Gefragte selber entscheiden könne, ob er antworten wolle oder nicht[4].

---

[1] Erste Lesung der Pariser Verträge im Deutschen Bundestag am 15. und 16. Dez. 1954 (STENOGRAPHISCHE BERICHTE Bd. 22 S. 3112 C – 3263 D). Vgl. dazu auch ANFANGSJAHRE S. 152–154.

[2] Beispielsweise im Artikel „Tausend Menschen stockte der Atem, Die große außenpolitische Debatte im Bundestag" von Walter Henkels in Frankfurter Allgemeine Zeitung vom 18. Dez. 1954 und im Artikel „Streit um das Rededuell mit Adenauer, Bonn: Kein französisches Ultimatum, Carlo Schmid wird Taktlosigkeit vorgeworfen", ebenda vom 20. Dez. 1954. Vgl. dazu SCHMID S. 559 f.

[3] Prof. Dr. iur. Carlo Schmid (1896–1979). 1946 Präsident des Staatssekretariates und Staatssekretär für Justiz von Württemberg-Hohenzollern, dort 1947–1948 stellvertretender Staatspräsident und 1947–1950 Justizminister, 1948–1949 Mitglied des Parlamentarischen Rates (Fraktionsvorsitzender der SPD), 1949–1972 MdB, 1949–1966 und 1969–1972 Vizepräsident des BT, 1957–1966 stellvertretender Vorsitzender der SPD-Bundestagsfraktion, 1966–1969 Bundesminister für Angelegenheiten des Bundesrates und der Länder. – Carlo Schmid: Erinnerungen. Bern 1979 [SCHMID].

[4] Im Entwurf folgt noch der Satz: „Die Form, in der neuerdings Zwischenfragen im Bundestag gestellt würden, müsse er als völlig undiszipliniert bezeichnen" (Kabinettsprotokolle Bd. 25 E).

Auf die Zwischenfragen⁵) der Bundestagsabgeordneten Dr. Schmid und Dr. Mommer⁶) im besonderen eingehend, gibt der Bundeskanzler dem Kabinett eine Darstellung des tatsächlichen Ablaufs der Ereignisse anläßlich der Beratungen über die Vertragswerke in Paris. Er bittet die Kabinettsmitglieder, ihre Fraktionen davon in Kenntnis zu setzen. Es habe sich in Paris etwa folgendes zugetragen: Der französische Ministerpräsident habe durch Herrn Soutou⁷) die deutsche Delegation wissen lassen, daß man französischerseits von der Bundesrepublik die Verpflichtung erwarte, die in Aussicht genommene Saarregelung im Friedensvertrag als endgültig anzuerkennen. Da er eine solche Zusage für unvertretbar gehalten habe, habe er Vertreter der Fraktionen nach Paris gebeten und sie hiervon unterrichtet⁸). Er habe dabei klar zum Ausdruck gebracht, daß er die Verantwortung für den Abschluß eines Saarabkommens unter diesen Umständen nicht übernehmen könne. Daran anschließend habe er den Abgeordneten die wichtigsten Punkte vorgetragen, die er als Grundlage für eine befriedigende Saarregelung vorschlagen wolle. Auch die Vertreter der SPD-Fraktion hätten diese Gesichtspunkte als Verhandlungsgrundlage anerkannt. Lediglich in einem Punkt sei es ihm nicht gelungen, sich durchzusetzen⁹). Diese völlig ver-

---

⁵) STENOGRAPHISCHE BERICHTE Bd. 22 S. 3232 D – 3233 A (Mommer), ebenda S. 3233 A – 3233 D (Schmid), ebenda S. 3230 D, 3251 B und 3252 A (Erler, siehe auch Abb. 21).

⁶) Dr. rer. pol. Karl Mommer (1910–1990). Nach Hitlers Machtübernahme Betätigung in der illegalen Parteiarbeit der KPD, im Jan. 1934 verhaftet und zu 21 Monaten Gefängnis verurteilt, nach Verbüßung der Strafe Ende 1935 Flucht nach Belgien (wo er 1937 zur SPD übertrat), 1940–1941 in Südfrankreich interniert, dann landwirtschaftliche Tätigkeit in Frankreich; 1946–1947 Referent für Sozialpolitik und Flüchtlingsfragen im Länderrat des amerikanischen Besatzungsgebietes, 1947–1949 Referent im Deutschen Büro für Friedensfragen, 1948–1949 Mitglied des Wirtschaftsrates des VWG, 1949–1969 MdB, 1950–1958 Mitglied der Beratenden Versammlung des Europarates und der Westeuropäischen Union, 1957–1966 Parlamentarischer Geschäftsführer der SPD-Bundestagsfraktion, 1966–1969 Vizepräsident des BT.

⁷) Jean-Marie Soutou (geb. 1912). 1943–1944 als Delegierter (des Informationskommissariats der provisorischen französischen Regierung) in der Schweiz, Jan. 1945 Presse- und Informationsattaché der französischen Gesandtschaft in Bern, 1945–1950 2. Gesandtschaftssekretär in Belgrad, Nov. 1950 stellvertretender Leiter der Wirtschaftsabteilung des französischen Außenministeriums, 1951 Legationssekretär, Juni 1954 – Febr. 1955 stellvertretender Kabinettschef im französischen Außenministerium, am 15. Dez. 1954 erhielt er den Titel eines bevollmächtigten Ministers, März 1955 – April 1956 Unterdirektor (Osteuropa) im Außenministerium, Mai 1956 beratender Minister an der Botschaft in Moskau, Nov. 1958 Generalkonsul in Mailand, 1961–1962 Direktor (Osteuropa) und 1962–1966 Direktor (Afrika) im Außenministerium, 1966–1971 Generalinspekteur für die diplomatischen und konsularischen Dienstposten, 1971–1975 Botschafter in Algerien, 1976 Botschafter bei der Europäischen Gemeinschaft, Nov. 1976 Generalsekretär im Außenministerium, 1978–1983 Präsident des französischen Roten Kreuzes.

⁸) Im Entwurf: „Da er eine solche Zusage für unvertretbar gehalten habe, habe er die vier maßgebenden Vertreter der SPD-Fraktion zu sich gebeten und sie hiervon unterrichtet" (Kabinettsprotokolle Bd. 25 E).

⁹) Vgl. dazu 53. Sitzung Anm. 34, Aufzeichnung Blankenhorns vom 19. Dez. 1954 (Nachlaß Blankenhorn/37) und folgende Eintragung in Nachlaß Seebohm/8c: „Frage Saar: Angelpunkt war Frage M[endès-]F[rance], die jetzt zu treffende Regelung als endgültig in den Friedensvertrag aufzunehmen mit unserer Zustimmung. ‚Das lehnte ich ab und war entschlossen, dann das Ganze scheitern zu lassen.' Deshalb habe er die Fraktionsvorsitzen-

traulich gegebenen Informationen habe der Bundestagsabgeordnete Prof. Schmid in wenig diskreter Weise dazu benutzt, um im Plenum des Bundestages aus dem Zusammenhang herausgerissene Fragen zu stellen. Dieser Zwischenfall beweise, daß das System der Zwischenfragen und ihrer Beantwortung einer Neuregelung bedürfe. Der Bundesminister für wirtschaftliche Zusammenarbeit und der Bundesminister des Innern unterstreichen die Auffassung des Bundeskanzlers. Der Bundesminister des Innern fügt erläuternd hinzu, daß das System der Zwischenfragen seinerzeit ohne eine Änderung der Geschäftsordnung[10]) des Bundestages eingeführt worden sei. Die Entwicklung habe nun gezeigt, daß man ohne eine geschäftsordnungsmäßige Regelung dieser Frage nicht auskomme. Die vom Bundeskanzler erwähnte Regelung im englischen Parlament gebe es auch im amerikanischen Kongreß. Er habe daher in seinem Hause Weisung gegeben, eine entsprechende Regelung für den Deutschen Bundestag auszuarbeiten[11]). Im übrigen sei er der Meinung, daß eine Regierungserklärung durch Zwischenfragen überhaupt nicht unterbrochen werden dürfe.

[B. SAARABKOMMEN]

Der Bundeskanzler glaubt davon ausgehen zu können, daß der französische Ministerpräsident die Ratifizierung der Vertragswerke[12]) durchsetzen wird[13]).

---

den und die SPD nach Paris geholt wegen der ungeheuren Verantwortung. Bedingungen mit SPD durchgesprochen; sie fanden das Konzept (Carlo Schmid) fair. Davon ist nur eines geändert worden: nicht der Landtag, sondern die Menschen an der Saar selbst sollen entscheiden, ob das Statut bis zum Friedensvertrag in Kraft bliebe. M[endès-]F[rance] hat kein Ultimatum gestellt; er hat uns — wie alle vor ihm — gesagt, er könne nicht ratifizieren ohne ein Saarabkommen. Carlo Schmid wußte nur, daß Brentano einen Zettel erhielt beim gemeinsamen Essen, daß M[endès-]F[rance] in Kabinettssitzung habe beschließen lassen, auf einem Saarabkommen zu bestehen. Das war nichts Neues."

[10]) Geschäftsordnung des Deutschen Bundestages vom 6. Dez. 1951 in der Fassung der Bekanntmachung vom 28. Jan. 1952 (BGBl. II 389), neu bekannt gemacht in der Geschäftsordnung des Deutschen Bundestages in der Fassung vom 22. Mai 1970 (BGBl. I 628).

[11]) Die Behandlung von „Zwischenfragen an den Redner in der Aussprache über einen Verhandlungsgegenstand" wurde erst in § 27 Abs. 2 der Geschäftsordnung des Deutschen Bundestages vom 25. Juni 1980 in der Fassung der Bekanntmachung vom 2. Juli 1980 geregelt (BGBl. I 1237).

[12]) Vgl. 63. Sitzung TOP B: Außenpolitische Lage.

[13]) Am 20. Dez. 1954 hatte in der Nationalversammlung die Debatte über die Ratifizierung der Pariser Verträge begonnen. Am 24. Dez. verwarf die Versammlung den Art. 1 der Ratifikationsvorlage über die Gründung der WEU, der die Aufnahme der Bundesrepublik Deutschland in den Brüsseler Pakt betraf, mit 280 gegen 259 Stimmen bei 73 Stimmenthaltungen. Am 29. Dez. wurde die Debatte fortgesetzt. Nach einer von den Kommunisten erzwungenen 24stündigen Vertagung der Debatte ergab die Abstimmung über die Gesamtheit der Vorlage ohne Art. 1 für die Regierung eine Mehrheit von 287 gegen 256 Stimmen bei 78 Stimmenthaltungen. Am 30. Dez. billigte die Versammlung schließlich die Aufnahme der Bundesrepublik Deutschland in den Brüsseler Pakt mit 287 gegen 260 Stimmen bei 74 Stimmenthaltungen. Damit hatte die französische Nationalversammlung die Pariser Verträge ratifiziert (vgl. im einzelnen EA 1955 S. 7258 f.). — Der Rat der Republik billigte am 27. März 1955 die Pariser Verträge; dabei wurden, dem Antrag der Regierung unter Ministerpräsident Edgar Faure (23. Febr. 1955 — 24. Jan. 1956) entsprechend, fünf Änderungs- und Ergänzungsvorschläge, welche die besonderen Bedingungen für

Zur Saarfrage im besonderen übergehend, bringt der Bundeskanzler zum Ausdruck, er würde es sehr bedauern, wenn in dieser Frage die Koalition auseinanderfallen[14] sollte. Man könne an dem Faktum, daß die Saar sich gegenwärtig in französischer Hand befinde, nicht vorbeigehen; es sei demgegenüber erreicht worden, daß die Saarbevölkerung beim Friedensvertrag frei darüber abstimmen dürfe, zu welchem Land sie wolle. Hierbei würden weder die Vereinigten Staaten noch England im Sinne der französischen Wünsche intervenieren[15]. Dies sei von den Regierungen dieser beiden Staaten bereits klar ausgesprochen worden[16].

[C.] ENTWURF EINES ZWEITEN GESETZES ÜBER DIE ALTERSGRENZE VON BUNDESRICHTERN IN DEN OBERSTEN BUNDESGERICHTEN UND MITGLIEDERN DES BUNDESRECHNUNGSHOFES

Der Bundeskanzler kommt auf den durch den vorerwähnten Gesetzentwurf[17] heraufbeschworenen Konflikt zwischen Bundestag und Bundesrat zu sprechen und gibt einen Überblick über die Entwicklung. Der Bundestag habe die Altersgrenze auf 70 Jahre heraufgesetzt[18]. Daraufhin habe der Bundesrat den Vermittlungsausschuß angerufen[19]. Nachdem der Vermittlungsausschuß den

---

das Inkrafttreten des Ratifikationsbeschlusses aufstellten, abgelehnt (vgl. im einzelnen EA 1955 S. 7496 und KEESING 1955 S. 5089 f.).

[14] Im Entwurf: „zerbrechen" (Kabinettsprotokolle Bd. 25 E).

[15] Vgl. dazu Aufzeichnung Merchants über ein Gespräch vom 16. Dez. 1954, an dem u. a. Mendès-France, Soutou, Eden, Macmillan, Dulles teilnahmen und in dem sich folgender Passus findet: „He [Mendès-France] then read the Marshall 1947 statement and said he would accept a private assurance to support him at the Peace Treaty Conference [. . .] The Secretary went on to say that it is one thing to have an attitude but another thing to give formal understanding, but it was probable that we will support the French position at the Peace Treaty conference. Mendès-France remarked that that ‚won't help a lot!' and went on to say that all France got from the war was the Saar. The Secretary asked if Mendès-France realized that to give the guaranty and publicize this might wreck the entire WEU project. Mendès-France suggested that the Committee Chairman could be told privately. Sir Anthony then went over the record of the Saar problem up to 1950 and said that the attitude was unchanged but they could not give any formal undertaking. Mendès-France then mentioned a tripartite letter of August 3, 1951 to Chancellor Adenauer [Ausfertigung vom 2. Aug. 1951 in AA, Abt. 2, Bd. 468] reiterating the US-UK position. The Secretary remarked that the U. S. attitude toward France was well-known but that he himself couldn't bind his successors. What will bind them is past history and our fundamental attitude toward France. He went on to say that to give assurances publicly would be desastrous, and to do it privately, dishonorable. He stated he saw no chance of our being able to change our position on this matter" (FRUS V p. 1506). Ferner auch: Botschaft Präsident Eisenhowers an die Mitgliedstaaten der Westeuropäischen Union vom 10. März 1955 in EA 1955 S. 7453 f.

[16] Fortgang 65. Sitzung am 19. Jan. 1955 TOP A (Eine mit Telegramm Globkes vom 24. Dez. 1954 an F. J. Strauß, die CSU-Landesgruppe in Bonn, Dehler und Haasler für den 29. Dez. 1954 anberaumte „Sondersitzung des Bundeskabinetts über außenpolitische Fragen" (Kabinettsprotokolle Bd. 122) fand nicht statt).

[17] Vgl. 45. Sitzung TOP 3.

[18] Siehe STENOGRAPHISCHE BERICHTE Bd. 22 S. 2829 f. und BT-Drs. 995. – Die vom Kabinett verabschiedete Vorlage hatte eine Altersgrenze von 68 Jahren festgesetzt.

[19] Siehe BR-SITZUNGSBERICHTE 1954 S. 363–365 und BR-Drs. Nr. 385/54 (Beschluß).

Gesetzesbeschluß des Bundestages bestätigt hatte[20]), habe der Bundesrat in der Plenarsitzung am 17. 12. gegen den Gesetzentwurf Einspruch eingelegt[21]). Von diesem Beschluß habe der Bundestag während seiner gleichzeitig stattfindenden Plenarsitzung Kenntnis erhalten und beschlossen, den Einspruch des Bundesrates zurückzuweisen[22]). Der Bundesrat habe aber in der gleichen Plenarsitzung erneut beschlossen, Einspruch einzulegen[23]). Die Frage sei nun, ob der Beschluß des Bundestages rechtswirksam zustande gekommen und ob es ratsam sei, daß die Bundesregierung sich in diesen Konflikt einschalte. Wenn die rechtswirksame Beschlußfassung durch den Bundestag zweifelhaft sei, müsse dieser nochmals zusammenkommen. Nach Mitteilung des Bundestagspräsidenten wäre der einzig mögliche Termin hierfür der 23. Dezember. Es sei nach dem Grundgesetz möglich, daß der Bundeskanzler oder Bundespräsident dies verlange[24]). Er, der Bundeskanzler, sehe hierzu keine Veranlassung. Er halte es vielmehr für ratsam, daß die Bundesregierung sich aus diesem Konflikt heraushalten sollte. Andererseits jedoch müsse man bedenken, daß bei einer Verkündung des Gesetzes eine Klage des Bundesrates vor dem Bundesverfassungsgericht möglich sei[25]) mit der Folge, daß bei Obsiegen des Bundesrates alle von den Bundesrichtern zwischenzeitlich gefällten Urteile ungültig würden. Während der Bundesminister der Justiz der Auffassung ist, daß der Bundesrat nicht berechtigt gewesen sei, einen neuen Beschluß zu fassen, nachdem der Bundestag den ersten Beschluß des Bundesrates verworfen habe[26]), vertreten der Bundesminister für Verkehr und Staatssekretär Dr. Ripken den Standpunkt, daß Beschlüsse des Bundesrates erst durch Notifizierung des Bundesratspräsidenten an den Bundestagspräsidenten Gültigkeit erhielten. Der Bundesminister der Justiz und St. S. Strauß sind dagegen der Meinung, daß bereits die Beschlußfassung des Bundesrates in öffentlicher Sitzung diesem Beschluß Rechtswirksamkeit verleihe.

Nach kurzer Erörterung tritt der Bundeskanzler dafür ein, das Gesetz zu verkünden. Dabei bleibe abzuwarten, welchen Standpunkt der Bundespräsident einnehme. Hierzu bemerkt Staatssekretär Dr. Klaiber, er habe dem Bundespräsidenten beide Rechtsauffassungen dargelegt und dabei auch auf die dritte Möglichkeit hingewiesen, von einer Verkündung abzusehen. Das Kabinett beschließt gegen die Stimme von Staatssekretär Dr. Ripken, dem Bundespräsidenten die Verkündung des Gesetzes zu empfehlen[27]). Es folgt der Anregung des Bundes-

---

[20]) Siehe BR-Drs. Nr. 422/54.
[21]) Siehe BR-SITZUNGSBERICHTE 1954 S. 378–381.
[22]) Siehe STENOGRAPHISCHE BERICHTE Bd. 22 S. 3289 f.
[23]) Nordrhein-Westfalen hatte eine zweite Beratung des Entwurfs in derselben Sitzung des BR beantragt, weil Hessen bei der ersten Abstimmung nicht vertreten war (BR-SITZUNGSBERICHTE 1954 S. 399 f.). – BR-Drs. Nr. 422/54 (Beschluß). – Vgl. auch den Vermerk vom 17. Dez. 1954 (B 141/1440).
[24]) Art. 39 Abs. 3 GG.
[25]) Siehe dazu das Schreiben des Präsidenten des BR an Heuss vom 23. Dez. 1954 (B 141/1440).
[26]) Vgl. dazu auch die gutachtliche Äußerung des BMJ vom 18. Dez. 1954 (ebenda und B 136/7120).
[27]) Siehe das Schreiben des Bundeskanzleramts an das Bundespräsidialamt vom 23. Dez. 1954 (ebenda). – Vgl. auch Mitteilung des BPA Nr. 1464/54 vom 26. Dez. 1954.

ministers für wirtschaftliche Zusammenarbeit und bittet Dr. Ripken, den Bundesratspräsidenten über die Motive dieses Kabinettsbeschlusses zu informieren[28]).

[D.] DIENSTREGELUNG DER KABINETTSMITGLIEDER FÜR DIE KOMMENDEN FEIERTAGE

Im Hinblick auf die gespannte politische Lage hält es der Bundeskanzler für erforderlich, daß ein Teil der Kabinettsmitglieder stets greifbar sein müsse, um gegebenenfalls ad hoc eine Kabinettssitzung einberufen zu können. Daher bittet er die Kabinettsmitglieder, ihre Urlaubsanschriften zu hinterlassen[29])

Darüber hinaus bittet er, Sorge dafür zu tragen, daß in jedem Bundesressort entweder der Minister oder aber der Staatssekretär anwesend sind. Bei dieser Gelegenheit bittet der Bundesminister für wirtschaftliche Zusammenarbeit, auch Notdienste über die Feiertage in den Bundesressorts einzurichten. Er habe schon wiederholt das Fehlen eines solchen Dienstes als Mangel empfunden.

[E.] DEUTSCHE POSTWERT-ZEICHEN

Der Bundeskanzler ist der Meinung, daß die deutschen Postwertzeichen[30]) im Vergleich zu den ausländischen wenig schön seien. Dies bestätigt der Bundesminister für das Post- und Fernmeldewesen und teilt dem Kabinett mit, daß er bereits vor einigen Monaten einen besonderen Ausschuß gebildet habe, in dem namhafte Künstler vertreten seien[31]). Dieser Ausschuß sei dabei, neue Entwürfe auszuarbeiten. Das Kabinett nimmt diese Mitteilung zur Kenntnis, wobei der Bundeskanzler anregt, die Entwürfe möglichst einfach zu gestalten.

---

[28]) Gesetz vom 26. Dez. 1954 (BGBl. I 502). − In einer Besprechung des Bundespräsidenten mit den Präsidien des BR und des BT am 9. Febr. 1955 wurde Übereinstimmung darüber erzielt, daß ein Beschluß einer der beiden Körperschaften erst dann in dem anderen Gremium behandelt werden sollte, wenn er schriftlich bekanntgegeben worden war (Vermerk des Bundespräsidialamtes vom 10. Febr. 1955 in B 136/4816).

[29]) Vgl. 190. Sitzung am 7. Dez. 1951 TOP H.

[30]) Vgl. 13. Sitzung am 18. Dez. 1953 TOP G.

[31]) Dem Ausschuß, dessen Aufgabe es war, u. a. bei der künstlerischen Gestaltung der Postwertzeichen entscheidend mitzuwirken, gehörten folgende Persönlichkeiten an: Professor Fritz Helmuth Ehmcke; Professor Dr. Eberhard Hölscher, Präsident des Bundes Deutscher Gebrauchsgraphiker; Kurt Kranz, Graphiker und Dozent an der Landeskunstschule Hamburg; Diplomingenieur Rudolf Nieß, Oberpostdirektor; Professor Dr. Emil Preetorius, Präsident der Akademie der Schönen Künste München; Professor Karl Rössing, Rektor der Staatlichen Akademie der bildenden Künste Stuttgart. Außerdem entsandten der Ausschuß für Kulturpolitik und der Ausschuß für Post- und Fernmeldewesen des Deutschen Bundestages sowie der Verwaltungsrat der Deutschen Bundespost je einen Vertreter. Der Ausschuß des BMP hatte am 28. Okt. 1954 seine erste Sitzung in Frankfurt/Main abgehalten (Mitteilung des BPA Nr. 1229/54 vom 30. Okt. 1954). Postwertzeichen und Sonderpostwertzeichen (mit Namen der beauftragten Künstler) siehe B 257/417, 421, 423 f. Vgl. dazu auch B 136/1590.

[F.] EINSATZ AUSLÄNDISCHER ARBEITER IN DER BUNDESREPUBLIK

Der Bundeskanzler bittet Staatssekretär Sauerborn, im Einvernehmen mit dem Bundesminister für Wirtschaft[32]) in einer der nächsten Kabinettssitzungen die vorerwähnte Frage wegen ihrer grundsätzlichen politischen Bedeutung erneut zur Erörterung zu stellen[33]).

[G.] ÜBERGANGSMASSNAHMEN AUF DEM GEBIET DER BEAMTENBESOLDUNG

Bezugnehmend auf seine Ausführungen zu dieser Frage in der Kabinettssitzung am 14. 12.[34]) teilt Staatssekretär Hartmann mit, daß der Bundesminister der Finanzen beabsichtige, zur Abgeltung der geplanten Erhöhung der Bezüge der Beamten für die Zeit bis zum 31. 3. 1955 im Januar 1955 erstmalig ein Drittel des monatlichen Grundgehalts einschließlich der 40%igen Zulage zu zahlen. Die Höhe der Zuwendung entspräche etwa der Erhöhung für Angestellte nach dem Homburger Abkommen[35]). Die Gewerkschaften und Beamtenverbände hätten allerdings ein halbes Monatsgehalt gefordert[36]). Diesem Verlangen habe der Bundesfinanzminister nicht stattgeben können. Er sei vielmehr der Auffassung, wenn die Bezüge der Beamten weiter erhöht werden sollten, müsse hierüber im Rahmen der Besoldungsreform beraten werden. Auf eine Zwischenfrage des Bundesministers für wirtschaftliche Zusammenarbeit bestätigt Staatssekretär Hartmann, daß die Auszahlung und damit die Versteuerung dieser Nachzahlung erst 1955 erfolge. Der Bundesminister für Familienfragen ist der Meinung, daß die vorgeschlagene Regelung zu wenig den Familienstand berücksichtige. Er schlägt daher vor, bei Besoldungsempfängern mit Kindern die Bemessungsgrundlage um das gezahlte Kindergeld zu erhöhen. Um jedoch den Gesamtaufwand dieser Übergangszahlung nicht zu erhöhen, sollte die Nachzahlung nicht 33⅓, sondern nur 30 % der vorerwähnten Berechnungsgrundlage betragen. Der Bundesminister für Verkehr betont erneut, daß die Bundesbahn nicht in der Lage sei, die Mittel für die Übergangsregelung aus dem eigenen Haushalt aufzubringen. Sie sei daher auf die Hilfe des Bundesfinanzministers angewiesen.

Staatssekretär Hartmann wies darauf hin, daß er bereits in der letzten Kabinettssitzung eine Übernahme der Gehalts- und Lohnerhöhungen der Bundesbahn auf den Bundeshaushalt habe ablehnen müssen. Auf Anregung des Bundeskanzlers erklärt er sich bereit, die Frage zu prüfen, ob der Bundesminister

---

[32]) Hier geändert aus: Bundesminister für Arbeit.
[33]) Vgl. 63. Sitzung TOP 17. — Die Große Anfrage der SPD (BT-Drs. Nr. 1338) führte zu einer gemeinsamen Stellungnahme des BMA und des BMWi, die Storch am 17. Febr. 1955 im BT bekanntgab. Storch erklärte, die Bundesregierung habe in den Besprechungen mit Vanoni ihr Interesse an der Beschäftigung italienischer Arbeitskräfte für den Fall eines Bedarfs bekundet, aber keine Zusagen gemacht (STENOGRAPHISCHE BERICHTE Bd. 23 S. 3390 f.). — Unterlagen zu der deutsch-italienischen Vereinbarung vom 20. Dez. 1955 über die Anwerbung und Vermittlung italienischer Arbeitskräfte in B 136/8841. — Fortgang 71. Sitzung am 16. Febr. 1955 (TOP 1).
[34]) Vgl. 63. Sitzung TOP 14. — Vorlage des BMF vom 20. Dez. 1954 in B 106/7947 und B 136/899.
[35]) Vgl. 55. Sitzung TOP 4.
[36]) Vgl. die Vorlage für den Minister vom 16. Dez. 1954 in B 106/8290.

der Finanzen der Bundesbahn im Januar 1955 eine Kassenhilfe geben könne, damit sie die Sonderzahlung an ihre Beamten vornehmen könne[37]).

Auf die Frage des Bundeskanzlers, wann mit der Vorlage der Reformvorschläge zur Beamtenbesoldung gerechnet werden könne, gibt Staatssekretär Hartmann zu Protokoll, daß, nachdem eine Kommission zur Bearbeitung dieser Fragen gebildet worden sei, mit der Vorlage dieses Reformwerkes im Februar nächsten Jahres gerechnet werden könne[38]). In diesem Zusammenhang bittet Staatssekretär Dr. Strauß, das Bundesjustizministerium an der Kommission zu beteiligen.

Das Kabinett beschließt die Zahlung eines Übergangsgeldes für die Beamten in der von Staatssekretär Hartmann vorgeschlagenen Form. Die Vorschläge des Bundesministers für Familienfragen finden dagegen keine Zustimmung[39]).

[H.] EINBÜRGERUNGSANTRAG STRASSER

Der Bundeskanzler ist der Meinung, daß die Bearbeitung dieser Angelegenheit sorgfältig erfolgen müsse und nicht übereilt werden dürfe. Demgegenüber betont der Bundesminister des Innern, daß man die Aushändigung der Einbürgerungsurkunde nicht verhindern könnte. Anderenfalls bestände die Möglichkeit der illegalen Einwanderung, gegen die man nichts unternehmen könne. Außerdem habe er die Befürchtung, daß man, wenn man nicht aushändige, eine Klage vor dem Bundesverwaltungsgericht erneut verlieren könnte, was publizistisch von Straßer sicher ausgenützt würde. Man dürfe keineswegs den Eindruck erwecken, als wenn man die Person Straßers überbewerte. In der anschließenden Aussprache bringt der Bundeskanzler seine Sorge darüber zum Ausdruck, daß Straßer — soweit man unterrichtet sei — in der Bundesrepublik eine bereits vorbereitete, unerwünschte politische Tätigkeit entfalten würde. Das Kabinett folgt seiner Anregung und stellt die Entscheidung über diese Frage zurück, bis dem Bundeskanzler neue Unterlagen zugegangen sind, die gegebenenfalls neue Gesichtspunkte enthalten[40]).

---

[37]) Hartmann bat den Protokollführer, diesen Satz durch folgenden Text zu ersetzen: „Staatssekretär Hartmann wies darauf hin, daß er bereits in der letzten Kabinettssitzung eine Übernahme der Gehalts- und Lohnerhöhungen der Bundesbahn auf den Bundeshaushalt habe ablehnen müssen. Auf Anregung des Bundeskanzlers erklärt er sich bereit, die Frage zu prüfen, ob der Bundesminister der Finanzen der Bundesbahn im Januar 1955 eine Kassenhilfe geben könne, damit sie die Sonderzahlung an ihre Beamten vornehmen könne." (Schreiben vom 30. Dez. 1954 in B 136/4799). Der Protokollführer lehnte eine Berichtigung des Protokolls ab (Schreiben an Hartmann vom 6. Jan. 1955, ebenda), leitete den Bundesministern jedoch das Schreiben Hartmanns mit den Berichtigungswünschen zu (ebenda).
[38]) Siehe 99. Sitzung am 6. Okt. 1955 (TOP 3).
[39]) Erlaß des BMF vom 13. Jan. 1955 (MinBlFin. S. 18).
[40]) Vgl. 61. Sitzung TOP C. — Straßer reiste im März 1955 in die Bundesrepublik ein (Berichte in B 106/15566). — Fortgang 65. Sitzung am 19. Jan. 1955 (TOP E).

[I.] BETREFFEND MINISTERAUSSCHUSS FÜR DIE SOZIALREFORM

Auf Wunsch des Bundesministers für Familienfragen erklärt sich das Kabinett damit einverstanden, daß dieser an dem Ausschuß beteiligt wird[41].

[J. BRIEFE AUS DER DDR ZUR SAARFRAGE]

Der Bundesminister für Vertriebene, Flüchtlinge und Kriegsgeschädigte wirft die Frage auf, ob es ratsam sei, die Vielzahl der Briefe aus der Ostzone zur Saarfrage[42] zu beantworten oder nicht. Auf jeden Fall sei es wünschenswert, wenn alle Bundesressorts einheitlich vorgehen. Nach kurzer Aussprache spricht sich das Kabinett für die Nichtbeantwortung dieser Briefe aus[43].

[K.] BESETZUNG AUSWÄRTIGER VERTRETUNGEN

Der Bundesminister für besondere Aufgaben Kraft kommt auf die Erörterung über die Ernennungsvorschläge des AA für die Besetzung auswärtiger Vertretungen anläßlich der Kabinettssitzung am 14. 12. zurück[44]. Bei dieser Aussprache seien gewisse Bedenken gegen die Ernennung des Vortr. Legationsrats Dr. Bräutigam[45] zum Generalkonsul in Sao Paulo geltend gemacht worden. Er sei unverändert der Meinung, daß ein Verbleiben Bräutigams in seiner bisherigen Stelle im Hinblick auf die Ost-West-Spannung von großer politischer Bedeutung sei. Der Bundeskanzler bestätigt, daß Botschafter Blankenhorn ihn von den vorgebrachten Bedenken in Kenntnis gesetzt habe und sichert zu, diese Bedenken zu würdigen[46].

---

[41] Vgl. 63. Sitzung TOP 1. — Unterlagen in B 149/393, B 136/1360 und B 126/10941. — Fortgang 73. Sitzung am 2. März 1955 (TOP 2). — Die geplante Sozialreform beschränkte sich auf die Reform der Rentenversicherung, die 1957 durch Gesetze geregelt wurde (BGBl. I 45, 88 und 533).

[42] Nicht ermittelt. — Der Nachlaß Theodor Oberländer befindet sich noch in Privathand.

[43] Leserbriefe zum Saarabkommen u. a. in Der Spiegel vom 24. Nov. 1954.

[44] Vgl. 63. Sitzung TOP 22.

[45] Dr. iur. Otto Bräutigam (geb. 1895). Seit 1920 im Auswärtigen Dienst; 1923–1928 Generalkonsulat Tiflis, Konsulat Baku, Generalkonsulat Charkov, Konsulat Odessa; 1928–1930 Botschaft Moskau, 1930–1935 AA Wirtschaftsreferat Rußland, 1935–1939 Botschaft Paris, 1939–1940 AA Handelspolitische Abteilung, 1940–1941 Generalkonsul in Batum; 1941–1944 Reichsministerium für die besetzten Ostgebiete, zwischenzeitlich Verbindungsoffizier zum Oberkommando des Heeres und Bevollmächtigter des Reichsministeriums für die besetzten Ostgebiete bei der Heeresgruppe im Kaukasus (1942 Ministerialdirigent); 1945 AA Referatsleiter Ferner Osten in der Handelspolitischen Abteilung. 1945–1946 Internierung und 1946–1952 Amerikanische Dienststelle in München, 1953–1958 Leiter der Unterabteilung Ost des AA (1955 Ministerialdirigent, 1956–1957 im Zusammenhang mit Vorwürfen wegen seiner Tätigkeit im Reichsministerium für die besetzten Ostgebiete beurlaubt), 1958–1960 Generalkonsul in Hongkong.

[46] Die Ernennung Bräutigams zum Generalkonsul der Bundesrepublik Deutschland in Sao Paulo (Vorlage des AA vom 16. Nov. 1954 in B 136/1836) kam nicht zustande. Vgl. dazu auch Schreiben Adenauers an Kraft vom 3. Jan. 1955 in Nachlaß Kraft/20. — Fortgang 65. Sitzung am 19. Jan. 1955 TOP D.

[L. NÄCHSTE KABINETTSSITZUNG]

Die nächste Kabinettssitzung wird für den 10. 1. 1955, 16 Uhr, in Aussicht genommen[47]).

II

1. ENTWURF EINES ZWEITEN GESETZES ZUR REGELUNG VON FRAGEN DER STAATSANGEHÖRIGKEIT   BMI

Der Bundesminister des Innern teilt dem Kabinett mit, daß es inzwischen gelungen sei, einen Gesetzentwurf auszuarbeiten, dem die Koalitionsfraktionen zugestimmt hätten[48]). Aus Zeitgründen habe man jedoch bisher nur die Mitzeichnung der FDP und DP für diesen Entwurf erhalten. Damit sei die Einbringung eines Initiativantrags der Koalitionsparteien in der letzten Plenarsitzung nicht mehr möglich gewesen. Unter diesen Umständen sei er der Meinung, daß es sich mehr empfehle, einen Regierungsentwurf einzubringen. Der dem Kabinett vorliegende Gesetzentwurf sei zwischen seinem Hause und dem AA abgestimmt. Es beständen noch einige völkerrechtlich schwierige Probleme. Im Hinblick auf die Eilbedürftigkeit der Vorlage empfehle er jedoch, die Abklärung einzelner noch sich ergebender Rechtsfragen den gesetzgebenden Körperschaften zu überlassen. Der Bundesminister der Justiz legt jedoch Wert darauf, Einzelheiten des Gesetzentwurfs noch innerhalb der Ressorts zu beraten. Auch der Bundesminister für wirtschaftliche Zusammenarbeit macht gewisse verfassungsrechtliche Bedenken im Hinblick auf Art. 16 GG geltend. Auf Vorschlag des Bundeskanzlers verabschiedet das Kabinett den Entwurf im Grundsatz, um die durch das Urteil des Bundesverwaltungsgerichts[49]) entstandene Unruhe in der Bundesrepublik und in Österreich zu beseitigen. Dabei sollen Einzelfragen des Entwurfs noch zwischen den beteiligten Ressorts geklärt werden[50]). Nur wenn die Erörterungen grundsätzliche Meinungsverschiedenheiten ergeben, soll der Entwurf nochmals dem Kabinett zur Beratung vorgelegt werden[51]).

2. ENTWURF EINES BESCHLUSSES DER BUNDESREGIERUNG ÜBER VORBEUGENDE SICHERUNGSMASSNAHMEN IN PERSONALSACHEN   BMI

Der Bundeskanzler stellt die Frage zur Erörterung, ob es nötig sei, in Zukunft bei Neueinstellungen die Einholung einer Auskunft des Bundesamtes für Verfassungsschutz zwingend vorzuschreiben[52]). Der Bundesminister des Innern

---

[47]) Siehe 65. Sitzung am 19. Jan. 1955, Beginn: 9.30 Uhr.
[48]) Vgl. 63. Sitzung TOP 11. — Vorlage des BMI vom 17. Dez. 1954 in B 136/3020.
[49]) Vgl. dazu 61. Sitzung TOP B.
[50]) Der BMI faßte die Ergebnisse der Besprechungen mit dem BMJ in einem Schreiben an den BMJ vom 29. Dez. 1954 zusammen (B 141/723). — Siehe auch das Schreiben des BMI an das Bundeskanzleramt vom 3. Jan. 1955 in B 136/3020.
[51]) Der BMI leitete dem Bundeskanzleramt am 29. Dez. 1954 die mit dem BMJ abgestimmte Fassung des Gesetzentwurfs zu (ebenda). — BR-Drs. Nr. 454/54. — BT-Drs. Nr. 1184. — Gesetz vom 17. Mai 1956 (BGBl. I 431). — Fortgang 69. Sitzung am 2. Febr. 1955 (TOP 2).
[52]) Diese Forderung hatte der BMI in seiner Vorlage vom 4. Nov. 1954 erhoben. Er hatte außerdem gebeten zu beschließen, daß bei den Einstellungen in den Dienst der obersten Bundesbehörden über jeden Bewerber, der vorher nicht im öffentlichen Dienst tätig ge-

begründet diesen Vorschlag damit, daß Personaleinstellungen ohne diese Sicherheitsmaßnahme nicht vertreten werden könnten. Nach Auffassung des Bundeskanzlers würde eine solche Regelung nicht im Interesse des Bundesamtes für Verfassungsschutz liegen. Man sollte es vielmehr dem Ermessen jedes einzelnen Dienstherrn überlassen, darüber zu entscheiden, ob dieser das Bundesamt für Verfassungsschutz zur Information heranziehen wolle oder nicht[53]). Demgegenüber macht der Bundesminister des Innern darauf aufmerksam, daß jeder NATO-Staat ein sehr engmaschiges Sicherungssystem aufgebaut habe. Nach dem Beitritt zur NATO-Organisation würde dies auch von der Bundesrepublik erwartet. Staatssekretär Dr. Globke ergänzt diese Ausführungen, indem er dem Kabinett über den kürzlichen Besuch einer Kommission der NATO berichtet[54]). Diese habe die Sicherungsmaßnahmen der Bundesrepublik überprüft und sei dabei zu der Auffassung gelangt, daß diese nicht ausreichend seien. Die Kommission würde hierüber noch einen eingehenden Bericht vorlegen[55]). Die alliierten Stellen hätten sich daher auch nicht in der Lage gesehen, für die Bundesrepublik bestimmtes Geheimmaterial schon jetzt zu übergeben. Sie hätten der Auffassung Ausdruck gegeben, daß die Überprüfung des mit der Bearbeitung dieses Materials befaßten Personals von einer zentralen Stelle erforderlich sei. Der Bundeskanzler hält erhöhte Sicherheitsmaßnahmen gleichfalls für erforderlich; jedoch bezweifelt er, ob es die Aufgabe des Bundesamtes für Verfassungsschutz sein könne, diese Überwachungsaufgabe zu übernehmen. Hier sei es doch richtiger, für diese Aufgabe ein neues Amt zu schaffen. Der Bundesminister des Innern pflichtet der Auffassung des Bundeskanzlers bei, daß der vorhandene personelle Apparat des Bundesamtes für Verfassungsschutz in dem Augenblick, in dem die Bundesrepublik die Souveränität erhalte, nicht mehr ausreiche, um die gesamte Sicherheitsüberwachung durchzuführen. Es sei zu prüfen, welche organisatorischen Maßnahmen dann getroffen werden müßten. In der sich anschließenden längeren Aussprache kommt die überwiegende Meinung des Kabinetts zum Ausdruck, daß das Bundesamt für Verfassungsschutz in seinem derzeitigen Aufbau aus verschiedenen Gründen nicht ausreicht, diese Aufgabe mit zu übernehmen. Das Kabinett beschließt daher — der Anregung des Bundeskanzlers folgend —

---

wesen war, ein Strafregisterauszug angefordert werden sollte. Die obersten Bundesbehörden sollten das Bundesamt für Verfassungsschutz über Personen, die aus Verfassungsschutzgründen entlassen oder deren Bewerbung aus diesen Gründen abgelehnt worden war, nach dem der Kabinettsvorlage beigegebenen Muster unterrichten.

[53]) Übereinstimmend damit Blücher in seiner Vorlage vom 18. Nov., Schäffer in seiner Vorlage vom 30. Nov. und Hellwege in seiner Vorlage vom 6. Dez. 1954 (VS- B 106/244).

[54]) Nicht belegt.

[55]) Dem 40-seitigen „Bericht der NATO-Sicherheitssachverständigen über Sicherheitsprobleme in der Bundesrepublik Deutschland, November 1954" waren als Anlage B die dem Bundeskanzleramt am 2. Nov. 1954 übergebenen „Empfehlungen der Alliierten Hohen Kommission an den Bundeskanzler für eine neue Begriffsbestimmung und Neuausrichtung des Sicherheitsschutzes in der Bundesrepublik Deutschland" und als Anlage A „Mindestmaßnahmen, die durchgeführt werden müssen, damit die deutschen Bundesbehörden den NATO-Sicherheitsnormen entsprechen können" beigegeben.

a) zu prüfen, in welcher Weise die Sicherheitsüberwachung des Bundespersonals organisatorisch ausgestaltet werden könnte. Das Bundesamt für Verfassungsschutz sollte sich auf die eigentlichen Grundsatzfragen beschränken.
b) zur Durchführung dieser Prüfung einen Ausschuß einzusetzen, dem folgende Bundesressorts angehören[56]): Das Bundesministerium des Innern, das Bundesministerium der Justiz, das Bundesministerium der Finanzen, das Bundesministerium für das Post- und Fernmeldewesen, das Bundeskanzleramt, die Dienststelle Blank.

Im Laufe der Erörterung gibt der Bundesminister des Innern seiner Verwunderung über den ungewöhnlich scharfen Ton Ausdruck, den der Bundesminister für Angelegenheiten des Bundesrates in seinem Schreiben[57]) an ihn gewählt habe. Dieses Schreiben sei allen Kabinettsmitgliedern abschriftlich zur Kenntnis gebracht worden. Hierzu bemerkt Staatssekretär Dr. Ripken, daß er dieses Schreiben zwar nicht entworfen, jedoch paraphiert habe. Aus Zeitgründen sei es ihm jedoch nicht möglich gewesen, gewisse in dem Schreiben enthaltene Schärfen abzumildern. Er bringt ausdrücklich sein Bedauern darüber zum Ausdruck.

3. AUSGLEICH ERHÖHTER FAHRKOSTEN IM VERKEHR NACH UND VON BERLIN
BMI

Nach kurzem Vortrag durch den Bundesminister des Innern beschließt das Kabinett antragsgemäß[58]). Es entspricht dem Antrag des Bundesministers für Verkehr, bei den in Aussicht genommenen Verhandlungen des AA mit den drei westlichen Besatzungsmächten beteiligt zu werden[59]).

---

[56]) Die Einsetzung eines solchen Ausschusses entsprach den „Empfehlungen" der AHK. – Die Konstituierung des Ausschusses wurde erneut in der 90. Sitzung am 11. Juli 1955 (TOP 2) beschlossen.

[57]) In der von Hellwege unterschriebenen Vorlage vom 6. Dez. 1954 war die Existenzberechtigung des Bundesamtes für Verfassungsschutz in Frage gestellt worden. Der BMBR hatte vorgeschlagen, daß das Bundeskriminalamt die Aufgaben des Bundesamtes für Verfassungsschutz übernehmen sollte (VS- B 106/244).

[58]) Vgl. 40. Sitzung TOP 13. – In der Vorlage vom 6. Dez. 1954 hatte der BMI beantragt, das Kabinett möge beschließen, Zuschüsse für die Flugkosten an die Bediensteten der Länder und Gemeinden nicht mehr zu zahlen, für die Erledigung der zurückgestellten Anträge einmalig Mittel zur Verfügung zu stellen und das AA zu beauftragen, sich bei der AHK für eine entgegenkommende Haltung des Civil Aviation Board zu verwenden, das eine Verstärkung und Verbilligung des Luftverkehrs zwischen Hannover und Berlin abgelehnt hatte (B 106/6878 und B 136/9573).

[59]) Die Verhandlungen führten zu einer Senkung der Flugpreise zwischen 5,– und 10,– DM (Verbalnote des französischen Botschafters vom 12. Okt. 1955, ebenda).

4. ENTWURF EINES GESETZES ÜBER DAS APOTHEKENWESEN BMI

Nachdem der Bundesminister des Innern die Vorlage[60]) begründet hat, legt der Bundesminister für Wirtschaft dar, daß man zwar auf einen Qualifikationsnachweis nicht verzichten sollte, daß jedoch das Konzessionswesen in diesem Beruf Auswüchse zeige, die nicht vertretbar erschienen. Er sei darüber informiert worden, daß das gegenwärtige Konzessionssystem für die Versorgung der Bevölkerung mit Arzneimitteln nicht mehr ausreichend sei[61]). Er bittet daher, die Beratung des Entwurfs zurückzustellen. Der Bundesminister des Innern hat die begründete Befürchtung, daß ein Initiativ-Gesetzentwurf aus dem Bundestag zu erwarten sei[62]). Er tritt daher dafür ein, den Gesetzentwurf zu beschließen und die weitere Behandlung desselben im Bundestag abzuwarten. Auch die Bundesminister für wirtschaftliche Zusammenarbeit und für Verkehr sind für eine Verabschiedung des vorliegenden Gesetzentwurfs, wobei der Bundesminister für Verkehr betont, daß man eine Apotheke nicht mit einem Einzelhandelsgeschäft vergleichen könne. Der Berufsstand des Apothekers verlange eine besondere Betrachtung. Nach kurzer Aussprache beschließt das Kabinett, den Gesetzentwurf zu verabschieden. Der Bundesminister für Wirtschaft hält seine vorgebrachten Bedenken aufrecht[63]).

5. WAHL VON BUNDESRICHTERN BEIM BUNDESARBEITSGERICHT BMA

Staatssekretär Sauerborn begründet die ablehnende Haltung seines Hauses[64]). Während sein Standpunkt gegenüber dem Ernennungsvorschlag H. von allen Ressorts geteilt worden sei, hätten sich zwei Bundesressorts für den Er-

---

[60]) Vorlage des BMI vom 10. Dez. 1954 in B 142/1259 und B 136/5234. Unterlagen über die Vorbereitung in B 142/1262 f. – Die mehrfach verlängerte Geltungsdauer (vgl. 284. Sitzung am 27. März 1953 TOP 12) des Gesetzes über die vorläufige Regelung der Errichtung neuer Apotheken vom 13. Jan. 1953 (BGBl. I 9) lief am 31. Dez. 1955 aus. Vorgesehen war, die Bedingungen für die Errichtung neuer Apotheken und die Pflichten der Apotheker zu regeln. So sollte z. B. vor jeder Errichtung einer Apotheke die Bedürfnisfrage geprüft werden.
[61]) Siehe dazu das Schreiben des BMWi an das Bundeskanzleramt vom 18. Dez. 1954 (B 136/5234) und die Vorlage für den Minister vom 20. Dez. 1954 (B 142/1259).
[62]) Am 15. Dez. 1954 war ein interfraktioneller Gesetzentwurf im BT eingebracht worden (BT-Drs. Nr. 1083).
[63]) BR-Drs. Nr. 451/54. – BT-Drs. Nr. 1233. – Gesetz vom 20. Aug. 1960 (BGBl. I 697).
[64]) Der BMA hatte es abgelehnt, der Wahl der vom Richterwahlausschuß am 15. Juli 1954 gewählten Personen zuzustimmen und sie gemäß § 13 des Richterwahlgesetzes vom 25. Aug. 1950 (BGBl. 368) dem Bundespräsidenten zur Ernennung vorzuschlagen. Er hatte seine Ablehnung damit begründet, daß die gewählten Personen weder über die notwendige Erfahrung als Richter oder Anwalt verfügten noch eine „überragende wissenschaftliche Leistung" vorzuweisen hätten. Außerdem hatte er darauf verwiesen, daß das Bundesarbeitsgericht nur mit zehn Richterstellen ausgestattet war und auch deshalb besonderer Wert „auf die Auswahl hochqualifizierter Persönlichkeiten" gelegt werden müßte (Vorlage des BMA vom 11. Nov. 1954 in B 134/3318). – Seebohm notierte dazu u. a.: „Präsident Nipperdey hat sich bitter über die Qualität der ausgewählten Richter beschwert." (Nachlaß Seebohm/8c).

nennungsvorschlag Dr. H. eingesetzt. Nach Auffassung dieser Ressorts[65]) handele es sich bei Frau Dr. H. um eine Persönlichkeit, die überragende wissenschaftliche Leistungen aufzuweisen hätte. Er wolle die hervorragende wissenschaftliche Qualifikation der Frau Dr. H. keineswegs in Abrede stellen. Es müsse jedoch dann gleichfalls geprüft werden, ob dies nicht auch für den ORR H. zuträfe. Auch der Bundeskanzler hat Bedenken, das Bundesarbeitsgericht mit Richtern zu besetzen, die nicht längere Erfahrungen als Richter oder Anwälte aufzuweisen haben. Nach den ihm vorliegenden Unterlagen könne er die wissenschaftlichen Leistungen der Frau Dr. H. nicht als außergewöhnlich bezeichnen. Die Tatsache, daß Frau Dr. H. einen Lehrauftrag habe, sei auch bei einer Vielzahl von Bundesbeamten gegeben. Dies qualifiziere jedoch nicht in jedem Falle für das Amt bei einem Obersten Bundesgericht. Die Bundesminister für wirtschaftliche Zusammenarbeit, des Innern und der Justiz glauben jedoch, auf Grund ihrer Prüfung den Eindruck gewonnen zu haben, daß bei Frau Dr. H. in der Tat ganz außergewöhnliche wissenschaftliche Leistungen erbracht worden seien.

Nach Abschluß der Aussprache ergibt eine Abstimmung, daß das Kabinett mit Mehrheit dem Bundesminister für Arbeit empfiehlt, den Wahlvorschlägen seine Zustimmung zu versagen[66]).

6. BUNDESGESETZLICHE REGELUNG DES WASSERRECHTS UND DER WASSERWIRTSCHAFT

[Nicht behandelt][67])

7. BUNDESWIRTSCHAFTSRAT   BMWi

[Nicht behandelt][68])

8. EINSTELLUNG DER BUNDESREGIERUNG ZUR FRAGE DER „BERUFSORDNUNGEN"   BMWi

[Nicht behandelt][69])

Die Beratung der Punkte 6 bis 8 der T. O. wird zurückgestellt, da sie einen längeren Zeitraum beansprucht. Hierfür wird eine Sondersitzung des Kabinetts unter dem Vorsitz des Bundeskanzlers vorgesehen.

---

[65]) Vgl. das Schreiben des BMI an das Bundeskanzleramt vom 10. Dez. und das Schreiben des BMJ an das Bundeskanzleramt vom 13. Dez. 1954 (B 134/3318).

[66]) Am 1. April 1955 wurden Dr. Meier-Scherling und Walter Schilgen zu Bundesrichtern beim Bundesarbeitsgericht ernannt (Mitteilung des Bundesarbeitsgerichts an das Bundesarchiv).

[67]) Siehe 71. Sitzung am 16. Febr. 1955 TOP 4 D. – Gesetz zur Ordnung des Wasserhaushalts (Wasserhaushaltsgesetz) vom 27. Juli 1957 (BGBl. I 1110).

[68]) Siehe 71. Sitzung am 16. Febr. 1955 TOP 2. – Ein Bundeswirtschaftsrat wurde nicht errichtet (B 136/2453 f.).

[69]) Siehe 71. Sitzung am 16. Febr. 1955 TOP 3 und Sitzungen des Kabinett-Ausschusses für Wirtschaft am 3. März 1955 TOP 2 und 21. Juli 1955 TOP A. (Unterlagen zur Frage der Berufsordnungen in B 102/43082 und 43208 sowie in B 136/9598).

9. ENTWURF EINES GESETZES ÜBER MASSNAHMEN AUF DEM GEBIETE DES MIETPREISRECHTES (ERSTES BUNDESMIETENGESETZ); STELLUNGNAHME DER BUNDESREGIERUNG ZU DEN ÄNDERUNGSVORSCHLÄGEN DES BUNDESRATES
BMWo/BMWi

Einleitend begründet der Bundesminister für Wohnungsbau ausführlich die vorgelegte Stellungnahme zu den Änderungsvorschlägen des Bundesrates[70]. Er hebt hierbei insbesondere die Änderungsvorschläge des Bundesrates zu den §§ 3[71]) und 10[72]) sowie zur Frage der Gewährung von Mietbeihilfen[73]) hervor. Er bittet das Kabinett, der Vorlage zuzustimmen. Es sei wünschenswert, den Gesetzentwurf nunmehr an den Bundestag weiterzuleiten, damit die vorgeschlagene Mieterhöhung möglichst noch im Zusammenhang mit den vom Bundestag beschlossenen Verbesserungen auf sozial- und steuerpolitischem Gebiet[74]) durchgeführt werden könne. Es sei leichter, die Mieterhöhungen unter Hinweis auf die Verbesserung der Konsumkraft breiter Schichten durchzusetzen. Er erklärt sich mit dem vom Bundesminister der Justiz vorgeschlagenen Änderungswunsch zu § 12a[75]) des Gesetzentwurfs einverstanden. Das Kabinett beschließt den Entwurf ohne weitere Aussprache. Die Weiterleitung desselben an den Bundestag[76]) soll jedoch erst im Januar 1955 erfolgen. Auf eine genauere Presseinformation soll bis dahin verzichtet werden[77]).

10. ENTWURF EINES GESETZES ZUR BEKÄMPFUNG DER SCHWARZARBEIT; STELLUNGNAHME DER BUNDESREGIERUNG ZU DEN ÄNDERUNGSVORSCHLÄGEN DES BUNDESRATES
BMA

Das Kabinett beschließt die vorgelegte Stellungnahme zu den Vorschlägen des Bundesrates[78]), nachdem der Bundesminister für Vertriebene, Flüchtlinge

---

[70]) Vgl. 43. Sitzung TOP 2. — Vorlage des BMWo vom 26. Nov. 1954 zu BR-Drs. Nr. 290/54 (Beschluß) in B 102/30802 und B 136/1473.

[71]) Der BMWo hatte es in seiner Vorlage abgelehnt, § 3 des Entwurfs entsprechend dem Vorschlag des BR zu streichen. Der Paragraph sah vor, daß die Miete frei vereinbart werden konnte, falls der Mieter nicht innerhalb eines Jahres der Höhe der Miete widersprochen hatte.

[72]) Preusker hatte die vom BR vorgeschlagene Streichung von § 10 abgelehnt und eine neue Formulierung erarbeitet. Der Paragraph sollte die Kostenmiete regeln.

[73]) Die Forderung des BR, Bestimmungen über Mietbeihilfe in eine Novellierung des Gesetzes über Arbeitsvermittlung und Arbeitslosenversicherung aufzunehmen, hatte der BMWo verworfen.

[74]) Zur Beratung der Steuergesetze im BT siehe STENOGRAPHISCHE BERICHTE Bd. 22 S. 2670—2694 und 2735—2820.

[75]) Der Änderungsvorschlag des BMJ bezog sich auf Nr. 12 c der BR-Drs. und betraf § 21 des Gesetzentwurfs, der die Regelung der Baukostenzuschüsse vorsah (vgl. den Vermerk vom 23. Dez. 1954 in B 102/30802).

[76]) Hier geändert aus: Bundesrat.

[77]) BT-Drs. Nr. 110. — Gesetz vom 27. Juli 1955 (BGBl. I 458).

[78]) Vgl. 40. Sitzung TOP 5. — Vorlage des BMA vom 15. Nov. 1954 zu BR-Drs. Nr. 273/54 (Beschluß) in B 149/5688 und B 136/8858. — Der BMA hatte die Vorschläge des BR abgelehnt, Schwarzarbeit mit drei statt mit sechs Monaten Gefängnis zu ahnden und den Auftraggeber lediglich mit einer Geldstrafe, aber nicht mit Gefängnis zu bestrafen.

und Kriegsgeschädigte in einigen Punkten zwar abweichender Auffassung ist, jedoch auf eine konkrete Stellungnahme verzichtet[79]).

11. ENTWURF EINES DRITTEN GESETZES ÜBER ÄNDERUNGEN UND ERGÄNZUNGEN VON VORSCHRIFTEN DES ZWEITEN BUCHES DER REICHSVERSICHERUNGSORDNUNG (GESETZ ÜBER KRANKENVERSICHERUNG DER RENTNER – KVdR) BMA

Staatssekretär Sauerborn begründet den vorgelegten Gesetzentwurf[80]) und weist insbesondere darauf hin, daß dieser bereits gewisse Grundgedanken der kommenden Sozialreform[81]) enthalte. Der Bundesminister für das Post- und Fernmeldewesen hält die Fassung des § 182a[82]) für unklar und empfiehlt Neufassung. Der Bundesminister für wirtschaftliche Zusammenarbeit hat Bedenken gegen die Begründung zu § 184. Diese sollte nach seiner Meinung nochmals überarbeitet werden, denn die Heranziehung der Rentner zu den Krankenhauskosten sei politisch nicht ganz unbedenklich. Staatssekretär Sauerborn erklärt seine Bereitschaft, über diese Fragen mit den beteiligten Bundesministerien nochmals eingehend zu sprechen[83]). Mit dieser Maßgabe beschließt das Kabinett den vorgelegten Gesetzentwurf[84]).

12. ENTWURF EINES GESETZES ÜBER MASSNAHMEN AUF DEM GEBIET DES VERKEHRSRECHTS UND DES VERKEHRSHAFTPFLICHTRECHTS BMJ/BMV

Der Bundesminister der Justiz begründet den vorgelegten Gesetzentwurf[85]). Er hebt drei wesentliche Änderungen des geltenden Verkehrsrechts hervor. Es seien dies
1. Die Anpassung der Haftungshöchstbeträge an die gegenwärtigen wirtschaftlichen Verhältnisse,
2. die Einführung einer Verkehrssünder-Kartei beim Kraftfahrt-Bundesamt und
3. die Erhöhung des Rahmens der polizeilichen Verwarnungsgebühr von bisher „bis 2 DM" auf „bis 5 DM".

Auf die Frage des Bundeskanzlers, ob nicht auch ein verstärkter Führerscheinentzug möglich sei, da dies doch als eine sehr wirksame Maßnahme angesehen werden müsse, antwortet der Bundesminister für Verkehr, diese Möglichkeit sei durch die geltende Gesetzgebung bereits sehr ausgeweitet worden. Die vorgesehene Einrichtung einer Verkehrssünderkartei schaffe hierfür im übrigen noch bessere Unterlagen. Staatssekretär Hartmann macht gegen die Einrich-

---

[79]) Der BMVt hatte die Vorschläge des BR für „erwägenswert" gehalten (Vorlage des BMVt vom 30. Nov. 1954 in B 149/5688 und B 136/8858). – BT-Drs. Nr. 1111. – Gesetz vom 30. März 1957 (BGBl. I 315).
[80]) Vgl. 60. Sitzung TOP 1.
[81]) Vgl. 63. Sitzung TOP 1.
[82]) § 182a sollte den Kostenanteil bei Medikamenten regeln.
[83]) Der Kostenbeitrag wurde nicht gestrichen. – Zu den vom BMA akzeptierten Änderungsvorschlägen siehe das Schreiben des BMA an das Bundeskanzleramt vom 24. Dez. 1954 (B 149/3874 und B 136/787).
[84]) BR-Drs. Nr. 452/54. – BT-Drs. Nr. 1234. – Gesetz vom 12. Juni 1956 (BGBl. I 500).
[85]) Gemeinsame Vorlage des BMJ und des BMV vom 7. Dez. 1954 in B 141/2147.

tung einer Verkehrssünderkartei gewisse Bedenken geltend im Hinblick auf den hiermit verbundenen personellen Aufwand.

Das Kabinett beschließt den vorgelegten Gesetzentwurf[86]).

Im Zusammenhang mit der Erörterung des vorgenannten Fragenkomplexes beanstandet der Bundeskanzler, daß
a) bei vielen Straßen des Bundesgebietes Mängel vorhanden seien, die zu zahlreichen Unfällen Anlaß gäben und oftmals schon durch den Aufwand verhältnismäßig geringfügiger Mittel beseitigt werden könnten. Er erwähnt beispielsweise die Straße zwischen Godesberg und Bonn;
b) weder für die Bundesminister eine Unfallversicherung abgeschlossen sei noch auch eine Mitfahrerversicherung. Dies könne sehr mißlich werden bei etwaigen Unfällen. Auch der Bundesminister für Verkehr hält die Tatsache, daß die Dienstwagen nicht versichert seien, für untragbar. Dem Hinweis des Bundesinnenministers, daß eine Unfallversicherung für die Bundesminister deshalb nicht erforderlich sei, weil für sie die gesetzlich vorgesehene Unfallfürsorge in Frage käme, begegnet der Bundeskanzler mit dem Bemerken, daß eine ähnliche Regelung für die Angestellten und Arbeiter, insbesondere für die Kraftfahrer, nicht bestände.

Das Kabinett beauftragt daher den Bundesminister der Finanzen, für die Regelung dieser Frage dem Kabinett in etwa vier Wochen Vorschläge zu unterbreiten[87]).

13. ERNTESCHÄDEN BML

Der Bundesminister für Ernährung, Landwirtschaft und Forsten berichtet dem Kabinett über den Verlauf der bisherigen Verhandlungen[88]). Er erwähnt, daß in einer Besprechung zwischen dem Bundesminister für wirtschaftliche Zusammenarbeit und Staatssekretär Hartmann eine Einigung erzielt worden sei, daß jedoch der Bundesminister der Finanzen sich diesem Ergebnis nicht anschließen wolle. Der Bundesminister der Finanzen wünsche vielmehr eine Abstufung der Aufschlüsselung nach der Finanzstärke der Länder[89]). Wollte man diesem Gegenvorschlag[90]) folgen, so würde dies weiterhin eine unliebsame Ver-

---

[86]) BR-Drs. Nr. 453/54. – BT-Drs. Nr. 1265. – Gesetz vom 16. Juli 1957 (BGBl. I 710).
[87]) Fortgang 92. Sitzung am 20. Juli 1955 (TOP 1).
[88]) Vgl. 45. Sitzung TOP 1. – Vgl. dazu auch 106. Sitzung des Agrarausschusses des Bundesrates am 21. Okt. 1954 und Besprechung des BK (und Lübkes) mit dem Präsidenten des Deutschen Bauernverbandes am 30. Nov. 1954 (B 136/8651).
[89]) Der Berichtigungswunsch von StS Hartmann zu diesem und dem vorangegangenen Satz des Protokolls lautet wie folgt: „Er erwähnt, daß in einer Besprechung zwischen dem Bundesminister für wirtschaftliche Zusammenarbeit und Staatssekretär Hartmann eine Einigung vorbehaltlich der Zustimmung des Bundesministers der Finanzen erzielt worden sei, daß jedoch der Bundesminister der Finanzen sich diesem Ergebnis nicht anschließen wolle. Der Bundesminister der Finanzen wünsche vielmehr eine stärkere Abstufung der Aufschlüsselung nach der Finanzstärke der Länder" (Rundschreiben des Bundeskanzleramtes an die Bundesminister „mit der Bitte um Kenntnisnahme" vom 14. Jan. 1955 als Anlage des Kurzprotokolls der 64. Sitzung am 21. Dez. 1954).
[90]) Vgl. dazu Vermerk des Bundeskanzleramtes (Haenlein) vom 18. Dez. 1954 in B 136/8651: „Die Frage, in welchem Ausmaß die Länder mit eigenen Mitteln an der Behebung der

zögerung in der Regelung der Ernteschäden bedeuten. Die Beunruhigung in der Bauernschaft sei schon sehr groß. Der Bundeskanzler vermag kein Verständnis dafür aufzubringen, daß in einer Angelegenheit von so unbedeutenden finanziellen Auswirkungen politische Verstimmungen mit den Ländern herbeigeführt werden könnten. Er bittet daher Staatssekretär Hartmann, auf den Bundesminister der Finanzen einzuwirken, seinen Widerstand gegen die vom Bundesminister für Ernährung, Landwirtschaft und Forsten vorgeschlagene Regelung aufzugeben. Abschließend stimmt das Kabinett der vom Bundesminister für Ernährung, Landwirtschaft und Forsten vorgeschlagenen Regelung zu[91]).

14. PERSONALIEN

Gegen den Ernennungsvorschlag in der Anlage 1[92]) zur Tagesordnung ORR Dr. Thienel[93]) werden Bedenken nicht geltend gemacht. Das Kabinett beschließt

---

Ernteschäden des Jahres 1954 beizutragen haben, ist zwischen dem Bundesfinanzminister und dem Bundesernährungsminister strittig. Bundesminister Lübke will daher über diese Frage in der Kabinettssitzung am 21. 12. 54 Vortrag halten. Bundesfinanzminister Schäffer vertritt den Standpunkt, daß die Länder nach folgendem Verteiler zu beteiligen sind: Schleswig-Holstein, Niedersachsen, Bayern, Rheinland-Pfalz: je 50 %; Hessen: 60 %; Baden-Württemberg, Nordrhein-Westfalen: jeweils 70 %. Demgegenüber haben sich Vizekanzler Blücher, Bundesminister Lübke und Staatssekretär Hartmann in einer Besprechung auf folgende Aufschlüsselung geeinigt: Schleswig-Holstein, Niedersachsen, Bayern, Rheinland-Pfalz: je 50 %; Hessen: 55 %; Baden-Württemberg, Nordrhein-Westfalen: 60 %. Die letztgenannte Aufschlüsselung soll vor kurzem von dem Herrn Bundeskanzler nach Vortrag von Bundesminister Lübke im Plenum des Bundestages gutgeheißen worden sein".

[91]) Vgl. Kurzprotokoll der 39. Sitzung des Ausschusses für Ernährung, Landwirtschaft und Forsten am 11. Jan. 1955 TOP 2: „Bundesminister Dr. Lübke gibt zunächst dem Ausschuß den Beschluß des Kabinetts, der Ende Dezember 1954 gefaßt wurde, bekannt: ‚Die Bundesregierung stellt den Ländern zur Milderung der Ernte- und Hochwasserschäden 1954 insgesamt einen Betrag bis zu 80 Mio DM auf Abruf zur Verfügung. Voraussetzung ist, daß die Länder die Schadensfeststellung und die Abwicklung der Ernteschäden 1954 nach den Richtlinien vornehmen, die ihnen mit Schreiben vom 15. 10. 1954 übersandt wurden und bereit sind, den auf sie entfallenden Anteil zu tragen. Für Schleswig-Holstein, Niedersachsen, Bayern und Rheinland-Pfalz beträgt der von den Ländern zu tragende Anteil 50 v. H., für Hessen 55 v. H., für Baden-Württemberg und Nordrhein-Westfalen 60 v. H.' Sein Ministerium habe daraufhin noch vor Weihnachten die Landwirtschaftsministerien der Länder von diesem Kabinettsbeschluß in Kenntnis gesetzt [...]. Nachdem Minister Lübke dem Ausschuß zusagt, noch am gleichen Tage mit dem Bundesfinanzministerium in Verbindung zu treten, damit die Länderfinanzministerien schnellstens von dem Kabinettsbeschluß verständigt werden, beschließt der Ausschuß, in Kürze auf die Frage der Abwicklung der Ernteschäden zurückzukommen" (B 136/8651, weitere einschlägige Unterlagen ebenda).
[92]) An Ernennungen waren vorgesehen: im BMF ein MinR. (Regierungsdirektor Heinrich Anz), im BML ein MinR. (Oberregierungsrat Dr. iur. Norbert Thienel).
[93]) Dr. iur. Norbert Thienel (1907–1977). Okt. 1934 – Mai 1945 Sachbearbeiter und Referent im Reichsnährstand (1942–1945 abgeordnet zum Reichsministerium für Ernährung und Landwirtschaft); 1945–1948 Bauarbeiter und Einkäufer, 1948 Landesernährungsamt in Düsseldorf, 1949–1952 Ministerium für Ernährung, Landwirtschaft und Forsten des Landes Nordrhein-Westfalen (Okt. 1950 Oberregierungsrat), 1952–1967 BML (1954 MinR., 1956 Ministerialdirigent), März 1967 StS im Ministerium für Ernährung, Landwirtschaft und Forsten des Landes Nordrhein-Westfalen.

jedoch, den Ernennungsvorschlag Regierungsdirektor Anz[94]) bis zur nächsten Kabinettssitzung zurückzustellen[95]).

Gegen die Ernennungsvorschläge gemäß Anlagen 2[96]) und 3[97]) zur Tagesordnung werden keine Einwendungen erhoben.

---

[94]) Heinrich Anz (1910–1973). 1935 – Febr. 1944 Reichsjustizministerium, Febr. 1944 – Juni 1945 Landgericht Bielefeld; Juni 1945 – Nov. 1947 in der Landwirtschaft beschäftigt, 1947–1949 Amtsgericht Wolfenbüttel, 1949 – Aug. 1953 Landgericht Braunschweig, 1953–1957 BMF (1955 MinR.), 1957–1960 BMI, 1960–1973 BMF (1968 Ministerialdirigent).

[95]) Siehe 65. Sitzung am 19. Jan. 1955 TOP 7.

[96]) An Ernennungen waren vorgesehen: im Geschäftsbereich BMJ vier Bundesrichter beim Bundesgerichtshof (Dr. iur. Karl Haager, Dr. iur. Hermann Hengsberger, Dr. iur. Paul Winkelmann, Alexander Wirtzfeld).

[97]) Vom BMI wurde erbeten die Hinausschiebung des Eintritts in den Ruhestand bis zum 30. Juni 1955 für den Präsidenten der Bundesanstalt für zivilen Luftschutz Erich Hampe.
– Das Manuskript 1954 (Protokolle und Anmerkungen) wurde im Dezember 1990 abgeschlossen und im Juli 1991 in Satz gegeben.

DIE REGELMÄSSIGEN TEILNEHMER
AN DEN KABINETTSSITZUNGEN 1954

Soweit Vertreter der Koalitionsfraktionen und Sachverständige zu Kabinettssitzungen hinzugezogen wurden, sind die biographischen Daten grundsätzlich bei der ersten Nennung angegeben. Neben den regelmäßigen Teilnehmern waren die Staatssekretäre in Vertretung der Minister, häufig aber auch zusätzlich bei Kabinettssitzungen anwesend. Deshalb werden auch die Staatssekretäre hier aufgeführt.

Der Bundeskanzler und die Bundesminister

Adenauer, Konrad
Dr. h. c. mult. (1876–1967)
Bundeskanzler 1949–1963
1917–1933 Oberbürgermeister von Köln (Zentrum), 1920–1933 Mitglied und Präsident des Preußischen Staatsrates; 1945 Oberbürgermeister von Köln, 1946–1950 MdL Nordrhein-Westfalen, Präsident des Parlamentarischen Rates, 1951–1955 Bundesminister des Auswärtigen, MdB 1949–1967, Bundesvorsitzender der CDU 1950–1966.

Balke, Siegfried
Prof. Dr. Ing. (1902–1984)
Bundesminister für das Post- und Fernmeldewesen 1953–1956
1945 technischer Betriebsleiter, 1952 Direktoriumsmitglied der Wacker-Chemie GmbH, Vorsitzender des Vereins der Bayerischen Chemischen Industrie, Präsidialmitglied des Landesverbandes der Bayerischen Industrie, 1956–1962 Bundesminister für Atomenergie, 1957–1969 MdB (CSU), 1964–1969 Präsident der Bundesvereinigung der Deutschen Arbeitgeberverbände.

Blücher, Franz
(1896–1959)
Bundesminister für Angelegenheiten des Marshallplanes 1949–1953, Bundesminister für wirtschaftliche Zusammenarbeit 1953–1957

1919—1946 Kaufmännische Tätigkeit u. a. als Direktor eines Bankhauses in Essen; 1946—1947 Finanzminister Nordrhein-Westfalen, 1947—1949 Vorsitzender der FDP-Fraktion im Wirtschaftsrat, 1946—1949 Vorsitzender der FDP in der Britischen Zone, 1949—1954 Bundesvorsitzender der FDP, MdB 1949—1958 (1956 FVP, 1957 DP), 1958—1959 Mitglied der Hohen Behörde der Montanunion.

Erhard, Ludwig
Prof. Dr. rer. pol. (1897—1977)
Bundesminister für Wirtschaft 1949—1963
1928—1942 wissenschaftlicher Assistent, Abteilungs- und Institutsleiter an der Handelshochschule Nürnberg; 1943—1945 Leiter des Instituts für Industrieforschung. 1945—1946 Bayerischer Staatsminister für Handel und Gewerbe; 1947 Honorarprofessor Universität München; Vorsitzender der Sonderstelle Geld und Kredit der Verwaltung des VWG; 1948—1949 Direktor der Verwaltung für Wirtschaft des VWG; MdB 1949—1977 (CDU); 1963—1966 Bundeskanzler; 1966—1967 Bundesvorsitzender der CDU.

Hellwege, Heinrich
(1908—1991)
Bundesminister für Angelegenheiten des Bundesrates 1949—1955
Ab 1928 kaufmännische Tätigkeit; 1946—1947 Landrat in Stade, 1946—1952 und 1955—1963 MdL Niedersachsen, 1955—1959 Ministerpräsident von Niedersachsen, 1947—1961 Vorsitzender der DP, anschließend CDU.

Kaiser, Jakob
(1888—1961)
Bundesminister für gesamtdeutsche Fragen 1949—1957
Ab 1918 Geschäftsführer des Gesamtverbandes der christlichen Gewerkschaften Deutschlands, 1933 MdR (Zentrum); 1945—1947 Vorsitzender der CDU in Berlin und der Sowjetischen Besatzungszone, 1946 Mitglied des Abgeordnetenhauses Berlin, Mitglied des Parlamentarischen Rates, MdB 1949—1957.

Kraft, Waldemar
(1898—1977)
Bundesminister für besondere Aufgaben 1953—1956
1920—1939 polnische Staatsbürgerschaft, 1925 Direktor des deutschen Landwirtschaftlichen Zentralverbandes in Polen, 1940—1945 Geschäftsführer der Reichsgesellschaft für Landbewirtschaftung, SS-Ehrensturmbannführer; 1945—1948 Internierung, Mitbegründer des BHE in Schleswig-Holstein, 1950 Finanzminister und stellvertretender Ministerpräsident in Schleswig-Holstein sowie 1951 zusätzlich Justizminister, 1952—1953 Vorsitzender des GB/BHE, 1953—1961 MdB, 1953—1955 GB/BHE, 1955 fraktionslos, 1956 CDU.

Lübke, Heinrich
(1894—1972)
Bundesminister für Ernährung, Landwirtschaft und Forsten 1953—1959
1926 Direktor der Deutschen Bauernschaft, Leiter der „Siedlungsgesellschaft Bauernland", ab 1932 MdL (Zentrum) in Preußen, 1940—1944 stellvertretender Leiter der Baugruppe Schlempp beim Aufbau der Produktionsstätten für V-Waffen in Peenemünde, 1944 bei der Organisation Todt; 1945 Mitglied der CDU, 1947—1952 Ernährungs- und Landwirtschaftsminister in Nordrhein-Westfalen, 1949—1950 und 1953—1959 MdB, 1959—1969 Bundespräsident.

Neumayer, Fritz
(1884—1973)
Bundesminister für Wohnungsbau 1952—1953, Bundesminister der Justiz 1953—1956
Ab 1911 Rechtsanwalt in Kaiserslautern; 1945 Landgerichtspräsident in Kaiserslautern, 1947 und 1948—1951 MdL in Rheinland-Pfalz (FDP), 1947—1948 Minister für Wirtschaft und Verkehr in Rheinland-Pfalz, 1949—1957 MdB (FDP, 1956 FVP, 1957 DP).

Oberländer, Theodor
Prof. Dr. agr., Dr. rer. pol. (geb. 1905)
Bundesminister für Vertriebene, Flüchtlinge und Kriegsgeschädigte 1953—1960
1933 Eintritt in die NSDAP, Direktor des Instituts für Osteuropäische Wirtschaft in Königsberg, 1934 Prof. für Agrarpolitik in Danzig und 1940 in Prag, 1934—1937 Leiter des „Bundes Deutscher Osten", 1940—1943 Ostexperte bei einer vom deutschen Heer ausgebildeten Ukrainer-Einheit; 1945 in amerikanischer Gefangenschaft, 1946 in der Landwirtschaft tätig, 1950 Mitbegründer des BHE in Bayern und MdL, 1954—1955 Bundesvorsitzender des BHE, 1951—1953 StS für das Flüchtlingswesen in Bayern, 1956 Eintritt in die CDU, MdB 1953—1961 und 1963—1965.

Preusker, Viktor-Emanuel
Dr. rer. pol. (1913—1991)
Bundesminister für Wohnungsbau 1953—1957
1937—1940 Bankkaufmann; 1947 Geschäftsführer der FDP in Hessen, 1949—1961 MdB, 1956 Austritt aus der FDP, Mitbegründer und Vorsitzender der FVP (die sich 1957 mit der DP zusammenschloß), ab 1960 CDU, 1963—1975 wieder im Bankgeschäft tätig.

Schäfer, Hermann
Dr. phil. (1892—1966)
Bundesminister für besondere Aufgaben 1953—1956
1920—1924 Redakteur und geschäftsführender Vorstand der Vereinigung der leitenden Angestellten, 1925—1933 Mitglied des Reichsvorstandes der DDP/DStP,

1941 Wehrdienst; 1946 Mitglied und stellvertretender Vorsitzender der FDP im Landesverband Hamburg, 1947 stellvertretender Zonenvorsitzender, 1948 Vizepräsident des Parlamentarischen Rates, 1950–1956 stellvertretender Vorsitzender der FDP, 1949–1957 MdB, 1949–1951 Fraktionsvorsitzender, 1956 Parteiaustritt und Mitbegründer der FVP, ab 1961 wieder in der FDP.

Schäffer, Fritz
(1888–1967)
Bundesminister der Finanzen 1949–1957
1920 Bayerisches Staatsministerium für Unterricht und Kultus, 1920–1933 MdL Bayern (Bayerische Volkspartei), 1929–1933 Vorsitzender der Bayerischen Volkspartei, 1931–1933 als Staatsrat Leiter des Bayerischen Staatsministeriums der Finanzen, anschließend Anwaltstätigkeit; 1945 Bayerischer Ministerpräsident (CSU), 1957–1961 Bundesminister der Justiz, MdB 1949–1961.

Schröder, Gerhard
Dr. iur. (1910–1989)
Bundesminister des Innern 1953–1961
1933–1939 wissenschaftlicher Assistent, 1939 Rechtsanwalt, Wehrdienst; 1945 Mitglied der CDU und persönlicher Referent des Oberpräsidenten der Nordrheinprovinz, ab 1947 Abteilungsleiter in der Stahltreuhändervereinigung, 1947–1953 Rechtsanwalt, 1949–1980 MdB, 1955–1978 Vorsitzender des Evangelischen Arbeitskreises der CDU/CSU, 1961–1966 Bundesminister des Auswärtigen, 1966–1969 Bundesminister der Verteidigung, 1969–1980 Vorsitzender des Auswärtigen Ausschusses des Deutschen Bundestages.

Seebohm, Hans Christoph
Dr. Ing. (1903–1967)
Bundesminister für Verkehr 1949–1966
1931–1946 stellvertretender Direktor, Direktor und Geschäftsführer verschiedener Bergbau-Gesellschaften. 1946–1948 Minister für Aufbau, Arbeit und Gesundheitswesen in Niedersachsen; Mitglied des Parlamentarischen Rates; MdB 1949–1967 (DP, 1960 CDU); 1959–1967 Sprecher der Sudetendeutschen Landsmannschaft.

Storch, Anton
(1892–1975)
Bundesminister für Arbeit 1949–1957
1915 Sekretär des Zentralverbandes christlicher Holzarbeiter Deutschlands, anschließend Vorsitzender der christlichen Gewerkschaften in Hessen, 1931–1933

Leiter des Landesverbandes Niedersachsen des Allgemeinen Deutschen Gewerkschaftsbundes, nach 1933 Versicherungsvertreter; 1945 Mitbegründer der CDU in Hannover, 1946–1948 Leiter der Hauptabteilung Sozialpolitik des Deutschen Gewerkschaftsbundes (Britische Zone), 1947–1948 Mitglied des Wirtschaftsrates, 1948–1949 Direktor der Verwaltung für Arbeit des VWG, MdB 1949–1965 (CDU), 1958–1965 Mitglied des Europäischen Parlaments.

Strauß, Franz Josef
Dr. h. c. (1915–1988)
Bundesminister für besondere Aufgaben 1953–1955
1935 Abitur, anschließend Studium der Geschichte, klassischen Sprachen, Germanistik und Volkswirtschaft; 1937 Beitritt zum Nationalsozialistischen Kraftfahrkorps; 1939 Wehrdienst. 1945 stellvertretender und 1946–1949 Landrat in Schongau; 1945 Gründungsmitglied der CSU, 1948–1953 Generalsekretär der CSU, 1949–1953 geschäftsführender Vorsitzender der CSU-Landesgruppe und stellvertretender Vorsitzender der CDU/CSU-Fraktion im Deutschen Bundestag, 1952–1961 stellvertretender Vorsitzender der CSU, 1961–1988 Vorsitzender der CSU, 1953–1957 und 1963–1966 Vorsitzender der CSU-Landesgruppe; 1955–1956 Bundesminister für Atomfragen, 1956–1962 Bundesminister für Verteidigung, 1966–1969 Bundesminister der Finanzen; 1978–1988 MdL und Bayerischer Ministerpräsident.

Tillmanns, Robert
Dr. rer. pol. (1896–1955)
Bundesminister für besondere Aufgaben 1953–1955
1931–1933 Regierungsrat in der preußischen Schulverwaltung, nach 1933 in der Industrie tätig; 1945 Mitbegründer der Christlich-Demokratischen Union Deutschlands (CDUD), 1945–1949 Leiter des Zentralbüros Ost des Hilfswerks der Evangelischen Kirche in Deutschland, 1952–1955 Vorsitzender des CDU-Landesverbandes Berlin; 1949–1955 MdB.

Wuermeling, Franz Josef
Dr. rer. pol. (1900–1986)
Bundesminister für Familienfragen/für Familien- und Jugendfragen 1953–1962
1926–1931 im Preußischen Innenministerium, 1931–1939 Landrat und Finanzdezernent in Kassel, 1940–1947 Angestellter in einem Industrieunternehmen; 1945 Bürgermeister von Linz am Rhein, 1947–1951 MdL (CDU) und 1947–1949 StS im Innenministerium von Rheinland-Pfalz, 1949–1969 MdB.

Sitzungsteilnehmer

Die Staatssekretäre

Bergemann, Günther Dr. iur. (1902–1968). StS BMV 1952–1957. – 1929–1933 Dozent an der Fachschule für Wirtschaft und Verwaltung in Berlin, 1934–1941 Reichswirtschaftsministerium (1938 Leiter der Handelspolitischen Abteilung), 1942–1945 Leiter der Seeschiffahrtsabteilung im Reichsverkehrsministerium (1943 MinDir.); 1945–1946 Leiter der Zentralbehörde für die deutsche Seeschiffahrt in Hamburg, 1947–1949 Abteilungsleiter in der Hauptverwaltung des Seeverkehrs (später Abteilung Seeverkehr der Verwaltung für Verkehr des VWG), 1949–1952 Leiter der Allgemeinen Abteilung des BMV, 1957–1967 Geschäftsführer der Margarine-Union GmbH.

Bleek, Karl Theodor (1898–1969). StS BMI 1951–1959. – 1927–1932 Preußisches Innenministerium, 1932–1934 Landrat, zeitweise beurlaubt, 1934–1937 Regierungsrat bei der Regierung in Arnsberg, 1937–1939 bei der Regierung in Breslau, 1939–1945 Stadtkämmerer von Breslau; 1946–1951 Oberbürgermeister von Marburg, 1959–1961 Chef des Bundespräsidialamtes.

Gladenbeck, Friedrich Prof. Dr. rer. nat. (1899–1987). StS BMP 1954–1959. – 1925 Höherer Postdienst (Postreferendar), 1933–1938 Reichspostministerium (1938 MinR.), 1938–1942 Präsident der Forschungsanstalt der Deutschen Reichspost, 1942–1947 im Vorstand der AEG; 1950–1952 Präsident der Oberpostdirektion Hamburg, 1952–1954 MinDir. im BMP, 1960–1961 Geschäftsführer der „Freien Fernsehen GmbH" (Bundesarchiv-Bestand B 263).

Globke, Hans Dr. iur. (1898–1973). StS Bundeskanzleramt 1953–1963. – 1925 stellvertretender Polizeipräsident von Aachen, 1932 Regierungsrat im Preußischen Innenministerium, 1934–1945 Reichsministerium des Innern, Referent für Staatsangehörigkeitsfragen; 1946–1949 Stadtkämmerer in Aachen, 1949 Vizepräsident des Landesrechnungshofes von Nordrhein-Westfalen, 1949 Bundeskanzleramt.

Hallstein, Walter Prof. Dr. iur. (1901–1982). StS AA 1951–1957. – 1929 Privatdozent, 1930–1941 Prof. für Privat- und Gesellschaftsrecht. 1946 Lehrstuhl für Internationales Privatrecht, Völkerrecht, Rechtsvergleichung und Gesellschaftsrecht an der Universität Frankfurt; 1950 Leiter der deutschen Verhandlungsdelegation für den Schuman-Plan; StS Bundeskanzleramt 1950–1951; 1958–1967 Präsident der Kommission der Europäischen Wirtschaftsgemeinschaft in Brüssel; 1968 Präsident des Rates der Europäischen Bewegung; 1969–1972 MdB (CDU).

Hartmann, Alfred (1894–1967). StS BMF 1950–1959. – 1923 Reichsfinanzverwaltung, 1935 Entlassung; 1945–1947 Bayerisches Finanzministerium, 1947–1949 Direktor der Verwaltung für Finanzen des VWG.

Lex, Hans Ritter von (1893–1970). StS BMI 1950–1960. – 1921–1923 und 1927–1932 Bayerisches Kultusministerium, 1923–1927 Bezirksamtmann (Landrat) in Rosenheim, 1932–1933 MdR (Bayerische Volkspartei), 1933–1945 Reichsministerium des Innern; 1945 Bayerisches Kultusministerium, 1946 Bayerisches Innenministerium, 1961–1967 Präsident des Deutschen Roten Kreuzes.

Nahm, Peter Paul Dr. phil. (1901–1981). StS BMVt 1953–1967. – 1924 Redakteur, 1919–1933 Mitglied des Zentrums, 1933 Inhaftierung; 1934–1945 im Weinbau und Weinhandel tätig; 1945–1946 Landrat, 1947–1949 Leiter des hessischen Landesamtes für Vertriebenen- und Flüchtlingsfragen, 1949–1952 Min-Dir. im Hessischen Innenministerium, 1953 Leiter der Zentralstelle für Sowjetzonenflüchtlinge im BMVt (mit der Wahrnehmung der Geschäfte des StS BMVt beauftragt).

Ripken, Georg Dr. phil. (1900–1962). StS BMBR 1954–1958. – Seit 1927 im Auswärtigen Dienst, zuletzt (ab 1944) stellvertretender Leiter der Handelspolitischen Abteilung des AA (Vortragender Legationsrat); 1951–1954 MinDir. im BMBR, 1958–1961 MdB (DP, 1960 CDU).

Sauerborn, Max (1889–1963). StS BMA 1950–1957. – 1923–1945 Reichsarbeitsministerium; 1948–1949 Bayerisches Arbeitsministerium und Präsident des Bayerischen Landesversicherungsamtes.

Sonnemann, Theodor Dr. rer. pol. (1900–1987). StS BML 1950–1961. – 1923–1933 Syndikus des Reichslandbundes, 1934–1936 Reichsnährstand, 1936–1945 Kriegsmarine und Reichsministerium für Rüstung und Kriegsproduktion; 1947–1949 Hauptgeschäftsführer des Landesverbandes des Niedersächsischen Landvolkes, 1961–1973 Präsident des Deutschen Raiffeisenverbandes e. V.

Strauß, Walter Dr. iur. (1900–1976). StS BMJ 1950–1962. – 1928–1935 Reichswirtschaftsministerium, 1935–1945 Wirtschaftsberater und Anwaltstätigkeit; 1945 Gründungsmitglied der CDU in Berlin, 1946–1947 StS im Hessischen Staatsministerium, 1947–1949 stellvertretender Direktor der Verwaltung für Wirtschaft des VWG, Leiter des Rechtsamtes der Verwaltung des VWG, Mitglied des Parlamentarischen Rates, 1963–1970 Mitglied des Gerichtshofes der Europäischen Gemeinschaften.

Thedieck, Franz (geb. 1900). StS BMG 1950–1964. – 1923–1930 Kölner Abwehrstelle des Preußischen Innenministeriums gegen den Separatismus. 1931–1940 Bezirksregierung Köln, 1940–1943 Militärverwaltung in Belgien und Nordfrankreich; 1946–1949 Bezirksregierung Köln.

Wandersleb, Hermann Dr. iur. (1895–1977). StS BMWo 1950–1959. – 1927–1933 Landrat in Querfurt; 1945 Vizepräsident des Oberpräsidiums der Nordrhein-Provinz, 1946–1949 Chef der Landeskanzlei Nordrhein-Westfalen.

Weber, Franz Dr. iur. (1894–1955). StS BMP 1954–1955. – 1913 Höherer Postdienst (Posteleve), 1929–1933 Reichspostministerium, 1933–1945 Reichspostdirektion Berlin (1940 Abteilungspräsident); 1945–1946 Abteilung Post- und Fernmeldewesen des Magistrats der Stadt Berlin, 1946–1948 Leiter der Bahnpostoberbetriebsleitung West mit dem Amtssitz in Münster/W., 1948–1951 Oberpostdirektion Bremen (1949 Präsident), 1951–1954 MinDir. im BMP.

Westrick, Ludger Dr. iur. (1894–1990). StS BMWi 1951–1963. – 1921–1948 Vereinigte Aluminium-Werke AG; 1948–1951 Finanzdirektor der Deutschen Kohlenbergbauleitung, 1963–1964 StS Bundeskanzleramt, 1964–1966 Bundesminister für besondere Aufgaben.

Der Chef des Bundespräsidialamtes

Klaiber, Manfred Dr. iur. (1903–1981). Chef des Bundespräsidialamtes 1949–1957 (1954 StS). – 1926–1945 AA mit Stationen in Paris, Pretoria, Batavia und Ankara; 1947 Württemberg-Badisches Staatsministerium (Regierungsdirektor), 1948–1949 Bevollmächtigter Württemberg-Badens bei der Verwaltung des VWG (1949 MinDir.), Botschafter in Rom (1957–1963) und Paris (1963–1968).

Bott, Hans (1902–1977). Persönlicher Referent des Bundespräsidenten und stellvertretender Chef des Bundespräsidialamtes 1949–1959 (1957 MinDir.). – Bis 1945 Buchhändler und Verleger; 1945 Referent im Stuttgarter Kultusministerium, nach 1959 ehrenamtlicher Mitarbeiter von Theodor Heuss und Mitglied des Stiftungsrates und des Kuratoriums der Elly-Heuss-Knapp-Stiftung „Deutsches Mütter-Genesungswerk".

Der Chef des Presse- und Informationsamtes der Bundesregierung (BPA)

Eckardt, Felix von (1903–1979). Chef des BPA von Februar 1952 bis April 1955. – 1927–1929 außenpolitischer Berichterstatter des Hauses Ullstein, 1929–1932 Presseattaché an der deutschen Gesandtschaft in Brüssel, 1933–1945 Tätigkeit als Filmbuchautor und Dialogregisseur. 1945–1951 Begründer, Herausgeber und Chefredakteur des „Weserkurier"; 1955–1956 Botschafter bei den Vereinten Nationen; 1956–1962 erneut Chef des BPA (1958 StS); 1962–1965 Bevollmächtigter der Bundesrepublik Deutschland in Berlin; 1965–1972 MdB (CDU).

Forschbach, Edmund (1903—1988). Juni 1954—Mai 1955 stellvertretender und Mai 1955—Juni 1956 kommissarischer Leiter des BPA. — 1932—1940 Rechtsanwalt beim Landgericht Dortmund und Oberlandesgericht Köln, 1933 Mitglied des Preußischen Landtages und 1933—1934 des Reichstages (DNVP), 1940—1945 Beauftragter Richter beim Amt- und Landgericht Breslau; 1946—1951 in der Kölner Stadtverwaltung tätig (1948 Verwaltungsdirektor), 1951—1954 und 1956—1957 Referent im BMI, 1957—1968 Abteilungsleiter im BMG.

Krueger, Werner (geb. 1915). Stellvertretender Chef des BPA von Oktober 1951 bis Juni 1954. — 1937 Redakteur der „Westfälischen Volkszeitung" (Bochum), 1946 Redakteur der „Westfalenpost" (Soest), 1947 Pressereferent beim CDU-Zonenausschuß der Britischen Zone, 1950 persönlicher Referent des Chefs des BPA, Leiter der Abteilung Inland im BPA von 1950—1951, 1954—1956 Chefredakteur der Abteilung Fernsehen beim Nordwestdeutschen Rundfunk Hamburg/Köln, erneut stellvertretender Chef des BPA von 1956—1967, 1967 Beauftragter für den Aufbau des Planungsstabes im Bundeskanzleramt.

Glaesser, Wolfgang Dr. iur. (1908—1973). 1950—1973 im BPA, ab September 1951 Leiter der Abteilung Inland. — 1934 aus dem Staatsdienst entlassen, Emigration nach Österreich und 1938 in die Schweiz, dort bis 1950 u. a. Mitarbeiter der neuen Zürcher Zeitung, Vorsitzender der Liberaldemokratischen Vereinigung der Deutschen in der Schweiz und Geschäftsführender Vorsitzender der Arbeitsgemeinschaft Demokratisches Deutschland.

Six, Bruno Dr. phil. (1906—1984). 1954—1966 Leiter der Abteilung „Film, Funk, Bild, Fernsehen" im BPA. — Angestellter in der Redaktion der „Jungen Front" (1934—1936) und des Pädagogischen Verlages (1936—1938), jeweils in Düsseldorf; 1938—1943 in der Industrie tätig, 1938—1945 Organisation Todt. 1945—April 1952 freie journalistische Tätigkeit, 1946—1962 MdL (CDU) in Nordrhein-Westfalen, 1946—1948 Mitglied des Zonenbeirates der britischen Besatzungszone, Mai 1952—15. Januar 1954 Persönlicher Referent des StS des Bundeskanzleramtes, 1966—1969 im Dienst der CDU/CSU-Fraktion im Deutschen Bundestag, 1969—1971 BMF (Referatsleiter).

Der persönliche Referent des Bundeskanzlers

Kilb, Hans (1910—1984). 1936—1945 Berufsoffizier; 1946—1948 Tätigkeit als Prokurist, 1948—1951 Stadtverwaltung Göttingen, 1951 Persönlicher Referent des StS Walter Gase im Bundesministerium für den Marshallplan, 1952—1958 Persönlicher Referent des BK (1955 MinR.), 1958—1974 Direktor bei der Verwaltung der Europäischen Atomgemeinschaft und (ab 1967) bei der Kommission der Europäischen Gemeinschaften.

Der Leiter des Kanzlerbüros

Selbach, Josef (geb. 1915). 1948–1950 Amtsgericht Baden-Baden, 1950 Hilfsrichter am Landgericht Offenburg/Baden, 1950–1963 Bundeskanzleramt (zuletzt MinDir.), ab Dezember 1952 Leiter des Kanzlerbüros, 1963–1967 als Mitarbeiter von Bundeskanzler a. D. Konrad Adenauer beurlaubt, 1969–1983 Vizepräsident des Bundesrechnungshofes und stellvertretender Vorsitzender des Bundespersonalausschusses.

Der Beauftragte des Bundeskanzlers für die mit der Vermehrung der alliierten Truppen zusammenhängenden Fragen (Amt Blank)

Blank, Theodor (1905–1972). Bis November 1950 Mitglied des Vorstands der IG Bergbau, 1949–1972 MdB (CDU), 1950–1955 Beauftragter des Bundeskanzlers für die mit der Vermehrung der alliierten Truppen zusammenhängenden Fragen, 1955–1956 Bundesminister für Verteidigung, 1957–1965 Bundesminister für Arbeit und Sozialordnung.

Die Protokollführer

Grau, Wilhelm Dr. iur. (1901–1975). Ab 1928 Württembergische Staatsverwaltung, 1934–1938 Württembergisches Innenministerium, 1938–1945 Reichsministerium des Innern (1939 Oberregierungsrat, 1941 MinR.); 1947–1949 Innenministerium Württemberg-Hohenzollern, 1949–1955 Bundeskanzleramt (Ministerialdirigent), 1955–1959 Bundesministerium für Atomfragen, 1959–1966 BMV (MinDir.).

Gumbel, Karl (1909–1984). 1935–1945 Syndikus der Lingner-Werke Vertriebs GmbH in Dresden und Wehrdienst; 1946 Oberregierungspräsidium Pfalz in Neustadt (Regierungsrat), 1947–1949 Innenministerium Rheinland-Pfalz (1948 Oberregierungsrat), 1949–1955 Bundeskanzleramt (1950 MinR.), 1955–1966 Bundesministerium für Verteidigung (MinDir., 1964–1966 StS), 1967–1969 StS BMI.

Haenlein, Franz (geb. 1903). Bis 1945 im Justizdienst, 1947 Justitiar der „Kirchlichen Hilfsstelle" für Ostflüchtlinge in München, 1947–1948 Exekutivrat des VWG, 1948–1949 Staatskanzlei des Landes Rheinland-Pfalz, Oktober 1949 bis November 1952 Bevollmächtigter des Landes Rheinland-Pfalz beim Bund (MinR.), ab Dezember 1952 bis 1960 Bundeskanzleramt (1954 Ministerialdirigent), anschließend bis 1968 BMA (MinDir.).

Pühl, Karl-Heinz Dr. rer. pol. (geb. 1912). 1947—1950 Finanzministerium des Landes Schleswig-Holstein, 1950 bis etwa 1957 Bundeskanzleramt (1953 MinR. und Referent für Sozialpolitik), bis 1962 Prüfungsleiter einer Wirtschaftsprüfungsgesellschaft, danach bis zum Ruhestand 1973 Finanzchef und später Generalbevollmächtigter einer Maschinenfabrik.

Spieler, Hermann Dr. iur. (1894—1979). 1930—1933 Hilfsrichter am Oberlandesgericht Naumburg/Saale, 1933—1938 Oberlandesgerichtsrat in Breslau, 1939 Vizepräsident des Oberlandesgerichts Naumburg/Saale, 1940 Vizepräsident des Oberlandesgerichts Breslau; 1946—1947 Evangelisches Hilfswerk in Bielefeld und in Bethel; 1947—1951 Hilfsrichter bzw. Oberlandesgerichtsrat (1951) in Hamm, 1952—1954 Bundeskanzleramt (1952 MinR.), 1954—1962 Richter am BGH.

ÜBERSICHT ZUR ANWESENHEIT DER REGELMÄSSIGEN TEILNEHMER AN DEN KABINETTSSITZUNGEN 1954

O = anwesend
△ = zeitweise anwesend

Sitzung vom	Adenauer	Blücher	Schröder	Neumayer	Schäffer	Erhard	Lübke	Storch	Seebohm	Balke	Preusker	Oberländer	Kaiser	Hellwege	Wuermeling	Tillmanns	F. J. Strauß	Schäfer	Kraft
12. Jan.	△	O	O	O	O	O	O	O	O	O	O	O	O	O	△	O	O	O	
22. Jan.	O	O		O	O	O	O	△	O	O	O	O	O	O	O	△	O	O	
29. Jan.	△	O	O	O	O	O		△	△	O	O	O	O	△	O	O	O	O	
5. Febr.	O	O	O	O		O	O	O	O	O	O	O	O	O			O	O	O
17. Febr.	△	O	O	O	O	O	O	O	O	O	O	O	O	O	O	O	O	O	O
19. Febr.	O	O	O	O	O	O	O	O	△	O	O	O	O	O	O		O	O	O
24. Febr.	O		O	O	O	O	O		O	O	O	O	O			O	O	O	
4. März	△	O	O	O	O	O	O	O	O	O	O	O	O	O	O	O	O	O	O
8. März	△	O	O	O	O	O		O		O	O	O	O	O	O	O	O		
12. März		O		O	O	O			O	O		O	O	△	△		O		
19. März		△		O	O		O	△		O	O		O	O	O	O	O	O	
24. März		O	O	O	O		O	△		O		O		O	O	△	O		
26. März		O	△	O	O		O	O	O	△		O	O	O	△	O	△	△	
31. März	O	O	O	O	△		O	O	O	O	O	O	O	O	O	O	O	O	
1. April	O	O	O	O	O			O	O		O	O	O	O	O	O	O		O
6. April	△	O	O	O			O	O	O	O	O	O	O	O	O	O		O	
13. April	O		O		O			O	O	O	O				O	O	O		
28. April	△	O	O		O	O		O	O	O	O	O		O	O	O	O	O	
5. Mai	O				O		O	O	O	O	O	O		O	O	O	O	O	
12. Mai		O	O	O	O			O	O		O				△			O	△
25. Mai	△	O	O	O	O	O	O				O	O	O		O	O		O	O
1. Juni	△	O		O	O		O	O	O		O	O	O		O		O		O
15. Juni	O	O	O	O	O	O	O			O	O	O	O	O	O	O	O	O	
23. Juni	O	O	O	O	O	O	O			O	O	O	O	O	O	O	O	O	
30. Juni	△	O	O	O	△	△	O	O	O	O	O	O	O	O	O		O		
7. Juli	O	O	O	O	O	O		O	O	O	O	O	O	O	O	O	O	O	O

Übersicht zur Teilnahme

Sitzung vom	Adenauer	Blücher	Schröder	Neumayer	Schäffer	Erhard	Lübke	Storch	Seebohm	Balke	Preusker	Oberländer	Kaiser	Hellwege	Wuermeling	Tillmanns	F. J. Strauß	Schäfer	Kraft
13. Juli	△	O	O	O	O	O	O	O	O	O	△	O	O		O	△	O	△	O
21. Juli		O	O	O		O	△	△	△	O	O		O		O		△	O	
23. Juli		O	O	O		O		O	O	O			O	O	O		O	O	
28. Juli		O				O		O					O				O	O	O
28. Juli		O	△					O		O			O	O				O	O
31. Aug.		O		O		O	O		O	O	O	O	O	O		O			
1. Sept.	O	O	O		O	O	O	O		O	O	O	O	O	O	O	O	O	O
2. Sept.		O	O		O				O		△	O			O				
8. Sept.	O	O	O	O	O	O		△	O	O	O	O		O		O	O	O	
14. Sept.	△	O	O	O	O	O		O	O	O	O	O		O	O	O	△		O
14. Sept.	△	O	O	O	△	△		O			O	O	O	O	O	O		O	O
22. Sept.	△	△	O	O	O		O	△	O	O	O	O	O	O	O	O	O	O	O
23. Sept.		O	O	O	O	O	O		O		O		O	O	O	O	O	O	
27. Sept.	△	O	O	O	O		O	O			O	O	O	O	O	O		O	O
29. Sept.		O		O		O	O	O	O	O	O	O	O	O	O		O		
5. Okt.	△	O		O	O	O	O		O		O	O	O	O	O	O	O	O	O
14. Okt.	O	O	O		△	O		O			O	O	O	O		O	O	O	O
18. Okt.	△	O	O	O	O	O		O	O	O	O	O	O	O	O		O	O	O
22. Okt.		O	△	O	O	O		O			O	O	O	O	O	△		O	
25. Okt.	△	O	O	O	O	O	O	O	O	O	O			O	O			O	O
26. Okt.		O	O	△	O	O	△	O	O	O				O	O	△		O	O
27. Okt.		O	O	O	O		O		O	O	O		O	O	O			O	O
5. Nov.	△	O	O	O	O	O	O	O	O		O	O		O	O		O		O
10. Nov.	△	O	O	O			O	O	O	O	O		O	O			O	O	O
12. Nov.	O	O	O	O			O	O	O	O	O	O	O	O				O	O
18. Nov.	O	O	O	O		O	O		O	O	O		O	O					O
19. Nov.	O	O	O	O			O	O	O	O	O	O	O	O				O	O
24. Nov.		O	O	O		O		O		O	O		O	O				△	O
1. Dez.	△	O	O	O	△		O	△	O	O	O		O	△			△	O	O
2. Dez.	△	O		O	O		O		O	O	O		△				O	O	O
14. Dez.	△	O	△	O		O	O	O	O	O	O	O		O	O			O	O
21. Dez.	O	O	O	O		O	O		O	O	O	O		O			O	O	O

Übersicht zur Teilnahme

○ = anwesend
△ = zeitweise anwesend

Sitzung vom	Bergemann	Bleek	Gladenbeck	Globke	Hallstein	Hartmann	Lex	Nahm	Ripken	Sauerborn	Sonnemann	Strauß	Thedieck	Wandersleb	Weber	Westrick
12. Jan.				○	○		○	○				○				○
22. Jan.	○			○	○		○	○		△			○			○
29. Jan.	△	△		△			○	△			△		○			○
5. Febr.		△		○	○		○									○
17. Febr.				○	○							○	○			○
19. Febr.				○	○								△			○
24. Febr.				○	○					○		○				○
4. März		○		○	○											
8. März		○		○				○		○		○			○	
12. März		○		○					△	○		△				
19. März		△		○						△		△				
24. März	○											○	○	○		○
26. März	○											△	○			○
31. März	○			○	○							○				○
1. April				○	○							○				
6. April				○	○											○
13. April				○	○						○	○	○			○
28. April				○	○				○		○	○				○
5. Mai		○		○	○				○							○
12. Mai		○		○					○	○				○		○
25. Mai	○		○	○			○	○								
1. Juni	○	○	○	○	○			○								○
15. Juni	○	○		○	○									○		
23. Juni				○	○											
30. Juni				△	△											○
7. Juli				○	○		○				○					
13. Juli				○	○				○				△	○		
21. Juli					△			○	○			△				○
23. Juli					○											
28. Juli		○						○	○	○			○			
28. Juli																
31. Aug.	○						○	○				○				○
1. Sept.				○	○											
2. Sept.	○								○	○	○			○		○
8. Sept.				○	△				○		△					

Übersicht zur Teilnahme

Sitzung vom	Bergemann	Bleek	Gladenbeck	Globke	Hallstein	Hartmann	Lex	Nahm	Ripken	Sauerborn	Sonnemann	Strauß	Thedieck	Wandersleb	Weber	Westrick
14. Sept.	O			O	△						O					
14. Sept.				O	O											
22. Sept.				O	△											
23. Sept.				△												
27. Sept.	O			O	O											
29. Sept.		O		O												O
5. Okt.		O		O	O											
14. Okt.	O			O	O	O		O			O					O
18. Okt.				O	O						O					
22. Okt.			O	O	△			O				O	△			△
25. Okt.				O	O			O	O							O
26. Okt.				△				△	△	△		O	O			△
27. Okt.	O			O				O	O			O	O			
5. Nov.				O				O					O			
10. Nov.				O		O		O								O
12. Nov.				O		O					O					O
18. Nov.	△			O												O
19. Nov.				O								△				O
24. Nov.				O		O										
1. Dez.				O		O				△		O	O			
2. Dez.				O		O							O			O
14. Dez.	△			O		O	O	O				△				O
21. Dez.		O		O		O		O	O			O	O			O

Übersicht zur Teilnahme

O = anwesend
△ = zeitweise anwesend

Sitzung vom	Klaiber	Bott	Eckardt	Forschbach	Krueger	Glaesser	Six	Selbach	Kilb	Blank	Grau	Gumbel	Haenlein	Pühl	Spieler
12. Jan.	O				O			O	O				O		
22. Jan.	O				O			O	O		△		△		
29. Jan.	O				O			O	O						O
5. Febr.	O				O				O	O			O		
17. Febr.	O				O			O	O				O		
19. Febr.	O		△		△			O	O						O
24. Febr.	O	O						O	O	O			O		
4. März	O	O	O					O	O	O			O		
8. März	O				O			O	O	O			O		
12. März					O								O		
19. März	△				O					△					O
24. März	△					O				O					O
26. März	O				△						O				
31. März	O		O		O			O	O		△		△		
1. April	O		O						O	O	O				
6. April	O		O		O			O	O	O				O	
13. April	O		O					O	O				O		
28. April		O	O		O			O	O	O			O		
5. Mai		O	O		O			O	O				O		
12. Mai	O						O	O	O				O		
25. Mai	O						O	O	O				O		
1. Juni	O						O	O	O	O	△		△		
15. Juni	O		O				O	O							O
23. Juni	O		O				O	O	O	O			O		
30. Juni	O		O				O	O	O	O			O		
7. Juli	O		O	O				O	O	O				O	
13. Juli	O		O	O				O	O	O			△	△	
21. Juli			O						O				O		
23. Juli			△								△				
28. Juli			O						O					O	
28. Juli	O														
31. Aug.	O				O				O		O				
1. Sept.	O		O						O	O	O				
2. Sept.	O							O			O				
8. Sept.	O		O	O				O	O	△			O		

611

Übersicht zur Teilnahme

Sitzung vom	Klaiber	Bott	Eckardt	Forschbach	Krueger	Glaesser	Six	Selbach	Kilb	Blank	Grau	Gumbel	Haenlein	Pühl	Spieler
14. Sept.	O		O	O				O	△			O			
14. Sept.	O		O	O				O	△	O		O			
22. Sept.	O		O	O				O	△	O			O		
23. Sept.	O			O				O				O			
27. Sept.	O		O	O				O	O	O		O			
29. Sept.	O			O				O			O				
5. Okt.	O		O	O				O	O	O				O	
14. Okt.	O		O	O				O	O	O			O		
18. Okt.	O		O	O				O	O	O			O		
22. Okt.	O			O				O					O		
25. Okt.	O		O	O				O	O	O	O				
26. Okt.	O			△			△	O		△			O		
27. Okt.	O			O				O		O			O		
5. Nov.	O		O	O				O	O	O			O		
10. Nov.	O		O	O				O	O	O				O	
12. Nov.	O		O	O				O	O	O				O	
18. Nov.	O		O	O				O	O	O					
19. Nov.	O		O	O				O	O	O	O				
24. Nov.	O			O				O						O	
1. Dez.	△		△					O	△	△		O			
2. Dez.	O		O	O				O	△	O		O			
14. Dez.	O		O	O				O	O	O				O	
21. Dez.	O		O	O				O	O	O				O	

ZEITTAFEL

1954

Wenn die Behandlung eines Tagesordnungspunktes im Kabinett hier aufgeführt wird, ist die erste Erörterung im Jahre 1954 gemeint, der weitere Beratungen folgten.

12. Januar
Straffreiheitsgesetz – Beratung im Kabinett

12. Januar
Tod des ersten Präsidenten des Bundesverfassungsgerichtes, Hermann Höpker Aschoff

12. Januar
Kriegsgefangenenentschädigungsgesetz – Beratung im Kabinett

25. Januar–18. Februar
Konferenz der Außenminister der Vier Mächte in Berlin ohne Ergebnis für die deutsche Frage; einziges positives Ergebnis ist der Beschluß, eine weitere Konferenz in Genf abzuhalten, die sich mit der Korea- und Indochina-Frage befassen soll

29. Januar
Gesetz über die Gleichberechtigung von Mann und Frau auf dem Gebiete des Bürgerlichen Rechts – Beratung im Kabinett

29. Januar
Personalvertretungsgesetz – Beratung im Kabinett

29. Januar
Kapitalmarktförderungsgesetz – Beratung im Kabinett

29. Januar
Gesetz über die Mitbestimmung in den Holding-Gesellschaften – Beratung im Kabinett

29. Januar
Übergang der Zuständigkeit für Kriegsgeschädigte vom Bundesministerium des Innern auf das Bundesministerium für Vertriebene und Änderung dessen bisheriger Bezeichnung in „Der Bundesminister für Vertriebene, Flüchtlinge und Kriegsgeschädigte" — Beratung im Kabinett

17. Februar
Personenstandsgesetz — Beratung im Kabinett

17. Februar
Gesetze zur Steuer- und Finanzreform — Beratung im Kabinett

19. Februar
Sozialreform — Beratung im Kabinett

26. Februar
BT billigt die Wehrergänzung des GG, das die Wehrhoheit der Bundesrepublik Deutschland begründet

5.–7. März
Auf dem Bundesparteitag der FDP wird der Fraktionsvorsitzende Thomas Dehler zum Parteivorsitzenden gewählt (Nachfolger von Franz Blücher)

9. März
Gespräch zwischen Adenauer und Bidault (in Paris) über die Saarfrage

9.–25. März
Besuch Adenauers in Griechenland, der Türkei und in Rom

12. März
Gesetz über die Lastenausgleichsbank — Beratung im Kabinett

12. März
Kriegsfolgenschlußgesetz — Beratung im Kabinett

19. März
Josef Wintrich wird (als Nachfolger Höpker Aschoffs) Präsident des Bundesverfassungsgerichts

19. März
Kreditabkommen mit Jugoslawien — Beratung im Kabinett

19. März
Gesetz über Erwerbs- und Wirtschaftsgenossenschaften — Beratung im Kabinett

19. März
Wirtschaftsstrafgesetz — Beratung im Kabinett

25. März
Die sowjetische Regierung proklamiert die Souveränität der Deutschen Demokratischen Republik

26. März
Wehrverfassungsgesetz (im BGBl. verkündet) regelt die Zuständigkeit des Bundes in Verteidigungs-, Wehrpflicht- und Zivilschutzangelegenheiten (Art. 73 Nr. 1, 79 Abs. 2 und 142a GG)

28. März
Theodor Heuss unterzeichnet die Ratifizierungsgesetze zum Generalvertrag (Deutschlandvertrag) und zum EVG-Vertrag

6. April
Gesetz zur Schaffung von Familienheimen — Beratung im Kabinett

26. April—21. Juli
Ostasienkonferenz (über die Korea-Frage und die Beendigung des Indochina-Krieges) in Genf

28. April
Steuervergünstigungen für Berlin — Beratung im Kabinett

28. April
Wohnungsbaugesetz — Beratung im Kabinett

5. Mai
Kindergeldgesetz — Beratung im Kabinett

7. Mai
Fall von Dien-Bien-Phu (Indochina)

7.—9. Mai 1954
Bundesparteitag des BHE, Wahl Oberländers zum Parteivorsitzenden (als Nachfolger Krafts)

10. Mai
Eröffnung des Bundesarbeitsgerichtes

20. Mai
Besprechung Adenauers mit Teitgen (u.a.) über die Saarfrage

20. Mai
Der Diskontsatz wird auf 3% gesenkt (Zentralbankrat begründet dies vornehmlich mit wachsenden Überschüssen in der Zahlungsbilanz)

25. Mai
Notaufnahme von Flüchtlingen — Beratung im Kabinett

12. Juni
Sturz der Regierung Laniel-Bidault

15. Juni
Bundesbesoldungsgesetz — Beratung im Kabinett

17. Juni
Erstmals wird in der Bundesrepublik der Tag der deutschen Einheit gefeiert

18. Juni
Investitur von Pierre Mendès-France als französischer Ministerpräsident und Außenminister

20. Juni
Adenauer verlangt in einer Rede in Düsseldorf, daß die Souveränität der Bundesrepublik Deutschland, unabhängig von der Ratifizierung des EVG-Vertrages, wiederhergestellt wird

23. Juni
Koordinierungsausschuß für Verlautbarungen der Bundesregierung beim Bundeskanzleramt

23. Juni
Programm für familienpolitische Maßnahmen — Beratung im Kabinett

27. Juni
Landtagswahlen in Nordrhein-Westfalen

30. Juni
Wahlrechtsreform — Beratung im Kabinett

30. Juni
Bundeshaushaltsplan für das Rechnungsjahr 1955 — Beratung im Kabinett

30. Juni
Gesetz zur Bekämpfung der Schwarzarbeit — Beratung im Kabinett

2. Juli
Adenauer fordert in einem Interview mit Friedlaender, daß Frankreich den EVG-Vertrag in unveränderter Fassung ratifiziert

4. Juli
Mit einem 3:2 Sieg über Ungarn in Bern wird Deutschland Fußballweltmeister

6.–11. Juli
Evangelischer Kirchentag mit über 500000 Teilnehmern in Leipzig

8. Juli
Adenauer verzichtet auf die Errichtung eines Koordinierungsausschusses für Verlautbarungen der Bundesregierung

17. Juli
Theodor Heuss wird in Berlin zum Bundespräsidenten wiedergewählt

20. Juli
Übertritt des Präsidenten des Bundesamtes für Verfassungsschutz, Otto John, nach Berlin (-Ost)

20.–21. Juli
Waffenstillstand in Indochina und Teilung Vietnams

21. Juli
Erstes Bundesmietengesetz – Beratung im Kabinett

21. Juli
Umsiedlungsverordnung – Beratung im Kabinett

27. Juli
Fortsetzung der auf CDU und Zentrum gestützten Regierung Arnold in Nordrhein-Westfalen unter Einbeziehung der FDP

9.–31. August
Metallarbeiterstreik in Bayern

19.–22. August
Die Konferenz der EVG-Staaten in Brüssel lehnt französische Zusatzforderungen zum EVG-Vertrag ab

30. August
Die französische Nationalversammlung lehnt jede weitere Aussprache über den EVG-Vertrag und somit die Ratifizierung dieses Vertrages selbst ab; damit sind vorerst auch der Generalvertrag (Deutschlandvertrag) und die Saarlösung gescheitert

1. September
Nach dem Scheitern der EVG erklärt die Bundesregierung, sie werde die Politik der europäischen Einigung mit allen dazu bereiten Völkern auf allen geeigneten Gebieten fortführen

11. September
Eröffnung des Bundessozialgerichts

12. September
Landtagswahlen in Schleswig-Holstein

12.–13. September
Eden erörtert in Bonn mit Adenauer die europäische Lage nach dem Scheitern des EVG-Vertrages

14. September
Rentenmehrbetragsgesetz – Beratung im Kabinett

16.–17. September
John Foster Dulles erörtert in Bonn mit Adenauer die Lage nach dem Scheitern der EVG

22. September
Ladenschlußgesetz – Beratung im Kabinett

28. September–3. Oktober
Neun-Mächte-Konferenz in London, welche die Zuerkennung der Souveränität der Bundesrepublik vorbereitet, ferner deren Aufnahme sowohl in eine erweiterte Organisation des Brüsseler Paktes vom 17. März 1948 (WEU) als auch in die NATO

29. September
Das Abkommen vom 1. Juni 1953 über die Errichtung einer Europäischen Organisation für kernphysikalische Forschung tritt für die Bundesrepublik in Kraft

14. Oktober
Aufsicht über die Lastenausgleichsbank – Beratung im Kabinett

19.–23. Oktober
Pariser Konferenzen regeln den künftigen Status der Bundesrepublik in den Pariser Verträgen, u.a. Beendigung des Besatzungsregimes, Sicherheitsgarantien der Westmächte für Berlin, Anerkennung des Alleinvertretungsanspruches, Errichtung der WEU, Aufnahme in die NATO und (bilateral zwischen Frankreich und der Bundesrepublik) Saarstatut, welches dem Saarland eine politische Autonomie bei (weiterer) wirtschaftlicher Bindung an Frankreich bringen sollte

26. Oktober–3.November
Besuch Adenauers in den Vereinigten Staaten; am 29. Oktober unterzeichnen John Foster Dulles und Adenauer einen neuen Freundschafts-, Handels- und Schiffahrtsvertrag, der am 14. Juli 1956 in Kraft tritt

28. Oktober
FDP-Bundestagsfraktion gibt in einer Erklärung bekannt, gegen das Saarstatut zu stimmen

29. Oktober
Bundestagspräsident Hermann Ehlers stirbt

2. November
GB/BHE-Bundestagsfraktion beschließt, dem Saarstatut nicht zuzustimmen

10. November
Der Präsident der Hohen Behörde der Montanunion, Jean Monnet, kündigt an, nicht wieder zu kandidieren

12. November
Bundesversorgungsgesetz – Beratung im Kabinett

16. November
BT wählt den von der CDU/CSU-Fraktion vorgeschlagenen Abgeordneten Eugen Gerstenmaier im dritten Wahlgang zu seinem neuen Präsidenten (Nachfolger von Ehlers)

23. November–21. Dezember
Notenwechsel der Vier Mächte über eine europäische Sicherheitskonferenz

28. November
Landtagswahlen in Bayern und Hessen

5. Dezember
Wahlen zum Westberliner Abgeordnetenhaus

14. Dezember
Gesetz zur Regelung von Fragen der Staatsangehörigkeit – Beratung im Kabinett

15.–16. Dezember
Erste Lesung der Pariser Verträge im BT

21. Dezember
Gesetz über das Apothekenwesen – Beratung im Kabinett

27.–30. Dezember
Die französische Nationalversammlung billigt die Pariser Verträge

QUELLEN- UND LITERATURVERZEICHNIS

UNGEDRUCKTE QUELLEN (ARCHIVALIEN)

In den Anmerkungen wurde bei mehrmals zitierten Archivalienbeständen grundsätzlich auf die Nennung des Aufbewahrungsortes verzichtet, diese Bestände werden also in der Regel lediglich mit der Bestandssignatur zitiert (z.B. B 136 = Bundeskanzleramt).

Auswärtiges Amt, Politisches Archiv, Bonn

Akten der Politischen Abteilung (Abt. 2), der Länderabteilung (Abt. 3), der Handelspolitischen Abteilung (Abt. 4), der Rechtsabteilung (Abt. 5) und des Büro Staatssekretäre. Die Archivalien des Bestandes „Büro Staatssekretäre" (AA, BStSe) unterliegen, was das Jahr 1954 angeht, noch den VS-Vorschriften[1]).

Politische Abteilung, eine Auswahl (AA, Abt. 2, Bd.)

238, 285	Guatemala	April 1953–Okt. 1954
297–299	Souveränität der Deutschen Demokratischen Republik (DDR)	März–Dez. 1954 (Febr., März 1955)
362	Außenministerkonferenzen	Nov. 1953–Jan. 1954
363–366, 370	Berliner Konferenz	(Febr., März 1951; Mai 1953) Nov. 1953–April 1954
367	Genfer Konferenz und sowjetische Noten vom 24. Juli, 23. Okt. und 13. Nov. 1954	März–Dez. 1954
368, 369	Neun-Mächte-Konferenz, London	Sept.–Okt. 1954
461, 468, 469, 471, 507, 553, 557–563	Saarfrage	1949–1956
597, 598, 600	Europäische Bewegung, Der Deutsche Rat	1952–1954

---

[1]) Verschlußsachenanweisung (VS-Anweisung/VSA) für die Bundesbehörden, Berichtigte Neuauflage 1982, Gedruckt in der Bundesdruckerei (vgl. dazu 134. Sitzung am 15. Mai 1956 TOP 6: Entwurf einer Verschlußsachen-Anweisung).

603	Interparlamentarische Union	1953—1954
608	Europa-Union Deutschland	1950—1954
640—643	Beratende Versammlung des Europarates (mit verschiedenen Ausschüssen, z.B. Ausschuß für allgemeine Angelegenheiten)	1954
638—644, 659	Ministerkomitee des Europarates	1954
854—856	Ad hoc-Versammlung, Verfassungsschutz, Arbeits- und Unterausschüsse	1952—1955
815—819, 857, 858, 861, 862, 864, 873, 889	Europäische Politische Gemeinschaft	1950—1954 (1955)
861, 862, 864, 873, 889, 974—976, 1062, 1064, 1067, 1250, 1251	Europäische Verteidigungsgemeinschaft	Dez. 1952—Sept. 1954
1252—1254	Brüsseler Konferenz	(März 1953; April—Juni 1954) Juli—Sept. 1954

Länderabteilung, nur ein Hinweis (AA, Abt. 3, Bd.)

Az. 752—01, Bd. 2—4	Offizielle Reisen des Bundeskanzlers	15. 4—13. 10. 1953

Büro Staatssekretäre (AA, BStSe)[2])

Bundesarchiv, Koblenz

R 72	Der Stahlhelm e.V., Bund der Frontsoldaten
B 102	Bundesministerium für Wirtschaft
B 106	Bundesministerium des Innern
B 108	Bundesministerium für Verkehr
B 116	Bundesministerium für Ernährung, Landwirtschaft und Forsten
B 122	Bundespräsidialamt
B 126	Bundesministerium der Finanzen
B 134	Bundesministerium für Wohnungsbau
B 135	Bundesministerium für besondere Aufgaben
B 136	Bundeskanzleramt[3])

---

[2]) Durchschrift des Abgabeverzeichnisses vom 1. Sept. 1960 (Büro Staatssekretär an Referat 117 betr. Abgabe von Akten an das Politische Archiv, Zahl der Abheftmappen: 283) im Vorgang „Memoiren des H[errn] B[undes]K[anzlers]" in B 136/4626.

[3]) Die Archivalien sind nach dem aus zehn Hauptgruppen bestehenden Aktenplan geordnet: 0 Verwaltung des Bundeskanzleramtes; 1 Verfassung, Bundesorgane, Bundesbehörden; 2 Innere Verwaltung, Familien- und Jugendfragen, wissenschaftliche Forschung, Atomenergie; 3 Auswärtige Angelegenheiten, gesamtdeutsche Fragen, Verteidigungsangelegenheiten; 4 Jusitz; 5 Finanzen; 6 Wirtschaft; 7 Ernährung, Landwirtschaft und For-

B 137	Bundesministerium für gesamtdeutsche Fragen
B 137 I	Forschungsbeirat für Fragen der Wiedervereinigung
B 141	Bundesministerium der Justiz
B 142	Bundesministerium für Gesundheitswesen
B 144	Bundesministerium für Angelegenheiten des Bundesrates
B 145	Presse- und Informationsamt der Bundesregierung
B 145/ 1902 f.	Parlamentarische Berichte des Presse- und Informationsamtes der Bundesregierung, 1954
B 145 I/ 36—45	(Bundes) Pressekonferenzen, 1954
B 146	Bundesministerium für wirtschaftliche Zusammenarbeit [alter Art]
B 149	Bundesministerium für Arbeit
B 150	Bundesministerium für Vertriebene, Flüchtlinge und Kriegsgeschädigte
B 153	Bundesministerium für Familienfragen
B 257	Bundesministerium für das Post- und Fernmeldewesen/für Post und Telekommunikation
B 263	Freies Fernsehen GmbH
B 276	Bundesverband der Vereidigten Buchprüfer
B 297	Reichskammer der Steuerberater
NL 5	Nachlaß Hermann Pünder
NL 9	Nachlaß Hans Luther
NL 18	Nachlaß Jakob Kaiser
NL 80	Nachlaß Franz Blücher
NL 168	Nachlaß Fritz Schäffer
NL 174	Nachlaß Franz Thedieck
NL 178	Nachlaß Hans Christoph Seebohm
NL 216	Nachlaß Heinrich Lübke
NL 221	Nachlaß Theodor Heuss
NL 239	Nachlaß Heinrich von Brentano
NL 254	Nachlaß Franz Etzel
NL 263	Nachlaß Kurt Rheindorf
NL 266	Nachlaß Walter Hallstein
NL 267	Nachlaß Waldemar Kraft
NL 286	Nachlaß Karl Georg Pfleiderer
NL 344	Nachlaß Hermann Rauschning
NL 351	Nachlaß Herbert Blankenhorn
NL 371	Nachlaß Rainer Barzel (Protokolle der CDU/CSU-Fraktionssitzungen ab 18. Mai 1954)
ADS	Amtsdrucksachen-Sammlung
ZSg. 1	Partei- und Verbandsdrucksachen-Sammlung
	— 6 Ausschuß für Deutsche Einheit
	— 31 Deutscher Gewerkschaftsbund
	— 39 Deutscher Saarbund e. V.

sten; 8 Arbeits- und Sozialwesen, Vertriebenenangelegenheiten, Wohnungswesen; 9 Verkehr, Post- und Fernmeldewesen.

Quellen und Literatur

- 65 KPD
- 88 Der Stahlhelm e. V., Bund der Frontsoldaten
- 90 SPD
- 233 Vereinigung der Verfolgten des Naziregimes

Plak. 5 Plakat-Sammlung 1949–1966

Bundesarchiv, Potsdam

Sitzungen des Plenums des Ministerrates der DDR

C-20 I/3 Nr. 212–244 149. Sitzung am 7. Jan. 1954 bis 172. Sitzung am 14. Okt. 1954 (einschließlich nichtnumerierter außerordentlicher Sitzungen) in der 1. Wahlperiode der Volkskammer (1950–1954), 1. Sitzung am 22. Nov. 1954 – 6. Sitzung am 20. Dez. 1954 in der 2. Wahlperiode der Volkskammer (1954–1958)

Sitzungen des Präsidiums des Ministerrates der DDR

C-20 I/4 Nr. 51–90 36. Sitzung am 14. Jan. 1954 bis 59. Sitzung am 11. Nov. 1954 in der 1. Wahlperiode der Volkskammer (1950–1954), 1. Sitzung am 25. Nov. 1954 bis 2. Sitzung am 2. Dez. 1954 in der 2. Wahlperiode der Volkskammer

Bundesarchiv–Militärarchiv, Freiburg

BW 9 Deutsche Dienststellen zur Vorbereitung einer europäischen Verteidigungsgemeinschaft

MSg. Militärgeschichtliche Sammlungen

Bundeskanzleramt, Bonn

Kurzprotokolle über die 14. Kabinettssitzung der Bundesregierung am 12. Jan. 1954 bis zur 64. Kabinettssitzung der Bundesregierung am 21. Dez. 1954
- Kabinettsprotokolle Bd. 20 E–25 E: Entwürfe
- Kabinettsprotokolle Bd. 121 f.: Berichtigungen
- Kabinettsprotokolle Bd. 18–21: Ausfertigungen

Kurzprotokolle über die 3. Sitzung des Kabinett-Ausschusses für Wirtschaft am 1. Febr. 1954 bis zur 22. Sitzung des Kabinett-Ausschusses für Wirtschaft am 17. Dez. 1954
- Sitzungsprotokolle Bd. 4 Wi–7 Wi: Entwürfe, Ausfertigungen

Bundespräsidialamt, Bonn

Ordenskanzlei (auch Einzelfälle aus dem Jahre 1954)

Deutscher Bundestag, Bonn

Verwaltung:
Wortprotokoll der Sitzung des Ausschusses für auswärtige Angelegenheiten am 27. Sept. 1954
Wortprotokolle der Sitzungen des Ausschusses zum Schutze der Verfassung am 27. Juli und 3. Aug. 1954

Parlamentsarchiv:
2. Wahlperiode 1953—1957: Ältestenrat, Kurzprotokolle der 1.—172. Sitzung und Inhaltsverzeichnis zu den Kurzprotokollen der 1.—172. Sitzung
2. Wahlperiode 1953—1957: Ausschuß für Fragen der Presse, des Rundfunks und des Films, Protokolle der 1.—30. Sitzung, 12. Nov. 1953—18. Nov. 1955
2. Wahlperiode 1953—1957: Haushaltsausschuß, Protokolle der 1.—50. Sitzung, 12. Nov. 1953—17. Dez. 1954

Friedrich-Ebert-Stiftung, Archiv der sozialen Demokratie, Bonn

Parteivorstand, Protokolle		1954
SPD-Bundestagsfraktion/		
24	Pariser Verträge, Saarabkommen	1954
264	Verhältnis Berlins zum Bund (1949)	1954—1957
1017—1017a (alt)	Protokolle der Sitzungen des SPD-Fraktions-	5.10.1953—
	vorstandes	14.12.1954
1022 (alt)	Protokolle der Sitzungen der SPD-Bundestagsfraktion	1954
Nachlaß Ollenhauer/		
2	Ollenhauer—Adenauer	1952—1961
96—97	Reden, Aufsätze, Pressekonferenzen	1954
113, 114	Wehrfragen	1948—1958
156	Tagesmerkbücher	1940—1954

Friedrich-Naumann-Stiftung, Archiv des Deutschen Liberalismus, Gummersbach

Protokolle der Bundesvorstandssitzungen
N 1   Nachlaß Thomas Dehler

Hans-Böckler-Stiftung, DGB-Archiv, Düsseldorf

Sitzungen des Bundesvorstandes, Protokolle 1954 (22/6, 7)
Sitzungen des Bundesausschusses, Protokolle 1954 (21/5)

Institut für Geschichte der Arbeiterbewegung, Zentrales Parteiarchiv, Berlin

Schriftgut der Sozialistischen Einheitspartei Deutschlands, Zentralkomitee
IV 2/1   Sitzungen des PV/ZK
IV 2/5   Parteiorgane
IV 2/20   Internationale Verbindungen
Schriftgut der Sozialistischen Einheitspartei Deutschlands, Zentralkomitee, Zentrales Parteiarchiv
J IV 2/2   Sitzungen des PB des ZK
J IV 2/3   Sitzungen des Sekretariats des ZK
Nachlässe
NL   77   Nachlaß Otto Schön
NL   90   Nachlaß Otto Grotewohl
NL 182   Nachlaß Walter Ulbricht

Quellen und Literatur

Konrad-Adenauer-Stiftung, Archiv für Christlich-Demokratische Politik, St. Augustin

Nachlaß Otto Lenz
Nachlaß Franz-Josef Wuermeling

Landesarchiv Saarbrücken

Staatskanzlei
1251	Interviews des Ministerpräsidenten	1952–Mai 1955
1711	Niederschriften der Sitzungen des Ministerrats (18 ordentliche und 13 außerordentliche Kabinettssitzungen sowie 36 Personal-Kabinetts-Sitzungen)	1954

Pressearchiv Staatskanzlei
029-2	Deutscher Saarbund	Juni 1951–Juli 1964
903-1	Saarstatut	Sept. 1953–1954

Amt für Auswärtige und Europäische Angelegenheiten
225, 266, 452, 1518, 1561 Saarstatut		1952–1956
299	Wirtschaftsabkommen mit der Saar	Okt. 1954
1285	Monatsberichte der Gesandtschaft des Saarlandes	1954

Schneider-Becker-Archiv[4]), Zeitgeschichtliche Sammlung
A IV	Deutschland und die Saar
A IV 8	Deutscher Saarbund, Saarvereine
A IX	Saarstatut
D XI	Saarwirtschaft

Partei- und Verbandsdrucksachen
444	Deutscher Saarbund

Ludwig-Erhard-Stiftung, Archiv, Bonn

Nachlaß Ludwig Erhard

Nordrhein-Westfälisches Hauptstaatsarchiv, Düsseldorf

RWN 172 Nachlaß Friedrich Middelhauve

Stiftung Bundeskanzler-Adenauer-Haus, Bad Honnef-Rhöndorf

StBKAH III 23, 24	Schriftwechsel mit Bundesministern (u. a. Blank, Kaiser, Schröder)	1952–1958
82	Verschiedene Aufzeichnungen	1952–1955
04.05	Besucherlisten	1954
11.05	CDU/CSU Korrespondenz A–G (u. a. mit Karl Arnold)	1953–1957

---

[4]) Vgl. dazu SCHNEIDER S. 280–282 („Becker-Schneider-Archiv").

12.08–12.10	Saarfrage	1949–1956
12.21 Heft 2	Material zur Frage des Wehrbeitrages	1954–1955
12.27	SPD Materialien, Korrespondenz Adenauer–Ollenhauer	1950–1954
12.31–12.32	FDP I–II, u. a. Schriftwechsel Adenauer–Dehler	1949–1958
12.40	Berlin Materialien	1949–1963
12.41	Reisen des Bundeskanzlers	16.–19. 4. 1950
AA, Abt. 3, Az. 752–01, Bd. 1	Offizielle Reisen des Bundeskanzlers	April 1951– März 1953
12.42	Reisen des Bundeskanzlers in die USA und nach Italien	März–April 1953
12.43	Reisen des Bundeskanzlers, hierin: Besuch Adenauers in Berlin vom 23. bis 24. Febr. 1954	Okt. 1953–Mai 1954
12.44	Staatsbesuche des Bundeskanzlers in Griechenland, der Türkei und in Italien vom 9. bis 27. März 1954	März 1954
12.45	Reisen des Bundeskanzlers	Mai–Aug. 1954
12.46	Feiern, Kundgebungen, Tagungen hierin: Aufenthalt des Bundeskanzlers in Berlin vom 17. bis 20. Juli 1954	Mai–Juli 1954
12.47	Feiern, Kundgebungen, Tagungen	Sept. 1954– Juni 1956
12.52	Reise des Bundeskanzlers in die USA vom 6. bis 18. April 1953	1953
12.65	Sowjetunion, Texte und Aufzeichnungen	1954–1955
12.67	Materialien Außenpolitik (Hefter I–V)	
12.69–12.70	Berliner Konferenz (Materialsammlung)	1954
12.71	Außenpolitik (Europa-EVG) (Materialsammlung)	1954–1955
	Pressemappe für den Bundeskanzler (Reden, Interviews, Regierungserklärungen, Pressekonferenzen und Erklärungen, Aufsätze, Briefe; in: Mitteilungen an die Presse, BULLETIN)	
16.15	Teil 1	Jan.–Juni 1954
16.16	Teil 2	Juli–Dez. 1954

Quellen und Literatur

GEDRUCKTE QUELLEN UND LITERATUR

In den Anmerkungen werden bei mehrfach zitierten Werken Kurztitel verwendet, die im Quellen- und Literaturverzeichnis in eckigen Klammern angegeben sind. Ein alphabetisch geordnetes Verzeichnis der verwendeten Kurztitel, das auf den vollen Titel verweist, ist dem Quellen- und Literaturverzeichnis beigegeben (siehe Position 4 S. 641 f.).
Das Quellen- und Literaturverzeichnis strebt keine Vollständigkeit an; von wissenschaftlichen Arbeiten wurden vor allem solche herangezogen, denen Archivalien zugrunde liegen.

1. Dokumentensammlungen

Adenauer, Konrad: Teegespräche 1950–1954, Bearbeitet von Hanns Jürgen Küsters. 2. Auflage, Berlin 1985. [TEEGESPRÄCHE]

Adenauer, Konrad: „Wir haben wirklich etwas geschaffen." Die Protokolle des CDU-Bundesvorstands 1953–1957. Bearbeitet von Günter Buchstab. Düsseldorf 1990. [PROTOKOLLE CDU-BUNDESVORSTAND]

Anfangsjahre der Bundesrepublik Deutschland. Berichte der Schweizer Gesandtschaft in Bonn 1949–1955. Herausgegeben von Manfred Todt. München 1987. [ANFANGSJAHRE]

Datenhandbuch zur Geschichte des Deutschen Bundestages 1949 bis 1982, Verfaßt und bearbeitet von Peter Schindler. Herausgegeben vom Presse- und Informationszentrum des Deutschen Bundestages. 3. Auflage, Baden-Baden 1984. [SCHINDLER]

30 Jahre Deutsche Bundesbank. Die Entstehung des Bundesbankgesetzes vom 26. Juli 1957. Dokumentation einer Ausstellung. Frankfurt am Main 1988.

Der Europäische Wirtschaftsrat in Paris (OEEC), Vierter Jahresbericht der Europäischen Zahlungsunion, 1. Juni 1953–30. Juni 1954, Deutsche Übersetzung. Herausgegeben vom Bundesministerium für wirtschaftliche Zusammenarbeit. Bonn 1954. Sechster Bericht: Vom Wiederaufbau zur wirtschaftlichen Expansion, Deutsche Übersetzung. Herausgegeben vom Bundesministerium für wirtschaftliche Zusammenarbeit. Bad Godesberg 1955.

FDP-Bundesvorstand, Die Liberalen unter dem Vorsitz von Theodor Heuss und Franz Blücher, Sitzungsprotokolle 1949–1954, Bearbeitet von Udo Wengst, Zweiter Halbband: 27.–43. Sitzung 1953/54, Düsseldorf 1990. [PROTOKOLLE FDP-BUNDESVORSTAND]

Foreign Relations of the United States 1947. Volume II: Council of Foreign Ministers; Germany and Austria. Washington: 1972.

Foreign Relations of the United States 1951. Volume III: European Security and the German Question. Washington: 1981.

Foreign Relations of the United States 1952–1954. Volume IV: The American Republics. Washington: 1983. [FRUS IV]

Foreign Relations of the United States 1952–1954. Volume V: Western European Security (in two parts). Washington: 1983. [FRUS V]

Foreign Relations of the United States 1952–1954. Volume VII: Germany and Austria (in two parts). Washington: 1986. [FRUS VII]

Foreign Relations of the United States 1952–1954. Volume VIII: Eastern Europe; Soviet Union; Eastern Mediterranean. Washington: 1988. [FRUS VIII]

Foreign Relations of the United States 1952–1954. Volume XIII: Indochina (in two parts). Washington: 1982. [FRUS XIII]

Foreign Relations of the United States 1952–1954. Volume XVI: The Geneva Conference. Washington: 1981. [FRUS XVI]

Forschungsbeirat für Fragen der Wiedervereinigung Deutschlands beim Bundesminister für gesamtdeutsche Fragen, Erster Tätigkeitsbericht 1952/1953 (Auszug). Herausgegeben vom Bundesministerium für gesamtdeutsche Fragen. Bonn 1954.

Heuss–Adenauer. Unserem Vaterland zugute. Der Briefwechsel 1948–1963. Bearbeitet von Hans Peter Mensing. Berlin 1989. [HEUSS–ADENAUER]

Im Zentrum der Macht, Das Tagebuch von Staatssekretär Lenz 1951–1953. Bearbeitet von Klaus Gotto, Hans-Otto Kleinmann und Reinhard Schreiner. Düsseldorf 1989.

Die Kabinette Brüning I u. II, Bd. 1–3, bearbeitet von Tilman Koops. Boppard am Rhein 1982 und 1990.

Die Kabinette Stresemann I u. II, Bd. 1–2, bearbeitet von Karl Dietrich Erdmann und Martin Vogt. Boppard am Rhein 1978.

Die Kabinettsprotokolle der Bundesregierung, herausgegeben für das Bundesarchiv von Hans Booms.
Bd. 1 1949, bearbeitet von Ulrich Enders und Konrad Reiser, Boppard 1982.
Bd. 2 1950, bearbeitet von Ulrich Enders und Konrad Reiser, Boppard 1984.
Bd. 3 1950, Wortprotokolle, bearbeitet von Ulrich Enders und Konrad Reiser, Boppard 1984.

Bd. 4 1951, bearbeitet von Ursula Hüllbüsch, Boppard 1988.
Bd. 5 1952, bearbeitet von Kai von Jena, Boppard 1989.
Bd. 6 1953, bearbeitet von Ulrich Enders und Konrad Reiser, Boppard 1989. [KABINETTSPROTOKOLLE]

Die Konferenz der Neun Mächte in London vom 28. 9. bis 3. 10. 1954, Herausgegeben vom Presse- und Informationsamt der Bundesregierung. Wuppertal-Elberfeld [1954].

KPD-Prozeß, Dokumentarwerk zu dem Verfahren über den Antrag der Bundesregierung auf Feststellung der Verfassungswidrigkeit der Kommunistischen Partei Deutschlands vor dem Ersten Senat des Bundesverfassungsgerichts. 1. Band. Herausgegeben von Gerd Pfeiffer und Hans-Georg Strickert. Karlsruhe 1955.

Die Lastenausgleichsgesetze. Dokumente zur Entwicklung des Gedankens, der Gesetzgebung und der Durchführung. Herausgegeben vom Bundesminister für Vertriebene, Flüchtlinge und Kriegssachgeschädigte. Bd. III: Bonn 1963, Bd. IV/1: Bonn 1964.

Ministère des Affaires Étrangères, Commission de Publication des Documents Diplomatiques Français: Documents Diplomatiques Français 1954 (21 juillet–31 décembre). Paris 1987. [DDF]
Ministère des Affaires Étrangères, Commission de Publication des Documents Diplomatiques Français: Documents Diplomatiques Français 1954; Annexes [I–III] (21 juillet–31 décembre). Paris 1987. [ANNEXES I–III]

Die Viererkonferenz in Berlin 1954, Reden und Dokumente. Herausgegeben vom Presse- und Informationsamt der Bundesregierung. Berlin [1954].

Der Wissenschaftliche Beirat beim Bundeswirtschaftsministerium. 3. Band: Gutachten vom Dezember 1952 bis November 1954. Göttingen 1955.

2. Darstellungen und Memoiren

Abgeordnete des Deutschen Bundestages. Aufzeichnungen und Erinnerungen. Herausgegeben vom Deutschen Bundestag, Wissenschaftliche Dienste, Abteilung Wissenschaftliche Dokumentation. Band 2. Boppard 1983. [ABGEORDNETE DES DEUTSCHEN BUNDESTAGES Bd. 2]

Adenauer, Konrad: Erinnerungen 1953–1955. 4. Auflage, Stuttgart 1984. [ADENAUER]

Allardt, Helmut: Politik vor und hinter den Kulissen. Erfahrungen eines Diplomaten zwischen Ost und West. Düsseldorf 1979.

Anfänge westdeutscher Sicherheitspolitik 1945−1956. Herausgegeben vom Militärgeschichtlichen Forschungsamt. Bd. 2: Die EVG-Phase. Von Lutz Köllner, Klaus A. Maier, Wilhelm Meier-Dörnberg und Hans-Erich Volkmann. München 1990. [ANFÄNGE SICHERHEITSPOLITIK]

Aus der Arbeit der Archive; Beiträge zum Archivwesen, zur Quellenkunde und zur Geschichte. Herausgegeben von Friedrich P. Kahlenberg. Boppard 1989. [ARBEIT DER ARCHIVE]

Baring, Arnulf: Im Anfang war Adenauer, Die Entstehung der Kanzlerdemokratie. 3. Auflage, München 1984. [BARING]

Bérard, Armand: Un ambassadeur se souvient, Washington et Bonn 1945−1955. Paris 1978.

Bidault, Georges: Noch einmal Rebell, Von einer Resistance in die andere. Berlin 1966.

Blankenhorn, Herbert: Verständnis und Verständigung, Blätter eines politischen Tagebuchs 1949−1979. Frankfurt/Main 1980. [BLANKENHORN]

Bock, Hans Manfred: Zur Perzeption der frühen Bundesrepublik Deutschland in der französischen Diplomatie; Die Bonner Monatsberichte des Hochkommissars André François-Poncet 1949 bis 1955. Francia Bd. 15 (1987) S. 579−658.

Bülck, Hartwig: Die neue Verfassung der Internationalen Arbeitsorganisation, Zeitschrift für die gesamte Staatswissenschaft, 107. Bd. 1951 S. 90−119.

Büttner, Siegfried: Das EDV-gestützte Bearbeitungsverfahren für Ministerialakten im Bundesarchiv/Zwischenarchiv. Der Archivar Jg. 39, 1986 Sp. 28−30.

Cable, James: The Geneva Conference of 1954 on Indochina. London 1986.

Coudenhove-Kalergi, Richard: Eine Idee erobert Europa, Meine Lebenserinnerungen. Wien 1958.

Delmer, Sefton: Die Deutschen und ich. Autorisierte Übersetzung aus dem Englischen von Gerda v. Uslar. Hamburg 1963.

Deutscher Sparkassentag 1954. Veranstaltet vom Deutschen Sparkassen- und Giroverband e.V., Bonn am 27. April 1954 in Bonn. Deutscher Sparkassenverlag G.m.b.H. Stuttgart [1954].

Diskussionsbeiträge des Arbeitsausschusses für die Große Steuerreform. Ein Bericht an den Finanzausschuß des Bundesrats, Herausgegeben von Heinrich Troeger. Stuttgart 1954.

Düwell, Kurt: Entstehung und Entwicklung der Bundesrepublik Deutschland (1945–1961). Köln 1981. [DÜWELL]

Eckardt, Felix von: Ein unordentliches Leben, Lebenserinnerungen. Düsseldorf 1967. [ECKARDT]

Eder-Stein, Irmtraut und Johann, Gerhard: Das Bundesarchiv–Zwischenarchiv: Aufgaben, Funktion und Unterbringung. Der Archivar Jg. 32, 1979 Sp. 291–300.

Ehlers, Hermann: Gedanken zur Zeit. 2. Auflage, Stuttgart 1956.

Eisenhower, Dwight D.: Die Jahre im Weißen Haus 1953–1956. Düsseldorf 1964.

Enders, Ulrich: Der Hitler-Film „Bis fünf nach zwölf". Vergangenheitsbewältigung oder Westintegration? In: ARBEIT DER ARCHIVE S. 916–953.

Die Europäische Verteidigungsgemeinschaft, Stand und Probleme der Forschung. Im Auftrag des Militärgeschichtlichen Forschungsamtes herausgegeben von Hans-Erich Volkmann und Walter Schwengler. Boppard 1985. [VOLKMANN]

Faust, Hellmut: Geschichte der Genossenschaftsbewegung. Ursprung und Aufbruch der Genossenschaften in England, Frankreich und Deutschland sowie ihre weitere Entwicklung im deutschen Sprachraum. 3. Auflage, Frankfurt 1977.

Fischer, Peter: Die Anfänge der Atompolitik in der Bundesrepublik Deutschland im Spannungsfeld von Kontrolle, Kooperation und Konkurrenz (1949–1955) (im Druck).

Fischer, Peter: Die Bundesrepublik und das Projekt einer Europäischen Politischen Gemeinschaft. In: Vom Marshallplan zur EWG. Die Eingliederung der Bundesrepublik Deutschland in die westliche Welt. Herausgegeben von Ludolf Herbst, Werner Bührer und Hanno Sowade, München 1990 S. 279–299.

Gebhard, Gerhard: Ruhrbergbau. Geschichte, Aufbau und Verflechtung seiner Gesellschaften und Organisationen. Essen 1957.

Gerstenmaier, Eugen: Streit und Friede hat seine Zeit. Ein Lebensbericht. Frankfurt/M. 1981.

Görlitz, Walter: Der deutsche Generalstab. Geschichte und Gestalt. Frankfurt 1953.

Grewe, Wilhelm G.: Rückblenden 1976–1951. Frankfurt/Main 1979. [GREWE]

Hallmann, Ulrich C. und Ströbele, Paul: Das Patentamt von 1877–1977. In: Hundert Jahre Patentamt. Festschrift, herausgegeben vom Deutschen Patentamt. München 1977 S. 403–441.

Haymann, Wolfram: Die Reichskammer der Steuerberater. Mainz 1987.

Heiser, Hans Joachim: Die Interimsarbeit an der Europäischen Verteidigungsgemeinschaft, EA 1953 S. 5761–5765.

Hentschel, Volker: Die Entstehung des Bundesbankgesetzes 1949–1957. Politische Kontroversen und Konflikte. Bankhistorisches Archiv 14. Jg. 1988 S. 3–31, 79–115.

Herwarth, Hans von: Von Adenauer zu Brandt, Erinnerungen. Berlin 1990.

Hillgruber, Andreas: Europa in der Weltpolitik der Nachkriegszeit (1945–1963). 3. Auflage, München 1987. [HILLGRUBER]

Hockerts, Hans Günther: Anton Storch (1892–1975). In: ZEITGESCHICHTE IN LEBENSBILDERN Bd. 4 S. 250–280.

Hockerts, Hans Günther: Sozialpolitische Entscheidungen im Nachkriegsdeutschland, Alliierte und deutsche Sozialversicherungspolitik 1945 bis 1957. Stuttgart 1980. [HOCKERTS]

Hoffmann, Johannes: Das Ziel war Europa, Der Weg der Saar 1945–1955. München 1963.

Hoffmann, Peter: Widerstand, Staatsstreich, Attentat. Der Kampf der Opposition gegen Hitler. 3. Auflage, München 1979.

Hüttenberger, Peter: Wirtschaftsordnung und Interessenpolitik in der Kartellgesetzgebung der Bundesrepublik 1949–1957, Vierteljahreshefte für Zeitgeschichte 24. Jg. 1976 S. 287–307.

Illustrierte Geschichte des steuerberatenden Berufes. Herausgegeben von Karl-Heinz Mittelsteiner. Köln 1984.

Jahn, Hans Edgar: An Adenauers Seite, Sein Berater erinnert sich. München 1987.

John, Otto: Zweimal kam ich heim, Vom Verschwörer zum Schützer der Verfassung. Düsseldorf 1969.

Kaiser, Jakob: Wir haben Brücke zu sein. Reden, Äußerungen und Aufsätze zur Deutschlandpolitik. Herausgegeben von Christian Hacke. Köln 1988. [KAISER]

Kather, Linus: Die Entmachtung der Vertriebenen. Bd. 2: Die Jahre des Verfalls. München 1965.

Katzer, Nikolaus: Die Berliner Viermächtekonferenz von 1954 und die Deutsche Frage. In: Die Deutschlandfrage vom 17. Juni 1953 bis zu den Genfer Viermächtekonferenzen von 1955. Berlin 1990 (Studien zur Deutschlandfrage, Herausgegeben vom Göttinger Arbeitskreis Bd. 10).

Kehrig, Manfred: „... und keinen Staat im Staate bilden." Skizzen zur Entwicklung des militärischen Archivwesens 1945–1955. In: ARBEIT DER ARCHIVE S. 368–408.

Kesselring, Albert: Soldat bis zum letzten Tag. Bonn 1953.

Kesselring, Albert: Gedanken zum Zweiten Weltkrieg. Bonn 1955.

Kiesinger, Kurt Georg: Dunkle und helle Jahre, Erinnerungen 1904–1958. Stuttgart 1989.

Kirchner, Otto und Bornemann, Helmut: Die Regierungskonferenz des Internationalen Fernmeldevereins in Buenos Aires, Archiv für das Post- und Fernmeldewesen 6. Jg. 1954 S. 1–8.

Kluge, Ulrich: Wege europäischer Agrarintegration. In: Vom Marshallplan zur EWG. Die Eingliederung der Bundesrepublik Deutschland in die westliche Welt. Herausgegeben von Ludolf Herbst, Werner Bührer und Hanno Sowade, München 1990 S. 301–311.

Konrad Adenauer und seine Zeit. Politik und Persönlichkeit des ersten Bundeskanzlers. Bd. I: Beiträge von Weg- und Zeitgenossen Bd. II: Beiträge der Wissenschaft. Herausgegeben von Dieter Blumenwitz, Klaus Gotto, Hans Maier, Konrad Repgen, Hans-Peter Schwarz. Stuttgart 1976. [ADENAUER UND SEINE ZEIT]

Kosthorst, Erich: Jakob Kaiser, Bundesminister für gesamtdeutsche Fragen 1949–1957. Stuttgart 1972. [KOSTHORST]

Kreikamp, Hans-Dieter: Die Entstehung des Ladenschlußgesetzes. In: ARBEIT DER ARCHIVE S. 866–892.

Krone, Heinrich: Aufzeichnungen zur Deutschland- und Ostpolitik 1954–1969. In: Adenauer-Studien III, Herausgegeben von Rudolf Morsey und Konrad Repgen. Mainz 1974 S. 134–201.

Krüger, Dieter/Ganser, Dorothe: Quellen zur Planung des Verteidigungsbeitrages der Bundesrepublik Deutschland 1950 bis 1955 in westdeutschen Archiven, Militärgeschichtliche Mitteilungen 1/91 S. 121–146.

Laitenberger, Volkhard: Ludwig Erhard, Der Nationalökonom und Politiker. Göttingen 1986.

Lange, Erhard H.M.: Wahlrecht und Innenpolitik. Entstehungsgeschichte und Analyse der Wahlgesetzgebung und Wahlrechtsdiskussion im westlichen Nachkriegsdeutschland 1945–1956. Meisenheim am Glan 1975.

Lotsen – Menschen, Natur und Technik, bearbeitet von Peter Ehlers. Herausgegeben vom Bundesminister für Verkehr Abt. Seeverkehr und der Bundeslotsenkammer. Hamburg 1979.

Maier, Reinhold: Ein Grundstein wird gelegt, Die Jahre 1945–1947. Tübingen 1964.

Maier, Reinhold: Erinnerungen, 1948–1953. Tübingen 1966.

The Memoirs of Sir Anthony Eden, Full Circle. London 1960. [EDEN]

Mendès-France, Pierre: Sept mois et dix-sept jours. Juin 1954–Février 1955. Gouverner, c'est choisir. Bd. 1, Paris 1955.

Mendès-France, Pierre: Choisir – Conversations avec Jean Bothorel. Paris 1974.

Mendès-France, Pierre: Regard sur la Ve République 1958–1978. Paris 1983.

Meyers, Franz: gez. Dr. Meyers, Summe eines Lebens. Düsseldorf 1982.

Möller, Hans: Die Beziehungen der Bundesrepublik zum Internationalen Währungsfonds und zur Internationalen Bank für Wiederaufbau und Entwicklung, EA 1954 S. 6959–6964.

Montgomery, Marschall: Memoiren, München 1958.

Morsey, Rudolf: Brünings Kritik an Adenauers Westpolitik, Vorgeschichte und Folgen seines Düsseldorfer Vortrags vom 2. Juni 1954. In: Demokratie und Diktatur. Geist und Gestalt politischer Herrschaft in Deutschland und Europa. Herausgegeben von Manfred Funke, Hans-Adolf Jacobsen, Hans-Helmuth Knütter, Hans-Peter Schwarz. Düsseldorf 1987 S. 349–364.

Morsey, Rudolf: Die Bundesrepublik Deutschland, Entstehung und Entwicklung bis 1969. 2. Auflage, München 1990. [MORSEY]

Morsey, Rudolf: Die Deutschlandpolitik Adenauers, Alte Thesen und neue Fakten. In: Rheinisch-Westfälische Akademie der Wissenschaften, Geisteswissenschaften, Vorträge G 308, Opladen 1991 S. 50–54.

Most, Otto: Soziale Marktwirtschaft und Verkehr. Bielefeld 1954 (= Schriftenreihe des Bundesministers für Verkehr Heft 6).

Müller-Armack, Alfred: Adenauer, die Wirtschaftspolitik und die Wirtschaftspolitiker. In: ADENAUER UND SEINE ZEIT Bd. I S. 204—228.

Neumann, Franz: Der Block der Heimatvertriebenen und Entrechteten 1950—1960. Ein Beitrag zur Geschichte und Struktur einer politischen Interessenpartei. Meisenheim am Glan 1968.

Noack, Paul: Das Scheitern der Europäischen Verteidigungsgemeinschaft. Entscheidungsprozesse vor und nach dem 30. August 1954. Düsseldorf 1977. [NOACK]

Ollenhauer, Erich: Reden und Aufsätze. Herausgegeben und eingeleitet von Fritz Sänger. 2. Auflage, Berlin 1977.

Pfleiderer, Karl Georg: Politik für Deutschland, Reden und Aufsätze 1948—1956. Stuttgart 1961.

Pirath, Carl: Gedanken zur Ermittlung der Belastung der Bundesbahn durch die gemeinwirtschaftliche Verkehrsbedienung, Internationales Archiv für Verkehrswesen Jg. 5 1953 S. 409—411.

Pross, Christian: Wiedergutmachung. Der Kleinkrieg gegen die Opfer. Frankfurt am Main 1988.

Rauschning, Hermann: Die deutsche Einheit und der Weltfriede. Hamburg 1955.

Rauschning, Hermann: Deutschland zwischen West und Ost. Berlin 1950.

Rauschning, Hermann: Ist Friede noch möglich? Heidelberg 1953.

Rummer, Hans: Die Geschichte des Außenwirtschaftsrechts, Beiträge der Fachhochschule für Wirtschaft Pforzheim Nr. 46/Jan. 1989.

Russell of Liverpool, Lord: The Scourge of the Swastika, A Short History of Nazi War Crimes. New York 1954.

60 Jahre Berufsorganisation der Vereidigten Buchprüfer (Bücherrevisoren) 1896—1956. Verantwortlich für den Inhalt: Dipl.-Volkswirt Karl-Heinz Gerhard. Stuttgart 1956.

Schmid, Carlo: Erinnerungen. Bern 1979. [SCHMID]

Schmidt, Robert H.: Saarpolitik 1945–1957. Zweiter Band: Entfaltung der Saarpolitik zwischen „Wirtschaftsanschluß" und „Europäisierung" 1945–1953. Berlin 1960. [SCHMIDT II]

Schmidt, Robert H.: Saarpolitik 1945–1957. Dritter Band: Entfaltung der Saarpolitik vom Scheitern der EVG bis zur Wiedervereinigung (1954–1957). Berlin 1962. [SCHMIDT III]

Schneider, Heinrich: Das Wunder an der Saar. Ein Erfolg politischer Gemeinsamkeit. Stuttgart 1974. [SCHNEIDER]

Schroeder, Wolfgang: Christliche Sozialpolitik oder Sozialismus. Oswald von Nell-Breuning, Viktor Agartz und der Frankfurter DGB-Kongreß 1954; Vierteljahrshefte für Zeitgeschichte 39. Jg. 1991 S. 179–220.

Schuman, Robert: Für Europa. Hamburg 1963.

Schwarz, Hans-Peter: Adenauer, Der Staatsmann: 1952–1967, Stuttgart 1991.

Schwarz, Hans-Peter: Die Ära Adenauer, Gründerjahre der Republik 1949–1957. Stuttgart 1981. [SCHWARZ]

Schwinge, Erich: Zur Reform des Beleidigungsrechts, Goltdammer's Archiv für Strafrecht Jg. 1956 S. 309–315.

Sonnemann, Theodor: Jahrgang 1950 – Auf und Ab im Strom der Zeit. Würzburg 1980.

Sonnenhol, Gustav Adolf: Untergang oder Übergang? – Wider die deutsche Angst. Versuch einer Deutung erlebter Geschichte. Stuttgart 1984.

Der Staatssekretär Adenauers, Persönlichkeit und politisches Wirken Hans Globkes. Herausgegeben von Klaus Gotto. Stuttgart 1980.

Steininger, Rolf: Das Scheitern der EVG und der Beitritt der Bundesrepublik zur NATO. Aus Politik und Zeitgeschichte, Beilage zur Wochenzeitung Das Parlament, B 17/85 S. 3–18. [STEININGER]

Steinmetz, Hans und Elias, Dietrich: Geschichte der Deutschen Post. Bd. 4: 1945–1978. Herausgegeben im Auftrag des Bundesministers für das Post- und Fernmeldewesen. Bonn 1979.

Strauß, Franz Josef: Die Erinnerungen. Berlin 1989.

Syrup, Friedrich: Hundert Jahre Staatliche Sozialpolitik, 1839–1939. Stuttgart 1957.

Thadden, Adolf von: Die verfemte Rechte. Deutschland-, Europa- und Weltpolitik in Vergangenheit, Gegenwart und Zukunft aus der Sicht von rechts. Rosenheim 1984.

Thümmel, Manfred: WP 1931/1981 — 50 Jahre Wirtschaftsprüfer. Jubiläumsschrift der Wirtschaftskammer Düsseldorf. Düsseldorf 1981.

Trumpp, Thomas: Nur ein Phantasieprodukt? Zur Wiedergabe und Interpretation des Kurzprotokolls über die 59. Kabinettssitzung der Bundesregierung am 19. November 1954, 10.00–13.50 Uhr (Abstimmung über das Saarstatut vom 23. Oktober 1954), Francia Bd. 17/3 (1990) S. 192–197.

Trumpp, Thomas: Die Sitzungsprotokolle des Kabinett-Ausschusses für Wirtschaft, eine höchst prekäre zeit- und wirtschaftsgeschichtliche Quelle. Archiv und Wirtschaft Jg. 25, Heft 1/1992.

Die Vereinigten Staaten und Europa, Rede im Rhein-Ruhr-Klub Düsseldorf am 2. Juni 1954. In: Heinrich Brüning, Reden und Aufsätze eines deutschen Staatsmanns. Herausgegeben von Wilhelm Vernekohl unter Mitwirkung von Rudolf Morsey. Münster 1968 S. 283–306.

Die Verkehrsminister-Konferenzen in Dortmund, München, Bonn und Berlin. Vier Vorträge des Bundesministers für Verkehr. Bielefeld 1954 (= Schriftenreihe des Bundesministers für Verkehr Heft 1).

Die Verkehrspolitik in der Bundesrepublik Deutschland 1949–1957, Ein Bericht des Bundesministers für Verkehr. Bad Godesberg 1957 (Schriftenreihe des Bundesministers für Verkehr Band 15).

Die Verkehrspolitik in der Bundesrepublik Deutschland 1949–1961, Ein Bericht des Bundesministers für Verkehr. Bad Godesberg 1961 (Schriftenreihe des Bundesministers für Verkehr Band 22).

Die Verkehrspolitik in der Bundesrepublik Deutschland 1949–1965, Ein Bericht des Bundesministers für Verkehr. Hof 1965 (Schriftenreihe des Bundesministers für Verkehr Band 29).

Vialon, Friedrich Karl: Finanzvorlagen im Bundestag. Eine Lücke in der Geschäftsordnung. BULLETIN vom 27. Okt. 1953 S. 1710–1712.

Vocke, Wilhelm: Memoiren. Stuttgart 1973.

Vogel, Georg: Diplomat unter Hitler und Adenauer. Düsseldorf 1969.

Vogt, Martin, Hrsg.: Theodor Heuss. Politiker und Publizist. Aufsätze und Reden. Tübingen 1984.

Wagner, Dietrich: FDP und Wiederbewaffnung. Die wehrpolitische Orientierung der Liberalen in der Bundesrepublik Deutschland 1949–1955. Boppard 1978.

Wenzel, Rüdiger (Bearbeiter): Hermann Ehlers – Präsident des Deutschen Bundestages. Ausgewählte Reden, Aufsätze und Briefe 1950–1954. Herausgegeben und eingeleitet für die Hermann-Ehlers-Stiftung von Karl Dietrich Erdmann. Boppard 1991.

Zeitgeschichte in Lebensbildern. Band 4. Aus dem deutschen Katholizismus des 19. und 20. Jahrhunderts. Herausgegeben von Jürgen Aretz, Rudolf Morsey und Anton Rauscher. Mainz 1980. [ZEITGESCHICHTE IN LEBENSBILDERN Bd. 4]

Zwischen Kaltem Krieg und Entspannung, Sicherheits- und Deutschlandpolitik der Bundesrepublik im Mächtesystem der Jahre 1953–1956. Im Auftrag des Militärgeschichtlichen Forschungsamtes herausgegeben von Bruno Thoß und Hans-Erich Volkmann. Boppard 1988. [THOSS]

3. Periodika

Amtsblatt der Alliierten Hohen Kommission in Deutschland 1954–1955.

Der Arbeitgeber, Zeitschrift der Bundesvereinigung der Deutschen Arbeitgeberverbände, 6. Jg. 1954.

Archiv für das Post- und Fernmeldewesen, Herausgegeben im Auftrag des Bundesministers für das Post- und Fernmeldewesen, 6. Jg. 1954.

Bulletin des Presse- und Informationsamtes der Bundesregierung, Jg. 1953–1955. [BULLETIN]

Bundesanzeiger, Herausgegeben vom Bundesminister der Justiz, Jg. 1953–1955. [BAnz]

Bundesarbeitsblatt, Herausgegeben vom Bundesminister für Arbeit, Jg. 1954.

Bundesgesetzblatt, Herausgegeben vom Bundesminister der Justiz, ab 1949. [BGBl.]

Bundesrat-Drucksachen, Jg. 1953–1955. [BR-Drs.]

Bundesrat-Sitzungsberichte, Jg. 1953–1955. [BR-SITZUNGSBERICHTE]

Bundessteuerblatt, Herausgegeben vom Bundesminister der Finanzen, Jg. 1954.

Christ und Welt, 7. Jg. 1954.

Deutschland-Union-Dienst 1954.

Europa-Archiv, Herausgegeben von Wilhelm Cornides, Jg. 1947–1955. [EA]

Frankfurter Allgemeine Zeitung, Jg. 1954.

Freie Demokratische Korrespondenz 1954.

Die Freiheit, 8. Jg. 1954.

Gemeinsames Ministerialblatt, Herausgegeben vom Bundesminister des Innern, Fünfter Jg. 1954. [GMBl.]

Gesetzblatt der Verwaltung des Vereinigten Wirtschaftsgebietes 1947–1949, Herausgegeben vom Büro des Wirtschaftsrates. [WiGBl.]

Gesetzsammlung für die Königlich Preußischen Staaten siehe Preußische Gesetzsammlung.

Keesing's Archiv der Gegenwart, Jg. 1953–1955. [KEESING]

Ministerialblatt des Bundesministers der Finanzen, Jg. 1954. [MinBlFin.]

Mitteilungen des Presse- und Informationsamtes der Bundesregierung, Jg. 1954.

Preußische Gesetzsammlung 1869.

Reichsgesetzblatt. [RGBl.]

Sozialdemokratischer Pressedienst 1954.

Der Spiegel, 8. Jg. 1954.

Statistisches Jahrbuch für die Bundesrepublik Deutschland 1956. Herausgeber: Statistisches Bundesamt/Wiesbaden. Wiesbaden 1956.

Stuttgarter Zeitung, 10. Jg. 1954.

Verhandlungen des Deutschen Bundestages. 2. Wahlperiode 1953. Anlagen zu den Stenographischen Berichten (Drucksachen). [BT-Drs.]

Verhandlungen des Deutschen Bundestages. 2. Wahlperiode 1953. Stenographische Berichte. [STENOGRAPHISCHE BERICHTE]

Der Volkswirt, Jg. 1954.

Die Welt, Jg. 1954.

Wirtschaft und Statistik, 6. Jg. NF 1954.

Die Zeit, Jg. 1954.

4. Verzeichnis der Kurztitel

ABGEORDNETE DES DEUTSCHEN BUNDESTAGES Bd. 2 2.
ADENAUER 2.
ADENAUER UND SEINE ZEIT 2.
ANFÄNGE SICHERHEITSPOLITIK 2.
ANFANGSJAHRE 1.
ANNEXES I–III 1.
ARBEIT DER ARCHIVE 2.
BAnz. 3.
BARING 2.
BGBl. 3.
BLANKENHORN 2.
BR-Drs. 3.
BR-SITZUNGSBERICHTE 3.
BT-Drs. 3.
BULLETIN 3.
DDF 1.
DÜWELL 2.
EA 3.
ECKARDT 2.
EDEN 2.
FRUS 1.
GMBl. 3.
GREWE 2.
HEUSS–ADENAUER 1.
HILLGRUBER 2.
HOCKERTS 2.
KABINETTSPROTOKOLLE 1.
KAISER 2.
KEESING 3.
KOSTHORST 2.
MinBlFin. 3.
MORSEY 2.
NOACK 2.
PROTOKOLLE CDU-BUNDESVORSTAND 1.
PROTOKOLLE FDP-BUNDESVORSTAND 1.
RGBl. 3.
SCHINDLER 2.

SCHMID 2.
SCHMIDT II 2.
SCHMIDT III 2.
SCHNEIDER 2.
SCHWARZ 2.
STEININGER 2.
STENOGRAPHISCHE BERICHTE 3.
TEEGESPRÄCHE 1.
THOSS 2.
VOLKMANN 2.
WiGBl. 3.
ZEITGESCHICHTE IN LEBENSBILDERN Bd. 4 2.

NACHWEIS DER ABBILDUNGEN

(in repräsentativer Funktion mit einem Bezug zu den Inhalten
der Kabinettsprotokolle des Jahres 1954)

Bundesarchiv, Koblenz:
1—14, 16, 19—20

Bundesbildstelle, Bonn:
15, 21

dpa-Bildarchiv, Frankfurt am Main:
18

HICOG PHOTO UNIT:
17

PERSONENINDEX

In den Personenindex wurden, mit Ausnahme der Verfasser der in den Anmerkungen zitierten Literatur, alle Namen aufgenommen, die im Protokolltext und in den Anmerkungen erwähnt sind. Nicht enthalten sind die Seitenzahlen, auf denen lediglich die Teilnahme an den Kabinettssitzungen festgehalten ist; sie ist den Übersichten zur Anwesenheit der regelmäßigen Teilnehmer bei den Kabinettssitzungen zu entnehmen.
Fundstellen mit Angaben zur Person sind durch Fettdruck hervorgehoben. Die Angaben zu dem BK, den Bundesministern und den Staatssekretären sind nach Sachgebieten untergliedert.

Abs, Hermann Josef 189, **238**, 249, 376, 466 f., 485, 488 f.
Achenbach, Ernst **474**
Achinger, Hans L, **237,** 414
Adenauer, Konrad 52, 54, 63, 73, 80, 88 f., 103–105, 147–149, 175, 181, 190 f., 225, 289, 303, 311, 348, 375, 401, 412, 442 f., 454, 492, 511, 543, 549, 552 f., 567 f., 573, **595**
– AHK
– – Wahl des Bundespräsidenten in Berlin 251 f.
– Archivfragen 271
– Atomwaffen 214, 503
– Außenministerkonferenzen
– – Berlin XXXVI f., 24 f., 36 f., 39, 41 f., 55 f., 61 f., 71, 76 f.
– – Brüssel 275, 350 f., 363–365
– – Genf 176, 185, 215, 223, 251, 254, 296
– – London XLV, 367, 372, 392, 407 f., 417–420, 479
– – Paris 444–451, 479
– außenpolitische Lage 211–224, 254 f., 274–277, 291–301, 308 f., 350–354, 363–367, 371 f., 390–392, 407 f., 416–422, 444–451, 478 f., 559–561
– Auswärtiges Amt, Besetzung XXXII, 379
– Bank deutscher Länder
– – Zusammenarbeit mit Bundesregierung 44
– Berlin
– – Amtssitz des Bundespräsidenten und des BMG 305
– – Förderung der Wirtschaft, Gesetz 490 f., 524

– Besatzungskosten LX, 539–541
– Besatzungsstatut, Aufhebung (siehe auch Pariser Verträge) XLII, XLV, 418 f., 445
– Besprechungen und Verhandlungen
– – AHK 141
– – Bidault 23, 87, 130
– – Conant 513
– – de Gasperi 130
– – Dulles XL, 23, 71, 391
– – Eden 23, 391
– – Laniel 130
– – Mendès-France 446–449
– – Ollenhauer 25 f., 76, 146, 225, 392, 539
– – Saragat 130
– – Scelba 130
– Brüning 298
– – Rede im Rhein-Ruhr Klub 255, 266 f.
– Brüsseler Pakt 391, 408, 419, 445 f.
– Bundeshaushalt
– – Rechnungsjahr 1954 142–144, 180 f.
– – Rechnungsjahr 1955 LIX–LXI, 279, 480 f., 483, 510
– Bundesmietengesetz 373
– Bundespräsident
– – Wahl in Berlin 192, 251 f., 260 f.
– Bundesregierung
– – Ältestenrat des BT, Vertretung 509
– – Ausschüsse
– – – Lastenausgleich XXXIV, 566
– – – Saarabkommen 505, 508
– – Geschlossenheit 81, 89, 256, 478, 504, 515, 558

- – Gesetzgebungspraxis 512
- – Gesetzgebungsprogramm 390
- – Kabinettssitzungen, Termin 60
- Bundesrichter
- – Altersgrenze, Gesetz 578 f.
- Bundesverfassungsgericht
- – Normenkontrollklage 26
- Bundesversorgungsgesetz LIV, 512, 523 f., 528, 536, 539, 542
- Bundesvermögen
- – Privatisierung 268, 376
- Dehler 416 f., 535
- Deutsche Bundesbahn
- – Wirtschaftsplan 159 f., 247 f.
- Deutsche Bundespost
- – Postwertzeichen 590
- DDR
- – Souveränität 132, 141, 145 f.
- – Volkspolizei 29
- Deutsche Reichspartei 58
- Deutscher Bundestag
- – Geschäftsordnung 396, 509, 539, 541
- EGKS
- – Präsident 189 f.
- Elsässischer Seitenkanal 165
- Erhard-Rede 177 f.
- Ernteschäden 592
- Europäische Agrarunion 204
- Europäische Politische Gemeinschaft 185
- EVG XLII f., 61, 76 f., 218 f., 221, 224, 254, 264 f., 274–276, 291–296, 299 f., 351 f., 363 f.
- Evangelischer Kirchentag 312
- Finanz- und Steuerreform XXXII, XLVI f., LX, 64, 83, 90, 92, 94, 179, 390, 509 f., 536, 539, 543, 548 f., 554
- Flüchtlinge
- – Notaufnahme 99
- Frankreich
- – Kabinett Laniel 71, 251, 254, 264 f.
- – Kabinett Mendès-France 264 f., 275, 291–297, 300 f., 308, 363 f., 390 f., 418, 446–451, 484, 516, 532
- Generalvertrag 276 f., 292 f.
- Gesamtdeutsche Frage 229 f.
- – Nationalversammlung 27 f., 36
- Gleichberechtigungsgesetz 52
- Griechenland
- – Ptolemais-Projekt 96, 153
- Grundgesetzergänzung, Wehrfrage XXXIX f., 25 f., 61
- Guatemala 215
- Hilfsmaßnahmen für ehemalige Häftlinge 565
- Indiskretionen 38, 256
- innenpolitische Lage XXXII f., 296–298, 301, 389 f., 557 f.
- Internationale Bank für Wiederaufbau und Entwicklung
- – Direktor 496
- Interviews und Reden XLII, 58, 62, 76, 212, 265 f., 291, 294 f., 300
- Italien, Kommunistische Partei 131
- italienische Arbeitskräfte 571 f., 581
- John-Affäre 342
- Kapitalmarktförderungsgesetz 51
- Koalitionsparteien XXXIII f.
- – Änderung der Geschäftsordnung des BT LX, 509, 539, 541
- Koordinierungsausschuß für Pressefragen 262–264
- Kriegsfolgenschlußgesetz 136 f., 226
- Kriegsgefangenenentschädigungsgesetz 18 f., 31
- Luftschutz 92
- Luther, Äußerungen zur Politik 255, 266
- Maier, Reinhold 304
- Mitbestimmung, Holdinggesellschaften 49 f., 233, 235 f.
- NATO 365, 391, 417 f., 446
- Oder-Neiße-Linie 504
- öffentlicher Dienst
- – Beamtenbesoldung 581 f.
- Ollenhauer 277, 308, 367, 408, 513 f.
- Ordensverleihungen 261 f.
- Panama-Kanal 251
- Pariser Verträge (siehe auch Saar-Abkommen) XLVI
- – Ratifizierung 418, 473 f., 485, 502–508, 515–522
- Personalvertretungsgesetz 438 f.
- Personenstandsgesetz 383
- Personalien 39, 496, 526, 583
- Pfleiderer-Plan 215–217, 223 f., 254 f.
- Presse
- – Kritik 130, 219, 224, 277, 296, 298 f., 365 f., 407 f., 447
- Regierungsbildung 1953 XXXIV, 45
- Regierungserklärungen
- – Außenpolitik 367, 379, 422
- – DDR, Souveränität 132, 141, 145 f.
- – Verfassungsschutz 303–305
- Rentenmehrbetragsgesetz LII f., 386, 390
- Saarfrage XLII f., XLVII, 61, 179, 187 f., 219–221, 392, 421, 447–449, 559 f.
- Saarabkommen
- – Ratifizierung XLVI, 503–506, 508, 516–522, 576–578
- Sicherungsmaßnahmen in Personalsachen 584–586
- Souveränität XLII, 265, 291, 294–296, 352, 392, 408, 561
- Sowjetunion 478 f.

646

– – Note an die Westmächte, Okt. 1954 449, 513 f.
– SPD 296, 301, 352, 367, 371, 392, 517
– Sozialprodukt 540
– Sozialreform XXXII, XLVIII–L, LII, LX, 73–75, 154 f., 237–240, 315, 317, 374, 390, 536, 562 f.
– Staatsangehörigkeit
– – in der Bundesrepublik lebende Österreicher 533
– – Wiedereinbürgerung Otto Straßer 534, 582
– Staatsbesuche
– – Griechenland 87, 96, 129
– – Türkei 129
– Stahlhelmtreffen in Berlin 22
– Steuern
– – „Notopfer Berlin" 180
– Steuerbegünstigungen 94
– – Kommunalanleihen 152 f.
– Tage der deutschen Einheit 163, 180
– Urabstimmungen, Gesetz 273
– Vatikan, Besetzung der Botschaft 95 f.
– Vereinigte Staaten
– – Baumwollspende 166
– – Isolationismus 372, 390
– – Kongreß 61
– – Kongreß-Ergänzungswahlen 479
– – Verfassungskonflikt Bundesrat–Bundestag 578 f.
– Verkehrsrecht 590 f.
– Verkehrswesen, Neuordnung 35, 134 f., 493
– Versorgungsstaat 564
– Verwaltungsgerichtsordnung 151
– Vorratshaltung 176 f.
– Vulkan-Affäre 42
– Wahlen
– – Berlin, Abgeordnetenhaus 535 f., 557 f.
– – Bundestag 1953, Strafanträge 195
– – Landtage 74, 534
– – – Bayern 478, 517, 534, 558
– – – Hessen 478, 517, 534, 558
– – – Nordrhein-Westfalen 226, 278
– – Wahlgesetz XXXII, XXXV, 389, 487 f.
– Wasserrecht, Wasserwirtschaft 494–496
– Wertpapiere
– – Bundesanleihen 97, 131
– Wettbewerbsbeschränkungen, Gesetz 64
– Wiedergutmachung 339 f.
– wirtschaftliche Lage 92, 131, 148, 177 f.
– Wirtschaftspolitik 310
– Wohlfahrtsverbände, Lage 69
– Wohnungsbau
– – Familienheime 155
– Wuermeling-Reden 140, 177, 515

– Zonenrandgebiete, Förderung 493 f.
– Zuständigkeit
– – Bundesminister für besondere Aufgaben 493 f.
– – Kriegssachgeschädigte 45–48
– – Lastenausgleichsausschuß XXXIV, 566
– – Lastenausgleichsbank, Aufsicht XXXIV, 424, 489
– – Wasserrecht, Wasserwirtschaft 494–496
Agartz, Viktor 370
Allardt, Helmut 54, 415
Allen, William Denis 333, 391
Altmeier, Peter **410**, 473 f., 553 f., 579 f.
Anders, Georg 157
Andersen, Kurt 321
Ankenbrank, Kurt 139, **157,** 550
Anz, Heinrich 592, **593**
Arnold, Karl LVII, **20,** 164, 206, 278, 483, 552
Aubry, französischer Abgeordneter 418
Augstein, Rudolf 182
Aumer, Hermann **217**
Aumeran, Adolphe 345
Auriol, Vincent 299

Balke, Siegfried 244, 362, **595**
– Archivfragen 271
– Ausgleichsforderungen, Übernahme von Zinsen durch Deutsche Bundesbahn und Deutsche Bundespost 104 f.
– Deutsche Bundespost
– – Verwaltungsrat 68 f., 105 f.
– – Post- und Fernmeldegebühren 80 f.
– – Postwertzeichen 580
– Deutsches Patentamt, Neubau 174
– EGKS, Beratender Ausschuß, deutsche Delegation 451
– EVG 302
– Gesamtdeutsche Frage, Nationalversammlung 28
– Geschäftsraummietengesetz 328
– Internationale Arbeitsorganisation 43
– Internationaler Fernmeldevertrag 284
– kernphysikalische Forschung, Gesetz über Abkommen 67
– Krankenversicherung der Rentner 590
– Kriegsgefangenenentschädigungsgesetz 31
– öffentlicher Dienst, Tarifverhandlungen 272, 472, 530 f., 550 f.
– Personenbeförderungsgesetz 243
– Rentenmehrbetragsgesetz 385
– Saarfrage 520
– Schwarzarbeit, Gesetz 285
– Sozialreform, 75, 317, 413 f.
– Speditionsgewerbe, Gesetz 326

647

Personenindex

- Staatssekretär, Ernennung 78
- Steuerbegünstigungen, Anleihe der KfW 73
- Steuerberater, Gesetz 324
- Steuerreform 83, 173
- Verkehrsfinanzgesetz 135
- Wasserrecht, Gesetz 496
- Wettbewerbsbeschränkungen, Gesetz 64 f.
- Zonenrandgebiete, Förderung 494
- Zuständigkeit, Kriegssachgeschädigte 47

Bamberger, Karl 232
Baresel, Werner 287
Bargatzky, Walter 321
Barth, Eberhard 26
Bathurst, Maurice E. 36, 391
Baumann, Oswalt 358
Bausch, Paul **558**
Baylot, Jean 407 f.
Beaumont, Guérin Jean Michel du Boscq de **276,** 300
Beaverbrook, Lord William M. A. 120
Bech, Joseph **215,** 417
Bechtle, Willi 209
Becker, Walther 401, 478
Benvenuti, Lodovico 131
Bérard, Armand **220,** 221, 294
Berg, Fritz 65, 149, 426, 485, 569
Bergemann, Günther 50, **600**
- Bundesvermögen, Privatisierung 358
- Kapitalmarktförderungsgesetz 51, 117, 226 f.
- Schiffbauförderung 51, 227
- Zuständigkeit, Lastenausgleichsbank, Aufsicht 424

Berger, Hans 454, **557,** 568
Berger, Hugo 78
Bernard, Karl George LIX, **41,** 44, 540
Berndt, Fritz 287
Bersu, Gerhard 401
Bettermann, Karl-August 195
Bevan, Aneurin **370**
Beveridge, William Henry Lord **154,** 317
Bevin, Ernest 448
Beyen, Johann Willem 417
Beyer, Friedrich 426
Beyer, Herbert 208 f.
Bidault, Georges XXXVI f., XLI f., 23, **24,** 41 f., 55, 61, 71, 87, 106, 130, 179, 215, 220, 266, 276 f., 364, 448
Bidder, Hans 21
Black, Eugene R. 411
Blank, Theodor 65, 114, 116, 194, 201, 271, 326, 348, 354, 386, 391, 417, 451 f., 456 f., 497 f., **604**
Blankenhorn, Herbert XXXVII, XXXIX–XLI, **24,** 36, 41, 77, 82, 87 f., 107–109, 114, 119, 121, 130, 141, 144, 179, 182, 185, 197, 251, 350, 379, 391, 416 f., 431, 444, 447, 450 f., 474, 478, 505, 507, 513, 515, 518–521, 532, 557, 573, 575

Bleek, Karl Theodor **600**
- Bundeshaushalt 1955, Gesetz 432 f.
- Bundesministerien, Arbeitszeit 249
- Eishockey-Mannschaft Dynamo Moskau, Gastspiel 430
- Finanzreform 100
- Personalien 338, 440
- Personalvertretungsgesetz 438
- Personenbeförderungsgesetz 244
- Sozialreform 239, 414
- Zuständigkeit, Kriegssachgeschädigte 45

Blücher, Franz LII, 21, 50, 77, 113 f., 132, 159, 162, 167, 170, 180 f., 286, 288 f., 299, 339 f., 375 f., 409–411, 426, 428–430, 476–478, 497, 515, 549, 561, 572 f., 591, **595**
- Apothekenwesen, Gesetz 587
- Arbeitszeit, 5-Tage-Woche 148
- Ausgleichsforderungen, Übernahme von Zinsen durch Deutsche Bundesbahn und Deutsche Bundespost 104
- Außenministerkonferenz Berlin 56, 62
- Außenpolitische Lage 278, 302 f., 353, 367, 369, 392, 408, 514, 560
- Berlin
- – Förderung der Wirtschaft 490 f.
- – Wahlen zum Abgeordnetenhaus 559
- Berlinverkehr, Fahrtkosten 331
- Bundesarbeitsgericht, Ernennung von Richtern 588
- Bundesbesoldungsgesetz 257, 322
- Bundeshaushalt 1954 115
- Bundeshaushalt 1955
- – Gesetz und Plan 314 f., 433, 435, 455, 457, 460, 462–464, 467–469, 480, 544–546, 548
- – Lage 541
- Bundesminister, Besoldung 571
- Bundespräsident, Wahl in Berlin 252, 260 f.
- Bundesregierung
- – Dienstregelung an Feiertagen 580
- – Gesetzgebungspraxis 20
- – Strafanträge 149
- – Treffen der Kabinettsmitglieder 341
- – Vertretung bei Veranstaltungen 290
- Bundesvermögen, Privatisierung 358, 376 f.
- Bundesversorgungsgesetz 529
- Delmer, Artikel im Daily Express 120 f.
- Deutsche Bundesbahn, Wirtschaftsplan 145

Personenindex

- Deutsche Bundespost
- – Verwaltungsrat 69
- – Post- und Fernmeldegebühren 81
- DDR, Souveränität 123 f.
- Deutscher Bundestag, Zwischenfragen 577
- Deutsches Patentamt, Sitz 174
- EGKS 149
- – Präsident 205
- – Beratender Ausschuß, deutsche Delegation 441
- Ernteschäden 361, 592
- EVG 345, 348
- EZU 146 f., 203 f.
- Familienpolitik 318
- Finanzreform 83, 89 f., 101 f., 553 f.
- FDP-Minister, Rücktrittserwägungen 417, 426
- Flüchtlinge
- – Lagerräumung 440
- – Notaufnahme 228 f.
- Frankreich, Sozialpolitik 412 f.
- GATT-Tagung 440
- Gesamtdeutsche Frage 265
- – Forschungsbeirat für Fragen der Wiedervereinigung, Tätigkeitsbericht 230, 289, 313
- – Nationalversammlung 28
- Getreidepreisgesetz 117 f.
- Gleichberechtigungsgesetz 52 f.
- Grundgesetzergänzung, Wehrfrage 27, 108 f., 119
- Häftlinge, Hilfsmaßnahmen für ehemalige 564
- Internationale Arbeitsorganisation 182
- John-Affäre 334, 342–344
- Kantinenrichtlinien 250
- Kapitalmarktförderungsgesetz 117, 227
- KPD-Abgeordnete, Verhaftung 209
- Krankenversicherung der Rentner 373, 590
- Kriegsfolgenschlußgesetz 136 f., 226, 467, 488
- Kriegsgefangenenentschädigungsgesetz 18, 31
- Ladenschlußgesetz 398
- Lastenausgleichsbank, Aufsicht 424
- Lastenausgleich, interministerieller Ausschuß 565
- Lebens- und Rentenversicherungen, Ansprüche, Gesetz 492
- Militär-Archiv 271
- Mitbestimmung, Holdinggesellschaften, Gesetz 235 f., 403–405
- Mittelstandsfragen 499
- OEEC 309 f., 337 f.
- öffentlicher Dienst
- – ehemalige Berufsoffiziere 202

- – Tarifverhandlungen 273, 472, 551
- Pariser Verträge 503 f., 517–522
- Personalvertretungsgesetz 438
- Personenbeförderungsgesetz 243
- Pfleiderer-Plan 224
- Preiserhöhungen 131
- Pressefragen 264
- Rentenmehrbetragsgesetz LII, 386, 396
- Saarfrage 106, 225, 241, 421 f., 431, 450 f., 453, 473 f., 508, 512–522, 527
- Schiffbau, Förderung 85, 153
- Sicherungsmaßnahmen in Personalsachen 585
- SPD 224 f., 369, 393
- Sozialprodukt 541
- Sozialreform 75, 155, 239, 396, 415
- Sozialversicherung, Abkommen mit Österreich 248
- Speditionsgewerbe, Gesetz 326
- Staatsangehörigkeitsgesetz 568, 584
- Steuerbegünstigungen
- – Anleihe der KfW 72 f.
- – Anleihe des Landes Niedersachsen 337
- – Bundesanleihen 152 f., 572
- Steuerreform 85, 94, 171 f., 288
- Straßenentlastungsgesetz 241 f.
- Verfassungsschutz 303, 305
- Verkehrswesen, Neuordnung 35, 126, 128, 244 f.
- Verleumdungsklage gegen Beamte 82
- Verwaltungsfachkräfte, Unterbringung 285
- Vorratshaltung 176, 197 f.
- Vulkan-Affäre 38, 42, 183
- Wahlrecht 487
- Wasserrecht, Gesetz 495
- Weltpostverein, Beitritt 201
- Wettbewerbsbeschränkungen, Gesetz 64 f., 116
- Wirtschaftspolitisches Programm 177 f.
- Wohnungsbaugesetz 253
- Zolltarifänderungen, Gesetz 436
- Zuständigkeit
- – KfW, Aufsicht 71
- – Kriegssachgeschädigte 47
- – Lastenausgleichsbank, Aufsicht 490
Blum, Léon 220
Bock, Günther 358
Böhm, Franz XXXIII, 163, 340
Boehringer, Erich **259**
Bogs, Walter 287, **359**
Bolder, Otto **336,** 339
Boltze, Erich 287
Bonde-Henriksen, Henrik 334
Borcke, Hans-Otto von **68,** 69
Bott, Hans **602**
Bourgès-Maunoury, Maurice 275, **292**

Personenindex

Bowie, Robert R. 391
Brackmann, Kurt 287
Bräutigam, Otto 139, 573, **583**
Braun, Sigismund von 367
Brenner, Friedrich 164
Brentano, Clemens von **95**, 131
Brentano, Heinrich von XXXIII, XL, XLII, LIII, 46, 55 f., 58, 61, 76, 87 f., 95, 117, **189**, 190 f., 204 f., 217, 220, 291, 299, 346, 350, 386, 416 f., 422, 424, 431, 438, 444, 478, 487, 513 f., 522, 577
Briand, Aristide 272, **297**, 346
Brockhoff, Gustav 287
Broich-Oppert, Georg von 365
Bruce, David K. E. 109, **186**
Brümmer, Hans 441
Brüning, Heinrich 88, **255**, 266 f., 277, 297 f., 412
Bruns, Gerhard 442
Bucerius, Gerd **535**, 536
Bulganin, Nikolai A. 348
Buron, Robert 276
Butler, Richard Austen 147, 204, 309
Buurmann, Otto **331**

Carlberg, Christian 358
Carstens, Karl 358
Chamberlain, Sir Joseph Austen 297
Chruščev, Nikita S. 348
Churchill, Sir Winston XXXVI f., XLIV f., **212**, 274, 296, 364, 367, 372, 419, 520
Cillien, Adolf 221, 532
Classen, Hans 378
Cleff-Bröcker, Rechtsanwältin in Duisburg 138
Conant, James B. 71, 88, 114, 131 f., 141, 186 f., **275**, 291, 296, 311, 350, 375, 379, 391, 513, 560
Cot, Pierre **295**
Coty, René 41, **298**, 299
Coudenhove-Kalergi, Richard Graf **359**
Cube, Walter von 41

Dehler, Thomas 20, 42, 76, **88**, 177, 218, 221, 224, 278, 291, 304, 350, 352, 368, 382, 387, 416 f., 426, 431, 444, 450, 478, 486, 513 f., 534, 557, 578
Delmer, Sefton Denis **120**, 121, 366
Demiani, Wilhelm 287
Dennecke, Johannes **195**
Dibelius, Otto 95
Dides, Jean **407**, 408

Diebitsch-Zabalkanskij, Johann Karl Friedrich Anton Graf 223
Dieckmann, Johannes **312**
Diehl, Günter 144
Diestelmann, Heinz 427
Dietrich, Kurt 358
Dillon, Douglas C. **186**, 187, 274
Dittrich, Erich 330
Dittrich, Rudolf 105
Döring, Wolfgang 278
Donner, Otto **287**, 405, 497
Dowling, Walter C. 251, 391
Drerup, Heinrich 321
Duckwitz, Georg Ferdinand 573
Dudek, Walter 43
Dürig, Günter 297, **298**
Dulles, John Foster XXXVI f., XL, XLIII f., 23, **24**, 25, 41, 63, 71, 212, 265, 274, 277, 351 f., 391, 417, 428, 481, 516, 578

Eberhard, Anton **320**
Eckardt, Felix von 217, 295, 303, 344, 350, 388, 391, 533, 536, 560 f., 573, **602**
Eckert, Josef **240**, 412, 414, 563
Eckhardt, Walter **88**, 387
Eden, Sir Anthony XXXVI f., XLI, XLIV f., 23, **24**, 41, 212, 274, 364, 379, 391, 393, 417–419, 578
Egidi, Hans **333**, 334, 342
Ehard, Hans 165, 311, **527**, 528, 558
Ehlers, Hermann LVI, 20 f., 30–32, 193, 256, 261, 267, **312**, 409, 471, 476
Ehmcke, Fritz Helmuth 580
Eickhoff, Rudolf **88**, 387, 426
Eisenhower, Dwight D. XXXVI, 25, 214, **274**, 276, 298 f., 391, 479, 503, 516
Engel, Ulrich 358
Engell, Hans-Egon 291
Erhard, Ludwig 50, 97, 106, 131, 138, 175, 199 f., 204, 208, 273, 387, 491, 534 f., **596**
– Apothekenwesen, Gesetz 587
– Arbeitskräfte, italienische 571 f., 581
– ausländische Beteiligungen an deutscher Industrie 184
– Bank deutscher Länder, Änderungsgesetz, Kreditplafond 43
– Bergarbeiterwohnungsbau, Gesetz 168
– Bergbau, Sozialleistungen 439 f.
– Berlin, Förderung der Wirtschaft 491
– Buchprüferordnung, Gesetz 323
– Bundeshaushalt 1954 115
– Bundeshaushalt 1955, Gesetz und Plan 434, 456, 458 f., 462, 464, 469, 547
– Bundesministerien, Arbeitszeit 500

- Bundesvermögen, Privatisierung 358, 377
- Deutsche Bundespost, Gebührenerhöhung 81
- Devisenfragen, Filmausfuhr 110 f.
- Entflechtung, IG Farbenindustrie AG 194
- EGKS, Beratender Ausschuß, deutsche Delegation 441 f.
- Erwerbs- und Wirtschaftsgenossenschaften, Gesetz 116 f.
- EVG 368
- EZU 203
- Fünf-Tage-Woche 148
- GATT-Tagung 440
- Gesamtdeutsche Frage, Forschungsbeirat für Fragen der Wiedervereinigung Deutschlands, Tätigkeitsbericht 313
- Geschäftsraummietengesetz 328
- Gewerbliche Wirtschaft
  - Sicherstellung der Erfüllung völkerrechtlicher Verpflichtungen 27, 270
  - Bundesstelle 341
- Handwerk
  - Altersversorgung 563
  - Förderung 544 f.
- Internationale Bank für Wiederaufbau und Entwicklung
  - Anleihen 411
  - Direktor 287, 405, 497
- Interzonenhandel 198 f.
- Kapitalmarktförderungsgesetz 51, 226
- Kreditabkommen Jugoslawien 112, 122
- Kreditanstalt für Wiederaufbau, Aufsicht 71 f.
- Mendès-France 265
- Mietpreisrecht, Gesetz 373
- Mitbestimmung, Holdinggesellschaften 235, 404
- OEEC, Konvertibilität 309 f.
- öffentlicher Dienst
  - ehemalige Berufsoffiziere 201 f., 498
  - Erholungsurlaub 284
- Ordensverleihung 261
- Personalien 157
- Personenbeförderungsgesetz 243, 375
- Reden 177 f.
- Reisen 115, 534 f.
- Rentenmehrbetragsgesetz LII, 385 f.
- Schwarzarbeit, Gesetz 285 f., 325
- Sozialprodukt LIX f., 540 f.
- Sozialreform 155 f.
- Speditionsgewerbe, Gesetz 325 f.
- Steuerbegünstigungen, Anleihe der KfW 72 f., 153
- Steuerberater, Gesetz 323 f.
- Steuerreform LVI, 85, 91 f., 94, 172 f., 288
- Verkehrswesen, Neuordnung 35, 133
- Wettbewerbsbeschränkungen, Gesetz 64 f., 569
- Wirtschaftsprüferordnung, Gesetz 323
- Zolltarifänderung, Gesetz 436
- Zuständigkeit
  - italienische Arbeitskräfte 571
  - Kreditanstalt für Wiederaufbau, Aufsicht 71 f.
  - Lastenausgleichsbank, Aufsicht 424

Erler, Fritz 576
Ernst, Friedrich **211**, 229 f., 238, 289, 308, 313
Etzel, Franz 149, **189**
Etzel, Hermann 215, **216**, 223, 304
Eue, Erich 195
Euler, August-Martin 17, 291, **416**, 426, 478

Faure, Edgar 577
Fechner, Friedrich 287
Fehrenbach, Konstantin **222**
Finsen, Vilhjálmur 426
Fischer, Claus **69**
Fischer, Joseph 573
Fitting, Karl **403**
Flecken, Adolf 164, 206
Fleischmann, Paul 358
Flick, Friedrich 184, 207
Forrester 366
Forschbach, Edmund 334, 427, **603**
François-Poncet, André 109, 114, 119, 130, 141, **221**, 295–297, 300, 447
Franks, Oliver Shewell 419
Freitag, Walter **233**, 234, 236, 441, 452
Freitas, Geoffrey de 107
Freund, Erich 198
Friedensburg, Ferdinand 343
Friedländer, Ernst XLII, 291, **294**, 295, 300–302, 309
Friedrich, Otto A. **124**
Frohne, Edmund **158**, 160
Fromm, Friedrich **69**, 70

Gaber, Erwin 287
Galperin, Hans 21
Gasperi, Alcide de 130, **131**, 190, 205
Gaulle, Charles de 265, 276
Géronne, Philipp 43
Gerstenmaier, Eugen XLII, 88, **107**, 179, 220, 252, 350, 416, 421 f., 431, 493, 513, 515 f., 579
Gieselhammer, Lutz 78
Gladenbeck, Friedrich **600**
- Bundesministerien, Arbeitszeit 203

Personenindex

- Ernennung 78
- Personenbeförderungsgesetz 243 f.
- Weltpostverein, Beitritt 201

Glaesser, Wolfgang **603**
Glanzmann, Roderich 232
Globke, Hans XXXIII, XLVIII, LII, 17, 26 f., 41, 43, 60, 96, 175, 181 f., 189, 207, 221, 252, 274, 282, 338, 340 f., 350, 354, 359, 416, 447, 476, 485, 490, 497, 555, 578, **600**
- Bundeshaushalt 1955 457, 546
- Bundeskanzler, Aussagegenehmigung 182
- Bundesministerien, Indiskretionen 38
- Bundesversorgungsgesetz 527 f., 567
- John-Affäre 388
- KPD-Abgeordnete, Verhaftung 209
- Saarabkommen 453
- Sicherungsmaßnahmen in Personalsachen 585
- Staatsangehörigkeitsgesetz 568

Gocht, Rolf 157
Gördes, Hugo **175,** 196
Göring, Hermann 58
Goes van Naters, Marinus Jonkheer van der LXII f., 88, 179, **219,** 220
Goetze, Fritz **526**
Grau, Wilhelm **604**
Gregor, Werner 573
Greuner, Hans 574
Grewe, Wilhelm G. XXXIX, 24, **25,** 27, 36, 391, 417
Griem, Hans 175
Grolman, Wilhelm von **502**
Grosse, Franz 441 f.
Große, Günther **406**
Gudohr, Herbert 287
Günther, Eberhard 338, 387
Gumbel, Karl XL, 26, 252, 334, 521 f., **604**
Guzmann, Jacobo Arbenz 251

Haager, Karl 593
Haak, Monsignore 41
Haas, Wilhelm 82
Haasler, Horst 76, 221, 291, **350,** 416, 421, 431, 444, 487, 507, 513 f., 578
Haeften, Werner Karl von 70
Haenlein, Franz LX, 65, 132, 161, 208, 280, 283, 321, 397, 591, **604**
Hagemann, Werner 440
Hagen, Wilhelm 196
Hallstein, Walter XLI f., 141, 144, 148, 182, 220 f., 311, 365, 379, 391, 393, 417 f., 421, 447, 451, 474, 518, **600**
- Aufzeichnungen über Besprechungen mit ausländischen Politikern 36, 132, 187, 390, 447
- Aufzeichnungen über Kabinettssitzungen 129 f., 132, 179, 185, 251, 254 f., 294, 350 f., 356, 408, 417, 419
- Aufzeichnungen über Koalitionsbesprechung 291
- Außenministerkonferenz Berlin, Presseerklärung 71
- Außenpolitik, Regierungserklärung 353
- Bundespräsident, Wahl in Berlin 192
- EGKS, Präsident 190
- EVG 27, 187 f., 266
- Grundgesetzergänzung, Wehrfrage 26, 114
- John-Affäre 333 f.
- Kernphysikalische Forschung, Abkommen 66
- Moselkanalisierung 162
- NATO 365
- Personalien 175
- Rheinschiffahrt 56
- Saarfrage 179, 186 f., 431

Hampe, Erich 117, 593
Hansen, Hans Christian 473
Hartinger, Josef 321
Hartmann, Alfred LIV, LX f., 32, 79, 101, 168, 226, 362, 394, 400, 402, 427 f., 538, 561, 591 f., **600**
- Beamtenbesoldung 570, 581 f.
- Berlin, Förderung der Wirtschaft 490 f.
- Bundeshaushalt 1955 547 f.
- Bundesversorgungsgesetz 528
- Kriegsfolgenschlußgesetz 488
- Lastenausgleich, interministerieller Ausschuß 565 f.
- öffentlicher Dienst
- – ehemalige Berufsoffiziere 497 f.
- – Tarifverhandlungen 530, 550 f., 569–571
- Ortsklassenverzeichnis 492
- Personalien 574
- Steuerreform 509 f.
- Verkehrsrecht 590 f.
- Vorratshaltung 198
- Zuständigkeit, Lastenausgleichsbank, Aufsicht 424

Haueisen, Fritz 287
Hausenstein, Wilhelm 532
Haußmann, Wolfgang 339 f.
Heck, Peter 427
Heinemann, Gustav 27, **369,** 417
Heinz, Eugen 43, **119**
Hellwege, Heinrich XXXV, 50, 62, 90, 116, **596**
- Ausgleichsforderungen, Übernahme von Zinsen durch Deutsche Bundesbahn und Deutsche Bundespost 104 f.
- Außenministerkonferenz Berlin, Regierungserklärung 76

Personenindex

- Außenpolitik, Protokollergänzung 354
- Bundeshaushalt 1955 548
- Bundesrat, Gesetzgebungsverfahren 63
- Deutsche Partei, Zwischenfall bei Wahlkampfversammlung 536
- Deutsche Werke, Kiel 267
- Erwerbs- und Wirtschaftsgenossenschaften, Gesetz 115
- Finanzreform 100, 282
- Gesamtdeutsche Frage 28
- John-Affäre 386
- Kapitalmarktförderungsgesetz 117
- Koalitionsprobleme XXXV, 487
- Mitbestimmung, Holdinggesellschaften, Gesetz 405
- Pariser Verträge 520—522
- Saarfrage 473, 508, 520
- Sicherungsmaßnahmen in Personalsachen 585 f.
- Staatssekretär, Ernennung 78
- Verfassungsschutz 304 f.
- Wahlrecht XXXV, 487

Hengsberger, Hermann 593
Henle, Günter 131
Hensel, H. Struve 391
Hering, Eugen 195
Herlan, Wilhelm 117
Hermes, Andreas 204
Herren, Franz 338
Herriot, Edouard 265, 297, 345
Herschel, Wilhelm **403**
Herwarth von Bittenfeld, Hans 131, 379, 391, **573**
Herz, Martin F. XLII, 364
Heusinger, Adolf **22**
Heuss, Theodor XLI, 21, 26, 39, 69 f., 95, 106, 108—110, 119 f., 163, 175, 177, 186, 191 f., 252, 260, 262, 287, 305, 358, 402, 427, 457, 550, 579 f., 587
Heyde, Ludwig 412, 415
Heyderhoff, Karl 358
Hilpert, Werner **158**, 160
Himmler, Heinrich 37
Himpele, Ferdinand 262
Hindenburg, Paul von 267
Hitler, Adolf 70, 120, 216, 334, 533, 576
Höfer, Josef Rudolf **250**
Hoefer, Wolfgang E. 343
Hoefner, Karl 442
Hoegner, Wilhelm 278, 558
Hölscher, Eberhard 580
Höpker Aschoff, Hermann XXXIX f., 106
Hoferer, Walter 21
Hoffmann, Georg 78
Hoffmann, Johannes XLII f., **218**
Hoge, William M. 311

Hohlwegler, Erwin 148
Holtz, Wolfgang 26
Hope, Lord John 333
Horlacher, Michael **436**
Horn, Peter LI
Hoyer Millar, Sir Frederick XLIV, 36, 88, 107, 141, 308, 333, 365, 367, 391

Jaeger, Richard **88**, 416
Jaene, Hans-Dietrich 182
Jaenicke, Wolfgang **95**, 96
Jantz, Kurt 563
Janz, Friedrich XL, 43, 114, 119, 221, 322, 336, 345
Jess, Hanns 333, **334**, 335
John, Otto XXXV, 120, 333, **334**, 342—344, 384, 387 f.
Johnson, Lyndon B. 479
Johnston, Charles H. 36, 391
Jordan, Henry 573
Juin, Alphonse Pierre 251

Kämmerer, Ludwig 78
Kaiser, Jakob XXXVII, 62, 362, 424, 509, 514, **596**
- Amtssitz, Verlegung nach Berlin 305
- Aussagegenehmigung, BDJ-Verfahren 360
- Außenministerkonferenz, Berlin 39, 55, 61 f.
- außenpolitische Lage 408
- Berlin, Unterstützung der Presse 25
- Bundeshaushalt 1955 436
- Bundesminister, Teilnahme an Veranstaltungen 289 f.
- Bundesministerien, Arbeitszeit 203
- Bundespräsident
- – Verlegung des Amtssitzes nach Berlin 305
- – Wahl in Berlin 252, 260 f.
- Bundesvermögen, Privatisierung 377
- DDR, Souveränität 123 f., 146
- Delmer, Artikel im Daily Express 121
- Deutsches Patentamt, Neubau 173 f.
- DGB, Abwehr von DDR-Propaganda 142
- EGKS, Beratender Ausschuß, deutsche Delegation 452
- Eishockey-Mannschaft Dynamo Moskau, Gastspiel 430
- EVG 225, 368 f.
- Flüchtlinge, Notaufnahme 228
- Gesamtdeutsche Frage XXXVII, 27—29, 36
- – Forschungsbeirat für Fragen der Wiedervereinigung Deutschlands 229 f., 313 f.

653

Personenindex

- Häftlinge, Hilfsmaßnahmen für ehemalige 332, 565
- Kabinettssitzung in Berlin 62
- Nationalismus, Gefahr 302
- Pariser Verträge 522
- Personalien 195
- Saarfrage 106 f., 188, 220, 431, 450 f., 508, 519—521
- SPD, Außenpolitik 353, 369, 393
- Sozialreform 156, 413 f.
- Tag der deutschen Einheit 180, 190

Kallus, Heinz **195**
Kampffmeyer, Hans **43**
Kapsalis, Thanos 274
Kattenstroth, Ludwig 50, **108,** 110, 403, 466
Katz, Rudolf XL
Kaufmann, Erich **98,** 107, 502
Kesselring, Albert **22**
Kiesinger, Kurt Georg **416,** 422, 513 f.
Kilb, Hans 88, 211, 221, 279, 387, 451, **603**
Kirkpatrick, Sir Ivone 265, 419
Kitz, Wilhelm **240,** 412, 414
Kläß, Klaus 287
Klaiber, Manfred 39, 163, 186, 262, 579, **602**
Klasing, Ernst 232
Klein, Otto **415**
König, Wilhelm 78
Koenig, Maurice-Pierre 275, **292,** 294
Koepp, Friedrich 259
Kötter, Hans-Wilhem **403**
Kraft, Waldemar XXXV, 45, 50, 82, 144, 180, 507, 514 f., **596**
- Bundeshaushalt 1954 142—144
- Bundeshaushalt 1955 462, 482, 546, 548
- Bundesversorgungsgesetz 523, 542
- Gesamtdeutsche Frage, Nationalversammlung 28
- Grundgesetzergänzung, Wehrfrage 26
- John-Affäre 387
- Koalitionsprobleme XXXV, 368
- Kriegsfolgenschlußgesetz 137
- Kriegsgefangenenentschädigungsgesetz 18
- Pariser Verträge 517, 520—522
- Personalien 583
- Personenstandsgesetz 383
- Saarfrage 506—508
- SPD, Außenpolitik 371
- Steuerreform 92
- Teilnahme an Veranstaltungen 359
- Verleumdungsklage, Kommission 82
- Wahlrecht XXXV, 487
- Wasserrecht, Gesetz 494—496
- Zuständigkeit
- – Kriegssachgeschädigte 47
- – Wasserrecht 495 f.

Kranz, Kurt 580

Krause, Franz 287
Krekeler, Heinz L. 265, **497**
Kreuger, Ivar 184
Kroll, Hans 535, 573
Krone, Heinrich XXXV, 61, **88,** 91, 161, 221, 291, 422, 513 f.
Krueger, Werner 27, **603**
Küster, Otto **339,** 340
Kunze, Johannes 424
Kuschnitzky, Friedrich 78

Lahr, Rolf 417, 431
Langkeit, Helmut 287
Laniel, Joseph XLI, 71, **130,** 220, 254, 264—266, 274, 364
Layton, Walter Thomas **213**
Ledwohn, Josef 209 f.
Lehr, Robert 334, 360, 474
Lenz, Otto 263
Leopold, Kurt 198
Leußer, Edgar 196
Levacher, René 182
Lex, Hans Ritter von **601**
Löns, Josef 427
Luce, Claire Booth 276
Lübke, Heinrich 50, 200, 381, **597**
- Außenpolitik 346
- Autobahngebühr 128
- Besatzungsleistungen und Besatzungsschäden, Gesetz 320
- Bundeshaushalt 1955 458, 461—463, 547
- Ernteschäden 348 f., 361, 396 f., 591 f.
- Erwerbs- und Wirtschaftsgenossenschaften, Gesetz 116
- Europäische Agrarunion 204
- Finanzreform 553
- Getreidepreisgesetz 118, 122 f., 283 f.
- Handelsvertrag mit USA 428
- Internationales Zuckerabkommen, Gesetz 110
- OEEC, Konvertibilität 309 f.
- öffentlicher Dienst, Tarifverhandlungen 273
- Paritätspreise 256
- Personalien 195
- Sozialreform 156
- Steuerberater, Gesetz 324
- Steuerreform 84, 93 f., 171
- Viehzählungsgesetz 231
- Vorratshaltung 176, 197, 228
- Wasserrecht, Gesetz 495 f.
- Wettbewerbsbeschränkungen, Gesetz 569
- Zuständigkeit, Wasserrecht 495

Lübke, Friedrich Wilhelm **429**

Personenindex

Lück, Heinrich Willy **406**
Lücke, Paul 144, **150**, 230
Lünendonk, Heinrich LI, 154
Luther, Hans **255**, 266

Mac Arthur, Douglas 71
Mackeben, Wilhelm 573
Macmillan, Harold 578
Mai, Franz 334, **355**
Maier, Reinhold **216**, 304
Malenkov, Georgij M. **347**
Maltzan, Vollrath Freiherr von **336**, 410, 485, 491, 502, 532, 573
Mangoldt-Reiboldt, Hans Karl von 147
Mansfield, Michael Joseph 391, **479**
Manteuffel-Szoege, Georg Baron **416**
Margerie, Roland de 447
Marshall, George C. 448
Martinelli, Mario 571
Martino, Gaetano 417
Matthes, Heinz 221, **444**
Maudling, Reginald 147, 204
Maus, Hans-Hermann 182
Mayer, Daniel 219
Mayer, René 276 f., 300, 364
Mc Cloy, John J. **481**
Meier-Scherling, Bundesrichterin beim Bundesarbeitsgericht 588
Meinberg, Wilhelm **59**
Mende, Erich 278, 478
Mendès-France, Pierre XLI–XLIII, 254, **264**, 265 f., 275, 277, 291–297, 299–302, 308, 345, 350–352, 354, 363, 364 f., 367 f., 370, 391–393, 408, 410, 412 f., 417 f., 420 f., 431, 446 f., 449 f., 473, 478, 485, 505 f., 516, 520, 532, 576–578
Menne, Wilhelm Alexander **261**, 262
Menzel, Walter **342**, 343
Merchant, Livingston T. 71, 391, 560, 578
Merk, Wilhelm **298**
Merkatz, Hans-Joachim von 76, 221, **305**, 350, 354, 387, 419, 422, 431, 474, 513 f.
Meyers, Franz **430**
Meynen, Emil 22
Middelhauve, Friedrich 278
Miessner, Herwart 387, **570**
Moch, Jules 219
Mocker, Karl 221
Mollet, Guy 185, 218 f.
Molotov, Vjačeslav Michailovič XXXVI f., 55, **216**, 266, 304, 449, 532
Mommer, Karl 179, 421, 450, **576**
Mommsen, Hans-Günther 196
Monnet, Jean **189**

Montgomery of Alamein, Bernhard Law **214**
Morell, Theo 333
Moustier, Rolande de 447
Müller, Gebhard 339 f.
Müller, Gerhard 105
Müller, Gustav Albert **139**
Müller, Hanswerner 195 f.
Müller-Armack, Alfred 240, **336**, 337
Muench, Aloysius Joseph 41, **95**
Mumm von Schwarzenstein, Bernd 573
Murphy, Robert 379
Muthesius, Volkmar **237**, 240, 412, 414 f.

Nahm, Peter Paul **601**
– Bundeshaushalt 1954 100
– Bundesmietengesetz 328 f.
– Kriegsgefangenenentschädigungsgesetz 461
– Lastenausgleichsbank, Verwaltungsrat 103
– Sowjetzonenhäftlinge, Hilfsmaßnahmen 332, 564
– Umsiedlungsverordnung 330
– Zuständigkeit, Kriegssachgeschädigte 48
Neuburger, August LVII, **105,** 374, 387, 395, 509
Neuhaus, Josef 287
Neumayer, Fritz 33, 138, 210, 405, 426, 478, **597**
– Außenministerkonferenz, London 371
– Bundesarbeitsgericht, Ernennungen 588
– Bundesmietengesetz 589
– Bundeshaushalt 1955, Gesetz und Plan 432 f., 458, 484, 546
– Bundesmietengesetz 373
– Bundesrat, Gesetzgebungspraxis 192 f., 357, 579
– Bundesregierung, Strafanträge und -verfahren 149, 195, 360
– Bundesrichter, Altersgrenze 283, 398 f.
– Bundesverfassungsgericht, Präsident 106
– Bundesversorgungsgesetz 524
– Dehler über Mendès-France 368
– DM-Bilanz-Ergänzungsgesetz 381
– Deutsches Patentamt, Neubau 173
– Erwerbs- und Wirtschaftsgenossenschaften, Gesetz 104, 111, 115–117
– Finanzreform 100 f.
– Geschäftsraummietengesetz 328 f., 549
– Gleichberechtigungsgesetz 52
– Handelsvertrag mit USA 428
– Handwerk, Altersversorgung 563
– IG Farben Industrie AG, Entflechtung 194
– KPD, Programm der nationalen Wiedervereinigung 208 f.

- Kriegsfolgenschlußgesetz 137, 200, 226, 467
- Lebens- und Rentenversicherungen, Ansprüche, Gesetz 491 f.
- Marshall-Plan-Sondervermögen 162
- Mitbestimmung, Holdinggesellschaften 50, 403 f.
- öffentlicher Dienst, Besoldungsreform 257
- Pariser Verträge 520—522
- Patentamtliche Gebühren, Gesetz 169
- Personalien 157, 175, 526
- Personalvertretungsgesetz 438
- Personenbeförderungsgesetz 243
- Personenstandsgesetz 67, 383
- Saarfrage 506
- Schwarzarbeit, Gesetz 285 f.
- Speditionsgewerbe, Gesetz 326
- Staatsangehörigkeit, Gesetz 568, 584
- Steuerberater, Gesetz 324
- Steuerreform 268
- Straffreiheitsgesetz 20 f., 39 f.
- Strafrechtsreform, Kommission 414
- Verfassungsschutz
- – Regierungserklärung 303
- – Zusammenarbeit des Bundes und der Länder, Gesetz 77
- Verkehrsrecht, Gesetz 590
- Verleumdungsklage, Kommission 82
- Verwaltungsgerichtsordnung 151
- Wirtschaftsstrafgesetz 110
- Wohnungsbaugesetz 167 f.
- Zuständigkeit
- – Erwerbs- und Wirtschaftsgenossenschaften 116
- – Kriegssachgeschädigte 47
- – völkerrechtliche Verträge 462

Neurath, Constantin Freiherr von **478**, 479
Nieß, Rudolf 580
Nipperdey, Hans Carl 105, 587
Nöldeke, Wilhelm Bruno Karl **272**
Nörr, Siegmund 43
Nuschke, Otto **312**

Oberländer, Theodor XXXIII f., 62, 100, 156, **597**
- Außenpolitik 347, 368 f.
- Baumwollspende der USA 165 f.
- Bundeshaushalt 1955, Gesetz und Plan 435, 459—461, 468 f., 481, 548
- Bundesmietengesetz 373
- Finanzreform 100
- Flüchtlinge
- – Anfrage der SPD 384, 400 f.
- – Notaufnahme 99, 228 f.
- – Umsiedlungs-VO 550
- – Wohnungsbau 330
- Geschäftsraummietengesetz 286
- Häftlinge, Hilfsmaßnahmen für ehemalige 564 f.
- Kriegsfolgenschlußgesetz 137, 488
- Kriegsgefangenenentschädigungsgesetz 17 f., 30—32, 149, 192 f.
- Lastenausgleich, interministerieller Ausschuß 566
- Lastenausgleichsbank, Gesetz 103
- Lastenausgleichsfond 465
- Lebens- und Rentenversicherungen, Ansprüche, Gesetz 491 f.
- Pariser Verträge 520—522
- Pfleiderer-Plan 224
- Presseangriffe 37
- Rentenmehrbetragsgesetz 385
- Saarfrage 583
- Schwarzarbeit, Gesetz 589 f.
- SPD, Außenpolitik 369
- Sozialreform 240, 563
- Sozialversicherung, Abkommen mit Österreich 248
- Steuerreform 85, 93, 172
- Teilnahme an Veranstaltungen 474 f.
- Verwaltungsfachkräfte, Unterbringung 285
- Wohnungsbau- und Familienheimgesetz 253
- Zuständigkeit
- – Hilfsmaßnahmen für ehemalige politische Gefangene 564
- – interministerieller Ausschuß für Lastenausgleich 563 f.
- – Kriegssachgeschädigte 45—48
- – Lastenausgleichsbank, Aufsicht XXXIII f., 423—425, 489 f.

Oeftering, Heinz Maria **129**, 144 f., 151—153, 156, 240, 322—324, 329—332, 336—340, 412, 414, 515, 522, 524, 528, 536, 538
Oermann, Josef 232
Ollenhauer, Erich 25, **26**, 55, 62 f., 76, 146, 225, 254, 277, 296, 308 f., 352 f., 367, 369—371, 390, 393, 408, 450, 513 f., 559
Ophüls, Carl Friedrich 391, 431, **502**, 532
Osterloh, Edo 321

Paetzold, Fritz 321
Papagos, Alexander 274
Papen, Franz von 58, 298
Parodi, Alexandre 447
Pearson, Lester 417
Penquitt, Norbert 287
Petersen, Alfred 330

Personenindex

Petersen, Georg 157
Pfeiffer, Anton **293**
Pfender, Maximilian 321
Pferdmenges, Robert LIX, LXI, **88,** 92, 96, 274, 422
Pfleiderer, Karl Georg 88, 179, **215,** 216 f., 223—225, 254, 304, 320, 474
Piccioni, Attilio 131
Pickel, Wilhelm 321
Pinay, Antoine 276 f., 300, 364
Pius XII. 95
Platte, Johannes 441
Platow, Robert 20
Plein, Peter 358
Podeyn, Hans Carl 232, **338**
Poehlmann, Friedrich 21
Poujade, Pierre 408
Preetorius, Emil 580
Preusker, Viktor-Emanuel XXXV, LII, LVII, 132, 144, 171, 190, 227, 387, 426, 478, **597**
— Abgabenvergünstigungen, Abkommen mit den USA 375
— Außenpolitische Lage 225, 278, 302, 408, 417, 514
— Außenpolitik, Regierungserklärung 347
— Bergarbeiterwohnungsbau, Gesetz 168 f.
— Berlin, Förderung der Wirtschaft, Gesetz 491
— Bundesbesoldungsgesetz 257
— Bundeshaushalt 1955, Gesetz und Plan 315, 433 f., 463 f., 468—470, 482 f., 542 f.
— Bundesmietengesetz 327 f., 372 f., 589
— Bundespräsident, Wahl in Berlin 191
— Bundesvermögen, Privatisierung 377
— Dehler über Mendès-France 368
— Deutsche Bundespost, Verwaltungsrat 69
— DM-Bilanz-Ergänzungsgesetz 381
— Deutscher Bundestag, Arbeitsprogramm 390
— Deutsches Parlament, Sitz 174
— EGKS
— — Beratender Ausschuß, deutsche Delegation 441, 452
— — Präsident 189
— Ernteschäden 397
— EVG 347
— Finanzreform 83, 90, 170, 553
— Gesamtdeutsche Frage 347
— — Forschungsbeirat für Fragen der Wiedervereinigung Deutschlands, Tätigkeitsbericht 230
— — Nationalversammlung 28
— Geschäftsraummietengesetz 286, 329, 549
— John-Affäre 387
— Kantineneinrichtlinien 250
— Kapitalmarktförderungsgesetz 51, 200
— Koalitionsprobleme XXXV, 417, 486 f.
— Kriegsfolgenschlußgesetz 199, 488
— Kriegsgefangenenentschädigungsgesetz 31, 482
— Ladenschlußgesetz 398
— Landtagswahlen, Termine 225
— Lastenausgleich, interministerieller Ausschuß 566
— Luftfahrtbundesamt 59, 66
— Mendès-France 265 f.
— Mitbestimmung, Holdinggesellschaften, Gesetz 236, 403 f.
— öffentlicher Dienst, Tarifverhandlungen 272 f.
— Pariser Verträge 431, 520—522
— Personalien 195
— Regierungserklärung zur Außen- und Innenpolitik 347
— Rentenerhöhung 75
— Rentenmehrbetragsgesetz LII, 385
— Saarfrage 186, 392, 451, 507 f.
— Schwarzarbeit, Gesetz 285 f.
— SPD 370
— Sowjetunion, Noten 514
— Sozialprodukt 482
— Sozialreform 414, 510
— Speditionsgewerbe, Gesetz 326
— Steuerbegünstigungen
— — Anleihe der KfW 73, 131
— — Sozialpfandbriefe 93, 372
— Steuerberater, Gesetz 324
— Steuern
— — Einkommen- und Körperschaftsteuer, Bundesanteil 269
— — „Notopfer Berlin" 180, 491
— Steuerreform LVII, 85 f., 93 f., 288, 510
— Straßenentlastungsgesetz 135
— Verfassungsschutz, Regierungserklärung 303—305
— Verkehrsfinanzgesetz 242
— Verkehrswesen, Neuordnung 133
— Wahlrecht, Gesetz XXXV, 486 f.
— Wasserrecht, Gesetz 496
— Wettbewerbsbeschränkungen, Gesetz 65
— Wohnungsbau- und Familienheimgesetz 150, 167 f., 253
— Wohnungsbauministerium, Neubau 143
— Zolltarif, Gesetz 436
— Zuständigkeit
— — Kriegssachgeschädigte 47
— — Lastenausgleichsbank, Aufsicht 424
Prugger, Alexander **105**
Pühl, Karl-Heinz **605**
Pünder, Hermann **204,** 213
Puškin, Georgij Maksimovič 479

657

Quenzer, Otto 78, 250
Quiring, Hermann 378
Quirnheim, Mertz von 70

Rabes, Manfred 105
Rademacher, Willy Max **368**
Ramcke, Hermann Bernhard **298**
Rappeport, Erich William XLII, 220
Raunau, Peter 309
Rauschning, Hermann **216**
Rehwinkel, Edmund 348
Reichel, Herbert 370
Reichel, Horst 208 f.
Reifferscheid, Adolph 182
Reimann, Max **209**, 210
Reitzenstein, Ernst 321
Remak, Georg 164
Renner, Viktor 80
Reuter, Ernst 148
Richter, Friedrich 287
Richter, Heinrich 175
Riepekohl, Wilhelm **313**
Riesser, Hans 401
Ripken, Georg **601**
– Bundesrat, Gesetzgebungsverfahren 355 f., 579 f.
– Ernennung 69, 78
– Sicherungsmaßnahmen in Personalfragen 586
– Unterzeichnung internationaler Verträge 454
Ritgen, Wolfgang 196
Rizzo, Babuscio 131, 557
Roberts, Sir Frank K. 379, 391
Röhrmann, Willi 196
Roemer, Walter **108**, 109
Rössing, Karl 580
Rosenberg, Ludwig 571
Rost, Hansfrieder 321
Royer, Jean Emile 440
Rückert, Ludwig 358
Russell of Liverpool, Edward Frederik Langley **366**
Rust, Josef **132**

Sabel, Anton 21, **39**, 50, 235 f., 402, 404, 427
Salat, Rudolf **95**
Saragat, Giuseppe **130**
Sauerborn, Max 43, 156, 181, 581, **601**
– Bundesarbeitsgericht, Ernennung von Richtern 587
– Bundesunternehmen, Privatisierung 358

– Internationale Arbeitsorganisation, Tagung 225
– Krankenversicherung der Rentner 590
– Ruhestand, Hinausschiebung des Eintritts 321
– Teuerungszulagengesetz 357
– Unterzeichnung internationaler Verträge 454
Sauvagnargues, Jean 221
Scelba, Mario **130**, 131, 276
Schadt, Wilhelm **574**
Schäfer, Hermann 50, 75, 82, 144, 180, 191, 426, 478, **597**
– Arbeitsvermittlung und Arbeitslosenversicherung, Gesetz 439
– Außenministerkonferenz, Berlin 55 f.
– Außenpolitik 302, 369, 393 f.
– Bundesanstalt für Arbeitsvermittlung und Arbeitslosenversicherung, Tarifverhandlungen 551
– Bundesbesoldungsgesetz 257
– Bundeshaushalt 1954 142, 144
– Bundeshaushalt 1955 546, 548
– Ernteschäden 397
– EGKS, Beratender Ausschuß, deutsche Delegation 441, 451
– Europäische Politische Gemeinschaft 188
– EVG 369
– Europa-Union, Tagung 181
– Gesamtdeutsche Frage, Nationalversammlung 28
– Mendès-France 265, 393
– Mittelstand, Lage des unselbständigen 498 f.
– öffentlicher Dienst, Tarifverhandlungen 551
– Pariser Verträge 520–522
– Personalien 195
– Personalvertretungsgesetz 438
– Rentenerhöhung 75
– Saarfrage 508
– Schwarzarbeit, Gesetz 285
– SPD 369, 393
– Sozialreform 155 f., 414, 563
– Speditionsgewerbe, Gesetz 326
– Steuern, „Notopfer Berlin" 180
– Straßenentlastungsgesetz 136
– Verkehrswesen, Neuordnung 128
– Wasserrecht, Gesetz 496
– Wettbewerbsbeschränkungen, Gesetz 65
Schaefer, Otto **527**
Schäffer, Fritz 25, 62, 98, 144, 154, 165, 197, 208, 233, 286, 288, 323, 331, 373, 387, 408, 429–431, 451, 527, 531, 536, 550 f., 561, 570, **598**
– Arbeitsvermittlung und Arbeitslosenversicherung, Gesetz 440

658

- Ausgleichsforderungen, Übernahme von Zinsen durch Deutsche Bundesbahn und Deutsche Bundespost 105
- Außenministerkonferenz, London 408
- Auswärtiges Amt, Besetzung XXXII, 346
- Autobahnen, Benutzungsgebühr 128
- Bank deutscher Länder, Kreditplafond, Gesetz 44
- Baumwollspende der USA 166
- Bayreuther Festspiele 58
- Bergarbeiterwohnungsbau, Gesetz 168 f.
- Berlin
- – finanzielle Unterstützung 432
- – Förderung der Wirtschaft, Gesetz 481, 490, 524
- Besatzungskosten LX, 353, 540
- Besatzungsleistungen und Besatzungsschäden, Abgeltung 320
- Besoldungsgesetz Nordrhein-Westfalen 206, 257, 360 f., 537
- Bundesanstalt für Arbeitsvermittlung und Arbeitslosenversicherung, Schuldverschreibungen 280, 394 f.
- Bundesbesoldungsgesetz 257 f., 322, 470 f.
- Bundesfinanzverwaltung 282
- Bundesgrenzschutz, Finanzierung 280 f.
- Bundeshaushalt 1949, Gesetz 432
- Bundeshaushalt 1953 537
- Bundeshaushalt 1954, Gesetz und Plan 280–282, 434 f., 482 f., 537
- Bundeshaushalt 1955
- – Einzelpläne LVIII–LXI, 456–463, 467–470, 480–484, 543–546, 548
- – Gesetz LVIII f., 431–436, 455 f., 479 f.
- – Lage 85 f., 91 f., 164, 270, 279–282, 314 f., 394 f., 426, 510, 537–542
- Bundesminister
- – Abgeordnetendiäten 362
- – Bindung an Kabinettsbeschluß 89, 102, 170
- Bundesministerien
- – Arbeitszeit 203
- – Beflaggung 362
- Bundesunternehmen, Kredite 541
- Bundesvermögen, Privatisierung 357 f., 376 f.
- Bundesversorgungsgesetz LIV, LXI, 280, 423, 511, 522 f., 527 f., 537–539, 542, 567
- Deutsche Bundesbahn, finanzielle Lage und Wirtschaftsplan 126, 145, 158–161, 245 f., 281, 493
- DM-Bilanz-Ergänzungsgesetz 381
- Deutscher Bundestag, Geschäftsordnung § 96 509
- Deutsches Patentamt, Neubau 173 f.
- Ernteschäden 348, 356, 361, 397, 591 f.

- EVG 345 f.
- – Interimsausschuß 433, 456
- Familienausgleichskassen 190 f., 270
- Familienpolitische Maßnahmen 318
- Finanzanpassungsgesetz 82–84, 100, 169 f., 280, 549
- Finanzreform 89, 282, 552–554
- Finanz- und Steuerreform LV–LVIII, 51, 63, 79, 82–86, 89–94, 99–103, 164 f., 169–173, 268 f., 374 f., 394, 426, 443, 538
- Finanzverfassungsgesetz 82–84, 100 f., 169 f., 537, 549
- Flüchtlinge
- – Anfrage der SPD 400
- – Notaufnahme 228 f.
- – Umsiedlung 330, 399 f.
- Gesamtdeutsche Frage, Forschungsbeirat für Fragen der Wiedervereinigung Deutschlands, Tätigkeitsbericht 313
- Getreidepreisgesetz 122 f., 283 f.
- Griechenland
- – Finanzierung des Ptolemais-Projekts 96
- – Hilfe für Erdbebenopfer 232
- Grundgesetz, Art. 113 LIV, 18 f., 30, 192, 231, 283, 320, 426
- Hausarbeitstag 402
- Internationale Bank für Wiederaufbau und Entwicklung, Direktor 405 f., 459
- Internationales Zuckerabkommen 110
- Jugoslawien, Kreditabkommen 112 f., 118, 205 f.
- Kantinenrichtlinien 250, 258
- Kapitalmarktförderungsgesetz 50 f., 117, 226 f.
- Koalitionsfraktionen 102, 390, 393 f., 426 f., 537–539
- Kreditplafond 112, 118, 464
- Kriegsfolgenschlußgesetz 103 f., 136–138, 161 f., 199 f., 226, 432, 466 f., 488 f.
- Kriegsgefangenenentschädigungsgesetz LIV, LIX, 17 f., 30, 192, 423
- Länderfinanzausgleichsgesetz 82–84, 169 f.
- Landtagswahlen, Regierungsbildung in Bayern 278
- Londoner Abkommen 200, 249
- Luftschutz, Finanzierung 280
- Marshall-Plan, Sondervermögen 162
- Mitbestimmung, Holdinggesellschaften 49 f.
- Mitteilungen über Kabinettssitzungen LIV, 32, 79, 90, 101, 168, 226, 362, 394, 400, 402, 426–428
- OEEC-Bericht 337, 541
- öffentlicher Dienst
- – Beamtenbesoldung 581 f.

– – ehemalige Berufsoffiziere 202, 497 f.
– – Ortsklassenverzeichnis 492
– – Tarifverhandlungen 272 f., 471 f., 554, 569
– Pariser Verträge 522
– Personalien 105, 427
– Personalvertretungsgesetz 438
– Personenbeförderungsgesetz 243
– Post- und Fernmeldegebühren 81
– Protokollkorrekturen LX, 161, 538–541, 591
– Reichshaushaltsordnung 432 f., 457, 467, 469
– Rentenmehrbetragsgesetz LII f., 384–386, 394, 423, 432
– Richter, Altersgrenze 398 f.
– Saarabkommen 453 f.
– Sicherungsmaßnahmen in Personalsachen 585
– Sozialprodukt LIX f., 337 f., 432, 470, 540 f.
– Sozialreform XLVIII f., LI f., 74 f., 153–156, 237–239, 384, 412–415, 563
– Steuerbegünstigungen LVI, 86
– – Anleihe der KfW 72 f., 96 f., 132
– – Anleihe des Landes Niedersachsen 336
– – Berlin 180
– – Kommunalanleihen 152 f.
– – Schiffbau 117
– – Wohnungsbau 51, 93
– Steuerberater, Gesetz 324
– Steuern
– – Beförderung 127, 134
– – Einkommen- und Körperschaftsteuer, Bundesanteil 90, 164, 232 f., 281, 434, 483, 523, 537 f., 543
– – Einkommen- und Körperschaftsteuer, Ergänzungsabgabe 84–86, 90, 170–173, 394, 523
– – Kraftfahrzeug 126 f.
– – Mineralöl 127
– – Neuordnung von Steuern, Gesetz 84–86, 90–94, 170–173, 374 f.
– – „Notopfer Berlin" 84–86, 170–173, 180, 481
– – Reifen 282
– – Umsatz 84–86, 94, 170–173, 538
– Straffreiheitsgesetz 20
– Straßenentlastungsgesetz 133–135, 241 f.
– Teuerungszulagengesetz 357
– Unmittelbarer Zwang, Gesetz 355 f.
– Verkehrsfinanzgesetz 126–128, 134, 242 f., 399
– Verkehrswesen, Neuordnung 33, 35, 125–128, 133–135, 245 f.
– Verteidigungsbeitrag 280, 332, 353, 537
– Verwaltungsfachkräfte, Unterbringung 284 f.

– Verwaltungsgerichtsordnung 151
– Viehzählungsgesetz 230 f., 380 f.
– Viruskrankheiten, Bekämpfung 356
– Vorratshaltung 197, 228
– Weihnachtszuwendungen 423
– Weltpostverein, Beitritt 201
– Wiedergutmachung 190, 339 f., 432
– Wohnungsbau- und Familienheimgesetz 168
– Wohnungsbauministerium, Neubau 143
– Zollsatzänderung, VO 437
– Zolltarif, Gesetz 436
– Zuständigkeit
– – Hausarbeitstag 402
– – interministerieller Ausschuß für den Lastenausgleich XXXIV, 565 f.
– – KfW, Aufsicht 71 f.
– – Kriegssachgeschädigte 47
– – Lastenausgleichsbank, Aufsicht XXXIII f., 424 f., 489 f.
– – Londoner Schuldenverhandlungen 462
Scharnberg, Hugo 387
Scherpenberg, Albert Hilger van 557
Schilgen, Walter 588
Schill, Lambert 80
Schiller, Friedrich **430,** 434, 525, 530
Schlange-Schöningen, Hans 265, 364, 367, 501
Schliep, Martin 500
Schloß, Hans **320**
Schmeißer, Hans-Konrad 182
Schmeißer, Herbert 287
Schmid, Carlo 343, 450, **575,** 576 f.
Schmidt, Otto **98,** 258
Schmidt, Rudolf 287
Schmiedeberg, Victor von **68,** 69
Schmücker, Kurt 387
Schneider, Heinrich 560
Schneider, Josef 287, **500**
Schneider, Ludwig 17
Schneiter, Pierre 144
Schraft, Hans 287
Schreiber, Toni N. 519
Schreiber, Walther 180, 535
Schröder, Gerhard XXXIV, 33, 54, 89, 177, 239, 245 f., 399, 472, 520, **598**
– Apothekenwesen, Gesetz 587
– ausländische Beteiligungen in der deutschen Industrie 184
– Bayreuther Festspiele, Bundeszuschuß 57
– Bergarbeiterwohnungsbau 168
– Berlinverkehr, Fahrkosten 331, 586
– Besoldungsgesetz Nordrhein-Westfalen 361
– Bundesgebiet, Neugliederung, Sachverständigenausschuß 330

- Bundesgrenzschutz, polizeiliche Aufgaben in Nordrhein-Westfalen 400
- Bundeshaushalt 1955
- – Einzelpläne 279, 315, 435, 457–459, 468, 481, 545 f.
- – Gesetz 433, 480
- Bundesminister
- – Besoldung 571
- – Teilnahme an Veranstaltungen 474
- – Unfallversicherung 591
- Bundesministerien, Arbeitszeit 202 f., 208, 499 f.
- Bundesrat, Gesetzgebungspraxis 77 f., 192
- Bundesregierung
- – Beflaggung der Dienstgebäude 362
- – Strafverfahren 360
- Bundesrichter, Altersgrenze 283
- Bundesrundfunkgesetz 60
- Bundesvermögen, Privatisierung 376 f.
- Bundesversorgungsgesetz LIV, 528–530, 536
- Deutsche Bundespost, Verwaltungsrat 69
- DRP, Antrag auf Feststellung der Verfassungswidrigkeit 58 f.
- Deutscher Bundestag
- – Entschädigung der Mitglieder 273
- – Geschäftsordnung 395, 577
- Deutsches Patentamt, Neubau 174
- Familienpolitische Maßnahmen 318
- Ernteschäden 397
- Finanzreform 83, 94, 100, 170, 268 f.
- Gesamtdeutsche Frage
- – Forschungsbeirat für Fragen der Wiedervereinigung Deutschlands, Tätigkeitsbericht 230
- – Nationalversammlung 28
- Gesetzgebung, Initiativentwürfe 512
- Gleichberechtigungsgesetz 52
- Griechenland, Hilfe für Erdbebenopfer 232
- Handwerk, Altersversorgung 564
- Hausarbeitstag 402
- John-Affäre 333–335, 342–344, 387 f.
- Kantinenrichtlinien 250, 258
- kernphysikalische Forschung, Abkommen über Errichtung einer Europäischen Kommission, Gesetz 66
- KPD-Funktionäre, Verhaftung 209
- KPD-Prozeß 518
- Militärarchiv, Errichtung 271
- Mitbestimmung, Holdinggesellschaften 49 f., 235
- öffentlicher Dienst
- – Bundesbeamte, Erholungsurlaub 284
- – Hausarbeitstag 402
- – Personalvertretungen, Wahlperiode 68
- – Tarifverhandlungen 272, 550 f.
- – Verwaltungsfachkräfte, Unterbringung 285
- Ordensgesetz 416
- Pariser Verträge 517 f.
- Pension für Witwe Friedrich Fromms 69 f.
- Personalien 259, 526 f., 574, 588, 593
- Personalvertretungsgesetz 53, 79, 437 f.
- Personenbeförderungsgesetz 244, 375
- Personenstandsgesetz 67, 382 f.
- Pressefragen, Koordinierungsausschuß 262–264
- Rentenmehrbetragsgesetz 384, 386
- Sicherungsmaßnahmen in Personalsachen 584–586
- Sozialreform 155 f., 563
- Staatsangehörigkeit
- – Gesetz 567 f., 584
- – Wiedereinbürgerung Otto Straßers 582
- Steuerbegünstigungen, Kommunalanleihen 152
- Steuerberater, Gesetz 324
- Steuerreform 85, 93
- Tag der deutschen Einheit 163, 190
- Unmittelbarer Zwang, Gesetz 355
- Verfassungsschutz
- – Regierungserklärung XXXV, 303–305
- – Zusammenarbeit des Bundes und der Länder 77 f.
- Verkehrsfinanzgesetz 134
- Verwaltungsgerichtsordnung 53, 151
- Vulkan-Affäre 182 f.
- Wahlrecht 288, 486 f.
- Wettbewerbsbeschränkungen, Gesetz 65
- Wohlfahrtspflege, Besprechung mit Spitzenverbänden 69
- Wuermeling-Rede über Filmfragen 140
- Zuständigkeit
- – Fahrkosten, Berlinverkehr 331
- – Hausarbeitstag 402
- – kernphysikalische Forschung 66 f.
- – Kriegssachgeschädigte 45 f., 424
- – Unterbringung von Verwaltungsfachkräften 284 f.

Schroeder, Gerhard 442
Schröter, Paul 161
Schütz, Hans 23
Schulhoff, Georg 105, **106**
Schulze, Peter H. **333**
Schumacher, Kurt **371**, 516
Schuman, Robert 276 f., **297**, 364
Schumann, Maurice 87, 130, 179, 186 f.
Schuster, Fritz 195
Schwarz, Frederick A. O. 109
Schwarz, Hans-Wilhelm 164
Schwarz, Werner 21

Seebohm, Hans Christoph 475, 525, **598**
- Aufzeichnungen über Kabinettssitzungen 24, 27 f., 37, 41, 55, 71, 76, 81 f. f., 87, 95, 119, 121, 124, 129 f., 131, 140, 142, 145−147, 176 f., 179, 187, 192, 195, 199, 205, 251 f., 261, 265−267, 277, 294, 303−305, 308−312, 326 f., 333, 338, 342−344, 356, 366, 372, 388, 390 f., 416 f., 419, 421, 444 f., 449, 453, 478, 485, 487, 503, 515, 518 f., 520, 522, 558, 560, 576 f., 587
- ausländische Beteiligungen an deutscher Industrie 184
- Bergarbeiterwohnungsbau 168
- Berlin, Fahrkosten 331, 586
- Bundeshaushalt 1955 315, 459, 463 f., 480, 544 f., 547
- Bundesmietengesetz 327 f.
- Bundesminister, Unfallversicherung 591
- Bundesministerien, Arbeitszeit 202
- BPA, Informationen 121
- Bundesrat, Gesetzgebungspraxis 579
- Bundesstelle für den Warenverkehr 340 f.
- Bundesvermögen, Privatisierung 377
- Deutsche Bundesbahn, wirtschaftliche Lage und Wirtschaftsplan 158−161, 399, 472 f., 492 f.
- Deutsche Bundespost
- − Verwaltungsrat 69
- − Post- und Fernmeldegebühren 80
- Deutsche Partei, Zwischenfall bei Wahlkampfveranstaltung 536
- Elsässischer Seitenkanal 165
- EGKS, Präsident 204 f.
- Finanzreform 83, 85, 90, 100, 269, 282
- Haushaltsjahr, Beginn 279
- Internationale Verträge, Unterzeichnung 454
- Interzonenhandel 199
- Kapitalmarktförderungsgesetz 177, 226
- Kriegsfolgenschlußgesetz 104, 137, 488
- Luftfahrtbundesamt 59, 66
- Mitbestimmung, Holdinggesellschaften 430 f.
- Moselkanalisierung 162
- öffentlicher Dienst, Tarifverhandlungen 272, 472 f., 531, 551, 570
- Pariser Verträge 505, 521 f.
- Personenbeförderungsgesetz 243 f.
- Rheinschiffahrt, deutsch-holländisches Abkommen 56 f., 156
- Saarabkommen 451
- Schiffbaufinanzierung 117, 153, 544
- Seelotswesen, Gesetz 77
- SPD 371
- Speditionsgewerbe, Gesetz 325 f.
- Staatssekretäre, beamtete 78
- Steuerberater, Gesetz 324
- Steuerbegünstigungen 117, 153
- Steuerreform 94, 173, 375
- Straßenentlastungsgesetz 241 f.
- Straßenverkehr, internationales Abkommen 42
- Sudetendeutscher Atlas 23
- Unterbringung von Verwaltungsfachkräften 285
- Verkehrsfinanzgesetz 242 f., 399
- Verkehrsrecht 590
- Verkehrswesen, Neuordnung 32−35, 124−128, 133−136, 244−248, 493
- Wahlrecht 288
- Wasserrecht, Gesetz 495
- Weltpostverein, Beitritt 201
- Wettbewerbsbeschränkungen, Gesetz 64
- Zonenrandgebiete, Förderung 494
- Zuständigkeit, Fahrkosten Berlin 331, 586

Seelos, Gebhard 573
Seiboth, Frank 519
Seidel, Hanns 278
Selbach, Josef **604**
Semjonov, Vladimir S. **107,** 217
Siegfried, Herbert 232, 321
Simonds, Garin Turnbull 366
Simons, Theodor 78
Simons, Walter 222
Six, Bruno 117, **603**
Sohl, Hans-Günther 149
Sonnemann, Theodor **601**
- Ernteschäden 361
- Handelsvertrag mit den USA 428
- Interzonenhandel 199
- öffentlicher Dienst, ehemalige Berufsoffiziere 201
- Reichsnährstand, Vermögen 200
- Steuerreform 171
- Viehzählungsgesetz 380
- Vorratslage 176 f., 197 f.

Sonnenhol, Gustav **121**
Soutou, Jean-Marie 447, 478, 518, 521, **576,** 578
Spaak, Paul-Henri XLII, **189,** 219 f., 275 f., 293 f., 300, 350, 365, 417, 446
Spennrath, Friedrich 330, 485
Spieler, Hermann 605
Spindler, Joachim von 501
Spreti, Karl Graf von **213**
Stalin, Iosif Vissarionovič XXXI, XXXVI f., XXXIX, 295, 347
Stauffenberg, Claus Graf Schenk von 70
Steinhoff, Fritz 278
Stengel, Richard 287
Stephanopoulos, Stephanos 274

Personenindex

Stock, Christian 395
Storch, Anton 132, 142 f., 161, 248, 373, 390, 410, 423, 429, 431, 472, **598**
– Angestellte im Bergbau, Organisationsgrad 451
– Arbeitskräfte, italienische 571 f., 581
– Arbeitslosenversicherung, Abkommen mit den Niederlanden 454
– Arbeitsmarkt-Lage 148
– Arbeitsvermittlung und Arbeitslosenversicherung, Gesetz 439 f.
– Außenpolitik 302
– Berlin, Förderung der Wirtschaft, Gesetz 491
– Bundesanstalt für Arbeitsvermittlung und Arbeitslosenversicherung, Schuldverschreibungen 395
– Bundesbesoldungsgesetz 257, 322
– Bundeshaushalt 1955 433, 546 f.
– Bundesminister, Gehälter 571
– Bundesministerien, Arbeitszeit 202 f., 499
– Bundesversorgungsgesetz LIV, 511 f., 522–524, 528, 530, 542 f., 567
– DGB
– – Fünf-Tage-Woche 148, 177 f., 202
– – Radikalisierung 370 f.
– EGKS, Beratender Ausschuß, deutsche Delegation 442, 451 f.
– Erwerbs- und Wirtschaftsgenossenschaften, Gesetz 116
– EVG 345 f.
– Familienausgleichskassen 191
– Fremd- und Auslandsrenten, Gesetz 329
– Fünf-Tage-Woche 148, 177 f., 202
– Gesamtdeutsche Frage 28 f.
– Getreidepreisgesetz 117
– Handwerk, Altersversorgung 563 f.
– Internationale Arbeitsorganisation
– – Aufnahme der Bundesrepublik in den Verwaltungsrat 42 f.
– – Beitritt der UdSSR 181 f., 225
– Interzonenhandel 199
– Kranken- und Ersatzkassen, Gesetz 373 f.
– Krankenversicherung, Einkommensgrenze 193
– Krankenversicherung der Rentner, Gesetz 525, 590
– Ladenschlußgesetz 398
– Mitbestimmung, Holdinggesellschaften 49 f., 234–236, 403–405
– öffentlicher Dienst
– – Tarifverhandlungen 273, 570
– – Personalvertretungen, Verlängerung der Wahlperiode 68
– Personalien 21, 138 f., 157, 195, 287, 358, 401 f., 427, 500, 526, 587
– Personenbeförderungsgesetz 243
– Rentenerhöhung 73–75
– Rentenmehrbetragsgesetz LII f., 384–386
– Saarabkommen 520
– Schwarzarbeit, Gesetz 285 f., 325 f., 589
– Sozialreform XLVIII–LII, 73–75, 154–156, 237–240, 315–317, 412–415, 562 f.
– SPD, Außenpolitik 370 f.
– Steuerberater, Gesetz 324
– Teuerungszulagengesetz, Verwaltungsvorschriften 357
– Verwaltungsfachkräfte, Unterbringung 284 f.
– Vorratshaltung 198
– Weltpostverein, Beitritt, Gesetz 201
– Zuständigkeit
– – italienische Arbeitskräfte 571
– – Kriegssachgeschädigte 48
– – Unterbringung der Verwaltungsfachkräfte 284 f.

Strachwitz, Rudolf Graf **96**
Strack, Hans 82, 526
Sträter, Heinrich 441
Straßer, Otto **534,** 582
Strauß, Franz Josef 50, 56, 170, 180, 190, 291, 350, 387, 424, 426, 431, 463, 489, 496 f., 508, 527, 578, **599**
– Außenpolitik 408
– Bayreuther Festspiele 57 f.
– Brüning, Rede im Rhein-Ruhr-Klub 266
– Bundeshaushalt 1955 482, 546–548
– Dehler-Rede 368
– Deutsche Bundesbahn, Wirtschaftsplan 160
– Erwerbs- und Wirtschaftsgenossenschaften, Gesetz 116
– Europäische Politische Gemeinschaft 187
– EVG 266
– Finanzreform 553
– Grundgesetzergänzung, Wehrfrage 26
– Hochwasserschäden 310 f.
– Indiskretionen, Bestrafung 38
– Indochina-Konferenz, Rede Molotovs 266
– Internationale Bank für Wiederaufbau und Entwicklung, Direktor 405
– John-Affäre 333, 343
– Kapitalmarktförderungsgesetz 117
– Koalitionsprobleme 490
– Kriegsgefangenenentschädigungsgesetz 482
– Lastenausgleichsbank, Aufsicht 490
– Mendès-France 266, 302, 368, 370, 393
– Mineralölsteuer 127
– Mittelstandsfragen 498 f.
– öffentlicher Dienst
– – ehemalige Berufsoffiziere 498

663

– – Ortsklassenverzeichnis 492
– Pariser Verträge 522
– Personalien 195
– Personenstandsgesetz 383
– Saarfrage 187, 507
– SPD 369 f., 393
– Steuerberater, Gesetz 324
– Straffreiheitsgesetz 20
– Verfassungsschutz 304
– Wahlrecht 486
– Wettbewerbsbeschränkungen, Gesetz 64 f.
– Zuständigkeit
– – Kriegssachgeschädigte 47
– – Lastenausgleichsbank, Aufsicht XXXIV, 490
Strauß, Walter **601**
– Beamtenbesoldung 571, 582
– Bundeshaushalt 1955 434, 457, 464, 545–548
– Bundespräsident, Wahl in Berlin 192
– Bundesrat, Gesetzgebungspraxis 355, 579
– Bundesregierung, Strafanträge 194
– Deutsches Patentamt, Neubau 174
– Evangelischer Kirchentag 312
– Generalvertrag 348
– Grundgesetzergänzung, Wehrfrage 109
– Krankenversicherung, Einkommensgrenze 193
– Kriegsgefangenenentschädigungsgesetz 192 f.
– Patentamtliche Gebühren 169
– Personalien 175, 195
– Personalvertretungsgesetz 437
– Regierungserklärung 348
– Steuerreform 172
– Straffreiheitsgesetz 19 f.
Stresemann, Gustav 277, **297,** 346, 409
Strickrodt, Georg 232
Strohm, Gustav 401
Struycken, Arnold 213
Stücklen, Richard 221, **444,** 513 f.
Stumm, Johannes **535**
Suhr, Otto **558**

Teitgen, Pierre-Henri XLII f., **219,** 220, 224
Tesmer, Georg 287
Teutsch, August 287
Thadden, Adolf von 58
Thadden-Trieglaff, Reinhold von **312**
Thedieck, Franz 314, 474, **601**
– Bundeshaushalt 1955 460, 548
– Bundesministerien, Arbeitszeit 500
Thienel, Norbert **592**
Thierfelder, Rudolf 417, 431, 532

Tillmanns, Robert 26, 50, 55, 62, 82, 180, 390, 421, 429, 442 f., 463, 493, 509, **599**
– ausländische Beteiligung an deutscher Industrie 184
– Außenpolitik 347, 408, 451, 561
– Berlin, Wahlen zum Abgeordnetenhaus 559
– Bundeshaushalt 1954 142
– Bundeshaushalt 1955 546
– Bundesministerium für Gesamtdeutsche Fragen, Verlegung des Amtssitzes nach Berlin 305
– Bundespräsident
– – Verlegung des Amtssitzes nach Berlin 305
– – Wahl in Berlin 191
– DDR
– – Arbeiteraufstand (17. Juni 1953) 37
– – Souveränität 132, 145 f.
– Deutsches Patentamt, Neubau 173 f.
– EGKS
– – Beratender Ausschuß, deutsche Delegation 442
– – Präsident 205
– Erwerbs- und Wirtschaftsgenossenschaften, Gesetz 116
– Evangelischer Kirchentag 311 f.
– Gesamtdeutsche Frage XXXVII, 28, 353
– Häftlinge, Hilfsmaßnahmen für ehemalige 565
– Interzonenhandel 199
– John-Affäre 344
– Kabinettssitzung in Berlin 62
– Personalien 195
– Personenstandsgesetz 383
– Sozialreform 414
– Steuerreform 92
– Weltpostverein, Beitritt 201
– Zuständigkeit, Kriegssachgeschädigte 48
Tomlinson, William M. **186**
Troeger, Heinrich **91**
Trützschler von Falkenstein, Heinz 573
Tschiang Kai-schek 95
Tüngeler, Johannes **122**

Ulbricht, Walter 25, 61

Vanoni, Ezio 557, **572**
Vialon, Friedrich Karl **143,** 501, 539
Vocke, Wilhelm **41,** 44, 96, 112, 122
Vockel, Heinrich **108,** 129, 197 f., 260 f., 267, 409, 475

Personenindex

Vogel, Rudolf L
Volmer, Hans 21, **39,** 195
Vongerichten, Oskar 80
Vorwald, Wolfgang 78
Vysinskij, Andrej J. 416

Wagenführ, Rolf 330
Wagner, Richard 57
Wagner, Walter 321
Wagner, Wieland 58
Wagner, Wolfgang 58
Wahl, Eduard 320
Walther, Hans 440
Walther, Gebhardt von 518
Wandersleb, Hermann **602**
- Kraftfahrzeugsteuer 127
- Kapitalmarktförderungsgesetz 117
Warin, Roger 408
Weber, Franz **602**
- Ernennung 78
Weber, Karl 330
Wehner, Herbert 55, 450
Weichert, Jürgen C. 407
Weiß, Paul 287
Weiz, Gerhart 573
Wellhausen, Hans **88,** 91 f., 94, 158, 160, 387, 395, 478
Wellmann, Hans 387
Weniger, Wilhelm 164
Wenner-Gren, Axel 183
Werkmeister, Karl 146 f.
Westrick, Ludger 50, 55, 96, 112, 132, 199, 241, 339, **602**
- ausländische Beteiligungen an deutscher Industrie 183 f., 207 f., 358
- Berlin, Förderung der Wirtschaft 490 f.
- Bundeshaushalt 1955 510, 547
- Bundesministerien, Arbeitszeit 203, 500
- Bundesstelle für den Warenverkehr 340
- Bundesvermögen, Privatisierung 358
- Deutsche Bundesbahn, Wirtschaftsplan 159 f.
- Devisenfragen, Filmausfuhr 175
- Eisenerzbergbau, Lage 240
- Eisenindustrie, Lage 131, 247
- Erwerbs- und Wirtschaftsgenossenschaften, Gesetz 116
- Handwerk, Förderung 544
- Internationale Bank für Wiederaufbau und Entwicklung
- - Direktor 459, 497
- - Tagung 411
Interzonenhandel 198
- Kapitalmarktförderungsgesetz 117

- Kreditabkommen Jugoslawien 121 f.
- Marshall-Plan-Sondervermögen, Wirtschaftsplan 162
- Mineralölsteuer 127
- Mitbestimmung, Holdinggesellschaften 236
- öffentlicher Dienst, ehemalige Berufsoffiziere 201
- Sozialprodukt 540
- Steuerbegünstigungen
- - Bundesanleihen 131, 153
- - Kommunalanleihen 152
- Verkehrsfinanzgesetz 134
Weyer, Willi 278
Weygand, Maxime 251
Wiechmann, Carl **526**
Wilde, Karl 21
Wiley, Alexander **350**
Winkelmann, Paul 593
Winkhaus, Hermann 80
Wintrich, Josef 105
Wirths, Carl **320**
Wirtzfeld, Alexander 593
Wohlgemuth, Wolfgang 333 f., 343
Wohlthat, Helmuth Ch. H. **405,** 496 f.
Wolff, Ernst 399
Wolff, Otto **289**
Woratz, Gerhard 157, 199
Wuermeling, Franz Josef 86, 102, 156, 330, 410, 527, **599**
- Bundesbesoldungsgesetz 322
- Bundeshaushalt 1955 457
- Bundesmietengesetz 328
- Bundesversorgungsgesetz 464, 523
- Entwicklungshilfe 462
- Erwerbs- und Wirtschaftsgenossenschaften, Gesetz 115 f.
- Familienpolitische Maßnahmen 269 f., 318
- Geschäftsraummietengesetz 549
- Gleichberechtigung, Gesetz 52
- Krankenversicherung, Einkommensgrenzen 193
- Krankenversicherung der Rentner 525
- Mitbestimmung, Holdinggesellschaften 404
- öffentlicher Dienst, Beamtenbesoldung 581
- Pariser Verträge 518, 520
- Personalvertretungsgesetz 438
- Personenstandsgesetz 383
- Reden 139 f., 177, 515
- Sozialreform, Ministerausschuß 583
- Steuerbegünstigungen LVI, 85, 93, 269
- Zuständigkeit, Kriegssachgeschädigte 48

665

Personenindex

York von Wartenburg, Ludwig Graf 223

Zarubin, Georgij N. 25

Zinn, Georg August 164, 278
Zörner, Heinz 526
Zoppi, Vittorio Conte 131

SACH- UND ORTSINDEX

Aktiengesellschaften
- Gesetz 194, 324, 404
Alliierte Hohe Kommission
- Amerikanischer Hoher Kommissar
- - Souveränität der Bundesrepublik 274 f.
- - Wahl des Bundespräsidenten 251 f.
- Berlinverkehr, Flugkosten 586
- Besatzungskosten 539 f.
- Britischer Hoher Kommissar
- - Wahl des Bundespräsidenten 251 f.
- Civil Aviation Board 586
- DDR, Souveränität 124, 141 f., 145 f.
- diplomatische Beziehungen der Bundesrepublik zur Sowjetunion 216
- Französischer Hoher Kommissar
- - Grundgesetzergänzung, Wehrfrage 109, 114 f.
- - Saarfrage 220 f.
- - Wahl des Bundespräsidenten 251 f.
- Gesetz Nr. 27 404
- Gesetz Nr. 35 194
- Gesetz Nr. 84 194
- Grundgesetzergänzung, Wehrfrage XXXVIII f., XL, 26, 108–110, 114 f., 119 f.
- Holdinggesellschaften, Gründung 49
- IG Farben Industrie, Liquidation 194
- Interzonenverkehr 107
- John-Affäre 333
- öffentlicher Dienst, Sicherheitsüberprüfung 585 f.
- Sowjetische Hohe Kommission
- - Auflösung von Bezirksvertretungen 267
- Sowjetischer Hoher Kommissar
- - Besprechungen mit Pfleiderer 217
- - Entlassung v. Neuraths 478 f.
- - Spandauer Häftlinge 479
- - Verteidigungsbeitrag 280
- - Weltpostverein, Beitritt der Bundesrepublik 201
- Wirtschafts- und Finanzausschuß 194
- Wettbewerbsbeschränkungen, Gesetz 65
Angestellte – siehe Öffentlicher Dienst, Tarifverhandlungen, -verträge und DAG

Anleihen – siehe Wertpapiere
Apostolische Nuntiatur 95
Apothekenwesen
- Gesetz 587
Arbeitsgemeinschaft zur Wahrung sudetendeutscher Interessen 22
Arbeitsmarkt 148, 572
Arbeitslosenversicherung
- Abkommen mit den Niederlanden 454
- Beitragssenkung 385 f.
Arbeitsvermittlung und Arbeitslosenversicherung
- Gesetze 285, 439 f.
Arbeitszeit 148, 177 f., 202 f., 208
- Bundesministerien 202 f., 208, 249, 499 f.
Argentinien
- Handelsvertrag 198
- Roggenexport 123
Agrarministerkonferenz 204
Archäologisches Institut
- Direktor der Römisch-Germanischen Kommission 400
Assuan-Staudamm 411
Athen
- Staatsbesuch Adenauers 87
Atomenergie
- internationale Behörde 25
Atomwaffen 25, 212, 372, 417 f., 420 f., 503
- Verzicht, Bundesrepublik XLV, 420
Aufträge, öffentliche 138
August Thyssen-Hütte
- Weltbankanleihe 411
Ausländer
- Heimatlose 330, 458 f.
Auslandsschulden
- Abkommen 137, 249, 462
- Verhandlungen 200, 226, 249, 466 f., 488 f.
Aussperrung
- Arbeitslosengeld 439
Außenhandelsstelle für Erzeugnisse der Ernährung und Landwirtschaft
- Präsident 526
Außenministerkonferenzen

Sach- und Ortsindex

– Berlin XXVI–XXXIX, 23–25, 27, 36 f., 39, 41, 55 f., 61–63, 71, 76 f., 99, 107, 121, 124, 212, 215, 371, 449, 451
– Brüssel XLII, 130, 275 f., 293, 342, 350–354, 363–369, 446
– Genf XXXVIII, XLI, 71, 176, 185, 212 f., 215, 220, 251, 254 f., 266, 296, 302, 392, 503
– Genf 1955 XXXI
– London (9-Mächte-Konferenz) XLIII–XLV, 365, 367, 371 f., 379, 390–393, 407 f., 410, 416–422, 431, 445 f., 449, 479
– Luxemburg 275
– Moskau 1947 448
– Paris XLV f., 431, 444–451, 479
– Paris 1949 XXXVI
Auswärtiges Amt
– Ernennungen und Besetzungen
– – Botschaften 54, 95 f., 232, 272, 338, 401, 573
– – Gesandtschaften 21, 232, 573
– – Konsulate 175, 500, 573, 583
– Wirtschaftsvertretungen 147 f.
– Zuständigkeit
– – kernphysikalische Forschung 66 f.
– – Londoner Schuldenverhandlungen 462
Auswanderung
– Finanzierung 458

Baden
– Rheinschiffahrts-Akte von 1868 57
Baden-Baden
– Internationale Handelskammer, Tagung 255
– Paneuropa-Kongreß 359
Baden-Württemberg
– Arbeitszeit 148, 178
– Ausgleichsforderungen an Bundesbahn und Bundespost 104 f.
– DRP, Bundestagswahl 1953 58
– Ernteschäden, Ausgleich 592
– Finanzreform 552–554
– Flüchtlinge, Umsiedlung 330
– Landesarbeitsamt,Präsident 119
– Landtagsabgeordnete der KPD 209 f.
– Personalvertretungsgesetz 437
– Staatsbeauftragter für die Wiedergutmachung 339
Bad Godesberg 591
Bad Homburg
– Tarifvertragsverhandlungen 471 f.
Bad Nauheim
– Eiskockeyspiel Dynamo Moskau 430
Bank deutscher Länder
– Ausgleichsforderungen 105, 482

– Bundesanleihen 73, 97, 572
– Devisenfragen 208
– Gesetze 19, 43–45, 112, 464
– Kreditabkommen Jugoslawien 112 f., 122
– Kreditplafond 19, 43–45
– Sozialprodukt LIX, 540 f.
– Vorratshaltung, Finanzierung 176, 197
Bank für Vertriebene und Geschädigte AG
– Anleihen 469
– Aufsicht XXXIII f., 423–425, 489 f.
– Gesetz 77, 103, 424, 489
Bayern
– Bereitschaftspolizei 311
– Ernteschäden, Ausgleich 592
– Finanzreform 553
– Flüchtlinge, Umsiedlung 330
– Hochwasserschäden 310 f., 361, 396
– Landesarbeitsamt Nordbayern, Präsident 139, 157, 550
– Landessozialgericht 157
– Landtagswahlen XXXIII, LIV, LIX, 74, 131, 278, 478, 517, 528–530, 534, 558
– Rheinschiffahrts-Akte von 1868 57
– Saarfrage 473 f.
– Straffreiheitsgesetz 19
– Weihnachtsgeld 257, 471
Bayernpartei
– Landtagswahlen 278, 534, 558
Bayreuth
– Festspiele 57 f.
Beamte – siehe Öffentlicher Dienst
Belgien
– Atomwaffen, Verzicht 420
– Brüsseler Pakt 419
– EVG 293, 351, 364
– NATO Beitritt Bundesrepublik 365
– EGKS Abgeordnete 188
– EZU 203
– Kindergeld 270
– Pariser Verträge, Ratifizierung 502
– Wahlen 130
Belgrad
– Botschaft 572
– Verhandlungen über Kreditabkommen 206
Bergbau
– Angestellte, Organisationsgrad 451
– Sozialleistungen 439
Berg- und Hüttenbetriebe AG, Salzgitter
– Aufsichtsrat 49
Berlin 163
– Abgeordnetenhaus, Wahlen XXXIII, LIX, 74, 131, 490, 535 f., 557 f.
– Amtssitz BMG 305 f.
– Amtssitz Bundespräsident 305
– Arbeiteraufstand (17. Juni 1953) 37
– Banken, Uraltkonten 467

Sach- und Ortsindex

- Blockade 370
- Bundeskanzler, Rede 62, 76
- Bundespräsident, Wahl 191 f., 251 f., 256, 260 f.
- Deutsche Burschenschaft, Tagung 474 f.
- DM-Bilanz-Ergänzungsgesetz 381
- Entschädigungsamt 70
- finanzielle Unterstützung (siehe auch Gesetz zur Förderung der Wirtschaft und Steuern „Notopfer Berlin") 92, 132, 180, 252, 432, 524
- Finanzreform 552—554
- Flugkosten 331, 586
- Förderung der Wirtschaft, Gesetz 481—483, 490 f., 524, 561
- Kabinettssitzung 62
- Kriegsgefangenenentschädigungsgesetz 149, 193
- Landesarbeitsamt, Präsident 358
- Landespostdirektion, Präsident 78
- Landgericht 70
- Presse, Subventionierung 25
- Reichsgründungsfeier des „Stahlhelm" 22
- Reichspatentamt 174
- Senat 524
- sowjetische Kommandantur, Aufhebung 267
- SPD-Parteitag 370
- Staatsanwaltschaft 342
- Stellung im Finanzsystem des Bundes, Gesetz 193
- Straffreiheitsgesetz 19
- Stresemann-Gedenkfeier 409
- Tag der deutschen Einheit 163, 180
- Türkischer Friedhof 86
- Verfassungsschutz, Erstreckung 77 f.
- Viermächtekonferenz — siehe Außenministerkonferenzen

Berliner Konferenz — siehe Außenministerkonferenzen
Bern
- Europaleichtathletikmeisterschaft 366
- Fußballweltmeisterschaft 366

Berufsordnungen 323—327, 571, 588
Besatzungskosten LX, 332, 353, 539—542
Besatzungsleistungen
- Gesetz über die Abgeltung 320, 559

Besatzungsmächte — siehe auch Außenministerkonferenzen Berlin und AHK
- Berlin-Erklärung 522
- Kontrollratsgesetz Nr. 2 200
- Notenwechsel mit der Sowjetunion XXXVI f., 142, 449, 513 f.

Besatzungsstatut 109
- Aufhebung (siehe auch Pariser Verträge) XLII, XLV, 418 f., 445, 500—508

Betriebsverfassungsgesetz 49, 68, 234—236

Beveridge-Plan 154
Biologische Bundesanstalt 356
Blutspendewesen
- Finanzierung 458

Bochumer Verein AG Gußstahlwerk, Bochum 183 f.
Bonn 591
- Amtsgericht 313
- Baumaßnahmen 143
- Deutscher Sparkassentag 177 f.
- Konferenz mit Eden XLIV, 379
- Lebenshaltungskosten 250
- Landgericht 82
- Staatsanwaltschaft 81, 342

Braumalz
- Zoll 436

Braunschweig
- Oberstaatsanwalt 209

Bremen
- Flüchtlinge, Umsiedlung 330
- Hausarbeitstag 402
- Staatliches Außenhandelskontor 314

Brüssel
- Konferenz mit Eden XLIV, 379

Brüsseler Konferenz — siehe Außenministerkonferenzen
Brüsseler Pakt (siehe auch Westeuropäische Union) 391, 393, 417, 419, 445, 450, 523, 577
- Bundesrepublik, Beitritt XLIV, 390, 392, 408, 417—419, 523, 577
- — Zustimmungsgesetz 502—508
- Italien, Beitritt XLIV, 419

Buchprüfer 324
Buchprüferordnung
- Gesetz 323

Bühlerhöhe 342, 348, 350
Bürgerliches Gesetzbuch
- Einführungsgesetz 382

Bund der Heimatvertriebenen und Entrechteten — siehe auch Koalitionsparteien, -fraktionen
- Außenministerkonferenz, Berlin XXXVIII
- Bundeshaushalt 1954 144
- Bundesminister für besondere Aufgaben, Haushalt 143
- Bundestag, Redezeit 181
- Bundesversorgungsgesetz 511
- Familienausgleichskassen 191
- Grundgesetzänderung, Wehrfrage 25—27
- Koalitionsverhandlungen 1953 XXXIII f., 45—48
- Landtagswahlen 278, 534, 558
- Lastenausgleichsbank, Aufsicht XXXIII f., 489
- Saarfrage 474, 507, 520—522

669

Sach- und Ortsindex

- Wahlrecht XXXV
Bund Deutscher Jugend 313, 360
Bund deutscher Konsumgenossenschaften 290
Bundesamt für Verfassungsschutz 303 f., 584–586
- John-Affäre XXXV, 333–335, 342–344, 383, 387 f.
Bundesamt für gewerbliche Wirtschaft – siehe Gewerbliche Wirtschaft
Bundesamt für Wirtschaft 341
Bundesanstalt für Arbeitsvermittlung und Arbeitslosenversicherung 439, 551
- Schuldverschreibungen 280, 394 f.
- Verwaltungsrat 21, 401, 427
- Vizepräsident 78, 250
Bundesanstalt für den Güterfernverkehr 136
Bundesanstalt für Landeskunde 22
Bundesanstalt für mechanische und chemische Materialprüfung
- Präsident 321
Bundesanstalt für Straßenbau
- Direktor 105
Bundesanstalt für Tabakforschung
- Direktor 78
Bundesanstalt für zivilen Luftschutz
- Präsident 117, 593
Bundesanwaltschaft
- Ermittlungsverfahren BDJ 313
- Ermittlungsverfahren John 342 f.
Bundesarbeitsgericht
- Ernennungen 21, 78, 105, 195, 587 f.
- Entscheidungen 402
Bundesarchiv 271
Bundesausgleichsamt 425, 461, 489 f.
Bundesausgleichsstelle 285
Bundesautobahnen – siehe Verkehrswesen, Neuordnung
Bundesbehörden
- Sitz 174
Bundesdisziplinarhof
- Ernennungen 196, 321
Bundesfinanzhof 283
- Entscheidungen 104
Bundesfinanzverwaltung 282
- Personalvertretungsgesetz 438
Bundesforschungsanstalt für Viruskrankheiten der Tiere
- Finanzierung 461
Bundesgebiet
- Neugliederung, Sachverständigenausschuß 330
Bundesgerichtshof
- Einnahmen 458
- Ernennungen 43, 106, 117, 232, 287, 321, 593
- Entscheidungen 82, 208–210

Bundesgrenzschutz 311, 355
- Finanzierung 280 f., 457, 480
- Personalvertretungsgesetz 438
- polizeiliche Aufgaben, Abkommen mit Nordrhein-Westfalen 401
Bundeshaushalt
- Haushaltsgesetz 1949 432
- Reichshaushaltsordnung 314 f., 432 f., 457
- Vorläufige Haushaltsordnung LIX, 432, 467, 469
- Rechnungsjahr 1953 460, 537
- Rechnungsjahr 1954
- – Gesetz 115, 180, 434, 456, 479
- – Lage 85, 91 f., 102, 113, 123, 158, 160, 191, 197 f., 228, 245 f., 283, 320, 385, 423, 426, 428, 466, 470, 472, 482 f., 537, 581 f.
- – außerordentlicher 282, 434 f.
- – Einzelpläne
- – – Allgemeine Finanzverwaltung 66
- – – BMI 331
- – – BMS 142–144
- – – BMWo 143
- Rechnungsjahr 1955
- – Gesetz LVIII f., 431–435, 440, 455 f., 467 f., 479 f., 540, 543–548
- – Lage LIX–LXI, 270, 279–282, 314 f., 395, 435 f., 463–465, 480, 510, 523, 537–542, 552, 581 f.
- – Einzelpläne LVIII–LXI
- – – AA 462 f., 480
- – – Bundeskanzleramt 546
- – – BMA 546
- – – BMBR 548
- – – BMF 545
- – – BMG 436, 460, 548
- – – BMI 457 f., 481, 546
- – – BMJ 456, 546 f.
- – – BML 458, 461 f., 547
- – – BMS 546, 548
- – – BMV 459, 547
- – – BMVt 459, 468 f., 548
- – – BMWi 458 f., 547
- – – BMZ 546, 548
- – – Dienststelle Blank 456 f.
- – – Europarat 461
- – – Soziale Kriegsfolgelasten 460 f.
- – außerordentlicher 282
- – Personalanforderungen 463 f., 545–548
Bundeskanzler
- „Kleiner Kreis" 96, 177
- Schmeißer-Affäre 182
Bundeskanzleramt
- Pressefragen, Koordinierungsausschuß 262–264
Bundeskriminalamt 343, 586
- Präsident 321

Sach- und Ortsindex

Bundesminister
- Bindung an Kabinettsbeschluß 53, 89, 102, 122, 170, 521
- Diäten 362
- Gehälter 571
- Geschäftsbereiche Abgrenzung – siehe Zuständigkeit
- Gesetz 182, 571
- Teilnahme an Veranstaltungen 177, 180 f., 289 f., 359, 408–410, 429, 431, 474 f.
- Unfallversicherung 591
- Zusammenarbeit 256

Bundesministerien
- Arbeitszeit 202 f., 208, 249, 499 f.
- Beflaggung 362
- Neubau BMWo 143

Bundesminister/Bundesministerium für Arbeit
- Organisation 563
- Wissenschaftlicher Beirat für die Sozialreform XLVIII f., L f., 74 f., 154, 237–240
- Zuständigkeit
- – italienische Arbeitskräfte 571
- – Unterbringung von Verwaltungsfachkräften 284 f.

Bundesminister/Bundesministerium für besondere Aufgaben
- Kraft
- – Beirat für Fragen des unselbständigen Mittelstandes 498 f.
- – Zuständigkeit Wasserwirtschaft 494–496

Bundesminister/Bundesministerium für Ernährung, Landwirtschaft und Forsten
- Zuständigkeit Wasserwirtschaft 494–496

Bundesminister/Bundesministerium der Finanzen
- Kreditplafond 112, 118, 464
- Wissenschaftlicher Beirat LVI
- Zuständigkeit
- – Hausarbeitstag 402
- – Lastenausgleichsausschuß 565 f.
- – Lastenausgleichsbank XXXIII f., 423–425, 489 f.
- – Londoner Schuldenverhandlungen 462

Bundesminister/Bundesministerium für gesamtdeutsche Fragen
- Amtssitz Berlin 305 f.
- Forschungsbeirat für Fragen der Wiedervereinigung Deutschlands 229 f., 289, 313 f.
- Zeugenaussage 313

Bundesminister/Bundesministerium des Innern
- Zuständigkeit
- – Fahrkosten Berlinverkehr 331

- – Hausarbeitstag 402
- – kernphysikalische Forschung 66 f.
- – Kriegssachgeschädigte 45–48
- – Unterbringung von Verwaltungsfachkräften 284 f.

Bundesminister/Bundesministerium der Justiz
- Strafrechtsreform, Kommission 414
- Zuständigkeit Erwerbs- und Wirtschaftsgenossenschaften 116

Bundesminister/Bundesministerium für Verkehr
- Zuständigkeit Fahrkosten Berlinverkehr 331

Bundesminister/Bundesministerium für Vertriebene, Flüchtlinge und Kriegsgeschädigte
- Zuständigkeit
- – Hilfsmaßnahmen für ehemalige politische Gefangene 564
- – Kriegssachgeschädigte 45–48
- – Lastenausgleichsausschuß 565 f.
- – Lastenausgleichsbank XXXIII f., 423–425, 489 f.

Bundesminister/Bundesministerium für Wirtschaft
- Arbeitsgruppe Konvertibilität 309
- Wissenschaftlicher Beirat 256
- Zuständigkeit
- – Erwerbs- und Wirtschaftsgenossenschaften 116
- – italienische Arbeitskräfte 571
- – Kreditanstalt für Wiederaufbau 71 f.

Bundesmonopolverwaltung für Branntwein
- Präsident 440

Bundespersonalausschuß 22, 39, 282 f., 526
Bundespräsident 69 f., 163, 427, 587
- Amtssitz Berlin 305
- Bestätigung von Ernennungen 106, 175
- Ordensverleihungen 261 f.
- Oberbefehl 26 f.
- Rede zum 20. Juli 1944 260 f.
- Straffreiheitsgesetz 39
- Verfassungskonflikt BR-BT 579 f.
- Wahl 191 f., 251 f., 256, 260 f.
- „Wehrergänzung", Deutschland- und EVG-Vertrag, Unterzeichnung 108–110, 119 f.

Bundespressegesetz 360
Bundespressekonferenz 262, 264
Bundesrat
- Agrarausschuß 591
- Altersgrenze bei Bundesrichtern und Mitgliedern des Bundesrechnungshofs 578–580
- Arbeitsausschuß für Steuerreform 91
- Ausschuß für Flüchtlingsfragen 550

671

- Ausschuß für Wiederaufbau und Wohnungswesen 550
- Auswärtiger Ausschuß 474
- Besoldung Öffentlicher Dienst 206
- Besoldungsrahmengesetz 470 f.
- Buchprüferordnung 323
- Bundeshaushalt 1955 432, 540, 543–545
- Bundespräsident, Wahl 260 f.
- Bundesverfassungsgericht, Präsident 106
- Bundesversorgungsgesetz, Verwaltungsvorschriften 357
- Einkommen- und Körperschaftsteuer, Ergänzungsabgabe, Gesetz 170–173
- Erklärungen in BT-Ausschüssen 258
- Finanzanpassungsgesetz 169 f.
- Finanzausschuß 91, 233, 330, 538, 549
- Finanzreform 84–86, 538, 548 f., 553 f.
- Finanz- und Steuerreform 63, 90 f., 158, 164 f., 374, 538, 552
- Finanzverfassungsgesetz LVIII, 169 f., 510
- Gesetzgebungspraxis 53, 90, 192 f., 355 f., 511 f.
- Geschäftsraummietengesetz 549
- Getreidepreisgesetz 283 f.
- Gleichberechtigungsgesetz 52 f.
- Grundgesetzänderung, „Wehrergänzung" 108
- Kapitalmarkt, Förderung 226 f.
- Kapitalmarktförderungsgesetz, 117, 200
- Krankenversicherung, Einkommensgrenze 193
- Kriegsgefangenenentschädigungsgesetz LIV, 17, 149
- Landwirtschaft, Zuschüsse 356
- Länderfinanzausgleichsgesetz 169 f.
- Mietpreisrecht 589
- Neuordnung von Steuern, Gesetz 170–173
- „Notopfer Berlin", Gesetz 170–173
- Pariser Verträge, Ratifizierung 502, 515, 517, 519 f.
- Personalvertretungsgesetz 79
- Personenstandsgesetz 381–383
- Präsident, Wechsel 410
- Rechtsausschuß XL, 53, 380
- Saarfrage 474
- Schwarzarbeit, Gesetz 589 f.
- Steuerberater, Gesetz 323–325
- Steuergesetze 443
- Steuerreform LVII
- Straffreiheitsgesetz 19–21
- Straßenentlastungsgesetz 241 f.
- Teuerungszulagengesetz, Verwaltungsvorschriften 357
- Übernahme von Zinsen für Ausgleichsforderungen, Gesetz 104 f.
- Umsatzsteuer 170–173
- Verkehrsfinanzgesetz 242 f.
- Verfassungskonflikt mit BT 578–580
- Verwaltungsgerichtliche Verfahren, Gesetz 151 f.
- Viehzählungsgesetz 380 f.
- Wirtschaftsprüferordnung 323
- Weihnachtszuwendungen 257
- Wettbewerbsbeschränkungen, Gesetz 66, 569
- Wohnungsbau, Flüchtlinge 98 f.
- Wohnungsbau- und Familienheimgesetz 253, 258
- Zusammenarbeit des Bundes und der Länder in Angelegenheiten des Verfassungsschutzes 77 f.

Bundesrechnungshof 176, 202, 331, 357, 440, 498, 545 f.
- Altersgrenze der Mitglieder, Gesetz 282 f., 398, 578–580

Bundesregierung
- Alleinvertretungsanspruch XXXIV
- Anerkennung als einzige deutsche Regierung 420 f.
- Außenminister, Wechsel XXXII, 346, 379
- Beleidigung 360
- Beschlußfähigkeit 102, 203, 231, 336, 338, 379
- Bundespräsident, Wahl 260 f.
- Dienstregelung an Feiertagen 580
- Dienststelle Blank
- – Vergütung für ehem. Berufsoffiziere 201 f., 497
- FDP-Minister, Rücktrittserwägungen 417, 426
- Geschäftsordnung XXXIV, LIII, 53, 89, 102, 118, 253, 425, 480, 489
- Geschlossenheit 81 f., 89, 345 f., 478, 515, 529 f., 558
- Gesetzgebungsverfahren 53, 90, 192 f., 355 f., 511 f.
- Indiskretionen 38
- interministerielle Ausschüsse
- – Lastenausgleich XXXIV, 565 f.
- – Organisation 271
- – Saar 506, 508, 527
- – Wasser 494–496
- – Wiedervereinigung 146
- – Wirtschaft 176
- Kabinett-Ausschuß für Wirtschaft – siehe Kabinett-Ausschuß
- Kabinettssitzungen ohne Staatssekretäre 416, 424, 426
- Kabinettssitzungen, Termin 60
- Normenkontrollklage XL
- Organisationsgewalt 341
- Presse- und Informationsamt 121, 131, 262, 345, 546

- Pressekritik 62, 130, 178, 188, 219, 224, 277, 296, 298 f., 301 f., 312, 365, 407, 431, 447, 453, 534, 560
- Regierungsbildung 1953 45–48, 142
- Regierungserklärungen 65
- – Außenministerkonferenz Berlin 76
- – Außenpolitik XXXII, 346–348, 353 f., 367, 379, 383, 419, 421 f.
- – Finanz- und Steuerreform 63, 89 f.
- – John-Affäre 387 f.
- – Landwirtschaft 347
- – Pariser Verträge 560, 575–577
- – Saarfrage 179, 187, 220
- – Souveränität DDR XXXIX, 124, 132, 141 f., 145 f.
- – Sozialreform XLVIII f., L–LIII, LV, 73, 347, 529
- – Steuerreform LVI, 51
- – Verfassungsschutz XXXV, 303–305
- Strafverfahren wegen im Bundestagswahlkampf begangener Straftaten XXXV, 149, 194 f.
- Vertretung im Ältestenrat des BT 509
- Vulkan-Affäre 38, 42, 182 f., 303
- Weißbuch EVG, Wiederbewaffnung 351, 369
- Sowjetunion, diplomatische Beziehungen 216 f., 223

Bundesreserve – siehe Vorratslage
Bundesrichter
- Altersgrenze, Gesetz 282 f., 398 f., 578–580
- Besoldung, Zulage 484

Bundessozialgericht
- Ernennungen 138 f., 287, 358 f.
- Eröffnung 139
- Präsident 138, 500

Bundesstelle für den Warenverkehr der gewerblichen Wirtschaft – siehe Gewerbliche Wirtschaft
Bundestag – siehe Deutscher Bundestag
Bundesverband der Deutschen Industrie
- Mitbestimmung Holdinggesellschaften 49

Bundesvereinigung der Deutschen Arbeitgeberverbände
- Mitbestimmung Holdinggesellschaften 49

Bundesverfassungsgericht XLI, 355 f.
- Bundesregierung Klage gegen Nordrhein-Westfalen 257, 360 f.
- DRP XXXV, 58 f.
- Entscheidungen 471, 509, 571
- Gesetz 106
- Normenkontrollklage 26, 109
- Präsident 106

Bundesvermögen
- Privatisierung 268, 357 f., 376 f.

Bundesversammlung 191, 252, 256, 260 f.
Bundesversicherungsanstalt für Angestellte 570
- Geschäftsführung 287

Bundesversorgungsgesetz LIV, LVIII, LXI, 280, 394, 413, 423, 428, 464, 509, 511 f., 522–524, 527–530, 536–539, 542 f., 552, 559, 564 f., 567
- Verwaltungsvorschriften 357

Bundesverwaltung
- Personal 281, 545

Bundesverwaltungsgericht
- Entscheidungen 533, 568, 582
- Ernennungen 164, 195 f.

Bundeswirtschaftsrat 571, 588
Bundeszwang – siehe Grundgesetz Art. 37
Buenos Aires
- internationaler Fernmeldevertrag 284

Caracas
- Gesandtschaft 572

Cartell-Verband der katholischen deutschen Studentenverbindungen 318
Celle
- Oberlandesgericht 58

Chartwell
- Besprechung Churchill – Mendès-France 364

Chemische Werke Hüls 194
Chile
- Handelsabkommen 52

China 24, 185, 212, 215, 291, 295, 301, 513
Christlich-Demokratische Union (siehe auch Koalitionsparteien)
- Berliner Abgeordnetenhaus, Wahlen XXXIII
- Bundesausschuß für Sozialpolitik LI, 154
- Forschungsbeirat Wiedervereinigung 230
- Gemischter Ausschuß Große Steuerreform 232
- Gesamtdeutsche Frage, Nationalversammlung 27
- Hessen, Landtagswahl XXXIII
- Landtagswahlen 278, 534, 557 f.
- Lastenausgleichsbank, Aufsicht 490
- Rundfunk, Initiativgesetzentwurf 60
- Staatsangehörigkeitsgesetz 567

Christlich-Demokratische Union/Christlich-Soziale Union (siehe auch Koalitionsparteien)
- Außenministerkonferenz, Berlin XXXVIII
- Beirat für die Neuordnung der sozialen Leistungen L f.
- Berlin, Steuervergünstigungen 180

Sach- und Ortsindex

- Besatzungsleistungen, Gesetz 320
- Bundestagspräsident, Wahl 515 f.
- Bundestag, Redezeit 181
- Bundesversorgungsgesetz 511
- Bundeswahlgesetz 488
- Erwerbs- und Wirtschaftsgenossenschaften, Gesetz 111 f.
- Familienheimgesetz, Initiativgesetzentwurf 150 f., 167
- finanz- und steuerpolitische Gremien 142, 232, 268, 395
- Familienausgleichskassen 190 f., 270
- Grundgesetzänderung, Wehrfrage 25–27
- Handwerk, Altersversorgung 564
- Innenpolitik XXXII f.
- Kindergeldgesetz 269
- Kriegsgefangenenentschädigungsgesetz LIV, 192
- Lastenausgleichsbank, Aufsicht 424
- Mitbestimmung, Holdinggesellschaften 50, 235 f., 404 f.
- Personenstandsgesetz 382
- Rentenerhöhung L–LIII
- Sozialreform L f.
- Steuerreform XXXV
- Sudetendeutscher Atlas 23
- Schwarzarbeit, Gesetz 286
- Wahlrecht XXXV
- Wuermeling-Rede über Filmfragen 140
- Zolltarife, Gesetz 436
- Zuständigkeitserweiterung BMVt 46

Christlich-Soziale Union (siehe auch Koalitionsparteien)
- Bayern, Landtagswahl XXXIII, 278, 534
- Bundesminister für besondere Aufgaben, Haushalt 143
- Finanzverfassungsgesetz LVIII
- Indiskretionen, Bestrafung 38
- Lastenausgleichsbank, Aufsicht XXXIV, 490
- Straffreiheitsgesetz 20
- Wettbewerbsbeschränkungen, Gesetz 64

Consolidation Bergbau-AG Gelsenkirchen 184
Co op Zentrale AG 290
Cottbus
- Sowjetische Hohe Kommission 267

Dänemark
- deutsche Minderheit 473
- EWG 309
- NATO, Beitritt Bundesrepublik 365
- EZU 203

„Daily Express" 120 f.

Demontagen 136
Deutsche Angestelltengewerkschaft
- EGKS, Beratender Ausschuß 441 f., 451 f.
- Forschungsbeirat Wiedervereinigung 230
- Hausarbeitstag 401 f.
- Mittelstandsfragen 498 f.
- Tarifverhandlungen, -verträge 272 f., 471 f., 551, 569

Deutsche Arbeitsfront
- Vermögen 200

Deutsche Bundesbahn 32–35, 80 f., 104 f., 133–136, 168, 243 f., 272, 281, 432, 472, 481, 530 f., 550 f., 554, 570, 581 f.
- Direktion, Präsident 105
- Gesetz 34, 80, 126, 135, 145, 161, 551
- Hauptprüfungsamt 246
- Tarife 245–248
- Touring 243
- Touropa 243
- Verwaltungsrat 80, 125 f., 135, 158, 160
- Wirtschaftsplan 125 f., 145, 158–161, 244–248, 399, 492 f.

Deutsche Bundespost 104 f., 244, 472, 530 f., 550 f., 554, 569
- Gebühren 80 f.
- Gesetz über die Verwaltung 81, 550 f.
- Postwertzeichen 580
- Tarife 246–248
- Verwaltungsrat 68 f.. 80 f., 105 f., 249, 580

Deutsche Burschenschaft
- Tagung 474 f.

Deutsche Demokratische Republik (siehe auch Gesamtdeutsche Frage) 201, 210
- Arbeiteraufstand (17. Juni 1953) 37
- Propaganda in der Bundesrepublik 141 f.
- Regierung 27 f., 36 f., 267
- Souveränität XXXVIII, 123 f., 132, 141 f., 145 f.
- Volkskammer, Wahl XXXVII, 27–29
- Volkspolizei XXXVII, 36 f.

Deutsche Forschungsgemeinschaft 359
- Finanzierung 458

Deutsche Kohlenbergbau-Leitung 49
Deutsche Partei (siehe auch Koalitionsparteien)
- Amtssitz Bundespräsident und BMG 305
- Außenministerkonferenz, Berlin XXXVIII
- Bundestag, Redezeit 181
- EVG 354
- Familienausgleichskassen 191
- Forschungsbeirat Wiedervereinigung 230
- Grundgesetzänderung, Wehrfrage 25–27
- Rundfunk, Initiativgesetzentwurf 60
- Saarfrage 473 f., 505, 520–522
- Verfassungsschutz 305
- Wahlkampf Berlin 536

Sach- und Ortsindex

- Wettbewerbsbeschränkungen, Gesetz 64
Deutsche Postgewerkschaft
- Tarifverhandlungen 272 f., 471 f., 530 f.
Deutsche Reichspartei XXXV, 58 f.
Deutsche Revisions- und Treuhand AG 376
Deutsche Werke Kiel AG 267 f.
Deutscher Bauernverband 591
- Forschungsbeirat Wiedervereinigung 230
Deutscher Bundestag (siehe auch Bundesregierung, Regierungserklärungen)
- Ältestenrat 26, 90, 390, 421, 442 f., 493, 509
- Arbeitsprogramm 389
- Ausschüsse 395
- - Angelegenheiten der inneren Verwaltung 67, 305, 395
- - Arbeit 437
- - Außenhandelsfragen 436
- - auswärtige Angelegenheiten 23, 166, 393, 395, 407, 451, 552
- - Beamtenrecht 437
- - Besatzungsfolgen 320, 395
- - Ernährung, Landwirtschaft und Forsten 397, 592
- - Finanz- und Steuerfragen 268, 282, 288, 374, 510
- - Fragen der europäischen Sicherheit 395
- - Fragen der Presse, des Rundfunks und des Films 60, 558
- - Geld und Kredit 103, 105, 116, 136 f.
- - gesamtdeutsche und Berliner Fragen 230, 256, 305 f., 451
- - Geschäftsordnung 395
- - Haushaltsausschuß LXI, 66, 115, 142—144, 250, 395, 434, 456, 545 f., 548
- - Kriegsopfer- und Heimkehrerfragen 511 f., 536, 542 f.
- - Kulturpolitik 580
- - Personalvertretung Unterausschuß 437 f.
- - Post- und Fernmeldewesen 580
- - Rechtswesen und Verfassungsrecht XL, 39, 53, 116, 183, 256, 305, 396
- - Sonderfragen des Mittelstandes 116
- - Sozialpolitik LIII f., 191, 193, 270
- - Schutze der Verfassung 304, 343 f., 395
- - Wiederaufbau und Wohnungswesen 150, 288
- - Wirtschaftspolitik 64 f., 116, 340, 569
- Außenministerkonferenz Berlin XXXVIII
- Bundesrundfunkgesetz 60
- Bundesversorgungsgesetz 567
- Bundesverfassungsgericht, Präsident 106
- Entschädigung der Mitglieder, Gesetz 273, 362
- Finanz- und Steuerreform 84—86, 91, 269, 442 f., 510, 538 f.
- Gesamtdeutsche Frage 37

- Geschäftsordnung LX, 181, 395 f., 509, 539, 541, 577
- Geschäftsraummietengesetz 549
- Grundgesetzänderung, Wehrfrage 25—27, 62
- Handwerk, Förderung 544
- Haushaltsgesetz 1954 115, 180
- Kriegsgefangenenentschädigungsgesetz LIV, 17—19, 192
- Präsident
- - Befugnisse 256
- - Wahl 515
- Pariser Verträge, Ratifizierung 502, 515, 517, 520, 575—577
- Redezeiten 180 f.
- Richtlinien für die Gestaltung der Arbeit 60
- Sitzungstermine 389, 493
- Sowjetregierung, Noten 513 f.
- Sozialpolitik, Initiativgesetzentwürfe 393 f., 426 f.
- Straffreiheitsgesetz 19—21, 39 f.
- Tätigkeit 389
- Tag der deutschen Einheit 163
- Verfassungskonflikt mit BR 578—580
- Vulkan-Affäre 183
- Zwischenfragen 575—577
Deutscher Gewerkschaftsbund (siehe auch Einzelgewerkschaften)
- Christlich-Soziale Kollegenschaft 370
- Bundesjugendkonferenz 370
- Bundeskongreß 370, 487
- EGKS, Beratender Ausschuß 441 f., 451 f.
- Forschungsbeirat Wiedervereinigung 230
- Internationale Arbeitsorganisation 181 f.
- italienische Arbeitskräfte 571 f.
- Kreditanstalt für Wiederaufbau, Verwaltungsrat 43
- Mitbestimmung, Holdinggesellschaften 49 f., 233—236
- Mittelstandsfragen 498 f.
- Propaganda der DDR 142
- 40-Stunden-Woche 148, 177 f., 202, 499
Deutscher Richterbund
- Personalvertretungsgesetz 438
Deutscher Sparkassen- und Giroverband e. V. 178
Deutscher Sparkassentag 1954 177 f.
Deutsches Archäologisches Institut
- Präsident 259
Deutsches Institut für Wirtschaftsforschung
- Forschungsbeirat Wiedervereinigung 230
Deutsches Museum 173
Deutsches Patentamt 457
- Gebühren, Gesetz 169
- Haushalt 169

675

Sach- und Ortsindex

– Neubau 173 f.
Deutsches Reich
– Verbindlichkeiten 103, 136
Deutschlandvertrag – siehe Generalvertrag
Deutschlandsender 344
„Die Freiheit" 277
Dien Bien Phu XLI, 212
„Die Welt" 299
„Die Zeit" 38
Djakarta
– Botschaft 54
Dortmund
– Harpener Bergbau AG 184
Dortmund-Ems-Kanal 544
Dortmund-Hörder-Hüttenunion AG 376 f.
Dresden
– Sowjetische Hohe Kommission 267
Duisburg
– Inhaberschuldverschreibung 152
Düsseldorf
– Eishockeyspiel Dynamo Moskau 430
– Inhaberschuldverschreibung 152 f.
– Landgericht 234
– Rhein-Ruhr-Klub 255
– Verwaltungsgesellschaft für Steinkohlenbergbau und Hüttengesellschaft mbH 207

Ecuador
– Handelsvertrag 19
Eden-Plan XXXVII, 391, 449
Eigentum, deutsches im Ausland 137
Einfuhr
– Büromaschinen 199
– Chemikalien 199
– Glas 199
– Keramik 199
– Kohle 198 f.
– Roggen 396
– Weizen 396
– Zucker 199
Einfuhr- und Versorgungslage – siehe Vorratslage
Einfuhr- und Vorratsstelle für Getreide und Futtermittel 349
Einzelhandel
– Wettbewerb 116
Eisenbahn – siehe Verkehr
Eisen- und Stahlindustrie
– Angestellte, Organisationsgrad 451
– Entflechtung 445
Eishockey-Mannschaft Dynamo Moskau 430
Elsässischer Seitenkanal 165
Entflechtung
– Eisen- und Stahlindustrie 445

– Filmvermögen 558
– Kohlenbergbau 445
Entwicklungshilfe
– Finanzierung 462
Erfurt
– Sowjetische Hohe Kommission 267
Ersatzkassen – siehe Krankenkassen
Erwerbs- und Wirtschaftsgenossenschaften
– Gesetz 104, 111 f., 115 f.
Essen
– Inhaberschuldverschreibung 152 f.
– Rheinische Stahlwerke AG 183 f.
Essener Steinkohlenbergwerke AG Essen 184
Evangelischer Kirchentag 311 f.
Europäische Agrarunion 204, 309 f.
Europäische Gemeinschaft für Kohle und Stahl (EGKS) 179, 185, 187 f., 292 f., 413, 441 f., 451 f.
– Beratender Ausschuß
– – Arbeitnehmervertreter 441 f., 451 f.
– Gesetz 187 f., 441
– Haltung der SPD 149
– Parlament
– – Abgeordnete 187 f.
– – Präsident und Vizepräsident 189 f., 204 f.
Europäische Organisation für kernphysikalische Forschung (siehe auch Atomwaffen) 52
– Gesetz 66 f.
Europäische Politische Gemeinschaft (EPG) XLIII
– Parlament 185, 187
Europäische Verteidigungsgemeinschaft (EVG) XXXI, XXXIX–XLI, XLV, XLVII, 25, 61, 76, 108 f., 185–188, 212, 215, 218 f., 221, 224 f., 251, 254, 264–266, 274–277, 291–302, 308 f., 332, 342, 345–348, 350–354, 363–372, 391, 408, 418, 449 f., 456, 503, 520
– Abkommen mit Großbritannien 276 f.
– ad-hoc-Ausschuß 332
– finanzieller Verteidigungsbeitrag 280, 332, 353, 434, 482 f.
– Interims-Ausschuß 185–188, 433, 456 f.
– Oberbefehl 26 f.
Europäische Wirtschaftsgemeinschaft (EWG) 204, 309 f.
Europäische Zahlungsunion (EZU) 146–148, 203 f.
Europäischer Kulturfonds für Exilierte
– Finanzierung 461
Europäischer Wirtschaftsrat – siehe OEEC
Europarat 413
– Beratende Versammlung 107, 179, 212 f., 292

Sach- und Ortsindex

- Generalsekretär 213
- Ministerkomitee 212 f., 218, 223
Europa-Union 188
- Tagung 181
Evangelische Kirche in Deutschland (EKD)
- Personenstandsgesetz 382
Exportförderung 72 f., 146

Familienausgleichskassen – siehe Kindergeldgesetz
Familienheime – siehe Wohnungsbau
Familienpolitik 269 f., 318
Film
- „Bis fünf nach zwölf" 106, 110 f., 175, 431
Filmvermögen
- Entflechtung 558
Filmwirtschaft
- Freiwillige Selbstkontrolle 140
Finanzanpassungsgesetz LV, 82–84, 89 f., 99–103, 169 f., 280, 282, 380, 510, 549, 554
Finanzausgleich
- Länderfinanzausgleichsgesetz LV, 82–84, 89 f., 169 f., 282, 510, 554
Finanz- und Steuerreform XLVII, LV–LVII, 63 f., 79, 82–86, 89–94, 99–103, 164 f., 179, 268 f., 280 f., 374 f., 510, 536–542, 548 f., 552–554
Finanzverfassungsgesetz LV, LVII, 82–84, 89 f., 99–103, 169 f., 268 f., 282, 510, 549, 554
Flick-Konzern 184, 207 f.
Flüchtlinge und Vertriebene 45–48, 62
- Gesetz 413
- SPD-Anfrage 384, 400 f.
- – Flüchtlinge
- – – Notaufnahme, Gesetz und VO 98 f., 228 f.
- – – Steuerbegünstigungen 85
- – – Umsiedlung 330, 435, 440, 550
- – – Versicherungsansprüche 491 f.
- – – Wohnungsbau LIX, 98 f., 228, 330, 468 f., 481
- – – Zweijahresplan 400, 468
- – Vertriebene
- – – Rentenmehrbetragsgesetz 386
- – – Versicherungsansprüche 491 f.
- – – Währungsausgleich, Gesetz 488
Forschung
- Förderung 356, 457 f.
Frankfurt/M.
- Archäologisches Institut 400
Frankfurt/Oder
- Sowjetische Hohe Kommission 267
„Frankfurter Allgemeine Zeitung" 297

„Frankfurter Rundschau" 296
Frankreich
- Agrarunion 204
- Außenministerkonferenz Berlin 23, 41 f.
- Außenministerkonferenz London XLV
- Brüsseler Pakt 419
- EGKS Abgeordnete 188
- Ehrenlegion, Orden 262
- Elsässischer Seitenkanal 165
- EVG XXXVI, XLI–XLIII, 55, 61, 71, 130 f., 251, 254, 264–266, 274–277, 291–302, 308 f., 332, 345–348, 350–354, 363–365, 367 f.
- EWG 309 f.
- EZU 203
- Gaullisten 220, 254, 265, 275 f., 351, 417
- Generalvertrag XXXVI
- Handelsabkommen 446 f.
- Kabinett Laniel 220, 251, 254, 265
- Kabinett Mendès-France 264–266, 275–277, 291–297, 300 f., 345 f., 363–365, 367, 391 f., 412 f., 417, 450 f., 485, 532
- Kommunistische Partei 131, 254, 266, 275, 351, 417
- Kriegsgräberabkommen 446 f.
- Kulturabkommen 446 f.
- Moselkanalisierung 162 f., 392
- Nationalfeiertag 289
- NATO, Beitritt Bundesrepublik 365
- Pariser Verträge, Ratifizierung XLVI, 502–506, 577 f.
- Rheinschiffahrts-Akte von 1868 57
- Saarfrage XXXVI, XLII f., 61, 87, 106 f., 130, 179, 392, 447, 451, 516, 518–521, 560, 576
- Sozialpolitik 270, 393, 412 f.
- Sozialisten 218 f., 223, 251, 265, 417
- Volksfront 265, 295, 301
- Weizenexport 310
- Zuckerexport 310
Freiburg
- Militärarchiv 271
- Militärgeschichtliches Forschungsamt 271
Freie Berufe
- Altersversorgung 563 f.
Freie Demokratische Partei (siehe auch Koalitionsparteien)
- Außenministerkonferenz, Berlin XXXVIII
- Außenpolitischer Ausschuß 121
- Berlin, Steuervergünstigungen 180
- Besatzungsleistungen, Gesetz 320
- Bundespräsident, Wahl 191 f., 251 f., 256
- Bundestag, außenpolitische Debatte 393
- Bundestag, Geschäftsordnung 395 f.
- Bundestag, Redezeit 181
- Bundesversorgungsgesetz 539

Sach- und Ortsindex

- Bundeswahlgesetz 488
- EVG 368
- Familienausgleichskassen 191
- Finanz- und Steuerreform XXXV, LVII, LXI, 90
- Forschungsbeirat Wiedervereinigung 230
- Große Koalition 368
- Grundgesetzänderung, Wehrfrage 25–27
- Landesverband Bayern, Parteitag 426
- Landtagswahlen 278, 534, 557 f.
- Mitbestimmung, Holdinggesellschaften 49
- Pariser Verträge, Ratifizierung 520–522
- Personenstandsgesetz 382
- Rentenmehrbetragsgesetz 396
- Rundfunkgesetz, Initiativentwurf 60
- Saarfrage 474, 478, 505, 507, 520–522
- Sozialreform 396
- Verfassungsschutz 304 f.
- Wuermeling-Rede 177

Fremd- und Auslandsrenten – siehe Sozialversicherung

Friedensverhandlungen, Friedensvertrag 104, 447–451, 453 f., 504, 516, 576 f., 578

Friedrich-Plan – siehe Verkehr

Fünf-Tage-Woche – siehe Arbeitszeit

Fürsorgepflicht
- VO 327

Fußball-Weltmeisterschaft XXXVIII, 366

GATT 428
- Tagung 440

Geld und Währung (siehe auch Banken und Wertpapiere)
- Arbeitsgruppe Konvertibilität 309
- Ausschuß für Kapitalverkehr 97
- Bankenverordnung 104 f.
- Devisen 111, 147, 175, 207 f.
- DM-Bilanz-Ergänzungsgesetz 381
- Geldwesen Neuordnung, Gesetze 105, 467
- Konvertibilität 203 f., 309 f.
- Zinssätze 146

Gelsenkirchen
- Consolidation Bergbau-AG 184

Gemeinschaftsausschuß der deutschen gewerblichen Wirtschaft
- Finanz- und Steuerreform 374
- Forschungsbeirat Wiedervereinigung 230
- Sachverständigenausschuß für die Neugliederung des Bundesgebiets 330

Gemeinschaftsorganisation Ruhrkohle GmbH 207

Generalvertrag und Zusatzverträge (siehe auch Alliierte Hohe Kommission, Europäische Verteidigungsgemeinschaft und Grundgesetzänderung Art. 73, 79 und 142a) XXXVI, XXXIX–XLI, 108 f., 114 f., 120, 123, 216, 275 f., 292, 309
- Normenkontrollklage 26, 109
- Truppenvertrag 445
- Überleitungsvertrag 445

Genf
- GATT-Tagung 440

Genfer Konferenz – siehe Außenministerkonferenzen

Genua
- Generalkonsulat 500

Gera
- Sowjetische Hohe Kommission 267

Gesamtdeutsche Frage (siehe auch Deutsche Demokratische Republik und Friedensvertrag)
- Außenministerkonferenz, Berlin XXXVII–XXXIX, 24, 55 f., 61 f., 124
- Denkschrift der Bundesregierung 36
- Hilfsmaßnahmen für ehemalige DDR-Häftlinge 332, 564 f.
- Nationalversammlung XXXVII, 27–29, 36 f., 449, 451, 535
- Wiedervereinigung XLVI f., 347, 351–354, 364, 370–372, 391–393, 408, 449, 453 f.
- Wiedervereinigung Forschungsbeirat 229 f., 289, 313 f.

Gesellschaft für christlich-jüdische Zusammenarbeit 339

Gewerbeordnung 285, 325, 327

Gewerbliche Wirtschaft
- Bundesamt für gewerbliche Wirtschaft, Gesetz 340 f.
- Bundesstelle für den Warenverkehr 227, 340
- Sicherungsmaßnahmen, Gesetz 227
- Sicherstellung der Erfüllung völkerrechtlicher Verpflichtungen, Gesetz 227, 270

Gewerkschaften der Eisenbahner Deutschlands
- Tarifverhandlungen, -verträge 471 f., 530 f.

Gewerkschaft Gartenbau, Land- und Forstwirtschaft
- italienische Arbeitskräfte 571

Gewerkschaft Öffentliche Dienste, Transport und Verkehr
- Tarifverhandlungen, -verträge 272 f., 471 f., 551, 569
- Hausarbeitstag 402

Gewerkschaften 283, 404 f.

Gleichberechtigung
- Gesetz 52 f.

Griechenland
- Besuch des Ministerpräsidenten und des Außenministers in Bonn 274

- Hilfe für Erdbebenopfer 232
- Kredite 96 f., 153
- NATO-Beitritt 391
- Ptolemais-Projekt 96
- Staatsbesuch des Bundeskanzlers 129

Großbritannien XLIII–XLV, 24, 28, 222, 254, 265, 367, 372, 407, 411
- Agrarunion 204
- Außenministerkonferenz, Berlin 41
- Brüsseler Pakt 419
- Commonwealth 310
- EVG XLII, 276 f., 292–297, 301, 347, 351–353, 364
- EWG 309 f.
- EZU 146–148, 203
- innenpolitische Lage 393
- John-Affäre 343
- Jugoslawien, Kreditabkommen 205 f.
- „Koexistenz" 561
- Labour-Party, Pariser Verträge 516
- NATO, Beitritt Bundesrepublik 365
- Parlament 575, 577
- Pariser Verträge, Ratifizierung 502, 516
- Saarfrage 107, 448, 504, 506 f., 516, 519, 578
- Souveränität der Bundesrepublik 295
- Sozialpolitik 154
- Verhältnis zu USA 212 f., 223

Groß-Einkaufsgesellschaft Deutscher Consumvereine mbH 289
Großeinkaufs-Gesellschaft Deutscher Konsumgenossenschaften mbH 289
Großeinkaufs- und Produktions-Aktiengesellschaft deutscher Konsumvereine 289
Grundgesetz – siehe auch „Wehrergänzung"
- Art. 3 402
- Art. 16 584
- Art. 21 58 f.
- Art. 36 120
- Art. 37 206
- Art. 39 579
- Art. 43 258
- Art. 54 191
- Art. 65 433
- Art. 65a 120
- Art. 68 346
- Art. 73 XL, 109, 120, 461
- Art. 76 63, 474
- Art. 79 109, 120
- Art. 91 355
- Art. 106 82–84, 94, 100 f.
- Art. 107 XLVII, LV, LVIII, 82–84, 553
- Art. 109 380
- Art. 110 314
- Art. 113 LIV, 17–19, 30, 192, 231, 273, 283, 320, 380, 426, 567
- Art. 117 401
- Art. 120a 46
- Art. 130 498
- Art. 131 70
- Art. 139 100 f.
- Art. 142a XL, 109, 120

Grundgesetzänderung 356
Guatemala 251

Halle
- Sowjetische Hohe Kommission 267

Hallstein-Doktrin XXXIX
Hamburg 250
- Bundesanteil Einkommen- und Körperschaftsteuer 268
- Bürgerschaft, Wahlen 1953 59
- Deutsche Werft AG 268
- Finanzreform 552–554
- Flüchtlinge, Umsiedlung 330
- Hausarbeitstag 402
- Howaldtswerke AG 267 f., 376 f.
- Konsumgenossenschaften 289 f.
- Landesarbeitsamt 358
- Lehrerbesoldung 257, 471
- Senat 377
- Straffreiheitsgesetz 19

Handel
- Finanzierung 458

Handelsabkommen
- Argentinien 198
- Chile 52
- Ecuador 19
- Frankreich 446 f.
- Jugoslawien 112 f.
- Schweden 198
- Türkei 198
- Vereinigte Staaten 428

Hannover
- Landgericht 58, 182
- Oberpostdirektion 175

Handwerk
- Altersversorgung 563 f.
- Förderung 458, 544 f.

Harpener Bergbau AG Dortmund 184, 207 f.
Hausarbeitstag 402, 499
Havanna
- Botschaft 572

Heimkehrerentschädigung – siehe Kriegsgefangenenentschädigung
Hermes Kreditversicherungs-AG 112
Herne
- Bergwerksgesellschaft Hibernia 357 f.

Hessen
- Ernteschäden, Ausgleich 592

Sach- und Ortsindex

- Finanzreform 553
- Flüchtlinge, Umsiedlung 330
- Landtagswahlen XXXIII, LIV, LVII, 74, 131, 278, 478, 517, 528–530, 534, 558
- Rheinschiffahrts-Akte von 1868 57
- Weihnachtsgeld 257, 471

Hibernia Bergwerksgesellschaft AG
- Privatisierung 357 f., 404

Holland – siehe Niederlande
Howaldtswerke Hamburg AG 267 f., 376 f.

I.G. Farbenindustrie AG
- Liquidation 194, 445

Immunität
- KPD-Abgeordnete 209 f.

Indien
- Kredite 153

Indochina (siehe auch Außenministerkonferenzen, Genf) XXXVIII, XLI, 71, 187, 212, 214, 218, 251, 254, 266, 275, 291, 296, 300–302, 308, 346, 393

Industrie
- Förderung, Chemie 72 f.
- Förderung, Eisen schaffende Industrie 72 f., 131 f., 247 f.

Industriegewerkschaft Bergbau
- Eisenerzbergbau Salzgitter 240
- Mitbestimmung, Holdinggesellschaften 49
- Montanunion-Ausschuß 441 f.

Industriegewerkschaft Metall
- Mitbestimmung, Holdinggesellschaften 49
- Montanunion-Ausschuß 441

Industriekreditbank
- Weltbank-Anleihe 411

Innenministerkonferenz der Länder 151
Institut Finanzen und Steuern LVII
Institut für Raumforschung 330
Institut für Wirtschaftswissenschaftliche Forschung 38

Internationale Abkommen
- Gesundheitsvorschriften, Gesetz über den Beitritt 329
- Internationaler Fernmeldevertrag von Buenos Aires, Gesetz 284
- Straßenverkehr 42
- Zucker 110

Internationale Arbeitsorganisation
- Beitritt der Sowjetunion 181 f., 225
- Konferenz 43, 302
- Verfassungsänderung 42 f.
- Verwaltungsrat 42 f.

Internationale Bank für Wiederaufbau und Entwicklung
- Anleihen 411

- Direktor 287, 405 f., 459, 496 f.
- Erfüllung der deutschen Verpflichtungen 43–45
- Jahresversammlung 411

Internationale Handelskammer
- Tagung 255

Internationaler Währungsfonds 43–45, 411
Internationales Arbeitsamt 42, 413
Interzonenhandel 198 f.
Interzonenverkehr 107

Israel
- Wiedergutmachungsverhandlungen 340

Istanbul 114, 130

Italien
- EGKS, Abgeordnete 188
- EVG-Vertrag 276, 293 f., 302
- EZU 203
- Handelsbilanz 572
- Pariser Verträge, Ratifizierung 502

Italienische Arbeitskräfte 558, 571 f., 581

Jmuiden
- Niederländische Hochofen- und Stahlwerke 376

John-Affäre XXXV, 333–335, 342–344, 383, 386–388

Jugoslawien 479
- Handelsvertrag 112 f.
- Kreditabkommen 112 f., 118, 121 f., 205 f.
- Wirtschaftsverhandlungen 535

Kabinett-Ausschuß für Wirtschaft 208
- Arbeitsvermittlung und Arbeitslosenversicherung, Gesetz 439
- Auslandsschulden 26
- Befugnisse 145, 572
- Berufsordnungen 327, 571, 588
- Bundesanleihen 572
- Bundesbahn Wirtschaftsplan 145, 159–161
- Bundesministerien, Arbeitszeit 500
- Bundesstelle/Bundesamt für den Warenverkehr 340 f.
- Bundesvermögen Privatisierung 268, 377
- Bundeswirtschaftsrat 571
- EGKS, Beratender Ausschuß, deutsche Delegation 452
- EGKS, Präsident 205
- Eisenerzbergbau Salzgitter 240
- Eisenindustrie 132
- Europäische Zahlungsunion 146, 204
- Flüchtlinge und Vertriebene 384, 400, 468

680

Sach- und Ortsindex

- GATT-Tagung 440
- Gußstahlwerk Bochumer Verein AG, Bochum 183 f.
- Handelsbeziehungen Türkei 129 f.
- Handelsvertrag USA 428
- Internationale Bank für Wiederaufbau und Entwicklung 287
- – Direktor 405 f.
- Interzonenhandel 199
- Kapitalmarkt, Förderung 227
- Konvertibilität 310
- Kreditabkommen Jugoslawien 112
- Ladenschlußgesetz 398
- Landwirtschaft, Paritätspreise 256
- Mitbestimmung, Holdinggesellschaften 50, 236, 403
- OEEC-Berichte 337 f.
- Öffentliche Aufträge 138
- Personenbeförderungsgesetz 243, 375
- Postgebühren 81
- Preiserhöhungen 131
- Rheinische Stahlwerke AG, Essen 183 f.
- Saarabkommen 449, 527
- Schiffahrt 57, 156
- Schiffbau, Förderung 153
- Steuerbegünstigungen 51
- Verkehrsfragen 35, 124, 126, 245 f.
- Viehzählungsgesetz 230 f.
- Vorratshaltung 176, 197 f.
- Wasserwirtschaft 495 f.
- Wettbewerbsbeschränkungen, Gesetz 64 f., 569
- Zolltarife 436 f.
- Zonenrandgebiete, Förderung 493 f.

Kairo
- Botschaft 400

Kapitalmarkt 92–94
- Gesetze zur Förderung 50 f., 117, 200, 226 f., 336

Kapitalverkehr
- Gesetz 50

Karachi
- Botschaft 95, 232, 338 f.

Karl-Marx-Stadt
- Sowjetische Hohe Kommission 267

Karlsruhe
- KPD-Prozeß 518

Katholische Kirche
- Personenstandsgesetz 382

Kiel
- Deutsche Werke Kiel AG 267 f.
- Trauerfeier für Friedrich Wilhelm Lübke 429

Kieler Woche 163

Kindergeldgesetz 190 f., 270, 383, 542

Klöckner AG

- Aufsichtsrat 235

Koalitionsparteien, -fraktionen
- Auseinandersetzungen 221, 224 f., 268 f., 271, 486 f., 515, 517
- Außenministerkonferenz, Berlin 76
- Außenpolitik, Regierungserklärung 422
- Bundeshaushalt 1954 115, 123
- Bundesminister für besondere Aufgaben, Haushalt 1954 142–144
- Bundestag, Geschäftsordnung 539, 541
- Bundesversorgungsgesetz 511 f., 536, 538
- Bundeswahlgesetz 486–488
- Hilfsmaßnahmen für ehemalige DDR-Häftlinge 332
- Fraktionssitzungen, Termin 60
- Grundgesetzergänzung, Wehrfrage 56
- John-Affäre 343 f.
- Kriegsfolgenschlußgesetz 138, 161 f.
- Kriegsgefangenenentschädigungsgesetz 17–19, 30 f.
- Ladenschlußgesetz 398
- Nationalversammlung 27–29
- Pariser Verträge XLVI, 504
- Personalvertretungsgesetz 438 f.
- Pressefragen, Koordinierungsausschuß 263 f.
- Rentenmehrbetragsgesetz LIII, 386
- Saarfrage 179, 578
- Souveränität DDR 145
- Steuergesetze 443, 509 f.
- Straffreiheitsgesetz 39
- Zusammenarbeit mit Regierung 389, 408, 416 f., 478
- Zuständigkeitserweiterung BMVt 46

Koblenz
- Bundesarchiv 271
- Dienststelle Blank, Außenstelle 456
- französischer Nationalfeiertag 289
- Militärisches Sicherheitsamt 418

Köln
- Eishockeyspiel Dynamo Moskau 430
- Europa-Union, Tagung 181
- Inhaberschuldverschreibung 152 f.

Königstein 268

Königswinter 124, 256

Koexistenz 560 f.

Kohle
- Import aus den USA 411
- Import aus der DDR 198 f.

Kohlenabgabe 168

Kohlenbergbau
- ausländische Beteiligungen 184, 207 f.
- Entflechtung 445

Kommunistische Partei Deutschlands
- Abgeordnete, Verhaftung 208–210
- Programm der nationalen Wiedervereinigung Deutschlands 208 f.

681

Sach- und Ortsindex

- Prozeß 518
- Wahlergebnis Nordrhein-Westfalen 278
- Wiedervereinigung 37

Kongreß der deutschen Arbeit 200
Konsumvereine – siehe auch Verbrauchergenossenschaften 104, 115 f.
Konzentrationslager
- Entschädigung der Häftlinge 194

Kopenhagen
- Botschaft 272, 572

Korea XXXVIII, 212, 214 f.
- Hilfsprogramm 462 f.

Kraftfahrt-Bundesamt 590
Krankenkassen
- Gesetz über die Verbände der gesetzlichen Krankenkassen und der Ersatzkassen 373

Krankenversicherung
- Gesetz über die Einkommensgrenze in der gesetzlichen Krankenversicherung 193

Krankenversicherung der Rentner
- Gesetz 525, 590

Kreditabkommen
- Jugoslawien 112 f., 118, 121 f., 205 f.

Kreditanstalt für Wiederaufbau 112 f., 162
- Anleihe 72 f., 96 f., 131 f., 152 f.
- Verwaltungsrat 43

Krefeld
- Eishockeyspiel Dynamo Moskau 430

Kriegsfolgenschlußgesetz 86, 103 f., 136–138, 161 f., 199 f., 226, 249, 432, 466 f., 488 f.

Kriegsgefangene
- Gedenktag 430 f.
- Versicherungsansprüche 491 f.

Kriegsgefangenenentschädigung
- Gesetze LIV, LIX f., 17–19, 30–32, 86, 149, 192 f., 423, 428, 435, 459–461, 464, 481–483, 559
- Durchführungsverordnungen 18 f., 30–32

Kriegsgräber
- Abkommen mit Frankreich 446 f.

Kriegsopferversorgung – siehe Bundesversorgungsgesetz

Kriegssachgeschädigte 45–48
Krupp GmbH 96
Küstenschutz
- Finanzierung 461 f.

Kulturabkommen
- Frankreich 446 f.

Kulturelle Einrichtungen
- deutsche im Ausland 129

Ladenschluß
- Gesetz 398

Landesarbeitsamt Berlin

- Präsident 358

Landesarbeitsamt Hamburg
- Präsident 358

Landesarbeitsamt Niedersachsen
- Präsident 21, 195

Landesarbeitsamt Nordbayern
- Präsident 139, 157, 550

Landesarbeitsamt Nordrhein-Westfalen
- Präsident 21, 39, 401 f., 427

Landespostdirektion Berlin
- Präsident 78

Landessozialgericht Bayern 157
Landwirtschaft
- Beihilfen 349, 356, 361 f.
- Besteuerung 84, 86, 93
- Ernteschäden 348 f., 361 f., 396 f., 559, 591 f.
- Fischwirtschaft, Finanzierung 461
- Getreideernte 349, 395 f.
- Getreidepreisgesetz 1954/55 117 f., 122 f., 283 f.
- Kartoffelernte 349
- Paritätspreise 256
- Pflanzenschutzämter 356
- Preisregelung 110
- Roggen, Lieferprämie 122 f., 283
- Rübenernte 349
- Steuerbegünstigungen 84
- Viehzählungsgesetz 230 f., 380 f.
- Zuckerrüben
- – Ernte 176
- – Frachtausgleichskasse 356
- – vergilbungskranke 356

La Paz
- Botschaft 572

Lastenausgleich
- Gesetz 47, 103, 136 f., 166, 468, 488 f.
- Härtefonds 400 f., 465, 468 f., 484
- Hausratshilfe 31

Lastenausgleichsbank – siehe Bank für Vertriebene und Geschädigte

Lebens- und Rentenversicherungen
- Ansprüche, Gesetz 491 f.

Leichtathletik
- Europameisterschaft 366

Leipzig
- Evangelischer Kirchentag 311 f.
- Sowjetische Hohe Kommission 267

Lehrerbesoldung
- Hamburg, Gesetz 257

Lima
- Botschaft 572

Lissabon
- Gesandtschaft 572

Locarno
- „Ost-Locarno" XXXVI, 212

London
- Botschaft 147, 572
- Konferenz über Reparationsfragen 1921 222
- NATO-Konferenz 379
- Neunmächtekonferenz – siehe Außenministerkonferenzen
- OEEC Ministerrat, Tagung 309
Londoner Abkommen – siehe Auslandsschulden
Lübeck
- Marienkirche 360
Luftfahrt-Bundesamt
- Gesetz 59, 66
Lufthansa 419
Luftschutz 92, 280
Luxemburg
- Brüsseler Pakt 419
- EGKS, Abgeordnete 188
- EVG 293
- Gesandtschaft 21
- Moselkanalisierung 163
- NATO, Beitritt Bundesrepublik 365
- Pariser Verträge, Ratifizierung 502

Magdeburg
- Sowjetische Hohe Kommission 267
Manila
- Gesandtschaft 572
Mannesmann AG 184
- Aufsichtsrat 234 f.
Margarethenhof-Plan – siehe Verkehr
Marokko 346
Marshall-Plan 490
- Wirtschaftsplan, Gesetz 1954 162
Mattner, Helmut, Firma 111, 175
Messen
- ausländische, Finanzierung 458
Mieten
- Geschäftsraummietengesetz 286, 328 f., 549
Mietpreisrecht
- Gesetz 327 f., 372 f., 589
Militärarchiv 271
Militärgeschichtliches Forschungsamt 271
Militärisches Sicherheitsamt 418
Ministerpräsidentenkonferenz 60
Mitbestimmung
- Holdinggesellschaften, Gesetz 49 f., 233, 234–236, 403–405
- Montanindustrie, Gesetz 1951 49, 234 f., 442
Mittelstand 172
- Beirat 498 f.

Molotov-Plan XXXVII f., 55
Montanunion – siehe Europäische Gemeinschaft für Kohle und Stahl
Montevideo
- Gesandtschaft 21
Mosel-Kanalisierung 162 f., 392, 421
Moskau
- geplanter Besuch deutscher Wirtschaftler 255
- Reise Pfleiderers 217
München
- Deutsches Patentamt 173 f.
Münster
- Oberverwaltungsgericht 534

Naters-Plan XLIII, 179, 186 f., 220 f.
Nationalhymne 536
Nationalsozialismus 211, 222, 267, 297 f., 343 f., 496 f.
- Widerstand 69 f., 252, 260 f.
NATO 332, 352, 407, 419 f.
- Beitritt Bundesrepublik XXXI, XLIII–XLVII, 345, 365, 372, 391, 393, 408, 417 f., 420, 426, 446, 450, 473, 585
- Beitritt, Zustimmungsgesetz 502–508
- Bewaffnung Bundesrepublik 420
- Finanzausschuß 539
- Konferenz, London 379
- Oberbefehl 27
- Ratstagung, Paris 417
Neubrandenburg
- Sowjetische Hohe Kommission 267
„Neues Österreich" 533
Niederländische Hochofen- und Stahlwerke 376
Niederlande
- Abkommen Arbeitslosenversicherung 454
- Angriffe gegen Besucher aus der Bundesrepublik 366
- Atomwaffen, Verzicht 420
- Brüsseler Pakt 419
- EGKS, Abgeordnete 188
- Entwicklungshilfe 462
- EVG 293, 351, 364
- EZU 203
- Kauf Howaldtswerke AG Hamburg 376 f.
- NATO, Beitritt Bundesrepublik 365
- Pariser Verträge, Ratifizierung 502
- Rheinschiffahrt 56 f., 156
- Rheinschiffahrts-Akte von 1868 57
Niedersachsen
- Anleihe 336 f.
- Eisenerzbergbau 241
- Ernteschäden 396, 592

- Finanzreform 553
- Flüchtlinge, Umsiedlung 330
- Hausarbeitstag 402
- Landesarbeitsamt, Präsident 21, 195
- Landwirtschaft 84
- Verkehrsfragen 247

Nordafrika 251, 346, 447, 532

Nordrhein-Westfalen
- Beamtenbesoldung 206, 257, 360f., 471, 552
- Bundesanteil Einkommen- und Körperschaftsteuer 268
- Bundesgrenzschutz, polizeiliche Aufgaben 400
- CDU-Fraktion, Beamtenbesoldung 206
- DRP, Bundestagswahl 1953 58
- Ernteschäden Ausgleich 592
- Finanzreform 552–554
- Finanz- und Steuerreform 162 f., 179
- Flüchtlinge, Notaufnahme 98 f., 330
- Hausarbeitstag 402
- KPD, Landtagsabgeordnete 209 f.
- Landesarbeitsamt, Präsident 21, 39, 401 f., 427
- Landesvertretung Bonn 234
- Landtagswahlen LIII, LVII, 74, 131, 177, 209, 226, 265, 277 f., 302, 534
- Straffreiheitsgesetz 19

Norwegen
- EWG 309
- EZU 203
- NATO, Beitritt Bundesrepublik 365
- Zollabkommen 78

Notverordnungen 134, 298, 412

Nürnberg
- Amtsgericht 313

Oder-Neiße-Linie 473, 504 f.

OEEC 413
- Berichte 337 f., 541
- Ministerrat 146–148, 203 f., 309 f.

Öffentlicher Dienst
- Angestellte Grundvergütung, Erlaß 498
- Arbeitszeit 202 f., 208
- Berufsoffiziere ehemalige, Vergütung 201 f., 497 f.
- Besoldung, Nordrhein-Westfalen 206, 257, 360 f., 471
- Besoldungsgesetze 206, 492
- Betriebsräte (Personalvertretungen) in den öffentlichen Verwaltungen, Verlängerung der Wahlperiode, Gesetz 68
- Bezüge, Gesetz zur Sicherung des einheitlichen Gefüges 257 f., 322, 470 f., 530 f., 551, 571, 581 f.
- Erholungsurlaub 284
- Flugkosten Berlinverkehr 331, 586
- Bundesbeamtengesetz 282 f.
- Hausarbeitstag 402
- Kantinenrichtlinien 250, 258
- Lehrerbesoldung Hamburg 257, 471
- Ortsklassenverzeichnis 492
- Personalvertretungsgesetz 53 f., 68, 79, 437–439, 499 f.
- Sicherheitsüberprüfungen 584–586
- Tarifverhandlungen, -verträge LVIII, 258, 272 f., 402, 471–473, 510, 530 f., 550 f., 554, 559, 569–571, 581 f.
- Unterbringung freiwerdender Verwaltungsfachkräfte 284 f.
- Weihnachtszuwendungen 257, 272, 423, 428, 471 f.
- Wiedergutmachung 190

Österreich
- Außenministerkonferenz, Berlin 71
- Sozialversicherungsabkommen 248
- Staatsangehörigkeit 533, 568
- Staatsvertrag XXXVII, 49

Orden
- Gesetz 416
- Verdienstorden
- – Statut, Richtlinien 261 f.
- – Verleihungen 261 f.

Ostausschuß der deutschen Wirtschaft 255

Panama-Kanal 251
Paneuropa-Kongreß 359
Paneuropa-Union 359
Paris 186, 365, 505, 518, 520 f.
- Berliner Konferenz, Vorbereitung 23
- Besprechung Adenauer – Bidault 87, 106, 130
- Besprechung Adenauer – Laniel 130
- Besprechungen finanzieller Verteidigungsbeitrag 332
- Besprechung Mendès–France – Spaak 275 f., 293 f., 300
- Botschaft 147, 572
- Konferenz mit Eden XLIV, 379
- Ministerrat OEEC, Tagung 146, 203 f.
- NATO-Rat, Tagung 417

Pariser Verträge (siehe auch Generalvertrag, NATO, Westeuropäische Union und Saarabkommen) XXXI, XLIV–XLVII, 445–451, 456, 473 f., 485 f., 523
- Zustimmungsgesetze 502–508, 515–522, 559–561, 575–577

Parlamentarischer Rat
- Finanzverfassung 83

Personalien und Stellenbesetzungen (siehe auch Auswärtiges Amt und Staatssekretäre)
- Einzelfälle 21, 39, 78, 105, 117, 119, 138 f., 157, 164, 175, 189 f., 195 f., 203, 204 f., 213, 232, 250 f., 259, 272, 287, 321, 331, 338, 358 f., 378, 383, 401 f., 405 f., 415, 427, 440, 496 f., 501, 524, 526 f., 550, 573 f., 583, 587 f., 592 f.
Personalvertretungsgesetz — siehe Öffentlicher Dienst
Personenbeförderungsgesetz — siehe Verkehr
Personenstandsgesetze 67, 381—383
Pfleiderer-Plan 215—217, 223, 225, 254 f.
Platow-Amnestie (siehe auch Straffreiheitsgesetz) 20 f., 39 f.
Polen 123, 222, 251
„Politika" 535
Polizei
- Länder 355
Portugal
- EWG 309
Potsdam
- Sowjetische Hohe Kommission 267
Preise 100, 131, 176
- Brotgetreide 122 f., 283 f.
- Flachs 461
- Futtergetreide 122, 283 f.
- Getreide 117 f., 122 f., 283 f.
- Linienverkehr Bundesbahn, Bundespost 246
- Mineralöl 127
- Mieten 167, 327 f., 372 f., 589
- Paritätspreise Landwirtschaft 256
- Stroh 461
Pretoria
- Botschaft 400
Preußen
- Rheinschiffahrts-Akte von 1868 57
- Verbindlichkeiten 103, 136

Rabattgesetz 104, 111 f., 115 f.
Rapid Film GmbH 111
Rapallo 223
Ratzeburg
- Dom 359
Rechnungsjahr
- Gesetz zur Anpassung des Rechnungsjahrs an das Kalenderjahr 279
Rechtseinheit
- Gesetz zur Wiederherstellung auf dem Gebiet der Gerichtsverfassung, der bürgerlichen Rechtspflege, des Strafverfahrens und des Kostenrechts 195
Rechtswissenschaftliche Vereinigungen
- Finanzierung 458
Recklinghausen
- Arbeitsamt, Direktor 415
Reichsbahn
- Verbindlichkeiten 103, 466
Reichsnährstand
- Gesetz über die Abwicklung 200
- Vermögen 200
Reichspatentamt 174
Reichspost
- Verbindlichkeiten 103, 466
Reichspräsident
- Notverordnungen 134, 298, 412
Reichsvermögen
- Privatisierung 268
Renten — siehe Sozialversicherung
Rheinische Stahlwerke AG Essen 183 f.
Rheinland-Pfalz
- Ausgleichsforderungen an Bundesbahn und Bundespost 104 f.
- Ernteschäden, Ausgleich 592
- Flüchtlinge, Umsiedlung 330
- Finanzreform 552—554
- Saarfrage 188, 473 f.
- Straffreiheitsgesetz 19
Rhein-Main-Donau-Kanal 544
Rhein-Ruhr-Klub 255, 266 f.
Reparationen 103 f., 131 f., 136, 200
Richterwahlausschuß 106, 587
Richterwahlgesetz 106, 138, 587
Rom 454
- Besuch des Bundeskanzlers 130 f.
- Botschaft 95 f.
- Konferenz mit Eden XLIV, 379
Rostock
- Sowjetische Hohe Kommission 267
Ruhrkohlenverkaufsgesellschaft „Angelika" 207
Rumänien
- Beitritt zur Internationalen Arbeitsorganisation 181 f.
Rundfunk
- Bundesrundfunkgesetz 60

Saarfrage, Saarabkommen (siehe auch Naters-Plan) XXXVI, XLV—XLVII, 61, 71, 76, 87, 106 f., 130, 179, 186—188, 215, 218—221, 224 f., 241, 248, 292, 392 f., 410, 417, 421, 426, 431, 445, 447—451, 453 f., 473 f., 478, 485 f., 516, 527, 583
- Verkehr mit Saargebiet 42

- Versicherungsansprüche 492
- Zustimmungsgesetze 502–508, 516–522, 559 f., 576, 577 f.

Salzgitter
- Berg- und Hüttenbetriebe AG 49
- Eisenerzbergbau 240 f.

San Salvador
- Gesandtschaft 572

Sao Paulo
- Generalkonsulat 572, 583

Schiedsgerichtshof für das Abkommen über deutsche Auslandsschulden
- Finanzierung 462

Schiffbau
- Förderung 51, 85, 153, 544

Schiffahrt (siehe auch Verkehr)
- Binnenschiffahrt 56 f.
- Darlehen zum Bau und Erwerb von Handelsschiffen, Gesetz 544
- gewerblicher Binnenschiffsverkehr, Gesetz 57
- privatrechtliche Verhältnisse der Binnenschiffahrt, Gesetz 57
- Rheinschiffahrt 56 f., 156
- Rheinschiffahrts-Akte von 1868 57, 156
- Rheinschiffahrtspolizeiverordnung, Gesetz 57
- Schiffsregister, Gesetz 57

Schleswig-Holstein
- dänische Minderheit 473
- Ernteschäden 396, 592
- Finanzreform 552–554
- Flüchtlinge, Umsiedlung 330
- Landtagswahlen XXXII, LIII, 74, 131, 348, 369, 534
- Personalvertretungsgesetz 437
- Straffreiheitsgesetz 19

Schwarzarbeit
- Gesetz 285 f., 325, 589 f.

Schuldverschreibungen
- Bundesanstalt für Arbeitsvermittlung und Arbeitslosenversicherung 280, 393 f.

Schweden
- EWG 309
- EZU 203
- Handelsvertrag 198
- NATO, Beitritt Bundesrepublik 365

Schweiz
- EWG 309
- EZU 203
- Handwerker, Fähigkeitsnachweis 326
- Nationalrat 326
- Personenstandsrecht 383
- Ständerat 326

Schwerin
- Sowjetische Hohe Kommission 267

Seelotswesen
- Gesetz 77, 326

Sidéchar — siehe Société Sidérurgique de Participations et d'Approvisionnement en Charbons

Siemens-Schuckertwerke AG 377

Société des Aciéries et Tréfileries de Neuves-Maisons-Châtillon 184

Société Sidérurgique de Participations et d'Approvisionnement en Charbons, Paris 184, 207

Sowjetunion (siehe auch Gesamtdeutsche Frage und Deutsche Demokratische Republik) 24, 37, 124, 212, 214 f., 222, 366, 393, 478 f., 503, 516, 519
- Atomenergiebehörde 25
- Aufrüstung Bundesrepublik 24
- Außenministerkonferenz
- – Berlin 55, 71, 107, 371
- – Genf XLI, 185
- Bundespräsident, Wahl 252
- DDR, Souveränität XXXVIII, 123 f., 132, 141 f., 145 f.
- EVG 296, 364
- Friedensvertrag 453 f.
- Hohe Kommission, Aufhebung 267
- Internationale Arbeitsorganisation, Beitritt 181 f., 225
- Kommandantur Berlin, Aufhebung 267
- Moskauer Konferenz, Vorschlag 513 f.
- Notenwechsel mit den drei Westmächten XXXVI f., 142, 449, 451, 513 f.
- Spionage in der Bundesrepublik 38, 183
- Viermächtekonferenz, Vorschlag 367

Sozialdemokratische Partei Deutschlands 131, 209, 370 f.
- Anleihen des Reichs und Preußens 136
- Arbeitsvermittlung und Arbeitslosenversicherung, Gesetz 439
- Außenministerkonferenz, Berlin XXXVIII, 27, 55 f., 62 f., 71, 76
- Brüsseler Konferenz 369
- Bundestag
- – Ausschuß für auswärtige Angelegenheiten 407
- – außenpolitische Debatte 408
- – Redezeit 181
- Bundeswahlgesetz 487
- DDR, Souveränität 141 f., 145 f.
- EGKS 149
- EVG 76 f., 296, 299, 301 f., 308 f.
- Familienausgleichskassen 190 f., 270
- Forschungsbeirat Wiedervereinigung 230
- Fürsorge, Leistungserhöhung 394
- Geschäftsraummietengesetz 328
- Grundgesetzänderung, Wehrfrage XL, 25 f.

- Hilfsmaßnahmen ehemalige DDR-Häftlinge 332
- italienische Arbeitskräfte 581
- John-Affäre 343, 387 f.
- Kindergeldgesetz 542
- Landtagswahlen 278, 517, 534, 557—559
- Mitbestimmung Montanindustrie 49
- Pariser Verträge XLVI, 559, 575—577
- Parteitag 296, 370
- Pressefragen Koordinierungsausschuß 263 f.
- Rentenerhöhung LII
- Saarfrage 224 f., 449 f., 505, 507 f.
- Soziale Studienkommission L
- Sozialreform 75
- Sozialreform, Beirat 237
- Sozialversicherung Sonderzulage 386, 394
- Staatsangehörigkeitsgesetz 567
- Steuerreform LVII
- Vertriebenenpolitik, Anfrage 384, 400 f.
- Viermächtekonferenz, Vorschlag 352—354, 367 f., 371, 392 f., 513 f.
- Vulkan-Affäre 182 f.
- Wiedervereinigung 408
- Wuermeling-Rede über Filmfragen 139 f.

Sozialgerichtsgesetz 138
Sozialistische Einheitspartei Deutschlands 27, 142, 535, 559
Sozialprodukt LIX f., 153, 337 f., 432, 464, 470, 482, 510, 540 f.
Sozialrecht
- Kodifizierung 238—240, 316

Sozialreform XXXII, XLVII—LV, LXI, 73—75, 153—156, 237—240, 315—317, 374, 384—386, 390, 412—415, 439 f., 510, 529, 562—564
- Beirat für die Neuordnung der sozialen Leistungen XLVIII f., L f., 74 f., 154, 237—240, 316 f., 374, 412—415, 562 f.
- Interministerieller Ausschuß 564
- Ministerausschuß LI, 562 f., 583
- Regierungskommission XLIX—LII, 74 f., 153—156, 237—240, 316 f., 385, 412—415

Sozialversicherung
- Abkommen Österreich 248
- Fremd- und Auslandsrenten, Gesetz 329
- Grundbetragserhöhungsgesetz 385
- Knappschaftliche Rentenversicherung 439
- Reichsversicherungsordnung 285, 317, 562
- Rentenmehrbetragsgesetz LII f., LX, 373, 384—386, 390, 394, 414, 423, 428
- Rentenversicherung, Beitragserhöhung 385
- Rentzulagengesetz 385
- Sozialenquête 562
- Sozialversicherungsanpassungsgesetz 385

- versicherungstechnische Bilanzen 562

Spa
- Konferenz über Entwaffnungs- und Reparationsfragen 1920 222

Spandau
- Kriegsverbrecher 478 f.

Speditionsgewerbe
- Gesetz 325—327

Staatliches Außenhandelskontor Bremen 314
Staatsangehörigkeit
- Gesetz 567 f., 584

Staatsangehörigkeitsrecht
- in der Bundesrepublik lebende Österreicher 533
- Wiedereinbürgerung Otto Straßer 534, 582

Staatssekretäre
- Ernennung 69, 78
- Hinausschiebung Ruhestand 321

Stahlhelm — Bund der Frontsoldaten 22
Stahltreuhändervereinigung 49
Statistik
- Gesetz über die Statistik für Bundeszwecke 380

Statistisches Bundesamt
- Sozialprodukt LIX

„Stern" 535
Stettin 251
Steuerbegünstigungen XLVIII, LV f.
- Abkommen mit USA 375, 399
- Berlin 180, 490 f.
- Bundesanleihen 72 f., 96 f., 131 f., 152, 226, 330, 572
- Gewinn, nicht entnommener 172
- Heimatvertriebene und Flüchtlinge 85, 172
- Kapitalmarktförderung, Gesetz 50 f., 226 f.
- Kinderfreibeträge XLVII, LVI, 85, 93, 269 f.
- Kraftfahrzeugsteuer für Baufahrzeuge 126 f., 242
- Kommunalanleihen 152 f.
- Landwirtschaft 84
- Nacht- und Sonntagsarbeit 509
- Niedersachsen Anleihe 336 f.
- Schiffbau 51, 85, 117, 153, 227, 544
- Wohnungsbau 51, 85, 93 f., 226 f., 288, 372, 572

Steuerberater
- Gesetz 323—325

Steuern
- Beförderung 124—128, 133 f.
- Dieselkraftstoff 133
- Einkommen, Gesetz 1953 51, 72, 84 f., 152
- Einkommen, Gesetz über Abkommen mit USA 398
- Einkommen und Körperschaft LV f., 180, 490 f.
- Einkommen und Körperschaft, Bundesan-

687

teil LV, LVIII, 169, 232 f., 268 f., 281 f., 434, 483, 523, 538, 543, 552
- Einkommen und Körperschaft, Ergänzungsabgabe LV, LVII f., 82, 84–86, 90, 169, 170–173, 180, 374, 394, 510, 523, 538
- Erbschaft 171, 282
- Körperschaft 104, 375, 538 f.
- Kraftfahrzeug 100, 126 f., 242 f., 282, 552
- Lotterie 282
- Mineralöl 127
- Moped 177
- Neuordnung, Gesetz LVII, 82, 84–86, 89–94, 102, 170–173, 226, 374 f., 510
- „Notopfer Berlin", Gesetz 82, 84–86, 170–173, 180, 510
- Reifen 282
- Rennwett 282
- Renten 171
- Sportwett 282
- Stundung, Landwirtschaft 349
- Umsatz 82, 84–86, 170–173, 510, 538, 540
- Vermögen 552
Steuerreform (siehe auch Finanz- und Steuerreform) XXXII, XXXV, XLVII, XLIX, LV–LVII, 51, 173, 288, 374 f., 387, 390, 394, 426–428, 442 f., 509 f., 552, 559
Stockholm
- Gesandtschaft 232
Straffreiheitsgesetz 19–21, 39 f., 149, 195
Strafgesetzbuch 194, 360
Strafprozeßordnung 195
Strafrechtsreform
- Gesetz 414
- Kommission 414
Straßburg 165, 219, 223, 392
- Europarat, Tagung 212, 219, 223, 392, 407
Straßenentlastungsgesetz – siehe Verkehr
Streik
- Arbeitslosengeld 439
Stresemann-Gedenkfeier 408 f.
Strickrodt-Ausschuß 232 f., 268
Sudetendeutscher Atlas 22
Südamerika 115
Suhl
- Sowjetische Hohe Kommission 267

Tag der deutschen Einheit 163, 180, 190
Tarifgemeinschaft deutscher Länder 272 f., 471 f.
Tarifverhandlungen, -verträge
- öffentlicher Dienst 258, 272 f., 402, 471–473, 510, 530 f., 550 f., 554, 569–571, 581 f.
Tauroggen 223

Technisches Hilfswerk 311
Teuerungszulagengesetz
- Verwaltungsvorschriften 357
Thomaserzgruben 240 f.
Tokio
- Botschaft 572
Treuhandstelle für den Interzonenhandel 192
Triest 276, 293
Tschechoslowakei 479
Truppenvertrag – siehe Generalvertrag
Tübingen
- Bundesforschungsanstalt für Viruskrankheiten der Tiere 461
- Universität 298
Türkei
- Friedhof, Berlin 86
- Handelsvertrag 198
- NATO-Beitritt 391
- Staatsbesuch des Bundeskanzlers 103, 129 f.
- Staatsfeiertag 479
- Westeuropäische Union 445
Tunesien 346

Überleitungsgesetze 169, 193, 327
Ukraine
- Beitritt zur Internationalen Arbeitsorganisation 181 f.
Union der Leitenden Angestellten 441, 451
United Fruit Company 251
Unmittelbarer Zwang
- Gesetz 355 f.
Urabstimmungen
- Gesetz 273

Vatikan
- Botschaft 95 f.
Verband Deutscher Rentenversicherungsträger 74 f.
Verband der Heimkehrer, Kriegsgefangenen und Vermißten-Angehörigen Deutschlands e. V. 18
Verbrauchergenossenschaften
- Gesetze und VO 116
Vereinigte Staaten von Amerika (siehe auch Alliierte Hohe Kommission)
- Abkommen über Abgabevergünstigungen für die von den Vereinigten Staaten zum Zwecke der gemeinsamen Verteidigung geleisteten Ausgaben 375
- Atomenergiebehörde 25
- Außenministerkonferenz, Berlin 41

Sach- und Ortsindex

- Baumwollspende 165 f.
- Brüsseler Pakt 419
- Doppelbesteuerung Vermeidung, Gesetz 399
- Europa 24, 61, 265, 276 f., 308 f.
- EVG 292–296, 301, 347, 351 f., 354, 364
- Frankreich 212 f., 223, 254
- Freundschafts-, Handels- und Schiffahrtsvertrag 428
- GATT-Verhandlungen 428
- Großbritannien 212 f., 223
- Kongreß 24, 61, 577
- Kongreßergänzungswahlen 391, 479
- Isolationismus 372, 391
- Panama-Kanal 251
- Pariser Verträge, Ratifizierung 503, 516
- periphere Verteidigung Europas 372, 503
- Presseklub 274
- Saarfrage 448, 504, 506 f., 516, 519, 578
- Souveränität der Bundesrepublik 295
- Sozialpolitik 154
- Truppen 310 f.
- Weltbank, Direktor 497

Vereinigtes Wirtschaftsgebiet
- Ausgleichsforderungen BdL 105
- Kartellgesetz 65
- Personalamt 402

Vereinigung der Kommunalen Arbeitgeberverbände e. V. 272 f., 471 f.

Vereinte Nationen
- Eisenhower-Rede 25
- Flüchtlingshilfsfonds, Finanzierung 463, 481
- Ständiger Beobachter der Bundesrepublik 573
- United Nations Korean Reconstruction Agency, Finanzierung 462 f.
- Vysinskij-Rede 416 f.

Verfassungsschutz
- Regierungserklärung 303–305
- VO zur Erstreckung auf Berlin 77 f.

Verkehr
- Berlinverkehr, Flugkosten 331, 586
- Cabotage 56 f.
- Frachttarife, Binnenschiffahrt 358
- Friedrich-Plan 124 f.
- Güterkraftverkehrsgesetz 136
- Margarethenhof-Plan 124
- Neuordnung 23, 32–35, 124–128, 133–136, 244–248, 326, 493
- Personenbeförderungsgesetz 243–245, 375, 493
- Straßenentlastungsgesetz 125–128, 133–136, 158–161, 241 f., 244–248, 493
- Verkehrsfinanzgesetz LVIII, 124–128, 133–136, 158–161, 242–248, 317, 399, 493, 570

- Verkehrsrecht und Verkehrshaftpflichtrecht, Gesetz 590 f.

Vermittlungsausschuß LVIII, 20, 85, 91, 538 f., 548 f., 552–554, 578

Versailles
- Vertrag 41

Verwaltungsgesetzliche Verfahren, Gesetz 53, 151 f.

Verwaltungsgerichtsordnung 53, 151 f., 325

Verwaltungsgesellschaft für Steinkohlenbergbau und Hüttenbetrieb mbH 207

Viermächtekonferenz – siehe Außenministerkonferenzen Berlin

40-Stunden-Woche – siehe Arbeitszeit

Vietnam XLI

Völkerbund 181

Vorratslage 176 f., 197 f., 228, 349, 396

Volksgerichtshof 70

Vulkan-Affäre 38, 42, 183, 303

Waffengebrauchsrecht – siehe Unmittelbarer Zwang

Wahlen
- Berlin, Abgeordnetenhaus XXXIII, LIX, 74, 131, 535 f., 557 f.
- Bundespräsident 191 f., 251 f., 256, 260 f.
- Bundestag 1953 XXXV
- – DRP 58 f.
- – Straftaten 149, 194 f.
- Bundestag 1957 155
- Hamburg, Bürgerschaft 1953 59
- Landtage 225, 525, 534
- – Bayern XXXIII, LIV, LIX, 74, 131, 278, 478, 514, 517, 528–530, 534
- – Hessen XXXIII, LIV, LIX, 74, 131, 278, 478, 514, 517, 528–530, 534
- – Nordrhein-Westfalen LIII, LVII, 74, 131, 177, 209, 226, 265, 277 f., 302, 534
- – Schleswig-Holstein XXXII, LIII, 74, 131, 348, 369, 534

Wahlrecht
- Bundeswahlgesetz XXXII, XXXV, 288, 317, 389, 486–488
- Sachverständigenkommission 288, 317, 389, 486 f.
- Wahlgesetz zum zweiten Bundestag und zur Bundesversammlung 288, 389

Washington
- Besprechung Eisenhower-Churchill 274 f.
- Botschaft 147
- Tagung Weltbank und Internationaler Währungsfonds 411
- Verhandlungen Freundschafts-, Handels- und Schiffahrtsvertrag 428

Wasserhaushaltsgesetz 496
Wasserrecht 588
Wasserwirtschaft 459, 494—496
Watenstedt-Salzgitter
– kommunistische Propaganda 199
Weltbank – siehe Internationale Bank für Wiederaufbau und Entwicklung
Weltpostverein
– Beitritt Bundesrepublik 201
„Wehrergänzung" XXXVIII—XLI, 25, 56, 61, 63, 108—110, 114 f., 119 f.
Weißrußland
– Beitritt zur Internationalen Arbeitsorganisation 181 f.
Wertpapiere
– Bundesanleihen 72 f., 96 f., 131 f., 152 f., 226, 330, 469, 572
– Niedersachsen, Anleihe 336 f.
– Kommunalanleihen 51, 152 f.
Westeuropäische Union 393, 419, 445 f., 520, 522, 577
– Rüstungskontrolle 419 f., 445 f.
Wettbewerbsbeschränkungen
– Gesetz 64—66, 569
Wiedergutmachung
– Finanzierung 432
– Juden 190, 339 f., 398
– Öffentlicher Dienst, Gesetz 190
– Strafrecht, Gesetz 70
Wiedervereinigung – siehe Gesamtdeutsche Frage
Wiesbaden
– Innenministerkonferenz 151
Wirtschaftsprüferordnung
– Gesetz 323
Wirtschaftsprüfer 324
Wirtschaftsstrafrecht
– Gesetz 110
Wirtschaftsvereinigung Eisen- und Stahlindustrie 442
Wohlfahrtpflege
– Lage der Spitzenverbände 69
Wohnungsbau
– Bergarbeiter, Gesetz 168 f.
– Familienheime, Gesetz 150 f.
– Flüchtlinge 98 f., 228, 330, 468 f., 481
– Förderung, Steuerbegünstigungen 51, 85, 93 f., 150 f., 288, 572
– Gesetz 150
– Landarbeiter 171
– Wohnungsbau- und Familienheimgesetz 167 f., 253, 258

– Wohnungsbauprämiengesetz 93, 150, 258
Wohnungsmarkt 327
Württemberg-Hohenzollern
– Personalvertretungsgesetz 437
Würzburg
– Domschule 177
Wuppertal
– Inhaberschuldverschreibung 162 f.

Zentralverband der Deutschen Haus- und Grundbesitzer e. V. 46
Zentralverband der Fliegergeschädigten, Evakuierten und Währungsgeschädigten 46
Zentrum
– Wahlergebnis Nordrhein-Westfalen 278
Zoll
– Abkommen mit Norwegen 78
– Abkommen mit USA 375
– Braumalz 436
– Kakaobohnen, 22. VO 437
– Zollsätze 146
Zolltarif
– Änderungen aus Anlaß der Errichtung des Gemeinsamen Marktes der EGKS, Gesetz 339
– Edelstahl, 6. VO 339
– Zolltarif, 5. Änderungsgesetz 436 f.
Zolldienst 355
Zollgrenzschutz 79
Zuständigkeit
– Auslandsschulden, Verhandlungen 462
– Erwerbs- und Wirtschaftsgenossenschaften 116
– Flugkosten Berlinverkehr 331
– Hausarbeitstag 402
– Hilfsmaßnahmen für ehem. DDR-Häftlinge 564
– italienische Arbeitskräfte 571
– kernphysikalische Forschung 66 f.
– Kreditanstalt für Wiederaufbau 71 f.
– Kriegssachgeschädigte 45—48
– Lastenausgleich, Ausschuß 565 f.
– Lastenausgleichsbank, Aufsicht XXXIII f., 423—425, 489 f.
– Sozialreform XLVIII, L, LV
– Unterbringung von Verwaltungsfachkräften 284 f.
– Wasserwirtschaft 494—496